天禄琳琅知见书录

刘蔷 著

北京大学出版社

圖書在版編目(CIP)數據

天錄琳琅知見書錄 / 劉薔著.—北京：北京大學出版社，2017.4
ISBN 978-7-301-28184-0

Ⅰ.①天… Ⅱ.①劉… Ⅲ.①藏書樓—圖書目錄—中國—清代 Ⅳ.①Z842.49

中國版本圖書館CIP數據核字（2017）第051192號

本書得到北京市社會科學理論著作出版基金資助

書　　　名	天錄琳琅知見書錄 TIANLU LINLANG ZHIJIAN SHULU
著作責任者	劉　薔　著
封扉題字	劉　石
責任編輯	王長民　沈瑩瑩
標準書號	ISBN 978-7-301-28184-0
出版發行	北京大學出版社
地　　　址	北京市海淀區成府路205號　100871
網　　　址	http://www.pup.cn　新浪微博：@北京大學出版社
電子郵箱	編輯部 dj@pup.cn　總編室 zpup@pup.cn
電　　　話	郵購部 010-62752015　發行部 010-62750672 編輯部 010-62756449
印刷者	北京中科印刷有限公司
經銷者	新華書店
	650毫米×980毫米　16開本　56.25印張　924千字 2017年4月第1版　2025年6月第3次印刷
定　　　價	160.00元

未經許可，不得以任何方式複製或抄襲本書之部分或全部內容。
版權所有，侵權必究

舉報電話：010-62752024　電子郵箱：fd@pup.cn
圖書如有印裝質量問題，請與出版部聯繫，電話：010-62756370

作者簡介

劉薔 　文學博士，清華大學圖書館研究館員。主要學術興趣在版本學、目録學及藏書學。出版有《清華園裏讀舊書》（專著）、《天祿琳琅研究》（專著）、《清華大學圖書館藏善本書目》（重訂主編）、《窳櫎日記　鷗堂日記抄》（點校整理）等。主持完成多項國家社科基金課題和全國高校古籍整理項目等，發表學術論文八十餘篇。

沈津序

今年八月,我在美國休假,劉薔在電話中告訴我,她的《天祿琳琅知見書錄》(以下簡稱《知見書錄》)即將定稿,八年的辛苦勞作,終於要見曙光了。此說令我爲她高興。九月中旬,當我回到中山大學,即在辦公室見到了一厚本的《知見書錄》,抽暇翻閱之後,就感覺到這不是一本泛泛之作,而是含金量頗高的學術著作。

天祿又稱"天鹿",是古代傳說中的神獸,後多雕刻成形以避邪,謂能祓除不祥,永綏百祿。琳琅者,美玉也,是玉石中最精品、最上乘的一種。"天祿琳琅",是清朝乾隆帝的藏書精華,也是仍存於世的清代皇室藏書。清乾隆九年(1744)開始在乾清宮昭仁殿列架藏置宋元等善本書,題室名爲"天祿琳琅",意謂內府藏書琳琅滿目。乾隆四十年(1775),大臣于敏中、王際華、彭元瑞等十人受命整理入藏昭仁殿的善本書籍,"詳其年代采印、流傳藏弆、鑑賞採擇之由",編成《欽定天祿琳琅書目》。書目共十卷,按宋、金、影宋、元、明本時間先後爲序,版本時代相同,再按經、史、子、集四部排序,計有宋版 71 部,金版 1 部,影宋抄本 20 部,元版 86 部,明版 251 部,總共著錄善本書 429 部。

嘉慶二年(1797),昭仁殿所藏典籍因祝融而全部焚燬,當時已是太上皇的乾隆帝詔令重建昭仁殿並蒐集藏書,彭元瑞受命仿前編體例,編成《欽定天祿琳琅書目後編》二十卷,收錄宋、遼、金、元、明五朝善本 664 部,"凡皆宛委琅函,嫏嬛寶簡,前人評跋,名家印記,確有可證,絕無翻雕贗刻,爲坊肆書賈及好事家所僞託者"。"徧理珠囊,詳驗楮墨,旁稽互證,各有源流,而其規模析而彌精,恢而愈富。"

乾隆年間編的《天祿琳琅書目》,並非一般意義上的書目,它實爲清代宮中所藏善本書志,它和《四庫全書總目》最大的不同,就在於它是典型的注重版本著錄的"書目"。王先謙跋《天祿琳琅書目》云:"復命輯《後編》二十卷,書都一千六十三部,自宋迄明,五朝舊籍咸備,旁羅遠紹,既大極無外,而於采印流傳之時地,鑑賞採擇之源流,並收藏家生平事略,圖記真僞,研討弗遺,尤細破無內。於版本嚴擇廣收,而明代影宋鈔本並從甄錄。"

實際上,"天祿琳琅"早已成爲清代皇室典藏珍籍之代稱,畢竟是貴重圖書,其所藏每一册書都鈐有多枚乾隆御璽,可視作皇家藏書之象徵。可以想象的是宫廷大内之門禁森嚴,也不是什麼臣工們都可直達之處。然而清末民初的戰亂和改朝换代導致清宫藏書不斷外流,至1925年清室善後委員會點查故宫物品時,原本664部的"天祿琳琅"後編藏書只剩下311部,留在宫内的這批書幾經輾轉,如今收藏在臺北"故宫博物院"。其餘353部中有176部見於記載,是被溥儀通過賞賜溥傑的方式流出皇宫。流失宫外的藏書,如今散藏在海内外六十個公私藏家,以國家圖書館和遼寧省圖書館所藏爲最多,民間也有不少收藏。

"天祿琳琅"是内廷專藏,它的藏書歷來只有《天祿琳琅書目》、《天祿琳琅書目後編》可以瞭解,但"天祿琳琅"是個不容易做的冷題目,所以鮮有以此皇室專藏爲題作研究者,井底之蛙如我,也僅知臺灣地區有《清代天祿琳琅藏書印記研究》一書出版。然而,劉薔卻選擇了這個難題,四年前,她完成了《天祿琳琅研究》的寫作,而今又以四年之力,再接再厲,將力作《知見書錄》殺青,爲"天祿琳琅"藏書作了一次全面的總結。

"辨章學術,考鏡源流",這句話用在版本目錄學的研究上,不僅在於對各種版本的介紹、版刻源流的考察,更在於揭示其内涵。《天祿琳琅書目後編》最爲人所詬病之處,即其所著錄之書在版本鑑别上多有訛誤。而在圖書館工作的專家,責任之一即盡可能地揭示一書之版本,在編目過程中,最難認定的便是版本項。而此書詳盡介紹每書之卷端書名、題署、序跋、板框高寬、行款版式、刻工、牌記、諱字。至於原本裝幀之信息,則錄其書衣、書籤、函套等,以見清室書籍裝幀之特殊風格。我特别在意及欣賞的就是此書中版本考證的部分,正如劉薔在"凡例"中所云:"版本考證。節錄序跋中涉及書籍編纂、刊刻之文字,並目錄、書志及相關研究資料,每書約敘數行,略呈版刻崖略。對照《天祿琳琅書目後編》之記載,正其錯訛,補其無考,辨其真僞。特别揭示版本作僞痕蹟,辨析闡明《天祿琳琅書目後編》致誤原因。"

我以爲除了瞭解現今的"天祿琳琅"原書存於何處之外,更爲重要的是要鑑定書之版本真僞。以《知見書錄》正編宋本之第二種《御題尚書詳解》十三卷爲例,此書實爲清康熙通志堂刻本。《知見書錄》此篇計2200字,除揭示基本概況外,又著重敘述了爲什麼乾隆帝會將康熙時所刻之《通志堂經解》本誤認爲是宋版並爲之題詩之原因。再如《史記》一百三十卷,明嘉靖四至六年(1525—1527)王延喆刻本,此書在流傳過程中,書估多有作僞，"天祿琳琅"所藏4部，皆以明充宋，手法拙劣，而劉薔目驗比勘，判定真僞，發人深思，讀者若細細品味，當可增益，津以爲此可作版本鑑定教材之例也。由此可見，辨僞之功夫大爲不易，這也遠非一般版本學家所能爲，因爲這是版本學及文獻學研究的實踐和深入。

如果說去寫"天祿琳琅"是目標，是毅力的表現，那版本鑑定之真僞則是劉薔業務能力和鑑定實力的展示，兩者不能缺一。顧師廷龍先生曾私下對我說過幾次，有些人雖然也稱爲版本鑑定專家，可是真要他去作實踐，卻是兩眼墨黑。爲"天祿琳琅"寫書錄者，劉薔是第一人。我相信，劉薔的責任是在進一步揭示原書的真實面目，故《知見書錄》提供給研究者之信息量頗大，以其每書存藏及版本審定來說，存者則有著錄甄別、鑑定後之版本，又全本錄其冊函數，殘本則註明存缺卷及冊數。現存之館藏地點及書號信息，藏於私人者，則註明藏家姓氏或堂號。即使見於各種拍賣之圖錄，也會記錄首次拍賣信息，以期留下蛛絲馬蹟。

劉薔將她的大作書名定作《知見書錄》，蓋知見者，有見識、見解意，也有看見、知道意。然此亦佛教用語，知爲意識，見爲眼識，意謂識別事理、判斷疑難。宋秦觀《法雲寺長老疏文》云："無前後來去之際，有解脫知見之因。"清龔自珍《重輯〈六妙門〉序》又云："不停心，則雖有無上知見，爲煩惱風動搖慧燈，若存若滅……制心一處，何事不辦，如開佛知見矣。"這樣的知見錄實際上也屬於書錄、書志、提要的範疇之中。在此之前，知見錄一類的參考用書很難有此境界及如此之水準。至於前些年出版的《古籍珍稀版本知見錄》、《日藏漢籍善本書錄》都是知見錄一類的參考用書，不過要寫好，卻是不易，蓋因知見錄有很大的局限性。即如前者龐雜無序，而後者所收之書雖有部分目驗，但有相當數量爲抄錄日本各種書目之著錄，以及轉抄日本學人記述，編著者本身沒有去作版本上的任何判斷，故難免出錯。所以同樣是知見錄，劉薔《知見書錄》是實事求是的著錄，它的重要就在於對版本實情的揭示較之原來的書目文字更爲得宜，若將《知見書錄》著錄的準確和詳細與上述二書相較，更顯得高下懸殊，天差地遠了，相去又豈能以道里計！

《知見書錄》的寫作實在不易，則在於劉薔的深層發掘，難就難在她目標既定，方向明確，即不遺餘力地去國內各地尋訪，這需要調閱眾多公藏單位及私人藏家所存"天祿琳琅"原書，而且還要申請、尋找經費上的支持，去臺北地區及海外圖書館訪書，這其中的難度可想而知。也因此，中國臺北、日本以及歐美東亞館、國內各館都留有她的訪書芳蹤。

"天祿琳琅"的研究雖然是個案，但我以爲劉薔在研究這個課題中，不僅是費時費力，且寫作之難度，較之於清代館臣學士作《天祿琳琅書目》、《天祿琳琅書目後編》更爲艱難。相繼完成的《天祿琳琅研究》、《知見書錄》兩部姊妹篇，真正是別具一格，獨闢蹊徑，戛戛獨造，自出機杼，起到了承前啟後的作用。她既繼承了清代乾隆、嘉慶時大學士們的先期成果，也開啟了以後學者作進一步研究的鎖鑰。

記得我第一次見到劉薔是在1998年的冬天。那次我從波士頓飛去北京辦事，事畢見了幾位朋友，最後見的是中國人民大學圖書館宋平生兄，其間，他說您要不要見見清華大學圖書館的劉薔。那時的劉薔雖然還是一個小姑娘，但她發表在刊物上的大作，卻引起了我的注意。記得她是騎自行車趕來的，臉凍得通紅，但那次談了什麼，則記不起來了。

劉薔，曾是"哈佛燕京"的訪問學者，自從2006年8月1日開始參與寫作《美國哈佛大學哈佛燕京圖書館藏中文善本書志》（清代部分），直至2007年7月止，她完成了二百多種善本書、三十萬字書志的寫作。工作充實，效率很高，所以她自我感覺很好，有一種成就感。因爲如果在北京清華，那她必定是有各種"干擾"，也必定是無法完成這樣質量和數量的文字。劉薔自己也如是說。記得她在"哈佛燕京"時，曾跟我討論過她想寫的博士論文題目，說或者寫葉德輝，或者寫"天祿琳琅"。

在"哈佛燕京"寫善本書志，一天基本一篇，一千字至二千字不等。按照"哈佛書志模式"，版本項的認定及依據、作者的簡歷、各卷的內容、爲何而寫，乃至於書的特點及鈐印、各館的收藏情況等等，能寫清楚的要儘量寫入。因爲我們都認爲21世紀的善本書志不能還是上個世紀三四十年代的"老面孔"，總應該在前人的肩膀上更上層樓吧。一年後，劉薔返回國內，她給我的信中說：在哈佛的這一年，真是有很多所謂的進步，回到清華後，節奏慢了下來，覺得有一種失落感。她每天寫一千多字的書志，一個星期五個工作日，再去掉美國國慶日、感恩節、聖誕假期等，天天寫，兩百二十多天下來，寫了三十萬字。三十萬字對於在國內圖書館工作的人來說，諸事叢脞，做到不易。如今我初讀這本《知見書錄》，覺得似乎又看到了當年劉薔參與寫作《美國哈佛大學哈佛燕京圖書館藏中文善本書志》時的模樣，她那瘦高健靚的身影，時常穿梭在書庫裏查書，或是坐在辦公室的電腦前，不停地敲着鍵盤，也難怪她每天都覺得充實，時有成就感。因爲她有時運用別人想不到的材料，寫出了質量不一般的書志。看到逐漸加厚的書稿，也會想到不久的將來，那一個個的字符，一個個的標點，就會變成一頁頁、厚厚的正規出版物。

　　我們提倡在圖書館工作涉及版本目錄學、文獻學領域的專業工作人員需要踏踏實實做事，認認真真研究，這個領域尤其需要基礎紮實、有研究實力的專家。可惜的是這方面的人才不是太多，出類拔萃者更爲難得，至於女性則更是鳳毛麟角，最傑出者當推前輩冀淑英先生。劉薔長期在大學圖書館古籍部工作，是這個領域中的佼佼者，我也期待於劉薔更上層樓，在古籍整理研究領域中做出更大成績。我願意爲她點個讚。

　　劉薔是有"眼福"之人，她應該是百多年來，與"天祿琳琅"藏書最爲有緣，也是見到"天祿琳琅"藏書最多的人，這是當仁不讓的。我對於"天祿琳琅"之書，歷年所見大約也只在十數部之譜，所以並沒有什麼研究心得，但是我很感謝劉薔對我的信任，囑我爲她的大作寫序，故東拉西扯地寫上幾句，聊以塞責，不知劉薔以爲然否。

2016 年 10 月 31 日
寫於中山大學圖書館將要舉辦第三屆
版本目錄學文獻學國際學術研討會之前夜

嚴佐之序

劉薔女史新著《天祿琳琅知見書錄》(以下簡稱《知見書錄》)殺青在即,這是她"天祿琳琅"專題研究規劃中與前著《天祿琳琅研究》相輔相成的"姊妹篇":已出版的《天祿琳琅研究》是對清宮"天祿琳琅"藏書及《天祿琳琅書目》的整體研究,將出版的《知見書錄》則爲個案研究。個案研究是整體研究的文獻基礎,整體研究是個案研究的理論闡述,正如撰者所云:"兩者相合,堪爲此專題之完整論述。"然而依我觀之,這兩部專著的關聯不僅在於"整體"與"局部"的分合,還在於兩種著述體裁的"古今合璧":《天祿琳琅研究》分章爲五,先後論述清宮"天祿琳琅"藏書始末,綜述藏書之現存狀況及版本實情,詳考《天祿琳琅書目》編纂始末,剖解《天祿琳琅書目》體例特點,歸納《天祿琳琅書目》版本學成就及考證得失,的屬現代學術論著之標準模式。《知見書錄》則沿襲清人莫友芝《郘亭知見傳本書目》以"知見"入目的特點,逐一考察《欽定天祿琳琅書目後編》著錄各書的存佚及流傳,補其無考,正其錯訛,辨其真僞,考其存佚,臚列版本特徵,敍述遞藏授受,凡可援資考訂之文獻皆詳錄之,乃屬傳統書志體式之目錄專著。現代論著形式與傳統書目體式在某一專題研究中得以完美合璧,這樣的事例近來還不止一個,如郭立暄《中國古籍原刻翻刻與初印後印研究》的"通論編"與"實例編",孫猛《日本國見在書目錄詳考》的"考證篇"與"研究篇"。若此個中之義,豈不大可玩味?這至少說明,在中國學術吸收西學、步入現代的今天,以古代書目爲研究對象的古典目錄學,仍是一門"活在當下"的學問,歷史悠久且豐富多樣的傳統書目類型與體式,仍可在衆多研究領域中展示其"生命力"而大有作爲。劉薔女史新著《知見書錄》,無疑爲此"個中之義"增添了一個新的案例,樹立了一個新的典範。因爲在我看來,作爲一部具有專題研究性質的版本目錄,《知見書錄》既是對古代書目《天祿琳琅書目後編》的補正考辨,又體現了傳統"知見錄"的書目特點,並對傳統"藏書志"目錄體式的"推陳出新""與時俱進"不無貢獻。

《知見書錄》著錄"天祿琳琅"舊藏善本古籍七百二十三部,凡現存者多經直接目驗,書佚或未知存處則迻錄文獻或注明線索。因爲這些版本散落於海內外眾多公私藏家,而非庋藏一處,故而體現了傳統"知見錄"書目的性質特徵。撰者自稱"本書沿襲莫友芝《郘亭知見傳本書目》以'知見'入目的特點",是即謂此。然而,劉薔《知見書錄》之"知見"雖源自郘亭《書目》,其"沿襲"卻非亦步亦趨,而是從實際出發,有所變例。此所謂"實際",就是劉《錄》之"知見"與莫《目》之"知見"並非完全一致。郘亭"知見"的對象,是以《四庫簡明目錄》著錄爲基準的(少量《四庫全書》未著錄之書)傳世版本,而劉薔"知見"的對象,則是以《天祿琳琅書目後編》著錄爲基準的(少量《後編》以外的"天祿琳琅"別藏)"天祿琳琅"舊藏善本。"傳世版本"當然會紛雜眾多,凡所知見之《四庫總目》著錄圖書的歷代版本皆可入目;而"舊藏版本"則是指定和唯一的,非原藏"天祿琳琅"者莫屬。因爲要注記眾多"知見"版本,所以莫友芝《郘亭知見傳本書目》、邵懿辰《四庫簡明目錄標注》等"知見錄"倡始者,大都採用"簡目"體式著錄版本,後世繼之者大多如法炮製,鮮有踰越。唯近今杜澤遜先生《四庫存目標注》出,方始突破藩籬:在通常"知見錄"詳記版式行款之外,間或"於原書序跋,均記其年月姓名,并擷取與刊鈔有關者,以爲鑑別佐證";於"藏書家之題跋識語"之"罕見者",則"迻錄之";於"白紙初印、刊鎪精工者,特識之",大大豐富了"知見錄"的版本信息含量。照理論分析的說法,就是在通常簡目體"知見錄"中,增入了"藏書志"的部分要素。而劉著《知見書錄》對通常簡目體"知見錄"的"突破",則要比杜著《標注》更爲徹底。當然,這是從實際出發不得不爲的變例:《天祿琳琅書目後編》書目體式既已呈"藏書志"面目,那麼以"知見"《後編》著錄版本入目的《知見書錄》,又怎可繼續沿襲"知見錄"通常的簡目體式呢?且不論其書志撰寫如何,唯此一個"突破",便從傳統"知見錄"書目體式"舊枝"上結出一個"新果"。至於說到書志內容,《知見書錄》的突出優異之處,就在考訂版本"藏弆源流"與"鑑別真僞"二端。而這正是揭示"天祿琳琅"舊藏原本真相最喫緊的要務:曾經庋藏清宮的珍善版本,當年如何流出禁城,其間怎樣輾轉各處,如今遺存幾許,散藏何方;《欽定天祿琳琅書目後編》雖稱"重在鑑藏,不嫌博採",惜其著錄版本訛誤頗多,當年館臣何以錯失至此,其版本真僞究竟如何。爲此,《知見書錄》對"審定版本及存藏情況"的書寫可謂不惜"濃墨重彩":"特別揭示版本作僞痕蹟,辨析闡明《欽定天祿琳琅書目後編》致誤原因";"過錄鑑賞家題識、題跋、題款、題詩","略考收藏家姓名字號與生平";"輒以《賞溥傑書畫目》,記其流出清宮時間,列出民國以來經眼、收藏及現今館藏書目著錄信息","備注出宫以後之遞藏授受源流"。較之以往"藏書志"目錄,也不失爲"別出心裁"。

作爲"天祿琳琅"專題研究中的一個部分,賞讀《知見書錄》,會很容易想到余嘉錫先生的目錄學名著《四庫提要辨證》。這當然不是要拿現在的劉薔與已走入歷史的大師相比,而是因爲這兩部目錄專著實在有着很多的相似性。《四庫全書總目》和《天祿琳琅書目》(前後編)同爲乾隆時代兩部最大的官修書目,被後世稱爲"清代目錄學史上並峙的雙峰"。一部是旨在指導"讀書"的提要目錄,一部是重在指導"鑒賞"的書志目錄,二者"代表了古典目錄學的兩大流派",都在古典目錄學史上居有重要地位,產生過重大影響。但同樣的遺憾是,這兩部官修書目也都因爲種種原因而留下諸多闕失與訛誤。《四庫全書總目》的失誤,余先生在《〈四庫提要辨證〉序錄》中已道其詳,並以九十篇精彩辨證文章,彙爲一書,樹立了"四庫全書總目"專題研究目錄的典範。《天祿琳琅書目》特別是《後編》的"版本鑒定錯誤及其原因",薔女史在《天祿琳琅研究》中也有專節討論,繼而覆驗遺存舊本,撰成書志六百六十四篇,合爲一書,爲"天祿琳琅藏書"專題研究目錄的編撰開啟新河。由此設想,今之研讀《四庫全書總目》者,固已視余氏《辨證》爲斷斷不可繞過的經典,後之研讀《天祿琳琅書目》者,是否也將無法繞過劉薔《知見書錄》呢?我的預見,自然是肯定的。

我獲識劉薔女史已十有餘年,其初的印象是特別聰明穎悟,久之則更感覺她的異常刻苦勤勉和認真細緻。既聰明穎悟,又刻苦勤勉、認真細緻,在學術事業上要不出大成就也難。所以能在不到十年時間裏,相繼完成《天祿琳琅研究》《知見書錄》兩部力作,她的成就之大,足以驕人傲世。幸運的是,這兩部大著我都獲睹在先。六年前,我忝席其博士論文答辯委員會,見證了《天祿琳琅研究》問世的初啼。今復辱承厚愛,賜示新稿,並囑一言。受命展誦,獲益良多,感慨滋深。然自忖疏離目錄版本學研究前沿已有年月,知識漸趨老化,眼界難免囿限,於此書要旨精義,不足闡揚以萬一。惟念起潛先師嘗云:"目錄之有功於學術文化,蓋難以一二語盡之也。"遂敢抒鄙意,率記數語,聊爲新著喤引,且志觀成之喜云爾。

2016年10月記於滬上寓所

目　錄

前言	1
凡例	1
《欽定天祿琳琅書目後編》卷一　宋版首部	1
《欽定天祿琳琅書目後編》卷二　宋版經部	23
《欽定天祿琳琅書目後編》卷三　宋版經部	56
《欽定天祿琳琅書目後編》卷四　宋版史部	103
《欽定天祿琳琅書目後編》卷五　宋版子部	152
《欽定天祿琳琅書目後編》卷六　宋版集部	203
《欽定天祿琳琅書目後編》卷七　宋版集部	238
《欽定天祿琳琅書目後編》卷八　影宋鈔諸部	271
遼版經部	278
影遼鈔經部	281
金版子部	282
元版經部	284
《欽定天祿琳琅書目後編》卷九　元版史部	309
《欽定天祿琳琅書目後編》卷十　元版子部	334
《欽定天祿琳琅書目後編》卷十一　元版集部	355
《欽定天祿琳琅書目後編》卷十二　明版經部	390
《欽定天祿琳琅書目後編》卷十三　明版經部	409
《欽定天祿琳琅書目後編》卷十四　明版史部	430
《欽定天祿琳琅書目後編》卷十五　明版史部	453
《欽定天祿琳琅書目後編》卷十六　明版子部	476
《欽定天祿琳琅書目後編》卷十七　明版子部	512
《欽定天祿琳琅書目後編》卷十八　明版集部	536
《欽定天祿琳琅書目後編》卷十九　明版集部	578
《欽定天祿琳琅書目後編》卷二十　明版集部	602
明鈔諸部	630

附錄一　"天祿琳琅目外書" …………………………………… 635
　一、"前編目外書" ………………………………………… 635
　二、"後編目外書" ………………………………………… 658
　三、天祿琳琅"三編書""四編書" ………………………… 676
附錄二　"天祿琳琅"統計諸表 ……………………………… 699
　表1　天祿繼鑑書存佚狀況、版本實情一覽表 ………… 699
　表2　海內外現存天祿繼鑑書分佈、數量、版本統計一覽表 … 776
　表3　現存天祿琳琅"前編目外書"一覽表 ……………… 783
　表4　現存天祿琳琅"後編目外書"一覽表 ……………… 787
　表5　現存天祿琳琅"三編書"一覽表 …………………… 790
　表6　現存天祿琳琅"四編書"一覽表 …………………… 793
　表7　知見鈐有偽製"乾隆御覽之寶""天祿琳琅"等清宮藏印
　　　　書籍一覽表 ………………………………………… 794
附錄三　《天祿琳琅書目》的抄本與批校本 ………………… 797
　一、抄本 …………………………………………………… 798
　二、批校本 ………………………………………………… 829
　三、"天祿琳琅"相關書目 ………………………………… 832
書名索引 ……………………………………………………… 837
參考文獻 ……………………………………………………… 852
後　記 ………………………………………………………… 872

前　言

　　清乾隆九年(1744)，高宗諭令内直諸臣，檢閲秘府藏書，擇其宋元明之精善者别於昭仁殿設架庋藏，御筆題爲"天禄琳琅"。乾隆四十年(1775)，昭仁殿珍籍益富，文華殿大學士于敏中等奉敕編纂《欽定天禄琳琅書目》(前編)十卷，著録善本429部。嘉慶二年(1797)，乾清宫大火，殃及昭仁殿，前編書盡燬，乾隆帝令翰林院掌院學士彭元瑞等再輯宫中珍藏爲《欽定天禄琳琅書目後編》二十卷，著録善本664部。

　　"天禄琳琅"爲清代乾嘉時期皇家善本特藏，所收皆一流善本，嫏嬛秘笈，縹緗精品，素有"内府所貯圖書，具於天禄琳琅"之譽。《天禄琳琅書目》係中國第一部規範的官修善本目録，沿襲漢代以來書目解題傳統，在編纂體例方面多有創見。作爲官修目録，更是極具導向性，主導了其後二百餘年善本書目編纂風尚，至今海内外中文善本古籍之目録、書志編撰仍深受其影響。這一組藏書與目録，可互爲對應，是研究清代乾嘉時期版本學、目録學成就的重要材料。考察天禄琳琅藏書的始末源流，需依《天禄琳琅書目》前、後編按目求書；客觀評價《天禄琳琅書目》的學術價值，亦必就存世原書探尋其版本實情，否則就《書目》談書目，又將偏信古人，失於盲從。然而此前從未有人做過存世天禄琳琅書的全面調查，其間詳情一直未見詳細蒐羅整理。

　　自2008年以來，筆者先後申請立項了兩項課題，①專事天禄琳琅藏書與《天禄琳琅書目》之研究，對清宫天禄書存世狀况開展廣泛調查。調查過程是異常艱辛的，原因一是這批書如今星散世界各地，臺灣地區所藏

---

　　① 一是教育部全國高校古籍整理委員會2008年度古籍整理研究重點課題，"《天禄琳琅書目》研究"，課題編號0814；一是國家哲學社會科學基金課題2009年度資助課題，"海内外現存清宫天禄琳琅書的調查與研究"，課題編號09BTQ016。兩項課題均已結項，社科基金課題結項等級爲優秀。

者超過半數,兩岸睽阻,往來不便;①二是宋元版比例很大,無論公藏、私家,都視爲一等善本,限於珍本保護原則,調取查閱極爲不易;第三,衆所周知,《天祿琳琅書目後編》版本著錄多有訛誤,題爲宋版,或許只是元版、明版,乃至清刻本,甚至抄本;而題爲明版,實則宋版、元版,亦時有所見,版本內情頗爲複雜,根本無法依靠《書目》所題版本按圖索驥,這也是限制其研究無法深入具體的重要原因;第四,從清末至上個世紀五十年代初期,天祿琳琅藏書由宮廷流入民間,飽經兵、水、火、蠹、盜諸厄,與國家共同經歷了最爲動蕩紛爭的一段歷史時期。當年存放在一處宮殿裏的善本古籍,如今散落各方,很多都是身首異處,其間經歷大都輾轉曲折。有些書合二家、三家所藏,尚能拼爲完璧;而有些則一部書分藏數家,最多可至十數家,各家均是殘帙,②大大增加了覼對、比勘之功。

所幸的是,根據筆者的調查結果,《天祿琳琅書目後編》著錄書③十存其九,絕大部分如今尚能訪見。664 部書中,除宋刊本《公是先生七經小傳》、明刊本《鶴林玉露》2 部確知已燬於 1932 年"一·二八"淞滬抗戰外,621 部已知全書或部分卷帙現藏何處,6 部有前人經眼或曾藏綫索,只有 35 部從未被人談及,至今仍不知下落,亦不知是否尚存天壤(以上統計截至 2017 年 3 月)。收藏最多者依次爲"國立故宮博物院"(臺北)321 部,中國國家圖書館 277 部,遼寧省圖書館 35 部,其他則散見於海內外六十

---

① 臺北"國立故宮博物院"現藏清宮"天祿琳琅"書三百餘部,是存世天祿書之最大一宗,不僅數量大,全本多,且保留宮廷裝幀原有形制,於清代版本學、目錄學及文獻學乃至宮廷賞鑑、裝幀藝術之研究皆有極高價值。2010 至 2013 年間藉訪問交流、參加學術會議之機,筆者往來海峽兩岸,得觀臺灣地區藏書。2014 年春天,又成功申請到香港北山堂專項資助,以"利榮森交流計劃訪問學人"身份出訪臺北故宮,2014 年 12 月至 2015 年 6 月居於故宮院區山上,得以專心遍覽全部臺北故宮所藏天祿書原件,其中包括 3 部"國寶"級別、48 部"重要文物"級別的宋元珍本。期間除再次目驗臺北"國家圖書館"、"中央研究院"歷史語言研究所傅斯年圖書館和臺灣大學圖書館所藏各書外,還看到了潘思源先生所藏 6 部天祿書及清內府寫本之《天祿琳琅書目後編》殘本一卷,圓滿完成臺灣地區的版本調查工作。

② 如明版類書《學海》二百三十卷,原書 80 册,分藏在包括中國國家圖書館、北京大學圖書館、北京師範大學圖書館、遼寧省圖書館、甘肅省會寧市圖書館、臺北"中央研究院"傅斯年圖書館、瑞典斯德哥爾摩遠東博物院 7 家公藏單位和田濤、潘思源等 5 位私人手中,合 12 處公私藏家,尚不能拼爲全帙。

③ 因每册書之首葉版匡右上方都鈐有"天祿繼鑑"白文方印,又稱爲"天祿繼鑑書"。

餘個公私藏家。

2008年夏天筆者屬意"天祿琳琅"研究之前，海內外尚無一部對此專題進行綜合性研究的專著出版，研究空白點甚多，並多有以訛傳訛之說，與乾嘉時期另一部清代官修書目《四庫全書總目》之研究盛況相比，反差頗大，其學術地位亟待深入研究。歷經4年時間，筆者完成基本調研，於2012年9月出版專著《天祿琳琅研究》（北京大學出版社，456頁，46萬字）。拙著共分5章，首先論述清宮"天祿琳琅"藏書始末。理清這批善本特藏之來源、特徵、焚燬、重建、數量、典守、利用、維護、散佚等基本問題。其次，專章綜述天祿琳琅書的現存狀況及版本實情。根據實地調查，全面揭示天祿琳琅書存世狀況，並分地區、分藏家類型概述其收藏源流及特點，各計數量、版本品種。再次詳考《天祿琳琅書目》前後編之編纂，探討于敏中、彭元瑞等編纂者各自貢獻，《書目》中體現的乾隆帝的作用及版本學思想，見於記載的《天祿琳琅書目三編》、《四編》以及版本流傳情況。第四，剖解《天祿琳琅書目》體例特點，條分縷析其對當時及後世善本書目之影響。第五，歸納《天祿琳琅書目》的版本學成就及考證得失。拙著出版後，廣受學界好評，被認為是目前對此專題最為全面紮實之研究論著，[①]並於2014年獲得第十三屆北京市哲學社會科學優秀成果獎。

在以上研究同時，筆者另有編撰《天祿琳琅知見書錄》計劃，即整理全部訪書觀書記錄，悉依宋、遼、金、元、明順次，逐一考察《欽定天祿琳琅書目後編》著錄各書之存佚及流傳，用力於清代以來公私藏書目錄之爬梳整理，廣泛搜集前賢時彥成果，補其無考，正其錯訛，辨其真偽。其中已佚諸書，注其散佚年月，依據《中國古籍善本書目》及已出版之海內外公藏目錄，對真實版本略作推斷；尚存世間者則記其現藏何處，目驗群書，與《天祿琳琅書目後編》加以比勘，相互參照，逐條辨析，判明版本，詳記版本特徵，敘其遞藏授受，凡涉及版本或援為考訂之資者皆詳錄之。已出版之拙著可視為對於天祿琳琅藏書及《天祿琳琅書目》之整體研究，《天祿琳琅知見書錄》則為個案研究。兩者相合，堪為此專題之完整論述。

"重在鑑藏，不嫌博採"是《天祿琳琅書目》的收錄特點，"凡例"第四則

[①] 參見漆永祥著：《天祿琳琅流略盡，書林瓊葩別樣新——〈天祿琳琅研究〉讀後》，《書品》2013年第4期；柳向春著：《揭開"天祿琳琅"的神秘面紗》，《中華讀書報》2013年6月26日書評週刊版；楊果霖著：《〈天祿琳琅書目〉的整理成果及其展望》，《臺北大學中文學報》第19期，2016年3月。

云:"同一書而兩槧均工,同一刻而兩印各妙者,俱從竝收。"①即同一書而兩刻皆工緻,從宋人尤袤《遂初堂書目》之例而並收;同一版而兩印皆精好,亦兩本並存。在《天祿琳琅書目》中一書多本、同書同本情況非常之多,同書異本情況,合計《天祿琳琅書目》前後編,總計131種書,552部不同版本;而同書同版本者更多,據統計,《天祿琳琅書目前編》屬於一版多印者有50種130部複本,《天祿琳琅書目後編》有76種184部,拙著《天祿琳琅研究》第四章第一節對此有專門論述及統計。② 因此僅憑書目信息,遇零卷零篇,或無藏印特徵,殊難判斷一書究竟著錄於《天祿琳琅書目後編》卷幾,必得綜考目驗各本,分合卷帙,才能準確判定。③ 八年來,在同行同道的熱誠幫助下,筆者得以提閱包括很多公藏單位及私藏家手上的天祿琳琅書原件,目驗比勘,判明真偽。特別是2014年筆者獲準爲香港北山堂基金會"利榮森交流計劃"訪問學人,在臺北"故宮博物院"進行訪書交流,以前後半年時間,繼續臺灣地區現藏天祿書之版本調查研究,並修正補充以往看書記錄。臺灣地區現藏天祿琳琅書總量占存世的一半以上,這部分工作的圓滿完成,使得全部研究更爲具體而完整。

本書沿襲莫友芝《邵亭知見傳本書目》以"知見"入目的特點,最大限度地擴大收錄範圍,盡可能準確無誤地反映清宮天祿琳琅藏書現存情況,並記錄前人經眼綫索,藉以追尋佚書。作爲版本書錄,以敘錄版本和遞藏爲主。附錄二表1《天祿繼鑑書存佚狀況、版本實情一覽表》可視爲簡目,④此《知見書錄》爲其詳編。

版本調查過程中,還發現了若干部"天祿琳琅目外書",⑤依書上鈐印

---

① (清)于敏中、彭元瑞等撰,徐德明點校:《天祿琳琅書目 天祿琳琅書目後編》,上海古籍出版社2007年版,"凡例",第10頁。劉按,爲引用方便,本書凡引《天祿琳琅書目》原文,出處皆指此上海古籍出版社2007年版標點本《天祿琳琅書目》之頁碼。

② 劉薔著:《天祿琳琅研究》,北京大學出版社2012年版,第288—323頁。

③ 例如《天祿琳琅書目後編》收錄8部《唐文粹》,分別是卷七宋版集部二部、卷十一元版集部二部和卷十九明版集部4部,提要多云"同上,係一版摹印",且多無私家藏印。雖云"宋版"、"元版",實皆明代刻本,或爲明嘉靖三年(1524)姑蘇徐焴刻本,或其明代覆刊本,非經目驗群書,難於判定所屬卷次。

④ 劉按,拙著《天祿琳琅研究》第二章表2—2《天祿繼鑑書存佚狀況、版本實情一覽表》爲截至2012年3月之統計,第113—178頁,《書錄》此表補充2012年之後新見存世天祿書,並對原一覽表進行修訂完善,截止時間爲2017年3月底。

⑤ 詳見拙著《天祿琳琅研究》第三章第一節,第187—199頁。

標誌的不同,又可劃分爲"前編目外書"、"後編目外書"與"三編書"、"四編書"。目外書的產生與《天禄琳琅書目》的持續、分次編纂有關,或因選餘,或因續入,或因撤出。① 考察天禄琳琅著錄書之存世狀況,尚有《天禄琳琅書目》可作依循,而"目外書"的檢尋相比之下更爲不易,目前所見,"前編目外書"19部,"後編目外書"20部,"三編書"18部,"四編書"2部。有鑑於此,將目前已知的各類"天禄琳琅目外書"作爲附錄,附於正文之後,以資鑑賞。此外,判明一書所鈐天禄琳琅印記之真僞,可以幫助我們從容鑑定是否《天禄琳琅書目》著錄之書或目外之本,天禄璽印是我們確定一書是否清宮舊藏、是否與天禄琳琅有關等一切稽考之首要前提。特將訪書中所知見鈐有僞製"乾隆御覽之寶"、"天禄琳琅"等清宮藏印書情況,編爲一覽,作爲附錄,相關統計截至2017年3月。

此外,拙著《天禄琳琅研究》第三章"《天禄琳琅書目》的編纂"曾單設一節"《天禄琳琅書目》的版本與流傳",記所調查經眼現藏中國大陸、中國臺灣、日本的《天禄琳琅書目》早期版本,包括不同的清宮寫本、名家批校本、抄本,計45種,以及載於前人目錄、藏書志、筆記中的傳本,總計有五六十種之多。此後訪書過程中,又不斷有所發現,此前未曾親見之書也終於提閱目驗,因此特將增補、完善後的"《天禄琳琅書目》的抄本及批校本"一節附於文末,既見《天禄琳琅書目》之流播,又可見其影響,以裨參考。

---

① 關於"撤出書",參見曾紀剛著:《贗製還應重訂正——說乾隆朝天禄琳琅撤出書》,(臺北)《故宮文物月刊》第368期,2013年11月,第56—67頁。

凡　例

一、《書錄》分正編及附錄兩部分。正編爲"《天祿琳琅書目後編》著錄書"，計664部。附錄一爲"天祿琳琅目外書"，收入現存天祿琳琅目外書，總計59部。附錄二爲"'天祿琳琅'統計諸表"，分列天祿繼鑑書、"前編目外書"、"後編目外書"及"三編書"、"四編書"，開列海內外現存天祿繼鑑書分佈、數量、版本統計一覽，截至目前知見鈐有僞製"乾隆御覽之寶"、"天祿琳琅"等清宮藏印書一覽。附錄三爲《天祿琳琅書目》的抄本與批校本。《書錄》後附書名索引，以便檢索。

二、正編依《欽定天祿琳琅書目後編》二十卷次序編排，照錄原卷第及版本類別，如"卷一宋版首部"、"卷二宋版經部"等。附錄分"前編目外書"、"後編目外書"及"天祿琳琅'三編書'、'四編書'"三類，每類諸書略依經、史、子、集四部排序。

三、各書依次著錄如下內容：

1. 序號及書名、卷數。所謂"序號"，乃上海古籍出版社2007年版標點本《天祿琳琅書目》之頁碼，①如一頁上著錄多部書籍，則以(2)、(3)等標明順次。書名、卷數照錄《天祿琳琅書目後編》。

2. 審定版本及存藏狀況。所謂"審定版本"者，書存，著錄甄別、鑑定後之版本；書佚，則姑從舊說。現藏中國國家圖書館之2013年新編目者，

---

① 劉按，此標點本以清光緒十年(1884)王先謙刻本爲底本，《欽定天祿琳琅書目》直至清末，才有刻本行世，且是匯前後二編之全本，即此王先謙校刻本，刻書雕版現存湖南省圖書館。王本雖有疏漏，卻是《天祿琳琅書目》通行之本，曾被多次影印出版，計有：1968年臺北廣文書局《書目續編》本；1992年江蘇廣陵古籍刻印社影印本；1995年中華書局出版《清人書目題跋叢刊》本，第10冊；2002年上海古籍出版社出版《續修四庫全書》本，史部目錄類，第917冊；2002年安徽教育出版社出版《中華漢語工具書書庫》本，第83至90冊；2006年商務印書館出版《國家清史編纂委員會·文獻叢刊》之一《文津閣四庫全書清史資料匯刊》，史部第82至85冊；2008年北京圖書館出版社出版《明清以來公藏書目匯刊》本，第3、4冊。上海古籍出版社2007年出版之標點本，爲《中國歷代書目題跋叢書》第二輯之一種，是目前所見唯一標點整理本(標點者徐德明先生，任教於華東師範大學古籍研究所)。

尚在修復中，無法提閱，未見原書，暫依《故宮檔案·本院撥給北京圖書館天祿琳琅書籍清冊》所記及編目版本信息著錄。版本如有配補，亦在此說明。全本著其冊函數，殘本注明存卷、冊數情況。現存公藏者，注明館藏地點及書號信息；確知藏於私人手中，則注明藏家姓氏或堂號；現身於拍賣會者，雖不知花落誰家，然可確定尚在人間，儘量記錄其首次上拍時間；未知現存何處，但有文獻記載前人或曾收藏，或曾經眼，則注明綫索；無任何記載者，或已亡佚，或未爲世人所知，則留白以俟來日。

3. 板匡高廣、行款、版式、刻工、牌記、諱字、序跋、卷端書名、題署等版本特徵細節。如舊裝尚存，則著錄其書衣、書籤、函套等裝幀情況，以見清宮書籍裝幀風格。以上各項如有未具，則暫付闕如。

4. 版本考證。節錄序跋中涉及書籍編纂、刊刻之文字，並目錄、書志及相關研究資料，每書約敘數行，略呈版刻崖略。對照《天祿琳琅書目後編》之記載，正其錯訛，補其無考，辨其真僞。特別揭示版本作僞痕蹟，辨析闡明《天祿琳琅書目後編》致誤原因。

5. 藏印及遞藏源流。逐一著錄書上鈐印，略按收藏者先後排序。清宮天祿繼鑑璽印六方，詳見《天祿琳琅研究》第一章第二節所述，不再一一列舉。按其規制不同，只注明副葉所鈐"大三璽"、"中三璽"、"小三璽"之別，①藉見開本面貌。過錄書上鑑藏家題識、題跋、題款、題詩等。略考收藏家之姓名字號與生平，備註其出宮以後之遞藏授受源流。

6. 書目著錄。覈以《賞溥傑書畫目》，記其流出清宮時間。列出民國以來經眼、收藏及現今藏所館藏書目著錄信息，以及收入《第一批國家珍貴古籍名錄圖錄》至《第四批國家珍貴古籍名錄圖錄》、《中華再造善本》等著錄、出版情況。

四、鑑於相關部門有出版《天祿琳琅圖鑑》彩色書影計劃，本書錄不再爲每書配首卷卷端書影。只對書上版本作僞蹟象，輔以同版書之相關書影一二幅，以直觀指明《欽定天祿琳琅書目》鑑定失誤原因。書影除筆者所攝或複製自公藏單位外，大多採自第一至四批《國家珍貴古籍名錄圖錄》，臺北"故宮博物院"善本古籍資料庫、（臺北）"國家圖書館"中文古籍書目資料庫等網上資源，以及公藏單位善本圖錄、拍賣公司圖錄等出版物，不再一一注明出處。

---

① 天祿繼鑑書每冊前後副葉所鈐"大三璽"、"中三璽"、"小三璽"之說，詳見拙著《天祿琳琅研究》，第 41—42 頁。

五、凡引録《天禄琳琅書目》原文,皆出自上海古籍出版社2007年版標點本,已有卷數、書名,不再以腳註形式標明出處頁碼。

六、照録序跋中之異體字或俗體字,不改成統一規範用字,以保持序跋原貌。

《欽定天祿琳琅書目後編》卷一　宋版首部

383 御題易傳六卷

宋婺州刻本。六冊，一錦套，趙萬里經眼。

書分上、下經，計六卷。前有宋元符二年程頤自序，又《上下經義》一篇。《天祿琳琅書目後編》云："是書不載鐫版年月。於真宗諱'恒'字、欽宗諱'桓'字、仁宗嫌名'貞'字，皆闕筆。而臨、復、艮三卦中'敦'字，乃光宗諱，皆不闕筆，蓋猶在紹熙以前所刻。全部不知何人用朱標界，大旨極整密。凡宋諱皆作大圈圍之，可證閱者亦宋時人也。"

鈐有"乾學"、"徐健庵"、"臣壑之印"、"學山審定"諸印，入宮前曾經清初徐乾學、汪壑遞藏。徐乾學（1631—1694），字原一，號健庵，江蘇崑山人。康熙九年探花，官至刑部尚書。主編《明史》、《大清一統志》等，有《憺園文集》傳世。其家多藏書，存《傳是樓書目》。汪壑，字學山，浙西桐鄉人，其桐華書塾多有刻書。

書前有乾隆四十八年（1783）皇帝御筆題詩一首，《題宋版周易程傳》："卜筮書違秦火殃，大程平正傳言常。周張朱介三賢卓，凶悔吝中一吉當。開物無爲自成務，抑陰有道在扶陽。幽明通以性命順，內聖由來貫外王。癸卯清和，御筆。"鈐"古稀天子之寶"、"乾隆御覽之寶"、"古希天子"三璽。

《賞溥傑書畫目》著錄，宣統十四年（1922）八月初六日賞溥傑。據上海博物館柳向春《趙斐雲先生致徐森玉先生函一通詮解》一文，上海博物館藏1946年9月趙萬里先生致徐森玉先生殘函一通，內中提及此書，云："此函未發，今日又有人秘密送閱程頤《易傳》六卷（全書）（《天祿續目》經部宋本第一部），六冊，一錦套，宋刻宋印，白麻紙，白口，刊工與《聖宋文選》相似，蓋婺州本也。有傳是樓印及各御璽。索八百萬，里匆匆記行款後還之。此書不足動我心，然就書論書，亦宋刻上駟也，吾公以爲何如？十日午刻。又及此函閱後付丙爲幸，里又叩。"①斐雲先生眼光甚高，惜未

---

① 柳向春著：《趙斐雲先生致徐森玉先生函一通詮解》，《中國典籍與文化》2011年第3期，第155頁。

曾留下此書，不知今又流落何方。

384 御題尚書詳解十三卷

清康熙通志堂刻本。一函六冊，中國嘉德2000年秋拍，①2002年2月入藏臺北"故宮博物院"（書號購善002404－002409）。

匡高19.8釐米，廣14.7釐米。每半葉十一行，行二十字，小字雙行約三十一字，白口，左右雙邊，單魚尾。書口上端左半記版刻字數，魚尾下記"尚書詳解卷幾"，下記葉數。卷前有《尚書序》，次行低五格署"前臨江軍軍學教授廬陵胡士行編"。首卷卷端題"尚書詳解卷第一"。書中"玄"、"胤"等字缺末筆。羅紋皮紙。保持清宮原裝原籤原函，宋式錦四合書套，松綠色絹質書衣，黃綾書籤，題"尚書詳解"；函內另有黃籤條一紙，上記"御題宋版尚書詳解／全函"。書品完好，精刻初印，紙墨如新。

是書十三卷，解經多以孔傳爲主，間引諸說補充，《四庫全書總目》云："雖皆根據舊說，要能薈萃以成一家言，猶解經之篤實者也。"②《天祿琳琅書目後編》云："是書《通志堂經解》內翻刻，此其原本也。"通志堂本前有扉頁，刊"宋廬陵胡先生著　尚書詳解　通志堂藏板"三行，卷首胡士行目錄後及每卷末皆有"後學成德校訂"一行，每葉版心下右刊"通志堂"三字，左刊刻工，有茆德卿、茆召、陳章、王會、甘典、鄧世維、王允高、周聖西、陳君、敘九、天爵、幟先、六吉等。此本則在刷印時皆以墊版方式掩去，墊得過多或不正，以致一側欄線下端被掩，或刻工姓名尚有痕蹟可辨。細審此本葉面，猶可在《尚書序》末葉尾題次行下方，隱約看出"後"字右半墨痕；而序第一葉B面、第二葉B面版心下，則殘留原刻工"茆德卿"左側些微印蹟。此本實撤去書前扉頁、隱去書口下之刻工及各卷末"後學成德校訂"題署一行（圖1-1），以僞充宋版。

---

① 中國嘉德國際拍賣有限公司2000年秋季拍賣會古籍善本專場，拍品第632號。雖是6冊康熙刻本，因其曾入天祿琳琅，並有乾隆御題詩，竟以50.6萬元高價拍出，民間對天祿琳琅書的珍重亦可見一斑。此本另見於呂濟民等編：《中國傳世文物收藏鑑賞全書·古籍善本》，綫裝書局2006年版，第19頁及第189頁。

② （清）永瑢等撰：《四庫全書總目》，中華書局1965年版，卷十一，經部，書類一，第95頁下。

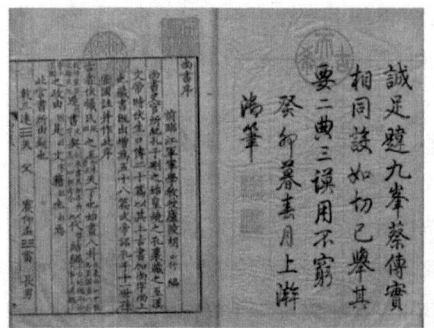
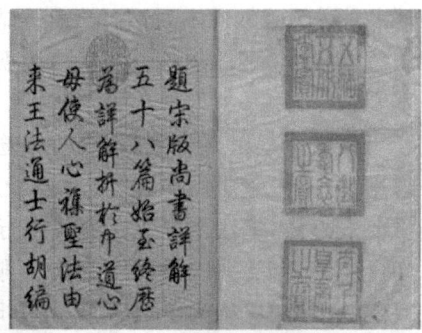
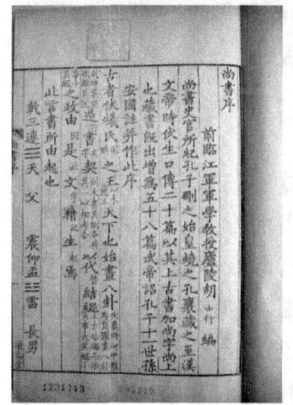
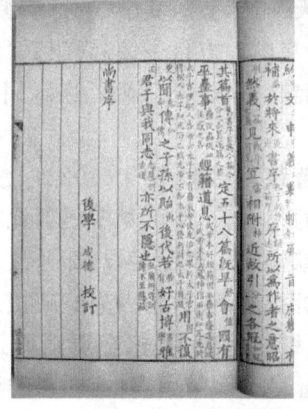

圖1—1　上爲天禄書卷首，下爲通志堂本之扉頁、序後成德題署及版心下"通志堂"三字

《通志堂經解》集宋元以來說經之書，寫刻精好，常被用以僞充宋本。此本版心下無"通志堂"三字，據《續修四庫全書總目提要》第四冊《通志堂經解目録》(《粵雅堂叢書》本)條稱："《通志堂經解》刻于康熙十五年，凡白紙初印，板心無'通志堂'三字者，均崑山徐乾學刻成時所印，後以板歸納蘭成德，始于板心下方補刻'通志堂'三字。"①葉德輝《郋園讀書志》記載光緒甲午(二十年，1894)三月命南書房翰林檢查天禄琳琅藏書，張冶秋、王懿榮兩祭酒入宫參與其事，據二人講："《書目前編》所載無一冊之存，《續編》經部宋人書所謂宋版者，往往以白紙初印之通志堂本僞充，當時鑑定諸臣不知何以竟未辨出，亦可知通志堂本之希見，故得魚目混

---

① 《續修四庫全書總目提要(經部)》，齊魯書社影印本1996年版，第4冊，第465頁。

珠。"①徐氏所依底本,據翁方綱《通志堂經解目錄》引何焯批語,爲天一閣朱絲欄抄本。朱修伯批本《四庫簡明目錄》亦云此本乃"《通志》從天一抄本刊"。

乾隆帝誤以爲是宋版,書前有乾隆四十八年(1783)御題七律一首,隆恩逾常。《題宋版尚書詳解》:"五十八篇始至終,歷爲詳解折於中。道心毋使人心襮,聖法由來王法通。士行胡編誠足韙,九峯蔡傳實相同。設如切已舉其要,二典三謨用不窮。癸卯暮春月上澣,御筆。"淡墨黄紙,精雅異常。下鈐"古稀天子之寶"朱文方印和"猶日孜孜"白文方印,其上鈐"乾隆御覽之寶"及"古希天子"二璽。其中"士行胡編誠足韙"之"韙"字,清光緒十年王先謙刻本《天祿琳琅書目後編》誤記爲"貴"。

每册俱鈐天祿繼鑑諸璽,前後副葉所鈐爲"中三璽"。除天祿諸璽外,無其它私人藏印。

《賞溥傑書畫目》著錄,宣統十四年(1922)七月十三日賞溥傑,這是溥儀賞賜溥傑書畫開始的第一天,亦可見溥儀對此書的看重。

臺北故宮圖書文獻處同仁偶然發現:部分故宮藏天祿繼鑑書之册首、末副葉靠版心一側對折長邊,或書角因蟲蛀缺損處,留有類似撕去黏合紙張的痕蹟,多爲各色箋紙之塗布粉層、金屬箔屑,少數隱約辨識出織物纖維。此部書前冠以乾隆皇帝親筆題識的《尚書詳解》,墨綠色絹書衣、明黄地雲龍紋暗花緞書籤,明黄地幾何紋宋式錦套,染黄高麗紙掛籤正楷書寫"御題宋版尚書詳解全函",屬於典型的"天祿琳琅"現存書籍樣貌。第二册前副葉與書衣間部分,明顯可見淡綠色灑金的紙張表層殘餘,包角處也能辨出曾經兩次重修痕蹟。則此書或即同、光年間重裝,至於撤下的淡綠地灑金箋書衣,究係道光重裝抑或嘉慶舊觀,尚難斷言。②

存世《天目後編》③書中有6部清康熙間通志堂刻本:《尚書詳解》、

---

① 葉德輝撰,王逸明主編:《葉德輝集》,學苑出版社2007年版。第3册,《郋園讀書志》,影印民國十七年(1928)上海澹園鉛印本。卷一,"通志堂彙刻經解一千八百卷"條,第14頁。

② 曾紀剛著:《院藏"天祿琳琅"書衣小識》,第二屆東亞典籍國際研討會2014年論文。

③ 爲行文方便,本書錄依莫友芝、傅增湘等前輩學者的說法,將《天祿琳琅書目》(前編)十卷,簡稱爲《天祿目》或《天目前編》;將《天祿琳琅書目後編》二十卷,簡稱爲《天祿後目》或《天目後編》。

《周易輯聞》、《東巖周禮訂義》、2部《三禮圖》、《大廣益會玉篇》，都被列入宋版諸部，其中一部《三禮圖》上有僞製的元人"趙孟頫印"、"史氏家傳翰苑收藏書畫圖章"等印，《大廣益會玉篇》上有"陳祺芳印"等藏印，其它4部均無私家藏書印記，顯然並非私人進獻者。納蘭成德所刻《通志堂經解》，多以宋元秘本作底本，精寫付刻，點畫工雅，可稱清初寫刻本的典範，然而畢竟去乾隆時代不遠，何以也被視作宋槧收入《天目後編》？《漁洋讀書記》"通志堂經解"條下云："崑山徐氏刻《經解》多秘本，彷彿宋槧本，卷帙亦多，聞其版亦收貯內府。"①通志堂雕版既存宮中，筆者猜測這些僞本能混入天祿琳琅，或許正是宮人所爲，內侍、文臣就近取來雕版，染紙做舊或逕以舊紙刷印，置於昭仁殿充數，甚至偷竊抵換宋槧原書，矇騙了皇帝與飽學儒臣。這一部《尚書詳解》第二冊，書前副葉與正文間靠近版心處，有殘存撕紙痕蹟，似乎是以鈐有中三璽的副葉加裝在此處，或正是替換所爲。此說尚缺乏直接證據，目前只能存疑俟考。

385 御題三禮圖二十卷

清康熙十八年納蘭成德刻《通志堂經解》本，一函四冊，現藏中國國家圖書館（新編書號1140）。

每半葉十六行，行二十二至三十三字不等，白口，左右雙邊。首卷卷端題"新定三禮圖卷之一　通議大夫、國子司業兼太常博士、柱國、賜紫金魚袋臣聶崇義集注"。書前有序。書衣有黃絹籤題"宋板三禮圖"。

《天祿琳琅書目後編》提要云：宋淳熙二年（1175）永嘉陳伯廣刻本。"是書《通志堂經解》亦翻刻。此槧法紙墨俱古，乃原珏也。"並記書末識語："《三禮圖》，始熊君子復得蜀本，欲以刻於學而未至，因屬予刻之。予觀其圖，度未必盡如古昔，苟得而考之，不猶愈于求諸野乎？淳熙乙未閏三月三日，永嘉陳伯廣書。"

每冊俱鈐天祿繼鑑諸璽，前後副葉所鈐爲"大三璽"。除天祿諸璽外，每冊首末皆鈐"史氏家傳翰苑收藏書畫圖章"朱文印，《天目後編》云："考南宋時，史氏以四明、眉山兩派爲盛，而四明尤著，浩及彌遠、嵩之三世爲相，彌大、彌堅、彌鞏、彌宇、彌寧、能之、雋之、岩之多官館閣，或其家藏籍也。"此爲宋人史守之收藏印。守之，字子仁，鄞縣人。官至朝奉大夫，中

---

① 王紹曾、杜澤遜編：《漁洋讀書記》，青島出版社1991年版，第12頁。

年退隱月湖,築翰苑,藏書甲江南。所建"碧沚"藏書樓與樓鑰所建的東逾樓遙遙相對,景色雅緻,有"四面樓臺相映發,一川煙水自彎環"①之美稱。藏書承自其祖史浩、父彌大、叔彌遠,故云家傳。《宋元學案》中有四明史氏十餘人之記載。然而此處之印,必爲僞製無疑。

書前有乾隆帝御題七律《題宋版聶崇義三禮圖》一葉:"尚忠尚質尚乎文,三代因之政已分。何必衣冠定相襲,要知和敬有尊聞。觀圖可識睢麟意,撫冊猶欣舊繭芬。汲黯讜言對漢武,懷哉那復更云云。癸卯仲夏,御筆。"鈐"古稀天子之寶"朱文方印和"猶日孜孜"白文方印,其上鈐"乾隆御覽之寶"及"古希天子"二璽。其中"撫冊猶欣舊繭芬"之"舊繭"二字,清光緒十年王先謙刻本《天祿琳琅書目後編》誤記爲"蘭芷"。

《賞溥傑書畫目》著錄,宣統十四年(1922)七月十五日賞溥傑。此係北京市文物局購自民間,轉交北京故宮,1959年又由北京故宮撥交北京圖書館者。

386 御題佩觽三卷

清康熙四十九年(1710)張士俊刻《澤存堂五種》本。四冊,一杉木夾板,嘉德1996年春拍,②現歸北京藏書家趙平之兆蘭堂。

匡高19.4釐米,廣14.2釐米。每半葉八行,行十七字至十八字,小字雙行二十四五字,白口,左右雙邊,單魚尾。魚尾下鐫"佩"字及葉次。首卷卷端題"佩觽卷上",隔行署"朝請大夫國子周易博士柱國臣郭忠恕記"。皮紙,紅綾書衣,黃綾書籤。

摹印如新,《天目後編》以爲北宋治平間刻本,稱"此本白麻紙,濃墨,極爲古緻","中於仁宗嫌名'貞'字、'徵'字俱闕筆,而項切許緣、容貌之兒爲完全,敦厚之爲敦弓,句內神宗正諱,欽、光二宗嫌名,皆不闕筆,乃北宋治平中槧可證"。並說"是書近張士俊澤存堂有倣宋刻",實則此即張士俊澤存堂影宋刻本,爲著名清代精刻本,且初印完好。版心下原刊有"澤存堂"三字,被以舊紙墊板刷印,書上影摹宋諱闕筆,並撤去"時康熙歲在上章攝提格查山子張士俊書"跋文,以致誤判爲宋版。

前有乾隆四十八年(1783)皇帝御題七律詩一首《題宋版郭忠恕佩

---

① (宋)樓鑰撰:《攻媿集》卷十,《史子仁碧沚》,《四部叢刊初編》本。
② 中國嘉德國際拍賣有限公司1996年春季拍賣會古籍善本專場,拍品第546號,以33萬元成交。

觿》,詩云:"衛風第廿一章句,名寓佩觿解結求。小學從來大學本,今文應溯古文由。肆言那戀錢五萬,容面偏欣土一抔。蟬蛻分明地仙列,斯人奚翅畫家流。癸卯初夏,御筆。"並鈐"古稀天子之寶"、"乾隆御覽之寶"及"古希天子"三寶。其中"斯人奚翅畫家流"之"翅"字,清光緒十年王先謙刻本《天祿琳琅書目後編》誤記爲"迫"。每冊俱鈐天祿繼鑑諸璽,前後副葉所鈐爲"大三璽"。

檢之《賞溥傑書畫目》,1922年8月6日賞賜一套宋板《佩觿》,當即此本,則其是年流出宮外。天祿所藏乾隆皇帝御題書,竟被發現乃以近刻僞充宋本,令鑑藏家們大爲詫異,傅增湘於民國丁巳年(1917)在故宮中獲觀此書,記云:"《天祿後目》著錄,定爲宋本,可詭之至。"①又云:"以清初印本而認爲宋刊,致勞九重之題詠,可異甚矣。"②"實則《佩觿》乃張氏澤存堂翻刻,舊紙墊印,而乾隆乃矜爲北宋。"③王欣夫本傅氏之說,亦稱"其實即澤存堂本也"。④ 此書後歸康生,⑤原書夾籤上有康生題款,云"此書非宋版,係清刻僞充宋刊。康生。"並粘於首冊封面上(圖1—2)。並鈐"康生"白文方印、"武少月"朱文方印、"丹霞過眼"朱文方印。

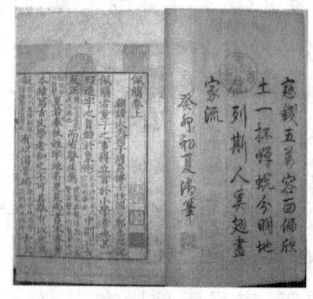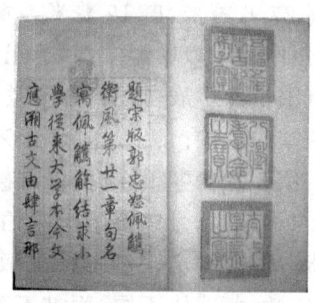

---

① (清)莫友芝撰,傅增湘訂補,傅熹年整理:《藏園訂補邵亭知見傳本書目》,中華書局1993年版,第81頁。
② 傅增湘撰:《藏園群書經眼錄》,中華書局2009年版,卷二,第115頁。
③ 《藏園群書經眼錄》,卷十二,第882頁。
④ 王欣夫著:《蛾術軒篋存善本書錄》,上海古籍出版社2002年版,第64頁。
⑤ 劉按,康生(1898—1975)曾經收藏大量古籍、文物,雖有個人購買,更多是巧取豪奪所得。據統計,康生自1968年至1972年,先後到北京市文物管理處32次,竊取圖書12080冊,竊取文物1102件。其中有大批宋元版和明版的珍本、孤本圖書。原國家文物鑑定委員吳希賢先生在其輯匯的《歷代珍稀版本經眼圖錄》一書中收宋、元、明珍本書影230種,其中有康生鈐印的便有114種,曾經清宮天祿琳琅舊藏的尚有宋刻巾箱本《禮記》、《纂圖互注荀子》和元刻本《戰國策》。

圖1-2

387 御題班馬字類三卷補遺一卷

清初影宋抄本。卷一，一冊，現藏吉林省博物院（書號05592）；卷二至五，計四卷，二冊，現藏中國國家圖書館（書號17663）。

匡高27.6釐米，廣19釐米。每半葉八行，行大小字不等，白口，左右雙邊，單魚尾。書口中記韻部，下記葉次。卷末有"門生三山潘介校正"一行。前有宋淳熙甲辰（1184）鄱陽洪邁書於金華松齋序、婁機自序、景定五年（1264）李曾伯序。書衣題籤"影宋鈔班馬字類"。白棉紙，紙白墨潤，抄寫甚工。第一冊御題俱在，但多有破損。

《天目後編》據景定甲子李曾伯序，以爲此乃影鈔宋景定五年嘉興李曾伯刊本，稱此本"影宋鈔本極工緻"，信然。此本與卷三的五部宋版《班馬字類》行款、版式皆不同，而彼五部宋版，實爲兩種版本，一爲清初張士俊澤存堂覆宋刻本，一爲清康熙間揚州馬氏叢書樓刻本。

書前有乾隆皇帝御題七律一首，《題影宋鈔本班馬字類》："采摭欣傳檇李婁，居然影宋似雕鎪。苟袁原未範圍出，班馬藉因奧窔求。喜此朝絃而暮誦，嘉伊遠紹更旁搜。披翻快處緣惡旨，笑異東坡大白浮。丁酉孟冬月中澣，御題。"（圖1-3）時在乾隆四十二年（1777），鈐"乾隆御筆"和"所寶惟賢"二璽，其上鈐"乾隆御覽之寶"及"古希天子"二璽。乾隆帝對影宋抄格外珍愛，即便宋版尚存，仍然同時收入影宋抄本，《天目後編》著錄了5部宋版《班馬字類》，而乾隆帝喜此一影宋抄本"極工緻"，題詩其上，此本遂榮登《天目後編》卷一首部。

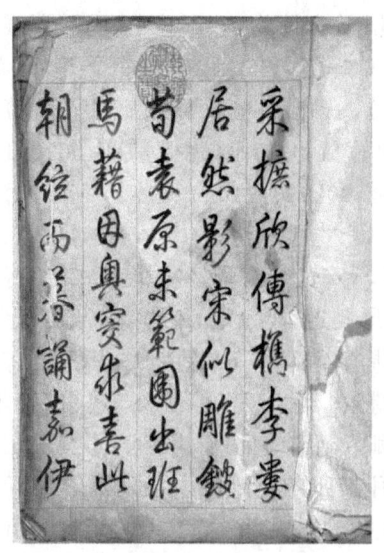
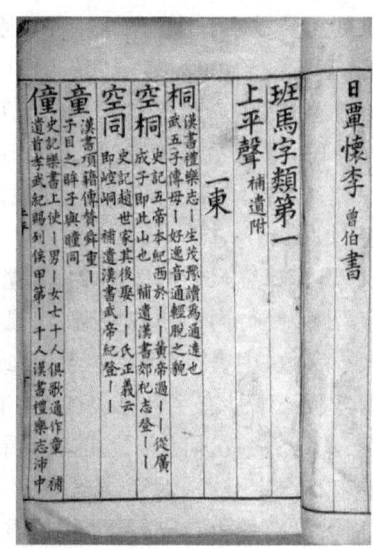

圖 1—3

卷首有"璜川吳氏收藏圖書"朱文印,入宫前曾經長洲吳氏璜川書屋所藏。《天目後編》謂乃吳泰來所藏,泰來字企晉,號竹嶼,長洲(江蘇吳縣)人。乾隆二十五年(1760)進士,授内閣中書。有《硯山堂》、《淨名軒》諸集。其家藏書處曰璜川書屋。書屋始自其祖吳銓,銓字容齋,號璜川。雍正中爲吉安知府,歸田後,居潢川,築遂初園,以校書、藏書爲事,數至萬卷,多宋元善本。最珍貴者有北宋本《禮記》、《前漢書》等。與惠棟有文字、藏書之交。每册俱鈐天禄繼鑑諸璽,前後副葉所鈐爲"大三璽"。

檢之《賞溥傑書畫目》,宣統十四年(1922)九月二十一日賞溥傑。宣統十四年十一月初一日《溥傑收到賞書畫目錄》亦著錄此書。後四册上無乾嘉以前之私人藏印,另鈐"蓮客身外物"、"蓮居士身外物"二朱文方印及"于蓮客"白文圓印,流出清宫後爲于蓮客所藏。于蓮客(1899—1980),本名懷,以字行,遼寧人,與其弟于鴛壽爲近代東北地區頗負盛名的書畫家、收藏家,搜集了很多清宫散佚字畫書籍,曾經收藏過的天禄書,除這一部乾隆皇帝御題影宋抄本《班馬字類》外,尚有宋建安余仁仲萬卷堂家塾刻本《禮記》、宋刊元明遞修本《重刊許氏說文五音韻譜》等多部。

388 御題算經七種

清康熙二十三年(1684)毛氏汲古閣影寫宋嘉定六年(1213)鮑澣之汀

州重刻元豐監本。十冊二函,現藏臺北"故宮博物院"。其中《周髀算經》,二冊,書號故善002005-002006;《九章算經》,二冊,存卷一至五,五卷,書號故善002007-002008;《孫子算經》,一冊,書號故善002009;《五曹算經》,一冊,書號故善002010;《張丘建算經》,二冊,書號故善002011-002012;《夏侯陽算經》,一冊,書號故善002013;《緝古算經》,一冊,書號故善002014。

《周髀算經》二卷,匡高21.2釐米,廣15.7釐米。每半葉九行,行十八字,小字雙行同。左右雙邊,偶見四周雙邊,單魚尾,細黑口。版心上或書大小字數,中書"周髀算經卷上"或"周髀算經卷下"及葉次,葉次上有一細圈。版心下抄有字數及刻工名,有傅汶、葉才、蔡文、吳顯、魏甫、魏才、葉全、葉定、蔡政、何全。卷前有趙君卿序,後有秘書省進書時間及校定銜名卷末有嘉定癸酉(六年,1213)十一月丁卯冬至鮑澣之後序。首卷卷端題"周髀筭經卷上",隔行下題"趙君卿注"、"甄鸞重述"、"唐朝議大夫行太史令上輕車都尉臣李淳風等奉勅注釋"三行。

書首有一葉黃紙,乾隆淡墨御筆《題宋版周髀算經》:"皇祖精明句股絃,惜吾未習值髫年。授時以是爲要矣,考古亦常有舛焉。設匪敬誠存曰旦,可能容易事占天。而今老固難爲學,自畫追思每愧旃。癸卯孟夏,御筆。"鈐"古稀天子之寶"朱文方印和"猶日孜孜"白文方印,其上鈐"乾隆御覽之寶"及"古希天子"二璽。其中"皇祖精明句股絃"之"精"字,清光緒十年王先謙刻本《天祿琳琅書目後編》誤記爲"藉"字;"考古亦常有舛焉"之"舛"字,誤記爲"外"字;"而今老固難爲學"之"固"字,清嘉慶內府寫本《天祿琳琅書目後編》誤記爲"更"字,清光緒十年王先謙刻本《天祿琳琅書目後編》則誤記爲"矣"字(圖1-4)。

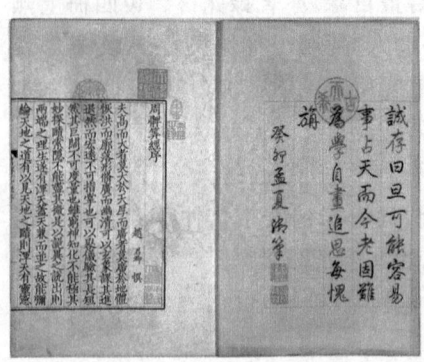
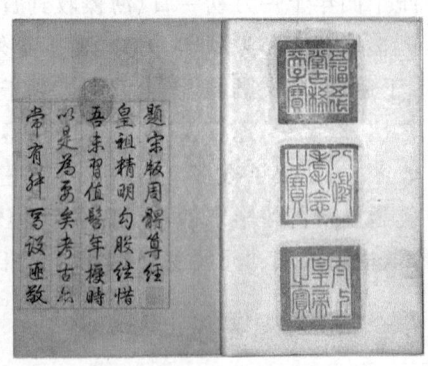

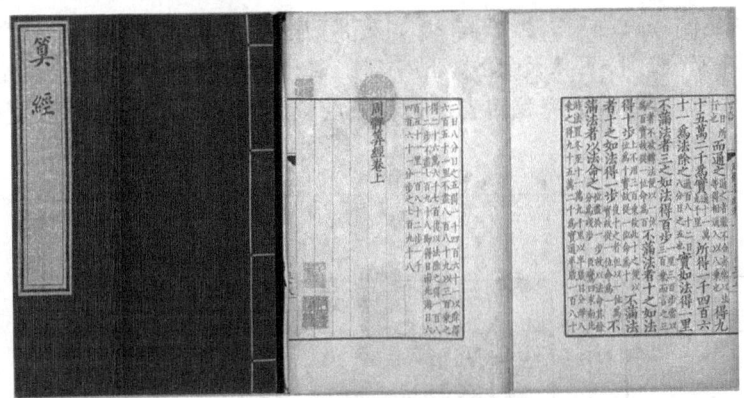

圖 1—4

　　《九章算經》五卷，匡高 20.5 釐米，廣 15.6 釐米。版式行款同上，版心中書"九章幾"及葉次。下有刻工游旻、徐成、徐子成、陳正、魏信、徐定、余太、全、俞。首卷卷端題"九章算經卷第一"，隔行下題"魏劉徽注"、"唐朝議大夫行太史令上輕車都尉臣李淳風等奉勅注釋"兩行。

　　《孫子算經》三卷，匡高 20.6 釐米，廣 15.8 釐米。版式行款同上，版心中書"孫子上（或中、下）"及葉次。下有刻工傅璋、陳圭、丁用。卷前有《孫子算經序》，卷尾有元豐七年九月秘書省進書年月及校定銜名。首卷卷端題"孫子算經卷上"，隔行下題"唐朝議大夫行太史令上輕車都尉臣李淳風等奉勅注釋"（圖 1—5）。

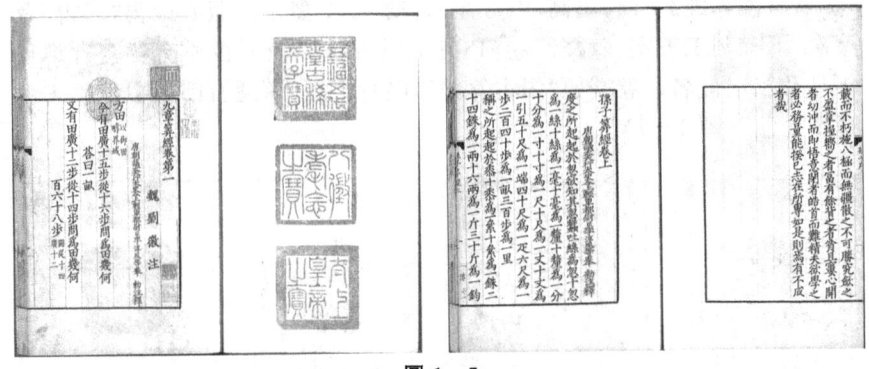

圖 1—5

　　《五曹算經》五卷，匡高 20.2 釐米，廣 15.7 釐米。版心中書"五曹算經幾"及葉次，下有刻工傅、吳顯。卷尾亦有秘書省進書年月及校定銜名。首卷卷端題"五曹算經卷第一"，隔行下題"唐朝議大夫行太史令上輕車都尉臣李淳風等奉勅注釋"。

《夏侯陽算經》三卷，匡高 20.5 釐米，廣 15.5 釐米。版心中書"夏侯陽算經上（或中、下）"及葉次，下有刻工蕭子、俞左、魏信、何正、葉定、吳顯。卷前有序，後亦有秘書省進書年月及校定銜名。首卷卷端題"夏侯陽算經卷上"（圖1—6）。

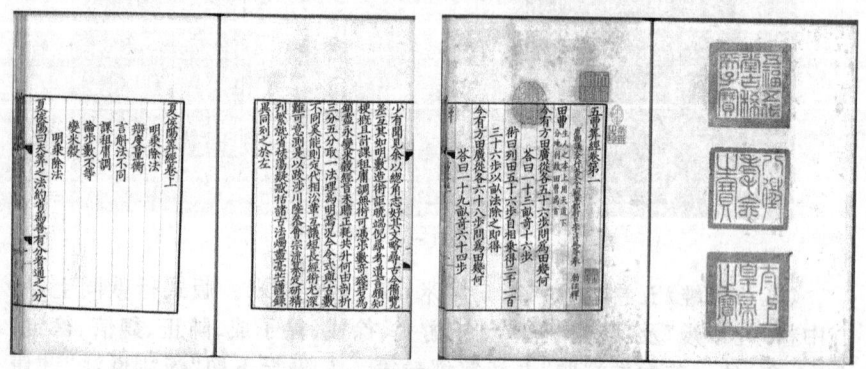

圖 1—6

《張丘建算經》匡高 20.7 釐米，廣 15.7 釐米。版心中書"張丘建上（或中、下）"及葉次，下有刻工余仲成。卷前有序。首卷卷端題"張丘建算經卷上"，隔行下題"漢中郡守前司隸臣甄鸞注經"、"唐朝議大夫行太史令上輕車都尉臣李淳風等奉勅注釋"、"唐算學博士臣劉孝孫撰細草"三行。卷中第二十一頁後原有闕葉。

《緝古算經》一卷，匡高 20.3 釐米，廣 15.7 釐米。版心中書"緝古"及葉次，下有刻工王定、陳文。卷前有《上緝古算經表》，後亦有秘書省進書年月及校定銜名。卷端題"緝古算經"，隔行下題"唐通直郎太史丞臣王孝通撰並注"（圖1—7）。

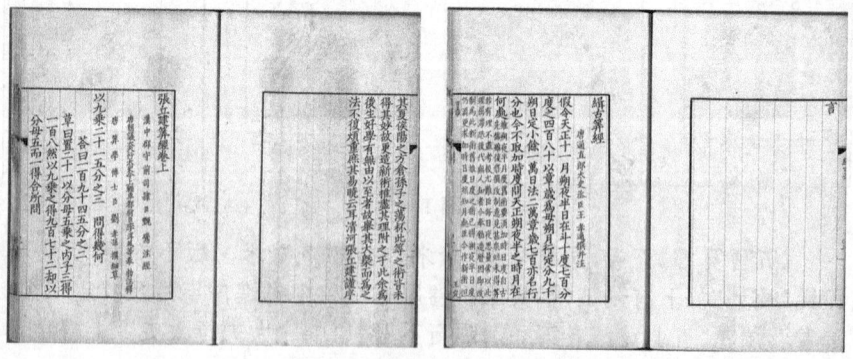

圖 1—7

其後有清康熙二十三年(1684)毛扆總跋:"按《唐書·選舉志》:制科之目,明算居一。其定制云:'凡算學,《孫子》、《五曹》共限一歲,《九章》、《海島》共三歲,《張丘建》、《夏侯陽》各一歲,《周髀》、《五經算》共一歲,《綴術》四歲,《緝古》三歲,《記遺》、《三等數》皆兼習之。'竊惟數學為六藝之一,唐以取士,共十經。《周髀》家塾曾刊行之,餘則世有不能舉其名者。扆半生求之,從太倉王氏得《孫子》、《五曹》、《張丘建》、《夏侯陽》四種,從章丘李氏得《周髀》、《緝古》二種,後從黃俞邰又得《九章》,皆元豐七年祕書省刊板,字畫端楷,雕鏤精工,真希世之寶也。每卷後有祕書省官銜姓名一幅,又一幅宰輔大臣,自司馬相公而下俱列名於後,用見當時鄭重若此。因求善書者刻畫影摹,不爽豪末,什襲而藏之。但焉得《海島》、《五經算》、《綴術》三種,竟成完璧? 並得好事者刊刻流布,①俾數學不絕於世,所深願也。康熙甲子仲秋汲古後人毛扆謹識。"鈐"毛扆之印"、"斧季"二朱文方印。此《算經》七種,皆抄於清康熙甲子(二十三年,1684),故書中"玄"、"弦"、"絃"諸字皆闕末筆,以避帝諱。

《天目後編》稱此為"影宋鈔本,出常熟毛氏,描摹紙墨最為精巧,書肆所豔稱'毛鈔'也。據《夏侯陽算經》後列銜,乃三省祕書監奉敕刊,《書錄解題》所謂元豐監本即此,它六種雖脫此葉,而行款槧法同為一書。毛氏據所得影鈔之。考《四庫全書》,所錄《張丘建》、《緝古》二種,亦鈔本。其《九章》、《孫子》、《五曹》、《夏侯陽》四種,乃從《永樂大典》散篇編成。蓋中祕之書,人間未見矣"。其中刻工吳顯、魏信、傅文等,悉見於《文祿堂訪書記》卷三"宋汀州刻本《五曹算經》書"中。《周髀算經》卷首有嘉定六年十一月丁卯鮑澣之序,則此本應為毛氏汲古閣景寫南宋嘉定六年鮑氏汀州覆刻北宋元豐監本。據毛扆跋,底本得自王世貞、李開先、黃虞稷三家,請善書抄寫者"刻畫影摹,不爽豪末",珍重藏之。乾隆帝推崇影宋抄本,列其為"下真蹟一等",僅次於宋刻本,②《天目後編》卷五還收有宋版《周髀算經》和《夏侯陽算經》各一部,乾隆帝御題在此"毛鈔"本上,亦可見其對影宋抄本的格外珍視。

開化紙,新裝織錦四合函套。綠絹書衣,黃綾書籤,皆題"算經"二字。所鈐"毛晉私印"、"宋本"、"汲古得修綆"、"希世之珍"、"毛氏子晉"、"子晉書印"等汲古閣諸印俱與《天目後編》所錄同。每冊俱鈐天祿繼鑑諸璽,前

---

① "並得好事者刊刻流布"之"事"字,清光緒十年王先謙刻本《天祿琳琅書目》誤刻為"書"字。

② 詳見拙著《天祿琳琅研究》第三章第三節。

後副葉所鈐爲"大三璽"。民國十六年(1927)傅增湘見於故宮,亦稱"斧季跋謂元豐七年秘書監刊版,然各書乃有嘉定序,蓋是南宋汀州覆本,與余去年所見朱翼庵藏本同"①。並於此書《周髀算經》兩冊卷末、《夏侯陽筭經》、《緝古算經》書尾加鈐"沅叔審定"朱文方印。

《故宮善本書目》記其爲"毛氏汲古閣景寫宋嘉定六年(1213)鮑澣之汀州重刻元豐監本,半葉九行,行十八字"。1929年出版之《故宮善本書影初編》收錄。《"國立故宮博物院"善本舊籍總目》,下冊,第737、744—745頁,著錄爲"清康熙間毛氏汲古閣景寫宋嘉定六年鮑澣之汀州重刻元豐監刊御題算經七種本"。

392 御題唐陸宣公集二十二卷

元刻本。存卷十二、十三、二十二,計三卷,二冊,現藏吉林省博物院(書號05644)。

匡高23.1釐米,廣16.9釐米。每半葉十行,行十七字,白口,單魚尾,左右雙邊。卷一至十,版心中署"苑幾";卷十一至二十二,版心中署"奏幾"。版心下有刻工,原版有張九宗、張允、珍、徐、何、張、中、拱等,餘皆模糊不清。卷端題爲"唐陸宣公集"。竹紙。藍色絹製書衣,黃綾書籤,題"陸宣公奏議"。

陸贄集存世宋版,僅見一部,名《陸宣公文集》,爲南宋中期四川眉山刻唐六十家集本,現藏中國國家圖書館。② 其餘皆元代所刻,即此十行十七字本,分制誥十卷、奏草六卷、奏議六卷,凡二十二卷,被清人目爲"通行本"(清陸心源《重刊至正本注陸宣公奏議序》),刊刻於元至大年間,書前有至大辛亥(1311)厲一鶚序。存世有近二十部,且多有遞修補版。

卷前有乾隆皇帝御題《題宋版陸宣公奏議》一首,詩云:"熟讀東坡進奏篇,欣看議疏陸家宣。行間字裏通時事,曲譬直陳總道詮。一部允當置棐几,萬言猶喜見初鐫。梁洋失及忠州遣,惜舍何殊天與淵。癸卯仲秋,御筆。"鈐"古稀天子之寶"、"猶日孜孜"二璽,其上鈐"乾隆御覽之寶"、"古

---

① 《藏園群書經眼錄》,卷七,第511—512頁。
② 此本歷來著錄爲《陸宣公文集》二十二卷,存卷一至十二,目錄一葉上、四葉下及卷十一至十二俱抄配,如《北京圖書館古籍善本書目》、《第一批國家珍貴古籍名錄圖錄》等,參考唱春蓮著《宋蜀刻本〈陸宣公文集〉再探》,《文津流觴》第十期,2013年3月。

希天子"二璽。其中"惜舍何殊天與淵"之"惜"字，清光緒十年王先謙刻本《天祿琳琅書目》誤記爲"揩"字。

書首、書末各有"揭傒斯印"、"覺斯"、"王鐸之印"三印，曾經元人揭傒斯、明末清初王鐸遞藏。揭傒斯（1274—1344），字曼碩，富州（今江西豐城）人。侍講學士、同知經筵事，修遼、金、宋三史，爲總裁官，《元史》有傳。王鐸（1592—1652），字覺斯，號嵩樵，河南孟津人。明天啓二年進士，累擢禮部尚書。入清授禮部尚書，官弘文院學士，加太子少保。每冊俱鈐天祿繼鑑諸璽，前後副葉所鈐爲"大三璽"。

《賞溥傑書畫目》著錄，宣統十四年（1922）八月初七日賞溥傑，自此出宫。

394 御題朱文公校昌黎先生集正集四十卷外集十卷遺文一卷附錄一卷

元刻本。卷一、二十八、二十九、三十七、三十八，計五卷，三冊，現藏哈爾濱市圖書館（書號 402.3/4480）；①卷二至七、十八、二十一至二十三、二十六至二十七、三十至三十一、三十四至三十六、三十九，計十八卷，十二冊，現藏中國國家圖書館（新編書號 1141、1300、1311）；卷十九至二十、三十二至三十三、四十，三冊，計五卷，三冊，現藏遼寧省圖書館（書號善00008）；卷八至九，計二卷，二冊，1996 年嘉德春拍；②卷十至十二、十五至十六，計五卷，三冊，1998 年嘉德春拍，③目錄、十三、十四，計二卷，三冊，1996 年嘉德秋拍；④以上八冊現藏私人手中；⑤卷十七，一冊，現藏遼寧省

---

① 哈爾濱市圖書館原書號 98336。

② 中國嘉德國際拍賣有限公司 1996 年春拍，拍品第 599、599—1 號。其中卷九，一冊，1999 年再次現身北京翰海春拍，拍品第 1151 號，並以 19.8 萬元拍出。見《北京翰海藝術品拍賣公司 1999 春季拍賣會·古籍善本》，北京翰海藝術品拍賣公司 1999 年 7 月版。

③ 中國嘉德國際拍賣有限公司 1998 年春拍，拍品第 1190 號。

④ 中國嘉德國際拍賣有限公司 1996 年秋季拍賣會古籍善本專場，拍品第 1304、1305 號。

⑤ 此後目錄、卷十至十一、卷十三至十五，六冊，再度上拍，見中國嘉德國際拍賣有限公司 2000 年春季拍賣會古籍善本專場，拍品第 629 號，以 209 萬元成交。此六冊 2006 年上海嘉泰春拍再度現身，以 308 萬元成交，創造了當年古籍善本拍賣的最高價。參見《中華讀書報》2006 年 7 月 12 日，轉引《新民晚報》，《元刻本〈昌黎先生集〉創出古籍拍賣最高紀錄》。

博物館（書號 24698—文雜 339）；卷二十四至二十五，一冊，現藏上海龍美術館；①外集十卷、遺文一卷、附錄集傳一卷，三冊，現藏臺北"故宮博物院"（書號贈善 003354—003356）。②

《正集》匡高 18.4 釐米，廣 12.3 釐米。每半葉十二行，行二十一字，小字雙行同，細黑口，左右雙邊或四周雙邊，亦偶見四周單邊，雙順魚尾。版心中記"昌文"、"文"、"遺文"、"昌遺文"、"文傳"卷次，下記葉數。黃麻紙。宋諱"朗"、"玄"、"匡"、"恒"、"桓"、"貞"、"徵"、"慎"、"完"、"敦"、"暾"字皆缺末筆。卷前有朱熹韓文考異序、寶慶三年王伯大序、諸家姓氏、李漢序、汪季路朱文公校書凡例。首卷卷端題"朱文公校昌黎先生集卷之一"，隔行署"晦庵朱先生考異　留畊王先生音釋"。織錦書衣，黃綾書籤。《外集》匡高 18.3 釐米，廣 12.4 釐米。每半葉十三行，行二十三字，小字雙行同。細黑口，左右雙邊，雙順魚尾，版心中刊"昌文外幾"或"外幾"及頁次。宋諱"朗"、"玄"、"匡"、"恒"、"桓"、"貞"、"徵"、"慎"、"完"、"敦"、"暾"字皆缺末筆。《集傳》第二頁抄配。

"留畊王先生"者，名伯大，字幼學，號留耕，福州人。嘉定七年進士，理宗朝官至端明殿大學士，拜參知政事，事蹟具《宋史》本傳。《天目後編》提要云："按：（凡例後之刊書）識云，留耕王先生倅南劍時，將《考異》附《正集》本文下，又集諸家所定《音釋》於通卷之左。今本宅所刊，係將南劍州官本爲據，併將《音釋》附《正集》焉。按《韓文考異》本別爲卷帙，至伯大始散附本句下以便覽。又採洪興祖、樊汝霖、孫汝聽、韓醇、祝充之說著爲《音釋》，各附篇末。今此刊者，未詳何人，又以伯大所輯《音釋》散諸句下，故注中'某云'、'集曰'皆以白文別之。是此書薈萃方崧卿、朱熹、王伯大及諸家之全，流傳特盛而已。經兩番散攟，此李光地所以有《原本韓文考異》之刻也。"（圖 1—8）

王伯大音釋本《朱文公校昌黎先生集》存世有兩種元刻本，皆爲建陽書坊刻本，有十二行本、十三行本之別，此爲十二行本，十三行本爲至正間

---

① 遼寧省圖書館、吉林省圖書館、黑龍江省圖書館編：《東北地區古籍綫裝書聯合目錄》，遼海出版社 2003 年版，第二冊，第 2491 頁。

② 臺北故宮所藏部分，被傅增湘先生補配拼齊，成一部三函十八冊之《昌黎集》，闕卷 5、18、21、24—25、30—31、34—36、39，書號爲贈善 003339—003356，著錄爲"宋紹熙間建刊補配元建刊本"，其中僅書號贈善 003354—003356 三冊爲天祿繼鑑原書。

日新書堂所刊。此本紙墨清朗，字體秀勁圓整，僞字亦少，洵爲元槧佳品。

《天目後編》卷六宋版集部又著錄三部《昌黎先生集》：第一部爲南宋紹定六年(1233)臨江軍學刻大字本，宋槧最佳者，現分藏遼寧省圖書館、國家圖書館兩家，可合爲完璧；第二部"同前首部麻沙小字本，係一版摹印"，尚不知存世與否，應也是此十二行元刻本；第三部"中字本"，實爲明萬曆三年重修本，殘本分藏中國國家圖書館和清華大學圖書館，詳見下文。

私家藏印如"吳越王孫"、"沛國郡圖書印"、"慈雲樓"、"朱家賓印"、"諸西崖書畫印"等俱與《天目後編》所記相同，唯"朱氏珍秘"朱文方印，"秘"字，《天祿琳琅書目後編》誤記爲"玩"。《天目後編》

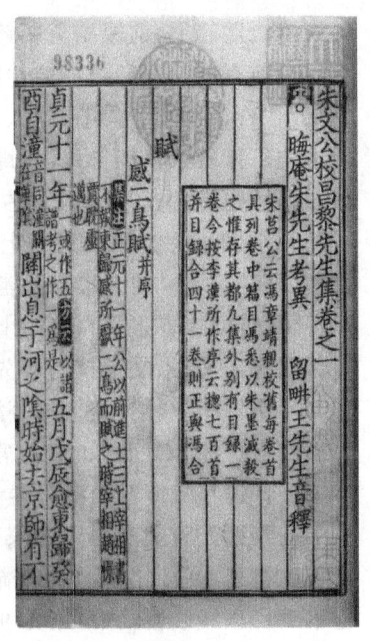

圖 1-8

云："據印記，藏是書者有沛國劉氏、吳越王孫錢氏、西崖諸氏、朱家賓四家，人俱無考。"據賴福順先生研究，藏家爲明人錢穀、屠隆、施大經、朱察卿及朱家賓父子、清人官德潤。① 錢穀(1508—1572)，字叔寶，號馨室，吳縣人，工書善畫，家無典籍，游文徵明門下。以其爲吳越王錢鏐裔孫，而有"吳越王孫"印。屠隆(1543—1605)，字長卿，號赤水，別號由拳山人，鄞縣人。萬曆五年進士，曾任吏部主事、郎中等，有《由拳集》。施大經，②字天卿，號石渠，又號玉屏，上海人，明萬曆十三年舉人，官至惠州通判。藏書於有獲閣，貯古今書籍萬卷。萬曆間與宋懋澄、王圻、俞汝楫並有藏書之名。朱察卿，字邦憲，上海人，建慈雲樓以貯書。朱家賓，字季子，察卿第四子。萬曆間人，工詩文。慈雲樓藏書於清嘉、道間爲同邑李筠嘉所得，倣《四庫提要》體例，著錄圖書數萬卷，編成《慈雲樓藏書志》八卷。"半石山房"爲清人官德潤藏書室名，德潤字永槐，號小樵，黃巖人。此本每冊俱

---

① 賴福順著：《清代天祿琳琅藏書印記研究》，(臺北)"中國文化大學"出版部1991年版，第185頁。

② 《天目後編》云："其'大經'一印，或宋羅大經，著《鶴林玉露》者。"劉按，羅爲宋人，此本爲元刻，此"大經"必非彼大經也。

鈐天祿繼鑑諸璽，前後副葉所鈐爲"中三璽"。

　　書前有乾隆癸卯（1783）仲春御題詩一首，《題宋版朱文公校昌黎先生集》云："校集都因考異詮，門人李漢更詳編。官書率就私書獻，杭本應爲蜀本先。無礙兼存期自擇，允爲獨出更誰肩。一篇原道接孔孟，見道因文啟宋傳。"題詩鈐印四方，曰"古稀天子之寶"、"猶日孜孜"、"乾隆御覽之寶"、"古希天子"。觀拍賣會上所出部分，王先謙刻本上"無礙兼存期自擇"，"礙"字誤作"得"，賴存世書以正之。

　　檢《賞溥傑書畫目》，宣統十四年（1922）八月廿三日、廿六日分別賞賜一部四套宋板《朱文公校昌黎先生集》，其中當有此書。宣統十四年十一月二十四日溥傑收到賞單內著錄此書。國家圖書館所藏六冊爲瀋陽歸還北京故宮，1959 年又經北京故宮撥交北京圖書館，其中有四冊蟲蛀，2013 年編目。遼寧省博物館所藏卷十七，一冊，書中夾有一紙，上鈐"曾經民國二十五年浙江省文獻展覽會陳列"朱文大方印，或曾於 1936 年在杭州展出。此書乃 1962 年博物館自瀋陽古舊書店購藏。① 遼圖本在《中國古籍善本總目》（綫裝書局本）第 1199 頁第 776 條著錄。據陳國慶文記載，瀋陽交還北京故宮的書中，有一部元刻本《朱文公校昌黎先生集》四十卷外集十卷遺文一卷，無"天祿繼鑑"及"乾隆御覽之寶"諸印璽，每冊前有"皇次子章"，後有"養正書屋珍藏"印，皆道光皇帝旻寧用印，存目錄、卷一、卷三至四、卷十五至十八，計五冊，現藏中國國家圖書館，②此書 2013 年編目。遼寧省圖書館藏元刊《朱文公校昌黎先生集》，存卷二、卷五、卷十至十四、卷十九至二十、卷三十二至三十三、卷四十，一函八冊，乃《天祿後目》卷一首部著錄之御題書殘卷，其中卷二、卷五、卷十至十四配補以另一元刻本，③每冊亦前有"皇次子章"，後有"養正書屋珍藏"印。兩部元刊本爲一部散出，遼圖所藏十二卷爲《第二批國家珍貴古籍名錄圖錄》第

---

　　① 趙姝著：《遼寧省博物館藏四種元代刻本》，《遼寧省博物館館刊》第 1 輯，遼海出版社 2006 年版，第 320—321 頁。

　　② 陳國慶著：《瀋陽圖書館藏長春僞宮殘存宋元珍本目錄考略》，《歷史文獻》第 6 輯，上海古籍出版社 2004 年出版，第 107 頁。劉按，陳文記此本爲宋建陽書坊刻本，實爲元刊本。

　　③ 趙成山、王清原著：《長春僞宮善本書源流考》，《圖書館學刊》1990 年第 3—4 期，第 89 頁。劉按，遼圖本中另有卷二、五、十至十四，實乃以另一元刻本相配，故卷第與拍賣會上所出重複。配補元刊爲五冊，行款、版式俱同此本，每冊前鈐"皇次子章"朱文長印，末鈐"養正書屋珍藏"朱文方印。

03110號;①哈圖所藏五卷爲《第二批國家珍貴古籍名錄圖錄》第03112號。②

臺北故宮所藏《外集》十卷《遺文》一卷《集傳》一卷，出宮後曾爲藏園收藏，"己未(1919)之冬見於廠市"，③《藏園訂補郘亭知見傳本書目》、《藏園群書經眼錄》並著錄此本。《涉園所見宋板書影》第二輯著錄。傅增湘以五種版本之建陽刊本補配、拼齊，計十八冊三函，成宋元刻各半之合璧本《昌黎集》。④書前有一頁藏園老人手書題識，云："此合璧本《昌黎集》，存宋元刻各半，舊藏華亭張文敏家，卷十三末有手識一行，各卷闕葉手寫補入者，凡六番，楷法特爲精麗。書衣更用泥金標題門類，名人妙翰所存，匪特古本之足貴也。藏園老人識　癸未十月。"(圖1—9)張照所藏爲正集部分，實亦元建陽刊十三行本，與故宮藏另一部元建陽刊本《朱文公校昌黎先生集》同版。⑤ 此書後爲沈仲濤研易樓收藏，沈氏歿後捐與臺北"故宮博物院"。此三冊只有"乾隆御覽之寶"及"天祿繼鑑"、"天祿琳琅"三璽，皆無副葉三璽，然而《外集》卷首有"慈雲樓"朱文方印，《外集》卷七、卷八、《遺文》有"大經"、"諸西崖書畫印"、"子子孫孫永保用享"三印，知即《天目後編》卷一宋版首部之《御

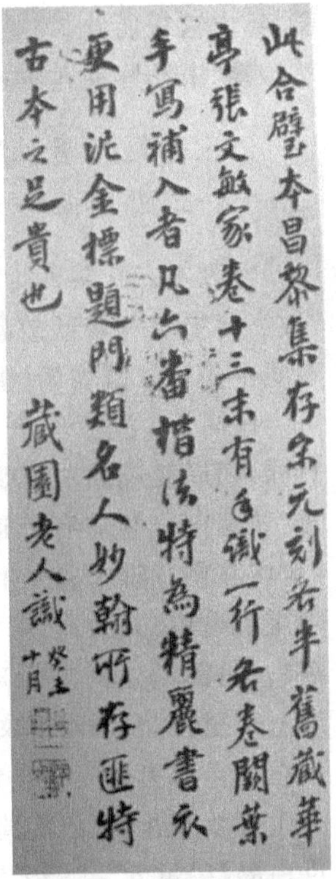

圖1—9　傅增湘題跋，見於臺北故宮藏元版《朱文公校昌黎先生集》前

---

① 中國國家圖書館、中國國家古籍保護中心編:《第二批國家珍貴古籍名錄圖錄》，國家圖書館出版社2010年版，第3冊，第244頁。
② 《第二批國家珍貴古籍名錄圖錄》，第3冊，第246頁。
③ 《藏園群書經眼錄》，卷十二，第882—883頁。
④ [日]阿部隆一著，潘美月譯:《故宮博物院藏沈氏研易樓捐贈宋元版本志(下)》，《"國立中央圖書館"館刊》第20卷第1期，民國七十六年(1987)六月，第84—85頁。
⑤ 書號故善002144—002159，有"宣統御覽之寶"印，屬"天目四編"書，詳見本書附錄一之三。

題朱文公校昌黎先生集》，除諸印外，此三册尚有"江安傅增湘沅叔珍藏"、"雙鑑樓藏書印"、"雙鑑樓珍藏印"、"山陰沈仲濤珍藏祕籍"四枚朱文方印，爲出宫後所鈐。《"國立故宫博物院"善本舊籍總目》下册第1022頁，著録爲"宋紹熙間建本補配元建刊十三行本"。①

395 御題增廣注釋音辨唐柳先生集四十三卷別集二卷外集二卷附録一卷

元刻本。正集四十三卷、外集二卷、附録一卷，三十册四函，現藏臺北"故宫博物院"（書號故善002016—002045）；《別集》二卷，元刻本，二册，現藏中國國家圖書館（書號10712）。合兩岸所藏，即爲全璧。

匡高18.2釐米，廣12.5釐米。每半葉十二行，行二十一字，小字雙行同，四周雙邊或左右雙邊，小黑口，雙順魚尾或對魚尾。版心中刊"柳文幾"及葉次。卷前有乾道三年（1167）十二月吴郡陸之淵《柳文音義序》，《增廣註釋音辨唐柳先生集諸賢姓氏》，《柳先生年譜》，目録一卷。附録一卷尾劉禹錫《天論》三篇、祭文三首，《唐書》本傳，曹輔、黄翰、許尹祭文，汪藻《永州劉先生祠堂記》，穆修《舊本柳文後序》，沈晦《四明新本柳文後序》，李襛《柳州舊本柳文後序》、文安禮《柳文年譜後序》。首卷卷端題"增廣註釋音辨唐柳先生集卷之一"，隔行下題"南城先生童宗説註釋"、"新安先生張敦頤音辨"、"雲間先生潘緯音義"三行。文終註釋、音辨、音義等以反白墨釘"童云"、"張云"、"潘云"提示。宋諱"貞"、"恒"、"桓"、"徵"、"敦"等或闕末筆，避諱不甚謹嚴。竹紙，簾紋一指半寬。新裝紫色地夾金線織錦四合函套，石青紙質書衣，無書籤。

《天目後編》謂此本"宋麻沙本，……今通行乃明鋟，卷帙、音注皆照此本，而舛誤特甚。此雖未知較北宋四刻及南渡後二刻爲何如，而精審足寶。……注中白文，童、張、潘並作'某云'，非緯所自刻。然較其闕筆字，的是南宋中葉本。"《增廣註釋音辨唐柳先生集》存世多元明刊本，宋刻僅見北京大學圖書館所藏一部，十六册，爲袁芳瑛臥雪廬舊藏（圖1—10）。②

---

① 據知，臺灣潘思源先生曾藏此書首册，即見於嘉德2000年春拍之目録一册，書前有乾隆御筆題詩。後被上海崔姓商人以爲拍賣圖録拍攝封面爲名借走，西泠拍賣當年以400餘萬人民幣售出。

② 中國國家圖書館、中國國家古籍保護中心編：《第三批國家珍貴古籍名録圖録》，國家圖書館出版社2012年版，第07210號。

與此本卷數、版式、行款俱同,宋帝諱避至"敦"字,"廓"以下諸帝諱不缺筆,殆刊於南宋光宗紹熙年間。槧鋟精工,緊行密字,紙潤墨勻,實爲建陽書坊刊本所尠見。天祿此版係元代翻刻本,照摹宋諱,版框以四周雙邊居多,雖也初刻初印,但版刻終不及宋本筆畫清朗。

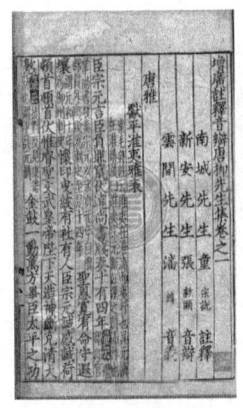 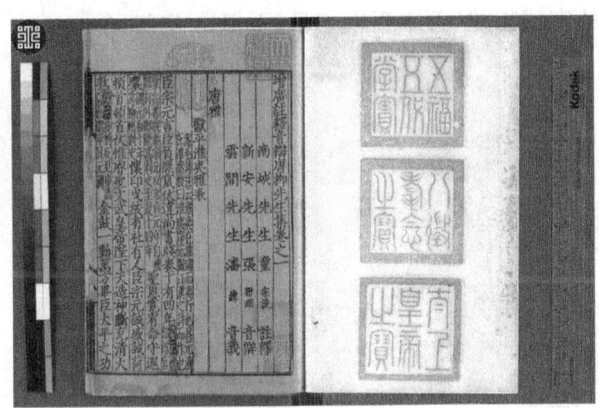

北大所藏宋刻本書影　　　臺北故宮所藏天祿書

圖1—10

卷首有乾隆御筆七律一首,《題增廣註釋音辨唐柳宗元集》,詩云:"文章韓柳稱伯仲,邪正立身冬夏然。黨入叔文真是謬,州憐禹錫或猶賢。政傳柳郡差可耳,廟祀羅池實幸焉。終是昌黎敦厚道,惜其末路鮮周旋。癸卯仲春御筆。""仲春",清嘉慶內府寫本及清光緒十年王先謙刻本《天祿琳琅書目後編》均誤作"仲夏"。下鈐寶二:一曰"古稀天子之寶"朱方,一曰"猶日孜孜"。上鈐寶二:一曰"乾隆御覽之寶"朱文橢圓,一曰"古希天子"朱文圓印。

私家印記如"沛國郡圖書印"、"松菊閒情"、"吳越王孫"、"諸西崖書畫印"、"子子孫孫永保用享"、"慈雲樓"等,多與上一部御題《韓集》相同,也曾經錢穀、屠隆、施大經、朱察卿、朱家賓父子收藏,蓋因其皆爲麻沙刊本,兩者相配也。"朱氏珍秘"印,《天目後編》亦誤記爲"朱氏祕玩"。"朱季子"、"朱氏珍秘",《天祿琳琅書目後編》認爲"或即朱家賓"。每冊俱鈐天祿繼鑑諸璽,前後副葉所鈐爲"中三璽",私家藏印俱與《天目後編》同。《別集》卷首尚鈐"補蘿藏書"(朱文方印)、卷末鈐"曾經山陰張致和補蘿盦藏"(朱文長印)二印,爲流出清宮後收藏者張致和之印。張致和,本名允中,致和,其字,號補蘿庵主,浙江山陰(紹興)人,民國時期京城收藏家,擅書法,精於文物鑑定,曾任北平市政府秘書長。

原爲四函三十二冊,《故宮善本書目》記其爲"宋建陽書坊刻本。半葉十二行,行二十一字。闕《外集》二卷,存三十冊"。《故宮宋本圖錄》、《"國立故宮博物院"善本舊籍總目》及臺北故宮網絡檢索系統等皆著錄此本爲"南宋建陽書坊刻本"。《北京圖書館古籍善本書目》第2062頁。《"國立故宮博物院"善本舊籍總目》下冊第1025頁。

《欽定天祿琳琅書目後編》卷二　宋版經部

398 周易十卷

宋刻本。四册,現藏中國國家圖書館(書號5428)。

每半葉十二行,行二十四字,小字雙行同,白口,左右雙邊,單魚尾。版心中刊"易幾",下有刻工"刘昭"、"章中"、"濮宣"、"李"、"宋"、"章中"、"周彥"等,惜版心多有開裂,辨識不清。"玄"、"弘"、"匡"、"筐"、"恒"、"貞"、"桓"、"媾"、"慎"字避宋諱闕筆。首卷卷端題"周易上經乾傳第一",署"王弼注"。

分上、下經,弼注;《辭傳》、《說卦傳》、《序卦傳》、《雜卦傳》,韓康伯注;附《略例》,邢璹注。避諱至"慎"字止,"敦"字不諱,刊刻當在南宋孝宗時。刻工劉昭、章中、周彥爲南宋杭州地區刻工,劉昭與刻兩浙茶鹽司黃唐本《周易注疏》、章中與刻宋版《朱晦庵文集》、周彥與刻宋紹興衢州本《居士集》、兩浙庚司本《禮記正義》等,據刻工可知此本當刻於杭州地區。前無序。《天目後編》稱"是書不載鐫板年月。於孝宗以上諱俱闕筆,乃淳熙、乾道年刊。字畫圓勻,槧法淨密,宋本中之佳者",誠哉斯言。

曾經明人王世貞舊藏,鈐"貞"、"元"朱文聯珠章及"伯雅"朱文長印。王世貞(1526—1590),字元美,號鳳洲,又號弇州山人,太倉人,明代文壇"後七子"之一。嘉靖二十六年(1547)進士,累官刑部尚書,有《弇山堂集》等,《明史》有傳。家富藏書,所藏宋版《兩漢書》、《六臣注文選》入藏清宮"天祿琳琅"前編,有乾隆帝御題,隆恩逾常。《天目後編》中除此書外,尚有宋版《呂氏家塾讀詩記》,亦王世貞舊藏。①藏書印分鈐"伯雅"、"仲雅"、"季雅"印,取三雅之義,以表書之品第。每冊俱鈐天祿繼鑑諸璽,前後副頁所鈐爲"中三璽"。

《賞溥傑書畫目》著錄,宣統十四年(1922)七月十五日賞溥傑,從此流

---

① 劉按,《天目後編》卷七宋版集部第七部《六家文選》,上有"瑯琊王氏珍玩"、"瑯琊王元美氏"二印,此書實爲明嘉靖十三年(1534)至二十八年(1549)袁褧嘉趣堂刻本,其上"楚王之章"及王世貞諸印俱僞。

失宮外，所幸又回歸公藏。

399 周易本義十二卷附易圖一卷五贊一卷筮儀一卷

宋刻本。原一函八冊，書分依《古周易》經二卷，傳十卷。前《易圖》九，後《周易》五贊、筮儀。其中依《古周易》經之《上經》一卷、《傳》十卷、《五贊》一卷、《筮儀》一卷，計六冊，現藏中國國家圖書館（書號 12337）；《下經》第二，計一卷，一函一冊，現存遼寧省圖書館（書號善 00037）；《周易圖》一卷，一冊，中國嘉德國際拍賣有限公司 1996 年春拍，現藏兆蘭堂。①

匡高 18.9 釐米，廣 14.4 釐米。每半葉七行，行十五字，小字雙行同，白口，左右雙邊，雙順魚尾，《易圖》爲單魚尾。版心上記字數，下有刻工黃埜、吳炎、恭、王燁、賈端仁、蔡仁、蔡明、蔡友、何彬、祖、黃、游熙、馬良、張元或、周嵩等。宋諱"玄"、"匡"、"恒"、"貞"、"桓"、"構"、"媾"、"慎"、"敦"字皆闕末筆。首卷卷端上題"周易上經第一"，下題"朱熹本義"。白麻紙，黃綾書衣，黃綾書籤。國圖所藏四冊有蟲蛀。

此本字大如錢，肥厚舒展，墨光如漆，屬浙刻本風貌。刻工多爲南宋初至中期浙江一帶良工，其中蔡明與刻宋紹定刊本《吳郡志》，黃埜與刻宋淳熙張杅桐川郡齋本《史記》，馬良與刻宋嘉定杭州刊《渭南文集》，王燁與刻宋紹興間嚴州本《藝文類聚》，吳炎、周嵩與刻宋寶祐湖州大字本《通鑑紀事本末》。避諱至"敦"字止，則此帙爲宋光宗時所刻。或云此本版刻刀鋒畢露，不似宋版圓潤風格，《易圖》中有反文"恒"字末筆闕，亦非挖改所致，疑爲後代據宋版翻刻之本（圖 2—1）。

此本鈐"項氏萬卷堂圖籍印"、"項印篤壽"、"少谿主人"、"子長"、"紫玉玄居寶刻"、"甲"、"汲古閣"、"汲古主人"、"毛晉之印"、"毛晉私印"、"子晉"、"毛氏子晉"、"浮清堂珍藏"、"云墟子"、"吳氏沅寶"、"吳氏中孚"諸印，皆與《天目後編》所記相合。其中"紫玉玄居寶刻"白文印，《天目後編》避康熙帝諱，記爲"紫玉元居寶刻"；"吳氏沅寶"白文印，《天目後編》內府寫本及王先謙刻本皆誤記爲"吳氏沅寬"。爲明代秀水項氏萬卷堂舊藏。項篤壽（1521—1586），字子長，嘉興人，項元汴之兄，嘉靖四十一年（1562）進士，入翰林。萬卷樓，其舍北藏書處。明末清初歸毛氏汲古閣，毛氏所

---

① 中國嘉德國際拍賣有限公司 1996 年春拍，拍品第 545 號，以 18.7 萬元成交。

藏,用"宋本"印,更著"甲"字印,乃其最佳者。吴中孚,乾隆時人,生平無考。① 每冊俱鈐天祿繼鑑諸璽,前後副葉所鈐爲"中三璽"。

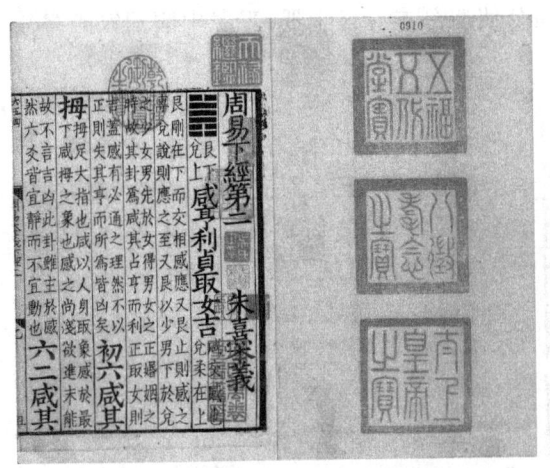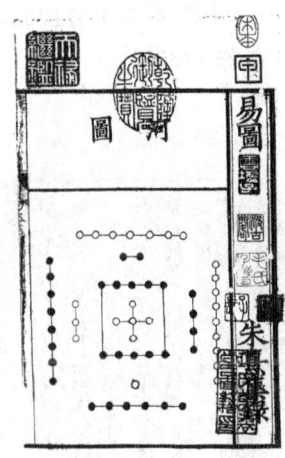

圖 2—1

《賞溥傑書畫目》著錄,宣統十四年(1922)七月十四日賞溥傑。國圖所藏六冊,爲瀋陽歸還北京故宮,1959 年又經北京故宮撥交北京圖書館。②《北京圖書館古籍善本書目》經部易類著錄,第 16 頁。《易圖》一冊,吳希賢先生曾經眼,以爲"似浙江刻本"。③ 遼圖所藏下經第二,一冊,《第四批國家珍貴古籍名錄圖錄》第 09916 號。④

---

① 賴福順《清代天祿琳琅藏書印記研究》認爲吳中孚爲宋人,稱"原名不知,後以字行,中江人,嘉定十年進士,官至郫先衛"。第 89 頁,臺北"中國文化大學"出版社 1991 年版。劉按,"吳氏中孚"、"吳氏沅實"二印所鈐位置,皆在毛晉諸印之上,按古人鈐印習慣,必是收藏晚於汲古閣,絕無可能是宋人之印。

② 陳國慶:《瀋陽圖書館藏長春僞宮殘存宋元珍本目錄考略》,上海圖書館歷史文獻研究所編:《歷史文獻》第六輯,上海古籍出版社 2004 年版,第 78 頁。

③ 吳希賢輯彙:《歷代珍稀版本經眼圖錄》,中國書店 2003 年版,第 1—2 頁。吳希賢(1911—2001),河北省冀縣人。早年從業於北京琉璃廠書肆,1949 年後在中國書店供職,爲國家文物鑑定委員會委員。"文革"期間參與"古書文物清理小組"工作,歷時十數年,從經眼的二百三十萬冊古籍中甄選珍本,記錄下來,編爲《歷代珍稀版本經眼圖錄》一書。書中所記珍本,很多已在"文革"後落實政策被退還原藏家,其中有些再現於各大拍賣會上,有些則至今未曾面世。

④ 中國國家圖書館、中國國家古籍保護中心編:《第四批國家珍貴古籍名錄圖錄》,國家圖書館出版社 2014 年版,第 1 冊,第 94 頁。

401 大易粹言十二卷

宋淳熙三年(1176)舒州公使庫刻本。二十冊,現藏中國國家圖書館(書號12338)。

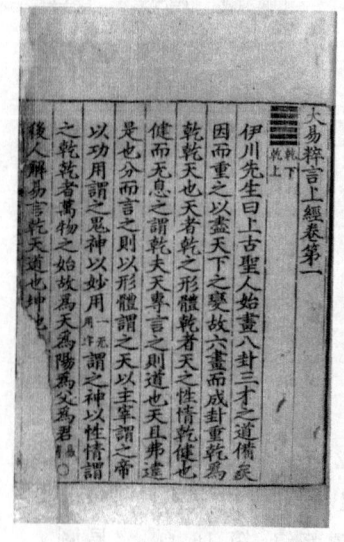

圖 2—2

匡高22釐米,寬17.8釐米。每半葉十行,行二十字,白口,左右雙邊,雙魚尾。版心上記字數,下有刻工吳全、余全、胡右、胡珏、胡剛、徐亮、周嵩、蔡元、陳文、董孜、胡二、胡天右、柯斌、劉升、劉仲、王明、王仲、吳洋、徐亮、嚴浚、葉青、葉生、余光、余元、余中、虞中、曾挺、張拱等。首卷卷端題"大易粹言上經卷第一"。宋諱"玄"、"鉉"、"敬"、"弘"、"殷"、"筐"、"恒"、"貞"、"讓"、"桓"、"構"、"媾"、"搆"、"慎"諸字闕末筆。卷首有元符二年(1099)程頤《伊川先生易傳序》、紹興二十一年(1151)郭雍《白雲先生易說序》,卷末有淳熙四年(1177)程九萬、李祐之跋。略有蟲蛀、水漬。(圖2—2)

卷尾有舒州公使庫雕造所牒文二通,云:

舒州公使庫雕造,所本所依奉臺旨校正到《大易粹言》,雕造了畢,右具如前。淳熙三年正月□日,池州青陽縣學諭李祐之校勘、迪功郎舒州懷寧縣尉許邦弼校勘、迪功郎新無為軍無為縣主簿方頤校勘、迪功郎舒州太湖縣主簿張橐校勘、迪功郎舒州望江縣主簿程九萬校勘、從政郎舒州錄事參軍莫抃校勘、儒林郎安慶軍節度掌書記趙善登校勘、從事郎舒州州學教授方聞一校勘,奉議郎權通判舒州軍州兼管內勸農營田事陸同、朝請大夫知舒州軍州兼管內勸農營田屯田事曾種。

今具《大易粹言》壹部,計貳拾冊,合用紙數、印造工墨錢,下項紙副耗共壹仟叄百張,裝背饒青紙叄拾張,背青白紙叄拾張,樣墨糊藥印背匠工食等錢共壹貫伍百文足,賃板錢壹貫貳百文足,本庫印造見成出賣,每部價錢捌貫文足,右具如前,淳熙三年正月日雕造所貼司胡至和具,杭州路儒學教授李洰孫校勘無差。

據牒文,則此本爲曾種知舒州時刊印,書中刻工胡珏、胡剛、徐亮等人,見於宋淳熙龍舒郡齋刻本《金石錄》,陳文見於宋淳熙撫州刻本《禮記注》,胡右見於宋龍舒郡齋本《王文公集》,亦知此本確爲南宋淳熙時期所刊。

每冊前、後有蒙古篆文官印,冊末紙背有一印記,謂"國子監崇文閣書籍借讀者必須愛護損壞闕汙典掌者不許收受"。《天目後編》考云:"按《元史·仁宗紀》:皇慶元年二月朔,徙大都學所置周宣王石鼓於國子監。二年六月建崇文閣於國子監。《明太學志》:崇文閣,元藏書所。今東講堂有碑存。然則宋籍元藏,與石鼓同時皮置,可云古矣。"元時爲國子監崇文閣藏書,另每冊卷末有"國子監印"朱文大方印,卷首有"蕉林藏書"、"觀其大略"二枚朱文方印,《天祿琳琅書目後編》失收。清代入藏天祿琳琅,每冊皆鈐天祿繼鑑諸璽,前後副葉所鈐爲"大三璽"。

《賞溥傑書畫目》著錄,宣統十四年(1922)八月廿三日賞溥傑。出宮後輾轉自長春僞宮、瀋陽故宮,1959年由北京故宮撥交北京圖書館。① 《北京圖書館古籍善本書目》經部易類著錄(第21頁)。《第一批國家珍貴古籍名錄圖錄》第00202號。② 《中華再造善本》據以影印,唐宋編第009部。

402 童溪王先生易傳三十卷

宋開禧元年(1205)建安劉日新三桂堂刻本。卷一至十四、十八至二十二、卷二十八至三十,計二十二卷,九冊,現藏中國國家圖書館(書號9582);卷十五至十七、卷二十五至二十七,計六卷,一函二冊,現藏遼寧省圖書館(書號善00013);卷二十三至二十四,計二卷,一冊一函,1996年嘉

---

① 劉按,本書所謂"長春僞宮書",特指被遜帝溥儀兄弟攜出紫禁城,先運往天津,1932年又運往長春僞皇宮的一批天祿書。這批書與《石渠寶笈》著錄之字畫及珍玩等被儲於僞皇宮同德殿後一座兩層水泥的"小白樓"中,長達14年之久,因建築破舊,沒有任何防潮、防蠹措施,很多天祿琳琅書的書頁因此霉爛、蟲蛀。1945年日本投降後,國民政府接收僞宮書籍,後由國立瀋陽故宮博物院接收,1948年與北京故宮的一批宋、明絲繡交換,運回北京,總計92種,1480冊。這批書連同1949年後自民間收集購入的原天祿琳琅書,在1959年被一同撥交給北京圖書館。此間詳情參見拙著《天祿琳琅研究》第一章第四節"天祿琳琅藏書的流散",第61—80頁。

② 中國國家圖書館、中國國家古籍保護中心編:《第一批國家珍貴古籍名錄圖錄》,國家圖書館出版社2008年版,第1冊,第224頁。

德春拍,1999年北京翰海春拍再現,現藏臺北"故宫博物院"(書號購善002290)。①

匡高19.2釐米,廣12.8釐米。每半葉十四行,行二十三四字不等,細黑口,間作白口,左右雙邊,雙順魚尾。版心上記字數,中記"易幾"或"易解幾",下記葉次。有耳題。避宋諱"恒"、"貞"、"桓"、"媾"、"愼"諸字,"愼"字或改寫作"謹"字,"敦"字時避時不避。首卷卷端題"童溪王先生易傳卷之一",署"迪功郎前韶州州學教授王宗傳景孟撰"。卷前有王宗傳自序、林焞序。黄麻紙。清宫舊裝,織錦函套,石青杭細書衣,黄綾書籤,書作"宋板童溪易傳"。卷二之第六葉、卷二十三第五葉鈔補(圖2-3)。

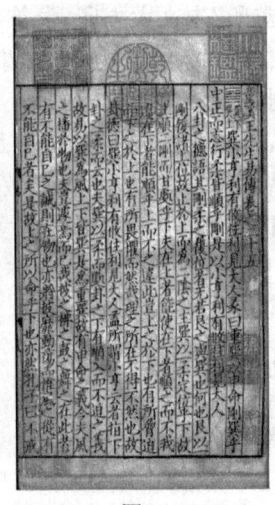

圖 2-3

王序後有墨印三:一曰"大易發明",一曰"建安劉日新宅鋟梓於三桂堂",一曰"經學之寶"。林序略云,與童谿生同方學同學,同及辛丑第。開禧更元,劉君日新將以《童谿易傳》膏馥天下後世。則此書纂於孝宗朝,刊於寧宗朝,林序爲其付梓時所序也。刊記之"三桂堂",乃南宋建陽望族劉氏刻書世家的著名書肆,也是麻沙書坊中規模較大者。是書緊行細字,楮

---

① 此二卷曾於1996年春中國嘉德拍賣,拍品第544號,當時以20.9萬元成交,1999年北京翰海秋拍上再次出現,拍品第1056號,以31.9萬元成交,足見古籍市場的漲幅。此據黄燕生著:《中國藝術品投資與鑑賞叢書·古籍善本》,中國水利水電出版社2005年版,第46頁。而據"'國立故宫博物院'善本古籍資料庫"http://npmhost.npm.gov.tw/ttscgi/ttswebrb?@@738539088 此一冊爲2000年2月新購。

墨精良。上有朱筆句讀、改字。爲《童溪易傳》現存最早刊本。

書中鈐印累累，有"陳元忠印"、"桂堂"、"端居室"、"紫府僊班"、"聽松風處"、"俞貞木"、"石澗書隱"、"少保秦端敏公仲子"、"錫山秦汴"、"次山秦子思宋"、"唐白虎"、"繁花塢"、"立庵圖書"、"毛氏子晉"、"毛晉之印"、"毛晉"、"毛晉私印"、"子晉書印"、"晉"、"子晉"、"汲古得修綆"、"宋本"、"汲古主人"、"東吳毛氏圖書"、"毛褒華伯"、"乾學"、"徐健庵"、"謙牧堂藏書記"、"謙牧堂書畫記"等，自明代俞琰、俞貞木、秦汴、唐寅、賀萬祚、毛氏汲古閣至徐乾學、揆敘，流傳有自。"俞貞木"印，清光緒王先謙刻本《天目後編》誤記爲"俞貞本"；"華伯"印，嘉慶內府寫本及王先謙刻本《天目後編》皆誤爲"莆伯"。"石澗書隱"爲宋末元初俞琰之印，琰字玉吾，號全陽子、林屋山人、石澗道人，吳縣人。家洞庭之西山，元初獲選，辭不赴。俞貞木(1332—1401)，初名楨，字有立，俞琰之孫。① 通經史，工古文辭。元末杜門隱居，洪武初以薦起知韶之樂昌，永樂初，以勸蘇州守姚善舉兵論死。《書史會要》有傳。秦汴(1509—1581)，字思宋，號次山，無錫人。秦金仲子，金官刑部尚書，諡端敏。汴嗜藏書，有"得一萬戶侯不如得萬卷書"之嘆，建有"萬卷樓"以爲藏書之所。其"繡石書堂"刊書眾多，有《錦繡萬花谷》、《事類賦注》、《古今合璧事類備要》等，所刻之書，以校勘精良、刻印工整著名，世稱秦刻。唐寅(1470—1523)，字伯虎，一字子畏，號六如居士，吳縣人。詩畫俱擅名，收藏甚富，藏書以宋元版本居多，後入藏天祿琳琅的便有《新唐書糾謬》、《公是先生七經小傳》、《群經音辨》、《南豐曾子固先生集》、《後村居士集》、《禮記》、《班馬字類》七部宋版。賀萬祚，字孝延，號立庵，秀水人。萬曆三十八年(1610)進士，天啟朝官至江西右布政使。毛褒，字華伯，號質庵，毛晉仲子。

揆敘(1674—1717)，字愷功，號惟實居士，納蘭氏，滿洲正黃旗人，爲康熙初期權臣明珠次子，納蘭成德之弟。初爲佐領、侍衛，累擢翰林院掌院學士，兼禮部侍郎，充經筵講官，後遷工部侍郎。康熙五十六年(1717)卒，諡文端。性喜涉獵詩古文，潛心於學，每如廁及枕間、馬上，皆手不釋卷。著有《益戒堂集》、《雞肋集》、《樂靜堂集》等，是納蘭家僅次於容若的一大學人。鈕樹玉《匪石日記》引書賈錢聽默言，謂徐乾學傳是樓書大半歸於明珠，成德兄弟皆喜藏書，而揆敘謙牧堂貯書最富，爲滿洲世家之冠。

---

① （清）葉昌熾撰：《藏書紀事詩》，卷一，上海古籍出版社1989年版，第72頁。

因曾與皇八子胤禩結黨謀奪皇儲，雍正二年（1724）世宗發其罪，追奪官位，削諡，墓碑改鐫"不忠不孝陰險柔佞揆敘之墓"。其家徹底被抄，是在明珠四世孫成安時。乾隆中葉以後，和珅擅權，垂涎明珠家藏寶物和宅第，屢向駐伊犁領隊大臣成安勒索，成安性傲，堅拒不與，和珅羅織成罪，致其抄家，時在乾隆五十五年（1790），成安家藏圖書、文玩盡歸大內，什剎海畔的明珠宅第亦被和珅霸爲別墅。事在乾隆後期，故揆敘藏書未及採入《天祿琳琅書目》（前編），而嘉慶二年重輯《天祿琳琅書目後編》時，彭元瑞曾稱："現在昭仁殿陳設書籍內，成安家書笈約有十分之三，每本均有謙牧堂圖記。"①揆敘書得以被大量編入。② 每冊俱鈐天祿繼鑑諸璽，前後副葉所鈐爲"中三璽"。

《賞溥傑書畫目》著錄，宣統十四年（1922）七月二十日賞溥傑，流失宮外。入藏中國國圖之卷一至十四，六冊，曾爲祁陽陳清華舊藏，鈐"祁陽陳澄中藏書記"朱文長印，後文化部文物局自陳氏購得；③卷十八至二十二、二十八至三十，三冊，乃"長春書"，出宮後輾轉自長春僞宮至瀋陽故宮，1959 年由北京故宮撥交北京圖書館。收入遼寧省圖書館之二冊，分別於 1952 年"三反"、"五反"運動期間自民間徵集，1972 年自遼寧省文物館購得。臺北故宮所藏一冊，吳希賢先生經眼，④後出現於拍賣會上，2000 年初流出大陸。《第一批國家珍貴古籍名錄圖錄》第 00204、00205 號。⑤《中華再造善本》據國圖所藏九冊影印，唐宋編第 010 部。

404 周易輯聞六卷

清康熙納蘭成德刻《通志堂經解》本。原爲兩函八冊，存《易雅》一卷、《筮宗》一卷，二冊，現藏中國國家圖書館（新編書號 1142）。

每半葉十一行，行二十字，白口，左右雙邊。

《天目後編》云此書六卷，分上、下二經，後爲《易雅》、《筮宗》，宋宗室

---

① 章乃煒、王藹人編：《清宮述聞》（初、續編合編本），紫禁城出版社 1990 年版，"昭仁殿"條，引嘉慶二年十一月奏摺，第 633 頁。

② 詳見拙著《天祿琳琅研究》第一章第一節關於"抄没罪臣之書"論述。

③ 詳見中國國家圖書館、上海圖書館、中國嘉德國際拍賣有限公司合編：《祁陽陳澄中舊藏善本古籍圖錄》，上海古籍出版社 2006 年版，第 2 頁。

④ 吳希賢輯彙：《歷代珍稀版本經眼圖錄》，第 3—4 頁。

⑤ 《第一批國家珍貴古籍名錄圖錄》，第 1 冊，第 226 頁。

趙汝楳撰。提要只述及內容及撰者，對其版本情況未著一字。通志堂本每半葉十一行，行二十字，白口，四周單邊，單魚尾。版心上刊字數，下刊"通志堂"三字及刻工。書前有扉頁，刊"宋宗室汴水趙先生著　周易輯聞　易雅　筮宗附　通志堂藏板"三行，卷首有"趙氏易敘叢書序"，署康熙丙辰納蘭成德容若序。每卷末有"後學成德挍訂"一行。此本既被目爲宋本，蓋以上"通志堂"印記皆被撤去剜除所致。

每册俱鈐天祿繼鑑諸璽，前後副葉所鈐爲"中三璽"。無其他私家藏印。

《賞溥傑書畫目》著錄，宣統十四年（1922）七月十五日賞溥傑。出宮後輾轉自長春僞宮至瀋陽故宮、北京故宮，1959 年撥交北京圖書館。撥交檔案上云是清康熙納蘭成德刻《通志堂經解》本。2013 年編目。

405 纂圖互注尚書十三卷

宋刻本。其中目錄、卷一至二，一册，現藏北京藏書家韋力之芷蘭齋；卷五至六，一册，現藏哈爾濱市圖書館（書號 102.1/1236）；①卷七至十三，三册，現藏中國國家圖書館（書號 12339）。

匡高 18.6 釐米，廣 12.1 釐米。每半葉十一行，行十八、十九、二十、二十一字不等，小字雙行二十五字，細黑口，左右雙邊，雙順魚尾，偶見三魚尾、對魚尾，書口上刊字數。有書耳。宋諱"匡"、"恒"、"朂"、"貞"、"楨"、"樹"、"桓"、"構"、"遘"、"講"、"慎"、"惇"諸字闕筆。卷前有《尚書舉要圖》，又《纂圖互註尚書序》，序後有割補四行。首卷卷端題"纂圖互注尚書卷第一"。黃麻紙。哈爾濱市圖書館所藏一册有不少補版痕蹟。

《尚書舉要圖》曰《唐虞夏殷周譜系圖》，曰《律度量衡圖》，曰《堯制五服圖》，曰《禹弼五服圖》，曰《諸侯玉帛圖》，曰《有虞氏韶樂器圖》，曰《東坡禹蹟圖》，曰《隨山濬川圖》，曰《商七廟之圖》，曰《商遷都之圖》，曰《周營洛邑圖》，曰《召誥土中圖》，曰《諸儒傳授書學圖》，是爲纂圖。《天目後編》云："麻沙本，闕筆至'惇'字，乃光宗時刊。"並以之校監本之訛。書中有"重言"、"重意"、"互注"反文墨圍，有"宰"、"孝"、"齊"、"国"等俗體字，當爲南宋紹熙間麻沙書坊所刻。

書上鈐"濟美堂"、"虞山孫藩燕玉氏之印"二朱文印，"燕玉"二字，清嘉慶寫本《天目後編》誤記爲"夔玉"、王先謙刻本誤記爲"夔王"。每册俱鈐天

---

① 哈爾濱市圖書館原書號 98333。

祿繼鑑諸璽，前後副葉所鈐爲"中三璽"。明人孫潘舊藏，潘字孝維，一字燕玉，號留松，常熟人。能詩，善山水。官至衢州推官、高州同知。家富藏書。

《賞溥傑書畫目》著錄，宣統十四年（1922）七月十五日賞溥傑。國圖所藏三冊乃"長春書"，出宮後輾轉自長春僞宮至瀋陽故宮，1959 年由北京故宮撥交北京圖書館。《北京圖書館古籍善本書目》第 32 頁。《第二批國家珍貴古籍名錄圖錄》之 02552、02553 號，①然未著國家圖書館所藏同一部書之另七卷三冊。

406 附釋音尚書注疏二十卷

元刻明修本。二函十六冊，現藏中國國家圖書館（新編書號 1143）。

每半葉十行，行十七字，小字雙行二十三字，白口，左右雙邊，版心上記大小字數，下鐫刻工姓名。黃絹籤題"尚書注疏"。

《天目後編》解題云："宋諱'惇'字以上闕筆，其'敬'、'殷'、'恒'、'讓'等字不闕，蓋已祧也。卷中有正德年補刊之葉，蓋宋鋟明印，故間有漫漶處。而前所臚蔡沈《集傳》本誤字，此俱不訛，又可知宋監本彼善於此也。按岳珂《刊正九經三傳沿革例》，云：'晉銅版本、舊新監本、蜀諸本與他善本，皆刊古注。若《音釋》，則自爲一書。'建本、蜀中本則附音於注文之下。據此，則明監本皆附音，非北宋監本之舊矣。大抵南宋所刻，始句下附音，故首行必標'附釋音'，以別於監本。"認爲此本避宋諱至"惇"字，卷端首行標"附釋音"，與北宋監本和明監本皆有區別。有明正德補版葉。

每冊俱鈐天祿繼鑑諸璽，前後副葉所鈐爲"中三璽"。無其他私家藏印。

《賞溥傑書畫目》著錄，宣統十四年（1922）八月十五日賞溥傑。出宮後流傳民間，1949 年後北京市文物局轉交北京故宮，1959 年再度撥交至北京圖書館。2013 年編目。撥交檔案記其版本爲"明正德翻宋刻本"。按，檢之《中國古籍善本書目》，《附釋音尚書注疏》無明正德間刻本，只著錄有元刻明修本，行款版式俱同此本。

407 增修東萊書說三十五卷

宋刻巾箱本，圖說、卷一至十一配毛氏汲古閣影宋抄本。存圖說、卷一至十五，計十六卷，六冊，現藏中國國家圖書館（書號 10503）。

---

① 《第二批國家珍貴古籍名錄圖錄》，第 2 冊，第 201 頁。

每半葉十四行,行十九字,細黑口,四周雙邊,雙魚尾,版心上刊字數。有耳題。宋諱"玄"、"匡"、"恒"闕筆。首卷卷端題"增修東萊書說卷之一",署"門人時瀾修定"、"門人趙善鐫抄"。卷前有開禧三年(1207)十一月金華時瀾序,並書篇名、君臣名號、《唐虞夏商周譜系圖》、《諸儒傳授書學圖》、《東萊先生禹貢圖說》。

巾箱小本,緊行密字。《天目後編》謂此本:"宋巾箱本,第十三卷至三十卷刊本;第一卷至十二卷,第三十一卷,第三十五卷,影宋鈔本。槧法固精妙,鈔者筆法墨氣俱勻細入格,幾不可辨,不止如唐摹晉帖,下真蹟一等也。"

明末汲古閣毛氏舊藏,書上毛晉父子印記甚多,有"宋本"、"甲"、"毛晉"、"毛晉私印"、"子晉"、"毛晉之印"、"毛氏子晉"、"汲古主人"、"毛扆之印"、"斧季"等印,因巾箱小本,多有被縫線所掩。尚存汲古閣原裝,《天目後編》稱"尋其首末有印,猶未改裝也"。毛鈔本部分,還鈐有"姑餘山人"、"沈與文印"二白文方印。沈與文,字辨之,號姑餘山人,吳郡人。刊有《韓詩外傳》,素稱佳本,其人爲明代吳中藏書家。① 每冊俱鈐天祿繼鑑諸璽,前後副葉因開本尺寸短小,所鈐爲"五福五代堂寶"、"八徵耄念"、"太上皇帝"小三璽,3.5釐米見方,玲瓏小巧。存世天祿繼鑑書中,僅見有三部鈐此套最小規制三璽藏印,另兩部分別是宋版《萬卷菁華》和卷八元版經部著錄的第一部《春秋胡傳》,實爲明嘉靖間刻巾箱本。

《賞溥傑書畫目》著錄,宣統十四年(1922)八月十九日賞溥傑,自此流失宮外。

408 毛詩四卷

明銅活字藍印本。四冊,現藏中國國家圖書館(書號11472)。

匡高18.9釐米,廣13.1釐米。每半葉九行,行十七字,左右雙邊,白口,單魚尾。版心中刊葉次。宋諱"匡"、"筐"、"構"、"慎"字闕末筆,"覯"字時諱時不諱。無序跋及目錄。首卷卷端題"毛詩卷第一",隔行頂格題"周南關雎傳第一"。卷一末有殘。藍印本,蝴蝶裝。

《天目後編》提要云:"四卷。不依風、雅、頌分卷,衹列詩序、經文,其《小雅》分什依《集傳》,是南宋季年本,然'家伯維宰'、'降予卿士'之類尚從古本,與後來諸本不同。宋活字本,《唐風》內'自'字橫置可證(圖2—

---

① 參見張元濟編:《涵芬樓燼餘書錄》,(上海)商務印書館1951年版,集部,《毘陵集》,第14頁。

4)。考沈括《夢溪筆談》,慶曆中,有畢昇爲活版,以膠泥燒成。而陸深《金台紀聞》云,毘陵人。初用鉛字,視版印尤巧。則活字版,實昉宋時矣。模印字用藍色,尤稀見。"

此本因葉四十九、《唐風》中"蟋蟀三章章八句"中,有一右向橫排的"自"字,在"六月"、"鹿鳴"兩詩中,又有避宋帝諱,而被判爲宋代活字本,甚至被猜測爲泥活字本。實則據其紙墨、字體、風格,皆與明代正德、嘉靖年間銅活字本頗爲接近,這一時期摹刻宋版風氣正盛,照刻宋諱闕筆,故此本當爲明銅活字印本。刷以藍墨,蓋初印之本。此本罕傳,《中國古籍善本書目》中僅著錄此國圖藏本。

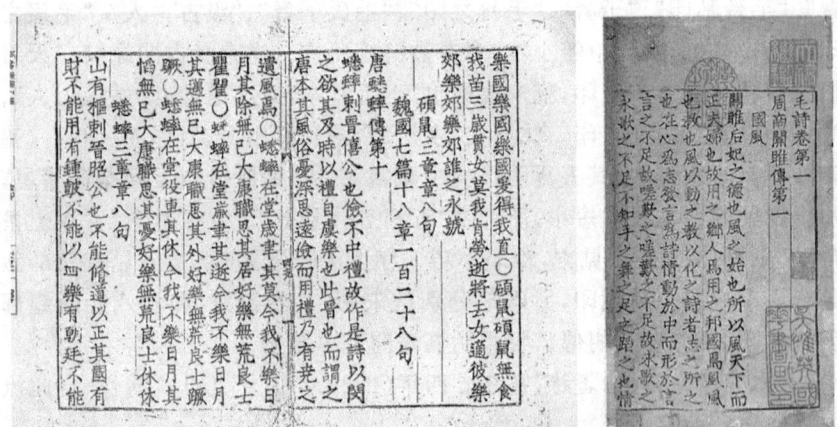

圖2—4 《唐風·蟋蟀》內"自"字橫置,可證爲活字本,見左圖左數第一列

每冊首葉鈐"吳惟英國華書畫印"朱文長方印,爲《天目後編》失載。吳惟英,字國華,涼州衛(今甘肅武威)人。祖先爲蒙古人巴圖特莫爾,永樂時降明,賜姓名爲吳允誠,封恭順伯,惟英爲其七世孫,崇禎十六年(1643)掌後軍都督府事。有《環御集》。每冊俱鈐天祿繼鑑諸璽,前後副葉所鈐爲"中三璽"。

《賞溥傑書畫目》著錄,宣統十四年(1922)七月十三日賞溥傑。其中卷一、二,計三冊爲長春僞宮書,1959年經由北京故宮入藏北京圖書館。卷三、卷四,一冊,係1957年中國書店收得,裝成摺本,魏隱儒先生《古籍版本鑑賞》一書中曾提到,①經核對與北京圖書館已藏三冊同出一帙,珠

---

① 魏隱儒著:《古籍版本鑑賞》,北京燕山出版社1997年版,第105頁。

聯璧合。① 如今四冊皆改爲蝴蝶裝，每一卷爲一冊。《第三批國家珍貴古籍名錄圖錄》第 07289 號。② 劉按，清宮鈐印向有章法，"乾隆御覽之寶"橢圓印，在卷軸裝書籍上皆鈐於卷一題名的右上方；蝴蝶裝，則是鈐於版心中縫處；線裝，如同天祿琳琅各書，應鈐於每冊首末葉上板框中間的位置。這部《毛詩》因由線裝改爲蝴蝶裝，原鈐"乾隆御覽之寶"與改裝後形制不符，還是恢復線裝爲好。

409 詩集傳二十卷

明正統十二年（1447）司禮監刻本。三函十六冊，現藏安徽省圖書館（書號1：000197 善）。

匡高 22.8 釐米，廣 16.2 釐米。每半葉八行，行十四字，小字雙行十七字，粗黑口，四周雙邊，雙順魚尾。卷首有朱熹淳熙四年（1177）所撰序一篇，次《詩序辨說》一卷、《詩傳綱領》一卷、《詩圖》一卷。每卷下題"朱熹集傳"。白棉紙，石青絹面書衣，黃綾書籤。

《詩集傳》存世宋元本眾多，南宋刻本有七行、八行之別，而在《詩集傳》前附《詩傳綱領》、《詩圖》，是元以後刊本習見的款式，存世宋刊本所見皆無，且宋代題跋、目錄也未見言及。《天目後編》提要未有一字關乎版本，更是可疑。此本書品寬大，紙墨精良，版式疏朗，有句逗，呈現典型的明代經廠本風格，實則此本爲明代正統十二年司禮監刻本，詩圖摹繪精良，栩栩如生，屬明代官刻精品。（圖2—5）劉若愚《內板經書紀略》云："《詩傳》六本，六百五十葉。"爲正統間司禮監校刻的《五經》之一。此本撤去了書前正統十二年聖旨一葉，以致誤判。

曾爲葉奕苞、李霨、揆敘舊藏，有"據梧居士"、"李霨"、"謙牧堂藏書印"、"謙牧堂書畫記"諸印。葉奕苞（1629—1686），字九來，號半園、據梧居士、笨庵，崑山人。康熙十七年（1678）舉博學鴻詞，罷歸，隱居不仕，與名流姜宸英、施閏章、陳維崧等留連觴詠，極一時之盛。李霨（1625—1684），字景霱，號坦園，高陽人。順治三年（1646）進士，官至大學士。《清史稿》有傳。

---

① 雷夢水著：《琉璃廠掌故拾零》，《中國典籍與文化》，1992 年第 3 期，第 37 頁；另雷夢水著：《記明活字本〈毛詩〉》，《書林瑣記》，人民日報出版社 1988 年版，第 125 頁。

② 《第三批國家珍貴古籍名錄圖錄》，第 2 冊，第 150 頁。

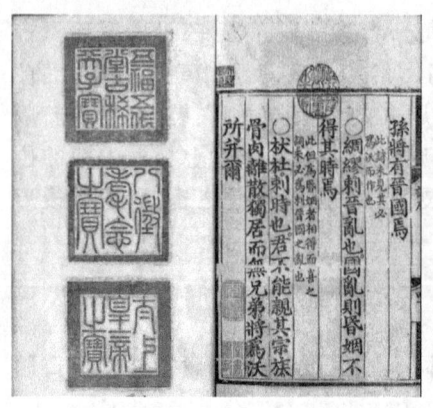
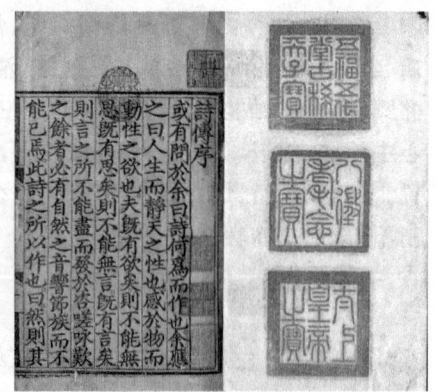

圖 2—5

《賞溥傑書畫目》著錄，宣統十四年(1922)九月初四日賞溥傑。《第一批國家珍貴古籍名錄圖錄》第 01313 號。①

409(2)呂氏家塾讀詩記三十二卷

宋刻本，卷十五至十六配清初刻本。存卷一至十七、卷二十至三十二，計三十卷，十五冊，現藏中國國家圖書館(書號 12340)。

每半葉十二行二十二字，小字雙行同，四周雙邊。細黑口，雙順魚尾，版心上記字數，中有"詩幾"或"詩記幾"。避宋諱"玄"、"鉉"、"絃"、"朗"、"殷"、"匡"、"筐"、"恒"、"貞"、"楨"、"徵"、"懲"、"頳"、"項"、"桓"、"完"、"構"、"溝"、"覯"、"冓"、"講"、"慎"諸字。首卷卷端題"呂氏家塾讀詩記卷第一"。卷首有淳熙壬寅(1182)朱熹序，末有淳熙壬寅尤袤跋。巾箱本。

朱序云："伯恭父之弟子約以是書授其兄之友丘侯宗卿，而宗卿將爲版本，以傳永久。"後尤跋云："今東州士子家寶其書，而篇帙既多，傳寫易誤，建寧所刻益又脫遺。其友丘侯宗卿惜傳之未廣，始鋟木於江西漕臺。"據以上序跋，呂祖謙歿後一年，其弟祖儉將書授與祖謙友人丘宻，時有建寧坊刻本，然多有闕遺，丘宻乃重刻此帙。書中避諱至"慎"字，已是南宋孝宗以後所刻。多有俗體字，如"宰"、"斉"、"竟"、"躰"、"舜"、"撝"、"国"、"礼"等，呈現建陽坊刻風格，並非丘宻江西漕臺刻本。此外書中有後代修版葉。

中國國家圖書館另藏兩部宋刻本，書號 13314 與此 12340 版本相同，

---

① 《第一批國家珍貴古籍名錄圖錄》，第 5 冊，第 146 頁。

有清刻本配補，亦是曾經汲古閣收藏者。而書號爲6657的一部，二十一冊，匡高21.4釐米，廣14.9釐米，半頁九行十九字，小字雙行同，白口，左右雙邊，雙順魚尾，有刻工。"慎"字缺末筆，蓋亦孝宗時所刊。據李致忠先生考證，此本爲丘崈在轉運判官任上，利用漕臺公款刻印，也就是《天目後編》所言之宋淳熙九年丘崈江西漕臺刊巾箱本，爲鐵琴銅劍樓舊藏。① 存世宋刻本除國圖三部外，上海圖書館亦藏一部，雖同爲十二行二十二字，四周雙邊，但書口爲白口，爲另一版本。

書中所鈐"仲雅"、"依谿"、"依溪草堂"、"毛晉私印"、"子晉"、"宗伯"等印記，正與《天目後編》卷二所著錄的第一部宋刻本《呂氏家塾讀詩記》同。卷三十二末有"宗伯"朱文大印，即《天目後編》所說"錢謙益自誌其官閥也"。"貞""元"連珠印，"貞"寫作籀文"鼎"，《天目前編》卷一宋版《四書》、卷二宋版《漢書》、《六臣注文選》等皆誤爲"鼎"。明代王世貞、錢謙益、毛晉舊藏。錢謙益(1582—1664)，字受之，號牧齋，晚號蒙叟，常熟人。明萬曆三十八年(1610)探花，崇禎間任禮部侍郎、翰林學士。南明弘光朝禮部尚書。仕清後以禮部侍郎管秘書院事，任《明史》館副總裁。清初詩壇盟主，《明史》有傳。家有絳雲樓藏書，爲明末清初江左藏書第一大家。他收藏過或題跋的書，不僅被文臣、後世藏家看重，連乾隆皇帝也寶愛有加，曾經錢氏多處題跋的宋版《漢書》收入《天祿琳琅書目》前編，前有皇帝御題，允爲內府藏宋版之冠。儘管文臣們認爲"謙益人品不足稱"，②但天祿琳琅前後編還是收錄了錢謙益藏書14部。每冊俱鈐天祿繼鑑諸璽，前後副葉所鈐爲"中三璽"。

《賞溥傑書畫目》著錄，宣統十四年(1922)七月二十日賞溥傑。卷一至十七、二十三至三十二，十二冊，出宮後輾轉自長春僞宮至瀋陽故宮、北京故宮。而卷二十一、二十二，兩冊，爲北京故宮1954年3月以160萬元從北京隆福寺育民書店購得，書末附有時任北京圖書館副館長張全新向文物局鄭振鐸局長所作的購書請示、傅忠謨先生向故宮博物院所作的薦購信箋以及育民書店開出的書價條(250萬元)，1959年合另十二冊一起全部撥交北京圖書館。《北京圖書館古籍善本書目》第51頁。

---

① 此本是國家公布首批珍貴古籍之一，第00245號。《第一批國家珍貴古籍名錄圖錄》，第1冊，第268頁。

② 《天祿琳琅書目》，前編卷二，宋版《漢書》條，第22頁。

410 呂氏家塾讀詩記三十二卷

明嘉靖十年(1531)傅應臺南昌刻本。存卷二至十一、十五至十六、二十至二十七，計十九卷，十三冊，現藏山東省圖書館(書號爲 093.78/6030)。

匡高 14.6 釐米，廣 12.2 釐米，每半葉十四行，行十九字，小字雙行同，細黑口，左右雙邊。版心中記卷數及葉次。首卷卷端題"呂氏家塾讀詩記卷第一"。有宋諱闕筆。黃綾書衣，黃綾書籤，尚存清宮舊裝。

《天目後編》云："亦宋巾箱本。前本每版十二行，每行二十二字，此本十四行，十九字，且注中引諸家姓氏皆用白文，確非一本。或即尤跋所云建寧刻也。又別本，魏了翁序，乃爲眉山賀春卿重刻而作。又明陸鈇重刻，是書鈇有序，此無之。祖謙書，絕爲世重，當時即已重刊不一，則未知何本也。"對比版本可知，此本爲明嘉靖十年傅應臺南昌刻本，即提要所稱"明陸鈇重刻"之本，並非宋建寧刻本。莫友芝《宋元舊本書經眼錄》："《群書拾補》云，《呂氏讀詩記》，明御史傅應臺氏刻於南昌，有嘉靖辛卯鄞陸鈇序，從宋本書，字多從古。"①《增訂四庫簡明目錄標注》云："《呂氏家塾讀詩記》，嘉靖辛卯四明陸鈇序，御史傅應臺仿宋刊本。佳。字多古體。"②此本雖不見首卷，必無明人陸鈇序，也無卷五末"四明陸鈇校刻"一行，或爲有意脫去(圖 2—6)。臺北《"國家圖書館"善本書志初稿》著錄此嘉靖本有"宋諱缺筆"③。傅應臺，又名鳳翱，字德輝，應山人，嘉靖二年(1523)

圖 2—6

---

① 莫友芝著：《宋元舊本書經眼錄》，《宋元版書目題跋輯刊》，北京圖書館出版社 2003 年影印本，第 395 頁。

② (清)邵懿辰撰，邵章續錄：《增訂四庫簡明目錄標注》，上海古籍出版社 1959 年版 1979 年新 1 版，第 60 頁。劉按，此書沿襲了《天目後編》的著錄，云："《天祿後目》有宋刊巾箱本二部，一部十二行，每行二十二字，一本十四行，每行十九字。"

③ 臺北"國家圖書館"特藏組編：《"國家圖書館"善本書志初稿》，(臺北)"國家圖書館"1996—1999 年排印本，經部，第 74 頁。

進士,拜監察御史,巡撫甘肅、江西;進右副都御史,巡撫陝西。嘉靖十年御史傅應臺出資請陸釴代爲校刻,因倣宋刊,字多古體,又保留了宋諱,致使彭元瑞等人鑑定錯誤,誤爲與前本同版之宋本。此書於 2005 年 11 月 24 日爲山東省圖書館購藏。①

每冊俱鈐天祿繼鑑諸璽,前後副葉所鈐爲"中三璽",無其它私家藏印。

《第一批國家珍貴古籍名錄圖錄》第 01317 號。②

411 周禮十二卷音義一卷

金刻本。一函六冊,現藏中國國家圖書館(書號 12341)。

匡高 18.5 釐米,廣 13.2 釐米。每半葉十一行,行二十至二十二字,小字雙行二十六至三十字不等,白口,左右雙邊,單魚尾。避宋諱"匡"、"筐"、"玄"、"敬"、"驚"、"警"、"縈"、"儆"、"殷"、"恒"、"緪"、"貞"、"縝"、"徵"、"桓"、"講"、"搆"等。首卷卷端題"周禮卷第一",次行題"天官冢宰第一",署"鄭氏注"。

《天目後編》云:"鄭康成注十二卷,後附陸德明《音義》一卷,岳珂所謂《音釋》自爲一書,真宋監本之舊也。"認定此本爲南宋國子監刻本,並以之校明通行本,有校記十八則,最後得出結論"是則明傳刻之誤,宋監本不誤也"。

此本字體偏方,筆劃古拙,行文尚避"玄"、"殷"、"恒"諸字,均爲北宋早期諱字。其刻書筆法爲南宋以後北方版刻風格,故趙萬里先生定爲金中葉平水坊刻本,今從舊說。而"慎"、"敦"二字不諱,所據之底本應是南宋初年刻本。

此本鈐"大生堂印"、"萬卷堂圖籍章"、"子長"、"項氏萬卷堂圖籍印"、"欹穌軒"、"端友省主人印"、"錢孟襄"、"錢天生孟襄堂印"諸印,每冊俱鈐天祿繼鑑諸璽,前後副葉所鈐爲"中三璽"。除《天目後編》卷二所著諸印外,尚有"錢天生孟襄堂印"白文長印和"欹穌軒"朱文方印二方。曾經項篤壽萬卷堂舊藏。錢天生,字孟襄,明劉績撰《霏雪錄》有"錢塘錢孟襄"之語,或爲錢塘人,生平仕履無考。

---

① 李勇慧、唐桂艷著:《昔日帝王堂前物今人齊魯奎虛藏——清宮"天祿琳琅"舊物入藏山東圖書館》,《山東圖書館季刊》2008 年第 1 期,第 105—108 頁。

② 《第一批國家珍貴古籍名錄圖錄》,第 5 冊,第 148 頁。

《賞溥傑書畫目》著錄，宣統十四年（1922）七月十六日賞溥傑。出宮後輾轉自長春僞宮、瀋陽故宮，1958年由北京故宮撥交北京圖書館。《北京圖書館古籍善本書目》第61頁。《第一批國家珍貴古籍名錄圖錄》第00253號。①《中華再造善本》據之影印，金元編第487部。

412 東巖周禮訂義八十卷

清康熙十五年（1676）納蘭成德刻《通志堂經解》本。存卷九至十一、卷七十至七十一，兩冊一函一木匣，中貿聖佳2017年春拍；卷三十五至三十七、五十七至六十、六十五至六十七，計十卷，一函三冊，現藏中國國家圖書館（新編書號1144）；卷六十一至六十四，一冊，見於2013年日本秋季東京古典會拍賣會上，現藏私人手中；②卷七十二至七十三、七十七至八十，計六卷，三冊，現藏湖南省圖書館（書號△151/10-2）。

匣高19.7釐米，廣14.9釐米。每半葉十三行，行二十三字，小字雙行三十五字。白口，左右雙邊，雙順魚尾，版心上刊字數，中刊"周禮訂義卷幾"及葉次，下無"通志堂"三字及刻工。卷後有嘉熙丁酉夏中伏古汴趙汝騰茂實《周禮訂義後序》。各卷卷端題"東巖周禮訂義卷幾"。白棉紙。

《天目後編》云此本："前有祕書省下溫州牒，次溫州繳書申，次知溫州趙汝騰薦奏，次檢正都司看詳，次旨授賓州文學；又紹定五年真德秀序，《編類姓氏世次》、《編集條例》、《序周禮興廢》，後有嘉熙丁酉趙汝騰後序。據牒奏，乃淳祐二年六月宣取，十一月繳進，十二月本州奏薦，三年正月降付，四月降旨授官。……在當時已鋟版矣。書中採諸舊說五十一家，杜子春、鄭興、鄭眾、鄭康成、崔靈恩、賈公彦六家外，餘皆宋人。其以序官散附諸職，與古本異。"并云"是書近《通志堂經解》有重栞本"，實則此即康熙間通志堂刻本。通志堂本前原有扉頁，刊"宋王東巖先生著周易訂義通志堂藏板"三行，卷首有康熙丙辰二月納蘭容若序，每卷末題下有"後學成德挍訂"一行，每葉版心下有"通志堂"三字及各頁刻工名姓。以上刊記、版心下"通志堂"三字，此本皆無，自版心兩邊欄線不到底、原卷末刊記欄線中斷被掩痕

---

① 《第一批國家珍貴古籍名錄圖錄》，第2冊，第4頁。
② 2013年11月16日蒙北京故宮翁連溪先生告之，此殘本一冊，亦見於《古典籍展觀大入札會目錄》（平成二十五年十一月），東京古典會2013年11月出版，展品第781號，著錄文字爲："《東巖周禮訂義》，卷六十一—六十四清內府舊藏一冊'五福五代堂古稀天子寶'、清內府印記多數。"第179頁。

蹟看，應是被墊去後再刷印所致。或以爲"蓋此乃徐乾學所刊初刻本，時雕板尚未歸納蘭成德"，實未曾察覺各"通志堂"刊記皆被掩去。徐氏所依底本，據翁方綱《通志堂經解目錄》引何焯批語，爲李開先舊藏影宋鈔本。

每冊皆鈐天祿繼鑑諸璽，前後扉頁所鈐爲"大三璽"。湖南省館所藏三冊，卷端下又鈐一"□□藏書"朱文方印，應是出宮後藏家所鈐。中貿聖佳春拍上所見兩冊，外裝木匣，函套上書籤有"宋版周禮訂義 濟南張銑題"，並鈐"澤君"白文小印。張銑(1901—1988)，字澤君，山東濟南人。臺灣當代著名書法家，以魏碑、行草書成就最大。

《賞溥傑書畫目》著錄，宣統十四年(1922)八月八日賞溥傑。國圖所藏三冊，爲北京故宮購自民間，1959年撥交北京圖書館者。湖南省圖書館所藏三冊，著錄於《湖南圖書館古籍綫裝書目錄》，第62頁。最後一冊略有蟲蛀。書經重裝，書衣換爲普通黃紙，內中尚能見原裝淡藍色灑金箋紙書衣痕蹟。

412(2)儀禮十七卷

明嘉靖東吳徐氏覆宋刻《三禮》本。存卷九至十一，一冊，現藏中國文化遺産研究院；卷十二至十四，一冊，現藏芷蘭齋；卷十五至十七，計三卷，一冊，現藏中國國家圖書館（新編書號1145）。

匡高19.8釐米，廣14釐米。每半葉八行，行十七字，小字雙行同，白口，四周雙邊。單綫魚尾，版心中刊"儀禮幾"。通卷宋諱闕筆，惟不諱"慎"字、"敦"字。每卷末有經、注各字數多少。白棉紙。

《天目後編》據諱字以爲宋紹興間刻本，並以此校明代通行之注疏本——萬曆北監本，得監本訛、此本未訛者六十條、監本脫字三十條、衍字八條、兩節倒置一條，得出結論"是宋本原不訛脫，明人傳刻宋監本轉益謬誤，不得歸咎于宋本也"。實此爲明翻宋本。明嘉靖中期吳郡徐氏覆宋刻《周禮》、《禮記》、《儀禮》，世稱徐刻《三禮》，而以《儀禮》爲最善。其版式皆爲每半葉八行，行十七字，注小字雙行，白口，四周雙邊，大字古樸精雅，爲明中期名刻，葉德輝《書林清話》舉爲"明人刻書之精品"。從宋本翻雕，每卷末有經若干字，注若干字，照刻宋諱，舊時常被書賈染色以充宋版（圖2-7）。徐本版心下原有刻工姓名周永日、王良知、李安、袁電、子榮、起溟、師虞等，此本皆剜除乾淨。

每冊俱鈐天祿繼鑑諸璽，前後副葉所鈐爲"大三璽"。無其它私家藏印。

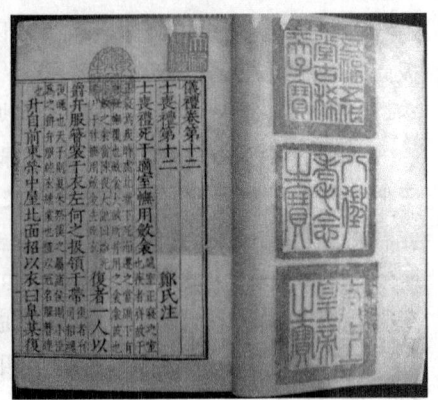

圖 2—7

《賞溥傑書畫目》著錄，宣統十四年(1922)七月二十日賞溥傑。出宮後輾轉自長春僞宮、瀋陽故宮，1959年由北京故宫撥交北京圖書館。文研所一册係陳伯達舊藏，①其收藏包括一批字畫、碑拓及古籍善本，由中央文獻研究室圖書館接收，2007年由國家文物局撥交中國文物研究所(2007年11月更名爲"中國文化遺產研究院")收藏，其中昭仁殿天禄繼鑑書便有七部。② 此一册上有"陳伯達印"(白方)、"仲晦"(朱方)等陳氏藏印。

415 儀禮十七卷（又一部）

明嘉靖東吳徐氏覆宋刻《三禮》本。二函十二冊，現藏中國國家圖書館(新編書號1139)。

匡高19.8釐米，廣14釐米。每半葉八行，行十七字，小字雙行同，白口，四周雙邊。單線魚尾，版心中刊"儀禮幾"。通卷宋諱闕筆，惟不諱"慎"字、"敦"字。每卷末有經、注各字數多少。白棉紙。

此爲卷二第二部《儀禮》，《天目後編》述其版本僅爲"同前"。

---

① 陳伯達(1904—1989)嗜書，罄其稿費以購，有三萬冊自然科學書籍，三萬冊社會科學書籍，另有一間書庫專貯線裝書，有"萬卷戶"之稱，參見葉永烈著：《陳伯達傳》，作家出版社1993年版，第11頁。

② 這批文物文獻共計書畫246種，碑拓338種，古籍善本253種，其中不乏精品。古籍文獻中除天禄繼鑑書7部外，尚有傅增湘舊藏宋刻本3部，元刻本1部，以及其他宋元本多部。

每冊俱鈐天祿繼鑑諸璽，前後副葉所鈐爲"大三璽"。各卷首有"四峰閣"、"朱彝尊錫鬯氏"二朱文印。爲清初朱彝尊曝書亭舊藏。彝尊，字錫鬯，秀水人。康熙己未博學鴻詞科，官檢討。

《賞溥傑書畫目》著錄，宣統十四年(1922)八月十九日賞溥傑。出宮後輾轉自長春僞宮、瀋陽故宮，1959年由北京故宮撥交北京圖書館。撥書檔案上記載版本同前一部《儀禮》，皆明嘉靖東吳徐氏覆宋刻《三禮》本，其中有六冊蟲蛀。2013年編目。

415(2)儀禮圖十七卷

元建安余氏勤有堂刻本。原作二函十四冊，今存十三卷附《旁通圖》一卷，缺卷二、五、六、七凡四卷，二函十冊，現藏臺北"故宮博物院"（書號故善004095－004104）；卷二，一冊，2008年嘉德春拍，現藏私人手中；①卷五，吳希賢經眼；卷六，一冊，現藏北京大學圖書館（書號 SB/094.582/4628.2）；所闕卷七第二及二十兩葉，現藏荷蘭萊頓大學漢學院圖書館（Gulik E 350）。

匡高 18.2 釐米，廣 12.3 釐米。每半葉十行，行二十字，小字雙行同，左右雙邊，兼有四周雙邊，黑口，雙魚尾。版心中記"儀禮幾"及葉次，下偶見刻工：正、君、文、日(卷六)等。卷前冠《晦庵朱文公乞修三禮奏劄》，次紹定戊子正月楊復自序。楊序後有"崇化余志安刊于勤有堂"雙行牌記。首卷卷端題"儀禮圖第一"。末附《旁通圖》一卷。第一冊目錄葉十五補抄，第六冊卷十二缺葉八，第七冊卷十三葉十七和十八錯置。竹紙，簾紋一指寬。新裝織錦四合函套，淺藍色紙質書衣，白紙書籤，書"宋板儀禮圖"及卷次。

是書完稿於南宋紹定元年(1228)，而《直齋書錄解題》謂成書於淳祐中。《四庫全書總目》云楊復"原本師意，錄十七篇經文，節取舊說，疏通其意，各詳其儀禮陳設之方位，繫之以圖"，故藉此書可窺見古禮梗概。此書南宋時便已鋟木，張金吾《愛日精廬藏書志》著錄宋刊十行本《儀禮圖》，每半葉十行，行二十一字，然存世皆爲元刻本，疑張氏所記有誤。

《天目後編》云："按：宋版《列女傳》載'建安余氏靖庵刻於勤有堂'，乃南北朝余祖煥始居閩中，十四世徙建安書林，習其業二十五世。余文興以

---

① 《中國嘉德 2008 春季拍賣會圖錄·古籍善本》，第 2637 號拍品。

舊有'勤有堂'之名,號勤有居士。蓋建安自唐爲書肆所萃,余氏世業之,仁仲最著,岳珂所稱建余氏本也。"此言一出,後人多據此以爲建安余氏創業於唐,"歷宋元明未替,爲書林之最古者"①。據清乾隆間余氏後人余廷勷呈出族譜,稱其先世自北宋即在建陽以刊書爲業,葉德輝"宋建陽余氏刻書"一文,今人肖東發"建陽余氏刻書考略"上中下三篇,②對建陽余氏刻書皆有詳細考證。又余氏刻書附有勤有堂印記者始於何年,已無從考徵。余廷勷稱彼時余氏於選購之紙料,每印有"勤有"二字爲記,相沿已久。宋理宗時,有余文興號勤有居士,亦係襲舊有堂名爲號。此本木記有"崇化余志安刊于勤有堂"。余志安生平年代已不可考,葉德輝據各家藏書志載錄其所刻書而有余志安勤有堂木記者,自元大德八年(1304)至至正十一年(1351),達 47 年,③雖堂名沿自有宋,而刻書均在元朝,並上距宋末二十餘年,則余志安實爲元人。是書刻工正、君、文三人具見臺北故宮所藏南宋福唐郡庠刊、元明補刊本《前漢書》之元統二年修補版中,且不避宋帝諸諱,則此本乃元刊,確鑿可證。④ 寫刻疏朗,墨蹟如新,其中多有俗體字。《旁通圖》最末之卅六至四十葉版式爲四周雙邊,雙魚尾,字體、紙張、墨色皆與前文不同。

每冊俱鈐天祿繼鑑諸璽,前後副葉所鈐爲"中三璽"。卷十二尚有"謝氏之章"、"維貞"、"謝檜"等藏家印記,其中"東山淸曉"白文印,淸光緒王先謙刻本《天祿後目》誤記爲"東山淸悅";"綿峰"朱文印,淸嘉慶內府寫本與王先謙刻本皆誤記爲"錦峰"。謝檜,一名會,字維貞,長洲人。正統九年中舉,善詩文,有學行。卷五上有流出淸宮後加鈐藏印"陶氏金石"白文印、"翔鸞閣精鑑鉨"朱文印、"雨廎心賞"白文印等,⑤曾爲陶北溟收藏。陶北溟(1882—1956),名祖光,字伯銘,一字北溟,以字行,江蘇武進人,陶湘之姪。工篆刻,精鑑別,著有《翔鸞閣金石文字考釋》。北大所藏卷六一

---

① 孫毓修撰:《中國雕版源流考》,上海商務印書館 1934 年版,第 27 頁。
② 肖東發著:《建陽余氏刻書考略》上、中、下,《文獻》1984 年第二十一輯、第二十二輯、1985 年第二十三輯。
③ 葉德輝著:《書林淸話書林餘話(插圖本)》,上海古籍出版社 2008 年版,卷二,"宋建安余氏刻書",第 32—35 頁。
④ 吳哲夫著:《天祿琳琅書目續編著錄之宋版書籍研究》,《"國立中央圖書館"館刊》新十一卷第一期,第 22 頁。
⑤ 吳希賢輯彙:《歷代珍稀版本經眼圖錄》,第 13—14 頁。

册,無私人藏印。

　　據荷蘭萊頓大學漢學院圖書館館長吳榮子女士撰文介紹,1986年在該館高羅佩藏書中發現一摺疊裝本,無書名,裏面貼滿書信及手稿,其中有兩葉書葉,版心題"儀禮圖",並有"乾隆御覽之寶"及"天祿繼鑑"二鈐印,即影印該二葉寄給臺北"故宮博物院"昌彼得副院長,經昌先生鑑定爲宋刊元刻本,該書原爲故宮舊藏,未知何故遺失卷二、卷五至七,該兩葉即故宮所缺失之其中兩葉。據 Prof. Gulik,Willem Robert van(高羅佩的長子)說,該兩葉書可能是在日本收集、裝裱的,高羅佩晚年在日本,對中國書畫的裝裱甚感興趣,還學過裝裱技術,這本摺疊裝書的裝裱,可能就是他的傑作呢!① 2009年10月間,筆者聯繫當時擔任館長的 Mr. Koos Kuiper,據他來函告知,所藏爲卷七之第二和二十頁,即卷首"大射儀第七"和"三耦再射釋筭圖"一葉(圖2—8),另有裁下副葉之"中三璺"單裱一葉。

　　原爲二函十四冊,《故宮善本書目》記其爲"元建安余氏勤有堂刻本。半葉十二行,行二十字。闕卷二、卷五至七,凡四卷,存十冊"。臺灣地區所存十冊,著錄於《"國立故宮博物院"善本舊籍總目》,上冊,第68頁。北大所藏一冊,《北京大學圖書館藏古籍善本書目》經部著錄爲"元刻本"。②

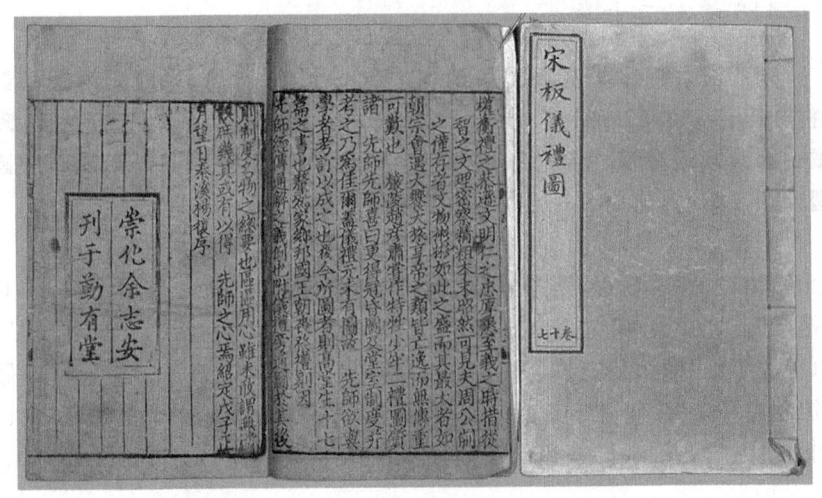

---

①　吳榮子著:《漢學研究在荷蘭》,《中國典籍與文化》,1998年第2期,第113頁。
②　北京大學圖書館編:《北京大學圖書館藏古籍善本書目》,北京大學出版社1999年版,經部,第18頁。

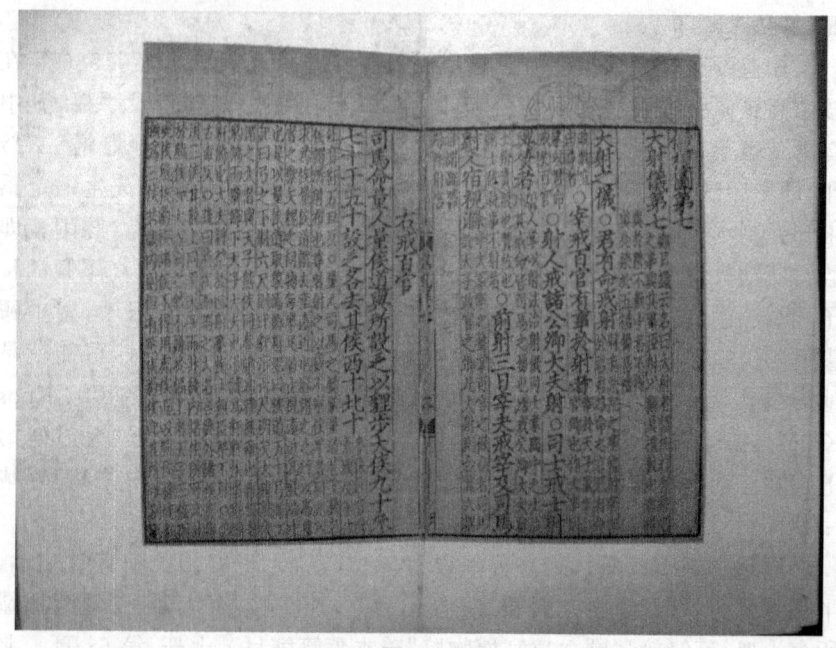

圖 2—8

416 禮記二十卷

宋建安余仁仲萬卷堂家塾刻本。卷一至九，八冊，現藏上海圖書館（書號線善 788999—9006）；①卷十至十一、十四至二十，計九卷，七冊，現藏中國國家圖書館（書號 12342）；卷十二至十三，計二卷，一冊，現藏中國國家圖書館（書號 18356）。合兩家所藏，即爲完璧。

匡高 17.7 釐米，廣 12.2 釐米。每半葉十一行，大字十九，小字二十七，細黑口，左右雙邊，雙順魚尾。有耳題，記篇名。版心上記字數，中刊"禮幾"。文中刊有句讀。避宋諱"玄"、"弦"、"弘"、"殷"、"恒"、"禎"、"貞"、"縝"、"徵"、"懲"、"讓"、"頊"、"慎"、"敦"、"惇"諸字。首卷卷端題"禮記卷第一"。每卷末刻經若干字、注若干字、《音義》若干字，並有"余氏刊于萬卷堂"或"余仁仲刊于家塾"、"仁仲比校訖"等刊記一行（圖 2—9）。

---

① 上海圖書館藏兩部余仁仲萬卷堂家塾刊本，另一部爲十二冊，書號線善 829100—11，卷一至二配宋刻《纂圖互注禮記》。

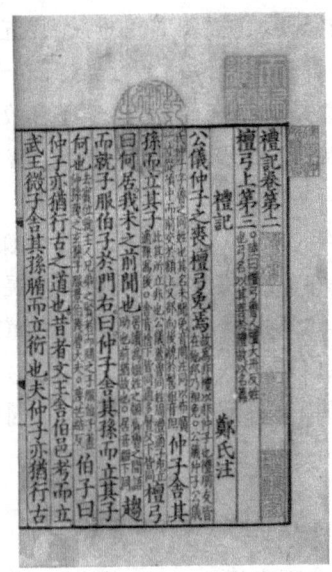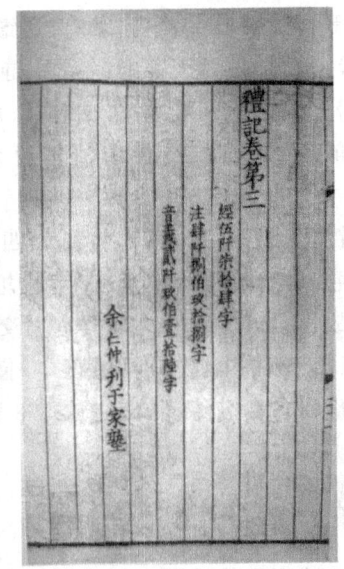

圖 2—9

建安余氏刻書昉自北宋，刻印了大量書籍，其中余仁仲萬卷堂刻書盛於南宋前期，所刻群經最爲著名。《天目後編》引《九經三傳沿革例》云："九經本，自監、蜀、京、杭而外，有建余氏本，分句讀，世稱善本。"元岳浚《刊正九經三傳沿革例》稱其刻《九經》前，曾用二十三個不同時期所刻版本，反復校勘，務求精審，然後入梓。其中稱道"建余氏、興國于氏"所刻群經都是重要參校本。所謂"建余氏"，便是指建陽余仁仲家塾所刻《九經》，余刻《九經》校刻審慎，當時即被目爲善本。今有傳本存世者，僅《禮記》、《春秋經傳集解》、《春秋公羊經傳解詁》、《春秋穀梁傳》四經，皆珍稀罕存。此本宋諱避至"惇"字，當刊於南宋光宗朝。余仁仲於紹熙二年（1191）刻有《春秋公羊經傳解詁》，與此本字體相類，知此本亦刻於紹熙中。《天目後編》提要中記其校勘明監本，得監本訛、脫、衍五十條，以見余仁仲本之不誤。

書中鈐"桃華塢人家"、"吳越王孫"、"宋本"、"甲"、"毛晉"、"子晉"、"汲古主人"、"毛氏子晉"、"毛晉之印"、"傳是樓"、"章仲"、"徐炯收藏書畫"、"徐章仲所讀書"、"臣炯"、"徐仲子"、"徐炯收藏祕笈"、"東海漁人"、"聽松風閣"、"別號自彊"諸印，俱與《天目後編》卷二第一部宋版《禮記》合，曾經明唐寅、毛晉、清徐乾學父子遞藏。徐炯，乾學次子，字章仲，號自強。康熙二十一年（1682）進士，官至刑部貴州司員外郎、山東提學使、直隸尋道等。繼承其父藏書,著有《通鑑錄要》、《補續宋元通鑑》、《五代史記補考》等。每冊俱鈐天祿繼鑑諸璽,前後副葉所鈐爲"中三璽",卷十二、十三,一冊,又有"蓮客讀本"朱文長印,應是流出宮後,又爲于蓮客收藏。上海圖書館所藏八冊,尚保留清宮原裝,紅色書衣,內有價籤"售價:650元"。

《賞溥傑書畫目》著錄,宣統十四年(1922)八月初七日賞溥傑。① 國圖所藏卷十至十一、十四至二十,計九卷,七冊,係出宮後輾轉自長春偽宮至瀋陽故宮,1959年由北京故宮撥交北京圖書館。《北京圖書館古籍善本書目》第74頁。《中華再造善本》僅以國圖所藏部分影印出版。《第二批國家珍貴古籍名錄圖錄》之02573號,然只記上圖九卷,未收國圖所藏十一卷。②

419 禮記二十卷

明嘉靖東吳徐氏覆宋刻《三禮》本。兩夾板二十冊,現藏臺北"故宮博物院"(書號故善012802—012821)。

匡高20.4釐米,廣14.3釐米,每半葉八行,行十七字,小字雙行同,四周雙邊,白口,單線魚尾。版心中記"禮幾"及葉次,下有刻工名:仲、仁、安、張、劉、受、王、宗、恩、龍、化等。偶見宋諱闕筆,如恆字。首卷卷端題"禮記卷第一",次行題"曲禮第一 禮記 鄭氏注"。每卷末刊有經幾字、注幾字。皮紙,杉木夾板,上刻字填綠,題"宋版禮記 上函(或下函)"。石青杭細書衣,黃綾書籤,僅書"禮記"及冊次。

《天目後編》云:"每卷末刻經若干字,注若干字。宋中字本,校正與前余仁仲同。"據臺北故宮吳哲夫先生考證,是書卷首行款、卷尾夾注皆同於宋版,惟無音義及最後總注,而刻工張、受、劉、化、王、仁、安、享、子榮、澄、仲等均見於臺北"故宮博物院"藏明嘉靖間東吳徐氏覆宋《三禮》本《周禮》

---

① 宣統十四年九月四日另賞溥傑"一部四套"之"宋板巾箱本禮記",函數雖合,但與《天目後編》卷二所記三部宋板《禮記》版本迥異,非《天目後編》著錄書。每冊首末葉鈐"天祿繼鑑"、"嘉慶御覽之寶"二印,屬於"天目三編"書,詳見本書附錄部分。其中卷一至九,現藏北京市文物局;卷二十,現藏中國國家圖書館。

② 《第二批國家珍貴古籍名錄圖錄》,第2冊,第218頁。

書中,且行款、字體亦相雷同,則是本實爲明徐獻忠覆宋《三禮》本也。①

徐獻忠是嘉靖間華亭詩人,後人所輯簡譜中不聞有刻書之舉。② 此"東吳徐氏",或以爲長洲人徐時泰,室名東雅堂;③或以爲長洲人徐封,字子慎,別號墨川,喜藏書,家有紫芝園,法書名畫甚多。④ 尚無定論。徐氏合刊《周禮》、《儀禮》、《禮記》三經及鄭玄注,無序文,刻工多活動於嘉靖年間。徐刻《三禮》,後世有翻刻本,其間差別參見郭立暄《中國古籍原刻翻刻與初印後印研究》一書。

此本無序跋,與前一部《儀禮》一樣,都是以明嘉靖中期吳郡徐氏覆宋刻《三禮》本僞充宋版。刊刻精良,初刻初印,紙墨瑩潔。

每冊俱鈐天祿繼鑑諸璽,前後副葉所鈐爲"大三璽",無其他私家藏印。

《故宫善本書目》記其爲"明嘉靖間東吳徐氏復宋《三禮》本"。《"國立故宫博物院"善本舊籍總目》,上册,第71頁。

419(2)禮記二十卷

宋蜀刻大字本。卷一至五,計一函五册,現藏遼寧省圖書館(書號善00032);卷六至二十,計三函十五册,現藏中國國家圖書館(書號12343)。合兩館所藏,即爲完璧。

匡高23.8釐米,廣17.2釐米。每半葉八行,行十六字,小字雙行二十一字,線黑口,左右雙邊。版心中記"禮記幾"及葉次,下有刻工姓名蘇三、王水、王良、先用、祖六、田祖、田千、王會四、王俊、王木、王忠、義、才美(美)、袁才(才)、趙壽、朱順、王子和、趙福千六、順二、蘇三等。宋諱"聃"、"玄"、"弦"、"眩"、"殷"、"匡"、"筐"、"酳"、"恒"、"貞"、"徵"、"頳"、"讓"、"樹"、"項"、"桓"、"縝"、"慎"字闕筆。首卷卷端題"禮記卷第六"。清宫舊裝,織錦函套,織錦書衣,黄綾書籤,題"宋板禮記"。皮紙,略有蟲蛀。

---

① 吴哲夫著:《天祿琳琅書目續編著錄之宋版書籍研究》,《"國立中央圖書館"館刊》新十一卷第一期,第22頁。

② 陳斌著:《明代華亭詩人徐獻忠簡譜》,《中國韻文學刊》2010年第4期,第14—20頁。

③ 此說李慶濤《東雅堂韓集再議》已提出異議,參見《圖書館論壇》2002年第4期。

④ 瞿冕良著:《中國古籍版刻辭典》,齊魯書社1999年版,第95頁。

此爲鄭玄單注本,《天目後編》云:"末總注經凡九萬八千一百七十一言,注一十萬九千三百七十八言。宋大字本,自孝宗以上諱皆闕筆,校正與余仁仲本同,惟'斂首足形''首'作'手',爲小異耳。"此本墨如點漆,書品寬大,字大如錢,字體雍容,摹泐精良,蜀本之最精者。遼圖與國圖兩家所藏,原爲一帙散出,海內僅存一部。除此《禮記》外,蜀刻大字本群經,傳世尚有上海圖書館所藏《春秋經傳集解》、黃氏士禮居舊藏《周禮·秋官》二卷、《四部叢刊》影印之《孟子》,餘經俱佚。

每册俱鈐天祿繼鑑諸璽,前後副葉是鈐爲"大三璽",無其他私人藏印。

《賞溥傑書畫目》著錄,宣統十四年(1922)九月十四日賞溥傑。國圖所藏十五册係出宫後輾轉自長春僞宫至瀋陽故宫,1959年由北京故宫撥交北京圖書館,《北京圖書館古籍善本書目》經部禮類著錄,第73頁。《第一批國家珍貴古籍名錄圖錄》第00266號爲遼寧省圖書館所藏五卷,未著國家圖書館所藏同一部書的其餘十五卷。①

419(3) 大戴禮記十三卷

明嘉靖十二年(1533)吴郡袁褧嘉趣堂覆刻宋淳熙本。四册一函,現藏臺北"故宫博物院"(書號故善012798—012801)。

匡高21.2釐米,廣15.6釐米。每半葉十行,行十八字,小字雙行同,左右雙邊,白口,雙順魚尾。版心中刊書名卷第,下方記葉次。避宋諱"玄"、"弘"、"敬"、"微"、"徵"、"貞"、"讓"字闕末筆。前有淳熙乙未(二年,1175)九月潁川韓元吉序。首卷卷端題"大戴禮記卷第一",次行題"漢九江太守戴德撰"。皮紙,綠地織金織錦四合函套,湖藍色絹製書衣,黃綾書籤,書"大戴禮記"。

《天目後編》云:"前有韓元吉序,蓋淳熙乙未刻於建安郡齋時作也。"《大戴禮記》傳世刻本,以元至正十四年嘉興路儒學所刻十行本爲最早,莫伯驥《五十萬卷樓藏書目錄初編》"經部二"云:"前有淳熙乙未潁川韓元吉序云,以范太史家本刊置建安郡齋,嘉靖癸巳吴郡袁氏嘉趣堂,據以重雕,爲《大戴禮記》佳本,二十行,十八字,目連正文,宋諱闕筆。上海商務印書館《四部叢刊》即以此影印。"是本即明袁氏嘉趣堂覆刻宋本,袁褧(1495—

---

① 《第一批國家珍貴古籍名錄圖錄》,第2册,第16頁。

1573),字尚之,號中臯子,吳縣人。室名嘉趣堂,與兄表、弟褧及堂兄弟袠、袞、裘等均好藏書與刻書,時人稱爲"袁氏六駿"。除此書外,袁氏於嘉靖年間在蘇州還翻刻了宋版《六家文選》、《世說新語》、《楚辭集注》等,槧法紙墨並佳。王重民《中國善本書提要》云袁本《大戴禮記》"卷末刻'嘉靖癸巳吳郡袁氏嘉趣堂重彫'一行",①此本被割去,以另紙補上,紙色明顯不同。吳哲夫先生云明嘉靖刻本"與宋板祇隔一塵,故館臣誤爲宋刻"。②

每冊俱鈐天祿繼鑑諸璽,前後副葉所鈐爲"中三璽"。無其它私家藏印。

《故宮善本書目》記其爲"明嘉靖十二年吳郡袁褧復宋本"。《"國立故宮博物院"善本舊籍總目》,上冊,第76頁,著錄爲"明嘉靖癸巳(十二年)吳郡袁褧嘉趣堂覆刊宋淳熙本"。

419(4)大戴禮記十三卷(又一部)

明嘉靖十二年(1533)吳郡袁褧嘉趣堂覆刻宋淳熙本。六冊,現藏中國國家圖書館(新編書號1138)。

每半葉十行,行十八字,白口,左右雙邊。版本同前。

此爲卷二第二部《大戴禮記》,《天目後編》述其版本僅云"同上"。

每冊俱鈐天祿繼鑑諸璽,前後副葉所鈐爲"中三璽"。無其它私家藏印。另有"雲臥閣"、"顧印廣基"、"陸氏子淵"、"項子京家珍藏"、"高士奇圖書記"諸印,曾經明人陸深、項元汴、清人高士奇舊藏。其中陸深(1477—1544),字子淵,號儼山,江南華亭(今上海)人。明弘治十八年(1505)進士,二甲第一。嘉靖中官詹事。贈禮部侍郎。家富藏書,藏書有殘缺者,加以補抄。有家藏書目爲《陸文裕藏書目》,已佚。另撰有《江東藏書目》。藏書樓有"綠雨樓",東稱"素軒",北稱"澹室",中爲"書窟"、"江東山樓"等。《明史》有傳。項元汴(1525—1590),字子京,號墨林,別號香嚴居士、退密庵主人等,嘉興人。家資富饒,廣收法書名畫,精鑑賞,其天籟閣收藏之富,甲於海內。《天目前編》卷一宋版經部《東萊家塾讀詩記》云其:"好收金石遺文、圖繪名蹟。凡斷幀隻行,悉輸其門。書法出入智永、趙吳興之間,兼工山水,號墨林居士,見董其昌《容臺集》。"舊藏入清宮

---

① 王重民著:《中國善本書提要》,第20頁。

② 吳哲夫著:《天祿琳琅書目續編著錄之宋版書籍研究》,《"國立中央圖書館"館刊》新十一卷第一期,第22頁。

天祿琳琅者，便有十九部之多。顧廣基，生平仕履無考。"雲臥閣"，一說爲趙宧光妻陸服常之印。① 服常子卿子，吳縣人，陸師道之女，好詩文，工詞章，以閨秀筆墨名滿吳門，明萬曆間與夫隱於寒山。

此亦溥儀兄弟攜至東北之書，出宮後輾轉自長春僞宮、瀋陽故宮，1959年由北京故宮撥交北京圖書館者。據撥交檔案所記，爲"明嘉靖十二年(1533)吳郡袁褧嘉趣堂覆刻宋淳熙本"。書已霉爛，有待修補。2013年編目。

420 大戴禮記十三卷（又二部）

明嘉靖十二年(1533)吳郡袁褧嘉趣堂覆刻宋淳熙本。四冊，現藏臺北"國家圖書館"（書號104.4/00452）。

匡高20.9釐米，廣15.3釐米。每半葉十行，行十八字，小字雙行同，左右雙邊，白口，雙順魚尾。版心上方或鐫有小字"淳熙己亥刊"，中記書名卷第，下方記葉次。避宋諱"玄"、"弘"、"殷"、"敬"、"貞"、"徵"、"微"、"讓"、"慎"等字皆闕末筆。卷前有序，署"淳熙乙未歲後九月潁川韓元吉書"。首卷卷端題"大戴禮記卷第一"，隔行下題"漢九江太守戴德撰"。白棉紙，綠絹書衣，黃綾書籤，書"大戴禮記"。

此爲卷二第二部《大戴禮記》，板式行款俱同第一部《大戴禮記》，亦割去卷末"嘉靖癸巳吳郡袁氏嘉趣堂重彫"一行刊記，以半葉另紙補上。《天目後編》述其版本僅云"同上"。

《天目後編》記其卷一鈐"金璠"朱文印，稱"金璠，瑞安人。康熙庚午舉人"，然書頁蟲蛀破損，已不可辨。每冊俱鈐天祿繼鑑諸璽，前後副葉所鈐爲"中三璽"。另有"管理中英庚款董事會保存文獻之章"朱文長方印、"國立中央圖書館收藏"朱文方印。每冊卷首卷端下有一橢圓朱文印，似爲"曾□氏□□□"，皆被有意割補。

420(2) 三禮圖二十卷

清康熙十九年(1681)納蘭成德刻《通志堂經解》本。四冊一夾板，現藏臺北"故宮博物院"（書號故善 013130—013133）。

匡高22.1釐米，廣16.7釐米。每半葉十六行，行二十四字至三十二

---

① 吳芹芳、謝泉著：《中國古代的藏書印》，武漢大學出版社2015年版，第179頁。

字不等,左右雙邊,白口,雙順魚尾。版心中刊"三禮圖卷幾"及葉次。前有《新定三禮圖序》/通議大夫國子司業兼太常博士柱國賜紫金魚袋臣聶崇義集註。首卷卷端題"新定三禮圖冕服圖卷第一"。卷末淳熙乙未陳伯廣木記係翻宋刻。棉紙,新裝夾板,刻字填綠,題"宋板三禮圖　全函"。石青杭細書衣,黃綾書籤,題"三禮圖"及冊次。

卷末有五行刊記,云:"《三禮圖》,始熊君子,復得蜀本,欲以刻于學而予至,因屬予刻之。予觀其圖,度未必盡如古昔,苟得而攷之,不猶愈於求諸野乎,淳熙乙未閏月三日永嘉陳伯廣書。"

《天目後編》提要僅言此本"同首部",首部御題宋版《三禮圖》實爲清康熙納蘭成德刊《通志堂經解》本,此本果然"同首部",也是一部經過作僞、冒充宋版的通志堂刻本,卷首康熙丙辰納蘭成德《河南聶氏三禮圖序》被撤去,並剜書末木記最末一行之"後學成德"四字,染紙作舊,欲以僞充宋版耳(圖2—10)。通志堂本所據底本,據翁方綱《通志堂經解目錄》引何焯批語,爲汲古閣所藏宋版。

每冊俱鈐天祿繼鑑諸璽,前後副葉所鈐爲"大三璽",無其它私家藏印。

此本卷末剜去納蘭成德刊記

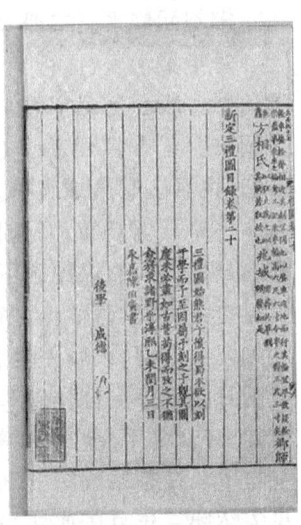
《三禮圖》通志堂本

圖2—10

1931年點查時在養心殿。《故宮善本書目》記其爲"清《通志堂經解》本"。《"國立故宮博物院"善本舊籍總目》,上冊,第78頁,著錄爲"清康熙十九年通志堂經解本"。

421 三禮圖二十卷

宋淳熙二年(1175)陳伯廣刻本,一函四冊。

《天目後編》提要云,此本"同首部"。書上鈐有"內府圖書之印"、"史氏家傳翰苑收藏書畫圖章"、"趙孟頫印"、"王英時彥"諸印,以爲"曾藏史氏、趙氏。王英,字時彥,金溪人。永樂甲申進士。累官南京禮部尚書。諡文安。有《泉坡集》。後入明內府,鈐九疊篆印"。

首部《三禮圖》,現藏中國國家圖書館,實爲清康熙十九年(1681)納蘭成德刻《通志堂經解》本。若這一部"宋版"《三禮圖》果然與首部同版,或許又是一部經過作僞的康熙間通志堂刻本,則其上宋人史守之、元人趙孟頫、明人王英以及明內府諸印亦爲僞製。

《賞溥傑書畫目》著錄,宣統十四年(1922)八月十九日賞溥傑一部四冊本之《三禮圖》。此書至今下落不明。

421(2)司馬氏書儀十卷

宋刻元修本。二冊,現藏中國國家圖書館(書號12344)。

每半葉十一行,行十九字,小字雙行二十四字,細黑口,左右雙邊,雙順魚尾。版心上記字數。宋諱"玄"、"朗"、"殷"、"徵"、"讓"、"慎"、"敦"諸字闕筆。首有紹熙壬子(1192)刻書序。首卷卷端題"司馬氏書儀卷第一"。書頁多有黴爛破損。

序略云,《書儀》乃溫國公文正先生所撰,淳熙間崇川范君少潛得其書,雖嘗鋟梓,然以闕裂不全爲欠。余先伯父仕於閩,與先生族孫同僚寀,獲見全書,躍然喜如得主寶,亟求錄之,並再加訂證訛舛,編排繕寫,命工刊刻以大其傳,以廣先生著書之意,亦不負先世收書之志云。署"時歲壬子菊月圓日序於傳桂堂",下鐫墨印二:"傳桱書堂"、"稚川世家"。《天目後編》云:"書中'敦'字闕筆,乃光宗以後刻,其曰'歲壬子'即光宗之紹熙三年也。又刻墨圖記曰'傳桱書堂',曰'稚川世家',其人或葛姓也。"記其爲宋紹熙三年葛氏傳桂桱書堂所刻。書中卷九第一至四葉、六至八葉版刻風格略異,或爲元代修版之葉。此宋刻孤本,傳世極罕。

書上鈐"文遠"、"何時一尊酒重與細論文"、"碧潤生"、"□月落花看人"諸印,賴福順先生考爲明人郭傅、王鏊及清人湯秀琦,①存疑待考。每冊俱鈐天祿繼鑑諸璽,前後副葉所鈐爲"中三璽"。

《賞溥傑書畫目》著錄,宣統十四年(1922)九月十四日賞溥傑。《收到書畫目錄》宣統十四年(1922)十一月十九日下有此書,其上注明"交回"二字,但1931年清點宮中文物時未見。1959年北京故宮撥交北京圖書館。《北京圖書館古籍善本書目》第86頁。

---

① 賴福順著:《清代天祿琳琅藏書印記研究》,臺北:"中國文化大學"出版社1991年版,第185頁。

《欽定天祿琳琅書目後編》卷三　宋版經部

422 春秋經傳三十卷

南宋杭州刊本。存目錄，一冊，1996年嘉德春拍；目錄及卷十三、十四，三冊，1996年嘉德秋拍；卷五至十二，凡八卷，計四冊，1999年嘉德春拍；①其中卷五至八，現藏北京市文物公司；②卷九、卷十，一冊，北京翰海2004年秋拍，現藏私人手中；卷十一至十二，計兩卷，一冊，現藏中國印刷博物館；③卷十三至十五，凡三卷，計兩冊，1999年嘉德秋拍，④現藏私人手中；卷十四至十五，二十至二十三，凡三卷，計兩冊，芷蘭齋經眼；⑤卷十六至十九，二十四至三十，凡十一卷，六冊，現藏中國國家圖書館（書號

---

①　中國嘉德國際拍賣有限公司1999年春季拍賣會古籍善本專場，拍品第489號。

②　梅寧華、陶信成主編：《北京文物精粹大系·古籍善本卷》，北京出版社2001年版，第46—47頁。據參加該書編寫的北京市文物局圖書資料中心圖書保管部孔繁雲女士函告，書中以北京市文物局藏書爲主，另採選了少量首都圖書館、北京市文物公司收藏。劉按，此八卷由中國嘉德國際拍賣有限公司自海外徵集上拍，因標價太高，各公藏單位無力拍下，北京市文物公司秦公總經理爲避免珍籍再次流散海外，遂墊下巨額資金與新加坡買家競爭後購得，此據全國政協委員傅熹年等著：《收購境外流入的國寶級古籍》，《人民政協報》2001年4月23日第5版。當時仍無任何圖書館或博物館有能力全數承受，後漸次分冊拿出參與拍賣，因此現藏僅卷五至八，兩冊。

③　此爲北京文物公司標得之其中一冊，2001年拿出參與北京翰海公司拍賣會，被中國印刷博物館以159萬元人民幣購得，成爲當時古籍拍賣價之新高，也成爲印刷博物館一項鎮館之寶。此據趙榆、利民著：《國寶回歸話十年——略述拍賣市場與國寶的回歸》，《收藏家》2004年第3期，第56頁；趙榆著：《回歸國寶知多少——略述藝拍對國寶回歸的貢獻》，《中華工商時報》2004年5月9日。

④　中國嘉德國際拍賣有限公司1999年秋季拍賣會古籍善本專場，拍品第407號。卷十三、十四，一冊，曾於1996年秋中國嘉德拍賣，當時以20萬元成交，而此次拍賣以133萬元成交，足見古籍市場的漲幅。據黃燕生著：《中國藝術品投資與鑑賞叢書·古籍善本》，中國水利水電出版社2005年版，第46頁。

⑤　韋力著：《大有可爲的古書收藏》，《藝術市場》2004年07期，第101頁。

989)。

匡高 21.3 釐米，廣 14.1 釐米。每半葉八行，行十七字，白口，左右雙邊，雙順魚尾。版心上刻字數，中題"春秋卷幾"及葉次，下有刻工"李"、"參甫"、"余"、"丁"、"蔡"、"劉文"、"正"、"吳孚"、"詹週"、"馮"、"生"、"葉"、"張"等。避宋諱"玄"、"匡"、"恒"、"貞"、"徵"、"讓"、"樹"、"頊"、"桓"、"還"、"瑗"、"媾"、"慎"、"敦"諸字。首卷卷端題"春秋經傳卷第一"。白麻紙(圖 3—1)。

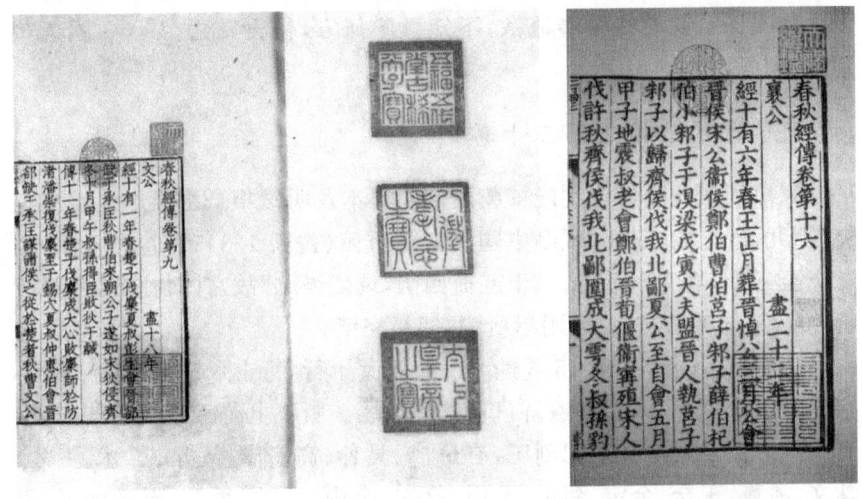

圖 3—1

此書無注，凡三十卷，而《天祿琳琅書目後編》、《中國古籍善本書目》皆著錄爲二十卷，當據之訂正。宋紙宋印，白文無注，字大如錢。《天目後編》提要云其："宋諱俱缺筆，極謹嚴。蓋刻于光宗時。其宣祖不諱，則已祧矣。"此本避諱至"敦"字，應爲南宋光宗時所刊。《中國版刻圖錄》中，趙萬里先生據書內刻工劉文、詹周曾參與浙本《分門纂類唐歌詩》、《史記》等書的刊刻，審爲南宋杭州地區刻本，並贊其"開版弘朗，刀法嚴謹，可稱宋末浙本代表作"。① 《天目後編》云《左傳》監本訛舛甚多，所幸宋刻存世有數本，而此本爽朗工密，校之它本俱優，足以校正監本之誤。

曾經明宮舊藏，鈐"東宮書府"九疊篆印，爲明太祖懿文太子朱標之印。王國維先生以爲"東宮書府"乃宋宮藏印，誤。趙萬里先生以爲此本

---

① 北京圖書館編：《中國版刻圖錄》，文物出版社 1960 年版，目錄第 16 頁。

"當是元時官書,明太祖滅元得之,以貽懿文太子者"。① 每冊俱鈐天祿繼鑑諸璽,前後副葉所鈐爲"大三璽"。

《賞溥傑書畫目》著錄,此本於宣統十四年(1922)九月十三日賞溥傑,被攜出宮。原書二函十六冊,現藏國家圖書館之卷十六至十七一冊乃瀋陽故宮歸還北京故宮、1959年又經北京故宮撥交北京圖書館者,《北京圖書館古籍善本書目》經部春秋類著錄,第88頁。1997年以後流散民間的另外八冊陸續現身拍賣會上,致使此珍貴宋版珍籍終散異處。② 趙萬里先生曾嘆曰:"餘卷從長春流散,不知飄墜何方,俟再訪之。"③《中國版刻圖錄》圖版四六。

425 春秋經傳集解三十卷

宋淳熙撫州公使庫刻配補乾道江陰郡本及明覆相臺岳氏本。卷一至二、十九,計三卷,三冊,現藏中國國家圖書館(書號12345);卷三至十八、二十至三十,計二十七卷,二十五冊四函,現藏臺北"故宮博物院"(書號故善001253-001277)。合兩岸所藏,即爲完璧。

匡高21.4釐米,廣15.3釐米。每半葉十行,行十六、十七字不等,小字雙行二十四字,四周雙邊,白口,雙順魚尾。版心上記字數大小若干,中刊"春秋幾"及葉次。下記刻工,有鄧成、吳仲、高安國、周昂、鄧才、王才、葉文、潘憲、王全、余定、蔡正、吳山、徐文、余中、吳羔、蕭韶、南昌嚴誠、周賢等。重刊葉版心中有"癸酉刊"、"癸酉刀"、"癸丑重刊"、"壬戌刊"、"癸卯重刊"等字樣。宋諱"恒"、"弘"、"聃"、"珽"、"玄"、"殷"、"筐"、"徵"、"胤"、"讓"、"構"、"完"、"慎"等皆爲字不成。書前有杜預《春秋左氏傳序》,後杜預後序。首卷卷端題"春秋經傳集解隱公第一"。每卷末載經若干字、注若干字,後序末載"凡三十四萬五千八百四十四字"。卷三十之第十三、二十八及後序之第二葉爲抄補。白麻紙。紫色地織金錦四合函套,

---

① 北京圖書館編:《中國版刻圖錄》,文物出版社1960年版,目錄第16頁。

② 1997年初秋,一位長春人將珍藏的二函八冊古書請北京圖書館丁瑜先生鑑定,正是這一部宋刻白文大字本《春秋經傳》的前半部,即卷一至十五,藍絹書衣,黃絹書籤,保留着標準的清宮裝幀。因書主索價70萬元,北圖未能購買。1999年春,嘉德上拍了此本卷五至十二,雖只四冊,底價85萬元。同年秋季又有二冊、卷十三至十五送拍,底價45萬元。如今每冊已超過百萬元人民幣,八冊宋版珍籍終散異處。

③ 《中國版刻圖錄》,目錄第16頁。

石青灑金絹質書衣，白紙書籤，書"宋版春秋經傳集解"及卷數。

此本由三種刻本配成：

卷一至十六、卷十八至二十四，凡二十三卷，宋淳熙撫州公使庫刻本。行款見上。其版式、行款與涵芬樓藏宋撫州本《公羊何注》、海源閣藏宋撫州本《禮記鄭注》俱同，補修刻工吳仲、高安國等人與傅增湘曾藏撫州本《禮記釋文》亦合，此二十二卷確爲宋淳熙間撫州公使庫刊本。此本避至"慎"字止，自是乾道、淳熙間所刊。內有遞修，較之重刊葉清晰字肥，原版略有漫漶，字體挺拔。重刊葉標明"癸丑"者當爲紹熙四年(1193)，"壬戌"爲嘉泰二年(1202)，"癸酉"爲嘉定六年(1213)。癸丑重刊刻工有高明、高寧、李大亨、余元、永之、黎友五、高安國等(圖3-2)；壬戌重刊刻工有劉明、余章、翁定、思敬、祝士正、虞大全等；癸酉重刊刻工有志海、高榮、余茂、徐煥、伯亨、永宗等。

卷十七、二十五至二十八、三十，凡六卷，爲宋乾道間江陰軍學刻本。匡高 21.5 釐米，廣 14.5 釐米，每半葉十行，行十八字，小字雙行二十字，左右雙邊，白口，單魚尾。宋諱避至"慎"字止，版心中記"春秋幾"及葉次，下所記刻工杜俊、李果、虞大金、湯榮、沈忻、徐友、張寅等二十餘人，悉爲南宋初年刻工。重刊葉版心中有"直學王錫校正重換"、"直學葛熙靖監修"，下有刻工徐益、惠珉、卓允、惠道等。每卷末多無經字多少，注字多少。

卷二十九，匡高 20.2 釐米，廣 14.1 釐米，每半葉八行，行十七字，小字雙行同，四周雙邊，白口，雙線魚尾。版心中刊"左傳卷二十九"及葉次。有耳題。即《皕宋樓藏書志》、《五十萬卷樓藏書目錄初編》所著錄之明覆相臺岳氏本也。

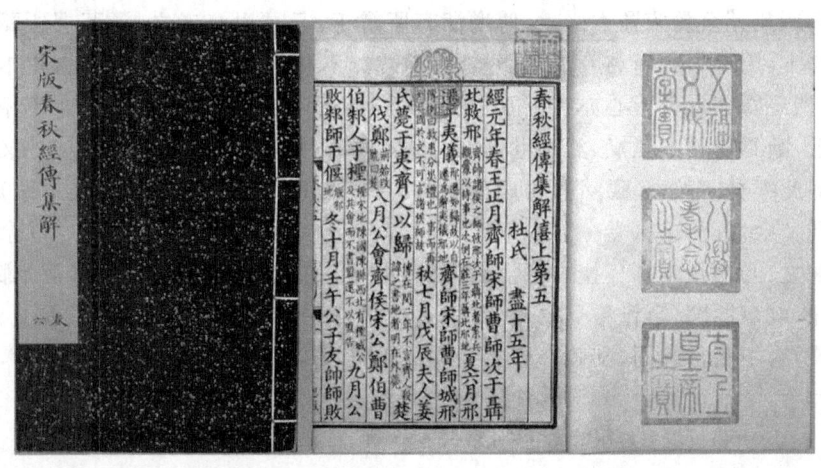

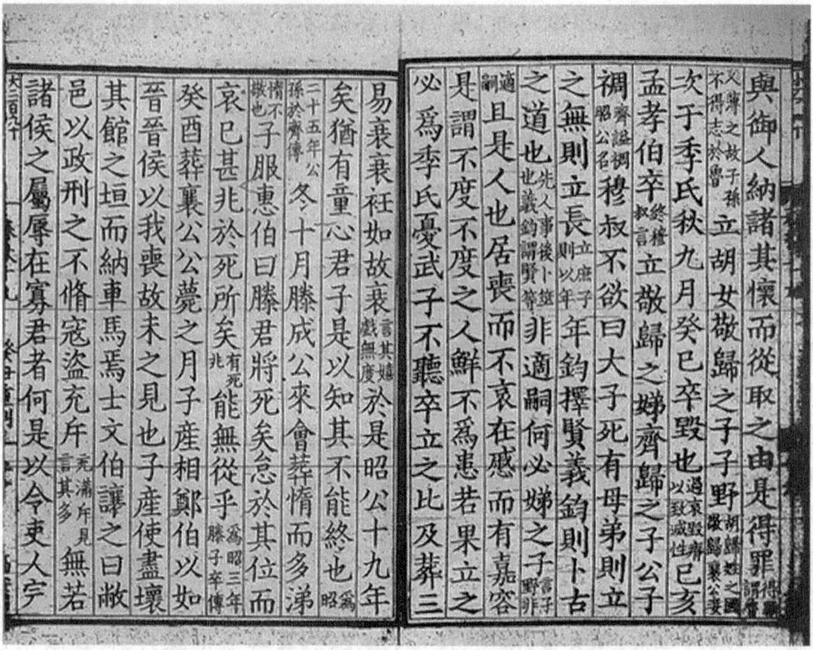
與御人納諸其懷而從取之由是得罪
又齊之故子孫不得志於魯立胡女敬歸之子子野胡歸姓之國敬歸襄公妾
次于季氏秋九月癸巳卒毀也過哀毀瘠以致滅性己亥
孟孝伯卒終穆叔言立敬歸之娣齊歸之子公子
裯齊謚裯昭公名穆叔不欲曰大子死有母弟則立
之無則立長立庶子則以年年鈞擇賢義鈞則卜古
之道也先人事後卜筮也義鈞謂賢等非適嗣何必娣之子言子野非
適嗣且是人也居喪而不哀在慼而有嘉容
是謂不度不度之人鮮不爲患若果立之
必爲季氏憂武子不聽卒立之比及葬三
易衰衰衽如故衰言其嬉戲無度於是昭公十九年
矣猶有童心君子是以知其不能終也爲昭
二十五年公孫於齊傳冬十月滕成公來會葬惰而多涕
惰不敬也子服惠伯曰滕君將死矣怠於其位而
哀已甚兆於死所矣有死兆能無從乎爲昭三年滕子卒傳
癸酉葬襄公公薨之月子產相鄭伯以如
晉晉侯以我喪故未之見也子產使盡壞
其館之垣而納車馬焉士文伯讓之曰敝
邑以政刑之不脩寇盜充斥充滿斥見言其多無若
諸侯之屬辱在寡君者何是以令吏人完

圖 3—2　卷十九之第二十頁，版心中有“癸丑重刊”，刻工名爲高安國。

《天目後編》稱“是本乃真宋監版，希世之珍”，並舉證四條說明其版本：“不附入音義，一也；自序後連卷一，不另篇，二也；闕筆極謹嚴，如桓二年‘珽’字，諸書從未見避，三也；明傳刻監本誤字一一無訛，四也。”書中未附入音義，且序與卷一相連，不另起葉，保留了北宋卷子本舊貌。“珽”字闕筆在宋本確屬不經見，傅增湘《藏園群書經眼錄》云：“珽字亦缺筆，爲他書所無。”至於宋監本之說，傅增湘有所辨正，云：“以余考之，涵芬樓所藏撫本《周易》，其行格字數板式補刊年號無不相同，更證以余所藏撫州本《禮記釋文》，其板心亦有壬寅、戊申、壬戌、壬申刊刁等字，且字體亦復相近，斷爲撫州本無疑，然則世傳撫州刊本群經《周易》、《禮記》、《公羊》外又多此經矣。”[①]又《藏園群書題記》卷一《宋撫州本春秋經傳集解殘卷跋》稱：“余以此二卷（卷一、二）勘之，與其說咸合，然定爲監本則非也。以余觀之，乃撫州本耳！撫本傳世諸經有《公羊》何注，今藏涵芬樓；《禮記》鄭注，藏海源閣，余皆獲見原書，其版式行格無一不同。余別藏《禮記釋文》殘卷，不獨行款同，其版心標某年重刊亦同，刀法尤酷肖。刊工中相同者，

① 《藏園群書經眼錄》，卷一，第 53—54 頁。

有吳中、嚴思敬、高安國、伯言四人，則審爲撫州開版固毫無疑義矣。"①各書卷末載經若干字、注若干字，此本雖非監本，然據監本傳刻則無疑義。

書末有乾隆五十一年(1786)彭城仲子題識，云：

> 昭二十年，衛侯賜北宫喜謚曰貞子，賜析朱鉏謚曰成子，杜注云"皆未死而賜謚，及墓田傳終而言之"。王伯厚《困學紀聞》引爲"是人臣生而賜謚也"。後之考訂，如升庵、寧人輩，皆據以爲古人有生而謚者。昔何義門得宋槧不全《左傳》，注中云"皆死而賜謚及墓田傳終言之"，無"未"字、"而"字，以示閻伯詩，相爲擊節。且若有"未"字，則與"傳終言"之句不相屬。余見宋槧《左傳》多矣，即如南宋相臺岳氏、世綵堂廖氏所刻《九經》最稱善本，廖本未見，岳本及諸本檢之皆有"未"字。癸巳歲，余至虞山席玉照家，得汲古閣所藏宋本《左傳》全帙及殘本五册，檢之皆作"死而賜謚"，故毛氏并殘本而藏之也。蓋"未"字之增已久，伯厚之不加細審，爲所誤耳。余因取翻岳本校之，無甚大謬，然此一字之增，何啻天壤？間正數十字，皆岳本不及，此本真可寶也，因誌之，以破千古之誤。乾隆丙午秋仲，彭城仲子識。②

又云："漁洋《池北偶談》十四卷《談藝》亦引其說，亥豕之誤人如此，學者能不考之？"後鈐"彭盛中子審定"朱文長方印，爲《天目後編》漏載。《天目後編》云："按：是跋作於近人，不著名氏。而其說頗有考訂，且足彰是本之善。"彭盛，生平仕履無考。

張麗娟《宋代經書注疏刊刻研究》一書對《春秋經傳集解》宋代諸刻論述頗詳，可資參考。據其書，宋撫州本有遞修，江陰郡本爲紹興間刊，亦有遞修，此書中均可見遞修頁。

原爲四函二十八册，首二卷及卷十九流出宫外，三册，先爲傅增湘所有，民國癸亥(十二年，1923)藏園於東華門外橋畔冷攤所得，價一百五十金。其中首二卷又歸周叔弢，卷首下方鈐"周暹"白文小印，1959年由北京故宫撥交北京圖書館，三册最終皆入藏北圖。著錄於《北京圖書館古籍善本書目》第88頁。國圖本後有李盛鐸跋：

---

① 《藏園群書題記》，卷一，第24—25頁。
② 劉按，此處清嘉慶內府寫本及清光緒十年王先謙刻本《天祿琳琅書目》所記多有脫倒："以示閻伯詩"，"伯"誤作"百"；"最稱善本"作"稱最善本"；"伯厚之不加細審"，脫"之"字。

《春秋左傳》，岳刻大字、淳熙小字爲最近古二刻，以有明覆本流傳較廣。其不附釋音者，惟日本官庫之興國軍本、歸安陸氏之蜀大字本者，均在海外，不可得見，其它蓋無聞焉。此本避諱到慎字止，自是乾道、淳熙間所刊。其重刊之中標明癸丑者，當爲紹熙四年，壬戌爲嘉泰二年，癸酉爲嘉定六年。玩其字體結構，刊雕刀法頗爲相合，而半葉十行，每行大字十六，小字廿四，與淳熙四年撫州公使庫《禮記》正同。沅叔得此本，審爲撫州本，良不誣也。撫州本之傳世者，《禮記》外，間有《公羊》，得是本堪與鼎峙。雖殘珪斷璧，亦當球圖視之。癸亥(1923)小寒後八日盛鐸記。

此本鈐"白拙居士"、"淵之私印"、"潘耒私印"、"楊灝之印"、"繼梁"諸印，曾經清初潘耒、楊灝舊藏。潘耒，字次耕，號稼堂，又號白拙居士，吳江人。受業於顧炎武。康熙十八年(1679)博學鴻詞科，官檢討。有《遂初堂集》。楊灝，字繼梁，直隸曲陽人。官湖南布政使，貪瀆，乾隆二十二年(1757)年斬於市。此書或爲抄沒楊灝家藏後入宮。每冊俱鈐天祿繼鑑諸璽，前後副葉所鈐爲"中三璽"。

《故宮善本書目》記其爲："宋淳熙間撫州公使庫刻本。半葉十行，經傳行十六字，注雙行二十四字；配乾道間江陰軍學刻本六卷，半葉十行，經傳行十九字，注雙行二十五字；又明嘉靖間復宋相臺岳氏本一卷，闕前二卷，存二十六冊。"1929年出版之《故宮善本書目初編》收錄。1931年點查的《故宮善本書庫宋版書目》記爲："原三十卷，存二十七卷，原二十八冊，存二十五冊。宋刊本。書中有二十卷爲撫州公使庫本，另六卷爲別一刻本。其二十九卷則明覆相臺本也。書末有彭城仲子題識，每卷間有'白拙居士'、'楊灝'諸家印及天祿琳琅乾隆各璽。"臺北故宮所藏二十七卷，著錄於在《"國立故宮博物院"善本舊籍總目》，上冊，第 82 頁，著錄爲"宋淳熙間撫州公使庫刊配補乾道江陰郡本及明覆相臺岳氏本"。

426 春秋經傳集解三十卷

明嘉靖蘇州覆刻元相臺岳氏本。四函三十冊，現藏臺北"故宮博物院"（書號故善 007007－007036）。

匡高 20.4 釐米，廣 14.1 釐米，每半葉八行，行十七字，小字雙行同，四周雙邊，白口，雙線魚尾。版心中刊"左傳卷幾"及葉次，有書耳。卷前有《春秋序》。首卷卷端題"春秋經傳集解隱公第一"。白棉紙，書頁多蟲蛀損字。石青地金線織錦四合函套,綠地宋式錦書衣,黃綾包角,黃綾書籤,書"春秋經傳集解"。每函書皆夾有一黃紙長籤,書"明版春秋經傳集解"及第某函,與《天目後編》覈對,卷尾有半葉淳熙三年木記者應是卷三之第二部"宋版"《春秋經傳集解》。

書尾有半葉木記,云:"淳熙三年四月十七日,左廊司局內曹掌典秦玉禎等奏聞:①《壁經》、《春秋左傳》、《國語》、《史記》等書,多爲蠹魚傷牘,不敢備進上覽。奉勅用棗木椒紙各造十部,四年九月進覽。監造臣曹棟校梓,司局臣郭慶驗牘。"置於全書之末,彭元瑞等據此認爲書"乃孝宗年所刻,以備宣索者"。然而字體墨色與原書不同,實爲後人僞造以充宋本也。版心下原有刊工姓名,亦盡被剜去。序後原有一"相臺岳氏刻梓荊溪家塾"雙行木記,被墊去刷印,再以墨筆描補欄線(圖3—3)。初刻初印,紙墨精好。有些書籤下可見原籤,亦黃綾裝裱,書"春秋左傳"。

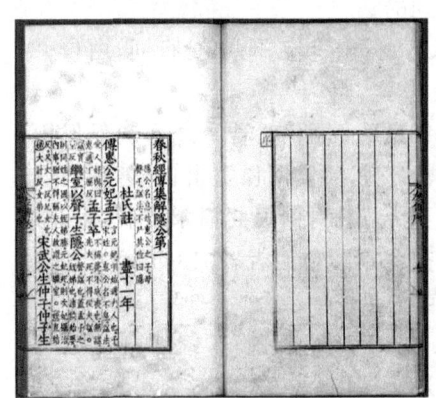 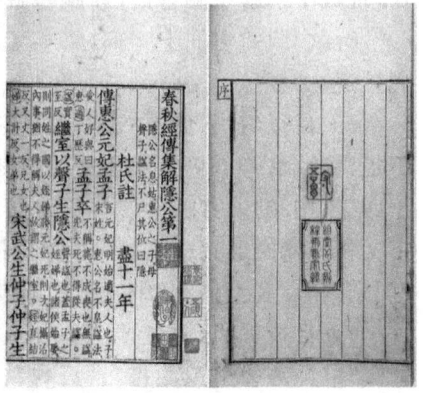

圖3—3 左爲天祿書,序後雙行木記被點去,並一墨筆描補欄線;右爲他本,可資比對

邵懿辰《簡明四庫目錄標注》云:"明代翻刻岳板,凡有四本,又汪氏叢書本,均三十卷。"②明代覆宋元版《春秋經傳集解》,除明代仿元相臺岳氏刻本的集解大字本外,尚有一種小字巾箱本,即明覆刊宋淳熙三年閩山阮氏種德堂巾箱本,十行十八字本。元相臺岳氏刻本《春秋經傳集解》,③傳

---

① 劉按,清光緒十年王先謙刻本《天祿琳琅書目》"秦玉禎"誤作"秦王禎",清嘉慶內府寫本不誤。

② 邵懿辰撰、邵章續錄:《增訂簡明四庫目錄標注》,上海古籍出版社1979年版,卷第三,經部五,春秋類,"《春秋左傳正義》三十六卷",第100頁。

③ 《第一批國家珍貴古籍名錄圖錄》,第2冊,第00286號。

世僅存一部殘本，其中卷十九至二十配明刻本，現藏中國國家圖書館，有周叔弢跋。嘉靖間蘇州翻刻岳本時，行款雖同，但將書口由細黑口改爲白口，雙黑魚尾改爲雙線魚尾，版式略有區別（見圖3—3右幅）。此本即明代仿元相臺岳氏刻本。

每冊俱鈐天祿繼鑑諸璽，前後副葉所鈐爲"大三璽"，無其它私家藏印。

《故宫善本書目》記其爲"明嘉靖間復宋相臺岳氏本，有僞造淳熙三年木記"。《"國立故宫博物院"善本舊籍總目》，上冊，第83頁，著錄爲"明嘉靖間蘇州復刊元相臺岳氏本"。

427 春秋經傳集解三十卷（又一部）

明嘉靖蘇州覆刻元相臺岳氏本。原爲四函三十冊，其中卷二，一函一冊，現藏中國國家圖書館（新編書號1146）。

行款、版式俱同上一部，每半葉八行，行十七字，小字雙行同，白口，四周雙邊。

《天目後編》云此本"後闕淳熙三年識"。前一部卷尾之木記係僞製，不足爲憑，這一部仍是明嘉靖翻宋刻本而已。《賞溥傑書畫目》著錄，宣統十四年（1922）八月二十二日賞溥傑。此一殘冊，係民間捐贈政府，由北京市文物局轉交北京故宫，1959年再撥交北京圖書館者，2013年編目，定爲"明刻本"。其上僅有"中三璽"，無其它藏印。①

《天目後編》云書之卷首、卷一及卷末有鈐"吴寬"、"錢印謙益"、"牧翁"、"虞山錢曾遵王藏書"、"錢曾"、"遵王"、"樸學齋"、"西河毛氏藏書之印"、"毛古愚藏"、"古愚藏本"、"冰香樓"諸印。明吴寬藏本，後入藏虞山錢氏、吴縣葉氏、蕭山毛氏。吴寬（1435—1504），字原博，號匏庵，長洲人。明成化八年（1472）狀元，官至禮部尚書。藏書樓名叢書堂。錢曾（1625—1701），字遵王，號也是翁，著《讀書敏求記》，辨證古籍極賅博。有述古堂藏書，承繼錢謙益絳雲樓燼餘之書。葉萬（1619—1685），字石君，一字樹廉，號潛夫。吴縣人，性嗜書，聚書數萬卷，室名樸學齋、歸來草堂、懷峰山

---

① 劉按，疑此殘本一卷或爲《天目後編》卷十二明版經部之第二部《春秋經傳集解》（頁號656—3），因書上"真賞"、"華夏"二印俱鈐前後副葉之上。

房。① 孫從添《藏書紀要》記曰："葉石君抄本，校對精嚴，可稱盡美。錢遵王抄錄，書箱裝飾雖華，固不及汲古多而精，石君之校而備。"著有《樸學齋集》等。毛奇齡（1623—1716），字大可，號西河，清康熙十八年（1679）博學鴻詞科，官檢討，所著有《西河合集》，藏書於冰香樓。

427（2）春秋經傳集解三十卷（又二部）

明嘉靖蘇州覆刻元相臺岳氏本。其中卷一至五、十一至十五，計十卷，二函十冊，現藏中國國家圖書館（新編書號1137）；卷六至十，計五卷，五冊，現藏吉林省博物院（書號526）；卷二十一至二十二，計兩卷，二冊，現藏臺北"故宮博物院"（書號贈善022438－022439）；卷十六至卷二十、卷二十六至卷三十，計十卷，十冊，兩杉木夾板，現藏遼寧省圖書館（書號善10102）。

匡高19.9釐米，廣13.9釐米。每半葉八行，行十七字，小字雙行同，白口，四周雙邊，雙線魚尾。有耳題。刊有句讀。版心中刊"左傳卷幾"及葉次，下偶見刻工宗、章、奎、先等。白棉紙。石青色絹製書衣，黃綾書籤，題"宋板春秋經傳集解"。遼寧省圖書館所藏十冊，尚存清宮舊裝，杉木夾板，上以綠色填雕"宋版春秋經傳集解六函"。

《天目後編》云此"同前，闕後識"，實則又一部明嘉靖間覆元相臺岳氏刻本。全書染紙作舊。

每冊卷首鈐二寸五見方"周府御書樓寶"朱文大方印，曾經明代周藩王府舊藏。《天目後編》云："按《明史·太祖諸子列傳》：周王橚，好學能詞賦，嘗作《元宮詞》百章，又撰《救荒本草》。闢東書堂以教世子，長史劉淳爲之師。橚始封之王，故有御書樓，蓋其賜籍也。"朱橚乃太祖第五子，就藩於開封，家有東書草堂藏書。此書刻於嘉靖年間，並非宋版，也必定不是朱橚明初就藩時之"賜籍"，葉昌熾《藏書紀事詩》記述周藩朱橚及其六世孫朱睦㮮皆富藏書，故此書入藏周藩，應是其後世之時。每冊俱鈐天祿繼鑑諸璽，前後副葉所鈐爲"中三璽"。臺北故宮所藏二冊，每冊首末葉另見"古嘌潘氏"白文方印。

《賞溥傑書畫目》著錄，宣統十四年（1922）八月十七日賞溥傑。攜出宮後，輾轉自天津、長春，由瀋陽故宮歸還北京故宮，1959年再由北京故

---

① 參見李玉安、陳傳藝著：《中國藏書家辭典》，湖北教育出版社1989年版，第168頁。

宮撥交給北京圖書館。據撥交檔案云，存卷一（隱公）至卷五（僖公上），又卷十一（宣公下）至卷十五（襄公上），此十冊殘本爲"明嘉靖蘇州覆刻元相臺岳氏本"。2013年編目，定爲"明刻本"。臺北故宮所藏，爲黃杰將軍舊藏，1996年其家人遵遺囑捐贈臺北"故宮博物院"。①

428 春秋經傳集解三十卷（又三部）

明嘉靖蘇州覆刻元相臺岳氏本。存卷一至三、五至三十，計二十九卷，二十八冊，現藏中國國家圖書館（新編書號1147、1321）。

每半葉八行，行十七字，小字雙行同，白口，四周雙邊。

《天目後編》稱此本"同前，闕後識。以上四部，皆一本所印，後二部稍後出，不及前二部紙墨之精良也"。卷二著錄第二至第五部《春秋經傳集解》，確屬同一版本，皆非宋刻，實則都是明代嘉靖年間蘇州地區覆刻元相臺岳氏本。

每冊俱鈐天祿繼鑑諸璽，前後副葉所鈐爲"中三璽"。書上鈐"克庵"、"豫園主人"二印，《天目後編》稱是曾經明人陳選（1429—1486）舊藏，選字士賢，號克庵，台州人。明天順四年（1460）會試第一，成化朝布政使。著有《宋史道學傳》。然陳選卒於成化二十二年，不可能藏有嘉靖年間（1521—1567）刻本，此"克庵"必非陳選。《天祿琳琅書目》前編卷十尚有一部鈐有"克莽"朱文印的明版《唐文粹》，爲嘉靖三年（1524）徐焴刻本；《天目後編》卷五著錄"宋版"《重廣補註黃帝內經素問》一部，實爲明嘉靖二十九年（1550）顧從德影宋刻本，三部鈐有"克庵"印之明版書，收藏者必定另有其人。或以爲"豫園主人"乃明人潘允端（1526—1601）之印，②允端字充庵，松江人，嘉靖四十一年（1562）進士，官四川右布政使。建有豫園。

---

① 黃杰，字達雲，黃埔一期畢業，歷經北伐、抗日，1949年曾任國民政府湖南省主席。入臺後，歷任"陸軍總司令"、"臺灣省政府主席"、"國防部長"。退職後輯印《中國子學名著集成》340餘種。1995年病逝於臺北。1996年其女黃莉容、黃文如女士遵遺囑將所藏法書、繪畫、碑拓、銅器、文房用具、善本舊籍等悉數捐與臺北"故宮博物院"，其中善本舊籍共57部，1023冊，以清刊本居多。詳見曾紀剛著：《"國立故宮博物院""天祿琳琅"書考述》，"國立"臺灣大學語文與文獻國際學術研討會（2012年12月7—8日）論文。

② 參見賴福順著：《清代天祿琳琅藏書印記研究》，第185頁。

《賞溥傑書畫目》著錄，宣統十四年(1922)九月十三日賞溥傑。原藏北京故宮，1959年撥交北京圖書館。撥交檔案上記其版本爲"明嘉靖蘇州覆刻元相臺岳氏本"，並云其中24冊霉爛不堪，只4冊完好。2013年編目，定爲"明刻本"。

428(2)春秋經傳集解三十卷（又四部）

明嘉靖覆刻宋閩山阮仲猷刻本。四函三十二冊，現藏中國國家圖書館（新編書號1152）。

每半葉十行，行十八字，小字雙行二十二字，白口，左右雙邊。書衣黃絹籤題"宋版春秋經傳集解"。

書末有一木記云："謹依監本寫作大字，附以釋文，三復校正刊行，如履通衢，了亡窒礙處，誠可嘉矣。兼列圖表于卷首蹟。夫唐虞三代之本末源流，雖千歲之久，豁然如一日矣，其明經之指南歟。以是衍傳，願垂清鑑，淳熙柔兆涒灘中夏初吉閩山阮仲猷種德堂刊。"

《天目後編》云："杜預集解，附《音義》。書三十卷。前預自序，《春秋諸國地理圖》、《三皇五帝三代春秋諸國世次》、《春秋名號歸一圖》、《諸侯興廢》、《春秋總例》、《春秋始終》、《春秋傳授次第》，總名爲《春秋圖說》。後預自序。""宋麻沙本，末刻印記云'謹依監本寫作大字，附以釋文，三復校正刊行，如履通衢，了無窒礙，①誠可嘉矣。兼列圖表于卷首，蹟夫唐虞三代之本末源流，雖千歲之久，豁然如一日矣，其明經之指南歟！以是衍傳，願垂清鑑。淳熙柔兆涒灘中夏初吉閩山阮仲猷種德堂刊。"實此本與下一部一樣，均係明嘉靖間覆刻宋淳熙閩山阮仲猷種德堂刻本，巾箱小本，保留宋刊木記而已。不僅如此，《天目後編》卷八"元版經部"中所著錄之元版《春秋經傳集解》，亦與這二部完全同版，只是撕去了卷尾牌記，令編目諸臣斷爲"槧工紙墨的係元時，而篇幅狹小，乃坊間刻印者"，而誤判爲元本。

每冊俱鈐天祿繼鑑諸璽，前後副葉所鈐爲"中三璽"。曾經揆敘舊藏，卷首鈐"謙牧堂藏書記"。另每冊卷首有"元之私印"朱白文印，被訂線掩去一半。北京故宮所藏清嘉慶內府寫本《天祿琳琅書目後編》記此本爲

---

① 劉按，與臺北故宮所藏明覆刊宋淳熙三年閩氏種德堂巾箱本《春秋經傳集解》（書號贈善003681—003708）比勘，《天目後編》所記書牌"了亡窒礙"，應是"了無窒礙處"，脫一"處"字。

"四函,三十二冊",王先謙刻本誤爲三十一冊。

《賞溥傑書畫目》著錄,宣統十四年(1922)九月十四日賞溥傑,流落宮外。1949年後,北京市文物局自民間購回,轉交北京故宮,1959年撥交北京圖書館。撥交檔案上稱此本爲"明嘉靖覆刻宋閩山阮仲猷刻本"。2013年編目,定爲"明刻本"。

429 春秋經傳集解三十卷(又五部)

明嘉靖覆刻宋閩山阮仲猷刻本。存卷二十四至三十,計七卷,一函七冊,現藏中國國家圖書館(新編書號1148)。

每半葉十行,行十八字,小字雙行二十三字,白口,左右雙邊。黃絹籤題"春秋經傳集解"。

《天目後編》提要云:"同前,前預自序、後序,餘圖表俱闕失。"與上一部一樣,仍是明嘉靖間覆刊宋阮仲猷刻本,行款、版式參見後文卷八元版經部《春秋經傳集解》(578—2)。

每冊俱鈐天祿繼鑑諸璽,前後副葉所鈐爲"中三璽"。書上鈐有"文淵閣印"、"金華宋氏景濂"、"汪北樓鑑賞印"、"顏氏家訓曰借人冊籍皆須愛護先有缺壞就爲補治此亦士大夫百行之一也"、"二泉邵寶"、"性命可輕至寶是重"、"寶藏"、"萬卷樓收藏書畫印"諸印。《天目後編》云此書"曾入明內府,王鏊《史餘》:'文淵閣有鍍金銀印,其文曰"文淵閣印",篆非九疊,獨爲省文,此印是也。'"宋濂,字景濂,浦江人。明初佐命,官承旨。邵寶,字國賢,號二泉,無錫人。正德朝禮部尚書。劉按,"文淵閣印"應是不假,然宋濂藏印必僞,宋濂(1310—1381)爲明初人,不可能收藏後世嘉靖年間刻本,乃是書估僞製名人藏印,加蓋其上,以充前代刻本。邵寶(1460—1527),明成化二十年(1484)進士,富藏書,有"春容精舍"、"二泉精舍"等藏書室,常用閒章中確有"顏氏家訓曰借人冊籍皆須愛護先有缺壞就爲補治此亦士大夫百行之一也"、"性命可輕至寶是重"二方。嘉靖五年卒。未見原書,無法判斷邵寶諸印真僞,存疑待考。

《天目後編》卷三記七部"宋版"《春秋經傳集解》,只第一部是的真無疑之宋版書,餘下六部都是明嘉靖間覆宋或覆元刻本,或除去書上覆宋本刊記、刻工等痕蹟,或僞造木記,或鈐以僞製前代藏印,諸般作僞,以圖掩人耳目,混淆視聽。編者不察,竟一一歸爲宋本,令人遺憾。

此本四函,二十八冊,雖未見於《賞溥傑單》,當也是溥儀兄弟攜至東北之書,出宮後輾轉自長春僞宮至瀋陽故宮,1959年由北京故宮撥交北京圖書館。撥交檔案上記其版本同上一部,乃"明嘉靖覆刻宋閩山阮仲猷刻本",殘存七冊,有蟲蛀,2013年編目,定爲"明刻本"。

430 春秋集注十一卷綱領一卷

宋德祐元年(1275)衛宗華亭義塾刻本。二冊一函,現藏臺北"故宮博物院"(書號故善014096—014097)。

匡高24.8釐米,廣18.4釐米。每半葉十行,行十八字,小注雙行二十七字,左右雙邊,白口,單魚尾。版心上刊字數,中刊"春秋卷幾"及葉次,下刊刻工名,有諒、謬圭(圭)、中、卮、詵等。魚尾多經墨筆描潤。"匡"、"玄"、"恒"、"貞"、"徵"、"讓"、"桓"、"完"、"瑗"、"慎"、"惇"、"敦"均闕末筆,避諱至"馴"字止。白麻紙,湖藍色絹質四合函套,黃絹書衣,無書籤。金鑲玉裝(圖3-4)。

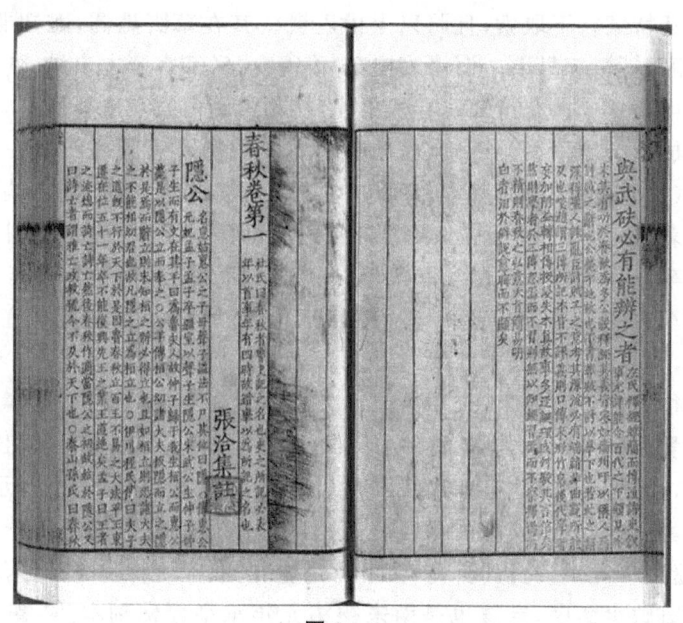

圖3-4

卷前有端平元年九月臨江軍牒,署"觀使著作祕閣郎中文林郎臨江軍司理參軍權判官通判趙　文林郎臨江軍判官董　宣教郎通判臨江軍兼管內勸農營田事葉　朝請大夫知臨江軍兼管內勸農營田事潘"。次端平元年八月省劄,署"端平元年八月初壹日押"。次端平元年九月　日張洽請繕寫狀,署"朝奉郎直秘閣主管建康府崇禧觀賜緋張洽狀"。次端平二年七月張洽追狀，署"端平二年七月日朝奉郎直秘閣主管建康府崇禧觀賜緋張洽狀"。次張洽申諱字覆黃《小貼子》。正文前有《春秋綱領》一卷。首卷卷端題"春秋卷第一"，下雙行題"杜氏曰春秋者魯史記之名也史之所記必表年以首事年有四時故錯舉以爲所記之名也"，隔行下題"張洽集註"。卷二第九、十兩葉、卷五第五至六葉，卷六第十七後半葉、卷十一第十五後半葉抄配。此書被臺北"故宮博物院"定爲"國寶級"文物。

軍牒略云，訪聞臨江軍新宮觀張秘著，居家力學，多有著成，書有裨治道，可備乙覽。劄付臨江軍冷守臣以禮延請，詢訪件目，差能書吏人齎紙扎，如法謄寫，委本官點對無差悞，並繳申尚書省以憑投進，以公文回報云云。張洽狀云："嘗私著《春秋集傳》、《春秋集注》及《歷代郡縣地理沿革表》，雖已粗成篇帙，其間亦有未曾修改定本。今來忽準朝旨令行繳納，竊惟洽學術疎淺，斐然有述，止以自備遺忘而已，初未嘗敢以著書自名，不謂上關朝廷特蒙行下取索，且將以上備乙覽。其在草野愚儒，雖知非稱，其敢以蕪陋爲辭，容日下一面修改校定，俟得允，當卻容齎本申納，使軍差人繕寫繳申朝省。"據此可知，《春秋集注》初刻當是由臨江軍學所爲，但端平二年書成上交軍學後是否刊刻，未見傳本。中國國家圖書館藏一部宋寶祐三年（1255）臨江郡庠刻本《春秋集注》，後有方應發跋語，稱："端平間朝廷徵所著書，注傳係上冊府，天子需公經帷，力辭，乃以直秘閣奉祠，年七十有七卒。僕生晚，安敢以蕪語繫公書後，即刻於學官，因考其本末如此。"則至寶祐三年確有刊刻，其行款爲八行十六字，小字雙行同，白口，左右雙邊，與臺北故宮藏本版式迥異。

以往此書皆著錄爲"宋端平二年（1235）臨江軍學刻本"。遼寧省圖書館近年發現一部宋刻《春秋集注》，①卷前有南宋德祐乙亥（元年，1275）衛宗武序，衛序云："夫此書惟臨江軍有刊本，遭毀之後，董克翁以錄示予，謂不可不壽其全，故鋟梓於華亭義塾。"據此鑑定爲南宋德祐元年華亭義塾刻本，遼圖學者撰文對其研究，文中認爲臺北"故宮博物院"所藏宋端平元年刻本雖缺少衛序，應該也是南宋德祐元年華亭義塾刻本。② 筆者臺北

---

① 遼圖本《春秋集注》，《中華再造善本》唐宋編影印收入，另書影可參考《第一批國家珍貴古籍名錄》第 00301 號。

② 王清原著：《遼寧新發現宋德祐刻本〈春秋集注〉》，《文獻》1992 年第 1 期，第 269—271 頁；王清原著：《宋德祐刻本〈春秋集注〉》，《圖書館學刊》2006 年第 5 期，封三。

訪書期間，調閱臺北故宮原本，將其諸頁與遼圖藏本進行比對，除卷前闕德祐乙亥衛宗武序以外，其它行款版式、刻工、諱字、剜板俱同，兩本並非翻刻、修版之關係，完全屬同一版本。惟故宮此本書品上佳，初刻初印，而遼圖本已有斷版，刷印晚於故宮本。此本避宋諱至"馴"字，據《淳熙重修文書式》，南宋理宗名趙昀，"馴"字應避諱。此書刊刻在理宗之後，並非端平元年初刻本。

書上鈐有"摛藻堂圖書記"朱方、"平陽季子之章"白方、"摛藻堂藏書印"白方、"平陽季子收藏圖書"朱方、"天光雲景"朱方等印記。曾經清康熙時休寧人汪文柏舊藏，文柏字季青，號柯庭，一作柯亭，安徽休寧人，占籍浙江桐鄉。工詩畫，精鑑賞，家有藏書樓"古香樓"、"摛藻堂"等，著有《古香樓吟稿》等。後入清宮，每冊俱鈐天祿繼鑑諸璽，前後副葉所鈐爲"大三璽"。民國丁卯（十六年，1927）傅增湘曾經眼，①並鈐"沅叔審定"朱方印。

《賞溥傑書畫目》記此書宣統十四年（1922）八月八日賞賜，蓋未能即刻攜出，故萬幸尚存宮中。《故宮善本書目》記其爲"宋端平二年臨江軍刻本。半葉十行，行十九字，注雙行二十七字"。1929年出版之《故宮善本書目初編》收錄。1931年點查的《故宮善本書庫宋版書目》，"二冊，宋刊本。卷二、卷五各補抄二頁，卷中有摛藻堂、平陽季子諸收藏印及天祿琳琅乾隆各璽。"《"國立故宮博物院"善本舊籍總目》著錄爲"宋端平二年臨江軍學刊本"，上冊，第98頁。

431 春秋集注十一卷綱領一卷（又一部）

宋德祐元年（1275）衛宗華亭義塾刻本。十冊，現藏中國國家圖書館（書號12346）。

匡高25釐米，廣18.6釐米。每半葉十行，行十八字，小字雙行二十七字，白口，左右雙邊，單魚尾。版心下有刻工繆圭（圭）、玘、詵、中等。卷前端平元年九月臨江軍牒，次端平元年八月省劄，次端平元年九月洽請繕寫狀，次二年七月洽追狀，次洽申諱字覆黃小貼子，次《春秋綱領》。避宋諱玄、弦、匡、恒、貞、徵、讓、桓、完、瑗、構、講、慎、敦、惇諸字。有墨釘，板有漫漶，爲後印之本。

---

① 《藏園群書經眼錄》，卷一，第69頁。

有《春秋綱領》一卷。與前一部同版，原著錄爲端平二年臨江郡庠所刊。《天禄琳琅書目後編》卷三宋版經部著錄此本，即第二部，云："張洽注，洽字元德，清江人，朱門弟子，嘉定中進士，官至著作佐郎。此書既上進，除知寶章閣，會洽卒，謚文憲。書十一卷，前端平元年九月臨江軍牒，次端平元年八月省劄，次端平元年九月洽請繕寫狀，次二年七月洽追狀，次洽申諱字覆黃小貼子，次《春秋綱領》。按明初定科舉制，《春秋》用胡安國傳及洽集注，此書列於學官，與朱蔡胡陳並行，後來學者日趨簡便，遂廢不行，惟通志堂有新刻，似此宋本稀如星鳳矣。"

此本避諱至"敦"字，刻板在宋端平後。李致忠先生《宋版書敘錄》對於此書版本的重定有詳細考論，根據1989年遼寧省圖書館韓錫鐸、王清原清理古籍時發現一部《春秋集注》，經比對與此本屬於同一版本，稱即《天禄琳琅書目後編》所著錄之第一部，誤矣，第一部現藏臺北"故宮博物院"。兩部書所異者在《小帖子》和《春秋綱領》之間，遼寧省圖書館所藏本保留有南宋德祐乙亥（1275）衛宗武序，云："嘗聞之程子云：看《春秋》有法，以傳考經，以經考傳。今觀主一張君《集注》，纂傳文載於經上，而繫以諸家之說，使學者開卷，筆削之法瞭然在目。固已得伊川先生之遺意，而又間附以己見。索幽闡秘，研精極微，有前人論著之所未到。猶之聚寶爲器，益以零金碎玉，而加追琢之工，後有作者弗可及已……夫此書惟臨江有刊本，遭毀之後，董克翁以錄本示予，謂不可不壽其傳，故鋟梓於華亭之義塾云。德祐乙亥菊節後學衛宗武謹書。"則此書第一刻在寶祐三年（1255），臨江軍學所刊；第二刻在德祐乙亥，衛宗武刻於華亭義塾。書中有墨釘，且有修版，當爲宋時所修，刷印較晚，屬晚印本。

鈐"范"、"范印煥卿"、"天遊軒印"、"朱印子儋"等印。爲元范煥卿舊藏，鄧文原《巴西集》載《天遊軒記》云："真定范煥卿，妙齡好修而尚友，以天遊名其軒。"李致忠考天遊軒乃明代錢仁夫之藏書樓。錢仁夫，字士弘，號東湖，常熟人。弘治進士，歷官工部員外郎。喜藏書，好著書，工書畫。① 後爲朱承爵所藏，朱承爵（1480—1527），字子儋，號舜城漫士，又號左庵，江陰人。精鑑別，所積鼎彝、名畫、法書、古墨不下千品。亦喜藏書，尤嗜宋刻。入清爲清宮天禄琳琅藏書，每冊前後副葉鈐"大三璽"。

---

① 李致忠著：《宋華亭義塾刻本張洽〈春秋集註〉的發現》，《收藏家》2012年第4期，第21—25頁。

《賞溥傑書畫目》著錄，宣統十四年（1922）八月十九日賞溥傑。出宮後輾轉自長春僞宮、瀋陽故宮，1959 年由北京故宮撥交北京圖書館。《北京圖書館古籍善本書目》第 103 頁，著錄爲"宋刻本"。《第三批國家珍貴古籍名錄圖錄》第 07003 號。①

431(2) 監本附音春秋穀梁傳注疏二十卷

元刻明修本。十冊，現藏中國國家圖書館（新編書號1153）。

每半葉十行，行十七字，小字雙行二十三字，細黑口，左右雙邊。卷三卷端題"監本附音春秋穀梁注疏"。

《天目後編》云："《公》、《穀》單行刻本甚少，得此宋監本舊書，足資考證。"並以此本與明傳刻監本對勘，校其文字異同。

每冊俱鈐天祿繼鑑諸璽，前後副葉所鈐爲"中三璽"。卷十有一印未辨出，《天目後編》失載。另有"汪學山收藏印"、"學山圖書"、"趙昭"、"寶藏"諸印。"汪學山收藏印"已殘，"趙昭"兩方印，卷九末大、卷二十末小。趙昭爲明吳縣趙均（1591—1640）獨女，其母爲文徵明玄孫、文從簡之女文俶（1595—1634）。趙昭字子惠，生活年代在明崇禎間，以善詩文繪畫著稱，《國朝畫徵錄》有傳。後遇國難，遁入空門，法號德隱，結庵於洞庭西山。趙均小宛堂藏書悉付於昭，因家計困頓，終盡售他人。

原藏北京故宮，1959 年撥交北京圖書館。故宮撥交檔案記其爲"宋閩刻元修本"。首二卷霉爛嚴重，無法卒讀；其餘九冊亦有霉爛、蟲蛀。2013 年編目。

432 監本附音春秋穀梁傳注疏二十卷（又一部）

元刻明修本。十二冊，現藏中國國家圖書館（新編書號1154）。

每半葉十行，行十七字，小字雙行二十三字。白口，左右雙邊。版心上題字數。有書耳。

《天目後編》提要僅云"同前"，無其它版本記述。

每冊俱鈐天祿繼鑑諸璽，前後副葉所鈐爲"中三璽"。無其他私家藏印。

原藏故宮，1959 年撥交北京圖書館。故宮撥交檔案記其爲"宋閩

---

① 《第三批國家珍貴古籍名錄圖錄》，第 1 冊，第 103 頁。

刻元修本",書中頗多闕補頁,且霉爛、蟲蛀不堪,無法卒讀。2013年編目。

433 春秋繁露十七卷

宋嘉定四年(1211)胡榘江右計臺刻本。六冊,現藏中國國家圖書館(書號12348)。

匡高22.3釐米,廣16.1釐米。每半葉十行,行十八字,白口,左右雙邊,雙順魚尾。版心下有刻工"翁遂"、"鄧安"、"劉孜"、"胡俊"、"鄧仁"、"王禮"等。卷前有慶曆七年樓郁序,附錄《崇文總目》一則、《中興館閣書目》一則、晁公武《郡齋讀書志》一則、歐陽修書後一則、程大昌祕書省書《繁露》後一則。卷後有樓鑰嘉定三年跋、胡榘嘉定辛未跋。

樓鑰跋略云:於里中得寫本四,又得京師印本,皆舛誤至多。後從胡榘得萍鄉羅氏蘭堂本三十七篇,最後從潘景憲得此本八十二篇,始與《崇文總目》及歐陽修所見篇卷悉合。以程大昌之淹博,跋祕書省之書,尚以諸書所引者不見,遂疑其書爲說家。則祕書尚非全本,益徵此本之足寶。鑰更校讎,付榘刻諸江右。胡榘,字仲方,銓之孫。寧宗朝工部尚書。跋中結銜"朝奉郎、宗正丞兼權右司郎官兼樞密院檢詳諸司文字",其刻書時所居官也。

此乃現存宋版孤本,且是南宋官刻精品,頗爲珍罕。每冊俱鈐天祿繼鑑諸璽,前後副葉所鈐爲"大三璽",其它私藏印"皇甫子孫"、"華陽山人皇甫沖印"、"華亭朱氏"、"徐健庵"、"乾學"、"季印振宜"、"滄葦"、"季振宜藏書"俱合《天目後編》所記。據藏印可知,曾經明人皇甫沖之經術堂、朱大韶、明末汲古閣毛氏;清人季振宜、徐乾學等人遞藏,後入清宮,流傳有緒。皇甫沖,字子浚,長洲人。嘉靖戊子舉人。與弟涍、汸、濂,號"四皇甫"。華亭朱氏,乃明庶吉士朱大韶,嘉靖丁未(二十六年,1547)進士,後不做官,在家中築精舍,構文園,以友朋文酒爲事。好迎賓客,時騷人墨客,門庭若市。《靜志居詩話》載其性好藏書,尤愛宋世鏤版云。曾以寵婢交換一部宋版《後漢紀》,傳爲書林美談。《天目後編》卷四宋版史部亦收其舊藏書,提要云:"朱大韶,字象元,號文石,仕履見前。"

《賞溥傑書畫目》著錄,宣統十四年(1922)七月十五日賞溥傑,流散宮外,其中卷三至十七,五冊,由瀋陽歸還北京故宮,再經北京故宮撥交北京圖書館入藏。1976年春,天津市原副市長周叔弢先生通知北京圖書館,

《欽定天祿琳琅書目後編》卷三　宋版經部 /75

天津古舊書店發現宋版《春秋繁露》卷首兩卷,一冊,與此本所缺恰合,已囑張振鐸留書,應急速購藏以求全書完整。① 當時受十年浩劫流毒餘波影響,此事遲遲未能落實,直到 1977 年 4 月北圖始將所缺二卷購回,僅用人民幣二百元。

《北京圖書館古籍善本書目》第 113 頁。《第一批國家珍貴古籍名錄圖錄》第 00317 號。② 《中華再造善本》唐宋編第 057 部。

434 論語十卷

元相臺岳氏荆溪家塾刻本。二冊,現藏中國國家圖書館(書號 12350)。

匡高 21.4 釐米,廣 13.7 釐米。每半葉八行,行十七字,小字雙行同,細黑口,四周雙邊,雙魚尾。有耳題,記篇名。版心中刊"論幾"及葉次,下有刻工,但多有蟲蛀,不大清晰。文中刊句讀。卷前鄭沖、何晏等序。首卷卷端題"論語卷第一",隔行上題"學而篇第一",下題"何晏集解"。序及每卷後有"相臺岳氏刻梓荆谿家塾"雙行牌記(圖 3—5)。全本潮濕霉爛,書頁上節尤其破損嚴重,多有闕字。

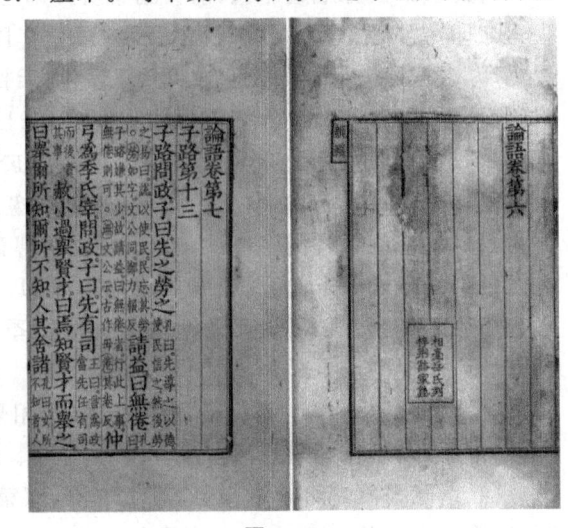

圖 3—5

相臺岳氏所刻群經,歷來認爲是岳飛之孫、南宋人岳珂所爲,自明代張萱在《內閣藏書目錄》注文中首倡此說,清代錢曾《讀書敏求記》、朱彝尊

---

① 見《周叔弢先生遺札十四通》,《社會科學戰線》1985 年第一期,另可見李致忠《宋版書敘錄》,第 222—223 頁。北京圖書館派丁瑜、李致忠二位前往天津,拜會周叔弢先生之後,攜其手書至古舊書店找張振鐸先生,經核對,與館藏本確屬同一部書,以二百元人民幣購得,至此全書珠聯璧合。

② 《第一批國家珍貴古籍名錄圖錄》,第 2 冊,第 62 頁。

《經義考》、季振宜《延陵書目》乃至《四庫全書總目》皆從其說。《天祿琳琅書目》亦說卷末印記"相臺岳氏刻梓"、"荊溪家塾"蓋岳珂所刻,云"每卷末印記'相台岳氏刻梓'、'荊溪家塾',或亞字形,或條印。其字,或小篆,或八分。蓋岳珂所刻。珂所著《沿革例》乃爲刊正《九經》、《三傳》而作,其家梓不獨《五經》也"。

後張政烺先生考訂,相臺本群經乃元初義興(今江蘇宜興)岳浚據宋末廖瑩中世綵堂校刻《九經》本校正重刻,岳浚附望岳飛,因岳飛是相州湯陰人,北魏時建有銅雀臺,相州別稱相臺,故自稱相臺岳氏,與南宋岳珂無關。① 相臺岳氏本,僅存此本、《周易》、《孟子》、《孝經》、《周禮》殘帙、《春秋經傳集解》幾種,今並藏中國國家圖書館。②

每冊俱鈐天祿繼鑑諸璽,前後副葉所鈐爲"大三璽"。其它藏印"晉府書畫之印"、"陳定書印"、"陳氏世寶"、"覃懷李氏"、"崑山徐氏家藏"、"乾學之印"、"健庵"、"季印振宜"、"滄葦"等與《天目後編》所記俱合。按:藏書印記,以下三書多相同,知流傳出自一家,皆以岳版薈萃也。先經元人李國壽收藏,李生於元初,元代中期主要活動於江浙一帶,覃懷人。③ 後入晉藩,朱謀垔《藩獻記》中云:"晉莊王鍾鉉,憲王之子,高皇帝曾孫。好博古,喜法書,刻《寶賢堂集古法帖》。今世所傳書畫,多'晉府'章,即其人也。"再歸江寧人陳定、武進唐辰。陳定字以御,明末清初人士,富書畫收藏。唐辰字良士,與季振宜爲姻親。入清歸季振宜、徐乾學遞藏,後入清宮。

有清乾隆四十八年武英殿刻《御定仿宋相臺岳氏五經》九十八卷行世,六十冊,以墨色刷印原清宮藏印,一如原本。

《北京圖書館古籍善本書目》第 125 頁。《第一批國家珍貴古籍名錄圖錄》第 00326 號。④《中華再造善本》金元編第 510 部。

---

① 張政烺著:《讀〈相臺書塾刊正九經三傳沿革例〉》,《中國與日本文化研究》第一集,中國大百科全書出版社 1991 年版,第 32—62 頁。參見《中國版刻圖錄》目錄第 57 頁,"元岳氏荊溪家塾刻本《春秋經傳集解》"條。

② 《中國版刻圖錄》,目錄第 57 頁。

③ 參見張學謙著:《"岳本"補考》,《中國典籍與文化》2015 年第 3 期,第 66—79 頁。

④ 《第一批國家珍貴古籍名錄圖錄》,第 2 冊,第 71 頁。

435 孝經一卷音義一卷

元相臺岳氏荊溪家塾刻本。一函一冊，現藏中國國家圖書館（書號7942）。

匡高21.3釐米，寬13.7釐米。每半葉八行，行十七字，小字雙行同，細黑口，四周雙邊，雙魚尾。版心上記字數，中刊"孝"字及葉次，下記刊工姓名"壽昌"、"翁"。文中刊有句讀。卷前有唐玄宗皇帝御製《孝經序》。卷端題"孝經一卷"。全書共16葉。

此《孝經》因藏書印記與相臺本《論語》、《孟子》大多相同，《天祿琳琅書目後編》遂定爲相臺岳氏刊本，一至於今。張政烺先生提出疑問，指出現存相臺岳氏本諸經卷尾皆有牌記，每葉欄外有耳題，此書行款雖似相臺本，但卷尾無牌記，每葉欄外無耳題。又其版心所記刻工爲"翁"、"壽昌"，即翁壽昌，這與廖瑩中世綵堂本《韓昌黎文集》刻工相同，其簽字體勢也完全相同。這些特徵說明，此本《孝經》與廖氏世綵堂關係密切。不過，此本也有與廖氏刻本特徵不一致的地方，比如，廖刻《左傳》每卷後有牌記，此則無；廖刻韓柳文版心下方分二層，下記刻工，上刻"世綵堂"三字，所刻九經也當如此，此《孝經》版心刊工上層的界格雖存，而無"世綵堂"三字；此本於宋諱又全不避，由此判定此本《孝經》乃覆刻廖氏本，是在相臺本、盱眙本之外的另一種刻本，覆刻時連同刻工的名字亦照樣刻下。《北京圖書館古籍善本書目》仍著錄爲"元相臺岳氏荊溪家塾刻本"，① 張先生的意見有理有據，值得關注。此本卷首、卷末均有殘破，亦無牌記，並無元相臺岳氏荊谿家塾刻本的確鑿證據。《藏園群書經眼錄》卷二著錄，題爲宋刊本，蓋以元相臺岳浚爲南宋相臺岳珂而致誤。傅氏謂此書明代有翻刻本，因疑此本即明覆刻之本。

明代晉府舊藏，有"晉府書畫之印"、"敬德堂圖書印"、"子子孫孫永寶用"諸印。後爲元人李國壽，後歸明人唐辰所藏。唐辰字良士，武進人，唐順之孫，家富藏書，此本有"唐辰"、"良士"、"毘陵唐良士藏書"、"唐于辰"

---

① 《北京圖書館古籍善本書目》，經部，第114頁。

（聯珠印）諸印，皆其藏印。唐順之四世孫唐氏嫁與季振宜，①或因此故，此本入清爲季振宜所藏，書上又有"滄葦"、"季印振宜"等印。此後又經徐乾學收藏，有"崑山徐氏家藏"、"乾學之印"、"健庵"諸印。後歸內府，每冊俱鈐天祿繼鑑諸璽，前後副葉所鈐爲"大三璽"（圖3—6）。

此書流出宮後，歸周叔弢藏，周先生爲此特治"孝經一卷人家"印以示珍愛，書上並鈐"曾在周叔弢處"（朱文）、"周暹"（白文）印。書尾副葉上有"戊辰二月建德周氏重裝"墨筆一行。曾經傅增湘經眼，藏園以爲"此書行款與岳氏家塾本同，而無牌記，刊工精麗，視世傳岳刻諸本差勝"。② 1952年周叔弢先生將其捐贈國家。③

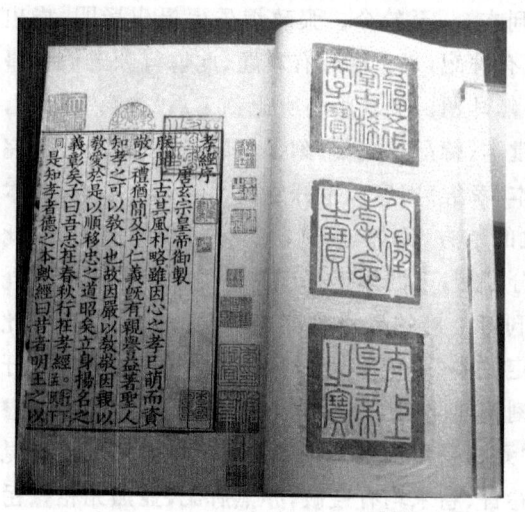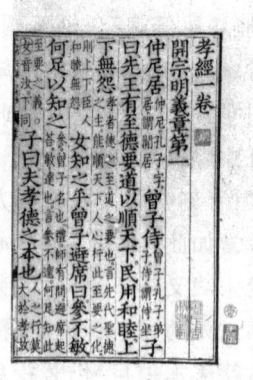

圖3—6

---

① 彭元瑞《知聖道齋讀書跋尾》卷二《盡忠錄跋》云："余見季滄葦所藏正德年初印《盡忠錄》，尚無《補錄》二卷，有滄葦手跋。其夫人唐氏，乃毗陵孔明父之女，荊川四世孫也。以是見貽，朱墨皆荊川筆云。細閱書中，絕無批評，但有圈抹，不能得其讀書之意。既取荊川右編勘之，圈者皆入右編，抹者節去。始知即其纂右編時脚本，滄葦之言益信。"見（清）彭元瑞撰《知聖道齋讀書跋尾》，《國家圖書館藏古籍題跋叢刊》影印嘉慶刻本，北京圖書館出版社2002年版，第18頁。吳騫《拜經樓藏書題跋記》卷五《擬故宮詞》云："唐宇昭字孔明，家富藏書。毛斧季嘗聞其有宋槧趙孟奎《分類唐詩》一百卷，展轉倩友借之而未得。"見（清）吳壽暘撰《拜經樓藏書題跋記》，《清人書目題跋叢刊》十影印道光刻本，中華書局1995年版，第681頁。

② 《藏園群書經眼錄》，卷一，第75—76頁。

③ 冀淑英編：《自莊嚴堪善本書目》，天津古籍出版社1985年版，第14—15頁。

《第一批國家珍貴古籍名錄圖錄》第 00318 號。① 《中華再造善本》金元編第 508 部。

436 孟子十四卷

元相臺岳氏荆溪家塾刻本。六冊，現藏中國國家圖書館（書號 12351）。

匡高 20.7 釐米，廣 13.7 釐米。每半葉八行，行十七字，小字雙行同，細黑口，四周雙邊，雙魚尾。有耳題，文中刻有句逗。版心上刻大小字數，中刊"孟幾"及葉次，下有刻工姓名"王圭刊"、"凌拱刊"（"拱"）、"伯恭"（"恭"）、"史"、"金"、"何"、"永言"、"善"、"從"、"子"、"張守中"（"張"、"守中"、"中"）、"范"等。卷前有趙岐《孟子題辭》，首卷卷端題"孟子卷第一"，隔行頂格題"梁惠王章句上"，下題"趙氏註"。序及每卷末有"相臺岳氏刻梓荆溪家塾"雙行刊記。書頁霉爛，多有破損。

相臺岳氏荆溪家塾主人爲岳浚，宋咸淳年間廖瑩中世綵堂校刻群經，岳氏據廖氏《總例》增補成《九經三傳沿革例》刊於家塾，將廖氏所校刻九經重爲刊刻。今廖氏群經久佚，岳氏本《九經》愈顯珍貴。

收藏經歷與前一部《論語》、《孝經》相同，先經元人李國壽，後經明代晉藩、唐辰收藏，再經清季振宜、徐乾學，後入清宮。所鈐"晉府書畫之印"、"陳定書印"、"陳氏世寶"、"李國壽"、"崑山徐氏家藏"、"季振宜印"、"滄葦"、"敬德堂圖書印"諸印俱與《天目後編》所記相同。《天目後編》漏記卷末所鈐晉藩之"子子孫孫永寶用"朱文大方印一方。每冊俱鈐天祿繼鑑諸璽，前後副葉所鈐爲"大三璽"。此本因"敬德堂圖書印"鈐於冊末頁正中，"乾隆御覽之寶"只好偏居一隅，蓋在板框右上方。

《北京圖書館古籍善本書目》第 127 頁。

437 孟子集疏十四卷

宋刻本。存卷五、卷十一至十二，計三卷，二冊，現藏中國國家圖書館（書號 12352）。

每半葉八行，行十七字，小字雙行同，細黑口，四周雙邊，雙魚尾，有耳題。版心上刻大小字數，中刊"孟子幾"或"孟子集幾"及葉次，下有刻工范

---

① 《第一批國家珍貴古籍名錄圖錄》，第 2 冊，第 63 頁。

明甫（明甫）、宏、黄、显明、范容、仁、仁父、馮、官、迁、王介、仲、陈元、吕士、全等。卷五卷端題"孟子集註卷第五"，下題"蔡模集疏"。《天目後編》記其卷末有蔡模弟蔡抗題識，惜卷末不存，未之見。

《天目後編》提要云："書十四卷。用朱熹《集注》引諸家之說，標'集疏曰'以別之，（蔡）模所辯說，復加'模按'二字。"又云："是書遵用《集注》，而書中字句'惟夫予之設科'從《集注》作'夫子'，餘俱與舊本同，可見爲後來刊者之誤，非朱氏《集注》本如此也。"此爲南宋建安蔡氏家刻之本，墨如點漆，字大如錢，刻板精工。惜書頁多有糟朽破損，卷五至葉三十止，卷十一自葉八起。《中國古籍善本書目》著錄僅此三卷殘本，爲存世宋版孤本。

由首葉所鈐"乾隆御覽之寶"印的位置可知，此本原是包背或線裝，後改爲蝴蝶裝，前後副葉三璽不存。除首末葉"乾隆御覽之寶"、"天祿繼鑑"、"天祿琳琅"三璽外，無其他私家藏印。

《北京圖書館古籍善本書目》第128頁。

438 九經十六卷

明覆宋刻本。十六冊兩夾板，現藏臺北"故宮博物院"（書號故善000071-000086）。

匡高15.4釐米，廣10.4釐米，上下欄，上欄高1.6釐米，附正文之音義。每半葉二十行，行二十七字，左右雙邊，細黑口，雙魚尾。版心上刊字數，中刊經名及葉次，下有刻工名：唐詩、馬相、徐敖、陸天定、馬龙、陸雲、龔（弓）受之、刘潮、唐誥、王良、刘采、吴江、李約、袁電、章迚、陸華、顧梅等。每經前各自有序，眉欄鐫以注音。尚存清宮舊裝，杉木夾板，上以綠色填雕"宋版九經上函（或下函）"。竹紙，金鑲玉裝，石青杭細書衣，黄綾書籤，書"宋板九經"及冊數。

此本鐫刻極精，所謂行密如櫛、字細如髮者。凡貞、慎、桓、惇等字皆避宋諱。據吴哲夫先生考證，是書刻工刘采、吴江、袁電、章享亦見於明德藩最樂軒刻本《前漢書》、陸華見於明徐氏東雅堂刻本《昌黎先生集》、馬龍見於明重刻茶陵陳氏本《六臣注文選》、唐誥見於明嘉靖五樂堂刻本《修辭指南》，知書中刻工率爲明中葉無錫地區人氏，則是書殆爲明錫山翻刻宋版。① 而冀淑英先生考證，宋版小字本《九經》，刻印絕精，此明代影刻本，行款、板式、避諱皆與宋刻同，惟每葉板框上增加眉欄，鐫以注音，字體神彩，與宋本迥然不同，刻工中王良、劉朝、馬龍、陸天定、馬相、徐敖、弓受之、袁電、陸華等人爲明代蘇州、無錫地區良工，實爲明翻宋本。② 翻刻之書，往往保留原本諱字，《天目後編》云"諱眘不諱惇，淳熙、乾道間刻也"，彭元瑞等只見誤字，而不明其實爲翻刻，誤矣。

繆荃孫《嘉業堂藏書志》有云："巾箱本。此書常見，前人以爲宋本，實則靖江本耳。"傅增湘《宋刊巾箱本八經書後》提及傳世所謂宋本"昔人指爲明靖江王府翻刻，殆非無見也"；其《藏園群書經眼錄》卷一著錄一部《九經》，全十六冊，明刊本，云其標題"宋刊白文九經"，"實爲明翻本即所謂明靖江王府本也"，羅振常亦沿此說。③ 傅氏又在括號內注："故宮藏書。丁卯七月四日查點藏書，觀於建福宮之西院。"昌彼得《明藩刻書考》中曾記載靖江府本三種，其中正德三年靖江王六世朱約麒刻印之《陸宣公奏議》十五卷《附錄》一卷，卷十五後有"大明正德戊辰靖江王府重刊"牌記，書末有"本府匠作周聰、程紀刊"長方牌記。此《九經》刻工多爲吳中良工，云爲靖江府本無據。

每冊俱鈐天祿繼鑑諸璽，前後副葉所鈐爲"中三璽"，無其它私家藏印。有清室善後委員會點驗記載，記其原在養心殿。

《故宮善本書目》記其爲"明復宋建本"。《"國立故宮博物院"善本舊籍總目》，下冊，第1263頁，著錄爲"明覆宋刊本"。此外，美國哈佛大學哈佛燕京圖書館藏一部《九經》，與此同版，二十四冊，存《周易》、《尚書》、《毛詩》、《禮記》、《春秋》各一卷，首葉鈐"嘉慶御覽之寶"朱文橢圓印，封面爲黃色灑金紙，裝幀未曾改裝，乃清內府散出之本，爲天祿"三編"書，附記於此。

---

① 吳哲夫著：《天祿琳琅書目續編著錄之宋版書籍研究》，《"國立中央圖書館"館刊》新十一卷第一期，第24頁。
② 冀淑英著：《冀淑英文集》，北京圖書館出版社2004年版，《談談明刻本及刻工——附明代中期蘇州地區刻工表》，第102頁；《檢書隨記》，第52頁。
③ 羅振常著，周子美編訂：《善本書所見錄》，(上海)商務印書館1958年版，卷一經部第二部《九經白文》云："明復宋刻，繆藝風謂是晉江本。"

438(2)經典釋文三十四卷

宋刻宋元遞修本。二函二十四册,現藏中國國家圖書館(書號12353)。

匡高19.3釐米,寬16.4釐米。每半葉十一行,行十七字,小字雙行二十三至二十四字,白口,左右雙邊,單魚尾。版心上記字數,下有刻工"石昌"、"昌祖"、"三政"、"金祖"、"吳右"、"張富"、"吳玉"、"何建"、"孫勉"、"毛諒"、"駱寶"、"駱升"、"陳錫"等。補版有"重刊"二字。

《中國版刻圖錄》云:"卷中刻工約分三期。孫勉、徐茂、徐昇、陳明仲、徐政、張清、徐杲、余集、駱寶、毛諒、陳彥、陳錫、駱昇、顧淵、包正、葛珍、張謹等南宋初葉杭州地區良工爲第一期。石昌、金祖、丁松年、方至、朱春、童遇、曹鼎、凌宗、金榮、金嵩、陳壽、龐知柔、徐琪等南宋中葉杭州地區補版工人爲第二期。元時補版工人張富、何建、余友山、滕慶、沈貴等爲第三期。因知此書確是宋元兩朝遞修本。前人因卷七後有乾德三年開寶二年校勘官銜名,定爲北宋監本,絕非事實。元時版送西湖書院,西湖書院重裝書目中有《經典釋文》一目,蓋即此本。"又云:"世傳葉林宗影宋抄本與錢氏絳雲樓藏宋本,均已亡佚,毛氏汲古閣藏本亦僅存《春秋左氏傳音義》一卷,此爲今日僅存宋刻全本。"① 李致忠先生據避諱、刻工詳考此書版本,鑑定爲"南宋初杭州地區刻宋元遞修本"。② 宋國子監刊,宋元遞修之臻本。

此部《經典釋文》之版本及大概情形,據北京圖書館丁瑜先生爲影印本《經典釋文》所作跋云:"每册的首頁與末葉有蒙文篆字官印,紙背面有'國子監崇文閣官書借讀者必須愛護損壞闕污典章者不許收受'木記……此外,還有'文淵閣印'、'萬曆三十三年查訖'木記,以及'天祿琳琅'、'古稀天子之寶'等印章……"又云:"全書共八百六十頁,每頁十一行,每行十六七字不等,注文雙行,行約二十三字,白口,左右雙邊,版心下記刻工姓名。字體方正嚴謹,猶是南宋初年風格。間有板框大小不一,字體較鬆軟者,爲後世補版。全書刻工約分三期:陳明仲……等爲南宋初葉杭州地區良工,是爲第一期;石昌……係南宋中葉杭州地區補版工人,爲第二期;此

---

① 《中國版刻圖錄》,目錄第11—12頁。
② 李致忠著:《北京圖書館藏宋版書籍敘錄(十四)》,《文獻》1994年第1期,第182—189頁;《宋版書敘錄》,北京圖書館出版社1994年版,第240—246頁。

外又有張富……等則爲元代補版工人。由此可斷定此書確是宋元兩朝遞修本。"①

此書出宮後經歷極爲輾轉，先是民國壬戌（十一年，1922）十一月朔傅增湘曾經眼其中二册，即首册卷一、卷二及第七册卷八《周禮音義》上卷，②并以之校勘清通志堂經解本。校本現藏中國國家圖書館（書號00018），封面內副葉有藏園手跋，言及見是本情景：

> 《經典釋文》宋刊本世不得見，余有顧抱沖校本，亦衹據朱文游家影宋本耳。……昨於廠市文德堂見宋刊兩卷，言是內府付出裝訂者，亟往一觀。行款與通志堂本同而每行字數時參差，則自別爲一本矣。卷首尾御璽數方，有"天祿琳琅"、"天祿繼鑑"、"文淵閣印"。白口，左右雙闌，板心上記大字數，下記人名，補刊葉不盡記，且時有墨釘，避諱至慎字止，則亦刻在孝宗後矣。半葉十一行，行十五六七字不等，小字約二十二字。字體方整，猶是南渡初風範。因愛不忍去手，商允假借一讀。取此刻對勘，改正殆數百字，即宋板顯然誤者，亦畢錄不遺。原本蝕損及刓敝不可辨者，加朱點於本字旁。屏除百事，尚力爲之，一日夜而畢。聞全書今存濤貝勒邸中，③異日當求窺全豹，俾此書得竟全功。或許印行世間，流布萬本，亦藝林之一快也。壬戌十一月初一日，傅增湘記於藏園長春室。

1922年此書因出宮裝訂而短暫現世後，復爲人知，已是廿餘年後。全本原裝四函二十四册，第一函六册，1946年北京琉璃廠蜇英閣書店主人裴子英自長春尚古齋古玩字畫店趙姓處購得，隨即交同業藻玉堂王子霖代售，其中五册售與北平圖書館，④第七卷，一册，⑤周叔弢先生以二兩黃金償善價購得，先生所慮在"書之厚幸，非必享爲己有"，於1949年捐贈

---

① （唐）陸德明撰：《經典釋文》影印本，上海古籍出版社1985年版。另可參見丁瑜著：《南宋浙刻本〈經典釋文〉》，《文獻》1980年第1期，第181—184頁。
② 《藏園群書經眼錄》，卷二"經部二"之"經典釋文三十卷"條，第89—90頁。
③ 濤貝勒，即醇親王奕譞之第七子載濤，濤貝勒府在今北京什刹海旁柳蔭街27號。
④ 雷夢水著：《書林瑣記》，《古籍的破鏡重圓》，第9頁。並參見柳向春著：《趙斐雲先生致徐森玉先生函一通詮解》，《中國典籍與文化》2011年第3期，第154—159頁。
⑤ 劉按，雷夢水誤記爲首册，實爲首函之第六册。

故宮。① 其餘三函十八冊，抗戰勝利後國民政府東北文物管理處所收集，先歸瀋陽博物館，1948年由國史館館長金靜庵先生攜歸北平故宮。北平圖書館所藏五冊，於1948年9月間由北平故宮接收，馬衡院長爲此特地致函北平圖書館，"……今交還本院，俾天祿琳琅舊藏復還故宮，本院受此鴻惠，至深感謝！"②至此全書二十四冊重新聚攏，1959年包括此書在內的一批天祿琳琅珍本由北京故宮撥交北京圖書館。

此書曾歷元明政府官書，開卷有"東宮書府"及"文淵閣"兩朱文方印，"東宮書府"爲明太祖懿文太子朱標之印，後入明文淵閣。卷首有"雜部"朱文長方印，卷一末頁有朱色楷書木記"萬曆三十三年查訖"木記，此係萬曆三十三年孫能傳、張萱整編《內閣藏書目錄》、勘查群書時所鈐。③ 明《內閣藏書目錄》卷八後有"萬曆三十三年歲在乙巳內閣敕房辦事大理寺左寺副孫能傳、中書舍人張萱、秦焜、郭安民、吳大山奉中堂諭校理並纂釋"等題銜可證。④ 而此《經典釋文》中，據李致忠先生云："目錄後鈐'萬曆三十三年查訖'條記，可證此本入明亦爲中秘之物。"⑤兩者正可對勘。惟所不解者，兩書既爲孫氏萬曆三十三年清點內閣圖書時所親見，並有此朱記及"經部"、"雜部"兩朱記，何以皆未收入《內閣藏書目錄》之中？或如天祿目外書之存，屬明代內閣檢點未編之書。入清又藏內府天祿琳琅，每冊俱鈐天祿繼鑑諸璽，前後副葉所鈐爲"大三璽"。

《中國版刻圖錄》圖版二五。《北京圖書館古籍善本書目》第135頁。

---

① 王芝蘭、劉國展著：《爲珍品找到了理想的主人——訪文物圖書收藏家周叔弢》，《文物天地》1981年第5期，第34頁。並見《冀淑英文集》，第175頁，《〈自莊嚴堪善本書影〉序》；何季民著：《開國時的獻寶熱潮》，"1949年8月底，報上又傳來了'周叔弢霍明治先生捐獻珍藏圖書文物，華北人民政府准予表揚'的消息：'繼北平賀孔才先生獻出圖書文物之後，近又有天津敀新洋灰公司總經理周叔弢先生與霍明治先生獻出珍藏之圖書文物……周叔弢先生將他用二兩黃金買來收藏的海內孤本宋版《經典釋文》交由北大唐蘭教授轉送高教會，與故宮博物院收藏之二十三冊合併即成爲完整之一部。'"《中華讀書報》2009年1月14日。

② 參見向斯著：《故宮國寶宮外流失秘笈》，中國書店2007年版，第177頁，轉引《故宮檔案・故宮博物院公函》。

③ 李致忠著：《宋版書敘錄》"《經典釋文》三十卷"條，北京圖書館出版社1994年版1997年第2次印本，第243頁。

④ 《內閣藏書目錄》，民國二年烏程張氏《適園叢書》第一集本。

⑤ 《宋版書敘錄》"《經典釋文》三十卷"條，第243頁。

《中華再造善本》唐宋編第063部。《第二批國家珍貴古籍名錄圖錄》第02618號。①

《賞溥傑書畫目》著錄，宣統十四年(1922)八月廿四日賞溥傑。出宮後輾轉自長春僞宮回歸至北京故宮，1959年由北京故宮撥交北京圖書館。有上海古籍出版社1985年影印本。

440 公是先生七經小傳三卷

宋刻本。一函一冊，已燬於1932年"一·二八"淞滬戰火之中。

《天目後編》提要云："宋劉敞撰。敞，字仲原父，清江人。仁宗朝進士，官至集賢學士。學者稱爲公是先生，《宋史》有傳。書三卷。《尚書》二十二條，《詩》三十三條，《周禮》四十條，《儀禮》四條，《禮記》三十條，《公羊》、《國語》三條，《論語》八十五條。書中'匡'字、'殷'字闕筆，'桓'字不闕筆，可證爲北宋本。傳皮唐寅、曹溶、徐乾學、朱彝尊家，末有'唐寅藏書'四字。溶，字潔躬，號秋岳，秀水人。崇禎丁丑進士。入本朝，官戶部侍郎，左遷山西陽和道。好聚書，彙刻古籍爲《學海類編》。"有"衛國經史之章"、"唐白虎"、"曹溶"、"乾學"、"竹垞藏本"等鈐印，曾經明人唐寅、清人曹溶、朱彝尊、徐乾學等遞藏。

民國壬戌(十一年，1922)因付廠市裝訂而出宮，傅增湘得見之。記起行款、版式："半葉十行，行二十字，白口，左右雙闌，版心上記字數，下記刊工姓名。宋諱殷、恆、樹皆缺末筆。鈐有徐乾學、曹溶、留真館、盧保藏印。又'衛國經史之章'朱文大印。"②

曾藏上海涵芬樓，被影印收入《四部叢刊》續編經部。張元濟跋云："舊藏天祿琳琅，見《後編》卷三。所記諸經條數，《周禮》、《禮記》、《論語》各減其一，蓋計算偶誤也。惟以'匡'字、'殷'字闕筆，'桓'字不闕筆，遂定爲北宋刊本，則殊未確。卷下第十六葉前七行'敦兮其若樸'句，'敦'字末筆已闕，是至早亦在光宗之世。考版刻之先後，當以筆法、鐫工爲斷，而不能專於避諱，求之是本，即無'敦'字之證亦不能不認爲南宋所刻，質之知者當不河漢斯言。"

1932年1月28日，侵華日軍在上海閘北尋釁向中國軍隊發起進攻，中國軍隊奮起抵抗。日軍不得逞，遂於次日出動二十多架飛機狂轟濫炸

---

① 《第二批國家珍貴古籍名錄圖錄》，第2冊，第244頁。
② 《藏園群書經眼錄》，卷二，第94—95頁。

閘北一帶,商務印書館多處中彈後着火,印刷機械全部燒燬,紙灰飛達數十里之外,"戰事至烈之際,飛灰漫天,殘紙墜地,無一非吾商務印書館之書。"[1]2月1日,被譽爲當時"中國最大之私人圖書館"[2]的東方圖書館也"悉數被焚,殊爲痛惜"。[3] 此本亦在其中,幸有影印本傳世,尚可窺其原貌。

441 羣經音辨七卷

宋紹興十二年(1142)汀州寧化縣學刻本。三冊,現藏中國國家圖書館(書號12354)。

匡高20.8釐米,廣13.8釐米。每半葉八行,行十四至十五字,小字雙行約二十字,白口,左右雙邊,雙順魚尾。版心中刊"音幾",下刊刻工名姓"黃七"、"黃戬"、"黃七刊"、"黃七刀"等。宋諱"玄"、"敬"、"殷"、"讓"、"恒"、"耿"、"覯"均缺末筆,避至高宗嫌名"覯"字。卷末有紹興十二年知汀州凝華縣王觀國刻書後序,又有汀州寧化縣學鏤板及校勘監刻人銜名十二行,有明唐寅題款、民國乙卯(四年,1915)袁克文跋、李盛鐸跋。

《天目後編》云:"書七卷。卷一之五辨字同音異,卷六辨字音清濁、辨彼此異音、辨字音疑混,卷七辨字訓得失。前昌朝自序。書首刻寶元二年十一月牒,乃丁度修《集韻》時奏取是書,中書門下奉敕牒崇文院雕印,結銜'工部侍郎、參知政事李,右諫議大夫、參知政事王,尚書左丞、參知政事程,戶部侍郎、平章事章,門下侍郎兼兵部尚書、平章事張'。末刻康定二年七月五日准中書劄子,奉聖旨管句雕造,賈昌朝銜見後。慶曆三年十月日雕造了畢進呈,結銜'朝散大夫、右諫議大夫、參知政事、輕車都尉、汝南郡開國侯、食邑一千八百戶、食實封肆伯戶、賜紫金魚袋范仲淹,朝散大夫、右諫議大夫、參知政事、輕車都尉、河內郡開國侯、食邑一千戶、食實封貳伯戶、賜紫金魚袋賈昌朝,推忠協謀佐理功臣、開府儀同三司、行刑部尚書、同中書門下平章事兼樞密使、集賢殿大學士、上柱國、臨淄郡開國公、食邑一千五百戶、食實封三阡壹伯戶晏殊,推忠協謀同德守正佐理功臣、特進、行工部尚書、同中書門下平章事兼樞密使、昭文館大學士、監修國

---

[1] 張元濟著:《涉園序跋集錄》,古典文學出版社1957年版,第131—132頁,"《大清一統志》"。

[2] 《申報》,1926年5月1日。

[3] 《北平晨報》,1932年3月17日。

史、上柱國、京兆郡開國公、食邑七千五百戶、食實封貳阡肆伯戶章得象'。又刻'臨安府府學,今將國子監舊本重雕,逐一校正,即無舛誤。紹興九年五月日',結銜'左從事郎、充臨安府府學教授陳之淵,左承事郎、添差臨安府府學教授周孚先,右奉議郎、權通判臨安軍府兼管內勸農事蔣延壽,右朝奉大夫、通判臨安軍府兼管內勸農事趙士礽,徽猷閣直學士、右朝議大夫、知臨安軍府事、充兩浙西路安撫使、馬步軍都總管張澄'。後刻紹興壬戌王觀國序,汀州寧化縣學鏤版,結銜'右迪功郎、汀州寧化縣東尉劉嘉猷,左迪功郎、汀州寧化縣主簿胡璉,承節郎、汀州清流寧化兩縣巡檢鄧助,忠翊郎、汀州巡捉私茶鹽劉執禮,成忠郎、監潭州南嶽廟趙子序,成忠郎、監潭州南嶽廟趙子坪,承事郎、添差監汀州寧化縣稅趙子立,敦武郎、監汀州寧化縣稅張球,武翼郎、汀州邵武軍都巡檢使林子童,左奉議郎、知汀州寧化縣丞陳汝楫,左丞務郎、知汀州寧化縣主管勸農公事兼兵馬監押王觀國'。蓋是書初刻於仁宗時,昌朝親與其事。南渡後再刻於臨安國學,時紹興九年己未。越三年,紹興十二年壬戌,汀州寧化縣鏤版,知縣事王觀國爲後序,蓋宋時第三刻也。"

《中國版刻圖錄》云:"宋諱缺筆至高宗嫌名'覯'字,'慎'、'敦'字不缺筆,前人已定此書爲紹興十二年汀州寧化縣學翻刻紹興九年臨安府學本。"①

明陳惟允、唐寅、毛晉舊藏。陳惟允,名汝言,號秋水,吳人。洪武初官濟南經歷。善詩畫。"陳維允印",《天祿後目》誤記"維"爲"佳"。卷首副葉行書"吳門唐氏藏書"六字,鈐"句吳"二字朱文印,乃唐寅手蹟。後入毛晉家。陸貽典曾從毛斧季借校自藏明抄本,改正訛字甚多。每冊俱鈐清宮天祿琳琅諸璽,前後副頁所鈐爲"大三璽"。除《天祿後目》卷三原著錄"夢墨亭"、"唐白虎"、"毛氏子晉"、"汲古閣"諸印外,尚有出宮後藏家藏印,"聖清宗室盛昱伯羲之印"(朱文方印)、"景賢"(朱文長印)、"完顏景賢精鑑"(朱文方印)、"景行維賢"(白文方印)、"小如庵秘笈"(朱文方印)、"孤本書室"(朱文方印)、"佞宋"(朱文方印)、"寒雲子子孫孫永保"(朱文橢圓)、"皇二子"(朱文長印)、"寒雲秘笈珍藏之印"(朱文長方)、"後百宋一廛"(朱文方印)、"寒雲鑑賞之印"(朱文橢圓)、"長春室主"(朱文方印)、"藏園秘笈"(朱文方印)、"增湘私印"(白文方印)、"書潛"(朱文方印)、"雙

---

① 《中國版刻圖錄》,目錄第41頁。

鑑樓"（朱文長印）、"雙鑑樓主人"（白文方印）、"周暹"（白文方印）等。第二册書衣上有袁寒云隸書墨筆題"宋紹興汀洲本羣經音辨見存弓第三"五行。

此書流出清宫後，其中卷三、卷四一册先歸盛昱之鬱華閣。盛昱（1850—1899），愛新覺羅氏，字伯熙，一作伯義、伯兮、伯熙，號韻蒔，一號意園。隸滿洲鑲白旗，肅親王豪格七世孫。清光緒二年（1876）進士，光緒十年，累遷國子監祭酒。藏書樓有"意園"、"鬱華閣"等名。有《意園藏書目》1册。① 盛氏書自民國壬子（1912）散出，多入景賢手，未幾景氏即統舉宋本售與袁克文。袁克文（1889—1931），字豹岑，號寒雲，河南項城人，袁世凱次子。長詩文，工書法，交遊廣泛，民國四公子之一。極富收藏，藏書多得内府精善之本，然旋聚旋散，晚年潦倒窘困，鬻字爲生。撰有《寒雲手寫所藏宋本提要廿九種》等。《寒雲日記》乙卯六月二十四（1915）記："森玉爲購獲宋刊《王狀元集百家注分類東坡先生詩》二十五卷……又紹興刊《羣經音辨》殘帙，存三、四卷，半葉八行，行十四字，小字雙行二十三字。宋諱闕筆殷、桓、覯諸字。爲宋時第三刊本。有'汲古閣'、'天禄繼鑑'、'乾隆御覽之寶'、'天禄琳琅'諸璽印，即張士俊向毛子晉假而不得者，與澤存堂所刊者異。"② 袁克文以其與黄善夫刊《蘇詩》，皆爲盛氏鬱華閣書之上駟。

卷四末有袁克文跋，云："《羣經音辨》七弓，唐六如舊物，後歸汲古閣，毛斧季舉以售諸潘稼堂，未幾入石渠。張氏刻《澤存堂叢書》時曾求假於毛氏而不得見，遂以影本付梓，不特失宋本面目。如'賢，大穿也'，宋本'胡甸盼切'，張刻作'胡甸日'；宋本'人實切'，張刻作'人質月'；宋本'失人切'，張刻作'於機'，類是則其謬誤尤甚矣。乙卯六月寒雲"，鈐"克文"朱文方印。此跋亦見《寒雲手寫所藏宋本提要廿九種》。

又一跋云："沅叔假去校張氏刊本，脱誤者几得七十餘字，正文脱字三處，可知宋本之精不獨在楮墨間也。丙辰（1916）中秋余將攜无塵、文雪南遊，沅叔來别，且持還此册，遂至舟中以破岑寂。中秋後三日識於之罘。"

---

① 李玉安、黄正雨著：《中國藏書家通典》，中國國際文化出版社 2005 年版，第710 頁。

② 《寒雲日記——收古籍善本摘抄 1915—1918 年》，見王雨著，王書燕編纂：《王子霖古籍版本學文集》，上海古籍出版社 2006 年版，第二册，《古籍善本經眼錄》附錄，第 141 頁。

李盛鐸跋云："此書各家著錄多係景宋本，以宋刊原帙久歸天祿石渠，無由獲見。此本璽識宛然，殆何時失散流出，歸於鬱華閣，今爲抱存所得，洵可珍也。此紹興壬戌汀州寧化縣所刊，故避諱至覯字止，於宋代爲此書第三刻。乙卯夏日盛鐸記。"鈐"李盛鐸印"白文方印。

民國庚申（九年，1920）這一冊再爲傅增湘所收。① 後爲周叔弢先生購藏，弢翁曾在宋版《春秋經傳集解》中題跋曰："丁亥春余既獲岳刻首冊作延津之合，遂檢得宋撫州本《左傳》二卷、宋汀州本《群經音辨》二卷，歸之故宮。此二書紙墨精美，宋刻上乘，《群經音辨》猶毛氏舊裝，所謂宣綾包角藏經箋者，宛在目前。然故宮所佚，得此即爲完書，余豈忍私自珍秘，與書爲仇耶？去書之日，心意惘然，因記其端委於此。"弢翁在給趙萬里先生的信函中也說："此二書皆宋本上駟，然爲劍合珠還計，不應再自秘惜。"② 遂將此二書捐贈故宮，③1959 年由故宮撥交北京圖書館。《賞溥傑書畫目》著錄，宣統十四年（1922）八月十九日賞溥傑。《中國版刻圖錄》圖版二〇五、二〇六。《北京圖書館古籍善本書目》第 154 頁。《第四批國家珍貴古籍名錄圖錄》第 09936 號。④

443 羣經音辨七卷（又一部）

宋紹興九年（1139）年臨安府學刻宋元遞修本。一函六冊，現藏中國國家圖書館（書號 12355）。

匡高 22.7 釐米，廣 17.9 釐米。每半葉八行，行十五字，小字雙行十七字，細黑口，左右雙邊，單魚尾。版心中刊"音辨幾"及葉次，下有刻工"張二"、"章忠"、"劉志"、"李敏"、"金松"、"陳祥"、"龐汝豐"、"陳壽"、"周彥"、"陳通"等。卷前有賈昌朝自序。首卷卷端題"羣經音辨卷第一"，隔行題"朝奉郎尚書司封員外郎直集賢院兼奎章閣侍講輕車都尉賜緋魚袋

---

① 《藏園群書經眼錄》，卷二，第 107—108 頁。
② 黃裳著：《弢翁先生二三事》，《榆下雜說》，上海古籍出版社 1992 年版，第 64 頁。
③ 劉按：一說是捐贈故宮，參見《深切悼念周叔弢先生》，《冀淑英文集》第 138 頁；一說是售予故宮，參見周叔弢著：《周叔弢古書經眼錄》，國家圖書館出版社 2009 年版，《自莊嚴堪書目》中"羣經音辨"條下著"宋汀州本，丁亥售故宮，存二卷，一本"，下冊，第 613 頁。
④ 中國國家圖書館、中國國家古籍保護中心編：《第四批國家珍貴古籍名錄圖錄》，國家圖書館出版社 2014 年版，第 1 冊，第 111 頁。

臣賈昌朝撰"。

《天目後編》僅云："同前,自序外,前牒、後序,俱闕失。"卷六尾題後有"學重雕"三字。書中破損較多,卷三葉十七之十九、卷四葉一、卷七葉七之後半葉爲鈔補。

書中所鈐"吳越王孫"、"子儋"、"朱子儋印"、"竹素齋圖書記"、"左庵"、"承爵"、"朱氏子儋"、"集瑞齋"、"磐石山樵"、"西舜城居士"諸印俱與《天目後編》所記相同。先經明人朱承爵所藏,承爵字子儋,又號左庵、舜城漫士,江陰人。爲文古雅有思致,亦能畫花鳥,嗜藏書,藏書樓名"竹素齋"、"存餘堂"。後入清宮,每冊俱鈐清宮天祿琳琅諸璽,前後副葉所鈐爲"大三璽"。

《賞溥傑書畫目》著錄,宣統十四年(1922)八月十九日賞溥傑一部《翻宋版群經音辨》,不詳是否即此書。出宮後輾轉自長春僞宮、瀋陽故宮,1959年由北京故宮撥交北京圖書館。《北京圖書館古籍善本書目》第154頁。《第一批國家珍貴古籍名錄圖錄》第00344號。①《中華再造善本》唐宋編第067部。

按:遼寧省圖書館藏有一部鈐有僞清宮印之《群經音辨》七卷,清康熙五十三年張士俊澤存堂刻本。一函二冊,書號30386。匡高19.4釐米,廣15.4釐米,每半葉十行,行二十字,小字雙行同,白口,左右雙邊,單魚尾。書上鈐"徽國經史之章"、"乾隆御覽之寶"、"天祿繼鑑"、"天祿琳琅",皆爲僞印。

443(2)六經圖不分卷

明萬曆四十三年(1615)吳繼仕刻本。一函六冊,原藏美國劉樹義處,2009年嘉德春拍,②今藏韋力先生芷蘭齋。

匡高35釐米,廣24.5釐米。每半葉行字不等,白口,四周單邊。卷前有乾道元年苗昌言序,列銜右朝散大夫、知撫州軍州主管學事兼管內勸農營田事陳森,左朝散郎、通判撫州軍州主管學事兼管內勸農營田事劉濤,左文林郎、撫州州學教授毛邦翰,學正徐世聞,學錄危幾安、龔迪吉,州學教諭吳肇飛、黃松年、崔崇之、唐次雲、李自修、趙元輔編。

《天目後編》提要云:"按陳振孫《書錄解題》所列圖數與此本合。苗序

---

① 《第一批國家珍貴古籍名錄圖錄》,第2冊,第89號。
② 《中國嘉德2009春季拍賣會·古籍善本》,拍品第2864號。

中雖未及楊甲,然云'是圖集諸家之長,願因其舊',則顯有舊本,非當時新編矣。序中無邦翰補圖之說,其列銜則州學教授在諸學之前,與眾同編,無所表異。是書後來屢襲其名,更有加損,自當以《書錄解題》爲信。"《天目後編》除此"宋版"經部一部外,卷十三明版經部尚著錄4部明版《六經圖》,前3種係一版摹印,爲明代徽州吳繼仕所刊,圖像俱精,字紙兼美,一照宋版校刻無訛,第一種提要云:"是書摹刻之工,幾與宋槧莫辨,諸本多爲坊賈割補目下一行,以爲贗鼎。蓋因與宋本相近,易以售欺也。"①明萬曆中熙春樓吳氏刻本據宋版翻刻,開本闊大,刻印精美,卷首刻"熙春堂藏版,摹刻宋版六經圖"扉頁,每經目錄下刻"明新都吳繼仕考校",每卷首大題下都有"熙春樓刻書記事"一行。此本正是明萬曆間吳繼仕刻本,只是被書賈割去了吳繼仕翻刻識語、封面等,卻被著錄入宋版之列(圖3—7)。吳本所據宋版,今僅存《尚書圖》一種,上個世紀五十年代初黃裳購於上海來青閣書肆,後歸北京圖書館,《中國版刻圖錄》收入,爲其所收宋刻版畫四種之一,《東家雜記》外,此圖最早亦最精,云"疑是紹熙前後建陽坊本"。②

---

① 《天祿琳琅書目》,後編卷十二,第一部明版《六經圖》條,第662頁。
② 黃裳著:《幾種版畫書》,《讀書》1991年第3期。

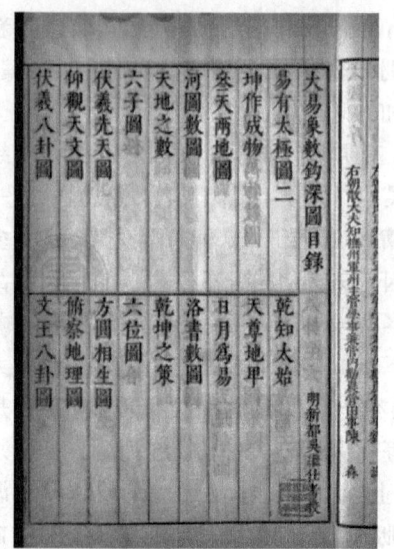

圖 3—7　上頁圖爲《天目後編》"宋版"《六經圖》,被割去目錄下"明新都吳繼仕考校"一行;本頁圖爲明萬曆間吳繼仕熙春樓仿宋刻本《六經圖》之目錄頁、封面

每冊俱鈐天祿繼鑑諸璽,前後副葉所鈐爲"大三璽"。另有"魯齋"、"許衡"、"武崗山樵"、"贊育齋"、"南昌袁氏家藏"、"謙牧堂藏書記"、"翠微山莊"、"澹齋"等藏印俱與《天目後編》卷三所記相合。《天目後編》以爲"許衡,號魯齋,河內人。元集賢大學士、中書左丞。諡文正。澹齋,乃鄭定,字孟宣,明初國子助教。其'南昌袁氏'一印,乃明袁忠徹家物,賞鑑家稱爲袁尚寶是也。"實則書上元人許衡、明初鄭定之印俱爲僞印。曾經揆敘謙牧堂收藏,尚保存清宮原函原裝。

《賞溥傑書畫目》著錄,宣統十四年(1922)九月十五日賞溥傑。1945年8月日本投降前夕,溥儀等人匆忙逃離長春,僞皇宮藏書未及帶走。本應是守衛皇宮的國民黨兵,見財起意,哄搶宮中寶物,或許是嫌書的體積大、份量沉,這批內府珍籍少被殃及,除少量被攜走外,大部分只是被扔得凌亂不堪,滿地狼藉!被掠出僞皇宮的天祿琳琅書不久即現身於長春古玩市場,曾任東北日產清查團幹事的劉燕夫便在僞皇宮斜對面的古玩店中,以折合二十兩黃金價錢購得僞宮警官寄售於此的宋版《六經圖》一部。買書過程,詳細記錄在 1998 年臺灣中華書局影印出版的《宋版六經圖》前劉燕夫《宋版六經圖珍藏記》一文中。1949年劉燕夫攜書去往臺灣,①又帶至美國,存於洛杉磯美國銀行大保險箱中,輾轉辛勞四十餘載。後曾以《宋版六經圖》之名影印出版,陳立夫作序,孫法民贊助,1998年臺灣中華書局,平裝,價新台幣650元。書上題"劉燕夫珍藏"。其子劉樹義曾欲出讓給中國國家圖書館,然索價過昂,未能歸於公藏。2009年6月,上拍於中國嘉德春季拍賣古籍專場,以索價240萬元人民幣拍出,今藏芷蘭齋。

445 說文解字韻譜五卷

元延祐三年(1316)種善堂刻本。五冊,卷五第十一頁B面起佚脫,現藏中國國家圖書館(書號12356)。

每半葉七行,大字五,小字雙行字不等,黑口,四周雙邊,雙順魚尾。版心中刊"篆勻幾"及葉次。卷首有《說文解字篆韻譜序》,題"徐鉉述"。首卷卷端題"說文解字韻譜上平聲卷第一"。卷一末有"丙辰菖節種善堂刊"八字長方雙行牌記,《天目後編》卷三誤記爲"種德堂"。

《天目後編》云"書五卷,依韻分部。前其兄鉉序。按鉉《騎省集》,尚有此書後序,未載"。種善堂爲建安書坊,"丙辰"爲延祐三年(1316),此書實爲元代坊肆所刊。

卷五第十一頁後闕,未見《天目後編》所記:"第五卷後行墨蹟'萬曆乙未年長至日,得於北京城隍廟,價銀拾兩,子孫其世寶之。張誠父藏書記'。"卷首所鈐朱文長方印"弘農郡圖書印",《天目後編》爲避諱改記爲"宏農郡圖書記",其它俱同。明張誠父舊藏。入清曾藏桂馥家,桂馥(1736—1805),字未谷,一字東卉,號雩門,曲阜人。乾隆五十五年進士。長於文字訓詁,精于碑版考證,以分隸篆刻擅名,撰有《說文解字義證》等書。後入藏清宮天祿琳琅,每冊俱鈐天祿繼鑑諸璽,前後副葉所鈐爲"中三璽"。

《賞溥傑書畫目》著錄,宣統十四年(1922)七月十五日賞溥傑。出宮後輾轉自長春僞宮、瀋陽故宮,1959年由北京故宮撥交北京圖書館。《北京圖書館古籍善本書目》第161頁。《中華再造善本》據此本影印,金元編0523號。《第一批國家珍貴古籍名錄》第00348號。

---

① 在臺期間,劉氏曾請臺北故宮昌彼得、吳哲夫先生鑑定版本,見影印本前昌彼得序及吳哲夫所撰《天祿琳琅藏書》一文,(臺北)《故宮文物月刊》第2卷第7期,1984年10月版,第43頁。

445(2)重刊許氏說文五音韻譜十二卷

宋刻元明遞修本。十二冊二函,現藏中國書店。

匡高23.1釐米,廣17.8釐米。每半葉七行,行十三字至十四字不等,小字雙行二十一字,白口,左右雙邊,單魚尾。版心中刊"說文卷幾"及葉次,下刊大小字數及刻工,有"文"、"云"等。卷前有許慎序、徐鉉《進表》、雍熙三年中書門下牒。首卷卷端題"重刊許氏說文五音韻譜卷一"。黃麻紙,簾紋兩指寬。藍色地朵花宋式錦函套及書衣,黃綾書籤,題"宋板重刊許氏說文五音韻譜"。

按《文獻通考》,載李巽巖《說文五音韻譜序》極詳,《說文》部次始一終亥,此本始東終甲。許序云:"不免移徙叔重部敘,其書要自別行,兩不傷也。"又云:"書既成,未敢出,茲來遂寧,遇虞仲房,未是正,遂重刊刻。"是書雖無李燾序,其部分實爲李燾改編。又李燾以淳熙朝知四川遂寧府,書中注孝宗御名,實爲成書時所初刻。此本刊於李燾遂寧任上,刊在蜀地,明清多有翻刻,皆以此爲祖本。

書上鈐有"汲古主人"、"毛晉之印"、"毛氏子晉"、"毛扆之印"、"斧季"等汲古閣毛氏父子諸印,先爲汲古閣毛氏父子所藏。《天目後編》卷三著錄卷首所鈐白文方印"談思童印",實爲"談思重印",爲明代隆萬間梁溪人士,與王世貞相友善。每冊俱鈐天祿繼鑑諸璽,前後副葉所鈐爲"大三璽"。

《賞溥傑書畫目》著錄,宣統十四年(1922)八月十四日賞溥傑,攜至東北,後歸于蓮客所藏,鈐有"于懷"(白文方印)、"蓮居士身外物"(朱文方印)。卷末副葉上並有于氏墨書題記兩行,云"丙戌(民國三十五年,1946)春三月朔日重值購於長春五馬路同義昧王估手。蓮客記於書近廎",鈐"于"朱文小印。1949年後中國書店購於民間,流傳有緒,尚保持清宮舊裝,完整無缺,天壤奇珍。《第一批國家珍貴古籍名錄圖錄》第00350部。[①] 2012年10月中國書店線裝影印出版。

446 班馬字類五卷

清翻宋刻本。一函五冊。

---

① 《第一批國家珍貴古籍名錄圖錄》,第2冊,第94頁。

《天目提要》云此本同卷一首部之御題影宋鈔本，爲未經李曾伯補遺本。卷前有樓鑰序，卷末有樓機後序二則。《四庫全書總目》云其"不失爲考古之津梁也"。《宋史・藝文志》著錄此書，題"班馬字類"，二卷，而樓鑰序稱爲"史漢字類"。《四庫全書總目》云樓機跋已自稱班馬，姑仍之。

書上鈐有"菉竹堂藏書"、"季振宜藏書"、"季振宜印"、"滄葦"、"曝書亭珍藏"、"朱彝尊印"等藏印。應是明人葉盛家藏，葉盛，字與之，崑山人。明正統乙丑進士，官至吏部侍郎。諡文莊。有《竹堂書目》存世。清初入泰興季氏、秀水朱氏。

此爲《天目後編》卷三宋版經部著錄五部《班馬字類》之首部，目前尚不知其下落。提要既云此五部皆爲同版，或亦是清初張士俊澤存堂覆宋刻本，或清康熙間揚州馬氏叢書樓刻。

447 班馬字類五卷（又一部）

明刻本。五冊一函，現藏北京市西城區第一圖書館（書號甲 009）。

匡高 21 釐米，廣 14.5 釐米。每半葉六行，大小字不等，小字雙行，四周單邊，細黑口，單魚尾。上刻草書字數，中刻"字類"二字，及卷數、頁數。皮紙。清宮原裝。

此爲卷三之第二部《班馬字類》，《天目後編》提要僅云"同前"。儘管《天目後編》云五部皆爲同版，頗疑實有不同，蓋彭元瑞等人疏忽所致。《中國古籍善本書目》著錄《班馬字類》二卷本有清馬氏叢書樓刻本，五卷本有清刻本。清康熙間揚州馬氏叢書樓翻宋刻本之行款版式爲：內框高 17.8 釐米，廣 13.5 釐米，半葉九行十七字，小字雙行同，左右雙欄，上下黑線口，上單黑魚尾，版心上鐫字數，中鐫"字類"及卷次、頁數。有扉頁"班馬字類/蔉書樓藏板"。書前有宋淳熙甲辰（十一年，1184）洪邁《班馬字類序》、婁機序尾（疑訂誤，應在婁機序後）、宋淳熙辛丑（八年，1181）婁機序、樓鑰序。① 五卷本之清刻本行款爲半葉六行，小字雙行十八字不等，四周雙邊，細黑口，單魚尾。而清康熙四十三至五十三年（1704—1714）張氏所刻《澤存堂五種》本，行款或爲半葉十行，大小字不等，或八行二十一字，小字雙行不等，白口，左右雙邊。此天祿本紙白墨潤，較張士俊澤存堂覆宋本開本略大，天頭處高一些，與叢書樓刻本亦明顯有別。今從

---

① 見於復旦大學圖書館所藏清馬氏叢書樓本《班馬字類》，其上有清道光間沈炳垣朱筆手校。2016 年 6 月復旦大學樂怡女士代爲勘驗。

2016 年 3 月公佈之《第五批國家珍貴古籍名錄》所定，版本定爲"明刻本"。

每冊俱鈐天祿繼鑑諸璽，前後副頁俱鈐"大三璽"。另有"錢謙益印"、"牧齋蒙叟"二印，入宮前爲錢謙益舊藏。

《賞溥傑書畫目》著錄，宣統十四年(1922)七月十六日賞溥傑。另據故宮檔案記載，1959 年故宮撥交北京圖書館書中有一部五冊之《班馬字類》，係北京市文物局得自民間轉交故宮者，未知是否即此本，西城區圖書館未記此書來歷如何，不詳究竟如何流落在此，或由國家圖書館轉撥西城區圖書館。《第五批國家珍貴古籍名錄》第 11537 號。

447(2) 班馬字類五卷(又二部)

清翻宋本。一函五冊，現藏中國國家圖書館(新編書號 1155)。

每半葉六行，大小字不等，小字雙行十八字，四周單邊，細黑口，單魚尾。上刻草書字數，中刻"字類"二字，及卷數、頁數。黃絹籤題"班馬字類"。

此爲卷三之第三部《班馬字類》，《天目後編》提要僅云"同上"。

每冊俱鈐天祿繼鑑諸璽，前後副葉所鈐爲"大三璽"。除《天目後編》所著藏印"趙宋本"、"希世之珍"、"開卷一樂"諸印外，另有"雪壺拜觀"一印，《天目》未錄。

《賞溥傑書畫目》著錄，宣統十四年(1922)八月初六日賞溥傑。此係北京故宮得自民間，1959 年撥交北京圖書館者。國家圖書館 2013 年編目，定爲"清翻宋本"。

448 班馬字類五卷(又三部)

清翻宋本。一函五冊，現藏中國國家圖書館(新編書號 1156)。

每半葉六行，大小字不等，小字雙行十八字，四周單邊，細黑口，單魚尾。上刻草書字數，中刻"字類"二字，及卷數、頁數。黃絹籤題"班馬字類"。

此爲卷三之第四部《班馬字類》，《天目後編》提要僅云"同上"。

每冊首皆鈐"唐居士"、"江上外史"、"江邨"三方朱文印。明人唐寅藏本，後入笪重光、高士奇家。笪重光，字在辛，自號江上外史，句容人。清順治壬辰進士，官御史。江邨，高士奇別號。每冊俱鈐天祿繼鑑諸璽，前後副葉所鈐爲"中三璽"。

《賞溥傑書畫目》著錄，宣統十四年（1922）八月七日賞溥傑。國家圖書館 2013 年編目，定爲"清翻宋本"。

448（2）班馬字類五卷（又四部）

清翻宋本。卷一至三，三冊，現藏中國國家圖書館（新編書號 1157）。卷四，一冊，2008 年嘉德春拍，①爲日人購去，2010 年再度回歸中土，現藏詒宋齋。

匡高 21 釐米，廣 14.5 釐米。每半葉六行，大小字不等，小字雙行，四周單邊，細黑口，單魚尾。上刻草書字數，中刻"字類"二字，及卷數、頁數。黃絹籤題"班馬字類"。

此爲卷三之第五部《班馬字類》，《天目後編》提要云"同上。按：以上五部皆一版摹印，與首部影宋鈔李曾伯補遺本不同"。《天目前編》卷十明版《班馬字類》云"此本明仿宋刊，頗得其妙，選紙選墨，皆不苟焉"。觀此本行款與明仿宋本相合，紙墨俱佳。

每冊俱鈐天祿繼鑑諸璽，前後副葉所鈐爲"中三璽"。無其他私家藏印。私人所藏一冊，書中無私家收藏印記，應亦《天目後編》卷三所著錄之第五部宋版之散佚零本。國圖所藏三冊係溥儀兄弟攜至東北之書，出宮後輾轉自長春僞宮至瀋陽故宮，陳國慶先生經眼，記曰：

> 各卷除"天祿繼鑑"及"乾隆御覽之寶"諸印璽外，無一私家藏書印記。《天目後編》卷三"宋版經部"載《班馬字類》，凡五部，均爲一函，五冊。謂"此未經李曾伯補遺本，皆一版摹印者"。惟前四部均有私家藏書印記，獨第五部未載有私印，或即此書耶？②

1959 年由北京故宮撥交北京圖書館。國家圖書館 2013 年編目，定爲"清翻宋本"。

《賞溥傑書畫目》著錄，宣統十四年（1922）七月十五日賞溥傑。檢《賞溥傑書畫目》，1922 年 7 月 15 日、16 日和 8 月 6 日、7 日分別賞賜一套宋板《班馬字類》，其中或有此本。

---

① 《中國嘉德 2008 春季拍賣會圖錄·古籍善本》，拍品第 2653 號。同年此本再度上拍於北京德寶 2008 年秋拍"明清宮廷藏書專場"。

② 陳國慶著：《瀋陽圖書館藏長春僞宮殘存宋元珍本目錄考略》，《歷史文獻》第六輯，上海科學技術文獻出版社 2004 年版，第 85 頁。

以上五部《班馬字類》，俱是五冊，《天目後編》著錄："皆一版摹印，於首部影宋鈔本李曾伯補遺本不同。"①

448(3)佩觿三卷

清康熙四十九年(1710)吳郡張士俊刻《澤存堂五種》刻本。二冊，現藏中國國家圖書館(新編書號 1158)。

匡高 20.5 釐米，廣 15.3 釐米。每半葉八行，行十七至十八字，小字雙行約二十六字，白口，左右雙邊，版心上題字數。下冊仍有黃絹籤題"宋板佩觿"，上冊無。

《天目後編》卷三記其"同前首部"，亦爲北宋治平間刊本，稱爲"白麻紙最佳本"。實則清初仿宋精品。清康熙間吳人張士俊校刻《澤存堂五種》，有《廣韻》、《大廣益會玉篇》、《羣經音辨》、《字鑑》及《佩觿》，皆據宋版翻雕，如《廣韻》據毛氏汲古閣、徐氏傳是樓藏南宋中葉浙刻本。以校勘精審，版刻工整著稱。此即張氏《澤存堂五種》本。

每冊俱鈐天祿繼鑑諸璽，前後副葉所鈐爲"大三璽"。卷首有"季振宜藏書"、"滄葦"二朱文印，爲泰興季氏所藏。

《賞溥傑書畫目》著錄，宣統十四年(1922)八月初六日賞溥傑。出宮後輾轉自長春僞宮至瀋陽故宮，1959 年由北京故宮撥交北京圖書館。國家圖書館 2013 年編目。

449 大廣益會玉篇三十卷

明初刻本。八冊二函，現藏臺北"故宮博物院"(贈善 003757－003764)。

匡高 21.5 釐米，廣 13 釐米。每半葉十二行，大字不等，小字雙行二十八字，四周雙邊，大黑口，雙魚尾，版心中記"玉卷次"及葉數。卷首有顧野王《大廣會益玉篇序》、《進玉篇啟》、《總目》、《玉篇廣韻指南》。首卷卷端題"大廣益會玉篇卷第一"。棉紙，黃絹書衣，黃綾書籤，書"宋板玉篇"。書頁殘損嚴重，函套係重裝。

《天目後編》以爲宋大中祥符六年重修本，實爲明初刊本。《指南》末葉之後半葉撕補。此處別本有牌記，跨六行雙邊，"龍集乙卯菊節／圓沙書

---

① 《天祿琳琅書目》，後編卷三，第 448 頁。

院新刊",實爲覆刊元泰定二年圓沙書院本。

每冊俱鈐天祿繼鑑諸璽,前後副葉所鈐爲"中三璽"。並鈐"毛晉"連珠朱方、"汲古主人"朱文方印、"松陵世家"朱文方印,另有"宋本"朱文橢圓、"甲"朱文方印爲《天祿後目》失載。入宮前爲明末毛晉舊藏,流出清宮後,研易樓沈氏所得,加鈐"山陰沈仲濤珍藏祕笈"朱文方印。1981年1月捐與臺北"故宮博物院"。

《賞溥傑書畫目》著錄,宣統十四年(1922)七月十四日賞溥傑。《"國立故宮博物院"善本舊籍總目》,上冊,第155頁,著錄爲"明初刊黑口本"。《"國立故宮博物院"藏沈氏研易樓善本圖錄》,第160—161頁。

449(2)大廣益會玉篇三十卷(又一部)

明初刻本。六冊,現藏中國國家圖書館(新編書號1159)。

匡高21.5釐米,廣13釐米。每半葉十二行,行約五大字,小字雙行二十八字,四周雙邊,大黑口,雙魚尾,版心中記"玉卷次"及葉數。黃絹籤題"大廣益會玉篇"。

《天目後編》云:"同上,惟多大中祥符六年敕雕印頒行牒一道,並記梁大同九年三月二十八日,黃門侍郎兼太學博士顧野王撰本,唐上元元年甲戌歲四月十三日南國處士富春孫強增加字。三十卷,凡五百四十二部,舊一十五萬八千六百四十一言,新五萬一千一百二十九言,新舊總二十萬九千七百七十言。注四十萬七千五百有三十字。"

據《涵芬樓燼餘書錄》記載,元延祐刊本《大廣益會玉篇》,每半葉十二行,行大字二十一,小字三十二、三不等。卷首大中祥符六年牒文,次顧野王序,次進書咨,次玉篇廣韻指南。指南後有"龍集乙卯菊芹圓沙書院新刊"木記,爲元延祐二年圓沙書院所刊。《楹書隅錄》謂此本"匡"、"貞"二字尚避宋諱,雖元槧,其源實出宋時舊帙。①《天祿後目》未記木記,蓋爲書估割去,以僞充宋槧也。

每冊俱鈐天祿繼鑑諸璽,前後副葉所鈐爲"中三璽"。並鈐"龔氏"白文印一方。

《賞溥傑書畫目》著錄,宣統十四年(1922)八月十四日賞溥傑。出宮後輾轉自長春僞宮至瀋陽故宮、北京故宮,1959年撥交北京圖書館。檔

---

① 《涵芬樓燼餘書錄》,經部,第一冊,第52頁。

案上記其爲"元建陽坊刻本",多有蟲蛀、脫線。國家圖書館2013年編目。

450 大廣益會玉篇三十卷（又二部）

元詹氏進德書堂刻明修本。二冊,現藏中國國家圖書館（新編書號1301）。

每半葉十二行,字不等,小字雙行二十八字,黑口,四周雙邊。黃絹籤題"大廣會玉篇"。

此爲《天目後編》卷三第3部《大廣益會玉篇》,提要僅云"同上,亦無大中祥符牒"。未見原書,不詳何以爲元詹氏進德書堂所刊。

每冊俱鈐天祿繼鑑諸璽,前後副葉所鈐爲"中三璽"。另有"陳印祺芳"、"一字延年"（《天目後編》誤作"季延崖"）、"字子翼（壽?）"、"子壽氏"（《天目後編》未錄）諸印。另有"于懷"、"蓮居士長物"、"蓮客讀本"、"君子澹以成"諸印,爲流出清宮後流落私家所鈐。

《賞溥傑書畫目》著錄,宣統十四年（1922）八月十四日賞溥傑。此係北京市文物局得自民間,轉交故宮,1959年再經故宮撥交北京圖書館者。檔案上記其爲十冊,"通志堂刻本"。國家圖書館2013年編目,審定爲"元詹氏進德書堂刻明修本"。

450(2) 廣韻五卷

明刻本。一函五冊,現藏遼寧省圖書館（書號善14014）。

匡高21.7釐米,廣13.2釐米。每半葉十二行,大字不定,注文雙行,行三十字,黑口,四周雙邊,雙順魚尾。首卷卷端題"廣韻上平聲卷第一"。卷前有孫愐《唐韻序》。竹紙,紙色蕉黃。

卷五末有一行字被割去,蓋爲原書刊刻題記。《天目後編》以爲宋麻沙刊本,云"書內'匡'字紐下十二字皆闕筆,餘如二十一'敬'、二十六'桓'諸諱皆不避",以版式參定,實則明代所刊。

曾爲明代葉盛、項元汴所藏,有"葉氏菉竹堂藏書"、"振芳"、"項子京家珍藏"、"悟言室印"等印記。每冊俱鈐天祿繼鑑諸璽,前後副葉所鈐爲"中三璽"。

《賞溥傑書畫目》著錄,宣統十四年（1922）八月初六日賞溥傑。《第三批國家珍貴古籍名錄圖錄》第07457號。①

451 集韻十卷

宋刻本。十冊一函,現藏中國國家圖書館(書號12357)。

匡高19.7釐米,廣13.1釐米。每半葉十行,行大小字不等,白口,左右雙邊,雙順魚尾。版心下有刻工"信"、"佺"、"世安"、"正其"、"世明"、"邦信"等。揭銜"翰林學士兼侍讀學士朝請大夫尚書左司郎中知制誥判祕閣兼判太常禮院羣牧使柱國濟陽郡開國侯食邑一千二百戶臣丁度等奉敕修定"。書前有《韻例》,載字五萬三千五百二十五,新增二萬七千三百三十一字。詔名《集韻》。平聲四、不分上下。上聲二、去聲二、入聲二。末有宋祁等《奏舉子失韻事》,不全。

《天目後編》云:"是書槧法字體,的是宋本。於僖祖、宣祖、孝宗諱皆闕筆,而太祖諱上一字闕、下一字不闕,則校讐之失也。"書中刻工多爲長沙人,另據避諱,可證此爲南宋孝宗時(1163—1189)湖南地區所刻。《天目後編》提要云:"是書槧法字體,的是宋本。"

第一冊首頁鈐"文淵閣印"朱文方印,明代祕閣藏本,《文淵閣書目》著錄。又入清宮,明清兩代一直爲宮廷所藏,每冊俱鈐天祿繼鑑諸璽,前後副葉所鈐爲"中三璽"。又有"省齋"、"共山書院"二印,其中"省齋"朱文印,已知宋周必大、昝仁國、廖行之、吳獬、張泳、糜奔,俱號省齋;明徐有貞、鄭瑗、陳璋、陳克宅、劉璽庭,亦號省齋,未知誰屬。

宣統十四年(1922)十月二十日,《溥傑收到賞書單》著錄。出宮後輾轉自長春僞宮至瀋陽故宮,1959年由北京故宮撥交北京圖書館。《北京圖書館古籍善本書目》第187頁。中華書局1985年據以影印,收入《古逸叢書》第三編。《第一批國家珍貴古籍名錄圖錄》第00375號。②《中華再造善本》唐宋編第075部。

452 韻補五卷

宋刻本。五冊,一杉木夾板,現藏遼寧省圖書館(書號善00015)。

匡高21.6釐米,廣15.4釐米。每半葉六行,行小字十八,大字一當小字二,白口,左右雙邊,單魚尾。版心下鐫有刻工"毛昌"、"洪坦"、"洪

---

① 《第三批國家珍貴古籍名錄圖錄》,第2冊,第309頁。
② 《第一批國家珍貴古籍名錄圖錄》,第2冊,第114頁。

新"、"趙通"、"陳明"、"王永"、"毛奇"、"徐顏"、"周彥"、"許中"、"王永"、"李昌"、"李憲"、"李文"等,皆爲浙江地區良工。前有乾道四年徐蔵序,次爲書目,再次爲吳棫自識。宋帝諱"殷"、"恆"、"桓"、"玄"、"鉉"、"眩"、"泫"等字均缺末筆。卷一第八、九兩葉、卷三第一頁抄補。

此爲《韻補》首次刊刻之本,宋乾道(1165—1173)時所刊,也是存世的唯一宋版。① 白麻紙,版刻疏朗。

書上鈐"乾學"、"徐健庵"、"范印從楷"、"賀氏存有齋圖書子孫其世永寶用"諸印,曾經徐乾學、范從楷舊藏。每冊俱鈐天祿繼鑑諸璽,前後副葉所鈐爲"中三璽"。卷五末頁所鈐"賀氏存有齋圖書子孫其世永保用",《天祿後目》誤記"保"爲"寶"。

《賞溥傑書畫目》著錄,宣統十四年(1922)九月十五日賞溥傑。《第一批國家珍貴古籍名錄圖錄》第00376號。②《中華再造善本》影印,唐宋編第077部。

---

① 王清原著:《中國第一部研究古代音韻的專著〈韻補〉》,《圖書館學刊》2006年第3期。

② 《第一批國家珍貴古籍名錄圖錄》,第2冊,第115頁。

《欽定天祿琳琅書目後編》卷四 宋版史部

453 史記一百三十卷

明嘉靖四年(1525)金臺汪諒刻本,卷一百二十四、一百二十五(列傳卷六十四、六十五)配補明萬曆二至三年(1574—1575)南京國子監刻本。八函六十四冊,現藏吉林市圖書館(書號史 4/3.3)。

匡高 20.1 釐米,廣 13.2 釐米。每半葉十行,行十八字,小字雙行二十三字,白口,左右雙邊,雙魚尾。卷一百二十四、一百二十五爲半葉十行,行二十一字,小字雙行同,四周雙邊,小黑口,雙魚尾,版心中記篇名及卷次,下有刻工胡李、胡存、李准、鄧秦、付機、鄧漢、洪乎。目錄前有小司馬氏《補史記序》、司馬貞《史記索隱序》、裴駰《史記集解序》、張守節《史記正義序》。首卷卷端大字題"三皇本紀",其下小字題"史記卷之一",下署"莆田柯維熊校正"。竹紙。

《天目後編》提要云:"目錄後印校對'宣德郎、祕書省正字張末'八分書條記。按:《集解》、《索隱》、《正義》本各單行,至宋始合刻。據校書官乃張文潛,知爲元祐時槧。"①實此爲書估僞製,館臣以爲"宋元祐刊本",誤,實爲翻宋刻本。書經重裝,目錄最後一頁佚失,已不見此隸書木記。

卷首鈐有"旅檖"白文、"快閣主人"、"清白堂印",每冊首鈐有"文石朱象玄氏"朱白文印、"天然圖畫樓收藏書籍印"、"唐室分封肇姓皇明科甲世家"印,每冊末鈐"潘印允端"、"御史大夫章"二印。藏印皆與《天目後編》卷四著錄六部《史記》之第一部合。曾經明嘉靖間人朱大韶及潘允端父子等人遞藏。《天目後編》提要云:"朱大韶,字象元,號文石,仕履見前。"各卷前之"旅檖"、"文石朱象玄氏"朱白文印、"天然圖畫樓收藏書籍印"、"唐室分封肇姓皇明科甲世家"印,印色淺淡,印文粗糙,疑僞。潘允端,字仲履,上海人。嘉靖壬戌進士,官四川右布政使。即作豫園樂壽堂以奉其父者。其父潘恩,以南京工部尚書、都御史致仕,故有"御史大夫章"。《天祿

---

① 《天祿琳琅書目》,後編卷四,第一部《史記》條,第 453 頁。

琳琅書目前編》卷二宋版史部著錄有宋版《兩漢書》，即明人董其昌稱頌之三部"鼎足海內者也"宋版之一，其上有"潘印允端"印，曾經元人趙孟頫、明人王世貞、王士驎父子、顧從德、錢謙益、黃正賓、潘允端等人遞藏，惜燬於清嘉慶二年十月乾清宮大火。另卷首有"王時敏印"白文方印、"煙客"朱文方印、"獨抑鬱而誰與語"白文方印、"長白敷槎氏堇齋昌齡圖書印"朱文方印、"皋文張氏藏書"朱文方印爲《天目後編》卷四失載，入清宮前曾藏太倉王時敏、長白富察昌齡處。王時敏(1592—1680)，字遜之，號煙客，晚號西廬老人等，太倉人，大學士王錫爵之孫，翰林編修王衡之子。作畫主張摹古，創婁東一派，爲清初四王之一。富察昌齡，字晉蘅，號堇齋，滿洲貴戚。雍正元年(1723)進士，累官至翰林院侍講學士。其家世視納蘭性德、揆敘昆季略遜一籌，而藏書獲舅氏曹寅楝亭舊藏，淵源有自，鄴架之富，不輸納蘭。① 1979 年秋，哈爾濱市圖書館王競在吉林市館見此本。②

　　卷九十六《張丞相列傳》一冊前，加裝一副葉，有鄧邦述朱筆題跋，前人皆未提及，爲筆者發現。跋文云："《史記》刊本，以明代震澤王氏、莆田柯氏及秦藩三本爲善，蓋皆仿宋刻也。然三本字體不一，刻手以秦藩爲次，而柯本又較王本爲佳。余初得王氏本，繼得柯氏本，其印手比之王本高出數倍，而王本書中木記尚有未盡剜者，柯本之'莆田柯某校正'一行，全書凡卅餘處，皆一一剜盡無餘，則以書賈遇此兩本，往往黦紙使舊，以充宋本，諸家書目言之極多，不足奇也。此本去臘在京師聞書友言，乃合王、柯、秦藩三本而成者，歸與佩伯道兄言之，佩伯大喜，以爲不得百衲宋本，即得百衲明本，亦復自豪，促余紹介歸之。今年十二月重至都門，以銀餅九十枚收之。細加繙閱，乃知實非三本而以兩柯本配成，中闕一卷，則以監本補足者。佩伯雖以百衲自誇，竟不可得，然較之余昨所收價乃減三之二矣。此兩柯本，一有批字，其柯氏刊欵皆未剜去；一爲天祿繼鑑所收，則當時亦誤爲宋本，故柯欵並無存焉。書賈作僞，自昔已然，考之《天祿琳瑯目》中，可覆按也。佩伯既喜得此書價廉於我，而實因余介而得之者，出此冊屬余記之如此。庚戌三月正闇學人。"並鈐"正闇審定"朱文方印（圖 4—1）。庚戌爲宣統二年(1910)。書上眉批亦鄧氏所爲，乃過錄王世

---

　　① 參見李軍著：《隋赫德、昌齡一族世系疏證》一文，《紅樓夢學刊》2013 年第 1 期。

　　② 王競著：《藏書印訂補蟬林志傳舉例》，《黑龍江圖書館》1980 年 S1 期，第 252—253 頁。

貞、王鏊、孫鑛、茅坤、何良俊、劉辰翁、鍾惺、陳仁錫、董份、楊慎、余有丁、凌約言、王韋、王維楨、鄧以讚、倪思、陳夢槐等人諸評。鄧邦述(1868—1939)，字正闇，別號正闇學人，又號孝先、漚夢老人，室名群碧樓。江蘇江寧人。光緒二十四年進士，授編修，工書法、山水、擅玉箸篆。清末藏書大家。

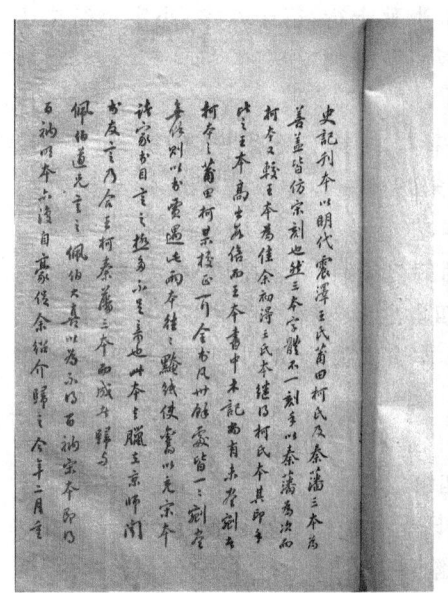
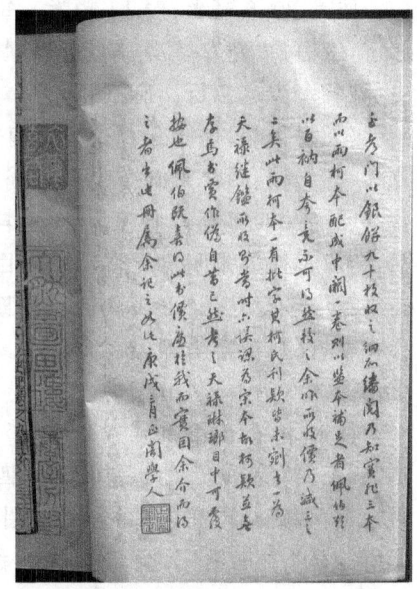

圖 4-1

《天目後編》著錄爲六函六十册，書經有意改裝，現爲八函六十四册，每册副葉均已佚失，有些册之首末葉版匡上方正中所鈐"乾隆御覽之寶"橢圓朱文印，被裁切去版匡外的一半，殘留一半亦被塗抹，並押簽不知名印記，顯係遮掩其清宫來歷。《第三批國家珍貴古籍名錄圖錄》，第07475 號。[①]

454 史記一百三十卷（又一部）

明嘉靖四至六年(1525—1527)王延喆刻本。存卷十三至十四，即三代世表第一至十二諸侯年表第二，計二卷，一册，現藏北京市文物局圖書資料中心（書號0131）；卷九十七至九十九，計三卷，一册，亦藏北京市文

[①] 《第三批國家珍貴古籍名錄圖錄》，第 3 册，第 3 頁。

物局圖書資料中心（書號 0130）；①卷六至十二、四十至四十二、四十六至四十七、五十三至五十七、六十一至七十九、九十至九十三、一百六至一百九、一百十二至一百十六，計四十九卷，十三冊，現藏中國國家圖書館（書號 18590）；卷八十至八十七，計八卷，二冊，亦藏中國國家圖書館（新編書號 1160）。

匡高 20.6 釐米，廣 13 釐米。每半葉十行，行十八字，小字雙行二十三字，細黑口，左右雙邊，單魚尾。版心下有刻工"莫"、"何"等，每卷後有史、註各多少字二行。麻紙。

《天目後編》提要云："是書真南宋本，多鈐元及明初人印章，如元之綽克托、楊維楨、明之宋濂書也。"以爲宋紹興三年提舉茶鹽司石公憲刊本，實則明嘉靖四年至六年王延喆刻本，據南宋黃善夫刻本翻刻者，摹雕至精，初印者楮墨尤明湛可喜。王本目錄頁後有"震澤王氏刻梓"篆文牌記，在集解序後有隸書"王氏刻於恩褒四世之堂"牌記，而索隱序後又刻有王氏識語，往往被書估割去以充宋本。本書又僞造元人脫脫等人藏書印，多重作僞。

據鈐印"開山第一家藏書畫印"、"景濂"、"何喬"、"鄞姚安道師德靜學齋"、"王偉"等，知爲《天目後編》卷四第二種《史記》，其中"脫脫"一印，《天目後編》著錄爲白文，實爲朱白文圓印。每冊俱鈐天祿繼鑑諸璽，前後副葉所鈐爲"中三璽"。吳希賢先生經眼卷九十七至九十九，計三卷，一冊，②卷九十七上有"文淵閣印"，據書影看似是僞印，另有"康生"朱文印，曾經康生舊藏。

卷八十至八十七，二冊，爲 1959 年北京故宮撥交北京圖書館者，國家圖書館 2013 年編目。

沈津先生新浪博客——"書叢老蠹魚"2007 年 11 月 2 日博文《〈史記〉版本作僞的故事一》中提到："大約是 1973 年夏天，我在上海圖書館接待了來自福建某大學圖書館的二位幹部，③其中一位是軍宣隊的。他們

---

① 北京市文物局圖書資料中心編：《北京市文物局圖書資料中心藏古籍善本書目》（內部資料），2007 年 2 月，第 13 頁；呂濟民、易行主編：《中國傳世文物收藏鑑賞全書·古籍善本》，綫裝書局 2006 年版，第 73 頁；梅寧華、陶信成主編：《北京文物精粹大系·古籍善本卷》，北京出版社 2001 年版，第 48 頁。

② 吳希賢編：《歷代珍稀版本經眼圖錄》，第 22—23 頁。

③ 《中國古籍善本書目》上著錄福建師範大學圖書館有王延喆本《史記》。

帶來了一部書，目的是想請上海圖書館及北京圖書館的專家鑑定，是否是宋代的版本。打開旅行包裹的包袱，原來是一部《史記》，書中有'開山第一家藏書畫印'、'脫脫'、'廉夫'、'王偉'、'景濂'、'鄞姚安道師德靜學齋'等名人之印。據說是陳葆琛的舊藏，是當年陳老夫子歸隱閩中時從宮中帶回家鄉的。"2011年4月7日筆者經福建省圖書館林永祥主任代爲聯絡，來信告知福建師大所藏《史記》情況如下："《史記》130卷，目錄還有集解、補史、索隱、正義，60冊。鈐印還有護葉上的'太上皇帝之寶'、'八徵耄念之寶'、'五福五代堂之寶'，某些冊有'乾隆御覽之寶'、'天祿繼鑑'、'天祿琳琅'、'文淵閣印'等等。沒有題記書跋。有的冊數不但字體紙張墨色不同，連印章都不同，有的前後一枚都沒有，估計不同版本拼湊起來。"正是沈津先生曾經見過的鈐有偽製清宮藏印的那部書。

此外，中山大學圖書館藏有一部明嘉靖王延喆刻本《史記》，六十一冊，書上看似有"內府御寶"、"天祿琳琅"、"天祿繼鑑"、"文淵閣"以及"乾隆御覽之寶"等清內府印記，以及"王偉"、"景廉"、"邵亨貞"、"解縉"等明初人的藏章，實則全部是書估所加偽印。卷首集解序連同王氏木記全被抽去，目錄後原木記改換成"校對宣德郎秘書省正字張耒"八分書，又挖去了索隱後序末王延喆的跋語。然而詳考之，此本不僅與《明代版本圖錄》中王本書影相同，而且與《鐵琴銅劍樓藏書目錄》所列王本脫字完全一致，再者，此本最大特點是有刻工姓名。其刻工何恩、馬龍、張敖、徐敖、王智、章祥、李受、李潮、陸孜、陸華、陸先、陸淮、陸鋆等二十多人，多見於嘉靖間其他刻本中。諸如嘉靖元年補刊之南雍三朝本《史記》補刊版、嘉靖三年徐焴《重校正唐文粹》、嘉靖九年刻本《空同先生集》、嘉靖十年楊鑵九洲書屋所刻《初學記》、嘉靖間李元陽校刻之《十三經注疏》、徐氏東雅堂所鎸《昌黎先生集》以及閩人徐校刊之《周禮注疏》等，都分別見有其中部分人參刻，證實此批人皆爲嘉靖時期刻工。顯然，書中宋人張耒木記與明初人鈐印均屬偽造，實乃王延喆刻本。① 則中大此本，係照摹《天目後編》所記，以偽製清宮藏印及脫脫、宋濂、解縉等元明時代人藏印鈐於一部明嘉靖王延喆刻本之上，與前述福建師大藏本一樣，都是偽充天祿琳琅舊藏之本。

---

① 陳修紘著：《四種明翻刻宋黃善夫本〈史記〉辨》，《中山大學學報》1981年第2期，第105頁。

455 史記一百三十卷（又二部）

明嘉靖十三年(1534)秦藩覆宋刻本。六十冊八函，現藏臺北"故宮博物院"（書號故善005665－005724）。

匡高20.5釐米，廣13.1釐米，每半葉十行，行十八字，小字雙行同，左右雙邊，白口，單線魚尾。版心中記史記卷名卷次，下記千字文號及葉次。書版心下偶見刻工名安、元、百、義等。卷前有《史記索隱序》/朝散大夫國子博士弘文館學士河內司馬貞，又《補史記序》/小司馬氏，又《史記集解序》/裴駰，又《史記正義序》/諸王侍讀宣義郎守右清道率府長史張守節，又張守節《史記正義論例諡法解》，又目錄。目錄後刻"嘉定六年歲在癸酉季夏萬卷樓刊"雙行長方形刊記。書後有《史記索隱後序》。首卷卷端題"三皇本紀"，下題"補史記"，小字雙行題"小司馬氏撰並注"。各卷端大題在下，小題在上，卷末刊史計幾字，注計幾字。紫色地宋式錦裹杉木板四合函套，宋式錦書衣，黃綾書籤，書"宋板史記"。白棉紙，初刻精印。

《天目後編》提要云："同上，目錄後刻'嘉定六年歲在癸酉季夏萬卷樓刊'。"明代諸藩喜以皇帝所賜宋元舊本爲底本刻印新書，這些藩府本品質講究，刊刻精良，常被後代僞裝以充宋元原本。《中國版刻圖錄》云："嘉靖十三年秦藩鑑抑道人刻於封地西安，源出宋建安黃善夫本。據明史諸王世系表，秦定王惟焯正德四年襲封，嘉靖二十三年卒，知此本爲朱惟焯刻本。明代諸王多藏宋元舊刻，好事者即翻版以傳，故藩府本多佳刻。此爲明代藩府本代表作。"① 經與臺北故宮所藏另一部明嘉靖十三年(1534)秦藩覆宋刻二十九年(1550)修補本《史記》（二十冊，書號平圖001105－001124)，卷前原有"嘉靖甲午上元之吉日秦藩抑道人《重刻史記序》"暨"嘉靖庚戌夏四月一日之吉秦藩允中道人《史記》序刻"二文卷尾有嘉靖甲午（十三年）黃臣《書重刻史記跋》，此天祿藏本將此序、跋一併撤去，版心下之刻工名大多被剜去，並割去目錄最後半葉，在另半葉補紙上加刻"嘉定六年歲在癸酉季夏萬卷樓刊"長方雙行木記以充宋版，紙質紙色及墨蹟、字體皆有差異（圖4－2）。吳哲夫先生記云："然細審其字體，亦不難發現前後字蹟墨色互異，造假之心勞力絀可想知矣。"②

---

① 《中國版刻圖錄》，目錄第73頁。
② 吳哲夫著：《天祿琳琅書目續編著錄之宋版書籍研究》，《"國立中央圖書館"館刊》新十一卷第一期，第25頁。

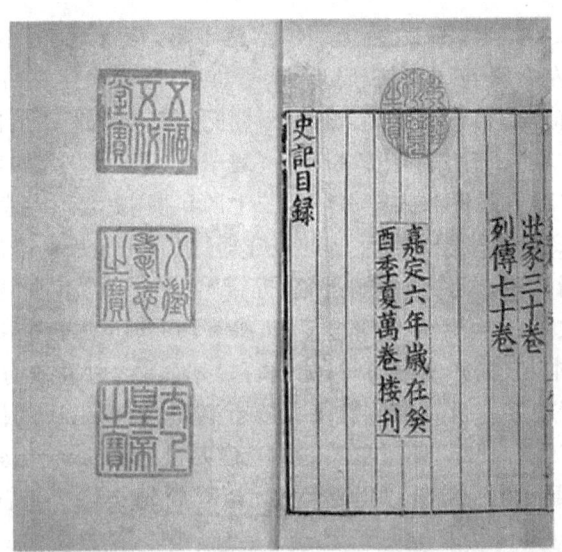

圖4—2　《天目後編》第三部宋版《史記》目錄後之僞造木記，實爲明嘉靖十三年秦藩覆宋刻本（書影採自《天禄琳琅——乾隆御覽之寶》）

每册俱鈐天禄繼鑑諸璽，前後副葉所鈐爲"中三璽"。另有"東海袁尚寶氏家藏圖書"朱文長方印，印文不佳，印色晦暗，僞充明初袁忠徹舊藏也。

《故宫善本書目》記其爲"明嘉靖十三年秦藩復宋本，目錄後有僞造嘉定六年木記"。《"國立故宫博物院"善本舊籍總目》，上册，第179頁，著錄爲"明嘉靖十三年秦藩覆宋刊本"，誤記爲二十册。2007年臺北故宫"天禄琳琅——乾隆御覽之寶"特展第一期上展出。

455（2）史記一百三十卷（又三部）

明嘉靖四至六年（1525—1527）王延喆刻本。原爲六函五十二册，其中第一册卷首諸序及目錄、《史記正義論例諡法解》，計一册，現藏中國國家圖書館（書號18589）；卷一至一百三十，計一百三十卷，五十七册，[①]原藏日本大倉集古館，2013年末爲北京大學圖書館購藏（書號DC0012）。[②]

---

①　劉按，《天目後編》卷四宋版史部，著錄此書爲五十六册，書並未改裝，此處應是提要所記有誤。

②　日本大倉文化財團編：《大倉文化財團漢籍善本目録》，東京大倉文化財團昭和三十九年（1964）年版，第3—4頁。

匡高20.1釐米,廣13釐米。每半葉十行,行十八字,小字雙行二十三字,白口,左右雙邊,偶有四周雙邊,單魚尾,版心魚尾下方記"史記"或"史"及篇名篇次,又下記葉次。版心下間記刻工"李安"、"王良智"、"宅"、"渭"、"孜"、"本"、"日"、"鑒"、"李受"、"陸華"、"張敖"、"六宗華"等。卷首有司馬貞《史記索隱序》、張守節開元二十四年撰《史記正義序》、小司馬氏《補史記序》、裴駰《史記集解序》,並張守節《史記正義論例諡法解》。卷末有《史記索隱後序》。首卷卷端上題"五帝本紀第一",下題"史記一"。白棉紙,書經改裝,書籤爲古色灑金箋紙,墨筆題"宋版史記"。

覆宋刻本,宋諱亦依樣闕筆,如"貞"、"匡"等。每卷末有"史記幾字、註幾字"雙行小字。目錄後原有篆文雙行刊記"震澤王氏刻梓",《史記集解序》末原有雙行刊記"震澤王氏刻於恩褒四世之堂",《史記索隱序》後原有王延喆題記七行,文曰:"延喆不敏,嘗聞於先文恪公曰:《國語》、《左傳》,經之翼也,遷史、班書,史之良也。今吳中刻《左傳》,鄞中刻《國語》,閩中刻《漢書》,而《史記》尚未板行。延喆因取舊藏宋刊《史記》,重加校讐,翻刻於家塾,與三書並行於世。工始嘉靖乙酉臘月,迄於丁亥之三月。林屋山人王延喆識於七十二峯深處。"① 卷末《史記索隱後序》後亦有刊記。以上各處,此本皆有撕紙痕蹟(圖4—3),將行格前移,掩去裁掉部分,顯以明本僞充宋本。

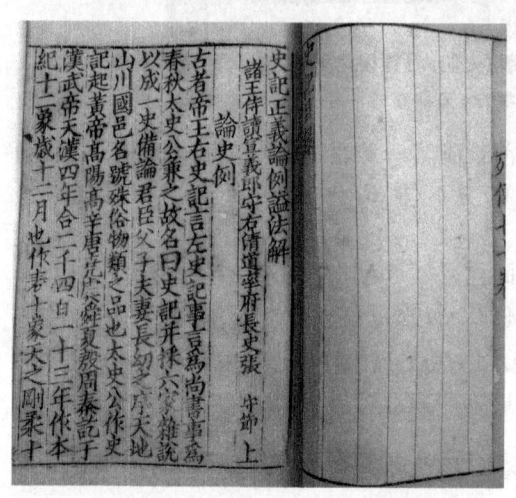

圖4—3 此本《史記索隱序》後半葉被挖去,補以另紙,以墨筆描上欄線,掩人耳目

每冊俱鈐天祿繼鑑諸璽,前後副葉所鈐爲"中三璽"。由所鈐"楚府圖書"、"翰林學士文節之家藏書畫印"等藏印,可知爲《天目後編》卷四所著錄之第四部宋版,以爲宋嘉定六年萬卷樓刊本。實則"楚府圖書"、"翰林

———

① 嚴紹璗編著:《日藏漢籍善本書錄》,中華書局2007年版,第328頁。

學士文節士家藏書畫印"朱文(《天目後編》誤記爲白文,"士"誤記爲"之")、"葉氏家藏"、"朱氏珍藏宋本古画印"("画"字《天目後編》誤記爲"書")、"水村陸氏珍玩"、"倪氏元鎮家藏"諸印皆僞。不僅撤去王延喆刊記,還以宋人楊萬里、元人倪瓚、明初楚王府、袁忠徹、成化時人陸完之印提升此明本時間,僞裝宋本。

此外,《天目前編》卷十也記錄了一部鈐有"楚府圖書"、"翰林學士文節世家"、"袁忠徹"、"水村陸氏珍藏"等印的明本《六家文選》,提要云:"此即袁褧所刊之版,而四十四卷末葉李宗信之名,及五十六卷末葉李清之名,俱被書賈割去,故紙幅均屬接補,袁褧識語亦經私汰。而於六十卷末葉改刊'河東裴氏考訂諸大家善本,命工鋟於宋開慶辛酉季夏,至咸淳甲戌仲春工畢',並於末一行增刊'把總鋟手曹仁'。其字畫既與前絕不相類,版心墨線亦參差不齊,且考訂'訂'字誤作金旁,則僞飾之蹟顯然畢露矣。……'袁忠徹'印記,'袁'字篆法訛作'表'字,明屬書賈譌爲,不足錄入。"①書賈僞裝手段,與此本如出一轍,然編纂前編書目諸臣明察秋毫,將彼書判爲明本,而後編書目竟不識其僞,判入宋版,更可再證彭元瑞等《後編》撰者無暇細考之疏失。

日本大倉文庫集古館所藏五十八冊,《大倉文化財團漢籍善本目錄》著錄,提要云:

一三〇卷。漢司馬遷撰。唐司馬貞索隱。張守節正義。明嘉靖六年王延喆恩褒四世之堂刊。南宋慶元中建安黃善夫三注合刻本之覆刻本。刊記均被撤除。有五福五代堂寶、②八徵耄念之寶、太上皇帝之寶、乾隆御覽之寶、天祿琳琅、天祿繼鑑、楚府圖書、倪元鎮、水邨陸氏、翰林學士文節、葉氏、朱氏、顧氏、邵享貞印記。這些印章在《天祿琳琅書目》中也有記錄,倪、邵等印是後人加上的。在書函上刻有抱殘守缺齋,五八冊。③

2013年末北京大學圖書館以總價18億日元回購"大倉藏書"931種、

---

① 《天祿琳琅書目》,卷十,明版集部,《六家文選》,第358頁。
② 劉按,此處"五福五代堂寶"之"代"字,《大倉文化財團漢籍善本目錄》誤爲"化"字。嚴紹璗《日藏漢籍善本書錄》照錄大倉書目,亦誤,此外大倉目所錄印章爲省文,並非印文全文,嚴目均加引號,誤矣。第328頁。
③ 《大倉文化財團漢籍善本目錄》,史部,第3—4頁。

28134冊,此書亦在其中。① 這次回購,不僅是百餘年來我國首次大批量回購流散海外典籍,對星散世界各地的清宫天禄書來講,亦是首次回歸中土,值得隆重紀念。細觀此書,第一册諸序及目録、《史記正義論例謚法解》全,有前後副葉三璽,無首末頁"乾隆御覽之寶"及"天禄繼鑑"、"天禄琳琅"三璽。《史記正義序》下有"邵亨貞"朱文方印,無其它藏印。第二册自《三皇本紀》開始,有首末葉三印及提要所記諸印,"楚府圖書"居"乾隆御覽之寶"位置。中國國家圖書館藏《史記》殘帙一册,爲諸序及目録、《史記正義論例謚法解》部分,書號18589,書上有天禄琳琅諸璽及"楚府圖書"等印,正應是此一部之首册,與大倉書後五十七册恰爲一部散出,合之即爲完璧。而這部大倉書之首册,從其藏印特徵,恰應是《天目後編》卷四第五部"宋版"《史記》之首册,只是不詳爲何首尾分離,流落東瀛,幸得最終回歸。

456 史記一百三十卷(又四部)

明嘉靖四至六年王延喆(1525—1527)刻本。原爲六函五十二册,其中卷首序及目録、《史記正義論例謚法解》,計一册,原藏日本大倉集古館,2013年末爲北京大學圖書館購藏(書號DC0012)。此外,中國國家圖書館存其部分卷帙,總計存三十五卷,十九册:卷一至三、五至六、十三、二十三至二十七、五十八至七十,計二十四卷,十二册,新編書號1285;卷七至八,計二卷,二册,書號18593;卷三十九、四十四至四十五、一百三至一百五,計六卷,三册,書號9750;卷二十八、五十至五十一,計三卷,二册,新編書號1161。

每半葉十行,行十八字,小字雙行二十三字,白口,左右雙邊,單魚尾,版心中刊"史記"篇目及卷次、葉次,下有刻工仁、何恩(恩)、章、先、唐、余、王、渭、宅、信、鳳、二、昂等。每卷後有史,註各多少字。書頁多有破損。書衣有黄絹書籤,大字書"史記",小字書卷次及篇目。

由所鈐"瑞陽家藏"朱文方印,可知爲《天目後編》卷四所著録之第五部宋版。《天目後編》提要云:"同上。按:以上三部俱一版摹印,其'萬卷樓'記,後二部脱佚。"與前一部同爲王延喆覆宋刻本,目録後、《史記集解序》末及卷末《史記索隱後序》後之刊記皆被撕去,補紙未經染色,頗爲明

---

① 北京大學圖書館編:《北京大學圖書館藏"大倉文庫"書志》,中華書局2014年版,第一册,第202—203頁。

顯，確以明本僞充宋本。編者未辨前一部"萬卷樓"刊記實係僞製，故有此說。

每冊俱鈐天祿繼鑑諸璽，前後副葉所鈐爲"中三璽"。另有"瑞陽家藏"一印。北大所藏第一冊諸序及目錄、《史記正義論例諡法解》全，有前後副葉三璽，無首末頁"乾隆御覽之寶"及"天祿繼鑑"、"天祿琳琅"三璽。《史記正義序》下有"邵亨貞"朱文方印一，爲《天目後編》失載，邵亨貞爲元末明初人，鈐印在嘉靖刻本上，此印亦屬僞製。此本爲錢謙益舊藏，然《天目後編》所記"錢印謙益"、"牧齋藏書"二印未見。卷十三有"會稽內史孫"、"琅邪世家"、"晉陵唐氏珍藏經史圖書"三印，《天目後編》失載。

卷一至三、五至六、十三、二十三至二十七、五十八至七十，二十四卷，十二冊，國家圖書館2013年編目。國圖書號9750之三冊殘本，書前裝有佚名抄錄《欽定天祿琳琅書目後編》卷四提要一頁。卷二十八、五十至五十一，二冊，係1959年北京故宫撥交北京圖書館者。據撥交檔案記載，除此三卷外，尚有《河渠志》及《西南夷志》零葉各一。2013年國家圖書館新編目之書。

456(2)史記索隱一百三十卷

明正德九年(1514)建陽劉氏慎獨齋刻本。卷一至三十、三十四至一百三十，計一百二十七卷，六函三十九冊，現藏臺北"故宫博物院"(書號故善010870－010908)；卷三十一至三十三，凡三卷，一冊，現藏中國國家圖書館(新編書號1163)。合兩岸所藏，即爲完璧。

匡高18.1釐米，廣11.9釐米，每半葉十行，行二十字，小字雙行同，四周雙邊，雙順魚尾，線黑口。書口上刊"史記卷之幾"，中刊篇目，下刊葉次。卷前有《史記序》、《史記集解序》、《小司馬氏補史記序》、《史記索隱序》、司馬貞《史記索隱序》、《史記正義論例諡法解》。首卷卷端題"史記卷之一"，隔行下署"漢太史令龍門司馬遷著　唐大學士河內司馬貞注"。竹紙，有染舊痕蹟。竹紙書衣，紙質書籤，題"索隱史記"及冊次，書衣、書籤多處鈐有"金粟山藏經紙"朱文橢圓小印，印色鮮妍，應是仿品。

劉氏慎獨齋爲明中期建陽名肆，所刻書密行小字，別具風格，在弘治、正德時期刻書甚多，明正德十一年至十四年刻《文獻通考》，又刻《山堂考索》、《十七史詳節》、《通鑑綱目》等書。卷末多有刻書牌記，自稱"書戶劉洪"(見於正德十一年至十四年刻十六年重修本《文獻通考》後)、"慎獨齋"等。《中國古籍版刻辭典》著錄，劉洪字宏毅，亦作弘毅，號木石山人，正德十六年刻印《史記集解索隱》。

《天目後編》云："末卷載'嘉祐二年,建邑王氏世翰堂鏤版'。前有刻書序,不著名氏,云'平陽道參幕段君子成求到善本募工刊行',蓋重刊者也。"此本多有剜改,再以另紙補過,墨筆描欄。如書前刻書序被撕去最末半葉,其上原有作序者署名曰"時皇元中統二年歲在辛酉季春望日校理董浦題",序作於蒙元,則此本並非宋版;《史記集解序》卷端題名被裁去裝駒後一行,又撕去序後部分;《史記索隱序》撕去最後半葉;《史記正義論例諡法解》下題名司馬遷後一行有挖補;目錄後最末一行亦有挖補。卷末"史記卷之一百三十終"下撕去半葉。① 此外,卷末有"嘉祐二年建邑王氏世翰堂鏤板"一行(圖4—4),雖字體秀逸,刊工精緻,然而墨蹟字體與全書不類,顯爲後人所加,以充宋刻,實非北宋原刻也。②

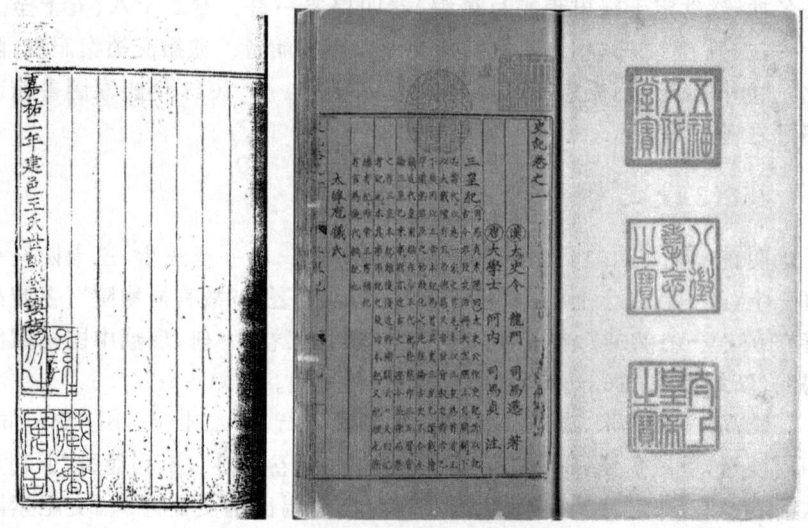

圖4—4 《史記索隱》卷尾僞造刊記

---

① 《第二批國家珍貴古籍名錄圖錄》上03475號爲山東省圖書館藏明正德劉弘毅慎獨齋刻本,2016年6月筆者請山東省圖書館古籍部唐桂艷女史代爲驗看,以上葉次並無挖改痕蹟,書上亦無刊記,或山圖本亦後印挖板之本,有待來日再看他本。

② 劉按,《天祿琳琅書目》這一記載常被後世版本學、印刷史著作採納,以爲北宋私家書坊刻書的重要實例,如葉德輝《書林清話》,張秀民《中國印刷史》,瞿冕良《中國古籍版刻辭典》,謝水順、李珽《福建古代刻書》等,足見其惑人不淺。對此張麗娟《關於北宋'建邑王氏世翰堂'》一文多有考辨,載《中國典籍與文化》2005年第1期,第10—13頁。

臺北故宫原著錄爲"明正德九年(1514)建陽劉氏愼獨齋刻本","九年"之說不知何據。杜信孚《明代版刻綜錄》載目錄後有"正德十六年劉洪"牌記。此本總目錄後有一橢形裁去痕蹟，不知是否即原牌記？《中國古籍善本書目》著爲"劉弘毅愼獨齋刻本"，擬調整爲明正德十六年劉洪愼獨齋刊本。

書上私家藏印俱如《天目後編》卷五所記，然其中"文璧"、"世守珍藏"、"玉磬山房"、"文徵明"等印所鈐在作僞處，印色黯淡，印文拙劣，俱爲書估僞製。每冊俱鈐天祿繼鑑諸璽，前後副葉所鈐爲"中三璽"。

《故宫善本書目》記其爲"明建陽劉氏愼獨齋刻本，末有僞造'嘉祐二年建邑王氏世翰堂鏤版'識語。有'文璧'、'徵明'諸印。闕卷三十一至三十三，凡三卷，存三十九冊"。《"國立故宫博物院"善本舊籍總目》，上冊，第179頁，著錄爲"明正德九年建陽劉氏愼獨齋刊本"。國圖所藏卷三十一至三十三，一冊，係北京故宫自民間購回，1959年撥交北京圖書館者，國家圖書館2013年編目。

457 漢書一百卷

元大德九年(1305)太平路儒學刻本。存卷一上、十五至十七、十九下至二十、二十一下至二十五、四十一至四十八、五十一至五十六、五十八至六十、六十四至六十五、七十至七十七、八十一至八十四、九十六下至一百，計四十七卷，三十冊，現藏中國國家圖書館（書號爲18636）；①卷二十七，一冊，北京保利2011年春拍，②現藏私人手中；卷四十，一冊，現藏上海圖書公司；卷六十六至六十九，計四卷，二冊，現藏上海圖書館（書號線善774785－86）。

匡高22.8釐米，廣16.7釐米。每半葉十行，行二十二字，小字雙行同，細黑口，四周雙邊。版心上端刻字數。開本闊大，版式字體有宋代遺風，麻紙精刊。有明成化、正德年遞修。尚存清宫原裝明黃箋紙書衣，古色書籤，墨筆題籤"宋版漢書"。

趙萬里先生云："大德間江東建康道肅政廉訪司據太平路學官倡議，遍牒九路，校刻史書。《漢書》刻於太平路儒學，爲九路本十史之一。明初版送南京國子監。《南雍志·經籍考》中有'《漢書》集慶路儒學梓'一目，

---

① 因殘破無法閱讀，未見原書，存三十冊，卷數據袁克文之說，另見《北京圖書館古籍善本書目》史部，第220頁。

② 拍品第1747號。

蓋即此本。元時九路本十史刻成後，其版俱送集慶路儒學存儲，集慶路治所即今之南京，故《南雍志》誤認爲集慶路儒學梓。"①《天目後編》隻字未提本書版本，而將其歸於宋版。

此本曾經明晉藩收藏，鈐"晉府書畫之印"、"子子孫孫永保用"、"敬德堂圖書印"諸印。"晉府書畫之印"爲明代朱㭎鑑藏印。朱㭎(1358—1398)，明太祖朱元璋與皇后馬秀英所生嫡三子，明成祖朱棣之兄。洪武三年(1370)四月封晉王。善收藏，所得之品皆爲後世藏家所重。常用印有"晉府書畫之印"、"晉府圖書"等。一說是晉王朱鐘鉉印。每冊俱鈐天祿繼鑑諸璽，前後副葉所鈐爲"大三璽"。上海圖書館所藏兩冊又有"華陽國士珍秘之印"、"鐕閱江大經□潔百氏"二印，爲流出清宮後藏家所鈐。"華陽國士珍秘之印"爲高世異藏印，世異字尚同，號念陶，清末民初四川華陽縣(今成都)人，藏書室名蒼茫齋。②

袁克文曾藏此本殘帙，"(洪憲元年，1916)三月二十九日，繼崑侯以端忠敏公藏書見貺，因擇留……又元大德本《漢書》殘本四冊，有'晉府'、'天祿琳琅'諸藏印。"③見於拍賣的卷二十七，一冊，鈐印尚有"傅增湘"、"雙鑑樓珍藏印"、"雙鑑樓藏藏書記"、"沅叔"等，曾經傅增湘舊藏。

國圖所存三十冊，著錄於《北京圖書館古籍善本書目》史部第 220 頁。上海圖書館所藏卷六十六至六十九，計四卷，二冊，其上有遞修痕蹟，遲至明代弘治年間，而國圖本並未言及有明修，因書頁殘破，未見原書，姑且存疑。

458 晉書一百三十卷

明萬曆六年(1578)周若年、丁孟嘉刻本。原爲六函六十冊，中國國家圖書館藏四十五冊，其中卷一百十至一百十二，計三卷，四十四冊，④書號 9757；另卷九十一至九十二，一冊，現藏中國國家圖書館（新編書號

---

① 《中國版刻圖錄》，目錄第 58 頁。
② 參見馬珂著：《蒼茫齋高世異藏書知見兩種》，《上海高校圖書情報工作研究》2007 年第 2 期，第 61 頁。
③ 《寒雲日記——收古籍善本摘抄 1915—1918 年》，見《王子霖古籍版本學文集》，第 2 冊，《古籍善本經眼錄》附錄，第 163 頁。
④ 此書無縮微膠捲，原件脫線，未便取閱，2009 年筆者只看到其中二冊，爲原書之第 1、2 冊，餘皆卷次不詳。按 2013 年國圖整理天祿琳琅存藏情況，合併新編書號 1166 與已編書 9757，稱"存五卷：九十一至九十二，一百十至一百十二，四十五冊"。冊數、卷數相差懸殊，必定有誤。

1166);另列傳二十一至二十三、三十五至三十七,凡六卷,二冊一函,現藏臺北"故宮博物院"(書號故善 012256－012257)。

匡高 22.6 釐米,廣 17.4 釐米,每半葉九行,行十六字,左右雙邊,白口,雙順魚尾。版心中刊卷次及葉次。小題在上,大題在下。白棉紙,字大醒目。宋諱"殷"、"敬"、"貞"諸字皆闕墨筆,避至"敦"、"惇"。淺藍色灑金箋紙質書衣,古色紙質書籤,題"宋板晉書"及冊數。

《天目後編》提要僅云:"宋諱自'敬'字至'惇'字,皆闕筆。"臺北"故宮博物院"吳哲夫先生以爲"字體不類宋刻,謹從張允亮《故宮善本書目》,訂爲明復宋大字本"。①《中國古籍善本書目》著錄爲"明萬曆六年周若年、丁孟嘉刻本",美國哈佛大學哈佛燕京圖書館藏有同版,卷末有佚名後序:"余友周若年氏依宋秘閣本重刻,乞大理卿王元美爲序,書成而若年死。丁進士孟嘉購得之,以爲大理所爲序論史法備矣,而未及晉代興廢之詳,復以後序爲請。……萬曆戊寅秋八月(以下破損)。"再據王世貞序,亦述及周若年、丁孟嘉接續刻成此書之經過。《美國哈佛大學哈佛燕京圖書館中文善本書志》言此本乃據宋嘉泰四年至開禧元年秋浦郡齋刻本重刊。

鈐"儀周珍藏"(朱文方印)、"枯木道人"(白文方印)二印。入宮前爲安岐所藏,安岐(1683—1742),字儀周,號麓村、松泉老人,朝鮮族人。先世爲鹽商,家資巨富,凡槜李項氏、河南卞氏、真定梁氏所蓄古蹟,均傾貲收藏。圖書名繪,甲於三輔,著有《墨緣匯觀》四卷。每冊俱鈐天祿繼鑑諸璽,前後副葉所鈐爲"大三璽"。

《故宮善本書目》記其爲"明復宋大字本,存列傳二十一至二十三、三十五至三十七,凡六卷,二冊"。《"國立故宮博物院"善本舊籍總目》,上冊,第 185 頁,著錄爲"明萬曆周若年覆刊宋開禧間秋浦郡齋本"。書衣背面粘有浮籤,印有"購 78 中華民國廿一年九月卅日收到",蓋民國間自民間購回。國圖所藏一冊,係 1959 年故宮撥交北京圖書館者,檔案上原著錄爲三卷,書頁霉爛,2013 年編目。

458(2)前後漢紀各三十卷

明嘉靖二十七年(1548)吳郡黃姬水刻本。四函二十冊,現藏中國國家圖書館(新編書號 1164、1165)。

---

① 吳哲夫著:《天祿琳琅書目續編著錄之宋版書籍研究》,《"國立中央圖書館"館刊》新十一卷第一期,第 26 頁。

每半葉十一行,行二十字,白口,左右雙邊。《前漢紀》、《後漢紀》各有自序,書各三十卷。卷末有紹興十二年汝陰王銍後序。

王銍後序中稱"二書祥符中刊版錢塘,版廢幾百年,今始合二書,用諸家傳本校刻",兩書合刻,由此始也。荀悅書本名《漢紀》,因合刻故以"前"別之。《天目後編》以爲宋紹興十二年汝陰王銍合刊本,實爲明本。《天目後編》提要又云:"康熙年襄平蔣國祥、國祚有重刻本,後附《兩漢紀字句異同考》。"

兩書卷首鈐有"檇李"、"項叔子"二印,爲明人項元汴舊藏。每册俱鈐天祿繼鑑諸璽,前後副葉所鈐爲"中三璽"。

《賞溥傑書畫目》著錄,宣統十四年(1922)九月十二日賞溥傑。出宮後輾轉自長春僞宮至北京故宮,1959 年由北京故宮撥交北京圖書館,撥交檔案上記其蟲蛀嚴重,長期未編。國家圖書館 2013 年編目。

459 前後漢紀各三十卷(又一部)

明嘉靖二十七年(1548)吴郡黃姬水刻本。現藏臺北"故宮博物院",其中《前漢紀》,二函十六册,書號故善 005755—005770;《後漢紀》,二函十六册,書號故善 005771—005786。

《前漢紀》匡高 19.3 釐米,廣 14.6 釐米。每半葉十一行,行二十字。左右雙邊,白口,單線魚尾,版心中刊"前漢紀卷幾",下記葉次,下方偶記刻工姓名馮、楊、揚。卷前有荀悅《前漢紀序》,卷端題"前漢高祖皇帝紀第一 荀悅"。白棉紙,紫色地夾金線織錦四合函套,綠絹書衣,無書籤。

《後漢紀》匡高 19.2 釐米,廣 14.7 釐米。每半葉十一行,行二十字。左右雙邊,白口,單線魚尾,版心中刊"後漢紀卷幾",下記葉次,下刊刻工姓名,有金言(言)、楊、馮、后、錦、章松、周言等。卷前有袁宏《後漢紀序》,卷端題"後漢光武皇帝紀卷第一 袁宏"。白棉紙,紫色地夾金線織錦四合函套,湖藍絹書衣,無書籤。

《天目後編》以爲"同上,脱王銍後序",與前者同版,實皆爲明嘉靖二十七年黃姬水刻本,撤去了卷首之嘉靖戊申(廿七年)黃姬水《刻兩漢紀序》而已。黃姬水(1506—1574)字淳父,一字致甫,號聖長,又號工雅山人,吴縣人,黃省曾之子。富藏書,室名有"高素齋"、"柄霞館"、"赤城山房"等。《國朝徵獻錄》卷一五〇有馮時可撰《黃淳甫姬水傳》。

每册俱鈐天祿繼鑑諸璽,前後副葉所鈐爲"中三璽",無其他私家藏印。

《故宮善本書目》記其爲"明嘉靖二十七年吴郡黃姬水刻本"。《"國立故宮博物院"善本舊籍總目》,上册,第 205 頁,著錄爲"明嘉靖二十七年吴郡黃姬水刊本"。

459（2）稽古錄二十卷

明四明范氏天一閣刻本。二冊一夾板，現藏臺北"故宮博物院"（書號故善001419—001420）。

匡高20.4釐米，廣15.7釐米，每半葉九行，行十八字，小字雙行同，四周雙邊，白口，單線魚尾。版心上刊"稽古錄卷之幾"，中記葉次，下有寫工及刻工，有翟良才、鄧秦二、王賓四、胡十二、鄧克三刊、徐昇刊、范正祥（范正祥寫）、姜培刊、熊詩五刊、郭英刊、郭完刊、郭武刊、余堂刊、郭才刊、王文五、黃文六刊、周聰八刊、戴銳刊、郭良刊、鄒國相刊、周明四刊、黃文五刊、郭韜四刊、黃瑞寫、郭拱刊等。卷首有司馬光《進稽古錄表》、《朱文公與鄭知院書》及目錄。首卷卷端題"司馬溫公稽古錄卷之一"。杉木夾板，其上填綠雕字"稽古錄全函"，石青杭細書衣，黃綾書籤，書"稽古錄"。白棉紙，有蟲蛀、水漬。

書前司馬光《進表》，敘次明晰，附刻朱熹《與鄭知院》書，稱"在長沙時，曾為刊刻。今越中刻本未竟，欲奏行取索投進"，《天目後編》提要以為"是此書當時已再刻矣。又語錄一則。按陳振孫《書錄解題》，云越本聚諸論於一卷，潭本則分於各代之後。此刻次第同潭本，即所云長沙刻也"。是則此書被有意作偽，書前原有封面，中間大字題"稽古錄"，左下欄題"天一閣藏板"，此本故意脫去，企圖偽裝宋版（圖4—5）。經吳哲夫先生與臺北故宮所藏明范氏天一閣刊本核對，書中刻工、行款、字體皆與之全同，確非宋刊也。

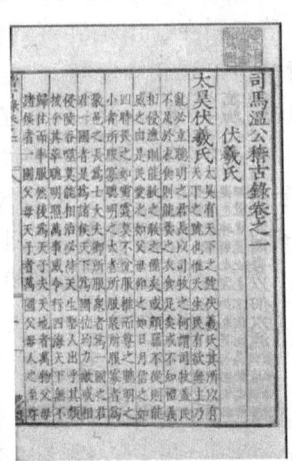

圖4—5　左為《天目後編》之"宋版"《稽古錄》，中、右為明范氏天一閣刻本首卷及封面

每冊俱鈐天祿繼鑑諸璽,前後副葉所鈐爲"中三璽",無其它私家藏印。書中有清室善後委員會點驗夾籤題其舊藏體順堂。

《故宮善本書目》記其爲"明四明范欽天一閣刻本"。《"國立故宮博物院"善本舊籍總目》,上冊,第 200 頁。

460 資治通鑑二百九十四卷

宋紹興二至三年(1132—1133)兩浙東路茶鹽司公使庫刻本。二十函,一百一十六冊,現藏中國國家圖書館(書號 12358)。

匡高 20.4 釐米,廣 14.8 釐米。每半葉十二行,行二十四字,白口,左右雙邊,單魚尾。書後有元豐七年十一月司馬光《進資治通鑑》、獎諭詔書、元豐八年九月十七日准尚書省奉聖旨重行校定元祐元年十月四日奉聖旨下杭州鏤版劄子、紹興初兩浙東路茶鹽司刊版監修及校勘者銜名。分正文一百冊及目錄十六冊。

卷後原有刊板題識"紹興二年七月初一日兩浙東路提舉茶鹽司公使庫下紹興府余姚縣刊板,紹興三年十二月二十日工畢,印造進入",佚去,據百衲本《資治通鑑》補記於此。以下有校勘官銜名。字體方整端重,宋諱缺筆至"構"字,"慎"字間有剜去末劃痕蹟,冀淑英先生據此判定當是孝宗朝稍後印本,爲傳世所見此書最早刻本。版心下記葉數及刻工名,有"吳珪"、"牛遹"、"黃暉"、"江政"、"方誠"等人,皆南宋初期杭州地區習見良工,多見於同時所刻他書。① 字體方整渾厚,版式字體,猶存北宋遺韻,傅增湘云:"緣公庫開版,例宜進御,故寫官削氏必選精良,校勘監修又皆時彥。且時屬南渡之初,舊工猶在。用是詳審齊整,迥然不同。"② 另序一葉及目錄第一、二葉以清初仿宋補刊本配補。

此本曾經文徵明、焦竑、顧從德、毛晉、季振宜、徐乾學等人遞藏,清初由徐乾學傳是樓入內府。鈐有"玉蘭堂"、"焦氏家藏"、"顧從德"、"乾學"、"徐健庵"、"季振宜字詵兮號滄葦"等印。《天目後編》云其爲"長洲文氏、上元焦氏、松江顧氏、檇李項氏、常熟毛氏、揚州季氏、崑山徐氏流傳藏本"。"玉蘭堂"、"辛夷館"、"江左"諸印,皆文徵明常用印。焦竑,字弱侯,萬曆己丑進士第一,授修撰,謫福寧同知。追諡文憲。《靜志居詩話》謂其

---

① 《冀淑英文集》,第 228 頁。

② 《藏園群書題記》,卷二,史部一編年類,《百衲宋本〈資治通鑑〉書後》,第 105 頁。

儲書之富，幾勝中簿，多手自鈔撮。顧從德，字汝修，松江人。從義弟。嘉靖時官鴻臚。

《賞溥傑書畫目》著錄，宣統十四年（1922）九月十八日賞溥傑而攜出宮外。據雷夢水《書林瑣記》載，民國初年此書被遜帝溥儀賜與某王爺，民國十二年（1923）該王爺託琉璃廠文德堂主人韓佐泉改裝金鑲玉，韓估以影印百衲本染黃作僞送歸，而將真本之目錄三十卷售傅增湘，正文二百九十四卷售北洋政府末任總理潘復（1883—1936）收藏。① 故書上鈐有"濟寧潘氏華鑑閣印"（白文長方）、"華鑑閣"、"蘭醴閣"（朱文方印）、"潘樂之印"（朱文方印）。潘氏以紹興刊本《白孔六帖》易得傅增湘目錄，遂爲完書。② 1936年潘復病故，藏書陸續散出，此書經書商劉續川轉售琉璃廠富晉書社王富晉，1946年底由故宮購回，1959年撥交北京圖書館。書經重裝，前後副葉多有佚失。

此本版本價值頗高，趙萬里主編《中國版刻圖錄》云："宋時建本、鄂本、蜀本都直接間接從此本出。此書元豐監本久佚，此爲碩果僅存之第一本。"③此爲存世全者唯一一部，另一部不全者，配以別本，即傅增湘所藏"雙鑑"之一百衲本《資治通鑑》，紹興浙東茶鹽司刊本約占全書三分之二，餘卷配其它宋刊六種，書中每卷鈐有"季振宜讀書"朱印，當是季氏集爲一書。④ 兩部今皆藏中國國家圖書館。

《中國版刻圖錄》圖版七五。《北京圖書館古籍善本書目》第263頁。《第一批國家珍貴古籍名錄圖錄》第00445號。⑤《中華再造善本》唐宋編第112部。

463 續資治通鑑長編一百零八卷

宋刻本。存卷一至七十四、七十七至一百零八，計一百零六卷，六函

---

① 潘復自稱有兩寶，一是以八千銀元自端方家購得《華山碑》明拓本，一是旗人英翰之子爲買官而饋贈之宋版《資治通鑑》，即此清宮天祿琳琅本，故潘復以"華鑑閣"名其書齋。

② 《藏園群書經眼錄》，卷三，第199、204頁；另雷夢水著：《書林瑣記》，《一部善本的復歸》，第105頁。

③ 《中國版刻圖錄》，目錄第20頁。

④ 《藏園群書經眼錄》卷三，第237頁。

⑤ 《第一批國家珍貴古籍名錄圖錄》，第2冊，第173頁。

四十九冊,現藏遼寧省圖書館(書號善00034)。闕七十五、七十六兩卷,一冊。

匡高18釐米,廣12.3釐米。每半葉十三行,行二十三字,小字雙行同,白口,間有細黑口,左右雙邊,雙順魚尾。版心上鐫字數,下鐫刻工"羅"、"余才"、"仁"、"何万"、"子信"、"范伯川"等。"慎"字闕末筆。前有乾道四年李燾"進續資治通鑑長編表",揭銜"左朝散郎尚書禮部員外郎兼國史院編修官"。竹紙,織錦函套,黃綾書衣,黃綾書籤。

書分一百零八卷,篇幅多者再分子卷,以子卷計則爲一百七十五卷。是書刻印精良,墨色清雅,爲宋版之精者。此書自元以來,世鮮傳本,此本爲傳世三部宋刻中最完整者。

此書原爲季振宜舊藏,有"季振宜字詵兮號滄葦"、"御史振宜之印"、"季振宜印"等鈐印,後經徐乾學進獻朝廷,爲其《憺園文集》"恭進經籍疏"所載十二種之一。《天目後編》提要云:"季振宜家藏本。謹按《欽定四庫全書總目》云:《續通鑑長編》,自元以來,世鮮傳本。康熙初,徐乾學始獲其本於泰興季氏,嘗具疏進副帙流傳,無不珍爲祕乘。蓋燾爲此書,意以續《資治通鑑》,以司馬光修《通鑑》時先成《長編》,燾謙不敢言《續通鑑》,故但謂之《續長編》。後來貴重其書上接涑水,且以罕見寶也。"每冊俱鈐天祿繼鑑諸璽,前後副葉所鈐爲"中三璽"。

《賞溥傑書畫目》著錄,宣統十四年(1922)八月二十日賞溥傑。《第一批國家珍貴古籍名錄圖錄》第00461號。① 《中華再造善本》唐宋編第122部。

464 通鑑紀事本末四十二卷

宋寶祐五年(1257)趙與𥲅湖州刻元明遞修本。原爲四十二卷,十六函一百冊,闕卷三下、十二下、二十四下,凡三卷三冊,存九十七冊十四函,現藏臺北"故宮博物院"(書號故善003807-003903);卷三下、十二下、二十四下,計三卷,三冊,現藏中國國家圖書館(書號18616)。合兩岸所藏,即成完璧。

匡高25.7釐米,廣19.9釐米,每半葉十一行,行十九字,左右雙邊,白口(明補刊有小黑口),單魚尾。版心上記大小字數,中刊卷數及葉次,

---

① 《第一批國家珍貴古籍名錄圖錄》,第2冊,第190頁。

下署刻工名。有原版刻工王興宗、鍾季升、陳必達、范仲實、方得時、王介、王亨、王燁、賈端、金永、吳炎、蔡成、史祖、周嵩、徐侃、徐珙、徐嵩、沈杞、沈宗、張榮、范仲、劉雲、劉霽、劉采、王春、張成、翁期（或作翁其）、顧祺、虞源、虞桐、何祖、徐伉、錢玗、黃佑。另有元補版刻工王大用、沈昌祖、余和甫、梁貢甫、林茂、王珪、均佐、徐松、沈祖、馬良、余甫、余和、葉椿年、劉拱。明補版刻工周春孫、陳添孫、董繼恩、彭崇得、楊東浙、羅嗣秀、梁仁甫、汪鐶、伍秀、史京、朱銘、仁端、中成、丁璧、劉瀾。以及刻年不詳之刻工何文政、濮仲、何豫、周松、徐楠、茹鎮、章泳、曹戩、中明、得春、熊杲、卜仲、陸位、劉隱、劉共等。① 明代補版葉多不署刻工姓名。宋諱玄、鉉、朗、敬、弘、泓、殷、匡、炅、恒、貞、偵、徵、豎、讓、桓、垣、完、瑗、構、搆、媾、慎、惇、敦字多闕末筆，避諱不甚謹嚴（又桓字作亙，或改註曰"欽宗廟諱"，構字亦有改註曰"太上御名"）。卷前有淳熙元年三月戊子廬陵楊萬里《通鑑紀事本末敘》，寶祐丁巳秋七月朔日古汴趙與𥲅序。總目下題"建安袁樞編"，首卷卷端題"通鑑紀事本末卷第一"。

臺北故宮缺原題封籤第七冊（卷三第四十四葉之後）、第二十五冊（卷十二下第六十葉之後）、第五十二冊（卷二十四下葉八十之後）。原題封籤第七十一冊（卷三十一）第九十七、九十八二葉殘缺，以墨格書葉填補；原題封籤第一百冊（卷四十二）第一百二十六後半葉鈔補。白麻紙，有些明代補版葉如卷五之第一百二、一百三，卷四十之第一百六等葉係以竹紙刷印。綠色地夾金線朵花錦四合函套，湖藍色絹製書衣，白紙書籤，書"通鑑紀事本末"及冊數。

此版爲宋寶祐五年趙與𥲅在湖州所刊，與𥲅以嚴陵舊刻本字小且多訛誤，於是重加校讎，易爲大字，相比"嚴州小字本"，世稱此爲"湖州大字刻本"。元延祐六年，與𥲅之孫趙明安置之嘉禾學宮，嘗爲其修版並鋟梓。明嘉靖間，其版尚存南監，《南雍志》載"版完四千四百面"，惟舊版殘損極夥，復爲修版整配，再付刷印。清宮此本實爲遞經元明兩朝修補之本，宋版字體端正，筆劃肥大，多有交叉，且多見斷版。較之宋版，元代補刻者略圓潤豐滿，明代則字體呆滯而略小，已略呈匠體。既有整葉補版，亦有局部修版，觀之瞭然。如趙氏自序之第1B2A葉等。

---

① 參見臺北"故宮博物院"善本古籍資料庫及林柏亭主編《大觀——宋版圖書特展》，（臺北）"國立故宮博物院"2006年版，第118—125頁。並覈以原書，改正部分誤字，如"翁其"又作"翁期"、"濮仲"誤作"濮仲質"等。

每冊俱鈐天祿繼鑑諸璽,前後副葉所鈐爲"大三璽",無其它私家藏印。首冊總目處有佚名墨書批註。

《故宮善本書目》記其爲"宋寶祐五年趙與𥲅湖州刻明印本。半葉十一行,行十九字。闕卷七、卷二十五、卷五十二,凡三卷三冊,存九十七冊"。所闕實爲第七冊、第二十五冊、第五十二冊。《"國立故宮博物院"善本舊籍總目》,上冊,第210頁著錄。國圖殘本《北京圖書館古籍善本書目》史部第305頁著錄。

465 通鑑紀事本末四十二卷(又一部)

宋寶祐五年(1257)趙與𥲅刻元明遞修本。八十四冊,現藏上海圖書館(書號線善835519—602)。

匡高26釐米,廣20釐米。每半葉十一行,行十九字,白口,左右雙邊,書口上記大小字數,下記有刻工"林茂"、"錢玗"、"鍾季升"、"張榮"、"蔡成"、"王大用"、"徐嵩"、"章泳"、"徐楠"、"范仲實"、"王春"等。卷前有寶祐丁巳秋七月朔日古汴趙與序、淳熙元年三月戊子廬陵楊萬里"通鑑紀事本末敘"。總目下題"建安袁樞編",首卷卷端題"通鑑紀事本末卷第一"。皮紙,完整,惟卷四一冊略有鼠嚙。

《天目後編》提要僅云"同上"。此本較之前一部,有明正德、嘉靖補版。

每冊俱鈐天祿繼鑑諸璽,前後副葉所鈐爲"大三璽",書經重裝,副葉多被裁去。無其他藏印。

《賞溥傑書畫目》著錄,宣統十四年(1922)八月二十四日賞溥傑。此書流出清宮後,曾爲袁克文、陳澄中收藏,序後鈐"寒雲秘笈珍藏之印"朱文長方印,另有"惟庚寅吾以降"、"克文"朱文方印、"佞宋"朱文方印等。首冊前副葉有袁寒雲跋,①云:"《通鑑紀事本末》四十二弓,宋本第二刻,印於元延祐間者,即《天祿續目》中之第二部也。此書印本傳世雖多,佞宋者原不斤斤於此耳。乙卯八月寒雲。"鈐"惟庚寅吾以降"朱文方印。

465(2)通鑑紀事本末四十二卷(又二部)

宋寶祐五年(1257)趙與𥲅刻元明遞修本。六函四十二冊,現藏中國

---

① 中國國家圖書館、上海圖書館、中國嘉德國際拍賣有限公司合編:《祁陽陳澄中舊藏善本古籍圖錄》,上海古籍出版社2006年版,第1冊,第8頁。

國家圖書館（新編書號1167）。

每半葉十一行，行十九字，白口，左右雙邊。版心上題字數，下鐫刻工姓名。卷前之篇目及楊萬里、趙與篔序俱同於前一部，多出元延祐六年陳良弼序。黃絹籤題"宋板通鑑紀事本末"。

陳良弼序略稱節齋刻版，後束之高閣者四十餘年，其孫明安過嘉禾學宮，出所藏書版見示。因白御史宋公一齋、僉憲鄧公，善之，以中統鈔七十五定償之，寘之學宮，因書得版顛末於節齋序後。《天目後編》提要云："蓋良弼時爲郡文學掾，據序乃宋版元印也。"

每冊俱鈐天祿繼鑑諸璽，前後副葉所鈐爲"大三璽"。書上之私家藏印"煮石山房"、"在處有神物護持"、"欽氏懋孚"、"顧鶴齡珍薈圖書記"等俱同《天目後編》所記，另有"夕陽□□"、"春夏讀書秋冬射獵"、"蓮葉□□"三印，《天目後編》失載。

出宮後輾轉自長春僞宮至北京故宮，1959年由北京故宮撥交北京圖書館。撥交檔案上記其書之前口後角有蟲蛀，原修補處均以墨筆抄補。國家圖書館2013年編目。

466 隆平集二十卷

明嘉靖董氏萬卷堂刻本。存卷一至三、十七至二十，凡七卷，四冊，現藏中國國家圖書館（新編書號1149）。

每半葉十行，行二十字，白口，左右雙邊，單魚尾。版心上題"隆平集卷幾"及葉次。卷前有紹興十二年趙伯衞《皇宋隆平集序》，序後有篆文"董氏萬卷堂本"牌記，序首頁版心刊下有"長洲吳曜書李潮等刻"，次頁又有"四百八十三"等版刻字數。首卷卷端題"隆平集卷第一"，隔行下刊"南豐曾鞏集"。全書各卷端皆無校刊者姓名。黃紙籤題"宋版隆平集，一冊"。

趙序略稱當時頒付史館，副存於家。曾大父淄王昔典宗正，曾授此書，不敢顓祕。此乃刻書時序也。《天目後編》記其爲宋紹興十二年趙波衞刊本。然而又稱"序後有篆文'董氏萬卷堂本'條記"，吳曜、李潮是明正德、嘉靖間蘇州著名寫工和刻工，在明代蘇州地區可考的寫工、刻工中，吳曜寫版最多，達十二種，李潮則刻有《大唐六典》、《唐文粹》、《真西山文章正宗》等。① 趙序中注文遇"太祖"、"英宗"、"皇朝"等字上皆有空格,"貞觀"作"正觀",底本或爲宋版,則此本實爲明嘉靖董氏萬卷堂覆宋刻本。

書上鈐"五忠劉氏收藏圖書"、"水村校藏清玩"二印。關於"五忠劉氏收藏圖書"一印,《天目後編》提要稱:"'五忠劉氏'者,宋建陽劉氏翱孫,諡忠簡,純諡忠烈,鞈諡忠顯,子羽諡忠定,珙諡忠肅,故稱五忠。鞈、子羽、珙,父子祖孫,又稱三世忠義。"《八閩通志》卷六十五《人物》中記載建陽劉純五代忠烈,首次有"五忠劉氏"之說,其後明代中後期文獻如《古今萬姓統譜》、《廣蒙求》、《續文獻通考》等皆沿此說。明代建陽書坊慎獨齋劉洪所刻書,如《十七史詳節》卷前序後刊有"五忠後裔"印。此印主應是明代福建劉姓人氏,爲宋代"五忠"後裔。在明代曾藏蘇州陸完家,陸完字全卿,號水邨,成化丁未進士,官吏部尚書。

1959年自北京故宮撥交北京圖書館,蟲蛀頗重,2013年編目。

467 古史六十卷

明洪武間福州翻刻宋衢州本。八册二函,現藏臺北"故宮博物院"(書號故善 004087—004094)。

匡高 20.9 釐米,廣 14.2 釐米,每半葉十四行,行二十四字,小字雙行同,左右雙邊或四周雙邊,白口或粗黑口,雙魚尾,版心中刊"古史本紀幾"或"古史世家幾"、"古史列傳幾"及頁次,下刊刻工,有熊汝敬、吳原礼、陳士達、肖寄、士通、張名遠、景中、黃孟龙、虞亮、虞子德、刘宣、刘貫、刘伏、刘本、范通、虞孟淳、章毫、陳魯、林安、付名仲、周同、劉侍者、彥正、吳中等。卷前有蘇轍自序,後有紹聖二年三月二十五日自志。首卷卷端題"三皇本紀第一 古史一",大題在下,小題在上。竹紙刷印。湖藍色絹質四合函套,黃絹書衣,無書籤。

書分六十篇,本紀七,世家十六,列傳三十七。每册版心葉次連貫,不分卷另起,因有重裝,起訖或在册中。全書紙色古雅,刊刻精良,墨色凝重,緊行密字,故《天目後編》稱其爲"小字本"。首册卷七末有"左迪功郎

---

① 此處參考一下統計:瞿冕良編著:《中國古籍版刻辭典》,齊魯書社 1999 年版,第 222 頁;曹之著:《中國古籍版本學》,武漢大學出版社 1992 年版,第 232 頁。另見熊偉華、張其凡著:《〈隆平集〉版本考略》,《圖書館論壇》2007 年第 5 期,第 17—25 頁。

衢州司戶參軍沈大廉同校勘"一行，①卷十六末有"右修職郎衢州錄事參軍蔡宙同校勘兼監鏤板"一行。又書中偶有闕筆宋諱字，如桓、玄等，而貞、敬、徵、敦、殷等皆不諱。《天目後編》、《儀顧堂續跋》等據刊記及宋諱闕筆推定爲宋衢州本。吳哲夫先生據是書刻工劉侍者、劉伯安、張名遠、詹現、劉伏諸人，均曾參與元刊《遼史》雕版，其餘刻工見於元刊各書更夥，訂是書爲元覆刻宋衢州本也。阿部隆一云本書刻工多爲元末明初間人，另據莫伯驥跋文引陸深《中和堂隨筆》載："洪武二十三年，福建布政使司進《南唐書》、《金史》、蘇轍《古史》。初，上命禮部遣使購天下遺書，令書坊刊行，至是三書先成進之。"《中國古籍善本書目》著錄同行款版式者爲明初刻本，遂定此爲明洪武翻宋刻本。

清初汪琬舊藏，有"聽秋齋"、"汪琬印"、"筆研精良人生一樂"、"苕文氏"諸白文印，及"玉遮"朱文橢圓、"汪琬"聯珠印。汪琬，字苕文，號鈍翁，長洲人。順治乙未進士，官刑部郎中，降北城兵馬司正指揮。康熙己未博學鴻詞科，授編修。著《堯峰文集》。每冊俱鈐天祿繼鑑諸璽，前後副葉所鈐爲"中三璽"。

《故宫善本書目》記其爲"元重刻宋衢州本。半葉十四行，行二十四字"。《"國立故宫博物院"善本舊籍總目》，上册，第 220 頁，著錄爲"元重刊宋衢州本"。

468 古史六十卷

宋衢州刻元明遞修本。一函十六册，現藏中國國家圖書館（新編書號 1173）。

匡高 20.2 釐米，廣 16.4 釐米。每半葉十一行，行二十二字，小字雙行同，白口，左右雙邊，雙魚尾。版心上題字數，中刊古史本紀幾及葉次，下鐫刻工姓名。黄絹籤題"古史"。

版本情況可參見臺北故宫所藏同版《古史》，爲後編目外之書。

《天目後編》記其版本僅"同前，大字本"五字。前口蟲蛀，其中抄補頁甚多，皆合《天目後編》卷四所記。國家圖書館另存同版宋刻《古史》，殘存卷十五至廿及廿三，另有同版元明遞修本三部，其一有清人楊守敬跋，其二有清曹元忠、毓隆、繆荃孫跋。

---

① 此處清光緒王先謙刻本《天祿琳琅書目》脱一"戶"字。

卷首有"薛君淑氏"印，卷十六另有"葉氏篆竹堂藏書"一印，爲明葉盛家藏本。每册俱鈐天祿繼鑑諸璽，前後副葉所鈐爲"大三璽"。

《賞溥傑書畫目》著錄，宣統十四年（1922）八月十五日賞溥傑。出宫後輾轉自長春僞宫至瀋陽故宫、北京故宫，1959年由北京故宫撥交北京圖書館。撥交檔案記其爲"宋衢州刻本"，前口蟲蛀。國家圖書館2013年新編目。

469 古史六十卷（又一部）

宋衢州刻元明遞修本。卷一至七、十至十六、十八至二十八、三十二至六十，計五十四卷，二十一册，現藏中國國家圖書館（新編書號1151）。

每半葉十一行，行二十二字，小字雙行字不一。左右雙邊，白口，雙魚尾。版心中刊古史本紀幾及葉次。版心上刊字數，中刊"古史本紀幾"或"古史列傳幾"及葉次，下有刻工顧進、蔣容、沈茂、石昌、毛瑞、金祖、王汝霖、陳晃、王進、陳良、顧澄、劉昭、孫日新、方中、楊潤、沈忠、昊張昇、王定、詹世榮、徐琪、袁官等。前有蘇轍《古史敘》、目錄。玄字時避時不避，貞、桓、恒、徵闕末筆。白麻紙。

此爲《天祿琳琅書目後編》卷四著錄之第二部《古史》，二函二十四册，"大字本，麻紙，後志佚"。

吴哲夫先生云臺北故宫所藏一部同版二十四册之《古史》："按此書中避宋諱字止於孝宗，且刻工王政、王恭、丁松年、丁之才、毛祖、毛瑞、余政、宋琚等人見於浙刻諸書之中者，不勝繁舉，故此本應爲南宋浙刻本也。"①故宫所藏每册首葉有"乾隆御覽之寶"橢圓朱文印及"天祿繼鑑"白文方印，末頁有"乾隆御覽之寶"橢圓朱文印及"天祿琳琅"朱文小方印，但前後副葉俱無三璽，亦無《天目後編》所記汲古閣、朱彝尊之藏印，張允亮氏、吴哲夫氏皆以爲乃《天目後編》卷四之第三部宋版《古史》，實爲後編目外之書，詳見本書附錄之"後編目外書"部分。

毛晉、朱彝尊舊藏，有"宋本"、"汲古主人"、"毛晉"、"毛褒"、"莆伯"、"竹垞藏本"、"秀水朱氏潛采堂圖書"等，此爲散佚本，有印記已不存，存者亦模糊不全。另有一印模糊未辨，《天目後編》未釋出，印在列傳十五，"退褌□□□記"。每册俱鈐天祿繼鑑諸璽，前後副葉所鈐爲"大三璽"。

---

① 吴哲夫著：《天祿琳琅書目續編著錄之宋版書籍研究》，《國立中央圖書館館刊》新十一卷第一期，第27頁。

此帙係溥儀兄弟攜至東北之書，出宮後輾轉自長春僞宮至瀋陽故宮，1959年由北京故宮撥交北京圖書館，1959年由故宮撥交北京圖書館。其中有九冊蟲蛀、霉爛不堪。2013年編目。

469(2) 戰國策十卷

元刻本。原書十卷，二函十二冊，今所存者：卷三第一至二十四頁、卷四第二十九頁至五十三頁，計兩冊，現藏上海圖書館（書號線善805756-57）；卷三第二十五葉至卷末、卷五，兩冊，2016年中貿聖佳秋拍；卷七，計一函一冊，現藏遼寧省圖書館（書號善00018）；卷八至十，計兩冊，現藏中國國家圖書館（書號12359）。

匡高17.7釐米，廣12.3釐米。每半葉十一行，行二十字，小字雙行同，細黑口，左右雙邊，雙順魚尾。宋諱"桓"、"恆"時闕末筆。卷前紹興丁卯鮑彪自序，又載曾鞏序、劉向序，又己巳鮑彪自志。卷末有注例六行，又庚午鮑彪再志。卷端題"戰國策楚卷第幾"，隔行下題"縉雲鮑彪校注"。黃綾書籤，題"國策"。黃麻紙。

南宋初年鮑彪爲《戰國策》作注，將三十三卷本重新編章爲十卷，並率意改字，形成《戰國策》十卷本系統。《天目後編》著錄爲宋刊小字本，《中國古籍善本書目》著錄此本爲元槧，存世僅此一部孤帙。《戰國策》十卷本尚有宋紹熙二年會稽郡齋刻本存世，半葉十一行二十字，白口，左右雙邊，有刻工。此本行款與宋版幾同，避宋諱不嚴，應是元代翻宋刻本。

書上鈐"明浙江都指揮萬表民望書籍"、"萬子孫氏世寶"、"鳳陽萬氏忠節世家記"、"荆筠山人"、"就李愛荆汪繼美珍藏"、"筠清居士"、"汪繼美印"、"善原"等藏印，俱合《天目後編》所記。另卷五卷端有"筠居子"朱文方印一方，爲《天目後編》實載。此本曾經明人萬表、汪繼美舊藏，後歸泰興季氏。萬表，字民望，號鹿園，鄞縣人。正德時武進士，官都督，同知僉書南京中軍都督府。著《玩鹿亭稿》。汪繼美，字世賢，號愛荆、荆筠，浙江嘉興人。家有凝霞閣，常於其間舉辦書畫雅集。家富收藏，與項元汴爲友。每冊俱鈐天祿繼鑑諸璽，前後副葉所鈐爲"中三璽"。

卷三後半冊及卷五兩冊上另有"于懷"白文、"蓮客讀本"朱文、"歸公"朱文、"康生"白文、"戊戌人"朱文、"鄧拓"白文、"鄧拓珍藏"朱文等印，爲流散出宮後加鈐。據鈐印位置觀之，出宮後先歸于懷，後歸康生，再歸鄧拓收藏。① "文革"期間,中央成立古書文物清理小組,吳希賢先生自中國書店調任至此,曾經眼這兩册書,②彼時尚無鄧拓藏印。八十年代退還民間,2016年8月再次現世(圖4-6)。

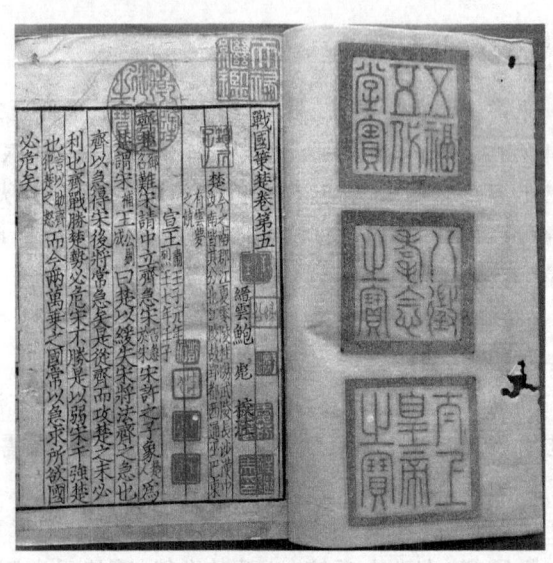

圖4-6

《賞溥傑書畫目》著録,宣統十四年(1922)八月初六日賞溥傑。國圖所藏爲出宫後輾轉自長春僞宫至瀋陽故宫,1959年由北京故宫撥交北京圖書館。《北京圖書館古籍善本書目》第318頁。《中國古籍善本總目》(綫裝書局本)第305頁第163條著録。遼圖所藏卷七,一册,爲《第二批國家珍貴古籍名録圖録》第02834號。③

470 鮑氏國策十卷

明嘉靖三十一年(1552)吳郡杜詩刻本。八册,現藏吉林省圖書館(書

---

① 劉按,此處鈐印位置可見爲先歸康生,後歸鄧拓,而鄧拓自殺於1966年5月18日,康生卒於1975年12月16日,如此順次令人費解,或是80年代退賠後再鈐所致。

② 吳希賢輯彙:《歷代珍稀版本經眼圖録》,第39—40頁。

③ 《第二批國家珍貴古籍名録圖録》,第2册,第319頁。劉按,《名録》只收遼圖殘存卷七一卷,未收同一部之上圖、國圖諸卷。

號 14/6368－1）。①

匡高 21.4 釐米，廣 14.5 釐米。每半葉十一行，行二十字，小字雙行同，白口，左右雙邊，單魚尾。卷前紹興丁卯鮑彪自序，鮑彪二志，及曾鞏序、劉向序。但注例僅兩行，餘皆脫佚。書末多李文叔書後一首及王覺題識。

《天目》稱此"前書小字本，此改爲大字本"。並據王覺題所稱治平初，得錢塘顏氏印本，脫誤失真。丁未歲，在京師，借館閣諸公家藏數本參校，十正其六七，會有求予本以開版者，因以授之。故此以爲"是此書宋原有兩刻也"。卷十末有一行墨記"吳郡杜詩梓字"，上有明顯挖補痕跡，實挖去其上"嘉靖壬子"四字，以致誤爲宋版。流出清宮後，爲藏家以墨筆補填（圖 4－7）。

每冊俱鈐天祿繼鑑諸璽，前後副葉所鈐爲"中三璽"。有"黃帝之裔"（白方）、"彬二子"（朱方）、"胥里張君私印"等印。

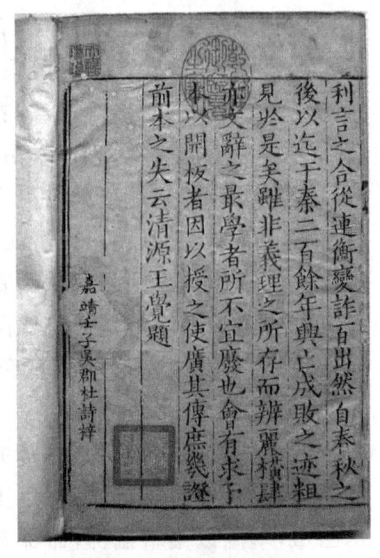

圖 4－7　書末原刊記上"嘉靖壬子"四字被挖補

《賞溥傑書畫目》著錄，宣統十四年（1922）八月十八日賞溥傑。劉按，此書在 1959 年北京故宮撥交北京圖書館書單上著明有"卷四、卷七之一殘葉"，經吉林省圖書館古籍部陳玉紅主任代爲翻檢，所藏爲 8 冊全書，並無配補，則故宮撥交書單上之《鮑氏國策》爲另一書，疑爲目外之書。因國圖所藏這一冊、一零葉至今尚未編目，②存疑俟考。

471 諸臣奏議一百五十卷

宋淳祐十年（1250）史季溫福州刻元明遞修本。闕卷六十一至六十

---

① 劉按，此書在 1959 年北京故宮撥交北京圖書館書單上著明有"卷四、卷七之一殘葉"，吉林省圖書館所藏爲 8 冊全書，頗疑 8 冊中有配補部分，目前未見原書，存疑俟考。

② 2013 年國家圖書館新編目清冊上未見此書。

五、凡五卷，及目錄第二冊，存五十七冊六函，現藏臺北"故宮博物院"（書號故善014199—014255）；①存卷六十一、六十二，計兩卷，一冊，現藏黑龍江省圖書館（書號C12980）。②

匡高23.5釐米，廣16.1釐米。每半葉十一行，行二十三字，小字雙行同，白口，左右雙邊，雙順魚尾。版心上記大小字數，中刊"幾卷"或"奏議幾"及葉次，下鐫刻工姓名。有章惇、田得、陳文、鄧峯、丁子正、熊明、君玉、李定、虞仲、陳元、張賜、陳采、文茂、陳元茂、吳才、陳用得、仲生、俞富、黃道、文茂、王昭、李寶等，宋諱玄、構、慎、敦、廓諸字偶闕末筆，避諱極不謹嚴。文中語涉宋室，悉留空格。③ 卷前有史季溫序、淳祐庚戌趙希瀞二序，淳熙十三年《乞進皇朝名臣奏議劄子》、《進皇朝名臣奏議序》二篇及目錄。首卷卷端題"國朝諸臣奏議卷第一"，標題下隔行署"龍圖閣直學士朝散大夫成都潼川府熙州利州路安撫制置使兼知成都軍府事兼管內勸農使充成都府路兵馬都鈐轄祥符縣開國伯食邑九百石戶臣趙汝愚"。黃麻紙，紫色地織金錦四合函套，湖藍色絹製書衣，古色紙書籤，書"宋版諸臣奏議"及冊數。

此爲淳祐年間福州路提舉史季溫捐貲重刊，史序有"《國朝名臣奏議》開端于閩郡，奏書于錦城，亦已上徹乙覽，淳熙至今踰六十年矣。蜀舊鋟木已燬，季溫以臬事攝郡，命郡文學朱君貔孫繼成之"，趙汝愚孫必願重刻於閩，而季溫捐金助成之說。是此書蜀刻有兩本，此本乃其再刊本。書板後存福州儒學，入元迭經修補，版心下記補刊年月有"大德四年六月補刊"、"至大元年刊補"、"元統二年刊"等。其中卷七十五葉一、二，元大德四年九月補刊；卷八十九葉八，元元統二年補刊；卷一百零四葉三、四，元大德四年九月補刊；卷一一九葉四，元元統二年補刊；卷一二二葉十四、十六，元元統二年補刊，下有刻工"以"、"右"；卷一二三葉十，元元統二年補刊，下有刻工"呂"；卷一三三葉九、十八，元元統二年補刊，下有刻工"呂"、

---

① 劉按，2012年2—4月臺灣訪書期間，聽聞2011年冬，曾有一大陸人通過電郵將部分宋淳祐本《國朝諸臣奏議》散葉書影發至臺北"故宮博物院"圖書文獻處，希望確認其版本價值，自稱這些散葉爲其家藏。經辨認，其上有清宮天祿諸璽，與故宮館藏本同屬一部書。惜此後即無下文，不詳具體卷數及殘葉頁數。

② 參見周誠望、蘭天陽著：《略談我館古籍的狀況——紀念開館三十周年》，《圖書館建設》1992年增刊，第68—69頁。

③ 《大觀——宋版圖書特展》，第74—81頁。

"祐";卷一四七末葉,元大德四年補刊。卷八十二及卷一四七尾題下有"大德四年九月日"及"福州路儒學教授劉直内命工刊補"等刊記,因此書版兼有小黑口之葉。入明後書板移南監,亦行補刻,並以明代公文紙刷印,卷一三六第十九葉紙背有"天順元年六月廿五日送到浙江嘉興府"墨書多行。此外,本書書頁上多有長方形紙鋪印記一枚,印文辨認不清。

每册俱鈐天祿繼鑑諸璽,前後副葉所鈐爲"中三璽",而每册首末鈐"乾隆御覽之寶"朱文大方印及"天祿琳琅"朱文小方印,與習見的橢圓"乾隆御覽之寶"和册之首頁"天祿繼鑑"、末頁"天祿琳琅"鈐法不同(圖4-8)。推測應是備選《天目前編》而未收,故每册首末鈐印一如《天目》凡例所云;嘉慶二年續選入《天目後編》,故在前後副葉上加鈐"五福五代堂寶"等三璽,一如其它天祿繼鑑之書。據藏印,似迭經元明藏書家趙孟頫、倪瓚、袁忠徹、陸水村、朱大韶、王寵、文徵明、解縉等人遞藏,實則每册卷端所鈐"文石朱氏家藏圖籍印"、"水村陸氏珍玩"、"東吳王氏收藏"、"解學士之印"、"尚寶寺卿袁忠徹家藏書画印"、"倪氏雲林家藏舊籍"、"相府珍藏墨寶"印色完全一致,印文拙劣,均爲書估僞製。首册首葉下另有"徐氏季重藏書"白文方印,《天目後編》誤記爲"徐氏學重藏書",此爲清初詩文家徐開任之印,開任,字季重,崑山人,明諸生,入清杜門著述,輯《名臣言行錄》。從子徐乾學、徐開文位皆通顯。"江左世家藏舊籍古画圖書"白文

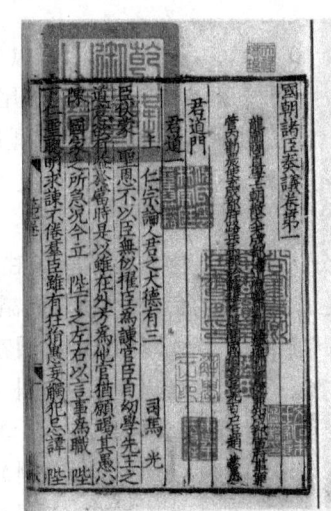

圖4-8

印。黑圖一册,爲原書之第二十六册,前副葉所鈐"大三璽"係以另紙挖補粘上,後副葉鈐"中三璽",爲原裝副葉。

原爲一百五十卷,六函六十册,《故宮善本書目》記其爲"宋淳祐十年(趙)汝愚孫必愿福州刻元補本。半葉十一行,行二十三字。闕卷六十一至六十五,凡五卷,及目錄第二册,存五十七册"。1929年出版之《故宮善

本書目初編》收録，稱"書中收藏印記多僞，不録"。① 1931年點查的《故宮善本書庫宋版書目》，記其收藏印多僞。《"國立故宮博物院"善本舊籍總目》，上册，第267頁，著録爲"宋淳祐十年福州路提舉史季溫刊元明遞修本"。黑龍江省圖書館所藏一册，《第二批國家珍貴古籍名録圖録》著録，第02840號。②

2012年春，曾有大陸藏家詢問臺北故宫，稱有兩頁此書殘葉欲出售，爲目録乙集之第一至二頁，内容爲卷三十六至三十八之目録，正是臺北故宫所闕目録第二册之首二葉。因索價過昂作罷。

474 十七史詳節二百七十三卷

元建陽書坊刻巾箱本。原書十二函一百册，其中《東漢詳節》存卷一之二十三，其它全，共計二百六十七卷，九十八册十二函，現藏臺北"故宫博物院"（書號故善003338—003435）；《諸儒校正東漢詳節》卷二十七至三十，一册，現藏中國文化遺產研究院；《東漢詳節》卷二十四至二十六，一册，現藏信吾是齋。

匡高16.1釐米，廣10釐米。每半葉十四行（《史記詳節》十三行），行二十四字，小字雙行同，四周雙邊，細黑口，雙順魚尾或對魚尾。版心中記"東幾"或"西幾"等卷次，下刊葉次。有眉欄及耳題。偶見"貞"、"桓"、"徵"等字避諱闕筆，並不謹嚴。各自成書，每部史書前別有目録，卷端題"諸儒校正東漢詳節卷之一"等。竹紙。

書二百七十三卷，分：《東萊先生增入正義音註史記詳節》二十卷，前有《三皇五帝譜系》、《夏譜系圖》、《商譜系圖》、《周譜系圖》、《秦譜系圖》五圖，《五帝國都地理圖》、《夏商國都地理圖》、《周國都地理圖》、《秦六國都地理圖》四圖；《參附羣書三劉互註西漢詳節》三十卷，前有《世系傳授之圖》、《國都地理之圖》二圖，《諸家注釋名氏》，《西漢綱領》，《唐庚敘録》；《諸儒校正東漢詳節》三十卷，前有《東漢傳世之圖》一圖；《東萊先生標註三國志詳節》二十卷，前有《三國疆理之圖》、《三國世系之圖》、《三國紀年之圖》三圖及裴松之《上三國志註表》；《東萊校正晉書詳節》三十卷，前有《兩晉世系》、《兩晉地理》二圖；《東萊先生校正南史詳節》二十五卷，前有

---

① 張允亮編：《故宫善本書影初編》，民國十八年（1929）北平故宫博物院影印本，第6頁。

② 《第二批國家珍貴古籍名録圖録》，第2册，第321頁。

《南北國都地理圖》，宋、齊、梁、陳《世系圖》各一；《東萊先生校正北史詳節》二十八卷，前有後魏、北齊、後周《世系圖》各一；《東萊先生校正隋書詳節》二十卷，前有《隋世系之圖》、《隋地理之圖》二圖；《諸儒校正唐書詳節》六十卷，前有曾公亮進表，《高祖開基圖》、《太宗混一圖》、《太宗分十道圖》、《唐世系傳授圖》、《唐地理圖》、《唐藩鎮圖》六圖；《東萊校正五代史詳節》十卷，前有陳師錫《五代史記序》及《五代分據地理之圖》。十七史各自成書，每代自爲目錄。

《天禄後目》云"蓋讀史節鈔，便記之書，建陽書坊以袖珍本陸續刊行，故每編標名不畫一"。雖是建陽書坊所刻，但緊行細字，初刻初印，書品尚好。《中國古籍善本書目》著錄爲元刻本，今依此說。

每冊俱鈐天禄繼鑑諸璽，前後副葉所鈐爲"中三璽"。《東漢詳節》有一白文方印，印文不清，似是"天公七□□余氏恒齋書籍印"，與《天目後編》所記略不同。《唐書詳節》前有"周氏子孫保之"朱文方印。臺北故宮所藏爲黄色地夾金綫織錦四合函套，天藍色絹質書衣，無書籤，金鑲玉裝。另有清室善後委員會點驗記載，記其原藏懋勤殿。文研所一冊黄絹書衣，黄綾書籤，題"十七史詳節"。係陳伯達舊藏，除清宫藏印外，另鈐"不求甚解之章"、"伯達之印"等，爲陳伯達舊藏。田濤先生信吾是齋所藏一冊，據其自稱是《史記詳節》，應爲《東漢詳節》一冊。

《賞溥傑書畫目》記此書宣統十四年(1922)九月十二日賞賜出宫，《收到書畫目録》宣統十四年(1922)十一月十九日下有此書，其上注明"交回"二字，因此萬幸尚存宫中。1931年點查的《故宫善本書庫宋版書目》，記其在懋勤殿。①《故宫善本書目》記其爲"宋建陽書坊刻本。《史記》半葉十三行，餘並十四行，行二十四字。闕三卷，存九十八冊"。《"國立故宫博物院"善本舊籍總目》，上冊，第391頁，著錄爲"宋建陽書坊刊本"。

475 諸儒校正兩漢詳節六十卷

宋刻本。原書十六冊，《西漢詳節》存卷一至二十三、二十六至三十，計二十八卷，重裝爲二函十九冊，現藏華東師範大學圖書館(書號Q22.1－6/4.741)；《西漢詳節》卷二十四至二十五，一冊，現藏中國文化遺産研究院；《東漢詳節》三十卷，一函六冊，現藏中國國家圖書館(新編書號

---

① 見中國國家圖書館分館所藏《故宫善本書庫宋版書目》、《故宫善本書庫元版書目》及《各庫提入天禄琳琅明版書目》三種，合訂爲一冊，書號149753。

1171)。

《西漢詳節》，匡高 16.1 釐米，寬 10.8 釐米。每半葉十四行，行二十四字，小字雙行同，細黑口，左右雙邊，雙魚尾。眉上鐫評。《東漢詳節》，每葉十四行，行二十四字，小字雙行同，細黑口，左右雙邊。尚存清宫舊裝，黄絹籤題"兩漢詳節"。

《天目後編》云："此書標題與前十七史全本不同，並無圖系，而前有參校古今諸家兩《漢書》本之目凡十四家。其正文内字句，亦有參差。刻版尺寸、行字迥殊，較全本鋟手紙墨皆工，原各成書，無妨兩美耳。"此本爲南宋建陽書坊所刊，筆畫精妙，字密如牆，紙墨精好。

每册俱鈐天禄繼鑑諸璽，前後副葉所鈐爲"中三璽"。另有"平陽藏書"、"敬翼堂印"印。華東師大所藏，卷末另有"銕雲所藏"（朱文方印）。卷前有民國九年(1920)羅振常題識。先録《天禄琳琅書目》後編提要，並云"右見《天禄琳琅書目》續編宋版史部，此本即所著録之原書也，其各卷藏印核之均同，又增内府收藏六璽，惟前各家《漢書》目録實十五家，非十四家，'平陽藏書'印乃朱文並白文，此編目者偶誤耳。庚子之亂自内府流出，爲潤州劉氏抱殘守缺齋所得，但祇《西漢》，所謂《東漢詳節》不知又歸何處？東單刻，所參校本大本爲今所不見，刻印之精，在傳世宋本書中當推第一，罕有其比，誠至寶也。時庚申孟冬月上虞羅振常謹觀並誌於海上之蟬隱盧。"鈐"頑夫"白文方印。另有每册前後有"國立暨南大學圖珍藏"朱文方印。國圖所藏《東漢詳節》六册，係 1959 年由故宫撥交者，後三册有濕霉，2013 年新編目。

《中華再造善本》唐宋編第 146 部，以華東師範大學圖書館所藏《西漢詳節》爲底本影印。

475(2) 東萊先生晉書詳節三十卷

明正德十一年(1516)建安慎獨齋刻本。十二册，現藏吉林省博物院（書號 02534）。

匡高 18.6 釐米，廣 11.8 釐米。每半葉十三行，行二十六字，小字雙行同，上白口，下細黑口，四周雙邊，雙魚尾。版心上刊"晉書詳節卷之第幾"，中刊篇次，下刊葉次。前有《兩晉世系之圖》、《兩晉地理之圖》。首卷卷端題"東萊先生晉書詳節卷之一"。竹紙。緑色絹製書衣，黄綾書籤，題"晉書詳節"。

細行密字，建版風格。《天目》提要云："尺寸較寬大，每行多二字，卷一有'建安慎獨齋刊'一行,乃建陽書坊以前本翻刻者。"此本實爲明正德十一年(1516)慎獨齋刻本,慎獨齋是明中期建陽劉弘毅之書坊,在弘治、正德時期刻過很多書,所刻書版式緊密,頗有古風,此本實是明刊,非宋刻。慎獨齋本《十七史詳節》二百七十四卷,卷前應有正德戊寅長汀李堅所書"重刊《十七史詳節》序",此本佚去;第一種《史記詳節》卷首校刊人名中最末一行是"皇明正德丙子冬十月京兆劉弘毅刊行",每一書卷一卷端下題"建陽□慎獨齋□□□□□刊",皆被挖掉了其中"劉"等字(圖4-9)。

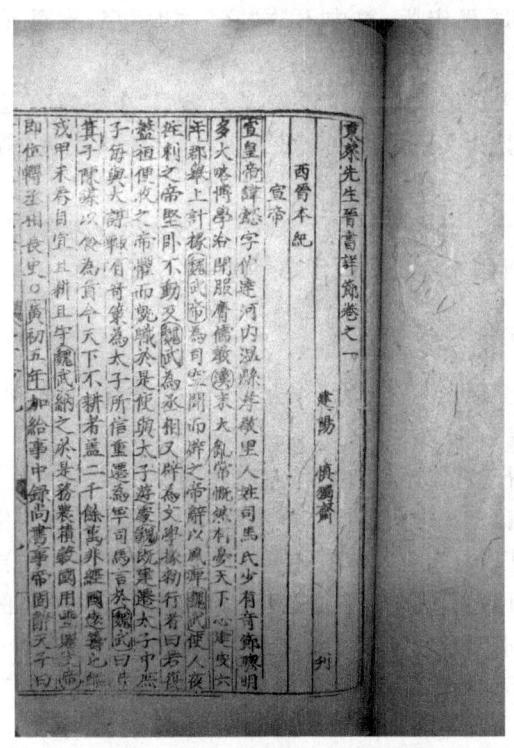

圖4-9　卷端下被挖板,僅餘"建陽慎獨齋刊"六字

卷首鈐"古吳蔣氏收藏"、"思彥"、"異珩"等三印。每冊俱鈐天祿繼鑑諸璽,前後副葉所鈐爲"中三璽"。

《賞溥傑書畫目》著錄,宣統十四年(1922)八月十五日賞溥傑。

476 校正北史詳節二十八卷

元刻《十七史詳節》本。卷一至四、七至十二、十五至二十八,計二十四卷，十二冊，現藏中國國家圖書館（新編書號1172）；卷十三、十四，計兩卷，一冊，現藏黑龍江省圖書館（書號C12981）。

匡高15.8釐米，廣10.9釐米。每半葉十四行，行二十四字，細黑口，左右雙邊，雙魚尾。有耳題。眉上鐫注。版心下有刻工名字，然漫漶無法分辨。卷端題"東萊先生校正北史詳節"。竹紙，紙色蕉黃。黃綾書籤題"宋板校正北史詳節"，首兩冊及第八冊已失去原書籤，第4至6冊、9至14冊尚存原書籤。

《天目後編》云："此本與十七史全本一版摹印。"建陽坊刻風格，且爲後印之本。雖題爲宋版，書中不諱"玄"、"殷"字，實爲元刻《十七史詳節》本。

每冊俱鈐天祿繼鑑諸璽，前後副葉所鈐爲"中三璽"。並有"謙牧堂藏書記"、"秋紅閣"、"文武世家"、"玉兔仙翁"、"黃山主人"等印記，爲揆敘舊藏。

國圖所藏十二冊係1959年自故宮撥交，2013年編目。黑圖所藏一冊，①爲《第二批國家珍貴古籍名錄圖錄》第02857號。②

476(2) 古今紀要十九卷

明初刻本。存卷一至十六、十九，計十七卷，十一冊，現藏中國國家圖書館（新編書號1170）。

每半葉十行，行二十字，白口，左右雙邊。

《天目後編》云："宋黃震撰。震字東發，慈谿人。寶祐中進士，官史館檢閱，出判廣德軍，《宋史》有傳。書十九卷，起自三皇，訖於宋哲宗，摘紀事蹟人物，間附論斷，略仿《稽古錄》、《大事紀》、《會要》之例。雖首標《黃氏日鈔》，而今本《日鈔》全部九十七卷，不入此書。"

每冊俱鈐天祿繼鑑諸璽，前後副葉所鈐爲"中三璽"，無其他私家藏印。

此係1959年自北京故宮撥交北京圖書館者，撥交檔案記其爲"元至元黃氏刻本"。書頁蟲蛀霉爛，尤以卷十一一冊最爲嚴重，2013年編目，審爲"明初刻本"。

---

① 另見周誠望、蘭天陽著：《略談我館古籍的狀況——紀念開館三十周年》，《圖書館建設》1992年增刊，第68—69頁。

② 《第二批國家珍貴古籍名錄圖錄》，第3冊，第8頁。

476(3)通鑑總類二十卷

元至正二十三年(1363)吳郡庠刻本。原書四十冊,存卷一之三,一函五冊,現藏中國國家圖書館(新編書號1169);卷十一上,一函一冊,現藏中國文化遺產研究院;卷十三至二十,計八卷,十六冊,現藏北京故宮博物院(書號書1638)。

匡高25.1釐米,廣17.9釐米,每半葉十一行,行二十三字,細黑口,左右雙邊,單魚尾。版心上鐫字數及"通鑑總類"書名卷次,下鐫刻工姓氏,計有:夫、祥、東、景仁、海、王、趙、元、付、吉、圭、原、可、戶昱、肖、蘆、藩、好古、遂良、朱等。首卷卷端題"通鑑總類卷第一"。卷前有樓鑰嘉定元年序。黃絹籤題"通鑑總類"。

《天目後編》卷四原題爲宋樓氏(季子)守潮陽時刻本,此書首刻於宋嘉定元年(1208),元至正時浙江行省命郡庠重刻之,即此本。元人周伯琦原序稱:"今江浙行中書省左丞海陵蔣公德明分省於吳,偶購得之,遍閱深玩,嘉其編次有益於治,……遂命郡庠重刻之,以行於世。……至正廿三年歲在癸卯秋七月即望前太史知制誥鄱陽周伯琦序。"申明初刻與重刻的經過,此本周序被撤,僞稱宋本。所幸元版上有刻工名,文獻記載此書有蘇州郡庠刻本,刻工中有"平江張俊"可爲佐證。① 明代尚有嘉靖年孫榮刻本及萬曆二十三年(1595)翻刻本。

每冊俱鈐天祿繼鑑諸璽,前後副葉所鈐爲"大三璽"。原爲揆敘舊藏,有"謙牧堂藏書記"、"謙牧堂書畫記"二印。

《賞溥傑書畫目》著錄,宣統十四年(1922)九月一日賞溥傑。國圖所藏六冊自民間購得,由北京市文物局,再經1959年故宮轉交北京圖書館,撥交檔案記爲"元至正二十三年平江路儒學重刻本"。2013年編目。文研所一冊殘帙,僅存卷十一之一至內庫門第33頁。尚存清宮舊裝,書籤上題"通鑑總類　二十一冊",爲原書之第二十一冊。此冊係陳伯達舊藏,除天祿琳琅諸璽外,另有"伯達"朱文方印等,書套上有陳伯達墨筆題寫書籤。

477 通鑑總類二十卷(又一部)

元至正二十三年(1363)吳郡庠刻本。原書四十冊,卷二至十四,計三

---

① 林夕著:《元刻本的鑑賞和收藏》,《藏書家》第13輯,第189頁。

函十八册，2003年嘉德秋拍，①現藏私人手中；卷七下，一册，濟南藏書家張景栻收藏；卷八上，存"將帥門"一至二十三頁，一册，2010年保利春拍，②現藏詒宋齋；卷十一至十六，計六卷，三函九册，現藏中國國家圖書館（新編書號1168、1181）。

匡高25釐米，廣17.5釐米。每半葉十一行，行二十三字，細黑口，左右雙邊。版心上方刻刊板字數，中刻篇目名及頁數，下記刻工姓氏，有付、東、章、何、元、傅、王、廿、馬、周、古、祥等字樣。③ 首卷卷端題"通鑑總類卷第一"。黃麻紙，簾紋寬二指。

《四庫全書總目》云其"采摭精華，區分事類，使考古者易於檢尋"。《天禄琳琅書目後編》僅云"同上"。根據張振鐸《古籍刻工名錄》，版心刻工"古"、"祥"、"何"，均爲元泰定年間刻工，④故此本實爲至正二十三年（1363）吳郡庠刻本。樓鑰序云嘉定中刊板於潮陽，嘉定本是爲此書的最早版本，惜未能流傳下來，元至正時浙江行省命郡庠重刻之。此乃存世最早之本。劉承幹亦考此書爲宋刊。

每册俱鈐天禄繼鑑諸璽，前後副葉所鈐爲"大三璽"。揆敘謙牧堂舊藏，每册首末鈐謙牧堂二印。

檢《賞溥傑書畫目》，宣統十四年（1922）9月1日、2日、13日和15日分別賞賜一部四套宋板《通鑑總類》，其中當有此本，則其是年流出宮外。國圖所藏8册購自民間，經由北京市文物局、北京故宫，1959年撥交北京圖書館，2013年編目。

據張景栻先生介紹，所藏一册，流出清宫後歸日照馬惠階欣遇草堂，册首鈐"海曲馬氏"（白文方印）、册末"暫得於己"、"快然自足"二朱文方印。此書以王獻唐先生之介，連同馬氏所藏宋刊贛州本蝴蝶裝《文選》殘本，及其它數種元版同歸於張景栻。

此處看似卷次重複，全書原有40册，20卷，半卷即爲一册，據册數估

---

① 中國嘉德國際拍賣有限公司2003年秋季拍賣會古籍善本專場，拍品第1753號。

② 北京保利國際拍賣有限公司2010年6月拍賣會"古籍文獻·名家翰墨"專場，拍品第1073號。

③ 張景栻著：《宋刊〈通鑑總類〉》，《藏書家》第一輯，齊魯書社1999年版，第63頁。張先生以爲南宋嘉定刊本，誤，實此本亦至正二十三年吳郡庠刻本。

④ 張振鐸著：《古籍刻工名錄》，上海書店出版社1996年版。

算，嘉德拍賣會上出現的13卷，只有18冊，必定卷數有缺，拍賣圖錄上未予確切標明；北京圖書館《接收故宮撥交天祿琳琅書清冊》上所記"卷12—16,8冊"，5卷應有10冊，必定亦有缺。另有卷十一上，一冊，與此爲同一部。劉按，《天祿琳琅書目後編》卷四宋版史部著錄兩部《通鑑總類》，同一版本，相同冊數，同爲謙牧堂舊藏，每卷分裝兩冊，開本廣大，故多有混淆。

477(2)通鑑總類二十卷(又二部)

元至正二十三年(1363)吳郡庠刻本(卷二十配抄本)。四函三十二冊，現藏中國國家圖書館(新編書號1174)。

匡高25釐米，廣17.5釐米。每半葉十一行，行二十三字，細黑口，左右雙邊。版心上方刻刊板字數，中刻篇目名及頁數，下記刻工姓氏。首卷卷端題"通鑑總類卷第一"。黃絹籤題"宋板通鑑總類"。

實爲三十二冊，《天日後編》誤記爲二十二冊。版本僅云"同上"。

每冊俱鈐天祿繼鑑諸璽，前後副葉所鈐爲"大三璽"。餘印同《天目後編》，有"沈愈昌印"、"伯修章"、"斷修士居"三印。沈愈昌，生平仕履無考。《賞溥傑書畫目》著錄，宣統十四年(1922)九月十五日賞溥傑。出宮後輾轉自長春偽宮至北京故宮，1959年由北京故宮撥交北京圖書館者。有蟲蛀。2013年編目。

478 漢雋十卷

宋淳熙十年(1183)象山縣學刻本。一函五冊，現藏遼寧省圖書館(書號善00003)。

匡高21.2釐米，廣16.7釐米。每半葉九行，大小字相間，小字雙行三十字，白口，左右雙邊，雙順魚尾。版心下有刻工陳真、孫濟、孫湛、孫善、王進、朱芾、洪悅(洪說)等。卷前紹興壬午鉞自序，後有淳熙戊戌魏汝功序，書末又有淳熙十年楊王休題。首卷卷端題"漢雋卷第一"。黃麻紙，清宮原裝，織錦函套，藏青色書衣，黃綾書籤。

楊王休跋云："天台蔣公來宰象山，……得貳車趙公所藏善本，歸以鋟木，儲之縣庠。且藉工墨之贏餘，爲養士之助。……此書先成，將使學者熟西漢之文，……"書末詳臚工價，記曰："象山縣學，《漢雋》每部二冊，見賣錢六百文足。印造用紙一百六十幅，碧紙二幅，賃版錢一百文足，工墨裝背錢一百六十文足。"列銜"鄉貢進士門生樊三英校正、鄉貢免解進士縣學長章鎔校正、迪功郎明州象山縣主簿徐晟、從事郎知明州象山縣主管勸農公事兼主管王泉鹽場蔣鶚”。《天目後編》云：“按：淳熙戊戌，乃五年，距鉞成書甫十七年。魏汝功守徐州，命工刊之。至十年癸卯，蔣鶚又刻置象山縣學。……宋、元郡庠書院，多以刻書印鬻供膏火，不同坊賈居奇。此本乃象山刻，非滁州本也。其後，元延祐庚申袁桷重刻，有跋。至明淩迪知彙刊《文林綺繡》，取鉞此書，而自增範書雋語，易名《兩漢雋言》，非其舊也。”

此本行款、版式、版刻尺寸、字體風格俱同淳熙五年刻本，惟字體筆劃稍細，卷五、卷六一冊多有漫漶、斷版，字體與其它四冊相異，版心原為黑口，然每葉上下版心均被小紙條粘蓋，其下並有墨筆書“王吉”二字。如此遮掩、拼湊，以充全書，或為書估所為。

曾經明人項元汴舊藏，有項氏諸藏印“項元汴印”、“子京父印”、“項墨林祕笈之印”、“墨林珍玩”、“檇李項氏士家寶玩”等印，另有“宮保世家”白文方印、“項叔子”白文方印二方，為《天目》失載。每冊俱鈐天祿繼鑑諸璽，前後副葉所鈐為“大三璽”。

《賞溥傑書畫目》著錄，宣統十四年(1922)八月初七日賞溥傑。《第一批國家珍貴古籍名錄圖錄》第00492號。①

479 漢雋十卷

宋淳熙五年(1178)滁陽郡齋刻本。一函五冊，現藏上海圖書館（書號線善762579—83）。

匡高21.2釐米，廣16.7釐米。每半葉九行，大小字相間，大字十五，小字雙行三十字，白口，左右雙邊，雙順魚尾，版心下有刻工余塤、戴世榮、戴良臣、蔡清、張仲寶、張明喆等。避諱至“慎”字。卷末有淳熙戊戌年魏汝功跋。黃麻紙，藍色書衣，黃綾書籤。

《天目後編》云其版本“同前，楊王休序及附記工價俱脫佚”，魏跋稱守滁陽時見《漢雋》，愛其用力之周，有益於學者，“□諸庫，②得黎板，命工刊之，以廣其傳。”《天目後編》記與上一部同板，實則不同。此版傳世極罕，據《中國古籍善本書目》記載，國家圖書館尚有宋嘉定四年滁陽郡齋刻本《漢雋》一部。

---

① 《第一批國家珍貴古籍名錄圖錄》，第2冊，第221頁。
② 此處闕字，據遼寧圖書館藏本應是“茲守滁陽，蒐諸庫”。

鈐有"石川張氏崇古樓珍藏印"、"延陵張氏三鳳堂印"、"北平邵氏家藏"、"宜齋文府"、"梅谿精舍"、"玉蘭堂"諸印。曾經長洲文氏、延陵張氏、泰興季氏、北平邵氏藏本。張寰,字宇清,號石川,崑山人。明正德辛巳進士。嘉靖間官通政司參議。"宜齋文府"朱文八分書印,①爲清初吳農祥(1632—1708)所有。吳農祥字慶百,號星叟,別號大滁山樵,錢塘人。康熙十八年舉博學鴻儒。其家寶明樓藏書甚富,勤於掌録,祕閣之鈔逾萬卷,軸帶帙籤,至與山陰祁氏、常熟錢氏埒。每冊俱鈐天禄繼鑑諸璽,前後副葉所鈐爲"大三璽"。卷首所鈐"桐軒"朱文長印、"徐健庵"白文方印爲《天目後編》失載。鈐印"延陵張氏三鳳堂印"中"陵"實爲"令",朱文長印;"芝園"中"芝"實爲"芷";季振宜諸印爲墨色鈐蓋,當鈐於孝期中。尚有"養勝堂"朱文方印,似爲出宫後所鈐。

《賞溥傑書畫目》著録,宣統十四年(1922)九月十四日賞溥傑。《第一批國家珍貴古籍名録圖録》第 490 號。②《中華再造善本》唐宋編第 148 部。《上海圖書館藏宋本圖録》收録。③

480 四明志二十一卷

宋寶慶(1225—1227)刻咸淳(1265—1274)增補本。一函十冊,現藏中國國家圖書館(書號 12360)。

匡高 26 釐米,廣 20.2 釐米。每半葉十行,行十八字,小字雙行同,白口,左右雙邊,單魚尾。版心上刊字數,中刊"郡志幾"或"鄞志幾"、"象山志幾"、"奉化志幾"等,下有刻工施華、洪珍、王侃、陳永、方礼、王琳、蔣容、蔡郤、王智、顧清等人。宋諱"廓"字皆闕末筆,"敬"、"真"、"殷"、"竟"等不諱。卷首有贛州録事參軍廬陵羅濬序,序後有編類文字府學官銜人員"府學學正袁藻、學録劉叔温、直學汪煇、學諭王坰、繆逞、蔣淵明、教諭伍孚獻"七人。目録前有圖。首卷卷端題"四明志卷第一"。書籤題"宋版四明志"及卷次。

第二冊前有民國癸亥鄧邦述跋(十二年,1923)。卷九第二十二、二十三葉,卷十一第十八至二十五葉俱缺。

---

① 吳芹芳、謝泉著:《中國古代藏書印》,武漢大學出版社 2015 年版,第 67 頁。
② 《第一批國家珍貴古籍名録圖録》,第 2 冊,第 220 頁。
③ 上海圖書館編:《上海圖書館藏宋本圖録》,上海古籍出版社 2010 年版,第 146 頁。

據羅濬自序所云,《四明圖經》七卷成於乾道中守郡張津,至寶慶三年(1227)知慶元府兼沿海制置使廬陵胡榘主修志書,命校官方萬里增訂,未成。四年,羅濬來遊四明,屬之編訂,即此本也。紹定元年(1228)羅濬編成,刻板兩年,此書一直增補到成印年代即咸淳八年(1272)。《天目後編》提要云:"考書中職官、科第、姓名、事蹟,間及咸淳,蓋後所增益,非盡羅濬之舊,然均宋時舊籍也。至元延祐中,袁桷撰《四明志》,今亦並傳,然門目迥異。故著錄家以此爲《寶慶四明志》、袁本爲《延祐四明志》別之。"宋刊宋印方志傳世絕少,此本乃寧波地方最古最完備之志書。《中國版刻圖錄》稱"此爲紹定原刻本,世無二帙"。①

卷首鈐有"舊學史氏復隱書印"朱文印,《天目後編》認爲是南宋人史浩之藏印,云其"治第鄞之西湖,建閣奉兩朝賜書,上爲書'明良慶會'名其閣,'舊學'名其堂,故有'舊學'印章。其曰'復隱',蓋在請老再歸後也。"②按《宋史·史浩傳》云其淳熙十年(1183)請老,至紹熙五年(1194)卒,何以能藏此《(寶慶)四明志》?此印或爲史浩後人所鈐。

清入內府天祿琳琅,前後副頁俱鈐"大三璽"。原貯昭仁殿,同治十二年部分昭仁殿藏書交武英殿修書處裝訂,包括此書在內。光緒二十七年武英殿災,有些書流失宮外。故宮博物院成立後,清點中發現宋刊本《四明志》缺七、八兩卷,此冊後歸杭州鹽商王綬珊所有,有"杭州王氏九峰舊廬藏書之章"、"綬珊收藏善本"、"綬珊四十以後所得書畫"、"泖東朱遂翔五十之後所見善本"等印。③ 1946年故宮古物館館長徐森玉先生發現王氏在上海出售家藏書,其中正有院藏《四明志》所缺一冊。徐館長立刻致信院長馬衡,馬先生回信說不講價錢,趕緊買到手,於是這部宋刊宋印之《四明志》散而復聚。④ 1959年由故宮撥交北京圖書館收藏。

有鄧邦述跋。云:"此冊亦內廷物,尚是原裝,前有'五福五代堂古稀

---

① 《中國版刻圖錄》,目錄第22頁。
② 《天祿琳琅書目後編》,卷四,宋版史部,第480頁。
③ 王綬珊(1873—1938),浙江紹興人。名體仁,字綬珊。嗜典籍,築九峰舊廬於杭州。據杜國盛撰《九峰舊廬藏書記》載,王氏藏宋本100餘種,各省府、縣志達2000餘種。又據朱士嘉撰文,王氏藏地方志中屬海內孤本者達29種,尤其著名的是宋刻本《吳郡志》、《四明志》等。杭州抱經堂主人朱遂翔爲之著錄所藏浙江一省之地方誌目錄,達236種。
④ 朱家溍著:《我記憶中的馬衡院長》,《中國博物館》1984年第1期,第76頁。

天子之寶'一、'八徵耄念之寶'二、'太上皇帝之寶'三,凡天祿藏書前後葉類皆有之,高宗內禪後所鈐者也。又'乾隆御覽之寶'橢圓一、'天祿繼鑑'一、'天祿琳琅'一在後幅。自辛亥後流出者益夥庚子西狩已漸漸見於廠肆,斷縑零楮,球璧同珍。此冊存七、八兩卷,七卷敍兵,八卷敍人,自是宋刊佳者,亦得之於寄荃同年許。癸亥(1923)人日正闇居士謹記。"並鈐"群碧校讀"。

《中國版刻圖錄》圖版八四。《北京圖書館古籍善本書目》第 676 頁。《第一批國家珍貴古籍名錄圖錄》第 00564 號。① 《中華再造善本》唐宋編第 157 部。有 1950 年代北京故宮博物院據此影印本。

481 宣和奉使高麗圖經四十卷

宋乾道三年(1167)徐蕆江陰澂江郡齋刻本。三冊一函,現藏臺北"故宮博物院"(故善 004059－004060)。

匡高 18.7 釐米,廣 12.7 釐米。每半葉九行,行十七字,白口,左右雙邊,單魚尾。版心中記經幾,下記葉次及刊工姓名,有黃康、沈忻、毛福音、徐益、陸榮、六榮、裘舉、沈忤等。遇完、敬、驚偶闕末筆,"貞觀"改作"正觀",遇高宗廟諱"構"字作"太上御名"小字雙行四字代之,孝宗廟諱"慎"字則代之以"今上御名"四字,避諱相當謹嚴。卷首有《宣和奉使高麗圖經序》,隔行題"奉譯郎充奉使高麗國信所提轄人船禮物緋魚袋徐兢撰",署"宣和六年八月日奉譯郎充奉使高麗國信所提轄人船禮物緋魚袋徐兢謹序"。正文前有目錄。卷末有跋,署"乾道三季夏至日左朝奉郎權發遣江陰軍主管學士徐蕆書"。跋前有《宋故尚書刑部員外郎徐公行狀》,署"乾道三年四月初十日左迪功郎寧國府宣城縣主簿主管學事張孝伯狀",以及徐蕆刻書跋。首卷卷端題"宣和奉使高麗圖經卷第一"。卷二第四頁、卷八第五及第六之前半葉抄配。白麻紙,古色地宋式錦織錦四合函套,湖藍色絹質書衣,無書籤。

《天目後編》云:"按:(徐)兢在當時以書畫擅名。宣和六年,高麗入貢,請願得能圖者至國中。繼遣給事中路允迪報聘,兢方監元豐庫,以爲國信所提轄人船禮物官。兢還,上《高麗圖經》,召對便殿,賜同進士出身,擢知大宗丞事兼掌書學。徐跋云:世傳是書圖亡書存,姑刻是留澂江郡

---

① 《第一批國家珍貴古籍名錄圖錄》,第 3 冊,第 16 頁。

齋。蓋當乾道時權發遣江陰軍主管學事,鋟留江陰者也。"

從子徐蔵跋曰:"仲父既以書上御府,其副藏家。靖康丁未春里人徐周賓乞觀,未歸而寇至,失書所在。後十季,家君漕江西弭節于洪,仲父來省,或謂郡有北醫上官生實獲此書,亟訪之,其無恙者特海、道二卷耳。仲父嘗爲蔵言世傳余書往往圖亡而經存,余追畫之,無難也,然不果就。嘻,蓋棺事乃已矣。姑刻是酉澂江郡齋,來者尚有考焉。乾道三季夏至日左朝奉郎權發遣江陰軍主管學事徐蔵書。"

是書爲研究古代中朝關係及交通史之最早文獻,徐兢以耳目所及,博採眾說,簡去其同於中國者,而取其異焉,凡三百餘條,釐爲四十卷,物圖其形,事爲之說,名爲是書。內容宏富。宋刊之後,罕爲流傳,明末海鹽人鄭休仲據抄本重刊,乾隆修《四庫》時亦是據抄本著錄,兩部僞奪脫漏極多,均非善本。乾隆五十八年(1793)歙縣鮑廷博據家藏抄本及明鄭氏刊本校勘後,收入《知不足齋叢書》再度刊行,但錯訛猶不免,諸本皆不若此乾道本完善,是本真稀世之珍也。歐體字端整秀麗,雕鏤精工。① 被臺北"故宮博物院"定爲"國寶級"文物。

每冊首鈐"虞山錢曾遵王藏書"朱文長方印,爲錢曾舊藏,其《讀書敏求記》、《述古堂書目》皆有著錄。其後歸宋犖,何時入藏清宮不得而知。每冊俱鈐天祿繼鑑諸璽,前後副葉所鈐爲"中三璽"。傅增湘曾經眼。②

1929年出版之《故宮善本書影初編》收錄,云:"宋徐兢撰,乾道三年其從子蔵刊於澂江郡齋,首有兢進書序,末附張孝伯所撰徐公行狀及蔵刻書跋,通行各本脫漏之處,此皆完具。書中間有鈔補之葉,有錢遵王收藏印記,即《讀書敏求記》著錄之本也。有天祿琳琅、天祿繼鑑及乾隆各璽,原藏昭仁殿,《天祿後目》著錄。"③1931年點查的《故宮善本書庫宋版書目》,記其爲"此本係徐兢從子蔵刻於澂江郡齋,末附有跋,通行本脫漏處此皆具完,即《讀書敏求記》著錄之本。每冊有錢遵王藏書印記等。"④《故宮善本書目》記其爲"宋乾道三年(徐)兢從子蔵江陰刻本。半葉九行,行

---

① 《大觀——宋版圖書特展》,第84—91頁。
② 《藏園群書經眼錄》,卷五,第387頁。
③ 張允亮編:《故宮善本書影初編》,民國十八年(1929)北平故宮博物院影印本,第6—7頁。
④ 見中國國家圖書館分所藏《故宮善本書庫宋版書目》、《故宮善本書庫元版書目》及《各庫提入天祿琳琅明版書目》三種,合訂爲一冊,書號149753。

十七字"。1934年故宮影印出版《天祿琳琅叢書》第一輯,第四種。《"國立故宮博物院"善本舊籍總目》,上冊,第538頁。1974年臺北故宮有影印本。

481(2) 吳越春秋十卷

元大德十年(1306)紹興路儒學刻明修本。六冊,現藏中國國家圖書館(新編書號1175)。

每半葉九行,行十八字,小字雙行二十六字,白口,左右雙邊。卷前有徐天祐序。

徐序稱是書"越舊嘗梓,歲久不復存。汴梁劉侯來治越,輟義田羨財,重刻於學。屬以考訂,既刊正疑訛,復爲之《音注》。侯名克昌,世大其字"云。末記"紹興十年歲在丙午三月《音注》,越六月書成刊版,十二月畢工"。《天目後編》遂以爲乃宋紹興十年徐天祐刻本。又云:"按《四庫全書總目》云,序不著名姓,後題識云'前文林郎、國子監書庫官徐天祐《音注》'。又列紹興路儒學學錄留堅、學正陳昺伯、教授梁相、正議大夫紹興路總管提調學校官劉克昌四人,不知序出誰手云云。按:其字受之,應是天祐,非天祐。序中明列銜名,後有鋟梓畢工年月,灼無疑義。蓋《總目》據元大德十年丙子重刊本,未窺中祕宋槧也。題識及後銜,此本已佚,更足資互證矣。"實此本即元大德十年重刊本,也即是《四庫全書總目》所據之本。

每冊俱鈐天祿繼鑑諸璽,前後副葉所鈐爲"中三璽"。無其他私家藏印。

此書霉爛嚴重,曾經故宮博物院重修,其中殘缺甚多。1959年撥交北京圖書館,2013年編目。

482 紹興十八年同年小錄一卷

明刻本。一冊,現藏中國國家圖書館(書號18354)。

每半葉十五行,行二十字,粗黑口,四周雙邊,單魚尾。卷首有紹興十七年三月二十四日御筆開科手詔,次十八年四月初三日御試策問一道,次敕差與試諸官銜名,次期集所供事人名日期,次錄科甲姓名。雙節欄,上截大字書第某甲第某人,右下小字書其姓,下截五行書每人之名字、小名、小字、年甲、外氏行第、兄弟妻氏、三代籍貫里戶。書籤題"宋版紹興十八年同年小錄"。原闕第十八頁。

是書乃宋紹興十八年同年錄也，是科以朱熹列第五甲第九十人，後世重之，並此《小錄》流傳不廢。

周亮工舊藏，有亮工及其子在浚藏書印"周雪客家藏書"、"周櫟園藏書印"、"周氏子孫珎之"三印。周亮工，字元亮，號櫟園，河南祥符人。明崇禎庚辰進士。入清官戶部侍郎。其子在浚，字雪客。後爲揆敘謙牧堂所有，有"謙牧堂藏書記"、"謙牧堂書畫記"二印。至揆敘孫成安時因罪被籍没入宫，每册俱鈐天祿繼鑑諸璽，前後副頁所鈐爲"中三璽"。流出清宫後，爲于蓮客所藏，卷首有"于懷"（白文方印）、"蓮居士身外物"（朱文方印）。

《賞溥傑書畫目》著錄，宣統十四年（1922）八月十九日賞溥傑。十一月十九日《溥傑收到賞書單》著錄此書。

483 新入諸儒議論杜氏通典詳節四十二卷

元至元二十三年（1286）建陽書坊刻明修本。原爲二十册。存卷首圖譜，一册，保利國際拍賣公司 2008 年秋拍；①卷一至二、六、十四至二十七，三十一至三十四，三十七至四十一，計二十六卷，缺卷三至五、七至十三、二十八至三十、三十五至三十六、四十二，十二册一函，現藏臺北"故宫博物院"（書號故善 003754－003765）；卷三十五至三十六，一册，現藏中國國家圖書館（書號 12570）②；卷五、卷二十八至三十，計四卷，二册，現藏臺北"中央研究院"傅斯年圖書館（書號 323.1/156）。③

匡高 18.3 釐米，廣 12.4 釐米。每半葉十四行，行二十三字，小字雙行同，細黑口，左右雙邊，雙對魚尾。版心上或下刊有字數，中刊"典幾"及葉次。"大宋紀年之圖"記至幼君"德佑"，"桓"、"貞"等字缺筆。目錄稱"增入諸儒議論杜氏通典詳節綱目"，首卷卷端題"增入諸儒議論杜氏通典詳節"，其它卷端或題"新入諸儒議論杜氏通典詳節"。竹紙，簾紋寬一指。新裝織錦四合函套，靛藍灑金紙質書衣，古色紙質書籤，書"通典詳節"及册數。書頁多有蟲蛀。原闕抄補卷三十一之第十一、十二兩頁。

---

① 見《保利國際拍賣公司 2008 年秋拍圖錄》，另見 http://www.polypm.com.cn/pmwp.php?ppcd=art56091511。

② 這一册原件無膠捲，存於戰備庫，未之見。

③ 此爲雜拼兩本所成，共十三册，有卷三至五、十一、十五至二十四、二十六、二十八至三十、三十二至卷三十五、四十至四十二，計二十五卷。

卷前有李翰《通典原序》，次《篇第題旨》，次《諸儒議論姓氏》，歐陽修、蘇洵、蘇軾、蘇轍、曾鞏、王安石、司馬光、富弼、范祖禹、石介、夏竦、邵伯溫、張耒、秦觀、孫洙、馬子才、蔡元道、黃琮、呂祖謙、陳傅良、葉適二十一家，次《列朝紀年圖》十五，末曰"大宋"，覈其所採諸人時代，蓋南渡中人。《天目後編》云其"所輯科舉應用之書也，麻沙小字本"。別本《綱目》後有"至正丙戌重新繡梓"雙行牌記。① 書中部分葉面，應係明時修補。阿部隆一認爲卷十四至十五全爲明刻字體，定爲元末明初建刊本。

入清宮之前，曾由明袁忠徹庋藏，有袁氏印"尚書少卿袁氏忠徹印"、"事守堂印"二方。袁忠徹（1376—1458），寧波人，字靜思，袁洪之子。袁洪，洪武時期應燕王召至北平，拜太常寺卿。永樂初，袁忠徹召授鴻臚寺序班，累進尚寶寺少卿。另有"苕東沈氏"白文方印一。每冊俱鈐天祿繼鑑諸璽，前後副葉所鈐爲"中三璽"。

此書在宣統十四年（1922）十一月二十五日《溥傑收到單》内。原題宋麻沙小字本，1931年點查之《故宮善本書庫宋版書目》，記其曰："仝書散佚甚多，據《天祿後目》載書爲南渡中人所輯。有袁中徹、沈苕東諸家收藏印。"② 張允亮《故宮善本書目》中記爲"元至正二十三年建陽書坊重刻本。半葉十四行，行二十三字。存二十七卷，十二冊"。

臺北故宮所藏爲原書之第二、五、九至十四、十六至十七、十九至二十冊，已有改裝，非宮廷原有裝幀。《"國立故宮博物院"善本舊籍書目》，上冊，第569頁，著錄爲"元至正二十三年重刊本"。

傅斯年圖書館部分舊藏於鄧邦述，著錄爲"宋刊殘本"。民國十六年（1927），群碧樓之書歸中央研究院。此本書後有民國十年（1921）鄧邦述墨筆手跋："《諸儒議論通典詳節》，余先得一元刊本，書凡四十二卷，版式甚大，後乃收此宋刻殘本，爲周九松家舊藏，存三至四一冊，又十一一冊，又十五至廿六六冊，又卅二至卅五二冊，又四十至四十二一冊，共廿一卷，已得其半。辛酉二月晤吳寄荃同年，齋頭忽又得殘本二冊，乃内府所藏，查其卷第，適足補吾書之闕，則卷五一冊，又二十八至三十一冊，凡四卷，於是吾書得二十五卷，殘者不及半矣。余感寄荃慨贈之意，特先記之於此，

---

① 見臺北"故宮博物院"藏平圖本《增入諸儒議論杜氏通典詳節》，元至元二十三年重刊本，十冊，書號平圖009122—009133。

② 見中國國家圖書館分館所藏《故宮善本書庫宋版書目》、《故宮善本書庫元版書目》及《各庫提入天祿琳琅明版書目》三種，合訂爲一冊，書號149753。

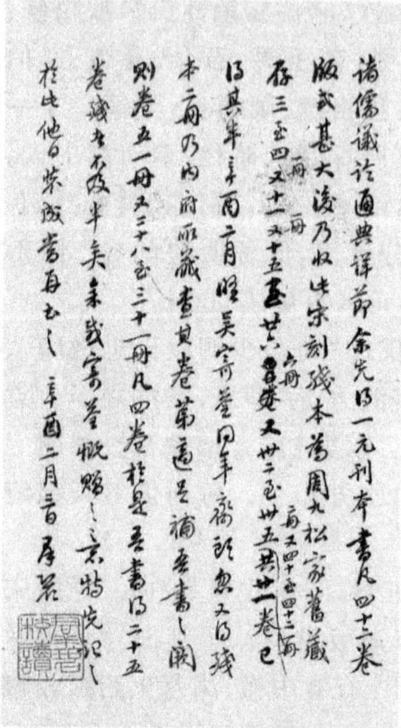

他日裝成，當再書之。辛酉二月三日羣碧。"並鈐"羣碧校讀"朱文方印（圖4—10）。《羣碧樓善本書目》卷一著錄此跋，①文字稍異。

傅斯年圖書館所藏十三冊，除清宮鈐印外，尚有"周印良金"、"毘陵周氏九松迂叟藏書記"、"柯印九思"、"歐陽玄印"、"圭齋"、"內府書印"、"內府合同"、"羣碧樓"、"羣碧校讀"、"宋刊本"等印記，卷三十二尾題處有一長方關防印。看似卷數多與臺北故宮藏本重合，細觀原書，乃拼湊天祿繼鑑本與另一部同版元刊殘本而成，其中僅卷五、卷二十八至三十兩冊爲天祿原書。（較內府本多出了周良金、柯九思等人的藏印，且所拼另一本上之元人"柯印九思"、"歐陽玄印"、"圭齋"、"內府書印"、"內府合同"諸印俱

圖4—10　傅圖部分有鄧邦述跋

僞，"周印良金"、"毘陵周氏九松迂叟藏書記"兩印處塗上黃色以做舊。卷前有鄧邦述墨筆"宋刊殘本增入諸儒議論杜氏通典詳節存目"一頁，記其卷數、篇目。

保利上拍的一冊尚是清宮舊裝。

國圖所藏一冊，有王國維跋。② 王國維在跋中亦將其定爲宋建陽刻本，云："右《增入諸儒議論杜氏通典詳節》存卷卅五、卅六兩卷，書中敬、殷、貞、徵諸字皆闕末筆，相其紙墨字畫乃南宋建陽刊本。海虞瞿氏有至元丙戌重刊《增入宋儒議論杜氏通典詳節》四十二卷，即出於此本也。其所刻諸儒姓氏，自歐陽公至葉水心若干人，南宋惟東萊、止齋三人，餘皆北宋人，是此書編纂尚在南宋中葉。此蓋當時科舉之書，以《通典》作于唐代，故取宋人論制度之文與古制相比附。《文獻通考》附載《諸儒議論》，亦用此例也。癸亥四月奉召入都下榻息侯先生齋中，息侯出示所收天祿琳

---

① 鄧邦述撰：《羣碧樓善本書目》，（臺北）廣文書局1967年版，卷一，第6頁。
② 另參考王國維《庚辛之間讀書記》，載《王國維先生全集》初編之四，（臺灣）大通書局1976年版，第1488頁。

琅諸殘本，因書其後，海甯王國維敬觀並識。"息侯爲金梁之號。

　　此外，現藏國家圖書館的另一部《新入諸儒議論杜氏通典詳節》，爲宋紹熙五年(1194)擇善堂刻本，存目錄、卷一至十八，計十九卷，一函八冊，書號5431，除"天祿琳琅"、"天祿繼鑑"、"乾隆御覽之寶"外，無《天祿琳琅書目》所記諸印，並非《天目後編》卷四著錄之本，詳見本書附錄之"目外書"部分。《中華再造善本》以此爲底本影印。

《欽定天祿琳琅書目後編》卷五　宋版子部

485 纂圖互注六子全書

　　元建陽坊刻本。其中《老子道德經》全；《沖虛至德真經》全；《南華真經》卷一至九；《荀子》卷一至二、八至十、十九至二十；《揚子法言》卷一至二、八至十；《中說》卷一至五，計三十六卷，十六冊，現藏中國國家圖書館（新編書號1176、1315、1316）；①《揚子法言》卷三至五，一冊；《中說》卷六至十，一冊，現藏哈爾濱市圖書館（書號301.217/5640）；②《荀子》卷三至四，一冊，《南華真經》卷十，一冊，吳希賢經眼；《揚子法言》卷六至七，秦翰才經眼。

　　此《纂圖互注六子全書》六十卷，分《纂圖互注老子道德經》二卷、《纂圖互注南華真經》十卷、《沖虛至德真經》八卷、《纂圖互注荀子》二十卷、《纂圖互注揚子法言》十卷、《中說》十卷。原書四函二十四冊。每書前各有序。

　　匡高18.5釐米，廣12.2釐米。每半葉十一行，行十九、二十、二十一字不等，小字雙行二十五字，黑口，左右雙邊或四周雙邊，雙對魚尾。有耳題。清宮舊裝，黃綾書衣，書籤題"六子纂圖互注"。黃麻紙。

　　《纂圖互注六子全書》，《四庫全書總目》收入雜家類存目。著《五子纂圖互注》宋龔士卨編。云："核其紙色版式，乃宋末建陽麻沙本，蓋無知書賈茍且射利者所爲。因其宋人舊刻，姑存其目，以備考耳。"是書較《五子》多《列子》一種，《天目後編》提要云："建陽麻沙本《揚子》序後有印記，'本宅今將監本四子纂圖、互注附入重言、重意，精加校正，並無訛謬，謄作大字刊行，務令學者得以參考，互相發明，誠爲益之大也。建安（空三字）謹

---

　　① 據陳國慶所撰《瀋陽圖書館藏長春偽宮殘存宋元珍本目錄考略》一文，瀋陽舊藏《纂圖互注六子》缺《莊子南華真經》卷八至十、《荀子》卷四至二十、《揚子法言》卷三至七、《文中子中說》卷六至十，與故宮撥交北京圖書館天祿琳琅書清冊上略有出入。見陳文，第93頁。
　　② 哈爾濱市圖書館原書號98331、98332。

啓'。蓋南宋坊刻《九經》皆有纂圖互注本，此亦如之……但諸書皆古注，缺筆極爲謹嚴，則故宋本之真確者。"實則書中避諱並不謹嚴，時避時不避，又多俗體字，更似元翻宋刻。

宋刻經、子諸書凡有"纂圖"、"互注"、"重言"、"重意"等標題者，大都出於坊刻，以供士人帖括之用。如坊刻七經《周易》、《尚書》、《毛詩》、《周禮》、《禮記》、《春秋經傳集解》、《論語》等，皆有纂圖互注本。若《儀禮》、《孟子》之書非科場所用，故不見此種刊本行世。就子部諸籍而言，南宋書坊所刻纂圖互注之子書，以《老子》、《莊子》、《荀子》、《揚子法言》四子最爲常見。各書前於附圖外並增益互注，即所謂"重言重意"者，惟多引五經、四書及諸子習見之語，率少發明。隨後坊估重刻，又雜湊以《文中子》、《列子》，號稱《纂圖互注六子全書》，正如此《天祿琳琅書目後編》卷五之《纂圖互注六子全書》一書。此後增二子之書，既無附圖，亦乏互注，與前列四子之書體例不一，愈知其爲後加之書，而非原有。據各家藏書目錄、跋記可知，南宋坊刻《纂圖互注六子》之書，可考見者有二種不同之行款。一種爲每半葉十一行，行大字廿一，小字廿五之黑口本，即《邵亭知見傳本書目》中所謂之"大字本"；一種爲每半葉十三行，行大小字俱爲廿三字之巾箱黑口本，即所謂之"小字本"。上述二種不同行款之《六子全書》，元、明二代皆有翻刻。

每冊首末鈐"謙牧堂藏書記"和"謙牧堂書畫記"，爲揆敘舊藏。每冊俱鈐天祿繼鑑諸璽，前後副葉所鈐爲"中三璽"。

《賞溥傑書畫目》著錄，宣統十四年（1922）八月十八日賞溥傑。國圖所藏十六冊，爲出宮後輾轉自長春僞宮，後歸還北京故宮，1959 年北京故宮撥交北京圖書館，2013 年國家圖書館編目。《揚子法言》卷六、卷七，二冊，曾參加國民政府東北地區接收人員的秦翰才於抗戰勝利後見於長春僞皇宮，惜現今不知下落。① 吳希賢經眼的一冊《荀子》上有"于懷"白文、"康生"朱文及白文等印，②另一冊《南華真經》上有"蓮居士身外物"朱文、"康生"白文印，③皆爲流出清宮後所鈐，此二冊現已退還私人。

上世紀 40 年代，瀋陽故宮金毓黻先生曾撰有《〈纂圖互註六子〉殘本

---

① 秦翰才撰：《滿宮殘照記》，《民國史料筆記叢刊》，上海書店出版社 1998 年版，第 101 頁。

② 吳希賢輯彙：《歷代珍稀版本經眼圖錄》，第 45—46 頁。

③ 吳希賢輯彙：《歷代珍稀版本經眼圖錄》，第 62 頁。

考》一文考證此書版刻，①以爲乃元翻南宋建陽書坊刻本。

486 老子荀子揚子文中子

元建陽書坊刻本。存《荀子》卷十八至二十、《揚子法言》全，《文中子》卷一至三，計十六卷，七册，現藏中國國家圖書館（新編書號 1177）。

每半葉十一行，行二十一字，小字雙行二十五字，黑口，四周雙邊間有左右雙邊。

《天目後編》提要云："見前《六子全書》，《老子》、《荀子》、《揚子》、《文中子》篇目俱同，無《列子》、《莊子》二書，蓋即前版摹印，諸子各自成書，無嫌專行也。内一印不可辨。"

鈐有"金石"、"吳越王孫"、"金氏不窺園珍藏"諸印，俱與《天目後編》所記相同。每册俱鈐天禄繼鑑諸璽，前後副葉所鈐爲"中三璽"。

1959 年自故宫撥交北京圖書館，有蟲蛀、霉爛，2013 年編目。

487 家語十卷

明刻本。一函五册，現藏遼寧省圖書館（書號善 14035）。

匡高 17.1 釐米，廣 13.7 釐米。每半葉九行，行十六字，小字雙行同，白口，左右雙邊，單綫魚尾。卷前有王肅序。卷十末鎸有"歲申寅端陽望，吳時用書，黃周賢、金賢刻"兩行，字體拙劣，與全書風格相異，"申"蓋爲"甲"字之誤，此爲書估後加。

《天禄琳琅書目後編》卷五著録爲宋末刊本，實則佚失封面，别本封面有陳繼儒重訂語，眉公先生稱此本刊於明末。《四庫全書總目》總集類存目有《二十六家唐詩》，云："惟目録後題曰'姑蘇吳時用書，黃周賢、金賢刻'，疑明末書賈所爲。"②《天目後編》提要亦云："考《四庫全書總目》，有《二十六家唐詩》，款亦同，疑爲明書賈而别無實證。"又云："此書中'祺'字闕筆，避宋度宗嫌名，似咸淳年刻。然咸淳起乙丑盡甲戌，中無甲寅年。"儘管刻工、紀年皆有疑問，文臣還是以此本"其槧法特精好，印記古澤，難斥爲近刻也"，而將其歸爲宋槧。王國維曾細審同本，以爲"猶是嘉靖舊

---

① 金毓黻撰：《〈纂圖互註六子〉殘本考》，《國立瀋陽博物院籌備委員會彙刊》，1947 年第 1 期，第 9—10 頁。

② 《四庫全書總目》，第 1766 頁。

槧"。① 字體板滯,刀法亦乏峻峭之勢,斷爲明代依宋本重雕。

鈐有"文淵閣印"、"宋宗室"、"皇宋宗室所藏"、"天水趙氏珍藏"等印,看似明内府秘書,又有明初宋濂、長洲吳寬、明人楊循吉等家藏印,《天祿後目》解題云"印記古澤",然則文淵閣、宋濂、吳寬、楊循吉印皆僞,葫蘆型、鼎型三印更是惡俗,全是書估爲充宋板而僞造,滿紙僞印,實可嘆也(圖5—1)! 每冊俱鈐天祿繼鑑諸璽,前後副葉所鈐爲"中三璽"。

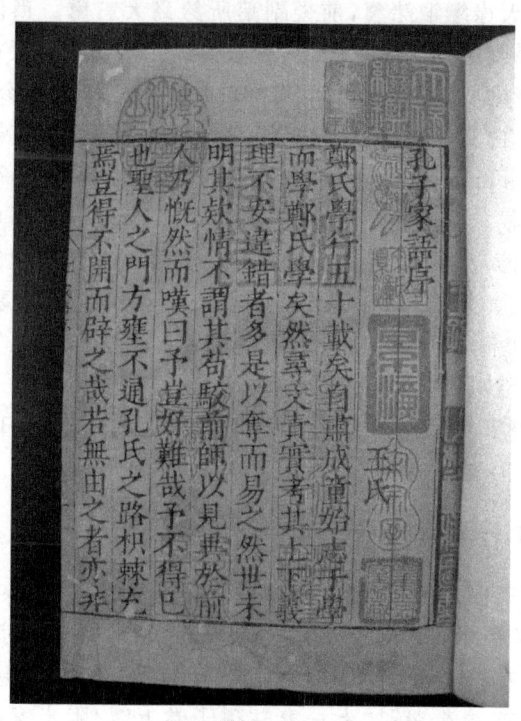

圖 5—1

《賞溥傑書畫目》著錄,宣統十四年(1922)七月十六日賞溥傑,自此出宮。

488 家語十卷(又一部)

明刻本。二函十三冊,現藏遼寧省圖書館(書號善14036)。

匡高20.6釐米,廣13.7釐米。每半葉九行,行二十字,白口,四周雙

---

① 王國維著:《觀堂題跋選錄(子集部分)》,《文獻》1981年第4期,第222頁。

邊，單線魚尾。版心下鐫有刻工"黃鏘"、"錕"、"國忠"、"時"、"士"、"中"、"七"等。卷前有孔安國序，標曰《漢集家語序》，又《孔安國傳略》，又王肅序，標曰《魏注家語序》，無注。首卷卷端題"孔子家語卷第一"。白棉紙。清宮舊裝，織錦函套，石青絹裝，黃綾書籤，題"宋板家語"。

《天目後編》提要無一字述及版本。此本字體挺拔俏麗，殊爲特別，版刻顯係明代風格。

每冊俱鈐天祿繼鑑諸璽，前後副葉所鈐爲大三璽。爲使此本更似宋版，書估加鈐僞製的元明藏家印記，看似曾經元末明初文天祥、貢師泰、王時三人舊藏，實則所鈐"文天祥印"、"宣城貢氏玩齋書畫珍藏"、"半軒王氏"三印皆僞。白文"陶士齡印"，《天目後編》卷五誤記爲"陳士齡印"。另鈐每冊首末葉皆鈐"秀一徐子與"朱文方印，曾爲明嘉靖間徐中行所藏，爲《天目後編》失載。徐中行（？—1578），明代文學家。字子興，一作子與，號龍灣、天目山人。長興（今屬浙江）人。嘉靖二十九年（1550）進士。初授刑部主事，歷員外郎中，出爲汀州知府，改汝寧。後謫長蘆鹽運判官。遷端州同知、山東僉事、雲南參議、福建副使、參政等職，累官至江西左布政使。徐中行爲明代"後七子"之一。

《賞溥傑書畫目》著錄，宣統十四年（1922）八月十四日賞溥傑，自此出宮。

488(2) 十一家注孫子三卷

宋刻本。三冊一函，現藏上海圖書館（書號線善 762649—51）。

匡高 17.7 釐米，廣 11.2 釐米。每半葉八行，行十七字，小字雙行二十六字，白口，左右雙邊，單魚尾，版心下有刻工"章琰"、"勉"等。書中避諱至"廓"字。首卷卷端題"十一家註孫子卷上"。附十家注孫子遺說一卷。綠色書衣。

書分三卷，十三篇。附錄《孫子》本傳，又《十家注孫子遺說》並序，鄭友賢撰《說》三十則，蓋本有十家注，鄭友賢輯且補之，爲曹操、李筌、杜佑、杜牧、王晳、張預、賈林、梅堯臣、陳暤、孟氏、何氏十一家也。刻工章琰見於宋淳熙三年（1176）張杅桐川郡齋刻淳熙八年（1181）耿秉重修本《史記》，疑爲宋孝宗時浙刻本。"廓"字避諱，知其爲南宋寧宗即位之後所刻。紙墨精良，爲南宋中葉浙刻精品。

卷首及卷尾鈐"袁氏珍藏圖書"、"袁埈"、"長宜子孫"、"季振宜印"、"滄葦"、"崑山徐氏家藏"諸印。曾經徐乾學、季振宜舊藏。每冊俱鈐天祿繼鑑諸璽,前後副葉所鈐爲"中三璽"。書中多有闕字抄補,其中上卷、中卷和《孫子本傳》闕25頁,抄補年代當在入藏清宫之前。

《賞溥傑書畫目》著録,宣統十四年(1922)八月十六日賞溥傑。中華書局上海編輯所1961年據此本影印出版,以北京圖書館藏本補全。《第一批國家珍貴古籍名録圖録》第00619號。①

此宋刻本《十一家注孫子》是《孫子兵法》除《武經七書》本之外的另一重要傳本系統——"十家注至十一家注"系統之母本。南宋孝宗光宗年間所刊《武經七書》現藏日本静嘉堂,白文本,版心有刻工姓名,書前鈐宋"禮部圖書"九疊篆朱文大長印,卷首鈐"汪士鐘印"、"郁松年印"、"泰峰"三印,通行者有1935年上海商務印書館採用中華學藝社借照静嘉堂藏本膠片影印出版之《續古逸叢書》本。宋刊《十一家注孫子》存世三部,除上海圖書館藏本外,北京圖書館藏有一部足本和一部殘本。足本爲周叔弢舊藏,書尾有承德堂牌記,鈐"鐘溪鑑賞"、"岳飛之章"、"戎馬書生"、"周遐"、"高山流水"五印。殘本僅存卷下一册,曾經陳揆、翁同龢翁斌孫祖孫收藏,鈐"檇李"、"項子京家珍藏"、"稽瑞樓"、"文瑞文勤兩世手澤同和敬守"、"常熟翁同龢藏本"、"翁斌孫印"六印。

489 冲虚至德真經八卷

明刻本。原爲一函三册,其中卷一至五,二册,現藏中國國家圖書館(新編書號1302);卷六至七,其中卷六存九葉,第二至十葉;卷七存七葉,第一至七葉,訂爲一册,現藏山東省博物館。

每半葉十一行,行二十一字,小字雙行同,細黑口,四周雙邊,雙順魚尾。黄絹籤題"宋板冲虚至德真經"。

此爲卷五3部《冲虚至德真經》之第一部,《天目後編》提要僅云:"見前《六子全書》内《列子》,係一版摹印。"審其版本,應爲明代所刻。

每册俱鈐天禄繼鑑諸璽,前後副葉所鈐爲"中三璽"。國圖所藏二册,1959年故宫撥交書目中未見有《冲虚至德真經》,2013年新編目。上有"于懷"、"蓮居士長物"、"蓮客讀本"三印,爲流出清宫後所鈐。山東省博物館僅存卷六、卷七殘葉,未見私人藏印。另有一方"敝帚自享"白文印,係流出清宫後王獻唐先生所鈐。前副葉上有民國二十一年(1933)王獻唐

---

① 《第一批國家珍貴古籍名録圖録》,第3册,第67頁。

先生兩段題識：" 此元明間之羅紋紙，爲是書副葉，僅存半幅，不忍棄置，裝附以資攷識。二十一年九月十九日。" 鈐 "獻唐" 朱文方印。" 右乾隆印記，初疑書肆所鈐，繼見蟲蝕多處在鈐印之後，殘葉零亂，得此亦不足增重，未必即爲贗蹟。雨慇多暇，檢閱內府舊藏書畫景本時，見此印籤，取校對，竟纖毫無異，始知非書賈作僞也。" 鈐 "鳳" 朱文方印（獻唐先生字鳳笙）。

489(2) 沖虛至德真經八卷（又一部）

明刻本。四冊，現藏中國國家圖書館（書號 5447）。

每半葉十一行，行二十一字，小字雙行同，粗黑口，四周雙邊，雙順魚尾。版心中刊 "列子幾卷" 及葉次。卷前有張湛《列子序》，後有《沖虛真經目錄》。首卷卷端題 "沖虛至德真經卷第一"，隔行低三格上題 "列子"，下題 "張湛處度注"。尚存黃綾書籤，題 "宋板沖虛至德真經"。書頁有蟲蛀。

《天目後編》卷五著錄三部宋版，云第二部 "一函四冊，係一版摹印稍後"。然顯見此本與前版不同，行款、板式俱差異較大。目錄後及卷四、卷五及卷八末皆有整頁割補痕蹟。

每冊俱鈐天祿繼鑑諸璽，前後副葉所鈐爲 "中三璽"，無私人藏印。

《賞溥傑書畫目》著錄，宣統十四年（1922）九月十五日賞溥傑，自此出宮。《北京圖書館古籍善本書目》，子部第 1652 頁。

489(3) 沖虛至德真經八卷（又二部）

明初刻本。四冊，現藏中國國家圖書館（書號 10154）

每半葉十一行，行二十一字，小字雙行同，粗黑口，四周雙邊，雙順魚尾。版心中刊列子卷次及葉次，下反白刊字數。卷前有張湛《列子序》，後有《沖虛真經目錄》。首卷卷端題 "沖虛至德真經卷第一"，隔行下題 "張湛處度注"。竹紙，有一指寬簾紋。

《天目後編》卷五著錄了三部宋刊《沖虛至德真經》，云與《纂圖互注六子全書》本 "係一版摹印"，"係一版摹印更後"。並云此第三部 "據印記，與前四子爲一家所藏"。此本字體豐肥，有宋元之風，卷末尾題後似有三行割補。《中國古籍善本書目》著錄同版書爲 "明初刻本"，《北京圖書館古籍善本書目》著錄爲明刻本。[①]

---

① 《北京圖書館古籍善本書目》，子部，第 1653 頁。

每冊俱鈐天祿繼鑑諸璽,前後副葉所鈐爲"中三璽"。卷一有"吳越王孫"朱文印,卷八有"金氏不窺園珍藏"、"金石"二方白文印。

《賞溥傑書畫目》著錄,宣統十四年(1922)七月十四日賞溥傑,賜出宮外。

490 纂圖互註南華眞經十卷

明初刻本。一函六冊,現藏廣東省博物館(書號 29156—29161)。

匡高 17.8 釐米,廣 12.1 釐米。每半葉十一行,行二十一字,小字雙行五十字。卷一至卷十以左右雙邊爲主,除卷二之外,各卷都穿插有四周雙邊之版式;黑口,雙順魚尾,魚尾間記卷數,如"莊子一フ"或"莊一",下記刻工姓名,如張輝、余以正、傅華、文顯、景亨、唐、犬等共 22 名。書前有郭象序。首卷卷端題"纂圖互註南華眞經卷之一",題"晉郭象子玄註唐陸德明音義"。黃綾書衣,黃綾書籤,書"宋版纂圖互註南華眞經全函"。竹紙。"南華眞經序"後有"莊子太極說";"莊子太極說"後有"周了太極圖"。

此爲卷五 3 部《纂圖互注南華眞經》之第一部,《天目後編》提要僅云:"見前《六子全書》內《莊子》,係一版摹印。"經與《舊京書影——北平圖書館善本書目》中《纂圖互註南華眞經》3 頁書影比勘,版刻完全相同,連斷版均同,《舊京書影——北平圖書館善本書目》定此版爲元本,《中國古籍善本書目》定廣東省博物館今藏版爲明初刻本。書中刻工,除"劉三"名字有見於《古籍宋元刊工姓名索引》、《明代刊工姓名索引》外,其餘均查無獲。不避宋諱,有俗體字如"刘"、"无"等字。初刻精好。

每冊俱鈐天祿繼鑑諸璽,前後副葉所鈐爲"中三璽"。此外,尚有"譚觀成印"(白方)、"海朝"(朱方)、"觀成"(朱方)三印,流出清宮後曾經民國時期廣東書畫收藏家譚塏舊藏。譚爲廣東人,居上海,與張大千兄弟友善。精鑑賞,富收藏。

《賞溥傑書畫目》著錄,宣統十四年(1922)七月十三日賞溥傑。《第四批國家珍貴古籍名錄圖錄》第 10542 號。[①]

490(2) 纂圖互註南華眞經十卷(又一部)

明初刻本。八冊,現藏中國社科院文學所圖書館(書號 121.33/0727

---

① 中國國家圖書館、中國國家古籍保護中心編:《第四批國家珍貴古籍名錄圖錄》,國家圖書館出版社 2014 年版,第 4 冊,第 72 頁。

—72)。

匡高 18 釐米，廣 12 釐米。每半葉十一行，行二十一字，小字雙行二十五字，黑口，左右雙邊，雙順魚尾。

此爲卷五 3 部《纂圖互注南華真經》之第二部，《天目後編》提要僅云："見前《六子全書》内《莊子》，係一版摹印。"原著錄爲元刻本，實與前後皆同版，爲明初刻本。

每册俱鈐天禄繼鑑諸璽，前後副葉所鈐爲"中三璽"。另鈐"半巢書屋"、"紫伯經眼"二方白文印，皆流散出宫後藏家所鈐。

《賞溥傑書畫目》著錄，宣統十四年（1922）七月十五日賞溥傑，賜出宫外。

490(3) 纂圖互註南華真經十卷（又二部）

明初刻本。一函十册，現藏遼寧省圖書館（書號善 01014）。

匡高 18.1 釐米，廣 12.1 釐米。每半葉十一行，行二十一字，小字雙行二十五字，黑口，左右雙邊，雙順魚尾。有耳題。竹紙，簾紋寬一指。清宫舊裝，織錦函套，綠綾書衣乃後裝。

此爲卷五 3 部《纂圖互注南華真經》之第三部，《天目後編》提要僅云："見前《六子全書》内《莊子》，係一版摹印。"建刻風格，窄行密字。

每册俱鈐天禄繼鑑諸璽，前後副葉所鈐爲中三璽，鈐"子孫保之"朱文印，知爲《天目後編》卷五之第三部"宋版"《南華真經》。

《賞溥傑書畫目》著錄，宣統十四年（1922）七月十六日賞溥傑，賜出宫外。《中國古籍善本書目》（綫裝書局本）第 1137 頁第 211 條著錄。

491 纂圖互注荀子二十卷

明初刻本。六册，現藏中國國家圖書館（書號 10092）。

每半葉十一行，行二十一字，小字雙行二十五、二十六字，粗黑口，四周雙邊或左右雙邊，雙順魚尾。版心中刊"荀幾"及葉次。有耳題，刊篇名。卷前有元和十三年楊倞序，又《荀子欹器之圖》、《天子大路圖》、《龍旗九遊圖》三幅，又《荀子篇目》。首卷卷端題"纂圖互註荀子卷第一"，隔行下題"唐大理評事楊倞註"。偶見宋諱"恆"字闕末筆。

此爲卷五 2 部《纂圖互注荀子》之第一部，《天目後編》提要僅云："見前《六子全書》，係一版摹印。"書中多有鈔補葉。

每册俱鈐天禄繼鑑諸璽，前後副葉所鈐爲"中三璽"。另有謙牧堂二印，曾經揆敘舊藏。

491(2) 纂圖互註荀子二十卷（又一部）

明初刻本。一函八冊，現藏遼寧省圖書館（書號善01015）。

匡高18.1釐米，廣12.1釐米。每半葉十一行，行二十一字，小字雙行二十五字，小黑口，左右雙邊，雙順魚尾，有耳題。竹紙。

此爲卷五2部《纂圖互註荀子》之第二部，《天目後編》提要僅云："見前《六子全書》，係一版摹印稍後。"版刻爲典型建陽地區風格。瞿氏鐵琴銅劍樓《宋金元本書影》第六冊有元本《纂圖互註荀子》卷二第一葉與是書《不苟篇》第三第一葉完全相同，故遼圖定爲元刻本，國圖審定從嚴，定爲明初刻本，實爲同版。

每冊俱鈐天祿繼鑑諸璽，前後副葉所鈐爲"中三璽"。另每冊首葉右下角有朱文"秀一徐子與"長方印，爲《天目後編》所失載。

《賞溥傑書畫目》著錄，宣統十四年（1922）八月初六日賞溥傑，賜出宮外。

491(3) 纂圖互註揚子法言十卷

明初建安書坊覆元刻本。原書爲一函一冊，現改裝爲二冊一木匣，中貿聖佳2016年春拍。

匡高18.5釐米，廣12.1釐米。每半葉十一行，行二十一字，小字雙行二十五字。左右雙邊或四周雙邊，雙順魚尾，粗黑口，版心中記"揚卷次"、"王卷次"、"揚子卷次"、"王子卷次"及葉次，卷首有景祐三年二月宋咸《重廣註揚子法言序》，又有景祐四年宋咸《進重廣註揚子法言表》，元豐四年十一月司馬光《司馬溫公註揚子序》。有《渾儀圖》、《五聲十二律圖》二幅。"廓"、"桓"、"慎"字缺末筆，首卷卷端題"纂圖互註揚子法言卷第一"，隔行題"晉李軌唐柳宗元註聖宋宋咸吳祕司馬光重添註"二行。竹紙。書衣改裝。書中闕補卷九之葉九、卷十之葉八。

"廓"、"桓"、"慎"字缺末筆，蓋可推知刊于宋寧宗慶元元年之後，屬宋末刻本。因是民間書坊所刻，避諱不謹嚴。宋咸序後原有有雙邊牌記"本宅今將監本九經四子纂圖互註附入重言重意，精加校正，並無訛謬，謄作大字刊行，務令學者得以參考互相發明，誠爲益之大也，建安□□□謹諮"，此半葉脫去不存，以另紙補之。

宋建陽刻本《纂圖互註揚子法言》以北宋治平監本爲底本，與《九經》、

《四子》匯刻並行，元明兩代多據之翻刻，行款版式俱同，且序後牌記原樣保留，只是字蹟略有不同，或佚去"九經"二字，或是佚去"九經四"三字，或許當時其它書版已散失，只能單刻《揚子法言》一種，故略修牌記以示之。此外元明翻刻本對避諱字也有修改，補齊了部分闕筆。據現藏中國國家圖書館藏宋刻元修本《纂圖互注揚子法言》、北京大學圖書館藏元翻刻建安書坊《四子》本、清華大學圖書館藏元刻《六子》本比勘，牌記佚去"九經"二字者可定爲元刻本，佚去"九經四"三字者，可定爲元刻本或明初刻本。

《欽定天祿琳琅書目後編》宋版子部共著錄三部《纂圖互注揚子法言》，第一部爲《六子》本，分藏中國國家圖書館、哈爾濱市圖書館等單位，審定爲元建陽書坊刻本。此爲第二部，書目提要僅云："見前《六子全書》內《揚子》，係一版摹印。"第三部現藏臺北"故宮博物院"，書目提要亦云："見前《六子全書》內《揚子》，係一版摹印"，書口下偶有刻工名文顯、文富、道成、玄友、犬二，行款版式俱與此本相同，審定爲明初建安書坊覆元刻本。此本牌記被有意脫去，顯是爲掩蓋其翻刻證據，《五聲十二律圖》中的"徵"字闕筆被補上，應是元明翻刻本。此書於《天目後編》著錄與後一帙"係一版摹印"，宋麻沙刊《六子全書》本，後帙現藏臺北故宮，審定爲明初建安書坊覆元刻本。今見原書，俱與臺北故宮本同，則此書亦爲明初刻本。

每冊俱鈐天祿繼鑑諸璽，前後副葉所鈐爲"中三璽"。民國六年(1917)十二月廿七日，寶瑞臣請傅增湘展閱。藏園記云："《青山集》、《周曇詠史詩》、《纂圖互注揚子法言》、《朱文公校昌黎先生集》、《博物志》、《山谷老人刀筆》、《佩觿》、《國語解》八書，久聞流出廠市，探詢半月，苦不得耗……昨夜亥刻，寶瑞臣前輩以電見告，謂八書皆在渠處，遣急足往取，夜分乃至。"並記其行款爲："南宋刻本。半葉十一行，行二十一字，注雙行二十五字，黑口，左右雙闌。……卷中廓字缺末筆。第九卷後四葉爲另一補板，卷尾題'音點大字揚子法言句解卷之九'，大小字數亦不同。"①

木匣外底刻有"纂圖互注揚子法言十卷"，小字刻"宋刊本仁和王氏藏"，脊以篆書刻"纂圖互注揚子法言十卷"，小字刻"宋刊本收入天祿琳琅今歸仁和王氏"。此仁和王氏不詳何人，按其時代，或爲王文韶，或爲王存善。王文韶(1830—1908)，字夔石，號耕娛、庚虞，又號退圃，祖籍上虞梁

---

① 《藏園群書經眼錄》，卷七，第463頁。

湖、浙江仁和（今杭州）人。咸豐二年（1852）進士。銓戶部主事，同治間任湖南巡撫，光緒間權兵部侍郎，直軍機，後任雲貴總督，擢直隸總督兼北洋大臣，奏設北洋大學堂、鐵路學堂等，旋以戶部尚書協辦大學士官至政務大臣、武英殿大學士。居淄博清吟巷，耗鉅資興建住宅，規模宏大，建有藏書處"清吟閣"、"退園"，藏書萬余冊，其中御賜內府刻本和抄本甚富，多為外間不易見之書，樓址至今仍存。有《王文韶日記》。王存善（1849—1916），字子展，光緒中署知海南，官虎門同知。後至上海，擢保道員。家富藏書，倫明《辛亥以來藏書紀事詩》稱其"手寫陶詩菫小市，眼明宋集寶高齋。嶺南有吏都超俗，但論收藏趣自佳"。所收金石碑拓，尤多精好者，且手自校讀，頗用心力。王氏所藏，傳至其子克敏後，最終盡散。克敏（1873—1946），字叔魯，《辛亥以來藏書紀事詩》中，亦列為一家。自其曾祖王兆杏始，四世藏書，其杭州故宅所藏後歸浙江圖書館，凡 432 箱，50615 冊。然其投靠日寇、充當漢奸，似較其父更加出名。

首末頁另鈐一"左海珍藏"朱文方印，出宮後為鄧拓購藏。鄧拓（1912—1966），原名鄧子健、鄧雲特，筆名馬南邨、左海等，福建閩侯人。中共宣傳戰線重要成員，長期擔任《人民日報》社長等中央主要宣傳機構領導職務。"文革"前夜因政治批判而自殺身亡。此本 1949 年後先在中國書店，《新中國古舊書業大事記》記 1964 年 5 月 1 日："中國書店大型內部門市由孔廟遷至琉璃廠海王村，東西兩廊和樓下全部營業。在樓上舉辦了歷年收到的珍善本古書展覽，包括已售出之宋板《楚辭》、《揚子法言》、《五燈會元》，磁活字本《周易說略》，雍正間抄本《異史》，程甲本《紅樓夢》等，共一百多種。"① 提到 1960 年代中，中國書店售出一部宋板《揚子法言》。在 1982 年編印的《中國書店三十年所收善本書目》，也著錄了《纂圖互注揚子法言》十卷，云"晉李軌、唐柳宗元、宋宋咸、吳秘、司馬光注。南宋福建刻黑口本。半頁十一行行大字二十一、小字二十五"，② 正與傅增湘《藏園群書經眼錄》著錄天祿琳琅本版本相同。

《周叔弢日記》1963 年 11 月 27 日記云："晚到鄧拓家，看宋本《纂圖互注揚子法言》，天祿琳琅故物。又看字畫十餘件，唐寅、祝枝山字卷（唐寫詩，祝《赤壁賦》），八大畫蟹立軸，唐寅《山水》軸，石濤《山水》軸，皆佳。

---

① 趙長海著：《新中國古舊書業》，吉林文史出版社 2009 年版，第 62 頁。
② 中國書店編：《中國書店三十年所收善本書目》，中國書店出版社 1982 年版，第 87 頁。

董其昌題高房山《雲山圖》，宋人畫《牡丹雙喜圖》，周文規畫《楊貴妃上馬圖》，畫甚舊，未敢定其僞。蘇東坡畫竹，爭論甚多，我看甚好。"鄧拓收藏的《纂圖互注揚子法言》，當購自中國書店。上個世紀60年代初，鄧拓時任北京市委文教書記，嗜好收藏書畫，是中國書店常客，中國書店内部門市（又稱專家服務部）之所以能夠從孔廟遷至琉璃廠海王村，正是鄧拓幫助聯繫商洽的結果。據周叔弢日記，知鄧拓在1963年11月前已購藏《纂圖互注揚子法言》，故1964年5月1日中國書店舉辦展覽時稱宋板《揚子法言》已售出云云。《中國書店三十年所收善本書目》書前《說明》亦稱其所著錄善本"大都已供應給有關單位和個人，不是我店現存書目，恕不能再供應讀者"。

周叔弢先生所見書畫，鄧拓在1964年都捐贈給了中國美術館。而這部《揚子法言》，可能在"文革"中被查抄。據鄧拓夫人丁一嵐等人的說法："'文化大革命'的突然來臨⋯⋯鄧拓同志的收藏文物全部被抄⋯⋯林彪抄去鄧拓同志的文物書畫共達22件，僅字畫即佔11件，緊跟林彪之後，陳伯達、江青、姚文元、黃、吳、葉、李、邱以及那個顧問之流，都紛紛把黑手伸向鄧拓同志歷年的珍藏，他們把許多宋、元重要古籍抄本隨意拿走⋯⋯"既云"全部被抄"，那麼《揚子法言》自然也在被抄之列。被查抄的古籍在"文革"後或有部分返還，據蕭新祺《鄧拓同志訪書瑣記》，1979年丁一嵐曾將鄧拓所藏古籍36種捐給北圖，這些當是返還之書。但是，丁一嵐贈書中並無天祿琳琅故物《揚子法言》，此書或退還鄧家，2016年現身於拍賣會上，以二千萬元昂價拍出。

491(4)纂圖互注揚子法言十卷

明初建安書坊覆元刻本。四冊一夾板，現藏臺北"故宫博物院"（書號故善000394—000397）。

匡高18.5釐米，廣12.1釐米。每半葉十一行，行二十一字，小字雙行二十五字。左右雙邊或四周雙邊，雙順魚尾，粗黑口，版心中記"揚卷次"、"王卷次"、"揚子卷次"、"王子卷次"及葉次，下偶有刻工名文顯、文富、道成、玄友、犬二。卷首有景祐三年二月宋咸《重廣註揚子法言序》，宋咸序後有雙邊牌記"本宅今將監本四子纂圖互註附入重言重意，精加校正，竝無訛謬，謄作大字刊行，務令學者得以參考互相發明，誠爲益之大也，建安謹咨"。又有景祐四年宋咸《進重廣註揚子法言表》，元豐四年十一月司馬光《司馬温公註揚子序》。有《渾儀圖》、《五聲十二律圖》二幅。

首卷卷端題"纂圖互註揚子法言卷第一"，隔行題"晉李軌唐柳宗元註聖宋宋咸吳祕司馬光重添註"二行。竹紙，夾板上有白綾題籤，書"揚子法言共四冊全函"，黃綾書籤，書"揚子法言"。

《天目後編》提要云："見前《六子全書》內《揚子》，係一版摹印。"臺北故宮吳哲夫先生云："持之以校《鐵琴銅劍樓宋元本書影》元刊本此書，實係同一版。又日本宮內廳書陵部藏有元覆南宋建安書坊刊本，版式行款雖同是本，然字體略異，則是書臆爲元末或明初再覆刻元建陽刊本者。"①

每冊俱鈐天祿繼鑑諸璽，前後副葉所鈐爲"中三璽"。另有朱彝尊兩方藏印"曝書亭珍藏"、"朱彝尊印"，爲朱彝尊舊藏。有清室善後委員會點驗記載，記其原在惇本殿。

《故宮善本書目》記其爲"元建陽書坊刻《六子》本。半葉十一行，行二十一字，注雙行二十五字"。1931年所編《故宮善本書庫元版書目》記其原在惇本殿，鈐有"朱彝尊"白文方印。②《"國立故宮博物院"善本舊籍總目》，下冊，第643頁，著錄爲"明初建安書坊覆元刊本"。

492 新纂門目五臣音注揚子法言十卷

宋崇川余氏刻本。四冊，現藏中國國家圖書館（書號12361）。

每半葉十一行，行十九字，小字雙行二十七字，細黑口，左右雙邊，雙順魚尾。版心中刊卷次及葉次。書前有《司馬溫公註揚子序》，署"元豐四年十一月己丑涑水司馬光序"。序後刻一長方牌記，共計四行："謹將監本寫作大字刊行，校證無悮，專用上等好紙印造，的與他本不同，收書賢士幸詳鑑焉，崇川余氏家藏。"（圖5-2）首卷卷端題"新纂門目五臣音註揚子法言卷一"，隔行題"李軌柳宗元宋咸吳祕司馬光重添註"。尾題則作"監本五臣音註揚子法言卷一"。其餘各卷首末皆題"監本五臣音註揚子法言"。"殷"字不諱，"慎"字避諱闕末筆。

---

① 吳哲夫著：《天祿琳琅書目續編著錄之宋版書籍研究》，《"國立中央圖書館"館刊》新十一卷第一期，第28頁。

② 見中國國家圖書館分館所藏《故宮善本書庫宋版書目》、《故宮善本書庫元版書目》及《各庫提入天祿琳琅明版書目》三種，合訂爲一冊，書號149753。

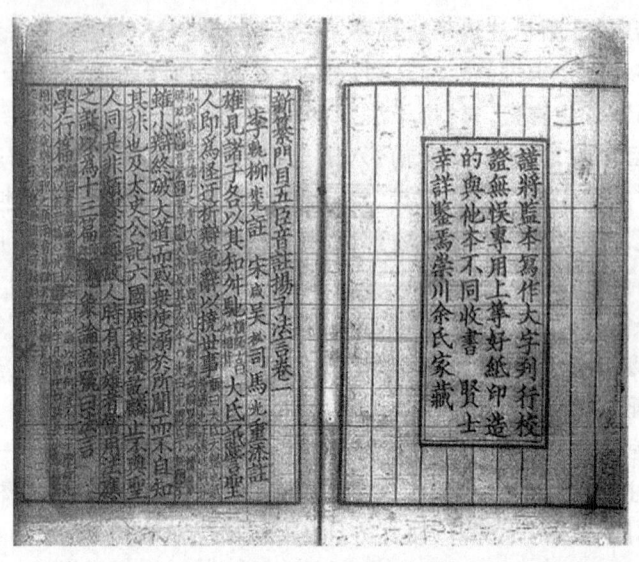

圖 5—2

自漢至北宋中期，《揚子法言》之作注有漢侯芭注、吳宋衷注、晉李軌解、隋辛德源注、唐柳宗元注、北宋宋咸重廣注及吳秘注等。司馬光裒合當時僅存之李軌、柳宗元、宋咸、吳秘四家，形成五臣集注。自是以下，始有五臣注本。宋淳熙八年(1181)浙江刻本《揚子法言》，爲五臣注現存最早的刻本，亦天祿繼鑑書，現藏遼寧省圖書館，見下一部。此崇川余氏刻本，亦屬早期刊本，雖南宋坊肆所刻本，而字畫槧法俱爲精工，彌足珍貴。

每冊俱鈐天祿繼鑑諸璽，前後副葉所鈐爲"中三璽"。書尾兩印不可辨。

《賞溥傑書畫目》著錄，宣統十四年(1922)七月十四日賞溥傑。出宮後輾轉自長春僞宮至瀋陽故宮，1959年由北京故宮撥交北京圖書館。《北京圖書館古籍善本書目》第1191頁。

492(2)揚子法言十三卷

宋淳熙八年(1181)浙江刻本。一函六冊，現藏遼寧省圖書館(書號善00009)。

匡高23.4釐米，廣18.6釐米。每半葉八行，行十六字，小字雙行二十四字，白口，左右雙邊，單魚尾。版心下有刻工蔣輝、王定、徐通、林玠、李忠、宋琳、吳亮、張定、陳僖、林檜、王震、周言等。卷前依次爲景祐四年宋咸"進重廣註揚子法言表"、淳熙八年唐仲友"後序"、景祐三年宋咸"重廣註揚子法言後序"、"篇目"、元豐四年司馬光"司馬溫公注揚子序"。後附"揚子音義"。避宋諱"玄"、"眩"、"弘"、"殷"、"桓"、"慎"等字。皮紙。

據唐仲友後序可知，此爲淳熙八年唐仲友在浙江台州任上所刊。南宋孝宗淳熙八年（1181）十二月，朱熹受命巡視台州時，連續上書彈劾太守唐仲友違法擾民，貪污淫虐，蓄養亡命，諸多罪名中即包括用公使庫資財刊書事宜。是本版心下方有刊工蔣輝、王定等，與朱熹劾唐仲友第六狀所言相合，皆爲紹興至杭州間刻工。《晦庵先生文集》卷十九載："去年三月內，唐仲友令蔣輝就公使庫開雕《揚子》、《荀子》等印版，輝共王定等一十八人，在局開雕。"從朱熹彈劾唐仲友第四狀，知蔣輝能雕刊會子，說明雕刊手法嫻熟。① 此乃五臣注本現存最早的版本，據北宋治平二年國子監刻本所刻，內容上可補明、清諸本脫誤，兼爲南宋中期浙江地區良工所刊，甚堪賞鑑。海內孤本。《天目後編》載其"闕筆極謹密，至孝宗諱'慎'字止"，定爲淳熙時槧板，但是稱"大字，麻沙最善本"，則誤。版面疏朗，精雕初印，棱角峭厲，墨色精潔濃潤。柳體字，有"字大如錢，楮墨如新"的浙刻本特點。②

唐仲友所刻《揚子法言》還牽扯出一樁歷史公案。北宋仁宗皇祐二年（1050），司馬光嘗疏請崇文院校正《荀子》、《揚子》、《文中子》、《韓子》，並送國子監刊行。國子監接受司馬光建議，遂將四子校正後下杭州鏤版。至神宗熙寧元年（1068）四書刻成，是爲北宋國子監刻本。靖康之變，金人破汴，大肆劫掠，北宋官府所藏圖籍及圖籍板片被金人捆載北還。宋室南渡後，特別是中興以後，經濟繁榮，書籍奇缺，北宋舊刻板片又無由用以重印，只得搜求北宋刻書傳本藉以重刊。

南宋孝宗淳熙八年（1181）唐仲友在浙江台州重刻《荀子》、《揚子》、《文中子》等便是一例。唐仲友在台州重刊《四子》，以熙寧本爲祖本，並在版式規制等方面悉"視熙寧之故"，所以台州本《四子》歷來爲藏書家和版本家所珍重。台州本三子中的《文中子》、《韓子》久已失傳，難以言狀。上世紀50年代，在周恩來總理關懷下北京圖書館購回香港著名收藏家陳澄中的郇齋藏書中，有宋版《荀子》一部，多認爲即台州本，後經認真考察，乃爲台州本之翻刻本，於是台州本的本來面貌再次成謎。此天祿舊藏台州

---

① 參見王菡著：《唐仲友刻書今存》，《中國典籍與文化》2007年第3期，第56—58頁。

② 傅熹年先生曾經眼，認爲是南宋中期浙江刻本。

本《揚子法言》，不但填補了後人想像的空缺，也證明唐仲友在台州刻《四子》是一件不爭的歷史事實。

唐仲友是浙江婺州（今金華）人，其父親兄弟四人，先後考取進士，可說滿門榮耀。以宋代官員工資薪水待遇而論，唐家富足顯赫，可其家不止於此，在婺州市門巷開設一家書肆，現藏國家圖書館之鄭注《周禮》，即當年市門巷唐宅出版品。唐仲友在台州任職期間，任用身爲犯人的刻字工人蔣輝使用公款雕印《荀子》、《揚子》、《文中子》。在宋代動用公使庫公款刻書不算過錯，售書所得只要歸公便不違法。然而唐仲友雕印之後，書運回家，銷售所得全部歸己。朱熹在淳熙八年（1181）以浙東大饑，改任浙東提舉，臨危受命，單車就道，救荒革弊，並肩負糾劾地方官員劣蹟之責，故有累章彈劾唐仲友之舉。在他彈劾唐仲友六條罪狀中，便有唐氏利用犯人僞造假幣及開版印製賦集及《四子》書事。

據（光緒）《桐鄉縣志》卷十五《文苑》記載，乾隆四十五年（1780）第五次南巡時，桐鄉金德輿曾向高宗進獻《太平歡樂圖》畫冊與宋版《禮記》等書，蒙恩賞給緞疋。金德輿（1750—1800），字鶴年，一字雲莊，曾任刑部奉天司主事，有桐華館藏書。張元濟涵芬樓所藏世德堂版《揚子法言》上有嘉慶四年（1799）顧千里跋，亦稱"買人錢景開言，桐鄉金德輿曾以宋槧大字《揚子》進呈"，①金德輿進呈之本或即此收入《天祿後目》卷五之淳熙間所刊大字本《揚子法言》。

第一冊前一至五頁有缺損。每冊俱鈐天祿繼鑑諸璽，前後副葉所鈐爲"大三璽"。第一冊首葉另有"事親之暇"（白文）、"詩禮傳家"（白文）兩方印，爲《天目後編》卷五失載。

《賞溥傑書畫目》著錄，宣統十四年（1922）八月初七日賞溥傑，賜出宮外。1988年四川巴蜀書社曾影印出版。《第二批國家珍貴古籍名錄圖錄》第02895號。②

493 帝學八卷

清初省園刻本。四冊一函，1996年嘉德春拍，③現藏兆蘭堂。

---

① 《涵芬樓燼餘書錄》，子部，"揚子法言"條，第三冊，第6頁。
② 《第二批國家珍貴古籍名錄圖錄》，第3冊，第31頁。
③ 中國嘉德國際拍賣有限公司1996年春季拍賣會古籍善本專場，拍品第553號，以10.78萬元成交。

《欽定天祿琳琅書目後編》卷五　宋版子部　/169

匡高 18.1 釐米，廣 13.8 釐米。每半葉十行，行十九字，小字雙行同。線黑口，左右雙邊，雙魚尾。版心上刊大小字數，版心下有"省園藏板"字樣。卷前有嘉定辛巳齊礪序，記刊書緣起。又建炎四年謝克家奏取書劄子。首卷卷端題"帝學卷第一"，隔行小字題"左朝散郎試給事中兼侍講充實錄修撰兼國史院修撰輕車都尉賜紫金魚袋臣范祖禹上進"。亦照避"鏡"、"玄"、"警"、"弘"、"殷"、"禎"、"貞"、"徵"、"讓"、"桓"、"敦"、"慎"等宋諱，遇諱闕末筆。尚存清宮五色織錦舊裝。

《帝學》在《天祿琳琅書目》中共著錄五部，其中《前編》卷二宋版史部著錄一部，有吳寬藏印，並有清高宗乾隆九年、四十年兩次賞鑑後御筆題詩。另卷八明版史部著錄一部，有何焯藏印。《天祿琳琅書目後編》卷五宋版子部著錄三部《帝學》，第一部即此本，三部版本相同，以爲乃宋嘉定十四年刻本，實皆清初翻刻宋嘉定本，傅增湘認爲當爲明刻本。①《天目後編》提要云："祖禹，字夢得，又字淳父，華陽人。"清光緒間王先謙刻本誤爲"畢陽人"。

每冊俱鈐天祿繼鑑諸璽，前後副葉所鈐爲"中三璽"。並鈐"季印振宜"、"季振宜藏書"、"滄葦"、"宋本"等印，曾經季振宜所藏。

《邵亭知見傳本書目》著錄《帝學》有元大德刊本、湖州活字本、明刻本等本，繆荃孫《藝風藏書續記》卷二著錄家藏本爲宋活字本，葉德輝《書林清話》、錢基博《版本通義》、王欣夫《古文獻要略》、毛春翔《古書版本常談》都以其例舉爲宋活字本之實證。繆氏舊藏本現藏四川師範大學圖書館，實即省園刻本。②揚州圖書館劉向東目驗此本，見其欄線通篇描過，認爲應是活字本，時代或在清初。《中國古籍善本書目》著錄爲"清省園刻本"，有國圖、北大、遼圖諸家收藏。以國圖書號 A02683 一部爲例，筆者諦審之，欄線不到底，版匡四邊有開口，上下欄線大部分描過，顯得粗重。但字間筆劃交叉很多，特別是大字部分。字面洇墨平均，無深淺不一現象，可以判定此省園本仍是雕版刊刻，並非活字排版。

---

①　傅增湘撰：《藏園群書經眼錄》，云："明刊本，十行十九字，版心下方有'省園藏板'四字。"第 554 頁。

②　劉按，有學者認爲"省園"乃明萬曆間人章丘張光啟之園，此本刻於明世，不足據。參見熊克撰：《是清"省園"藏板，還是宋活字本——爲繆藝風著錄宋活字本〈帝學〉及有關問題辯證》一文，《四川師範學院學報（哲學社會科學版）》1990 年第 1 期，第 69—75 頁。

《賞溥傑書畫目》著錄，宣統十四年（1922）七月十三日賞溥傑。檢《賞溥傑書畫目》，1922年7月13日、15日、16日分別賞賜一套宋板《帝學》，是年流出宮外。

493（2）帝學八卷（又一部）

清初省園刻本。一函四冊。

《天目後編》卷五著錄三部同版《帝學》，以爲皆爲宋嘉定辛巳趙汝洋重刊本。第二部之提要僅云"同前"，已知第一部現藏私人手中，第三部現藏中國國家圖書館，皆爲清初省園刻本，則此第二部應亦爲清初刻本。

《賞溥傑書畫目》著錄，宣統十四年（1922）七月十五日賞溥傑，賜出宮外，至今仍不知其下落。

493（3）帝學八卷（又二部）

清初省園刻本。一函四冊，現藏中國國家圖書館（新編書號1178）。

匡高18.1釐米，廣13.8釐米。每半葉十行，行十九字，小字雙行同。線黑口，左右雙邊，雙魚尾。版心上刊大小字數，版心下有"省園藏板"字樣。卷前有嘉定辛巳齊礪序，記刊書緣起。又建炎四年謝克家奏取書劄子。亦照避"鏡"、"玄"、"警"、"弘"、"殷"、"禎"、"貞"、"徵"、"讓"、"桓"、"敦"、"慎"等宋諱，遇諱闕末筆。黃絹籤題"宋板帝學"。

《天目後編》卷五著錄三部同版《帝學》，此爲第三部，提要僅云"同前"二字。

每冊俱鈐天祿繼鑑諸璽，前後副葉所鈐爲"中三璽"。無其他私家藏印。《天目後編》卷五宋版子部有三部同版、一函四冊之《帝學》，後兩部皆無私家藏印，無法判斷是書目著錄之哪一部。

《賞溥傑書畫目》著錄，宣統十四年（1922）七月十六日賞溥傑。1959年經北京文物局、故宮，撥交北京圖書館。2013年編目。

494 朱子語類一百四十卷

明成化九年（1473）陳煒刻本。原八函八十冊，其中卷一至十六、十八至四十、四十二至七十五、七十八至一百二十、一百二十五至一百四十，缺卷十七、四十一、七十六、七十七、一二一至一二四凡八卷，計一百三十二卷，七十五冊八函，現藏臺北"故宮博物院"（書號故善009304－009378）；

卷十七，計一冊，2002年嘉德春拍，①現藏臺灣潘思源處（潘目書號皇107/北2）；卷四十一，一冊，現藏中國國家圖書館（書號18604）；卷一二一，一冊，現藏芷蘭齋；卷一二二至一二四，計三卷，一冊，1997年上海朵雲軒春拍，②現藏臺灣潘思源處（潘目書號皇108/北2）。

匡高19.5釐米，廣15.5釐米，每半葉十四行，行二十四字，小字雙行同，白口或粗黑口，左右雙邊，雙魚尾。版心上刊字數，中刊卷次及葉次。書前各序，依次爲闕名《朱子語類大全序》；次諸本目，題"宋導江黎靖德類編"；次嘉定乙亥十月朔旦門人黃榦《池州刊朱子語錄後序》；次嘉熙戊戌月正元日李性傳《饒州刊朱子語續錄後序》；次淳祐己酉中秋日蔡抗《饒州刊朱子語後錄後序》；次咸淳元年嘉平之月吳堅《建安刊朱子語別錄後序》；次黃士毅《朱子語類後序》二；次嘉定十三年九月丁亥魏了翁《眉州刊朱子語類後序》；次淳祐壬子六月望日蔡抗、淳祐壬子上冬王佖《徽州刊朱子語續類後序》；③次《朱子語錄姓氏》，注諸人某年所聞，各注某錄。次黃士毅所編《門目》；次卷目，綴以景定癸亥靖德纂書序，又一篇，咸淳庚午靖德行旴江郡事，刻之郡齋再序也，次《考訂》八條，乃刪增校改之例。首卷卷端題"朱子語類卷第一"，自卷二起，卷端標題下接有"共幾板"或"計幾板"，以明此卷用板數量。卷一百四十有尾題，並記"卷終"。白棉紙。新裝藍布四合函套，粉紅色紙質書衣，古色紙質書籤，書"宋版朱子語類"及冊數。

黎靖德纂書識語略稱，李道傳刊《朱子語錄》於池，李性傳刊《續錄》、蔡抗刊《後錄》，皆於饒，是爲三錄。黃士毅輯《語類》，刊於蜀，王佖作《續類》，又刊於徽，是爲二類。凡五書，靖德合而參校之，削其復者一千一百五十餘條云云。是靖德所見者博而所採者精也。據《天目後編》卷五所言，《朱子語類》有池錄、饒錄、饒後錄、蜀類、徽續類、建別錄等，既互有出入，其後又翻刻不一，訛舛滋多。此本乃宋人黎靖德刪除重複，匯而編之，頗爲清整易觀。《天目後編》又云："宋人尊信朱子，單文隻語皆爲著錄，至

———————

① 中國嘉德國際拍賣有限公司2002年春季拍賣會古籍善本專場，拍品第1470號，成交價8.25萬元人民幣。

② 上海朵雲軒藝術品拍賣公司1997年春季拍賣會，拍品第710號，成交價5.28萬元人民幣。此一冊上另鈐"北京市文物管理處藏書"朱文印，應是退還私人之書。拍賣圖錄上以爲乃元刊，誤。

③ 劉按，《徽州刊朱子語續類後序》，清光緒王先謙刻本脫"續"字。

此書而集大全矣。"題宋刻本，實爲明成化間江西藩司陳煒主持覆刊南宋咸淳六年(1270)導江黎靖德刻本。陳煒，福建閩侯人，天順四年進士，歷江西按察使、右布政使，終浙江左布政使。除此書外，還曾刻過《唐詩品彙》一百卷。莫伯驥《五十萬卷樓藏書目錄》卷九著錄一成化時陳煒重刊《朱子語類》，有彭時序，後之修補版亦有序。此本俱無，書版有漫漶，爲後印、修補之本。

每冊俱鈐天祿繼鑑諸璽，前後副葉所鈐爲"中三璽"（較大一組）。"碧梧翠竹山房"、"明夫長年"、"樂山氏"等私藏印俱與《天目後編》卷五所記相同。《天目後編》云藏印"樂山氏"乃元卓德慶號，顯誤，或爲明人之號，姑且存疑。

《故宮善本書目》記其爲"明復成化本。闕卷十七、卷四十一、卷七十六、七十七、卷一百二十一至一百二十四，凡八卷，存七十五冊"。《"國立故宮博物院"善本舊籍總目》，下冊，第653頁。臺北故宮著錄"明覆刻刊成化九年江西藩司本"，然覆刊成化本爲版心三魚尾，版式多有差別，此本應是成化所刊原本，並非覆刊本。卷一二二至一二四，書籤上標爲第七十二冊。

《藏園訂補郘亭知見傳本書目》著錄，傅增湘訂補云："明刊小字本，十四行二十四字，白口，左右雙欄，每則首行頂格，餘均低一格，似成化弘治間所刊，甚粗率，審其行款版式，卻似從舊板出。劉承幹嘉業堂藏書，存六十一卷，號爲宋刊。"疑所錄明小字本即此成化刻本，以其猶有宋刻風韻，故常視爲宋刻。此本是現存最早的版本，萬曆三十二年(1604)又有朱崇沐刻本。

494(2) 麗澤論說集錄十卷

宋嘉泰四年(1204)呂喬年刻本。一函二冊，現藏中國國家圖書館（書號5435）。

匡高20.7釐米，廣15.6釐米。每半葉十行，行二十字，白口，左右雙邊，雙順魚尾。版心下有刻工韓公輔、仲良、瞿裕、周份、呂拱等。首卷卷端題"麗澤論說集錄卷第一"。"貞"字避諱闕筆。白麻紙。

此爲宋呂祖謙說，其弟呂祖儉錄，從子呂喬年補書。計十卷，卷一、二《易說》，卷三《詩說》，卷四《周禮說》，卷五《禮記說》，卷六《論語說》，卷七《孟子說》，卷八《史說》，卷九、十《雜說》，皆冠以"門人集錄"，或所記明非祖謙手著。其《詩說》一卷名曰"拾遺"，蓋以呂祖謙《家塾讀詩記》別有全書之故。

書上所鈐清宮天祿琳琅諸印，只見卷一末副葉鈐"五福五代堂寶"、"八徵耄念之寶"、"太上皇帝之寶"中三璽，未見其他藏印。

《賞溥傑書畫目》著錄，宣統十四年（1922）七月十六日賞溥傑。卷四至十，一冊，係輾轉自長春僞宮至瀋陽故宮，1959年由北京故宮撥交北京圖書館。《北京圖書館古籍善本書目》子部第1203頁。《第一批國家珍貴古籍名錄圖錄》第00610號。①《中華再造善本》唐宋編第193部。

495 西山先生真文忠公讀書記甲記三十七卷乙記二十二卷

宋開慶元年（1259）福州學官刻元明遞修本。原五函三十六冊，其中《甲記》卷二、九、十，計三冊；《乙記》綱目、下之卷二十二，計二冊，共五冊，現藏北京市文物公司；②《甲記》卷五至八，《乙記》卷五，五冊，現藏中國國家圖書館（書號18623）；《乙記》卷十六、十九，二冊，亦藏中國國家圖書館（新編書號1182、1309）；《乙記》下卷三，一冊，現藏臺北"國家圖書館"（書號301/05528）。

《甲記》匡高21.9釐米，廣15.6釐米。每半葉九行，行十六字，小字雙行二十四字，白口，左右雙邊，雙順魚尾。補版頁版心下刻有補版年。卷前有《綱領》。

《乙記》匡高21.9釐米，廣15.7釐米，每半葉九行，行十六字，小字雙行二十三至二十四字，白口，左右雙邊，雙魚尾。版心中刊"讀書記乙集幾"及葉次，補版頁版心下刊補版年及刻工，有"延祐五年刊　宸"、"延祐五年補刊　志"等。避宋諱不謹嚴。卷前有《綱目綱領》。末刻題銜"提督奉議郎特添差福建安撫司參議官仍釐務涂演、提督奉議郎通判福州軍州事兼西外宗正丞黃□孫、監雕迪功郎福州福清縣縣學主學張植"。卷端題"西山讀書記乙之幾"。白麻紙，臺北"央圖"一冊，書經修補重裝，內存清宮原書衣，爲褐色紙質書衣，白絹書籤，大字書"讀書記"，小字書"乙集"、篇名及冊數。

《天目後編》云："陳振孫《書錄解題》載《讀書記》，分甲、乙、丙、丁。今但有甲三十七卷、丁二卷，乙、丙未見。《文獻通考》亦祇載三十九卷。至

---

① 《第一批國家珍貴古籍名錄圖錄》，第3冊，第60頁。
② 《北京文物精粹大系·古籍善本卷》，第52—55頁；吳希賢輯彙：《歷代珍稀版本經眼圖錄》，第47—49頁；《中國傳世文物收藏鑑賞全書·古籍善本》，第52頁。

乙記下二十二卷前有德秀門人湯漢序，稱甲、丁二記先刊行，乙記上即《大學衍義》，其下未及繕寫而德秀歿，從其子仁夫鈔得，釐爲二十二卷而刊之福州。此本甲、乙二記卷數相合，而校刻銜名皆福建職官，蓋即漢刊之福州者，特闕其序耳。又無丁記，然提督、監雕名列通部之末，似本無丁記，非脫佚也。見在盛行祠版，乃以丁記二卷厠入甲記，爲第三十三、三十四卷，又勻甲記爲三十八卷，以足四十之數。而乙記下不刊，顛倒遺漏，益知舊籍可珍。"此本爲南宋開慶元年（1259）湯漢等福州學官所刻，有元明遞修痕蹟。

每冊俱鈐天祿繼鑑諸璽，前後副葉所鈐爲"大三璽"。鈐"朱印子儋"、"習仰企氏家藏"皆與《天目後編》卷五所記相合。北京市文物公司所藏者，《甲集》上鈐"伯達之印"朱文印；《乙集》上有"康生"朱文、白文印多枚。臺北"央圖"所藏一冊，另有"管理中英庚款董事會保存文獻之章"朱文長方印。

《北京圖書館古籍善本書目》子部第1204頁。卷十九，半卷，一冊，係1959年撥交北京圖書館，殘破霉爛，2013年編目。臺北"央圖"所藏一冊，修補葉甚少。《"國立中央圖書館"宋本圖錄》著錄，子部，第177—178頁。

496 重廣補注黃帝內經素問二十四卷

明嘉靖二十九年（1550）顧從德影宋刻本。二函十二冊，現藏中國國家圖書館（新編書號1193）。

匡高21.9釐米，廣15.7釐米。每半葉十行，行二十字，小字雙行三十字，白口，左右雙邊，單魚尾。版心中刊"內經幾"及葉次，下有刻工陳德、林仁、王文等。卷前有林億等《進表》，錄寶應元年冰序、校正銜名，每卷末附《音義》。首卷卷端題"重廣補註皇帝內經素問卷第一"。黃絹籤題"內經素問"。

此爲《天目後編》卷五4部同版《重廣補注黃帝內經素問》之第一部。原書二十四卷末本有"明修職郎直聖濟殿太醫院御醫上海顧廷芳校"一行，書估作僞，將此行割去，遂誤以爲宋本。《天目後編》記爲十一冊，實則十二冊。

書上鈐"秀野草堂顧氏藏書印"、"顧印嗣立"、"俠君"三印，爲長洲顧氏藏本。顧嗣立，字俠君，其家有秀野草堂，以監生編纂《四朝詩選》。康熙壬辰欽賜進士，授翰林。所著有《元百家詩三集》，韓昌黎、溫飛卿詩注。每冊俱鈐天祿繼鑑諸璽，前後副葉所鈐爲"大三璽"。

《賞溥傑書畫目》著錄,宣統十四年(1922)八月十五日賞溥傑。流出清宮後輾轉流傳民間,解放初由北京市文物局撥交北京故宮博物院。1959年由故宮撥交北京圖書館,2013年編目。

497 重廣補注黃帝內經素問二十四卷(又一部)

明嘉靖二十九年(1550)顧從德影宋刻本。二函十四冊,現藏中國國家圖書館(新編書號1180)。

匡高21.9釐米,廣15.7釐米。每半葉十行,行二十字,小字雙行三十字,白口,左右雙邊,單魚尾。版心中刊"內經幾"及葉次,下有刻工陳德、林仁、王文等。首卷卷端題"重廣補註皇帝內經素問卷第一"。黃絹籤題"宋板重廣補注黃帝內經素問"。

此爲《天目後編》卷五4部同版《重廣補注黃帝內經素問》之第二部,提要記其版本僅云"同上,係一版摹印"。原書二十四卷末本有"明修職郎直聖濟殿太醫院御醫上海顧廷芳校"一行,書估作偽,將此行割去,遂誤以爲宋本。

"戲墨樓"、"方壺山人"、"晉醴侯裔"、"師古叜"、"江東陸氏書畫珍藏"等私家藏印俱與《天目後編》所記相同。"克庵"朱文印,《天目後編》以爲此書曾經明台州人陳選收藏,誤矣,詳見前揭卷二宋版經部第五部《春秋經傳集解》。"方壺山人"一印爲黃色印。每冊俱鈐天祿繼鑑諸璽,前後副葉所鈐爲"大三璽"。

《賞溥傑書畫目》著錄,宣統十四年(1922)八月十四日賞溥傑。其中卷一至九、十三至二十二,計十九卷,二函十冊,係出宮後輾轉自長春僞宮交還北京故宮。1959年由北京故宮撥交北京圖書館。有蟲蛀。2013年編目。

497(2) 重廣補注黃帝內經素問二十四卷(又二部)

明嘉靖二十九年(1550)顧從德影宋刻本。原書二函十二冊,存卷一至九、卷十三至二十二,計十九卷,一函十冊,現藏遼寧省圖書館(書號善10082)。

行款、版式同上。石青絹裝,黃綾題籤。

此爲《天目後編》卷五4部同版《重廣補注黃帝內經素問》之第三部,提要記其版本僅云"同上,係一版摹印"。

書上鈐"婁東"、"掃花庵鑑賞"、"王印時敏"、"煙客氏"等印,知爲《天目後編》卷五所記第三部宋版。太倉王氏藏本。王時敏,字遜之,號煙客,官太常,錫爵之孫,王原祁之祖。其每冊俱鈐天祿繼鑑諸璽,前後副葉所鈐爲"大三璽"。

《賞溥傑書畫目》著錄,宣統十四年(1922)八月十八日賞溥傑,散出宮外。其中卷十至十二、二十三至二十四,二冊,抗戰勝利後秦翰才曾見於長春僞皇宮。①

498 重廣補注黄帝内經素問二十四卷(又三部)

明嘉靖二十九年(1550)顧從德影宋刻本。一函十冊,現藏遼寧省圖書館(書號善10085)。

匡高21.7釐米,廣15.6釐米。每半葉十行,行二十字,小字雙行三十字,細黑口,左右雙邊,單魚尾,版心上鐫"紹定重刊",下鐫刻工陳德、林仁、王文、陳安、付言、黄俊、鄭保、張洵、周賜、程保、周才、鄧友、王春、付益、林才、林宗、鄭俊、王仁等。黄麻紙。清宮舊裝,織錦函套,明黄色絹製書衣,黄綾題籤"黄帝内經"。

此爲《天目後編》卷五4部同版《重廣補注黄帝内經素問》之第四部,提要記其版本云:"見前。每版心有'紹定重刊'四字。林億等於仁宗嘉祐中奉敕校正。據表云'每念旬歲',是神宗時方告成鋟梓。此則南宋理宗時重雕,版式、字數、尺寸仍照原帙。"原書二十四卷末本有"明修職郎直聖濟殿太醫院御醫上海顧廷芳校"一行,此行被割去,粘以另紙拼接完整。提要云:"每版心有'紹定重刊'四字。林億等於仁宗嘉祐中奉敕校正。據表云'每念旬歲',是神宗時方告成鋟梓。南宋理宗時重雕,版式、字數、尺寸仍照原帙。"翰林們未辨版心上"紹定重刊"四字乃楔板重刻(圖5-3),有元號無年月,元明時期國子監遞修宋版諸史不會如此含混,此乃後世書估僞製,以致編者誤定爲南宋理宗時重雕之本,此本仍是明代嘉靖間顧從德影宋刻本。

鈐"文石朱氏家藏圖籍印"、"心同太虚",知爲《天目後編》卷五所記第四部宋版,松江朱氏藏本。每冊俱鈐天祿繼鑑諸璽,前後副葉所鈐爲"大三璽"。

---

① 秦翰才撰:《滿宮殘照記》,《民國史料筆記叢刊》,上海書店出版社1998年版,第101頁。

《欽定天祿琳琅書目後編》卷五　宋版子部　/177

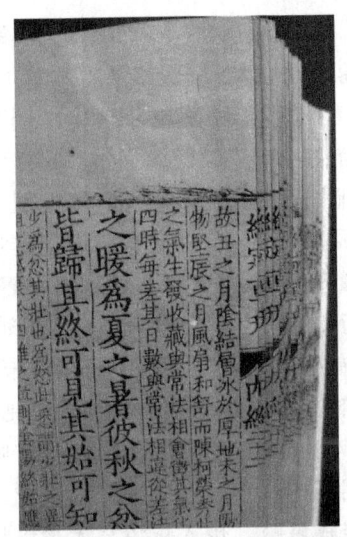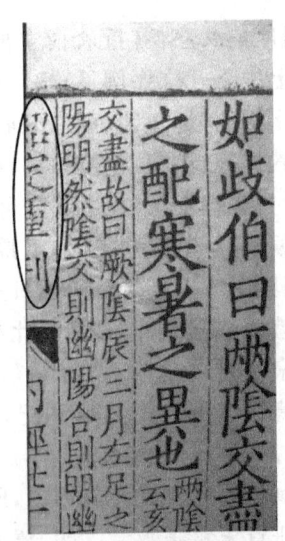

圖 5—3　《天目後編》第三部宋版《重廣補注黃帝內經素問》，實爲明嘉靖二十九年（1550）武陵顧從德刻本，版心上方之"紹定重刊"4字係書賈偽製（現藏遼寧省圖書館）

《賞溥傑書畫目》著錄，宣統十四年（1922）八月十九日賞溥傑，賜出宮外。

498（2）黃帝內經二十四卷靈樞二十四卷

宋刻本。四函二十四冊。

《天目後編》提要云："《素問》二十四卷，篇目同前。《靈樞》二十四卷，八十一篇。前有紹興乙亥史崧序，亦每卷附《音義》。《素問》之名，始見於後漢張機《傷寒論》，《靈樞》之名，《漢》、《隋》、《唐志》皆不著錄。王冰以《九靈經》更名《靈樞》，謂即皇甫謐所言《鍼經》，故後人或以爲冰所僞託也。至崧始云家藏舊本《靈樞》九卷，送祕書省、國子監。是此書至南宋始出也。考《漢書·藝文志》，載《黃帝內經》十八篇，晉皇甫謐《甲乙經序》稱《鍼經》九卷、《素問》九卷，與《漢志》十八篇合，此兩書所由合刻也。"

未詳何時亡佚，至今不知下落。

499 新編證類圖注本草四十二卷

元刻本。二十四冊，現藏中國國家圖書館（書號 5437）。

每半葉十行，行十九字，小字雙行同，黑口，左右雙邊，雙順魚尾或三黑魚尾。卷前有《補注總序》、《本草圖經序》、《開寶重定序》、《唐本序》、

《陶隱居序》，又序例《重廣補注神農本草並圖經序》，《雷公炮炙論序》，又《序例》上中下，又《序例目錄》。首卷卷端題"新編類證圖註本草上一卷"，隔行小字揭銜"通直郎、添差充收買藥材所辨驗藥材寇宗奭編撰"、"敕授太醫助教差充行在和劑辨驗藥材官許洪校正"二行。

《天目後編》云："其正文分部繪圖，詳注藥性，道地炮製方劑，引據雖極博而編纂無例，標注不明，蓋當時局醫所撰，未經祕省儒臣鑒定也。《玉海》載紹興二十七年八月十五日王繼先進校定《大觀本草》，詔祕書省修潤付胄監鏤版，是南宋有官本。此本銜內有'行在'字樣，亦南渡後刻。"此坊刻本將宋本書名略改為"證類"，但有些卷之卷端仍用原書名，宋諱亦照翻。目錄後有長方形雙欄刊記，中無文字。《藏園訂補邵亭知見傳本書目》著錄此書，已疑為翻宋刻本。此本上卷序例目錄後原有長方牌記，文字皆被剜去。此應為元翻宋本，所翻底本日本宮內廳書陵部有藏。

每冊首末鈐謙牧堂二印，清人揆敘舊藏。後入藏清宮天祿琳琅，每冊俱鈐天祿繼鑑諸璽，前後副葉所鈐為"中三璽"。清末散出後為于蓮客所得，另鈐"蓮客讀本"、"蓮居士長物"諸印。

《賞溥傑書畫目》著錄，宣統十四年（1922）八月廿三日賞溥傑。其中卷七至十、十二至十四，四冊，係溥儀兄弟攜至東北之書，出宮後輾轉自長春偽宮至瀋陽故宮，1959年由北京故宮撥交北京圖書館。《北京圖書館古籍善本書目》子部第1248頁著錄，存十八冊，存卷一至六、十七至四十二，首全。2011年5月中國國家圖書館舉辦"中華珍貴醫藥典籍展"上展出此書。

500 周髀算經二卷

清初影宋鈔本。一函二冊，現藏遼寧省圖書館（書號善61024）。

匡高21.2釐米，廣15.5釐米。每半葉九行，行十八字，小字雙行同，線黑口，單花魚尾，四周雙邊或左右雙邊。版心上或下抄有字數，下另抄寫刻工名："傅汶"、"葉才"、"吳顯"、"媿才"、"媿甫"、"蔡文"（"文"）、"葉全"（"全"）、"葉定"（"定"）、"陳文"（"陳"）、"蔡政"、"何全"（"何全刁"）等。卷前有趙君卿序，後有元豐七年祕書省進書官員銜名、元豐七年校定鏤板官員銜名、李籍撰"周髀算經音義"、嘉定六年鮑澣之跋。書中"玄"、"弦"、"桓"、"慎"等字缺末筆。清宮原裝，石青絹製書衣，黃綾書籤作"宋版周髀算經"。

由避宋諱可證為依宋嘉定刻本影抄成書。白棉紙本，書法工整，墨色濃潤，字體有刻本棱峭之風，可亂真宋刻。此書《天祿後目》題爲"宋版"，實則抄本。提要僅云"見前首部《算經》條下"，不辨抄本，誤入宋版子部之列（圖5-4）。

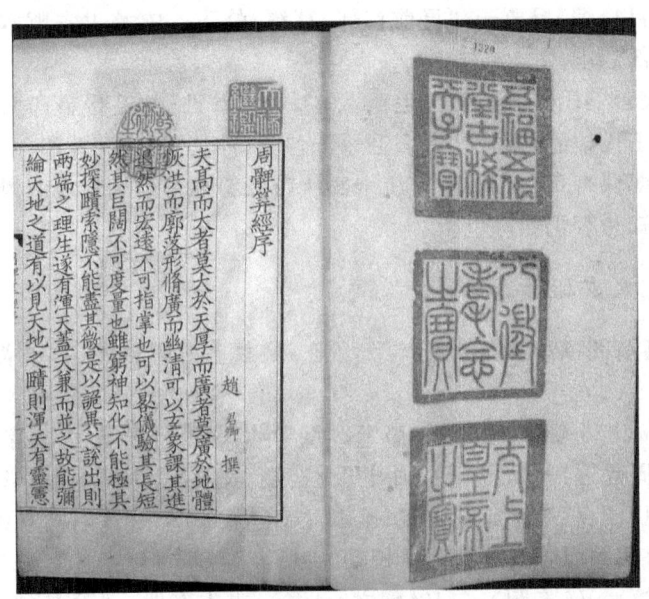

圖 5-4

上海圖書館藏南宋嘉定六年（1213）汀州軍鮑澣之刻本《周髀算經》，毛氏汲古閣據其影寫抄本亦入清宮天祿琳琅，見《天目後編》卷一宋版首部之《御題算經》七種，現藏臺北"故宮博物院"。此本非毛氏汲古閣之影抄《周髀算經》本，其影抄之工似更在汲古閣之上。與存世宋刻本勘比，個別字略有差異，①不知據何本影抄。然有鮑跋，似應仍以鮑刻古算經爲底本抄寫。

每冊俱鈐天祿繼鑑諸璽，前後副葉所鈐爲"大三璽"。無其他私人藏印。

《賞溥傑書畫目》著錄，宣統十四年（1922）七月十六日賞溥傑。《第二批國家珍貴古籍名錄圖錄》第04629號。②

---

① 劉冰著：《書林奇珍——影宋抄本〈周髀算經〉》，《圖書館學刊》2008年第2期。

② 《第二批國家珍貴古籍名錄圖錄》，第6冊，第230頁。

500（2）夏侯陽算經

宋秘書省刻本。一函三冊。

《天目後編》提要云："見前首部《算經》條下。宋祕書省槧本，後有銜名，見首部鈔本。"

爲太倉王氏、常熟錢氏、毛氏藏本。鈐"季雅"、"毛晉私印"、"子晉"、"吳中仲王氏伯靜之印"、"海虞毛晉子晉圖書記"、"宗伯"等印。

《賞溥傑書畫目》著錄，宣統十四年（1922）七月十五日賞溥傑，賜出宮外，尚不知是否仍然存世。

501 太玄經十卷

明嘉靖間孫沐萬玉堂刻本。十冊，現藏上海圖書館（書號普 422246—55）。

匡高 20.5 釐米，廣 13.9 釐米。每半葉八行，行十七字，小字雙行同，白口，四周雙邊，單魚尾，版心中刊"太玄幾"及葉次，下刻"萬玉堂"。宋諱"玄"、"桓"、"貞"等字時闕末筆，避諱並不謹嚴。卷末有"右迪功郎充兩浙東路提舉茶鹽司幹辦公事張實校勘"一行。卷前有《陸績述玄》，又唐王涯《說玄五篇》，又《玄圖》一，又《釋文》一卷。書末有跋。《說玄》後刻"右迪功郎充兩浙東路提舉茶鹽司幹辦公事張寔校勘"一行，《玄圖》後刻"萬玉堂"三字。首卷卷端題"太玄經卷第一"，隔行下署"晉范望字叔明解贊"。白棉紙。黃綾書衣，黃綾書籤，書"宋板太元經"。

跋略云：宋衷解詁，陸績釋文，共爲一注，范望折衷長短，或加新意就成此注，三家互有得失。跋無名氏，未審輯者何人也。《天目後編》提要云此本"圖後刻'萬玉堂'字"，則必非宋版，應是明嘉靖間孫沐萬玉堂刻本。明嘉靖間丹陽人孫沐刻印過顏元孫《干祿字書》及范望注《太玄經》十卷、郭忠恕《佩觿》等。孫沐所刻之書均爲八行十七字本，版心下方有"萬玉堂"三字，其中《太玄經》所附王涯撰《說玄》五篇之後，有"右迪功郎充兩浙東路提舉茶鹽司幹辦公事張寔校勘"一行，《釋音》末葉版心下方有"海虞周潮書"五字。孫沐之版爲覆宋刊，兼避宋諱，如"貞"、"玄"字缺末筆等，故前人往往誤爲宋本。此本雖白棉紙，然紙色蕉黃不匀，有明顯染色作舊痕蹟。

傅增湘曾於《藏園群書經眼錄》中《暖姝由筆三卷》一條云："書中記蘇州監生郝梁事甚奇，即刻《太玄經》者也。"《藏園群書經眼錄》又載，何焯曾校過孫沐萬玉堂刊本《太玄經》，跋曰："康熙□□□錢求赤所傳馮嗣宗校嘉靖甲申江都郝梁子高刊本，因取此本對校，則郝□□□□有宋善本，其中脫誤甚多，當是麻沙坊刻。此萬玉堂本誤處最少，在前朝□□當爲第一，見則必當收之爲副本也。四月晦日燈下焯記。"莫友芝稱郝梁本爲"明時佳刻"，何焯則指其爲"麻沙坊刻"，惟孫沐本當"見則必收"，可知郝梁本《太玄經》確爲明時佳刻。

　　清初錢曾、陳嗣本舊藏，有"虞山錢曾遵王藏書"、"永言"、"嗣本私印"、"陳嗣本字永言號仲默圖書印"、"潁川陳氏藏書畫章"諸印。陳嗣本，字永言，號仲默，潁川人。每冊俱鈐清宮天祿繼鑑諸璽，前後副葉所鈐爲"中三璽"。

　　《賞溥傑書畫目》著錄，宣統十四年（1922）八月六日賞溥傑。書中夾有浮籤，上書"56年12月19日，長寧區公安局交來，明反宋版《太元經》一部十本"。

501(2) 元包經傳五卷

　　宋紹興三十一年（1161）張洸刻本。一函四冊。

　　《天目後編》提要云："前有政和元年楊楫序，附《元包數總義》二卷，宋蜀人張行成述。序後有張洸跋云：'家藏此書，來宰臨邛，得同年張公文疏義，邑士韋漢卿校正，附《釋音》，因併鏤版，合爲一編。時紹興三十一年也。'"又云："此書今盛行毛晉汲古閣翻雕本。此其原本也，有印記'甲'、'宋本'、'毛晉'、'汲古主人'。"

　　上海圖書館藏宋紹興三十一年（1161）張洸刊本《元包經傳》一部，每半葉八行，行十六字，白口，左右雙邊。是真宋本，無清宮諸璽，並非天祿書。寧波范氏天一閣覆刊此本，行款俱同，唯版式變爲四周單邊。頗疑天祿此本亦明范氏翻宋本。

　　《賞溥傑書畫目》著錄，宣統十四年（1922）七月十四日賞溥傑，賜出宮外，尚不知是否仍然存世。

502 元包經傳五卷（又一部）

　　明范氏天一閣刻本。一函四冊，現藏遼寧省圖書館（書號善10101）。

　　匡高20.1釐米，廣14.7釐米。每半葉八行，行十六字，小字雙行同，白口，四周單邊，單線魚尾，偶見雙魚尾。卷首"元包舊序"版心下有"黃瑞寫、姜培刊"。其它版心下鐫記刻工"郭完刊"、"郭英刊"、"熊施五刊"（或

"熊施五刊")、"戴鋭刊"、"徐昇刊"、"郭拱刊"、"郭良刊"、"余堂刊"、"黎國相"、"瞿良才"、"郭才刊"等。附《元包數總義》二卷,宋蜀人張行成述。首卷卷端題"元包經總義卷第一",隔行下題"蜀臨邛張行成述"。《元包經》卷二第十一頁、《元包數總義》卷二第十三頁、第十五、十六頁係抄補。白棉紙,清宮舊裝,石青色書衣,黃綾書籤題作"宋板元包經傳"。

《天目後編》提要僅云"同上"兩字。此本字體方正,具備典型明代正德、嘉靖時刊書風格。此爲四明范氏天一閣刻本,《中國古籍善本書目》著錄爲"明范氏刻《天一閣奇書》本"。據考,《天一閣范氏奇書》本之特點,一爲范欽手訂,或具名,或具號,名號前或冠以籍貫,或冠以時代,落款格式與原書著者題法相稱;二是版式相同,大都爲半頁九行,行十八字,白口,左右雙邊。對照以上特點,此本雖是天一閣刻本,不宜列爲"奇書本"。

每冊俱鈐天祿繼鑑諸璽,前後副葉所鈐爲"中三璽",無其他私人藏印。

《賞溥傑書畫目》著錄,宣統十四年(1922)八月六日賞溥傑。《第三批國家珍貴古籍名錄圖錄》第 08430 號。①

502(2)畫繼五卷

宋臨安府陳道人書籍鋪刻本。一函二冊,現藏遼寧省圖書館(書號善00004)。

匡高 20.1 釐米,廣 14.6 釐米。每半葉十一行,行二十字,白口,左右雙邊,單魚尾。版心上記頁數,下鐫刻工"東"、"呂"、"光"、"宋"、"裕"、"陳"、"晁"、"光"、"方至"、"政"、"方人中"等。卷前有鄧椿序,序後鐫有"臨安府陳道人書籍鋪刊行"牌記一行。首卷卷端題"畫繼卷第一"。附《五代名畫補遺》一卷。宋諱闕筆至"敦"字。白麻紙。書頁略有蟲蛀、破損。

《畫繼》被收入《王氏畫苑》、《津逮秘書》、《學津討原》等叢書,明清版本眾多,此爲傳世最早者。南宋中期臨安著名刻書家陳起所刻,《天目後編》考陳起云:"按方回《瀛奎律髓》注云:陳起,睦親坊開書肆,自稱陳道人。又云:陳起宗之,能詩,凡江湖詩人皆與之善,刊《江湖集》以售。宗之詩有云'秋雨梧桐皇子府,春風楊柳相公橋',哀濟邸而誚彌遠也。或嫁其

---

① 《第三批國家珍貴古籍名錄圖錄》,第 5 冊,第 49 頁。

語於敖器之，言者論列，劈《江湖集》版，宗之坐流配。於是詔禁士大夫作詩。彌遠死，詩禁始解。事亦見周密《齊東野語》。"人間孤本。精雕初印，棱角峭厲，墨色濃郁，爲浙刻極品。①

清初揆敍舊藏，每冊前有"謙牧堂藏書記"白文方印、後有"謙牧堂書畫記"朱文方印，爲《天祿後目》失載。清中期入藏清宮。每冊俱鈐天祿繼鑑諸璽，前後副葉所鈐爲"中三璽"。

《賞溥傑書畫目》著錄，宣統十四年（1922）七月十五日賞溥傑，此書自長春僞宮收得。《第一批國家珍貴古籍名錄圖錄》第 00730 號。②《中華再造善本》唐宋編第 223 部。《古逸叢書》三編據此本影印。

503 墨池編六卷

宋刊本。二函十二冊。

《天目後編》提要云："宋朱長文撰。長文，字伯原，吳人。舉進士乙科。元祐中召爲太學博士，遷祕書省正字，《宋史》有傳。書六卷，分字學、筆法、雜議、品藻、贊述、寶藏、碑刻、器用八門。"又云書上鈐有"可泛杯湖可游退谷"、"明懷"二朱文印。

未詳何時亡佚，不知是否尚存世間。

503（2）書苑菁華二十卷

宋刻本，卷二第六葉以下抄配。一函六冊，現藏中國國家圖書館（書號 12362）。

匡高 19.8 釐米，廣 14.4 釐米。每半葉十一行，行二十字，白口，左右雙邊，單魚尾。書名題"書苑幾"。版心上題字數，下鐫刻工姓名"凡"。卷首有題鶴山翁（魏了翁）撰序，云："臨安鬻書人陳思乃能集漢魏以後論書者爲一編，曰《書苑菁華》。"次《書苑菁華目錄》。玄、絃、殷、胤、恒、貞、徵、署、樹、桓、完、搆、購、慎、敦、燉、廓宋諱闕筆。

此書爲宋人陳思所撰。陳思，臨安人，著《小字錄》。卷前自署"成忠郎緝熙殿國史實錄院祕書省蒐訪"，蓋坊肆書賈系銜散局者。其子陳起，刊《江湖集》，事見前書《畫繼》。魏了翁序稱爲臨安鬻書人陳思，故不署名，但稱鶴山翁題也。魏了翁，字華父，浦江人。慶元進士，官簽書樞密院

---

① 王清原著：《館藏宋代陳道人刻本〈畫繼〉》，《圖書館學刊》2006 年第 4 期。
② 《第一批國家珍貴古籍名錄圖錄》，第 3 冊，第 173 頁。

事。諡文靖,《宋史》有傳。所著有《鶴山集》,故別稱"鶴山翁"。

檢書中諱至"廓"字,當爲南宋寧宗時刻本。趙萬里主編《中國版刻圖錄》云"宋諱缺筆至敦字",似有眉睫之失,并認爲"疑是南宋後期陳思自刻本",與其所稱避"敦"字亦似自相矛盾。觀其刀法,頗類明嘉靖間刻風,疑爲明嘉靖翻刻本,不知是否準確,略陳於此俟方家教正。

每冊俱鈐天祿繼鑑諸璽,前後副葉所鈐爲"中三璽"。無其他私家藏印。

《賞溥傑書畫目》著錄,宣統十四年(1922)七月十五日賞溥傑。出宫後輾轉自長春僞宫至瀋陽故宫,1959 年自北京故宫撥交北京圖書館。《中國版刻圖錄》云"疑是南宋後期陳思自刻本"。[1]《北京圖書館古籍善本書目》子部第 1339 頁。《第一批國家珍貴古籍名錄圖錄》第 00698 號。[2]《中華再造善本》唐宋編第 221 部。

504 嘯堂集古錄二卷

明影宋刻本。二冊,現藏中國國家圖書館(書號 5432)。

行字不等,白口,左右雙邊,單魚尾。版心上刊"嘯堂集古錄",下刊葉次,上下兩卷葉次相連。卷首有李邴序,末有淳熙丙申六月廬陵曾櫰《書嘯堂集古錄後》。首卷卷端題"嘯堂集古錄上"。"敦"、"讓"字缺末筆。尚存黃綾書籤,書"嘯堂集古錄"。

此爲明代影宋刻本,取古器銘摹款釋文。國家圖書館尚藏有宋刻本《嘯堂集古錄》一部,鐫印精湛,在宋刻中堪稱上乘。卷末有宋淳熙曾櫰跋,爲元人傳寫。另有元統元年于文傳手跋、清代翁方綱、阮元、黃紹箕跋、滕用亯題款及近代藏書家朱文鈞跋。宋本在清初爲大學士明珠之子揆敘謙牧堂所藏,有揆敘謙牧堂二印。後遞藏宋葆淳、阮元、蔣氏密韻樓、朱文鈞家,又由朱氏歸潘宗周寶禮堂,《寶禮堂宋本書錄》子部著錄。1950年,寶禮堂藏書由潘世茲先生捐獻國家。明代有據此本影刻之本,照刻宋諱,刻印亦佳,即《天祿琳琅書目後編》卷五著錄之本,誤題宋刻。

此本每冊俱鈐天祿繼鑑諸璽,前後副葉所鈐爲"大三璽"。無其他私家藏印。

《賞溥傑書畫目》著錄,宣統十四年(1922)八月十九日賞溥傑。《北京

---

[1]《中國版刻圖錄》,目錄,第 17 頁,圖版五九。
[2]《第一批國家珍貴古籍名錄圖錄》,第 3 冊,第 137 頁。

圖書館古籍善本書目》史部第1088頁。1922年涵芬樓據宋刻本影印，編入《續古逸叢書》。①

504(2) 劉子十卷

明刻本。二函十冊，現藏日本宮內廳書陵部（書號502.411）。

每半葉十一行，行十八字，小字雙行字不等，白口，左右雙邊，雙魚尾，有耳題。版心上記卷次頁碼。宋諱"貞"、"恒"、"慎"字時闕末筆。首卷卷端題"劉子卷第一"，隔行另署"播州錄事參軍袁孝政注"。無序跋。

《天祿琳琅書目後編》云："書十卷，五十五篇。……據晁公武《郡齋讀書志》載，爲唐人，有孝政序。此書近坊間傳本無注，此獨有之，其序則已佚矣。"此書實爲覆宋刻本，行款、版式、諱字照依宋本刊刻。

存世真宋本《劉子》僅有一部，現藏上海圖書館。除卷一至二配明刻本外，裏面多有殘缺。書上有清人孫星衍、黃丕烈跋。前兩卷明刻本與後八卷不僅注文不同，字體亦有明顯差別。前兩卷字體拙劣，頗多異體、俗體字；而後八卷字體工整秀媚，黃丕烈跋稱"唯卷一、二失之，配以明刻，行款雖同，神采索然"。細審後八卷，自卷六《慎隙第三十三》"蔑細怨，妄樹禍端"始至迄於書尾，字體與前四卷稍異，筆劃轉折較爲明顯，更顯清秀，此外新注很少，避諱只有兩處，且都是孤證，實爲配補覆宋刻本，這些現象爲描摹原刻所致。上圖宋本末四卷，版刻與宮內廳此本完全一致，爲同一刻本。

雖爲明刻，此本卻流傳甚罕，除天祿遺書外，僅中國國家圖書館另藏一部，其上有黃丕烈跋，書號06888。

書上鈐有"華陰世家"、"楊氏夢羽"、"甲居"、"海虞楊儀夢羽圖書記"諸印，曾經明人楊儀舊藏。楊儀（1488—約1560），字夢羽，號五川，常熟人。嘉靖五年（1526）進士，授工部主事，纍官至山東副使。其七檜山房、萬卷樓藏書甚富，多聚宋元舊本及法書名畫、鼎彝古器，江左推爲淵雅。每冊俱鈐天祿繼鑑諸璽，前後副葉所鈐爲"中三璽"。

《賞溥傑書畫目》著錄，宣統十四年（1922）八月十四日賞溥傑。據日本京都大學人文科學研究所高田時雄教授相告，宮內廳書陵部收藏的2部天祿繼鑑書，皆是在1930年代由剛剛當上僞滿洲國皇帝的溥儀作爲國

---

① 《冀淑英文集》，第244頁。

禮贈送日本天皇,因此收藏于宮內廳書陵部。1932年3月,溥儀在日本扶持下成立僞滿洲國,因此昭和五年(1931)12月出版的宮內省《圖書寮漢籍善本書目》並未著錄此二書。① 1935年4月,溥儀第一次出訪日本,兩部有著富麗堂皇裝幀、每冊都鈐蓋著乾隆皇帝御璽的珍貴"天祿琳琅"舊藏《重廣分門三蘇先生文粹》和《劉子》被挑出,作爲國禮隆重地贈與日本天皇,此二書流入日本當在此時。在相關目錄中著錄如下:

《圖書寮典籍解題(漢籍篇)》:"劉子一〇卷,北齊劉晝撰,覆宋明,一〇冊";②

《和漢圖書分類目錄》:"劉子一〇卷,漢劉晝,覆宋明版,一〇冊";③

《日藏漢籍善本書錄》:"劉子十卷,(北齊)劉晝撰,明覆宋刻本,共十冊。"④

505 夢溪筆談二十六卷

明刻本。六冊,現藏上海圖書館(書號線善788918—23)。

匡高20.5釐米,廣15.2釐米。每半葉十二行,行十八字,小字雙行同。左右雙邊,單魚尾,粗黑口。版心中刊"筆談幾"及葉次。卷前有沈括自序,卷後有跋,署"乾道二年六月日左迪功郎充揚州州學教授湯脩年跋"。序、目錄、卷一葉次相連。首卷卷端題"夢溪筆談卷第一",隔行下署"沈括存中"。竹紙,紫紅色絹製書衣,黃綾書籤,書"夢溪筆談"。

《天目後編》提要云:"按:近馬氏鐫本有《補筆談》三卷、《續筆談》十一條,此舊本所無也。"據卷後湯跋,蓋官揚州教授校刊此書時作也,遂以爲此書乃宋乾道二年(1166)湯修年揚州刊本。此本字體粗肥,墨色濃郁。欄線各不到底,字蹟略有歪斜不整,版刻風貌頗似活字本,無確鑿證據前,仍依《中國古籍善本書目》著錄爲刻本。無刊記及刊書序跋,宋諱"絃"、

---

① 劉按,在其後宮內廳書陵部編纂出版的《圖書寮典籍解題(漢籍篇)》、《和漢圖書分類目錄》等書目中皆有此二書的記錄。

② [日]宮內省書陵部編:《圖書寮典籍解題(漢籍篇)》,昭和三十五年(1960)東京文求堂版,《子部·明版》,第75頁。

③ [日]宮內省書陵部編:《東洋哲學·儒書》,《和漢圖書分類目錄》,宮內省書陵部1952—1968年版,第425頁。

④ 《日藏漢籍善本書錄》,子部雜家類,第1111頁。

"完"、"驚"（其上敬之末筆）、"鏡"等字闕末筆，但不甚嚴格。①

《天目後編》未記有私家藏印，然第一冊卷五末及第六冊書後有"孫鼎"朱文小印，應是書出宮後藏家所鈐。每冊俱鈐清宮天祿繼鑑諸璽，前後副葉所鈐爲"中三璽"。

《賞溥傑書畫目》著錄，宣統十四年（1922）八月初六日賞溥傑，賜出宮外。

505（2）梁谿漫志十卷

明刻本。存卷一至三，一冊，現藏中國文化遺產研究院；卷四至十，計七卷，二冊，現藏中國國家圖書館（新編書號1183）。

每半葉十行，行十九字，白口，左右雙邊。卷前有費袞自序，又開禧二年國史實錄院取書牒。卷後有樓鑰跋。黃絹籤題"宋板梁谿漫志"。

《天目後編》提要云："開禧二年國史實錄院取書牒，當時已甚重其書。後有樓鑰跋，專誌書中第八卷韓蘄王詞一事，非全書跋也。又嘉泰元年施濟跋，則刻書時作。"以爲乃宋嘉定元年（1208）刊本，實爲明嘉靖間翻宋刻本。

鈐有"吳郡趙寅光家諸子"、"季印振宜"、"滄葦"三印，寒山趙氏、泰興季氏藏本。每冊俱鈐天祿繼鑑諸璽，前後副葉所鈐爲"中三璽"。

《賞溥傑書畫目》著錄，宣統十四年（1922）七月十八日賞溥傑。出宮後輾轉自長春僞宮至北京故宮，1959年撥交北京圖書館，2013年編目。文研所一冊，係陳伯達舊藏。

506 演繁露十六卷續六卷

宋淳熙辛丑（八年，1181）刊本。一函八冊。

《天目後編》云："宋程大昌撰。大昌，字泰之，休寧人。紹興中進士，官龍圖閣直學士，權吏部尚書。書十六卷，續六卷。前有淳熙庚子大昌自序，又所撰《祕書省書繁露後》一篇，乃淳熙己未所作。大昌未見《繁露》全本，又讀《太平御覽》所引《繁露》皆附物著理，臆其爲類事之書，故作此書，以《演繁露》爲名，載此以見名書之意。樓鑰《春秋繁露跋》中已闢之。後有淳熙辛丑陳應行跋，又俞成跋，則敘鏤版之意，蓋應行、成皆其門人也。"

---

① 《祁陽陳澄中舊藏善本古籍圖錄》，第2冊，第64頁。

又云書上鈐有"江左"、"梅溪精舍"、"古吳王氏"、"季振宜藏書"、"竹塢"、"子忠崔氏"、"王印履吉"、"元和龜峰子印"等私家藏印。履吉,爲明人王寵字。王寵,一字履仁,號雅宜山人,吳縣(今蘇州)人。工篆刻,善山水、花鳥,善小楷,行草尤精妙。著有《雅宜山人集》。崔子忠,字道母,又字青蚓,順天諸生,善畫,書畫接踵文徵明有聲,又有"古吳畫史"之章。後藏清初季振宜家。

《賞溥傑書畫目》著錄,宣統十四年(1922)八月初六日賞溥傑,賜出宮外,尚不知是否仍存世間。

此外,中國國家圖書館藏有一部彭元瑞知聖道齋抄本《演繁露》,四冊,書號爲13335,版心下印有"知聖道齋鈔校書籍"。書前副葉上有彭元瑞批校並跋,言及以天祿藏本《演繁露》校勘之事,云:

借《春秋繁露》以自名其書,固屬誤見,且其中或騖遠遺近,事出正經,無煩紀錄者。高似孫《演繁露》詰惜其書不存宋末言博學者,以王伯厚、程泰之并稱。是書視《困學紀聞》遠甚,大約其學博而寡要,其議論廣而不堅,於考證中時墮類書窠臼,分別觀之,亦責賢者備之意耳。戊午仲春以天祿琳琅宋本校一過,間有鄙見注於上方。身雲居士並識

507 論衡三十卷

明嘉靖十四年(1535)蘇獻可通津草堂刻本。二十冊,現藏中國國家圖書館(新編書號1184)。

每半葉十行,行二十字,白口,左右雙邊,單魚尾,版心下刻"通津草堂"。卷前有慶曆五年楊文昌序。黃絹籤題"宋板論衡"。

楊文昌序略云,幼好是書,得俗本七,率止十七卷,其一程氏四齋貯彭乘校本,又得史館本二,各三十卷,乃季東前所校,爲校正塗注一萬一千二百五十九字。募工刊印,庶傳不泯。其校刊之功可謂勤矣。《天目後編》以此爲刻書序,以爲乃宋慶曆五年楊文昌刊本。實由版心下之"通津草堂"可知,此爲明嘉靖間刻本。蘇獻可通津草堂於嘉靖十四年同時雕梓《詩外傳》及《論衡》二書,《論衡》蘇跋後也有"長洲周慈寫、陸奎刻"二行。陸奎爲嘉靖間蘇州地區良工,又刻徐氏東雅堂本《韓昌黎集》、徐焴本《唐文粹》、明翻元茶陵陳氏本《六臣注文選》等書。目錄後本應有"嘉靖乙未春後學吳郡蘇獻可校刊"一行,卷三十後除有"嘉靖乙未春後學吳郡蘇獻

可校刊"一行外,尚有"同郡周慈寫陸奎刻"兩行。蓋此本一概掩去,以致文臣誤爲宋槧。

每冊俱鈐天祿繼鑑諸璽,前後副葉所鈐爲"中三璽"。無其他私家藏印。

《賞溥傑書畫目》著錄,宣統十四年(1922)八月十六日賞溥傑。出宮後輾轉自長春僞宫至北京故宫,1959年撥交北京圖書館。多有蟲蛀,2013年編目。

507(2) 自警編不分卷

明嘉靖七年(1528)蜀藩覆刻洪武二十七年(1394)本。原書十四冊,存卷一至三、五至七,六卷,闕卷四及卷八,二函十二冊,現藏臺北"故宫博物院"(書號故善 008134—008145)。

匡高21.5釐米,廣16釐米。每半葉十行,行二十字,小字雙行同,左右雙邊,白口,雙順魚尾。版心中記"自警編"與集次,下記葉次。下刊刻工名子秀、子、苟道民、苟刊、謝友、文、帥、李、吳、尨、旱臣、臣、徐、劉、女、向、人、必文、文民等。卷前有嘉定甲申正月望漢國趙善璙自序,後有端平改元三月旦善璙跋。首卷卷端題"自警編　學問類"。白棉紙,紫色地織金線織錦四合函套,石青灑金箋紙書衣,白紙封籤,題名"宋版趙善璙自警編"及冊數。

書不分卷,凡七類,原書分甲、乙、丙、丁、戊五集,封籤題一至十四冊,缺第六冊(乙集葉二十八至葉六十九)、第十三冊(戊集葉三十四至葉六十八)。

《天目後編》據趙善璙再序,認爲此本乃端平元年鋟木於九江郡齋,謂其"大字本"。臺北故宫又藏一部原北平圖書館藏《自警編》,過去認爲即宋端平元年九江郡齋刻本,①對比《中華再造善本》影印出版遼寧省圖書館所藏宋端平元年九江郡齋本,無論刻工名氏或字體刀法,皆與臺北故宫兩部迥然有別。天祿繼鑑本與平圖本皆覆刊宋端平二年刻本,照刻宋版刻工、版式,但各篇後皆有整幅裁接痕蹟,撕去原蜀藩本刊記,以充宋版耳。原闕乙編葉七十九、葉八十。書中有整版重修葉,如乙編葉又八十、

---

①　見於《"國立中央圖書館"典藏國立北平圖書館善本書目》,第154頁,一函五冊,書號平圖 002848—002852。劉按,舊著宋端平元年九江郡齋刊本,實亦是明洪武蜀藩覆刻本。

丙編葉三十八。

臺北故宮曾紀剛《"國立故宮博物院"藏"天祿琳琅"版本考辨》一文，據郭立暄《明洪武蜀藩刻書三種》一文考證，①端平本至明數度翻刻，而刻工子秀、荀道民、謝友、王必文、文民等實爲明洪武時人，嘗爲蜀藩刻過數種書籍。郭文中列出了明洪武二十七年蜀藩刻本與明刻本、明嘉靖七年蜀藩刻本之文字異同，經比勘可以確定天祿書亦明嘉靖七年(1528)蜀藩刻本，且據洪武二十七年覆宋本翻出，以是保留了部分洪武刻工。調整此本之版本著錄爲"明嘉靖七年蜀藩覆刊洪武二十七年本"。北京國圖藏本（書號 7892）卷首可見嘉靖戊子蜀成王朱讓栩(1501—1547)《重刊自警編序》，末有嘉靖戊子孟東醴泉趙鶴《書重刊自警編後》。

每冊俱鈐天祿繼鑑諸璽，前後副葉所鈐爲"大三璽"，第一冊"乾隆御覽之寶"及"天祿繼鑑"二印未鈐於首頁，而是鈐在了目錄頁上端；第十四冊"乾隆御覽之寶"及"天祿繼鑑"二印未鈐於末頁趙善璙跋，而是鈐在了戊編最末一頁上端。前副葉又鈐"檇李"朱圓、"墨林祕玩"朱方、"項子京家珍藏"朱長三印，三印疑僞。第八冊、第十冊、第十二冊卷端標下有"翠筠館印"白方、"陸幼淳印"白方二方。另首卷卷端下有"含赤"白方、"茅偉之印"朱方二印，爲《天目後編》所失載。

原爲二函十四冊，《故宮善本書目》記其爲"明洪武二十七年蜀藩復宋本。存十二冊"。《"國立臺北故宮博物院"善本舊籍總目》下冊，第 671 頁，著錄爲"明洪武二十七年蜀藩復宋本"。

508 自警編十一卷（又一部）

明嘉靖刻本。原爲二函八冊，現存七冊，其中卷一，現藏中國文化遺產研究院；卷二、卷五、卷七，計三卷，一函三冊，現藏遼寧省圖書館（書號善 14018）；卷三至四、卷六、卷八至卷十一，計七卷，四冊，現藏中國國家圖書館（新編書號 1179）。

匡高 16 釐米，廣 12.2 釐米。每半葉九行，行十七字，白口，四周雙邊，單魚尾。板心最上刻一圓圈，魚尾下刻書名及八音分冊字，最下刻葉數。白棉紙，紙墨雅潔。黃絹籤題"自警編"。

《天目後編》提要稱其爲"小字本"，並云"無善璙後序，分十一卷。每

---

① 郭立暄著：《明洪武蜀藩刻書三種》，沈乃文主編：《版本目錄學研究》（第四輯），北京大學出版社 2013 年版，第 261—269 頁。

葉版心以八音分冊,蓋另一刻"。

每冊俱鈐天祿繼鑑諸璽,前後副葉所鈐爲"中三璽"。有朱文"朱臥菴收藏印"、白文"煙雲逸叟"、"朱印之赤"等印,俱與《天目後編》所記第二部"宋版"《自警編》合,惟每冊首有"謙牧堂藏書記"白文印,每冊尾有"謙牧堂書畫記"朱文印,《天目後編》未載。

《賞溥傑書畫目》著錄,宣統十四年(1922)八月十四日賞溥傑。此外是年八月初六,賞溥傑一部《宋板自警編》,爲一函一套者,函數與《天目》所記三部《自警編》皆不同,當爲《天目》外書。國圖所藏四冊爲溥儀兄弟攜至東北之書,出宮後輾轉自長春僞宮至瀋陽故宮,1959年由北京故宮撥交北京圖書館,2013年編目。

508(2)藝文類聚一百卷

明覆刊嘉靖六年胡纘宗、陸采刻本。其中卷一至五、九至五十二、六十一至一百,計八十九卷,三十五冊六函,現藏臺北"故宮博物院"(書號故善013018－013052)。卷五十五至五十六,計二卷,一冊,現藏中國國家圖書館(書號9832);卷五十七至六十,計四卷,二冊,亦藏中國國家圖書館(新編書號1185)。

版匡高22.7釐米,廣15.8釐米。每半葉十四行,行二十八字。白口,四周單邊,單魚尾。版心中記"藝文卷幾"及葉次,下偶見刻工名"王"、"可"、"八"、"用"、"用下"、"廷"、"大"、"受"、"唐"、"言"、"興"、"世"、"六"、"仁"、"木"、"淮"、"文"等字。書前有歐陽詢《藝文類聚序》,目錄。首卷卷端題"藝文類聚卷第一",隔行下題"唐太子率更令弘文館學士歐陽詢撰"。皮紙,色舊。新裝織錦四合函套,靛黑杭細書衣,古色紙質書籤,書"宋版藝文類聚"及冊次。

《藝文類聚》存世有宋本,南宋紹興時嚴州所刻,現藏上海圖書館,其行款版式爲半葉十四行,行二十七至三十三字,左右雙邊,白口,單魚尾,有刻工,宋諱闕筆至"構"字。明嘉靖六年長洲陸采曾覆刻宋版,亦緊行密字,其後又有翻陸采本,此本與臺北"故宮博物院"藏另一部明覆刊陸采本(書號故善006460－006499)版式酷肖,但並非同版,說明覆刊不止一刻。吳哲夫云此本:"字體率爲橫輕豎重,即後世所謂宋體字,頗具匠心,即非宋刻,亦非陸采覆宋本,臆爲明復刊嘉靖六年吳郡陸采刊本。"①此本中有些書頁版式、字體略異,如卷五葉六、卷七十九葉四、卷八十葉一等,顯係後代修版葉。

每册俱鈐天祿繼鑑諸璽,前後副葉所鈐爲"大三璽"。每册首鈐"樂善堂圖書記"朱文印,印文上有兩條四爪龍裝飾,《天目後編》誤"記"爲"印"。

原爲八函四十册,《故宫善本書目》記其爲"明復嘉靖陸采本。闕卷六至八、卷五十三至六十,凡十一卷,存三十五册。"《"國立故宫博物院"善本舊籍總目》,下册,第858頁,亦記其爲"明覆刊嘉靖六年長洲陸采本"。國家圖書館著錄此一册殘本爲"明嘉靖陸采刻本",實爲覆刊本。卷五十七至六十,二册,係故宫自民間購得,1959年撥交北京圖書館。因蟲蛀嚴重,2013年編目。國圖所藏另一册,卷五十五至五十六,書衣題籤爲"宋版藝文類聚第二十四册"。書前有佚名抄《天祿琳琅書目後編》卷五提要一頁。

509 初學記三十卷

明嘉靖十年(1531)錫山安國桂坡館刻本。卷一至十、十三至三十,計二十八卷,十四册二函,現藏臺北"故宫博物院"(書號故善 006500-006513);卷十一、十二,計兩卷,一册,現藏中國國家圖書館(書號18606),合兩岸所藏即爲完璧。

匡高20.9釐米,廣16.1釐米。每半葉九行,行十八或十九字,小字雙行二十四字,白口,左右雙邊。版心中記卷次、葉次。卷前有目錄,無序跋。首卷卷端題"初學記卷第一",隔行下題"唐光祿大夫行右散騎常侍集賢院學士副知院事東海郡開國公徐堅等"。竹紙,紫色地夾金線織錦四合函套,湖藍色書衣,無書籤。

此爲嘉靖十年錫山安國覆宋刻本,與《天目前編》卷九之後二部《初學記》同版。每葉版心上方原刊有"安桂坡館"四字,以及每卷標題下"錫山安國校刊"均被割去以充宋本(圖 5-5)。以清華大學圖書館所藏別本觀之,②卷前有《重刊初學記序》,題"賜進士出身資政大夫戶部尚書侍郎經筵官致仕進階榮祿大夫前奉勅恭贊機務南京禮兵二部尚書錫山秦金著",

---

① 吳哲夫著:《天祿琳琅書目續編著錄之宋版書籍研究》,《"國立中央圖書館"館刊》新十一卷第一期,第30頁。

② 清華大學圖書館藏,書號善甲 310/3779.01。

言及"歲久板廢，抄本狼藉，字多舛訛，觀者病之。錫義士安國購得善本，謀諸塾賓郭禾相與校讐釐正，遂成完書，選能鳩工繕寫，鋟梓以傳"。卷後有俞泰《書初學記後》，有"吾錫安國桂坡山房刊《初學記》成"云云。天祿本秦序、俞跋皆佚去不存。序目錄下原有"大明嘉靖辛卯西山安國重校刊"一行，被墊板刷印不存。版心下原有刻工"章景華"、"范"、"其"、"方"等，皆不存。有染紙作舊痕蹟。卷二、四、三十後都有撕紙痕蹟。

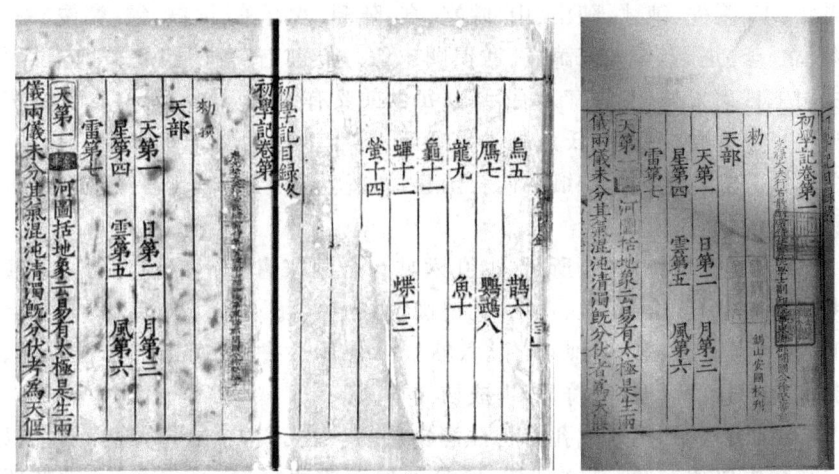

圖5—5　左爲天祿本，卷一卷端下"錫山安國校刊"一行被墊板隱去，右爲別本。

每冊俱鈐天祿繼鑑諸璽，前後副葉所鈐爲"中三璽"。其它私家藏印"文莊家學"、"邵以成氏藏書之記"、"文溪居士藏書圖記"、"夫山許氏圖書"、"崑輝氏"、"文石朱象玄氏"、"高陽氏槐榮堂"、"太史公牛馬走"等皆與《天目後編》所記相同。爲明人葉盛、朱象玄舊藏。葉盛(1420—1474)，諡文莊，有菉竹堂藏書。亦藏雲間朱象玄家，"文石朱象玄氏"朱白文印，《天目後編》避康熙帝諱，將"玄"字記爲"元"。卷十一第十九頁原闕，漏載。

《故宮善本書目》記其爲"明嘉靖間錫山安國復宋本。闕卷十一、十二，凡二卷，存十四冊"。《"國立故宮博物院"善本舊籍總目》，下冊，第859頁，著錄爲"明嘉靖十年錫山安國桂坡館覆宋刊本"。

510 孔氏六帖三十卷

宋乾道二年(1166)韓仲通泉南郡庠刻本。卷一至十、十二至三十，計二十九卷，十九冊四函，現藏臺北"故宮博物院"(書號故善 014256—014274)；卷十一，計一卷，一冊，現藏中國國家圖書館(書號12363)。合兩岸所藏，即爲合璧。

匡高 21.8 釐米，廣 15.2 釐米。每半葉十二行，行十八九字，小字雙行二十八字，白口，左右雙邊，雙順魚尾。版心上刊字數（部分字數記於下記處），下有刻工陳仁、劉村、余明、葉开、劉中、吳佐、吳仁、吳太、余簡、簡、吳友、陳文、木、珍、平、文、原、四、才、丁保、張光、葉彥、劉柯、余蘭、蘭、吳正、吳忠、葉聳、劉全、劉中、李原、原、李平、李木、李珍、珍、李秀、周泗、泗、周文、丁、張先、陳才、陳山、山、陳寔、寔、陳順、八百羊、梁鍼、鍼、鄭俊、鉄、陶、立、彥、正、青等。宋諱貞、徵俱闕末筆。卷前有韓仲通序，署"乾道丙戌端午日東魯韓仲通序"。有目錄，每卷前又有細目。文中篇名以反白字刊出。首卷卷端題"孔氏六帖卷第一"。第十七冊卷二十六葉十一補抄。白麻紙。棕色地夾金線織錦四合函套，湖藍色絹質書衣，無書籤。部分書頁有水漬、泅蹟。

《天目後編》曰："今所行《白孔六帖》，合兩家書爲一百卷，而《文獻通考》載《白帖》三十卷，後《六帖》孔傳撰，亦三十卷。其合爲百卷，不知出自何人。而《玉海》載，孔傳亦有《六帖》，今合爲一書，則南宋末已併行矣。此本三十卷，與《通考》符，乃書成初刻本。"

《孔氏六帖》爲宋代孔傳仿照唐白居易《白氏六帖》之意，續採唐代以來經籍中典故詞語、詩文佳句，區分彙聚而成的類書，原書名曰《六帖新書》，但後人以其爲續《白氏六帖》之作，乃更名爲《孔氏六帖》。白、孔六帖，原各自成書，分別爲三十卷，原書成於宋室南渡紹興初年，始刻於乾道丙戌（二年），韓仲通序云，此本乃韓氏守泉南時刊於郡庠，爲書成初刻本。南宋末年，書坊合併《白氏六帖》與《孔氏六帖》兩書刊行，變更卷數爲百卷。元明以降，各家刊行者均從百卷本，於是《唐宋白孔六帖》合成一書，單行本更加罕傳。元、明之後，坊間所見皆爲合刊本，而無單行本刊行。此爲初刻祖本，亦世間孤本。① 本書傳本僅見著錄於《文淵閣書目》與《天祿後編》，至爲珍貴。本書貴爲初刻本，可爲後世傳本校正之最佳底本。

---

① 吳哲夫先生只見臺北故宮所藏是書之十九冊，不知卷十一、一冊藏於北京中國國家圖書館，並引《文淵閣書目》，以爲此本明內府收藏時已不全，誤矣。見其《一百期特輯——百珍集萃》之《歷史傳承——文獻》一文，載於（臺北）《故宮文物月刊》第九卷第四期，1991 年 7 月，第 118 頁。劉美玲撰《書有運：〈白氏六帖〉、〈孔氏六帖〉的存散與流傳》一文相沿亦誤，見《故宮文物月刊》，2012 年 2 月第 347 期，第 57 頁。

每冊有"臣筠"、"三晉提刑"二朱文方印，爲清初宋筠舊藏。另每冊首多有明代"文淵閣印"，爲《天祿後目》失載，推斷本帙原爲明內府藏書，而後散入民間，爲山西按察使宋筠所藏，最後轉入清宮收藏，每冊俱鈐天祿繼鑑諸璽，前後副葉所鈐爲"中三璽"。

中有夾片，書"白孔六帖，原十二套九十六本，五十二年三月初一日宮內發下，去襯紙，改二套十六本。乃唐白居易所集類書，至宋孔傳又繼纂之，紹興年間人韓駒序"。爲乾隆年間改裝記錄。

原爲三十卷，四函二十冊，《故宮善本書目》記其爲"宋乾道二年韓仲通泉州刻本。半葉十二行，行十四字，注雙行二十八字。闕卷十一，存十九冊。"《"國立故宮博物院"善本舊籍總目》，下冊，第860頁，著錄爲"宋乾道二年韓仲通泉州刊本"。2008年臺北"故宮博物院""天祿琳琅——乾隆御覽之寶"展覽上展出。國圖一冊，著錄於《北京圖書館古籍善本書目》子部第1518頁。

511 事類賦三十卷

宋紹興十六年（1146）兩浙東路茶鹽司刻本。二函十六冊，現藏中國國家圖書館（書號11351）。

匡高22.2釐米，廣15.9釐米。每半葉八行，行十四至十七字不等，小注雙行二十三至二十七字，白口，左右雙邊，單魚尾。版心下有刻工"徐興"、"樓偉"、"孫勉"、"朱琰"、"包正"、"王珍"、"顧忠"等。宋諱闕筆至"構"字。首卷卷端題"事類賦卷第一"，隔行下題"勃海吳淑撰奉勅注"。卷三十末標題後有校勘官銜名四行（圖5-6），其中"右從政郎充浙東提舉茶鹽司幹辦公事李端民校勘"，《天目後編》誤記爲"季端民"。卷末有紹興十六年邊惇德刻書序。黃麻紙。

《天目後編》提要云："此書（吳）淑爲博士時所進，初名《一字題詞百首》，二十卷。太宗命注釋再進，廣爲三十卷目，曰《事類賦》。前有紹興丙寅右迪功郎、差監潭州南嶽廟邊惇德序，稱滎陽鄭公將命東浙，以所藏《事類賦》善本俾鏤版云云。後有惇德校勘銜名，又列左儒林郎、紹興府觀察推官兼本司主管文字陳綬，左從政郎、充浙東提舉茶鹽司幹辦公事沈山右，從政郎、充浙東提舉茶鹽司幹辦公事季端民三人。"

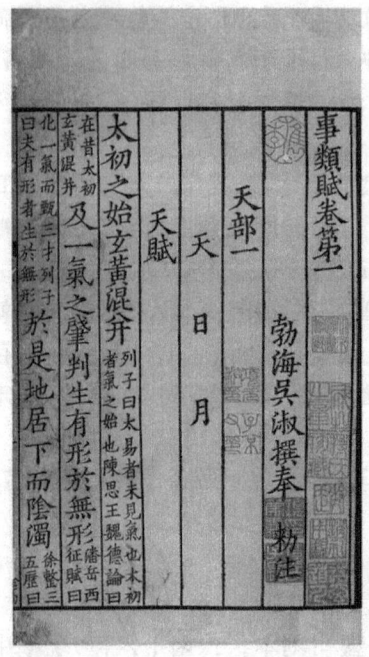
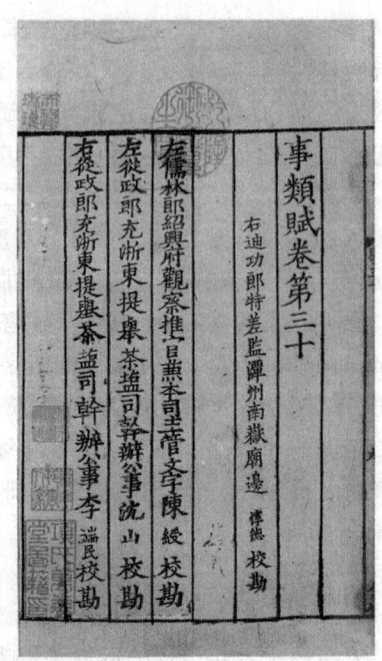

圖 5—6

《中國版刻圖錄》云："刻工丁珪、毛諒、王珍、朱琰、包正、余竑、徐高、徐杲、徐政、徐昇、阮于、陳錫、陳明仲、顧忠、孫勉、梁濟、洪茂等，皆南宋初葉杭州地區良工，又刻《廣韻》、《樂府詩集》、《水經注》、《毛詩正義》等書。宋諱缺筆至構字。明嘉靖間崇正書院刻本，即據此本翻刻。"①

此書先被元季趙禮用收藏，入明經蔣氏收藏，再傳檇李項氏。鈐有"成之之章"、"蔣氏珍藏"、"項印篤壽"、"趙禮用觀"、"項氏子長"、"項元汴印"、"項氏萬卷堂圖籍印"、"墨林山人"、"天水郡"、"雲間趙禮用印彥和章"、"趙生印"、"禮用"諸印。其中"趙禮用觀"印，《天目後編》誤記爲"趙樓用觀"。趙禮用，字彥和，雲間人，元末明初人士，與夏文彥友善。博淵好古。每冊俱鈐天祿繼鑑諸璽，前後副葉鈐"大三璽"。

《賞溥傑書畫目》著錄，宣統十四年(1922)八月十五日賞溥傑。此書溥儀攜出清宫後，於東北散失，1947年爲傅增湘之子傅忠謨購得。② 傅忠

---

① 《中國版刻圖錄》，第21頁。

② 《藏園群書經眼錄》，卷十，第678頁。傅忠謨按云："此爲溥儀攜出之書，於東北散矣，余丁酉歲收得。"

謨（1905—1974），字晉生，1949年將父親珍藏之"雙鑑"捐贈北京圖書館。《中國版刻圖錄》圖版七八、七九。《北京圖書館古籍善本書目》子部，第1519頁，著錄爲"宋紹興十六年浙東茶鹽司刻本"。《第一批國家珍貴古籍目錄圖錄》第00787號。① 《中華再造善本》唐宋編第252部。

512 錦繡萬花谷八十卷

明嘉靖十五年（1536）秦汴繡石書堂刻本。存《前集》卷二十九至三十、《後集》卷三十七至三十八，計四卷，三册，現藏中國國家圖書館（書號18628）。

每半葉十二行，行二十一字，小字雙行同，白口，左右雙邊，單魚尾。版心上刻"繡石書堂"，中魚尾下有一小圈，下刻卷幾及葉次，最下刻"前"、"後"以示區分。

《天目後編》提要未言及版本，僅略稱："不著撰人姓名。《前集》四十卷，分二百五十八門，《後集》四十卷，分三百二十五門，《續集》四十卷，分五十三門。前有淳熙十五年自叙。"版心中之"繡石書堂"爲明人秦汴之書坊名，秦汴（1509—1581），字思宋，號次山，錫山人，秦金次子。官至南京後軍都督府都事，遷左府經歷，雲南姚安知府等職。與弟秦柄、秦柱，均富藏書。其繡石書堂刊刻圖書頗多，以校勘精良、刻印工整著名，世稱"秦刻"。嘉靖十五年，秦汴得宋版《錦繡萬花谷》，翻刻行世，天禄本存世僅殘本，不詳是否有抽序、撤除牌記之事，不詳《天目後編》編者何以誤認宋版。

書上所鈐"雲臥閣"、"顧印九防"、"尤楚"、"移雲閣"、"嚴禹曾柴"、"雨堂"、"古秋堂藏書"、"嚴曾埶字定隅"等私家藏印俱與《天目後編》卷五所記同，惟"長離山樵"白文印，《天目後編》誤記"離"爲"禹"。每册俱鈐天禄繼鑑諸璽，前後副葉所鈐爲"中三璽"。

《北京圖書館古籍善本書目》未著録。

514 博物志十卷

明弘治十八年（1505）賀泰刻本。一册，現藏中國國家圖書館（書號5849）。

每半葉十一行，行二十三字，小字雙行同，白口，左右雙邊，雙順魚尾。版心中刊"志幾"及葉次。無序跋。首卷卷端題"博物志卷之一"，隔行下

---

① 《第一批國家珍貴古籍名録圖録》，第3册，第234頁。

題"晉司空張華茂先撰"、"汝南周日用等注"兩行。卷二尾題前有一黑魚尾與正文相隔。卷十至第三頁止。書頁下方多有殘損,有墨筆補字。

《天目後編》云其"卷十爲雜說,標'汝南周日用等注'。《文獻通考》載《周盧注博物志》十卷,雖合,然殊寥寥,日用注十七條,盧氏七條而已。蓋書與注皆後人從它書中纂集成之,而版特精好"。經與國家圖書館藏明弘治十八年賀泰刻公文紙印本比勘,①兩者版本相同,斷版一致,公文紙本卷十尾題前有弘治乙丑春二月工部主事姑蘇都穆後記,中有"同年賀君志同爲衢州推官,寶愛是書,刻梓以傳"語,志同爲賀泰之字,吳縣人,明弘治十二年進士。由衢州府推官入爲監察御史。《明史》有傳。則此本爲弘治十八年賀泰刊於衢州任上。天祿本佚失都穆後記,只以"版特精好"而被誤判入宋版之列。

曾經文徵明、季振宜、揆敘遞藏,鈐有"玉蘭堂"、"季振宜藏書"、"御史振宜之印"、"謙牧堂藏書記"、"謙牧堂書畫記"諸印。每冊俱鈐天祿繼鑑諸璽,前後副葉所鈐爲"中三璽"。此書出宮後,先爲宗室寶熙所得,後轉歸傅增湘收藏,以爲"即明弘治十八年(1505)賀泰刻本"。② 另有"沅叔"(朱文方印)、"傅增湘印"(白文方印)、"雙鑑樓珍藏印"(朱文長印)等印。後歸趙錚所藏,鈐有"一廬十駕"(朱文方印)、"趙錚珍藏"(白文方印)諸印,後捐贈北京圖書館。趙元方(1905—1984),原名趙錚,字元方,以字行。蒙古族人,世居北京,辭世前是中國人民銀行總行參事室參事。抗戰時期他擔心北京琉璃廠的書被日人買去,賣房購書。藏書處名"無悔齋"、"一廬十駕",所藏書畫品很好。1952年將家藏《永樂大典》一冊捐出。50年代捐書國家,③種數雖不多,但品質很高,如天祿舊藏3種:金刻本《南豐曾子固先生集》、明版《博物志》、清初影宋抄本《孟子》,以及其他明代銅活字本、清代木活字本等。

《北京圖書館古籍善本書目》,子部,第1502頁,著錄爲"明刻本"。

---

① 《博物志》,明弘治十八年賀泰刻公文紙印本,書號6950,有馮舒題識。
② 《藏園群書經眼錄》,卷九,第660頁。
③ 參見《冀淑英文集》,第383—385頁;李致忠著:《略談建國以來北京圖書館入藏的善本書》,《文獻》1984年第3期,第138頁;雷夢水著:《北京藏書家趙元方》,《中國典籍與文化》1994年第1期,第46頁。

515 西京雜記六卷

明嘉靖沈氏野竹齋刻本。二冊，現藏中國國家圖書館（書號12364）。

匡高19.8釐米，廣13.5釐米。每半葉十一行，行二十字，白口，左右雙邊，單魚尾。版心中刊"西京幾"及葉次。卷六末頁版心下有寫工"周潮寫"。無序跋。首卷卷端題"西京雜記第一"，隔行下題"丹陽葛洪稚川集"。石青色絹質書衣，黃綾書籤，書"宋板西京雜記"。

《西京雜記》分卷有二卷、六卷之異，六卷本亦宋以來流傳之舊，《直齋書錄解題》即著錄有六卷本。《天目後編》提要云："第一二十七條，第二二十九條，第三二十五條，第四三十條，第五十條，第六十七條，與《隋書·經籍志》合。然顏師古《漢書》注即以爲出於里巷，《酉陽雜俎》載庾信用《西京雜記》事，追改曰'此吳均語，不足用'。蓋此書自唐初以爲洪之書，至宋久爲古書而刻之矣。"

《中國版刻圖錄》著錄一同版書，稱卷後有"吳郡沈與文野/竹齋校勘翻雕"二行（圖5-7），①國圖另藏一同版，書號8726，亦無序跋，有此兩行刊記。此本挖去刊記，蓋以明版充宋者。從宋槧翻雕，未見宋諱字，精雅可喜。沈與文字辨之，嘉靖間吳縣人，喜蓄書，黃丕烈諸人亟稱之，曾刻有《韓集外傳》、《詩品》等。

明人文徵明藏本，有"達古"（朱方）、"月溪"（白方）、②"停云"（朱方）諸印。每冊俱鈐天祿繼鑑諸璽，前

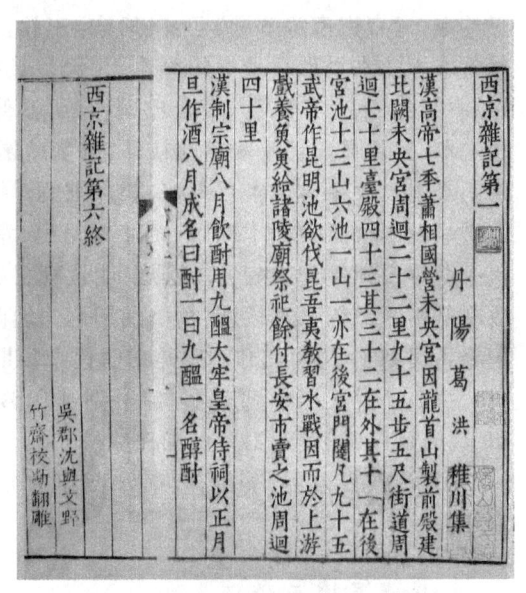

圖5-7 《中國版刻圖錄》上明嘉靖沈氏野竹齋刻本《西京雜記》卷末之原有刊記二行，天祿本後已被挖除。

---

① 《中國版刻圖錄》，目錄，第75頁。
② 按，清光緒十年王先謙刻本《天祿琳琅書目後編》誤記爲"月淡"。

後副葉鈐"中三璽"。

《賞溥傑書畫目》著錄,宣統十四年(1922)七月十六日賞溥傑。流散出宮後,輾轉自長春僞宮至瀋陽,1959 年由北京故宮撥交北京圖書館,夾有書籤,題舊藏昭仁殿,原題宋版,審定爲"明嘉靖野竹齋版,瀋 83 號"。《北京圖書館古籍善本書目》,子部,第 1502 頁。

515(2)雲溪友議三卷

明刻本。一函三冊,現藏遼寧省圖書館(書號善 10294)。

匡高 18.1 釐米,廣 13.7 釐米。每半葉十行,行十九字,小字雙行同,白口,左右雙邊,單魚尾。版心中記"雲溪友議上(中、下)",下鐫有刻工"章甫言"、"章右之"、"章扦"等。卷前有范攄自序。首卷卷端題"雲溪友議卷上"。清宮舊裝,織錦函套,綠色絹製書衣,黃綾題籤。

《雲溪友議》明代有三卷本與《稗海》十二卷本兩種版本。是書爲明刊三卷本。《直齋書錄解題》云:"《唐志》三卷,今本十二卷。"三卷本當宗唐代舊本。此本爲現存最早的刻本。《天目後編》提要云:"前明商濬刻《稗海》中有此書,乃十二卷,並無標題,今所盛傳。此三卷與《唐志》合,有標題之本,真稀見矣。"是書精雕初印,筆劃峭厲,字體清麗,墨色淡雅。頗有宋刻風貌,《天祿琳琅書目後編》誤爲宋槧。按,此本與《四部叢刊》影印瞿氏鐵琴銅劍樓藏明刊本同版,刻工章甫言、章右之、章扦等,據冀淑英《明代中期蘇州地區刻工表》、李國慶《明代刊工姓名索引》、瞿冕良《中國古籍版刻辭典》等,皆嘉靖後期、萬曆前期蘇州地區刻工,《中國古籍善本書目》著錄爲明刻本,①則其刊刻應是在明代中後期。

每冊俱鈐天祿繼鑑諸璽,前後副葉所鈐爲"中三璽",無其他私人藏印。《天目後編》誤記爲一函四冊。

《賞溥傑書畫目》著錄,宣統十四年(1922)七月十五日賞溥傑,賜出宮外。

516 漢官儀三卷

宋紹興九年(1139)臨安府刻本。一函一冊,現藏中國國家圖書館(書號 8189)。

---

① 書影見王筱雯主編:《遼寧省圖書館藏古籍精品圖錄》,瀋陽出版社 2008 年版,第 56—57 頁。

匡高 24.3 釐米，廣 16.3 釐米。每半葉十行，行十七字，注文雙行二十五至二十七字，白口，左右雙邊，單魚尾或雙順魚尾。版心中刊"漢官儀"，下有刻工"俞忠"、"徐真"、"陳才"、"周"、"潘俊"、"蔡"、"董門"、"宋道"、"李石"、"鍾遠"、"董明"、"陳大"等。宋諱避"弘"、"匡"、"敬"、"完"、"讓"、"徵"、"貞"字皆闕筆。卷末有"紹興九年三月臨安府雕印"一行（圖 5－8）。首卷卷端題"漢官儀卷上"。

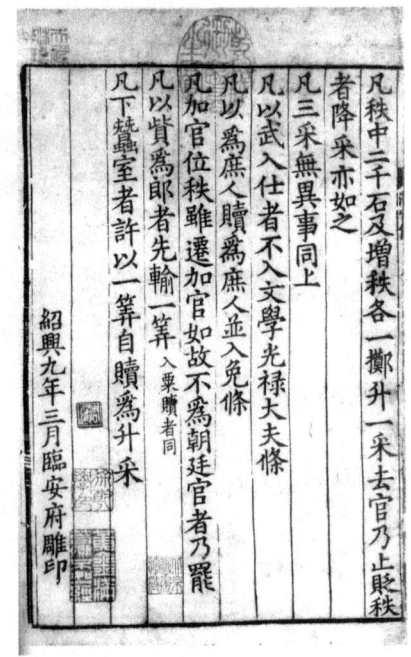

圖 5－8

《天祿琳琅書目後編》卷五著錄，稱據書後序題"仲原父"，"原父乃劉敞字"，①誤，實則作者為劉敞之弟劉攽。攽字貢父，江西新喻人，生於宋真宗乾興元年（1022），卒於哲宗元祐三年（1088），長於史學，熟精《漢書》，與司馬光同修《資治通鑑》，分編漢史部分。此書歷舉漢代官制，置盆入金，以象口錢，當是古代一種文字遊戲，如後世陞官圖之類。字體端嚴方正，冀淑英先生以為南宋早期浙本風格。②

《天祿後目》著錄此書所鈐"李□開印"應為"李開先印"。李開先，章丘人，明嘉靖八年進士，藏書之富甲於齊東，身後書盡為崑山徐乾學捆載而去。③ 入清為徐乾學所藏，有"傳是樓"、"健庵收藏圖書"二印，《傳是樓書目》著錄。再後入清內府，每冊俱鈐天祿繼鑑諸璽，前後副葉所鈐為"大三璽"。《四庫全書總目》未收，阮元據清影宋抄本著錄於《四庫未收書目》。民國後先歸蕭山朱翼庵"六唐人齋"，④後歸近代藏書家周叔弢，周

---

① 《天祿琳琅書目》，後編卷五，宋版《漢官儀》條，第 516 頁。
② 《冀淑英文集》，第 232 頁
③ 袁同禮著：《明代私家藏書概略》，《圖書館學季刊》第二卷第一期，1927 年 3 月。
④ 朱家溍著：《蕭山朱氏六唐人齋藏書錄》，《收藏家》1998 年第 3 期，第 64 頁；《宋刻工姓名錄》，《周叔弢古書經眼錄》，第 437 頁。

氏藏書於1952年捐獻國家。①

《中國版刻圖錄》圖版七、八。《北京圖書館古籍善本書目》子部，第1366頁。《第一批國家珍貴古籍名錄圖錄》第00736號。②《中華再造善本》唐宋編第226部。1922年商務印書館將此本影印，編入《續古逸叢書》。朱南銑有《說〈續古逸叢書〉影宋本〈漢官儀〉》一文，於其書性質及源流等詳加考證。③

---

① 《自莊嚴堪善本書目》，第48頁。
② 《第一批國家珍貴古籍名錄圖錄》，第3冊，第182頁。
③ 朱南銑著：《說〈續古逸叢書〉影宋本〈漢官儀〉》，《圖書季刊》新第2卷第4期，1940年12月，第564—569頁。

《欽定天祿琳琅書目後編》卷六　宋版集部

517 楚辭補注十七卷

明刻本。卷一至八、十二至十七，計十四卷，七冊一函，現藏臺北"故宮博物院"（書號故善 007513—007519）；卷九至十一，計三卷，一冊，現藏中國國家圖書館（書號9849）。

匡高22.6釐米，廣14.8釐米。每半葉九行，行十五至十七，小字雙行二十至二十一字，左右雙邊，單魚尾。白口，版心中刊卷次及葉次。無序跋，前有目錄，目錄末有按語。首卷卷端題"楚辭卷第一"，下小字注，小題"離騷經章句第一　離騷"，隔行下題"校書郎臣王逸上　曲阿洪興祖補注"二行。皮紙，紫色地夾金線織錦四合函套，石青杭細書衣，黃綾書籤，書"宋版楚辭補注"。

此本字體古拙，觀之猶如活字所印，但有書頁呈斷版面貌，仍上雕版所為。宋諱如"貞"、"敦"、"敬"等字末筆多被剜去末筆，以充宋本，實為明覆宋刻本。

每冊俱鈐天祿繼鑑諸璽，前後副葉所鈐為"大三璽"。《天目後編》記其經明項元汴、清揆敘遞藏，有謙牧堂二印。但細審卷首之"五代司馬"及"墨林項氏藏書之印"二印，皆印色黯沉，印文不佳，疑是書估偽製。

原為一函八冊，《故宮善本書目》記其為"明復宋本。闕卷九至十一，凡三卷，存七冊"。《"國立故宮博物院"善本舊籍總目》，下冊，第991頁，著錄為"明覆宋刊本"。國圖一冊書前有佚名抄《天祿琳琅書目後編》卷六提要一頁，與前卷"宋版"《藝文類聚》等前附提要字蹟相同。

518 楚辭集注八卷

宋刻本，卷一、三、四配清影宋抄本。八冊，現藏中國國家圖書館（書號10529）。

每半葉八行，行十六字，白口，左右雙邊，雙順魚尾。版心上刻字數，下有刻工張榮、方云、李信、陸弘、彭天祐、貴、謝元、陳祥、俞魁、尤昌、施、昭等。"殷"字避諱闕末筆，"玄"、"真"不諱，"廓"、"匡"、"緄"、"桓"、"廓"

闕末筆。卷首有朱熹序。首卷卷端上題"楚辭卷第一",下題"晦庵集注"。

書中避諱至"廓"字止,又刻工陳祥又曾與刻宋撫州公使庫本《春秋經傳集解》,李信為南宋中葉杭州地區良工,曾與刻宋慶元六年(1200)紹興府刊本《春秋左傳正義》,張榮與刻宋寶祐本《通鑑紀事本末》等,知此本當刻於南宋寧宗時。《天目後編》提要云:"是書明時有刻本,並《後語》、《辨證》俱全。此宋大字本,極清朗,雖印本衹四卷,而卷一、卷三、卷四影鈔亦甚工緻,以其希覯足珍收之。"

每冊俱鈐天祿繼鑑諸璽,前後副葉所鈐為"大三璽"。《天祿琳琅書目後編》云:"每冊前有大印割補,僅存一'亭'字可辨。"

《賞溥傑書畫目》著錄,宣統十四年(1922)九月廿五日賞溥傑,賜出宮外。《北京圖書館古籍善本書目》集部第 1986 頁。

518(2) 箋注陶淵明集十卷

元刻巾箱本。一函八冊,現藏中國國家博物館(書號善 871)。

匡高 15.8 釐米,廣 11.3 釐米。每半葉九行,行十六字,小字雙行同,細黑口,左右雙邊,雙魚尾,偶見三魚尾。卷九、十,每半葉九行,行十五字,小字雙行同;版心中刊"陶詩一卷"或"陶幾",下有刻工"范"、"弓"、"及"、"玄"等,宋諱"桓"字缺筆,但不謹嚴。書前有《北齊陽休之序錄》、《宋朝宋丞相私記》,又《治平三年思悅書後》,《紹興十年無名氏書後》。目錄後有《補注陶淵明集總論》一卷,題"廬陵後學李公煥集錄"。首卷卷端題"箋註陶淵明集卷之一"。竹紙。書上有佚名朱文圈點。織錦函套,絳紅色綾製書衣,黃綾書籤,題"箋註陶淵明集"。

《天目後編》提要云:"是本南宋末所刊,第十卷末附載《晉書》本傳。"細審此本,乃以竹紙刷印,與臺北"國家圖書館"所藏同版相比,有斷版、漫漶,略顯後印。審其字體、刀法,應已入元。

每冊俱鈐天祿繼鑑諸璽,前後副葉所鈐為"中三璽"。除《天目後編》卷六所記數方鈐印外,卷端尚有"丁儒之印"朱文方印。丁儒,字如昇,不詳時代仕履。

據國家博物館圖書部黃燕生主任告知,此本為 1976 年自中國書店購進,時價 900 元錢。

519 梁昭明太子文集五卷

明嘉靖三十四年(1555)周滿刻本。二冊一函,現藏中國國家圖書館

（書號12365）。

匡高19.6釐米，廣16.1釐米。每半葉九行，行二十字，四周雙邊，白口，雙魚尾。前有劉孝綽序，後有淳熙八年袁說友跋。

袁跋略稱池陽郡齋既刻《文選》與《雙字》二書，今又得《昭明文集》五卷而併刊焉，《天目後編》據此並考諸史志，云"《昭明集》，《梁書》本傳及隋、唐兩志並云二十卷，《宋史·藝文志》僅載五卷，《文獻通考》併不著錄，是宋末已佚。此本五卷，乃淳熙八年池郡所刻，尚係南渡初傳本"，以爲宋淳熙八年建安袁說友池陽郡齋刊本，實則明代刊本，字體軟美。傅增湘亦錯以爲是宋版，他稱"宋本近時有貴池劉世珩覆刊，所據爲天祿琳琅藏書"。①

書上鈐"沈氏珍藏"（朱文）、"敬菴"（白方）、"清潔自娛"（白方）、"容春堂"（朱圓）、"錫山邵氏家藏"（白方）諸印。宋人姚鏞、明人孫紳、許孚遠皆號"敬庵"，此爲明本，或爲明人之號。又三印不可辨。每冊俱鈐天祿繼鑑諸璽，前後副葉所鈐爲"中三璽"。

《北京圖書館古籍善本目錄》集部第2004頁。1959年自北京故宮撥交北京圖書館。《中華再造善本》明代編第769號。

520 寒山子詩集一卷

宋刻本，其中首末兩葉爲汲古閣影宋抄配。一函一冊，現藏中國國家圖書館（書號8382）。

匡高19.7釐米，廣15.4釐米。每半葉十一行，行十八字，白口，左右雙邊，單魚尾。版心下記刻工徐忠、李春、章椿、陳亨、董源、施昌等人。宋諱"殷"、"恒"、"貞"字闕末筆，而"玄"、"絃"、"驚"、"溝"、"搆"、"暾"、"郭"、"桴"、"廓"諸字不諱。卷首有唐閭丘胤撰《寒山子詩集序》，次寒山詩、豐干禪師錄、拾得錄、拾得詩。卷端題"寒山詩"。

《天目後編》云此本"是本宋諱闕筆，雕手古雅"。此爲宋代浙江刻本，傅增湘《藏園訂補邵亭知見傳本書目》云："刊工與宋刊《武經七書》、耿秉本《史記》多同，是孝宗、光宗間浙本。"②又周叔弢《寒山子詩題識》云："此

---

① 《藏園羣書題記》，集部一，"明嘉靖昭明太子集跋"，第560頁。
② 《藏園訂補邵亭知見傳本書目》，卷十二上，第959頁。

書原本楮墨精雅,其刊印時地無可考,以字體審之,當是南宋初杭州雕本。"①日本正中二年刻本《寒山詩集》載南宋寶祐三年(1255)行果書云:"國清南公所刊寒山詩,錯誤最多,甚不稱晦庵先生丁寧流布之意。今以江東漕司本參互校定,重刻之山間。"按江東漕司即江南東路轉運司,治在建康府,行果未明確言江東漕司本爲何本？近年來學者認爲即此天祿本。按此本中有刻工陳亨、董源、李椿、施昌、徐忠、章椿六位,其中施昌又與刻《武經七書》,《武經七書》避諱至"慎"字止。② 徐忠與刻宋淳熙三年(1176)張杅桐川郡齋刻淳熙八年(1181)耿秉重修本《史記集解索隱》,此書亦避諱至"慎"字止。按桐川即今安徽廣德,趙萬里認爲張杅原刻中的刻工皆杭州地區良工。③ 李椿與刻宋紹興江南東路轉運司刻遞修本《後漢書》,李椿屬原版刻工。按李椿似即屬南京地區刻工,現存南宋初期刻書中僅此一見。④ 綜上,刻工大致同屬南宋初孝宗朝,所以天祿本《寒山子詩集》刻在南宋初當無疑問,傅增湘《藏園群書經眼錄》稱其"字體方整,似南渡初刊本"。⑤ 至於刻地是否江東漕司,按江南東路轉運司本《後漢書》中亦有刻工李椿,或可爲此本也屬江東漕司本之旁證。⑥

毛氏汲古閣舊藏,鈐有"宋本"、"甲"、"毛晉私印"、"子晉"、"汲古主人"、"毛晉之印"、"毛氏子晉"諸印。每冊俱鈐天祿繼鑑諸璽,前後副葉所鈐爲"中三璽"。

此書出宮後,被周叔弢購於天津,1924 年傅增湘經眼,宋刻《寒山子詩集》存世僅此部及日本宮內廳圖書寮(今稱書陵部)的另一部而已,以及新近公佈的韓國全羅南道順天市松廣寺藏本,題"天台隱士寒山拾得詩集",該集卷末有"甲寅歲分司大藏都監彫造"字樣。⑦ 比較而言,藏園以

---

① 參見李國慶編著,周景良校定《弢翁藏書年譜》,黃山書社 2000 年版,第 5 頁。

② 《藏園群書經眼錄》,第 479 頁。

③ 《中國版刻圖錄》,第 30 頁。

④ 根據王肇文編《古籍宋元刊工姓名索引》,宋開禧秋浦郡齋刻本《晉書》和宋尤袤刻本《文選》補版中均有刻工名李椿,與此李椿當非同一人。

⑤ 《藏園群書經眼錄》,第 843 頁。

⑥ 參見劉明著:《宋刊寒山詩集版本考辨》一文,《版本目錄學研究》(第五輯),北京大學出版社 2014 年版,第 427—437 頁。

⑦ 參見劉玉才著:《寒山子詩集早期刊本源流鉤沉》一文,載《北京大學學報》(哲學社會科學版)2012 年第 6 期,第 153 頁。

爲此本不僅内容齊全，而且刊刻年代較早。① 並稱此本"刊工與宋刊《武經七書》、耿秉本《史記》多同，是孝宗、光宗間浙本"。② 周叔弢先生得到此書欣喜至極，起"寒在堂"堂名，後又購到宋版《豐干拾得詩》，再起"拾寒堂"堂名以誌紀念。後捐予北京圖書館。③

《北京圖書館古籍善本書目》集部第 2016 頁。《第一批國家珍貴古籍名錄圖錄》第 01024 號。④《四部叢刊》影印收入此本。另有民國十三年(1924)建德周氏仿宋刻本。《中華再造善本》唐宋編第 292 部。

520(2) 集千家注分類杜工部詩二十五卷文集二卷

元皇慶元年(1312)建安余氏勤有堂刻至正八年(1346)葉氏廣勤堂修補印本。其中目錄及詩序、《門類姓氏》、《詩集》卷三至二十五、《文集》二卷，計二十五卷，二十二册，現藏中國國家圖書館（新編書號 1189）；《年譜》及《詩集》卷一至二，二册一函，現藏臺北"故宫博物院"（書號故善 007943—007944）。合兩岸所藏，即爲完璧。

匡高 19.5 釐米，廣 15.8 釐米。每半葉十二行，行二十字，小字雙行二十六字。四周雙邊，雙順魚尾，黑口，版心中刊"杜詩注卷幾"或"杜詩年譜"及葉數。首卷卷端題"集千家註分類杜工部詩卷之一"，標題下署"東萊徐居仁編次　臨川黃鶴補注"。正文前有目錄一卷、年譜一卷。卷十一第一至四葉及《文集》末原闕。竹紙，紫色地朵花宋式錦四合函套，黄綾書衣，黄綾書籤，書"宋板杜詩"及卷次。

《天目後編》云："宋徐居仁編次，黄鶴補注。《詩集》二十五卷，末附《文集》二卷。前標'杜工部傳序碑銘'，爲《唐書·杜甫傳》，元微之《杜工部墓誌銘》，韓愈《題杜子美墳》，李觀《遺補杜子美傳》，王洙《杜工部詩史舊集序》，孫僅《讀杜工部詩集序》，王安石《杜工部詩後集序》，胡宗愈《成都草堂詩碑序》，魯訔《編次杜工部詩序》，王琪《增修王原叔編次杜詩後記》，王彥輔《增注杜工部詩集序》，鄭卬《杜少陵詩音義序》、《跋杜子美詩》並序，孫何《讀子美集詩》，歐陽修、王安石《子美畫像詩》，張伯玉《讀子美集詩》，楊蟠《觀子美畫像詩》。又集注姓氏一百五十一家，又集注門類，又

---

① 《藏園群書經眼錄》，卷十二，第 842 頁。
② 《藏園訂補郘亭知見傳本書目》，卷十二上，第 959 頁。
③ 《自莊嚴堪善本書目》，第 70、139 頁。
④ 《第一批國家珍貴古籍名錄圖錄》，第 4 册，第 240 頁。

《年譜》，則鶴所撰也。鶴，字叔似，宜黃人。著有《北窗寓言集》。是書乃續成其父希所作。希，字夢得，登進士，官永新令。書中所引至文、謝及劉辰翁，蓋宋末始成。卷首有'廣勤書堂新刊'字，及墨印二：曰'三峰書舍'，鐘式，曰'廣勤堂'，鑪式，建陽書肆梓。"

《天目後編》所記爲建陽所刻不誤，但余氏勤有堂刻書時間延續百餘年，此本爲其板售別家後再行刷印，廣勤書堂爲葉氏所有。余氏勤有堂本目錄後原有"皇慶壬子余志安刊於勤有堂"木記。葉日增獲得版片後，將此牌記鏟去，改刻"廣勤書堂新刊"。傳至其子葉景逵時，將"廣勤書堂"改名爲三峰書舍，將"廣勤堂"鑪式木記又改爲"三峰書舍"鐘式木記。至明朝正統年間，葉氏書版又歸金臺汪諒所有。汪氏又將"三峰書舍"牌記改爲"汪諒重刊"。一部書版三易其主，三次改換牌記，以充新刊書籍流通。

元人安熙舊藏，有"安熙之印"白方、"敬仲氏"朱方及"離石安敬仲珍藏經籍印"白方三印。安熙（1269—1311），字敬仲，號默庵，真定藁城人，《元史》有傳。每冊俱鈐天祿繼鑑諸璽，前後副葉所鈐爲"中三璽"。

《故宮善本書目》記其爲"元建安葉氏廣勤堂修補余氏勤有堂本。半葉十二行，行二十字，注雙行二十六字。存年譜及詩集前二卷，二冊"。《"國立故宮博物院"善本舊籍總目》著錄爲"元至正八年覆皇慶元年建安余氏勤有堂刊葉氏廣勤堂印本"，下冊，第1014頁。

國圖所藏二十二冊，係解放初經中國書店蕭新祺先生自民間採到，故宮重新購藏。1959年撥交北京圖書館。2013年編目，深褐色紙籤題"宋板杜詩傳序碑銘目錄"，書籤卷二十五原誤寫作二十四，四改五。據蕭先生回憶，鄭振鐸先生見到此書甚爲欣喜，通知他於次日晨八點前將書送到故宮，"至時馬叔平（衡）和張庚樓（允亮）二先生已先到，等鄭先生來後，三人同我一起走到外西路一個園亭，觀賞了這部散失多年的清宮秘笈元刻本《杜詩》，此書紙張印工尚佳，又幸成完帙，可謂佳話"。[①] 二十四冊皆尚存人間，此其幸也；然而睽阻兩岸，至今身首異處，又何其不幸也。

521 集千家注批點杜工部集文集二卷詩集二十卷

明洪武元年（1368）會文堂刻本。十六冊，現藏成都杜甫草堂博物館

[①] 蕭新祺著：《我給鄭西諦先生送書》，《上海高校圖書情報學刊》1994年第1期，第57頁。

（書號5297C112—1308）。①

每半葉十四行，行二十五字，小字雙行同，黑口，左右雙邊，雙魚尾。卷前有《年譜》，後附錄元微之《誌銘》、《唐書》本傳，王洙序，王琪後記，王安石序，胡宗愈序，歐陽修、王安石詩，蔡夢弼《草堂詩箋跋》。又十三條，則辰翁文集中評論杜詩之說也。注有遺者，補附每卷之後。首卷卷端題"集千家注批點杜工部詩集卷之一"，隔行小字題"須溪先生劉會孟評點"。

行格緊密，《天目後編》卷六著爲"建陽小字本"，實爲明初所刊。

每冊俱鈐天祿繼鑑諸璽，前後副葉皆鈐"中三璽"。除"天祿繼鑑"諸璽外，尚有私人藏印，《天目後編》多有誤著："吉氏敬光"當爲"吉氏敬先"，"渡春開印"當爲"渡春閣印"，"瑤華亭上人家"當爲"瑤碧亭上人家"。

《賞溥傑書畫目》著錄，宣統十四年（1922）七月二十日賞溥傑。據國圖工作人員回憶，此書原藏北京圖書館，爲支援杜甫草堂博物館資源建設而調撥至四川。

522 常建詩集二卷

宋臨安府陳宅書籍鋪刻本。一冊一夾板，現藏臺北"故宮博物院"（書號故善002015）。②

匡高17.5釐米，廣12.8釐米。每半葉十行，行十八字，白口，左右雙邊，單魚尾。版心中記"常建"，下記葉次。無序跋。首卷卷端題"常建詩集卷上"。卷上末有"臨安府棚北大街睦親坊南陳宅刊印"刊記一行。白麻紙。杉木夾板，刻有綠漆填字"宋板常建詩集　全函"，石青杭細書衣，黃綾書籤，書"宋板常建詩集　全"。金鑲玉裝。惜書之首頁及版心殘破，又有蟲蛀，多有損字。

陳氏書籍鋪刻書幾近七十年，所刻多說部、文集，皆清雅秀麗。葉德輝《書林清話》卷二有《南宋臨安陳氏刻書之一》、《宋陳起父子刻書之不同》等，考其刻書，並彙集各家記載之陳宅書籍鋪本近二十種，日人長則規

---

① 另可參考郭大仁著：《成都市古籍藏書特色研究》，《四川文物》2001年第1期，第55頁；《杜甫草堂博物館館藏古籍探索》，《杜甫研究學刊》2001年第3期，第89頁。然郭氏以爲此乃元至大元年雲衢會文堂刻本，僅存《詩集》二十卷，皆誤。此本《文集》二卷、《詩集》二十卷全，實爲明初刻本。

② 《大觀——宋版圖書特展》，第176—182頁。

矩也增補爲《宋朝私刻本考》一文，①尾崎康爲之再整理，統計爲 23 種，見於《宋代雕版印刷的發展》一文中，②然而尾崎氏的統計又漏掉了葉德輝的著錄，因此實則應該更多。此本即南宋著名之書棚本，刊記"臨安府棚北大街睦親坊南陳宅刊印"，即陳道人書坊也。此本紙墨精潔，初刻初印，字體凌峭，洵可寶也。

此書爲明人楊士奇舊藏，入清先歸汪琬、揆敘，後入清宮。所記藏印"廬陵楊士奇印"、"堯峰山莊"、"山光塔影樓"、"平陽季子珍賞圖書記"、"謙牧堂藏書記"、"謙牧堂書畫記"等俱與《天目後編》相同，惟"東里草堂"朱方，《天目》誤爲"東里堂"。每冊俱鈐天祿繼鑑諸璽，前後副葉所鈐爲"中三璽"。有朱筆圈點。

民國壬戌（十一年，1922）年九月初六日被大臣借出宮外，當月十七日收回。③ 清室善後委員會點查時，在體順堂發現。民國丁卯（十六年，1927）七月四日傅增湘見於故宮。④ 並於卷末鈐"沅叔審定"朱方印。

1929 年出版之《故宮善本書影初編》收錄，云"宋臨安書棚陳氏刊本，槧印俱精，惜蟲蝕太甚。卷中有楊士奇、謙牧堂諸家收藏印記及天祿琳琅、天祿繼鑑、乾隆各璽，原藏體順堂，《天祿後目》著錄"。⑤《故宮善本書目》記其爲"宋臨安府棚北大街睦親坊南陳宅書籍鋪刻本"。1932 年故宮影印出版《天祿琳琅叢書》第一輯，第十四種。《"國立故宮博物院"善本舊籍總目》，下冊，第 1010 頁，著錄爲"宋臨安府陳宅書籍鋪刊本"。

523 韋蘇州集十卷

宋刻元修巾箱本。三冊，現藏中國國家圖書館（書號 5450）。

每半葉十行，行十八字，白口，左右雙邊，單魚尾。版心上刻字數，下有刻工"孫"、"郊"、"蔡巳"、"劉尚"等。卷首有嘉祐元年十二月二十二日

---

① ［日］長澤規矩也著：《宋朝私刻本考》，《長則規矩也著作集》第三卷，東京汲古書院 1983 年版，第 50—54 頁。

② ［日］尾崎康著：《宋代雕版印刷的發展》，《故宮學術季刊》二十卷四期，2003 年夏，第 184—186 頁。

③ 煮雨山房編：《故宮已佚書籍書畫目錄四種・外借字畫浮記帳》，《故宮藏書目錄匯編》，中華書局 2004 年版。

④ 《藏園群書經眼錄》，卷十二，第 850 頁。

⑤ 張允亮編：《故宮善本書影初編》，民國十八年（1929）北平故宮博物院影印本，第 10 頁。

《欽定天祿琳琅書目後編》卷六　宋版集部　/211

王欽臣序，卷末有《拾遺》。"絃"、"玄"、"構"等字缺末筆。首卷卷端題"韋蘇州集卷第一"，隔行下題"蘇州刺史韋應物"。巾箱本。

　　書尾有兩條元人墨筆題記，一爲德祐初劉辰翁所題，一爲至正十七年（1357）九月十五日天全叟所題。劉辰翁跋云："韋應物居官自愧，閔閔有卹人之心，其詩如深山採藥、飲泉坐石，日晏忘歸。孟浩然如訪梅問柳、偏入幽寺，二人趣意相似，①然入處不同。韋詩潤者如石，②孟詩如雪，雖淡無采色，不免有輕盈之意。德祐初初秋看二集並記。須溪。"天全叟跋云："韋蘇州詩易讀不易學，比陶之自然又有異趣。須溪評泊仿佛可見，③不用意不能似，用意又不復似，是以爲難爾。至正丁酉九月十五日天全叟題。"須溪，元人劉辰翁號。天全叟，無考（圖6-1）。

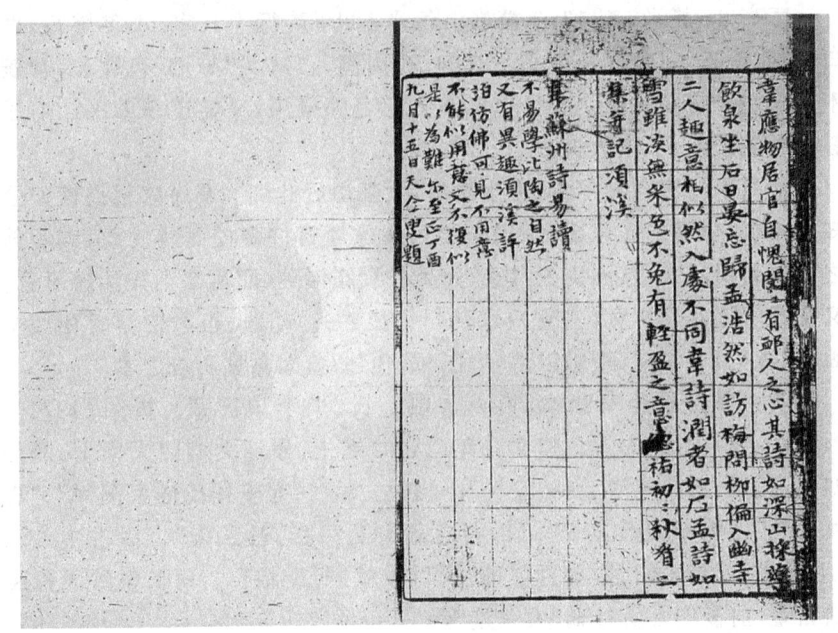

圖6-1

----

　　① 劉按，"趣意"二字，清光緒十年王先謙刻本誤作"意趣"，北京故宮藏清嘉慶內府寫本《天祿琳琅書目後編》不誤。

　　② 劉按，"者"字，北京故宮藏清嘉慶內府寫本《天祿琳琅書目後編》誤作"香"，清光緒十年王先謙刻本誤作"處"。

　　③ 劉按，"泊"字，清光緒十年王先謙刻本誤作"猶"，北京故宮藏清嘉慶內府寫本《天祿琳琅書目後編》不誤。

鈐印"木齋"、"海虞毛晉子晉圖書記"、"芳艸王孫"、"殷孝章"、"四楞年少"等皆與《天目》後編卷六第一部宋刻本相合。曾藏明人謝遷、毛氏汲古閣處，後入清宮。謝遷，字于喬，號木齋，餘姚人。明成化乙未進士，官大學士。諡文正。每冊俱鈐天祿繼鑑諸璽，前後副葉所鈐爲"中三璽"。

《賞溥傑書畫目》著錄，宣統十四年（1922）七月十八日賞溥傑，賜出宮外。《北京圖書館古籍善本書目》第2041頁。

524 韋蘇州集十卷

宋乾道七年（1171）平江府學刻遞修本。三冊，現藏中國國家圖書館（書號4976）。

匡高24釐米，廣17.2釐米。每半葉十行，行十八字，小字雙行，白口，左右雙邊，單魚尾。版心下有刻工"周滿"、"蔣文"等，紙色黯黃，辨認不清。"玄"字闕末筆。卷後有熙寧九年葛蘩後序，又乾道辛卯平江府學教授胡觀國跋一，崔敦禮跋二。

此爲平江府刊大字本，後出韋集，大都源於此編。葛序略稱昌黎韓公知蘇州事，得晁文元家藏《韋氏全集》，俾僚屬賓佐參校而終於蘩，鏤版傳之。後列銜三人，長洲尉王昌彥、州學教授霍漢英，而葛蘩則知吳縣事也。又紹興昭陽作噩姚寬《書蘩校韋蘇州集後》一。胡跋、崔跋皆稱丞相觀文魏公（魏杞）守平江，鏤版以傳，署曰"重刊"。蓋即葛蘩所校之本。

明大學士楊榮家藏本，後爲常熟毛氏、檇李項氏藏。楊榮（1371—1440），字勉仁，建安人。建文二年（1400）進士，累遷文淵閣大學士，歷仕四朝，與楊士奇、楊溥並稱"三楊"。諡號文敏。"建安楊氏傳家圖書"、"忠貞自效"、"檇李項藥師藏"、"萬卷堂藏書記"、"毛晉私印"、"汲古主人"、"毛扆之印"等藏印，抄補頁俱與《天目後編》所載相合。每冊俱鈐天祿繼鑑諸璽，前後副葉所鈐爲"大三璽"。

《賞溥傑書畫目》著錄，宣統十四年（1922）八月十六日賞溥傑。此書爲淩志斌先生所捐。[①] 1946年初，國民政府接收大員張嘉璈派時任國民政府東北行轅經委會總務處副處長的淩志斌等，將暫放長春市政府的僞宮善本中的鈐有"天祿琳琅"藏書印璽者挑出，共13箱，寄存中央銀行。淩志斌在1948年還曾做過中央銀行總裁駐平津代表。個人收藏了3部

[①] 《冀淑英有關海源閣書目覆王紹曾書》，《冀淑英文集》，第416頁。

天祿書，宋乾道七年（1171）魏杞平江府刻本《韋蘇州集》、元刻本《增廣注釋音辨唐柳先生集》、明正德十六年（1521）陸元大刻本《花間集》。《韋蘇州集》與《花間集》俱在《賞溥傑單》內，不詳乃揀選時私留還是通過其他方式得到。此三書後皆捐贈北京圖書館。《北京圖書館古籍善本書目》集部第2041頁。《第一批國家珍貴古籍名錄圖錄》第01029號。①

525 權文公詩集十卷

清康熙席氏琴川書屋刻《唐人百家詩》本。存卷二至十，三冊，現藏中國國家圖書館（新編書號1187）。

每半葉十行，行十八字，白口，左右雙邊。黃絹籤題"權文公詩集"。

《天目後編》提要云："前有楊嗣復序。按：序稱其集五十卷，此本祇詩、賦兩類十卷。今所行明劉大謨鐫本，稱楊慎得之雲南。然此本亦無各體文，或慎之前已有單行本矣。長洲顧氏藏本。"

每冊俱鈐天祿繼鑑諸璽，前後副葉所鈐爲"中三璽"。未見《天目後編》所記各卷首皆有之"宋本"、"俠君"、"顧印嗣立"三印。《天祿琳琅書目後編》僅著錄一部《權文公詩集》，頗疑此本爲宮人替換以清康熙刻本替換，故不存所著錄之顧氏藏印。

《賞溥傑書畫目》著錄，宣統十四年（1922）七月十五日賞溥傑。流散出宮後，輾轉長春僞宮至瀋陽故宮，1959年由北京故宮撥交北京圖書館。因蟲蛀霉爛，長期未曾編目，2013年編目。

525（2）朱文公校昌黎先生集四十卷外集十卷遺文一卷

宋紹定六年（1233）臨江軍學刻本。分正集四十卷外集十卷遺文一卷附集傳一卷，其中卷一至十四、十七至四十，《外集》、《遺文》、《傳》全，計五十卷，四函三十一冊，現藏遼寧省圖書館（書號善00007）；所缺《正集》十五、十六兩卷，一冊，現藏中國國家圖書館（書號12366），合之即成全璧。

匡高21.3釐米，廣14.5釐米。每半葉七行，行十五字，小字雙行同，白口，左右雙邊，雙順魚尾。版心上記本葉字數，中記"昌幾"，下有刻工"劉元"、"鄧炳"、"周成"、"鍾良"、"建安葉大"、"翁時"、"陳定"、"彭元慶"、"劉從"、"胡明"、"黎壽"、"胡興"、"鄒益"、"周煥"、"蔡森"、"余坦"、"范

---

① 《第一批國家珍貴古籍名錄圖錄》，第4冊，第245頁。

崇"、"熊明"、"陳公弼"、"周鎰"、"鄒益"、"陳嵩"、"高廉"、"余辛"、"余受"、"翁正"、"胡祥"、"周發"、"劉開"、"鄧受"、"吳中"、"蔡泰"、"肖昌"、"孫通"等。卷首有李漢序。又朱文公校《昌黎集》，添入《考異》。《凡例》後，有朱文公編《昌黎先生傳》，凡新書本傳一，文錄序一，《記舊本韓文後》一，《潮州韓文公廟碑》一。又汪季路書，目錄後有雙行白文反刻牌記"紹定癸巳臨/江軍學刊本"（圖6-2）。避宋諱"徵"、"慎"、"貞"等字。首卷卷端題"朱文公校昌黎先生集卷第一"，下小字題"附考異"。黃麻紙。

《天目後編》云"大字本，宋槧最佳者"。刻工精湛，字劃淩峭，墨色濃潤。有朱筆圈點。遼圖所藏部分略有蟲蛀。

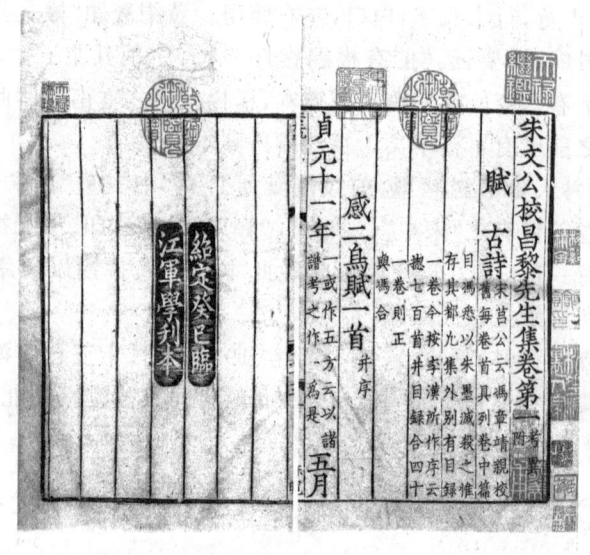

圖6-2

此書經明人王寵、文徵明、王世懋遞藏，入清又歸宋犖、季振宜，季振宜諸印皆爲墨色，蓋正值家中有喪。有鈐印"古吳王氏"、"辛夷館印"、"江左"、"玉蘭堂"、"五峰樵客"、"敬美甫"、"王印世懋"、"臣犖"、"三晉提刑"、"季振宜字詵兮號滄葦"、"揚州季氏"、"滄葦"、"振宜之印"等印。《天目後編》卷六所記鈐印，"極淡精舍"誤，應是"梅谿精舍"（白文），與"玉蘭堂"俱是文徵明藏印。王世懋，字敬美，號麟洲，王世貞之弟。明嘉靖己未進士，官至太常卿。"五峰"，文伯仁號，文徵明從子也。後歸藏清宮，每冊俱鈐天祿繼鑑諸璽，前後副葉所鈐爲"大三璽"。

《賞溥傑書畫目》著錄，宣統十四年（1922）八月二十三日賞溥傑。國圖所藏一冊，爲流散出宮後，輾轉自長春僞宮至瀋陽，1959 年由北京故宮撥交北京圖書館。《北京圖書館古籍善本書目》集部第 2050 頁。《第一批國家珍貴古籍名錄圖錄》第 01047 號。①

527 朱文公校昌黎先生集四十卷外集十卷遺文一卷（又一部）

宋刻麻沙小字本。二函二十二冊。

此爲《天目後編》卷六著錄 3 部宋本《朱文公校昌黎先生集》之第二部，提要僅云："同前首部，麻沙小字本，係一版摹印。闕補《外集》一、二、三、四。《外集》三。一、二。"無私家印記。

另見一宋建陽書坊刻本，存目錄、卷一、卷三至四、卷十五至十八，計五冊，現藏中國國家圖書館。每半葉十二行，行二十一字，細黑口，左右雙邊（上下有雙邊係後描），雙魚尾。闕補卷第十五第二葉。是書板式行款與前書相同，亦麻沙小字本。惟墨色較淡，當係摹印稍後也。其上無"天祿繼鑑"及"乾隆御覽之寶"諸印璽。每冊前有"皇次子章"，後有"養正書屋珍藏"印，皆道光皇帝旻寧用印。② 並非此書。

《天目後編》提要既云"同前首部"，卷一宋版首部之御題《朱文公校昌黎先生集》，分藏國家圖書館、遼寧省博物館、遼寧省圖書館、臺北"故宮博物院"及私人手中，審定爲元刻本，則此書版本或許亦爲元刻本。

不詳何時亡佚，不知是否尚存世間。

527(2) 朱文公校昌黎先生集四十卷外集十卷遺文一卷（又二部）

明刻萬曆三年(1575)重修本。其中二十七卷，現藏中國國家圖書館：卷二至十七，計十六卷，四冊，書號 18608；《外集》十一卷全、《傳》一卷全，二冊，新編書號 1250、1292；卷十八至二十九，計十二卷，二冊一函，現藏清華大學圖書館（書號善庚 234.231/4706.01）。

匡高 22.6 釐米，廣 14 釐米。每半葉九行，行十八字，小字雙行同，粗黑口，四周雙邊，雙順魚尾。版心中刊"昌文幾"。不避"殷"、"敦"、"貞"、"弘"諸宋諱。多俗體，如"与"、"为"等。染紙不匀，且有蟲蛀。每卷卷端下題"考異音釋附"。有補版頁。明黃色灑金紙質書衣，書籤題"昌黎文

---

① 《第一批國家珍貴古籍名錄圖錄》，第 4 冊，第 264 頁。
② 陳國慶著：《瀋陽圖書館藏長春僞宮殘存宋元珍本目錄考略》，《歷史文獻》第 6 輯，上海古籍出版社 2004 年 2 月，第 107 頁。

集"及卷數。

此外《天目後編》卷六 3 部宋本《朱文公校昌黎先生集》之第三部,《天目後編》稱爲"中字本"。

每册俱鈐天祿繼鑑諸璽,前後副葉所鈐爲"大三璽"。無其它私家藏印。

《賞溥傑書畫目》著錄,宣統十四年(1922)八月二十六日賞溥傑。國圖 18608 一部,著錄於《北京圖書館古籍善本書目》第 2051 頁;《外集》、《傳》,兩册,爲流散出宫後,輾轉長春僞宫至瀋陽故宫,1959 年由北京故宫撥交北京圖書館,2013 年編目。《清華大學圖書館藏善本書目》第 281 頁,定爲"元麻沙坊刻本"。

527(3)昌黎先生詩集四十卷外集十卷遺文一卷

宋刻本。二函十册。

《天目後編》提要云:"書中卷賦、詩兩體,《外集》遺詩具載,各句下併注《考異》。"記其有鈐印"嗜好與俗殊酸鹹"、"用嘉"、"陳氏彦廉"、"味餘齋珍藏印"、"四明樓"等。

《賞溥傑書畫目》著錄,宣統十四年(1922)九月六日賞溥傑,賜出宫外,尚不知是否仍存世間。

不詳何時亡佚。

528 增廣註釋音辨唐柳先生集四十三卷

元刻本,目錄、卷三至四、三十二至三十八配明初抄本。二十册,現藏中國國家圖書館(書號 4977)。

匡高 18.2 釐米,廣 12.5 釐米。每半葉十二行,行二十一字,小字雙行同,四周雙邊或左右雙邊,小黑口,雙順魚尾。版心中刊"柳文幾"。卷首有劉禹錫《唐柳先生文集序》、《增廣註釋音辨唐柳先生集諸賢姓氏》、目錄。首卷卷端題"增廣註釋音辨唐柳先生集卷之一",隔行下題"南城先生童宗說注釋"、"新安先生張敦頤音辨"、"雲間先生潘緯音義"。宋諱"貞"、"恒"、"徵"、"敦"等闕末筆,避諱不甚謹嚴。

除正文《唐柳先生集》四十三卷外,尚有《別集》二卷《外集》二卷《年譜》一卷《附錄》一卷。此爲《天目後編》卷六所著 3 部《增廣註釋音辨唐柳先生集》之第一部,提要稱此本"同前首部,麻沙小字本,係一版摹印"。確是福建麻沙書坊所刻,時代晚至元代。

藏印俱與《天目後編》卷六第一種宋版《增廣注釋音辨唐柳先生集》相合，"古吳蔣氏收藏"朱文方印，《天目後編》漏著"收"字；"供奉名家"印之"供"，《天目後編》誤爲"能"。"古吳蔣氏收藏"、"思彥"、"香洲"等皆爲清初蔣香洲藏印，蔣名耀宗，字思彥，錢泳《履園叢話》六《耆舊》有其小傳。後入清宮天祿琳琅，此書爲凌志斌先生所捐。① 每冊鈐天祿繼鑑諸璽，前後副葉所鈐爲"中三璽"。

《北京圖書館古籍善本書目》集部第2062頁。

528(2) 增廣注釋音辨唐柳先生集四十三卷（又一部）

明初刻本。十二冊，現藏中國國家圖書館（書號10212）。

每半葉十三行，行二十三字，小字雙行同，四周雙邊，粗黑口，雙順魚尾。版心中刊"柳文幾"，下刊葉次。卷前有《韓文音義序》，署"乾道三年十二月吳郡陸之淵書"；又《唐柳先生文集序》，隔行下題"夔州刺史劉禹錫纂"；又《增廣註釋音辨唐柳先生集諸賢姓氏》及目錄。首卷卷端題"增廣註釋音辨唐柳先生集卷之一"，隔行下題"南城先生童宗說註釋　新安先生張敦頤音辨　雲間先生潘緯音義"三行。

除正集四十三卷外，另有《別集》二卷，《外集》二卷。篇目同宋版卷首所著錄者，爲十三行二十三字本，與下一部書及卷十一元版集部所著兩部皆爲同版。此爲《天目後編》卷六所著3部《增廣註釋音辨唐柳先生集》之第二部，提要稱此本"篇目前首部，亦麻沙小字本，而尺寸微豐，字畫較展，無《年譜》，乃另一刻"。

書上鈐有"芝秀堂"、"夢原"、"黃中氏"、"睿謨"、"項印睿謨"、"君畫"諸印，明代檇李項氏藏本。每冊鈐天祿繼鑑諸璽，前後副葉所鈐爲"中三璽"。卷二卷首另有一"蹴盧"白文方印，卷四卷首有"赤松仙史"白文方印，卷十三卷首有"物外心賞"朱文方印，皆爲《天目》失載。天頭、地腳甚窄，以致"天祿繼鑑"印騎縫押鈐於上版匡。原爲一函四冊，出宮後改裝爲十二冊。

《北京圖書館古籍善本書目》集部第2063頁。

529 增廣注釋音辨唐柳先生集四十三卷（又二部）

明初刻本。原一函七冊，現存卷一至七、十六至二十五、三十五至四

---

① 《冀淑英有關海源閣書目覆王紹曾書》，《冀淑英文集》，第412頁。

十二,計二十五卷,一函三冊,現藏遼寧省圖書館(書號善 10037);卷八至十五、二十六至三十四,四十三,及陸之淵《柳文音義序》二葉,三冊,現藏吉林省博物院(書號 05645)。合兩家所藏,尚闕別集二卷外集二卷及附錄一卷。

匡高 19.8 釐米,廣 12.9 釐米。每半葉十三行,行二十三字,小字雙行同,粗黑口,四周雙邊,雙順魚尾。版心上記字數。卷首有《增廣註釋音辨唐柳先生集諸賢姓氏》。首卷卷端題"增廣注釋音辨唐柳先生集卷之一"。白麻紙。黃綾書籤,題"宋板增廣註釋音辨唐柳先生集"及冊次。

緊行密字,與宋版首部之十二行二十一字本相比,尺寸稍豐,字畫較展,建版風格。此爲《天目後編》卷六三部宋版集部《唐柳先生集》中的最後一部,解題稱此本"篇目同前首部,亦麻沙小字另刻本"。據《天目後編》卷一宋版首部《御題增廣注釋音辨唐柳先生集》提要云,此書"附錄劉禹錫《天論》、祭文三首,《唐書》本傳,曹輔、黃翰、許尹祭文,汪藻《祠堂記》,穆修舊本後序,沈晦四明新本後序,李袚柳州舊本後序,文安禮《年譜後序》。前有乾道三年陸之淵《音義序》、《諸家姓氏》、《年譜》"。則陸之淵序兩葉,應爲附錄之殘葉。陸序作於宋孝宗乾道三年,稱予至灞山郡齋,雲間潘廣文攜音訓數帙示予,比於祝充之注《昌黎集》云云。

每冊俱鈐天祿繼鑑諸璽,前後副葉所鈐爲"中三璽",無其它私人藏印。遼圖本爲原書之第一、三、五冊,吉博所藏爲第二、四、六冊,第七冊佚失。

《賞溥傑書畫目》著錄,宣統十四年(1922)八月初七日賞溥傑,賜出宮外。

529(2) 盧戶部詩集十卷

清康熙席氏琴川書屋刻《唐人百家詩》本。三冊,現藏中國國家圖書館(新編書號 1188)。

每半葉十行,行十八字,白口,左右雙邊,單魚尾。黃絹籤題"盧戶部詩集"。

《天目後編》提要無一字言及版本。此本實爲清康熙席氏琴川書屋刻《唐人百家詩》本,席氏刻本每集卷末皆有"東山席氏悉依宋本刊于琴川書屋"雙行牌記,此本盡爲鏟去。

每冊俱鈐天祿繼鑑諸璽,前後副葉所鈐爲"中三璽",無其它私人藏印。

《賞溥傑書畫目》著錄，宣統十四年（1922）七月十三日賞溥傑。北京文物局自民間購回，1959年經故宮撥交北京圖書館。2013年編目。

529(3) 孫可之文集十卷

明正德十二年（1517）王鏊、王諤刻本。二冊，現藏中國國家圖書館（書號12367）。

每半葉十二行，行二十一字，白口，左右雙邊，單魚尾。版心中刊"可之卷幾"及葉次。無序跋。首卷卷端題"孫可之文集卷第一"。目錄後刻"大宋天聖元年戊辰，祕閣校理仲淹家塾"二行。

目錄後之空白行處有作偽者以活字加印的"大宋天聖元年戊辰／秘閣校理仲淹家塾"二行（圖6—3），編撰《天祿琳琅書目》諸臣雖注意到此假造刻書年款"其字畫濃重，與通部不同，蓋書賈增印作偽"，但又稱"然此書今所行毛晉汲古閣刻本跋云'王鏊從內閣鈔出'，則近代無刻本"，還是誤判近代無刻本，而斷此王鏊仿宋刻本爲真宋版。

別本卷前有中和四年孫樵自序、正德丁丑震澤王鏊序，卷末有正德丁丑白水王諤跋，此本皆抽去不存。王鏊序稱，獲內閣秘本，手錄以歸，戶部主事白水王君直夫請刻以傳後。黃丕烈曾以宋本校正德刊本，"行款字形，與宋本大約相同，以百餘錢得之。攜歸取勘宋本，十有八九之合，始信正德本亦從宋刻本出也"。①

每冊俱鈐天祿繼鑑諸璽，前後副葉所鈐爲"中三璽"。除《天目後編》卷六所載邵彌'種五色瓜'印外，卷首尚鈐有"南明氏"朱文方印、"粲操"白文連珠印、"息園"（朱文方印）、"南明氏"（朱方）等印，爲《天目後編》失載。此外《天目後編》誤將"帶志負氣之人"朱文方印中的"志"記爲"性"字。冊末有墨筆題蹟一行："辛未十又一月惠山石樵贈，瓜疇藏。"並押鈐"種五色瓜"朱文橢圓印。《天目後編》提要云："瓜疇，乃英人布衣邵彌字。僧彌善書畫，其'種五色瓜'印，用邵平故事。"指其用漢初召平秦亡，爲民，種瓜於長安城東故事。

《賞溥傑書畫目》著錄，宣統十四年（1922）七月十三日賞溥傑。北京

---

① （清）黃丕烈撰，潘祖蔭輯，周少川點校：《士禮居藏書題跋記》，書目文獻出版社1989年版，第211頁。

文物局自民間購回，1959年經故宮撥交北京圖書館。《北京圖書館古籍善本書目》集部第2084頁。

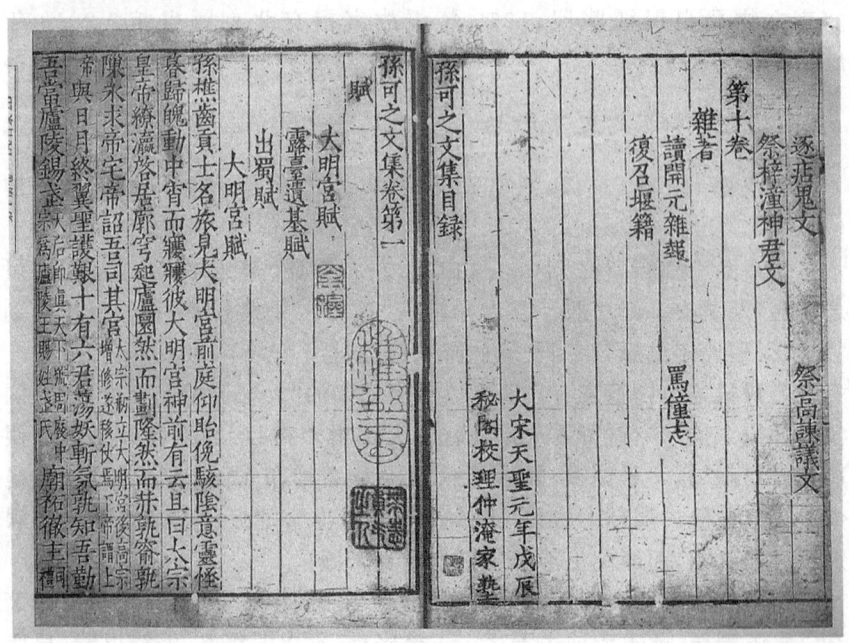

圖 6—3

530 經進周曇詠史詩三卷

宋刻本。一冊，現藏芷蘭齋。

匡高19.4釐米，廣12.8釐米。每半葉十二行，行二十字，小字雙行三十字，細黑口，四周雙邊，雙順魚尾。避宋諱不甚謹嚴，"慎"、"稱"皆闕末筆，"讓"、"匡"、"桓"、"貞"、"徵"或闕或不闕。首卷卷端題"經進周曇詠史詩卷之上"，隔行下署揭銜"守國子直講臣周曇撰進"。

此本版刻疏朗悅目，彭元瑞等以為其槧式與《天目後編》卷二宋版經部《司馬氏書儀》相似，以為乃"宋本之最佳者"。周叔弢先生亦稱此為"福建刻本，紙印精美，宋本之佳者"（圖6—4）。

圖 6—4

　　曾經季振宜舊藏,卷尾有"泰興季振宜滄葦氏珍藏"墨筆一行,《延令宋板書目》著錄,每冊卷首皆鈐"季振宜藏書"朱文印。另卷上有"唐氏古夫"白文印一方,不詳何人之印。每冊俱鈐天祿繼鑑諸璽,前後副葉所鈐爲"中三璽"。

　　流出清宮後,經琉璃廠書肆張秋山手,先轉售宗室寶熙,民國六年(1917)十二月廿七日傅增湘於寶熙處經眼包括此書在內的八部清宮舊藏,云此本"《天祿書目後編》所載,《四庫》未收。彭文勤有季滄葦所藏舊鈔本,云亦精雅"。① 此本有 1981 年影宋印本,周叔弢先生爲之跋,略云 1930 年代北京琉璃廠書友攜此書與宋本《寒山子詩》來天津求售,限於財力,只留下《寒山子詩》,與此書失之交臂。久之消息杳然,時時形之夢寐。解放後,聽張重威言此書現在吳某處,"文化大革命"期間,傳聞已成灰燼。天津古籍書店張振鐸先生由廢紙堆中收來,如同死者復生,斷者復續,遂據此本影印出版,使人間孤本,化身千萬。② 此宋版孤本 1980 年仍存天壤,時隔 30 年,筆者遍查海內外公藏,皆不知其下落,曾想願如周先生所言"冥冥中若有神物護持",此物尚在人間。2009 年 6 月 18 日,筆者至芷蘭齋觀書,韋力先生出示此書,忽一見,驚喜異常。韋力先生說起,80 年代初,天津古籍書店一店伙名王大力,自天津一買辦後人家中收購此書,本想私秘不報,經思想鬥爭後拿出,仍因違背行業規矩而致辭退。韋力先

-----

　　① 《藏園群書經眼錄》,卷十二,第 917 頁;《藏園訂補郘亭知見傳本書目》,卷十二下,集部二下,別集類一下,中唐至五代,第 97 頁。
　　② 冀淑英編纂:《自莊嚴堪善本書目》,第 129—130 頁。

生購此書自天津古籍書店。

今臺北"國家圖書館"藏有一此書之影抄本（書號 09912），非但逼肖原書，於蟲蝕處亦勾畫不誤，且描摹乾隆御印，幾可亂真。

530(2) 唐英歌詩三卷

宋刻本。一函二冊。

《天目後編》提要云："唐吳融撰。融，字子華，越州山陰人。龍紀元年進士，見《唐書·文藝傳》。書三卷。揭銜'翰林學士承旨、銀青光祿大夫、行在尚書戶部侍郎、知制誥、上柱國、漢陽縣開國男、食邑三百戶'。考融與韓偓同爲學士，僅集有《同直詩》，其曰'行在'，蓋昭宗在鳳翔時所命官。"又云："首有'允文'、'樞密之章'二印，蓋宋虞允文家藏。至明，入上元焦氏。又一印，不可辨。"鈐"長宜子孫"、"允文"、"樞密之章"、"弱侯"諸印。

《賞溥傑書畫目》著錄，宣統十四年（1922）七月十四日賞溥傑，賜出宮外，尚不知是否仍存世間。

531 范文正公集二十卷別集四卷

元天曆元年（1328）范氏褒賢世家家塾歲寒堂刻本。十冊，現藏中國國家圖書館（新編書號 1190）。

每半葉十二行，行二十字，白口或黑口，左右雙邊。卷前有宋元祐四年蘇軾序，後有乾道丁亥俞翊跋。內扉頁有黃褐色紙籤題"宋刻范文正公集"，並非原籤。

此書分《正集》二十卷，《別集》四卷。《天目後編》提要記俞翊跋云："鄱陽在江左，爲守者以賢稱九人，而傑出者唐之顏魯公、本朝之范文正公。二公文章散落人間，是邦獨無墨本。翊攝乏來此，首得之，鳩工鏤版，以致師仰景慕。"又云："是當時顏、范二集並刊，今《顏集》無南宋本流傳矣。"以爲此書應是宋乾道三年俞翊鄱陽刻本。

國家圖書館藏有北宋刻本《范文正公文集》二十卷一部，乃現存最早的范集傳本，半葉九行，行十八字，白口，左右雙邊，字體端方凝重，避諱謹嚴，宋諱"勗"、"樹"、"署"、"項"、"煦"等字缺筆，而"吉"、"瓦"、"構"、"溝"、"慎"等字不避，爲北宋刻本無疑。傳世孤本。范集傳世尚有南宋乾道刻遞修本、元天曆至正間范氏家塾歲寒堂刻本等，皆二十卷。范仲淹辭世時，北宋仁宗皇帝親自以篆文題寫墓碑，許爲"褒賢之碑"，范氏子孫便一直自稱爲"襃賢世家"。天曆元年，范氏子孫匯刻范集，卷首有蘇軾敘及"天曆戊辰改元襃賢世家重刻於家塾歲寒堂"的牌記，次爲目錄，有"後學時兆文校正，後學黃姬水校正，後學李鳳翔校正，十五世孫啟義同校，十六世孫惟元同校"題名五行。元范氏歲寒堂刻本爲後世通行之本，明清兩代多祖此版，且多爲范氏後裔所爲，他們或修版重印或據以校刻。此爲國圖2013年新編目書，尚在修復中，無法提閱原件，推測應是佚去刊記，以致天祿諸臣誤以爲宋槧。

每冊俱鈐天祿繼鑑諸璽，前後副葉所鈐爲"中三璽"。另有"劍光閣"、"華氏明伯"兩方白文印，與《天目後編》所記相同。

此係1959年自故宮撥交北京圖書館，冊下書頁霉漬、蟲蛀嚴重。2013年編目。

531(2) 范文正公集二十卷遺集一卷尺牘三卷（又一部）

元天曆元年(1328)范氏家塾歲寒堂刻本。二函十二冊，現藏臺北"故宮博物院"（書號故善002200－002211）。

匡高22.6釐米，廣16.7釐米。每半葉十二行，行二十字。左右雙邊，白口，單魚尾，版心中刊"文正集卷幾"及葉次，下刊刻工名，有張允、吉、周成、周、章益、章、益、楊、可、戊、陳子仁、子仁、陳、張祐之、守中、趙、方才卿、方、才、寺中。卷前有元祐四年四月二十一日龍圖閣學士朝奉郎新知杭州軍州事蘇軾《范文正公集敘》，正文後有《文正公尺牘》三卷，《范文正公別集》四卷。卷末有乾道丁亥五月既望邵武郡俞翊《識》，淳熙丙午十二月日郡從事北海綦煥《識》兩篇，又刊有"嘉定壬申仲夏重修　朝奉郎通判饒州軍州兼管內勸農營田事宋鈞　朝請大夫知饒州軍州兼管內勸農營田事趙旧□"三行。又附錄富弼、歐陽修、王安石、韓琦祭文四篇。《尺牘》計一百十四帖，厘爲三卷，卷末有淳熙三年元日廣漢郡張栻書、新安朱熹書兩篇跋語。首卷卷端題"范文正公集卷第一"。竹紙，簾紋兩指寬，接天地染紙補過。新裝織錦四合函套，黃綾書衣，黃綾書籤，書"宋范仲淹集"。

《天祿後目》記此本較上一本增《遺集》一卷《尺牘》三卷，乃宋淳熙十三年綦煥爲郡從事所增補刊本，實則與前一部同一版本。刻印極精，墨色凝重，紙色古雅，卷七、卷八一冊墨色尤重，彷彿描潤一遍。吳哲夫先生云："書中並無避宋諱字，且書中刻工如張允、周成、章益、陳子仁諸人，與王文進《文祿堂訪書記》著錄之元天曆本相符，謹據瞿氏《鐵琴銅劍樓書目》所載元刊本《文正集》云：'此袁本重刻者，序後有墨圖記篆書，云：天曆戊辰改元褒賢世家重刻於家塾歲寒堂,殆文正後人即依原本繙雕,故皆古雅,與宋本無異矣。'此本墨記處有被剜去痕蹟,知欲以歲寒堂本冒充宋本也。"① 此本蘇軾《敘》後之墨記處被整齊裁去,補以染舊另紙,不細審不易發現。《尺牘》末葉上亦有整幅裁接痕蹟,所裁去者原爲元後至元三年正月范文英重刻牌記,有"先文正公尺牘,舊刊于郡庠,歲久漫漶,今重命工鋟梓刊置家塾之歲寒堂,期與子孫傳之。至元再元丁丑正月甲子日八世孫文英百拜謹識"四行(圖6—5)。

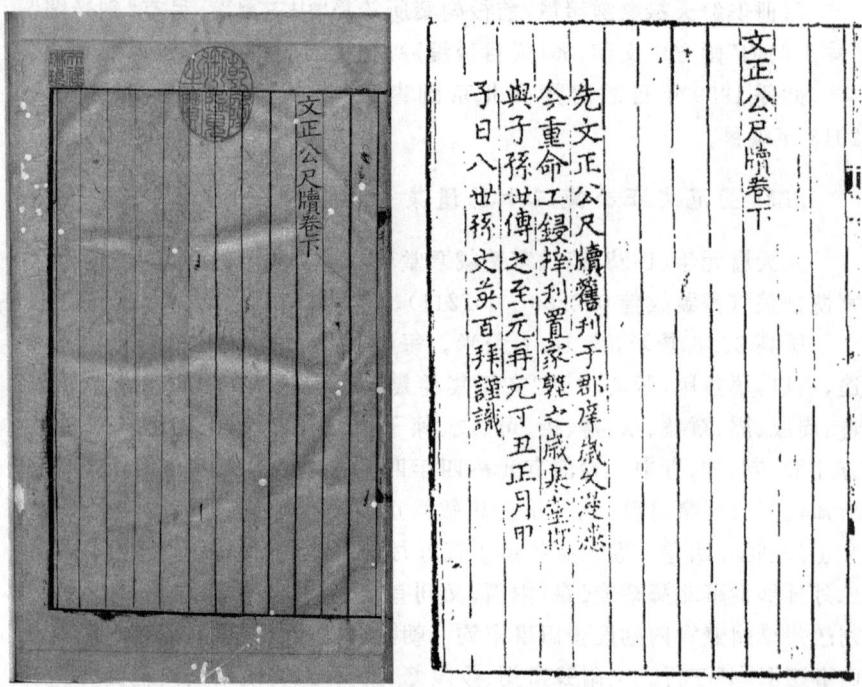

圖6—5　左爲天祿繼鑑本,右爲別本尺牘後之刊記四行

　　據王嵐《范仲淹文集編刻源流考》一文,②《范文正公集》二十卷刊於元天曆元年;《尺牘》三卷刊於元後至元三年。因此其版本可具體爲元天曆元年至後至元三年范氏歲寒堂刊本。

---

①　吳哲夫著:《天祿琳琅書目續編著錄之宋版書籍研究》,《"國立中央圖書館"館刊》新十一卷第一期,第32頁。

②　王嵐著:《范仲淹文集編刻源流考》,《古籍整理研究學刊》1999年第5期,第33—36頁。

每冊俱鈐天祿繼鑑諸璽，前後副葉所鈐爲"大三璽"，無私家藏印。

1929年出版之《故宮善本書影初編》收錄，云"與前書同一刻本而多尺牘三卷，蘇序後幅亦經割裂。卷中有天祿琳琅、天祿繼鑑及乾隆各璽，原藏昭仁殿，《天祿後目》著錄作宋本"。①《故宮善本書目》記其爲"元天曆元年范氏歲寒堂刻本。半葉十二行，行二十字"。《"國立故宮博物院"善本舊籍總目》，下冊，第1044頁，著錄爲"元天曆元年范氏家塾歲寒堂刊本"。

532 無爲集十五卷

宋紹興十三年(1143)趙士粲無爲軍刻遞修本。一函四冊，現藏中國國家圖書館(書號9288)。

匡高22.3釐米，廣16釐米。每半葉十行，行十七至十九字，白口，左右雙邊，單魚尾。版心上題字數，下鐫刻工姓名陳右、陳祐（或即陳右）、郭文良（或即郭良）、郭良、光、胡安祐、李、劉榮、全□、阮宗、王華、王仲、王景、汪彥、汪靖、謝興、英、周。玄、絃、鉉、驚、警、弘、泓、貞、徵、桓、垣、溝、購等宋諱闕筆。卷前有紹興癸亥趙士彪序。首卷卷端題"無爲集卷第一"。紅綾書衣，上貼黃籤題"宋板無爲集"，尚存清宮裝幀舊貌。

趙序略云楊傑此集久未成書，趙士彪知無爲軍時，始搜求編刻成集也。書中刻工如王華、王景、王仲、謝興、汪彥、汪靖、阮宗等，皆爲南宋紹興間刻工，又"溝"、"購"兩字避諱，而"慎"、"敦"、"廓"、"郭"等不諱，知刻在南宋紹興間。

鈐有"文淵閣印"，《天目後編》卷六失收，可知曾爲明代文淵閣藏書，然檢《文淵閣書目》著錄《無爲別集》，而未著錄此書，疑纂修者出於誤記。每冊俱鈐天祿繼鑑諸璽，前後副葉所鈐爲"大三璽"。

《賞溥傑書畫目》著錄，宣統十四年(1922)七月二十日賞溥傑。書衣背貼有"收914"籤條，知民國間爲國立北平圖書館收得。《北京圖書館古籍善本書目》集部第2118頁。《第一批國家珍貴古籍名錄圖錄》第01090號。②《中華再造善本》唐宋編第348部。《古逸叢書》三編據此本影印。

---

① 張允亮編：《故宮善本書影初編》，民國十八年(1929)北平故宮博物院影印本，第10頁。

② 《第一批國家珍貴古籍名錄圖錄》，第4冊，第317頁。

532(2)南豐曾子固先生集三十四卷

金刻本。一函六冊,現藏中國國家圖書館(書號 5858)。

匡高 15.7 釐米,廣 10.9 釐米。每半葉十五行,行二十六字,白口,左右雙邊,單魚尾。白麻紙。"貞"字闕筆,宋帝諱"桓"、"構"、"慎"、"廓"諸字皆不闕筆,"玄"、"境"時缺時不缺。卷前有元豐元年王震序。尚存清宮原裝,紅色書衣,黃色錦籤。

《天目後編》卷六以爲宋建陽巾箱本,"與元大德丁思敬所刻《元豐類藁》序次多寡迥異"。趙萬里先生以王震序"元豐八年季春三月朔日"前著一"宋"字,而定爲金刻本。並進一步論述其版式、刀法、紙墨與潘祖蔭《滂喜齋藏書記》所記北宋政和刊本《雲齋廣錄》如出一轍(圖 6-6),蓋同爲金中葉平水坊刻本,並贊其"字畫剛勁,世無二帙,可稱平水本上乘"。①周密《志雅堂雜抄》稱此類書爲北本。平陽府臨汾有平水,見《金史·地理志》,平水即臨汾別名。紹興二十二年榮六郎刻本《抱朴子》,據北宋汴梁坊本重刻,與此書版式相類似,此本源出北宋舊槧,可以想見。《天祿琳琅書目後編》卷二之宋版《周禮》,趙先生亦判定爲金刻本。

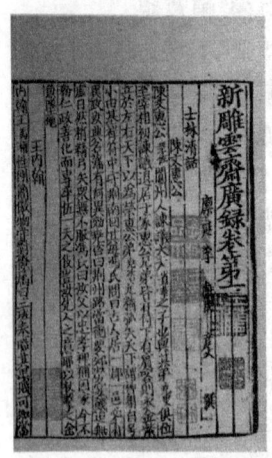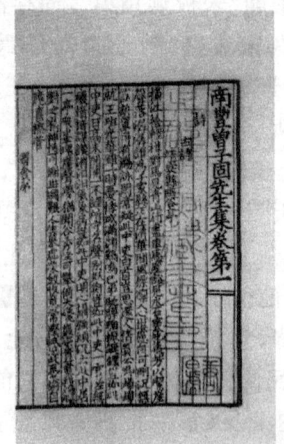

圖 6-6 同爲金刻本之《新雕雲齋廣錄》、天祿繼鑑本《南豐曾子固先生集》和《周禮》

明人唐寅舊藏,鈐"唐白虎"、"吳郡唐寅藏書印"二印。尚有"休寧朱之赤珍藏圖書"一方,爲《天目後編》失載。朱之赤,字守吾,號臥庵,別署

---

① 《中國版刻圖錄》,目錄,第 49 頁。

煙雲逸叟。祖籍休寧，遷居吳縣。通天文術數。喜收藏書畫，並精於鑑別。早年曾向葉奕、毛扆商討藏書及版本，宋槧元抄充棟，其法書名畫及名人手稿本多精品。明亡後，爲南京朝天宮道士。入清爲揆敘所藏，有謙牧堂二印。每冊俱鈐天祿繼鑑諸璽，前後副葉所鈐爲"中三璽"。除《天目後編》所記唐寅、揆敘諸印外，"曾在趙元方家"等印，爲出清宮後藏家所鈐，曾藏趙元方處。

《賞溥傑書畫目》著錄，宣統十四年（1922）七月十四日賞溥傑後，被攜至東北，抗日戰爭勝利後流散，又出現於北京，①爲北京藏書家無悔齋趙元方收得，汪紹楹爲之跋，②後由趙氏捐贈北京圖書館。③《中國版刻圖錄》圖版二五六。《北京圖書館古籍善本書目》集部，第 2114 頁。《第一批國家珍貴古籍名錄圖錄》第 01086 號。④ 中華書局《古逸叢書三編》影印出版。《中華再造善本》金元編第 685 號。

533 曾南豐先生文粹十卷

宋刻本。四冊一函，現藏中國國家圖書館（書號 8717）。

匡高 16.7 釐米，廣 12 釐米。每半葉十四行，行二十五至二十六字，白口，四周雙邊，雙順魚尾。版心上記字數，中刊"曾文幾"，下記刻工名姓"張"、"劉"、"裴"、"呂"、"蔣"、"同"等。避宋諱至"敦"字止。首卷卷端題"曾南豐先生文粹卷第一"。

巾箱小本，密行細字，精整可愛。《中國版刻圖錄》稱其"版式中型，刀法瘦勁，與婺州本《三蘇文粹》相似，因推知此書當是南宋中葉婺州刻本"。又云："各篇有出《南豐類稿》外者，文字較元明刻本《類稿》爲勝。"⑤張元濟《寶禮堂宋本書錄》序云："其中《韋蘇州集》、《曾南豐先生文粹》、《六臣注文選》等原爲大內舊物，鈐有'乾隆御覽之寶'與'天祿琳琅'璽印，誠宋刊精品。"⑥

---

① 據雷夢水《書林瑣記》記載，1947 年琉璃廠麗生書局收得此書，以一千元售出，見《琉璃廠書肆四記》，第 51 頁。

② 汪紹楹撰：《天祿琳琅續目〈宋本南豐曾子固先生文集〉跋》，《歷史文獻》第一輯，上海社會科學院出版社 1999 年版，第 151—155 頁。

③ 梁白泉主編：《國寶大觀》，上海文化出版社 1990 年版，第 955 頁。

④ 《第一批國家珍貴古籍名錄圖錄》，第 4 冊，第 313 頁。

⑤ 《中國版刻圖錄》，目錄，第 22—23 頁。

⑥ 張人鳳編：《張元濟古籍書目序跋匯編》，商務印書館 2010 年版，第 162 頁。

《天目後編》卷六未記藏印,實則有"謙牧堂藏書記"、"謙牧堂書畫記"二印,入宮前藏經揆敘舊藏。每冊俱鈐天祿繼鑑諸璽,前後副葉所鈐爲"中三璽"。流出清宮後,卷五至十,凡六卷爲盛昱所得,後歸袁克文,民國二年夏天傅增湘經眼於正文齋,後從袁寒雲處借得,以校明嘉靖刻本,稱此宋本脫誤頗甚,間亦有佳字可取。① 再爲南海潘宗周寶禮堂所藏。② 潘氏寶禮堂藏書後由其子潘世茲繼承,1941年,太平洋戰爭爆發,潘世茲恐藏書落於日人,故將書籍運至香港匯豐銀行保險庫藏。1951年潘世茲將寶禮堂的藏書全部獻給國家。書上另鈐盛昱、袁克文藏印,有"宗室盛昱收藏圖書印"、"孤本書室"、"克文"、"寒雲秘笈珍藏之印"等。

《中國版刻圖錄》圖版九〇。《北京圖書館古籍善本書目》第2116頁。《第一批國家珍貴古籍名錄圖錄》第01088號。③《中華再造善本》唐宋編第345部。

533(2) 節孝先生文集三十卷

宋淳祐十年淮南東路王夬亨刊本。二函十冊。

《天目後編》提要云:"宋徐積撰。積,字仲車,山陽人。官楚州教授。諡節孝,《宋史》有傳。書三十卷。前淳祐庚戌王夬亨序,結銜'淮南東路提點刑獄公事兼淮南東路轉運判官',稱舊集版燬於兵,裒集全書,藏諸鄉校云云。後有《語錄》一卷、《事實》一卷、《附載》一卷。"

無私家藏印。

《賞溥傑書畫目》著錄,宣統十四年(1922)九月十四日賞溥傑,賜出宮外,尚不知是否仍在世間。

534 和靖先生文集三卷

宋刻本。一函二冊,不詳何時亡佚。

《天目後編》提要云:"書三卷。卷一《年譜》,卷二奏劄十五首,卷三詩六首、雜文十四首、書五首。壁帖有朱熹、張栻、黃□□□□□□,則一

---

① 《藏園群書經眼錄》,卷十三,第952頁;傅增湘撰:《藏園群書題記》,上海古籍出版社1989年版,卷十三,《明嘉靖刻南豐文粹跋》,第660頁。

② 潘宗周撰,張元濟:《寶禮堂宋本書錄》,《中國歷代書目題跋叢書》第二輯,上海古籍出版社2007年版,第243頁。

③ 《第一批國家珍貴古籍名錄圖錄》,第4冊,第315頁。

時薦剳、告詞、墓誌、祠記、挽詩、題跋之作。燁受學於程頤，爲高弟，南北宋間人尊仰之，故掇拾以成此集。《朱子語錄》謂'和靖文字有關朝廷者，多門人代作'，然不可考矣。"

又云："泰興季氏藏本。"鈐"御史之章"、"季振宜印"、"滄葦"、"吳郡吳岫家藏"諸印。

《賞溥傑書畫目》著錄，宣統十四年(1922)七月十三日賞溥傑，賜出宮外，尚不知是否仍在世間。

534(2) 臨川先生文集一百卷

明嘉靖二十五年(1546)應雲鷟刻本。全書二函二十冊，存卷十二至十四、十八至二十，計六卷，二冊，現藏中國國家圖書館(新編書號1191)；卷九十五至九十六，一冊，現藏吉林省博物院(書號05593)。

匡高20.7釐米，廣15.9釐米。每半葉十二行，行二十字，白口，左右雙邊，單線魚尾。書口中刊"臨川集幾"，下刊葉次。白棉紙。① 黃絹籤題"臨川先生文集"。

《天目後編》提要云："書一百卷。前有紹興十年黃次山序，稱丞相之文流布閩、浙，今所校本仍閩、浙之故。蓋知州事桐廬詹太和甄老所譜校，標曰《紹興重刊臨川文集序》。今閩、浙兩本無傳，此其最古矣。"以爲宋紹興十年詹太和刊本，實爲明嘉靖間影宋刻本。嘉靖二十五年應雲鷟據劉氏安世堂本整理重刻，成爲《臨川文集》的明代通行之本。

每冊俱鈐天祿繼鑑諸璽，前後副葉所鈐爲"中三璽"。吉林省博物院所藏一冊，②無私人藏印。《天祿後目》卷六著錄兩部宋版《臨川先生文集》，都無私人藏印，吉博此本亦無其它藏印，不詳是哪一部，暫置於此。

未詳何時出宮，國家圖書館所藏二冊，係流散民間後，輾轉長春僞宮至瀋陽故宮，1959年由北京故宮撥交北京圖書館者。2013年編目，著錄爲明刻本。

---

① 書影見詹福瑞、呂福申主編：《中華人民共和國圖書館博物館群藝館文化館大典》，國家圖書館出版社2009年版，第二卷，"吉林省博物院"條，第25頁。

② 按，吉林省博物院鑑定爲宋紹興二十一年兩浙西路轉運司王珏刻元明遞修本，在2010年申報國家第三批珍貴古籍名錄，未入選。2014年改其著錄爲嘉靖二十五年(1546)應雲鷟重刻宋紹興十年(1140)詹太和本，再次申報。

535 臨川先生文集一百卷（又一部）

明嘉靖三十九年（1560）何遷刻本。存目錄上，一卷，一冊，現藏中國國家圖書館（新編書號 1317）；卷首至卷一百，四函二十冊，日本鹿兒島大學圖書館（書號 IK322/漢·集部 22）

每半葉十二行，行二十字，白口，左右雙邊。卷首有《紹興重刊臨川文集敘》首卷卷端題"臨川先生文集卷第一"。白棉紙。黃絹籤題"臨川先生文集"。

《天祿琳琅書目後編》云："同上，係一版摹印。"實爲明代翻宋刻本，與《四部叢刊》所收明嘉靖三十九年何遷刻本《臨川先生文集》比勘，此本佚失首末之明嘉靖三十九年王宗沐序、明嘉靖二十五年陳九學後序、明嘉靖二十五年章袞書《臨川文集後》、明嘉靖二十五年應雲鷟刻書跋，以致天祿諸臣將其誤入宋版。書品寬大，品相上佳。

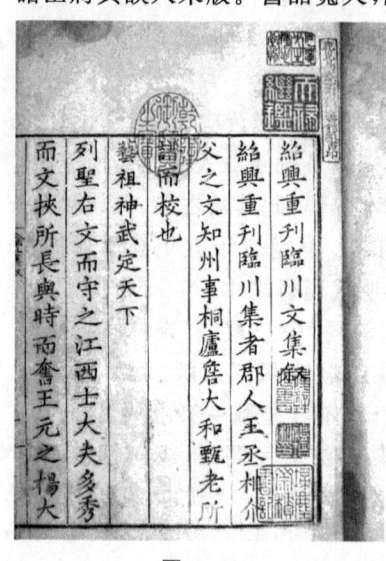

圖 6—7

每冊俱鈐天祿繼鑑諸璽，前後副葉所鈐爲"大三璽"。《天目後編》記其無其他私家藏印。日本部分，卷首有"掃塵齋積書記"、"禮培私印"、"復壁藏書"、"無竟先生獨志堂物"（圖 6—7）諸印，流入東瀛前，曾經王禮培、張其鍠遞藏。王禮培（1864—1943），字佩初，號南公，一號潛虛老人。湖南湘鄉人。清光緒二十九年（1903）進士，曾任湘鄉學堂監督，支持維新變法，後流亡日本，入帝國大學研習政法，並在此間加入孫中山同盟會，辛亥革命後回國。曾任河南大學教授，以詩名於文壇。嗜藏書，自日本歸國後，往返於京、津、滬、寧間，訪求古籍，自稱搜書四十餘年，得宋槧二十餘種，元槧及明初本不下百餘種。和葉德輝相互酬唱，有湖南藏書"葉氏藏書第一，王氏藏書第二"之稱。先後藏書十餘萬卷，其藏書處有"掃塵齋"、"小招隱館"、"復壁"等。編有《復壁藏書目》一冊。張其鍠（1877—1927），字子武，號無竟先生，廣西桂林人。清光緒三十年（1904）進士，宣統三年（1911）出任北伐軍南武軍軍統。民國二年（1913）任湖南都督府軍務廳廳長，獲陸軍中將軍銜。後出任吳佩孚顧問，民國十五年（1926）因功被授以陸軍上將軍銜。北伐戰爭期間在河南新野遇當地紅槍會伏擊，中彈身亡。博學，精研易理術數，藏書亦富。所著有《獨志堂叢稿》等。

《賞溥傑書畫目》著錄，宣統十四年（1922）八月二十一日賞溥傑。《故宮撥交檔案》上僅一部《臨川先生文集》殘本，即上一部。未詳此一冊何時進入國家圖書館，2013 年編目，著錄爲明刻本。原書四函，十四冊。日本所藏部分，原是東京大學岩元禎舊藏，岩元氏治德國文學，但其家藏漢籍善本甚多，不少爲稀見書，多是初印本。岩元之書大多是民國時期通過東京文求堂購得。田中氏之文求堂，漢籍皆購自北京。岩元爲鹿兒島人，故 50 年代其"岩元文庫"之書售於鹿兒島大學。據日本學者推測，此書是清朝末期民國初期的戰亂時代自中國流出，經由日本藏書家之手，進入到岩元文庫。①

535(2)重廣分門三蘇先生文粹一百卷

宋刊巾箱本。二十八冊，現藏日本宮內廳書陵部。

匡高 16 釐米，廣 10.5 釐米。每半葉十四行，行二十四字，細黑口，左右雙邊，雙魚尾。版心下刊有刻工姓名。避宋諱，語涉宋帝、朝廷字樣皆空格，凡遇"敬"、"驚"、"懲"、"殷"、"桓"、"弘"、"恒"、"匡"皆闕末筆，諱至"桓"、"構"字止。前有目錄二卷。首卷卷端題"重廣分門三蘇先生文粹卷第一"。

巾箱本，據避諱可知應是刊於南宋紹興年間。卷末尾行版匡外有墨書"正統丙寅孟秋重裝於金谿義塾"一行，應是明正統十一年（1446）改裝之記載。

自蘇文解禁，三蘇文盛行，書賈射利，坊本甚夥。《三蘇文粹》在宋代有兩個版本系統，一爲三蘇人各爲編，編各分體者，凡《老泉》十一卷、《東坡》三十二卷、《穎濱》二十七卷，合七十卷；一爲分類纂輯，同類再依老泉、東坡、穎濱順序編次。此百卷本即屬後者，保存完整，刻于南宋初年，刻工精良，首尾完具，爲存世孤本，具有很高研究價值。國內僅有按人編排的七十卷本，此天祿本則是增廣並分類編纂的南宋初年刊百卷本，這不但可

---

① ［日］高津孝著：《岩元文庫的善本——乾隆帝的遺寶〈臨川先生文集〉一百卷》，《鹿大史學》第 47 期（1999 年）第 37—41 頁。另可參見（日）井上進著：《岩元文庫訪書記》，《南風》（鹿兒島大學圖書館報）第 63 期，第 9—10 頁。

資校勘，而且對後人進一步瞭解南宋初年三蘇文之盛行，亦有所助益。

書上鈐"陳氏齊巖寶玩"、"謙牧堂書畫記"、"謙牧堂藏書記"等諸印，爲清初陳氏及揆敘遞藏。《天目後編》誤記"陳氏齊巖寶玩"朱文印爲"陳氏鼻巖寶玩"，"夫藏書"印失載。① 每冊俱鈐天祿繼鑑諸璽，前後副葉所鈐爲"中三璽"，另有"宮内省圖書印"朱文印，爲流入日本皇宮後所鈐。

《賞溥傑書畫目》著錄，宣統十四年（1922）八月二十五日賞溥傑。20世紀30年代，溥儀在日本扶持下建立僞滿洲國，以此書及"宋版"《劉子》（實爲明刻本）二書作爲"國禮"贈送日本天皇，故此流落日本。其解題詳見《圖書寮典籍解題·漢籍篇》，第80—81頁。② 2003年綫裝書局有全書影印本出版，見《日本宮内廳書陵部藏宋元版漢籍影印叢書》第二輯，另2012年上海古籍出版社再度影印出版，見《日本宮内廳書陵部藏宋元版漢籍選刊》。

536 蜀本標題三蘇文六十二卷

宋刻本。存卷二十九至六十二，計三十四卷，五冊，現藏中國國家圖書館（書號12368）。

每半葉十五行，行二十一字，白口，四周單邊，雙順魚尾，眉上鐫評。卷端、卷尾皆作"標題蜀本三蘇文"。卷前有《三蘇文敘錄》，標"歷陽狀元張孝祥編"。又《三蘇年譜圖》，標"左朝請大夫權發遣成都府路提典刑獄事何掄編"。卷五十三闕七至十葉，有抄配葉。

此書與上一部《重廣分門三蘇先生文粹》體例相同，亦不著編者姓名，編例同爲彙集三蘇文分門纂輯而成，而門目序次迥不相同。《天祿琳琅書目後編》云其"割併毫無體例，書首敘錄、圖譜更爲蕪陋，乃坊賈嫁名便鬻之所爲耳"，此種現象或可說明，自蘇文解禁之後，三蘇文極爲流行，坊間

---

① 嚴紹璗先生著《日藏漢籍善本書錄》此書附錄云："據《齎來書目》記載：'中御門天皇正德五年（1715）中國商船第四十九番寧波舶（船主游如義）載《三蘇全集》一部二帙二十冊抵日本。中御門天皇享保四年（1719）中國商船第二十八番南京船（船主俞枚吉）載《三蘇全集》二部抵日本。"第1918頁。劉按：《三蘇文》歷來版刻眾多，日人喜讀，多有自中土販運入日。《齎來書目》記載的1715年、1719年運到日本的《三蘇全集》必是別本，此清宮舊藏天祿繼鑑本宋版《三蘇先生文粹》絕無可能早在清康熙五十四年或五十八年就被商船販到日本。

② ［日］宮内廳書陵部編：《圖書寮典籍解題·漢籍篇》，東京宮内廳書陵部昭和三十五年（1960）出版，第80—81頁。

大量刊印，所輯三蘇文選本花樣翻新，但質量卻良莠不齊。此本卷一後有條記云："武谿遊孝恭德棻標題。此文集校正，復增敘錄、圖譜於卷首，庶幾開卷則三分之議論灼見其肺腑矣。淳熙丙申冬至日，刊於登俊齋。"或即遊孝恭所編也，爲淳熙三年（1176）建陽登俊齋所刊巾箱本。

明人姜紹書舊藏，姜紹書，字二酉，丹陽人，寶之孫，以蔭官南京工部郎，著《韻石齋筆談》。書上鈐有"姜氏二酉家藏"、"滄江虹月"二印。入清爲揆敘所藏，有謙牧堂二印。每冊俱鈐天祿繼鑑諸璽，前後副葉所鈐爲"中三璽"。①

《賞溥傑書畫目》著錄，宣統十四年（1922）八月十六日賞溥傑。流散出宮後，輾轉長春僞宮至瀋陽故宮，1959年由北京故宮撥交北京圖書館。《北京圖書館古籍善本書目》第2858頁。

537 三蘇先生文粹七十卷

明刻本。二函二十冊，現藏中國國家圖書館（新編書號1192）。②

匡高19釐米，廣14.1釐米。每半葉十四行，行二十六字，白口，左右雙邊，單線魚尾。書口中刊"三蘇文粹卷幾"及葉次。首卷卷端題"三蘇先生文粹卷第一"。黃絹籤題"三蘇先生文粹"。

《天目後編》提要云："不著編者姓名。書七十卷。人各爲編，蘇洵十一卷，蘇軾三十二卷，蘇轍二十七卷。編各分體，與前兩書復不同而最爲宏整。"

每冊俱鈐天祿繼鑑諸璽，前後副葉所鈐爲"中三璽"。無其他私家藏印。

《賞溥傑書畫目》著錄，宣統十四年（1922）八月初七日賞溥傑。此係溥儀兄弟攜至東北之書，出宮後輾轉流傳。據故宮檔案記載，1949年12月，時任故宮圖書館館長張允亮通過中國書店以小米400斤收購"宋版"《三蘇先生文粹》下半部一函五冊，即此書。③ 1959年由北京故宮撥交北

---

① 祝尚書先生疑此書前二十八卷於清宮舊藏時即佚，因"天祿繼鑑"印鈐於卷二十九之首，實因不知每冊書前後皆遍鈐天祿諸璽，誤也。清宮舊藏此書爲二函十冊。見祝尚書撰：《宋人總集敘錄》，中華書局2004年版，卷二，第91頁。

② 陳國慶著：《瀋陽圖書館藏長春僞宮殘存宋元珍本目錄考略》，上海圖書館歷史文獻研究所編：《歷史文獻》第六輯，上海古籍出版社2004年版，第99—100頁。

③ 《故宮國寶宮外流失秘笈》，第185—193頁。

京圖書館，撥交檔案上記其爲"明嘉靖蘇州刻本"。2013年編目。

537(2) 王狀元集諸家注分類東坡先生詩二十五卷

宋刻本。全書四函二十四冊，卷首之《東坡紀年錄》，一冊一函，現藏美國國會圖書館（書號（V）B985.1S113f）；①卷一至二十五，二十二冊，現藏上海圖書館（書號線善762557—78）。

匡高19.9釐米，廣13.1釐米。每半葉十一行，行十九字，小字雙行二十五字，細黑口，左右雙邊，雙順魚尾。有耳題。版心上方記字數，中刊"詩幾"及葉次。宋諱"徵"、"敦"闕末筆，但並不謹嚴，"慎"字不諱。版刻多俗體、異體字。卷首有趙夔《百家註東坡先生詩詩序》，次王十朋序，又《百家注分類東坡先生詩姓氏》，又傅藻《東坡紀年錄》。首卷卷端題"王狀元集百家註分類東坡先生詩卷之一"，隔行署"前禮部尚書端明殿學士兼侍讀學士贈太師諡文忠公蘇軾"。序前半葉影寫補，卷一末撕補三行，卷二十五最末三頁爲鈔補。白麻紙。紫色仿絲函套，石青杭細書衣，黃綾書籤，書"宋板百家註蘇詩"。

版刻清朗，初刻初印，略有蟲蛀補字。金鑲玉裝，書品極佳。

王重民先生《中國善本書提要》云："按《天祿琳琅書目後編》卷六載宋版蘇詩兩部，一題《王狀元集諸家注分類東坡先生詩》，一爲增刊校正本，有'建安虞平齋務本書堂刊'牌記，今有《四部叢刊》影印本。此本有'天祿繼鑑'、'乾隆御覽之寶'、'天祿琳琅'、'周暹'、'雙鑑樓'、'藏園'、'增湘'等印記，蓋即《天祿後編》所載之第一部零本也。"②並云："此本撰人作傅藻，姓氏葉亦題'傅氏溁，字薦可，撰《紀年》'。務本書堂刻本兩處均作'傅藻'，以其字薦可推之，似以作'藻'者爲是。"

卷十九及二十二卷端下有一朱文方印，模糊不清，印色不佳，據《天目後編》云爲"趙氏庭深"。每冊俱鈐清宮天祿繼鑑諸璽，前後副葉所鈐爲"中三璽"。

《賞溥傑書畫目》上記宣統十四年（1922）八月二十二日賞溥傑一部《王狀元集諸家注分類東坡先生詩》"一部四套"，此書原爲四函二十四冊。民國丁巳年（1917）傅增湘見其首一冊《東坡紀年錄》於文德堂，記曰："此

---

① 王重民輯錄，袁同禮重校：《美國國會圖書館藏中國善本書目》，（臺北）文海出版社1972年版，第239—240頁。

② 王重民著：《中國善本書提要》，上海古籍出版社1983年版，第135頁。

即盛昱氏書，由景賢售之袁克文氏，經手者乃撤去此首冊《紀年錄》、《序錄》等，忍哉！"①盛昱卒於 1900 年，蓋此一冊早於清末已流失宮外，1922年賜溥傑者應是佚失首冊後的餘下二十三冊四函，並非如藏園猜測的是由經手人撤出了這一冊。後此殘冊歸於藏園，傅增湘跋云："此傅藻所撰《紀年錄》一卷，即年譜也，列於《梅溪集注分類東坡詩》之前。半葉十二行，每行十九字，注雙行二十五字，細黑口，左右雙闌。寫刻俱精，爲南宋建本之最佳者。此書舊藏於清宮昭仁殿，載在《天祿琳琅後目》中，故鈐有'天祿琳琅'、'天祿繼鑑'、'乾隆御覽之寶'各璽印。惜秖存此首冊耳。"書於"藏園抄本"藍格紙上，鈐"沅叔手校"白文方印。另鈐"洗心室秘笈印"、"沅叔審定宋本"、"江安傅沅叔考藏善本"、"忠謨繼鑑"等印。

此一冊 1941 年 2 月 17 日入藏美國國會圖書館，入藏號 602921。國會圖書館另藏有當時傅增湘用"藏園抄本"專用紙手書的售書記錄："《東坡紀年錄》一卷，美金五十元。宋刊本，半葉十一行，行十九字，白口雙闌，板心上記字數，左闌有耳記篇名。此即百家注蘇詩之首卷，初印精美。清代內府御藏，入《天祿琳琅後編》，有'天祿琳琅'、'天祿繼鑑'、'乾隆御覽之寶'各璽章。"與此書同時被國會圖書館購入的還有宋版《妙法蓮華經》、《魏書》、《後漢書補志》及《分門集注杜工部詩》，售書記錄末尾有"以上宋版書五種，定價美金壹仟貳佰元，沅叔手記"。② 戰亂年代，藏家無力護書，珍籍流失海外，此爲一樁也。

538 增刊校正王狀元集注分類東坡先生詩二十五卷

元建安虞平齋務本書堂刻本。四樟木函二十四冊，現藏北京大學圖書館（書號善 811.153/4453.3）。

匡高 20 釐米，廣 13.1 釐米。每半葉十一行，行十九字，小字雙行二十五字，細黑口，左右雙邊，雙魚尾。卷前有趙夔序，又王十朋序，又《百家注分類東坡先生詩姓氏》，又傅藻《東坡紀年錄》一卷。《姓氏》後有雙行篆書刊記"建安虞平齋務本書堂刊"。首卷卷端題"增刊校正王狀元集註分類東坡先生詩卷之一"，隔行小字題"宋禮部尚書端明殿學士兼侍讀學士

---

① 《藏園群書經眼錄》，卷十三，集部二，第 977 頁。
② 居蜜著：《美國國會圖書館敦煌高昌寫經、宋金元本典藏、淵源、版本和數位化》，《北京大學中國古文獻研究中心集刊（第七輯）：中國古文獻學與文學國際學術研討會論文集》，北京大學出版社 2008 年版，第 34 頁。

贈太師諡文忠公蘇軾"。竹紙。黄綾書籤書作"宋板王注分類蘇詩"。

《天祿後目》云,與前一本相比,此本"惟王、趙二序互易次第,《姓氏》後有篆書條記'建安虞平齋務本書坊刊'。版式尺寸相同,而另是一刻,故加'增刊校正'字樣。"此版乃前一本之增刻本,《姓氏》後雙行篆書牌記作"建安虞平齋務本書堂刊",《天祿後目》誤"堂"爲"坊"字。① 詩二十五卷,前有《東坡紀年錄》一卷。卷前有王十朋序、《姓氏》。卷六十八有抄配葉。初印精好,筆劃凌峭。不避宋諱"玄"、"眩"、"絃"、"鏡"、"真"、"恒"、"廓"諸字,實爲元時所刊。

虞氏務本堂爲元時建陽名肆,刻書甚多。②《書林清話》云:"此爲元刻本,虞氏所刻他書有年號者可證。"③葉德輝未舉"他書",存世有年號可據者,如元泰定四年(1327)刻《四書待問》二十二卷,目錄後有"泰定丁卯仲春虞氏務本堂刊"牌記;元至正元年(1341)刻《趙子昂詩集》七卷,目錄後有"至元辛巳春和建安虞氏務本堂編刊"書牌一行(按,辛巳是至元七年,見《中國版刻圖錄》61頁,葉著有誤);元至正六年(1346)《周易程朱傳義音訓》十卷《周易》一卷,序後有"至正丙戌良月虞氏務本堂刊"牌記;上圖下文的《新刊全相評話》等。虞氏務本書堂刊記均在元代,故此本亦應定作元代刻本。④ 楊紹和、張元濟《寶禮堂宋本書錄》、傅增湘《藏園群書經眼錄》、《北京圖書館善本書目》、王紹曾《訂補海源閣書目五種》等均題作宋本。《天祿後目》卷九之元版《後漢書》云:"麻沙小字本,與《前漢書》合刻,以余靖上冠'宋'號,知爲元刻,印記亦一家所藏。"⑤館臣對撰序者姓名前冠以"宋"字,已有關注,並以此定爲元刻,何以忽略此本之題署?

① 另,王先謙刻本誤刊"虞平齋"之"齋"字爲"齊",嘉慶內府寫本不誤。

② 另可參見《中華印刷通史》第七章,二,"建安虞氏務本堂"條,云其至元十八年(1281)刻《趙子昂詩集》七卷,泰定四年(1327)刻元蕭鎰《新編四書待問》二十二卷,至正六年刻《周易程朱傳義》十四卷,附呂祖謙《音訓毛詩朱氏集傳》八卷。務本堂有一百多年的刻書歷史,從元初到明初,持續刻書、賣書,是元代著名的書坊之一。張樹棟、龐多益等主編:《中華印刷通史》,印刷工業出版社1999年版。

③《書林清話》,卷十,《天祿琳琅宋元刻本之偽》,第198頁。

④ 參見丁延峰著:《〈藏園群書經眼錄〉補正(續)》,《圖書館雜誌》2010年第3期,第96頁;程有慶著:《第二批〈國家珍貴古籍名錄〉所收宋元珍籍述要》,《文津流觴》第28期,2009年第4期,http://www.nlc.gov.cn/newhxjy/wjsy/wjls/wjqcsy/wjd28q/d28qtzdt/201011/P020101124400116511323.pdf(2011年11月27日檢索)。

⑤《天祿琳琅書目》,後編卷九,元版《後漢書》條,第588頁。

此亦書目編纂倉促成書之一例也。

明秘閣舊藏，鈐"文淵閣印"，①另有"高氏鄰酉閣藏書印"朱文印，《天祿後目》誤記"閣"爲"堂"字。每冊俱鈐天祿繼鑑諸璽，前後副葉所鈐爲"中三璽"。

《賞溥傑書畫目》著錄，宣統十四年(1922)八月二十二日賞溥傑，賜出宮外。《北京大學圖書館藏古籍善本書目》，第426頁，著錄爲"宋建安務本書堂刻本"。《中國古籍善本書目》上著錄國圖、北大本皆爲宋本。《四部叢刊》以此本爲底本影印。

---

① 明代"文淵閣印"不常見，印高5.2釐米，寬5.3釐米。

《欽定天禄琳琅書目後編》卷七　宋版集部

539 豫章先生遺文十二卷

清乾隆四十五年（1780）汪大本刻本。一函十二册，現藏遼寧省圖書館（書號善 30346）。

匡高 19.8 釐米，寬 14.2 釐米。每半葉九行，行十八字，細黑口，四周雙邊，單魚尾。版心魚尾下書"黃文幾"。書後有嘉定戊辰（元年，1208）八月黃銖識。白棉紙。

黃銖跋之揭銜爲"通直郎、知信州貴溪縣"，略云先祖訓以《豫章文集》尚多遺闕，吾持節東蜀，訪諸耆耋，得之黔僰間，凡若干紙，別而爲二，遂刊於梓，詩曰《遺文》，簡曰《刀筆》。銖來宰三山，修剔舊版，特以先訓著編末云。《天目後編》據此，記其爲宋嘉定戊辰黃銖信州貴溪刻本。此本實爲清乾隆間婺源汪氏所刊，北京大學圖書館藏別本前有扉頁，刊"宋本重雕　豫章先生遺文　巘崌山房藏板"三行，天禄本佚。

明末清初曾經汲古閣毛氏、孫承澤遞藏。鈐有"宋本"、"甲"、"毛晉"、"汲古主人"、"承澤"諸印。孫承澤，號退谷，宛平人。明崇禎辛未進士，爲給事中。入清朝，官至吏部侍郎。其藏書處亦曰萬卷樓，與項篤壽同。每册俱鈐天禄繼鑑諸璽，前後副葉所鈐爲"大三璽"。

《賞溥傑書畫目》著錄，宣統十四年（1922）八月初八日賞溥傑，賜出宮外。

540 山谷老人刀筆二十卷

明刻本。一函八册，傅增湘經眼。

《天目後編》提要云："宋黃庭堅撰。書二十卷。以初仕館職、居憂、黔州、戎州、荆渚宜州分帙，專編尺牘，詳見《豫章先生遺文》下。前有《山谷老人傳》。"

民國八年(1919)十二月廿七日傅增湘經眼於寶熙處。① 記其行款爲十行,十九字,白口,左右雙闌。書之每冊俱鈐天祿繼鑑諸璽,前後副葉所鈐爲"中三璽"。其上私家藏印如"六硯齋"、"嘉禾李氏鶴夢軒珍藏書畫記"、"雞山法祥"、"武林高氏瑞南藏書畫記"、"飛雲閣"、"空色道人"、"白門同泰韻石印"、"洗雲齋"、"千里神交"等俱與《天目後編》卷七所記相同,爲明人高濂、朱象玄、清人宋犖、宋筠父子遞藏之本。《天目後編》云此係"松江朱氏藏本。又'六研齋'、'鶴夢軒',乃嘉興李日華家印。又'山東按察使'、'江南布政使'、'通永道'、'通州草稅務'官印四,蓋宋犖及子筠所歷官。餘無考。卷一末有墨書'丙戌中春,金陵釋韻石展閱潤筆一次'字。"唯"文石朱象玄氏"朱白文印,《天目後編》避康熙帝諱,將"元"字記爲"玄"。"武林高氏瑞南藏書畫記"爲高濂之印,高濂字深甫,又作深父,號瑞南道人、湖上桃花漁,明錢塘(今杭州)人。生卒年不詳,《明史》無傳,據萬曆末呂天成《曲品》錄入當代南曲作家推斷,大約爲明嘉靖、萬曆年間人氏,至少明萬曆初年仍然在世。拜其家資殷厚之賜,高濂築妙賞樓、山滿樓於西湖蘇堤的跨虹橋畔,廣採群書,專貯圖籍及大小碑刻二三百種,曾藏宋本《外台秘要》、《咸淳臨安志》等,後歸黃丕烈所藏。

不詳此書是否仍在世間。

541 淮海集四十卷

宋乾道九年(1173)高郵軍學刻紹熙三年(1192)謝雩重修本,闕葉闕字清初毛氏汲古閣影宋鈔補。一函十冊,現藏中國國家圖書館(書號12369)。

匡高19.9釐米,廣14.8釐米,每半葉十行,行二十一字,白口,左右雙邊,單魚尾,有刻工。卷末有乾道癸巳林機跋,又紹熙壬子謝雲跋。首卷卷端題"淮海集卷第一",隔行下題"秦觀少游"。

林跋略云,里人王公之牧是邦,搜訪遺逸,校集成編,總七百二十篇,釐爲四十九卷,版置郡庠。後記《淮海集》版數、紙數、貫陌,列銜"右承事郎權發遣高郵軍主管學事兼管內勸農營田屯田事王定國,左修職郎高郵軍錄事參軍兼推官兼教授趙伯膚,軍學諭韓濤、林涇楫校勘"。謝跋稱以蜀本校,增字六十有五,去字二十有四,易誤字三百有奇。謝雲爲高郵軍

---

① 《藏園群書經眼錄》,卷十三,第987頁。

學教授,所重校也。後大書"謝君以理學名家而留意字學,商榷此書,遂爲善本。尚恨其惜版,不悉改竄,然知書者亦可以類推。陽羨邵輯書於郡齋"。

曾經明代吴寬叢書堂、毛氏汲古閣舊藏,鈐有"叢書堂"、"宋本"、"毛晉私印"、"子晉"、"汲古主人"、"毛晉"、"毛扆之印"、"斧季"諸印。吴寬(1435—1504),字原博,號匏庵,長洲(今蘇州)人。明成化八年進士第一,狀元、會試、廷試皆第一,授修撰。侍講孝宗東宫。官至禮部尚書。其詩深厚醲鬱自成一家,著有《匏庵集》。《明史》有傳。每册俱鈐天禄繼鑑諸璽,前後副葉所鈐爲"中三璽"。

《賞溥傑書畫目》著録,宣統十四年(1922)七月二十日賞溥傑。其中《正集》卷二十七至四十、《後集》六卷、《長短句》三卷,計二十三卷,五册一函,爲瀋陽轉交北京故宫、又經故宫撥交北京圖書館者。①《北京圖書館古籍善本書目》集部,第 2151 頁。《第一批國家珍貴古籍名録圖録》第 01119 號②。《中華再造善本》唐宋編第 364 部。

542 東萊吕太史集五十卷

宋嘉泰四年(1204)吕喬年刻元明遞修本。三十册一木盒,現藏中國國家圖書館(書號 2508)。

匡高 21.3 釐米,廣 16.3 釐米。每半葉十行,行二十字,上白口,下黑口,左右雙邊或四周雙邊,雙順魚尾。版心上記字數,下有刻工"吕洪"、"韓公輔"、"周文"、"趙中"等,元明遞修之葉爲四周雙邊,間有黑口。

書分《文集》十五卷、《别集》十六卷、《外集》五卷、《麗澤論説集録》十五卷、《附録》三卷、《拾遺》一卷。《天目後編》提要無一字談及版本。此爲南宋爲浙江地區所刻,有元明遞修痕蹟。

無私藏章,副葉大多脱去,只存"乾隆御覽之寶"、"天禄繼鑑"、"天禄琳琅"三璽。《麗澤論説集録》卷一後副葉尚存,鈐"中三璽",無其他私家藏印。流出清宫,先歸徐坊。徐坊(1864—1916),字士言,又字矩庵,號梧生,又號蒿庵,山東臨清人。曾任户部江南主事、國子監司業,京師圖書館首任副監督。藏書樓名歸樸堂,藏書夙富,然秘不示人,即繆荃孫、柯劭忞

---

① 陳國慶:《瀋陽圖書館藏長春僞宫殘存宋元珍本目録考略》,上海圖書館歷史文獻研究所編:《歷史文獻》第六輯,上海古籍出版社 2004 年版,第 109 頁。

② 《第一批國家珍貴古籍名録圖録》,第 4 册,第 350 頁。

等知交亦未得寓目，身後藏書盡數散去。《辛亥以來藏書紀事詩》、《山東藏書家史略》皆有傳。民國己巳（十八年，1929）其婿史寶安攜請傅增湘一觀，藏園以爲"惟棉紙明印，不足貴也"。①

《北京圖書館古籍善本書目》第2191頁。《中華再造善本》唐宋編第380部。《第二批國家珍貴古籍名錄圖錄》第03145號。②

543 詳注東萊先生左氏博議二十五卷

明嘉靖刻巾箱本。八冊一木匣，原爲潘重規舊藏，2008年嘉德秋拍，③現藏私人手中。④

匣高13.8釐米，廣9.6釐米。每半葉十行，行二十字，小字雙行同，白口，左右雙邊，書口中刊葉次。有耳題。卷前有呂祖謙"東萊先生左氏博議序"。首卷卷端題"詳註東萊先生左氏博議卷之一"。

書凡二十五卷，一百六十八篇。《天目後編》稱此本爲"宋袖珍本。槧法、字體，俱極工雅"。《東萊博議》在宋時爲經生家揣摩之本，流行甚廣。《欽定四庫全書總目》列入經部春秋類，其實與經學無干，正如東萊自序所說，乃是諸生課試之作。有明代正德間劉氏安正堂刊本，《四庫全書》本及《金華叢書》本傳世。向來坊刻只十二卷八十六篇，此明本有百六十篇，凡二十五卷，雖非宋本，内容上有其獨到之處。

每冊俱鈐天祿繼鑑諸璽，前後副葉所鈐爲"中三璽"，無其他私家藏印。

《賞溥傑書畫目》著錄，宣統十四年（1922）八月六日賞溥傑。流出宫後，便藏於私人手中。曾輾轉流傳日本，現木製函套爲後裝，上雕"宋槧東萊博義　小松濤館藏"，書籤以描金箋紙書"東萊博議"四字。難得歷經百年，尚保存完整，天祿遺珍，天佑神護，洵可寶也（圖7—1）。⑤

----

① 《藏園群書經眼錄》，卷十四，第1029頁。
② 《第二批國家珍貴古籍名錄圖錄》，第3冊，第267頁。
③ 見《石禪藏書——潘重規先生藏書圖錄》，中國嘉德2008年秋季拍賣會古籍善本專場圖錄，第9號拍品。此書2010年再次出現在嘉德春拍"氣象堂皇——宫廷藝術集萃"專場上，最終以414.4萬元昂價成交。
④ 曾藏浙江永康籍藏書家胡覲妙之廣韻樓，2012年經卓德拍賣公司上拍，再次拍出。
⑤ 參見筆者著：《天祿遺珍——〈詳注東萊先生左氏博議〉》，《廣韻樓藏書研究論文集》，朝華出版社2012年版，第26—30頁。

圖 7—1

543(2)橫浦先生文集二十卷

宋刻本。一函十二册,現藏中國國家圖書館(書號5453)。

匡高23.8釐米,廣17.6釐米。每半葉十行,行十八字,白口,左右雙邊,雙順魚尾。版心下有刻工"王昭"、"李林"、"吴瑞"、"邱昇"、"余斌"、"李珍"。卷末有跋。並附施德操《孟子發題》一篇。黄紙。

《天目後編》云:"按此本闕筆字,的爲宋末舊刻。今所傳有《橫浦心傳錄》、《日新錄》,此舊本無,當時二《錄》別行專本也。"

崑山徐氏藏本。鈐"徐健庵"、"乾學"、"蘿軒審定"、"兼山堂圖書"、"清白之遺"、"崑山徐氏鑑藏"、"傳是樓"諸印。每册俱鈐天禄繼鑑諸璽,前後副葉所鈐爲"中三璽"。

《賞溥傑書畫目》著録,宣統十四年(1922)七月二十日賞溥傑。① 《北京圖書館古籍善本書目》第2177頁。《第一批國家珍貴古籍名録圖録》第01134號。② 《中華再造善本》唐宋編第374部。

---

① 據雷夢水《書林瑣記》記載,1952年琉璃廠麗生書局收得此書,以一千伍佰元售出,與宋版《漢雋》、《後村居士集》同歸文物局,見《琉璃廠書肆四記》,第52頁。

② 《第一批國家珍貴古籍名録圖録》,第4册,第365頁。

544 南軒先生文集四十四卷

明刻本。原爲十二冊，其中卷一至三，傅增湘曾經眼；卷首序及目錄、卷四至三十六、卷四十至四十四，缺卷一至三，卷三十七至三十九，計三十八卷，十冊二函，現藏臺北"故宫博物院"（書號故善003574－003583）；卷三十七至三十九，計三卷，一冊，現藏中國國家圖書館（書號9882）。

匡高21.6釐米，廣15.6釐米。每半葉十二行，行二十字，粗黑口，四周雙邊，雙魚尾。版心中刊"南軒集卷幾"及葉次。卷七至九葉次相連，起始不另起一頁。卷前有淳熙甲辰十有二月新安朱熹《南軒先生文集序》及目錄。首卷卷端題"南軒先生文集卷第一"，隔行下題"門人郎曄編"。原闕目錄第八頁、卷十四第七頁、卷二十三第三十六頁、卷四十第一頁、卷四十三第四頁。竹紙，紫色地夾金綫織錦四合函套，湖藍色書衣，無書籤。

《南軒先生文集》存世最早爲臺北故宫所藏南宋淳熙、慶元間刻本，阿部隆一、吴哲夫都考其刻於浙江嚴州。而後，明嘉靖元年劉氏翠嚴堂慎思齋刻本、嘉靖間知州繆補之刻本流傳較廣。入清又有康熙四十五年無錫華氏劍光書屋刻本及道光、咸豐年間四川翻刻本等傳世。此本字體古拙，紙黄墨黝。據吴哲夫先生云："是本與'故宫博物院'藏南宋寧宗時嚴州刊本款式不一，又字體墨色多不類宋版，姑從海鹽張允亮編《故宫善本書目》定爲明復宋本。"①

每冊俱鈐天禄繼鑑諸璽，前後副葉所鈐爲"中三璽"。另有"弱侯讀書記"白文方印、"楊永徽藏書印"白文方印、"梁谿楊氏"、"永金"白文方印等，爲明上元焦氏舊藏，焦竑，詳見前書。國圖的一冊無其它私人藏印。

---

① 吴哲夫著：《天禄琳琅書目續編著錄之宋版書籍研究》，《"國立中央圖書館"館刊》新十一卷第一期，第33頁。劉按，吴哲夫先生所著《如何利用版本學知識以從事古書的編目工作》一文，有云："這本書是宋版不錯，而且傳世絕少，至爲名貴，《南軒文集》全書應該是四十四卷，但這部書缺少卷一至三、卷三十七至三十九，共六卷，現在只存三十八卷，原進呈的人爲冒充一部首尾完整的書，因此把最後幾卷移到最前面去填補闕卷，並將該改的地方，都動了手脚，加以僞造。"見（臺灣）《書目季刊》第十八卷第四期，第103頁。核對此書，並無以上移卷、填補、動手脚情況，蓋混同了另一部宋版《南軒先生文集》（書號故善003964－003967）的作僞情況所致。臺北"故宫博物院"藏宋淳熙慶元間嚴州本《南軒先生文集》作僞非以後代充宋本，而係以殘本充全本，詳情參見許媛婷著：《乾坤挪移——從〈南軒先生文集〉看書估之作僞》，（臺北）《故宫文物月刊》2006年第7期（總第280期），第30—39頁。

原爲二函十二冊，《故宫善本書目》記其爲"明刻本。闕卷一至三、卷三十七至三十九，凡六卷，存十冊"。《"國立故宫博物院"善本舊籍總目》，下冊，第1088頁，著録爲"明刊黑口本"。卷一至三，民國壬戌（十一年，1922）傅增湘曾經眼，鑑定爲"明初刊本"。①

544（2）晦庵先生文集三十卷

宋淳熙、紹熙間福建刻遞修本。二函十二冊，現藏臺北"故宫博物院"（書號贈善003366－003377）。

匡高18.9釐米，廣12.9釐米。每半葉十二行，行二十一字，小字雙行同，白口，間亦作小黑口，左右雙邊，雙對魚尾，間或雙魚尾或單魚尾。版心上刊大小字數，中記刊文幾（《後集》改刊"朱文幾"或"朱文後幾"），《後集》下象鼻刻有"爲"、"政"、"德"、"譬"、"如"、"北"、"辰"、"居"、"其"、"所"、"而"、"又拱"、"定譬"、"衆"、"星"、"共"、"拱"等，非刻工姓名，蓋取《論語·爲政》篇首章之文以別卷次，以與《前集》區別雕版之順序。《前集》玄、絃、弦、朗、貞、樹、桓、講、慎；《後集》朗、敬、殷、恒、貞、慎、敦諸字間有闕筆，《前集》對惇、敦、廓、擴等字即光宗以下，《後集》對郭字即寧宗以下之廟諱不避。② 無序跋，《前集》、《後集》正文前各有目錄，題爲"晦庵朱先生大全文集目錄"。首卷卷端題"晦庵先生文集卷第一"，題名大字雙行。文集卷三9A抄配。竹紙，紙薄且綿細。新裝織錦四合函套，湖藍色絹書衣，黃綾題籤，書"宋板晦庵先生文集"。金鑲玉裝。

《天目後編》云："書中標'晦庵先生文集'，而《前集》目錄之首標'晦庵朱先生大全文集'，是'大全'之名不始於蔡方炳之刻也。宋本中最工整者。"此本是現存最早朱熹文集刊本，也是唯一流傳至今的朱熹在世時刊刻流佈之本。初印精美，有明顯建版風格，被臺北"故宫博物院"定爲"國寶級"文物。書中有修版，修補版心多爲綫黑口，順魚尾，且筆劃娟細。有

---

① 《藏園群書經眼錄》，卷十四，第1047頁。劉按，傅增湘先生還曾經眼一部清宫舊藏宋本《南軒先生集》，未被《天禄琳琅書目》前後編所著錄，存卷五至三十二，凡二十八卷，有《校宋本〈南軒先生集〉跋》，《北京圖書館月刊》第一卷第四號，1928年，第185—193頁。

② 參見［日］阿部隆一著、潘美月譯《故宫博物院藏沈氏研易樓捐贈宋元版本志（下）》，《"國立中央圖書館"館刊》第20卷第1期，民國七十六年（1987）六月，第87—88頁。

學者從編集、内容、行款、版刻等綜合論之，認爲"宜將其定爲宋淳熙、紹熙刊，宋元明遞修，明印本"，①其版本可具體爲宋淳熙紹熙間福建刊遞修本。

常熟毛晉舊藏，除"甲"朱方、"宋本"朱橢、"毛晉"連珠印、"汲古主人"朱方等汲古閣諸印外，每冊俱鈐天祿繼鑑諸璽，前後副葉所鈐爲"中三璽"。另《後集》卷端有二印，一爲"□氏家藏"朱文方印，另一白文印不可辨。1922年流出宮外，抗戰初爲沈仲濤在上海購得，沈氏暮年捐與臺北"故宮博物院"，1981年1月入藏，卷首有"山陰沈仲濤珍藏秘籍"朱文方印一枚。

《賞溥傑書畫目》著錄，宣統十四年(1922)八月十七日賞溥傑。《"國立故宮博物院"善本舊籍總目》，下冊，第1077頁，著錄爲"宋淳熙間福建刊本"。後由臺灣商務印書館影印收入《四部叢刊》中。有1982年臺北故宮影印本。

545 漫塘劉先生文集二十二卷

明木活字印本。二函十冊，現藏遼寧省圖書館(書號善14032)。

匡高20.9釐米，廣13.4釐米。每半葉八行，行十六字，白口，左右雙邊，單魚尾。卷前有嘉熙四年趙葵序。通部每行上空一格，《天祿後目》云其"版式特異"。宋諱"敬"、"竟"、"弘"、"鎮"、"浣"、"境"、"真"諸字皆闕末筆，避諱謹嚴。卷前有宋嘉熙四年趙葵序。清宮原裝，函套爲杉木夾板外裹織錦，石青杭細書衣，黃綾題籤。

《天目後編》提要云："按：集中門目頗爲恢詭，詩首今體而後古體，謂之長篇詩。又有七幅剳之名。其四六剳，又别於啓。皆諸家文集所未有，或當時體製如此。至以一葉爲一卷，應越行字皆空一格，而通部每行上空一格，版式特異，然嫌名闕筆極謹嚴，紙墨俱古。考今通行本，乃明王臬所梓，云淳祐初王遂裒其遺稿，名曰《前集》，理宗收入祕閣，世遂無傳。明正德間大學士靳貴從内閣鈔出付雕，其附錄重刻之由甚詳，而無一字及於趙葵。曾編刻《漫堂集》。此本真罕見之書也。"

此本具有明顯活字本特徵：每頁版框四角都不合攏，各有0.2～0.5釐米之斷縫；欄線上下均不到底；字體方整，橫輕豎重，或有略微傾斜之

---

① 參見郭齊、尹波著：《論宋淳熙、紹熙槧本〈晦庵先生文集〉》一文，《文物》1998年第3期，第162—180頁。

處,字字分離,筆劃絕無交叉。紙色很舊,入墨均勻雅潔,較少輕重之感,應是木刻活字本。《天目後編》以爲宋嘉熙四年衡山趙葵刊本,實則爲明代活字本。

每冊俱鈐天祿繼鑑諸璽,前後副葉所鈐爲"大三璽",無其它私人藏印。

《賞溥傑書畫目》著錄,宣統十四年(1922)七月二十日賞溥傑。《第二批國家珍貴古籍名錄圖錄》第05714號。①

546 後村居士集五十卷

宋刻本,卷一至二、五十配清影宋抄本。二十四冊,現藏中國國家圖書館(書號5454)。

每半葉十行,行二十一字,細黑口,四周雙邊,雙魚尾。卷首有淳祐九年(1249)林希逸序,乃其領莆田郡時刊之郡齋者。目錄後有"迪功郎新差昭州司法參軍林秀發編次"一行。黃麻紙。

宋淳祐九年(1249)林希逸刊此劉克莊集於莆田郡齋,經元人挖改,應是元代遞修之本。版式疏朗,筆劃清晰,元代遞修葉多爲左右雙邊。程有慶、張麗娟所著《宋本》一書,其中有《宋刻本〈後村居士集考證〉》一篇,從詩篇刪削、卷帙改易、避諱鏟去等方面,論此本應爲元刻,存世諸本只有曾經瞿鐵琴銅劍樓舊藏宋版殘本是真宋本,其餘五十卷本宋刻本都是元初所刊,可備一說。

《天目後編》卷七著錄兩種宋版《後村居士集》,前一種四函二十四冊,闕補卷一、二、五十,正與此本合。雷夢水先生記此本云:"是書爲南宋末刊,麻沙本,草格棒紙,而且極薄。惜卷一、卷二、卷五十等三卷係抄本;其他各卷,印工亦有不同;卷十至卷十六,紙質略厚;卷十七至卷二十,又卷二十五至四十九,印工較劣。由是觀之,蓋出三書而拼湊者,可見書之善本歲久難得十全也。"②

每冊俱鈐天祿繼鑑諸璽,前後副葉所鈐爲"中三璽",無其它私人藏印。有些書冊首頁所鈐爲習見的"乾隆御覽之寶"橢圓朱文印,末頁所鈐

---

① 《第二批國家珍貴古籍名錄圖錄》,第8冊,第76頁。
② 《古書經眼錄》,第138頁;另據《書林瑣記》記載,1952年琉璃廠麗生書局收得此書,以伍佰元售出,與宋版《橫浦先生文集》、《漢雋》同歸文物局,見《琉璃廠書肆四記》,第52頁。

均爲另外一方字體稍異之"乾隆御覽之寶"橢圓印,實可異也,副葉三璽前後俱同。

《賞溥傑書畫目》著錄,宣統十四年(1922)八月二十日賞溥傑。《北京圖書館古籍善本書目》集部第2220頁。

546(2) 後村居士集五十卷(又一部)

宋刻元修本。原書四函三十二冊,其中卷一至二十一、二十七至三十、三十三至三十四、三十七至四十二、四十五、五十及目錄兩卷,計三十七卷,二十三冊,現藏中國國家圖書館(書號 12370);卷二十三至二十四、三十五至三十六、四十六至四十七,計六卷,三冊,亦藏中國國家圖書館(新編書號1312)。卷三十一,一冊,現藏哈爾濱市圖書館(書號 402.3/7244);①卷三十二,一冊一函,1996年嘉德秋拍,現藏臺北"故宮博物院"(書號購善 002394);②卷四十三至四十四,一冊,現藏芷蘭齋;卷四十六,一冊,2004年6月北京瀚海拍賣,2005年5月上海國拍再次上拍;卷四十八、四十九,一冊,1999年嘉德秋拍,③2009年北京德寶秋拍再度上拍,現藏詒宋齋。④

匡高19.3釐米,廣12.8釐米。每半葉十行,行二十一字,細黑口,四周雙邊,雙魚尾。版心中記"劉文幾"及葉次。首卷卷端題"後村居士詩卷第一"。黃麻紙。黃綠地宋式錦書衣,黃綾書籤,書"宋板後村居士集"。卷四十八至四十九,一冊,後人改爲西式精裝,書脊上燙金 HOUCUN JUSHI JI,下爲 SONG DYNASTY C. 12－13th cent. 推測爲西方人所爲。

此爲《天目後編》卷七所記第二部宋版《後村居士集》,提要僅云"同

---

① 哈爾濱市圖書館原書號 98335。
② 中國嘉德國際拍賣有限公司 1996 年秋季拍賣會古籍善本專場,拍品第 1309 號。據"'國立故宮博物院'善本古籍資料庫"http://npmhost.npm.gov.tw/ttscgi/ttswebrb?@@834962493 此一冊爲 2000 年 2 月新購,著錄爲"宋淳祐九年刊本"。
③ 中國嘉德國際拍賣有限公司 1999 年秋季拍賣會古籍善本專場,拍品第 502 號。
④ 藏書家名佟澤民 2009 年秋以 150 萬元人民幣購得此一冊。此書自日本流回,1999 年嘉德拍賣後一度流至英國,藏家特製洋裝書式黑色函套,書脊上有燙金英文書名"Houcun Jushi Ji"及"Song Dynasty c. 12－13 cent."

上，係一版而摹印稍後"。與第一部爲相同版本。①

書上鈐有"白虎"朱方、"千里"朱方、"錢謙益印"白方、"宋氏蘭揮藏書善本"朱長、"筠"朱圓、"穌松菴"朱方諸印，俱與《天目後編》卷七所記第二部宋版《後村居士集》相合。此爲明人唐寅故物，後歸錢謙益絳雲樓、商丘宋犖、宋筠父子，宋筠卒後藏書散盡，此書入藏清宮。每冊俱鈐天祿繼鑑諸璽，前後副葉所鈐爲"中三璽"。國家圖書館所藏卷一至卷十二首末鈐一朱文"秀徐子與"，不知何人，其它卷則無。

《賞溥傑書畫目》著錄，宣統十四年（1922）八月二十三日賞溥傑。國圖所藏二十三冊，其中卷十三至二十一、二十七至三十、三十三至三十四、四十一至四十二，計十七卷、十二冊爲輾轉長春僞宮至瀋陽故宮，由瀋陽歸還北京故宮者，另有3冊爲北京文物局採自民間，加上故宮原藏8冊，1959年自故宮一併撥交北京圖書館。《北京圖書館古籍善本書目》集部第2221頁。卷二十三至二十四、三十五至三十六、四十六至四十七，三冊，爲國家圖書館2013年編目。其中卷四十六看似與2004年北京瀚海拍賣之一冊殘本卷數重合，此書尚在修復中，無法提閱原書，具體情況存疑待考。哈圖所藏一卷，爲《第二批國家珍貴古籍名錄圖錄》第03149號。②

547 文選六十卷

宋贛州州學刻宋元明遞修本。六十一冊，現藏中國國家圖書館（書號12371）。

每半葉九行，行十四至十五字，小字二十，白口，左右雙邊，雙順魚尾。版心下有刻工"黃正"、"劉文"等，遞修頁有"監生秦淳"、"成之"等。書前有目錄一卷，唐顯慶三年李善《上文選注表》，開元六年呂延祚《進五臣集注文選表》及《遣高力士口宣敕》，昭明太子原序。每卷末列校對、校勘、覆勘銜名，或三人，或四人。首卷卷端題"文選卷第一"，隔行下題"梁昭明太子撰"、"唐李善注"、"唐五臣呂延濟劉良張銑呂向李周翰注"四行。

《天目後編》稱"其覆勘張之綱官贛州州學教授，李盛官贛州司戶參

---

① 祝尚書著《宋人別集敘錄》，中華書局1999年版，提及此本，云"今未見著錄"。

② 《第二批國家珍貴古籍名錄圖錄》，第3冊，第269頁。劉按，《圖錄》未收國圖所藏三十七卷及其它殘卷。

軍，蕭倬官贛州石城縣尉，鄒敦禮官贛州觀察推官，皆一時章貢僚屬。是此本贛州郡齋開雕者，流傳頗少"。玄、構諸字闕筆，嫌名半字。後印邐邐本，斷版漫漶、字蹟模糊不清。

清初季振宜舊藏，藏印"季印振宜"、"滄葦"、"悟言居士"俱與《天目後編》卷七第一部宋版《文選》合。每冊俱鈐天祿繼鑑諸璽，前後副葉所鈐爲"大三璽"。

《賞溥傑書畫目》著錄，宣統十四年（1922）九月七日賞溥傑。係溥儀兄弟攜至東北之書，出宮後輾轉自長春僞宮至瀋陽故宮，1959年由北京故宮撥交北京圖書館。《北京圖書館古籍善本書目》集部第2742頁。

548 六家文選六十卷

明嘉靖十三年（1534）至二十八年（1549）袁褧嘉趣堂刻本。存卷一至七、九至三十三、三十五、三十七至三十九、四十一、四十三至六十（缺卷八、三十四、三十六、四十、四十二），計五十五卷，五十五冊，現藏中國國家圖書館（新編書號1319、1194）。

匡高24釐米，廣18.8釐米。每半葉十一行，行十八字，小字雙行二十六字，白口，左右雙邊，單線魚尾。書口中刊"文選第幾卷"，下有刻工"淮"等。首卷卷端題"六家文選卷第一"，依次隔行題"梁昭明太子撰"、"唐五臣注"、"崇賢館直學士李善注"。序後有"此集精加校正絕無舛誤見在廣都縣北門裴宅印賣"牌記。白棉紙。

《天目後編》提要云："篇目同前。李善《進表》後，有《國子監准敕》節文：《五臣注文選》，傳行已久。竊見李善《文選》援引該贍，典故分明，若許雕印，必大段流布。欲乞差國子監說書官員校定淨本後鈔寫版本，更切對讀後上版，就三館雕造，候敕旨。奉敕宜依所奏施行。"以爲宋國子監刊本，誤也。實爲明嘉靖十三年（1534）至二十八年（1549）袁褧嘉趣堂刻本。此本版式疏朗，雕工精良，校刻精細，開本闊大，前後刊刻達十六年之久，爲明倣刻宋本中之佳作。全書字體斬方，結構典雅穩重，精美異常。常被書估抽去袁褧序及刻書牌記以充宋本，《書林清話》卷十"坊估宋元刻之作僞篇"記此本僞刻甚詳。①

每冊俱鈐天祿繼鑑諸璽，前後副葉所鈐爲"大三璽"。另有"申印時

---

① 還可參見《香港大學馮平山圖書館藏善本書錄》，第279—280頁，其上敍述何處剜改等亦詳。

行"、"賜閒堂主人"及"季印振宜"、"滄葦"諸印，爲明人申時行、清人季振宜舊藏本。申時行(1535—1614)，字汝默，號瑤泉，晚號休休居士。長洲(今蘇州)人。明嘉靖四十一年狀元，授翰林院修撰，累官至首輔、太子太師、中極殿大學士。

《賞溥傑書畫目》著錄，宣統十四年(1922)九月二日賞溥傑。流散出宮後，輾轉長春僞宮至瀋陽故宮，1959年由北京故宮撥交北京圖書館。2013年編目。

549 六家文選六十卷(又一部)

明嘉靖十三年(1534)至二十八年(1549)袁褧嘉趣堂刻本。存卷一至十一、十三至十六、十八至二十七、三十至六十(缺卷十二、十七、二十八至二十九)，計五十六卷，五十六冊，現藏中國國家圖書館(新編書號1195)。

匡高24釐米，廣18.8釐米。每半葉十一行，行十八字，小字雙行二十六字，白口，左右雙邊。黃絹籤題"六家文選"。

此爲卷七7部同版《六家文選》之第二部。《天目後編》提要云："同上，係一版摹印稍後，脫昭明原序。"

每冊俱鈐天祿繼鑑諸璽，前後副葉所鈐爲"大三璽"。未見其他私家藏印。書內留有璽印的護印紙。

《賞溥傑書畫目》著錄，宣統十四年(1922)九月九日賞溥傑。流散出宮後，輾轉長春僞宮至瀋陽故宮，1959年由北京故宮撥交北京圖書館。2013年編目。

549(2) 六家文選六十卷(又二部)

明嘉靖十三年(1534)至二十八年(1549)袁褧嘉趣堂刻本。存目錄、卷一至十、十二至二十二、二十四、二十七、三十至五十一、五十三、五十五至六十，計五十二卷，五十三冊，現藏中國國家圖書館(新編書號1196);卷二十六，一冊，現藏哈爾濱市圖書館(書號403.12/4420);[①]卷二十八至二十九，二冊，現藏吉林省博物院(書號06687)。

匡高24.5釐米，廣18.5釐米。每半葉十一行，行十八字，小字雙行同，白口，左右雙邊，單線魚尾。書口中刊"文選某某卷"，下刊葉次。卷端

---

① 哈爾濱市圖書館原書號98338。

題"梁昭明太子撰　唐五臣注　崇賢館直學士李善注"。白棉紙。紅色絹製書衣，黄綾書籤，題"六家文選"。

此爲卷七7部同版《六家文選》之第三部。《天目後編》提要云："同上，係一版摹印。"

揆敍舊藏，有謙牧堂二印。每冊俱鈐天禄繼鑑諸璽，前後副葉所鈐爲"大三璽"。

《賞溥傑書畫目》著録，宣統十四年(1922)九月二十三日賞溥傑。流散出宫後，輾轉長春僞宫至瀋陽故宫，1959年由北京故宫撥交北京圖書館。2013年編目。吉林省博物院所藏2冊書影見於《中華人民共和國圖書館博物館群藝館文化館大典》。①

549(3)六家文選六十卷（又三部）

明嘉靖十三年(1534)至二十八年(1549)袁褧嘉趣堂刻本。二十冊，現藏中國國家圖書館（書號12398）。

匡高24釐米，廣17.9釐米。每半葉十一行，行十八字，小字雙行二十六字，白口，左右雙邊，上雙隔線（卷十三葉二十，單魚尾），下單隔線（偶雙隔線、亦有無隔線者）。版心中記"文選"幾卷，下隔線下方（或上方）記頁次，版心下刻工多被鏟去，偶見陸儒、刘等。書前有昭明原序、李善《進書表》、吕延祚《進書表》。卷五十七原闕第30頁。

此爲卷七7部同版《六家文選》之第四部。《天目後編》提要云："同上，係一版摹印。麻紙濃墨，極爲古雅精工。"各卷末袁褧刊記皆被鏟去，《天目後編》以爲宋國子監刊本，誤矣。

書後副葉有清人莊虎孫行書跋云："右宋槧本《六家文選》廿冊，予得之外舅東山王氏，蓋是吴文定公貽贈其五世祖文恪公者。每冊有文定書籤及叢書堂印記，叢書堂乃文定藏書之所也。明弘治朝久道化成，朝野熙洽，端人正士，咸列館閣，暇日以文謙翰墨相娱樂，凡載之篇什、傳爲佳話者，不一而足，盛世風流而兩公之道德文章，尤屬一代氣運所係。去今幾二百年，晴牕展卷，先賢手澤，焕若神明，典型之思，令人肅然，匪徒熟精《文選》理也，可不寶諸？康熙戊申六月望重裝並識　武進莊虎孫。"壓鈐"晴窻一日幾回看"（《天目後編》誤記爲"晴窻一日百回看"）、"虎孫之印"、

---

①　詹福瑞、吕福申主編：《中華人民共和國圖書館博物館群藝館文化館大典》，國家圖書館出版社2009年版，第二卷，"吉林省博物院"條，第23—24頁。

"寅三"三朱文印(圖7-2)。莊虎孫,字寅三,武進人,莊同生之獨子,清順治七年(1650)生,康熙四十二年(1703)歿。官蔭生,任湖廣提學道僉事。其家萬卷樓收藏碑帖書畫甚富,虎孫曾藏宋拓本《多寶塔》、《玄秘塔》,今藏臺北"故宮博物院"。

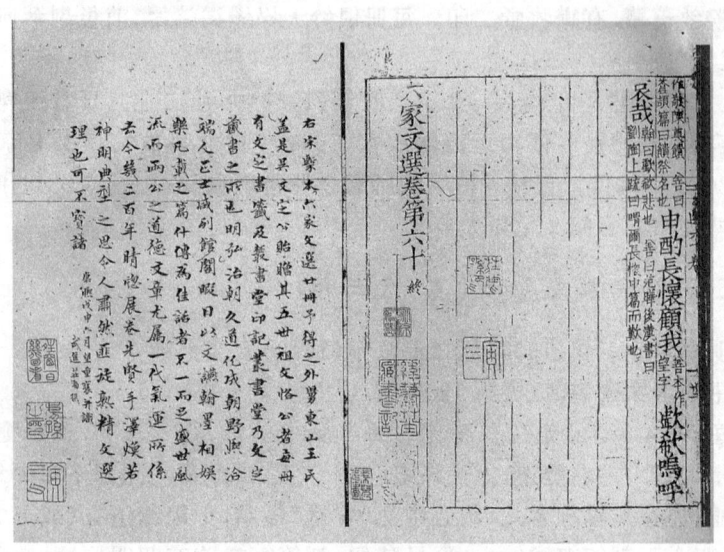

圖7-2　卷末莊虎臣題跋

書前有一個小木記,分列字號、部類、書名(六家文選)、(六〇)卷(二〇)冊函、舊藏(昭仁殿)、原題(宋)版、審定(明袁褧)版各項,括號內文字以墨筆填充,下書"潘101"。爲解放初北京故宮清點木記。書衣只題"六家文選",無"宋板"二字。

每冊俱鈐天祿繼鑑諸璽,前後副葉所鈐爲"大三璽"。據"吳寬"、"叢書堂"、"家在吳城"、"緯蕭草堂藏書記"、"高松堂鑑定書畫記"、"虎兒藏書"、"莊虎孫印"等藏印、莊虎孫跋可辨,此本爲《天目後編》卷七第四部《六家文選》。

《賞溥傑書畫目》著錄,宣統十四年(1922)九月六日賞溥傑。流散出宮後,輾轉長春僞宮至瀋陽故宮,1959年由北京故宮撥交北京圖書館。《北京圖書館古籍善本書目》集部總集類著錄,第2743頁。

551　六家文選六十卷(又四部)

明嘉靖十三年(1534)至二十八年(1549)袁褧嘉趣堂刻本。四函三十二冊,現藏遼寧省圖書館(書號善 10028)。

匡高 23.7 釐米,廣 18.6 釐米。每半葉十一行,行十八字,小字雙行二十六字,白口,左右雙邊。版心下刻工多被鏟去,偶有"信"、"淮"、"陸"、"儒"、"湛"、"宗"等殘蹟。"昭明太子《文選序》"尾鐫"此集精加校正,絕無舛誤,見在廣都北門裴宅印賣"牌記,卷六十末刻有"河東裴氏考訂諸大家善本,命工鋟於宋開慶辛酉季夏至。咸淳甲戌仲春工畢"三行,下另鐫"把總鐫手曹仁",宋諱"玄"、"弘"、"貞"諸字亦闕末筆。白棉紙,書中夾一黃紙書籤,墨筆書"六臣文選　廣都裴氏本　宋板　上等",蓋宮人所書。清宮舊裝,絳紅色絹製書衣,黃綾書籤。

此爲卷七 7 部同版《六家文選》之第五部。《天目後編》提要云:"篇目同前。昭明序後刻記'此集精加校正,絕無舛誤,見在廣都縣北門裴宅印賣',書末刻記'河東裴氏考訂諸大家善本,命工鋟於宋開慶辛酉季夏,至咸淳甲戌仲春工畢。把總鐫手曹仁'。"據此,遂誤以爲宋開慶三年至咸淳十年廣都裴氏刊本,實與其他幾部"宋版"《六家文選》一樣,均爲明嘉靖間袁褧仿宋刻本。

每冊俱鈐天祿繼鑑諸璽,前後副葉所鈐爲"大三璽"。"文石朱象玄氏"、"潘印允端"、"潘印硌如"、"堅耐之印"、"充庵"、"唐室分封肇姓皇明科甲世家"、"天然圖畫樓收藏書籍記"、"崟谿"、"御史大夫章"、"從德"、"琅琊王氏珍玩"諸私家藏印俱與《天目後編》卷七第五部"宋版"《六家文選》同,曾藏明朱象玄、顧從德、潘允端、琅邪王氏諸家,皆雲間收藏家。"文石朱象玄氏"朱白文印,《天目後編》避康熙帝諱,將"玄"字記爲"元"。卷三十二後鈐"沈皋之印"白文方印。

《賞溥傑書畫目》著錄,宣統十四年(1922)九月八日賞溥傑。《第二批國家珍貴古籍名錄圖錄》第 06232 號。①

552 六家文選六十卷(又五部)

明嘉靖十三年(1534)至二十八年(1549)袁褧嘉趣堂刻本。六十冊,現藏中國國家圖書館(新編書號1197)。

版本同上,黃絹籤題"六臣注文選"。

此爲卷七 7 部同版《六家文選》之第六部。《天目後編》提要云:"同

---

① 《第二批國家珍貴古籍名錄圖錄》,第 9 冊,第 97 頁。

上，廣都裴氏本。"

每冊俱鈐天祿繼鑑諸璽，前後副葉所鈐爲"大三璽"。另鈐"開山第一家藏書畫印"、"及第進士藏書畫印記"、"聯部尚書"、"何喬"、"古太史氏"、"景濂"、"凌印元德"、"金吾伯子印信"、"超然堂印"、"琅琊王氏珍玩"諸印，與《天目後編》所記俱同，唯"凌印玄德"，《天目後編》避諱將"玄"字改爲"元"。

《賞溥傑書畫目》著錄，宣統十四年（1922）九月十一日賞溥傑。流散出宫後，輾轉長春僞宫至瀋陽故宫，1959 年由北京故宫撥交北京圖書館。2013 年編目。

552(2) 六家文選六十卷（又六部）

明嘉靖十三年（1534）至二十八年（1549）袁褧嘉趣堂刻本。其中卷一至十七、二十二至二十九、四十六至六十，計四十卷，二十二冊，現藏中國國家圖書館（新編書號 1198、1318）；卷十八至十九、四十至四十一，二冊，現藏遼寧省圖書館（書號善 10027）；卷三十二至三十三，計兩卷，一冊，2010 年上海國拍古籍專場上拍，①現藏詒宋齋；卷三十四至三十五，計兩卷，一冊，2000 年嘉德春拍，②現藏臺灣潘思源處（潘目書號皇 109/北 2）；卷三十八至三十九，一冊，現藏吉林大學圖書館（書號 15138）。原書爲四函三十二冊，合以上諸家，尚缺卷二十一至二十二、三十一至三十二、三十六至三十七，計六卷。

匡高 24.4 釐米，廣 18.7 釐米。每半葉十一行，行十八字，小字雙行二十六字，白口，左右雙邊。版心下鐫刻工：守中、子沾、李安、張憲、張顯、陳鑑、何免、袁子威、章思正、淮、陸儒、高文湛、宗信、劉采、張溱、日、周、劉、清、遷等。白棉紙，紫紅色絹製書衣，黃綾包角，黃綾書籤，題"六家文選"。

此爲卷七 7 部同版《六家文選》之最末一部。《天目後編》提要云："同上，廣都裴氏本，摹印稍後。"每卷末之刊記一行被裁去，補以另紙。六家注本《文選》，根據史料最早的是北宋秀州州學刻本，其後有廣都裴氏刊

---

① 此一冊據稱係自日本流回中土。2010 年 6 月 26 日，上海國拍春季藝術品拍賣會古籍善本專場上此一冊以百余萬元成交，拍品第 280 號。

② 中國嘉德國際拍賣有限公司 2000 年春季拍賣會古籍善本專場，拍品第 617 號，成交價 17.6 萬元人民幣。

本，至南宋則有明州本。此本亦袁褧覆刻廣都裴氏本，摹印極工，幾可亂眞，刀法流暢，楮墨精良，猶見宋刻風貌。《天禄琳琅書目》云其"橅刻甚精，校勘亦審，實與宋槧同工"。傅增湘稱"其初印、中印皆工善，藏家寳之如宋本"。① 故袁氏本多被著録爲宋裴氏本。

明嘉靖十三至二十八年（1534—1549）吴郡袁褧以 16 年時間，精刻翻雕宋廣都裴氏刊本《文選》，用費浩繁，梓人艱集。此本極爲精善，是明翻宋本中的著名精品，也是最常被僞飾冒作宋槧之本。不僅《天目前編》著録的 9 部明版俱被作僞，《天目後編》中所謂的 7 部宋版《六家文選》，也是被僞裝挖改的袁氏嘉趣堂刻本。這些僞本無一不是將書末"吴郡袁氏善本新雕"木記割掉，再撤去書前袁褧刊書識語，染紙做舊，以掩襲所有明代翻雕痕蹟。7 部作僞明本統統被《後編》編者歸入宋版，殊可歎矣！

每册俱鈐天禄繼鑑諸璽，前後副葉所鈐爲"大三璽"。又"楚王之章"、"琅邪王氏珍玩"、"南州高士東海豪家"、"于氏家藏"、"琅邪王元美氏"諸印皆僞，印色一致，刻工拙劣。潘思源先生所藏一册上尚鈐有"古嚉潘氏"（白文）、"胡季沆印"（白文）、"日華樓"（朱文）、"曾登記室"（朱方）四印，應爲流出清宫後藏家加蓋。

檢《賞溥傑書畫目》，1922 年 9 月 2 日、23 日分别賞賜一部六套、六十一本宋板《六家文選》，其中或有此本。《賞溥傑書畫目》著録，宣統十四年（1922）九月八日賞溥傑。流散出宫後，輾轉長春僞宫至瀋陽故宫，1959 年由北京故宫撥交北京圖書館。2013 年編目。詒宋齋所藏一册，紫紅色錦緞封面，明黄題籤，依然清宫舊裝。

553 文選六十卷

宋紹興初明州刻紹興二十八年（1158）遞修本。全本六函六十册，其中卷一至十九、三十至六十，缺卷二十至二十九凡十卷，計五十卷，五十册五函，現藏臺北"故宫博物院"（書號故善 014502—014551）；卷二十至二十八，計九卷，九册，現藏中國國家圖書館（書號 8576）；卷二十九，計一册，現藏日本石川武美紀念圖書館。合三家所藏，即爲完璧。

匡高 22.2 釐米，廣 15.5 釐米。每半葉十行，行二十一至二十三字不等，小注雙行二十八至三十字，白口，左右雙邊，單魚尾。版心中記"文選

---

① 《藏園訂補邵亭知見傳本書目》，第 4 頁。

幾"及葉次,下記刻工,有原版、紹興補版及再補版三批。

原版刻工有:王因、王乙、王一、王伸、王申、王雄、王受、王寔、葛珍、郭政、郭富、阮宗、吴珪、吴圭、吴詢、高彦、高起、黄覺、黄暉、黄大、江通、江政、洪茂、洪先、蔡至道、施章、徐全、徐彦、徐宗、蔣暉、宋道、張逢、張由、張清、張謹、陳然、陳迎、陳謹、董明、方成、毛諫、毛諒、俞忠、余尚、葉達、葉明、駱晟、駱昇、劉信、劉仲、王鈁鈗、郭、吴、宋、晟、信、駱、尚、沅、蔡、洪、葛、達、陳、徐、道、高、彦、通、俞、受、仲、江、全、清、茂、王、謹、章、珪、圭、昌、政、葉、明、覺、迎、然、雄、董、詢、張、方、暉、昇。

補刊頁版心下刻工姓名前或後加"重刊"字樣,如"陳孜重刊"、"蔡政重刊"、"方祥重刊"、"方祐重刁"、"王寔重刀"等,有:王允、王舉、王臻、王秦、王進、王椿、王寔、王諒、王時、王琇、金敦、許中、胡正、胡端、雇宥、吴蓝鄆之、吴寶、吴浩、吴正、吴政、洪乘、洪明、洪昌、洪茂、洪新、蔡忠、蔡政、蔡正、施章、施蘊、施端、施俊、師然、朱諒、朱芾、朱文貴、朱宥、朱因、周彦、徐亮、徐宥、徐宗、徐遂、蔣椿、蔣春、宋林、宋琳、張學、陳文、陳才、陳亢、陳忠、陳高、陳真、陳辛、辛、陳逐、丁文、潘興權、潘權、方祥、方祐、方右、方師顏、毛章、毛昌、俞王鈁鈗、楊昌、楊永、葉遂、李忠、李顯、李珪、李圭、李良、李涓、劉文、劉舉、忠、王鈁鈗、受、申。其中紹興補版有洪茂、劉仲、宋道等;再補版有蔡忠、徐亮、周彦等人。

宋諱原版"桓"、"構"不缺,補版則缺"桓"字。玄、眩、弦、袨、鉉、朗、敬、驚、警、弘、泓、殷、匡、恇、鏡、竟、胤、恒、貞、徵、署、樹、讓、桓、完、構等字缺筆。宋諱缺筆至"構"字。

卷前有目錄,又《李善上文選注表》,又五臣《進集注文選表》,又梁昭明太子《文選序》。首卷卷端題"文選卷第一",隔行題"梁昭明太子撰",再隔行題"五臣并李善注"。書末刊有識云:"右《文選》板歲久漫滅殆甚。紹興二十八年冬十月,直閣趙公來鎮是邦,下車之初,以儒雅飾吏事。首加修正,字畫爲之一新,俾學者開卷免魯魚三豕之訛,且欲垂斯文於無窮云。右迪功郎明州司法參軍兼監盧欽謹書。"《中國版刻圖錄》據《寶慶四明志》,言"直閣趙公"名善繼,以直秘閣紹興二十八年十月知明州,二十九年六月罷任,"因知此書版刻當在南宋初年,修版則在趙善繼知明州時,與盧欽題記正合。"國圖記其版本爲宋明州刻紹興二十八年(1158)遞修本,

---

① 《中國版刻圖錄》,目錄,第21頁。

以識文觀之，臺北故宮著錄爲"宋紹興二十八年明州修補舊刊本"，更爲準確。此本多有學者研究，認爲明州本《文選》應刻在南宋紹興初年，二十八年後再經多次補版，補版字體較原刊筆劃纖細，更爲清晰。故其版本或可具體爲"宋紹興初明州刻紹興二十八年遞修本"。

白麻紙，紙白墨潤，刊刻精雅。臺北故宮所藏五十冊，有新裝織錦四合函套，黃色灑金紙質書衣，古色紙質書籤，未題名，金鑲玉裝，前後副葉內尚可間原裝淺藍色灑金箋紙書衣殘蹟。

每冊俱鈐天祿繼鑑諸璽，前後副頁所鈐爲"大三璽"。書上藏印眾多，有私人藏印近50枚。[1] "宋本"朱橢、"在在處處有神物護持"白方、"戊戌毛晉"朱方、"毛姓祕翫"白方、"江左"朱長、"奏叔"朱方、"小山戀齋"朱方、"古粵世家"白方、"文述"白方、"汲古閣"朱方、"季振宜印"朱方、"滄葦"朱方、"翠竹齋"白方、"梅谿精舍"白方、"玉蘭堂"白方、"銕研齋"白方、"辛夷館印"朱方、"毛表私印"白方、"慈谿楊氏"朱方、"季振宜讀書"朱方、"毛表印信"白方、"毛表藏書"白方、"毛表奏叔"白方、"毛氏藏書子孫永保"朱長、"毛氏奏譴"白方、"汲古閣"白方、"子子孫孫永寶"朱方、"揚州季氏"朱長、"御史振宜之印"白方、"字奏叔"朱白相間、"汲古閣世寶"白方、"毛表"白方、"臣表"白方、"奏譴氏"白方、"毛表"朱方、"隱湖毛表圖書"白方、"毛表鑑定"白方、"隱湖毛表奏叔"白方、"季滄葦圖書記"白方、"夏季爵氏"朱方、"竹塢"朱方、"林下閑人"朱方、"颿天風以放蕩擊溟水而逍遙"白方、"人生行樂爾"白方、"譴子"朱方、"延陵"朱長諸印，只"臣晉"白方、墨色鈐蓋之"季振宜藏書"朱文印兩印爲《天目後編》失載。此書舊爲明夏時正（1411—1499）、王寵（1494—1533）、文徵明（1470—1559）、文嘉（文徵明次子，1501—1583）、楊錄（慈湖楊氏後裔）、毛晉（1599—1659）、毛表（毛晉四子）、清吳歷（1632—1718）、季振宜（1630—1701）遞藏，後入乾隆內府。"夏季爵氏"朱文印，《天祿後目》誤爲"慶季爵氏"。

第一冊副葉下方鈐"慈谿楊氏"朱文大方印，上側有墨筆題"石田耕叟"四字，爲明人楊錄之號。目錄頁眉處墨筆書《古文苑》中《文選》所未收之文，各卷中間有評語，亦此人手蹟。《天目後編》云："皆爲一人手蹟，其人無可考，蓋慈谿楊簡後裔也。"

其中卷二十至二十八，八冊，光緒中爲人盜出，盛昱購得。民國壬子

---

[1] 劉按，2008年臺北故宮舉辦的"天祿琳琅——乾隆御覽之寶"展覽上展出此書，文字說明有"本書藏書印多達四十一枚"之說，其實不止。

（元年，1912）盛氏書散，爲完顏景賢所得，後袁克文得卷二十二至二十四、二十六共四卷，四冊，其中卷二十六，一冊，贈予傅增湘，其餘入潘宗周寶禮堂藏書；另外四冊爲李盛鐸所收，李氏所藏散出之後，又爲周叔弢購得，周氏後將書捐贈北平圖書館。① 卷二十九一冊不知何時流落日本，初爲日本德富蘇峰成簣堂藏，書箱封面有墨書"蘇峰先生囑題宋刊文選庚戌六月潛山拜觀"，并鈐"蘇峰學人德富氏愛藏圖書記"朱文大方印及"天下之公寶須愛護"朱文長印。庚戌是宣統二年（1910），潛山，田吳炤（1870—1926）之號。田吳炤，一名潛，字伏侯，湖北荆州人，1897年入兩湖書院，得張之洞、梁鼎芬賞識，留學日本，回國後充湖北自強學堂教習。1905年隨從出洋考察，1908年赴日本任游日學生監督及使署參贊，曾協助羅振玉在日訪書。民國後任職北洋政府。此處"庚戌"是宣統二年（1910），即早在清朝末年，清宮"天祿琳琅"藏書已漂洋過海，爲日本藏家所得，並經訪日士人田吳炤觀書題記。此宋刻本《文選》一冊，是目前已知日本所藏天祿遺書年代最早的一種。後入御茶之水圖書館，現更名爲"石川武美紀念圖書館"。②

國圖所藏部分尚鈐有鈐"豹岑"、"木齋"、"李滂"（白方）、"景行維賢"（白方）、"周暹"、"聖清宗室盛昱伯羲之印"（朱方）等出宮後諸藏家私印。頁眉處多有墨筆批校，如卷二十三第一至九頁、十五至十六頁、三十四頁起至卷末、卷二十四第四頁、卷二十七第十九至二十二頁上，皆爲明人楊錄所批。有邵繼全跋（1921）、楊潤六跋（1923）、沈曾植題詩。卷二十六後有袁克文手跋，與沈曾植題詩，俱見《藏園群書經眼錄》卷十七，第1230

---

① 此書遞藏情況詳見《藏園群書經眼錄》，卷十七，第1229頁；《寶禮堂宋本書錄》，集部第54頁；《木犀軒藏書題記及書錄》，第346頁；《自莊嚴堪善本書目》，第98頁。

② ［日］蘇峰先生古稀祝賀紀念刊行會編：《成簣堂善本書目》及《成簣堂善本書影七十種》，日本昭和七年（1932）矢野國太郎影印暨鉛印本，第310頁，圖版第五篇。另見《日藏漢籍善本書錄》，第1814頁。劉按，據嚴書後附錄五、嚴紹璗先生所撰《日本藏漢籍珍本訪察隨筆》一文介紹，德富蘇峰（1863—1957）是20世紀上半葉日本著名的國粹主義者，喜愛收藏典籍文獻，藏書樓名"成簣堂"，有十萬冊之巨。1946年日本戰敗，德富蘇峰被遠東軍事法庭以"B級戰犯"罪名拘捕，藏書被移交御茶之水圖書館（現名"婦人之友圖書館"），第2160頁。此處不確，成簣堂藏書是在德富蘇峰晚年時售予御茶之水圖書館的。另1992年御茶之水圖書館出版有川瀨一馬編《新修成簣堂文庫善本書目》。

頁。傅增湘云："此明州本《文選》乃北宋刻本，紹興年修補者。余舊藏一卷，爲袁寒雲所貽，即天祿琳琅著錄，有宋楊慈湖批點者，有袁寒雲題字。傅沅叔記。"①這一冊尚鈐"伯達之印"朱文、"退思齋主人"等印。

1929年出版之《故宫善本書影初編》收錄，云"書末有盧欽跋，述修正始末。首卷副葉有墨書'石田耕叟'四字。目錄眉端列《古文苑》中《文選》未收之文，書中間有評語，宋人手蹟也。每卷副葉有'慈谿楊氏'朱記，審是宋人印。卷中有'文述'及'小山懋齋'二印，疑亦出宋元人，又有'玉蘭堂'、'汲古閣'季滄葦諸家收藏印及天祿琳琅、天祿繼鑑、乾隆各璽。原藏昭仁殿，《天祿後目》著錄。"②《故宫善本書目》記其爲"宋紹興二十八年明州修補舊刻本。半葉十行，行二十三字，注雙行三十字。闕卷二十至二十九，凡十卷，存五十冊。"1931年點查的《故宫善本書庫宋版書目》，"書內墨批，審係宋人手蹟。後有盧欽跋，述修正版之始末。副葉有墨書'石田耕叟'、'慈谿楊氏'朱印。每冊有汲古閣毛氏諸家收藏印。""國立故宫博物院"善本舊籍總目》，下冊，第1189頁，著錄爲"宋紹興二十八年明州修補舊刊本"。國圖所藏九冊，著錄於《北京圖書館古籍善本書目》集部第2742頁。

557 唐文粹一百卷

明嘉靖三年(1524)徐焴刻本。原爲四函十八冊，卷一至二、十至十三、十四至十六上、二十八至一百，計八十二卷，十四冊，現藏中國國家圖書館(新編書號1199)。

匡高20.4釐米，廣14.1釐米。每半葉十四行，行二十五字，白口，左右雙邊，單魚尾。卷前有姚鉉自序，卷末有寶元二年殿中侍御史施昌言跋。卷端、卷末皆題作"重校正唐文粹"。

書分一百卷。分古賦、詩、頌、贊、表奏書疏、文、論、議、古文、碑、銘、記、箴誡銘、書、序、傳錄記事，每門中各分子目。

每冊俱鈐天祿繼鑑諸璽，前後副葉所鈐爲"中三璽"。《天目後編》提要云卷九十二有"姑蘇吳氏家藏"白文印，此爲國圖新編書，尚在修復中，

---

① 吳希賢輯彙：《歷代珍稀版本經眼圖錄》，第83—84頁。
② 張允亮編：《故宫善本書影初編》，民國十八年(1929)北平故宫博物院影印本，第12頁。

無法提閲原書,未之見。①

《賞溥傑書畫目》著錄,宣統十四年(1922)八月二十六日賞溥傑。1959年自故宮撥交北京圖書館。其中卷三十四至三十六、九十八至一百,二册,抗戰勝利後秦翰才曾見於長春僞皇宮,"書内前後襯頁鈐印……惟印的面積較小(按:當爲中三璽。)……前一本首頁右下方有'子佩氏'白文方印。後一本後序一頁係倒裝,題'寶元二年嘉平月殿中侍御史吴興施昌言敘'。"書頁有蟲蛀脱線、霉爛,其中三册尤爲嚴重。② 2013年國家圖書館編目。

557(2)唐文粹一百卷(又一部)

明嘉靖三年(1524)徐焴刻本。原爲四函四十册,其中目録、卷一至二十一,一函十册,中國嘉德1998年秋拍,③爲臺北故宫購藏(書號購善001183—001192);卷二十二至三十三、三十七至三十九、七十六至八十一、八十八至九十、九十三至九十七,計二十九卷,十二册,現藏中國國家圖書館(新編書號1200、1314);卷三十三下至三十五、五十六至五十七,計四卷,二册,亦藏中國國家圖書館(新編書號1307);卷四十至四十三、七十三至七十五、九十一至九十二,一函四册,現藏遼寧省圖書館(書號善10013)。

匡高20.4釐米,廣14.1釐米。每半葉十四行,行二十五字,小字雙行同。白口,左右雙邊,單魚尾。版心中記"文粹幾"及葉次,下刊刻工,有李本(本)、宅、至、曰、張、百、智、陸、受、直、至、劉松等。首卷卷端題作"重校正唐文粹卷第一",次行下署"吴興姚鉉纂"。卷前有姚鉉自序,次目録,目録末刻"姑蘇後學尤桂/朱整同校正"兩行。後有寶元二年殿中侍御史施昌言跋。黄紙刷印,朵花宋式錦書衣,黄綾書籤,題作"唐文粹"。

《天目後編》提要僅云:"同上,係一版摹印。"實係仿宋刻本,姚鉉

---

① 劉按:2016年8月初經遼寧省圖書館特藏部主任劉冰兄幫筆者證實,遼圖所藏卷九十二上並無此印,可證遼圖部分應是《天目後編》卷七宋版集部著録之第二部《唐文粹》,則國圖新編目本應是第一部,所存册數亦接近全書四函十八册之總數。

② 秦翰才撰:《滿宫殘照記》,《民國史料筆記叢刊》,上海書店出版社1998年版,第101—102頁。

③ 中國嘉德國際拍賣有限公司1998年秋季拍賣會古籍善本專場,拍品第738號。

《序》、目錄、各卷末"嘉靖甲申歲太學生姑蘇徐焴文明刻于家塾"刊記以及部分刻工已被剜版剔除。初印精好。

每冊俱鈐天祿繼鑑諸璽，前後副葉所鈐爲"中三璽"，無其它私家藏印。除現藏臺北故宮之第一函書頁完好外，其它冊書頁多有蟲蛀、殘損。卷二十二至二十六、二十八至三十三、三十七至三十九、七十六至七十八、八十八至九十、九十三至九十八，十冊，係溥儀兄弟攜至東北之書，出宮後輾轉自長春僞宮至瀋陽故宮，1959年由北京故宮撥交北京圖書館。2013年編目。

557(3) 玉臺新詠十卷

宋刻本。一函二冊。

《天目後編》提要云："陳徐陵撰。陵，郯人。仕梁，爲通直散騎常侍。入陳，爲司空、太子少傅。謚曰章，《陳書》有傳。書十卷。前八卷自漢至梁五言詩，卷九歌行，卷十五言二韻詩。前有陵自序，後有嘉定乙亥永嘉陳玉父跋。是書明代刻本增益頗多，此本真宋槧可信。"又云卷一鈐"坐茂樹以終日濯清泉以自潔"朱文印。

《賞溥傑書畫目》著錄，宣統十四年(1922)七月十三日賞溥傑，賜出宮外。尚不知是否仍存世間。

558 玉臺新詠十卷（又一部）

宋刻本。一函二冊。

《天目後編》提要云："同上，係一版摹印，後跋脫佚。"又云："泰興季氏藏本。"鈐"滄葦"、"季振宜"、"吳氏珍玩"、"清謠結心曲"、"琅琊太□章"、"吳文城印"、"宗維"、"滄葦氏鑑定印"、"季氏珍玩"諸印。

《玉臺新詠》存世無宋本，頗疑此二書皆爲明崇禎六年(1633)趙氏小宛堂刻本。

《賞溥傑書畫目》著錄，宣統十四年(1922)八月二十一日賞溥傑，賜出宮外，尚不知是否仍存世間。

558(2) 古文苑九卷

宋刻本。一函六冊，現藏中國國家圖書館（書號12372）。

匡高20.8釐米，廣15.5釐米。每半葉十行，行十八字，白口，左右雙邊，雙順魚尾。版心下有刻工"郭"、"金孜"、"徐逹"、"吳浩"、"宋琳"、"徐通"等。"瑗"、"丞"、"窈"字皆闕末筆。卷末有淳熙六年韓元吉記。白麻紙。

宋版《古文苑》有無注本、有注本之別，此係淳熙間婺州所刊，無注之九卷本。《天目後編》云其"宋槧之精工者，闕筆字特謹嚴"。

鈐"華亭朱氏珍藏"、"顧印從德"、"棟亭曹氏藏書"等，俱與《天目後編》卷七所記第一部《古文苑》相合。目錄後尚有"顧印九錫"、"清宮侍從之章"二朱文印，《天目後編》失收；卷尾處"姣溪後樂園得閒堂印"，《天目》誤記爲"姣溪後樂園間得堂印"。每冊俱鈐天祿繼鑑諸璽，前後副葉所鈐爲"中三璽"。

雷夢水先生曾以首尾二冊與蘭陵孫氏重刊宋本略爲校勘，記其異同。並稱此書每冊首尾羅紋紙副葉，鈐有"五福五代堂寶"等中三璽，又據藏印考之，"在明朝爲顧從德所藏，從德字汝修，上海人，嗜古印，著有《印藪》一書，後歸曹氏，再歸內府，未悉如何輾轉流入朱、喬諸氏者也。"① 顧九錫（？—1680），字一鹵，號臨邗，又號思淡、邗上釣者。康熙甲戌(1694)科榜眼顧圖河之父。揚州人。康熙三十二年(1693)明經，康熙癸卯科歲貢，考授儒林郎，鹽運司運判，敕授文林郎，康熙四十二年贈編修。著有《經濟類考約編》、《春江草堂集》、《移愚齋筆記》。

《賞溥傑書畫目》著錄，宣統十四年(1922)七月十四日賞溥傑。1949年8—12月間，故宮馬衡院長幾經曲折，多次向上級請款，議價，1950年8月，終於自北京效賢閣書估裴孝光處以400萬元購回。② 1959年撥交北京圖書館。《北京圖書館古籍善本書目》集部第2750頁。《第一批國家珍貴古籍名錄圖錄》第01198號。③《中華再造善本》唐宋編第407部。

559 古文苑二十卷

明刻本。現藏中國國家圖書館，其中卷一至七、十至二十，計十八卷，七冊，新編書號1201；卷八至九，計兩卷，一冊，書號18619。

每半葉九行，行十七字，小字雙行同，細黑口，四周雙邊，雙順魚尾。版心下有刻工"余"、"陳"、"堂"、"五"、"仲先"、"真"等。書前有紹定壬辰

---

① 雷夢水著：《古書經眼錄》，齊魯書社1984年版，第162—164頁。
② 馬衡著：《馬衡日記：一九四九年前後的故宮》，紫禁城出版社2006年版。第72、76、86、105頁。另見《故宮國寶宮外流失秘笈》，第185—193頁。
③《第一批國家珍貴古籍名錄圖錄》，第5冊，第39頁。

樵自序，又淳熙六年韓元吉記，又嘉熙丁酉江師心序。白紙籤題"宋版古文苑第一冊"。

字體寬大，《天目後編》據書前各序，記其爲宋嘉熙丙申（端平三年末）毘陵刊本，實爲明嘉靖間翻宋刻本。

每冊俱鈐天祿繼鑑諸璽，前後副葉所鈐爲"中三璽"。另有"董其昌印"、"積善世家"二印，此二印與《天目後編》卷七第二部宋版同；尚有"玄宰氏"一印，《天目後編》未錄。爲明董其昌舊藏。

新編目之七冊，係1959年自故宫撥交北京圖書館者，有蟲蛀。2013年編目。

560 真文忠公續文章正宗二十卷

宋咸淳刻遞修本。卷一至四，計四卷，三冊，現藏中國國家圖書館（新編書號1205）；卷五至八，計四卷，一函三冊，現藏遼寧省圖書館（書號善00001）。

匡高23.1釐米，廣17.5釐米。每半葉十一行，行二十一字，白口，左右雙邊，雙順魚尾。版心上記字數，中記"續正宗幾"，下有刻工"董"、"章"、"江"、"朱云通"、"仲秋"、"因"等。宋諱"完"、"慎"皆闕末筆。卷前有咸淳丙寅天臺鄭圭、金華倪澄二序。白麻紙。織錦函套，紅綾書衣，黃綾書籤題"文章正宗"。

據《天目後編》，爲南宋咸淳二年（1266）梁氏所刊。版刻精良。

每冊俱鈐天祿繼鑑諸璽，前後副葉所鈐爲"大三璽"，遼圖三冊上另鈐"常思善珍藏書畫之章"（朱文方印）、"常百祥書畫印"（朱文方印）、"常思善印"（白文方印）、"咤石齋"（朱文方印）等印記。

《賞溥傑書畫目》著錄，宣統十四年（1922）八月十四日賞溥傑。卷一至四，三冊，爲1959年北京故宫撥交者，①撥交清冊上記爲"宋咸淳刻本"，2013年編目。卷十至十三乃北京市文化局所撥交者。《中國古籍善本總目》（綫裝書局）第1731頁第725條著錄。遼圖所藏四卷，爲《第二批國家珍貴古籍名錄圖錄》第03175號。②

---

① 參見陳國慶著：《瀋陽圖書館藏長春偽宫殘存宋元珍本目錄考略》，上海圖書館歷史文獻研究所編：《歷史文獻》第六輯，上海古籍出版社2004年版，第104—105頁。

② 《第二批國家珍貴古籍名錄圖錄》，第3冊，第281頁。

560(2)古今文章正印七十六卷

宋咸淳刻本。十六冊四函,現藏臺北"故宮博物院"(書號贈善003410—003425)。

匡高14.9釐米,廣10.4釐米。每半葉十三行,行二十四字,小字雙行同,線黑口,左右雙邊,雙順魚尾或三魚尾。版心中刊"文前幾"或"文後幾"或"文續幾"或"文別幾",以及葉次。宋諱恒、貞、徵、桓、完、構、購、溝、覯、講、慎、稹、敦諸字皆闕末筆,郭、廓等寧宗以下之名不諱。卷前有序,署"咸淳九年癸酉詔歲正月望日通直郎簽書武安軍節度判官廳公事賜緋魚袋劉震孫東叟序",卷後有後序,署"咸淳癸酉二月朔日迪功郎饒州州學教授廖起山伯高習庵序"。首卷卷端題"新編諸儒批點古今文章正印卷之一",大字占雙行,隔行下題"通直郎簽書武安軍節度判官廳公事劉震孫類編"、"迪功郎新饒州州學教授廖起山校正"小字兩行。標題下以反白注出"前集"、"別集"等,分前集十八卷、後集十八卷、續集二十卷、別集二十卷。《前集》卷十六第五至六葉、《別集》卷三第三葉抄配。《別集》卷末有墨筆書"戊子歲陽月日置"一行。黃麻紙,新裝織錦四合函套,黃色地朵花宋式錦書衣,黃綾書籤,書"文章正印"。

卷前咸淳九年劉震孫後有"震孫"、"東叟"、"梅石"三印,目錄頁末刊"翊伯"朱文方印、"輔冏"爐形印、"竹逸"圓形圖像,廖起山序後刊"起山"朱方、"伯高"爐式、"習庵廖氏"朱方三印記。劉序及廖序中,述及共同編書,類古今之文而成編,然並未言及刻書,未能確定即宋咸淳九年所刊。開本較小,書有元刻風氣。早印而美,係宋末典型之建安坊刻本。①

每冊俱鈐天祿繼鑑諸璽,前後副葉爲紅筋羅紋紙,所鈐爲"中三璽"。無其它私家藏印。

《賞溥傑書畫目》著錄,宣統十四年(1922)八月十六日賞溥傑。沈仲濤研易樓舊藏,1981年1月入藏臺北"故宮博物院",《"國立故宮博物院"藏沈氏研易樓善本圖錄》著錄,第105—106頁。《"國立故宮博物院"善本舊籍總目》,下冊,第1194頁。

---

① [日]阿部隆一著,潘美月譯:《故宮博物院藏沈氏研易樓捐贈宋元版本志(下)》,《"國立中央圖書館"館刊》第20卷第1期,民國七十六年(1987)六月,第92—93頁。《"國立故宮博物院"藏沈氏研易樓善本圖錄》,第105—106頁。

561 妙絕古今不分卷

宋刻本。一函六冊。

《天目後編》提要云：“宋湯漢撰。書不分卷，但列名目：《左氏》、《國語》、《孫子》、《列子》、《莊子》、《荀子》、《國策》、《史記》、《淮南子》，揚子雲、劉子駿、諸葛公、韓昌黎、柳河東、杜牧之、范文正、歐陽公、曾南豐、王荆公、蘇老泉、蘇東坡，凡文七十有九首。前有自序，署'淳祐壬寅春，東澗書'。東澗，漢號也。又序，亦不署名，寶祐丁巳紫霞老人題，乃趙汝騰也。元趙汸作是書題後，推闡其意，以南渡忍恥事譬、理宗容奸亂政，故取諸文以昭諷勸，並感士不遇而進之於道，其去取之間，篇篇具有深義。蓋有議其闕略者，作此以發明之。”

未詳何時亡佚，不知是否尚存世間。

561(2) 萬首唐人絕句一百一卷

明嘉靖十九年(1540)陳敬學德星堂刻本。存《七言》卷一至六十九，計六十九卷，三函二十四冊，現藏中國國家圖書館（新編書號 1202）；《五言》卷一至二十六，《七言》卷七十至七十五，八冊，散落民間，其中《七言》卷七十至七十五，兩冊，現藏詒宋齋；另《五言》全帙，六冊，出現於北京德寶 2010 年秋季古籍拍賣專場上，①其中卷五至二十一，現藏東北胡姓藏家，餘下卷一至四、二十二至二十五，兩冊流拍，另藏一家。

匡高 19.8 釐米，廣 14.8 釐米。每半葉十行，行二十字，白口，左右雙邊，雙線魚尾。版心中刊"唐人絕句卷幾"及葉次。卷前有紹熙元年邁自序及《重華宮投進劄子》，又《重華宮宣賜白劄子》，又《謝表》，又《別奏劄子》，又《奏耿柄不受書送劄子》，又《謝南內奏狀》，皆紹興四年奏。目錄後有嘉定辛未吳格跋。首卷卷端題"萬首唐人絕句卷第一"。黃棉紙。黃絹

---

① 此 8 冊 2010 年在上海道明春季拍賣會上出現，估價 150—200 萬元，成交價 224 萬元。其中二冊現藏詒宋齋，餘下 6 冊連同織錦函套、黃綾龍紋書袱被分成 8 個標的，出現於北京德寶 2010 年秋季古籍拍賣專場，拍品號爲 157 至 164 號。其中《五言》卷五至二十一 4 冊被東北胡姓藏家購得，函套以 5 萬元被詒宋齋購下，餘下 2 冊，即《五言》卷一至四、卷二十二至二十六，以及書袱流拍。2014 年 5 月，《五言》卷二十二至二十六，一冊，再次上拍於中國書店春季書刊資料文物拍賣會·古籍善本書札書稿專場，拍品第 855 號。

籤題"舊刊萬首唐詩"。

　　書一百一卷，凡七言七十五卷，五言二十六卷。①《天目後編》云："前有紹熙元年邁自序及《重華宮投進劄子》，又《重華宮宣賜白劄子》，又《謝表》，又《別奏劄子》，又《奏耿柄不受書送劄子》，又《謝南內奏狀》，皆紹興四年奏。目錄後有嘉定辛未吳格跋，稱公守會稽，刊之郡齋，後三十年已漫漶，命工修補。又嘉定癸未汪綱跋，稱是書半刻會稽半刻鄱陽，綱守越，遂揭鄱陽本併刻之。邁初刻七言二十六卷，五言二十卷，凡五千四百篇。餘俱奉祠歸後續編付刻，至綱始爲成書，但吳格跋署嘉定辛亥。按：嘉定起元年戊辰，迄十七年甲申，中無辛亥，或校對之疏，以所云三十年計之，當是辛巳之訛耳。"以爲乃宋嘉定十六年會稽刊本，實爲明嘉靖十九年（1540）陳敬學德星堂刊本，目錄後原有陳敬學跋曰："《萬首唐人絕句》詩自宋刻迄今，又多慢謬蠹闕矣，都憲陳公俾愚領校刊之任，愚雖三年勞於茲，亦烏能免偽舛之非乎哉！維昔始之以淳熙庚子，而今繼之以嘉靖庚子，數之偶然有可識焉耳。辛丑人日姑蘇門生陳敬學書。"此本撤去。版心下方間刊有"德星堂"三字，被全部剜除，《五言》卷十九下有"陳敬學校刊"五字，亦被挖補，以致誤爲宋刊。②

　　每冊俱鈐天祿繼鑑諸璽，前後副葉所鈐爲"中三璽"。無其他私家藏印。

　　《賞溥傑書畫目》著錄，宣統十四年（1922）八月十七日賞溥傑。此係溥儀兄弟攜至東北之書，出宮後輾轉自長春偽宮至瀋陽故宮，1959年由北京故宮撥交北京圖書館。有蟲蛀，2013年編目。

562 新增合璧聯珠萬卷菁華一百四十卷

　　宋刻巾箱本。原書十函一百冊，今存《前集》六十卷，《後集》卷一至四十三、卷五十六至六十八，計八函八十冊，現藏山東省圖書館（書號善56）；《後集》卷七十一、七十二，二冊，現藏北京市文物局圖書資料中心（康

---

① 按，《天目後編》卷七提要誤五言二十六卷爲二十五卷。
② 1955年文學古籍刊行社影印修去版心之德星堂本《萬首唐人絕句》。張元濟《涵芬樓燼餘書錄》中記有怡府舊藏四十冊本，藏園曾見一部，葉氏觀古堂藏本，都是指此嘉靖本。《邵亭知見傳本書目》卷十六上記有"明嘉靖辛丑陳敬學仿宋刊本，佳，刊作一百一卷"。

303）；①《後集》卷七十三至七十六、七十八至八十，計七卷，六冊，見於中國保利 2015 年秋拍；《後集》卷七十七，一冊，現藏中國國家圖書館（書號5444）。

匡高 10.5 釐米，廣 7 釐米。每半葉十五行，行二十、二十一字不等，小字單行，細黑口，四周單邊，雙魚尾。卷首有建炎二年李似之序。目錄題名"太學新增合璧聯珠萬卷菁華"，卷一題名"太學新增合璧聯珠聲律萬卷菁華"，餘各卷則題"太學增廣合璧聯珠萬卷菁華"或"太學新增合璧聯珠萬卷菁華"，間或有"新編"、"增修"字樣。書衣與六合書套均爲仿宋五彩織錦圖案，紅底雲龍紋織錦，以金鑲玉形式修復。②

卷首有建炎二年（1128）連江後學李似之序，云"蓋《前編》六十卷，爲鉅野李君樂靜先生所著，僅成半璧，未剖全牛，愚故續以《後編》八十卷"。似乎意味著前集作者是李樂靜，後集作者是李似之，山東省館書目只著錄爲"宋佚名撰"。《中國古籍善本書目》題"（宋）李似輯"，當改爲李似之輯爲是。《中興以來絕妙詞選》錄有李似之詞作，李號彌遜，自號筠翁，南宋初期名士，因不附和秦檜遭貶。此殘冊版有錯字，"倉廩門"下"百五十四"應爲"百六十四"。前集卷十五後"珠"誤爲"味"字，蓋書坊刻書，偶失讎校也。卷內有鈔補，如目錄第一頁，卷七第一、第八、第九頁，卷九第十三頁，卷十二至二十四，紙墨精潔，字畫整嚴，知非俗手所爲。關於此書內容、體例，可參見鍾國清《珍貴的宋刻本——〈太學新增合璧聯珠聲律萬卷菁華〉》一文。③

此書爲巾箱本，狹行細字，極精巧，初刻初印。北宋嫌名"弘"等皆不避，"敦"、"禎"均缺末筆，"曠"、"廣"不避諱，自避諱看似南宋紹熙間所刊。書中多俗體字。版刻風格似明代刻本，字紙俱新。特別是最後幾函更爲

---

① 北京市文物局圖書資料中心編：《北京市文物局圖書資料中心藏古籍善本書目》（内部資料），2007 年 2 月，序號 0482，第 45 頁；《北京文物精粹大系・古籍善本卷》，第 64 頁；吳希賢輯彙：《歷代珍稀版本經眼圖錄》，第 55—56 頁。以上三種目錄、圖錄皆注爲"宋刻本"，而《中國傳世文物收藏鑑賞全書・古籍善本》第 13 頁上著錄此二冊爲"元刻本"。

② 參見鍾國清著：《珍貴的宋刻本——〈太學新增合璧聯珠聲律萬卷菁華〉》，《圖書館論壇》1992 年第 2 期，第 8—9 頁；李勇慧、唐桂艷著：《山東省圖書館"天祿琳琅"藏書述略》，《第一屆清宮典籍國際研討會論文集》，故宫出版社 2014 年版，第 130—138 頁。

③ 《圖書館論壇》1992 年第 2 期，第 8—9 頁。

明顯。全書天頭、地腳、靠近書脊中縫處的紙張均被裁切，補以清宮修書常見之紅筋羅紋紙。若是宋版，藏家珍愛，絕無裁紙以利他用之做法。國家圖書館、山東省圖書館、北京市文物局三家目錄和《中國古籍善本書目》均題爲宋刻本，①暫依此判定。

前集卷首鈐"聊復得此生"、"鮮于"、"困學齋"印。三印皆僞製。後集卷首另有二印不可辨。每冊前後副葉皆鈐"小三璽"，即"五福五代堂寶"、"八徵耄念"、"太上皇帝"朱文方印，這組印章較平日所見尺寸更小，其中"五福五代堂寶"爲 3.5×3.5 釐米，"八徵耄念"爲 3.5×3.5 釐米，"太上皇帝"爲 3.8×3.8 釐米。此書開本很小，所以副葉所鈐三璽是難得一見的"小三璽"，其印色不一，蓋非一次性所鈐。中間"八徵耄念"一方，與"天祿琳琅"、"乾隆御覽之寶"印色一致，應是一批所鈐；其後又比照"八徵耄念"印之大小，新治了另兩方再補鈐於書頁上。

《賞溥傑書畫目》著錄，宣統十四年（1922）九月初四日賞溥傑。山圖所藏八十冊，係山東師範大學王曉春之家藏，據云乃家中親屬攜自東北，後售與省圖書館，1962 年 1 月 9 日入藏。北京文物局所藏二冊，有"康生"白文方印。內附油印藍色"新華書店天津書店古籍門市部"價目簽一件。②《第一批國家珍貴古籍名錄圖錄》第 00792 號，爲山東省圖書館所藏一百二十卷及國圖所藏一卷。③《第三批國家珍貴古籍名錄圖錄》第 07150 號，爲北京市文物局所藏二卷。④《中華再造善本》唐宋編第 253 部，合山東省圖書館、中國國家圖書館所收共八函八十一冊爲底本，影印出版。

563 韻語陽秋二十卷

宋刻本。二十卷，一函四冊。現藏上海圖書館（書號線善 755760—

---

① 2014 年元旦沈津先生電告筆者，據中山大學駱偉先生云，當年曾看過北京圖書館藏殘本一冊，冀淑英先生不見序跋及其他各冊，定爲宋版，駱偉先生當時供職於山東省圖書館，遂照此定爲宋版。沈津先生另有《一個美麗的"錯誤"——古籍版本鑑定札記之一》一文，發表於《南方都市報》2015 年 10 月 18 日 AⅡ09"名家特稿"欄上。

② 孔繁雲著：《北京市文物局圖書資料中心藏珍貴古籍述要》，《北京文博》2010 年第 4 期，第 35 頁。

③ 《第一批國家珍貴古籍名錄圖錄》，第 3 冊，第 241 頁。

④ 《第三批國家珍貴古籍名錄圖錄》，第 1 冊，第 184 頁。

63）。

　　匡高 18.6 釐米，廣 13.2 釐米。半葉十四行，行二十四字。白口，間有細黑口，雙順魚尾，左右雙邊，雙順魚尾。卷前有乾道元年徐林序，卷後有隆興二年立方自題，又乾道二年沈洵後序。首卷卷端題"韻語陽秋卷第一"，隔行下題"丹陽葛立方常之"。尚保持清宮原裝，織錦函套，藍色書衣，黃綾書籤。皮紙精印。

　　沈洵跋稱"公既歿，或請其書鏤板以傳世，輒掇其大旨，書於篇末"，署爲乾道二年。卷內不避"敦"、"郭"二字，當刻於南宋孝宗時。字體前後有異，疑經補版。書中有簡筆及俗體字"弃"、"蚕"、"与"、"无"等，多見於補版之葉。①

　　《四庫全書總目》稱其爲宋人詩話善本。此書所錄多有不見於他書的作品，所錄作品多出於舊寫古本或宋刻善本，與後世傳本文字時有不同，頗具文獻價值。此本爲傳世僅見之孤本，②書體精整細密，刷印清朗，實爲宋槧佳本。眉上有佚名墨筆批註。

　　泰興季氏藏本。鈐"季印振宜"、"滄葦"、"季振宜藏書"。每冊俱鈐天祿繼鑑諸璽，前後副葉所鈐爲"中三璽"。另卷首尚有"宋本"橢圓朱文印，爲《天目後編》失載。

　　《賞溥傑書畫目》著錄，宣統十四年（1922）七月十三日賞溥傑。《第一批國家珍貴古籍名錄圖錄》第 01244 號，③並有 1979 年上海古籍出版社出版之影印本。《中華再造善本》唐宋編第 433 部。

563（2）花間集十卷

　　明正德十六年（1521）陸元大刻本。二冊，現藏中國國家圖書館（書號 4978）。

　　匡高 17.2 釐米，廣 12 釐米。每半葉十行，行十七字，白口，左右雙邊，單魚尾。版心中刊"花間集幾"及葉次。卷首有蜀廣政三年（940）武德軍節度判官歐陽炯序，後有紹興十八年晁謙之跋。首卷卷端題"花間集卷

---

①　《上海圖書館藏宋本圖錄》，第 164 頁。
②　上海圖書館、上海科學技術情報研究所編：《館藏精選》，上海科學技術文獻出版社 1996 年版，第 26 頁；沈津撰：《中國珍稀古籍善本書錄》，廣西師範大學出版社 2006 年版，第 697 頁。
③　《第一批國家珍貴古籍名錄圖錄》，第 5 冊，第 85 頁。

第一",隔行下題"銀青光祿大夫行衛少卿趙崇祚集"。

有紹興十八年晁謙之跋文,略云:《花間集》建康舊有刻本,往年郡將監司僚幕之行,有《六朝實錄》與《花間集》之贐,因復刊以存舊事。《天目後編》以爲"蓋南宋重雕本",實則明正德十六年陸元大刻本。

《中國版刻圖錄》著錄一宋紹興十八年建康郡齋刻本《花間集》,其行款版式爲:匡高18.1釐米,廣11.6釐米。八行,行十七字,白口,左右雙邊。刻工有周清、章昄、毛仙、于洋、黃洋等。宋本紙墨瑩潔,字體娟秀,在宋版書中別具風格。① 有文學古籍出版社影印本。明正德間吳郡人陸元大據宋紹興十八年(1148)建康郡齋本重刻,原書卷後有紹興十八年晁謙之跋,陸元大照刻,板式全同,宋諱亦闕筆,晁謙之跋後,原有"正德辛巳吳郡陸元大宋本重刊"一行,被人裁去,以充宋本。顧元慶《夷白齋詩話》中云,陸元大本洞庭涵村世家,晚歲業書,浮湛吳市。是元大乃書賈中能詩者,所刻《晉二俊集》、《李翰林集》,皆工雅可觀。

每冊俱鈐天祿繼鑑諸璽,前後副葉所鈐爲"中三璽",無其他私家藏印。

《賞溥傑書畫目》著錄,宣統十四年(1922)七月十八日賞溥傑。此亦淩志斌捐於北京圖書館書,見前所述。

---

① 《中國版刻圖錄》,目錄第26頁。

《欽定天祿琳琅書目後編》卷八

影宋鈔諸部

564 易小傳六卷

清初毛氏汲古閣影宋抄本。十二冊,現藏中國國家圖書館(書號12373)。

每半葉十行,行二十字,白口,左右雙邊。書前有沈該《進易小傳劄子》、高宗《御筆獎諭》並《進石刻劄子》,又序及《明例》。卷後有紹興己卯王之望跋。首卷卷端題"易小傳卷第一"。

按,乾隆帝對影宋抄本非常推崇。《天祿琳琅書目》前後編中共有影宋抄本32部,其中7部有乾隆御題,皇帝讚賞道:"影鈔猶識宋,遠矣緬韋編",①"影槧悉毫釐",②"居然影宋似雕鏤",③"唐鉤晉蹟隔一間,明影宋刊非兩歧"。④ 皇帝的賞識,使得影宋抄本地位迅速上升。在以版本年代、版本價值排序的《欽定天祿琳琅書目》中,特置"影宋抄本"於宋版之後、元版之前,如同"下真蹟一等",以示其價值僅次於宋版書。《天目前編》"凡例"中也說"明影宋鈔,雖非剞氏之舊,然工整精確,亦猶昔人論法書以唐臨晉帖爲貴"。"其宋、金版及影宋鈔,皆函以錦,元版以藍色絛,明版以褐色絛,用示差等"。⑤ 將影宋抄與珍貴的宋版和金版書一樣的裝幀,亦足見其珍重有加。

琴川毛氏汲古閣所鈔,有"宋本"、"甲"、"汲古主人"、"子晉"、"毛晉之印"諸印。每冊俱鈐天祿繼鑑諸璽,前後副葉所鈐爲"中三璽"。書籤只題

---

① 《天祿琳琅書目》,前編卷四,影宋鈔《周易輯聞》條,第98頁。
② 《天祿琳琅書目》,前編卷四,影宋鈔《新儀象法要》條,第112頁。
③ 《天祿琳琅書目》,後編卷一,影宋鈔《御題班馬字類》條,第387頁。
④ 《天祿琳琅書目》,前編卷四,影宋鈔《清波雜志》條,第109頁。
⑤ 《天祿琳琅書目》,"凡例",第10—11頁。

書名"易小傳",未如其它部類題寫"宋板"、"元版"那樣,不題版本。

《賞溥傑書畫目》著錄,宣統十四年(1922)九月二十三日賞溥傑。流散出宮後,輾轉長春僞宮至瀋陽,1959年由北京故宮撥交北京圖書館。《北京圖書館古籍善本書目》第16頁。

565 論語十卷

清初毛氏汲古閣影抄元旴郡重刻廖氏世綵堂本。三冊,現藏上海圖書館(書號善828257—66)。

匡高20.7釐米,廣13.8釐米。每半葉八行,行十七字,小字雙行同,白口,左右雙邊,雙魚尾,有耳題記篇名,小黑口,版心下有刻工"嵩甫刁"、"德高"、"徐"、"明甫"、"凌拱刊"、"吉榮"、"永"、"張泳"、"宏"、"吳安"、"戴觀"、"余德高"等。序後及每卷末有牌記"旴郡重刊廖氏善本",或方形,或亞字形。首卷卷端題"論語卷第一"。

《天目後編》云:"每卷末有'旴郡重刊廖氏善本'方印,或亞字形。廖氏,即廖瑩中,世所傳世綵堂,最爲佳刻也。"宋廖瑩中世綵堂所刻諸書,素爲世重,若《韓集》、《柳集》,精美無比,歷代寶之。自南宋初群經合注於疏,於注文不無刪削,而後代輾轉翻刻,難免詭誤,以廖瑩中世綵堂本書校之通行本,可補脫正訛之處頗多,實有資於校勘。此本爲琴川毛氏影鈔,所影抄者爲元旴郡重刻廖氏世綵堂本。"旴郡"或作"旴江",元代屬江西建昌,今之江西南城。此本云"旴郡重刊",則爲元代建昌路據世綵堂覆刊。影摹逼真,紙白墨潤,抄寫甚精(圖8—1)。

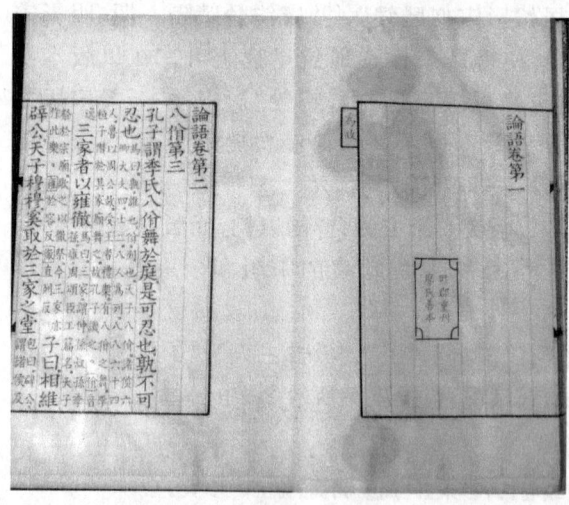

圖8—1

"汲古閣"、"汲古主人"、"毛扆之印"、"斧季"等毛氏父子諸印俱與《天目後編》卷八所記相合。汲古閣後,爲宋筠所藏,鈐"臣筠"、"三晉提刑"二印。每册俱鈐天禄繼鑑諸璽,前後副葉所鈐爲"大三璽"。流出清宮後,曾爲祁陽陳澄中所藏。藍色織錦書衣,開本廣大,裝幀皆與國圖所藏《孟子》相同。

565(2)孟子十四卷

清初毛氏汲古閣影抄元盱郡重刻廖氏世綵堂本。七册,現藏上海圖書館(與《論語》合函)。

匡高 20.6 釐米,廣 13.5 釐米。每半葉八行,行十七字,小字雙行同,白口,左右雙邊,雙魚尾,有耳題,版心中刊"孟幾",下有刻工。卷前有漢趙岐《孟子題辭》。序後及每卷末有牌記"盱郡重刊廖氏善本",或鐘形,或橢圓形,或長方形,卷七易"盱郡"爲"盱江"。首卷卷端題"孟子卷第一"。

《天目後編》提要云:"同前,每卷末亦有'盱郡重刊廖氏善本'各種印。"此與《論語》版本盡同,爲毛氏汲古閣同時所鈔(圖 8-2)。底本抄自元盱郡翻宋廖氏世綵堂本,臺北故宮收藏一部元盱郡翻宋廖氏世綵堂《孟子趙注》,後曾影印出版。

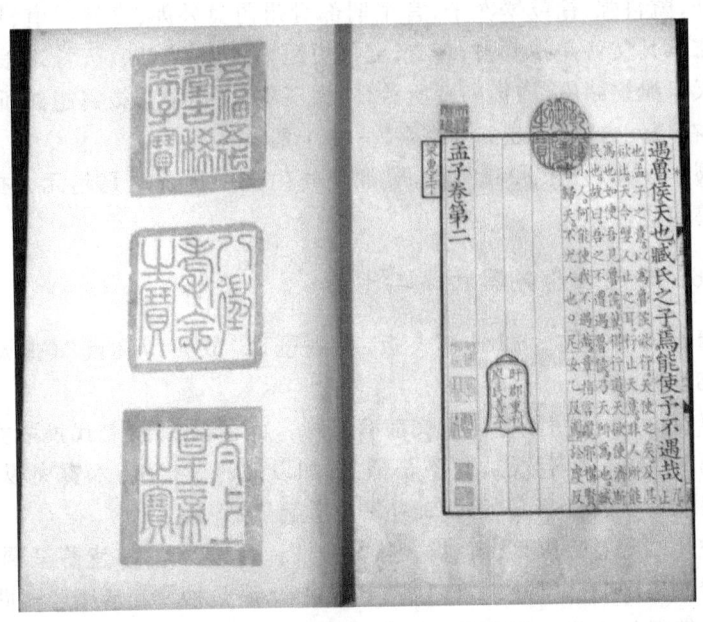

圖 8-2

每冊俱鈐天祿繼鑑諸璽，前後副葉所鈐爲"大三璽"。其它八方藏印俱與上一部《論語》相同，曾爲商邱宋犖所藏。流出宮後，又爲祁陽陳澄中所藏。

《賞溥傑書畫目》著錄，宣統十四年（1922）九月二十一日賞溥傑。

565（3）孟子十四卷

清初影宋抄本。存卷一至四、七至十四，計十二卷，六冊，現藏中國國家圖書館（書號5844）；《孟子音義》二卷，一冊，亦藏中國國家圖書館（書號5845）。

匡高23.6釐米，廣17.2釐米，每半葉八行，行十六字，小字雙行二十一字，白口，左右雙邊，單魚尾。卷端上書"孟子卷幾"，下書"趙氏注"，版心下書"關西"二字。《孟子音義》版心中書"孟音上"或"孟音下"及葉次，卷前有孫奭序。白棉紙。尚保留清宮舊裝，藍色織錦書衣，黃綾書籤題"趙注孟子"。

開本闊大，故《天目後編》稱其"與上影鈔《孟子》另本，版式較闊大，鈔校工細"。此爲影宋抄本，宋刻"徵"、"慎"闕末筆，抄本照鈔。

卷末尾有"彭城仲子審定"朱文印一方。清初曾經徐炯收藏。徐炯，字章仲，號自強，徐乾學次子，官至刑部貴州司員外郎、直隸尋道、提學使等。繼承其父傳是樓藏書，著有《五代史記補考》。入清宮天祿琳琅，每冊俱鈐天祿繼鑑諸璽，前後副葉所鈐爲"大三璽"。出清宮後爲趙鈁所藏，另鈐"曾在趙元方家"、"趙鈁珍藏"、"一廛十駕"諸印。

國圖注其爲"採39588"號，冀淑英先生文中提及此爲趙元方捐與北京圖書館之書。

566 歷代鐘鼎彝器款識二十卷

清康熙間抄本。四冊一夾板，現藏臺北"故宮博物院"（書號故善002645－002648）。

無行格，大小字不等。正文前有目錄。首卷卷端題"歷代鐘鼎彝器款識卷第一"。凡諸器款識，皆摹篆釋文，加以辨證。棉紙，木質夾板，石青杭細書衣，黃綾書籤，書"歷代鐘鼎彝器款識"及冊數。

書凡二十卷。以夏、商、周、秦、漢分門。凡諸器款識，皆摹篆釋文，加以辨證。書中"玄"字缺末筆，"胤"字不缺筆，應是抄寫於清康熙年間。

每冊俱鈐天祿繼鑑諸璽，前後副葉所鈐爲"中三璽"，首葉右上方鈐

"乾隆御覽之寶"闊邊朱文大方印，左鈐"天祿繼鑑"白文方印（與《國朝諸臣奏議》書首頁鈐"天祿琳琅"小印不同）；末葉左上方鈐"乾隆御覽之寶"闊邊朱文大方印，右上方鈐"天祿琳琅"朱文小方印。無其它私人鈐印。從鈐印特徵可知，與《天目後編》卷四宋版史部著錄《諸臣奏議》一樣，是又一部曾經備選《天祿琳琅書目前編》而未收，而最終爲《天祿琳琅書目後編》所著錄的藏書。

《故宫善本書目》記其爲"舊鈔本"。《"國立故宫博物院"善本舊籍總目》，上冊，第613頁，著錄爲"舊鈔本"。有清室善後委員會點驗籤，記其原藏惇本堂。

566(2) 班馬字類五卷

清席氏影抄宋淳熙十一年池陽郡庠本。二冊一函，現藏臺北"故宫博物院"（書號故善001279—001280）。

匡高21.9釐米，廣15釐米。每半葉八行，行大小字不等。左右雙邊，白口，單魚尾，版心中書"班馬字類卷幾"及葉次。卷前有"淳熙甲辰上巳日鄱陽洪邁書於金華松齋"及"四明樓鑰"之《班馬字類序》兩篇，書後有樓機及"淳熙甲辰六月旦日鄱陽舒光書"後序兩篇，並有校勘提點職事人名。白棉紙，綠地織錦四合函套，石青色紙質書衣，無書籤。

此爲虞山席氏鈔本，以極薄而略發亮之皮紙抄寫，紙墨瑩潔，甚是精美。《天祿琳琅書目》提要云："鑑，無考。"①席鑑，字玉照，號茮奭山人，常熟人。藏書極富，所刻古今書籍，板心有"掃葉山房"字樣。② 此本以宋淳熙十一年(1184)池陽郡庠刻本爲底本抄寫，書中避宋諱不嚴，全書"玄"及從"玄"者多不缺筆，僅卷下去聲十三祭"殺"字注中"玄"缺末筆，或改刊爲"元"字，應是抄寫於清初（圖8-3）。《天目後編》稱"淳熙辛丑成書，甲辰即有是刻，甫三年耳，乃宋槧最初本。而影鈔極精審，不讓毛、錢兩家也。"

每冊俱鈐天祿繼鑑諸璽，前後副葉所鈐爲"大三璽"。其餘席氏諸印"趙宋本"、"席氏玉照"、"席鑑之印"、"虞山席鑑玉照氏收藏"、"釀華草堂"、"墨妙筆精"、"席鑑之印"等俱與《天目後編》所記相同，唯卷上末"茮山"印，《天目後編》誤記爲"天山"；卷下末"釀華草堂"，《天目後編》誤記爲"釀花草堂"。

---

① 《天祿琳琅書目》，前編卷四，影宋抄《孔子家語》條，第111頁。
② 參見《藏書紀事詩》四、吳晗《江浙藏書家史略》等。

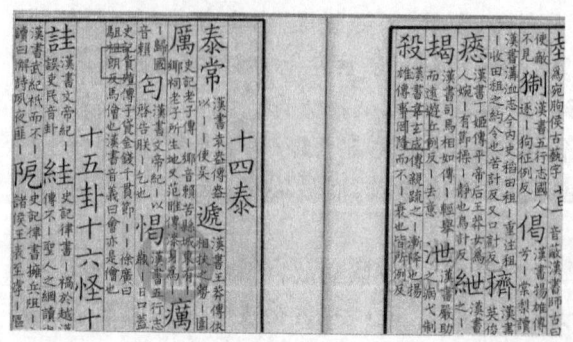

圖 8—3　書中"玄"字避諱闕末筆或改刊爲"元"字

《故宫善本書目》記其爲"席氏景寫宋淳熙十一年池陽郡庠本"。1931年點查的《故宫善本書庫宋版書目》記爲"二册,席氏景宋鈔本。每册有'趙宋本'、'席鑑玉照'諸收藏印及天禄琳琅乾隆各璽"。① 1929年出版之《故宫善本書目初編》收錄。《"國立故宫博物院"善本舊籍總目》,上册,第159頁,著錄爲"清席氏景寫宋淳熙十一年池陽郡庠本"。

567 唐史論斷三卷

清抄本。三册,現藏中國國家圖書館(書號6051)。

每半葉九行,行二十字,白口,左右雙邊,單魚尾。書前有孫甫自序,書後有《雜文》一卷,附錄曾鞏作孫甫《行狀》、《隆平集》小傳、寄甫古詩一首,又紹興丁丑張敦頤刻書跋,南劍州州學牒,列知州許興古、通判王以詠、王筠及張敦頤等學官四人。又司馬光題跋,歐陽修作孫甫《墓誌》,蘇軾《答李廌書節文》,端平乙未郡丞黃準重刻跋。尚保留清宫舊裝,雲龍紋花綾書衣,黄色書籤題"影宋鈔唐史論斷"。

按諸跋可知,張敦頤始刻《唐史論斷》於南劍州庠,後有劉和甫家刻本,最後黄準鋟版於東陽倅廳之雙檜堂。此所影寫者,正南宋端平元年(1234)黄準東陽刻本也。

每册俱鈐天禄繼鑑諸璽,前後扉頁俱鈐"中三璽",無其他私家藏印。略有蟲蛀,部分版心開裂。

《賞溥傑書畫目》著錄,宣統十四年(1922)七月十五日賞溥傑。國圖

---

① 見中國國家圖書館分館所藏《故宫善本書庫宋版書目》、《故宫善本書庫元版書目》及《各庫提入天禄琳琅明版書目》三種,合訂爲一册,書號149753。

藏有清彭氏知聖道齋抄本《唐史論斷》一部（書號6119），彭元瑞校幷書"壬戌秋用蜀本校"。

567(2) 唐開元禮一百五十卷

清初影宋抄本。十六冊，現藏長春市圖書館（書號0278）。

開本高33釐米、廣19.2釐米，無版匡、欄線。每半葉十一行，行二十一字。各卷卷端題"大唐開元禮"。避清康熙帝諱，"玄"字皆闕末筆。首卷卷端題"大唐開元禮卷第一"。白棉紙。織錦書衣，同色函套，黄綾書籤題"開元禮"。

據《東華錄》卷十三記載，康熙二十五年（1686）四月甲午，諭禮部、翰林院"思通都大邑，應有藏編，野乘名山，豈無善本？今宜廣為訪輯，凡經史子集，除尋常刻本外，其有藏書秘錄，作何給值採集，及借本鈔寫等事，爾部院會同詳議具奏。務令搜羅罔軼，以副朕稽古崇文之至意"。① 在康熙帝的宣導下，中央和地方群臣紛紛呈獻圖書，徐乾學便是其中積極回應的一位。徐乾學傳是樓藏書萬卷，多得清初錢曾、季振宜等家精華，據其《憺園文集》卷十《恭進經籍疏》記載，他曾將家藏善本有關六經諸史者12種，共36套（函）192冊，或用繕寫，或仍古本，裝潢成帙，呈獻朝廷。疏中說"臣蒙恩擢，自通籍詞館十七年來，伏見皇上聖性高明，……購採遺書，又恐曲學異端，詖詞雜進，再下諭旨，務得有裨經史之書"，②此為徐乾學進呈朝廷十二種書之一，疏中稱"或用繕寫，或仍古本，裝潢成帙"，此即其家抄之本。抄寫精美，開本寬大，《天目後編》卷八稱其"鈔手極宏朗"。徐氏所進書另有三種入藏天祿琳琅：《論語集說》、《續資治通鑑長編》、《東巖周禮訂義》》。③

每冊俱鈐天祿繼鑑諸璽，前後副葉所鈐為"大三璽"，無其他私人藏印。

《賞溥傑書畫目》著錄，宣統十四年（1922）九月二十一日賞溥傑。2009年筆者東北訪書期間，據長春市圖書館古籍部張英華女士介紹，此書為1953年在長春市廢品收購站挑出後入藏長春市圖書館。《第二批國

---

① （清）蔣良騏撰：《東華錄》，中華書局1980年版，卷十三，第216—217頁。
② （清）徐乾學撰：《憺園文集》，清康熙三十六年（1697）冠山堂刻本，清華大學圖書館藏，書號庚237.1/7779，卷十，第3—5頁。
③ 詳見拙著《天祿琳琅研究》第一章第一節，第13—15頁。

家珍貴古籍名錄圖錄》第04293號。①

568 琴史六卷

影抄宋紹定六年刻本。一函二冊。

《天目後編》提要云：＂宋朱長文撰。書六卷。前五卷爲唐虞至宋能琴人小傳，末一卷爲瑩律、釋位、明度、排象、論音、審調、聲歌、廣制、盡美、志言、敘史十一篇。前有長文自序，後有五世孫炎誌，其紹定癸巳姪孫正大一序則刻書時作也。＂並云其＂影紹定本鈔，極細而爽朗＂。

《賞溥傑書畫目》著錄，宣統十四年（1922）七月十六日賞溥傑，賜出宮外，尚不知是否仍存世間。

568（2）坡門酬唱二十三卷

清初影宋抄本。六冊，現藏中國國家圖書館（書號12374）。

每半葉九行，行十六字，小字雙行同，白口，左右雙邊，單魚尾，有耳題。版心上有字數，下抄有刻工姓名＂袁＂、＂鼎＂、＂定＂、＂昌＂、＂黃＂、＂良＂、＂丙＂、＂劉昌＂、＂彭卞＂、＂余光＂等。書前有紹熙元年張叔椿序，又紹熙庚戌邵詣《坡門酬唱引》。首卷卷端題＂坡門酬唱卷第一＂。

張序有＂遂命工鋟木以廣其傳＂，是當時即命工刊行，此影抄底本應是宋紹熙元年刻本。

每冊俱鈐天祿繼鑑諸璽，前後副葉所鈐爲＂大三璽＂，＂八徵耄念之寶＂四角已磨泐成圓角，右邊框有較大缺損。書籤只題書名，不題版本。

《賞溥傑書畫目》著錄，宣統十四年（1922）七月十八日賞溥傑。流散出宮後，輾轉自長春僞宮至瀋陽，1959年由北京故宮撥交北京圖書館。《北京圖書館古籍善本書目》第2797頁。

遼版經部

569 龍龕手鑑四卷

宋嘉興府刻本。一函六冊，現藏臺北＂故宮博物院＂（書號故善

---

① 《第二批國家珍貴古籍名錄圖錄》，第5冊，第277頁。

001281—001286）。

匡高25.7釐米，廣18.8釐米。每半葉十行，行大小三十字不等，小字雙行字不等。左右雙邊，白口，單魚尾，版心上刊字數，中刊卷次"龍幾"及葉次，下刊刻工名。紙葉書口有殘損，尚可見有范子榮、实新、圆宝、实、張良刊、張刊、澄刀、張、良、郑林、徐、范、李、子、林盛、林、徐永刊、何、虞。宋諱玄、敬、殷、筐、鏡、桓、恒、樹、勗、完、構等字闕末筆。第二冊卷一末有一雙行墨色大木記"嘉興府東塔教寺大藏法寶記"（圖8—4）。卷前有《新修龍龕手鑑序》，隔行題"燕臺憫忠寺沙門智光字法炬撰"，署"統和十五年丁酉七月一日癸亥序"。首卷卷端題"龍龕手鑑平聲卷第一"，每卷標題下署"釋行均字廣濟集"。卷首《新修龍龕手鑑序》、第四冊卷二第六十九後半葉、第五冊卷三第一前半葉、第六冊卷四第六十九葉補抄。每部以魚尾起始，平、上、去、入四聲皆以反白墨釘標出，非常醒目。白麻紙，新修織錦四合函套，黃綾書衣，無書籤。書頁略有殘損，金鑲玉裝補過。

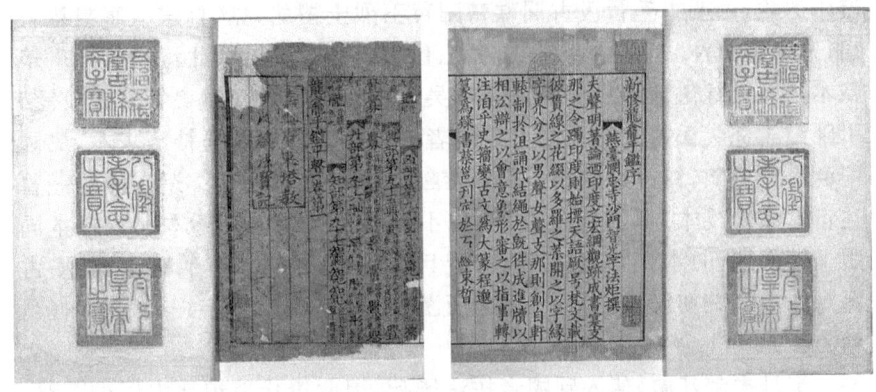

圖8—4

《天目後編》云："是書雖不載刊刻年月，而僧智光序稱統和十五年丁酉七月癸亥，當即是時所刊本。"清初錢曾《讀書敏求記》也定此作遼本。然錢大昕《十駕齋養新錄》卷十三《龍龕手鑑》條云："契丹僧行均《龍龕手鑑》四卷，予所見者影宋鈔本。前有燕臺憫忠寺沙門智光字法炬序，題云統和十五年丁酉七月，即宋太宗至道三年也。書中於'完'字缺末一筆，知是南宋所鈔。晁氏、馬氏載此書，本名《龍龕手鏡》，今改鏡爲鑑，蓋宋人避廟諱嫌名。"黃丕烈《百宋一廛書錄》云："相傳是書刻於遼者爲《龍龕手鏡》，翻刻於宋者爲《龍龕手鑑》。今序文'猶手持於鸞鏡'，鏡字作鑑，蓋猶避宋諱也。"《百宋一廛賦注》亦持同樣觀點。瞿氏《鐵琴銅劍樓藏書目錄》

據諱字做進一步考證，"考《夢溪筆談》、《郡齋讀書志》並稱《龍龕手鏡》，以鏡爲鑑當是宋人翻刻避嫌諱而改"，"今觀此書序中鏡字闕筆。《金部》並不載'鏡'字。《宀部》'完'字缺筆。《木部》並不載'桓'字，'構'、'惇'、'敦'俱闕末筆）。餘如殷、敬、讓、恒、樹、慎、擴、昀等字悉行刊落。蓋非特不出於遼，恐並非蒲傳正帥浙時所刻矣"。以上都從諱字入手，否定了遼刻，可信從，其中鏡字改鑑，又序中鏡字缺末筆，又卷内完字缺末筆，確證鑿鑿，否定爲遼刻。《中國版刻圖錄》據刻工徐永、林盛二人考證爲杭州刻本。①

杜澤遜先生《文獻學概要》，對宋刻《龍龕手鑑》有詳細版本論證，大要稱：《龍龕手鑑》宋刻本，傳世者有三個本子：一是北京圖書館藏宋刻本四卷，正文首行"龍龕手鑑平聲卷第一"，下題"釋行均字廣濟集"。前有"新修龍龕手鑑序"，次行題"燕台憫忠寺沙門智光字法矩撰"，署統和十五年丁酉七月一日癸亥。曾經毛晉汲古閣、汪士鐘、瞿氏鐵琴銅劍樓、祁陽陳澄中遞藏，由明末毛晉汲古閣輾轉歸黃丕烈士禮居，見《百宋一廛書錄》、《百宋一廛賦注》。其中卷二缺，係毛晉影宋鈔補。二即此清宮天祿琳琅藏本，見《天祿琳琅書目後編》，原係吳城繡谷亭物，據《讀書敏求記校證》引陳鱣說係吳氏得之鮑氏知不足齋者。三是傅增湘雙鑑樓藏宋本，民國間商務印書館《續古逸叢書》、《四部叢刊續編》據以影印。還有清初錢曾述古堂藏宋刻本，係錢謙益故物，現不知飄落何處。國圖本與天祿本同版，《四部叢刊》本則與此不同。《天目後編》稱此本"刻手精整，紙墨古澤"，此本初刻初印，無一葉一處斷版漫漶，大字渾厚，小字纖細，刻印極爲精美。

契丹書禁甚嚴，傳入別國者按法皆死，因此遼代遺編諸家絕少著錄，後世亦鮮見其傳，當代能確認爲遼刻者，也只有 1974 年發現於山西應縣佛宮寺釋迦塔佛像内、1987 年發現於河北豐潤天宮寺塔以及 20 世紀 90 年代初發現於內蒙古自治區巴林右旗慶州釋迦佛舍利塔的三批雕版印刷品。沈括《夢溪筆談》卷十五記載，《龍龕手鏡》爲幽州僧人釋行均所撰，有重熙二年(1033)契丹原本。據張元濟先生考訂，《龍龕手鏡》傳入宋以後，因避翼祖趙敬名諱，改"鏡"爲"鑑"，故書名作"鑑"之本，必非遼刻。清宮

---

① 《中國版刻圖錄》，第 1 冊，目錄之第 9 頁。

舊藏的這部《龍龕手鑑》，實爲南宋孝宗時嘉興府刻本。①

每冊俱鈐天祿繼鑑諸璽，前後副葉所鈐爲"大三璽"。另有卷一首葉上方有"內殿書印"白方，爲南宋內府藏書印，南宋內府藏書皆鈐有此印。又鈐"繡谷亭續藏書"白長、"吳城"朱方、"敦復"朱方、"吳城字敦復"朱方諸印。此本原係吳城繡谷亭物，蓋修《四庫》時進獻入宮。《天目後編》其下又著錄影遼抄本一部，《四庫全書》即據浙江吳城弟吳玉墀進呈本著錄，《四庫全書總目》稱所用底本爲"影鈔遼刻"，應是同時進呈。吳城字敦復，號甌亭，錢塘人，雍正時監生，爲清代著名藏書家吳焯（1677—1733）長子，承父業，好聚書。繡谷爲吳焯號，字尺凫，喜聚書，其書齋"瓶花齋"藏宋版書與舊家善本甚富，吳氏將所藏祕冊詳實校勘考訂，輯成《繡谷薰習錄》一書。而"繡谷亭續藏書"爲吳城藏書印。

《故宮善本書目》記其爲"宋嘉興府刻本"。1931年點查的《故宮善本書庫宋版書目》，"六冊，宋浙刊本。有'內殿書印'、'繡谷亭續藏書'等章及天祿琳琅乾隆各璽"。②《故宮博物院宋本圖錄》著錄，史部，第40—42頁。《"國立故宮博物院"善本舊籍總目》，上冊，第159頁，著錄爲"宋嘉興府刊本"。2008年臺北故宮舉辦"天祿琳琅——乾隆御覽之寶"展覽上展出，文字說明云："此書原名《龍龕手鏡》，爲避宋太祖祖父名諱，改'鏡'爲'鑑'，是一本俗字書，按語音的平上去入四調分爲四卷，開字書音序檢字法之首。"

影遼鈔經部

570 龍龕手鑑四卷

清影宋抄本。四冊一函，現藏臺北"故宮博物院"（書號故善001293—001296）。

匡高26.7釐米，廣18.7釐米。半葉十行，大小字不等，白口，四周單

---

① 此本之版本考訂，參見《"國立故宮博物院"宋本圖錄》，史部，《龍龕手鑑》條，第40—41頁；吳哲夫著：《宋版〈龍龕手鑑〉（善本書志）》，《"國立故宮博物院"圖書季刊》第1卷第3期，民國六十年（1971）1月，第47—49頁。

② 見中國國家圖書館分館所藏《故宮善本書庫宋版書目》、《故宮善本書庫元版書目》及《各庫提入天祿琳琅明版書目》三種，合訂爲一冊，書號149753。

邊,有行格。版心上頂格書"龍龕手鑑平聲卷第一"(或"龍龕手鑑上聲卷第二"、"龍龕手鑑去聲卷第三"、"龍龕手鑑入聲卷第四"),下書葉次。書前有《新修龍龕手鑑》,隔行下題"燕臺憫忠寺沙門智光撰",署"統和十五年丁酉七月一日癸亥序"。首卷卷端題"龍龕手鑑平聲卷第一",標題下小字書"釋行均字廣濟集"。白棉紙,新裝織錦四合函套,石青杭細書衣,無書籤。

此爲影宋抄本,宋諱闕筆照抄,紙墨瑩潔,開本廣大。行款同前宋刊本,字書每一部前皆以一花魚尾形木記起始,雖是抄本,木記及釋文中反白數字皆爲木製印記鈐蓋。《天目後編》記其"間有缺文訛字,當由傳鈔輾轉稍失本眞。然以北宋人所不得見之書,藉影寫以存,且紙墨字畫俱精,洵稱善本"。

每冊俱鈐天祿繼鑑諸璽,前後副葉所鈐爲"大三璽",無其他私家藏印。有清室善後委員會點驗掛籤。

《故宮善本書目》記其爲"景鈔宋本,與前刻本不同"。《"國立故宮博物院"善本舊籍總目》,上冊,第 159 頁,著錄爲"景宋鈔本"。臺北故宮另藏一影宋鈔本《龍龕手鑑》,景寫宋嘉興府刊本,六冊一函,書號故善001287-001292,版心下有刻工范子榮、实新、圆宝、朱洋、詹直、張良、澄刀、徐、林盛、林茂等,"平聲"、"上聲"、"去聲"、"入聲"各以黑地反白木記鈐蓋,較之此天祿本影寫更近宋版原貌,可爲參考。

金版子部

571 重修政和經史證類備用本草三十卷

明刻本。存卷十一,計一卷,一冊,現藏中國國家圖書館(書號18613)。

每半葉十二行,行二十三字,小字雙行同,白口,四周單邊,雙線魚尾。版心中刊"本草幾"。卷前有己酉麻革序,又政和六年曹孝忠序,又《重修本草之記》。卷端題"重修政和經史證類備用本草",其下小字雙行題"己酉新增衍義",隔行題"成都唐慎微續證類"。

《天目後編》提要略云,《重修本草之記》中記:"此書世行久矣。今取尤善本爲窠模,增以寇氏《衍義》,別本中方論多者悉爲補入。又《本經》、《別錄》、先附、分條之類,舊多差互,今亦考正。凡藥異名、俗稱注各條下,字畫謬誤悉爲釐正，故目之曰'重修'云。泰和甲子下己酉冬日南至，晦明軒謹記。"此記蓋編者金人張存惠自書。金章宗泰和四年爲甲子，其下己酉則金亡已十五年矣。麻革序但書己酉，張存惠記上溯泰和，蓋皆金源遺民所爲。

中國國家圖書館藏蒙古定宗四年(1249)張存惠晦明軒刻本一部，半葉十一行，行二十或二十一、二十二字不等，注文小字雙行，行二十六字，白口，四周雙邊，寫刻精雅，紙墨瑩潔，插圖亦工致可觀，在平水刻書中，堪稱甲選。卷首有泰和甲子下己酉晦明軒刻書螭首龜座牌記，目錄後有"平陽府張宅印"琴形牌記，又有"晦明軒記"鐘形牌記。後序後有"泰和甲子下己酉歲小寒初日辛卯刊畢"一行，金泰和甲子，即南宋嘉泰四年，下推至己酉年，當是蒙古定宗卒後之明年。定宗在位只3年，其後二年未立嗣君，爲方便計，仍稱定宗四年。晦明軒主人張存惠，字魏卿，平陽（今臨汾）人，刻書甚多，此書外，存世晦明軒刻本尚有《增節標目音注精議資治通鑑》，今有不全之本。楊氏《楹書隅錄》著錄有《丹淵集》、《淦水集》，均佚而不傳。此本明末清初爲錢謙益所藏，乃錢氏絳雲樓未焚之書，有錢謙益跋（錢跋見於錢氏《有學集》）。此本遞經維揚錢氏、華亭朱氏、項氏萬卷樓、毛氏汲古閣、錢謙益、季振宜、徐乾學、袁氏五硯樓、汪士鐘等名家收藏。明代有此書翻刻本，1957年人民衛生出版社據此本影印行世。①

金刻本存世極其罕見，以內府天祿琳琅收藏之富，書目中也只著錄此一部金刻本，實爲明刻，而標爲宋版的《周禮》和《南豐曾子固先生集》則被改判金刻本，不知世間所謂宋刻本是否尚有金刻混蹟其中.

《天目後編》提要又云："考是書明成化間曾翻刻，書末有金皇統三年翰林學士宇文虛中跋，敘其出處及證驗甚詳，蓋此書軼之耳。"此本即明代翻刻古定宗四年張存惠晦明軒刻本。

每冊俱鈐天祿繼鑑諸璽，前後扉頁所鈐爲"大三璽"。有謙牧堂二印，爲揆敘舊藏。書頁殘破。

---

① 《冀淑英文集》，第269頁。

元版經部

572 學易記九卷

蒙古中統(1260—1264)刻本。卷一至四上，計七冊，一杉木夾板，現藏遼寧省圖書館(書號善01025)；卷四下至九，計八冊，現藏中國國家圖書館(書號12375)，兩館所藏合之即爲全璧。

匡高22.7釐米，廣16.7釐米。每半頁十行，行二十字，白口，左右雙邊，雙順魚尾，版心上記字數，下有刻工"於"、"金"、"王"、"趙"、"堅"、"琳"、"森"、"李"等。卷前有李簡自序。首卷卷端題"學易記上經卷第一"。清宮舊裝，石青色書衣，黃綾書籤，題"元板學易記"。

李簡序稱："歲在壬寅春……親友之間有欲求觀而不能遽者，或復爲人錄去，予甚患之。己未歲承乏倅泰安三城，事少，遂取向所集《學易記》觀之，重加去取焉……"書成之後並未刊板，中統元年(1333)李簡爲泰安同知時，始予付梓。刻書當在己未之後。《天祿後目》以此定爲元延祐本，不足據。《天目後編》卷八著錄爲二函十六冊，此書實爲《學易記》九卷附《圖經綱領》一卷，總十五冊。此爲海内孤傳，版刻精湛，字體秀美，紙墨俱佳，爲蒙古刊本之上品。

每冊俱鈐天祿繼鑑諸璽，前後扉頁所鈐爲"大三璽"。另有"樸學齋"、"石君"二朱文印，爲明末清初葉萬舊藏。

宣統十四年(1922)十一月十九日溥傑收到賞單内著錄此書。國圖所藏部分，即流散出宫後，輾轉自長春僞宫至瀋陽，1959年由北京故宫撥交北京圖書館。《北京圖書館古籍善本書目》第24頁，著錄爲"元刻本"。《第一批國家珍貴古籍名錄圖錄》第00217、00218號。①《中華再造善本》金元編第458部，合國圖、遼圖所藏爲全編。

573 周易經傳集程朱解附錄纂注十四卷

明洪武二十一年(1388)建安虞氏務本堂刻本。十六冊二函，現藏臺北"故宫博物院"(書號故善002093—002108)。

---

① 《第一批國家珍貴古籍名錄圖錄》，第1冊，第238頁。

匡高20.4釐米，廣13.1釐米。每半葉十一行，行十九字，小字雙行二十二字，四周雙邊，粗黑口，雙順魚尾。書口中刊"易幾"或"易會通幾"及葉次。卷前有朱熹《易學啟蒙序》、《易》九圖，胡一桂《卦象圖》、《爻象圖》、《卦序圖》、《卦互體圖》。後有朱熹《五贊》、《筮儀》及淳熙九年朱熹後序。首卷卷端題"周易經傳集程朱解附錄纂註卷第一"，隔行下題"後學鄱陽董真卿編集"。竹紙蕪黃，紫色地夾金線萬字龍紋織錦四合函套，套籤題"元板周易經傳集程朱解附錄纂注"。湖藍色絹製書衣，無書籤。金鑲玉修過。

《宋儒學案》："董真卿，字季真，鄱陽人，深山先生鼎之子也。學于雙湖勿軒。著有《周易會通》十四卷，明楊士奇稱爲集大成之書。子僎。"又云："董僎，季真子。季真著《易會通》，嘗供檢閱參校之職（參《周易會通跋》）。"《天目後編》考曰："是書後定名《周易會通》，有天曆戊辰真卿自序，元統甲戌子僎刻於閩，有跋，見朱彝尊《經義考》。近《通志堂經解》內重刊之，前列圖、序外，尚有《凡例》、《程朱門人姓氏》、《引用羣賢姓氏》、《經傳歷代因革》、《程頤易傳序》、《易序上下篇義》、《朱熹古易後序》、《程朱說易綱領》，此本俱無，蓋初刻未備，或歲久闕佚。"此本卷前只朱熹序及諸圖，無董真卿子董僎之刊書序跋，亦無目錄，首冊序前第一葉闕。

此與臺北故宮院藏洪武二十一年建安虞氏務本堂刊本同版（書號平圖000023－000038）。平圖本卷前有自序，署"天曆初元蒼龍戊辰天開之月陽復後十日庚辰後學鄱陽董真卿季真父自序于審安書室"，又董僎刊書記，有"僎幸供檢閱參校之職，久已成書，不敢私於一己，負笈閩關，謀繡諸梓，庶幾家傳而人誦之。皆元統二年歲在甲戌九月朔旦男僎百拜專記"。又總目，目錄後有"洪武戊辰年建安務本堂重刊"雙行牌記。又《周易會通凡例》、《周易會通引用諸書羣賢姓氏》，又《周易經傳歷代因革》，又《程子說易綱領》，又《易程子序》，又《朱子啟蒙五贊附錄纂註》，又《易程子傳序》，又《朱子說易綱領》，又《古易朱子後序》，以上內容，天祿本皆佚失。此外《中國古籍善本書目》有相同行款之元刻本多部，《中華再造善本》影印國圖所藏一部元刻本書號6678者，明洪武二十一年務本堂刻本只上海圖書館藏有一部。《第一批國家珍貴古籍名錄》第1—00216爲山東省圖書館所藏元刻本，名錄上爲卷七書影，經核對行款版式完全一致，連斷版處都一一相符，並非翻刻關係。頗疑所謂"元刻本"皆此明洪武二十一年務本堂刻本。

每冊俱鈐天祿繼鑑諸璽，前後副葉所鈐爲"中三璽"，無私家藏印。

《故宫善本書目》記其爲"元元統二年真卿子僎閩中刻本"。《"國立故宫博物院"善本舊籍總目》，上冊，第20頁，著錄爲"元元統二年董僎閩中刊本"。

574 書集傳六卷

元至正五年(1345)虞氏明復齋刻本。六冊，現藏俄羅斯國家圖書館東方文獻中心（書號3B2—11/248）。

匡高27釐米。每半葉十三行，行二十二字，小字雙行同。黑口，四周雙邊或左右雙邊，雙順魚尾，中記卷次及葉次。卷前有《書序》，序後刊有"南谿精舍"方形木記、"至正乙酉"鐘形木記及"明復齋"鼎式木記三方。首卷卷端題"書卷第一"，下題"鄱陽鄒季友音釋"，隔行題"晦庵先生訂定門人蔡沉集傳"。卷六末有"南谿精舍"方形木記及"至正乙酉菊節虞氏明復齋刊"長方木記二方。卷末附書序，序後有一長方木記"至正乙酉良月南谿明復齋刊"（圖8—5）。黃麻紙，黃綠色絹製書衣，黃綾書籤，書"晦庵先生"。

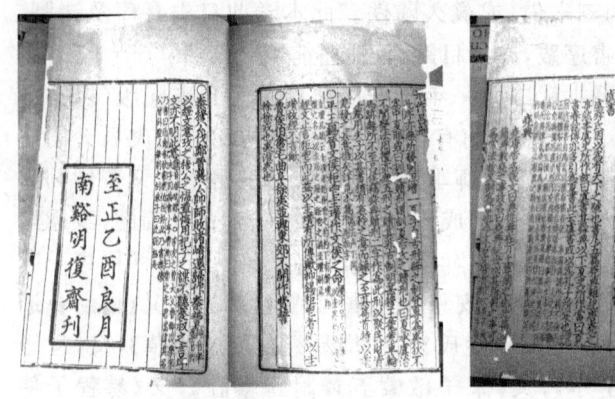
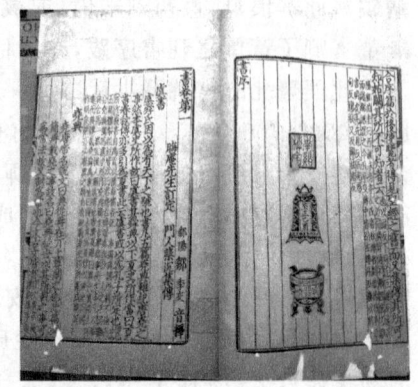

圖8—5

《天目後編》提要云："書六卷。前列《書經序》，後有《書序》。考沈子抗《進表》，尚有《朱熹問答》一卷，宋以來刊本俱不載。序末有'南谿精舍'及'至正乙酉'鐘式、'明復齋'鼎式墨印三。書末刻'至正乙酉菊節虞氏明復齋刊'。"

每冊俱鈐天祿繼鑑諸璽，前後副葉所鈐爲"中三璽"。卷端另有"大連圖書館藏"朱文方印。

民國戊午(七年,1918)傅增湘經眼此書,①記其版本特徵如下：每半葉十行,行二十二字,注大字低一格,每行二十四字,音釋雙行同,黑口,四周雙邊。序後有"至正乙酉"鐘形木記及"明復齋"鼎式木記。第六卷後有木記"至正乙酉菊節虞氏明復齋刊"。卷末附書序,序後有木記"至正乙酉良月南谿明復齋刊"。後流落北平書肆,20世紀30年代初,大連滿鐵圖書館派日人松崎鶴雄至北平購書,海源閣舊藏《三謝詩》、《管子》、《説苑》等六種亦被購藏,此元版《書集傳》進入大連圖書館或亦於此時。1945年蘇聯紅軍出兵東北,佔領大連、旅順。1946年,蘇聯派遣所謂"波波夫調查團"自大連滿鐵圖書館檢查圖書,名為借閱有關蘇聯與近東中外資料,依庫逐架檢查半月之久。當抽出中外各善本……圖書四千餘部冊,由日本人大谷武男造冊存館。這些珍貴圖書後被捆裝了50個大木箱,運往蘇聯莫斯科列寧圖書館。其中有《永樂大典》四十二冊和海源閣舊藏宋刊子集六種。② 中華人民共和國成立後,蘇聯於50年代歸還《永樂大典》,但海源閣舊藏宋版及此清宫舊藏天禄琳琅書仍未歸還,實為憾事。

2015年11月30日,山東大學劉心明教授的學生張雲同學告知,在俄羅斯國家圖書館發現此書,據卡片目録著録為6冊,框高27釐米,應為天禄琳琅原物。調查存世天禄書狀況已逾七年,又一部完整的天禄琳琅原物現世,雖飄落異域,仍是令人不勝驚喜。

574(2)書傳輯録纂注六卷

元延祐五年(1318)建安余氏勤有堂刻本。八冊兩函,現藏臺北"故宫博物院"(書號故善002109—002116)。

匡高20.6釐米,廣12.9釐米。每半葉十行,行二十字,小注雙行二十四字,四周雙邊,雙順魚尾。有耳題。版心中刊"書傳卷幾"及葉次。卷前有嘉定己巳三月蔡沈《書集傳序》,又《朱子説書綱領》。《綱領》後有"建安余氏勤有堂刊"二行牌記(圖8—6)。首卷卷端題"書序",隔行低二格題"朱子訂定蔡氏集傳",再隔行下題"後學鄱陽董鼎輯録纂註"。文中"纂注"部分以黑蓋子白字别出。卷六之第五十三至五十六頁抄配,"玄"、

---

① 《藏園群書經眼録》,卷一,第26頁。
② 王雨著:《海源閣珍本流東記》,《王子霖古籍版本學文集》,上海古籍出版社2006年版,第3冊,第133頁。另可參見丁延峰著:《海源閣遺書流入域外考略》,《國家圖書館學刊》2009年第1期,第81頁。

"胤"缺末筆,應是清雍正間補抄。竹紙,豆青色地朵花宋式錦四合函套,黃色絹製書衣,無書籤。

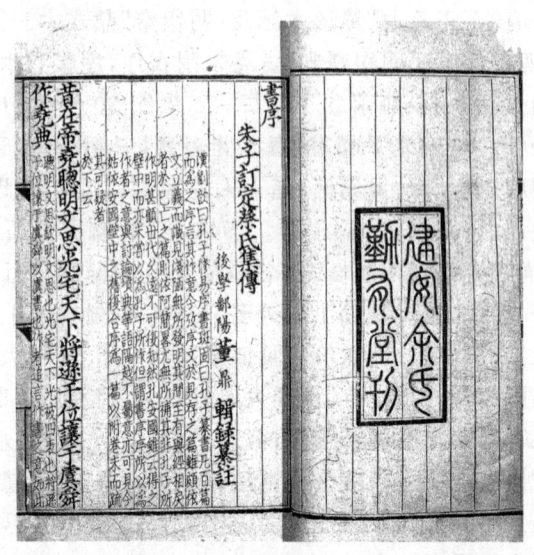

圖 8—6

《天目後編》稱:"是書槧手精工,雖宋本亦稱佳者,以書中宋諱皆不闕筆,而勤有堂世守其業,至今不廢,故列之元版。"此書墨如點漆,紙色古雅,初刻初印,確爲元代建陽刻本精品,列之元版,諸臣判斷無誤。

項篤壽萬卷樓舊藏,除"萬卷樓圖籍"外,尚有"李氏"、"岳"、"江夏圖書"、"岳樽"、"岳榆"、"封"等印記。《天目後編》云:"項篤壽萬卷樓藏本。其'李氏'、岳氏,又'江夏'應是黃氏,均無考。"每冊俱鈐天祿繼鑑諸璽,前後副葉所鈐爲"中三璽"。

《故宫善本書目》記其爲"元延祐五年建安余氏勤有堂刻本"。《"國立故宫博物院"善本舊籍總目》上冊,第37頁,舊著爲《書傳集錄纂注》,元延祐元年建安余氏勤有堂刊本。

575 周禮集說十卷

明成化十年(1474)張瑄福建刻本。二函二十冊,現藏臺北"故宫博物院"(書號故善009911—009930)。

匡高19.9釐米,寬12.8釐米。每半葉十一行,行二十二字,小字雙行同,四周單邊,雙線魚尾,魚尾間記"周禮集說卷幾",上魚尾下刻一白圈，版心下記葉次，有刻工百、共、桑、贊、仁、仲、寬、臣、葛、淇。卷前有《周禮集說序》，署"時至正戊子歲吳興後學前谿陳友仁君復序"，卷一前有《凡例》，次《周禮集說春官綱領》、《周禮集說夏官綱領》、《周禮集說秋官綱領》三篇。其五官篇首各有總論。末附俞庭椿《周禮復古編》。首卷卷端題"周禮集說卷第一"，隔行下題"吳興後學前谿陳友仁君復編"。白麻紙，綠色地夾金線織錦四合函套，湖藍色綾製書衣，無書籤、套籤。

《天目後編》提要云："全本十二卷，今書僅十卷，其《地官》二卷原佚。"此本實則正文十一卷，後附《周禮復古編》一卷，卷端題爲"周禮復古編卷第十二"，隔行下題"臨川俞庭椿壽翁編"。友仁自序末署至元戊子歲，《天目後編》以爲"蓋友仁本宋遺老，而是書則刊於元初者也"。臺北"國家圖書館"有同版，書後有張瑄《題周禮集說後》，"別本在張氏文之後有'成化甲午夏六月之吉劉儼榜進士/誥進正奉大夫正治卿奉/勅巡撫福建都察院右副都御史江浦張瑄謹題'三行，此本俱被剜去"。① 甲午爲成化十年(1474)，張瑄題後云："挈之來閩，捐俸貲，命建陽書坊刻之。"此天祿本撤去張瑄跋，實則明成化十年張瑄建陽刊本。

每冊俱鈐天祿繼鑑諸璽，前後副葉所鈐爲"中三璽"，並有揆敘謙牧堂二印。

《故宮善本書目》記其爲"明成化間刻本"。《"國立故宮博物院"善本舊籍總目》上冊，第64頁，著錄爲"明成化間刊本"。

576 禮經會元四卷

元至正二十五年(1365)杭州路儒學刻本。四冊一函，現藏臺北"故宮博物院"(書號故善004029－004032)。

匡高20.4釐米，廣14.6釐米。每半葉十一行，行二十四字，左右雙邊，黑口，雙魚尾，版心上刊大小字數，中刊"禮經會元苐幾卷"及葉次。卷前有陳基序，署"至正二十六年歲丙午正月甲辰後學臨海陳基序"；又潘元明序，署"至正乙巳中穐日榮祿大夫江浙行省右丞兼同知行樞密院事海陵潘元明序"；又《竹埜先生傳》，又葉時六世孫廣居識。有目錄。首卷卷端題"禮經會元第一卷"，隔行小字題"龍圖閣學士光祿大夫曾開府儀同三司南陽郡開國公食邑二千一百戶食實封一百戶諡文康葉時著"。文中刻

---

① 臺北"國家圖書館"特藏組編：《"國家圖書館"善本書志初稿·經部》，(臺北)"國家圖書館"1996年版，第99頁。

有標點及標抹。竹紙，舊裝藍色四合布套，湖藍色絹製書衣，無書籤。

陳基序云："今江浙儒學副提舉廣居奉遺藁獻之江浙行中書右丞滎陽潘公，公命刻諸梓且寓書俾余序其篇端"，署"至正二十六年歲丙午正月甲辰"（1366年3月3日），潘元明序云："舊板之廢已久，因重鋟梓，以廣其傳。"署"至正乙巳中穐日"（1365年9月1日）《天目後編》云："詳諸篇，乃元明序刻是書，而基爲作序，其後人作識。考元末張士誠據蘇州，以元學士陳基典文章，其黨潘元明守杭州，所署銜'江浙行省右丞'，乃士誠僞降所假元官。至正乙巳，下距洪武之元纔二年耳。"葉時裔孫、江浙行學副提舉葉廣居奉遺稿以獻，江浙行中書右丞潘元明命刻諸梓，故此本爲杭州路儒學所刻。

《中央圖書館金元本圖錄》著錄一部，原著錄爲元至正二十六年江浙行省刊本，後網上目錄已修訂爲"明初期覆元至正二十六年（1366）江浙行省刊明代修補本"。按，元至正杭州路儒學刊版，即此臺北故宮藏天祿書，其版心爲小黑口，雙魚尾，並多記有大小字數，且書中刊刻點抹，猶仍初刻之舊，而央圖藏本盡去之，可推知彼帙爲後出之覆刻本，其覆刻時期，就字體、雕法觀之，約爲明代初期。

每冊俱鈐天祿繼鑑諸璽，前後副葉所鈐爲"中三璽"，另有"趙氏子璋"朱文方印。

《故宮善本書目》記其爲"元至正二十五年杭州路儒學刻本"。有趙子璋收藏印記。《"國立故宮博物院"善本舊籍總目》，上冊，第62頁，著錄爲"元至正乙巳（二十五年）杭州路儒學刊本"。

576(2) 禮經會元四卷（又一部）

明翻刻元至正二十五年（1365）杭州路儒學修補本。一冊一函，現藏臺北"故宮博物院"（書號故善012709）。

匡高20.6釐米，廣14.4釐米。每半葉十一行，行二十四字，白口，左右雙邊，版心中刊"禮經會元第幾卷"及葉次。卷前有《竹埜先生傳》，署"至正二十五年八月吉日六世孫將仕郎江浙等處儒學副提舉葉廣居百拜謹識"。有目錄。首卷卷端題"禮經會元第一卷"，隔行小字題"宋龍圖閣學士光祿大夫贈開府儀同三司南陽郡開國公食邑二千一百戶食實封一百戶諡文康葉時著"。白棉紙，書版多有漫漶。黃綠色地朵花宋式錦四合函套，黃綾套籤書"禮經會元"。書經重修，湖藍色書衣，無書籤。

此本出自前述元至正刊明修本，前本書版模泐不可辨者，此本則代以墨等。唯元本版心黑口，雙黑魚尾，下有象鼻，明本則改爲白口，橫線，無象鼻。《天目後編》提要僅云：“同上，陳、潘二序佚。”其實並非同版，爲覆刻關係。書中有修版頁，字體較覆元版更爲纖俏，爲後代所補。

書之每冊俱鈐天祿繼鑑諸璽，前後副葉所鈐爲"中三璽"，無其他私家藏印。

《故宮善本書目》記其爲"明復元至正本"。《"國立故宮博物院"善本舊籍總目》，上冊，第63頁，著錄爲"明復元至正刊本"。

576(3)儀禮經傳通解三十七卷

明正德十六年(1521)劉瑞、曹山刻本。其中卷六至八、二十七至二十九，計六卷，二冊，現藏臺北"國家圖書館"（書號104.6/00473）。卷九至十八、二十二至二十六、三十至三十三，計十九卷，六冊，現藏中國國家圖書館（書號18597）；卷十九至二十一，計三卷，一冊，亦藏中國國家圖書館（新編書號1204）。

匡高19.7釐米，廣14.2釐米。每半葉十一行，行二十字，小字雙行同，白口，左右雙邊。版心中以兩橫線相隔，記"儀禮卷幾"及葉次。正文每節提行，案語另行低一格起。卷端題"儀禮經傳卷第幾"。白棉紙，古色紙質書衣，灑金白紙書籤，書"元板儀禮經傳通解"及冊數。

《天目後編》稱卷前嘉定癸未張慮識，乃宋嘉定年守南康郡鋟版時所作，序跋後有目錄，朱熹《乞修三禮劄子》，及熹子在嘉定十年序，認爲"此則元翻宋槧也"。實則此本爲正德間杭郡所刊，別本卷首有宋嘉定癸未張慮序、楊復序、①明正德辛巳（十六年，1521）劉瑞《刊儀禮經傳序》，②此本卷首不存，推測正德刊書序應是佚去不存，以致天祿諸臣誤爲元刊。

每冊俱鈐天祿繼鑑諸璽，前後副頁所鈐爲"中三璽"。原爲揆敍舊藏，有謙牧堂二印。

臺北"央圖"兩冊上另有"管理中英庚款董事會保存文獻之章"朱文長方印、"國立中央圖書館收藏"朱文方印，此二冊，前後葉皆蠹蝕嚴重。《"國家圖書館"善本書志初稿》著錄爲"明正德間杭郡刊本"，經部，第130頁。《北京圖書館古籍善本書目》第71頁。卷十九至二十一，一冊，1959年自故宮調撥至北圖，有蟲蛀、霉爛，已經重修，2013年編目。

---

① 據中國科學院國家科學圖書館羅琳先生電告。
② 《"國家圖書館"善本書志初稿》，經部，第132頁。

577 儀禮經傳續二十九卷

明正德十六年（1521）劉瑞、曹山刻本。原爲二函十二冊，其中卷一至十一、十四至二十三、二十六至二十九，計二十五卷，十冊二函，闕卷十二至十三、二十四至二十五，現藏臺北"故宮博物院"（書號故善 012772—012781）；卷十二至十三，一冊，現藏中國國家圖書館（書號 18605）。

匡高 20.5 釐米，廣 14.4 釐米。每半葉十一行，行二十字，白口，左右雙邊。版心中刊"儀禮續卷幾"及葉次。卷前有目錄，題"宋黃勉齋先生編 門人楊復校刊"。首卷卷端題"儀禮經傳續卷第一"。卷十六《喪禮圖式》後有嘉定十四年楊復序。棉紙，紫色地夾金線織錦四合函套，湖藍色絹製書衣，無書籤。

此爲朱熹《儀禮經傳通解》三十七卷後續部分，宋人黃榦、楊復撰，本其師朱熹所屬《喪》、《祭》二禮以續《通解》者也。《喪禮》十五卷前已繕寫，《喪服圖式》一卷列附正文卷帙之外，此卷及《祭禮》爲黃榦卒後楊復所定者。國家圖書館及臺北"國家圖書館"（原"中央圖書館"）藏有宋嘉定十五年南康軍刻元明南監遞修本。此爲明代正德間所刊，別本卷首有明正德辛巳（十六年，1521）劉瑞《刊儀禮經傳序》，宋嘉定十六年張虙、楊復、陳宓三跋，及楊復序。序跋後有目錄，朱熹《乞修三禮劄子》，及熹子在嘉定十年序。① 此本僅存續編二十九卷及其目錄，《天目後編》無一字言及版本。書頁有染舊痕蹟。

每冊俱鈐天祿繼鑑諸璽，前後副頁所鈐爲"中三璽"，無其他私家藏印。國圖所藏一冊爲其第五冊。

《故宮善本書目》記其爲"明刻本"。《"國立故宮博物院"善本舊籍總目》，上冊，第 80 頁，記其爲"明正德間杭郡刊本"。

578 春秋諸傳會通二十四卷

元至正十一年（1351）虞氏明復齋刻本。二函十六冊，現藏北京故宮博物院（書號書 1357）。

匡高 20 釐米，廣 13.6 釐米。每半葉十二行，行二十二字，小字雙行同，細黑口，左右雙邊或四周單邊，雙順魚尾。卷首李廉春秋諸傳序佚失，

---

① 《"國家圖書館"善本書志初稿》，經部，第 132 頁。

其後依次爲杜預《左傳》序、何休《公羊傳》序、范甯《穀梁傳》序、程頤《春秋》序、胡安國《春秋傳》序及《進春秋傳表》、樓鑰撰《陳傅良後傳序略》，次爲凡例，再次爲《讀春秋綱領》。通部經文頂格大書，《左傳》、《公羊》、《穀梁》及《胡安國傳》、《陳傅良後傳》、張洽集注皆低一格，李廉按語低三格。首卷卷端題"春秋諸傳會通卷之一"。卷末有"元至正辛卯仲冬虞氏明復齋刊"、"南谿精舍"兩墨記。

《天目後編》云："鋟工古雅，元版最上乘。卷末有'至正辛卯仲冬虞氏明復齋刊'、'南谿精舍'兩墨記，與前蔡沈《書集傳》同出一家。"是書精雅悅目，爲元刻代表。

每冊俱鈐天祿繼鑑諸璽，前後副葉所鈐爲"中三璽"。此書流出清宮後，曾爲山東徐坊收藏，①徐氏爲帝師，不詳此是否即溥儀所賜。後流入廠肆，張伯英曾借觀，書中夾有一淺青色印花箋，墨筆題：

《春秋諸傳會通》廿四卷，以至正時虞氏明復齋鐫本爲精，世傳已少。此清內府秘笈，乾隆諸璽俱在。曾歸臨清徐氏，自梧生怛化，所蓄宋元槧往往流入廠肆，此其一也。甲申秋七月銅山張伯英借觀因記。

並鈐"張伯英印"、"勺圃"。張伯英（1871—1949），字勺圃，徐州人，擅書法，精魏碑，富收藏。甲申當爲1944年。② 民國己巳（十八年，1929）傅增湘曾經眼。③

《四庫全書》入經部春秋類。《第一批國家珍貴古籍名錄圖錄》第00306號。④

578(2) 春秋經傳集解三十卷

明覆刊宋淳熙三年閩山阮氏種德堂巾箱本。四函三十二冊，現藏臺北"故宮博物院"（書號故善006975—007006）。

---

① 見前卷七宋版史部《東萊呂太史集》下。
② 參見齊秀梅、楊玉良等著：《清宮藏書》，紫禁城出版社2005年版，第37頁；李國強著：《元至正本〈春秋諸傳會通〉述略》，第90—93頁。劉按，李文云此本即天一閣范懋柱進呈四庫館之本，並無任何根據。
③ 《藏園群書經眼錄》，卷一，第71頁。
④ 《第一批國家珍貴古籍名錄圖錄》，第2冊，第58頁。

匡高15釐米，廣10.7釐米。每半葉十行，行十八字，小字雙行同。左右雙邊，線黑口，雙順魚尾，版心上刊"左傳卷幾"，中刊廟號，下刊葉數。有耳題。"桓"闕末筆。卷首前有《春秋序》，卷末有杜預《後序》。序後有《春秋諸國地理圖》、《三皇五帝世表圖》、《春秋諸國世表圖》、《春秋名號歸一圖》二卷、《諸侯興廢》、《春秋始終》、《春秋圖說》。首卷卷端題"春秋經傳集解隱公第一"。《春秋序》第四、卷十第四頁係鈔配，卷一第二十七葉、卷二第二葉、卷十三第一葉Ａ面卷二十六第一葉抄配，卷十六第十四、十五葉錯置。竹紙，簾紋一指寬。書經重裝，石青色紙質書衣，藍綢函套，無書籤。

《天目後編》稱此本"巾箱本，槧工紙墨的係元時，而篇幅狹小，乃坊間刻印者"。此本撕去了卷三十最末之後半葉牌記，接以另紙。與故宮所藏另一部明覆刊宋淳熙三年閩氏種德堂巾箱本《春秋經傳集解》比勘，①原牌記云："謹依監本寫作大字，附以釋文，三復校正刊行，如履通衢，了無窒礙處，誠可嘉矣。兼列圖表于卷首，迹夫唐虞三代之本末源流，雖千歲之久，豁然如一日矣，其明經之指南歟！以是衍傳，願垂清鑑。淳熙柔兆涒灘中夏初吉閩山阮仲猷種德堂刊。"此本與沈仲濤贈本或平圖之覆刊本不同版。其刀法粗疏，版心款式亦異。沈贈本白口，此本書口刻"左傳"幾卷，下加一段線口，魚尾較寬大且上下緣均加線，葉次下復增一橫線；沈贈本上魚尾下記卷次，此本則記諡號。臺北故宮所藏明翻宋種德堂本有四部，其中有可稱"覆刊"者，有可稱"翻刊"者。

此係明嘉靖間覆刻宋淳熙閩山阮仲猷種德堂刻本，保留宋刊木記，與《天目後編》卷三宋版經部之第六、第七部《春秋經傳集解》一樣，是完全相同版本，皆係明代嘉靖間覆刻宋閩山阮仲猷刻本。

每冊俱鈐天祿繼鑑諸璽，前後副葉所鈐爲"中三璽"，無私家藏印。

《故宮善本書目》記其爲"明建陽劉氏慎獨齋復宋阮氏巾箱本"。《"國立故宮博物院"善本舊籍總目》，上冊，第93頁。

579 春秋胡傳三十卷

明嘉靖刻巾箱本。存卷一至五、八至十一、十九至三十，計而是一卷十一冊，現藏中國國家圖書館（新編書號1203）。

---

① 二十八冊，書號贈善003681－003786，爲研易樓沈氏舊藏。

每半葉九行，行十七字，小字雙行同，白口，四周單邊。卷首安國自序，次《諸國興廢說》，次《總例》。

《天目後編》提要云："按：是書元延祐格用以取士，坊刻袖珍取便攜覽，而紙墨工整，故爲當時善本，致難得也。"此爲巾箱小本。

每冊俱鈐天祿繼鑑諸璽，前後副葉所鈐爲"五福五代堂寶"、"八徵耄念"、"太上皇帝"，爲形制規格最小之一套"小三璽"。爲存世天祿書中，副葉鈐小三璽的三部巾箱本之一①。另有"謙牧堂藏書記"、"謙牧堂書畫記"二印，清人揆敘舊藏。

1959年自故宮調撥北京圖書館，2013年編目。

579(2) 春秋胡傳三十卷

明刻本。存卷一至六，九至三十，闕卷七、卷八，凡二十八卷，二函十五冊，現藏臺北"故宮博物院"（書號故善009989－010003）；卷七至卷八，一冊，現藏中國國家圖書館（書號9735）。合兩岸所藏，即爲完璧。

匡高20.8釐米，廣14.1釐米。每半葉十行，行二十字，小字雙行同。四周單邊，白口，雙順魚尾。版心上刊春秋篇目，如"魯隱公上"、"定公下"，中刊卷次及葉次。文中刊有句讀。卷首安國自序，無《諸國興廢說》及《總例》。首卷卷端題"春秋胡傳卷之一"。白棉紙。棕色地金線織錦四合函套，湖藍色絹製書衣，灑金箋紙質書籤，書"元版春秋胡傳"及冊數。

《天目後編》云"按：是書元延祐格用以取士，坊刻袖珍取便攜覽，而紙墨工整，故爲當時善本，致難得也。"此本紙質、刻風俱與明嘉靖本類似，行款版式與《中國古籍善本書目》著錄之明嘉靖刻本相同，並非元代所刊。

每冊俱鈐天祿繼鑑諸璽，前後副葉所鈐爲"中三璽"，另有謙牧堂二印，爲揆敘舊藏。

《故宮善本書目》記其爲"明刻本"。《"國立故宮博物院"善本舊籍總目》，上冊，第95頁，著錄爲"明刊本"。

580 春秋師說三卷

元至正二十五年（1365）休寧商山義塾刻明弘治六年（1493）高忠重修本。二冊一函，現藏臺北"故宮博物院"（書號故善003792－003793）。

---

① 另兩部爲宋版《增修東萊書說》及宋版《萬卷菁華》。

匡高 16.7 釐米，廣 13.9 釐米。每半葉十三行，行二十七字，左右雙邊，線黑口，雙魚尾。版心中刊"春秋師說卷幾"及葉次，下刊字數及刻工肖、月。卷前有至正戊子趙汸自序及目錄，題爲《春秋師說題辭》，署"歲至正戊子丁八月幾望門人新安趙汸敬題卷端"。正文後有附錄，附詩十首、文二首，趙汸所撰《黃楚望先生行狀》一首。首卷卷端題"春秋師說卷上"，下題"新安趙汸編"。白棉紙，綠色地朵花宋式錦四合函套，靛藍色紙質書衣，無書籤。

《天目後編》稱其"麻沙小字本"，雖是緊行密字，但版刻清朗，筆劃精細，兼之明代白紙刷印，紙白墨潤，實屬難得。書中有整版重修頁，經核查，此書與下面《春秋左氏傳補注》及《春秋屬詞》兩部，與《中華再造善本》影印中國國家圖書館藏元至正二十四年休寧商山義塾刻明弘治六年高忠重修本同版，佚去了卷首高忠重修序。另，上海圖書館藏元至正商山義塾刻明弘治六年高忠重修本《春秋屬辭》一部，卷末有明洪武元年（1368）程性跋，云："初，商山義塾奉命以是書刻梓，自庚子（元至正二十年）迄癸卯（元至正二十三年），計會廩膳賦輸之餘，眷本鳩工，刻板一百一十片，皆直學黃權視工。甲辰（元至正二十四年）春，縣主簿張君楠奉命勾考續工，而《屬辭》一書告成。是年秋，縣丞胡君仲德復奉命並刻《師說》、《補注》二書，始屬性董其事，因得備完《屬辭》訛闕。迄歲意思（元至正二十五年），學事既廢，刊書亦結局矣。"則《春秋師說》之刻，始於元至正二十四年（1364）秋，迄於至正二十五年（1365）。① 《中國古籍善本書目》著錄皆爲元至正二十四年休寧商山義塾刻明弘治六年高忠重修本，《日藏漢籍善本書錄》著錄爲元至正二十五年商山義塾刻本，尚不誤。此天祿本亦可具體爲元至正二十五年休寧商山義塾刊明弘治六年高忠重修本。

每冊俱鈐天祿繼鑑諸璽，前後副葉所鈐爲"中三璽"。卷首鈐"東壁後人家藏古書"、"子通"二朱文印，王先謙刻本《天目後編》誤記爲"東璧後人家藏古書"。揆敘舊藏，鈐有謙牧堂二印。書上《題辭》下之"東壁後人家藏古書"倒鈐。

《故宮善本書目》記其爲"元至正二十四年海寧商山義塾刻本"。《"國立故宮博物院"善本舊籍總目》，上冊，第 102 頁，著錄爲"元至正甲辰（二十四年）海寧商山義塾刊本"。均誤"休寧"爲"海寧"。

---

① 參見王愛亭著：《〈中國古籍善本書目〉舉正》，《圖書館理論與實踐》2011 年第 5 期，第 68 頁。

580(2) 春秋左氏傳補注十卷

元至正二十四年(1364)休寧商山義塾刻明弘治六年(1493)高忠重修本。三冊一函，現藏臺北"故宮博物院"(書號故善 003804－003806)。

匡高 16.7 釐米，廣 12.8 釐米。每半葉十二行，行二十四字，小字雙行同。左右雙邊，線黑口，雙魚尾，版心中刊"春秋左氏傳補注卷幾"及葉次，下刊大小字數及刻工名，有永、永刊、文、趙、走、水、囡。卷前有趙汸自序。首卷卷端題"春秋左氏傳補注卷第一"，下題"新安趙汸學"。書尾刊有"金居敬覆校　學生倪尚誼校對　前鄉貢進士池州路儒學學正朱升校正"三行。白棉紙，洋紅色地朵花宋式錦四合函套，靛藍色紙質書衣，無書籤。

與《春秋師說》、《春秋屬辭》同版，亦緊行密字之"麻沙小字本"。《"國家圖書館"善本書志初稿·經部》云元刻部分於魚尾上方記字數，明刻部分則於最下方記字數。永、趙、走等爲元刻工名，文、囡、水等爲明修刻工。①

每冊俱鈐天祿繼鑑諸璽，前後副葉所鈐爲"中三璽"。卷首鈐"東壁後人家藏古書"、"子通"二朱文印，王先謙刻本《天目後編》誤記爲"東壁後人家藏古書"。書上《序》下之"東壁後人家藏古書"倒鈐。揆敘舊藏，鈐有謙牧堂二印。與上一書《春秋師說》遞藏經歷俱同，《天目後編》稱其"鐫印與前同，一家所藏"。

《故宮善本書目》記其爲"元至正二十四年海寧商山義塾刻本"。《"國立故宮博物院"善本舊籍總目》，上冊，第 87 頁，著錄爲"元至正甲辰(二十四年)海寧商山義塾刊本"。均誤"休寧"爲"海寧"。

581 春秋屬辭十五卷②

元至正二十至二十四年(1360—1364)休寧商山義塾刻明弘治六年(1493)高忠重修本。一函十冊，現藏臺北"故宮博物院"(書號故善 003794－003803)。

匡高 16.8 釐米，廣 13.5 釐米。每半葉十三行，行二十七字。左右雙

---

① 參考《"國家圖書館"善本書志初編·經部》，第 167 頁。
② 清嘉慶內府寫本及光緒王先謙刻本《天祿琳琅書目後編》均誤作"春秋屬詞"，據卷端書名改。

邊、線黑口、雙魚尾，版心中刊卷次及葉次，下刊字數及刻工名：永、月、肖、文、左、水、同。卷前有宋濂序，次趙汸自序，次目錄及趙汸識。首卷卷端題作"春秋屬辭卷之一"，下題"新安趙汸學"。書尾刊有"金居敬覆校　學生倪尚誼校對　前鄉貢進士池州路儒學學正朱升校正"三行。白棉紙，棕色地朵花宋式錦四合函套，靛藍色紙質書衣，無書籤。

《天目後編》云："濂序署銜'前史官'，蓋濂元至正中薦授翰林編修，以親老入龍門山著書，序當作於是時，蓋與前二書皆元末所刊。"目錄後趙汸識云："至正戊子歲（八年，1348）初集諸說之有合於經者，作《春秋傳》，閱十載未克成"云云，署"歙諸生趙汸子常私識于東山精舍"。麻沙小字本，雖是緊行密字，但紙白墨潤，與前兩部同版。《中國古籍善本書目》著錄爲"元至正二十年至二十四年休寧商山義塾刻明弘治六年高忠重修本"，依此訂正版本。

卷首有"實穎之印"白方、"既庭"朱白方二印，宋實穎，字既庭，長洲人。順治辛卯舉人，官興化教諭，方志稱爲騷壇名宿。揆敍舊藏，有謙牧堂二印，入清宮，每冊俱鈐天祿繼鑑諸璽，前後副葉所鈐爲"中三璽"。

《故宮善本書目》記其爲"元至正二十四年海寧商山義塾刻本"。《"國立故宮博物院"善本舊籍總目》，上冊，第102頁，著錄爲"元至正甲辰（二十四年）海寧商山義塾刊本"。均誤"休寧"爲"海寧"。

582 四書辨疑十五卷

元刻本。十四冊二函，現藏臺北"故宮博物院"（書號故善004123－004136）。

匡高24釐米，廣16.4釐米。每半葉十行，行二十字，小字雙行同。左右雙邊，線黑口、單魚尾。版心上刊字數，中刊卷次及葉次，下刊刻工名，有中、柳、永、陳俊、徐荣、李、二、朱。正文有目錄一卷。首卷卷端題"四書辨疑卷第一"。棉紙，淺棕色地朵花宋式錦四合函套，湖藍色絹製書衣，黃綾書籤，書"元板四書辨疑"。卷一第十三葉係鈔配。

不著撰人名氏，亦無序跋。《天祿琳琅書目後編》引朱彝尊《經義考》云："《四書辨疑》，元人凡有四家，雲峰胡氏、偃師陳氏、黃巖陳成甫氏、孟長文氏。成甫、長文，並浙人。雲峰，一宗朱子。其爲偃師陳氏之書無疑。"並考陳天祥，字吉甫，寧晉人。徙家洛陽。官集賢大學士、商議中書省事，封趙國公。諡文忠，事具《元史》本傳。稱："朱子《章句集注》，元初始行於北方，王若虛不以爲然，立說攻之。天祥又推衍王氏之說，以成是書耳。然《問孔》、《刺孟》不廢《論衡》,儒者詁經,千慮一得,不妨並存。"

此書罕傳,不見《中國古籍善本書目》著錄。版刻疏朗,紙墨古雅,的屬元刻佳槧。卷五葉九疑爲後代修補,字體、版刻風格不同。

每冊俱鈐天祿繼鑑諸璽,前後副葉所鈐爲"大三璽"。私家藏印"周氏藏書之印"、"周笈私印"、"自娛而已"等俱與《天目後編》所記相同。

《故宮善本書目》記其爲"元刻本"。有周笈收藏印記,1929年出版之《故宮善本書目初編》收錄。《"國立故宮博物院"善本舊籍總目》,上冊,第139頁,著錄爲"元刊本"。

582(2)爾雅注疏十一卷

明嘉靖李元陽福建刻《十三經注疏》本。十冊一函,現藏臺北"故宮博物院"(書號故善001493—001502)。

匡高19.7釐米,廣13.2釐米。每半葉九行,行二十一字,小字雙行同。四周單邊,白口,版心中記"爾雅疏幾"及葉數,下記刻工名,有:鄒文元、葉順、吳永成、三泗、李文英、葉奴、熊山、程通、葉得、姚岩、余清、王富、天祥、陸進保、周記清、余伯環、陳佛榮、陸仲奐、曾福林、虞福貴(福貴)、黃文、黃道祥、劉官生、余天禮、陳永勝、鄭記保、章意、張長壽、曾招、劉佛壽、謝元林、虞丙、王景英、馬、唐、徐、沈、松、先、余堅、葉毛奴、張元奐、張元隆、張毛益、添富、熊希。個別葉書口下尚有刊刻字數,如"陳永勝刊五百十六"、"六百字張長壽"等。卷首有《爾雅註疏序》/翰林侍講學士朝請大夫守國賜祭酒上柱國賜紫金魚袋臣邢昺等奉敕校定。首卷卷端題"爾雅註疏卷第一",隔行署"晉郭璞註　宋邢昺疏"。序爲抄配,卷一第一至二葉亦爲抄配。白棉紙,書頁多有蟲蛀。新裝織錦四合函套,明黃色絹製書衣,黃綾書籤,書"元板爾雅注疏"。

邢昺序中稱與杜鎬、舒雅等秘閣校理及國子監直講共同討論,爲之釋疏,故《天目後編》以爲與下本俱爲元重雕宋監本。經與臺北故宮藏另兩部明嘉靖間李元陽福建刻本比勘(一部四冊,書號故觀012859—012862;另一部十冊,書號故善000061—000070),實爲明嘉靖李元陽福建刊本。李元陽按閩時刻《十三經註疏》,每卷首葉第三行並署"明御史李元陽、提學僉事江以達校刊",世謂之閩本,明南北監、汲古閣所刊皆從以出。其初印本皆有刊校一行,此本已削去。參考《"中央研究院"歷史語言研究所傅斯年圖書館善本書志》,因其刻工同於李元陽、江以達所刊《周易兼義》、《毛詩註疏》,雖無卷端下題"明御史李元陽、提學僉事江以達校刊"一行,但仍可修訂爲明嘉靖十六年李元陽江以達福建刊《十三經註疏》本。①

每冊俱鈐天祿繼鑑諸璽,前後副葉所鈐爲"中三璽"。另有揆敘謙牧堂二印。

《故宫善本書目》記其爲"明嘉靖間李元陽福建刻《十三經注疏》本"。《"國立故宫博物院"善本舊籍總目》,上冊,第148頁,著錄爲"明嘉靖李元陽福建刊《十三經注疏》本"。

583 爾雅注疏十一卷(又一部)

明嘉靖李元陽福建刊《十三經注疏》本。十冊一函,現藏臺北"故宫博物院"(書號故善001483—001492)。

匡高19.7釐米,廣13.2釐米。每半葉九行,行二十一字,小字雙行同。四周單邊,白口,版心中記"爾雅疏幾"及葉數,下記刻工名及字數,有刻工名:鄒文元、葉順、吳永成、三泗、李文英、葉奴、熊山、程通、葉得、姚岩、余清、王富、天祥、陸進保、周記清、余伯環、陳佛榮、陸仲奐、曾福林、虞福貴(福貫)、黄文、黄道祥、劉官生、余天禮、陳永勝、鄭記保、章意、張長壽、曾招、刘佛壽、謝元林、虞丙、王景英、馬、唐、徐、沈、松、先、余堅、葉毛奴、張元奐、張元隆、張毛益、添富、熊希。卷首有《爾雅註疏序》/翰林侍講學士朝請大夫守國賜祭酒上柱國賜紫金魚袋臣邢昺等奉敕校定。首卷卷端題"爾雅註疏卷第一",隔行下題"晉郭璞註 宋邢昺疏"。序爲抄配,卷一第1、2葉亦爲抄配,第3、4葉倒裝。白棉紙,書頁多有蟲蛀。個別葉書口下尚有刊刻字數,如"陳永勝刊五百十六"、"六百字張長壽"等。新裝織錦四合函套,明黄色絹製書衣,黄綾書籤,書"元板爾雅注疏"。

與前書同版。《天目後編》僅云:"篇目同前宋版經部。元重雕宋監本。"

每冊俱鈐天祿繼鑑諸璽,前後副葉所鈐爲"中三璽"。另有揆敘謙牧堂二印。

《故宫善本書目》記其爲"明李元陽刻本"。《"國立故宫博物院"善本舊籍總目》,上冊,第148頁,著錄爲"明嘉靖李元陽福建刊《十三經注疏》本"。

---

① 傅斯年圖書館善本書志編纂小組編輯:《"中央研究院"歷史語言研究所傅斯年圖書館善本書志·經部》,(臺北)"中央研究院"歷史語言研究所2013年版,第282頁,第250號。

583(2)增修互注禮部韻略五卷

元刻本。一函五冊,現藏臺北"故宮博物院"(書號故善 000239－000243)。

版匡高22.2釐米,廣14.2釐米。半葉大字十一行,字數不定,小字雙行,行二十八字。左右雙邊,黑口,雙順魚尾,版心中刊卷次及葉次。有耳題。卷首有《進增修互註禮部韻略表》/紹興三十二年十二月日衢州免解進士臣毛晃上表。首卷卷端題"增修互註禮部韻略卷第一　上平聲",隔行下小字題"衢州免解進士臣毛晃增註　男進士居正校勘重增"。"今圈"、"增入"、"今正"、"重增"之類皆以黑蓋子白文另出。每卷前有目錄,卷尾有此部所增、圈、正、重增之字數。第五冊卷五第三十三、三十四兩葉抄配。竹紙,藍布四合書套,石青杭細書衣,黃綾書籤,書"元板增修互注禮部韻畧"。

《天目後編》稱:"是書鐫手紙墨俱精,置之宋版中幾不可辨。但書中如十八諄之'惇'字、二十一欣之'殷'字、十陽之'匡'字,宋正諱、嫌名全部皆不闕筆,知爲元槧,其相去猶未遠也。"所定不誤。此本與臺北"故宮博物院"藏另外兩部鈐有"嘉慶御覽之寶"及"天祿琳琅"、"天祿繼鑑"三印的"天祿琳琅三編書"爲覆刻關係,彼兩部爲底本,此爲覆刻之本,略去每葉版匡外所有韻部名未刻,卷一末葉剷版未竟,有大團黑色爛板痕蹟。版刻遠不如底本清晰悅目。

此本舊題"元至正二十六年(1366)秀巖書堂刻本",秀巖書堂爲元末明初福建建安東山陳氏書坊名,《書林清話》中記其又刻有《韻府群玉》等書。臺北故宮院藏有秀巖書堂本,與此並非同版。阿部隆一稱此本與上海圖書館所藏同版,卷一末有"至正乙未妃儇余慶書堂新刊"。《中國古籍善本書目》著有"元至正二十一年妃儇興慶書堂刊本",則此本或爲此版。

每冊俱鈐天祿繼鑑諸璽,前後副葉所鈐爲"中三璽",另有"吳濬"白方,"重子□"朱方二印。

《故宮善本書目》記其爲"元至正間刻本"。《"國立故宮博物院"善本舊籍總目》,上冊,第167頁,著錄爲"元至正丙午(二十六年)秀巖書堂刊本"。

584 歷代鐘鼎彝器款識二十卷

明萬曆十六年(1588)萬岳山人刻朱印本。一函八冊,現藏臺北"故宮博物院"（書號故善001435—001442）。

匡高21釐米，廣14釐米。每半葉行數字數皆不定，左右雙邊，無行格。中縫下記葉次，全書正文頁碼連貫，分卷不另起。扉頁雙行大字刻"歷代鐘鼎彝器款識墨玅瀍帖"四行。無序跋。有目錄。首卷卷端題"歷代鍾鼎彝器款識法帖卷第一"。書中有朱筆點校。白棉紙，新裝織錦四合函套，黃綠色絹質書衣，黃綾書籤，書"元板歷代鐘鼎彝器款識"。除目錄5葉以墨色印外，餘皆朱色刷印。

《天目前編》明版經部有萬岳山人刊《歷代鐘鼎彝器款識》一書，提要云："萬岳山人，不知何許人。序後有'宣公後裔'之印，則爲陸氏可知，惜未詳其名，始末無考。其序作於萬曆十六年，稱蘇人貨古物者有《博古圖錄》，予厚價而得之，每自稱快。又數年，得《鐘鼎款識》一集，與《博古圖》相爲表裏。然有鈔本而無刻本，意欲梓焉，謀之數年，因艱於摹寫之手，遂不果。邇年偶得松石姜君，能兼諸家書，又工篆、隸，遂以是集付之。不半月而就，於是遂得而梓焉云云。是此書非山人所撰，而序中亦未及作者之名，考宋人諸書目，衹載《鐘鼎篆韻》七卷，亦無此書，蓋亦以未有刊本、罕傳於時也。書中篆法古雅，竟似從鐘鼎彝器中摹揭而出，其橅印以朱不以墨，亦別饒古色，明版之傑出者也。"①此本正是明萬岳山人刻本，抽去書前萬曆十六年萬岳山人刻書序而已。《天目後編》提要僅云："見前影宋鈔部。"

每冊俱鈐天祿繼鑑諸璽，前後副葉所鈐爲"中三璽"，無其他私家藏印。每卷端有朱印"希軒之珍"、"神品上"、"寓形堂印"三朱文印，卷尾有"希軒之珍"或"真賞圖書"印一方。每冊前後副葉尚能見書衣改裝殘蹟，原爲淺色灑金箋紙書衣。

《故宮善本書目》記其爲"明萬曆間刻本"。《"國立故宮博物院"善本舊籍總目》，上冊，第613頁，著錄爲"明萬曆戊子（十六年）、萬岳山人刊朱印本"。2006年4月3日至6月30日臺北"故宮博物院""天祿琳琅·乾隆御覽之寶"特展（第二期）上展出。

584（2）歷代鐘鼎彝器款識二十卷（又一部）

明萬曆十六年（1588）萬岳山人刻朱印本。存卷一至七，計七卷，二

---

① 《天祿琳琅書目》前編卷七明版經部，第236—237頁。

冊，現藏中國國家圖書館（新編書號1206）。

版本同上，有內扉頁，題"歷代鐘鼎彝器款識墨妙法帖"。第一冊書籤貼在內扉頁，書籤灑金箋紙，題"元□歷代鐘鼎彝器款識第一冊"。

《天目後編》提要僅云："見前影宋鈔部。硃印本。"

每冊俱鈐天祿繼鑑諸璽，前後副葉所鈐爲"中三璽"，無其他私人藏家印記。

1959年自故宮調撥北京圖書館。2013年編目。

585 重刊許氏說文五音韻譜十二卷

明刻本。卷一至二之前二十三頁，三冊，現藏中國國家圖書館（新編書號1207）；卷二之第二十四頁至四十八頁至卷十二，二十一冊二函，現藏臺北"故宮博物院"（書號故善 010004－010024）。合兩岸所藏，即爲完璧。

匡高19.1釐米，廣14.7釐米。每半葉七行，行大字十四，小字不等。左右雙邊，白口，單魚尾。版心中刊說文卷幾及頁次。竹紙，紙色蕪黃。卷端及卷尾皆題"重刊許氏說文解字五音韻譜"。新裝織錦四合函套，黃綠色絹質書衣，白色灑金箋紙書籤，書"元版重刊許氏說文五音韻譜"及冊數。

《天目後編》所言甚少，只稱"篇目見前宋版經部"。觀此本明版刻風顯著，版刻疏朗，並非元版。此本與故宮院藏明嘉靖七年郭雨山刊本相近卻不同，郭雨山本四周雙邊，此本左右雙邊，推測或許亦刻於嘉靖年間。臺北"央圖"藏本有一部與此相同（書號0934），則著爲"明覆宋刊本"。《中國古籍善本書目》著錄此行款版式者爲明刻本。

每冊俱鈐天祿繼鑑諸璽，前後副葉所鈐爲"中三璽"，無其他私人藏家印記。

《故宮善本書目》記其爲"明刻本"。原爲四函二十四冊，闕卷一至二，存二十一冊。臺北故宮所藏，爲書之第四至第二十四冊。《"國立故宮博物院"善本舊籍總目》，上冊，第154頁，著錄爲"明刊本"，國圖所藏三冊，係1959年自北京故宮調撥，撥交檔案記爲"明覆元刻本"。2013年編目。

585(2) 大廣益會玉篇三十卷

明司禮監刻本。二冊一函，現藏臺北"故宮博物院"（書號故善 012344－012345）。

匡高 24.4 釐米，廣 18.2 釐米。每半葉九行，行大小字不等。四周雙邊，大黑口，雙魚尾，版心中刊"玉篇卷幾"及葉次。前有顧野王序一篇、啓一篇，又《總目》及《玉篇廣韻指南》。皮紙，綠地織錦四合函套，石青杭細書衣，黃綾書籤、套籤，書"元板大廣益會玉篇"。

《天目後編》提要云："篇目見前宋版經部。按，元陸友仁《研北雜誌》云：'顧野王《玉篇》，惟越本最善，末題"會稽吳氏三一孃寫"，楷法殊精。'是唐上元本，元時猶在。此雖宋重修本，而校刻差爲足據。"書品寬大，但紙墨、刊刻皆不精，且爲後印之本（圖 8—7）。

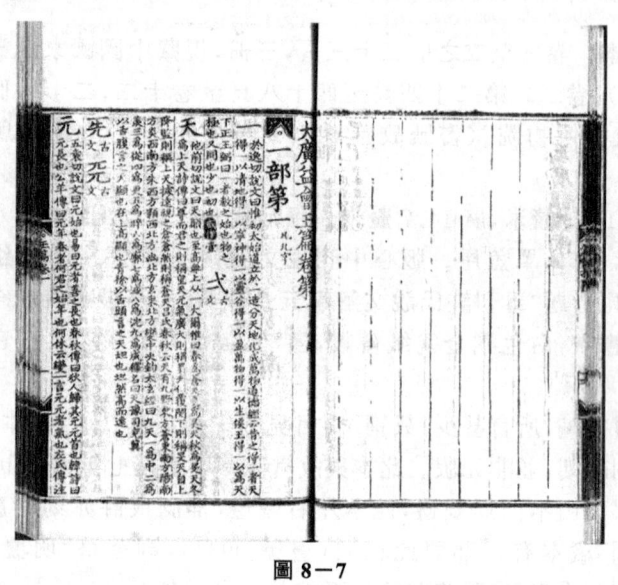

圖 8—7

每冊俱鈐天祿繼鑑諸璽，前後副葉所鈐爲"大三璽"，無其他私家藏印。

《故宮善本書目》記其爲"明復內府本"。《"國立故宮博物院"善本舊籍總目》，上冊，第 156 頁，然此本被著錄爲"明司禮監刊本"，顯係與下一部書著錄混淆，殊應改正爲是。

585(3) 大廣益會玉篇三十卷

明覆刻司禮監本。八冊一函，現藏臺北"故宮博物院"（書號故善 012346—012353）。

匡高 24.3 釐米，廣 18.2 釐米。每半葉九行，行大小字不等。四周雙邊，大黑口，雙魚尾，版心中刊玉篇卷幾及葉次。前有顧野王序一篇、啓一篇，又《總目》及《玉篇廣韻指南》。首卷卷端題"大廣益會玉篇卷第一"。第一冊有少量朱圈。皮紙，石青杭細書衣，黃綾書籤，書"元板大廣益會玉篇"。

《天目後編》提要僅云："篇目見前宋版經部。"書品寬大，紙墨精美。與前一書相比，此應爲司禮監原刊（圖8－8）。此本似乎佚去卷前司禮監刻書奉敕表之類，未見他本，不詳是否如此。

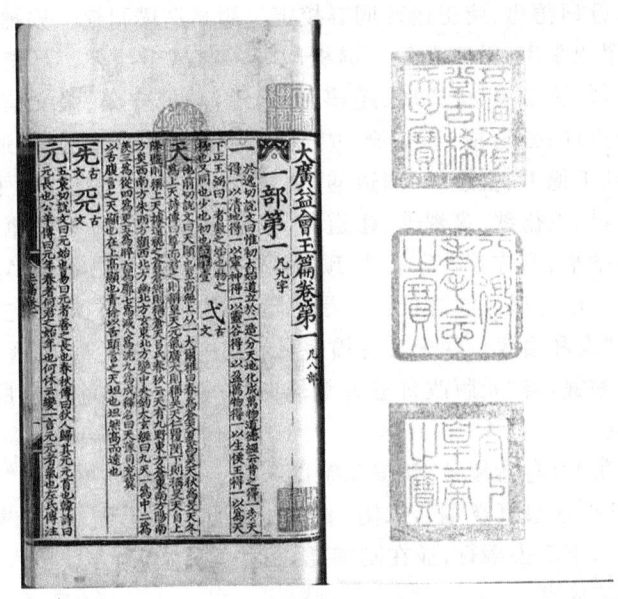

圖8－8

書首有"徐"朱文圓印、"元勳開國"朱文大方印和"帶礪河山"白文大方印，蓋明初開國功臣徐達之魏國公府所藏。另有揆敘謙牧堂二印，後入清宮。每冊俱鈐天祿繼鑑諸璽，前後副葉所鈐爲"大三璽"。

《故宮善本書目》記其爲"明內府刻本"。《"國立故宮博物院"善本舊籍總目》，上冊，第156頁。然此本被著錄爲"明覆刊司禮監本"，顯係與上一部書著錄混淆。

586 改併五音類聚四聲篇十五卷

明正德十一年（1516）金臺衍法寺釋覺恆募刊遞修本。原爲四函十六冊，闕卷四，存四函十五冊，現藏臺北"故宮博物院"（書號故善013053—

013067）；卷四，一册，現藏中國國家圖書館（書號18634）。

匡高30.2釐米，廣19.3釐米。每半葉十行，行十六字，小字雙行三十二字。粗黑口，四周雙邊，雙魚尾（偶有三魚尾）。中縫上記篇次，下記葉次。首卷卷端題"重刊改併五音類聚四聲篇"。卷前有《重編改併五音篇序》/泰和八年歲在強圉單閼律逢無射首六日先生姪男韓道昇謹誌，序後有《五音改併增添明頭號樣》、《十左番去號頌》、《五音撿篇入册頌》，後有"真定府松水昌黎郡韓孝彥次男韓道昭改併重編，兄曰道皓、弟曰道昉、男曰德恩、姪曰德惠、婿王德珪同詳校定。趙州荊璞同編。添補少闕字數石志良。單州張用、男曰張仁　開板印行。寧昌李昺書。昌黎諸門人張道忠、木道儀、張敬恩、史道敏、趙德瑞、韓道淳、邢守榮、張文信、王道興、木德禎、程道珪、張道澄、石守金、張道翼、程道溫、劉道寧、彭道琬、李道澤、李守珪、王德玉、張道就、劉道遇、賈德琛、馬杲祥、李道昇、張道佑、張道濟、宋守昌、王德欽、寶慶進、趙道甫、彭道普、周天壽、崔德惠、崔德賓、王守智、安德亨、劉守津、王守成、項德瓊、夏道遇、張德溫、郭守琛、高德成、劉德章　已上諸公同詳校正。昌黎門人洨川扶風郡寶慶進重校正"一葉，卷末題"泰和增改併類聚五音篇序目卷第一"。書經重裝，深綠色紙質書衣，紙質書籤，書"元版改併五音類聚四聲編"。書首前四頁脫去，葉次自第五葉起。

《貫珠集》首卷卷端題"新編篇韻貫珠集　一之八"，隔行題"京都大慈仁寺後學沙門清泉真空編"，末附《直指玉鑰匙門法》，所題"清泉真空集"上割去半行，末割去兩行，並在割補處鈐蓋"彙英堂"朱方、"出入禮門往來義路"朱方二閒章。

第一册目錄卷端題"重刊改併五音類聚四聲篇海總目錄"一行，乃重刻貼補於此；《新集背篇列部之字補添印行》後"大金丙辰松水昌黎門人洨川寶慶進補添　端陽日刊完"兩行，下有剜補痕蹟；《辛卯重編增改雜部》末刊記"崇慶己丑新集雜部至今辛卯刪補重編卷終"一行，其中"辛卯刪補重編卷終"半行係重刊後挖補。其它書頁書口下多有剜去：

《經史正音切韻指南》前有《經史正音切韻指南序》/後至元丙子歲仲冬吉日□□□□雲谷熊澤民序，《序》/至元二年歲在丙子良月關中劉鑑士明自序。所闕兩行爲有意挖補。

正文卷端題"重刊改併五音類聚四聲篇"，卷末題"重改併五音類聚四聲篇"或"重刊改併五音類聚四聲篇"，皆挖補原題名重刊補貼而成。卷端隔行題"溽陽松水昌黎郡韓孝彥次男韓道昭改併重編"。卷七末尚存原尾

《欽定天祿琳琅書目後編》卷八　元版經部 /307

題"己丑重刊改併五音類聚四聲篇卷第七終"。

此部與臺北"央圖"書號01094、01095的兩部書版本相同,每卷卷端大題、卷末尾題多經裁切。(圖8—9)版心下方原記有助刊僧眾姓名或刻工,亦多被裁切或以墨筆塗黑。如第一冊第二十五葉版心下原刻"虎跑寺沙門妙授助刊願與師長父母冤親同生淨土悟入□□"、第二十六至三十葉多爲"虎跑寺沙門妙授刊"等等。第十二冊葉一下則留有"比丘明曉捐貲助刊功德莊嚴先師圓澄證大菩提同法侶共刊"小字刊記兩行。

《天目後編》記其爲"元至正大二年釋真空刊本"。參考《中國古籍善本書目》書名應爲《大明正德乙亥重刊改併五音類聚四聲篇存十四卷新編經史正音切韻指南一卷新編篇韻貫珠集八卷直指玉鑰匙門法一卷》,版本應爲明正德十一年金臺衍法寺釋覺恆募刊遞修本。

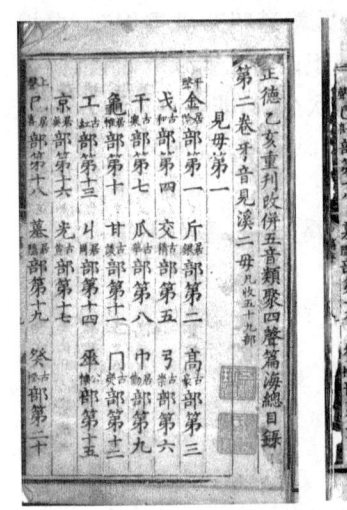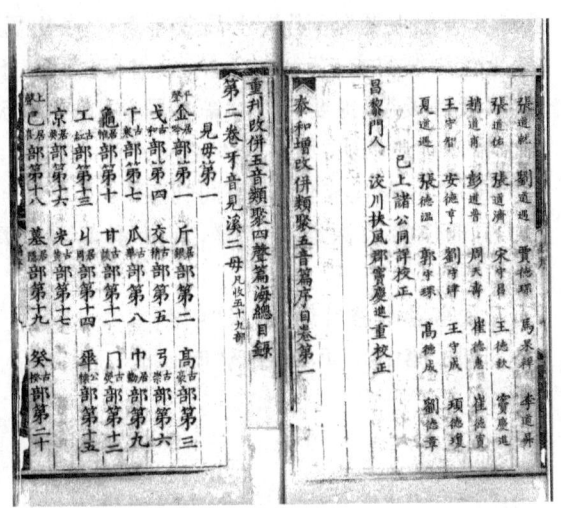

圖8—9　左爲臺北"央圖"本01095卷端,右爲天祿本被裁切改換之目錄書名

每冊俱鈐天祿繼鑑諸璽,前後副葉所鈐爲"大三璽",另有揆敍謙牧堂二印:"謙牧堂藏書記"白方、"謙牧堂書畫記"朱方二印,以及"彙英堂"朱方、"出入禮門往來義路"朱方。國圖所藏一冊爲原書第七冊。

《故宮善本書目》記其爲"明刻本"。《"國立故宮博物院"善本舊籍總目》,上冊,第168頁,著錄爲"明萬曆己丑(十七年)晉安芝山開元寺刊本",以爲乃《大明萬曆己丑重刊改併五音類聚四聲篇十五卷五音集韻十五卷》。

587 改併五音類聚四聲篇十五卷

明刻本。原爲四函十六冊，今二函十冊，現藏臺北"故宮博物院"（書號故善 012362—012371）。

匡高 32 釐米，廣 22.7 釐米。每半葉十三行，行十八字。小字雙行三十六字。四周雙邊，粗黑口，三魚尾。版心中記"五音類聚卷幾"，下記葉次。卷一爲序及目錄，有《重編改併五音篇序》，署"時泰和八年歲在強圉單閼律逢無射首六日先生姪男韓道昇謹誌"，又有《重編雜部》、《五音改併增添明頭號樣》、《十甜號頌》、《五音檢篇入冊頌》及目錄。目錄卷端題"改併五音類聚四聲篇目錄"，隔行下署"潯陽松水昌黎郡韓道昭改併重編男韓德恩姪德惠婿王德珪同詳定"。卷二卷端題"改併五音類聚四聲篇卷第二"，隔行下題"潯陽松水昌黎郡韓孝彥次男韓道昭改併重編"。白棉紙，紫色絹製書衣，黃綾包角，黃綾書籤，書"元板改併五音類聚四聲篇"。

《天目後編》提要僅云："篇目同前，首卷敘次少異，非一刻。"此本首卷序至目錄接連葉次，與上一本不同。書品寬大，紙墨精良，自字體、版式風格上看，應是明代成化、正德間刊版。

每冊俱鈐天祿繼鑑諸璽，前後副葉所鈐爲"大三璽"，無其他私家藏印。

《故宮善本書目》記其爲"明刻本"。《"國立故宮博物院"善本舊籍總目》，上冊，第 168 頁，著錄爲"明刊本"。

《欽定天祿琳琅書目後編》卷九　元版史部

588 前漢書一百卷

　　明嘉靖汪文盛等福建刻本。原爲十函六十冊,其中卷一至九、十三至十四、十六,計十一卷,六冊,現藏中國國家圖書館(新編書號 1210);卷十七至三十二、三十六至六十七、七十至一百卷,計七十九卷,闕卷一至十六、卷三十三至三十五、卷六十八至六十九,凡二十一卷,八函五十冊,現藏臺北"故宮博物院"(書號故善 010067—010116);卷三十三至三十五,計三卷,一冊,亦藏中國國家圖書館(書號 18617);卷六十八至六十九,計二卷,一冊,現藏南京圖書館(書號 116594)。

　　匡高 18.6 釐米,廣 13 釐米。每半葉十二行,行二十二字,小字雙行二十八字,白口,左右雙邊,有耳題。版心上刊"前漢幾",中刊"傳"、"表"等細目,下刊葉次。卷端小題在上,大題在下,卷下隔行小字題"漢班固譔唐顏師古注"。麻紙,藏青色紙質書衣,白色灑金紙質書籤,書"元版前漢書　第幾冊"。

　　《天目後編》稱此爲"麻沙小字本。按:舊衹稱《漢書》,此本兩漢合刻,故標題、版心皆加'前'以別之"。每卷卷端"漢班固譔唐顏師古注"下原有"明汪文盛高瀔傅汝舟校"一行,皆被撕去,粘以另紙,紙色有明顯不同。爲掩蓋補紙痕蹟,此處都鈐有"孔明獨觀大意"、"淵明不求甚解"兩方朱文印,以轉移視線(圖 9—1)。最末一冊至第十八葉 A 面止,自版心撕去 B 葉,補以另紙。經與臺北故宮所藏平圖本覈對,天祿本還撤去了卷首《前漢書敘例》五葉,或因其下有"唐顏師古譔明汪文盛

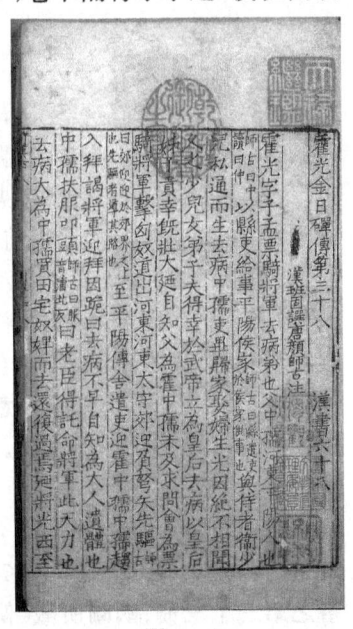

圖 9—1

高瀨傅汝舟校"一行之故。

每冊俱鈐天祿繼鑑諸璽，前後扉頁所鈐爲"中三璽"，私人藏印與《天目後編》所記皆合。"孔明獨觀大意"、"淵明不求甚解"二印，印文不佳，詞意平常，並非名號或藏書樓章，顯係書估以閒章鈐蓋於此，掩人耳目。

國圖書號 18617 一冊，爲原書之第二十三冊，係自採入藏；卷一至九、十三至十四、十六，計十一卷，六冊，係 1959 年自北京故宮調撥，2013 年編目。南圖一冊，爲原書之第三十九冊，卷首又鈐"蘇南區文物管理委員會藏"朱文方印，然在申報第二批、第四批國家珍品古籍名錄時誤定爲"元刻本"。《故宮善本書目》記其作"明嘉靖間汪文盛福建刻本"。《"國立故宮博物院"善本舊籍總目》，上冊，第 181 頁。

588(2) 後漢書一百二十二卷

明嘉靖汪文盛等福建刻本。原爲十函六十冊，闕《志》十九至二十五、《傳》一至二十九、三十一、三十二，凡三十八卷，存六函四十二冊，現藏臺北"故宮博物院"（書號故善 010025－010066）；卷四十一至四十二，即《傳》之三十一至三十二，計兩卷，一冊，現藏中國國家圖書館（書號 18618）；《傳》一至二十九（即卷之十一至三十九），十五冊，亦藏中國國家圖書館（新編書號 1211）。

匡高 18.8 釐米，廣 13.6 釐米。每半葉十二行，行二十二字，小字雙行二十八字，白口，左右雙邊，有耳題。版心上刊"後漢幾"，中刊"列傳幾"等細目，下刊葉次。卷前有景祐二年宋余靖《後漢書序》、目錄。小題在上，大題在下，卷端隔行小字題"南宋范曄譔唐章懷太子賢注"。麻紙，黃紙書衣，紙質書籤，書"元版前漢書　第幾冊"。

《天目後編》提要云："麻沙小字本，與《前漢書》合刻，以余靖上冠'宋'號，知爲元刻。"因余靖序下署爲"宋余靖序"而誤判爲元槧，誤矣，實爲明嘉靖間刻本，撕去序下、各卷卷端下及書尾之"明汪文盛高瀨傅汝舟校"等刊記，以及補以"孔明獨觀大意"、"淵明不求甚解"二印做法，與上一部《前漢書》相同，顯係同一人作僞。書中原有前人圈點、夾批、眉批，亦被一併挖去。

每冊俱鈐天祿繼鑑諸璽，前後扉頁所鈐爲"中三璽"。"孔明獨觀大意"、"淵明不求甚解"印文拙劣，爲書估僞鈐。國圖書號 18618 一冊，爲原書之第三十三冊；國圖所藏《傳》之一至二十九，十五冊，1959 年自北京故宮調撥，2013 年編目。《故宮善本書目》記其作"明汪文盛刻本"。《"國立故宮博物院"善本舊籍總目》，上冊，第182頁。

589 金史一百三十五卷

明初刻遞修本。四十八冊，現藏中國國家圖書館，其中卷四十一至四十三，計三卷，一冊，書號18622；餘四十七冊，卷一至四十、四十四至一百三十五，計一百三十二，新編書號1212。

每半葉十行，行二十二字，小字雙行同，白口，左右雙邊，雙魚尾。版心上刊細目，如"輿服志"，中刊"金史幾"，下刊刻工名"媿右"、"葉松"、"劉本"、"黃保"、"江同"等。卷前有至正五年江浙行中書省牒，次《進表》，次目錄二卷，後有校勘臣彭衡、倪中、麥澂、岳信、楊鑄、牟思善、卜勝、李源、揭模、丁士恒十人列名。內扉頁有原籤題"金史×冊"。

書百三十五卷。本紀十九，志三十九，表四，列傳七十三。按牒略云：皇帝聖旨裏江浙等處行中書省，至正五年六月二十六日准中書省咨，至正五年四月十三日篤憐帖木兒怯薛，第二日沙嶺納缽幹脫裏有時分，阿魯禿右丞相等奏：去歲教纂修《遼》、《金》、《宋》三史書，即日《遼》、《金史》書纂修了，有如今將這部書令江浙、江西二省開版，就彼有的學校錢內就用，疾早教各印造一百部來呵，怎生奏呵，奉聖旨那般者。欽此。准此，本省咨委參知政事秦、左右司都事徐槃欽依提調，及下江浙儒司委自提舉班惟志校正字畫，杭州路委文資正官首領官提調鋟梓印造裝褙。至正五年九月日。後列衝中書省左丞相平章政事、左丞參知政事、左右司郎中、員外郎、都事十四人銜名。《金史》自南北監版外，別無行本。故《天目後編》云"此係初成時杭州所刊官本，真為希觀"，以為元至正五年江浙行省刻本。《中國古籍善本書目》著錄元至正五年浙江等處行中書省刻本，國家圖書館收藏一部，此本乃明初刻本之遞修本。

每冊俱鈐天祿繼鑑諸璽，前後副葉所鈐為"大三璽"。除卷一首鈐"泊如齋"外，無私人藏印。

據書衣籤題，國圖書號18622一冊為原書之十六冊；其餘四十七冊，1959年自北京故宮調撥，2013年編目。

590 元經薛氏傳十卷

明刻本。三冊，現藏中國國家圖書館（書號12376）。

每半葉十二行，行二十二字，小字雙行同，白口，四周雙邊，雙魚尾。版心上刊"元經薛氏傳"，中刊卷次及葉次，下有刻工"羲"、"連"、"貞"、

"宣"、"元"、"玄"、"芳"等。前有薛收序。首卷卷端題"元經薛氏傳第一"，下題"阮逸註"。書頁有蟲蛀。清宮舊裝，書籤題"元板元經薛氏傳"。

《天目後編》提要無一字言及版本。自版刻風貌看，應是明刻本，似爲嘉靖時所刊。《中國古籍善本書目》著錄此行款版式者爲明刻本。

每冊俱鈐天祿繼鑑諸璽，前後副葉所鈐爲"大三璽"。無其他私家藏印。

《賞溥傑書畫目》著錄，宣統十四年(1922)九月二十五日賞溥傑。出宮後輾轉自長春僞宮至瀋陽故宮，1959 年由北京故宮撥交北京圖書館。《北京圖書館古籍善本書目》第 262 頁。

590(2) 資治通鑑考異三十卷

明嘉靖二十三至二十四年(1545—1545)孔天胤杭州刻本。十六冊二函，現藏臺北"故宮博物院"(書號故善 005787－005802)。

匡高 20.5 釐米，廣 15.4 釐米。每半葉十行，行二十字，小字雙行同。左右雙邊，白口，單魚尾。魚尾下刻"通鑑考異卷幾"，下記頁數。偶見刻工名：宮、堂、夏怨。無序跋。首卷卷端題"資治通鑑考異卷第一"，隔行題"端明殿學士兼翰林侍讀學士太中大夫提舉西京嵩山崇福宮上柱國河內郡開國公食邑二千六百戶食實封一千戶臣司馬光奉敕編集"二行。黃麻紙，綠地宋式錦裹杉木板四合函套，紫紅色絹製書衣，黃綾書籤及套籤，書"元板通鑑考異"。首末冊書頁蟲蛀殘損。

《天目後編》云："胡三省作《資治通鑑注》，取《考異》散入各條下，於是專行絕少。然光當時《通鑑》與《考異》、《目錄》三書雖相輔而成，要各自單行，此猶其本來面目也。"未言版本。臺北"國家圖書館"所藏同版本上卷前有題辭，言及杭郡太守命人校理、開局刊刻之事，云："余謬領提調，與諸生修大學之道，居經史之業……乃狀其事……並承準裁，從事雕繕，用布學官子弟，擇善而多識之。乃委付杭郡太守陳君一貫總其紘要，仁和令程良、錢塘令龔雲從……等分其校理。自嘉靖甲辰六月開局，明歲春三月完其書。凡二百九十四卷，另《考異》三十卷，俱從唐太史家宋板文字。"此天祿本佚之，以致誤爲元刻。

所鈐"酉室"、"竹谿艸堂"、"子孫世昌"三枚私家藏印俱與《天目後編》所記相同，唯"竹谿草堂"應作"竹谿艸堂"。"酉室"，乃明人王穀祥別號，穀祥(1501—1568)字祿之，號酉室，長洲(今江蘇蘇州)人。嘉靖八年(1529)進士，官吏部員外郎。善寫生，渲染有法度，意致獨到，即一枝一葉，亦有生色。爲士林所重。書仿晉人，不隨羲之獻之之風，篆籀八體及摹印，並臻妙品。《吳中往哲像贊》、《姑蘇名賢小紀》、《名山藏》、《廣印人傳》有傳，此爲其家藏本，後入清宮。每冊俱鈐天祿繼鑑諸璽，前後副葉所鈐爲"大三璽"。

《故宮善本書目》記其作"明嘉靖二十三年孔天胤刻《資治通鑑》本"。《"國立故宮博物院"善本舊籍總目》，上冊，第 199 頁，著錄爲"明嘉靖二十四年孔天胤杭州刊本"。

591 稽古錄二十卷

元刻本。一函六冊。

《天目後編》提要僅云："篇目見前宋版史部。"

《賞溥傑書畫目》著錄，宣統十四年(1922)九月二十五日賞溥傑，賜出宮外。尚不知是否仍存世間。

591(2) 通鑑釋文辨誤十二卷

元刻明修本。八冊一函，現藏臺北"故宮博物院"(書號故善 000353—000360)。

匡高 21.8 釐米，廣 14.7 釐米。每半葉十行，行二十字，四周雙邊，黑口，雙順魚尾。版心上刊大小字數，中刊通鑑辨誤幾及葉次，下刊刻工，有肖子光、徐友煥、余平父、克明、信、永明、李安、張季祥、丁華父(丁華甫)、仲貴、江壽卿、余發臣、江伯海、劉子仁、呂昭父、周弟、余子恭、江君裕、吳可父、王仁甫、許漢卿、智文、黃子通等。卷尾有(至元二十五年)丁亥胡三省跋。首卷卷端題"通鑑釋文辨誤卷第一"，隔行下題"天台胡三省身之"。卷一前六頁鈔配。黃麻紙，綠色地織錦四合函套，黃絹書衣，黃綾書籤及套籤，書"元板通鑑釋文辨誤"。

《天目後編》云："書十二卷。《通鑑釋文》一書，本南宋蜀人史炤所作。又有海陵所刊《釋文》，稱司馬康本。又廣都費氏進修堂刊《通鑑附注》，號《龍爪通鑑》。皆略於炤本，而實相蹈襲。三省既注《通鑑》，復以康本係僞說，炤本及《龍爪》訛謬相傳，因作此書以辨正之。末有丁亥春三省自作後序，具作書之旨。丁亥，爲元世祖至元二十四年，距厓山之亡八年矣。"丁亥爲元至元二十四年(1287)。元至正初年興文署刻胡三省《資治通鑑》二百九十四卷，其後有元末臨海刻本，陳垣先生稱"元末臨海刻胡注，即用興文署正文,爲第三傳"。① 此爲臨海本後附部分,明弘治、正德、嘉靖年間屢有遞修。此本卷五第三葉、第四葉爲明代補刊,版心上之大小字數及下記刻工處均有裁切,字體亦有不同,應是明代修補印本。

每冊俱鈐天祿繼鑑諸璽,前後副葉所鈐爲"中三璽",無私家藏印。

《故宮善本書目》記其作"元臨海刻《胡注資治通鑑》"本"。《"國立故宮博物院"善本舊籍總目》,上冊,第 199 頁,著錄爲"元刊本"。

592 通鑑總類二十卷

元至正二十三年(1363)吳郡庠刻本,卷九、十配清初抄本。四函三十二冊,現藏遼寧省圖書館(書號善 01024)。

匡高 24.9 釐米,廣 17.6 釐米。每半葉十一行,行廿三字,細黑口,左右雙邊,單魚尾。版心下有刻工"平江張俊刊"、"趙"、"王"、"吳"、"景仁"、"元"、"夫"、"東"、"宋"、"圭"、"周"、"世"等。卷前有樓鑰嘉定元年序。首卷卷端題"通鑑總類卷第一"。原闕卷四之五十九至六十二共四頁。白棉紙本,紙墨瑩潔,然多有斷版、漫漶。

《天目後編》提要云:"篇目見前宋版史部。是書宋、元、明三刻,前說已具。此本不避宋諱,其古雅過明内監所刊遠甚,知爲元至正重鋟本。"《通鑑總類》首刻於南宋嘉定間,再刻於元至正間,《天祿琳琅書目後編》卷四著錄三部"宋版"《通鑑總類》,實皆爲元至正二十三年吳郡庠刊本,與卷九元版史部這一部同版。②

每冊俱鈐天祿繼鑑諸璽,前後副葉所鈐爲"大三璽",無其它私人藏印。《天目後編》宋版史部著錄 3 部、元版史部著錄 1 部《通鑑總類》,由闕頁可知爲《天目後編》卷九之元版。

宣統十四年(1922)十月初六日溥傑收到賞單内著錄此書。《第二批

---

① 陳垣著:《中國現代學術經典·陳垣傳》,河北教育出版社 1996 年版,第 521—522 頁。

② 劉按,《中國古籍善本書目》上除著錄元至正二十三年吳郡庠刻本外,尚有明萬曆二十三年(1595)司禮監三河孫隆重刻本,行款版式俱同。有學者質疑遼圖此本並非元版,疑其爲明代翻刻本,筆者以之與清華館藏元刻本對比,遼圖所藏天祿本與之同版,明萬曆間翻刻本雖開本、版式、行款與元本無異,但版刻風貌明顯不同。遼圖本爲元槧無疑。

《國家珍貴古籍名錄圖錄》第 02860 號，著錄其爲元至正二十三年吳郡庠刻本。①

592(2) 資治通鑑綱目五十九卷

明初建安劉寬裕刻本。五十九冊八函，現藏臺北"故宫博物院"（書號故善 005899—005957）。

匡高 21.6 釐米，廣 13.6 釐米。每半葉十二行，行十八字，小字雙行二十二字。四周雙邊，黑口，雙魚尾。上魚尾下刻"綱目卷幾"，下魚尾下刻頁數。無刻工名。卷前有《資治通鑑綱目序例》，署"乾道壬辰夏四月甲子新安朱熹謹書"。次目錄。首卷卷端題"文公先生資治通鑑綱目第一"，隔行下題"古舒慈湖王幼學集覽　後學布衣尹起莘發明　後學新安汪克寬考異　後學毘陵陳濟正誤"四行。集覽、發明、考異、正誤等以雙墨圍別出。書眉版匡處附刻干支紀年，並以墨圍別出。竹紙。紫色地宋式錦四合函套，橄欖綠色絹製書衣，黃綾書籤，書籤題"資治通鑑綱目"。書頁蟲蛀嚴重，多有殘損。

《天目後編》云："書内第十六卷不書（陳）濟《正誤》，別著張光啓纂輯，殆從別本竄入者。自明成化中，商輅等修《續綱目》並正書通行刊本，正德年黃仲昭羼入《發明》、《質實》、《考異》等書，今所通行。此猶元季舊刻也。"此本挖去首卷卷端下之"建安京兆劉寬裕栞行"一行（圖 9－2），②建版風格顯著，紙色古舊，因此天祿諸臣以爲乃元季所刊。有學者研究，朱子《綱目》對宋以後"通鑑"類圖書編撰產生很大影響，而建陽地區作爲閩學發源地，當地書坊更是大量刊行"通鑑"圖書，入明以來，所刊"通鑑"類圖書種類繁多，③劉寬裕刻本是其中一家。

每冊俱鈐天祿繼鑑諸璽，前後副葉所鈐爲"大三璽"。"毘陵段銊翼之"、"云何仁者"二枚私家藏印俱與《天目後編》所記相同。有清室善後委員會點驗掛籤，記其原在養心殿。

---

① 《第二批國家珍貴古籍名錄圖錄》，第 3 冊，第 10 頁。
② 臺北故宫藏另一部同版《文公先生資治通鑑綱目》（書號故善 005803—005898），首卷卷端下尚存原刊記。
③ 涂秀虹著：《明代"按鑑"演義與建陽刻書背景》，《中國典籍與文化》2009 年第 4 期，第 23—28 頁。

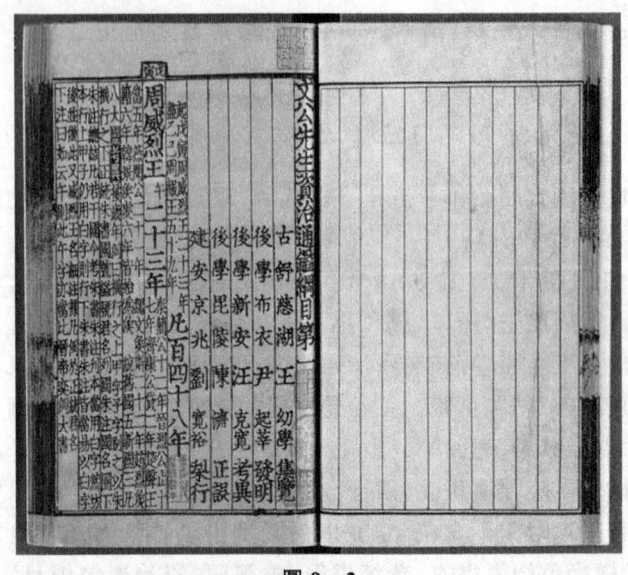

圖 9—2

《故宫善本書目》記其作"明建陽劉氏慎獨齋刻本"。《"國立故宮博物院"善本舊籍總目》,上册,第 201 頁。

593 增修陸狀元集百家注資治通鑑詳節一百二十卷

元刻本。卷一至六,卷二十四,二册,現藏日本東京大學東洋文化研究所(書號貴重-13、貴重-15);卷五十至五十二,一册,2002 年中國嘉德春拍;①卷五十八至六十,一册,2001 年嘉德秋拍,②此二册現藏私人手中。

匡高 19.2 釐米,廣 13 釐米,每半葉十四行,行二十三字,注二十六七字,細黑口,左右雙邊,雙魚尾。有耳題,并刻有眉批。卷前有元好問序,次《總例》,次《撰史撰注姓氏》,次宋神宗序詔、《進表》、《節要序》、《外紀序》、馮時行《釋文序》,次《目錄》,次《綱目》。首卷卷端題"增修陸狀元集百家註資治通鑑詳節卷之一"。麻紙。刷印略爲模糊,當爲後印本。

---

① 中國嘉德國際拍賣有限公司 2002 年春季拍賣會古籍善本專場,拍品第 1424 號。
② 中國嘉德國際拍賣有限公司 2001 年秋季拍賣會古籍善本專場,拍品第 1523 號。

《四庫全書總目》著於附存目錄。《天目後編》以爲元憲宗乙卯歷亭州將張晉卿刻本，考其"雖託於涑水，實則建陽書肆兔園冊耳"。《蒙元版刻綜錄》據此著錄爲元時建陽刻本，然傅增湘據《天目後編》所載元好問序署乙卯，考爲蒙古憲宗五年（1255），爲與宋分治時，認爲謂之宋刊尚可也。①

此本民國間曾經王致和舊藏，丁巳年（1917）王氏送請傅增湘展閱。《藏園訂補邵亭知見傳本書目》著錄蒙古憲宗五年（1255）刻本《資治通鑑詳節》，云："京肆又見一帙，天祿後目中物，有諸璽印。"②

每冊俱鈐天祿繼鑑諸璽，前後副葉所鈐爲"中三璽"。原無私家藏印，卷五十八至六十，一冊，卷端鈐"譚錫慶學看元本書籍印"（朱文）、"金輪精舍"（白文）、"康生"（朱文）。此書藏於清宮時，已闕卷十六、二十五、二十六、九十六至一百一、百十二至百十三諸卷，流出宮後，又爲琉璃廠正文齋書賈譚錫慶、陶北溟、康生遞藏，吳希賢先生曾經眼，以爲是元初刻本。③日本東京大學所藏二冊（圖9-3），其首卷一冊，上鈐"芹城閔氏叢桂書屋收藏書畫之印"白文長方印，著錄爲"宋刊元修本"④。

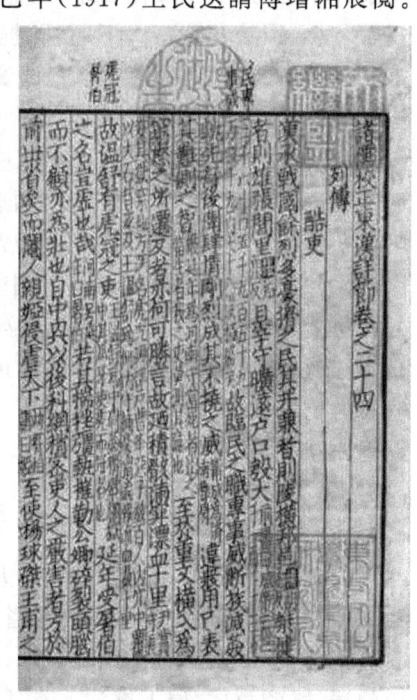

圖 9-3

594 通鑑續編二十四卷

元至正二十一年（1361）顧逖思松江刻明修本。二函二十四冊，現藏臺北"故宮博物院"（書號故善 000361—000384）。

---

① 《藏園群書經眼錄》，卷三，第209頁。
② 《藏園訂補邵亭知見傳本書目》，第62頁。
③ 吳希賢輯彙：《歷代珍稀版本經眼圖錄》，第29—30頁。
④ 書目及書影資料，詳見日本東京大學東洋文化研究所所藏漢籍善本全文影像資料庫 http://shanben.ioc.u-tokyo.ac.jp/list.php?order=rn_no。

匡高21.6釐米,廣15釐米。每半葉大字九行,行二十二字;小字十八行,行二十二字。左右雙邊,黑口,單魚尾。版心上刊字數,中刊"通鑑續編卷幾"及葉次,下刊刻工,有永之趙、潘、朱、王、愼夫等。版匡外、葉眉處刊有甲子紀年。卷前有至正二十一年周伯琦序,十八年陳基序,二十二年張紳序,至正十年陳桱自序,又姜漸序。正文前有目錄及書例。首卷卷端題"通鑑續編卷第一",下題"陳桱"。蟲噬損字處甚多,序之首頁有缺,末頁亦多有缺。竹紙,舊裝藍色絹質四合函套,湖藍色絹製書衣,無書籤。包背裝。

《天目後編》考曰:"按伯琦序,桱書既成,行中書省賓佐海陵馬玉麟國瑞資諸生編錄之,松江貳守昭陽顧逖思邀甫鋟梓,以廣其傳。是此書纂、刻俱在元時。桱流寓長洲、淮。張方據吴,伯琦、陳基皆以元官爲其幕佐也。"元刊葉多斷版,後印之本,書中多處顯爲明代補版。

每冊俱鈐天祿繼鑑諸璽,前後副葉所鈐爲"中三璽",無私家藏印。

《故宮善本書目》記其作"元至正二十一年顧狄思松江刻本"。《"國立故宮博物院"善本舊籍總目》,上冊,第202頁,著錄爲"元至正二十一年顧逖思松江刊本"。

594(2)宋史全文續資治通鑑三十六卷

元刻本。存卷一至十九,計十九卷,六冊,現藏中國國家圖書館(書號8018);卷三十四,一冊,現藏山東省博物館(書號18.127)。

匡高20.2釐米,廣13.7釐米。每半葉十六行,行二十五字,黑口,四周雙邊,雙順魚尾,眉上鐫注。有耳記"太祖建隆元年"等字樣。首卷卷端題"宋史全文續資治通鑑卷之一",有些卷端題"增入名儒講義續宋資治通鑑長編"。《天目後編》云此本"鋟手款式古雅,亦未可廢之書"。

書前有乾道四年李燾《進續資治通鑑長編表》,《宋朝玉裔》、《宋朝傳授》二圖,目錄首刻長方形木記,云:"《宋史通鑑》一書,見刊行者節略太甚,讀者不無遺恨焉。本堂今得善本,乃名公所編者,前宋已盛行於世,今再繡諸梓,與天下士大夫共之。誠爲有用之書,回視它本大有逕庭,具眼者必蒙賞音,幸鑑。"(圖9—4)《天目後編》評曰:"夫既稱前宋,自係元時,云出名公,何以不著其名?且李燾生南宋孝宗、光宗之間,所著《續通鑑長編》止於汴都九朝。此書南渡後七朝,下至益、廣二王俱入紀中,而欲冒《續長編》之名,甚矣!書賈作僞之拙也。然其書援據極富,中多兩宋軼籍,鋟手款式俱古雅,亦未可廢之書。"

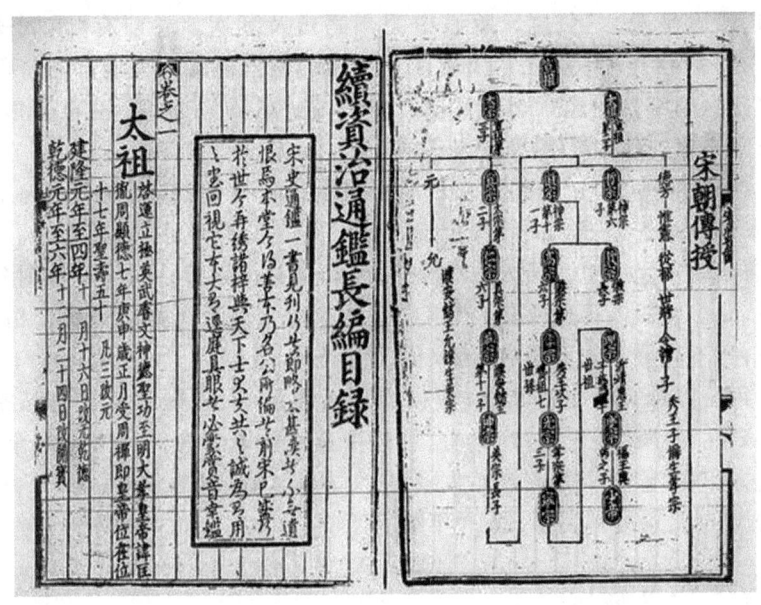

圖 9—4

　　曾經明代晉藩收藏，後爲揆敘謙牧堂所藏，鈐有"晉府書畫之印"、"敬德堂圖書印"及"謙牧堂藏書記"、"謙牧堂書畫記"。清代爲宮廷藏書，每冊俱鈐天祿繼鑑諸璽，前後副葉所鈐爲"中三璽"。每冊卷端上方因鈐有"晉府書畫之印"朱文大方印，致使"乾隆御覽之寶"、"天祿繼鑑"二璽只得屈尊，鈐在首頁B面。唯卷十八、十九一冊書末副葉只鈐"太上皇帝之寶"朱文大方印。民國流出宮後，曾爲周叔弢所藏，①鈐"周暹"白文小方印，後於1952年捐贈北京圖書館。

《北京圖書館古籍善本書目》第182頁。

595 國語解二十一卷

　　明弘治十五年（1502）刻本。存卷七至十、十四至十五、十九至二十一，計九卷，四冊，現藏中國國家圖書館（書號18598）；卷一至二，補音二，計二卷，二冊，亦藏中國國家圖書館（新編書號1208、1308）；卷十六至十八，一冊，現藏臺北"國家圖書館"（書號204.21/02041）。

　　匡高22.7釐米，廣15.7釐米。每半葉十行，行二十字，小字雙行同，

---

① 《自莊嚴堪善本書目》，第26頁。

黑口，四周雙邊，三魚尾。版心中記國語幾及葉次。卷前有"重刊國語序"，署"弘治十五年歲在壬戌夏四月上旬賜進士通議大夫刑部右侍郎前都察院右副都御史豫章李士實撰"。書口題"國語"。棉紙，有染舊痕蹟。又韋昭自序。後附《國語補音》三卷。

《天目後編》云："《國語注》以昭爲最古，而《補音》目錄列二十一篇次第，末云'《補音》三卷，夾註庠自撰，附於末'。是庠本於本書後附《補音》，如《詩》、《書》之序也。後人以昭注多傳本，遂鈔出別行。明人又散附各句之下，間多脫誤。得此舊刻，猶存典型矣。"實此爲明代覆刻宋版，"桓"闕末筆，然不謹嚴。末冊後有"地泉徐氏"墨記。

每冊俱鈐天祿繼鑑諸璽，前後扉頁所鈐爲"大三璽"，無其它私家藏印。臺北"央圖"一冊上，尚鈐有"管理中英庚款董事會保存文獻之章"朱文長方印和"國立中央圖書館收藏"朱文方印。國圖所藏卷一至二，一冊，1959年自北京故宮調撥，2013年編目。

596 戰國策十卷

元至正二十五年(1365)平江路儒學刻明修本。原作二函八冊，卷一至八，計八卷，七冊一函，現藏臺北"故宮博物院"（書號故善002270－002276）；卷九至十，計二卷，一冊，現藏中國國家圖書館（書號8023）。合兩家所藏，即爲全璧。

匡高20.8釐米，廣15.8釐米。半每葉十一行，行二十字，小字雙行同，細黑口，左右雙邊，單魚尾，有耳題。版心上刊字數，中刊"國策卷幾"及葉次，下有刻工名"王永發刊"、"趙"、"何"、"潘"、"茅"等。卷前有劉向序、曾鞏序、吳師道識、鮑彪序，後目錄，後《校正凡例》。首卷卷端題"戰國策西周卷第一"，隔行下題有"縉雲鮑彪校注"、"東陽吳師道重校"兩行。卷四、卷五末俱刻"至正乙巳前藍山書院山長劉鏞校勘"一行，卷六末刻"前藍山書院山長劉鏞校勘"一行，卷八、卷十俱刻"平江路儒學正徐昭文校勘"一行。竹紙，紫色地夾金線織錦四合函套，書經重裝，靛青色紙質書衣，無書籤。文中有文從鼎題款及朱筆眉批及圈點。

《凡例》稱："鮑更易《策》文，元次殽亂，欲從舊本，則不見校正之義，已著目錄于前，今據其本疏辨，凡注之謬誤者抹之辨正，則以正曰著之；未明而改定者亦從此例，闕疑及他有發明者，以補曰著之。""正曰"、"補曰"皆以黑蓋子白文別出。元代地方儒學刻書乃其一大特色，儒學有學田收入保障刻書經費，主持書院者多爲博學之士，因而刻書精審，質量上乘，備受歷代士人、學者好評。本書爲元代書院刻書代表作之一。此本中多見明代補版，且似經遞修。

明歸長洲文從鼎所藏，鈐"定之"、"文從鼎"、"字定之"、"文印從鼎"諸印。《校正凡例》後有"萬曆戊子七月望日手裝于顧賢堂　定之筆"墨書一行，並鈐"定之"白文方印。卷五後八分書"戊子八月一閱於心遠閣"一行，並鈐"文從鼎"、"定之"二印。卷十後八分書"戊子十月惜陰齋漫閱"，並鈐"文從鼎"，又楷書"庚戌三月十八日悟言室閱過"（圖9—5）。文從鼎，字定之，文徵明曾孫，文嘉之孫也，萬曆甲午舉人。入清歸揆敍，有謙牧堂二印。後入清宮，每冊俱鈐天祿繼鑑諸璽，前後副葉所鈐爲"大三璽"。此本末二卷不知何時流出清宮，爲周叔弢先生收藏，鈐"周暹"白文小方印，後捐贈北京圖書館。①

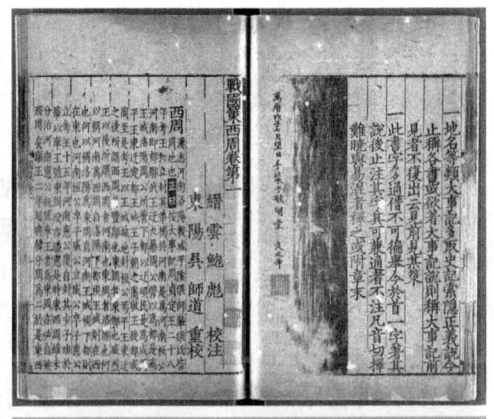
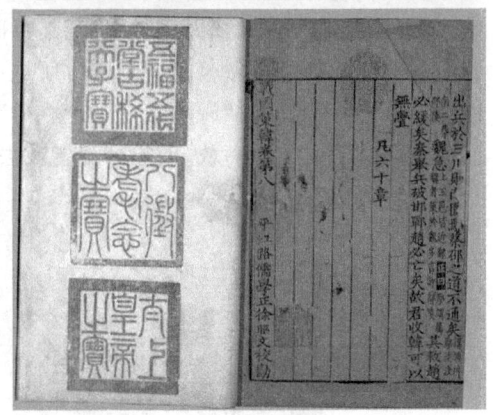

圖9—5

《故宮善本書目》記其作"元至正二十五年平江路儒學刻本"；《"國立故宮博物院"善本舊籍總目》，上冊，第230頁，著錄爲"元至正二十五年平江路儒學刊本"。2008年臺北"故宮博物院"之"天祿琳琅——乾隆御覽之寶"展覽上展出。

597 戰國策十卷

明萬曆九年（1581）張一鯤刻本。其中卷三至四、卷六，計三卷，四冊，

---

① 《自莊嚴堪善本書目》，第27頁。

現藏中國國家圖書館（書號18607）；卷四、卷七、卷九，計三卷，一冊，亦藏中國國家圖書館（新編書號1150）；卷五之葉十九至三十五，一冊，中貿聖佳2016年春拍，現藏上海龍美術館。

匡高20.8釐米，廣14.2釐米。每半葉九行，行二十字，小字雙行同，白口，左右雙邊，單魚尾。版心上刊"戰國策"，中刊卷次，下刊葉次。欄上鐫評。

《天目後編》提要僅云："篇目見前宋版史部。"是書字大行疏，字體刊雕大小有度，方正而不失靈動，乃明代萬曆年間廉吏大儒張一鯤據宋鮑彪本精刻，將宋本之三十三卷合刊爲十卷。因書頁殘破，即使已編目部分也無法提閱，未見國圖所藏之書，亦不見卷首及卷末部分，不詳何以誤明槧爲元刊，或撤去卷首之萬曆九年序所致。

每冊前後副葉所鈐爲"中三璽"，卷端佚去"乾隆御覽之寶"、"天祿琳琅"、"天祿繼鑑"不存。《天目後編》記其每冊鈐有"謙牧堂藏書記"、"謙牧堂書畫記"二印，應是揆敘舊藏。拍賣會所見一冊，尚存原裝淺藍色絹質書衣，灑金白紙書籤，墨筆書"戰國策　第十一冊"，首"元版"二字佚去。卷首另有"鄧拓珍藏"朱文方印一枚，前後副葉皆裁去，不見副葉三璽（圖9-6）。

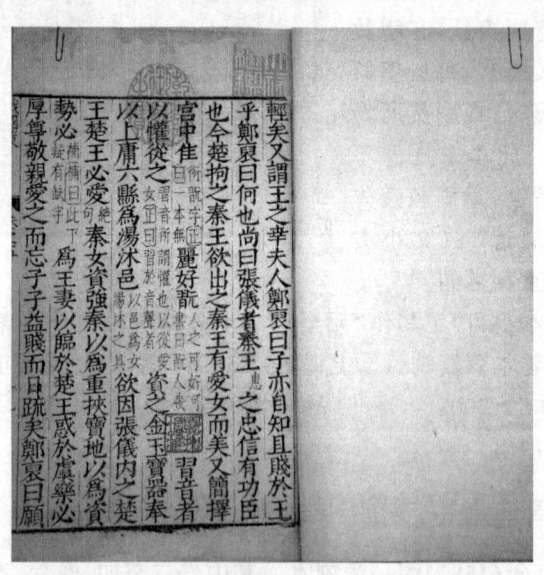

圖9-6

卷四、卷七、卷九，計三卷，一冊，2013年中國國家圖書館新編目。

597(2)南唐書三十卷

明嘉靖二十九年(1550)顧汝達刊本。十冊一函，現藏臺北"故宮博物院"(書號故善 007233—007242)。

匡高 19 釐米，廣 12.6 釐米。每半葉十行，行二十字，小字雙行同。左右雙邊，白口，雙順魚尾。上魚尾下刻"南唐書卷之幾"，下魚尾下刻頁數。無刻工名。卷前有《南唐書序》一篇，署"崇寧乙酉春正月陽羨馬令"。無跋。首卷卷端題"南唐書卷之一"。麻紙，綠色地宋式錦四合套，芥黃色絹製書衣，黃綾書籤、套籤，書"元板南唐書"。書頁蟲蛀嚴重，多有損字。

《天目後編》云："别本有令自序二篇，此本佚。其後陸游別撰一書，今並行焉。"與臺北"故宮博物院"藏平圖本(書號平圖 006415—006417)比勘，此本佚失卷末之嘉靖庚戌八月東海姚昭跋，云"顧子汝達博覽窮搜，厭家藏元刻舛訛，校讐而梓之"，以致誤爲元槧。刊刻極精，楷體端正清雅，紙色古樸。有少量佚名硃筆校字。

每冊俱鈐天祿繼鑑諸璽，前後副葉所鈐爲"中三璽"，因"端本家傳"朱文大方印鈐於每冊首頁右上方，"乾隆御覽之寶"及"天祿繼鑑"二印遂鈐於首頁 B 面上方。曾經錢謙益、揆敘舊藏，"錢謙益印"、"牧齋"二印印色不佳，疑僞。《書目後編》原記鈐印之外，因蟲蛀訂線開裂，第一冊卷首序以及卷一下方版框之外尚可窺見有"留耕莊圖書記"白方和"孝□"白方二印，不詳印主何人。

《故宮善本書目》記其作"明嘉靖二十九年(1550)顧汝達刻本"。《"國立故宮博物院"善本舊籍總目》，上冊，第 397 頁。

598 貞觀政要十卷

明蜀藩刻本。二函十冊，現藏臺北"故宮博物院"(書號故善 002394—002403)。

匡高 24.4 釐米，廣 18.5 釐米。每半葉十行，行二十字，小字雙行同，四周雙邊，黑口，雙魚尾，版心中刊"貞觀政要卷幾"及葉次，下刊刻工名，有苟道珉、王捁保、喬、帥、呂、刘士中、涂、余、民、正、宣、張文玉、文郁、陳中、胡、向、魯、任、瞿、彥、易、林、保、保兒、李、凌、辛、丑、玄、賈、貴、戴、周、李浦才、刘興才、梁、文民、恕、英、王必文、啓、路長、李才、陸、夆、大通等。卷首有《貞觀政要集論題辭》/國史吳澂題辭。又至順四年郭思貞序。又戈直序。又吳兢自序，隔行署"唐衛尉少卿兼脩國史修文館學士吳兢撰"。

又目錄。又《集論諸儒姓氏》。首卷卷端題"貞觀政要卷第一"。皮紙，新裝織錦四合函套，黃綠色地朵花宋式錦書衣，黃綾書籤，書"貞觀政要"。

《天目後編》認爲書前有至順四年郭思貞序，稱"明有官刻《貞觀政要》，即從此本翻雕，前有御製序者是也"，以爲乃元至順四年所刊。《貞觀政要》現存最早刻本是明洪武三年（1370）王氏勤有堂刻本；通行者即此元代戈直集各古本加以校釋刊行之本，世稱"戈本"，"官刻"蓋指明成化元年（1465）內府刻本。此本紙墨甚精，開本廣大，版式疏朗，有明顯明代內府本版刻氣息。但比對前三批《國家珍貴古籍名錄圖錄》所收明洪武三年王氏勤有堂刻本及明成化元年內府刻本書影，與臺北故宮藏天祿本皆不相同。部分刻工如"苟道珉"與洪武間蜀藩刊《自警編》同。①

明周弘祖撰《古今刻書》僅錄四川蜀府一家刻《貞觀政要》，《全明分省分縣刻書考·藩府》中僅記錄了明成化十二年（1476）崇府刊本，②張秀民《明代藩府印書表》載藩府刻本有蜀王府和崇王府兩家。③ 據此可以大致確定明代藩府中有蜀府和崇府兩家刻過《貞觀政要》一書。兩府刻書時間與刻書風格各有差異。其中蜀王朱椿爲明太祖第十一子，洪武二十三年（1390）就藩成都，傳九世。蜀府刻書品種很多，見於記載有近四十餘種。然而蜀府刻本的具體特徵目前尚無專門研究。蜀府刻《貞觀政要》極有可能沒有牌記，同時又與內府本極爲相似，因此較難辨識。現存各種藏書目錄所記載的《貞觀政要》未見著錄爲蜀府刻者，似與蜀府本的特徵並不明顯有關。崇府本雖與成化內府本版刻面貌差異細微，但有"成化丙申崇府重刊"牌記，識別容易。

《故宮善本書目》記其作"高麗復元本"，張允亮應是以用紙似高麗皮紙爲據，定其爲朝鮮刻本。朝鮮刻本通常花魚尾，此本爲直線魚尾，版刻風貌開卷即明內府本氣息，雖無蜀藩刊記，不能遽定爲蜀藩刻本，據版刻風貌及刻工信息，推爲明蜀藩刻本。

---

① 參見郭立暄：《明洪武蜀藩刻書三種》，《版本目錄學研究》第四輯，北京大學出版社 2013 年版，第 262—268 頁。另向輝著：《關於〈貞觀政要〉明刊本的考釋與疑問》，《文津流觴》2009 年第 3 期，http://www.nlc.gov.cn/newhxjy/wjls/wjqcsy/wjd27q/d27qzlyj/201011/P020101124376381820133.pdf（檢索於 2015 年 4 月 23 日）

② 杜信孚、杜同書著：《藩府》，《全明分省分縣刻書考》，綫裝書局 2001 年版，第 3 頁。

③ 張秀民著：《中國印刷史》，浙江古籍出版社 2006 年版，第 297、306 頁。

卷首正中上方鈐有"廬江王文房記"及右下端鈐"宗藩清暇"二朱文方印，明宗室鄭府廬江王府舊藏。廬江王成化間封藩，藏書甚富，其書多善本，裝潢亦精。"宗藩清暇"印係割去原藏印，補紙另鈐。每冊俱鈐天祿繼鑑諸璽，前後副葉所鈐爲"大三璽"。

《故宮善本書目》記其作"高麗復元本"。《"國立故宮博物院"善本舊籍總目》，上冊，第232頁，著錄爲"朝鮮覆元刊本"。在《乾隆皇帝的文化大業》一書中有其彩色書影。①

599 孝肅包公奏議集十卷

明成化二十年（1484）張岫刻本。存卷一至四、七至十，計八卷，五冊，現藏中國國家圖書館（新編書號1209）；卷五至六，計兩卷，一冊，現藏遼寧省博物館（書號文雜342/24975）。兩家合璧，即爲全書。

每半葉十行，行二十字，黑口，四周雙邊。卷前有張田序，次《隆平集·孝肅包公傳》、《宋史》本傳，次《祠堂記》，次《修墓記》，次《遺事》九條，次合肥假守東平趙璠老跋。

《天目後編》提要無一字言及版本。國圖所藏此書爲新近編目，未見原書，不詳何以誤明槧爲元刊，或抽去刻書序跋或割除刊記所致。

每冊俱鈐天祿繼鑑諸璽，前後副葉所鈐爲"大三璽"，另有"謙牧堂藏書記"、"謙牧堂書畫記"二印，《天目後編》未錄。

國圖所藏五冊，係1959年自北京故宮調撥，2013年編目。

599（2）東坡先生奏議十五卷

元刻本。二函十冊。

《天目後編》提要云："書十五卷。按軾《全集》內《奏議集》百五十二篇，此本僅百十二篇，前後序次迥然不同，乃它手選刻，款式亦異。自紹聖年禁蘇、黃文字，至紹興而上下爭購求之，煆廢之餘，流傳更盛。即如《三蘇文粹》、蜀本《三蘇文》、《東萊標注三蘇文》，各各不同。孝宗贈軾太師制詞云：'人傳元祐之學，家有眉山之書。'誠非虛語。"

又云此本爲"檇李項氏藏本"，書上鈐"項元汴印"、"墨林祕玩"、"用敷"、"建錫之章"、"子京"、"項墨林鑑賞章"、"若水軒"諸印，入清歸揆敘，

---

① （臺北）"國立故宮博物院"編：《乾隆皇帝的文化大業》，臺北"故宮博物院"2007年版，第123頁。

有"謙牧堂藏書記"、"謙牧堂書畫記"二印。

傅增湘曾見一明翻宋刻本《東坡奏議》,每半葉十行,行十八字,白口,左右雙邊。版心下記刊工姓名。各卷次第與明成化程宗刊本不同,文字亦有異處。以爲《天目後編》卷九元版所言僅百十二篇,與蘇軾全集中《奏議集》一百五十二篇所差甚遠,前後序次亦不同,正應是此明翻宋本,而《後目》定爲元刻,"殊不可解"。① 此本現不知下落,或果真爲明翻宋刻本。

不詳何時亡佚,不知是否尚存世間。

600 東坡奏議十五卷

明刻本。十二冊二函,現藏臺北"故宮博物院"(書號故善 006386—006397)。

匡高 21.2 釐米,廣 13.3 釐米。每半葉十行,行二十字,四周雙邊,粗黑口,雙魚尾,版心中刊"東坡奏議卷幾"及葉次。無序跋,卷前有目錄,首卷卷端題"東坡奏議卷第一"。竹紙,簾紋兩指寬。紙色蕉黃。淺色地朵花宋式錦四合函套,石青杭細書衣,黃綾書籤及套籤,題"元板東坡奏議"。

《天目後編》稱:"此即《全集》中《奏議》一集別刻單行者,篇數、次序皆同。鐫法精朗。"臺北故宮定其版本爲成化吉州刻《蘇文忠公全集》本零種,但此本與臺北"央圖"藏成化本不同版,或爲覆刊本(圖 9—7)。版刻稱不上"清朗",多有斷版,墨色混沌。

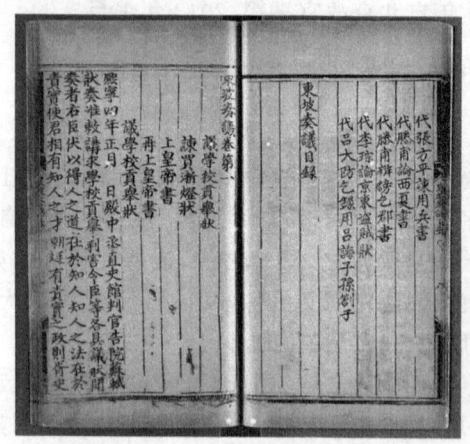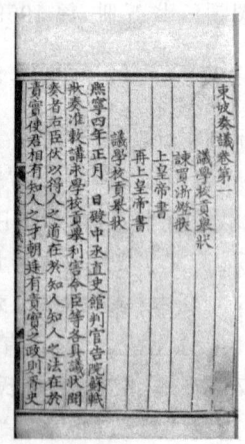

圖 9—7　左爲臺北故宮藏天祿本,右爲臺北"央圖"藏本

---

① 《藏園群書經眼錄》,卷四,第 278 頁。

每冊俱鈐天祿繼鑑諸璽，前後副葉所鈐爲"中三璽"。另有"京口張氏珍藏"、"我齋圖書"二朱文印，爲康熙時大學士張玉書舊藏，後入清宮。張玉書(1642—1711)，字素存，號潤甫，丹徒(今江蘇鎮江)人。順治十八年(1661)進士，精《春秋》三傳，深邃於史學。歷任翰林院編修、國子監司業、侍講學士，累官至文華殿大學士兼戶部尚書，主持修《明史》、《佩文韻府》、《康熙字典》等，卒謚文貞。

《故宮善本書目》記其作"明成化間刻《東坡七集》本"。《"國立故宮博物院"善本舊籍總目》，上冊，第二七一頁，著錄爲"明成化四年吉州刊《蘇文忠公全集》本"。

601 十七史詳節二百七十三卷

明正德十一年(1516)劉弘毅慎獨齋刻本。原書五十冊，存四十九冊，現藏中國國家圖書館，其中《史記》二十卷、《西漢》卷一至十四、二十至三十、《東漢》三十卷、《三國志》卷一至十二、《晉書》卷八至三十、《北史》二十八卷、《南史》二十五卷、《五代》十卷、《隋書》二十卷、《唐書》三十卷，計二百五十五卷，四十七冊，新編書號1213；《西漢》卷十五至十九、《三國志》卷十四至二十，計十二卷，二冊，現藏中國國家圖書館(書號18599)。

匡高18釐米，廣11.2釐米。每半葉十三行，行二十六字，小字雙行同，細黑口，四周雙邊，雙順魚尾。卷端題"東萊先生某某詳節"。《諸儒唐書詳節》，卷十至十四卷端題"東萊先生唐書詳節"。

《天目後編》卷九元版史部收錄兩部《十七史詳節》，提要都僅有"篇目見前宋版史部"一行，此爲第一部。

每冊俱鈐天祿繼鑑諸璽，前後副葉所鈐爲"中三璽"。《西漢詳節》卷二十三首有"雲蕻"一印，《天目後編》未錄。

書號18599一冊，書衣題"元版十七史詳節"，爲第八、第二十冊，爲國圖自採入藏，"採97843"；新編之四十七冊，1959年自北京故宮調撥。書頁蟲蛀、潮濕、霉爛，其中4冊尤爲嚴重。2013年編目，訂爲"明正德十一年劉弘毅慎獨齋刻本"。

601(2) 十七史詳節二百七十三卷(又一部)

明正德十一年(1516)劉弘毅慎獨齋刻本。二十四冊，現藏臺北"故宮博物院"(書號故善013078—013101)。

匡高19釐米，廣11.6釐米。每半葉十三行，行二十六字，四周雙邊，細黑口，雙順魚尾。版心上書如"史記詳節卷第幾"，中書篇目，下記頁次。卷端加題"東萊先生"。每書各自分列卷帙，卷前各有目錄、諸序。竹紙，絳紅色絹製書衣，黃綾書籤，書"十七史詳節"。

《天目後編》明版史部亦收有兩部《十七史詳節》，皆爲明正德十一年建陽慎獨齋刻本，其中第二部記云："前有無名氏序，墨印三：'慎獨齋'、'五忠後裔'、'精力史學'。每卷首或刻'建陽劉克莊梓'，或刻'建陽慎獨齋'，或刻'建陽木石山人劉宏毅'，其例不一。建陽自宋爲刻書之肆，劉氏慎獨齋世其業，而劉宏毅乃明時人，首標克莊，著其先世名人耳。"①此本雖著錄於元版史部，實爲脫去慎獨齋序，裁補每書序下或首卷卷端下所刻"建陽木石山人劉弘毅刊行"、"京兆木石山人刊行"、"建陽慎獨齋劉弘毅刊行"、"慎獨齋校刊"等刊記而成。書頁多有殘損，乾隆前已加修補描潤，細審其中許多文字爲墨筆所書，如此一部明中期刻本，書品不佳，竟也能入選昭仁殿天祿琳琅，頗令人疑惑太上皇帝乾隆藏書之品質。

每冊俱鈐天祿繼鑑諸璽，前後副葉所鈐爲"中三璽"，無其他私家藏印。

《故宫善本書目》記其作"明建陽劉氏慎獨齋刻本"。《"國立故宫博物院"善本舊籍總目》，上冊，第391頁，著錄爲明正德十五年建陽劉氏慎獨齋刻本。

601(3)諸儒校正唐書詳節六十卷

元建陽書坊刻《十七史詳節》本。二十四冊四函，現藏臺北"故宫博物院"（書號故善003314—003337）。

匡高16.1釐米，廣10.8釐米。每半葉十四行，行二十四字，小字雙行同，左右雙邊，黑口，單魚尾。版心上刊字數，中刊"唐幾"及葉次。眉上鐫評。書卷前有宋嘉祐五年六月日提舉編脩推忠佐理功臣正奉大夫尚書禮部侍郎參知政事曾公亮《進新唐書表》及《新唐書釋音序》兩篇，目錄及《高祖開基圖》、《太宗混一圖》、《太宗分十道圖》、《唐世系傳授圖》、《唐地理圖》及《唐藩鎮圖》六幅。首卷卷端題"諸儒校正唐書詳節卷之一"，標題下署"歐陽修奉敕撰"。竹紙，宋式朵花錦四合函套，套籤題"元版唐書詳節"，湖藍色絹製書衣，無書籤。

---

① 劉按，書上第一枚墨印爲"慎獨"，無"齋"字。劉宏毅，應是劉弘毅，避乾隆帝諱改。

此爲元建陽書坊所刊《十七史詳節》本之零種，巾箱小本，緊行密字，具備典型之元代麻沙本版刻風格。書中訛字頗多，卷端"宋祁奉敕撰"多誤爲"朱祁"等。《天目後編》提要僅云："見前宋版史部《十七史詳節》條下。"

每冊俱鈐天祿繼鑑諸璽，前後副葉所鈐爲"中三璽"，無私家藏印。

《故宮善本書目》記其作"宋建陽書坊刻巾箱本"。《"國立故宮博物院"善本舊籍總目》，上冊，第392頁，著錄爲"宋建刊巾箱本"。

601(4) 漢雋十卷

元刻本。一函四冊。

《天目後編》提要云："篇目見前宋版史部，前有元統元年揭傒斯序。"又云書上鈐有"翀父吳霖"、"歙吳束三藏書"二印。吳霖，字束三，歙縣人，明末清初人士，與同邑江天一、金聲等友善，結"十三子社"抗清復明，後死義南中。

不詳何時亡佚，不知是否尚存世間。

602 通志二百卷

元大德三山郡庠刻元明遞修本。原爲二十函一百四十冊，存卷六、十上、十三至十四、七十七至七十八、八十、九十三、一百三至一百五、一百七至一百八、一一三至一一五上、一一九、一二二至一二三、一三二至一三四、一四三至一四五、一四八、一八二、一九一，計二十八卷，二十三冊，現藏中國國家圖書館(新編書號1218、1304)，其中卷八十九、九十八，即列傳第二、十一上，計二卷，二冊，亦藏中國國家圖書館(書號9754)；卷七十、七十一、卷一百三十，計三卷，二冊二木盒，現藏北京大學圖書館(書號SB373.09/8743)；卷九十二、一五八、一五九，即列傳第五、七一、七二，計三卷，二冊一函，現藏清華大學圖書館(書號己110/4180)；卷一二四，一卷，一冊，現藏青海大學醫學院圖書館；卷一百二十九、一百三十九至一百四十一、一百六十二至一百六十三，計六卷，四冊，現藏甘肅省會寧縣圖書館(書號史001)；卷一五六，一冊，現藏四川省圖書館；卷六三、卷一六〇，二冊，2016年中貿聖佳秋拍；卷一九〇，一冊，現藏山東省博物館。

匡高30釐米，廣21釐米。每半葉九行，行二十一字，白口，左右雙邊，雙魚尾。補版黑口，四周單邊。版心上鐫字數，中鐫通志及列傳卷幾等，下鐫刻工，有秀甫、伯如、伯先、祥卿、善樂、升高、介夫、黃必大、君玉、明甫、子青、友直、陳祐甫、陳君禮、江復亨、張奉、劉四九、魏子敬、鮑陳、吳德、余復亨、熊巳等。卷前有鄭樵總序，又至治二年吳繹序，及《募印通志疏》，印造銜名七人。闕補頁與《天目後編》卷十五所記第二部明版異，卷一五八第二十二頁存。書版開裂很多，元版原刊葉之上下版框較補版頁略寬。

《天目後編》云："《募印通志疏》，印造銜名七人，江浙等處行中書省所委官：將仕佐郎、太平路當塗縣主簿袁矩，承務郎、福建道宣慰使司都元帥府都事江正，承務郎、福建道宣慰使司都元帥府都事紀昱，福州路總管府提調官經歷侯維清，福州路總管府提調官知事楊也先，福州路總管府所委提調官、福州路儒學教授李長翁，福州路總管府所委提調官、福州路錄事司判官蓋從杞。據序疏，元興時命勒是書於三山郡學，以獻於朝，繹為福州守，乃募僚屬，摹禠五十部，散之江北諸郡，是當時官刻官印之書也。"

每冊俱鈐天祿繼鑑諸璽，前後扉頁所鈐為"大三璽"，無其它私人藏印。卷八十九前有佚名抄《天祿琳琅書目後編》提要一頁，以為是卷九第十五葉之元版。

北京大學所藏兩冊，淺藍色紙質書衣，白色灑金箋紙書籤，題"元版通志"及卷數。白麻紙。無私人藏印。

清華大學所藏兩冊於1937年5月11日以時幣一千萬元購自博文書店。為《第二批國家珍貴古籍名錄圖錄》第02636號。①

吳希賢先生曾經眼卷一百六十，一冊，以為乃元至治二年（1322）刻本，上有"康生"白文印。② 卷六十三、一六〇，兩冊，尚存清宮舊裝，淺藍色紙質書衣，灑金箋紙書籤，上書"元板通志"及卷數。每冊卷端卷尾除"康生"白文大方印外，卷端尚有"鄧拓"白文方印，卷尾有"鄧拓珍藏"朱文方印。書籤上各有康生硃筆題字，卷六十三上題"此為宋刻元印，非元板"；卷一百六十上題"此為宋刻元印。康生"。兩冊後書衣下鈐蓋中國書店價錢，一冊6元（圖9—8）。

---

① 《第二批國家珍貴古籍名錄圖錄》，第2冊，第258頁。
② 吳希賢輯彙：《歷代珍稀版本經眼圖錄》，第37—38頁。劉按，此處鈐印位置可見為先歸康生，後歸鄧拓，而鄧拓自殺於1966年5月18日，康生卒於1975年12月16日，如此順次令人費解。"文革"期間，中央成立古書文物清理小組，吳希賢先生自中國書店調任至此，彼時尚無鄧拓藏印，或是80年代退賠後再鈐。

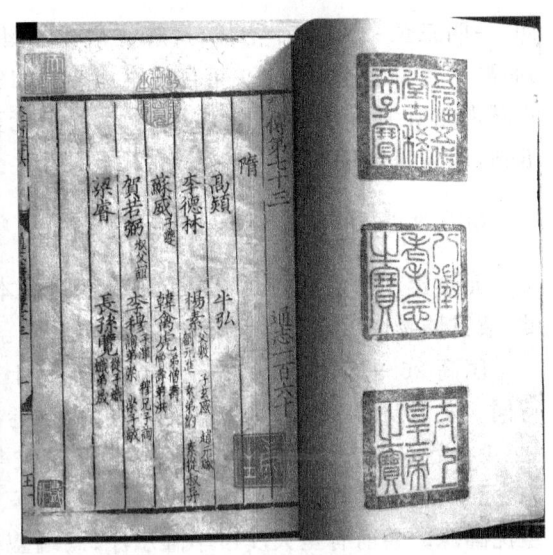

圖 9—8

　　青海大學醫學院圖書館一冊，爲《第二批國家珍貴古籍名錄圖錄》第02651號。① 與清華所藏兩冊書衣外裝相同，俱爲天青色紙質書衣，灑金白紙書籤，書"元板通志卷一百二十四上卷一百二十四下"，惟"元板"二字被刮去。明修頁有刻工史經、吕慈、丁容、丁鎮導、丁君美、許三、陳照等，元刻原版頁極少。以目錄詳覈，内容至"孫楚"止，佚失羅憲至周訪10人列傳。書上無其它私家藏印，亦無青海大學醫學院之館藏章。②

　　山東省博物館所藏一冊，係"民國十六年一月廿二日記□官津門以番佛廿二購自京中書友"。

　　四川省圖書館一冊僅存卷一五六，九十六葉。

　　國家圖書館所藏卷六、十上、十三至十四、七十八、八十、九十三、一百三至一百五、一百七、一一三至一一五上、一一九、一二三、一三二至一三

---

① 《第二批國家珍貴古籍名錄圖錄》，第2冊，第258頁。
② 劉按，2010年保利五周年秋季拍賣會·古籍善本及名家墨蹟專場秋拍上出現一冊大字本《通志》，卷一二四，至第78頁止，前副頁全，後副頁佚失，圖錄拍品第300號，起拍價45—50萬，成交價89.6萬元。據書影看正是青海大學所藏一冊。筆者曾將此事電告文化部國家古籍保護中心及青海省古籍保護中心，經詢問，云是與另兩種書一同被盜，已經報案。2012年9月3日筆者在恒基中心三座卓德拍賣公司見到此一冊。此一冊至今未追回，真乃咄咄怪事。

四、一四三至一四五，十七册，乃解放初經中國書店蕭新祺先生自民間採到，故宫重新購藏，①1959年自故宫撥交，2013年編目。另據1928年北京圖書館所編《館藏中文善本書書目》，藏有元至治元年刻本《通志》八卷，五册，即天祿琳琅舊藏。②

603 文獻通考三百八十四卷

元泰定元年(1324)西湖書院刻元明遞修本。十二函六十册，現藏臺北"故宫博物院"(書號故善002277—002336)。

匡高26.3釐米，廣19.2釐米。每半葉十三行，行二十六字，小字雙行同。左右雙邊，線黑口，雙魚尾，版心中刊卷數及葉次，下有刻工中、用之、王祥觀、阮仁、王森、應華、何、蔣、兆、陳文等，補版刻工有翁子和、薛志、元亨、朱明、李壽、徐海、余彦文、周受、蔣英、監生徐珩、監生桂經録、監生沈謹録。卷前有至大戊申李謹思序，馬端臨自序及各門小序。後有延祐六年四月王壽衍《進文獻通考表》。首卷卷端題"文獻通考卷之一"，隔行下題"鄱陽馬端臨貴與著"。卷七之葉二十二、卷二十一之葉八、卷二十五葉二十一爲抄配。黄麻紙，新裝織錦四合函套，朵花宋式錦書衣，黄綾書籤，書"文獻通考"。

史載元延祐六年(1319)《文獻通考》被奏進朝廷。同年，中書省奉詔，命江浙行省繕寫其書，以雕版印刷。書抄好後送至翰林院校考，無不稱之"纂集古今，浩瀚賅博，殫極精力，有益後學"。至治二年(1322)，英宗命人請年近七十的馬端臨親自以定本校刊，當年書成，可惜此本未能流傳至今。③《文獻通考》現存世最早的刊本即此泰定元年(1324)印行的西湖書院刻本。此本書寫優美，行款疏朗悦目，版心寬闊，字體於圓潤中不失俊朗，頗寓宋刻遺風，乃元代最爲著名的書院刻本。雕版一直保存在杭州西湖書院，入明版送南京國子監，《南雍志·經籍考》有《文獻通考》一目，即謂此本。西湖書院刊行十一年後之後至元元年(1335)，江浙等處儒學提舉余謙見其板刻錯訛甚多，派人重加校正，於後至元四年(1338)校畢，次

---

① 蕭新祺著：《我給鄭西諦先生送書》，《上海高校圖書情報學刊》1994年第1期，第57頁。
② 《館藏中文善本書書目》，《北京圖書館月刊》第一卷第四號，第234頁。
③ 參考王楊著：《元泰定元年西湖書院刻本〈文獻通考〉》，《人民日報(海外版)》2009年4月6日第08版。

年再度刷印流行。泰定西湖書院本，存世都爲元明遞修本，字多漫漶，多處挖版未補。明代補版字體纖秀，黑口較之元刊葉略粗，或爲白口。書口上有修版年，多被挖補。有些修版書口上爲字數。天禄此本元版葉少，後世遞修葉多。

每冊俱鈐天禄繼鑑諸璽，前後副葉所鈐爲"大三璽"，無私家藏印。

《故宫善本書目》記其作"元泰定元年杭州西湖書院刻明印本"。2008年臺北"故宫博物院"之"天禄琳琅——乾隆御覽之寶"展覽上展出。

《欽定天祿琳琅書目後編》卷十　元版子部

604 孔叢子七卷

元茶陵桂山書院刻本。一函六冊，曾藏天津私人手中，2014年嘉德秋拍。①

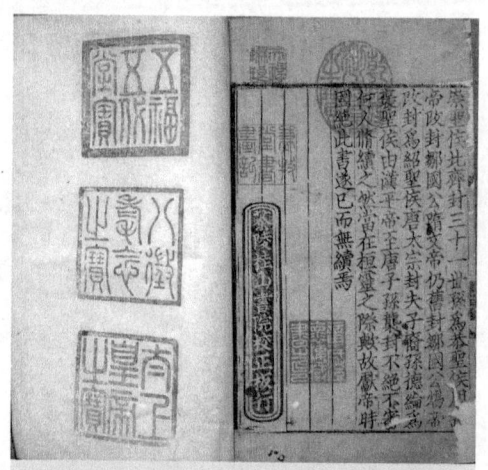

匡高15.4釐米，廣11.1釐米。每半葉十行，行十七字，小字雙行同。左右雙邊，細黑口，雙對魚尾。版心中刊"孔幾"，下刊葉次，間有字數。卷前有嘉祐三年宋咸《注孔叢子序》，篇目及嘉祐三年《進書表》、四年《謝賜金紫表》。篇目下有"宋嘉祐名臣宋咸注"。首卷卷端題"孔叢子卷第一"，下題"宋嘉祐名臣宋咸注"。另有"經進監本"四字反文墨記。卷後有後序，末有墨記"茶陵桂山書院校正板行"一行（圖10—1）。巾箱小本。尚保持清宮舊裝，絳紅色絹製書衣，黃綾書籤，題"元板孔叢子"。書凡七卷，完整無缺。

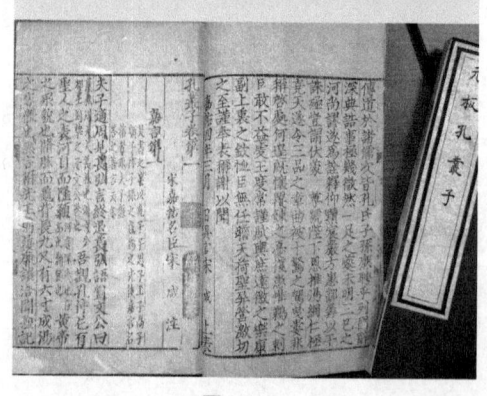

圖10—1

《天目後編》提要云："前有（宋）咸序，及嘉祐三年進書表，四年謝賜金紫表，後有後序，末

---

① 中國嘉德2014年秋季拍賣會·古籍善本專場，拍品第1932號。起價780萬元人民幣，後流拍。

墨記茶陵桂山書院校正版行。泰興季氏藏本，餘無考。"卷首下有陰文刻"經進監本"字樣，知此本底本爲宋刻監本。

茶陵，地處今湖南東部，隸屬株洲，北抵長沙，南通廣東，西屏衡陽，東鄰吉安，人稱"吳頭楚尾"，爲三省交界。自唐以後，茶陵即爲北人南遷之重要門戶。南遷之北方士族定居後，興辦私塾、書院，耕讀文化遂爲茶陵宋元明清特色，宋以後茶陵名宦學者代不乏人。茶陵書院自宋至清代共辦有32家，在湖南名列前茅。元人李祁在《學校記》中稱"茶陵學校於湖南爲盛"，宋代居湖南第三、元代居第二、清代居首位。茶陵元代書院首推東山書院，係元大德七年(1303)陳仁子創辦，爲湖南元代規模最大的私家書院。① 東山書院刻書，存世有國家圖書館所藏元刊《夢溪筆談》，刻印極爲精美，開本闊大，紙墨精良。以東山書院刻書爲代表的"茶陵本"，素爲書林所重。此桂山書院刻本，爲傳世本之僅見。

《中國古籍善本書目》著錄上海圖書館有宋刻本，匡高18.1釐米，廣12.4釐米，每半葉十二行，二十四字本，小字雙行二十七至二十九字，白口，四周單邊，雙魚尾，避諱至"構"字。《中華再造善本》、《續修四庫全書》以此本影印。《第一批國家珍貴古籍名錄圖錄》第00591號。另有明嘉靖二十九年蔡宗堯刻本，半葉十行，行十八字，白口，左右雙邊；明崇禎六年孔胤植刻本，十行十九字，白口，四周單邊。別無元本，此本與以上諸本行款版式皆不同，爲存世僅見之元刊本。

卷首有"季振宜藏書"、"古吳錢氏家藏之寶"、"章氏伯玉"諸印。泰興季氏藏本。《進表》後一"竹塢"、"江左"二朱文方印，爲《天目後編》失載。另有"謙牧堂藏書記"及"謙牧堂書畫記"二印，入清歸揆敘所藏。每冊俱鈐天祿繼鑑諸璽，前後副葉所鈐爲"中三璽"。另有"章氏澄懷樓藏書之印"白文方印、"映雪書房"朱文方印、"清隱處士"、"孫道明印"二朱文方

---

① 據拓曉堂敘錄考證，陳仁子，字同甫，號古迂，茶陵東山人，南宋咸淳十年(1274)中漕舉第一名，授登仕郎。宋元鼎革，陳氏屢拒朝廷徵召，隱居鄉梓東山，罄其家產，築東山書院，聚眾講課授徒，著書立說。東山書院除講學外，且注重刻書。據歷代諸家書目記載和現存傳本統計，東山書院整理刻印的圖書存世書目達13種556卷。刻有《增補六臣注文選》六十卷、《夢溪筆談》二十六卷、《文選補選》四十卷、《新刻續補文選纂注》十二卷、《牧萊脞語》二十卷、《二稿》八卷、《尹文子》二卷、《說苑》二十卷、《迂褚燕說》三十卷、《韻史》三百卷、《唐史厄言》三十卷、《葉十林詩話》三卷、《考古圖》十卷等。爲當時湖廣境內三家私人刻書中最著名的一家，亦爲元代書院刻書第一大家。

印,亦爲《天目後編》失載。

《賞溥傑書畫目》著錄,宣統十四年(1922)九月二十五日賞溥傑。嘉德拍賣古籍負責人拓曉堂先生撰有敘錄,稱"余曾在2000年前後,兩赴津門,於一收藏舊家得見天祿舊藏元刻本《孔叢子》七卷全帙,六七百年前之物,保存完整,名家收藏,清宮裝幀,觸之心驚,觀之噓噓不禁觀止之歎。惜藏家暫無出手之意,惟眼福而已。十餘年心存惦記,今竟送至門下,列入今秋中國嘉德古籍拍賣專場,可謂蒼天恩澤厚被"。

605 晏子春秋八卷

明刻本。二冊一函,現藏臺北"故宮博物院"(書號故善007213—007214)。

匡高16.5釐米,廣12釐米。每半葉九行,行十八字,左右雙邊,白口,單魚尾。版心中刊"晏子上"或"晏子下"及葉次。卷前有目錄,目錄後有劉向校上奏,無序跋。首卷卷斷題"晏子春秋內篇諫上第一",下有小字"凡二十五章"。白棉紙。宋式錦四合函套,黃絹書衣,黃綾書籤及套籤,書"元板晏子春秋"。

《天目後編》提要無一言涉及版本。《中國古籍善本書目》上著錄有明刻本數種,有八卷、七卷、六卷、四卷之分,另有明活字本及淩濛初朱墨套印本。此爲八卷本,分內篇六卷,外篇兩卷。書有斷版,爲後印之本。

每冊俱鈐天祿繼鑑諸璽,前後副葉所鈐爲"中三璽"。明葉盛家藏本,每冊前有"葉氏菉竹堂藏書"朱文圓印。

《故宮善本書目》記其作"明刻本"。《"國立故宮博物院"善本舊籍總目》,上冊,第329頁,著錄爲"明刊白口九行本"。

605(2)晏子春秋八卷(又一部)

明嘉靖刻本。二冊,現藏中國國家圖書館(書號12377)。

每半葉九行,行十八字,白口,左右雙邊,單魚尾。書前有劉向校書上奏。《雜下第六》原闕第69頁。

《天目後編》卷十元版子部收錄兩部同版《晏子春秋》,此爲第二部,提要僅云:"同上,係一版摹印。"字體寬厚稚拙,自版刻風貌觀之,應是明嘉靖間所刊。

每冊俱鈐天祿繼鑑諸璽,前後副葉所鈐爲"中三璽"。然全書無私人藏印,無《天目後編》所載"映雪書房"、"章氏澄懷樓藏書之印"、"孫印道明"、揆敍謙牧堂諸印,亦無挖改痕蹟。《天目》只後編收 2 部元版《晏子春秋》,頗疑《書目》記載有誤。書前有故宮清點簽。

《北京圖書館古籍善本書目》第 432 頁。

606 經史證類大全本草三十卷

明萬曆五年(1577)南陵王秋尚義堂重刻元宗文書院本。原爲四函三十二冊,其中卷一至三、卷五至十二、卷十四至三十,闕卷四、十三,計二十八卷,二十九冊四函,現藏臺北"故宮博物院"(書號故善 007809－007837);卷四、卷十三下(自二十七頁起),計兩卷,二冊,現藏中國國家圖書館(書號18614)。兩家相合,尚闕卷十三上之前半卷,一冊。

匡高 26 釐米,廣 17.2 釐米。每半葉十二行,行二十三字,小字雙行同,白口,四周單邊,雙線魚尾,版心中刊"本草幾"及葉次。卷前有大觀二年十月通仕郎行杭州仁和縣尉管句學事艾晟序,又政和六年十二月二十八日劄付寇宗奭,又嘉祐二年八月三日《補注本草奏敕》,嘉祐三年十月《圖經本草奏勅》。目錄及首卷卷端均題"重刊經史證類大全本草",目錄下題"唐慎微纂"。首卷卷端題"重刊經史證類大全本草卷之一",標題下隔行刻"春穀王秋捐貲命男大獻、大成仝校錄"三行。① 白棉紙。新裝紫色地織金四合函套,湖藍色絹製書衣,無書籤及套籤。

《證類本草》首刊於北宋大觀二年(1108),故稱《經史證類大觀本草》,簡稱《大觀本草》,此後重刊者或改"大觀"爲"大全",仍是本循《大觀本草》系統。此本目錄、正文皆作三十一卷。卷一、二爲《序例》、《衍義序例》,葉次連貫,版心中刊"本草一",《天目後編》記爲三十卷,實爲三十一卷。篇目見前金版子部,多出艾序、劄文、奏勅等。艾晟序末刻"大德壬寅孟春宗文書院刊行"兩行牌記。每卷端以雙行大字注出藥物部名及上中下各品,文中圖繪藥名,非《神農本草經》之文字、所引前代文獻序例、按語皆以黑蓋子反文標出。卷三十一末葉撤去原"萬曆丁丑春月重刊于尚義堂"雙行蓮花座牌記,補描四行寬格,又撤去卷首萬曆丁丑(五年,1577)梅守德序及卷尾萬曆丁丑王大獻後序,天祿諸臣只見序後大德刊記,遂誤判爲元版,實爲明萬曆五年翻刻元大德六年宗文書院本。書品寬大,紙墨精美。

每冊俱鈐天祿繼鑑諸璽,前後副葉所鈐爲"大三璽"。揆敍舊藏,有謙

---

① 劉按,清光緒十年王先謙刻本《天祿琳琅書目續編》卷十元版子部提要,誤記"王秋"爲"玉秋",清嘉慶間內府寫本不誤。

牧堂二印。國圖所藏兩冊，著錄爲"明刻本"，尚存清宮舊裝，書籤題"元版經史證類大全本草"，爲第五、第十八兩冊。

《故宫善本書目》記其作"明萬曆五年(1577)南陵王秋重刻元宗文書院本"。《"國立故宫博物院"善本舊籍總目》，下冊，第732頁，誤記所闕爲卷五，實爲卷四。

606(2)素問病機氣宜保命集三卷

明宣德六年(1431)寧王朱權刻本。八冊一函，現藏臺北"故宫博物院"(書號故善000402—000409)。

匡高23.4釐米，廣15.5釐米。每半葉十二行，行二十二字，小字雙行同。四周雙邊，粗黑口，雙順魚尾，版心中刊"保上(中、下)"及葉次。卷首前有《素問病機氣宜保命集序》/歲辛亥正月望日大鹵楊威序、《守真先生自序》/大定丙午閏七月中元日河間劉完素守真述。序後有《玉連環詞》。首卷卷端雙行大字題"素問病機氣宜保命集上"，隔行下題"神醫劉守真撰"。黃麻紙，綠地朵花宋式錦四合函套，胭脂色絹製書衣，黃綾書籤及套籤，書"元板保命集"。

金河間人劉完素所撰，《天目後編》提要云："按李時珍《本草綱目・序例》，辨此書爲張元素撰，云後人誤作劉完素所著，僞撰序文詞調於卷首，以附會之。然此書刻於元代，時珍據明周藩重刻爲言，不如仍從當時人之言爲審。"據楊威序，以其爲元憲宗元年(1251)鏤版。此本頗稀見，《中國古籍善本書目》未著錄。卷首佚去宣德辛亥(五年，1431)三月初二日丙寅臞仙(朱權)《重刻保命集序》，序云："金世宗大定二十六年丙午守真所撰之書也，時在宋孝宗淳熙十三年焉。始守真靳惜無傳，至胡元憲宗元年辛亥，乃宋理宗淳祐十一年也，相去六十五年矣。太鹵楊政亨謂，天下之寶，當與天下共之，不可私也。乃鋟諸梓。惜乎古板於兵燹不存久矣，世無其傳，今命工重刊既完。"朱權(1378—1448)字臞仙，係明太祖朱元璋十七子，洪武二十四年(1391)受封爲寧王，此書即宣德六年(1431)所刻，爲目前存世最古的版本。兼之墨色濃重，紙色古雅，遂致誤判爲元版。

每冊俱鈐天祿繼鑑諸璽，前後副葉所鈐爲"大三璽"，另有揆敘謙牧堂二印，目錄下有"德□□"白方、"舜之子孫"白方、"游心藝苑"白方、"寧河王世家鄧氏珍藏"白方四印，《天目後編》云是明開國鄧愈，追封寧河王，此本爲其後裔所藏。

《故宫善本書目》記其作"明初寧王朱權刻本"。《"國立故宫博物院"

善本舊籍總目》著錄從之，下冊，第686頁。2003年10月1日至12月30日臺北"故宮博物院"之"人命千金——院藏古代醫藥圖書特展"上展出。

607 風俗通義十卷

明嘉靖翻刻元大德本。一函一冊，現藏臺北"故宮博物院"（書號故善000460）。

匡高17.5釐米，廣13.1釐米。每半葉十行，行十六字，左右雙邊，白口，單魚尾。版心中記"風俗通上（下）"，下記葉次。卷前有目錄，題爲"漢太山太守應劭"，卷後有嘉定十三年七月庚子丁黼跋。首卷卷端題"風俗通義皇霸第一"。皮紙。宋式錦四合函套，黃絹書衣，黃綾書籤及套籤，題"風俗通義"。

丁黼跋云："余在餘杭借本於會稽陳正卿，正卿蓋得于中書徐淵子，訛舛久甚，殆不可讀。愛其近古，鈔錄藏之，攜至中都，得館中本及孔復君寺丞本互加參攷，始可句讀，今刻之夔，子好古者或得善本，從而增改，是所望云。"《天目後編》記其"此本宋諱不闕筆，蓋以宋本重雕者"。實爲明嘉靖間翻雕元大德刊本，別本卷前有大德丁未（十一年，1307）李果《風俗通義》前序，漢應劭《大德新刊校正風俗通義序》，此本無。卷一至五葉次相連，卷六至十亦葉次相連。《皕宋樓藏書志》卷五十七著錄爲明嘉靖刊本，《善本書室藏書志》著錄爲明翻大德本。

每冊俱鈐天祿繼鑑諸璽，前後副葉所鈐爲"中三璽"。曾經季振宜、揆敘遞藏，卷首有"季振宜印"、"滄葦"二朱文印，"錢孫笈印"白文小方印，首尾有揆敘謙牧堂二藏書印，另有兩方印辨識不清，諸印皆爲《天目後編》失載。

《故宮善本書目》記其作"明嘉靖間刻本"。《"國立故宮博物院"善本舊籍總目》著錄，下冊，第818頁。

607(2) 元包經傳五卷

明范氏天一閣刻本。一函五冊，現藏臺北"故宮博物院"（書號故善001389-001393）。

匡高20.3釐米，廣14.6釐米。每半葉八行，行十六字，小字雙行同，四周單邊，白口，單線魚尾。版心中記"元包幾"、葉次，下記刻工：黃瑞（寫）、姜培、郭英、余堂、熊施五、戴鋭、郭完、徐昇、郭拱、熊詩五（或作熊施五）、郭良、鄒國相、翟良才、郭才等。卷首有《元包舊序》/政和元年十月望日奉議郎知漢州什邡縣事楊楫謹序。首卷卷端題"元包經傳卷第一"，隔行下題"後周衛元嵩述唐秘書少監武功蘇源明傳唐國子監四門助教趙郡李江注并序"三行。竹紙，新裝織錦四合函套，石青杭細書衣，黃綾書籤，書"宋板元包經傳"。

書籤題作"宋板元包經傳"，但冊函數、鈐印俱與《天目後編》卷十元版子部之《元包經傳》相同，應是書籤誤題。提要稱其爲元時翻刻，在政和年行成未著《總義》之前，據其版式、刻工可知，此本實爲明范氏天一閣覆刻宋紹興三十一年（1161）張洸刻本，與《天目後編》卷五宋版子部所收錄第二部《元包經傳》爲相同版本。

明代檇李項氏藏本。除《天祿後目》所記"項氏書畫藏珍"（白長）、"新安戴氏家藏"（朱方）外，卷首尚有"二酉藏書"（白方）、"吳樗野振聲氏夢鶴印"朱白相間方印、鼎形印，《天目後編》云爲"吳氏一印，不可辨"。每冊俱鈐天祿繼鑑諸璽，前後副葉所鈐爲"中三璽"，書中有清室善後委員會點驗掛籤。

《故宮善本書目》記其作"明四明范欽天一閣復宋本"。《"國立故宮博物院"善本舊籍總目》，下冊，第750頁。

608 潛虛一卷

明刻本。一函一冊，現藏臺北"故宮博物院"（書號故善001394）。

匡高20.4釐米，廣15.8釐米。每半葉九行（首葉爲八行），行二十字（首葉爲十六字），四周單邊（首葉爲左右雙邊），白口，單魚尾。版心中刊"潛虛集"及葉次。首卷卷端題"潛虛"，隔行下題"宋太師溫國公司馬光撰"。第三十四頁B面起，附張敦實《潛虛發微論》十篇。卷末有淳熙壬寅孟冬朔日陳應行跋。棉紙，紫色地朵花宋式錦四合函套，石青杭細書衣，黃綾書籤與套籤，題"潛虛"。

陳跋略云，嘗恨建陽書肆所刊脫略至多，幾不可讀，邵武舊本雖校正無差而繇辭多闕，後自文正公曾孫處得家傳善本，繇辭悉備，乃以參稽互考，刻之郡庠。

臺北故宮原著錄爲明四明范氏天一閣刻本，《中國古籍善本書目》著錄有"明范氏刻《天一閣奇書》"本。經調閱臺北"中央研究院"傅斯年圖書館藏天一閣本《潛虛》（書號081.3252），其行款爲九行十八字，白口，左右雙邊，單魚尾，版心上刊"潛虛"，中刊卷次及葉次，下有刻工蔣子洋、胡秀、文、茹子凌、王以成、卿等，卷端下題"宋司馬光撰　明范欽訂"。比勘可知，天祿本並非天一閣刻本，與《中國古籍善本書目》所著另一"明刻本"行款版式相同。此本紙色蕉黃，疑經染色。又無原刻書序，以致誤爲元版。

每冊俱鈐天清宮祿繼鑑諸璽，前後副葉所鈐爲"大三璽"，無其它私家藏印。

《故宮善本書目》記其作"明四明范欽天一閣復宋本"。《"國立故宮博物院"善本舊籍總目》，下冊，著錄爲"明四明范欽天一閣刊本"，第750頁。

609 冷齋夜話十卷

元至正三年（1343）三衢葉敦刻本。一函二冊。

《天目後編》提要云："宋僧惠洪撰。惠洪，一名德洪，字覺範，筠州人。書十卷。凡百五十四條，紀所聞見，多論詩法。目錄後有識，云：'舊本訛謬，以世本堂家藏善本訂證，繡諸梓。至正癸未春新刊，三衢石林葉敦印。'"若果如識語所記，則此本應爲元至正癸未（三年，1343）三衢葉敦刻本。

提要又云此爲"長洲文氏、泰興季氏藏本"，書上鈐有"元本"、"江左"、"竹塢"、"春草堂印"、"辛夷館印"、"吾道在滄洲"、"滄葦"、"御史之章"、"季滄葦藏書"、"季印振宜"、"滄葦"諸印，入清歸揆敘所藏，鈐"謙牧堂藏書記"、"謙牧堂書畫記"二印。

不詳何時亡佚，不知是否尚存世間。

609（2）冷齋夜話十卷（又一部）

元至正三年（1343）三衢葉敦刻本。一函四冊。

《天目後編》提要僅云："同上，一版摹印。"應亦是元至正三年（1343）三衢葉敦刻本。

提要又云此爲長洲文徵明藏本，鈐"天都陳氏承雅堂書籍"、"陳書崖讀書記"、"停雲"、"玉蘭堂圖書記"、"傑齋"、"玉蘭堂印"、"陳氏藏書子孫永寶"諸印，並云"'天都陳氏'，無考"。

不詳何時亡佚，不知是否尚存世間。

610 困學紀聞二十卷

明正統刻本。十六冊，現藏中國國家圖書館（新編書號1214）。

每半葉十行，行十八字，大黑口，四周雙邊，雙魚尾。版心中刊"紀聞卷幾"及葉數。卷前有至治二年秋八月壬辰隆山牟應龍序，泰定二年冬十月門人翰林侍講學士奉政大夫知制誥同脩國史袁桷序，卷後有泰定二年十二月癸卯慶元路儒學教授吳郡陸晉之跋。卷末有"孫厚孫寧孫校正"、"慶元路儒學學正胡禾監刊"二行。首卷卷端題"困學紀聞卷之一"，隔行下題"浚儀王應麟伯厚"。

《天目後編》提要云："是時浙東肅政司副使馬刺忽、僉事孫楫檄刻是書，蓋桷所舉明，而晉之方爲慶元路教授也。末刻'慶元路儒學學正胡禾監刊'。"記爲元泰定二年慶元路儒學刻本。《中國古籍善本書目》著錄此行款、版式者爲明刻本。

每冊俱鈐天清宮祿繼鑑諸璽，前後副葉所鈐爲"中三璽"。揆敘舊藏，有"謙牧堂藏書記"及"謙牧堂書畫印"二印，另每冊末有"鵬翀"朱文印一方。

1959年自故宮調撥。2013年編目，訂爲"明刻本"。

610(2) 事類賦三十卷

明嘉靖十一年(1532)華麟祥崇正書院刻徐守銘寧壽堂重修本。現藏中國國家圖書館，其中卷一至十二、十五至二十一、二十三至三十，計二十七卷、十一冊，新編書號1215；卷十三至十四、二十二，計三卷，一冊，書號9836。①

每半葉十二行，行二十字，小字雙行同，白口，左右雙邊，單魚尾。版心上刻"寧壽堂"，中刊"事類賦卷幾"及葉次。每卷卷端上題"事類賦卷之幾"，隔行下題"三吳徐守銘警卿校梓　長洲杜大中子庸同校"兩行。

《天目後編》提要云："篇目見前宋版子部。後無校勘銜名，每卷刻'三吳徐守銘警卿校梓，長洲杜大中子庸同校'，體式與宋版同，蓋出翻雕。"看出翻雕，但仍將其判爲元刊，實爲明萬曆間所刊。

每冊俱鈐天祿繼鑑諸璽，前後副葉俱鈐"中三璽"。除《天目後編》所記"光祿勳印"、"符卿之章"外，另有"千里相思"、"位伯"、"金蘭世契"、"肅啓"、"應舉"、"護持"諸印，書目未錄。

卷十三至十四、二十二，一冊，書衣題籤"元版事類賦　第九冊"。書前有佚名抄《天祿琳琅書目後編》卷十提要一頁，與508(2)《宋版藝文類聚》前爲同一人筆記。卷二十二存前八葉，被藏家訂於卷十三之前。其餘

---

① 此號膠捲上稱尚有卷二十二，實則未見。

十一冊，係1959年自故宫調撥，書衣有白紙籤題"元版事類賦第某冊"。2013年編目。

611 百川學海十集百種

明弘治十四年(1501)華珵刻本。原書十函六十四冊，存十種，計十六卷，七冊，現藏中國國家圖書館(18612)。

因破損嚴重，未見原書，也無縮微膠捲，不詳其具體版式。據《中國古籍善本總目》所記，應爲每半葉十二行，行二十字，白口，左右雙邊。

《天目後編》云："前有圭自序。考叢書古無刻者，宋溫陵曾慥始輯《類說》，自《穆天子傳》以下，共二百五十種，並錄原文及撰人系歷，是爲叢書之祖。元陶宗儀刻《說郛》，薈萃幾千餘種，然原文俱經刪節，閱者病之。是書纂止百種，不及陶書之富，而首尾完善，多古人序跋，較爲勝之。後明吳永《續百川學海》百二十種、馮可賓《廣百川學海》百三十種，皆從此濫觴也。"

書上鈐有"宣鎖閣氏梅公藏書"、"五玉堂藏書記"、"衣香閣樹書印"、"味外軒圖書"、"余懷之印"、"無懷氏之印"、"廣霞山人真賞"、"廣霞"諸印。每冊俱鈐天祿繼鑑諸璽，前後副葉所鈐爲"中三璽"。

國圖十種存目如下：

鼠璞一卷

漁樵問對一卷

石林詩話三卷

獨斷二卷

六一居士詩話一卷

李涪刊誤二卷

東萊呂紫微詩話一卷

九經韻補一卷

中華古今注三卷

聖門事業圖一卷

613 韻府羣玉二十卷

元至正十六年(1356)劉氏日新堂刻本。原書四函二十冊，存卷一至五，其中卷二至五配明初翻刻本，計五卷，一函五冊，現藏遼寧省圖書館(書號善01003)。

匡高 20.8 釐米,廣 13.6 釐米。每半葉十一行,大字不定,小字雙行二十九字,細黑口,四周雙邊,雙順魚尾。卷前有翰林滕玉霄序,次至大庚戌姚雲序,次趙孟頫題語,次陰竹野序,署"大德丁未春,前進士竹野倦翁八十四歲書於聚德樓",次中夫序,署"延祐改元甲寅秋鄉試後五日,幼達書",次時夫自識,署"時遇謹白",次目錄,次《事類總目》,次《凡例》。首卷卷端題"新增說文韻府羣玉卷之一",下反白黑圈刊"上平聲",隔行下題"晚學陰時夫勁弦編輯"、"新吳陰中夫復春編註"兩行。竹紙,紅綾書衣,黃綾書籤作"元板韻府羣玉"。

《凡例》後鑴刊墨記,云:"瑞陽陰君所編《韻府羣玉》,以事繫韻,以韻摘事,乃韻書而兼類書也。撿閱便益,觀者無不稱善。本堂今將元本重加校正,每字音切之下續增許氏《說文》以明之,間有事未備者以補之,韻書之編,誠爲盡美矣。敬刻梓行,嘉與四方學者共之。至正丙申莫春,劉氏日新堂謹白。"《天目後編》解題所錄多有闕漏訛誤,亦見彭元瑞等編書之倉促(圖10-2)。卷一末有墨記被鏟痕蹟。解題並稱此本"刊手精整,摹印勻淨,當爲元版無疑"。

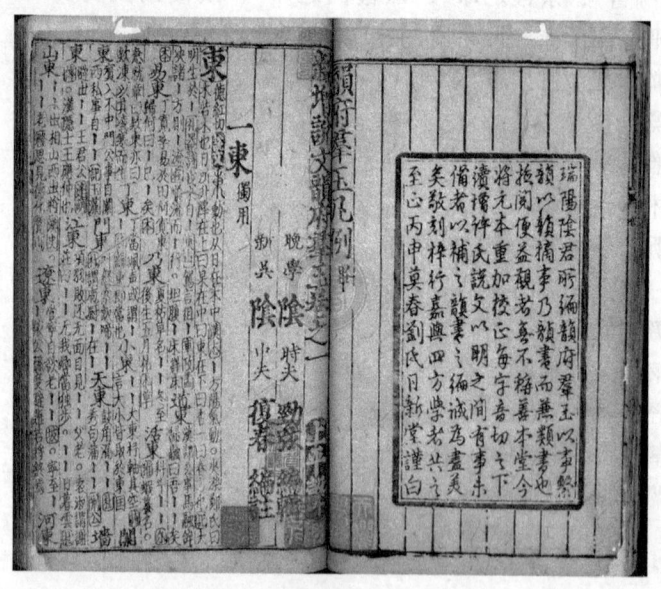

圖 10-2

鈐有"生香樂意"朱文方印,序文第一、二、四之半葉皆爲抄補,凡例補四行,以此相核,應爲《天目後編》著錄四部之第一部。入清爲揆敘所藏,有謙牧堂二印。每冊俱鈐天祿繼鑑諸璽，前後副葉所鈐爲"中三璽"。"天膫老人"白文印誤記爲"天明夕人"。卷二第四十七頁另鈐"槐軒主人"白文長印，爲《天目後編》失載。

《賞溥傑書畫目》著錄，宣統十四年（1922）九月二十五日賞溥傑之"大本"者，賜出宮外。

614 韻府羣玉二十卷（又一部）

明刻本。二十冊，現藏中國國家圖書館（書號12399）。

每半葉十一行，大小字數不定，小字雙行二十九字，黑口，四周雙邊，單魚尾。卷端題"新增說文韻府羣玉"。

此本篇目俱同上一部，《天目後編》卷十第二部《韻府群玉》下云"惟目錄首有'增刻一東宗風戎四韻并《新序》首八十板'十六字，末有仙童捧雲拱福畫像，當係坊間即元版重修者"，實爲明時翻刻元建陽劉氏日新堂刊本。

每冊俱鈐天祿繼鑑諸璽，前後副葉所鈐爲"中三璽"。有揆敘謙牧堂二印，《天目後編》卷十第二、第三部《韻府群玉》同爲揆敘舊藏，同爲二十冊，無法辨明此本應是哪一部。

《北京圖書館古籍善本書目》第1538頁，採"200128"號。

614（2）韻府羣玉二十卷（又二部）

明刻劉氏安正堂印本。二十冊，現藏中國國家圖書館（新編書號1219）。

每半葉十一行，大小字不等，小字雙行二十九字，黑口，四周雙邊。版式俱同上。

《天目後編》提要云："同上，係一版摹印。"此爲國圖新編目書，尚在修復中，未見原書，不詳其訂爲劉氏安正堂刷印之依據，或有刊記可見。

每冊俱鈐天祿繼鑑諸璽，前後副葉所鈐爲"中三璽"。另有謙牧堂二印，爲揆敘舊藏。

《賞溥傑書畫目》著錄，宣統十四年（1922）十月初六日溥傑收到賞單內著錄此書，稱是"小本"，與上一部皆四函一套。出宮後輾轉自長春僞宮至北京故宮，1959年撥交北京圖書館。2013年編目。

615 韻府羣玉二十卷（又三部）

元刻本，卷十五配元元統二年(1334)梅溪書院刻本。存卷一至十九，計十九卷、十九冊，現藏中國國家圖書館。其中卷六、十五，計二卷，二冊，書號18635；卷一至五、七至十四、十六至十九，計十七卷，十七冊，新編書號1221。

卷六，每半葉十一行，大字不等，小字雙行二十九，黑口，四周雙邊，雙順魚尾，卷端、卷尾俱題"新增說文韻府羣玉"。卷十五，十行，大小字不一，小字雙行二十九，黑口，四周雙邊，雙順魚尾，卷端、卷尾俱題"韻府羣玉"。灑金箋籤題"元版韻府羣玉第某冊"。

《天目後編》提要云："同上，係一版摹印。"

每冊俱鈐天祿繼鑑諸璽，前後副頁所鈐爲"中三璽"。另鈐"周元亮家藏書"、"謝在杭藏書印"、"謙牧堂藏書記"等，知是《天目後編》卷十第四部元版《韻府羣玉》。"謝在杭藏書印"，《天目後編》"印"誤作"記"。曾經明末謝肇淛、周亮工舊藏，入清歸揆敘。謝肇淛，字在杭，長樂人。萬曆二十年(1592)進士，官布政使。藏書甚富，所著有《五雜俎》。周亮工，見前卷四宋版史部《紹興十八年同年小錄》。"沙門用平"、"釋氏道銜"、"還庵"三印無考。

卷一至五、七至十四、十六至十九，十七冊係1959年自故宮調撥北京圖書館者，書頁蟲蛀、潮濕、霉爛，尤以第一冊爲甚。2013年編目。

615(2) 增修詩學集成押韻淵海二十卷

元後至元六年(1340)蔡氏梅軒刻本，卷十九至二十配明刻本。十六冊，現藏中國國家圖書館（書號14757）。

匡高19.5釐米，廣12.8釐米。每半葉十二行，行字不等，小字雙行二十八字，四周雙邊，細黑口，雙順魚尾。黃麻紙。書名題"勻海幾"。首卷卷端題"詩學集成押韻淵海卷之一，上平聲"，次行低六格題"建安後學嚴毅子仁編輯"。卷首有後至元庚辰(1340)四月望日前進士張復序。卷十六末有佚名墨筆題詩。

張序云："（以上殘缺）梅軒蔡氏《詩學押韻淵海》乃錄溪子仁嚴君所編，各韻摭群書而備韻料於前，選誌集而類韻語於後，其收也富，其擇也精，詩□韻書，是爲詳備。"次《增修詩學集成押韻淵海凡例》，云："書肆舊刊廬陵胡氏、建安丁氏所編《詩學活套押韻大成》，詳略不同，醇疵相半，大抵以押韻詩句多者居前，詩句少者居後，韻母混淆，訓詁闕略，識者病之。今是編，韻銓禮部，句選名賢，每韻之下，事聯偶對，詩料群分，非惟資初學之用，而詩人騷客亦得以觸而長引而伸，不無小補。此視舊刊，霄壤選歌，故名之曰《詩學集成押韻淵海》，蓋所以別其異同也。"又云："是編每韻之下，首明反切，繼辨訓詁，先活套，次體字。事聯有二字三字以至四字皆取其的按據對偶親切者用之，其不偶者則□以別之。詩料自五言以至七言，皆取其下字用工切於題目者用之，其他泛泛在所不錄。"次《增修詩學集成押韻淵海目錄》。《天目後編》云："書二十卷，依上下平聲，三江有錄無書。首活套，次體字，次事類，次詩料，以爲初學押韻之用。前有後至元庚辰張復序，稱書肆舊刊廬陵胡氏、建安丁氏《詩學活套押韻大成》未善，故增修是書云。末刻至元庚辰菊節梅軒蔡氏新刊。"卷末牌記，今脫去不存。

書中卷端題名略有差異，卷一末及卷二又題"新編詩學集成押韻淵海"。檢書中有"寬"、"孝"、"頁"、"斉"、"牢"等俗體字，當出於建陽坊刻。書中又有"匡"、"筐"、"恇"、"眶"等闕筆字，"韋玄成"作"韋元成"，則當諱"玄"字，據其題或"增修"或"新編"，疑據宋本傳刻。

卷十六末有佚名墨筆題詩，云："半輪殘月掩塵埃，依稀猶見開元字。想見清光未破時，買盡人間不平事。"

此本鈐"謙牧堂藏書記"、"謙牧堂書畫記"、"裦素樓"、"順德何氏珍藏"、"何氏德華樓藏書記"、"元本"、"疇九鑑定"、"據梧尋夢室"、"疇九藏書畫記"、"龍内山人"、"疇九平生真賞"、"疇九"、"疇九過目"、"萬庵所藏"、"東莞莫氏五十萬卷樓"、"東莞莫伯驥號天一藏書之印"諸印。清揆敘舊藏，後入藏清宫天祿琳琅，每册俱鈐天祿繼鑑諸璽，前後副頁所鈐爲"中三璽"。流出清宫後，爲順德何氏、東莞莫伯驥五十萬卷樓收藏。據莫伯驥跋云："前後有'天祿琳琅'各章，其蓋有六璽之護葉則已脫佚。檢《天祿琳琅書目》謂卷五缺第一葉，卷十四缺第一、第二頁，卷十七缺第一、第二、第三、第四葉，卷三十缺末葉，皆原日鈔補，其數適符。謙牧堂舊藏已如此，可想見當時所謂天府之儲者，已極珍秘此書矣。謙牧堂遺籍，吾家收藏頗多，而曾入天祿者僅此。《琳琅目》列謙牧書極多，以謙牧書多由徐氏傳是樓來，故重視之歟？"①中山大學周連寬云，友人"葉君"自廣州十六

---

① 《五十萬卷樓群書跋文》，子部二，"增修詩學集成押韻淵海二十卷"條下，第310—311頁。

鋪萃古堂書肆購得，書肆主人盧達文，鑑別能力爲他估所不及，順德溫氏六篆樓藏書多出於曾氏面城樓，故佳槧頗多，及其流散，十之八九均經盧氏之手。① 莫伯驥(1877—1958)，字天一，廣東東莞人。酷嗜藏書，有"五十萬卷樓"，近代執嶺南藏書牛耳。所藏善本，大多爲宋槧元刻、舊抄舊校、影宋精抄、活字本、名家寫本等，集盛昱、徐坊、丁日昌、方功惠、孔廣陶、葉德輝等藏家舊藏。晚年藏書散出。書後附當時購書書籤，北京圖書館自廣州古籍書店以 600 元價格購入。

《北京圖書館古籍善本書目》子部第 1544 頁。

616 增修詩學集成押韻淵海二十卷（又一部）

明初刻本。二十冊四函，現藏復旦大學圖書館（書號 0122）。

匡高 18.5 釐米，廣 12 釐米。每半葉十二行，行字不等，小字雙行二十五字，黑口，四周雙邊，雙順魚尾。版心中作"勻海幾"，下記頁數。竹紙（一指寬之簾紋）。金鑲玉裝。

全書體例與《韻府群玉》相近，而更爲簡略。每字之下首列活套，次爲體字。體字者，如"東"字下列青位震方四字，"童"字列兒曹二字，即宋人所謂換字也。次爲事類，次爲詩料，則多採五言七言詩句，而不著其姓名。《天目後編》以爲"同上，係一版摹印"，認爲與上一部一樣，皆是元後至元六年(1340)蔡氏梅軒刻本，此本實係明初覆元後至元六年梅軒蔡氏刊本，成化二十三年重修。

除首卷卷端題名作"詩學集成押韻淵海"外，其他各卷之首末均作"新編詩學集成押韻淵海"。目錄一葉係抄配，書名作"增修詩學集成押韻淵海"。書前有後至元庚辰四月望日張復序、凡例、目錄。書中有若干卷末葉係抄補或抄配，與《天目後編》所記略有出入，計有：序第一頁；凡例一頁；目錄二頁；卷三末五葉；卷四之廿七、廿八；卷七之廿一、廿二；卷八第一頁；卷十之卅七至卅九；卷十一之第一、二頁；卷十四之卅七、卅八；卷十五之首二頁。

欄框曾經描潤。書中多俗體字，如"刘"、"体"等，和覆刻之底本一樣，當爲建陽書坊所刊。卷十八末原有一牌記，刷印前已被剜板。《中國古籍善本書目》著錄此本爲"明初刻成化二十三年重修本"。

---

① 周連寬著：《羊城訪書偶記——書肆巡禮》，《廣東圖書館學刊》1985 年第 4 期，第 11 頁。

每冊首末頁俱鈐"乾隆御覽之寶"、"天祿繼鑑"、"天祿琳琅"三璽,除第一冊前副葉鈐"五福五代堂寶"、"八徵耄念之寶"、"太上皇帝之寶"、"中三璽"外,其它冊之首末副葉皆佚失不存。除卷首有一印不可辨外(卷十七之第二十頁下亦有此印,"楊□□威關記"朱文長印),卷二十末頁另鈐"司馬生"朱白文方印。

616(2)事文類聚翰墨全書九十八卷後集二十三卷

明初刻本。全書六函六十冊,存《甲集》十二卷全、《乙集》九卷全、《丙集》五卷全、《丁集》五卷全、《戊集》五卷全、《己集》七卷全、《庚集》二十四卷全、《辛集》一冊;①《壬集》卷九至十二、《癸集》卷一至三、六至十一;後集《甲集》卷一、五至八;《乙集》二卷全;《丙集》卷一至三、五至六;《丁集》卷一至三、六至八;《戊集》卷一至三、六至九,計存一百零八卷,四十七冊,現藏中國國家圖書館(新編書號1222);後集乙卷下第二十七至五十三葉,一冊,2015年嘉德春拍。②

匡高15.8釐米,廣10.6釐米。每半葉十二行,行二十四字,小字雙行同。黑口,四周雙邊,雙順魚尾。版心中記卷數及葉次。卷前有元大德十一年熊鈇序。首卷卷端題"新編事文類聚翰墨全書甲集卷之一",另行下題"前鄉貢進士省軒劉應李希泌編"。後集每半葉十二行,行二十字,小字雙行同。黑口,四周雙邊,雙順魚尾。版心中記卷數及葉次。各集行款不盡相同。黃麻紙。

書九十八卷。分甲乙丙丁戊己庚辛壬癸十集,各有門目《後集》二十三卷,分甲乙丙丁戊五集。其書全仿祝穆《事文類聚》之例,故仍冠其名。爲元代民間交際應用類書,元明清三代皆有刊刻,版本系統頗爲複雜,主要有元本與明初本之別,明初刻本爲小字雙行,二者皆祖元大德本。《天祿後目》著錄此爲"麻沙袖珍本",爲元末明初建陽書坊所刻巾箱本,手書上版,結體清秀。

每冊俱鈐天祿繼鑑諸璽,前後副葉所鈐爲"中三璽"。無其它私家藏印。

---

① 《辛集》一冊,霉爛不堪,無法查明具體卷次。
② 拍品號1838,起價60萬元人民幣,流拍,現仍在私人藏家手中。

國圖所藏四十七冊1959年自北京故宮調撥至北京圖書館。撥書檔案上記其版本爲"元建陽書坊刻巾箱本"。其中十三冊書頁蟲蛀、潮濕、霉爛,最嚴重的一冊已成二小包灰團,2013年編目。其上有灑金箋籤題"元版事文類聚翰墨全書三冊"。有舊籤原題"宋版事文類聚第某冊",黃麻紙,《天目後編》無宋版。後改題"元版事文類聚翰墨全書",並將新籤貼在舊籤上。新籤爲灑金箋紙,紙幅略小於舊籤黃紙,新籤紙小於舊籤紙一圈,呈現出四周黃邊,與青綠色書衣相搭配,頗具美感。新籤與舊籤之間襯有一張宣紙。第2—7冊、10—18冊、22—24、32、34、36—38、40、42、46、48—50、53、54、56、58—60冊書衣有原籤題。或正合於《天祿琳琅書目》凡例所云:"籤題舊未畫一者,今悉更正,套籤於舊藏者,添識乙未重訂,續入者則識乾隆乙未重裝,用志裒集次第。"雖是《天祿琳琅書目後編》著錄書,蓋理書編目時,亦如前編辦理。

　　拍賣會上所見一冊,書衣上有編號,爲"第47冊",與國圖所藏爲一部散出。首末葉及前後副葉六方天祿繼鑑御璽俱全,說明並未改裝,然首末葉不見卷端、卷尾題名,版心中刊"方下后乙",似是後集乙之半卷,起自葉二十七,迄於葉五十四。自內容看,應是後集乙《州郡》卷下之一部分。《續修四庫全書》子部類書類收入《新編事文類聚翰墨全書》一百三十四卷,以中國國家圖書館所藏明初刻本影印,①正與此天祿本同版。核之續四庫本,則拍賣會上這一冊,正是後集乙卷下葉二十七至五十四,卷下共七十八頁,拍賣會上這一冊,僅爲三分之一殘卷。其卷端大字雙行題作"大明混一方輿勝覽卷下",其下小字墨框反白題"后乙集",題作"大明",亦爲版刻於明代的確證。國圖新編目中雖云"後乙全",但其中必缺這半卷,編目者有失察之過也。

617 事文類聚翰墨大全前集九十八卷

　　明刻本。存《乙集》卷六至九、《丁集》全、《庚集》卷十一至十三、十八至二十四,計十九卷,七冊,現藏中國國家圖書館(書號18621)。

　　每半葉十四行,行二十八字,小字雙行同,黑口,四周雙邊,雙順魚尾。卷端大字雙行題"新編事文類聚翰墨大全卷之幾",下以墨框題"某集"。

---

　　① 顧廷龍、傅璇琮主編:《續修四庫全書》,上海古籍出版社1995—2002年版,子部第1220冊,第597—610頁。所用底本爲國圖藏明初刻本,版刻不如天祿本清朗,爲後印之本。

竹紙，簾紋一指寬，紙色蕪黃，書頁破損嚴重。

《天目後編》卷十云，"九十八卷，篇目見上。即《翰墨全書》另一刻"。緊行密字，建版風格。

每冊俱鈐天祿繼鑑諸璽，前後副葉俱鈐"中三璽"。無其它私家藏印。

《北京圖書館古籍善本書目》子部第1541頁。

617(2)增修事文類聚翰墨全書後丙集六卷

明初刻巾箱本。現藏中國國家圖書館，其中卷一至四，計四卷，四冊，新編書號1224；卷五至六，計二卷，一冊，書號8290。

每半葉十五行，大字不等，小字二十四或二十五，黑口，四周雙邊，雙順魚尾。卷端大字雙行題"新編事文類聚翰墨全書後丙集卷之幾"，卷末題"氏族覆姓"。書衣黃絹籤題"元板增修事文類聚翰墨全書後丙集"。

《天目後編》卷十提要稱："是書乃坊肆梓印應用之書，隨刻隨行，不嫌單集也。"麻沙書坊所刻巾箱本，書頁蟲蛀嚴重。

每冊俱鈐天祿繼鑑諸璽，前後副葉所鈐為"中三璽"。《天目後編》未記私家藏印，實則卷一至四書上有"弱侯"、"雪苑宋氏蘭揮藏書記"二印，卷三末有"裕經堂"一印。卷五至卷六兩冊書經重裝，前後副葉佚失。除"乾隆御覽之寶"、"天祿琳琅"、"天祿繼鑑"三璽外，另有"芝城閃氏叢桂書屋收藏書畫之印"（朱文長方）、"裕經堂"（朱文長印）、"雪苑宋氏蘭揮堂藏書記"（朱文方印）。曾經焦竑、宋犖等人舊藏。"周遹"（白方方印）一印，為流出宮後藏家所鈐，乃周叔弢先生舊藏。

《賞溥傑書畫目》著錄，宣統十四年（1922）九月二十五日賞溥傑。其中卷一至四為出宮後輾轉自長春偽宮至北京故宮，1959年撥交北京圖書館，2013年編目。

617(3)新編排韻增廣事類氏族大全二十卷

元建陽書坊刻本。一函六冊，現藏臺北"故宮博物院"（書號故善002364－002369）。

匡高18.4釐米，廣14釐米。每半葉十七行，行二十八字，小字雙行同。左右雙邊，偶見四周雙邊，黑口，雙魚尾，版心中刊卷次及葉次。正文前有《綱目》。無序跋。首卷卷端題"新編排韻增廣事類氏族大全"，下刊"甲集"。書中有朱筆句逗。竹紙，新裝織錦四合函套，石青杭細書衣，黃綾書籤，書"元板新編排韻增廣事類氏族大全"。丙集上卷葉二抄配。

不著撰人名氏。書二十卷。分十集，每集二卷，依《廣韻》次第隸姓，末卷覆姓。摘敘經史人物，姓末多附"女德婚姻"，以供婚啟之用。其事蹟迄於南宋之季，蓋元時人所編。文中姓氏、韻部、女德婚姻皆以黑蓋子白文別出。

《天目後編》稱其為"麻沙版梓行"，具備典型麻沙坊刻本特徵，緊行密字，墨重紙黝。《綱目》第十三後半葉上有裁接痕蹟，書尾第二十卷卷末"癸集"下亦有裁接痕蹟。《中國古籍善本書目》有同版，誤記為"新刊排韻增廣事類氏族大全"。

每冊俱鈐天祿繼鑑諸璽，前後副葉所鈐為"中三璽"。清人揆敘舊藏，有謙牧堂二印。另卷首有"紫軒"白文長印一，另有一印不可辨。

《故宮善本書目》記其作"元建陽書坊刻本"。《"國立故宮博物院"善本舊籍總目》，上冊，第384頁；又下冊，第869頁。

618 拾遺記十卷

明嘉靖十三年(1534)吳郡顧氏世德堂仿宋刻本。五冊一函，現藏臺北"故宮博物院"（書號故善005386－005390）。

匡高17.3釐米，廣12釐米。每半葉十行，行十八字，小字雙行同。左右雙邊，白口，單魚尾，版心中刊拾遺幾及葉次，卷一首頁版心下有刻工"陸淮刻"。卷前有目錄，卷末有《後序》。首卷卷端題"王子年拾遺記卷第一"，隔行下題"蕭綺序錄"。白棉紙，綠地朵花織錦四合函套，紫色絹製書衣，黃綾書籤，書"拾遺記"。

蘇州顧春的"世德堂"，是明正德、嘉靖間著名的私人刻書，所刊刻《六子書》源自古本，博參群籍，考義多方，校刻精良，不良書估多有剜去世德堂牌記以充原本。此本照刻宋諱，"殷"、"玄"等闕末筆，但字體秀麗，有明顯的嘉靖刻風。此本目錄後及卷十尾題前皆有裁補痕蹟，書估撤去目錄後"顧氏世德堂刊"牌記（圖10－3），並裁去《後序》末署"嘉靖甲午春三月東滄居士吳郡顧春識"一行，以充宋元舊槧。

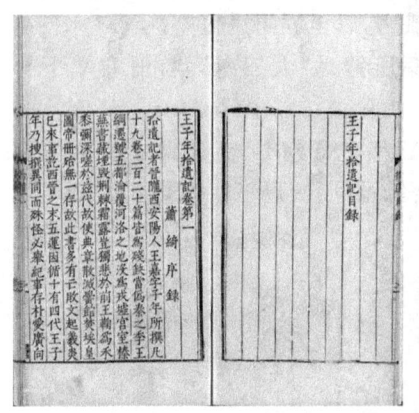 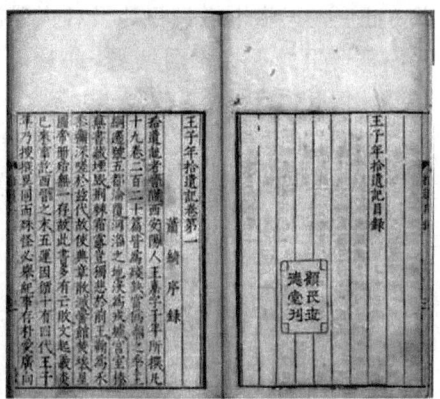

圖10—3　左爲天祿本,目錄後刊記被撤去;右爲臺北故宮所藏同版別本

每冊俱鈐天祿繼鑑諸璽,前後副葉所鈐爲"大三璽",無其它私家藏印。

《故宮善本書目》記其作"明嘉靖四年顧春世德堂復宋本"。《"國立故宮博物院"善本舊籍總目》,下冊,第910頁。

618(2) 鶴林玉露十六卷

明刻萬曆七年(1579)林大黼重修本。四冊一函,現藏臺北"故宮博物院"(書號故善008118—008121)。

匡高21.4釐米,廣14釐米。每半葉十行,行二十二字,左右雙邊,白口,單線魚尾。版心上刊"鶴林玉露",魚尾下刊一細圈,下題卷次及葉次。無序跋及目錄。首卷卷端題"鶴林玉露卷之一",隔行下題"廬陵羅大經景綸"。白棉紙,紫色地朵花宋式錦四合函套,綠絹書衣,黃綾書籤與套籤,題"鶴林玉露"。書中有佚名朱筆及黃筆圈點。

《天目後編》提要僅云:"無序跋、刊刻年月。"書版多有漫漶、斷版,卷一之四、六;卷二之二;卷三之六;卷四之四、五、七、九;卷五之二、六、七、十、十二;卷六之四、六、十二;卷九之一;卷十四之三;卷十五之七爲補修頁,版刻清晰,四周單邊,字體更偏萬曆以來之匠體。此爲明萬曆七年(1579)莆田人林大黼修補南京舊刊印本,別本目錄後有萬曆七年首夏之望林大黼識語,謂共修補二十餘板。另有三十六年(1608)孫鑛遞修本,卷首有跋文二篇,一署"萬曆戊申(三十六年,1608)二月甲子餘姚孫鑛識",一署"萬曆三十六年戊申四月之吉南京都察院照磨所照磨海虞趙琦美謹跋",傅增湘《藏園群書題記》卷七有"明南臺鶴林玉露跋"一文,所言者即此本也。① 天祿本撤去目錄及林大黼識語，以至誤認爲舊刻。

每冊俱鈐天祿繼鑑諸璽，前後副葉所鈐爲"大三璽"，首冊卷端下鈐"劉鳳"白文方印。

《故宮善本書目》記其作"明萬曆三年南臺刻本"。《"國立故宮博物院"善本舊籍總目》，下冊，第830頁，著錄爲"明萬曆三年南臺刊本"。

---

① 《"國家圖書館"善本書志初稿》，子部，第2冊，書號07326，第166頁。

《欽定天祿琳琅書目後編》卷十一　元版集部

619 曹子建集十卷

明正德銅活字印本。一函二册，現藏於臺北"故宫博物院"（書號故善007537—007538）。

匡高20.5釐米，廣14.3釐米。每半葉九行，行十七字，細黑口，左右雙邊，單魚尾。書口中有"曹集卷幾"及葉次。前有目録，首卷卷端題"曹子建集卷第一"，隔行下題"魏陳思王曹植撰"。卷十第十頁後闕。黄麻紙，書有蟲蛀。黄色地朵花宋式錦四合函套，芥黄色絹質書衣，黄綾書籤及套籤，題"元板曹子建集"。卷十至葉十止，後有闕葉。

《天目後編》記其乃以宋版久佚而重雕者，實則各字獨立，筆劃絶無交叉，欄綫不到底，個別文字排版不夠齊整，有明顯活字本特徵，爲活字印本。且筆劃纖細凌峭，印痕透紙，應是金屬活字所致。字體端正飽滿，刷印精良，無一字倒乙，版面清爽悦目。趙萬里先生曾云："據正德五年舒貞刻《陳思王集》田瀾序，舒貞過長洲，得徐氏活字版《子建集》百餘部。此本疑即長洲徐氏印本。"①疑其乃蘇州地區銅活字印本。《中國古籍善本書目》著録爲"明銅活字印本"，存世尚有中國國家圖書館、北京大學、上海圖書館、南京圖書館、臺北"國家圖書館"等多家。

每册俱鈐天禄繼鑑諸璽，前後副葉所鈐爲"大三璽"，並有揆敘謙牧堂二藏印及"東海氏圖書記"朱文方印。

《故宫善本書目》記其作"明正德初年活字印本"。《"國立故宫博物院"善本舊籍總目》，下册，第995頁。

620 陶靖節集十卷

明刻本。存卷五至十，計五卷，一册，現藏中國國家圖書館（新編書號1262）。

---

①　《中國版刻圖録》，目録第93頁，圖版五五五。

每半葉九行，行十八字，白口，四周單邊。黃絹籤題"陶靖節集"。

《天目後編》提要僅云："篇目見前宋版集部。前有蕭統序及傳，後多顏延年《靖節徵士誄》，其《總論》凡二十七條。餘俱同。"實爲明嘉靖間倣宋刻本。

每冊俱鈐天祿繼鑑諸璽，前後副葉所鈐爲"中三璽"，無其它私家藏印。

《賞溥傑書畫目》著錄，宣統十四年（1922）九月二十五日賞溥傑。1959年自故宮調撥。書頁多有蟲蛀，撥交清冊記爲"明嘉靖倣宋刻本"。2013年編目。

620(2) 集千家注分類杜工部詩二十五卷文二卷

元至正七年（1347）潘屏山圭山書院刻廣勤堂印本。六冊，現藏中國國家圖書館，其中詩集卷一至八、十四至二十五，文集二卷，所附年譜等，計二十二卷，五冊，新編書號1220；卷九至十三，計五卷，一冊，書號18625。

每半葉十二行，行二十字，小字雙行二十六字，黑口，四周雙邊，雙順魚尾。清宮舊裝，暗花綾面書衣，書籤題爲"元版集千家注分類杜工部詩"。紙色蕪黃。版心蟲蛀開裂。

《天目後編》稱其爲"麻沙小字本"。

每冊俱鈐天祿繼鑑諸璽，前後扉頁所鈐爲"中三璽"，私家藏印"道開"、"顧萃廷會"、"法印自扃"俱與《天目後編》卷十一所記相同。

卷一至八、十四至二十五，文集卷一至二，五冊，1959年自故宮調撥，撥交清冊上記爲"元至正七年潘屏山圭山書院刻廣勤堂印本"。2013年編目。

620(3) 分類補注李太白詩二十五卷

明刻本。八冊，現藏中國國家圖書館，其中卷一至六、十至二十五，計二十二卷，七冊，新編書號1217；卷七至九，計三卷，一冊，書號18603。

每半葉十二行，行二十字，小字二十六，白口，四周單邊，間有左右雙邊，版心中刊"李詩註卷幾"，下偶有未挖淨的刻工人名。卷前有至元辛卯士蕭士贇自序。卷端題"分類補注李太白詩"。尚存清宮舊裝，書衣灑金箋籤題"元版分類補注李太白詩第某冊"。

目錄後有空墨印一，《天目後編》提要云："下一部係'至元五年萬玉堂刊'八字,蓋市賈故爲漏印,以贗宋本耳。"此本爲明翻元刻本,天禄諸臣妄斷以爲"至元五年萬玉堂刊"漏印,因卷首部分新編,尚在修復中,無法提閲,推測此刊記或許並未摹刻。

每册俱鈐天禄繼鑑諸璽,前後扉頁所鈐爲"大三璽"。"文字之祥"、"馮氏圖書"、"馮印文昌"、"茅屋紙窗筆精墨妙"、"文昌之印"、"涪築"、"快雪堂圖書印"、"清曠之域"、"文字之祥君家其昌"、"馮氏三餘堂收藏"、"茅齋玩賞"諸私人藏印俱與《天目後編》卷十一第一部元版相合,有"馮氏圖書"方形、"文字之祥"壺盧式二朱文印。"文字之詳君家其昌"一印,卷十九無,卷三、十八、二十五均爲墨印。此書曾爲涿州馮氏快雪堂收藏,馮銓(1595—1672),字伯衡,又字振鷺,號鹿庵,順天府涿州(今河北省涿州市)人,明萬曆四十一年進士,後官拜禮部尚書兼文淵閣大學士。清順治二年授弘文館大學士兼禮部尚書。輯刻《快雪堂法帖》。

卷一至六、十至二十五之七册,1959年自故宫調撥。2013年編目。

621 分類補注李太白詩二十五卷(又一部)

元刻本。二函十六册。

《天目後編》提要僅云:"版本同上,係一版摹印。"前一部實爲明刻本,則此本恐亦爲明刊。

宣統十四年(1922)十月十八日溥傑收到賞單内著録此書,注爲"二函",應是此二函十六册的一部。賜出宫外後,尚不知是否仍存世間。

622 李文公集十八卷

明成化十一年(1475)馮孜刻嘉靖四年(1525)舒瑞重修本。存卷五至七、十三至十四,計五卷,二册,現藏中國國家圖書館(新編書號1225)。

匡高19.7釐米,廣13.7釐米。每半葉十行,行十九至二十字,四周雙邊,綫黑口,單魚尾。有灑金箋紙書籤,裝在内副葉,題"元版李文公集第×册"。

《天目後編》提要云:"是本前有無名氏序,云邵武郡守西蜀馮君師虞命工梓傳云。……是書明景泰年邢讓鈔本,近徐養元刻之,訛舛最甚。惟毛晉所刻十八卷,爲通行善本。此其原鍥也。"實爲明成化刻本。臺北"國家圖書館"藏明成化乙未(十一年,1475)邵武郡守馮師虞刊後代修補印本

《李文公集》，前有此本佚失之成化乙未春二月吉玉融、何宜序，①可知天祿之書被抽取有明確年代題署之序，以致編者誤認爲乃元代所刊。

每冊俱鈐天祿繼鑑諸璽，前後副葉所鈐爲"中三璽"。另有"竹芝居"及"枕石漱流"二朱文印。

1959年自故宮調撥，檔案記爲"明成化邵武刻本"。2013年編目。

622(2)增廣注釋音辨唐柳先生集四十三卷

明初刻本。原爲二函十六冊，存卷一至十五、二十一至二十三、三十三至三十五、別集上下，計二十三卷，十冊，現藏中國國家圖書館（新編書號1216）；卷十八至二十，計三卷，一冊，現藏吉林市圖書館（書號集3(2)/20.1）。

匡高19.9釐米，廣12.7釐米。每半葉十三行，行二十三字，小字雙行同，粗黑口，四周雙邊，雙順魚尾。版心上記字數，中記"柳文幾"，下刊葉次。卷前《柳文音義序》/乾道三年十二月吳郡陸之淵書，《唐柳先生文集序》/夔州刺史劉禹錫纂，《增廣註釋音辨唐柳先生集諸賢姓氏》。首卷卷端題"增廣註釋音辨唐柳先生集卷之十八"。黃麻紙，黃絹籤題"唐柳先生集"及卷次。

分正集四十三卷，別集二卷，外集二卷，附錄一卷，共四十八卷。《天祿後目》僅云："篇目同前宋版首部"，以爲亦是元邵武郡守西蜀馮師虞刊本。此本緊行密字，建版風格，麻沙書坊所刻。據版刻風格觀之，應爲明初所刊。

每冊俱鈐天祿繼鑑諸璽，前後副葉所鈐爲"中三璽"。卷首有"宮九氏"白文印及"高印登雲"朱文印二印。

《賞溥傑書畫目》著錄，宣統十四年（1922）九月二十五日賞溥傑。其中卷一至十五、二十一至二十三、三十三至三十五，又《別集》上下二卷，計二十三卷，十冊，出宮後輾轉自長春僞宮至瀋陽故宮，1959年由北京故宮撥交北京圖書館，撥交檔案記爲"元刻本"。② 2013年編目。

---

① "國家圖書館"善本書志初稿，集部，書號09778。
② 陳國慶著：《瀋陽圖書館藏長春僞宮殘存宋元珍本目錄考略》，《歷史文獻》第6輯，上海古籍出版社2004年版，第105—106頁。

623 增廣注釋音辨唐柳先生集四十三卷（又一部）

元建陽書坊刻本。二函十二冊，現藏臺北"故宮博物院"（書號故善002160－2171）。

匡高20.3釐米，廣12.5釐米。每半葉十三行，行二十三字，小字雙行同。四周雙邊，粗黑口，雙順魚尾，版心中刊"柳文幾"，魚尾下刊葉次。卷首有《唐柳先生文集序》，隔行下署"夔州刺史劉禹錫纂"。有目錄。首卷卷端題"增廣註釋音辨唐柳先生集卷之一"，隔行下有"南城先生童宗說註釋"、"新安先生張敦頤音辨"、"雲間先生潘緯音義"三行。竹紙，簾紋一指寬。黃綠色朵花宋式錦四合函套，湖藍色絹製書衣，無書籤。各卷蟲噬損字甚多，有墨筆描欄補字。

《天目後編》云："同上，係一版摹印，惟陸之淵序佚。"此本書口上無字數，版刻較前一部清朗。

阿部隆一判斷此本爲明正統十三年（1448）王宗玉善敬堂覆刊元建陽書坊本，稱慶應義塾斯道文庫所藏與此同版，且有"正統戊辰善敬堂刊"牌記。《書林清話》"明人私刻坊刻書"一節，記"善敬堂。正統戊辰（十三年）刻《增廣注釋音辨唐柳先生集》四十三卷、《別集》二卷、《外集》二卷、《附錄》一卷"。對比存世善敬堂本，①書前有《柳文音義序》，目錄後有編纂姓氏，後有"正統戊辰善敬堂刊"長形反白文刊記。然而善敬堂本爲九行十八字，大黑口本，與天祿此本不同，並非明正統十三年王宗玉善敬堂覆元建陽書坊刊十三行本，仍是元建陽書坊所刻十三行本。

每冊俱鈐天祿繼鑑諸璽，前後副葉所鈐爲"中三璽"。另每卷卷端下原有鈐印，多被挖去，惟餘卷一下仍存，似是"桐樹里□氏"朱文方印。

《故宮善本書目》記其作"元建陽書坊刻本"。《"國立故宮博物院"善本舊籍總目》，下冊，第1025頁。

623（2）劉賓客外集十卷

明萬曆二年（1574）黎民表刻本。二冊一函，現藏臺北"故宮博物院"

---

① 如《第一批國家珍貴古籍名錄圖錄》，第2039號，著錄爲明正統十三年善敬堂刻萬曆三年（1575）補刻本；《第二批國家珍貴古籍名錄圖錄》，第3004—3007號，著錄爲明正統十三年（1448）善敬堂刻遞修本；《第三批國家珍貴古籍名錄圖錄》，第8781—8785號。

(書號故善 001991—001992)。

匡高 19 釐米，廣 13.8 釐米。每半葉十行，行二十字，小字雙行同，四周單邊，白口，單魚尾。版心上刊"劉文集"，魚尾刊卷數及葉次。首卷卷端題"劉賓客外集卷第一"，隔行空兩格題"正議大夫檢校禮部尚書兼太子賓客贈兵部尚書劉禹錫"。卷五、六、九、十等卷標題爲"劉夢得外集"。無序跋。白棉紙。書經重裝，綠色地織金織錦四合函套，靛藍灑金紙質書衣，無書籤。

《天目後編》稱"獨《外集》罕所流傳，藏書家珍爲祕笈，毛氏汲古閣嘗影鈔之。此刻本真稀見者。"臺北故宮昌彼得先生認爲《天目後編》元版集部之此本，"實萬曆黎刻而致誤"。① 按，明萬曆二年黎民表刻本，《劉賓客文集》三十卷《外集》十卷，《文集》部分行款版式爲十行二十字，四周雙邊，魚尾上方刊"中山集"；《外集》部分則四周單邊，故《"國家圖書館"善本書志初稿》著錄爲兩刻，云其"版式行款雖同，唯字體並不相同，應非同一刻版。"②此本手寫上板，端楷字體，娟秀雅潔，紙白墨潤，版刻甚精，萬曆本中難得之物。軟體字手書上板，肇于明代萬曆中期，此其一也。惜有少量蟲蛀損字。

每冊俱鈐天祿繼鑑諸璽，首末副葉所鈐爲"中三璽"，無其它私家藏印。有清室善後委員會點驗掛籤。

《故宮善本書目》記其作"明刻本"。《"國立故宮博物院"善本舊籍總目》，下冊，第 1024 頁，著錄爲"明刊本"。

623(3) 元豐類稾五十卷

明正統十二年(1477)鄒旦宜興刻本。二函十二冊，現藏臺北"故宮博物院"(書號故善 009755—009766)

匡高 21.7 釐米，廣 14.6 釐米。每半葉十一行，行二十一字，黑口，四周單邊，雙順魚尾。版心中刊"元豐類稾卷幾"及葉次。卷前有元豐八年季春三月朔日中書舍人王震《重刊南豐文集序》，正文後附錄行狀、碑誌、哀挽一卷，卷末有大德甲辰良月東平丁思敬《元豐類稾後序》。首卷卷端

---

① 昌彼得著：《增訂蟫庵群書題識》，臺北商務印書館 1997 年版，第 273 頁。
② (臺北)"國家圖書館"編：《"國家圖書館"善本書志初稿》集部，第 1 冊，《劉賓客文集》在 09765 號，著錄爲"明刊本"，第 136 頁；《劉賓客外集》在 09771 號，著錄爲"明刊本"，第 137—138 頁。

題"南豐先生元豐類藁卷弟一"。白麻紙，新修織錦四合函套，芥黄色絹質書衣，黄綾書籤，書"元板元豐類藁"。

《天目後編》云："書五十卷。與晁公武《郡齋讀書志》所載合。前有元豐八年王震序，後附錄行狀、碑誌、哀挽一卷。大德甲辰丁思敬後序有云，假守是邦，獲拜祠墓，得文集善本，前邑令王斗齋繡梓，乃鳩工摹而新之。是本書法、槧手俱極古雅，麻紙、濃墨，摹印精工，爲元刻上乘。明成化時，南豐知縣楊參重雕，遠遜初刊矣。""王斗齋"爲"黃斗齋"之誤，黃本以兵燹，丁思敬捐貲重刻。

臺北故宫藏四部明版《元豐類稿》，其中三部乃天禄繼鑑舊藏。以往定此本爲明成化刊本，然與通常成化刊本及成化刊遞修本之字體全然不同，亦不似嘉靖後風貌。經查（臺北）"國家圖書館"古籍全文資料庫中，其中收錄一部美國華盛頓大學所藏正統本《元豐類稿》，不僅卷首王震序和卷末丁思敬後序，其它序跋俱在，正和此部以往被誤認爲成化本同爲一版。唯王震《南豐文集序》華盛頓大學本爲七行十三字，故宫藏天禄本爲十一行二十一字。此版稀見，《中國古籍善本書目》著錄僅中國國家圖書館、上海圖書館有藏。鄒旦刻本又稱"宜興本"，成化八年楊參取爲底本，校正翻刻，板存南豐。彭元瑞等云其爲楊參本前之初刊本，此說不誤，然不察其間尚有明版，遽定元刊，誤矣。

每冊俱鈐天禄繼鑑諸璽，前後副葉所鈐爲"大三璽"，無其它私人藏印。

《故宫善本書目》記其作"明成化六年楊參南豐刻本"。《"國立故宫博物院"善本舊籍總目》，下冊，第1050頁，著錄爲"明成化六年楊參南豐刻本"。

624 歐陽文忠公集一百五十三卷

明正德七年（1512）劉喬吉安刻修補本，其中卷八十六至九十二配明抄本。原書八函六十四冊，存卷一至九十二、卷一百十至一百四十三及年譜，計一百二十七卷，四十九冊，現藏中國國家圖書館（書號12400）；卷九十三至九十六，計四冊，1995年嘉德春拍，[1]1999年再現於北京瀚海春

---

[1] 中國嘉德國際拍賣有限公司1995年春季拍賣會古籍善本專場，拍品第463號。

拍，①現藏臺灣潘思源處（潘目書號皇102/北2）；卷九十七至一百九，計四冊，1998年嘉德春拍，2000年11月爲臺北"故宮博物院"購藏（書號購善002395－002398）；②卷一百五十至一百五十一，一冊，2009年保利秋拍，現藏廣韻樓。③

匡高20.9釐米，廣13.2釐米，每半葉十行，行二十字，小字雙行同，黑口，四周雙邊，雙魚尾，書口中刊"歐文卷幾"及葉次。首卷卷端上題"居士集卷之一"，下題"歐陽文忠公集卷一"，小題在上，大題在下。前有慶元二年郡人胡柯所訂《年譜》。白棉紙。黃綠色絹質書衣，黃綾書籤，題作"元板歐陽文忠公集"。

《歐陽文忠公集》自南宋二年由周必大主持編校爲一百五十三卷本刊行於世，成爲歐集定本，亦元明諸刻之祖本，此後至明代，歐公故里吉州一帶屢有翻刻重修，多爲吉州郡守捐貨募刊。國圖著錄此本爲明天順六年（1462）程宗吉州郡齋刻本，程宗知吉州時所刻，傅增湘據所藏天順本與宋慶元二年周必大吉州刻本校勘，認爲此本雖行格未依宋板原式，而字句悉據宋本，讎核之功特爲精審，並說："此本字體秀逸，雅有松雪齋風範，鐫工尤爲精麗。其初印之本，楮墨明湛，世人往往誤爲元刻，如《天祿琳琅書目》所載元本，正是此冊。"④《藏園訂補邵亭知見傳本書目》云："前人多誤以天順程宗本爲元本，《天祿目》及《四部叢刊》所收皆程宗本也。"⑤臺北故宮學者以之與館藏平圖善本殘帙比對，認爲乃明正德七年吉安府知府劉喬刊本，爲劉喬覆刊程宗之本，因其有修版痕蹟，定爲明正德七年劉喬吉安刊修補本。⑥《天目後編》稱此本"至精審，其槧法精朗，紙墨俱佳"不誤，而稱其爲"元版中甲觀"，則謬矣。

每冊俱鈐天祿繼鑑諸璽，前後副頁所鈐爲"大三璽"。爲清人揆敘舊

---

① 北京翰海拍賣公司1999年拍賣會，第1160號拍品，成交價42.9萬元人民幣。
② 中國嘉德國際拍賣有限公司1998年春季拍賣會古籍善本專場，拍品第1198號。
③ 北京保利國際拍賣有限公司2009年秋季拍賣會古籍文獻名家翰墨專場，拍品第4372號。爲收藏家胡覲妙所購，2012年9月再次上拍於中國卓德國際拍賣公司秋拍古籍專場。
④ 《藏園群書題記》，卷十三，"明天順程宗刊歐陽文忠公集跋"，第669頁。
⑤ 《藏園訂補邵亭知見傳本書目》，第56頁。
⑥ 曾紀剛著：《"國立故宮博物院""天祿琳琅"書考述》，臺灣大學語文與文獻國際學術研討會（2012年12月7－8日）論文。

藏，鈐"謙牧堂藏書記"白文及"謙牧堂書畫記"朱文二印。

宣統十四年（1922）十月初九日《溥傑收到賞單》內著錄此書。國圖所藏部分，其中卷二十二至六十八、卷一百十至一百四十三，爲出宮後輾轉自長春僞宮至瀋陽故宮，1959年由北京故宮撥交北京圖書館。臺北故宮所藏四冊，尚存清宮舊裝。

625 王荆文公詩五十卷

元大德五年（1301）吉安王常刻本。二函二十冊，現藏中國國家圖書館（書號12378）。

匡高17.5釐米，廣12.4釐米。每半葉十行，行十九字，小字雙行同，細黑口，左右雙邊，雙魚尾。卷前有劉辰翁子歸孫序，又詹太和所著《王荆文公年譜》。目錄後有"僕頃聞詩於須溪先生及半山，則恨李註本極少。於是先生出示善本，併得其評點。茲不敢私，命刻之梓，期與四方學者共之。門人王常謹題"草書牌記七行（圖11—1）。首卷卷端題"王荆公詩卷之一"，隔行下題"廬陵李壁箋註"、"須溪劉辰翁批點"二行。

此書爲元初劉須溪評點李壁所撰《王荆文公詩》，大德五年須溪門人王常爲之梓行。

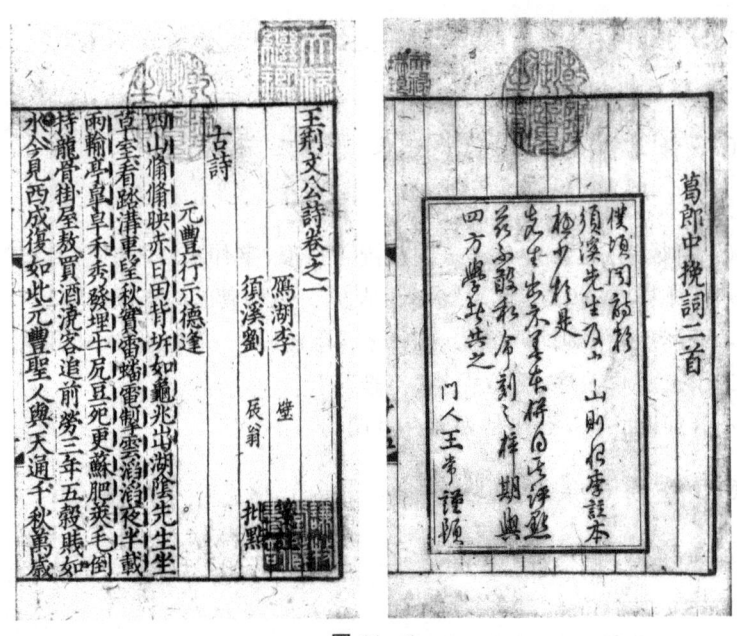

圖 11—1

每冊俱鈐天祿繼鑑諸璽，前後副葉所鈐爲"中三璽"。曾經揆敘舊藏，有謙牧堂二印。

宣統十四年(1922)十月十八日《溥傑收到賞單》內著錄此書。出宮後輾轉自長春僞宮至瀋陽故宮，1959年由北京故宮撥交北京圖書館。傅增湘《藏園訂補邵亭知見傳本書目》卷十三記載此本。《中國版刻圖錄》圖版三一一、三一二；《北京圖書館古籍善本書目》第2132頁。《第一批國家珍貴古籍名錄圖錄》第01105號。① 《中華再造善本》金元編第689號。

625(2) 淮海集四十六卷

明正德黃瓚刻後印本。八冊，現藏中國國家圖書館（新編書號1228）。

每半葉十行，行二十一字，白口，上下雙邊。黃絹籤題"淮海集目錄卷一之六"，每冊書衣均有籤題。

《天目後編》提要甚簡，只云："篇目見前宋版集部，無《長短句》三卷。"此國圖新編目書，尚在修復中，無法提閱原書，不詳何以誤判版本。

每冊俱鈐天祿繼鑑諸璽，前後副葉所鈐爲"大三璽"，無其他私家藏印。

1959年自故宮調撥，撥交清冊上記爲"明正德儀真刻本"。2013年編目。

626 豫章羅先生文集十七卷

元刻本。一函二冊。

《天目後編》提要云："宋羅從彥撰。從彥，字仲嘉，沙縣人。以累舉恩授惠州博羅縣主簿。追諡文質，入《宋史‧道學傳》。書十七卷。《經解》一卷，有錄無書，《集錄》九卷，《雜著》二卷，《詩》一卷，《附錄》四卷。前有至正二十七年卓說序，曹道振撰《年譜》。"

不詳何時亡佚，不知是否尚存世間。

626(2) 屏山集二十卷

元刻本。一函八冊。

---

① 《第一批國家珍貴古籍名錄圖錄》，第4冊，第335頁。

《天目後編》提要云："宋劉子翬撰。子翬，字彥沖，崇安人。官通判興化軍。書二十卷。前有紹興三十年胡憲序，次朱熹《屏山集跋》、《遺帖跋》及《墓表》。熹早年以父命受業子翬，故自署曰門人。次《宋史·儒林傳》，次張磏《諡議》，次鄭起潛《覆議》。當時學者稱屏山先生，故以名集。"又云書上鈐"謙牧堂藏書記"、"謙牧堂書畫記"二印，入宮前爲清人揆叙舊藏。

《賞溥傑書畫目》著錄，宣統十四年（1922）九月二十五日賞溥傑，賜出宮外，尚不知是否存於世間。

626（3）屏山集二十卷

明正德刻本。八冊，現藏臺北"中央研究院"傅斯年圖書館（書號845.2/763－017）。

匡高19.2釐米，廣13釐米。每半葉十行，行十九字。大黑口，四周雙邊或左右雙邊，雙順魚尾，版心中刊書名卷次，下刊葉次。卷首有《屏山集序》，署"紹興三十年六月朔籍溪胡憲序"；又《跋家藏劉病翁遺帖》，署"慶元己未（五年）丙申門人朱熹謹書"；又《跋屏山集》，署"乾道癸巳（九年）七月庚戌門人朱熹謹書"；又《諡議》，題"朝奉郎行太常博士張磏撰"；又《覆議》，題"承議郎秘書著作佐郎兼史館校勘權考功郎官鄭起潛撰"；又《有宋屏山先生劉公墓表》，題"門人朱熹撰"；又《宋史儒林傳》。首卷卷端題"屏山集卷第一"，隔行下題"宋文靖公劉子翬著"。卷七第十三葉後闕，卷十三整卷及卷十四第十一葉闕，缺葉裝有補白。棉紙，書經金鑲玉重裝。

《天目後編》記其與前一部之別，爲"小字另刻"。《中國古籍善本書目》著錄有"明弘治十七年刻本"及"明正德七年劉澤刻本"，行款版式相同，此本版刻風格確是弘治、正德時期，墨色濃重，寫刻端正。

原爲四冊，經改裝重訂爲八冊，原前後副葉之"中三璽"，僅見第一、二、四、五、六、七冊前副葉尚存，未見後副葉三璽。出宮後曾經江寧鄧邦述（1868—1939）所藏，每冊卷端下有"群碧樓"白文方印一方，未見《"中央研究院"歷史語言研究所傅斯年圖書館善本書志》上所言之"嘉靖以前刻本"朱長印記。

《"中央研究院"歷史語言研究所傅斯年圖書館善本書志》著錄爲"明正德間（1506—1521）刊大黑口本"。①

---

① 傅斯年圖書館善本書志編纂小組編：《"中央研究院"歷史語言研究所傅斯年圖書館善本書志》，（臺北）"中央研究院"歷史語言研究所2013年版，集部。

627 竹洲文集二十卷

明弘治六年(1493)休寧吳雷亨刊本。四冊一函,現藏臺北"故宮博物院"(書號故善 003584－003587)。

匡高 18.5 釐米,廣 13 釐米。每半葉十一行,行二十一字,四周雙邊,雙順魚尾,粗黑口。版心中刊"竹舟文集卷幾"及葉次,下黑口中反白鐫有刻工,有黃永旻(永旻、旻)、黃永昇(永昇)、黃永喦(永喦)、忠、順、文通、黃道明、川、才、黃文迪(文迪)、永源、仇茂、海、黃道齊等。書前宋人諸序:端平乙未程珌,淳祐七年十月二十七日呂午序,嘉熙戊戌三月洪楊祖序,嘉熙元年冬十月辛巳陳塤序,卷前有目錄。後有附錄一卷。首卷卷端題"竹洲文集卷第一"。白麻紙,淺綠色地朵花宋式錦四合函套,新裝淺藍色絹質書衣,黃綾書籤,書"元板竹洲文集"。

天祿本無刻書序跋。據別本,此書卷前有明程敏政弘治六年癸丑春正月四日《重刻竹洲文集序》,據《"國立中央圖書館"善本序跋集錄》,程序略云,吳儆曾孫資深衷其遺文爲二十卷,兵燹數更,板刻亡矣,今十世孫雷亨始取家藏本嗣刻之,經由程敏政重加校訂,並爲之序。並云雷亨世居休寧商山,則吳雷亨是休寧人,此書亦刻於休寧。因重刻序被撤,故天祿諸臣誤判元槧。

曾經蔣石林、季振宜、揆敘遞藏,藏印俱與《天目後編》所記相同,唯"檇李蔣石林藏書畫印記"朱方印,《天目後編》脫一"畫"字。每冊俱鈐清宮天祿繼鑑諸璽,前後副葉所鈐爲"中三璽"。有清室善後委員會點驗掛籤。

《故宮善本書目》記其作"明弘治間刻本"。《"國立故宮博物院"善本舊籍總目》,下冊,第 1077 頁。

627(2)渭南文集五十二卷

明弘治十五年(1502)錫山華珵銅活字印本。存《文集》全,《劍南續藁》卷一至四、七至八,計五十六卷,二十三冊,現藏中國國家圖書館(新編書號1223)。

匡高 18.6 釐米,廣 12.8 釐米。每半葉九行,行十八字,白口,左右雙邊,單魚尾。卷前有嘉定三年陸遹跋。內扉頁有灑金箋紙籤題"元版渭南文集第×冊",第 12 冊缺原書籤題。

書分五十二卷。凡表、牋二,劄子二,奏狀一,啟七,書一,序二,碑一,記五、雜文十、墓誌、表、壙記、塔銘九、祭文、哀詞二，《天彭牡丹譜》一，《致語》一，《入蜀記》六，詞二。附《劍南續藁》八卷。

《中國版刻圖錄》著錄同一版本的《渭南文集》，云："弘治十五年無錫華珵據宋嘉定十三年放翁幼子陸子遹刻本排印。珵字汝德，善鑑別書畫，又好聚書，製活字版，每得異書，不數日印本即出，事蹟詳《無錫縣志·人物傳》。今所見華珵活字印書，僅傳此本。"①

每冊俱鈐清宮天祿繼鑑諸璽，前後副葉所鈐爲"中三璽"。另有揆敍謙牧堂二印。

1959年自故宮調撥，調撥清冊上記爲"卷一至四、七至五十二，二十三冊，五十卷"，書頁霉爛、蟲蛀、潮濕，其中四冊尤爲嚴重。2013年編目。

628 梅亭先生四六標準四十卷

宋刻本。二函十二冊，現藏中國國家圖書館（書號12379）。

匡高20.2釐米，廣12.9釐米。每半葉十行，行十九字，細黑口，四周雙邊，雙魚尾。卷前有門人羅逢吉序。首卷卷端題"梅亭先生四六標準卷之一"。

羅序謂爲初年館月湖及湖南、蜀川所作，名曰"標準"，以尊師也。《天目後編》云："是書坊行明張雲翼箋釋本，此無注初刻爲稀珍也。"

鈐"昭德後人"、"洽山書"、"書史傳家"、"宧室野人"、"儒門野客樂志山林"諸印，其中"昭德後人"乃晁公武家印，或爲晁氏家藏。每冊俱鈐天祿繼鑑諸璽，前後副葉所鈐爲"中三璽"。

宣統十四年（1922）十月十八日《溥傑收到賞單》內著錄此書。出宮後輾轉自長春僞宮至瀋陽故宮，1959年由北京故宮撥交北京圖書館。《北京圖書館古籍善本書目》第2216頁。《第一批國家珍貴古籍名錄圖錄》第01157號。②《中華再造善本》唐宋編第391部。

629 勉齋先生黃文肅公文集四十卷

元刻延祐二年（1315）重修本（卷十一至十五、十七配抄本）。四函二十冊，現藏中國國家圖書館（新編書號1226）。

每半葉十行，行十八字，細黑口，左右雙邊。補葉有"延祐二年刊補"

---

① 《中國版刻圖錄》，目錄第91頁，圖版五四一。
② 《第一批國家珍貴古籍名錄圖錄》，第4頁，第389頁。

六字，下綴刊工人名一字，在下魚尾下，上魚尾上間記字數。卷中'貞'字缺末筆。無序跋。

撰者黃榦(1152—1221)，字直卿，號勉齋，閩縣人，紹興時進士，朱熹之高足，卒後諡文肅。書四十卷。分詩、書、銘、記、序、題跋、啟、婚書、疏、祝文、奏狀、擬奏、代奏論、講議、經說、策問、公移、公劄、公狀、行狀、誌銘、祭文、雜著、判語二十五門，末附《宋史》傳、告詞、諡議、覆諡、行實、祠堂記、祭文十二篇。

未見前後副葉三璽。有撰敘謙牧堂二印，同《天目後編》所記。第六至七冊無印章。

此書流出宮後，爲徐坊所藏，後又爲琉璃廠翰文齋收得，民國十八年(1929)正月傅增湘即見於翰文齋，乃其中三十五卷，缺卷十一至十五。藏園記云："元刊本，十行十八字，黑口，左右雙闌。補葉有'延祐二年刊補'六字，下綴刊工人名一字，在下魚尾下，上魚尾上間記字數。卷中'貞'字缺末筆。"①1950年代初經中國書店蕭新祺先生自民間採集，故宮重新購藏。② 1959年自故宮調撥北京圖書館，撥交清冊上記爲"元延祐二年補刻本"。2013年編目。

629(2)西山先生真文忠公文集五十一卷

明正德十五年(1520)至嘉靖元年(1522)張文麟、黃鞏刻本。原爲四函四十八冊，其中卷一至十二、十四至五十一，計五十卷，闕卷十三，四十七冊六函，現藏臺北"故宮博物院"(書號故善 012054—012100)；卷十三，一冊，現藏中國國家圖書館(書號18601)。合兩岸所藏，即爲全璧。

匡高17.4釐米，寬12.2釐米。每半葉十行，行十八字，大黑口，四周雙邊，雙順魚尾。版心中刊"真西山文集卷之幾"及葉次。前有目錄兩卷，無序跋。首卷卷端題"西山先生真文忠公文集卷第一"。白棉紙。綠色地織金織錦四合函套，新裝淺藍色絹製書衣，無書籤。卷五十一第十七後半葉以後闕。

《天目後編》云："按，是書明萬曆間福建巡撫金學曾重刊，國朝浦城知縣王允文補茸，皆五十五卷。此元時舊刻，衹五十一卷。"又稱"分詩賦二

---

① 《藏園群書經眼錄》，卷十四，第1048—1049頁。
② 蕭新祺著：《我給鄭西諦先生送書》，《上海高校圖書情報學刊》1994年第1期，第57頁。

卷,《對越甲藁》十卷",實爲詩賦一卷,《對越甲藁》十一卷,略有出入。此本字體古拙,乃明正德十五年建寧知府張文麟所刊。張文麟,字公端,蘇州府常熟縣人,明弘治十八年(1505)進士,官至福建建寧府知府。至嘉靖元年刻竣。

與《四部叢刊》影印底本、現存南京圖書館的丁丙舊藏明正德刊本相比,丁本卷首有正德庚辰(十五年,1520)冬十二月望日後學莆陽後峯黃鞏《新刊真西山先生文集序》,略云同年建寧太守常熟張君公端近訪得五十一卷本,委之黃氏校刊梓行。目錄和卷一卷端均題有"後學莆陽黃鞏校正"及"後學常熟張文麟同校"二行,此天祿本無序跋,目錄首葉被撕去右角半葉,首卷卷端此二行處有剜補痕蹟,正是欲以抹殺明人編刻之事實。《中國古籍善本書目》著錄有"明正德十五年至嘉靖元年張文麟、黃鞏刻本",版本照依此著錄。

每册俱鈐天祿繼鑑諸璽,前後副葉所鈐爲"中三璽"。揆敘舊藏,有謙牧堂二印。國圖所藏爲原書第十五册。有清室善後委員點驗掛籤。

《北京圖書館古籍善本書目》第2212頁。《故宮善本書目》記其作"明正德十五年建寧府刻本"。《"國立故宮博物院"善本舊籍總目》,下册,第1093頁,著錄爲"明嘉靖元年建寧太守張公瑞刻本"。

630 松雪齋文集十卷

元後至元五年(1339)花溪沈氏家塾刻本。八册一函,現藏臺北"故宮博物院"(書號故善002212—002219)。

匡高20.7釐米,廣14.4釐米。每半葉十二行,行二十二字,左右雙邊,線黑口,雙魚尾,版心中刊"松雪文幾"及葉次。卷前有大德戊戌戴表元序,至元後己卯何貞立序。目後有"至元後己卯花谿沈氏伯玉刊于家塾"一行刊記,《外集》目錄後亦有"花谿沈氏伯玉刊于家塾"一行刊記。首卷卷端題"松雪齋文集卷第一"。

書十卷,分賦、詩五卷,雜著、序、記、碑銘、制、贊、銘、題跋、樂府五卷。又《外集》一卷,凡詩一首、序四首、記四首、碑銘四首、題跋二首。卷十後有跋云:"松雪翁詞翰妙天下,片言隻字人輒傳玩。公薨幾二十年矣,而平生所爲詩文猶未鏤板。今從公子仲穆求假全集,與友原誠鄭君再加校正,凡得賦五、古詩一百八十四、律詩一百五十、絕句一百四十、雜著五、序二十、記十二、碑誌廿六、制詔策題批答十五、贊十、銘一、題跋五、樂府二十,摠五百三十四。并公行狀、謚文一卷,目錄一卷,合爲一十二卷。亟鋟諸

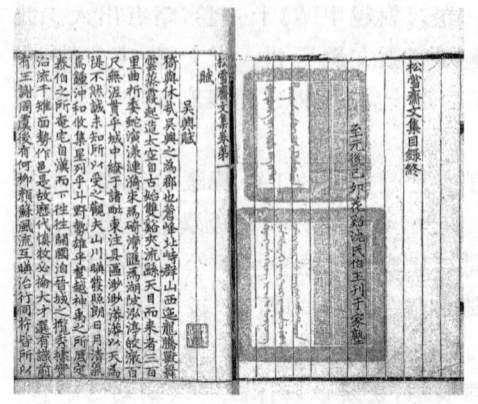

圖 11—2

梓,置之家塾,俾識者得共觀焉。至元後己卯良月十日,花谿沈瑢伯玉書。"其下有小字"四明阮子陽刊"。刊"沈瑢之印"、"山齋圖書記印"、"東林齊家"三印。《外集》後附至治二年八月日承務郎饒州路同知浮梁州事楊載撰行狀,又刻"花谿沈瑢伯玉校正刊"一行,隔兩行下小字題"四明阮子陽刊"一行(圖11—2)。書中有朱筆圈點,並少量墨筆眉批。黃麻紙,新裝織錦四合函套,石青紙質書衣,無書籤。

字體爲娟秀流麗、柔中帶剛的趙體字,有典型的元代私人刻書風貌。花溪沈氏家塾乃元代私家刻書堂號中較爲習見者,此本沈伯玉刻書跋語,其內容兼有牌記功能,是宋元刻本中常見的以題跋兼具牌記的典型代表。

沈伯玉,名瑢,伯玉其字也。工書,元刻《趙文敏集》乃其所書。字極精工,世以爲文敏親筆,非也。《中國古籍善本書目》著錄元至正沈伯玉家塾刻本,僅中國國家圖書館藏一部殘本,存六卷(卷一至五、《外集》全),爲細黑口本,同此天祿本之行款。另有明初刻本,爲覆元刻本,行款亦十二行二十二字,但版式略有不同,白口間黑口,四周雙邊間左右雙邊,雖摹刻精湛,究不及元刊之流暢秀美。

《天目後編》原記書末有董其昌墨蹟跋,略云:"見元刻《承旨集》於鄒平總憲張公所,與宋版無異。快讀一過,歸之,志予幸。所云鄒平總憲,乃張延登,萬曆壬辰進士,曾一爲司空,再爲總憲,見《明史·七卿年表》及王士禎《池北偶談》。"然今觀此本,董跋佚,末一冊副葉三璽亦無,顯是於重裝時佚失。

又清人宋筠墨蹟跋,惜書頁蟲蛀嚴重,多有損字。云:"《承旨集》近稍有□板行世,數十年前惟見鈔寫流傳,欲□□□覓元刻不可,今見直同吉光片羽矣。先□□官豫章□此寶藏，①授于筠，謹什襲珍之，隨處必與之偕。今携之淮上，時一展讀，詩古文辭，清超穩秀，一洗元人纖縟之□，洵爲一代詞人。世徒以松雪書法□追鍾王，妙冠唐宋，幾欲掩其所長也，集中鐫字圓健，亦宛然文敏手筆，尤屬可愛。此□爲濮陽李氏故物，李本濮陽□族，鑑賞最□。前有董宗□序，弁其端□，足□傳云。時雍正十年閏五月二十二日梁園宋筠識於清江寓齋。"

明人李廷相、張爾奎、清人黃琳、宋犖遞藏，有諸家收藏印"濮陽李廷相雙檜堂書畫私印"、"濮陽李廷相書屋記"、"張氏寶藏"、"張爾奎"、"鄒平西張仲氏舉之甫鑑賞印"、"黃琳私印"、"緯蕭草堂藏書記"、"商邱宋犖收藏善本"、"真賞"、"宋筠"、"蘭揮"、"文愷之章"、"志雅齋"等。李廷相，字夢弼，濮州人。明弘治壬戌進士第二，忤劉瑾，改兵部主事，官至南京戶部尚書。諡文敏。張爾奎，字錫公，山東鄒平人。清順治十八年（1661）進士，任廣寧知縣。有藏書數萬卷。目錄前後之滿漢合璧官印四，乃宋犖、宋筠父子所歷官也。每冊俱鈐天祿繼鑑諸璽，前後副葉所鈐爲"中三璽"。

《故宮善本書目》記其作"元至正五年花谿沈氏刻本"。《"國立故宮博物院"善本舊籍總目》，下冊第1117頁。有民國間涵芬樓影印本。

632 魯齋遺書六卷

明成化十年（1474）倪顒刻本。二冊一函，現藏臺北"故宮博物院"（書號故善003589—003590）。

匡高21.8釐米，廣14.1釐米。每半葉十行，行二十一字，小字雙行同。四週雙邊，粗黑口，三魚尾。上魚尾下刻"遺書卷幾"，中、下魚尾之間記頁數。版心下黑口反文刊刻工名"二"、"士"等。卷前有《魯齋遺書序》，署"大德九年十月朔眉山後學楊學文手拜書"；次《詔贈榮祿大夫司徒諡文正公》誥，署"大德元年十月日"；次《先生真贊》，署"內翰王文秉作"。卷後附《大元勅賜故中書左丞集賢大學士國子祭酒贈正學垂憲佐運功臣太傅開府儀同三司追封魏國文正公許先生神道碑》，署"至元元年歲次乙亥冬十一月己卯朔二十六日甲辰第四子光祿大夫御史中丞師敬立石"。首卷卷端題"魯齋遺書卷之一"。白麻紙，書頁蟲蛀嚴重。綠色地朵花宋式錦四合函套，石青杭細書衣，黃綾書籤及套籤，書"元板魯齋遺書"。

---

① "□□"，《天目後編》記爲"少師"兩字。

《天目後編》云："《魯齋遺書》見行者，明郝亞卿、宰廷俊所輯。有何瑭序，嘉靖己酉蕭鳴鳳序刻，其卷帙與此本全不相同。此本有楊序，云中齋蘇公來牧安成，既以《大學撮要》鋟梓，復出遺稾廣其傳。是元時已有成書，明人蒐輯時未見元刻也。"《魯齋遺書》六卷本初刻於元大德十年（1306），再刻於至正十三年（1353），此本卷六後有附錄十一葉，版心中刊"魯齋碑文"，字體古拙，版匡粗邊寬而醒目。《中國古籍善本書目》著錄行款版式俱同者有明成化十年倪顒刻本，稀見，僅國家圖書館一家有藏，①經筆者覆驗，與此天祿本同版。倪顒，海鹽人。明天順元年（1457）進士，成化七年（1471）知許衡家鄉懷慶府，以許衡六世孫許綸所藏抄自元刻之寫本，並購得元刻，"俾寫、刻二本參互考訂於其間，書頗可觀"，在成化十年命工鋟梓，以廣其傳。②

每冊俱鈐天祿繼鑑諸璽，前後副葉所鈐爲"中三璽"。曾經季振宜、揆敘遞藏，"滄葦"、"季振宜印"、"御使之章"等藏印俱與《天目後編》所記相同。有清室善後委員會點驗掛籤。

《故宮善本書目》記其作"明刻本"。《"國立故宮博物院"善本舊籍總目》，下冊，第1119頁，著錄爲"明刊本"。

633 淵穎吳先生集十二卷

元末刻明修補印本。八冊一函，現藏臺北"故宮博物院"（書號故善002227—002234）。

匡高17.8釐米，廣15釐米。每半葉十三行，行二十三字，黑口，左右雙邊，單魚尾。版心中刊"淵穎集卷第幾"及葉次。卷前有至正十二年八月門人胡翰序，又劉基、胡助二序，目錄後有男士諤識，並刻"金華後學宋璲謄寫"木記一行。卷末有附錄一卷。首卷卷端題"淵穎吳先生集卷之一"，下題"門人金華宋濂編"。白棉紙，多有漫漶、斷版，爲後印之本。卷五第八頁抄配。新裝織錦函套，黃綠色絹質書衣，黃綾書籤，書"元板淵穎

---

① 國家圖書館藏本，書號03596，四冊一函。劉按，此本上並無倪顒序跋，《北京圖書館古籍善本書目》集部第2253上著錄爲"明成化十年倪顒刻本"，猜測乃據版刻風格及其它版本之序跋而定。

② 參見許紅霞著：《許衡著述版本考》，《國學研究》第十七卷，北京大學出版社2006年版，第307—314頁；毛瑞方著：《〈許衡集〉版本考》，《歷史文獻研究》總第32期，華東師範大學出版社2013年版，第50頁。

吳先生集"。

臺北故宮原著錄爲元至正十二年（1352）宋璲寫刻本，或據元至正十二年胡翰《序》所定。宋璲（1344—1380），字仲珩，宋濂次子，《名山藏》稱其精篆、隸、真、草，小篆之工，爲國朝第一。至正十二年，宋璲僅九歲。目錄後有吳士諤識語，云："先公之歿，至是蓋二十六年矣（元至正二十六年，1366）。……今干戈稍定，士諤與弟士諡……輒謀思有以刻諸梓。先公之門人，唯金華胡翰仲申、宋濂景濂從游爲最久……適景濂抱疾家居，因橐其槀以屬焉。景濂遂摘其有關學術議論之大者，以所作先後爲序，備勒如上。餘未刻者，其多不啻三之二……"故此書當刻在元末。此本多斷版、漫漶，間有補刊葉，應爲明初修補本，《中國古籍善本書目》著錄有"元末刻本"，故其版本可具體爲元末刊明修補印本。

鈐"任齋"、"延陵李氏汝周圖籍"、"敕封文林郎印"、"東吳世家"、"吳郡西崦朱尗英書畫印"、"錫山李用之印"、"子孫保之"、"鬻及借人爲不孝"等印。曾經明人朱良育收藏。良育字尗英，吳縣人，正德間貢生，撰有《草堂詩集》十卷。《藏書紀事詩》有其傳。卷首"延陵李氏汝周圖籍"爲朱白合璧，非朱文印。入清歸揆敍，有謙牧堂二印。每冊俱鈐天祿繼鑑諸璽，前後副葉所鈐爲"中三璽"。

《故宮善本書目》記其作"元至正十二年宋璲寫刻本"。《"國立故宮博物院"善本舊籍總目》，下冊，第1128頁。

634 道園學古錄五十卷

元刻本。四函二十四冊，據知在上海一藏家手中。

《天目後編》云："元虞集撰。集，字伯生，蜀郡人。官翰林學士、奎章閣侍書，進侍講學士。謚文靖，《元史》有傳。書五十卷。分四編，曰《在朝稿》二十卷，曰《應制稿》六卷，曰《歸田稿》十八卷，曰《方外稿》六卷。前有至正元年門人李本序，稱閩憲斡公徵先生文稿刻梓，本與先生幼子翁歸，及同門友編輯之。先生在朝文多不存，《歸田稿》亦散佚，今就所有錄之。此其從孫堪所以有《道園遺稿》之輯也。"並云書上鈐"靈壽山房張氏藏書"朱文印。

《道園學古錄》傳世有明景泰七年鄭達、黃土達刻本。每半葉十三行，行二十三字，四周雙邊，黑口，雙魚尾。前有景泰刻書序，末有元至正元年李本跋。往往撤去前序,僅留至正李本跋以充元刻。① 不詳此書是否如此？未見原書,姑且存疑。②

634(2) 六家文選六十卷

明嘉靖二十八年(1549)吴郡袁氏嘉趣堂覆宋廣都裴氏本。六函六十冊,現藏臺北"故宮博物院"(書號故善 011382—011441)。

匡高 24.2 釐米,廣 18.8 釐米。每半葉十一行,行十八字,小字雙行二十六字。左右雙邊,白口,上雙隔線(卷十三葉二十,單魚尾),下單隔線(偶雙隔線、亦有無隔線者)。版心中記"文選"幾卷,下隔線下方(或上方)記頁次,版心下偶記刻工:淮、宗、徐敖(或徐)、劉、陸儒、周、湛。目錄前僅存昭明自序,首卷卷端題"六家文選卷第一",隔行下署"梁昭明太子撰"、"唐五臣注"、"崇賢館直學士李善注"三行。白棉紙,有染舊痕蹟。新修織錦函套,宋式錦書衣,黃綾書籤,書"元板六家文選"。

明嘉靖袁褧刻本之袁褧刊記一頁脫,序及各卷末原有近三十處刊記,幾乎都遭割去,書葉染舊,以充元版(圖 11—3)。僅存卷四十一卷端卷末"藏亭"、卷五十六題記"戊申孟夏

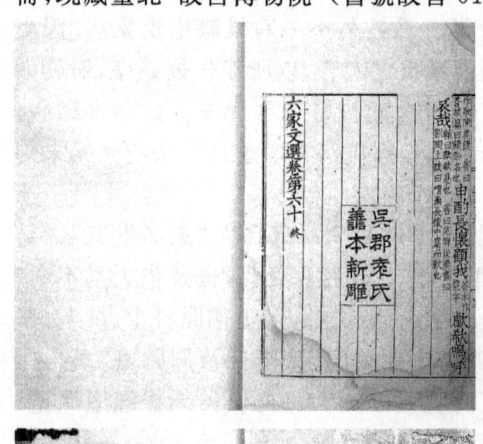

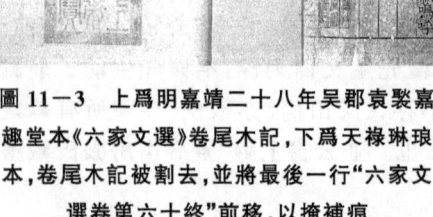

圖 11—3　上爲明嘉靖二十八年吴郡袁褧嘉趣堂本《六家文選》卷尾木記,下爲天祿琳琅本,卷尾木記被割去,並將最後一行"六家文選卷第六十終"前移,以掩補痕

---

① 《祁陽陳澄中舊藏善本古籍圖錄》,第 2 冊,第 88 頁。

② 元刻本情況,可參見范邦瑾《元刻本〈道園學古錄〉的探討及校釋》一文,《版本目錄學研究》第四輯,北京大學出版社 2013 年版,第 339—350 頁。

十三日李清雕"一行，與卷五十二卷末原翻宋刻題記。卷五十九之葉九誤刻成"八"。卷首四葉《文選序》有破損，以墨筆鈔補。《天目後編》僅云："同前宋版集部。"

每冊俱鈐天祿繼鑑諸璽，首末副葉所鈐爲"大三璽"。曾經揆敘舊藏，有謙牧堂二印。

《故宮善本書目》記其作"明嘉靖二十八年袁褧復宋廣都裴氏本"。《"國立故宮博物院"善本舊籍總目》，下冊，第1190頁。2008年臺北"故宮博物院"之"天祿琳琅——乾隆御覽之寶"展覽上展出。

635 文選六十卷

明嘉靖元年（1522）汪諒覆刻元張伯顔本。闕卷四十二，計五十九卷，五十九冊六函，現藏臺北"故宮博物院"（書號故善 012170－012228）。

匡高 20.3 釐米，廣 13.6 釐米。每半葉十行，行二十一字（或有二十、二十二字不等），小字雙行同。左右雙邊或四周單邊，雙魚尾，白口。版心中刊"文幾"及葉次。卷一首葉版心下刊"九華吳清床刀筆"，另見刻工名孟、張英、程、朱、王峯刊、夫、官山、青、康、朱、陳、袁、周、吳、通、湯、李俊、黃、董、楊洪、文、奉、林、劉恕、宣、寶、祥、霽、梅刊、景、豐、和、黃祿等。書前有昭明太子自序、李善《唐李崇賢上文選注表》、呂延祚《呂延祚進五臣集注文選表》及目錄。首卷卷端題"文選卷第一"，另行題"梁昭明太子選"，又另行題"唐文林郎守太子右內率府錄事參軍事崇賢館直學士臣李善注上"、"奉政大夫同知池州路總管府事張伯顔助率重刊"二行。卷末尾題後有"監造路吏劉晋英　郡人葉誠"一行。白棉紙。新裝淺綠色地織金織錦四合函套，湖藍色絹製書衣，無書籤。

《天目後編》云："篇目見前宋版集部。是書每卷首刻'奉政大夫、同知池州路總管府事張伯顔助率重刻'，書末刻'監造路吏劉晉英、郡人葉城'。版式與諸本不同。""諸本"指之前著錄之所謂"宋版"、"元版"，經判定大多爲明嘉靖間袁褧刻本。

此本實爲明嘉靖初年金臺汪諒覆刻元張伯顔池州路本，紙白墨潤，版刻精美，與明成化明二十三年唐藩刻本相比，都以元張伯顔本爲底本，唐藩本係翻刻，而汪諒本係覆刻，更接近元本面貌。《中國版刻圖錄》著錄一明嘉靖元年汪諒北京刻本《文選注》，目錄後鐫北京書肆汪諒鬻書廣告，列舉刻書名單與此書版刻年月。並云："汪本《文選》，實出元張伯顔本，前題下有同知池州路總管府事張伯顔重刊一行，前人因去廣告葉以充元刻。

楊氏《楹書隅錄》所收元本《文選》即此書。汪諒刻書今存者，惟《史記》、《臞仙神奇秘譜》、《集千家註杜詩》與此書，他書不多見（圖 11－4）。"①取臺北故宮所藏觀海堂藏書另一部嘉靖汪諒刻本《文選》相比對，前有明嘉靖癸未（二年，1523）李廷相《雕文選引》，目錄後有刊記"嘉靖元年十二月望日金臺汪諒古板校正新刊"。天祿此本目錄末之後半葉自書口裁補，並撤去嘉靖二年序，彭元瑞等只見各卷標題下之"張伯顏重刊"，遂誤爲元槧。

每册俱鈐天祿繼鑑諸璽，前後副葉所鈐爲"大三璽"。曾經揆敘舊藏，有謙牧堂二印。

《故宮善本書目》記其作"明唐藩復元張伯顏本"。《"國立故宮博物院"善本

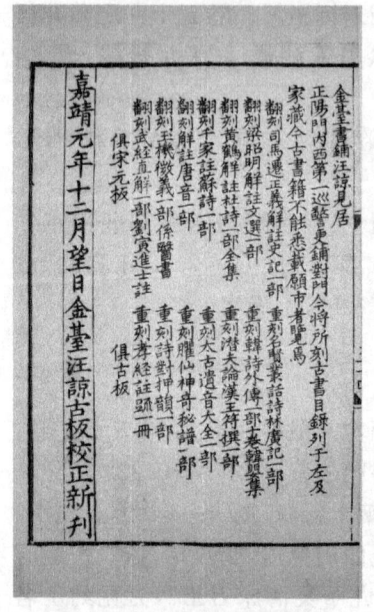

圖 11－4 《中國版刻圖錄》
所記目錄後刊記

舊籍總目》，下册，第 1189 頁，著錄爲"明嘉靖二年（1523）金臺汪諒覆刻元張伯顏本"。

635（2）選詩補注十四卷

明天順四年（1460）刻本。十二册二函，現藏臺北"故宮博物院"（書號故善 008588－008599）。

匡高 19.9 釐米，廣 13.3 釐米。每半葉十行，行十九字，小字雙行同。白口，左右雙邊。版心中刊兩組四條短線，其中刊有"補注幾"及葉次。文中刻有標抹。卷首有《選詩補注序》/元至正二十一年春二月既望平江路學道書院山長上虞謝肅序，又《選詩補注序》/至正乙巳三月初吉友生會稽夏時序兩篇，又凡例十二則及目錄。首卷卷端題"選詩卷第一"，隔行下題"上虞劉履補注"。白棉紙。新裝織錦四合函套，湖藍色絹製書衣，黃綾書籤，書"選詩補注"。

---

① 《中國版刻圖錄》，目錄第 72 頁。

書分正編八卷，續編四卷，補遺兩卷，計十四卷。《天目後編》云："其注僅以己意敷演大意，規竊《楚辭注》而去取鮮當，陳腐不倫，殊無足取。特以舊槧收之。"此本字體古拙，《中國古籍善本書目》上著錄相同行款版式者爲明天順四年刻本，僅華東師範大學圖書館一家，經覈對正與此天祿書同版。華東師範大學藏本卷前有《重刊風雅翼序》，略云："上虞劉履坦之乃從而去取之，更爲訓釋，以補舊註之不足，謂之《選詩補註》。雖以板行，而歲久湮沒，求之者不易得。一日紀善張驥得之，……是用重鋟諸梓，以廣其傳。"署"天順庚辰仲夏中澣履素道人序"。此序天祿本佚。比較而言，華東師大藏本版面清晰，臺北故宮藏天祿本則後印，已有斷版及漫漶。

每冊俱鈐天祿繼鑑諸璽，前後副葉所鈐爲"中三璽"，無私家藏印。

《故宮善本書目》記其作"明嘉靖三十一年顧從仁刻本"。《"國立故宮博物院"善本舊籍總目》，下冊，第1196頁，著錄爲"明刊本"。

636 玉臺新詠十卷

元刻本。一函四冊。

《天目後編》提要云："篇目同前宋版集部，後跋脫佚。"並云乃"泰興季氏藏本"，鈐"季印振宜"、"滄葦"二印。

疑此本與宋版集部著錄之《玉臺新詠》一樣，都是明崇禎六年趙均小宛堂刻本。

不詳何時亡佚，不知是否尚存世間。

636(2) 唐文粹一百卷

明嘉靖三年(1524)姑蘇徐焴刻本。原書四函四十冊，其中三十七冊四函，闕卷十至十一，三十五至三十七，六十五至六十七，存九十二卷，現藏臺北"故宮博物院"(書號故善 013325－013361)。

匡高20.2釐米，廣14.4釐米。每半葉十四行，行二十五字，白口，左右雙邊，單魚尾。書口寬1.8釐米，中刊"文粹幾"及葉次，下刊刻工名，有李潮、李本(本)、宅、智、百本、張、六潮(六)、陸奎(陸、奎、六奎)、李直(直)、劉松、經、李受(受)、曰、李清(清)、房山(房)、刘柏(柏)、植、賢堂、李堂(堂)、章景華(華)、昂、李朴、呂、李澤(澤)、唐、章祥(章、祥)、彭鸞(彭、吉安彭鸞、江西彭鸞)、吳憲(憲)、唐瓊、張敖(敖)、吳銮、彭山、唐、雇、庠、先、卜、柏長等。卷前有《唐文粹序》，下題"吳興姚鉉述"。卷後有《唐文粹後序》，題"寶元二年嘉平月殿中侍御史吳興施昌言敘"。首卷卷端題"重校正唐文粹卷第一",隔行下題"吳興姚鉉纂"。白棉紙。新裝藍布四合函套,朱紅色灑金紙質書衣,白色灑金紙質書籤,書"元版唐文粹"及冊數。

姚鉉自序末原有"嘉靖甲申歲太學生姑蘇徐焴文明刻于家塾"一行,目錄末有"姑蘇後學尤桂/朱整同校正"兩行,卷七十五尾題下、卷八十尾題下及卷一百末有"嘉靖甲申歲太學生姑蘇徐焴文明刻于家塾",皆被撕去裁補。並撤去卷首嘉靖甲申(三年,1524)汪偉序,嘉靖丁亥(六年,1527)胡繽宗序二序。除挖改外,此本初刻初印,書品精好。《天目後編》僅云"篇目同前宋版集部"。

每冊俱鈐天祿繼鑑諸璽,前後副葉所鈐爲"中三璽",姚序後有"抱璞子印"白方一枚,知此本爲《天目後編》元版集部所著第一部《唐文粹》。所闕爲第四冊、第十七冊,共計五卷。

1934年出版的《故宮善本書目》未著錄。此本未在《故宮善本書目》上,但故宮網站上說來源是"清宮舊藏",原題"明徐焴本唐文粹",不知是否爲張允亮先生漏載。《"國立故宮博物院"善本舊籍總目》,下冊,第1205頁。

636(3)唐文粹一百卷(又一部)

明覆刊嘉靖三年(1524)姑蘇徐氏本。八冊一函,現藏臺北"故宮博物院"(書號故善011526—011533)。

匡高19.8釐米,廣14釐米。每半葉十四行,行二十五字,小字雙行同。白口(少數爲粗黑口),左右雙邊,雙順魚尾。版心中刊"文粹幾"及頁次,下刊刻工,有唐玉寶、李清、徐士貴、李、立、葉深遄(葉深仙)、余華、百、正、陸、直、江張櫂、鄭道、吳佛生、智、黃成茂、范自求、陳兵、李潮、余榮、江元真、吳左郎、鄧得、曾記安、陳佛賜、黃員福、吳得用、朱元安、葉伯幾、熊文林、葉昭、葉得貴、葉遠、葉進、吳遠、王進安、張尾、王賢、張才、魏楨、華天壽、吳富、張禮春、羅成、蔡生、孫賢、石郎、劉龍、李長貴、艾毛、章祥、陸壽進、王長慶、陸進保、余本正、書戶余馬、陳銅郎、楊紫輕、黃福英、王仕榮、章景華、華天壽、范滿、貝富、匠人王貴、書戶鄭喬年、朱順宝等。卷前有姚鉉自序,後有寶元二年殿中侍御史施昌言後敘。首卷卷端題"重校正唐文粹卷第一",隔行下題"吳興姚鉉纂"。竹紙。綠色地織金織錦四合函套,紅色絹製書衣,無書籤。

《天目後編》僅云:"篇目同前宋版集部。"與前一部相比,雖行款版式近同,然細審其版刻風貌,遠不及徐本清朗,用紙、刻印不佳,書口下所署刻工名亦完全不同，實乃嘉靖徐焴刻本之覆刊本。有些刻工雖同於徐本，然版刻不同，亦是翻刻所致，並非修補。

每冊俱鈐天祿繼鑑諸璽，前後副葉所鈐爲"中三璽"。由首葉下所鈐"肖庵"及頁面上端正中所鈐"尚寶寺卿袁忠徹家藏書畫印"、右下"葉氏家藏"三印，知此本爲《天目後編》元版集部所著第二部《唐文粹》。"尚寶寺卿袁忠徹家藏書畫印"朱方及"葉氏家藏"白方二印俱僞。

《故宫善本書目》記其作"明嘉靖三年姑蘇徐焴刻本"。《"國立故宫博物院"善本舊籍總目》，下冊，第1205頁。

637 文章正宗二十四卷

元至正元年(1341)高仲文刻明修本。存卷一、二、四、六至二十四，計二十二卷，二十二冊，現藏山東省博物館（書號 18.094）；存卷三，一冊，現藏上海圖書館（線善 800042）。

匡高 23.3 釐米，廣 18.1 釐米。每半葉十行，行二十字，小字雙行同，粗黑口，左右雙邊或四周雙邊，雙順魚尾或三魚尾。版心上記字數，中記文幾，下記刻工姓名，有景舟、士達、吳原禮、黃孟龍、周壽、周同、章等。卷前有《綱目》八行。首卷卷端題"文章正宗卷第一"。

《綱目》後署"紹定執徐之歲正月甲申，學易堂書"。蓋理宗紹定五年壬辰也。是書有《續集》，見宋版集部。此爲松江太守高仲文刻本，曾經明代遞修。

卷首有季振宜藏書諸印，所記俱與《天目後編》同，爲泰興季氏藏本。每冊俱鈐天祿繼鑑諸璽，前後副葉所鈐爲"大三璽"。

《賞溥傑書畫目》著錄，宣統十四年(1922)八月初六日賞溥傑。民國三年（癸丑，1913）傅增湘見一殘本，著錄爲"元刊本"。① 魯博所藏殘冊《第三批國家珍貴古籍名錄圖錄》第 07234 號。② 上圖所藏一冊，有羅振常跋（圖 11—5），沈子培題識。③ 羅跋云：

> 宋刊大字本文章正宗殘本卷第三
> 內府所藏，載之《天祿琳琅目錄》者也。雖非完帙，然是先朝法

---

① 《藏園群書經眼錄》，卷十七，第 1253 頁。
② 《第三批國家珍貴古籍名錄圖錄》，第 2 冊，第 97 頁。
③ 柏克萊加州大學圖書館編：《柏克萊加州大學東亞圖書館中文古籍善本書志》，上海古籍出版社 2005 年版，第 332 頁。

物，自非尋常殘編所可比擬。其中書心間無字數刻工之各頁，當是補板，然幾埒原刻，疑是宋刊宋補或元初補也。案，《天祿琳琅書目》卷三宋板集部載：《文章正宗》四函三十二冊，寬行大字，用筆整肅，刻手印工亦皆精好"，今以此冊證之，信然。又凡例載"諸書每冊前後皆鈐用'乾隆御覽之寶'及'天祿琳琅'二璽印"，此冊前後除此二璽外，尚多"天祿繼鑑"一璽，又書衣陽面更有"五福五代堂古稀天子寶"等三大璽，蓋《書目》編定于乾隆四十四年，故祇有二璽，其餘諸璽則末年所加鈐也。

茹蘗道兄新得此書，出以相示，一展卷間墨勘紙黯，古香盈把，令人氣靜神愉，留案頭數日，謹題數語而歸之。時戊子春王正月元夜上虞羅振常并識于海上寓廬之終不忍齋。

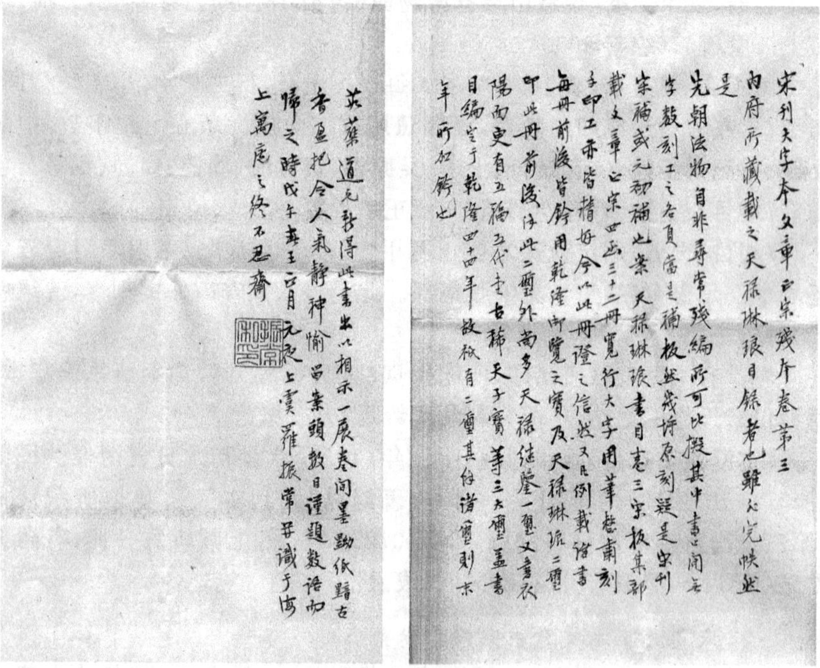

圖 11—5

並鈐"振常私印"朱文方印。羅振常以為此即《天目前編》卷三之宋版《文章正宗》，誤矣，實則《天目後編》卷十一之元版。此一冊上另有沈增植觀書題跋，書於副葉之上，云"戊午四年寐叟敬觀"，鈐"植"朱文方印。

637(2)古文苑二十一卷

明成化十八年(1482)張世用建陽刻本。十冊一函,現藏臺北"故宮博物院"(書號故善005149—005158)。

匡高20.2釐米,廣15.1釐米。每半葉十行,行十八字,小字雙行同,四周單邊,白口。版心中刊"古文苑卷幾"及葉次。卷前有《古文苑序》/紹定壬辰七月望日朝奉郎知平江府吳縣事□林章樵升道序,目錄。首卷卷端題"古文苑卷第一"。白麻紙,淺黃色地連紋宋式錦四合函套,新裝湖藍色絹製書衣,無書籤。

《天目後編》稱此本"篇目同前宋版集部,韓元吉記,江師心、盛如杞二序俱佚"。宋版集部有兩部《古文苑》,一是九卷本,確爲宋刻本,現藏中國國家圖書館;一實爲明刻本,二十卷,九行十七字本,亦藏國圖。此本實爲二十一卷本,與前兩部"宋版集部"書篇目、版本皆異,又可見彭元瑞等編目之疏失。別本前有明成化壬寅(十八年,1482)張琳撰《古文苑跋》,云:"成化歲壬寅,琳釋憂復參閩藩,案牘之暇巡按爻史淮南張公世用間進臺下,出示所藏章樵重訂唐人所編《古文苑》,且欲發諸建陽書肆壽梓廣傳,以開人入古之徑,命琳敘之。"據張跋,此版爲明成化十八年福建巡按御史張世用重雕章樵注本,刊於建陽坊肆。

此部與臺北故宮所藏楊守敬觀海堂藏書一部(書號故觀011728—011737)以及沈仲濤先生捐贈一部(書號贈善004108—004123)同版。沈贈本舊著"明刊黑口十行本",其線黑口實爲墨筆描潤,並非版刻原貌。觀海堂本阿部隆一定爲"明嘉靖覆成化十八年張世用翻宋本",蓋因其白口,字體亦似嘉靖間所刻。《中國古籍善本書目》著錄此爲明成化十八年張世用刻本,仍照依此著錄。

每冊俱鈐天祿繼鑑諸璽,前後副葉所鈐爲"中三璽",另有"嘉興屠用明藏"、"屠用明字用明"白方兩印,明季嘉興屠用明舊藏。

《故宮善本書目》記其作"明成化十八年(1482)建陽刻本"。《"國立故宮博物院"善本舊籍總目》,下冊,第1192頁,著錄爲"明成化十八年張世用建陽刊本"。

638 東萊標註三蘇文集五十九卷

宋刻本。存老泉先生集十一卷全、東坡先生文集卷一至二十五、卷二十六第一葉;潁濱先生文集卷一至十五,計五十一卷,一函九冊,現藏中國國家圖書館(書號12380);潁濱先生文集卷十六至二十二,計七卷,一册,現藏遼寧省博物館(書號24698/文雜339)。

匡高19.1釐米,廣12.7釐米。每半葉十五行,行二十七字,白口,左右雙邊,雙順魚尾,眉上鐫評。黄麻紙,天頭、地腳多有破損。卷端題"東萊標註老泉先生文集卷之幾"、"東萊標註潁濱先生文集卷之幾"等。

凡蘇洵十一卷,蘇軾二十六卷,蘇轍二十二卷,原爲一函十册。《天目後編》云此本"編各分體,加以點抹,於題下標注本意,與蜀本及《文粹》篇目並異。"版心極窄,字體緊密,建陽書坊所刊。

清初揆敘舊藏,有"謙牧堂書畫記"、"謙牧堂藏書記",并有"吳氏家藏"、"良餘山人"二印。每册俱鈐天禄繼鑑諸璽,前後副葉所鈐爲"中三璽"(有些册前後分別是兩組中三璽,如東坡卷二十:首爲"五福"邊框最寬,次則"太上",再次爲"八徵";書末爲"五福"、"八徵"大寬邊框,"太上"稍細者)。

國圖所藏9册,係1959年自故宫調撥。《北京圖書館古籍善本書目》第2858頁。遼博一册係1963年自瀋陽市文物店購藏。① 《第一批國家珍貴古籍名録圖録》第01240號爲國圖所藏部分,② 第01112號爲遼寧省博物館所藏部分,③ 惜分在兩處著録,未能辨明此原本一部書也。《中華再造善本》唐宋編第431部,僅以國圖所藏九册爲底本影印出版。

638(2)迂齋先生標註崇古文訣三十五卷

元刻明修本。存卷一至十六、二十三至三十五,計二十九卷,四册,現藏中國國家圖書館(新編書號1227)。

每半葉十一行,行二十一字,黑口,四周單邊。卷尾有寶慶丁亥姚珤跋。目録中有清初人朱筆校語。有佚名校勘。内扉頁有灑金箋書籤題"元版迂齋先生標註崇古文訣第二册",第五册亦有。

書分三十五卷,凡文百九十三首,先秦三家、兩漢十家、三國一家、六朝二家、唐四家、宋二十九家,而韓、歐之文爲多。《天目後編》提要云爲"麻沙刊袖珍本"。

---

① 趙妹著:《遼寧省博物館藏四種元代刻本》,《遼寧省博物館館刊》第1輯,遼海出版社2006年版,第322—323頁,内封有其彩色書影。

② 《第一批國家珍貴古籍名録圖録》,第5册,第80頁。

③ 《第一批國家珍貴古籍名録圖録》,第4册,第342頁。

每冊俱鈐天祿繼鑑諸璽，前後副葉所鈐爲"中三璽"，無私家藏印。1959年自故宮調撥，撥交清冊記爲"明覆元刻本"。2013年編目。

639 瀛奎律髓四十九卷

明建陽劉氏慎獨齋刻巾箱本。二函十冊，現藏臺北"故宮博物院"（書號故善001461－001470）。

匡高15.6釐米，廣10.2釐米。每半葉九行，行二十二字，小字單行同，四周雙邊，下綫黑口，雙順魚尾，版心上頂格刊"律髓"卷次，魚尾中刊類別，魚尾下刊葉次。卷前有至元癸未良月旦日方回自序，署"紫陽虛谷居士方回撰"。後有目錄。首卷卷端題"瀛奎律髓卷之一"，隔行下署"紫陽虛谷居士方萬里撰述"。竹紙（簾紋很細，柔潤似皮紙）。淺黃色地朵花宋式錦四合函套，新裝湖藍色絹製書衣，無書籤。

《天目後編》云此爲"巾箱本"。雖巾箱小本，然較之常見建陽坊刻本，更顯眉目清爽。書上無挖改、撕補痕蹟，或有撤序。《中國古籍善本書目》著錄相同版式行款者爲"明刻本"。

每冊俱鈐天祿繼鑑諸璽，前後副葉所鈐爲"中三璽"，無其它私家藏印。

《故宮善本書目》記其作"明建陽劉氏慎獨齋刻巾箱本"。《"國立故宮博物院"善本舊籍總目》，下冊，第1195頁。

639(2) 皇元風雅十四卷

元後至元五年（1339）建陽張氏梅溪書院刻本。四冊一函，現藏臺北"故宮博物院"（書號故善002265－002268）。

匡高18.6釐米，廣12.4釐米。每半葉十行，行十八字。四周雙邊，雙順魚尾，黑口。版心中刊卷數及葉次。卷前有元至元四年黃清老序，至元三年蔣易《皇元風雅集引》。無目錄。首卷卷端上題"皇元風雅卷之一"，下題"贊善大夫榮成□□□吉"。各卷尾題或以白文黑蓋子標出，如卷五末之"皇元五卷終"。竹紙，紫色地夾金綫織錦四合函套，湖藍色絹製書衣，無書籤。原作一函二冊，今改裝爲四冊。卷十一葉十二、十四兩葉爲抄配。

此書全本三十卷，天祿本僅存卷一至十四，《天目後編》並未記錄其卷帙有缺。《中國古籍善本書目》著錄一部元建陽張氏梅溪書院刻本，有黃丕烈跋，現藏中國國家圖書館。梅溪書院爲元代建陽張氏書坊，所刻之書字體甚工,版刻精雅,惜各卷蟲噬損字頗多,以墨筆描潤補過。以黃跋本與此詳覈,天祿此本應是後代修補印本。

卷十一葉十二、十四爲抄配,另有夾籤一,上書"後缺《題王母圖》二首,絕句一首,《早遊恭華納涼》一首,《浣花醉歸圖》一首,《雲錦溪棹歌》二首,以上各題,按照《宛委別藏》內《皇元風雅》錄入",應是嘉慶後補抄。

每冊俱鈐天祿繼鑑諸璽,前後副葉所鈐爲"中三璽"。另卷端下鈐"周印亮節"朱文方印。書中若干頁面有朱文大印印染痕蹟,有時一頁蓋上兩方,印文難辨,既非公牘紙,亦非清康乾間常見之紙鋪印記。

《故宮善本書目》記其作"元至元四年梅溪書院刻本"。《"國立故宮博物院"善本舊籍總目》,下冊,第1213頁,著錄爲"元後至元五年梅溪書院刊本"。

640 文心雕龍十卷

明弘治十七年(1504)馮允中刻本。一函二冊,現藏臺北"故宮博物院"(書號故善001481—001482)。

匡高19.5釐米,廣14釐米。每半葉十行,行二十字。左右雙邊,線黑口,單魚尾。版心中刊"文心卷幾"與葉次。無序跋,卷前有目錄。首卷卷端題"文心雕龍卷第一",隔行下題"梁通事舍人劉勰"。卷十全書末刻"吳人楊鳳繕寫"一行。白棉紙,原書十冊,新裝爲兩冊一函,紫色地織金織錦四合函套,藍色絹製書衣,黃綾書籤,書"元板文心雕龍"上或下。書中有朱筆校字。

由卷末"吳人楊鳳繕寫"一行可知,此本實爲明弘治十七年馮允中刻本。此版稀見,《中國古籍善本書目》著錄僅中國國家圖書館有藏。國圖本分訂四冊。卷首有馮允中《重刊文心雕龍序》,序中云:"余素粗知嗜文,每覽是書,輒愛玩不忍釋。然惜其摹印脫略,讀則有嘆。茲奉命至江南,巡歷之暇,偶聞都進士玄敬家藏善本,用假是正,既慰夙願矣。……惟是石渠具草之用,皁囊封事之作,以迪後彥而備時需者,不可一日缺。則是編能無益乎!此予捐廩而行之者,蓋有以也。"署"弘治十七年歲在甲子四月上澣日文林郎監察御史郴陽馮允中書於姑蘇行臺之涵清亭"。卷末有都穆跋,云:"梁劉勰《文心雕龍》十卷,元至正間嘗刻於嘉興郡學,歷歲既久,板亦漫滅。弘治甲子,監察御史郴陽馮公出按吳中,謂其有益於文章家,而世不多見,爲重刻以傳。"署"吳人都穆識"。國圖本爲周叔弢舊藏,有"曾在周叔弢處"印。此外,國圖另藏一部明天啓七年(1627)謝恒抄、馮舒校本《文心雕龍》,上有常熟人錢允治跋,其中所謂"弘治甲子刻於吳門"

者即此本。

此版爲白文,五篇相接,分卷由另起。繕寫者爲吳人楊鳳。① 楊明照先生云國圖藏本"刻印俱佳,是《文心雕龍》有明一代最先之刻本,亦今存海內之孤本也。原《故宮周刊》第五十六期所登《文心雕龍》書影,與此本全同,當爲一刻。"②故宮藏本,即現藏臺北故宮之天祿繼鑑原本。

《天目後編》云此本爲"元趙孟頫、虞集,明徐有貞、吳寬、本朝耿藩遞藏本。餘無考。又一印,不可辨"。細審則趙孟頫、虞集、徐有貞"吳興趙氏"、"虞集家藏"、"徐氏真賞"、"武功伯印"、"原博"、"古太史氏"、"長州吳氏"、"古柱史海山錢籍家藏書"諸印皆僞(圖11-6)。入清歸揆敘所藏,有謙牧堂二印。每冊俱鈐天祿繼鑑諸璽,前後副葉所鈐爲"中三璽"。每冊卷首卷末下端所鈐"明揚瞿印"朱文小方印,《天目後編》誤記爲"胡揚瞿印"。有清室善後委員會點驗掛籤。

《故宮善本書目》記其作"明刻本"。《"國立故宮博物院"善本舊籍總目》,下冊,第1228頁。著錄爲"明弘治十七年吳門刊本"。

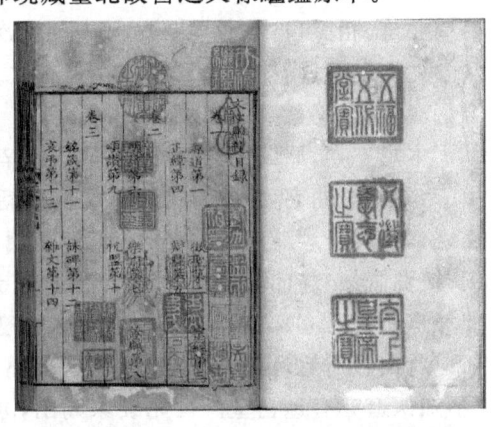

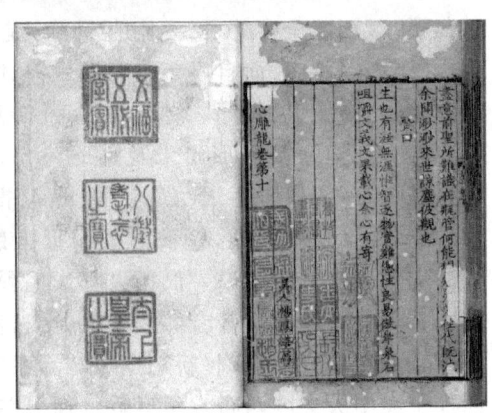

圖11-6

---

① 劉按,葉德輝《書林清話》卷七"明人刻書載寫書生姓名"條云:"《天祿琳琅後編》十一元版(此以明版誤作元版)《文心雕龍》十卷,末刻吳人楊鳳繕寫。"

② 楊明照著:《〈文心雕龍〉版本經眼錄》,見於《楊明照論文心雕龍》,上海科學技術文獻出版社2008年版,第187—222頁。劉按,詹鍈著《文心雕龍義證》一書(上海古籍出版社1989年版),敘錄國圖藏本爲"明弘治十七年馮允中刻活字本",誤矣。

641 全唐詩話二卷

明正德二年(1507)秦昂刻本。二函十冊，現藏臺北"故宮博物院"（書號故善005495—005504）。

匡高20.8釐米，廣13.8釐米。每半葉九行，行十七字，小字雙行同，四周雙邊，粗黑口，雙魚尾。版心中刊卷次及葉次。首卷卷端題"全唐詩話卷之上"。每卷前各有目錄。卷末有跋。竹紙，淺綠色地朵花宋式錦四合函套，新裝湖藍絹製書衣，無書籤。

本爲三卷，原闕中卷。跋尾署"咸淳辛未重陽日遂初堂書"，略云歲在甲午，奉祠湖曲，專意吟事，誦唐人詩，裒話錄之，纂記益朋友之見聞，彙而書之，名曰《全唐詩話》。三十八年後又蒙恩便養湖曲，因理故篋，復得是編，披覽慨然，恍如疇昔浩歌縱談時也。《天目後編》據周密《齊東野語》載賈似道所著書有《全唐詩話》，並考《武林舊事》，認爲此跋時地相合，乃賈似道所撰。而毛晉刻入《津逮祕書》，標爲尤袤撰，乃因袤堂名遂初而誤，"不知似道亦有遂初堂。且尤袤家錫山，亦無奉祠就養湖曲事，其出賈似道無疑。"《四庫全書總目》入附存目錄，提要亦云："考袤爲紹興二十一年進士，以光宗時卒，而自序年月乃題咸淳，時代殊不相及。校驗其文，皆與計有功《唐詩紀事》相同。紀事之例，凡詩爲唐人採入總集者，皆雲右某取爲某集。此本張籍條下尚未及刪此一句，則其爲後人剿取影撰，更無疑義。考周密《齊東野語》載賈似道所著諸書，此居其一。蓋似道假手廖瑩中，而瑩中又剽竊舊文，塗飾塞責。後人惡似道之奸，改題袤名，以便行世。遂致僞書之中又增一僞撰人耳。毛晉不爲考核，刻之《津逮秘書》中，疏亦甚矣。"皆考此本著者並非宋人尤袤，蓋出自賈似道。

別本卷前有大字刻《新刻全唐詩話序》，末署"正德二年丁卯季冬之望賜進士亞中大夫陝西布政司奉敕督理糧儲右參政臨汾安惟學序"，並附刻三枚印記，卷後有《全唐詩話後序》，末署"正德丁卯十月吉汝南強晟識"，並附刻三枚印記。安序、強跋，言及此本乃巡按陝西御史秦昂所刻，此本皆佚失，實爲明刊，並非元槧。

每冊俱鈐天祿繼鑑諸璽，前後副葉所鈐爲"中三璽"。第二至十冊卷首有"梁氏家藏"朱文方印。有清史善後委員會點驗掛籤。

《故宮善本書目》記其作"明刻本"。《國立故宮博物院》善本舊籍總目》，下冊，第1226頁，著錄爲"明正德二年秦相西安刊本"。

642 詩人玉屑二十卷

元刻本。一函三冊，袁克文曾藏。

每半葉十一行，行二十一字，四周雙邊，大黑口。前有淳祐甲辰黃昇序，稱其有才而不屑科第云。末刻"瑞昌府章淮右山龍沙識"。

《天目後編》提要云："宋魏慶之撰。慶之，字醇甫，號菊莊，建安人。書二十卷。分門纂輯評論，曰詩辨，曰詩法，曰詩評，曰詩體，曰句法，曰唐人句法，曰口訣，曰初學蹊徑，曰命意，曰造語，曰下字，曰用事，曰壓韻，曰屬對，曰鍛煉，曰沿襲，曰奪胎換骨，曰點化，曰託物，曰諷興，曰規誡，曰白戰，曰含蓄，曰詩趣，曰詩思，曰體用，曰風調，曰平淡，曰閒適，曰自得，曰變態，曰圓熟，曰詞勝，曰綺麗，曰富貴，曰詩病，曰品藻。古今人物以下，分論兩漢六代至宋末諸家，及方外、閨秀、靈異，而以詩餘終焉。出入於阮閱《詩話總龜》、胡仔《苕溪叢話》、《滄浪詩話》，而寠白亦所不免，甚至類僅一條，益形瑣碎矣。前有淳祐甲辰黃昇序，稱其有才而不屑科第云。末刻'瑞昌府章淮右山龍沙識'。"

鈐"深秀齋收藏書畫印記"朱文印，在卷六、卷十一。

民國六年(1917)二月二十六日，袁克文以六百元購得元刊《詩人玉屑》二十卷及明刊《太音大全》五卷，云："按《詩人玉屑》宋人止刻十卷，明初始得舊本，始成完璧。宋明皆巾箱本，此元刊板心甚大，與宋明皆不同，摹印清朗，觸手如新，元刊中至罕見也。惟《天祿琳琅》有此書，不見他家著錄。天祿藏璽前後附葉俱已裁去，蓋因當時自內府竊出，恐未人所指摘耳。書衣猶天祿之舊，題字皆純皇御筆，可辨識也。刊刻之精與宋本無殊。"①

不知是否尚存人間。

643 增類揀聯詩學欄江網七十卷②

元麻沙刻巾箱本。二函十四冊，現藏北京大學圖書館（書號 NC/9297/0753）。

匡高 15.8 釐米，廣 11.1 釐米。每半葉十三行，行二十五字，小字雙

---

① 《寒雲日記——收古籍善本摘抄 1915—1918 年》，見《王子霖古籍版本學文集》，第二冊，《古籍善本經眼錄》附錄，第 171 頁。

② 書名之"揀"字，王先謙刻本誤刊爲"撰"，從嘉慶內府寫本及書名原題改。

行同,細黑口,左右雙邊,雙魚尾。卷前有總目及目錄。卷端題"重刊增廣門類揀易新聯詩學攔江網卷之一",下以墨框反白標出集次。分甲乙丙丁戊己庚七集,每集各十卷。黃麻紙。仍保留內府裝幀,書頁天頭地腳皆被裁取,以金鑲玉重裝。袖珍小本。黑色書衣,明黃色書籤,題作"元板增韻換聯詩學攔江網"。

《天祿琳琅書目後編》稱其"門目繁雜,次序乖互,乃坊刻兔園冊之陋者",並稱"麻沙袖珍本,極工細"。書名之"換"字,《天目後編》誤爲"撰"。

每冊俱鈐天祿繼鑑諸璽,前後副葉所鈐爲"中三璽"。另有鈐印二,不可辨。

《賞溥傑書畫目》著錄,宣統十四年(1922)九月二十五日賞溥傑。《第一批國家珍貴古籍名錄圖錄》第00829號。① 《中華再造善本》金元編第656部。

643(2) 絕妙詞選二十卷

明萬曆四十二年(1614)秦堣刻本。存《唐宋諸賢絕妙詞選》十卷,一函二冊,現藏遼寧省圖書館(書號善12350);

匡高18.8釐米,廣13.7釐米。每半葉十行,行二十字,細黑口,左右雙邊,單魚尾。宋淳祐序上有刻工何鑑。白棉紙,字體精雅。

書二十卷,一函五冊。曰《唐宋諸賢絕妙詞選》,收錄唐五代至北宋各家之詞,自李白以下一百三十四家;曰《中興以來絕妙詞選》,收錄南渡以後各家之詞,自康與之以下八十八家。黃昇所輯《絕妙詞選》二編,有南宋淳祐九年刊本,嗣後久久不聞重刊,至明萬曆二年舒伯明刻《中興以來絕妙詞選》十卷,四年刻《唐宋諸賢絕妙詞選》十卷,此書復現於世。舒本印章圖記摹勒舊本,與宋本一一相符,而行款不合。舒刻板片後歸秦堣,有萬曆四十二年印本。毛晉汲古閣據萬曆本重刻,收入《詞苑英華》,合稱爲《花庵絕妙詞選》。清乾隆修《四庫全書》,據毛本輯入,簡稱之爲《花庵詞選》。《天目後編》提要未言及版本,自《唐宋諸賢絕妙詞選》看,實即萬曆四十二年秦堣刻本,別本卷首有茹天成《重刻絕妙詞選引》,稱:"余友本嬰秦太學堣,夙好風雅,每見其鼻祖少游詞章,輒諷玩不休。今得是編,頗愜其嚮往之初心,既樂多詞之妙麗,又慨舊刻之舛訛,遂詳校而重梓之。"②

---

① 《第一批國家珍貴古籍名錄圖錄》,第3冊,第265頁。
② 祝尚書著:《宋人總集敘錄》,中華書局2004年版,第388頁。

天祿本佚去刻書序,故誤判元版。

每冊俱鈐天祿繼鑑諸璽,前後副葉所鈐爲"中三璽",無其它私人鈐印。

此外,中國國家圖書館藏《中興以來絕妙詞選》十卷,宋淳祐九年(1249)劉誠甫刻本。四冊一函,書號 9651。現存宋版僅此一部孤本,別無元刊本存世,此本乃《天祿琳琅書目》"前編目外書",詳見本書附錄。

《欽定天祿琳琅書目後編》卷十二　明版經部

644 關氏易傳一卷

明刻本。一冊一函,現藏臺北"故宮博物院"(書號故善012631)。

匡高17.9釐米,廣12.8釐米。每半葉八行,行十七字,小字雙行同。白口,左右雙邊,雙魚尾。書口中刊"關氏易傳"及葉次。卷首題"關氏易傳",正文前有天水趙蕤序及所作關朗傳,次有目錄。白棉紙,黃地宋式錦四合函套,湖藍色絹製書衣,無書籤。書頁蟲蛀損字嚴重。

北魏關朗撰,唐趙蕤注。書一卷。凡十一篇,《卜百年義第一》、《統言易義第二》、《大衍義第三》、《乾坤之策義第四》、《盈虛義第五》、《闔闢義第六》、《理性義第七》、《時變義第八》、《動靜義第九》、《神義第十》、《雜義第十一》。《天目後編》云:"是書《隋志》、《唐志》皆不載,晁公武《郡齋讀書志》謂李淑《邯鄲圖書志》始有之,《中興書目》亦載其名。陳師道《後山叢談》、何薳《春渚紀聞》、邵博《聞見後錄》皆載阮逸僞撰《元經薛氏傳》及此書,嘗以其稿示蘇洵云。"入《四庫全書總目》易類存目。字體古拙,具明早期刻版風格。此本罕傳,不見《中國古籍善本書目》著錄,《"國家圖書館"善本書志初稿》著錄有明覆宋刊本,與此本行款版式不同,爲九行十六字本。①《續修四庫全書》以明范氏天一閣刻本爲底本影印,皆與此本不同。

每冊俱鈐天祿繼鑑諸璽,前後副葉所鈐爲"中三璽"。揆敘舊藏,有謙牧堂二印。

《故宮善本書目》記其作"明刻本"。《"國立故宮博物院"善本舊籍總目》,上冊,第5頁。

645 東坡易傳八卷

明烏程閔氏刻朱墨套印本。一函八冊,現藏臺北"故宮博物院"(書號故善013104—013111)。

---

① 《"國家圖書館"善本書志初稿·經部》,第6頁,書號00012。

匡高20.4釐米,廣14.6釐米。半葉八行,行十八字,小字雙行同。四周單邊,白口,無行格。版心上記易傳卷次,中記篇名,下記葉次。以墨色刊行正文,以朱色套印文中圈點及天頭眉批校注。卷首有朱色套印《易考》,又《蘇文忠公本傳》。卷末有《附王輔嗣論易》一卷。首卷卷端題"周易卷第一",隔行下題"宋眉山蘇軾傳"。白棉紙,紫色地朵花宋式錦四合函套,石青杭細書衣,黃綾書籤及套籤,書"東坡易傳"。

《天目後編》云:"是書明焦竑刻入《兩蘇經解》中,毛晉刻入《津逮祕書》中。此本乃烏程閔齊伋所刻朱墨本,前有軾本傳節文,冊首朱字《論易》六條,及本文上方行間朱字自漢迄明諸家之說,則齊伋所輯耳。"套印精好,版匡下腳往往有朱色"以定位套印位置。

《四庫全書總目》稱此書:"烏程閔齊伋以朱墨板重刻,頗爲工緻,而無所校正。"《四庫全書薈要總目》中亦稱:"《東坡易傳》九卷,宋朝奉郎提舉玉局觀眉山蘇軾撰。今依前浙江巡撫臣三寶所上吳玉墀家藏江西刊本繕錄,據明焦竑、閔齊伋、毛晉諸本恭校。"陶湘《閔版書目》中將其歸入雖未標註刊刻人,但其版刻具有閔版特色一類。今人蔣文仙《明代套色印本研究》一文則認爲書上無刻書人題記,①存疑待考。

每冊俱鈐天祿繼鑑諸璽,前後副葉所鈐爲"中三璽",無其他私家藏印。

《故宮善本書目》記其作"明閔齊伋刻朱墨本"。

645(2)周易傳義大全二十四卷

明初內府刻《五經大全》本。十二冊,現藏中國國家圖書館(新編書號1231)。

每半葉十行,行二十二字,小字雙行同,黑口,四周雙邊。卷前有《凡例》,程頤《易傳序》,《易序上下篇義》,朱熹《易本義》、《圖》、《五贊》、《筮儀》。又程、朱《說易綱領》。黃絹籤題"周易傳義大全"。

《天目後編》提要云:"考《明成祖實錄》,永樂十二年十一月,命行在翰林院學士胡廣、侍講楊榮、金幼孜等修《五經四書大全》。十三年九月告成。親製序,刊賜天下。"又云此本爲"明官刻頒行本"。

每冊俱鈐天祿繼鑑諸璽,前後副葉所鈐爲"大三璽",第12冊末副葉

---

① 華東師範大學古籍研究所中國古典文獻學專業2005年博士論文。

大三璽已失去。無其他私家藏印。

1959年自故宮調撥。2013年編目。可參看《北京圖書館古籍善本書目》第26頁。

646 周易全書二十一卷

明萬曆刻本。存《今文》卷一、三、五、九；《易學啟蒙》卷一、二、五，計七卷，一函七冊，現藏中國國家圖書館（新編書號1230）；《今文》卷七，一冊，現藏日本東北大學圖書館。

每半葉十四或十五行，行二十一字，白口，左右雙邊，單魚尾，有眉欄。版心上刊"周易全書"，中刊卷之幾及葉次。首卷卷端大字占兩行，題"周易全書今文卷之一"。書衣灑金箋紙，書籤題"明版周易全書"及冊次。

書分六部：《論例》二卷，《古文》二卷，《今文》九卷，《易學啟蒙》五卷，《傳易考》二卷，附《龜蔔考》一卷，計二十一卷。書前有萬曆十八年楊時喬自序。每部卷端皆冠以序。古文用篆書。各書的刻書時間不一，籠統以萬曆刻本著錄。《周易今古文全書》，有兩種明萬曆間刻本，一種版式為每半葉七行，行二十一字，小字雙行同，白口，左右雙邊，版心下有刻工；一種即此密行宋字、版心下無刻工之本。後一種版本，《四庫全書存目叢書》據其影印，底本並非天祿本。

每冊鈐清宮天祿繼鑑諸璽，前後副葉所鈐為"中三璽"，無其他私家藏印。按副葉的紙幅，應鈐蓋略大些的"中三璽"或"大三璽"較為適宜。

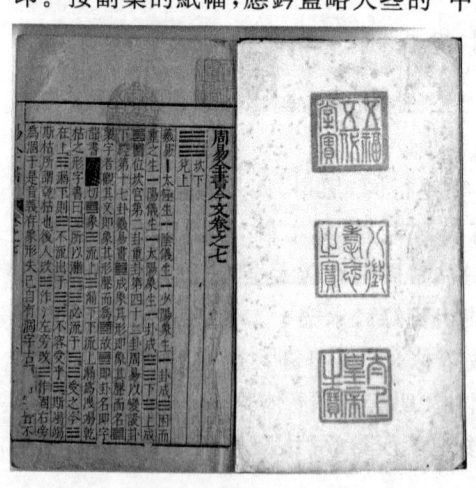

圖12-1

國圖所藏七冊，1959年自故宮調撥，撥書清冊記為"明萬曆二十年刻本"，2013年編目。

據日本東北大學磯部彰先生相告，東北大學所藏殘帙一冊，係2007年磯部先生於東京某古舊書店代圖書館採購所得（圖12-1）。除此之外，東北大學尚有全套《周易全書》一部，第一冊的封皮背面鈐蓋了乾隆皇帝的3枚御璽大印，但正文部分卻沒有"天祿琳琅"等璽印,正文書頁上有日本江戶初期(明末清初)日人藏書印,磯部先生推測"估計有可能是有意將別的書的封皮放到了此書上",①這應是一個移花接木僞裝天祿書的實例。

646(2)易象大旨八卷

明嘉靖三十四年(1555)任有齡太平府刻本。八册一函,現藏臺北"故宫博物院"(書號故善003175—003182)。

匡高18.3釐米,廣12.5釐米。每半葉十行,行二十字。四周單邊,單魚尾,版心中刊"易象大旨卷之一"及葉次,下刊刻工名,有付秀、正邦(正)、王文(王)、丘長(丘)、吕白、李白等,卷五至八無刻工。卷前有《易象大旨序》,隔行下題"古楚德安何遷譔",末署"嘉靖甲寅履端日"。又凡例六則。末有後序,不著名。又有《易象大旨後序》。首卷卷端題"易象大旨卷之一",卷八尾題前有"門生陳三謨周中玄季從龍校正"一行。白棉紙,新裝織錦四合函套,黄絹書衣,黄綾書籤,書"明板易象大旨"。

何遷序云:"踰年蜀中若任君棠山得薛君書,刻之太平,而以序問予,予不知易乃薛君所爲書,予既得受讀,而任君所以刻書,以明易之意,又予之所樂聞也。"署"嘉靖甲寅履端日",書賈將"靖"字割補爲"元"字,紙色不同,很是明顯,不知何所取義?此序標題"易象大旨序"下亦有挖補痕蹟,僅三字長短,或挖去藏印所致。未署名後序中有"適其門人棠山任先生以鉅學省望守太平之暇,讀而契焉,謀序而刻之"之謂,《易象大旨後序》自稱"有齡",不著姓氏,序云:"齡出守姑孰,地理相近,果不棄鄙陋,遂遺以是書。……齡何幸與有聞哉。遂刻之。"《天目後編》提要云:其"卷末刻書門人後序,名有齡,不著姓。自表仕履,雲籍中祕,出守姑孰,蓋即何序所謂蜀人任棠山刻之太平者,《江南通志》載太平知府任有齡,嘉靖年任。"兩篇《後序》末皆有一行挖補痕蹟,紙色接近,極不易察覺。據别本可知,前一後序末裁去"嘉靖癸丑八月乙卯後學江陰薛甲謹識"一行,後一後序裁去"嘉靖乙卯歲春仲之吉日西蜀漢嘉門生任有齡頓首拜書"一行。

《千頃堂書目》著録有"嘉靖乙卯(三十四年)門生太平守任有齡序刻德安何遷序"。《中國古籍善本書目》著録此版爲"明嘉靖四十年刻本",《四庫全書存目叢書》影印上海圖書館藏明嘉靖四十年刻本,行款版式俱

---

① 見2010年4月9日日本東北大學磯部彰教授致作者之Email原文。

同此本,然刻工與天祿本略不同。上圖本卷首有張袞《易象大旨序》,署"嘉靖辛酉(四十年,1561)冬十二月水南居士張袞著";次薛甲《自敍》,署"嘉靖癸丑(三十二年,1553)八月乙卯後學江陰薛甲謹識";次何遷《易象大旨序》,署"嘉靖甲寅(三十三年,1554)履端日"。卷末有任有齡《後序》,署"嘉靖乙卯(三十四,1555)歲春仲之吉日西蜀漢嘉門生任有齡頓首拜書"。天祿本之刻工同中國人民大學所藏(收入《第二批名國家珍貴古籍名錄圖錄》第3234號)。據任有齡刻書序,此版應是嘉靖三十四年所刻,刻於有靈太平知府任上。

每冊俱鈐天祿繼鑑諸璽,前後副葉所鈐爲"大三璽"。揆敍舊藏,鈐謙牧堂二印。

《故宮善本書目》記其作"明嘉靖間刻本"。《"國立故宮博物院"善本舊籍總目》,上冊,第22頁,著錄爲"明嘉靖刻本"。

647 東坡書傳二十卷

明吳興凌氏刻朱墨套印本。一函八冊,現藏臺北"故宮博物院"(書號故善013120—013127)。

匡高20.6釐米,廣14.7釐米。每半葉九行,行十九字,小字雙行同。四周單邊,白口,版心上刊"東坡書傳",中刊卷次,下刊葉次。卷首有《蘇長公書傳序》/吳興凌濛初撰并書。首卷卷端題"東坡易傳卷一"。以朱色套印天頭眉批、校注及行間圈點。第八冊書頁錯裝嚴重,卷十九之第一至七葉錯置於卷十七第八葉後;卷十八之第一至八頁錯置於卷十七第十五葉前;卷十七第九至十五頁倒裝;卷二十第一至五葉倒裝,並錯置於卷十九第十四葉前;卷十九之第八至十四葉倒裝,並錯置於卷二十第六葉前;卷二十第六葉重裝。白棉紙,淺色地朵花宋式錦四合函套,淺色地朵花宋式錦書衣,黃綾書籤及套籤,書"東坡易傳"。

墨色刊印原文,書中圈點和書眉楊慎、袁了凡等人評語均以朱色套印。正文字大悅目,紙張潔白如玉,朱墨兩色,閱之醒目。《天目後編》見書前凌濛初序,以爲其"上方輯諸家評說與《易傳》同,亦閔齊伋家朱墨本。濛初,字稚成,亦烏程人"。誤矣,實爲同是烏程人之凌濛初刻套印本。凌濛初(1580—1644)刻書甚多,喜用朱墨或多色套印,多精緻美觀。

每冊俱鈐天祿繼鑑諸璽,前後副葉所鈐爲"中三璽",無私家藏印。

《故宮善本書目》記其作"明閔齊伋刻朱墨本"。《"國立故宮博物院"善本舊籍總目》,上冊,第33頁,著錄爲"明吳興凌氏刊朱墨套印本"。

2007年12月至2008年3月臺北"故宮博物院"舉辦第一期"天祿琳琅·乾隆御覽之寶特展"時曾經展出。圖冊中有書影，說明文字云："《東坡書傳》是蘇軾重要的三部經學著作(《易傳》、《書傳》、《論語說》)之一，乃研究《尚書》的成果，完成於蘇軾流放儋州之時(元符三年五月)。明代套版印刷盛行，書坊利用精湛的數版套印技術提高印刷的品質，以獲取更高的販售量，而其中的代表人物之一即爲吳興凌氏，以墨色刊印原文，書中圈點和評語均用朱色，天頭有朱筆校注的《東坡書傳》，正文字大悅目，紙張潔白如玉，以提供讀者方便閱讀的刊刻形式而聞名於世。"按，其中所云"天頭有朱筆校注的《東坡書傳》"，實乃朱色套印而成，並非朱筆寫就。

647(2) 東坡書傳二十卷(又一部)

明吳興凌氏刻朱墨套印本。一函八冊，現藏臺北"故宮博物院"(書號故善013112—013119)。

行款、版式同前，爲同一版本。卷首有凌濛初《蘇長公書傳序》。白棉紙，淺色地朵花宋式錦四合函套，石青杭細書衣，黃綾書籤及套籤，書"東坡書傳"。

《天目後編》云"同上，係一版摹印"。墨色刊印原文，書中圈點和書眉評語均以朱色套印。正文字大悅目，紙張潔白如玉，朱墨兩色，閱之醒目。

每冊俱鈐天祿繼鑑諸璽，前後副葉所鈐爲"中三璽"，無私家藏印。有清室善後委員會點驗掛籤。

《故宮善本書目》記其作"明閔齊伋刻朱墨本"。《"國立故宮博物院"善本舊籍總目》，上冊，第33頁。

648 書傳會選六卷

明初刻本。四冊，現藏中國國家圖書館(書號18633)。①

每半葉八行，行十六字，小字雙行同，黑口，四周雙邊。

《天目後編》云："書六卷。前有《書序》。每句注下附音釋。考《明太祖實錄》，洪武十年與羣臣論日月五星右旋，以蔡氏謂爲左旋非是。二十七年四月以蔡氏《書傳》日月五星運行與朱子《詩傳》不同，及其他注說，與鄱陽鄒季古所論間有未安，詔徵天下儒臣正定之。於是，太子少保唐鐸等

---

① 此書殘破，無法提閱，故未見原書。

薦張美和等二十餘人，詔並徵至。命翰林院學士劉三吾董其事，九月書成。凡蔡氏《集傳》得者存之，失者正之，又集諸家之說，足其未備。三吾等上進，賜名曰《書傳會選》，命禮部頒行。明官刻頒行本。"此爲明初官刻本。

《北京圖書館古籍善本書目》第 38 頁。

648（2）書傳會選六卷

明嘉靖趙府味經堂刻本。十二冊二函，現藏臺北"故宮博物院"（書號故善 012638－012649）。

匡高 20.1 釐米，廣 14.5 釐米。每半葉九行，行十八字，小字雙行同。四周雙邊，單線魚尾，線黑口，書口上刊"味經堂"，中刊"書傳會選卷幾"及葉次。正文前有《書序》。首卷卷端題"書傳會選卷第一"。皮紙，紙色陳舊。黃綠色地朵花宋式錦四合函套，湖藍色絹製書衣，黃綾書籤與套籤，書"明板書傳會選"。

《天目後編》云："篇目同前。另版，味經堂刻。"味經堂與居敬堂，都爲明趙藩刻書堂號，所刻書籍，多於版心上方鐫刻堂號。明洪熙元年（1425），成祖子趙王朱高燧就藩彰德府，設居敬堂、味經堂專司校刻，開趙藩刊書之端緒。趙藩刻書，多開本敞闊，行格疏朗，紙白墨潤，爲書林寶愛。《書林清話》、《明代版刻圖錄》皆有著錄。

每冊俱鈐天祿繼鑑諸璽，前後副葉所鈐爲"中三璽"。每卷首有"臥雪草堂藏書之章"白文方印一，另有清室善後委員會點驗掛籤。

《故宮善本書目》記其作"明嘉靖間趙府味經堂刻本"。《"國立故宮博物院"善本舊籍總目》，上冊，第 41 頁。

649 書傳大全十卷

清翻刻明內府《五經大全》本。十冊，現藏中國國家圖書館（新編書號 1236）。

每半葉十行，行二十二字，小字雙行同，黑口，四周雙邊。黃絹籤題"書傳大全"。

書十卷。前有《凡例》、圖三十五、《書集傳序》、《書說綱領》、《書序》，後有《書序》修書官，與《周易傳義大全》同。《天目後編》提要云此爲"明官刻頒行本"，實爲清翻刻明內府《五經大全》本。

每冊俱鈐天祿繼鑑諸璽，前後副葉所鈐爲"大三璽"。無其他私家藏印。

1959年自故宫調撥。2013年編目。

649(2) 潁濱先生詩集傳十九卷

明萬曆焦竑刻《兩蘇經解》本。存卷四至十、十四至十六，計十卷，三冊，現藏中國國家圖書館，其中卷四至六、十四至十六，計六卷，二冊，書號18609；卷七至十，計四卷，一冊，新編書號1229。

每半葉十行，行二十一字，白口，左右雙邊，單魚尾。版心上刊"潁濱先生詩集傳"，下刊刻工名"德"、"道"、"化"、"畿"、"鄒葵"、"孝"、"邹衡"、"鉞"、"元"、"文"、"幼"、"達"、"鄒朝"、"机"等。

《天目後編》提要云："明焦竑刻入《兩蘇經解》本。"李致忠先生以爲此天祿琳琅所藏十九卷本，從卷數判斷，即《四庫全書總目》所稱之內府藏本。①

每冊俱鈐清宮天祿琳琅諸璽，前後扉頁所鈐爲"大三璽"，無其它私人藏印。

《北京圖書館古籍善本書目》第49頁。卷七至十之一冊，1959年自故宮調撥，2013年編目。

649(3) 詩集傳八卷

明正統十二年(1447)司禮監刻本。存卷十七至十八，計兩卷，一冊，現藏中國國家圖書館(新編書號1232)。

每半葉八行，行十四字，小字雙行十七字，黑口，四周雙邊。灑金箋紙籤題"明版詩集傳第九冊"，共一張。

《天目後編》提要云："篇目見前宋版經部。近刻無《詩序辯說》，此猶古本。"

每冊俱鈐清宮天祿琳琅諸璽，前後扉頁所鈐爲"大三璽"，無其它私人藏印。

1959年自故宮調撥，書頁多有潮濕、霉爛、蟲蛀。2013年編目。

650 詩緝三十六卷

明嘉靖趙府居敬堂刻本。二十冊二函，現藏臺北"故宮博物院"(書號

---

① 李致忠著：《北京圖書館入藏宋刻蘇轍〈詩集傳〉》，《文獻》1990年第2期，第179頁。

故善 012650—012669)。

匡高 19.9 釐米，廣 14.7 釐米。每半葉九行，行十八字，小字雙行同。四周雙邊，白口，偶見細黑口，單線魚尾，版心上刊"味經堂"，中刊詩緝卷之幾，下刊葉次。卷首有《嚴氏詩緝序》，署"是年十有二月竹溪厲齋林希逸書"；次詩緝前序，署"淳祐戊申夏五月華谷嚴粲序"；次袁甫《蒙齋袁先生手帖》；次《詩緝條例》，題"朝奉大夫臣嚴粲述"；次《詩緝清濁音圖》；次《十五國風地理圖》；次《毛詩綱目》。《詩緝清濁音圖》末有"趙府梓于居敬堂"一行刊記，並刊"趙府居敬堂章"朱文方印。首卷卷端題"詩緝卷之一"，隔行下題"朝奉大夫臣嚴粲述"。尾題稱"嚴氏詩緝"。白棉紙，石青杭細書衣，黃綾書籤，書"明板詩緝"。

《天目後編》云："粲自序，有'命鋟之木'之語，是當時已有鐫本。此從宋版重刻。細按書中，如'何彼襛矣'之'襛'、'揚且之晳也'之'晳'、'終然允臧'之'然'、'不能辰夜'之'辰'、'蒹葭淒淒'之'淒'、'約軧錯衡'之'軧'、'其下維穀'之'穀'、'成不以富'之'成'、'朔月辛卯'之'月'、'家伯維宰'之'維'、'不離於裏'之'離'、'爰其適歸'之'爰'、'興雨祁祁'之'祁'、'不皇朝矣'之'皇'、'以篤于周祜'之'於'、'灑埽廷內'之'廷'、'既右饗之，來假來饗'之'饗'、'降予卿士'之'予'，皆與後來誤本不同。雖明刻，而猶存宋本之舊也。"

《詩緝》存世最早有刻本，明嘉靖間趙藩康王朱厚煜所刻本為通行之本，後世不斷翻刻或重刻。此書有"趙府梓于居敬堂"牌記，下刻"趙府居敬堂章"，書口則刻"味經堂"。《中國古籍善本書目》，將《書傳會選》、《詩緝》二書皆著為"明嘉靖間趙府味經堂刊本"，丁丙《善本書室藏書志》卷二著錄有味經堂翻刻本《詩緝》，《書志》云"明趙府居敬堂曾為鋟行，此則味經堂刊也"，或以為既有居敬堂刻本，又有味經堂翻刻本。

卷首有"賀黃公藏書印"朱文方印，明末清初賀裳舊藏，《載酒園詩話》云，賀裳字黃公，丹陽人，康熙初諸生，有《少賤齋集》。每冊俱鈐天祿繼鑑諸璽，前後副葉所鈐為"大三璽"。有清室善後委員會點驗掛籤。

《故宮善本書目》記其作"明嘉靖間趙府居敬堂刻本"。《"國立故宮博物院"善本舊籍總目》，上冊，第 52 頁。

651 六家詩名物疏五十五卷

明萬曆刻本。存卷七至五十五，計四十九卷，九冊，現藏中國國家圖書館（新編書號 1233）。

每半葉九行,行十九字,白口,四周單邊,上下兩欄。卷前有王道新序,萬曆乙巳申時行序,焦竑序,莊毓慶序,陳禹謨序。又提要二卷,次卷目,次引用書目。第九冊書衣有黃絹籤題"六家詩名物疏小雅大雅卷四十二之四十八",第五冊、第八冊也有籤題。

書五十五卷。取齊、魯、毛、韓、鄭箋、朱傳六家釋名物之說,輯爲一書。

每冊俱鈐天祿繼鑑諸璽,前後副葉所鈐爲"中三璽"。無其它私家藏印。

1959年自故宫調撥,書頁多有潮濕、霉爛、蟲蛀,其中五冊尤甚,撥交清冊記爲"明萬曆陳禹謨刻本"。2013年編目。

651(2)二賢言詩

明天啓四年(1624)李維楨刻本。二冊,現藏臺北"故宮博物院"(書號故善013128—013129)。

匡高19.5釐米,廣12.3釐米。上冊《子夏言詩》每半葉七行,每行古文十一字,今文十七字,下冊《子貢言詩》每半葉七行,行十九字,小字皆雙行同,四周單邊,白口,版心下偏右方記葉次。卷首有李維楨《二賢言詩序》,郭子章《合刻二賢詩傳小序序》,詹思謙《合刻二賢詩傳小序跋》。卷端楷書題"子貢言詩"。皮紙,經摺裝,靛藍絹製包木板書衣,黄綾書籤,書"二賢詩傳"及冊數。

《子貢》刊以篆書,後以"附音"領起,低一格楷書釋文。《子夏》刊以楷書。各序跋敘述萬曆間郭、詹合力校刻《二賢詩傳小序》於成都,繼有李維楨繕錄重刊爲《二賢言詩》,並將郭本"先子夏後子貢"的次序相互對調等經過。此本《二賢言詩序》末隔行前五字、《合刻小序序》末行、《小序跋》末三行及《子貢言詩》卷尾最末一行均被裁去。《子夏言詩》卷末兩行以新刊字"長發大禘也"、"殷武祀高宗也"粘紙補上。

《中國古籍善本書目》著錄有明天啟四年刻本,僅安徽省博物館、山東省圖書館、福建省圖書館三家有藏,且只安徽博物館一家藏有全本。其中山東省圖書館僅藏《子貢言詩》一冊,正文五十葉。匡高22.5釐米,廣12.6釐米。每半葉七行,每行古文十一字,今文十九字,小字皆雙行同,四周單邊,版心下記葉次。卷首僅有《二賢言詩序》,無《合刻二賢詩傳小序序》、《合刻二賢詩傳小序跋》。線裝。李序後尾葉有"南京禮部中式儒士永嘉虞獻廷書"一行,卷尾亦有"禮部中式儒士永嘉虞獻廷重書"一行

(圖12—2)。① 與山東圖書館藏本對比可知,天祿本鏟去李維楨序末"天啟甲子季冬望日書"、"京兆後學李維楨譔"二行及所刊三印,並"南京禮部中式儒士永嘉虞獻廷書"、"禮部中式儒士永嘉虞獻廷重書"等處,實爲與山圖同版之天啟四年刻本。而郭《序》中"與成都守詹牧父分較,并小序刻之"的"較"字,當即避明熹宗朱由校(1620—1627在位)名諱。②

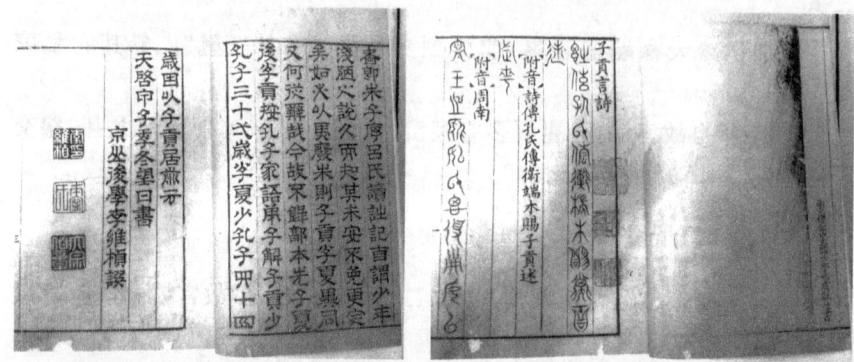

圖12—2　山東省圖書館藏本上李維楨《二賢言詩序》後題署,天祿本佚失

有天祿繼鑑諸璽,因是經摺裝,二冊前後副葉俱押縫鈐"中三璽"。無其他私家藏印。

《故宫善本書目》記其作"明萬曆間李維楨重刻本"。旋風頁,每開十四行,内分子貢篆書,子夏楷書。《"國立故宫博物院"善本舊籍總目》,上冊,第55頁,著録爲"明萬曆李維楨重刊本"。

652 詩經世本古義二十八卷

明崇禎十四年(1641)刻本。原書十六冊,存卷十至十七、二十五至二十八,計十二卷三冊,現藏中國國家圖書館(新編書號1234);卷十八上,一冊,現藏中國文化遺産研究院(原中國文物研究所);卷十八下(始自小弁一)、卷二十至二十一,三冊,中貿聖佳2016年春季古籍拍賣。

匡高20.4釐米,廣14.1釐米。每半葉九行,行二十字,小字雙行同,白口,四周單邊。版心上刊"詩經世本古義",中刊卷次及葉次,下刊詩經

---

① 2014年春初去信詢問山東圖書館唐桂艷女士,據其回覆郵件。
② 《明史》卷五十一,《禮志·廟諱》:"天啟元年正月,從禮部奏:凡從點水加各字者,俱改爲'雒';從木加交字者,俱改爲'較'。惟督學稱較字未宜,應改爲學政。各王府及文武職官有犯廟諱、御名者,悉改之。"

類目。卷前有范景文序，林蘭友序，曹學佺序，何楷自序，次原引一首，附錄《論風雅頌》三條。首卷卷端題"詩經世本古義卷之一"，下題"閩儒何楷玄子氏學"。天頭處有佚名朱筆眉批。紙質書衣，無書籤。

是書以世序重排《詩經》篇目，打亂《毛詩》傳統篇目次序，取三百五篇，敘其時世，雜以己意。始於夏少康之世，終於周敬王之世系，分為二十八卷，卷下列出各章小引。其書援據極博，考證極詳，為撰者萃一生精力所成者。此乃明崇禎十四年（1641）刻本，是《詩經世本古義》的初刻之本。《天目後編》提要無一語涉版本，通篇只對篇目、內容開列甚詳。

每冊俱鈐天祿繼鑑諸璽，前後副葉所鈐為"中三璽"，第三冊首乾隆御覽之寶一印未蓋在中央位置，因欄上右側有朱筆批語，造成天祿繼鑑、乾隆御覽之寶二印位置左移。《天目後編》上未記私家藏印。拍賣會上所見三冊，卷首有"馮公度家珍藏"朱文長方印，另有"中晦"、"伯達之印"兩方朱文方印。卷前副葉有"自待九鼎重"白文方印、"寧靜致遠"朱文方印、"求是書屋"朱白印、"鄧拓珍藏"朱文方印各一。流出清宮後，為馮公度、鄧拓、陳伯達遞藏。馮公度（1867—1948），名恕，號華農，又因購得乾隆"自得圖"匾而自稱自得圖主人。原籍浙江慈溪，寄籍河北大興。清末進士，載洵任海軍都統時，恕任海軍部參事、海軍部軍樞司司長、海軍協都統等職，並隨載洵赴英、美、法等八國考察軍事。創辦實業，藏金石、書畫甚富。此三冊書之後副葉存有中國書店價籤，鄧拓購藏，蓋由抄家途徑轉歸陳伯達收藏。

故宮檔案記其為"明天啟間刻本"。書頁前後皆有闕頁。國圖所藏三冊係1959年自故宮調撥，2013年編目。文研所所藏一冊，係陳伯達舊藏。

653 毛詩古音考四卷

明萬曆三十四年（1606）刻本。二冊一函，現藏臺北"故宮博物院"（書號故善003183—003184）。

匡高20釐米，廣14.3釐米。每半葉十行，行二十一字，小字雙行同。白口，左右雙邊，單魚尾。版心上刊"毛詩古音攷"，中刊卷次，下刊葉次。正文前有《毛詩古音攷總目》，末附《讀詩拙言》八則，①次陳第自跋，署於"萬曆丙午仲夏朔陳第書于謝墩山房"。首卷卷端題"毛詩古音攷卷一"，隔行下題"閩中陳第季立編輯"、"金陵焦竑弱侯訂正"二行。竹紙，黃綠色地

---

① 《天目後編》誤記為"讀詩雜言"。

朵花宋式錦四合函套，綠色絹製書衣，黃綾書籤及套籤，書"毛詩古音攷"。原闕《讀詩拙言》第十一葉。

陳第跋云："歲在辛丑，嘗爲考證，尚未脫藁，即有建州溫陵之遊，留滯三季，徒置舊篋。甲辰春來金陵，藁未攜也，秋末造訪太史，談及古音……故本所憶，復加編輯，太史又爲補其未備，正其音切，於是書成。"則書成於萬曆甲辰（三十二年，1604）。《天目後編》云："是書世鈔刻本，其傳鈔著錄者，有焦竑及第自序二首。竑序稱其身爲名將，一旦棄去，周遊萬里，著書滿家，爲三異。此本但有第後跋，無前二序，而槧摹精整，尚係初印，固爲難得耳。"《中國古籍善本書目》著錄有明崇禎飯石軒刻本，行款版式同於此本，而有刻工，並非同版。

每册俱鈐天禄繼鑑諸璽，前後副葉所鈐爲"大三璽"，無私家藏印。

《故宮善本書目》記其作"明萬曆間陳氏刻本"。《"國立故宮博物院"善本舊籍總目》，上册，第170頁。

653(2)詩經類考三十卷

明萬曆刻本。存卷二十六，一册，泰和嘉誠2014年秋拍；①卷二十六下至二十七，二册，現藏中國國家圖書館（新編書號1235、1305）。

每半葉十行，行二十字，白口，四周單邊，單魚尾。書口上刊"詩經類考"，中記篇目卷數及葉次。卷端題"詩經類考卷之二十六"，隔行下署"明武塘沈萬鈳仲容采輯"。

《天目後編》提要云其"大指與《六家詩名物疏》相類而遜其宏博，版刻極整雅不苟"。《四庫全書總目》入"附存目錄"，提要云："兹編於三百篇所載名物典故，分門編錄。前有《古今論詩考》、《逸詩考》、《音韻考》，後有《風雅頌異同考》，不能盡本經傳。"

《中國古籍善本書目》著錄此版爲"明萬曆刻本"，以清華大學圖書館所藏同版書觀之：首卷卷端題"詩經類考卷之一"，隔行上題"明武塘沈萬鈳仲容采輯"，下題"雲間彭賓燕又、陳子龍臥子、陳增遠崔朋較"。卷一葉一書口下刊"檇李錢士明書"。卷前有陳繼儒、陳子龍、彭賓燕、李雯、李是

---

① 《泰和嘉成拍賣有限公司2014年秋季藝術品拍賣會古籍文獻·金石碑版專場圖錄》，拍品第848號，記爲卷二十六。2016年10月發行之《中國嘉德2016秋季拍賣會預覽圖錄》上再現此一册，爲首末完整之卷二十六，第185頁。按，國圖新編書目中之"卷二十六下、卷二十七"，所記或有誤，尚在修復中，未見原書，存疑待考。

楫、鄭圻、宋徵輿、陳增遠諸序，鄭序題時在"戊寅"，陳增遠序中遇"神皇帝"則將"神"字提行至板框外，故此書應刊於明萬曆間。

每冊俱鈐天祿繼鑑諸璽，前後副葉所鈐爲"中三璽"。另鈐"王應徵字粲垣號紫朗"、"宕滌放情志"、"婁江紫朗王氏家藏"三印，爲明代太倉王氏藏本。王應徵，字粲垣，號紫朗，太倉人，《大清高宗純皇帝實錄》卷一四七六記其乾隆六十年參加各省舉子應試，時已八十歲以上。

1959 年自故宮調撥，調撥清冊記爲"明萬曆太倉王氏刻本"。2013 年編目。

654 儀禮注疏十七卷

明嘉靖應槚常州刻本。全書四函三十二冊，僅存卷十三之葉四十至六十三，一冊，現藏臺灣大學圖書館（書號 0552051）；存卷十五，二冊，現藏中國國家圖書館（書號 18611）。

匡高 21.1 釐米，廣 15.4 釐米。每半葉九行，行十八字，小字雙行同，白口，四周雙邊，單魚尾。版心中刊儀禮卷幾及葉次。卷端題"儀禮注疏卷第幾"，隔行下大字題"漢鄭玄注唐賈公彥疏"一行，再隔行小字題"提督直隸學政監察御史餘姚聞人詮校正"、"直隸常州府知府遂昌應槚刊行"兩行。白棉紙。國圖所藏二冊，尚是清宮舊裝，書籤題"明版儀禮注疏"。

每卷首標"提督直隸學政、監察御史餘姚聞人詮校正，直隸常州府遂昌應槚刊行"，爲嘉靖間常州知府應槚所刊。《江南通志》載聞人詮、應槚，俱嘉靖年間任上。聞人詮，字邦正，嘉靖丙戌進士，官至湖廣按察副使，王守仁之門人，著《芷蘭集》，又有《飲射圖解》，是講經禮之學者。

每冊俱鈐天祿繼鑑諸璽，前後副葉所鈐爲"大三璽"，另有"謙牧堂藏書記"、"謙牧堂書畫記"二印，《天目後編》失載，揆敘舊藏。

臺大所藏一冊，著錄爲明嘉靖十五年（1536）聞人詮常州刻本，其卷十三第四十葉有"乾隆御覽之寶"，①版刻上右側有"天祿繼鑑"白文方印，書經重裝，佚失前後副葉。

654(2) 禮記集說十六卷

明正統十二年（1447）司禮監刻本。十六冊三函，現藏臺北"故宮博物院"（書號故善 012782—012797）。

---

① 《"國立"臺灣大學圖書館增訂善本書目》，第 32 頁。

匡高23釐米，廣16.4釐米。每半葉八行，行十四字，小字雙行十九字，大黑口，四周雙邊，雙順魚尾。版心中刊"禮記集說卷幾"及葉次。首卷卷端題"禮記卷之一"，隔行下署"陳澔集說"。書首有正統十二年五月初二日司禮監奉旨刻書旨文，卷前有陳澔《禮記集說序》及《凡例》。白棉紙，新裝織金織錦四合函套，湖藍色絹製書衣，無書籤。

旨文云："司禮監欽奉聖旨：《五經》《四書》經註，書坊刊本字有差訛，恁司禮監將《易》程朱傳義、《書》蔡沈集傳、《詩》朱熹集傳、《春秋》胡安國傳、《禮記》陳澔集說、《四書》朱熹集注，都謄寫的本，重新刊印，便於觀覽。欽此。正統十二年五月初二日。"此書爲明朝司禮監欽奉旨刻《五經》《四書》之一，每冊卷首上鈐明代官刊祕籍之印"表章經史之寶"朱文大方印。刊刻精良，紙潤墨白，刊有句讀。

《天祿後目》提要云："每冊鈐以'表章經史之寶'，乃明官刊祕籍。然以刊印經書之事，付之閹宦，而正統年乃王振擅權之時，相傳振以學官淨身，故所爲若此，真堪姍笑矣。"

提要並云爲"寒山趙氏藏本"，序、卷三、卷五之九、卷十一之十四、卷十六鈐有"吳郡趙宧光家經籍"白文印，然此印都未見，各卷前揆敍印之前另有一"玉峯紫子熙芝乘室印"朱文方印，爲《天目後編》失載，藏家無考。揆敍藏書，每冊首尾皆有"謙牧堂藏書記"（白文）、"謙牧堂書畫記"（朱文）二印。每冊俱鈐天祿繼鑑諸璽，前後副葉所鈐爲"大三璽"。因首葉卷端已有"表章經史之寶"朱文大印，"乾隆御覽之寶"及"天祿繼鑑"二印只得屈居B面。有清室善後委員會點驗掛籤。

《故宮善本書目》記其作"明正統十二年內府刻《五經集註》本"。《"國立故宮博物院"善本舊籍總目》，上冊，第74頁。2008年臺北"故宮博物院""天祿琳琅——乾隆御覽之寶"展覽上展出。①

---

① 臺北故宮展覽文字說明稱："此帙原爲清康雍年間揆敍（？—1717）家藏，後入天祿琳琅藏書。敍爲康熙時大學士明珠之子，其藏書印有'謙牧堂藏書記'與'謙牧堂書畫印'，謙牧堂乃揆敍書室名。雍正二年（1724）世宗因揆敍涉嫌皇八子允禩一案，追奪揆敍官位，削謚，抄家，其原藏書皆没入內府，在《天祿初編》中並未見鈐有'謙牧堂藏書記'與'謙牧堂書畫印'藏書印記的典籍，而在《天祿後編》中揆敍即躍升爲書目中著錄最多的私家藏書家。"劉按，揆敍身後雖被削謚，但並未抄家，抄家事在乾隆中期，揆敍曾孫成安因得罪權相和珅獲譴，府邸爲和珅所占，家產及藏書被抄入內府，詳見《天祿琳琅研究》第一章第一節。

655 禮記集說大全三十卷

明內府刻《五經大全》本。十八冊,現藏中國國家圖書館(新編書號1238)。

每半葉十行,行二十二字,小字雙行同,大黑口,四周雙邊,雙魚尾。卷前有《凡例》、《總論》,陳澔序。黃絹籤題"明板禮記集說大全"。

《天目後編》云其"前有《凡例》、《總論》,陳澔序,修書官與《周易傳義大全》同。明代官刊頒行本"。

每冊俱鈐天祿繼鑑諸璽,前後副葉所鈐爲"大三璽"。無其他私家藏印。

1959年自故宮調撥。前6冊完整,後12冊書頁蟲蛀、潮濕、霉爛不堪。2013年編目。

656 春秋胡傳三十卷

明正統十二年(1447)司禮監刻《五經經註》本。二函十六冊,現藏臺北"故宮博物院"(書號故善007148-007163)。

匡高23.4釐米,廣16.7釐米。每半葉八行,行十四字,小字雙行十九字。四周雙邊,粗黑口,雙順魚尾,魚尾間記"春秋胡傳卷幾",下魚尾下方記葉次。刊有句逗。卷前首安國自序,次《諸國興廢說》,次《春秋周王世次圖》、《春秋列國圖》各一幅,次《春秋總例》。首卷卷端題"春秋卷之一",次行下題"胡安國傳"。白棉紙,宋式錦四合函套,湖綠色絹製書衣,黃綾書籤、套籤,書"明板春秋胡傳"。書根記"明板春秋胡傳"及冊號。卷三十第八至九頁爲抄配。

《天目後編》云:"版式與正統十二年刻《禮記集說》同,蓋司禮監刻《五經四書》之一也。"此本之版式疏朗、紙墨上乘、刻有句逗,具備明顯的司禮監本特徵。明正統間司禮監刻五經八十二卷及《四書集註》三十卷,合爲五經四書經注一百十二卷。《周易傳義》前有司禮監欽奉聖旨:"五經四書經註,書坊刊本字有差譌,恁司禮監將《易程朱傳義》、《書蔡沈集傳》、《詩朱熹集傳》、《春秋胡安國傳》、《禮記陳澔集說》、《四書朱熹集註》都謄寫的本,重新刊印,便於觀覽。欽此。正統十二年五月初二日。"

入宮前有清人時尹藏印,第一冊首葉下鈐"時尹之印"白方、"其莘"朱圓,時尹,不詳其生卒仕履。每冊俱鈐天祿繼鑑諸璽,前後副葉所鈐爲"大三璽"。

《故宮善本書目》記其作"明內府刻《五經集註》本"。《"國立故宮博物院"善本舊籍總目》,上冊,第 95 頁,著錄爲"明內府刻本"。

656(2)春秋經傳集解三十卷

明嘉靖蘇州覆刻元相臺岳氏本。原爲六函三十冊,存卷一、卷十五至二十九,凡十六卷,十六冊,現藏臺北"故宮博物院"(書號故善 009931－009946)。

匡高 20.4 釐米,廣 14.1 釐米,每半葉八行,行十七字,小字雙行同,四周雙邊,白口,雙線魚尾。版心中刊"左傳卷幾"及葉次,有書耳。卷前有《春秋序》,僅存 1A 及第 4－7 葉。首卷卷端題"春秋經傳集解隱公第一"。白棉紙。已經改裝,重裝爲紙質書衣,無書籤。

原有刻工均被挖板殆盡,序後雙行刊記脱去。《天目後編》云:"篇目同前宋版經部。明翻宋槧,極清整。"《中國古籍善本書目》著錄此版爲"明刻本"。

每冊俱鈐天祿繼鑑諸璽,前後副葉所鈐爲"中三璽",無私家藏印。

《故宮善本書目》記其作"明嘉靖間蘇州復宋相臺岳氏本"。《"國立故宮博物院"善本舊籍總目》,上冊,第 84 頁。

656(3)春秋經傳集解三十卷(又一部)

明嘉靖蘇州覆刻元相臺岳氏本。四函二十八冊。

《天目後編》提要僅云:"同上,係一版摹印稍後。"並記書上每冊前後副葉鈐"真賞"葫蘆式朱文印、"華夏"白文印兩枚。

不詳何時亡佚,不知是否尚存世間。

657 春秋經傳集解三十卷(又二部)

明覆刻元相臺岳氏本。原爲四函三十冊,其中第一冊前序七葉,訂於十五冊之明天放菴刻本前,現藏中國國家圖書館(書號 17660);存卷一至三,計三卷,三冊,現藏中國國家圖書館(新編書號 1237、1306);卷三之葉三十四至四十四至卷三十,闕卷一至二,及卷三之前半卷,計二十七卷半,二十七冊四函,現藏臺北"故宮博物院"(書號故善 009962－009988)。

匡高 21 釐米,廣 14 釐米,每半葉八行,行十七字,小字雙行同,四周雙邊,白口,雙線魚尾。版心中刊"左傳卷幾"及葉次,其下原有刻工均被挖板殆盡,有書耳。白棉紙,已經改裝,黃色灑金箋紙書衣,白色灑金箋紙書籤，書"明版春秋經傳集解"及冊數。臺北故宮所藏部分有紫地金線織錦四合函套。原闕卷十五之第三十六葉、卷三十之第三十六葉。

《天目後編》提要僅云"同上，係一版摹印稍後"。後印本，多有斷版、損字。

每冊俱鈐天祿繼鑑諸璽，前後副葉所鈐爲"中三璽"。揆敘舊藏，有謙牧堂二印。

國圖所藏序之七葉，被有意裝於一部明天放菴刻本前。每半葉八行，行十七字，小字雙行同，白口，左右雙邊，雙線魚尾。每卷首頁版心下有"天放菴藏板"。此本僅第一冊首頁序上有"乾隆御覽之寶"、"天祿繼鑑"，下有"謙牧堂藏書記"白文方印，不見其它天祿諸璽及揆敘藏印。書經重裝，皆無扉頁三璽。序計七頁，半葉八行，行十七字，白口，四周雙邊，雙線魚尾，有耳題。版刻風格與後之"天放菴藏板"不同，版刻大小亦略有區別，紙質不同，似乎是加裝有"乾隆御覽之寶"二璽的序七頁於另一明版前，序文和正文版刻通常會略有不同，如此做法不易被察覺，便可移花接木，以殘充全，用別本冒充清宮舊藏，以提高身價。國圖所藏卷一至三，三冊，係1959年自故宮調撥，2013年編目。

《故宮善本書目》記其作"明復宋岳氏本，與前帙非一刻"，以爲是明版第三部。《"國立故宮博物院"善本舊籍總目》，上冊，第84頁，著錄故宮所藏之二十七冊。

657(2)春秋集傳大全三十七卷

明內府刻《五經大全》本。三函十八冊，現藏中國國家圖書館（新編書號1239）。

每半葉十行，行二十二字，黑口，四周雙邊。卷前有《凡例》、《序論》、《二十國年表》、《諸國興廢說》、《列國圖說》。黃絹籤題"春秋集傳大全"。

《天目後編》提要稱其修書官與《周易傳義大全》同，爲"明官刊頒行本"。查《中國古籍善本書目》，存世並無一部《春秋集傳大全》七十卷本，只有三十七卷本系統，多著錄爲《春秋集傳大全》三十七卷《序論》一卷《春秋二十國年表》一卷《諸國興廢說》一卷，應明永樂內府刻本、明嘉靖九年安正堂刻十一年劉仕中安正堂印本、明隆慶三年鄭氏宗文書堂刻本、明萬曆三十三年書林余氏刻五經本、明德壽堂刻本、明刻本、明崇禎刻本等多種版本。清嘉慶內府寫本及清光緒十年王先謙刻本《欽定天祿琳琅書目後編》都作"書七十卷"，此本計三十七卷，《天目後編》記載有誤。

每冊俱鈐天祿繼鑑諸璽，前後副葉所鈐爲"大三璽"，無其他私家藏印。

1959年自故宮撥交，原點查號"龔5550"。2013年編目。

658 左氏春秋鐫二卷

明嘉靖二十七年(1548)吳郡盧氏少谷草堂刻本。一函二冊，現藏臺北"故宮博物院"(書號故善013134－013135)。

匡高18釐米，廣13.5釐米。每半葉八行，行十六字，小字雙行同。左右雙邊，白口，單線魚尾。版心中記"春秋鐫幾"與葉次。卷前有陸粲《左氏春秋鐫題辭》。卷末有《跋》，署"明嘉靖庚寅冬吳郡陸粲子餘父記"。首卷卷端題"左氏春秋鐫上"，下小字刊"凡五十四章"。有朱筆句讀。白棉紙，黃綠色朵花宋式錦四合函套，墨色灑金仿絲書衣，無書籤。

《天目後編》云："跋略云，予以給事中謫都傳鎮丞，去京師萬里，挾《左氏傳》自隨，行且讀之。有所見，暮宿逆旅，書諸簡。既至，以傳亭之廢止於黎峨，稍次其說爲一編。二三子校刻之後，列平越衛學。門生六人校刻，時嘉靖庚寅也。粲以謫宦遠方爲此書，跋中自比柳宗元謫永州作《非國語》，亦陰襲蘇軾海外諸黎故事。末刻'嘉靖戊申，吳郡盧氏重刻於少谷草堂'。刊印頗工雅。"卷末跋後刊"平越衛學門生劉祥、金鳳/劉奇、楊世雍、戴濬、徐柯等同校刻/嘉靖戊申吳郡盧氏重刻于少谷草堂"四行，牌記葉部分字蹟殘損，依《欽定天祿琳琅書目後編》卷十二著錄補完。平越衛學，明洪武間設於貴州福泉，陸粲謫宦遠方爲此書，嘉靖庚寅(九年，1530)初刻於衛學，戊申(二十七年，1548)重刻於盧氏少谷草堂。

每冊俱鈐天祿繼鑑諸璽，前後副葉所鈐爲"中三璽"，無其它私家藏印。有清室善後委員會點驗掛籤。

《故宮善本書目》記其作"明嘉靖二十七年吳郡盧氏重刻本"。《"國立故宮博物院"善本舊籍總目》，上冊，第87頁。

《欽定天祿琳琅書目後編》卷十三　明版經部

659 十三經注

明崇禎十二年(1639)葛氏永懷堂刻本。一百七十四冊二十四函,現藏臺北"故宮博物院"(書號故善 008649—008822)。

匡高 19.6 釐米,廣 12.7 釐米。每半葉九行,行二十五字,小注雙行二十四字。左右雙邊,白口,單魚尾。版心上刊經名,如"周易"、"孟子",中刊卷次,下刊葉次,下有"永懷堂"三字。卷前有《十三經註題辭》,署"皇明宣德歲在乙卯九月望日東吳金蟠題"。又《十三經總目附考》一卷。每經前各自有序及目錄。首卷卷端題"周易卷一",隔行題"魏尚書郎山陽王弼註　明後學東吳金蟠訂"。《書經》、《儀禮》等卷端題"皇明後學東吳葛鼒訂"。竹紙,黃綠色地朵花宋式錦四合函套,湖藍色絹製書衣,黃綾書籤及套籤,書"十三經註疏"。

《天目後編》云:"是本刊注不刊疏,在神宗時南北兩雍刊行《十三經注疏》之前,校對極精審。"書名題作"十三經古註",各經前自有目錄,刪汰繁冗之唐宋註疏,只保留漢晉古註,內容簡約。此本序刊時間,被裁貼竄改,金蟠《十三經註題辭》所署時間,"皇明宣德"原爲"皇明崇禎",即崇禎己卯年(十二年,1639)。別本卷前尚有《十三經序》、《刻十三經全註凡例》,此本佚失。崑山葛氏之永懷堂是明萬曆年間吳縣葛鼎、葛鼒、葛鼐、葛鼏之室名,①明末直至清乾隆間,刻書不輟,不僅刻有《十三經古註》,還刻有《國語》、《戰國策》、《昌黎先生集》、《本草原始》等書。《中國古籍善本書目》分別收錄《周禮》四十二卷、《春秋左傳》三十卷,著錄爲"明崇禎永懷堂刻《十三經古註》本"。杜信孚《明代版刻綜錄》著爲"明崇禎十三年永懷堂刊本",或爲筆誤。

每冊俱鈐天祿繼鑑諸璽,前後副葉所鈐爲"中三璽",曾經揆敘舊藏,有謙牧堂二印。有清室善後委員會點驗掛籤。

---

① 瞿冕良著:《中國古籍版刻辭典》,齊魯書社 1999 年版,第 123 頁。

《故宮善本書目》記其作"明崇禎十二年崑山葛氏永懷堂刻本,題辭僞刻宣德年號"。《"國立故宮博物院"善本舊籍總目》,下冊,第1264頁,著錄爲明崇禎十二年崑山葛氏永懷堂刻本。

660 五經四書大全

明內府刻本。原爲十函一百冊,今裝九十冊,現藏臺北"故宮博物院",其中《周易傳義大全》二十四卷,二函十二冊,書號故善012880—012891;《書傳大全》十卷,二函十冊,書號故善012892—012901;《詩集傳大全》二十卷,二函十二冊,書號故善012902—012913;《禮記集說大全》三十卷,三函十八冊,書號故善012914—012931;《春秋集傳大全》三十七卷,二函十八冊,故善012932—012949;《四書集註大全》三十六卷,四函二十冊,書號故善012950—012969。

匡高26.6釐米,廣18釐米。半葉十行,行二十二字,小字雙行同,四周雙邊,大黑口,雙魚尾,版心中刊書名卷次及葉次,刊有句讀。《四書大全》第二冊《大學或問》葉五十五至五十九與葉六十至六十四錯置。首卷卷端題"周易傳義大全卷之一"或"禮記集說大全卷之一"等。白棉紙,黃綠色地朵花宋式錦四合函套,仿絲函套,黃綠色地朵花宋式錦書衣(《禮記集說大全》爲芥黃色絹質書衣),黃綾書籤及套籤,各書書名,如"周易傳義大全"、"四書大全"、"春秋集傳大全"等。

黑口大版,行格疏朗,文多斷句,字大悅目,白棉紙精印,爲明官刻本之最佳者。每書前各有目錄、凡例、引用先儒姓氏,並開列奉敕纂修人名,以翰林院學士兼左春坊大學士奉政大夫胡廣領銜編纂。

《中國古籍善本書目》上分著各書,《周易傳義大全》爲明永樂十三年內府刻本;《四書集註大全》爲明內府刻本;《禮記集說大全》三十卷,爲明刻本;《詩傳大全》爲明永樂十三年內府刻本;《書傳大全》十卷綱領一卷圖一卷,明刻本;《春秋集傳大全》三十七卷序論一卷春秋二十國年表一卷諸國興廢說一卷,明永樂內府刻本。綜合考之,此書版本應籠統稱爲"明內府刻本"。

每冊俱鈐天祿繼鑑諸璽,前後副葉所鈐爲"大三璽",無其他私家藏印。

《故宮善本書目》記其作"明正統間內府刻本"。《"國立故宮博物院"善本舊籍總目》,上冊,第41、54、74、103頁。2008年臺北"故宮博物院"

"天祿琳琅——乾隆御覽之寶"展覽展出《周易傳義大全》。①

此外,臺北"國家圖書館"(原"中央圖書館")藏一部《周易傳義大全》,僅存卷二,一冊,爲明建刊本。正文卷端題"周易傳義大全卷之二"。每半葉十一行,行二十一字,小字雙行同,四周雙邊,大黑口,雙順魚尾,版心中記書名卷第,下記葉次。鈐"乾隆御覽之寶"、"天祿琳琅"、"天祿繼鑑"、"管理中英庚款董事會保存文獻之章"、"國立中央圖書館收藏"諸印。此本與內府刻本行款不同,是天祿琳琅後編"目外書",詳見本書附錄。

661 五經旁訓十九卷②

明萬曆二十四年(1596)陳大科刻本。八冊二函,現藏臺北"故宮博物院"(書號故善 012258—012265)。

匡高 21.6 釐米,廣 15.4 釐米。每半葉大字七行,行二十字;旁訓小字七行,行二十四字,白口,左右雙邊,單魚尾,書口上刊"易經旁訓"或"書經旁訓"等,中刊卷之幾及葉次,下刊刻工及字數,有張杜、余君聘、彭紹賢、李茂芬、康瑞貞、鄧雲鶴、劉朝相、梁應堯、江思恩、詹文明、余君爵、余一龍、林健、劉雲承、王德瑞、溫汝倫、王加良、江曰芬、黃少奇、梁本智、劉雲鳳、熊立吾、黃啟正、張茂槐、黃貴謙、林茂昇。卷前有萬曆丙申七月既望陳大科《刻五經旁訓序》,各經前各有篇目。首卷卷端題"易經旁訓卷之一"。白棉紙,多有蟲蛀損字。藍色仿絲四合函套,黃色仿絲書衣,無書籤。

陳大科序略云,《五經旁訓》舊有刻者,會督學周君應治新從山東來,以善本相餉,遂手校而重刻之云。《天目後編》云此本:"是書坊間纂本,以便初學習誦者,今猶行張大受新刊。此本槧法、紙墨極工,非後來可及。"此書版式特殊,經文粗行大字,旁訓細行小字,版刻精良,紙墨亦上佳,爲私刻精品。

每冊俱鈐天祿繼鑑諸璽,前後副葉所鈐爲"大三璽",無私家藏印,有清室善後委員會點驗掛籤。

《故宮善本書目》記其作"明萬曆二十四年陳大科刻本"。《"國立故宮博物院"善本舊籍總目》,上冊,第 121 頁。

---

① 展覽介紹圖冊上稱版本爲"明正德內府刊五經四書大全本"。
② 書名之"旁"字,王先謙刻本《天祿琳琅書目》誤刊作"句",從書上原題及嘉慶內府寫本改。

662 涇野先生五經說二十一卷

明嘉靖三十二年(1553)謝少南刻本。兩函九冊,現藏臺北"故宮博物院"(書號故善003185－003193)。

匡高17.8釐米,廣13.2釐米。半葉十行,行二十字。四周雙邊,白口,單線魚尾,版心中記篇名及卷次,下記葉次。卷首有《刻涇野先生五經說序》,署"嘉靖癸丑冬十月朔門人江左謝少南識"。首卷卷端題"涇野先生周易說翼卷之一"。白棉紙,新裝織錦四合函套,淺綠色絹製書衣,黃綾書籤,書"明板涇野先生五經說"。

《天目後編》云:"其門人謝少南刻之,有嘉靖癸丑少南序。少南,字應門,嘉靖壬辰進士,官廣西提舉副使,有《粵臺集》。"謝少南刻書序云:"予刻《涇野先生經說》,傳業經家,得茲意母,勒說雷同,求所自得。"典型之嘉靖白棉紙本,刊刻精工。

每冊俱鈐天祿繼鑑諸璽,前後所鈐爲"中三璽",無其他私家藏印。

《故宮善本書目》記其作"明嘉靖三十二年謝少南刻本"。《"國立故宮博物院"善本舊籍總目》,上冊,第121頁。

662(2) 六經圖不分卷

明萬曆四十三年(1615)吳繼仕熙春樓刻本。一冊一函,現藏臺北"故宮博物院"(書號故善012970)。

匡高35.5釐米,廣24釐米。行格、字數不定。四周單欄,白口,無魚尾。版心下記六經書名與葉次。首有扉頁,大字刻"熙春樓藏板,摹刻宋版六經圖",小字刊"夙遘是書,如獲和璧,不忍私藏,今公海內。第圖像俱精,字紙兼美,一照宋版校刻無訛,視夫妄意增改者奚啻懸殊?博雅君子當自鑑之,如即翻刻,雖遠必究"。卷前有《六經圖序》,末署"乾道元年正月甲子左承議郎新除行將作監丞苗昌言序",後有小字編修官員人名四行。每經前各有目錄,下皆有小字刊"明新都吳繼仕考校"一行。白棉紙,紫色地織金織錦四合函套,湖藍色絹製書衣,無書籤。前副葉有墨筆小字書"萬曆四十三年歲次"一行。

每經目錄下刻"明新都吳繼仕考校",卷末小字記換板、改正多少,書尾小字注改正二百八十九處。《天目後編》明版著錄4部《六經圖》,此爲第一部,提要云:"是書摹刻之工,幾與宋槧莫辨,諸本多爲坊賈割補目下一行,以爲贗鼎。蓋因與宋本相近,易以售欺也。"與宋版經部同版,彼所謂之"宋版"，即"坊賈割補目下一行以爲贗鼎"者。

每冊俱鈐天祿繼鑑諸璽，前後副葉所鈐爲"大三璽"。卷首另有"張氏寶藏"白文印一方。有清室善後委員會點驗掛籤。

《故宮善本書目》記其作"明新都吳繼仕熙春堂刻本"。《"國立故宮博物院"善本舊籍總目》，上冊，第118頁，著錄爲"明萬曆乙卯（四十三年）新都吳繼仕熙春堂刻本"。

663 六經圖不分卷（又一部）

明萬曆四十三年（1615）吳繼仕熙春樓刻本。六冊一函，現藏臺北"故宮博物院"（書號故善012971－012976）。

版本同上。扉頁、苗序都被抽去，每經目錄下原刻之"明新都吳繼仕考校"一行均被割去。每經末下方改正多少處之刊記都有保留。皮紙，有染紙痕蹟。新裝織錦四合函套，湖藍色絹制書衣，無書籤。

《天目後編》提要云："同上，係一版摹印，苗昌言序佚，割補目下一行，尚留改正一行，題籤有'照宋原版'字。"宋諱本不闕筆，此本又剷去末筆，如"恆"字。書頁蟲蛀、殘損嚴重，清宮曾經修補，並以墨筆描欄。

每冊俱鈐清宮天祿繼鑑諸璽，前後副葉所鈐爲"大三璽"，無私家藏印。

《故宮善本書目》記其作"明吳繼仕刻本"。《"國立故宮博物院"善本舊籍總目》，上冊，第118頁，總目舊作"明修吉堂覆刊萬曆乙卯（四十三年）新都吳繼仕本"。

663（2）六經圖不分卷（又二部）

明萬曆刻本。存《毛詩圖》、《周禮圖》、《禮記圖》各一卷，即卷三至五，計三卷，三冊，現藏中國國家圖書館（新編書號1245）。

行格字數不等，白口，四周單邊。書衣灑金箋題"六經圖第三冊"，第四、五冊也有冊籤。

《天目後編》提要云："同上，係一版摹印，割補目下一行，尚留改正一行。"

每冊俱鈐清宮天祿繼鑑諸璽，前後副葉所鈐爲"大三璽"。無其他私家藏印。

1959年自故宮調撥，書頁蟲蛀、脫線、散破。2013年編目。

663(3) 六經圖不分卷

明萬曆四十四年(1616)郭若維修吉堂刻本。六冊一函，現藏臺北"故宮博物院"(書號故善 012250－012255)。

匡高 35 釐米，廣 24 釐米。每半葉行、字數不一。四周單邊，白口，版心下記經名及葉次。卷前有《六經圖序》，署"乾道元年正月甲子左承議郎新除行將作監丞苗昌言序"，後列編輯人名"州學經諭吳肇飛、黃松年、崔崇之、唐次雲、李自修、趙元輔編"、"學正徐世聞、學錄危幾安、龔迪吉"、"左文林郎撫州州學教授毛邦翰"、"左朝散郎通判撫州軍州主管學事兼管內勸農營田事劉濤"、"右朝散大夫知撫州軍州主管學事兼管內勸農營田事陳森"五行。白棉紙。①

第一冊卷末刻"修吉堂考校共二百五十處"、第二冊卷末刻"修吉堂改正一百處"、第三冊卷末刻"修吉堂考校共三百九處"、第四冊卷末刻"修吉堂考正八十處"、第六冊卷末刻"修吉堂考正九一處"。第一冊附圖七十幅、第二冊附圖五四幅、第三冊附圖三十幅、第四冊附圖六一幅、第五冊附圖三七幅、第六冊附圖二三幅，總計附圖二百七十五幅。第一冊題"大易象數鉤深圖"、第二冊題"尚書範軌撮要圖"、第三冊題"毛詩正變指南圖"、第四冊題"周禮文物大全圖"、第五冊題"禮記制度示掌圖"、第六冊題"春秋筆削發微圖"。

《天目後編》記其版本云："同上，惟《易圖》末刻'修吉堂改正共一百處'，《書圖》末刻'修吉堂考校共五百二十處'，《詩圖》末刻'修吉堂考校共三百九處'，《周禮圖》末刻'修吉堂考正八十處'，《禮記圖》無，《春秋圖》末刻'修吉堂考正九十一處'。蓋即吳氏熙春堂所摹宋版，後歸修吉堂，更加考正耳。此則吳氏熙春堂藏版，後歸修吉堂者。"以往此本皆著錄爲明修吉堂覆刻萬曆四十三年(1615)新都吳繼仕本，因是覆刻本，故無吳繼仕本各經卷端下之"明新都吳繼仕考校"一行。郭立暄《中國古籍原刻翻刻與初印後印研究》中引明萬曆四十四年郭若維重刻序，認爲郭氏因看到了吳繼仕、衛承芳所刻之書，致生不滿，乃據家藏宋本校勘翻刻。吳本、郭本皆板幅寬大，體式相近，摹刻精工，②確實令人難辨。郭立暄認爲熙春樓、修

---

① 2015 年春筆者再去臺北故宮訪書時，提閱原件，見此書爲毛裝，有待重修，有新裝織錦四合函套。

② 郭立暄著：《中國古籍原刻翻刻與初印後印研究》，復旦大學中國古代文學研究中心 2008 年博士論文，第 177—178 頁。

吉堂或皆翻自所藏宋本，彼此未必然有覆刻或轉版校正關係。與《天目後編》明版經部所記第一部《六經圖》（書號故善 12970）仔細對比，兩者確非同版，雖版式、字體、大小一致，版刻面貌極其相近，細看則字體有差異，吳本筆劃更顯凌峭峻厲。兩本刊刻相差一年，蓋各自翻刻，並無覆刻關係（圖 13-1）。《中國古籍善本書目》著錄此本爲"明萬曆四十四年郭若維刻本"，僅復旦大學一家有藏。據此，此本或可著錄爲明萬曆四十四年（1616）郭若維修吉堂刻本。

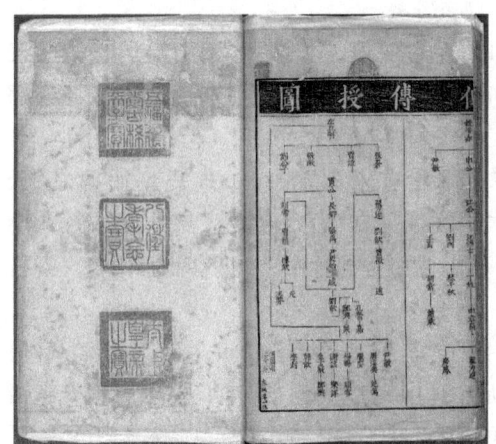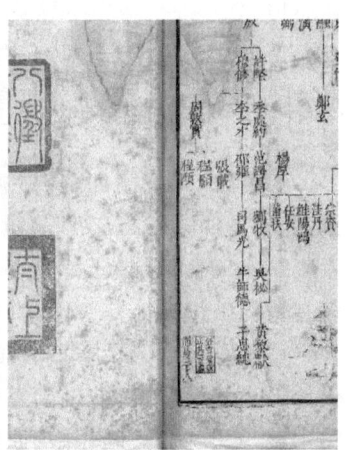

圖 13-1 《春秋圖》卷末刻"修吉堂考正九十一處"字樣

每册俱鈐天祿繼鑑諸璽，前後副葉所鈐爲"大三璽"，無其他私家藏印。有清室善後委員會點驗掛籤。

《故宫善本書目》記其作"明吳繼仕刻修吉堂印本"。《"國立故宫博物院"善本舊籍總目》，上册，第 117 頁，總目舊作"明萬曆乙卯（四十三年）新都吳繼仕熙春堂刊本"。

663（4）七經圖不分卷

明萬曆吳繼仕刻本。存《毛詩圖》、《周禮圖》各一卷，即卷三至四，二册，現藏中國國家圖書館（新編書號 1246）。

每半葉十六行，行三十二字，白口，四周單邊。卷前有萬曆乙卯吳繼仕自序。通部前有焦竑序，又吳繼仕自序。書衣殘存藍紙籤題"毛詩圖"。

焦竑序稱，吳繼仕見宋刻《六經圖》而奇之，手自摹畫，考校授梓。又念《儀禮》爲朱子所定，其徒楊復篇爲之圖，並加編纂，合爲《七經圖》。吳繼仕自序稱，家傳宋刻《六經圖》，嚴加正，乃取往籍，爲補七經云云。

每冊俱鈐天祿繼鑑諸璽，前後副葉所鈐爲"大三璽"，無其他私家藏印。

1959年自故宮調撥，書頁蟲蛀、脫線、散破，2013年編目。

664 六經正誤六卷

明嘉靖二年（1523）郝梁刻本。三冊，現藏中國國家圖書館（書號12381）。

每半葉十行，行十八字，白口，左右雙邊。卷端題"柯山毛居正誼父校勘、江都郝梁子高重校"。前有寶慶元年魏了翁序。書末嘉靖癸未江都郝梁跋。

郝梁跋有"歲己卯，南畿書肆中獲有宋刻本，……遂爲刻而傳之"云云，此本是明嘉靖二年翻宋刻本。跋後另有"右六卷并序錄共計一百八十六版"。《天目後編》云："是書《通志堂經解》刻入。此猶明翻宋本。"書頁多有糟朽破損。

季振宜舊藏，有"季振宜讀書"、"季振宜藏書"二印。後入清宮，每冊俱鈐天祿繼鑑諸璽，前後副葉所鈐爲中三璽。書前扉頁蓋有故宮早年清點木記，記其"舊藏昭仁殿、原題明版"等。

《北京圖書館古籍善本書目》第138頁。

665 博雅十卷

明正德十五年（1520）吳郡皇甫錄世業堂校刻本。四冊一函，現藏臺北"故宮博物院"（書號故善007180－007183）。

匡高18.5釐米，廣13.6釐米。每半葉十行，行十五字，小字雙行同。左右雙邊，線黑口，單魚尾，版心中刊"博雅卷幾"及葉次。卷後有張揖《上廣雅表》，又正德庚辰夏五月都穆跋。首卷卷端題"博雅卷第一"，隔行下題"魏張揖撰隋曹憲音解"、"後學吳郡皇甫錄校正"兩行。書末下刊八分書"皇甫氏世業堂繡梓"一行。白棉紙，洋紅色地纏枝宋式錦四合函套，湖藍色絹製書衣，黃綾書籤及套籤，書"博雅"。

都穆跋稱皇甫世庸出守大郡，政事之暇手校是書，欲刻未果。近戶部杜君子實以監稅留吳，①爲之助刻，由是遂行於世。書中每卷刻"吳郡皇甫錄校正"，末刻八分書"皇甫氏世業堂繡梓"。皇甫錄，長洲人。明弘治癸丑進士，官順慶知府。其子沖、涍、汸、濂，俱有才名，人稱"四皇甫"。

每冊俱鈐天祿繼鑑諸璽，前後副葉所鈐爲"中三璽"，揆敘舊藏，有謙牧堂二印。有清室善後委員會點驗掛籤。

《故宮善本書目》記其作"清康熙間常熟顧㮐刻本"。《"國立故宮博物院"善本舊籍總目》，上冊，第 150 頁。

666 埤雅二十卷

清康熙三十九年(1700)常熟顧㮐如月樓刻本。二冊一函，現藏臺北"故宮博物院"(書號故善 013102—013103)。

匡高 18.5 釐米，廣 13.5 釐米。每半葉十行，行二十一字，四周雙邊，白口，雙順魚尾，版心中刊書名卷第，下魚尾下方刊葉次及字數。書前有扉頁，爲一雙欄三行方形木記"常熟顧漢章重校/埤雅/如月樓藏板"，第三欄上方有一朱色木記"康熙庚辰年刻"。卷首有《重刊埤雅序》，署"是歲天運庚辰八月中秋旦京口後學□□性中序"，庚辰爲明崇禎十三年(1640)，次宣和七年(1119)六月旦陸宰序，再次《總目》。卷二十末尾題後有"後學顧㮐校本"一行，後附刻二印："虞山如月樓刊"、"顧氏/校本"。首卷卷端題"埤雅卷第一"，隔行小字題"中大夫守尚書左丞上柱國吳郡開國公賜紫金魚袋陸佃撰"。避清帝諱，"玄"字闕末筆(卷二第一葉 A 面)。文中有墨釘。棉紙，紙色古雅。紫色地朵花宋式錦四合函套，湖藍色絹製書衣，無書籤。

《天目後編》原著錄於卷十三明版經部，臺北故宮審定實爲清版。《天目後編》云："前有宣和七年(1119)其子宰序，又張存序，稱僉事林瑜太守陳大本鳩工刻之。末刻後學顧㮐枝本，有虞山如月樓刊、顧氏校本二墨印。按：江西通志林瑜……永樂中任按察司事；陳大本……洪武年任贛州同知尋升本府知府。兩人皆入江西名宦，則是書乃明初刻也。"其編纂諸臣既知此書刻有顧㮐名，並有"虞山如月樓刊"等印，卻只考林瑜及陳大本兩人之年代，而判定此書爲明初所刻。此本《重刊埤雅序》後"庚辰"之"辰"字以墨釘代之，陸宰序題署之"陸"字也被墊板墊去。

---

① 《天目後編》誤記"杜"爲"任"。

此書有扉頁，其上並鈐"康熙庚辰（三十九年，1700）年刻"朱印，是極爲明顯的版權葉，非如前述諸書爲書賈僞造而致使無法鑑定其刊刻時代，然編纂《天祿琳琅書目》群臣似刻意不提及木記及"康熙庚辰年刻"之印，並將其混入明版書中。再細閱此書，"玄"字闕末筆避諱，知是清康熙本無誤。寫刻本，刻工精雅。

每冊俱鈐天祿繼鑑諸璽，前後副葉所鈐爲"中三璽"，無其他私家藏印。

《故宫善本書目》記其作"清康熙間常熟顧栻刻本"。《"國立故宫博物院"善本舊籍總目》，上册，第151頁。

666（2）埤雅廣要四十二卷

明萬曆三十八年（1610）孫弘範刻本。存卷一至二十三、三十一至四十二，計三十五卷，六册，現藏中國國家圖書館（新編書號1242）。

每半葉十行，行十八字，四周單邊，白口。卷前有陸宰原序，又天順元年牛衷自序，又萬曆庚戌陳懿典、殷仲春二序。卷端題"增修埤雅廣要"。

自序略云賢王進覽《埤》帙，深加矜悅。但惜敘述未愜，乃條示所宜增補，命衷輯之。陳懿典、殷仲春二序，稱孫孝廉允仁命子弘範重付剞劂，皆刻書時序也。故此書爲孫弘範所刊。

每冊俱鈐天祿繼鑑諸璽，前葉所鈐爲"中三璽"，無卷末三璽。無其他私家藏印。

1959年自故宫調撥。2013年編目。

667 歷代鐘鼎彝器款識二十卷

明萬曆十六年（1588）萬岳山人刻朱印本。一函八册，現藏臺北"故宫博物院"（書號故善012354—012361）。

版本同卷八元版。匡高21釐米，廣14釐米。每半葉行數字數皆不定，左右雙邊，版心下刊葉次（偶見刊於上方），全書同一流水葉號。扉頁雙行大字刻"歷代鐘鼎彝器/款式墨妙法帖"四行。無序跋，前有目錄五葉。首卷卷端題"歷代鐘鼎彝器款式法帖卷第一"。白棉紙，黄色地朵花宋式錦四合函套，絳紅色絹製書衣，黄綾書籤及套籤，書"明板歷代鐘鼎彝器款識"。全書皆朱色刷印。

《天目前編》明版經部有萬岳山人刊《歷代鐘鼎彝器款識》一書，提要云："萬岳山人，不知何許人。……書中篆法古雅，竟似從鐘鼎彝器中摹揭而出,其樸印以朱不以墨,亦別饒古色,明版之傑出者也。"此本佚失書前萬曆十六年萬岳山人刻書序,提要僅云"篇目同前影宋鈔本。硃印本"。

每冊俱鈐天祿繼鑑諸璽,前後副葉所鈐爲"中三璽"。自第二冊起,各冊首頁有"喜曾"朱文方印一,爲《天目後編》失載。

《故宮善本書目》記其作"明萬曆間刻本"。《"國立故宮博物院"善本舊籍總目》,上冊,第158、613頁。

667(2)說文字原一卷六書正譌五卷①

明崇禎四年(1631)司禮監太監宋晉刻本。一函三冊,現藏臺北"故宮博物院"(書號故善013136—013138)。

匡高23.6釐米,廣15.8釐米。每半葉五行,大字不等,小注雙行二十字。左右雙邊,白口,單魚尾,版心中刊卷次及葉次。《說文字原》卷前有周伯琦篆書《敘贊》並附楷書、元至正九年周伯琦序、至正十五年宇文公諒《合刻舊序》、明嘉靖元年黃芳《重刻字原正譌序》、崇禎四年宋晉《合刻字原正譌序》及目錄。《六書正譌》前有至正十一年周伯琦自序,後有至正十二年吳當《後敘》,署"至正十二年歲在壬辰九月承德郎中禮部員外郎臨川吳當述"。《說文字原》首卷卷端題"說文字原",下題"鄱陽周伯琦編注",版心中刊"說文自原上卷"及葉次,尾題"說文字原終";《六書正譌》首卷卷端題"六書正譌平聲上",下題"鄱陽周伯琦編注",版心中刊"六書正譌卷幾"及葉次,尾題"六書正譌八聲"下刊有小字"男宗義同門人謝以信校正"一行。白棉紙,黃色地朵花宋式錦四合函套,黃絹書衣,黃綾書籤及套籤,書"明板說文字原六書正譌"。第三冊蟲蛀較嚴重。

宋晉序末署爲"明崇禎四年歲次重光協恰仲春穀旦勅命總督東廠官旗辦事司禮監掌印太監臣宋晉謹序",並有墨印三,曰"宋晉之印",曰"癸未選士",曰"司禮視篆"。序中云:"晉合而觀之,言簡意明,喜而不寐,即捐貲廣購,奈坊無售者,遂命謄繕,而付之剞劂,名以《合刻字原正譌》。"則此本爲明末司禮監刻本,《天目後編》對此評曰"則是以士人淨身,亦足見明綱之弛矣"。

每冊俱鈐天祿繼鑑諸璽,前後副葉所鈐爲"大三璽",無私家藏印。有清室善後委員會點驗掛籤。

---

① 書名之"譌"字,王先謙刻本刊作"訛"。"譌",五禾切,俗作"訛",從書上原題及嘉慶內府寫本改。

《故宫善本书目》记其作"明崇祯四年司礼监太监宋晋重刻本"。《"国立故宫博物院"善本旧籍总目》，上册，第160页。

668 隶释二十七卷

明万历十六年(1588)夏邑王云鹭扬州刻本。四册一函，现藏台北"故宫博物院"(书号故善 013139—013142)。

匡高 21.2 厘米，广 15.8 厘米。每半叶九行，行二十字，小字双行同，四周双边，白口，单鱼尾。版心上刊隶释卷第几，鱼尾下刊卷次及页次，下有刻工及字数：陈奇、李仁、付机、李文、萧椿、董仁、刘二、吴洪、刘卞、吴文遇、肖芳、付卞、付亮、张遂、彭元、徐忠、杨祥、刘荣、宗银、莫龙、曾宥、彭士、王梓、彭国祯、谈志远、孙忠、赵选、宗银、付燮、钟惠、戴玉、陈邦奇等。卷前有《刻隶识小序》，署"明万历十六年戊子秋八月后学夏邑王云鹭翀儒甫再识"；又《隶释序》，署"乾道三年正月八日洪适景伯序"。首卷卷端题"隶释卷第一"。竹纸，石青杭细书衣，黄绫书签，书"隶释"。

书末有一长方牌记，计五行，刊"万历戊子余为广陵守，偶得《隶识》一集于真州僧舍，乃写册也。或曰此元人手抄，亡其姓氏。余素未觌此集，询之博雅者，皆云坊肆间并未刊布。余因命工依宋板字梓之，以与好古者共览焉"。据王云鹭《刻隶识小序》及牌记，可知此书为王云鹭所刊，云鹭，夏邑人。明嘉靖辛未进士。

每册俱钤天禄继鉴诸玺，前后副叶所钤为"大三玺"。"吴兴则氏"，《天目后编》误记为"与"，另卷首有一白文方印为《天目后编》阙载，"□□堂印"，因装订线过紧掩字。有清室善后委员会点验挂签。

《故宫善本书目》记其作"明洪武十六年王云鹭扬州刻本"。《"国立故宫博物院"善本旧籍总目》，上册，第615页。

668(2) 汉隶字源六卷

明刻本。一函六册，袁克文曾藏。

《天目后编》提要云："宋娄机撰。书六卷。首刊考碑、分韵、辨字三例；次碑目一卷，凡汉三百有九、魏晋三十有九，各记年月、书人姓名、在所，即以所编数注卷中碑字之下；次五卷依《礼部韵略》二百六部分列，间有附注韵不能载十四字，附五卷末。前有庆元三年洪迈序，系野处洪景卢，不书名，亦创例也。"

民国六年(1917)袁克文以银六十元购得明刊《汉隶字源》："五月初一

日,冠山送來明仿宋刊《漢隸字源》五卷,《碑目》五卷(誤,實爲一卷)。半葉五行,注雙行,行十七字。刊印精絶,每冊首尾附葉有'五福五代堂古希天子寶'、'八徵耄念之寶'、'太上皇帝之寶'三璽。每卷首有'天祿繼鑑'、'乾隆御覽之寶'兩璽,每卷尾有'乾隆御鑑'、'天祿琳琅'兩璽。值銀六十元。"①

不詳是否尚在人間。

669 五侯鯖字海二十一卷附五經難字一卷

明刻本。八冊,現藏中國國家圖書館(書號13445)。

每半葉十行,大小字不等,白口,四周單邊,版心上刊"音釋五侯鯖字海"。首卷卷端題"精鐫海若湯先生校訂音釋五侯鯖字海",書前有陳繼儒《刻遵韻五侯鯖題辭》。

正文二十卷,首一卷,附《五經難字》一卷。《天目後編》云:"標《五經》而有《四書》,標《春秋》而實《左傳》,皆坊賈倩不學人所爲。"又云:"書中有潭陽蕭鳴盛校,又譯字後有劉孔當跋文,亦粗淺。或若輩所爲,嫁名顯祖耳。而鐫刻極精雅,故存之。"此書標題俱稱"海若湯先生校訂"。考湯顯祖,號若士,亦曰海若,臨川人。明萬曆癸未進士,以忤張居正,降遂昌知縣,《明史》有傳。

每冊俱鈐天祿繼鑑諸璽,前後副葉所鈐爲"中三璽"。流出宮後,爲莫伯驥所藏,每冊首尾鈐"東莞莫氏五十萬卷樓"(朱文長印)、"東莞莫伯驥號天一藏書之印"(朱文方印)。莫伯驥《五十萬卷樓群書跋文》上有長篇跋文,其中詳考其緣由,涉及撰《廿二史劄記》的趙翼,由趙翼而談其治河之法,再由治河而引述兩位外籍工程師對治理黃河的意見等,并引乾隆御製文對"五福五代堂"、"古稀天子"、"八徵耄念之寶"各璽進行考證。② 後歸公藏,《北京圖書館古籍善本書目》未著錄。

669(2)重刊改併五音集韻十五卷

明正德十一年(1516)金臺衍法寺釋覺恒募刻本。二函十冊,現藏臺

---

① 《寒雲日記——收古籍善本摘抄1915—1918年》,見《王子霖古籍版本學文集》,第二冊,《古籍善本經眼錄》附錄,第172頁。

② 《五十萬卷樓群書跋文》,經部三,"《五侯鯖字海附五經難字二十一卷》"條下,第92—94頁。

北"故宫博物院"（書號故善 013068—013077）。

匡高 29.1 釐米，廣 18.9 釐米。每半葉十行，大字不等，小字雙行三十二字。四周雙邊，粗黑口，雙魚尾，間或三魚尾，版心中刊韻幾及葉次。卷前有韓道昇序，標題"至元庚寅重刊改併五音集韻序"，署"崇慶元年歲在壬申姑洗朔日老先生姪男韓道昇誌真定府松水昌黎郡韓孝彥、此男韓道昭改併重編男韓德恩姪韓德惠婿王德珪同詳定"。又無名氏《至元庚寅重刊改併五音集韻序》。又孫恟舊序。目錄題"至元庚寅重刊改併五音集韻目錄"。首卷卷端題"重刊改併五音集韻上平聲卷第一"，隔行題"溥陽松水昌黎郡韓道昭改併重編"。卷一後刻"浙江嘉興府崇德縣圓通庵沙門如彩重梓如錦助刊"大字牌記二行。尾題前另附《雙聲疊韻法》。黃棉紙，淺色地朵花宋式錦四合函套，湖藍色絹製書衣，黃綾書籤及套籤，書"明板重刊改併五音集韻"。

《天目後編》云："即韓道昭《改併五音類聚四聲篇》，篇目見前。第一卷後刻'浙江嘉興府崇德縣圓通庵沙門如彩重梓如錦助刊'。考崇德，今石門縣，元爲州，明洪武二年改縣。當是明僧重刊元版。"此二行牌記字體、墨色與其前面"昌黎諸門友人同校正"列張道忠等二十人姓氏四行明顯不同，顯是後加（圖 13－2）；此外各卷卷端標題、卷尾都有明顯裁補痕蹟，書尾"重刊五音集韻至巳丑子孟秋吉日完"一行亦是裁補粘上，疑是以它本修版、僞充新刻。

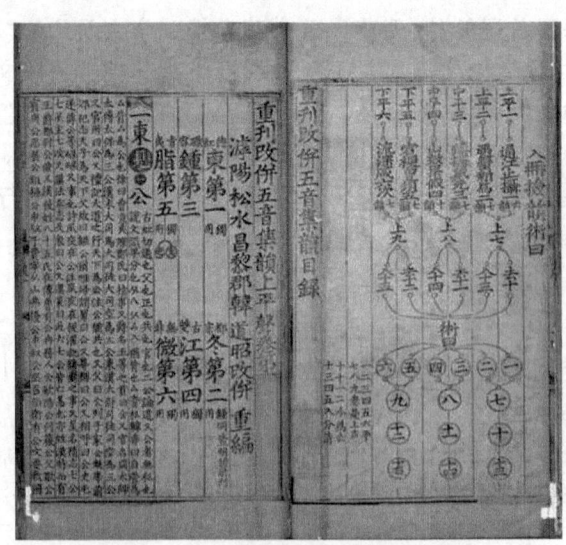

圖 13－2　卷端、卷尾標題均有裁補

《欽定天祿琳琅書目後編》卷十三　明版經部　/423

大字本。版匡寬大，槧刻精雅，字劃豐腴，爲明代字書類之精刻者。用紙爲薄軟細膩之黃色皮紙，古意盎然。《中國古籍善本書目》著錄有《萬曆己丑重刊改併五音集韻十五卷》，與《大明萬曆乙亥重刊改併五音類聚四聲篇》十五卷合刻，明萬曆三至十七年崇德圓通庵釋如彩刻本，己丑爲萬曆十七年（1589），爲十行十六字白口本。天祿本行款版式及版本情況，與《"國家圖書館"善本書志初稿》所記明正德乙亥（十年，1515）至丙子（十一年，1516）金臺衍法寺釋覺恆刊本相同，卷十五尾題記"大明正德乙亥春日重刊五音集韻至丙子孟秋吉日完"，①《中國古籍善本書目》也著錄有"明正德十一年金臺衍法寺釋覺恒募刻本"，故天祿書名原本應是《大明正德乙亥重刊改併五音集韻》，疑所謂釋如彩重刻本，乃以正德本修補而成。

每冊俱鈐天祿繼鑑諸璽，前後副葉所鈐爲"大三璽"，揆敘舊藏，有謙牧堂二印。目錄後另有一"出入禮門往來義路"朱文大方印，印色古樸，爲《天目後編》失載。

《故宮善本書目》記其作"明崇德縣圓通庵釋如彩重刻本"。《"國立故宮博物院"善本舊籍總目》，上冊，第168頁，著錄爲"明浙江嘉興府崇德縣圓通庵釋如彩重刊本"。

670 古今韻會舉要三十卷

明嘉靖十五年（1536）秦鉞、李舜臣刻十七年（1538）劉儲秀重修本。四函三十二冊，現藏臺北"故宮博物院"（書號故善 012388－012419）。

匡高 21 釐米，廣 14.8 釐米。每半葉八行，行十一字，小字雙行二十二字，大字一字當二字。左右雙邊，白口，單魚尾，版心魚尾上刊"古今韻會卷之幾"，中記葉次。卷首有《古今韻會舉要凡例》，題"昭武黃公紹直翁編輯　昭武熊忠子中舉要"。書前附《禮部韻畧七音三十六母通攷》一卷。首卷卷端題"古今韻會舉要卷之一　甲"，"甲"字以圓圈圍之。白棉紙，淺色地朵花宋式錦四合函套，黃絹書衣，黃綾書籤及套籤，書"明板古今韻會舉要"。

版刻源流參考《中國古籍善本書目》及《"中央研究院"歷史語言研究所傅斯年圖書館善本書志》，爲明嘉靖十五年李舜臣等刊十七年劉儲秀修補本。傅圖本卷前有明嘉靖十五年張鯤《刻古今韻會敘》、元至正二十九

---

① 《"國家圖書館"善本書志初稿》，經部，第292頁，書號01101。

年（1292）劉辰翁序、嘉靖十七年劉儲秀跋，此本皆佚。張鯤序云鐫刻始末，概謂嘉靖十四年李舜臣題學江西，請之撫臺秦鉞、巡臺陳玒，鳩工重刻，轉年春三月甲子，梓人告成事。劉儲秀跋又記補刊事："余守鎮江時，嘗見丹陽孫氏家板，中間漫滅者，俱令翻補。"①

每冊俱鈐天祿繼鑑諸璽，前後副葉所鈐爲"大三璽"。揆敘舊藏，有謙牧堂二印。有清室善後委員會點驗掛籤。

《故宮善本書目》記其作"明復元本"。《"國立故宮博物院"善本舊籍總目》，上冊，第168頁，著錄爲"明覆元刊本"。

671 韻補五卷

明嘉靖間許宗魯刻本。五冊一函，現藏臺北"故宮博物院"（書號故善007192—007196）。

匡高18.7釐米，廣13.3釐米。每半葉九行，行十七字，小字雙行同。左右雙邊，白口，無魚尾。版心上橫線下刊"韻補卷幾"，下橫線下記頁數。卷前有徐蕆《韻補序》，署"乾道三季四月壬子武夷徐蕆書"；次《韻補書目》五十種。無跋。首卷卷端題"韻補卷第一"。竹紙。淺灰色地朵花宋式錦四合函套，綠色絹質書衣，黃綾書籤，書"韻補"。書頁蟲蛀破損嚴重。

《天目後編》云此本爲"明初槧本。字多用古體，於此書爲稱"。編排同《廣韻》，《韻補書目》後有識語，云"凡字有一義即以一條爲證，或二義三義即以二三條爲證"。註文中凡二三義以上者，以黑蓋子白文別出。《中國古籍善本書目》著爲明許宗魯刻本，許宗魯刊書多在嘉靖年間，此本即所謂"明刊古體字本"。

許宗魯（1490—1560），字伯誠，一字東侯，號少華山人，別號思玄道人，西安府咸寧人。明正德十二年（1517）進士，官至御史，嘉靖初按宣大，又視湖廣學政，後以僉都御史撫保定。熟研子史經集，"長安三才"之一，詩與書法被譽爲"二絕"。著有《少華》、《遼海》、《歸田》諸集。（康熙）《陝西通志》、（乾隆）《西安府志》有傳。致仕歸里後，在長安城南構草堂積書，曾以"宜靜書堂"和"樊川別業"堂號刻印書籍，所刻書籍《國語》、《爾雅》等，版刻精良。傳世刻本有《呂氏春秋》、《爾雅注》、《六子全書》、《國語解》、《左傳》、《韻補》、《太白山人集》等，許氏在任上刻書，被有隙者以其

---

① 《"中央研究院"歷史語言研究所傅斯年圖書館善本書志·經部》，第405頁，書號00361。

"湖廣時嘗刻書濫費，論公罷歸"。① 所刻書風格仿古，喜用古體生僻字，葉德輝在《書林清話》中有《明許宗魯刻書用說文體》一節論之。

每冊俱鈐天祿繼鑑諸璽，前後副葉所鈐爲"中三璽"。每冊首另有"天一齋"朱文長印。有清室善後委員會點驗掛籤。

《故宮善本書目》記其作"明復元本"。《"國立故宮博物院"善本舊籍總目》，上冊，第 166 頁，著錄爲"明刊本"。

671（2）正韻統宗五卷

明萬曆刻本。存卷一至二、卷四，計三卷，三冊，現藏中國國家圖書館（新編書號 1243）。

每半葉九行，字不等，白口，四周單邊。卷前有萬曆五年張博序。每卷列龍溪居士王畿校、中書舍人茅道書。後有任世鏜自跋。書衣有灑金箋紙籤題"明版正韻統宗第一冊"，第二、五冊也有冊籤。

每冊俱鈐天祿繼鑑諸璽，前後副葉所鈐爲"中三璽"。無其他私家藏印。

1959 年自故宮調撥，撥交清冊上記爲"明萬曆任氏刻本"。書頁近半潮濕、霉爛，2013 年編目。

671（3）韻譜本義八卷

明萬曆三十二年（1604）刻增修本。五冊一函，現藏臺北"故宮博物院"（書號故善 001573—001577）。

匡高 20.9 釐米，廣 14.9 釐米。每半葉八行，小注雙行二十六字。四周單邊，單魚尾，白口，書口上刊"韻譜本義"，中刊卷之幾及葉次。卷前有《韻譜本義敘》，署"萬曆甲辰孟冬之吉賜進士苐資善大夫南京工部尚書京口范崙撰"；又《韻譜本義敘》，署"萬曆甲辰秋九月既望京口後學茅溱平仲甫識"；又范科自序，署"萬曆甲辰孟秋月哉生明天都山人范科書於竹露齋中"；又范科所撰凡例九條，又目錄。首卷卷端題"韻譜本義卷之一"，隔行下題"丹徒茅溱平仲甫輯休寧范科斗文甫校"兩行。竹紙，新裝織錦四合函套，石青杭細書衣，黃綾書籤，書"韻譜本義"。

目錄、凡例及每卷後都有撕補痕蹟，目錄爲楷體字，正文皆宋體字。

---

① 參見郎菁著：《許宗魯刻書考略》，《圖書館雜誌》2011 年第 6 期，第 75—78 頁。

參考《"中央研究院"歷史語言研究所傅斯年圖書館善本書志·經部》，傅圖藏有明萬曆三十二年原刊與增修本各一部，二本於范崙《韻譜本義敍》、自敍、凡例略有差異，①經比對天祿本當屬後人改訂增修之本。

每冊俱鈐天祿繼鑑諸璽，前後副葉所鈐爲"大三璽"。卷首有"近青堂"朱文方印，另有"卓爾堪"、"子任氏"朱文印，俱與《天目後編》所記相同，惟"子奕"朱文小印，《天母後編》誤記爲"子璽"。有清室善後委員會掛籤。

《故宮善本書目》記其作"明萬曆三十二年刻本"。《"國立故宮博物院"善本舊籍總目》，上冊，第17頁，著錄爲"明萬曆甲辰（三十二年）刊本"。

672 古今韻分注撮要五卷

明萬曆二十二年（1594）鎮粤堂刻本。五冊，現藏臺北"故宮博物院"（書號故善001578—001582）。

匡高22.1釐米，廣15.7釐米。每半葉九行，大字不等，小注雙行二十四字。四周雙邊，白口，雙魚尾。版心上刊"韻注撮要"，中刊卷次及葉次，下刊"鎮粤堂"。卷前有《刻古今韻注序》，署"萬曆甲午陳蕖五月既望嘉議大夫奉勑總督兩廣軍務前後巡撫都察院右副都御史應虹山人序陳蕖書"，又萬曆十九年陳士元自序，又凡例九則，又《古今韻字數》，後有陳士元識語。首卷卷端題"古今韻分注撮要卷之一"，隔行下題"應城陳士元編注　括蒼李銊校正"兩行。桑皮紙，紫色地朵花宋式錦四合函套，米黄色絹製書衣，黄綾書籤及套籤，書"明板古今韻分注撮要"。

刻書序署在萬曆甲午（二十二年，1594），有"爰稽膚廈，鍥版鎮城"之說。《中國古籍善本書目》著錄有明萬曆二十二年鎮粤堂刻本，僅北京大學圖書館收藏一部，被影印收入《四庫全書存目叢書》。經比對，天祿本與之同版。

每冊俱鈐天祿繼鑑諸璽，前後副葉所鈐爲"大三璽"。另卷首有"與善堂"白文方印，每冊卷首有"何印玉暉"、卷末有"玉暉私印"二白文印。何玉暉，不詳生平仕履。

《故宮善本書目》記其作"明萬曆間鎮粤堂刻本"。《"國立故宮博物

---

①　傅斯年圖書館善本書志編纂小組編輯：《"中央研究院"歷史語言研究所傅斯年圖書館善本書志·經部》，第427—428頁，書號00382、00383。

院"善本舊籍總目》,上冊,第170頁,著錄爲"明萬曆間鎮粵堂刊本"。

673 韻苑考遺不分卷

明嘉靖二十五年(1546)楊椿等溧州刻本。十二冊二函,現藏臺北"故宮博物院"(書號故善003194—003205)。

匡高21.7釐米,廣14.4釐米。每半葉九行大小字不等。四周雙邊,白口,書口兩橫綫上刊"韻苑"或"韻考"及四聲,下刊葉次。卷前有陳士元自序及嘉靖二十五年九月朔日按語,又嘉靖丙午王蕃《韻苑考遺序說》。首卷卷端題"韻苑考遺",隔行下題"應城陳士元編"。白棉紙,紫色地朵花宋式錦四合函套,綠色絹製書衣,黃綾書籤及套籤,書"明板韻苑考遺"。

此爲撰者陳士元守溧時於政暇所作,按語中有"學正楊椿率生員王好言等請梓,再四辭,弗獲,已迺蠲俸付工,每韻空尾數行,稗覽者得以削筆焉"之謂。王蕃序略云,《韻苑考遺》乃陳子因韻之無全書而作也。其書功力頗深,採摭尒博,然謂足概聲音文字之全,猶未也。王蕃,號雪崖,思南人。明成化丁酉舉人,官知縣。序又云:"請而梓之者,則溧學師生浉陽楊子椿等也。"故《中國古籍善本書目》著錄爲明嘉靖二十五年楊椿等刻本。

每冊俱鈐天祿繼鑑諸璽,前後副葉所鈐爲"中三璽",卷首有"吴興沈氏藏書印記"朱文長印。有清室善後委員會點驗掛籤。

《故宮善本書目》記其作"明嘉靖二十五年溧陽郡齋刻本"。《"國立故宮博物院"善本舊籍總目》,上冊,第170頁,著錄爲"明嘉靖二十五年溧陽郡齋刊本"。

673(2) 音韻日月燈六十卷①

明崇禎新安呂氏刻本。二十冊二函,現藏臺北"國家圖書館"(書號110.31/01163)。

匡高21.2釐米,廣14.6釐米。每半葉八行,行十六字,小字夾行無定數,四周單邊,白口,單魚尾。版心上方記"韻母"、"同文鐸"、"韻鑰",中記卷次及葉次,下記字數。無欄綫,眉上鎸韻部名及字數。卷前有崇禎六年呂維祺自序及崇禎七年呂維祜、崇禎六年畢懋康、崇禎七年鄭鄤諸序,又呂維祺《同文鐸引言》,又崇禎六年楊文驄序。正文前有卷首一卷,分義

---

① 劉按,書名之"燈"字,清光緒十年王先謙刻本《天祿琳琅書目》誤刊作"鐙",據書上原題及嘉慶內府寫本改。

例、圖說、音辨、採証、姓氏及目錄諸篇。又《韻母引言》一篇。首卷卷端題"音韻日月燈一之一"，隔行下題"明新安豫石呂維祺著　泰石呂維祜詮"二行。竹紙。《天目後編》原著錄爲二十二冊，誤，雖經修補換皮訂線，但並未改裝，實爲二十冊。

《天祿琳琅書目後編》云："書七十卷。《韻母》五卷，以百六韻爲經，三十六母四等爲緯，開口合口標部上，獨音衆音注字旁。《同文鐸》三十卷，舉一百六部之字，以三十六母易其前後，本《韻會》而稍減其注，本《韻補》以注古音通轉。卷首有義例、圖說、音辨、採證四門，楊文驄序。《韻鑰》二十五卷，仍即《同文鐸》之字，標其若干音葉互注，以便檢尋，有義例八條。三書俱自作引言，合三書而刻之，總名《音韻日月鐙》。"

書前有扉頁。上欄刊"呂介孺先生著"，中欄大字刊"音韻日月燈"，小字雙行刊"同文鐸　重訂定本"，右欄刊"坊間韻書充棟，大抵宗沈約《類譜》，未有遵《洪武正韻》以較定沈韻、而刪複補闕訂僞如是書者，且本宫商，分開合，辨清濁，次上下等，合音與聲而"小字三行，左欄刊"一之，既明同文之正音，復便詩詞之拈韻，豈非光天之二曜，暗室之慧燈哉，刻成復加重訂，始爲定本，覽者不可不辨。甲戌陽月吉孺□□"小字三行。扉頁上又鈐朱色木記四方，有"每部紋銀貳兩"、"日月長春"、"切韻正法眼即出"、"本衙藏板翻刻必究"，並鈐"維祜之印"白文方印。扉頁前有楊文驄識，署"吉州門人楊文驄龍友氏識"，以朱墨刷印。維祜爲撰者呂維祺之弟。此扉頁內容可爲明末書坊刻書之廣告宣傳一例。全書書根處皆墨筆書書名、冊數、韻部。

杜澤遜《四庫存目標注》記云，中國科學院圖書館藏明崇禎六年呂維祜志清堂刻本六十四卷，①包括《韻母》五卷、《同文鐸》三十卷首四卷、《韻鑰》二十五卷。前有吉州門人楊文聰龍友氏刻書識語，封面又有刻書識語，志清堂爲呂維祜堂號，《四庫全書存目叢書》據以影印。並云臺北"國家圖書館"另一本崇禎新安呂氏刻本封面上有訂正、編纂、輯次、較閱名氏凡六十五人，"蓋僚友捐刻而以板歸呂氏者。據諸序，此本刻於南京"。而此有"重訂定本"字樣之書，"是崇禎七年重訂刷印者"。② 此言甚確。

每冊俱鈐天祿繼鑑諸璽，前後副葉所鈐爲"中三璽"。臺北"央圖"部

---

① 《天目後編》記爲七十卷，誤矣。
② 杜澤遜著：《四庫存目標注》，上海古籍出版社 2007 年版，卷十一，經部十一，小學類，第 472 頁。

分尚鈐"澤存書庫"朱文方印、"國立中央圖書館收藏"朱文長方印。

　　據 1959 年北京故宮調撥北京圖書館檔案記載,撥交書中有一部《音韻日月燈》,三冊,殘存《韻母》卷一至四、《韻鑰》自敘、卷首音韻卷一至二。觀臺北所藏部分,完整無缺,則國圖所藏或爲目外之書,2013 年編目,新編書號 1244。行款、版式同於央圖本,每冊亦鈐天祿繼鑑諸璽,前後副葉所鈐爲"中三璽",無私家藏印,應是後編目外書。

《欽定天祿琳琅書目後編》卷十四　明版史部

675 史記一百三十卷

明嘉靖四年(1525)金臺汪諒刻本。六十四冊八函,現藏臺北"故宮博物院"(書號故善 012510—012573)。

匡高 20 釐米,廣 12.8 釐米。每半葉十行,行十八字,小字雙行二十四字。左右雙邊,白口,雙魚尾,版心中刊史記篇名、卷次及葉次。卷前有司馬貞《史記索隱序》,小司馬氏《補史記序》,張守節《史記正義序》,裴駰《史記集解序》,目錄後有僞製"淳祐丁未月正元日古罌盛如杞謹書"雙行木記(圖 14—1),後有《史記索隱後序》。首卷卷端題"三皇本紀　史記卷之一",大字小題在上,小字大題在下。白棉紙,淺色地朵花宋式錦四合函套,綠色絹製書衣,黃綾書籤及套籤,書"明板史記"。

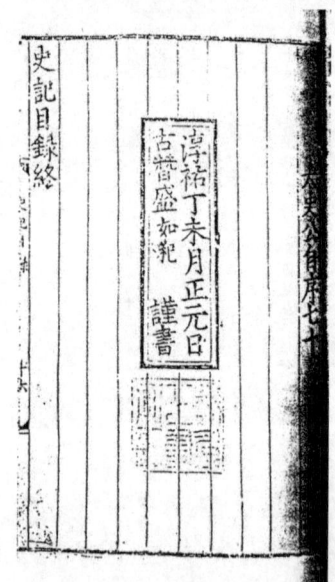

圖 14—1　目錄後有書估僞造妄添之木記(書影採自昌彼得《清內府藏書中的僞本》一文)

《天目後編》云:"是書槧法極工。目錄後有'淳祐丁未月正元日古罌盛如杞　謹書'墨印,然於宋諱俱不闕筆,坊買作僞,未能以一葉定爲宋本,在明版,則最上乘矣。"所言不誤。目錄最後一葉即第十六葉,係替換另葉,紙色、墨色與前後書頁不同,版匡右上有書耳,刊"監本流芳"四字。後半葉有裁補痕蹟,是裁去原刊記,並僞製刊記,以充南宋淳祐刻本。目錄後原有雙行牌記"明嘉靖四年乙酉/金臺汪諒氏刊行"。《三皇本紀》下署"莆田柯維熊校正"已被撕去補紙。卷四書尾處有挖補牌記兩行痕蹟。別本卷前有嘉靖四年費懋中《題新刻史記》,書末有嘉靖六年(1527)柯維熊《跋新刻史記後》,此本皆佚。

每冊俱鈐天祿繼鑑諸璽,前後副葉所鈐爲"中三璽"。明陳繼儒舊藏,又稽元夫、季振宜等人收藏，"廣陽陳氏確庵愼獨齋珍籍圖史"、"陳眉公書画記"、"陳印儁覺"、"吳興嵇元夫字長卿"、"嵇氏青藜閣印"、"嵇氏卿父"、"嵇印元夫"、"嵇長卿"、"白鶴園止亭印"、"呂印齡楨"、"南陽耕釣"、"寧埜堂印"、"蒲石"、"竹城"、"季振宜藏書"、"集芳堂圖書印"、"甲"諸印俱與《天目後編》所記同。惟"寧埜堂印"，《天目後編》誤記爲"寧桂堂印"。陳繼儒（1558—1639），字仲醇，號眉公，華亭（今上海松江）人。杜門著述，工詩善文，書法蘇米，兼能繪事，屢奉詔徵用，皆以疾辭。著有《陳眉公全集》。藏書頗富，廣搜博採奇書逸册，或手自抄校。曾云讀未見書如得良友，見已讀書如逢故人。嵇元夫，字長卿，歸安人。有《白鶴園集》。其父世臣，官編修，故有"太史公牛馬走"之章。

《故宮善本書目》記其作"明嘉靖四年金臺汪諒復宋本"。《"國立故宮博物院"善本舊籍總目》，上冊，第179頁。

677 史記一百三十卷

明正德十年（1515）白鹿書院刻本。原書二十冊，存卷二十二、三十，計兩卷，三冊，現藏中國國家圖書館（新編書號1240）；卷七十九至八十六，計八卷，二冊，見於2011年保利秋拍，①現藏鳳儀書堂。

每半葉十行，行十九字，小字雙行同，白口，四周單邊。

《天目後編》提要僅云："篇目見前宋版史部，諸序俱不載。"白鹿書院刻《史記》，傳本不多，王重民先生見其與宋紹興單刻集解本相同，因而疑其從紹興庚申朱中奉宅刊本出。②

國圖所藏三冊爲1959年自故宮調撥，撥交清冊上記爲存卷二至十。書頁濕漬、霉爛不堪，2013年編目。只見首末頁三璽，不見副葉三璽。

保利所見二冊，另鈐"傅增湘"（朱文方印）、"雙鑑樓藏書記"（白文方印）、"傅延年"（白文方印）、"書潛記翰"（白文方印）、"康生"（白文方印）等。此爲藏園舊藏，因歷史原因，曾歸康生所有。康生在書前副葉親題識云："字似漢魏六朝筆，定爲刊本中之少見者。據云爲江西刻本，確否待

---

① 北京保利2011年秋季拍賣會·古籍文獻名家翰墨專場，拍品第2737號，最終以42.55萬元成交。

② 楊殿珣著：《略論王重民同志對於版本學的研究》，《圖書館學通訊》1982年第3期，第78頁。

考。一九六五年十一月丁卯日得于中國書店。"(圖14－2）。

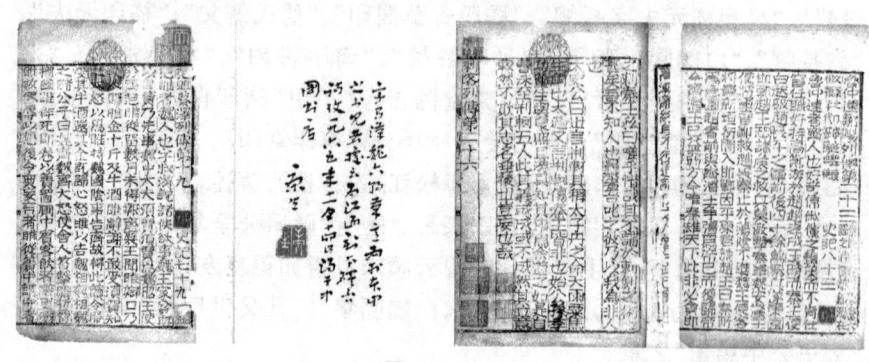

圖14－2

677（2）三國志六十五卷

明萬曆二十四年（1596）南京國子監刻本。二函二十冊，現藏臺北"故宮博物院"（書號故善005725－005744）。

匡高21.8釐米，廣14.7釐米。每半葉十二行，行二十三字。左右雙邊，綫黑口，單魚尾，版心上記"萬曆二十四年刊"，中記"魏志幾"、"蜀志幾"或"吳志幾"及葉次，下記刻工名及字數，有吳廷（廷）、戴應聘（戴聘、聘）、郭文（文）、戴式（式）、童鑾、張珍（珍）、葛舉、胡以仁、張即、張祿、張仁（仁）、葛堇（葛、錦）、黃一林、吳應陽（陽）、朱賓（賓）、李淮（李）、黃禮（禮）、吳賓、戴召（戴、召）、胡學、羅相（羅、相）、李瑤、黃幹（幹）、陳見（見）、楊右（右）、黃林（林）、六、黃明（明）、陶、周才、仕、高祥（高、祥）、談、大舉（舉）、胡宗（胡）、謝昌、張真（真）、仲仁、戴序（序）、姜伯（伯）、何六、潘湘（潘相、湘）、陳明、甘志（志）、羅正（正）、俞允（俞）、順、萬思（思）、潘如、白文、何華（華）、高學、陳志（志）、付矣、井文（文）、雍子德（德）、易茲（易、茲）、張仁、黃詔、楊賢（賢）、大召、黃里、楊守（守）、萬中（中）、明舉、施光（光）、鄧忠、趙本（本）、萬里、王應龍（王、王龍）、鄧志、王應科、王朋、姜栢（姜、伯）、付亮、付立、陳奇、鄧士、傅榮（付榮）、王順（順）、梁霍（梁）、黃文、王科（科）、何隆、裴魁、朱本（本）、黃人（人）、白文玉（白文）、張士、張元、焦芳、潘于、鄒玉、沈科、元正、談志、遠、黃□、潘文（文）、吳應春（春）、訓、萬玉、姜中、王加、楊仁（仁）、郭仕（仕）、吳賓、付明、付言、潘如（如）、羅良、何龍、陳章、王龍、淡。卷首有《敘重刻三國志》，署"明萬曆二十四年龍□□□□長夏端五日祭酒馮夢禎序于衙齋之□□□"。又《重刻三國志小序》署"萬曆丙申季夏穀旦江夏黃汝良題于官署之一鑑亭"。又《上三國志注表》，署"元嘉六年七月二十四日中書侍郎西鄉侯臣裴松之上"。又《晉書》本傳。三國志前各有目錄，目錄下題"晉平陽相陳壽撰"，《魏志》後有"大明萬曆二十四年南京國子監鏤板　祭酒馮夢禎　司業黃汝良校正"並監丞一人、博士二人、助教四人、學正四人、學錄二人、典簿一人、典籍一人姓名（圖14－3）。首卷卷端題"五帝紀第一　魏書　國志一"，小題在上，大題在下。白棉紙，書中有朱筆圈點。豆青色灑金箋紙書衣，淺色地朵花宋式錦四合函套，無書籤及套籤。

　　國子監刻書始於五代，明代南京、北京都設有國子監，南監除自刻書籍外，還修補、印刷宋元舊版，人稱"三朝本"。萬曆年間南京國子監所刷史籍初期大多採用宋元或明初舊版補修，書板年久漫漶，兼之脱葉、錯簡，被稱爲"邋遢本"、"大花臉本"。至萬曆中期南監祭酒馮夢禎除整頓原有舊版，還大量重刻新版刊書，這批新版至清初猶有刷印，世稱"南監本"。此本即馮氏新刻本，爲南監本之代表。校勘經過，具詳《快雪堂集》。裴注提行低一格，以別於正文，《中國版刻圖錄》云其"格式與黃氏士禮居舊藏宋本《吳志》相似"。①

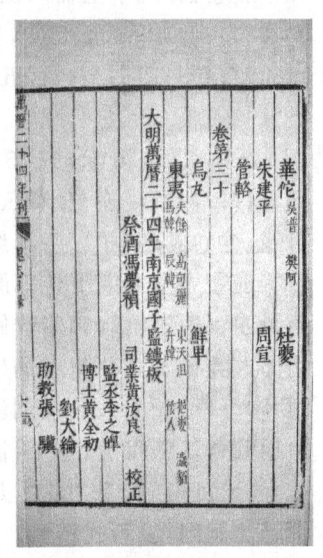

圖14－3

　　《天目後編》云："目錄後列二人校正銜名，並監丞、學正、學錄、典簿、典籍十五人。蓋南京國子監舊有《二十一史》版《國志》漫漶，故重刻之。此其初印本。"馮序中稱，南雍書庫中《三國志》板最爲刓缺，嘉靖十年以後續補幾十之七，魯魚帝虎，不勝其僞，於是手自校讎，隨付剞劂，始春迄夏，五月畢工。每卷後有馮夢禎校記，記其校勘時間，《魏志》卷二十四、二十五、二十八至三十爲監生劉世教校。《魏志》卷一尾有"長洲丘義民寫"一行。

　　每冊俱鈐天祿繼鑑諸璽，前後副葉所鈐爲"中三璽"，無其他私家藏印。有清室善後委員會點驗掛籤。

---

① 《中國版刻圖錄》，目錄第76頁。

《故宮善本書目》記其作"明萬曆二十四年南京國子監刻本"。《"國立故宮博物院"善本舊籍總目》，上冊，第184頁。2007年第一期、2008年第二期"天祿琳琅·乾隆御覽之寶特展"展出。

678 舊唐書二百卷

明嘉靖十四至十七年(1535—1538)聞人詮吳郡刻本。原作六函四十冊，闕《志》十一至十四、《列傳》五十一至五十七、一百四十七至一百五十，凡十五卷，存三十七冊六函，現藏臺北"故宮博物院"(書號故善004853—004889)；卷十一至十四，計四卷，一冊，現藏中國國家圖書館(書號18602)；卷一四七至一百五十，計四卷，一冊，亦藏中國國家圖書館(新編書號1241)。

匡高21.5釐米，廣15釐米。每半葉十四行，行二十六字，小字雙行同，白口，左右雙邊，雙順魚尾。版心中刊"唐紀幾"及葉次。無序跋，前有目錄，首卷卷端題"唐書本紀卷第一"，隔行署"監修國史推誠守節保運功臣特進守司空兼門下侍郎同中書門下平章事上柱國譙國公食邑五千戶食實封四百戶臣劉昫等奉敕修　皇明奉勅提督南畿學政山西道監察御史餘姚聞人詮校刻　蘇州府儒學訓導門人嘉興沈桐同校"五行。每卷端下題"劉昫等修"、"聞人詮校刻沈桐同校"兩行。棉紙，淡藍色灑金箋紙書衣，白地灑金箋紙書籤，書"明板舊唐書"。

《天目後編》云："此本乃明提督南畿學政、御史聞人詮校刊，蘇州府學訓導沈桐同校，版式精雅。聞人詮，見前《儀禮注疏》條下。《靜志居詩話》載其津津好古，曾雕劉昫《舊唐書》行世。"《中國古籍善本書目》著錄為明嘉靖十四至十七年聞人詮刻本。臺北"央圖"有同版藏本，卷前有有聞人詮序："筆工於嘉靖乙未，卒刻於嘉靖戊戌。"故宮所藏尚見嘉慶前裝幀原樣，書籤下尚有原籤，明黃地灑金箋紙，題"舊刊舊唐書　某冊"，殊為難得。首冊書籤誤題"第二冊"。第二冊(卷五至九)一冊為毛裝，石青色絹質書衣，無書籤。

書上鈐有"萬卷樓河陽潘氏家藏"、"陳瓚"、"河陽潘氏圖書"、"嘉靖丙辰進士育庵葛邦典印"、"謙牧堂藏書記"、"謙牧堂書畫記"諸印，俱與《天目後編》卷十四所記相合，惟"虞山潘氏寶藏"、"寶"，《天目後編》誤記為"家"；"嘉靖丙辰進士育庵葛邦典印"，"葛"誤記為"萬"；"梅林潘氏家藏"朱文方印，"家"誤記為"寶"。曾經明嘉靖間常熟人葛邦典、陳瓚遞藏，陳、葛俱嘉靖丙辰(三十五年，1556)同年進士。葛邦典，字敘卿，歷任工部主事、兵部、刑部員外郎、郎中、汝寧知府。陳瓚（1518—1588）字廷祼，號雨亭，歷仕江西永豐知縣、刑科給事中、刑部左侍。後歸項篤壽萬卷樓，入清歸揆敘謙牧堂。每冊俱鈐天祿繼鑑諸璽，前後扉頁所鈐爲"中三璽"。

《故宮善本書目》記其作"明嘉靖十七年聞人詮蘇州刻本"。《"國立故宮博物院"善本舊籍總目》，上冊，第191頁，著錄爲"明嘉靖十七年聞人詮吳郡刊本"。國圖所藏卷一四七至一五零之一冊書頁濕漬、霉爛不堪，1959年自北京故宮調撥，2013年編目，定爲"明嘉靖十八年聞人詮刻本"。

679 逸周書十卷

明萬曆姜士昌刻本。一函二冊，現藏臺北"故宮博物院"（書號故善010169—010170）。

匡高23.5釐米，廣15釐米。每半葉九行，行二十二字，小字雙行同。四周單邊，白口，單線魚尾，書口中刊卷次及葉次。卷前有《逸周書序》，署"姜士昌仲文序，晉陵趙鳳光書"，又《逸周書序》，署"（楊慎）嘉靖壬午八月望日"。卷末有《周書後序》，署"嘉定十五年夏四月十一日宋徐丁黼謹識"。首卷卷端題"逸周書卷第一"，隔行下題"晉孔晁注"。除卷一外，每卷之前各有目錄。卷後有《昭德晁公武志》，李燾、丁黼二跋。楊序第十葉抄配。竹紙，紫色地織金織錦四合函套，朱色紙製書衣，黃綾書籤，書"逸周書"。

姜士昌序略云，是書深遠，然皆殘缺漫漶，不甚可讀，遂爲之校刻，有"予既刻是書，因爲敘之"之謂。《天目後編》云："士昌，字仲文，丹陽人。萬曆戊辰進士，官至陝西參政，有《雪柏堂集》。"《中國古籍善本書目》著錄此本題名爲《汲冢周書》十卷。

每冊俱鈐天祿繼鑑諸璽，前後副葉所鈐爲"中三璽"，另有"玉田"朱方、"武陵迷花浪仙"朱方二印，爲《天目後編》失載，但觀其印色、印法不佳，似是書估僞鈐。序之第十葉爲抄配。有清室善後委員會點驗掛籤。

《故宮善本書目》記其作"明萬曆間姜士昌刻本"。《"國立故宮博物院"善本舊籍總目》，上冊，第219頁。

679（2）國語解二十一卷

明嘉靖四年（1525）許宗魯靜宜書堂刻本。二函八冊，2004年翰海秋拍，2006年上海敬華春拍再度上拍，曾藏上海圖書公司，①2016年5月再度現身於上海博古齋春拍古籍善本專場上，爲山東藏書家呈元閣購藏。

匡高18.2釐米，廣13.4釐米。每半葉十行，行二十字，小字雙行同，白口，左右雙邊。版心上題"國語第幾"，中記某語，下有"宜靜書堂"四字。卷前有韋昭序；又宋庠《國語補音序》；宋序末有樊川許宗魯志語四行；《國語注解諸家名氏》；《諸國世系說》及目錄，附《國語古文音釋》一卷，末有閩中王鋆識語。

《天目後編》云："琴川許宗魯志附《國語古文音釋》一卷，有王鋆識，略云子許子刻《國語》成，授鋆復校，因隨筆以備遺忘，得字凡五百有奇，命曰《國語古文音釋》。是書宗魯所刊，多用古字，然舍宋儒之補音而取門人之釋古，明人武斷標榜之習往往如此。"

按，國家圖書館藏同版《國語解》兩部，其中一部卷首有明嘉靖四年十月朔日關中許宗魯《刻國語序》，此本佚去。此版刊刻精良，前賢有誤以爲宋元舊籍，松江韓應陛《雲間韓氏書目》便是一例。葉德輝《書林清話》中將此本列入明代私家版刻精品。

此書原裝二函十六冊，民國時轉歸山陰沈仲濤研易樓，書有破損，沈氏遂改裝合訂爲八冊皮藏。每冊當中有四面副葉，前後每二面均鈐有天祿繼鑑諸璽，是爲原裝十六冊無疑。首有沈氏題跋，云："此本原裝十六冊，現合訂八冊，即《天祿琳琅書目》著錄之本，天府秘藏，人寰至寶。自乾隆至今又已歷二百餘年，昭仁殿藏書已十不存一，而此本猶完好如故，斯文猶存，彌足珍也。"前後副葉所鈐爲"中三璽"。另有"山陰沈仲濤珍藏秘籍"、"清玩草堂"、"瑞廷鑑賞書畫之印"諸印。

---

① 此書已於北京翰海2004年秋拍售出，拍品第1992號。2006年再度流於拍場。該書自清宮流出後，曾爲山陰沈仲濤藏，沈氏藏書於1980年捐贈臺北故宮，此帙不知何時散出。拍賣公司認爲此書隨先生起居，未在捐贈之列。據姜尋編：《中國古籍文獻拍賣圖錄年鑑》2004年卷，北京：中華書局，2005年12月，第1248頁；及《上海敬華2006年春季藝術品拍賣會·古籍善本專場》，上海：上海敬華藝術品拍賣公司，2006年6月）。終以67.1萬元成交。

《第二批國家珍貴古籍名錄圖錄》第03800號,①彼時尚著錄爲上海圖書公司收藏。

680 國語解二十一卷(又一部)

明嘉靖四年(1525)許宗魯宜靜書堂刻本。二十冊二函,現藏臺北"故宮博物院"(書號故善006302—006321)。

匡高18.1釐米,廣13.2釐米。每半葉十行,行二十字,小字雙行同,白口,左右雙邊。版心上題"國語第幾",中記某語幾及葉次,下有"宜靜書堂"四字。卷前有韋昭序;又宋序《國語補音序》,宋序末有樊川許宗魯志語四行;又《國語注解諸家名氏》;又《諸國世系說》,末有許宗魯志小字兩行;又目錄,附《國語古文音釋》一卷。首卷卷端題"國語第一",隔行題"周語上　韋昭解"。有佚名朱筆圈點。白棉紙,藍色地萬字不到頭織錦四合函套,黃絹書衣,黃綾書籤及套籤,書"明板國語解"。

版本同上,《天目後編》云:"同上,係一版摹印。"《國語古文音釋》後閩中王鎣識語六行,此本撕去補紙。王鎣識語略云,許子刻《國語》成,授鎣復校三家,得字五百有奇,名曰《國語古文音釋》。

每冊俱鈐天祿繼鑑諸璽,前後副葉所鈐爲"中三璽",另卷首鈐"倪氏元璐家藏珍鑑印章"朱文長印,《天目後編》誤記爲"倪氏元璐家珍藏鑑印章"。倪元璐舊藏,元璐(1593—1644),字汝玉,一作玉汝,號鴻寶,浙江上虞人。明天啟二年(1622)進士,歷官至戶、禮兩部尚書。李自成入京,自縊死。福王諡文正。書、畫俱工。有清室善後委員會點驗掛籤。

《故宮善本書目》記其作"明嘉靖間琴川許宗魯刻本"。《"國立故宮博物院"善本舊籍總目》,上冊,第229頁,著錄爲"明嘉靖間咸寧許宗魯宜靜書堂刊本"。

680(2)前後漢紀各三十卷

明嘉靖二十七年(1548)吳郡黃姬水刻本。十冊二函,現藏臺北"故宮博物院"(書號《前漢紀》故善005745—005749;《後漢紀》故善005750—005754)。

《前漢紀》匡高19.3釐米,廣14.6釐米。每半葉十一行,行二十字,

---

①　《第二批國家珍貴古籍名錄圖錄》,第5冊,第6頁。

左右雙邊，白口，單線魚尾，版心中刊"前漢紀卷幾"，下記葉次，下方偶記刻工姓名馮、楊、揚。卷首有《刻兩漢紀序》，署"嘉靖歲戊申夏四月朔日士雅山人吳黃姬水譔"。又荀悅《前漢紀序》，卷端題"前漢高祖皇帝紀第一荀悅"。白棉紙，紫色地織金織錦四合函套，湖綠色絹質書衣，無書籤，書頁略有蟲蛀。

《後漢紀》匡高 19.2 釐米，廣 14.7 釐米。每半葉十一行，行二十字。左右雙邊，白口，單線魚尾，版心中刊"後漢紀卷幾"，下記葉次。前有袁宏《後漢紀序》，卷端題"後漢光武皇帝紀卷第一袁宏"。白棉紙，湖藍絹書衣，無書籤。

《天目後編》云："篇目同前宋版史部。"卷前嘉靖戊申（二十七年，1548）黃姬水序，略云大復何舍人（何景明）得荀氏書抄本于徐太宰家，曾刻《前漢紀》於高陵；袁氏書尤希見，往年支硎楊公嘗造訪其父五嶽山人，語及曾在雲間朱氏覽宋刻本，真天府祕笈也，後不逾月，有持一編售者，正是朱氏所藏宋本，傾囊購下，刻未竣而父已矣，姬水輒復梓行，云云。五嶽山人，姬水父省曾之號。《中國古籍善本書目》著錄此本爲《兩漢紀》六十卷。

每冊俱鈐天祿繼鑑諸璽，前後副葉所鈐爲"中三璽"。有清室善後委員會點驗掛籤。

《故宮善本書目》記其作"明嘉靖二十七年吳郡黃姬水刻本"。《"國立故宮博物院"善本舊籍總目》，上冊，第 205 頁。

680(3) 貞觀政要十卷

明成化十二年(1476)崇府刻本。十冊二函，現藏臺北"故宮博物院"（書號故善 006324－006333）。

匡高 26.6 釐米，廣 18.9 釐米。每半葉十行，行二十字，小字雙行同，四周雙邊，粗黑口，雙魚尾。版心中刊卷次及葉次。卷前有明憲宗《御製貞觀政要序》，序後有"成化元年八月初一日"一行。次元吳澄《貞觀政要集論題辭》，次郭思貞、戈直二序，次吳兢原序，次目錄，次《集論諸儒姓氏》。首卷卷端題"貞觀政要　戈直集論"，再題"貞觀政要卷第一"。白棉紙，淺色地朵花宋式錦四合函套及書衣，黃綾書籤，書"明板貞觀政要"。

此爲成化年間崇府覆刻官刊本，第一冊序及卷一頁次連碼，與官刊不同。紙墨較官刊略有別，字體雖爲覆刻，亦略有不同，書中亦刊有句逗。《第三批國家珍貴古籍名錄圖錄》第 07756－07760 收錄此本，云廣東省立中山圖書館藏本上有"成化丙申崇府重刊"牌記，①此本不存。

每冊俱鈐天祿繼鑑諸璽，前後副葉所鈐爲"大三璽"，揆敘舊藏，有謙牧堂二印。

《故宮善本書目》記其作"明成化元年內府刻本"。《"國立故宮博物院"善本舊籍總目》，上冊，第232頁，著錄爲"明成化元年內府刊本"，實爲崇府覆刊本。

681 貞觀政要十卷

明成化九年(1473)內府刻本。十冊二函，現藏臺北"故宮博物院"(書號故善006334－006343)。

匡高26.7釐米，廣18.9釐米。每半葉十行，行二十字，四周雙邊，小字雙行同，粗黑口，雙魚尾。版心中刊卷次及葉次。卷前有明憲宗《御製貞觀政要序》，次元吳澄《貞觀政要集論題辭》，次郭思貞、戈直二序，次吳兢原序，次目錄，次《集論諸儒姓氏》。首卷卷端題"貞觀政要　戈直集論"，再題"貞觀政要卷第一"。白棉紙，硃紅色絹製書衣，黃綾書籤，書"貞觀政要"。

憲宗序稱《貞觀政要》有元儒士臨川戈直復加考訂注釋，附載諸儒論說，以暢其義。顧傳刻歲久，字多訛謬，因命儒臣重訂刻梓云云。是此書之凡有集論者，皆爲元後所刊。《天目前編》卷八明版史部云："此本係奉敕重梓，紙墨亦精，然較前金版之書，則遠遜其古香古色矣。"明成化元年奉敕重刊，此爲官刊本，紙墨精好，書中刊有句逗，刷印較晚，尚存內府刻本原裝。坊賈割補御製序後"成化元年八月初一日"一行，以贋宋本。

每冊俱鈐天祿繼鑑諸璽，前後副葉所鈐爲"大三璽"，無私家藏印。

《故宮善本書目》記其作"明復內府本"。《"國立故宮博物院"善本舊籍總目》，上冊，第二三二頁，著錄爲"明覆刊成化九年內府刻本"，實此本爲官刊本，前一書爲覆刊本。

681(2) 東萊先生音注唐鑑二十四卷

明弘治十年(1497)白昂刻本。二冊，現藏臺北"國家圖書館"(書號216.2/05196)。

---

① 《第三批國家珍貴古籍名錄圖錄》，第3冊，第126頁。

匡高 20 釐米，廣 13.4 釐米。每半葉九行，行十八字，註文小字雙行同，左右雙邊，粗黑口，雙順魚尾。版心中刊唐鑑卷幾及葉次。卷前有范祖禹自序及《進唐鑑表》，又《歷代紀元之圖》、《唐歷代傳世之圖》二圖。首卷卷端題"東萊先生音註唐鑑卷之一"，隔行小字題"承議郎行秘書省著作佐郎騎都尉賜緋魚袋臣范祖禹譔　朝奉郎行秘書省著作佐郎兼國史院編修兼權禮部郎官臣呂祖謙註"三行。自序第 2 頁與《歷代紀元之圖》倒裝。棉紙，深綠色絹質書衣，黃綾書籤，書"東萊先生音註唐鑑"。

《天目後編》提要曰："治平中，司馬光修《通鑑》，(范)祖禹爲編修官，分掌唐事。以其所自得者，著此書，於唐一代事撮取大綱，系以論斷。本十二卷，祖謙所注，乃分爲二十四卷。"別本卷末有尾題，尾題後隔一行題"大明弘治十年六月日/賜進士出身奉訓大夫刑部員外郎徐紘校正"兩行，中間一行有墨等，再次一行題"繕書秀才陳立甫"，①此天祿本卷末有裁補，佚去以上內容。《中國古籍善本書目》著錄爲明弘治十年呂鐩刻本，以復旦藏本觀之，書首有明弘治十年(1497)呂鐩《重刊唐鑑序》，述及刻書原委。書前有宋元祐元年(1086)范祖禹《進唐鑑表》，書後有范祖禹《唐鑑序》。無白昴刻書證據，但據書影觀之，明弘治十年呂鐩刻本與此天祿本同版。

書上"牧齋藏書"、"觀書有深意"、"壽命永昌"、"屠履善之印"、"龍川藏書私印"等藏印與《天祿後目》卷十四所記相同，唯"屠履善之印"朱文方印，《天目後編》誤記爲"屠履癸之印"。曾經錢謙益舊藏，後入清宮，每冊俱鈐天祿繼鑑諸璽，前後副葉所鈐爲"中三璽"。

《"國家圖書館"善本書志初稿》，史部第 2 冊，第 402 頁。

682 東萊先生音注唐鑑二十四卷（又一部）

明刻本。一函四冊，現藏臺北"故宮博物院"（書號故善 007486－007489）。

匡高 19.7 釐米，廣 12.4 釐米。每半葉九行，行十八字，小字雙行同。四周雙邊，黑口，雙順魚尾，版心中刊"唐鑑卷幾"及葉次。卷前有范祖禹自序，又《進唐鑑表》，署"元祐元月二年二十八日承議郎行秘書省著作佐郎騎都尉賜緋魚袋臣范祖禹上表"，又《歷代紀元之圖》、《唐歷代傳世之

---

① 《"國家圖書館"善本書志初稿》，史部第 2 冊，第 401—402 頁，書號 05195。

圖》二圖。首卷卷端題"東萊先生音註唐鑑卷之一"，隔行小字題"承議郎行秘書省著作佐郎騎都尉賜緋魚袋臣范祖禹譔　朝奉郎行秘書省著作佐郎兼國史院編修官兼權禮部郎官臣呂祖謙註"三行。竹紙，略呈綿軟。石青絹製書衣，黃綾書籤，書"明板東萊音注唐鑑"。

此爲卷十四所記兩部明版《東萊先生音註唐鑑》之第二部，《天目後編》僅云"同上，係一版摹印"，實並非同版，此版字體風格，類似後世清康雍乾三代之寫刻本格。《第二批國家珍貴古籍名錄圖錄》收有浙江大學藏明弘治十年呂鐩刻本，與此部非同版而極近似，推測有覆刊關係。

每冊俱鈐天祿繼鑑諸璽，前後副葉所鈐爲"中三璽"，無私家藏印。

《故宮善本書目》記其作"明刻本"。《"國立故宮博物院"善本舊籍總目》，上冊，第 623 頁，著錄爲"明刊黑口本"。

682（2）資治通鑑二百九十四卷

附目錄三十卷元胡三省釋文辨誤十二卷明薛應旂甲子會紀五卷宋元通鑑一百五十七卷。

明天啟、崇禎間陳仁錫彙刻本。原作十四函九十冊，其中八十八冊十八函，闕《甲子會紀》，現藏臺北"故宮博物院"，其中《資治通鑑》，明天啟五年長洲陳仁錫刻本，七十冊十四函，書號故善 010909－010978；《宋元通鑑》，明天啟六年長洲陳仁錫刻本，四函十八冊，書號故善 010979－010996；《甲子會紀》五卷，二冊，現藏臺北"國家圖書館"（原臺北"中央圖書館"）（書號 206/15448）。

《資治通鑑》二百九十四卷附目錄三十卷，匡高 21.7 釐米，廣 15 釐米。每半葉十行，行二十字，小字雙行同。四周單邊，白口，單魚尾，版心上記通鑑卷幾，中刊朝代帝號，下刊葉次及第幾卷。眉上鐫評，小字刻行間夾批，刊有標抹。首頁陳序版心下有"古吳金麟書陳天禎刊"。卷前有明崇禎己巳（二年，1629）陳仁錫《資治通鑑目錄序》，又陳仁錫《資治通鑑釋例圖譜》，又劉義仲《資治通鑑問疑》。《目錄》首卷卷端題"資治通鑑目錄卷第一"，隔行小字題"宋翰林學士朝散大夫右諫議大夫制誥兼侍講同提舉萬壽觀公事兼判集賢院上護軍河內郡開國侯食邑一千三百戶賜紫金魚袋臣司馬光奉勅編集"。《資治通鑑》前有《評資治通鑑序》，署"天啟五年乙丑中秋日史官陳仁錫書于介石居"；又《評資治通鑑序》，署"南海李孫宸題于南雍之北麓艸堂"；又《評鑑凡例》，又司馬光《進資治通鑑表》；又胡三省《音註資治通鑑序》；又《治平資治通鑑事略》；又《總目》，又《目錄》。

陳序首葉版心下有"吳門金麟書"、李序首葉版心下有"長洲金麟書"。首卷卷端題"資治通鑑卷第一"，隔行小字題"朝散大夫右諫議大夫權御史中丞充理檢使上護軍賜紫金魚袋臣司馬光奉勅編集"、"宋後學天台胡三省音註　明後學長洲陳仁錫評閱"。書中有朱墨圈點。竹紙。新裝藍布四合函套，硃紅色絹製書衣，黃綾書籤，書"資治通鑑"。

《通鑑釋文辨誤》十二卷，匡高 21.9 釐米，廣 14.9 釐米。每半葉十行，行二十字，小字雙行同。四周單邊，白口，單魚尾，版心上記"通鑑辨誤"，中刊卷幾，下刊葉次。卷前有胡三省《資治通鑑釋文辨誤序》。首卷卷端題"通鑑釋文辨誤卷第一"，隔行題"天台胡三省輯著　長洲陳仁錫訂校"。竹紙。新裝藍布四合函套，硃紅色絹製書衣，黃綾書籤，書"通鑑釋文辨誤"。

《宋元通鑑》一百五十七卷，匡高 21.2 釐米，廣 15 釐米。每半葉十行，行二十字，小字雙行同。四周單邊，白口，單魚尾，版心上記通鑑卷幾，中刊朝代帝號，下刊葉次。眉上鐫評，小字刻行間夾批，刊有標抹。首頁版心下有"古吳金麟書陳天禎刊"。卷前有明天啟丙寅陳仁錫、嘉靖丙寅薛應旂序二篇，次《義例》。首卷卷端題"宋元通鑑卷第一"，隔行小字題"明賜進士前中憲大夫浙江按察司提學副使兩京吏禮郎中武進薛應旂編集　長洲陳仁錫評閱"兩行。書中有朱墨圈點。竹紙，新裝藍布四合函套，硃紅色絹製書衣，黃綾書籤，書"宋元通鑑"。

《甲子會紀》五卷，匡高 21.1 釐米，廣 14.8 釐米。每半葉八行，行十八字，註文小字雙行同，四周單邊，白口，單魚尾。版心上方記書名，中記卷次、皇帝名及葉次、年次。眉欄上鐫年次，小字刻行間夾批，刊有標抹。正文前有嘉靖己未許穀序。首卷卷端題"甲子會紀卷第一"，隔行題"明賜進士前中憲大夫浙江按察司提學副使兩京吏禮部郎中武進薛應旂編集　史官長洲陳仁錫評閱"二行。書中有朱墨圈點。竹紙，絳紅色絹製書衣，黃綾書籤，書"甲子會紀"。

此書包括《通鑑》附《目錄》、《通鑑釋文辨誤》、《宋元通鑑》。《中國古籍善本書目》著錄《資治通鑑》二百九十四卷爲明天啟五年陳仁錫刻本，《資治通鑑目錄》三十卷爲明崇禎二年陳仁錫刻本，《通鑑釋文辨誤》二十卷爲明陳仁錫刻本，《宋元通鑑》一百五十七卷爲明天啟六年陳仁錫刻本，皆據諸書前陳仁錫序之題署時間，陳序並未言及版刻，此彙刻本之版本年代，可定爲"明天啟、崇禎陳仁錫匯刻本"。

此書墨色濃重，檢視書葉字蹟，《目錄》及《釋文辨誤》正文無疑爲刻印;《資治通鑑》、《宋元通鑑》、《通鑑釋文辨誤》胡序,其版框、界欄、魚尾、圈點、標抹為刻印,版心文字、正文大小字、天頭評語則字字皆似有勾描填墨痕蹟,書眉小字之下看來原無墨蹟,頗令人有精鈔影寫之錯覺。而《通鑑》陳仁錫序、李孫宸序及凡例末之印記,另宋元通鑑陳仁錫序末二方印記,又皆為版刻。此描潤修飾,或為書估所為。

每冊俱鈐天祿繼鑑諸璽,前後副葉所鈐為"中三璽"。故宮所藏有清室善後委員會點驗掛籤。臺北"央圖"二冊尚有"玄冰室珍藏記"朱文長方印、"剛伐邑齋藏書"白文長方印、"湘潭袁氏滄州藏書"朱文長方印、"國立中央圖書館藏書"朱文方印。流出清宮後為湘潭袁氏剛伐邑齋所藏。袁思亮(1878—1939),字伯夔,號蘧庵,別署袁伯子,室名雪松書屋、剛伐邑齋,湖南湘潭人,寓上海。其父是曾任上海道台的袁樹勳,北洋時期思亮任國務院秘書、印鑄局局長。收藏古籍頗多,後傳與侄孫袁榮法。袁榮法(1907—1976),字帥南,號滄洲,別署玄冰室主人,一署晤歌庵主人,後以字行。年輕時以律師為業,移居臺灣後受聘"中華叢書委員會",發行學術刊物,編訂《中華美術圖集》三巨冊。晚年為東吳大學教授。1984年夏,其子孝俊奉遺命將家藏線裝書379部、2143冊捐與"中央圖書館",①其中明版《宋文鑑》、明版《資治通鑑》兩部殘本為天祿繼鑑書。袁榮法整理編撰《剛伐邑齋藏書志》,稱《天祿琳琅書目》前後編皆不載是書,以為乃續篇後進呈者,實為失察之誤。②

《故宮善本書目》記其作"明崇禎間陳仁錫彙刻本"。《"國立故宮博物院"善本舊籍總目》,上冊,第202頁。

682(3)資治通鑑綱目五十九卷續資治通鑑綱目二十七卷

明成化九年(1473)及十二年(1476)內府刻本。八十四冊十二函,現藏臺北"故宮博物院"(書號故殿025345—025428)。

匡高27.3釐米,廣18.4釐米。每半葉八行,行大字十八,小字雙行二十一。四周雙邊,粗黑口,雙魚尾,版心中刊"通鑑綱目幾"或"續通鑑綱目幾"及葉次。刊有句讀。卷前有成化九年十二月十六日明憲宗御製序,次乾道壬辰朱熹《資治通鑑綱目序例》,次凡例,次目錄。《續資治通鑑綱

---

① 參見袁榮法撰:《剛伐邑齋藏書志》,"國立中央圖書館"1988年出版,書前王振鵠序,第3頁。

② 《剛伐邑齋藏書志》,第44—45頁。

目》前亦有成化十二年十一月十五日憲宗御製序，次奉敕編纂官十五人，次《續資治通鑑綱目凡例》，次目錄。首卷卷端題"資治通鑑綱目第一"，續編首卷卷端題"續資治通鑑綱目第一"。帝號、國別等以墨蓋子白文別出，書眉處附刻干支紀年。《續資治通鑑綱目》卷二十七葉二十八至葉三十九倒裝。白棉紙，清宮舊裝，紅地宋式錦杉木夾板四合函套，淺藍色絹質書衣，黃綾書籤，書"明板資治通鑑綱目"。

《資治通鑑綱目》宋、元二代無定本，雖有《長編》、《續編》，而採擇不精，書法未能盡合，明成化九年敕命儒臣重加校訂，共爲一書，鋟梓頒行。儒臣發秘閣載籍，參國史本文，遵朱子凡例，編纂二史，成化十二年《綱目續編》書成。此本兩序前俱鈐"廣運之寶"，後鈐"表章經史之寶"朱文大印，《續編》序後列纂修商輅等十五人，正是明官刻頒行之本。天祿此本爲後印之本。

每冊俱鈐天祿繼鑑諸璽，前後副葉所鈐爲"大三璽"，無私家藏印。

《故宮善本書目》記其作"明成化九年內府刻本"。《"國立故宮博物院"善本舊籍總目》，上冊，第201頁，著錄爲"明成化九年內府刊本"。

683 資治通鑑綱目五十九卷續資治通鑑綱目二十七卷（又一部）

明成化九年(1473)內府刻本。全書五十四冊，其中《綱目》卷二至四、七至八、十一至十四、十六至十七、二十一至二十二、二十六至二十九、三十六至三十七、四十二至五十九，《續綱目》十七至二十，《集覽》全，《發明》，計存一百五十九卷，三十一冊，現藏中國國家圖書館（新編書號1247、1337）；《綱目》卷四至五，計兩卷，一冊，亦藏中國國家圖書館（書號9760）；《綱目》卷八至九、卷三十至三十一、《續綱目》卷二十六至二十七，三冊，現藏中國文化遺產研究院。

每半葉八行，行十八或十九字，小字雙行二十一字，大黑口，四周雙邊，雙魚尾。書口中刊通鑑綱目第幾及葉次，書眉刊有甲子紀年。文中刊有句讀。白棉紙。

首葉鈐"表章經史之寶"朱文大方印，係明內府刻本。開本闊大，每冊因厚度超過一般書冊，有側訂鎖線以加固線裝牢度，頗不常見。

每冊俱鈐天祿繼鑑諸璽，前後副葉所鈐爲"大三璽"。另有"陳印貞慧"、"陳印維嶽"等印，與《天目後編》所記俱同。明末清初曾經宜興陳氏父子收藏。陳貞慧(1604—1656)，字定生，復社諸生，與侯方域、冒襄、方以智合稱明末四公子。入清不仕。《清史稿》有傳。陳維嶽，字緯雲，貞慧之子,維崧、陳維岱之弟。刻苦勵學,陳氏一門皆有文名,徐乾學、朱彝尊皆推重之。

國圖所藏部分,1959年自故宫調撥,書頁蟲蛀、濕漬、霉爛不堪,其中九册尤甚,2013年編目。文研所所藏三册,每册首末頁鈐"鎮原慕少堂鑑藏"朱文長印,慕少堂(1875—1948),名壽祺,字子介,號少堂,甘肅鎮原人。清光緒二十九年(1903)舉人,曾候補知縣、蘭州地方審判廳刑廳推事、甘肅文高等學堂史學、經學教習,清末奉命赴東南各省考察學務。入同盟會,辛亥革命後任甘肅臨時省議會副議長、甘肅民政長署秘書長、甘肅援川軍參謀長等職。後來,淡出政壇,寓居蘭州求是齋潛心治學。另有"延秋閣物"朱方、"伯達"朱方諸印,係陳伯達舊藏。

《天目後編》共著錄4部《資治通鑑綱目》,一部在元版史部,實為明初建安劉寬裕刻本,現藏臺北故宫;三部在明版史部,前兩部為明成化内府刻本,《天目後編》云"係一版摹印";一部為明吉澄福建刻本,《天目後編》云"是書刻於南昌也"。兩部明成化内府刻本,前一部即上一部,全本在臺北故宫;後一部即此本,殘本分藏國圖和文研所,卷數略有重複,疑或有目外書摻雜其中。國圖新編目之三十一册尚在修復中,無法提閲原書,存疑待考。

國圖另藏一部鈐五璽之《資治通鑑綱目》殘本,亦明成化九年(1473)内府刻本,存卷四至五,兩卷,一册,書號9760,内容完整,書前裝有佚名手抄《欽定天祿琳琅書目後編》卷十四提要一葉,與456《史記》前之提要,筆蹟盡同。卷端有"表章經史之寶"朱文大音及"陳貞慧印",知其為《天目後編》卷十五著錄之三部《資治通鑑綱目》第二部。

684 資治通鑑綱目五十九卷續資治通鑑綱目二十七卷

明嘉靖間吉澄福建刊本,卷首配以明嘉靖八年劉洪慎獨齋刊修補本。原作八函八十册,闕卷四、卷七、卷三十三、卷五十一,凡四卷,以及續編二十七卷,存五十二册六函,現藏臺北"故宫博物院"(書號故善010117—010168);卷七、五十一,計二卷,二册,現藏中國國家圖書館(書號18591)。

匡高19.9釐米,廣13.3釐米。每半葉十行,行二十二字,小字雙行同,四周單邊,下粗黑口,雙順魚尾。版心上刊"綱目卷幾",中刊年份,下刊葉數。正文前有卷首一卷,計有宋乾道壬辰朱熹《序例》,次《凡例》,次《朱子與訥齋趙氏師淵論綱目手書》,又嘉定己卯李方子《後序》,次咸淳乙丑王柏《後語》，次文天祐《識語》，次尹起莘《資治通鑑綱目發明序》，又永新劉氏《書法凡例》，有劉友益識語，次嘉定元年王幼學《集覽敘例》；次至順壬申賀善、天曆二年揭傒斯兩序，至元二年劉槃跋；次至正二年倪士毅序；次至正癸未汪克寬《考異》自序及《考異凡例》；次至正己亥徐昭文《考證》自序，次永樂壬寅陳濟《集覽正誤》自序；次宣德己卯楊士奇序；次成化元年馮智舒《質實》自序，次弘治丙辰黄仲昭序；次《綱目編集諸儒姓氏》，有正德癸酉劉繼善識語。《續資治通鑑綱目》卷前有明憲宗御製序，次商輅等《進表》，署商輅等十五人銜名，次弘治元年吏部聽選監生張時泰進所撰《續資治通鑑廣義疏》，次弘治十一年徐杭學生員周禮進所撰《續資治通鑑發明疏》，次《凡例》。首卷卷端題"資治通鑑綱目卷之一"，隔行下題"後學新安汪克復考異　後學上虞徐文昭考證　後學慈湖王幼學集覽　後學昆陵陳濟正誤　後學建安馮智舒質實　後學廬陵劉友益書法　後學遂昌尹起莘發明"七行。卷末有二行長方形牌記，刊"巡按福建監察御史吉澄校刊"。竹紙。紫色地夾織金線宋式錦四合函套，湖藍色絹製書衣，白綾書籤，書"資治通鑑綱目"及卷數。

《天目後編》以爲莆田人黄仲昭官江西提學僉事時所刊，"故是書刻於南昌也"。據書末刊記可知，此本爲福建按察御史吉澄所刊。吉澄，直隸開州(今河南濮陽)人，明嘉靖二十三年(1544)進士，三甲第59名，後巡按福建監察。吉澄在福建監察御史任上，還校刊過《詩經集傳》、《大學衍義》、《大學衍義補》、《大學章句或問中庸章句或問論語集注孟子集注》等，卷尾有同樣二行刊記。

卷首配以慎獨齋本，且《總目》墨釘有補刻。《中國古籍善本書目》著録慎獨齋刻《資治通鑑綱目》有弘治十一年本，題"馮智舒質實"；嘉靖八年本，題"劉弘毅質實"。此本所配，與臺北故宫藏故善004950－004973的一部相同，當爲嘉靖本。

每册俱鈐天祿繼鑑諸璽，前後副頁所鈐爲"中三璽"。無私家藏印。

《北京圖書館古籍善本書目》史部第273頁。《故宫善本書目》記其作"明吉澄福建刻本"。《"國立故宫博物院"善本舊籍總目》，上册，第201頁，著録爲"明福建監察御史吉澄校刊本"。

685 通鑑紀事本末四十二卷

明萬曆三十四年(1605)黄吉士刻本。五十四册四函，現藏臺北"故宫博物院"(《通鑑紀事本末》，四十二册，書號故善008823－008864；《宋史紀事本末》,十冊,故善008865－008874;《元史紀事本末》,二冊,故善008875－8876)。

《通鑑紀事本末》,匡高21.4釐米,廣14.8釐米。每半葉十一行,行二十二字,白口,單魚尾,四周單邊。版心上刻"通鑑紀事本末",中記卷次及葉次。卷首有《刻通鑑紀事本末序》,署"萬曆丁未春日石渠舊史琅琊焦竑書";又《合刻紀事本末序》,署"後學魏時應題";又楊萬里、趙與籌、陳良弼原敘三篇。諸序後有刻書職官人名,首爲"巡按直隸帶管督學鹽法監察御史黃吉士重刊"大字一行,末大字題"萬曆丙午歲孟冬之吉"。目錄下題"宋建安袁樞編",首卷卷端題"通鑑紀事本末卷第一"。竹紙,書頁多有蟲蛀。淺色地朵花宋式錦四合函套,黃綠色地朵花宋式錦織錦書衣,黃綾書籤,書"通鑑紀事本末"。

附《宋史紀事本末》十卷,匡高21.4釐米,廣14.8釐米。每半葉十一行,行二十二字,白口,單魚尾,四周單邊。版心上刻"宋史紀事本末",中記卷次及葉次。卷前有《宋史紀事本末敘》,署"萬曆乙巳仲春南京吏部稽勳清吏司郎中高安陳邦瞻書";又《刻宋史紀事本末敘》,署"萬曆三十三季歲在乙巳春仲穀旦京畿道監察御史劉曰梧易生父譔"。卷末有萬曆乙巳徐申後序。首卷卷端題"宋史紀事本末卷第一",隔行下題"明北海馮琦原編　高安陳邦瞻纂輯　句吳徐申校正　豫章劉曰梧　秣陵沈朝陽繙閱"五行。竹紙,淺色地朵花宋式錦四合函套,亮紫色絹製書衣,黃綾書籤,書"紀事本末"。

《元史紀事本末》四卷,匡高21.4釐米,廣14.8釐米。每半葉十一行,行二十二字,白口,單魚尾,四周單邊。版心上刻"元史紀事本末",中記卷次及葉次。卷前有《元史紀事本末敘》,署"萬曆丙午孟穐應天府府尹勾吳徐申書";又《元史紀事本末序》,署"萬曆丙午歲孟秋之吉南京吏部稽勳清吏司郎中高安陳邦瞻序";又凡例兩則。首卷卷端題"元史紀事本末卷第一",隔行下題"高安陳邦瞻編　吳興臧懋循補　句吳徐申　豫章劉曰梧校"四行。竹紙,淺色地朵花宋式錦四合函套,亮紫色絹製書衣,黃綾書籤,書"紀事本末"。

明萬曆三十三年(1604)陳邦瞻在馮琦基礎上完成了《宋史紀事本末》,徐申,劉曰梧校訂刊刻後出版,同時着手纂寫《元史紀事本末》,次年即完成,徐申、劉曰梧亦將其校訂後刊刻出版。同年,黃吉士便將此二書與《通鑑紀事本末》重刻刊行,之後隨着各種紀事本末的出現,紀事本末合刻本的合刻種數便不斷增加,由三種到五種,到七種、八種再到九種。

焦竑序云："黃公謂切於世用，因板行之，與學者共，而屬余爲序。"魏時應序云："《紀事本末》一書有宋建安袁先生寔創始，而今臨朐馮先生、高安陳先生則詮次。《宋》、《元史》續其後者也。先是國初袁本貯成，均行未徧，比宋元本出，袁刻已漫漶不可倫。內黃黃先生慨焉，別購善本，合刻諸泗上。"則三書乃直隸巡按黃吉士合刻於萬曆三十四年(丙午，1605)。據王樹民《宋元紀事本末的編著和流傳》一文，①《宋史紀事本末》二十八卷初刻於萬曆三十三年，《元史紀事本末》六卷刻於萬曆三十四年；黃吉士巡按淮南時，將《宋史紀事本末》併合爲十卷，《元史紀事本末》改爲四卷，與《通鑑紀事本末》合刻。"泗上"爲徐州直隸州之沛縣。

《中國古籍善本書目》著錄《宋史紀事本末》十卷本爲"明萬曆三十三年劉曰梧徐申刻本"、二十八卷本爲"明萬曆刻本"；《元史紀事本末》四卷本爲"明萬曆三十四年劉曰梧徐申刊本"、六卷本爲"明萬曆刻本"，行款、版式皆不同，或爲單刻本，並非是混淆了原刻與合刻本。

每冊俱鈐天祿繼鑑諸璽，前後副葉所鈐爲"中三璽"，無私家藏印。《天目後編》原記五函五十二冊，實存五十四冊。有清室善後委員會點驗掛籤。

《故宮善本書目》記其作"明萬曆三十五年黃吉士彙刻本"。《"國立故宮博物院"善本舊籍總目》，上冊，第210頁，著錄爲"明萬曆三十五年黃吉士彙刻本"。

686 唐六典三十卷

明正德十年(1515)席書、李承勛蘇州刻本。二函十四冊，現藏臺北"故宮博物院"(書號故善007274—007287)。

匡高18釐米，廣14釐米。每半葉十二行，行二十字，小字雙行同，左右雙邊，白口，單魚尾。版心上記大小字數，中記"唐六典卷幾"及葉次，下記刻工名，有章文、李植、李本、李澤、唐恭、李朝、王今、李坒、張敖(鰲)、章欽、何吉、王金、曹林、王經、何恩、章惠(或惠)、曹萍、曹霖、燁、章鉞、唐信、李今、何大、何文、唐曰(或曰)、李植。卷首有《重刊唐六典序》，署"正德乙亥夏四月之吉光祿大夫柱國少傅太子太傅兼戶部尚書武英殿大學士王鏊序"，序末有八分小字"吳郡陳怡書"一行。卷三十尾題後有紹興四年溫州

---

① 王樹民著：《宋史紀事本末的編著和流傳》，《曙庵文史雜著》，中華書局1997年版，第259—270頁。

州學教授張希亮校正、永嘉縣主簿詹棫誌語。首卷卷端題"大唐六典三師三公尚書都省卷第一",隔行題"御撰"、"集賢院學士兵部尚書兼中書令修國史上柱國開國公臣李林甫等奉敕注上"三行。卷二十葉三誤刻爲葉二,卷二十六葉二誤刻爲葉一。卷首序部分字蹟缺佚。白棉紙,綠色地朵花宋式錦四合函套,紅色絹製書衣,黃綾書籤及套籤,書"明板唐六典"。

王鏊序有"浙江按察使潼川席君文同……捐俸命工刻之蘇郡,未竟陞任去,繼其任者爲嘉魚李君立卿"之說,故此版刊於蘇州。書末有墨筆題記二行,云"蘇州嘉定服礼鄉沙岡里泰定永福橋西茭門涇北,河南丘氏藏書",鈐"依叔"白方、"丘集"白方及"丘氏卍年子子孫孫永保用"朱方三印(圖14-4)。

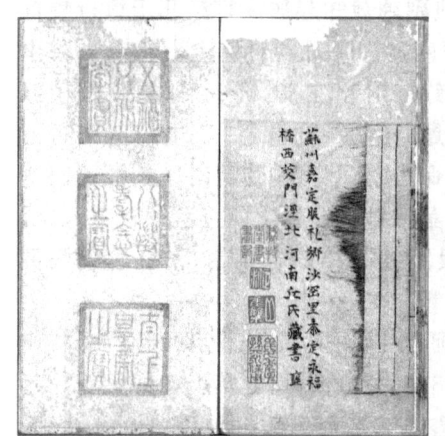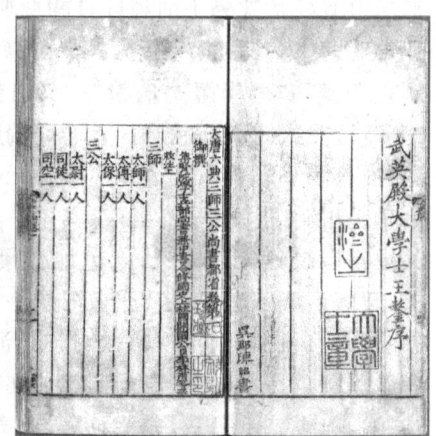

圖 14-4

每冊俱鈐天祿繼鑑諸璽,前後副葉所鈐爲"中三璽"。另有"頤桂堂"白方、"嘉定丘家"白文方印、"丘氏珍藏"朱文方印、"茭川文房之印"朱文方印及揆敘謙牧堂二印。曾經明人邱集及清人揆敘遞藏。邱集字子成,嘉定人。精《三禮》。家貧,或日不重炊,而讀書不輟。萬曆癸卯卒,《藏書紀事詩》有傳。末一冊後副葉中貼有原裝書籤一枚,爲灑金白紙籤,書"明版唐六典　第八冊"。

《故宮善本書目》記其作"明正德十年席書李承勳蘇州刻本"。《"國立故宮博物院"善本舊籍總目》,上冊,第561頁,著錄爲"明正德乙亥李承勳蘇州刊本"。

687 河防一覽十四卷

明萬曆十八年(1590)刻本。二函十二冊,現藏臺北"故宮博物院"(書號故善 003555—003566)。

匡高 22 釐米,廣 15 釐米。卷一每半葉七行,行十四字;卷二起每半葉九行,行二十字。四周單邊,黑口,單魚尾。版心中記卷次、葉次。下記刻工及字數,有徐文台(文台、台)、章穆(長洲章穆刻)、朱子靜(朱子靜刻、吳下朱子靜刊、朱、朱刻、子)、吳郡章啟人刻(人)、錢世英刻、章循(吳門章循刻)、吳下章艸□(青?)、古、五、李旺刊(李)、樊仲七刊、何、天、升、肖。卷前有《河防一覽敘》,署"萬曆辛卯季春下浣之吉賜進士出身資政大夫禮部尚書兼翰林院學士前經筵日講會典副總裁知起居注官濟北于慎行頓首拜書"。又《刻河防一覽引》,署"萬曆庚寅嘉平月吉日雪上七十老人潘季馴謹識、新安後學羅文瑞書"。又目錄。附圖三幅:第一冊《祖陵圖說》、《皇陵圖說》、《全河圖說》。首卷卷端題"河防一覽卷之一",卷二起隔行下題"河臣潘季馴著南旺分司主事王元命、濟寧兵河副使曹時聘校訂運同陳昌言編次"。卷一《全河圖說》其中一葉補鈔繪。卷十四至葉一百零八止,其後當有缺葉。白棉紙,綠色地蜂巢圖案織錦四合函套,朱紅色絹製書衣,黃綾書籤及套籤,書"明板河防一覽"。

《天目後編》云:"季馴在明時為河臣中之冠,此皆其治河時所輯。"作者潘季馴自嘉靖乙丑(四十四年,1565)奉命治河,迄於萬曆辛卯(十八年,1590),前後二十七載,成績卓著,此書志其治河之績,將萬曆庚辰(八年,1580)編刻之《宸斷大工錄》復加增削,類輯成編,名曰《河防一覽》,為其自刻本。《中國古籍善本書目》著錄有"明萬曆十八年自刻清順治遞修印本",此本多有斷版、漫漶,為後印之本。

每冊俱鈐天祿繼鑑諸璽,前後副葉所鈐為"中三璽",無私家藏印。末冊佚失後副葉及末葉清宮諸璽。有清室善後委員會點驗掛籤。

《故宮善本書目》記其作"明萬曆十八年刻本"。《"國立故宮博物院"善本舊籍總目》,上冊,第 528 頁。

688 荊川先生右編四十卷

明萬曆三十三年(1605)南京國子監刻本。卷一至八,八冊,現藏中國國家圖書館(新編書號 1248);卷九至四十,二十四冊三函,現藏臺北"故宮博物院"(書號故善 008877—008900)。合兩岸所藏,即為完璧。

匡高22.3釐米，廣14.7釐米。每半葉十行，行二十字，白口，左右雙邊，單線魚尾。版心上刊"右編"，中刊卷次及葉次，下刊字數及刻工。有段惠、何科、陳鳴、陳尚用、郭榜、洪仁、熊鵬、吳陽、戴化、孫可權、沈儒、周蘭、唐龍、尚希聖、鄒明、楊三、王四、李光、李升、張承業、焦二、吳廷、徐棟、張承祖、林桂、楊世龍、尚榮、尚文、黃一林、戴作、楊貴、劉德、張順、陳孝等。卷前有唐順之自序，葉向高序，劉曰寧序，朱國禎序。每卷卷端題"都察院僉都御史毘陵唐順之編纂　南京國子監祭酒豫章劉曰寗補遺　司業吳興周國禎校定"。卷四十至第四十三頁止，後有闕葉。竹紙，書經重裝，湖綠色紙質書衣，灑金白紙書籤，書"明版荊川先生右編"及册數。

葉向高《荊川先生右編序》："編成久未行，吾友大司成南昌劉公、少司成吳興朱公相與節縮太學經費，得若干緡授之梓。劉公復補其未備，而朱公校焉。"又劉曰寧《刻右編敘》："董刻者簿張君本、陳君桂林，而別屬秣陵諸生沈朝陽蒐遺正譌。歲乙巳長至書始成。"補是書時，劉曰寧爲南監祭酒，即梓之國子監。

每册俱鈐天祿繼鑑諸璽，前後副葉所鈐爲"中三璽"，無私家藏印。卷三十九後副葉三璽旁有紅藍紙鋪印記一行。

《故宮善本書目》記其作"明南京國子監刻本"。《"國立故宮博物院"善本舊籍總目》，上册，第二八七頁，著錄爲"明南京國子監刊本"。國圖所藏8册，1959年自故宮調撥。書頁蟲蛀、霉爛，第三卷尤爲嚴重，2013年編目。

688(2) 經濟類編一百卷

明萬曆三十二年(1604)周家棟等虎林刻本。五十册十函，現藏臺北"故宮博物院"(書號故善013967—014016)。

匡高21.8釐米，廣15釐米。每半葉十行，行二十字，白口，四周單邊。版心上刊"經濟類編卷幾"，中刊葉次，下刊各類名。卷前有《大宗伯臨朐馮公經濟類序》，署"萬曆甲辰嘉平之吉真實居士馮夢禎序於孤山別業之青巖居"；又《經濟類編敘言》，署"萬曆甲辰嘉平既望仁和令淮南門人吳光義頓首拜書"；又《凡例》七則；又《校刻姓氏》，後有"大名萬曆三十二年校刻於浙虎林郡南屏山"一行。目錄後有萬曆甲辰冬至前十日馮瑗識語。首卷卷端題"經濟類編卷一"，隔行下題"明北海馮琦纂　弟馮瑗楚黃門人周家棟　淮南門人吳光義校"。白棉紙，綠地蜂巢圖案織錦四合函套，淺黃絹質書衣，黃綾書籤及套籤，書"經濟類編"。卷一百第四十葉後有闕。

馮瑗識語略云,此爲先兄琢菴先生馮琦所輯,瑗刪類成之。書一百卷。分帝王、政治、儲宮、宮掖、臣、諫、銓衡、財賦、禮儀、樂、文學、武功、邊塞、刑法、工虞、天、地、人倫、人品、人事、道術、物、雜言二十三類。每類分子目,計三百有十,皆取古事有關經濟者。其門人御史周家棟捐四十萬錢,仁和知縣吳光義、鄭之惠等校刻剞劂,萬曆三十二年開局於浙虎林郡南屛山。

每冊俱鈐天祿繼鑑諸璽,前後副葉所鈐爲"中三璽",無其他私家藏印。有清室善後委員會點驗掛籤。

《故宮善本書目》記其作"明萬曆三十二年浙江刻本"。《"國立故宮博物院"善本舊籍總目》,下冊,第 871 頁。

《欽定天祿琳琅書目後編》卷十五　明版史部

689 歷代名臣奏議三百五十卷

明永樂十四年(1416)內府刻本。原書十六函一百六十册,存目錄、卷一、二十至五十、七十二至八十三、八十七至九十三、九十七(存一葉)、一百八至一百九、一百十(存二葉)、一百十二(存三葉)、一百十八至一百六十七、一百九十六至一百九十七、二百十四至二百六十、二百七十四、二百八十八至三百三,計一百七十卷,七十八册,現藏中國國家圖書館(新編書號1250、1252)。

每半葉十二行,行二十六字,黑口,四周雙邊。

《明史·藝文志》載事在永樂十四年。《天目後編》提要云:"書成,刊印僅數百本,頒諸學宮,藏版禁中。至崇禎間,張溥始刊節本,雖仍舊卷,而删削太甚,至一條僅數十字。溥自序,謂世無其版,生長三十年未嘗一見。則此本在明時已稀有,今惟行張溥節本,似此官刊頒佈之書,實爲珍祕矣。"

1959年自故宮調撥,書頁蟲蛀、霉爛。2013年編目。尚未見原書,不詳清宮諸璽及私人藏印情況。

690 宋名臣言行錄六十二卷

明崇禎十一年(1638)張采刻本。二函十四册,2001年嘉德春拍,①現藏臺灣潘思源處(潘目書號皇101/北3)。

匡高19.6釐米,廣13.3釐米。每半葉十行,行二十字,白口,左右雙邊,單魚尾。版心上刊"名臣言行錄",中刊"宋前集"或"宋後集"等,下刊葉次。眉欄鐫評,正文中刻又標抹、句讀、圈點。卷前有周鑣序及崇禎戊寅張采《題辭》,又《刻宋名臣言行錄序揚州版舊序》,署"萬曆丁未夏日後

---

① 中國嘉德國際拍賣有限公司2001年春季拍賣會古籍善本專場,拍品第619號。成交價49.5萬人民幣,據姜尋編:《中國古籍文獻拍賣圖錄》(2001—2002),第18—19頁。

學焦竑書",又《重修宋名臣言行錄序應天府學版舊序》,署"崇禎六年三月虔州楊以任謹序",後有張采按語;又張采《紀事》,署"戊寅夏五月張采受先識"。首卷卷端題"宋朱晦菴先生名臣言行錄前集卷一",隔行題"明後學張采受先評閱宋學顯令申馬嘉植培元參正"。竹紙。書根題書名及類目。素色纏枝菊花紋錦四合函套,灑金白紙書籤,題"明版宋名臣言行錄"及冊數。

書分前集十卷,後集十四卷,續集八卷,別集十三卷,外集十七卷。《前集》卷前有張采《讀前集》一篇及朱熹原敘;《後集》卷前有張采《讀後集》一篇及寶祐戊午李居安原序;《續集》卷前有張采《讀續集》一篇;《別集》卷有張采《讀別集》一篇;《外集》卷前有張采《讀外集》一篇、《道統傳授圖說》。

《天目後編》卷十五著為二函十三冊,實為十四冊。提要云:"此本乃崇禎戊寅張采重刻,有序並《紀事》,又錄焦、楊兩序。采,字受先,太倉人。崇禎戊辰進士,官臨川知縣,行取禮部主事。"據楊序及張采按語、張采序,應天府學舊藏此書雕版,日久漫漶,幾不成冊,崇禎六年,應天府教授楊以任"訪一二舊本,屬賈君柱明授梓成書"。楊以任(1600—1634),字維節,明崇禎四年進士,例授知縣,改應天府教授,崇禎七年升南京國子監博士,同年病逝。崇禎癸酉(六年,1633)春,楊訪張采於虎丘僧舍,以一部相贈,相期評定屬梓,並以《國朝名臣錄》分任。轉年甲戌(七年,1634)楊以任去世,此《宋錄》之刻,乃張采與宋令申、馬培元成之,工竣,為理舊序,有山陽聞笛之慨。張采稱"應天府學小版,既日久漫滅,揚州版差明了然,皆訛亂倒錯,令人讀不能句",張采為之一一較正,間即考補,又加丹黃且致評騭,重刊梓行。此本墨色如漆,摹印如新,洵為明末精刻本,書頁中偶見藍色紙舖印記,應是清康熙以後刷印。尚存清宮舊裝,只函套以紙本包素色纏枝菊花圖案錦,不似其他以木板包錦,似同光以後所裝。

《中國古籍善本書目》著錄為"明崇禎十一年張采、宋學顯等刻本",存世有二十餘家。

每冊俱鈐天祿繼鑑諸璽,前後副葉所鈐為"中三璽"。首冊不僅首葉,《題辭》葉一亦鈐蓋"乾隆御覽之寶"朱文橢圓及"天祿繼鑑"白文方印,而此書尚存清宮原裝,不曾改裝,此為存世天祿書之僅見。又鈐有"王康侯圖書記"、"籌隱堂"、"籌隱草堂"等印,入宮前為王康侯所藏。王康侯,金壇人,順治四年進士,歷任汀州知府、浙江巡撫。函套上有"天津古籍書店"木戳一枚,標號01099。函套內另貼有潘氏雅集齋書籤一枚,注明書名、作者、卷冊函數、年代、來源、成交總價等。

《天祿琳琅書目後編》卷十五明版史部著錄兩部，係一版摹印，其中第一部即此本。此書有宋淳熙江西刻本和元刻本，根據《天目後編》，明萬曆三十五年(1607)揚州有重刻本，崇禎六年(1633)應天府學刊有小字本，均已佚。檢《賞溥傑書畫目》，宣統十四年(1922)七月二十日曾賞賜一部宋板《名臣言行錄》。

691 宋名臣言行錄六十二卷（又一部）

明崇禎十一年(1638)張采刻本。三函十八冊。

版本同上，《天目後編》提要云："係一版摹印。前多周鑣序。鑣，字仲馭，金壇人。崇禎戊辰進士，官禮部員外郎。"

不詳何時亡佚，不知是否尚存世間。

691(2) 近代名臣言行錄十卷

明嘉靖十一年(1552)刻本。一函四冊，現藏臺北"故宮博物院"（書號故善 003567—003570）。

匡高 19 釐米，廣 14 釐米。每半葉十二行，行二十三字。四周單邊，粗黑口，雙魚尾，版心中記"言行錄幾卷"及葉次。卷首有《近代名臣言行錄小序》，署"嘉靖辛卯六月既望後學海鹽東濱徐咸書"。卷末有《跋近代名臣言行錄》，署"嘉靖辛卯季冬望日後學海鹽鄭曉謹跋"。又壬辰秋七月朔徐咸再識一篇。首卷卷端題"近代名臣言行錄卷第一"。書中有墨筆圈點。竹紙淺棕色地圖案織錦函套，新裝湖藍色絹質書衣，無書籤。

《天目後編》云："明徐咸撰。咸，字子正，海鹽人。正德辛未進士，官襄陽知府。書十卷。自章綸至胡居仁四十八人，皆正統、成化、弘治、正德四朝人，故曰'近代'。先是，豐城楊方震有《言行錄》，至是咸補輯此書。前有嘉靖辛卯咸自序，後有鄭曉跋，又咸自跋。曉，字窒甫，亦海鹽人。嘉靖癸未進士，官刑部尚書。諡端簡，《明史》有傳。"據徐咸自序及卷末鄭曉識、徐咸再識，此為徐咸輯錄並刊刻者。序謂："近代名臣固未有錄之者，咸不自揆，通加搜訪，共得四十有八人，亦為《言行錄》，皆我英、憲、孝、武四朝之所培植者。"每人皆大字雙行書其姓名、諡號。卷五末尾題後有墨筆書"絲綸閣下文章靜"一行。

每冊俱鈐天祿繼鑑諸璽，前後副葉所鈐為"中三璽"。另卷首有"虛閣賞析圖書"朱長，第一冊後副葉有"樂圃"朱橢，鄭曉跋末有"虞卿"朱長，三印皆爲《天目》失載。

《故宫善本書目》記其作"明嘉靖十年刻本"。《"國立故宫博物院"善本舊籍總目》，上册，第307頁。

691(3)四明尊堯集四卷

明正德十四年(1519)蕭甫、陳載興刻本。一函二册，現藏臺北"故宫博物院"(書號故善007490—007491)。

匡高18.3釐米，廣12釐米。每半葉十行，行二十字，黑口，四周雙邊，雙順魚尾，版心中記卷次，下次葉次。卷前有《重刊四明尊堯集序》，署"歲在己卯後至元之五年夏六月十又二日前奉政大夫德安府隨州知州兼勸農事三山林興祖拜手謹書"，又《四明尊堯集序》(版心刊"前序")，又《進四明尊堯集表》。卷末有《四明尊堯集後敍》，署"政和六年八月二十八日特勒停送台州羈管前宣德即賜緋魚袋陳瓘書于寶城之南"。首卷卷端題"四明尊堯集卷之第一"，隔行下題"十五代孫婿蕭甫重刊裔孫載興校正"兩行。《前序》第十一葉爲補鈔。黄皮紙，淺紅色地朵花宋式錦四合函套，黄綠色地朵花宋式錦書衣，黄綾書籤及套籤，書"四明尊堯集"。

宋人陳瓘撰，書僅四卷，《天目後編》云其書十一卷，誤矣。查《中國古籍善本書目》有《宋忠肅陳了齋四明尊堯集》十一卷，清光緒十年章景祥翠竹書室刻本，則此書有四卷、十一卷兩種卷帙内容，《天目》諸臣不加分辨，此亦匆忙編就、不及翻書之一例也。《天目後編》解題又云："書前有後至元己卯林興祖序，乃其九世孫文綱重刊時作。此本標'十五世孫婿蕭甫、裔孫載興校刊'，九世已入元時，以世次年數計之，則在明代矣。"

昌彼得先生敍錄，推測陳載興或取明天順七年陳紀舊版修補重印，唯無書可證。此版本在《中國古籍善本書目》著錄爲"明刻本"，僅中國國家圖書館一家有藏。中國國家圖書館藏有陳載興、陳懋賢明嘉靖二十六年編刻之《宋陳忠肅公言行錄》，卷五至七爲《四明尊堯集》，收《四明尊堯集》各本之序跋，其卷七收明人張泰《跋重刊四明尊堯集》："是集當時已獻之黼座，藏諸金匱久矣。至公九世孫文綱復梓行於世，其有功於世教不小。正統戊辰(十三年，1448)，適罹兵燹，□復重刊，貯之祠宇。今其十三世孫翰爲博士弟子員，間以後序屬於余。"據林興祖《重刊四明尊堯集序》，陳瓘九世孫文綱重刊在元後至元五年(1339)。再有明人舒芬《跋重刊四明尊堯集》："今裔孫以《尊堯》序屬芬……正德己卯(十四年，1519)九月九日賜進士及第福建市舶提舉司副提舉前翰林院國史脩撰進賢後學舒芬拜手謹書。"十三世孫翰□重刊在明正統戊辰（十三年，1448），正德己卯上距正統戊辰約七十年，舒芬所言"裔孫"，或即十五世陳載興。此本或可詳細著錄爲"明正德十四年蕭甫、陳載興福州刊本"。

每冊俱鈐天祿繼鑑諸璽，前後副葉所鈐爲"中三璽"。揆敘舊藏，有謙牧堂二印。有清室善後委員會點驗掛籤。

《故宫善本書目》記其作"明刻本"。《"國立故宫博物院"善本舊籍總目》，上冊，第625頁，著錄爲"明十五世孫壻蕭甫裔孫載興校刊本"。

692 陳少陽先生盡忠錄八卷

明正德十年（1515）申理、孫育丹陽刻本。二冊一函，現藏臺北"故宫博物院"（書號故善013819—013820）。

匡高19.4釐米，廣13.8釐米。每半葉十二行，行二十字。白口，雙線魚尾，左右雙邊。版心上刊"盡忠錄"，中刊卷次及葉次。目錄後有正德乙亥陳沂題記，書末有正德乙亥孫育跋。首卷卷端題"宋陳少陽先生盡忠錄卷一"，有《宋贈秘閣修譔陳公像》一幅。有朱筆校點，卷一後有季振宜朱筆題記。卷末一頁抄配。竹紙，黃綠色地朵花宋式錦四合函套，湖藍絹質書衣，無書籤。

《天目後編》云其成書、初刊，謂："明陳沂增輯。沂，字魯南，上元人。正德丁丑進士，官至行太僕卿。宋陳東，字少陽，丹徒人。建炎二年，乙太學生於應天行闕上書言事，爲黃潛善死。紹興中，始贈官、賜田，時人哀之，紀其事實。至嘉定元年，李綱之孫大有增聖語三條於篇首，①改名曰《盡忠錄》，鋟木以傳。至明正德乙亥，丹陽孫育得其書，屬沂增輯其事，下至正德時爲書八卷。……書末有孫育跋，②丹陽知縣申理刻之。③ 考別本有楊一清序，稱太學生孫育得所謂《盡忠錄》者，質之鄉進士陳君沂爲編次焉，是猶在沂未第時也，此本佚。"《中國古籍善本書目》著錄"明正德十一年刻本"，有《續錄》一卷，僅中國社會科學院文學研究所收藏一部。臺北"中央研究院"傅斯年圖書館亦藏一部，有正德十一年楊一清序。此天祿本無《續錄》，目錄後之正德十年陳沂記有云："遂以名篇板行者，縣令申君爲民之勸也；太學孫思和爲鄉人之榮也。"卷後正德十年孫育跋。不詳續

---

① 按，大有，王先謙本《天目後編》誤爲"太有"。
② 按，孫育，王先謙本《天目後編》誤爲"孫有"。
③ 按，申理，王先謙本《天目後編》誤爲"中理"。

錄及楊一清序是佚去？抑或續錄爲後加。

季振宜題記云："朱墨甲乙，皆荆川唐先生筆也。荆川之四代孫孝廉孔明公，余内父，因余索宋元人集，以此本及《丹淵》諸集見与，余間句讀之。此雖荆川專車之一節，不及窺其富，而陳、余兩先生集，今人多不及見。余及見之，敢不珍之耶！季滄葦記。"則朱筆改正者，唐順之所爲；朱筆句讀者，季振宜所爲。《天目後編》又云："按：通部並無批評，惟有朱墨句讀及刪圈之處。似此順之之輯《右編》時記取入書者，振宜爲其家門壻，付受有因也。"

每冊俱鈐天祿繼鑑諸璽，前後副葉所鈐爲"中三璽"。季振宜舊藏，有"季印振宜"朱方、"季滄葦圖書記"朱長、"御史振宜之印"白方、朱方四印。

《故宮善本書目》記其作"明正德十年申理丹陽刻本"。《"國立故宮博物院"善本舊籍總目》，下冊，第1072頁，著錄爲"明正德十年刊本"。

693 金佗編五十八卷

明嘉靖二十一年(1542)洪富刻三十七年(1558)黃日敬重修本。十二冊，現藏中國國家圖書館(新編書號1251)。

每半葉九行，行十七字，黑口，左右雙邊。《金佗粹編》卷前有嘉定戊寅岳珂自序，《金佗續編》卷前有紹定戊子岳珂自序。另有嘉靖壬寅張鰲序，後有兩浙鹽運使晉江洪富後序。灑金箋題"明版金佗編第某冊"。

《天目後編》提要云："是本巡按浙江唐一鵬重刻。"

每冊俱鈐天祿繼鑑諸璽，前後副葉所鈐爲"大三璽"，無其他私家藏印。

1959年自故宮調撥，撥交清冊上記爲"明嘉靖二十一年唐一鵬刻本"。2013年編目。

694 史記評林一百三十卷

明萬曆二年至四年(1574—1576)凌稚隆刻本。八函四十冊，現藏臺北"故宮博物院"(書號故善008901—008940)。

匡高24.6釐米，廣14.9釐米。每半葉十行，行十九字，小字雙行同，有眉欄，小字鐫評。左右雙欄，版心白口，單魚尾，書口上刊"史記卷幾"，中記篇名及葉次，下記刻工或寫工姓名及字數。刻工有同邑沈玄易刊(沈玄易)、張璥刻、彭天恩刻、戴文刻(戴文、戴)、鄧欽刊(欽)、傅机(机、付机)、温志、錢世英刻(錢)、楊順之、章右之刻(章右之)、章國華、秦、陶仲

（陶、仲）、（徐光祖）徐、芦、元、吴文泮（文泮）、王伯才刻、刘礼、謝安刊、邵、刘子春、刘守、余六、洪平、徐軒、徐二、林文、孫承愛（孫承）、余世芳、安、章樊之刻、嚴春、趙英其（英趙其）、顧成、林汝昂、沈龍、顧本仁刻、鄭玄、何仲仁、倪世榮、毛、陶仲、徐朝、鄧秦、楊三、孫葉、王以德、付汝光刻、嚴春、陸本、章華、趙其、陸本、楊順之等。寫工有：長洲（吳門）顧櫻寫、古吳錢世傑寫、姑蘇（吳門、長洲）徐普寫、勾吳（吳門）高洪寫（高洪書）、金應奎寫。卷首有《史記評林叙》，署"吳郡王世貞撰"。又《刻史記評林序》，署"萬曆四年丙子冬十二月朔歸安茅坤書"。又《史記評林序》，署"萬曆五年歲丁丑八月之吉賜進士出身中奉大夫江西布政使司右布政使天目徐中行撰"。又孫謀《史記索隱序》。又司馬貞《史記索隱後序》。又司馬貞《補史記序》。又《史記正義序》，署"歲次丙子開元二十四年八月殺青斯竟"。又《史記集解敘》，署"宋中郎外兵曹參軍裴駰"。序後有《史記正義論例》，署"諸王侍讀宣議郎守右清道率府長史張守節上"。又張守節《史記正義諡法解》。又張守節《史記正義列國分野》。序後有《三皇五帝譜系》至夏商周秦漢及春秋列國世系圖二十四幅。附圖後有《史記評林凡例》，並有識語，署"吳興後學凌稚隆識"。又《史記評林姓氏》。又《史記評林引用書目》。又《讀史總評》。又《補史記》，卷端下署"吳興凌稚隆輯校"。目錄卷端刊有"漢太史令龍門司馬遷著　宋中郎外兵曹參軍裴駰集解　唐朝散大夫國子博士弘文館學士河內司馬貞索隱　唐諸王侍讀宣議郎守右清道率府長史張守節正義"四行。首卷卷端題"史記評林卷之一　吳興凌稚隆輯校"。淺色地朵花宋式錦四合函套及書衣，黃綾書籤及套籤，書"漢書評林"。

凡例後又凌稚隆自作識語，以表作書大旨，稱古歙汪氏、維揚張氏捐貲付梓，筆刻於萬曆甲戌（二年，1574），迄丙子（四年，1576）冬始成。《天目後編》提要稱"刻於萬曆戊子，暨丙子冬始成"。"萬曆戊子"爲萬曆十六年(1588)，稍誤。凌稚隆所纂曰"評林"，乃取自晉迄明說《史記》者一百五十五家，選輯其語，各列於本文上方，鑴於眉欄。顧櫻等爲蘇州寫工，萬曆年間還曾爲趙用賢《管韓合刻》本寫版。

每冊俱鈐天祿繼鑑諸璽，前後副葉所鈐爲"大三璽"，無其他私家藏印。

《故宮善本書目》記其作"明萬曆四年刻本"。《"國立故宮博物院"善本舊籍總目》，上冊，第180頁，著錄爲"明萬曆四年吳興凌氏刊本"。

695 史記評林一百三十卷（又一部）

明萬曆二年至四年(1574—1576)凌稚隆刻本。四函二十四册，現藏臺北"故宮博物院"（書號故善 008941—008964）。

版本同上。白棉紙，淺色朵花宋式錦四合函套，淺綠色朵花宋式錦書衣，黃綾書籤及套籤，書"史記評林"。

《天目後編》提要僅云："同上，係一版摹印。"較之前一部，此本略爲後印。

每册俱鈐天祿繼鑑諸璽，前後副葉所鈐爲"大三璽"。並有"藏之名山"朱方，"勞山季氏珍藏"朱長二印，"季氏"，《天目後編》誤記爲"史氏"。

《故宮善本書目》記其作"明萬曆四年刻本"。《"國立故宮博物院"善本舊籍總目》，上册，第180頁，著錄爲"明萬曆四年吳興凌氏刊本"。

695(2) 漢書評林一百卷

明萬曆九年(1581)凌稚隆刻本。二十八册四函，現藏臺北"故宮博物院"（書號故善 010997—011024）。

匡高24.2釐米，廣14.7釐米。每半葉十行，行二十字，小字雙行同，有眉欄，鑴小字評點。左右雙邊，白口，單魚尾，版心上刊"漢書卷幾"，中刊篇名及葉次，下刊刻工名及字數：徐禎（徐禎刻、禎）、陶昂（陶昂刻、昂）、陶信（陶信刻、信）、戴士（戴、戴士刻）、陶英（陶英刻）、陶子英（子英、子、英）、罗六（罗、六）、仕、楊元（元）、巳、氾、子才（才）、戴文、希信（希、信）、卞、黃大昱（黃）、顧建卿（卿）、武、貞、彭天恩（彭）、刘、錢國用（錢、用）、何道甫（何、甫）、玉、羅文（文）、六元、士、六徐（徐）、安、游子明（游明、明）、張栢（張）、李仁、章右之（右之）、顧時中（時中、中）、沈玄龍（沈）、夏邦彥（夏邦彥刊、夏彥、邦）、子良、仕、承、趙應其（應其、其）、張敖、高伯玉、陳習（習）、錢世英（錢）、漢六、晏邦（晏）、昂大、徐文台（徐文、文台）、貞、加、六信、陳子文（文）、文希、希文、承。並見寫工名，有：杭州（仁和、武林）郁文瑞書（郁文瑞寫、仁和瑞書）、長州（勾吳）顧椽書（顧椽寫）、錢塘（杭州）袁君肇对、吳門徐普書、吳門高洪寫。卷首有《漢書評林序》，署"萬曆辛巳年吳郡王世貞撰"。又《刻漢書評林敘》，署"萬曆辛巳長至臨海攖寧居士王宗沐書"。又《凌氏新刻漢書評林序》，署"萬曆辛巳孟秋初吉汝南何洛文書"。又《刻漢書評林序》"萬曆辛巳秋九月朔日歸安茅坤序"。又《漢書評林序》，署"明萬曆癸未春日五嶽山人沔陽陳文燭撰"。諸序後有《漢書評林凡例》,後有識語,署"萬曆辛巳歲菊月吳興後學凌稚隆以棟父識"。又《漢書評林姓氏》,署"後學凌稚隆字以棟烏程人編次"。又《漢書評林引用書目》,署"吳興後學凌稚隆編目"。又《漢書評林字例》,署"吳興後學凌稚隆編類"。又《漢世系傳授圖》、《漢國都地理圖》、《漢南北軍圖》。又《漢書總評》。又《漢書敘例》。又《舊刻例》,後署"萬曆辛巳歲吳興後學凌稚隆識"。目錄下刻有"漢蘭臺令史班固撰唐正議大夫行秘書少監琅邪縣開國子顏師古注"。首卷卷端題"漢書評林卷之一上吳興後學凌稚隆輯校"。白棉紙,淺色地朵花宋式錦四合函套,紅色絹製書衣,黃綾書籤及套籤,書"漢書評林"。

是書編纂一如《史記評林》之例,《天目後編》云:"篇目見前宋版史部。其纂輯如《史記評林》之例,凡評者百四十七家。……刻於萬曆辛巳。"王宗沐序云:"吳興凌以棟以固書無善本,乃並敘古今之竊又題評者,節附於柬末刻之,題曰評林。"

每冊俱鈐天祿繼鑑諸璽,前後副葉所鈐爲"大三璽",無私家藏印。有清室善後委員會點驗掛籤。

《故宮善本書目》記其作"明萬曆九年刻本"。《"國立故宮博物院"善本舊籍總目》,上冊,第 182 頁。

696 漢書評林一百卷(又一部)

明萬曆九年(1581)凌稚隆刻本。原作三函三十二冊,實爲三函二十二冊,現藏臺北"故宮博物院"(書號故善 002903－002924)。

版本同上。白棉紙,淺色地朵花宋式錦四合函套及書衣,黃綾書籤及套籤,書"漢書評林"。

《天目後編》僅云:"同上,係一版摹印。"

每冊俱鈐天祿繼鑑諸璽,前後副葉所鈐爲"大三璽",無其他私家藏印。有清室善後委員會點驗掛籤。

《故宮善本書目》記其作"明萬曆九年刻本"。《"國立故宮博物院"善本舊籍總目》,上冊,第 182 頁。

696(2) 漢雋十卷

明萬曆十二年(1584)會稽呂元刻本。七冊一函,現藏臺北"故宮博物院"(書號故善 007226－007232)。

匡高 20.5 釐米,廣 14.5 釐米。每半葉八行,行大字不等,小字雙行二十四字。白口,左右雙邊,單線魚尾。版心上刊"漢雋",中記卷次及葉次,下刊刻工及字數,刻工名有徐軒、羅大百(罗)、汪、仕、禎士、洪、劉、希、英、昂、陳等。卷前有目錄,無序跋。首卷卷端題"漢雋卷第一",各卷標題下俱有裁補之小字"宋括蒼郡林鉞國鎮輯"一行。卷一末有僞製八分書木記一方,"清渭何通直宅萬卷堂本紹興乙亥刊"三行。麻紙,綠絹書衣,黃綾書籤,書"漢雋"。

《天目後編》云:"每標籤'宋括蒼郡林越國鎮輯',卷一末刻'清渭何通直宅萬卷堂本,紹興乙亥刊',乃明翻宋本也。《處州府志》'越'作'鉞',未知孰是。"各卷端下"宋括蒼郡林鉞國鎮輯"一行,書上皆作"鉞"字,未見"越"字,實一方木記所鈐蓋,《天目》諸臣失察,此其一;其二,經與臺北故宮所藏另一部明萬曆甲申會稽呂元刻本《漢雋》(書號平圖 010672—010675,四冊)比勘,天祿本各卷端下裁去原有之"宋括蒼郡林鉞國鎮輯;明會稽郡呂元調父校"二行,另以補紙捺上墨色木記"宋括蒼郡林鉞國鎮輯"一行(圖 15-1);平圖本卷前有萬曆甲申(十二年,1584)虞淳熙《重雕漢雋序》和呂元《跋刻漢雋》,天祿本均脫去不存;其三,卷一末刊記"清渭何通直宅萬卷堂本紹興乙亥刊",與各卷端下題"宋括蒼郡林鉞國鎮輯"一行,字體、墨色俱有別於書中其他文字,實爲書估裁補增添、僞充別本所致;其四,書中並無避宋諱之闕筆字,與翻雕宋版無關,《天目》諸臣僅憑僞製刊記,判其爲明翻宋本,雖以其入明版,仍不免鑑定欠闕準確。

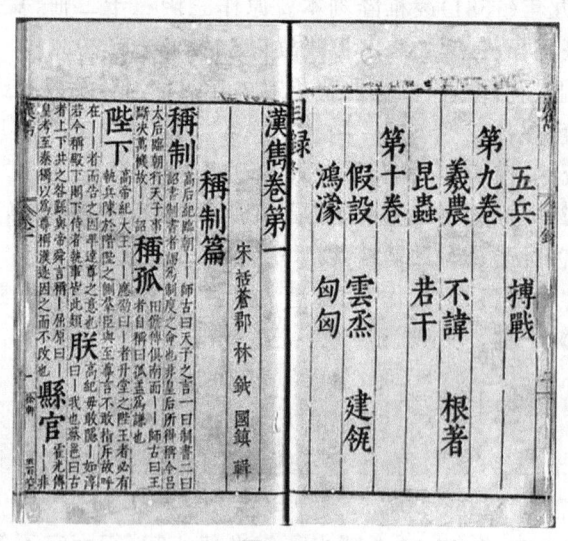

圖 15-1

每冊俱鈐天祿繼鑑諸璽，前後副葉所鈐爲"中三璽"。另卷首及卷三、卷八、卷十皆有"司馬氏家藏書帖記"白文方印一枚，正鈐於裁補之處，印文、印泥皆不佳，亦是書估僞製。有清室善後委員會點驗掛籤。

《故宮善本書目》記其作"明復宋本"。《"國立故宮博物院"善本舊籍總目》，上冊，第 392 頁。

696(3) 兩漢博聞十二卷

明嘉靖三十七年(1558)吳郡黃魯曾刻本。二函十冊，現藏臺北"故宮博物院"(書號故善 007216－007225)。

匡高 17.5 釐米，廣 12.4 釐米。每半葉八行，行十六字。左右雙邊，白口，單線魚尾，版心中記"兩漢博聞卷幾"及葉次。卷前有《刻兩漢博聞序》，署"嘉靖戊午元日黃魯曾撰"。每卷前各有目錄。首卷卷端題"兩漢博聞卷第一"。第二冊葉四十三和葉四十四錯置，第十冊目錄葉三誤刻爲四，第十冊卷十二漏葉十一。白棉紙，淺色地朵花宋式錦四合函套，綠色絹製書衣，黃綾書籤及套籤，書"明板兩漢博聞"。

《天目後編》云："書十二卷。凡《前漢書》七卷，《後漢書》五卷。取其故事字句爲標目，而節取顏師古及章懷太子注列於下，前有嘉靖戊午黃魯曾序，乃刻書時作。然序及書中不載撰人姓名，疏陋已甚。"黃魯曾(1487—1561)，字得之，一字德之，號中南山人，吳縣人，黃省曾之兄。與弟省曾購求異書善本，不吝資財，吳中稱其"二黃先生"。刻書眾多，有《孔子家語注》、《唐僧弘秀集》、《太平樂府》、《兩漢博聞》、《漢唐晉四傳》、《唐詩二選》、《仙家四書》、《續吳中往哲記》、《南華合璧集》等行於世。

每冊俱鈐天祿繼鑑諸璽，前後副葉所鈐爲"中三璽"，並有"逢省"、"自三"二朱文印。另卷二末版匡外有"庾嶺"朱方及滿文印等四方，爲《天目後編》失載。

《故宮善本書目》記其作"明嘉靖三十七年吳郡黃魯曾刻本"。《"國立故宮博物院"善本舊籍總目》，上冊，第 392 頁。

697 十七史詳節二百七十三卷

明正德十一年(1516)建陽劉弘毅慎獨齋刻本。原作十函八十六冊，其中二百三十六卷，闕《東漢》卷五至七、《北史》卷七至二十八、《隋書》卷一至五、《唐書》卷四十四至四十六、卷五十二至五十五，計七十六冊十一函，現藏臺北"故宮博物院"(書號故善 011025－011100)；另三十七卷，

《東漢》卷五至七、《北史》卷七至二十八、《隋書》卷一至五、《唐書》卷四十四至四十六、五十二至五十五,十冊,現藏中國國家圖書館(新編書號1249),合兩岸所藏,即爲全璧。

匡高19釐米,廣11.6釐米。每半葉十三行,行二十六字,四周雙邊,下細黑口,雙順魚尾。版心上書如"史記詳節卷第幾",中書篇目,下記頁次。卷端題"東萊先生某某詳節"。每書各自分列卷帙,卷前各有目錄、諸序。新裝藍布函套,竹紙,淺藍色灑金絹質書衣,白紙灑金書籤,書"明板十七史詳節"及冊數。

此書合計二百七十三卷:《東萊先生史記詳節》二十卷,《東萊先生西漢詳節》三十卷、《東萊先生東漢詳節》三十卷、《東萊先生三國志詳節》二十卷、《東萊先生晉書詳節》三十卷、《東萊先生南史詳節》二十五卷、《東萊先生北史詳節》二十八卷、《東萊先生隋書詳節》二十卷、《諸儒唐書詳節》六十卷、《東萊先生五代史詳節》十卷。

此本脱去《史記詳節》前之《十七史序》及卷首"皇明正德丙子冬十月京兆劉弘毅刊行"一行,亦裁補每書序下或首卷卷端下所刻"建陽木石山人劉弘毅刊行"、"京兆木石山人刊行"、"建陽慎獨齋劉弘毅刊行"等刊記(圖15—2)。但剜除不盡,《西漢詳節》卷二等卷端下仍有"京兆慎獨齋刊行"一行,卷二十七下有"正德丙子刊行"一行等。《中國古籍善本書目》著錄爲"明正德十一年劉弘毅慎獨齋刻本"。

圖15—2

每冊俱鈐天祿繼鑑諸璽，前後副葉所鈐爲"中三璽"。卷首書頁多有殘損，不見《天目後編》所著"煙雲供養"、"夢草"、"書舫"三印。另有一印《天目》未錄，"□學書樓"朱文大方印，未能盡識，似一"可"字。

《故宮善本書目》記其作"明建陽劉氏慎獨齋刻本"。《"國立故宮博物院"善本舊籍總目》，上冊，第391頁，著錄爲"明正德十五年建陽劉氏慎獨齋刊本"。國圖所藏10冊，爲原書之第25、57—63、79、81冊；其中四冊書頁蟲蛀、霉爛極爲嚴重。2013年編目。

697(2) 十七史詳節二百七十三卷（又一部）

明正德十一年(1516)建陽劉弘毅慎獨齋刻本。二十四冊四函，現藏臺北"故宮博物院"（書號故善011101—011124）。

版本同上。匡高19釐米，廣11.6釐米。每半葉十三行，行二十六字，四周雙邊，細黑口，雙順魚尾。版心上書如"史記詳節卷第幾"，中書篇目，下記頁次。卷端題"東萊先生"。《史記詳節》前有《十七史序》。每書各自分列卷帙，卷前各有目錄、諸序。竹紙，黃綠色地朵花宋式錦四合函套，銀灰色地宋式錦書衣，黃綾書籤，書"十七史詳節"。

《十七史序》云："我紹興間，東萊先生呂成公顧其簡牘浩瀚，未易究竟，乃於暇日遍將諸史節其繁文，取其要語，合成一書，特名之曰《十七史詳節》，以便觀覽。當時好事者請刻諸棗以廣其傳，誠萬世之盛典也。"後刻"慎獨齋"、"五忠後裔"、"精力史學"三朱文印。各書序下或首卷卷端下多刻有刊記一行，或刻"建陽木石山人劉弘毅刊行"，或刻"京兆木石山人刊行"，或刻"建陽慎獨齋劉弘毅刊行"，或刻"慎獨齋校刊"等。

《史記詳節》卷首半葉裁取別本補之，第七行題"後村劉克莊梓"。《五代史詳節》卷末近半葉裁去。另將書前《十七史序後》之"後"字挖去，文中"宋紹興間"挖改爲"我紹興間"，篇末二行"慎獨"、"五忠後裔"、"精力史學"篆文圖記，乃自別本裁切接補，豈欲僞冒宋槧歟？

《天目後編》記曰：此本"前有無名氏序，墨印三：'慎獨齋'、'五忠後裔'、'精力史學'。每卷首或刻'建陽劉克莊梓'，或刻'建陽慎獨齋'，或刻'建陽木石山人劉宏毅'，其例不一。建陽自宋爲刻書之肆，劉氏慎獨齋世其業，而劉宏毅乃明時人，首標克莊，著其先世名人耳"。①

---

① 劉按，書上第一枚墨印爲"慎獨"，無"齋"字。

每冊首末副葉俱鈐"中三璽",無其他私家藏印。鈔補頁除《天目後編》所記外,尚有《南史》卷十六第十二頁及《唐書》卷六十之第八、九葉。

《故宮善本書目》記其作"明慎獨齋刻本"。《"國立故宮博物院"善本舊籍總目》,上冊,第 391 頁,著錄爲"明正德十五年建陽劉氏慎獨齋刊本"。

698 水經注四十卷

明萬曆十三年(1585)吳琯金陵刻《合刻山海經水經》本。三十冊四函,現藏臺北"故宮博物院"(書號故善 007244—007273)。

匡高 20.9 釐米,廣 13.8 釐米。每半葉十行,行二十字。白口,左右雙邊,單魚尾。版心上刊"水經",中刊卷次及葉次。卷前有王世懋《重刻水經序》,又方沆《合刻山海經水經》序。① 首卷卷端題"水經第一",隔行下題"漢桑欽撰　後魏酈道元注　吳琯校"。白棉紙,黃色地朵花宋式錦四合函套,石青杭細書衣,黃綾書籤及套籤,書"明板水經注"。

是本爲明萬曆十三年新安人吳琯所刻。卷前序有缺,與別本相比,王世懋序存第一、二葉,闕第三、四葉,序在名萬曆乙酉年(十三年,1585);方沆序存第三葉,闕第一、二葉。王世懋序云:"新安太學吳君絕愛此書,志存嘉惠,迺延江都陸君至白下,假以歲月,窮其搜剔,於是梓匠殫技,觀者厭心,書成,陸君以屬世懋爲之序。"方沆《合刻山海經水經序》云:"二書之傳久矣。明興合刻稱善本者,則始于吳郡黃省曾氏,惜劊劂終緒,考訂未遑,往往有豕魚之誤。友人故鄣吳生琯謀復刻之金陵,迺與江都陸生弼、吳郡俞生策後先校讐,不遺餘力。"吳琯,號中雲,福建漳浦人。隆慶五年(1571)進士,初任婺源縣令,調任給事中。校刊有《唐詩紀》、《合刻山海經水經》等,著《古今逸史》。此本係吳琯以元祐二年本爲底本校刻。

每冊俱鈐天祿繼鑑諸璽,前後副葉所鈐爲"大三璽",首頁下方"吳琯"二字上方皆有挖補痕蹟,補紙處另鈐"水東金杏穉仙氏桐孫堂家藏書畫之印"朱方一印。據別本,挖去之字爲"大明"(圖 15－3)。卷四十末尚有一"廷綱"朱文方印。

---

① 劉按,方沆,《天目後編》誤記爲我"方沉"。

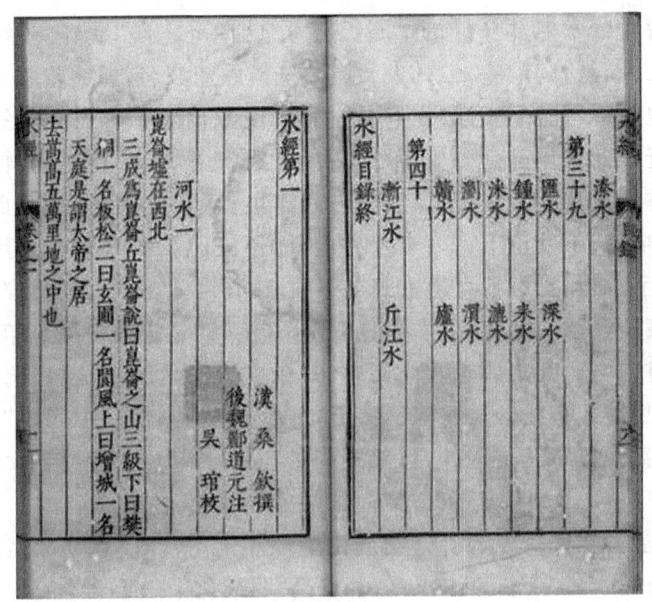

圖 15—3

《故宮善本書目》記其作"明萬曆十三年新安吳琯刻本"。《"國立故宮博物院"善本舊籍總目》,上冊,第 527 頁,著錄爲"明萬曆十三年新安吳琯刊山水經合刊本"。

698(2)三輔黃圖六卷

明成化十六年(1480)刻本。一函一冊,現藏臺北"故宮博物院"(書號故善 007243)。

匡高 18.8 釐米,廣 11.7 釐米。每半葉十一行,行二十一字。小字雙行同,四周雙邊,黑口,雙魚尾。版心中記葉次。卷前有《三輔黃圖序》,不著撰人。卷後有成化庚子三月嘉禾周鼎跋。首卷卷端題"三輔黃圖卷之一"。白棉紙,綠色地朵花宋式錦四合函套,湖藍絹製書衣,無書籤,包背裝。

周鼎跋略云,此書久不見刻本,盱江左氏藏此蓋積有世年,今江浙參政桂坡先生刻之,命其爲序。"久不見刻本……今江浙參政桂坡先生出示鼎,使序而刻之……先生刻此,亦所以成先世之遺志云。成化庚子三月既望八十一翁嘉禾周鼎伯器書。"按,此"桂坡"先生並非安國,安國生於明成化十七年(1481)。

此書先歸常熟馮舒,前有"馮氏藏本"、"馮舒之印"、"春艸堂印"、"簡翁"諸印。馮舒,號默庵,常熟人。與弟班俱以能詩名,即錢曾跋中所云己蒼先生也,著《古詩紀匡謬》。卷首副葉有清順治十三年(1656)錢曾手書題記四行:"此書係己蒼先生所贈,先生藏書萬卷,咸手自正定,惜乎身後盡散爲雲煙。自先生之殁也,於今已六年矣,感歲月之易遷,嘆良朋之難再,展卷唏噓,不禁泣下。丙申六月盡日,遵王記於獨醒堂中。"然而無錢曾藏印,字不佳,且與習見遵王筆蹟不同,或爲過錄。入宮前曾經季振宜、揆敘遞藏,有"季印振宜"、"季振宜藏書"、"滄葦"、"謙牧堂藏書印"、"謙牧堂賞鑑書畫之章"等。"謙牧堂藏書印"朱文方印,《天目後編》記爲"謙牧堂藏書記"。入宮後鈐天祿繼鑑諸璽,前後副葉所鈐爲"中三璽"。除《天祿後目》卷十五所記諸印外,目錄下尚鈐"月幬"朱長、"印岡字女文父"朱長二印。

《故宮善本書目》記其作"明成化十六年刻本"。《"國立故宮博物院"善本舊籍總目》,上册,第521頁,著錄爲"明成化十六年刊本"。

699 雍大記三十六卷

明嘉靖刻本。十册二函,現藏中國國家圖書館(書號A01335)。

每半葉十行,行二十一字,白口,四周單邊,單魚尾。版心中刊書名卷次及葉次。卷前有《雍大記序》,署"嘉靖壬午正月甲子關西逸史段炅序"。又《雍大記序例》及目錄。首卷卷端題"雍大記卷之一"。

書三十六卷。以代《陝西通志》,分六門,曰考易以代沿革八卷,曰考蹟以代地理五卷,曰紀運列周秦漢唐明帝王五卷,曰紀治詳列代君臣事蹟七卷,曰志獻以代人物五卷,曰志賁以代藝文六卷。書中多有斷版。段序云:"大復子何氏仲默,汝南人,是書開局立例,召學官生徒分輯成編,歧三十卷,改訂甫就,而休去憲僉,辰陽周公宗化攝學政,乃命校錄畢刊。周公表見人文之功,此並大焉當記者,遂於序並書之。"

此爲泰興季氏藏本。書中有墨蹟題跋三段:一爲張獻翼,在目錄後,題曰:"萬曆改元,張獻翼借展,豈惟方輿指掌於□地哉。蓋有良史才矣。"鈐"張獻翼章"、"別字幼子"二朱文印;①二爲吳岫,在《凡例》後及末卷後。吳岫,字方與、濠南居士,吳縣人。嘉靖諸生。家多貯書,前後收書逾萬

---

① 劉按,"張獻翼",《天目後編》卷十五誤記爲"張鳳翼"。

卷。有藏書樓爲"塵外軒"。所藏書扉頁多有"塵外軒讀一過"、"方山吳岫"等印。撰有《姑蘇吳氏書目》一卷,早佚。《序例》後一處題曰:

  大復氏《大記》之作,足以當《關陝全志》哉。且其考據核而精,其議論要而正,鋪敘得作史家法,而詞語爛然,《關陝全志》中之佳品哉。使其於疆里山川歷歷畫圖,以標於□□□□地產之所出,而釋、老二氏之遺踪,兼包不遺焉,則使後□□□□者,予亦不不欲觀矣。明姑蘇吳岫識

並鈐"吳岫"及另一朱文印,損字不清。書末一處題曰:

  大復氏《大記》之作,足以當《關陝全志》哉。且其考據核而精,其論議詳而要,鋪敘得作史家法,而文詞爛然,《關陝全志》中之佳品哉。若其首補以疆里山川之圖,末標以地產之所出,而釋、老二氏之故迹,兼不遺焉,則使後有作者,予亦不不欲觀矣。姑蘇吳岫識

《天目》編者認爲:"吳跋兩段文句相同,字亦稚拙,坊賈所爲,非其真蹟也。"①

鈐有"吳岫書籍"、"姑蘇吳岫家藏"、"姑蘇吳岫塵外軒讀一過"、"御史之章"、"季印振宜"、"滄葦"諸印。"姑蘇吳岫塵外軒讀一過",《天禄後目》誤作"姑蘇吳岫塵外廬讀過"。另有"張獻翼章"、"別字幼子"二方爲《天禄後目》失載,其他盡同。每册首末葉鈐"乾隆御覽之寶"及"天禄繼鑑"、"天禄琳琅"諸璽,前後副葉三璽佚失。

民國十七年(1928)傅增湘經眼,并錄吳岫、張獻翼題識。②

700 楚故略二十卷

明萬曆十三年(1585)武尚耕荆西刻本。一函四册,現藏臺北"故宮博物院"(書號故善 011125—011128)。

匡高19.5釐米,廣13釐米。每半葉九行,行二十字,小字雙行同。四周單邊,白口,版心上記"楚故署卷幾",下記葉次。每張筒子葉爲兩面獨立版匡,版心匡線不連貫,與習見頗不同。卷前有《楚故署序》,署"萬曆十有三年仲冬湖廣布政司右參議溧水武尚耕書於荆西之匪解堂";又《楚

---

① 《天禄琳琅書目》,後編卷十五,明版《雍大記》條,第700頁。
② 《藏園群書經眼錄》,卷五,第338—389頁。

故署序》，署"萬曆十二年甲申上元曰應城七十翁陳士元識"；又目錄及凡例。卷後有《楚故署後跋》，署"德安府推官錢士完頓首謹跋"。第三冊卷十三葉十九和二十錯置。首卷卷端題"楚故署卷之一歸雲外集十六"，隔行下題"應城陳士元著"。白棉紙，新裝織錦四合函套，紅色絹質書衣，黃綾書籤及套籤，書"明板楚故略"。

陳士元自序略云，嘉靖己酉歸田後，補著《楚故略》二十卷。嘉靖辛酉撫院劉中屬陳氏暨袁履善纂輯《全楚通志》，開局鄂渚，是書亦參采志中。全志梓行後又三年，自爲增削，付侍僆楷鈔，貯之右塾。武尚耕序云："陳大夫資適逢世，懷瑾握瑜，勒成一家言。⋯⋯余故樂爲序而梓之，將傳之通邑大都焉。"錢士完跋曰："歲乙酉忝知武公來撫荊以西，⋯⋯既得陳大夫所著《楚故署》而善之也。⋯⋯於是亟檄蔣丞桐覈其費，完讐其誤而附之剞劂氏。"明代荆西道位屬今日湖北省，撰者陳士元亦湖北應城人。又各卷卷端下俱加題"歸雲外集幾"，爲《歸雲外集》卷十六至三十五，此書爲陳士元所撰《歸雲外集》之一種。《中國古籍善本書目》不見著錄，僅叢部自著類藏有明萬曆十一年、十七年自刻本《歸雲別集十種》七十四卷《外集》十種六十七卷，爲九行二十字、白口、四周單邊本，與此同版。

每冊俱鈐天祿繼鑑諸璽，前後副葉所鈐爲"大三璽"，無其他私家藏印。每冊前後副葉內尚存改裝痕蹟，此前書衣應是藍灰色紙。有清室善後委員會點驗掛籤。

《故宮善本書目》記其作"明萬曆十二年武尚耕湖廣刻本"。《"國立故宮博物院"善本舊籍總目》，上冊，第552頁，著錄爲"明萬曆十三年武尚耕湖廣刊本"。

701 歷代地理指掌圖不分卷

明刻本。一函六冊，現藏臺北"故宮博物院"（書號故善 000937—000942）。

匡高24釐米，廣16釐米。每半葉十行，行二十字，小字雙行同。左右雙邊，白口，版心上記"指掌圖"，中記圖名及葉次。有《古今華夷區域總要圖》、《歷代華夷山水名圖》等圖六十一幅。正文前有《歷代地理指掌圖序》，署"眉山蘇軾謹序"。後有《歷代地理指掌圖總論》。第一冊《歷代地理指掌圖序》缺第二葉。頁眉偶見墨筆眉批。白棉紙，紫黑色地織金織錦四合函套，湖藍色絹質書衣，無書籤。

《天目後編》云："淳熙間趙亮夫刻於桐汭。此本中宋諱字尚有闕筆者,乃從宋本翻雕之證,而多《昊天成象圖》、《明一統圖》、各布政使司十四圖,足證爲明時重刻。末有'毘陵陳奎刻'五字。"因書頁蟲蛀殘損,卷末此五字不存。自版刻風格觀之,有明顯之嘉靖刻風。

每冊俱鈐天祿繼鑑諸璽,前後副葉所鈐爲"大三璽"。另有"希□"朱文長印,《天目後編》失載。有清室善後委員會點驗掛籤。

《故宮善本書目》記其作"明復宋本"。著錄於《"國立故宮博物院"善本舊籍總目》,上冊,第402頁。

701(2)杜氏通典二百卷

明嘉靖十八年(1539)王德溢、吳鵬廣州刻本。二十函一百冊,現藏臺北"故宮博物院"(書號故善007288－007387)。

匡高18.4釐米,廣15釐米。每半葉十一行,行二十字,小字雙行同。白口,四周單邊,版心中有兩短橫線,其間刊"通典卷幾"及葉次。卷前有《刻杜氏通典序》,署"嘉靖十八年己亥夏四月之吉賜進士光祿大夫柱國少保兼太子太保吏部尚書武英殿大學士知制誥經筵國史總裁官西樵病叟方獻夫撰";又《杜氏通典序》,署"唐左補闕李翰撰";又杜佑自序;又《名宦傳》、《嶺南志》之《杜氏本傳》。卷末有《分理官員師生姓氏》。首卷卷端題"杜氏通典卷第一",隔行下小字題"唐岐國公尚書右丞前嶺南節度使京兆杜佑君卿纂　明文林郎巡按廣東監察御史連江王德溢戀中校　奉議大夫廣東提督學校僉事秀水吳鵬萬里同校"。白棉紙,淺色地朵花宋式錦四合函套,湖藍色絹質書衣,黃綾書籤及套籤,書"明板杜氏通典"。

方獻夫刻書序云:"嘉靖戊戌侍御連江王君十竹來按吾廣,首謀于提學秀水吳君默泉,訪求善本,爰加精校,乃請于提督都憲候官蔡公半洲嘉樂贊成,遂付之梓。"《分理官員師生姓氏》提調官、監刻官皆廣州府及儒學官員,另有對閱生員十人。末有刊記七行:"右書計鏤板凡一千七百九十二,卷凡二百,帙凡四十,梓匠凡七十。始於嘉靖戊戌仲冬,迄於己亥孟冬閱月凡一十有三,貯於羊城之崇正書院。"則此書之刊,起於嘉靖戊戌(十七年,1538),終於嘉靖己亥(十八年,1539),梓成,書版貯於廣州崇正書院。此本書版有斷裂缺損及修補痕蹟。

每冊俱鈐天祿繼鑑諸璽,前後副葉所鈐爲"中三璽"。首冊首葉及卷一卷端鈐有"周國第一郡王安淵印"朱文大方印,先爲明代周藩朱安淵所藏。周藩,封國在開封,自第一代周王朱橚始,至七世孫朱勤美,世代皆好藏書,《明史》稱"周邸圖書文物之盛,甲於他藩"。朱安淵係朱橚玄孫,弘治間人。另有"李印日華"、"臣詩私印"二朱文印,爲明人李日華舊藏。李日華(1565—1635),字君實,一字九疑,號竹懶、癡居士等,浙江人。萬曆二十年(1592)進士,歷任海州佐貳副官、西華知縣、南京禮部主事。有"鶴夢軒"、"六研齋"、"紫桃軒"等收藏書畫之所,藏書數萬卷。能書畫,精鑑别。著有《味水軒日記》、《紫桃軒雜綴》、《六研齋筆記》等。

《故宮善本書目》記其作"明嘉靖十七年王德溢吴鵬廣東刻本"。《"國立故宮博物院"善本舊籍總目》,上册,第569頁,著録爲"明嘉靖戊戌王德益等廣東刊本"。

702 通志二百卷

元大德三山郡庠刻元明遞修本。二百三十册,現藏安徽師範大學圖書館(書號5963666—5963895)。

匡高29.5釐米,廣19.4釐米。每半葉九行,行二十一字,白口,左右雙邊,單魚尾。版心下偶有刻工:劉九、王玉英、君仲等。吴繹疏及序配清抄四頁。前有元至治二年鄭樵自序。首卷卷端上題"三皇紀第一",下題"通志一"。

與《天目後編》著録元版、即大字本《通志》係"另一刻"。《天目後編》云"篇目見前元版史部,惟鄭樵自序,餘俱無。另一刻"。

每册俱鈐天禄繼鑑諸璽,前後副葉所鈐爲"大三璽"。另鈐"金星焕廣熙氏"、"牧齋蒙叟"等印,爲明末清初虞山錢謙益舊藏。

另,袁克文《寒雲日記》中記"(民國乙卯,1915)八月十二日,王氏藏書又寄到二十箱,選得宋刊《紀事本末》四十二卷,十一行十九字;《通志》二百卷,九行二十一字,皆天禄舊物"[①]。不詳袁克文舊藏本是否即此本。

安徽師大著録爲元至治二年(1322)福州三山郡庠刻明遞修本,實至治二年爲補刊年之一,詳見下一書。

702(2) 通志二百卷(又一部)

元大德三山郡庠刻元明遞修本。一百十二册二十函,現藏臺北"故宮博物院"(書號故善006094—006205)。

匡高30.4釐米,廣20.8釐米。每半葉九行,行二十一字,白口,左右

[①] 《寒雲日記——收古籍善本摘抄1915—1918年》,見《王子霖古籍版本學文集》,第二册,《古籍善本經眼録》附録,第147頁。

雙邊，雙魚尾。版心上鐫大小字數，中鐫通志幾及葉次，下鐫刻工。卷前有吳繹序，署"至治二禩壬戌夏五郡守可堂吳繹書於三山郡齋"；（募印）《通志疏》，署"至治元年五月日疏　福州路總管可堂吳繹題"，後有至治二年九月印造銜名七人；《通志總序》，署"右迪功郎鄭樵"。有《總目錄》。首卷卷端題"三皇紀第一"，下題"通志一"，小題在上，大題在下。白棉紙，黃綠色地朵花宋式錦四合函套，湖藍色絹製書衣，黃綾書籤，書"明板通志"。

書口下有元板刻工劉九、王英玉、正乙、陳君仲、劉四九、陳丁六、陳丁六、秀甫、伯如、伯先、胡生、陳五乙、王仁甫、陳祐甫、魏子澂、吳德、熊四、余復亨、張奉、吳正乙、祥卿、善樂、升高、介夫、黃必大、君玉、明甫、子青、子忠、友直、丁容、呂慈、虞乙、王智夫、葉元起、謝友直、王素老、詹仲輝、黃壽、施午等。明成化、萬曆補版頁，版心上有"成化十年吏部重刊"、"萬曆十七年刊"、"萬曆十八年刊"、"萬曆二十三年刊"、"萬曆二十四年刊"，下有補刊監生潘學祖、任大立、王承寵、鄧繼濂、鄭汝梅、茅一禎、顧良叔、高摺、顧良馭、宋啓文、陳邦、洪廷用、吳近道、許錫璜、郭陽復、吳時元、王應龍、汪大鵬、張即、陳學道、吳文、瞿應龍、高應宸、付亮等，成化補版頁多爲上、下粗黑口，萬曆補版葉爲白口或線黑口。

據其序、疏，元時命勒是書於三山郡學，以獻於朝，雖經呈進，而北方學者既不多見，吳繹爲福州太守，乃捐其俸，募僚屬摹褙五十部，散之江北諸郡，嘉惠後學，是當時官刻官印之書也。《天目後編》云："篇目同前元版史部。係一版摹印，而歲久漫漶，多後來刊補，故列之明版。"因其明代修補葉多，而歸入"明板"，明顯與今之以版刻年爲雕版年代做法不同，可見清代中期版本判定標準。此本修版葉版心上端之"成化"、"萬曆"多被挖補，但並未挖淨。

元人劉壎（1240—1319）《隱居通議》卷三十一《夾漈通志》："近大德歲間東宮有令下福州刊《通志》，于是益思見，終無緣也。游宦劍津（1311），始獲見《通志》二十略，乃興化舊刊本，近三十冊。……今福州所刊《通志》凡萬幾十板，裝背成凡百十冊，視興化之三十冊，則福爲全志明矣。"據學者研究，①《通志》初刻於大德間，完成於至大二年（1309），由太子愛育黎拔力八達下令訪刻。臺北故宮藏本卷十一第四葉版心下刻"至大二年士安"、卷十五第四十二葉有"至大二年英玉"，日本東京大學東洋文化研

---

① 參見包恩梨著：《〈通志〉版刻考》，《社會科學戰線》1983 年第 2 期；楊玉峰著：《〈通志〉初刻於南宋論——兼談至大本的刊刻情況》，《大陸雜誌》1987 年 75 卷 2 期。

所藏本卷九十四第一葉下有"至大己酉福建謝英玉"。至治二年(1322)，福唐郡守吳繹補刊刷印五十套，發中原諸郡。此版後代屢有修補，存世者多爲後代遞修本。

補配葉眾多，闕補卷十三、一。卷二十二、二十一。卷七十九、三。卷九十五、四。卷九十七、八十二。卷一百二、九十二、一百十二、一百十三。卷一百四、四十七、四十八。卷一百六、一、八十六、九十五。卷一百十三、一百一。卷一百十四、十五、十六。卷一百二十一、五十七。卷一百二十四、二十五。卷一百二十五、七十九。卷一百五十五、四十之四十二。卷一百五十七、八十六。卷一百五十八、二十二。卷一百六十二、六十九。卷一百六十六、三十一、三十三、三十四、三十七。卷一百六十七、七十一。卷一百七十三、二十六。卷一百七十六、二十二。卷一百七十七、四十四。卷一百七十八、四十四。卷一百七十九、一、二。卷一百八十二、十三、十四。卷一百八十四、十三、十四。卷一百九十四、五十。卷一百九十五、四十九。卷一百九十六、五十六。卷一百九十七、五。卷一百九十九。二十七。

每冊俱鈐天祿繼鑑諸璽，前後副葉所鈐爲"大三璽"，無私家藏印。

《故宮善本書目》記其作"元至治二年福州路儒學刻明印本"。《"國立故宮博物院"善本舊籍總目》，上冊，第218頁，著錄爲"元至治二年(1322)福州路三山郡庠刊明成化萬曆遞修本"。

703 文獻通考三百八十四卷

明嘉靖三年(1524)司禮監刻本。原作二十函一百冊，其中卷一至二百三十六、二百四十七至二百八十四，存三百三十八卷，計九十八冊二十一函，現藏臺北"故宮博物院"(書號故善 011673－011770)；所闕卷二百三十七年至二百四十六，凡十卷，計二冊，現藏中國國家圖書館(新編書號1256)。合兩岸所藏，即爲完璧。

匡高25.8釐米，廣17.3釐米。每半葉十行，行二十字，小字雙行同。粗黑口，四周雙邊，雙魚尾，版心中刊書名卷次及葉次。刊有句逗。卷前有明嘉靖三年五月初一日世宗《御製重刊文獻通考序》，另有元至治二年六月江浙行中書省下樂平州劄付抄白、延祐六年四月王壽衍《進文獻通考表》，又馬端臨自序。首卷卷端題"文獻通考卷之一"，隔行下題"鄱陽馬端臨貴與著"。白棉紙，新裝藍布四合函套，朱紅色絹質書衣，白紙灑金書籤，書"明板文獻通考"及卷次篇目。

此爲明代嘉靖三年司禮監奉敕刊刻,有世宗御製序。開本廣大,紙墨俱佳。

每冊俱鈐天祿繼鑑諸璽,前後副葉所鈐爲"大三璽",無其他私家藏印。

《故宮善本書目》記其作"明嘉靖三年內府刻本"。《"國立故宮博物院"善本舊籍總目》,上冊,第571頁。國圖二冊,乃1959年自故宮撥交,2013年編目。

《欽定天祿琳琅書目後編》卷十六　明版子部

704 二十子全書一百七十七卷

明萬曆新安吳氏刻本。全書三函十八冊，缺《管子》卷九至十九凡十一卷，存十七冊六函，現藏臺北"故宫博物院"（書號故善 011771－011787）。

匡高 20.1 釐米，廣 14.1 釐米。每半葉九行，行十八字，白口，或下細黑口，左右雙邊，單魚尾。版心上刊子書名，如"老子"、"列子"、"司馬子"等，中刊卷次及葉次。每卷卷端下或刊"明新安吳勉學校"，或刊"新安後學吳勉學校"、"明新安吳勉學師古校"、"明新安吳勉學校正"一行。竹紙，新裝藍布四合函套，淺藍絹製書衣，灑金白紙書籤，書"明版二十子全書"及冊數。

《老子道德經》二卷，卷前有葛玄序；

《關尹子文始真經》一卷，卷前有《漢劉向進關尹子書》；

《文子》二卷，明彭好古輯，卷前有《集道翼言小引》，又《文子題辭》；

《列子沖虛真經》八卷，卷前有劉向校上奏，及宋景德四年勅加"至德"二字按語。序錄末有"新安俞允順督刊"一行；①

《莊子南華真經》三卷，卷前有郭象序，又顏素識，又《莊子內篇難字音義》。卷末有"新安吳勉學校梓"一行，及"金陵徐智督刊"一行；

《管子》二十四卷，卷前有劉向校上奏；

《晏子春秋》四卷，卷前有劉向校上奏；

《揚子法言》十卷；

《文中子中說》十卷；

《司馬子坐忘論》一卷，卷前有一壑居士題辭；

《譚子化書》六卷；

---

① 劉按，唐天寶初年，敕封列子爲沖虛真人，《列子》改題《沖虛真經》，北宋景德四年(1007)勅加"至德"二字，書名《沖虛至德真經》。《天祿琳琅書目後編》提要稱"唐加'至德'二字按語"，誤矣。

《呂氏春秋》二十六卷，卷前有高誘序；
《淮南子》三十一卷，卷前有高誘序；
《荀子》二十卷；
《韓非子》二十卷；
《商子》五卷；
《鬼谷子》一卷，卷前有舊序；
《吳子》一卷，卷前有《史記·吳起列傳》；
《孫子》一卷，卷前有《史記·孫武子列傳》；
《黃石公素書》一卷，卷前有張商英序；

吳勉學，字肖愚，號師古，安徽歙人。世代業商，官光祿署丞，後棄官專事刻書，以"師古齋"爲刻書堂號，爲明隆慶、萬曆間州著名刻書坊主。藏書亦富，所輯校刊刻經史子集俱全，多類書、子書等多卷帙書。《中國古籍善本書目》著錄爲《二十子全書》一百六十九卷，明吳勉學刻本，卷數有誤。

每冊俱鈐天祿繼鑑諸璽，前後副葉所鈐爲"中三璽"。《韓非子》卷一首葉有"耕餘艸堂"、"高淳孔氏藏書之章"二朱文方印，爲《天目後編》失載。有清室善後委員會點驗掛籤。所缺爲原書第五冊。

《故宮善本書目》記其作"明萬曆間新安吳氏刻本"。《"國立故宮博物院"善本舊籍總目》，下冊，第1265頁。

705 五子全書八卷

明嘉靖二十三年(1544)刻本。三冊一函，現藏臺北"故宮博物院"（書號故善 013713—013715）。

匡高19.9釐米，廣13.9釐米。每半葉八行，行十七字。細黑口，左右雙邊，雙線魚尾。版心中刊書名卷次及葉次，下偶刊字數及刻工，有"蔡和刊"、"賢刊"。皮紙，黃色地朵花宋式錦四合函套，明黃絹質書衣，黃綾書籤及套籤，書"明板五子全書"。

《鶡冠子》二卷，凡十九篇，宋陸佃解，卷前有陸佃自序，又有韓愈《讀鶡冠子》一首。首卷卷端題"鶡冠子卷上"，隔行下題"陸佃解"；

《鬻子》一卷，凡十四篇，唐尉遲行珪注，前有尉遲行珪序並《進鬻子表》。卷端題"鬻子"，隔行下題"華州鄭縣尉逢州行珪註"；

《尹文子》一卷，《大道上》、《下》二篇，卷前有山陽仲長氏序，卷端題"尹文子"，隔行下題"山陽仲長氏定"；

《公孫龍子》一卷，凡六篇，不著注人名氏，卷端題"公孫龍子"，隔行下題"趙人公孫龍著"；

《子華子》二卷，凡九篇，卷前有劉向校上奏。首卷卷端題"子華子卷上"，隔行下題"晉人程本著"；

五子書皆不著刻人名氏。《天目後編》云："明大字本，版式似世德堂《六子書》。"

每冊鈐清宮天祿繼鑑諸璽，前後副葉俱鈐"中三璽"，無私人藏印。有清室善後委員會點驗掛籤。

《故宮善本書目》記其作"明嘉靖二十三年刻本"。《"國立故宮博物院"善本舊籍總目》，下冊，第1264頁。

705(2) 孔子家語十卷

明吳勉學刻本。一函四冊。

《天目後編》提要僅云："篇目同前宋版子部。明吳勉學刊。前有《素王事實曆聘紀年》，王世貞序。"

不詳何時亡佚，不知是否尚存世間。

705(3) 孔子集語二卷

明末鍾人傑刻本。一函兩冊，現藏臺北"故宮博物院"（書號故善011788－011789）。

匡高19釐米，廣13.8釐米。每半葉九行，行十九字。四周單編，單魚尾，版心上記"集語"，中記卷次、葉次。眉上鐫評。無序跋。首卷卷端題"集語卷上"，隔行下題"永嘉薛據纂　錢塘鍾人傑閱"。書眉上鐫小字評注。竹紙，紫色地朵花宋式錦四合函套，墨綠色絹質書衣，黃綾書籤及套籤，書"明板孔子集語"。

《天目後編》提要云此本爲"明鍾人傑刻本"。此本書中刻有句讀、批點。鍾人傑，武林（今浙江杭州）人，明萬曆、天啟間人。輯刻書籍有《說苑》、《性理會通》、《戰國策》、《儀禮注》、《漢書注》等，版式多疏朗大氣，鐫刻精雅。

每冊俱鈐天祿繼鑑諸璽，前後副葉所鈐爲"中三璽"，無私家藏印。有清室善後委員會點驗掛籤。

《故宮善本書目》記其作"明鍾人傑刻本"。《"國立故宮博物院"善本舊籍總目》，下冊，第637頁。

706 管子二十四卷

明萬曆四十八年(1620)吳興凌氏刻朱墨套印本。十二冊一函,現藏臺北"故宮博物院"(書號故善 011790－011801)。

匡高 21.2 釐米,廣 14.7 釐米。每半葉九行,行十九字。白口,四周單邊。版心上刊"管子卷幾",下刊葉次。卷前有萬曆壬午趙用賢序,劉向序,《凡例》並凌汝亨識。首卷卷端題"管子卷一"。全書以朱墨套印趙用賢眉批及夾批。白棉紙,宋式錦書衣,宋式錦包杉木板四合函套,黃綾書籤,書"管子"。

《天目後編》云"用賢校梓是書頗為精覈。是本乃凌汝亨取用賢所校,及朱大復《管子權》、張賓王《管子選評》語,用朱墨本刊印"。是書自趙用賢本出,採趙用賢、朱長春、張榜等評註以朱墨套印於書眉或篇後,紙墨精好,朱墨燦然,唯書頁多有蟲蛀。

每冊俱鈐天祿繼鑑諸璽,前後副葉所鈐爲"中二璽"。另每卷卷端皆有"陳孟全藏書印"朱白文印一枚,爲《天目後編》失載。各冊後副葉側邊遺留深棕色絹面殘蹟,或是同光間改裝織錦函套書衣前之舊裝遺蹟。

《故宮善本書目》記其作"明凌汝亨刻朱墨本"。《"國立故宮博物院"善本舊籍總目》,下冊,第 678 頁。

706(2) 管子二十四卷

明萬曆十年(1582)吳郡趙用賢刻《管》《韓》合刻本。二函二十冊,現藏臺北"故宮博物院"(書號故善 007741－007760)。

兩截版,上版匡高 2.2 釐米,廣 12.8 釐米;下版匡高 19.7 釐米,廣 12.8 釐米。每半葉九行,行十九字,小字雙行同。白口,單線魚尾,版心上記管子,中記卷幾及葉次,下記刻工名,有顧時中(或作中)、劉廷惠(或作劉、廷惠)、章扦(或作扦)、章掖(或作章掖刊)、呂廉(或作呂)、顧文(或作文)、顧植(或作顧植刊)、劉文奎(或作奎)、德(或作何成德)、呂玄(或作呂玄刊)、顧言、吳丙初(或作丙初、初)、何成業(或作業、何)、成、周甫、言。版框分上下兩層,上層刊評論及校注。卷首有楊忱《管子序》;劉向《管子敘》;張嵲《讀管子》;凡例及《管子文評》。卷二十四末有"吳郡顧櫬書/顧時中章掖/顧植劉廷惠/何承德章扦/顧賢何承業/吳丙初顧文/邑人呂廉仝刻"七行。首卷卷端題"管子卷第一",隔行下題"唐司空房玄齡註"。白棉紙,綠色地圖案織錦四合函套,淺色地朵花宋式錦書衣,黃綾書籤與套籤，書"明板管子"。

《天目後編》提要云："是本爲萬曆戊午趙用賢校正，並《韓非子》合刻，極精審。別本有王世貞序，稱汝師合刻，此本佚。"別本卷前有王世貞序及萬曆十年趙用賢序。前一部凌刻本《管子》，卷前有萬曆壬午（十年，1582）趙用賢序，《天目後編》評價云"用賢校梓是書頗爲精覈"，趙本出自宋楊忱刻本，是明刻《管子》之善本，亦通行之本。

每冊俱鈐天祿繼鑑諸璽，前後副葉所鈐爲"中三璽"。無其他私家藏印。

《故宮善本書目》記其作"明萬曆十年常熟趙用賢刻本"。《"國立故宮博物院"善本舊籍總目》，下冊，第 678 頁。

707 韓非子二十卷

明萬曆十年（1582）吳郡趙用賢刻《管》《韓》合刻本。存卷一至八、十一至十四、十七至二十，計十六卷，十冊，現藏中國國家圖書館（新編書號 1253）。

每半葉九行，行十九字，白口，四周單邊，單魚尾。書眉鐫評。版心上記韓非子，中記卷幾及葉次，下記刻工名工，有呂廉、吳丙初、張珮之、顧植、顧文、徐文、何承業等。卷前有萬曆十年趙用賢序、《韓子總評》及凡例四則。灑金箋題"明版韓非子第某冊"。

《天目後編》提要云爲"趙用賢同《管子》合刻本"。今存《韓非子》刻本，以宋乾道元年（1165）黃三八郎印本爲最早，最佳。清乾嘉間，黃丕烈、顧廣圻都曾以此校勘。明萬曆十年（1582）趙用賢據宋乾道本重刻《韓非子》，並與《管子》一起合刻，名爲《管韓合刻》，後來葛鼎翻刻此兩書，也襲用了此名。趙刻雖據宋刊，但有以他本改易處，顧廣圻云："趙刻之誤，則由乎凡遇其不解者必校改之，於是而並宋槧之所不誤者方五因此以至於誤，其中宋槧之所誤，又僅苟且遷就，仍歸於誤。"趙本雖有這些缺點，但由於宋本，藏書家秘不示人，一般人百年難得一見，所以後來一些刻本，如明萬曆三十九年（1611）張榜本、吳勉學《二十子》本、秦季公又元齋本、孫擴評本、周孔教本、凌濛初本、天啟五年（1625）王道焜本和清嘉慶九年（1804）王子興輯《十子全書》本，都出自趙本。

每冊俱鈐天祿繼鑑諸璽，前後副葉所鈐爲"中三璽"。無其他私家藏印。

1959 年自故宮調撥，其中卷一至四、七至十八，霉爛特別嚴重。2013

年編目。

708 荀子二十卷

明嘉靖六年(1527)芸窗書院刻《六子全書》本。八冊一函，現藏臺北"故宮博物院"(書號故善007662－007669)。

匡高18.2釐米，廣13釐米。每半葉十行，行二十字。白口，左右雙邊。版心上刊"芸窗書院刻"或"芸窗書院刊"，下刊書名卷次及葉次。無序跋。首卷卷端題"荀子第一卷"。白棉紙，淺色地朵花宋式錦四合函套，綠色絹質書衣，黃綾書籤及套籤，書"明板荀子"。

《天目後編》僅云："篇目見前宋版子部《纂圖互注六子全書》條下，每葉版心有'芸窗書院刻'五字。"此白文無注本，《六子書》之一。明刻《六子》有數種，關中許氏樊川別業本、顧春世德堂本、桐陰書屋本等。坊間刊刻衆多，脫誤差舛，不一而足，王欣夫先生云："案《荀子》舊本，宋刻外，以元纂圖互注本爲最善。"① 芸窗書院本出自纂圖互注本，而略去楊注，較之明代最通行之世德堂本《荀子》更勝。

每冊俱鈐天祿繼鑑諸璽，前後副葉所鈐爲"中三璽"，無其他私家藏印。有清室善後委員會點驗書籤。

《故宮善本書目》記其作"明芸窗書院刻《六子》本"。《"國立故宮博物院"善本舊籍總目》，下冊，第638頁。

708(2) 荀子二十卷

明覆刻顧氏世德堂《六子書》本。十六冊二函，現藏臺北"故宮博物院"(書號故善007646－007661)。

匡高20釐米，廣14.1釐米。每半葉八行，行十七字，小字雙行同。白口，四周雙邊，單線魚尾。版心中刊書名卷次及葉次。卷前有《荀子序》，署"時歲在戊戌大唐睿聖文武皇帝元和十三年十二月也"。首卷卷端題"荀子卷第一"，隔行下題"唐大理評事楊倞註"。卷二十尾題"纂圖互註荀子"。白棉紙，淺色地朵花宋式錦四合函套，湖藍絹質書衣，無書籤。

《天目後編》稱此本："篇目見前宋版子部《纂圖互注六子全書》條下，雖未標'纂圖互注'而實有注無圖，大字另刻本。"明世德堂本《六子書》，始

---

① 王欣夫撰，鮑正鵠、徐鵬標點整理：《蛾術軒篋存善本書錄》，上海古籍出版社2002年版，第242頁。

刊於嘉靖九年（1530），迄於嘉靖十二年（1533），歷時四年，爲明代通行之本，版心上有"世德堂刊"四字，後有桐陰書屋翻刻本及另外一種明刻本，行款版式皆同世德堂本，桐陰書屋本版心下刻"桐陰書屋校"，上無"世德堂刊"，此即另一種明刻本，版心僅有書名卷次葉次，無刊刻堂號。紙有染色。

每冊俱鈐天祿繼鑑諸璽，前後副葉所鈐爲"中三璽"，無其他私家藏印。有清室善後委員會點驗書籤。

《故宮善本書目》記其作"明復顧氏世德堂《六子》本"。《"國立故宮博物院"善本舊籍總目》，下冊，第638頁。

708(3) 南華真經十卷

明覆刻顧氏世德堂《六子書》本。原爲三函十六冊，其中卷一，一冊，現藏中國國家圖書館（新編書號1254）；卷二至十，十五冊二函，現藏臺北"故宮博物院"（書號故善008340—008354）。

匡高20釐米，廣14.2釐米。每半葉八行，行十七字，小字雙行同。白口，四周雙邊，單線魚尾。版心中記莊子卷次，下記葉次。棉紙，紙色蕉黄。紫色地織金織錦四合函套，湖藍絹質書衣，無書籤。

此書版心上無"世德堂刊"四字。世德堂《六子書》有印世德堂名者，亦有不印者，不印者爲其時某坊借顧氏藏版刷印，恐與世德堂所印混淆，乃使工人鏟去"世德堂"三字，其後世德堂復有刷印，"後人買《六子書》時以有世德堂者爲優，其實有世德堂者未必初印，無世德堂者未必後印"。① 比勘後一部書，此爲覆刊世德堂本，並非僅是鏟版重刷。

《天目後編》記云："書中卷七上方有墨蹟云：'先繕部篤信好學，試第一卷用款啟字，事在萬曆丁酉，距今五十七年矣。順治壬辰九月十七日記'。另有一鈐印'士楫'。此讀書家私記，雖其人無可考，亦可驗爲明代舊籍。"此題在卷七葉十五書眉上，惜修補重裝時裁去最上一行，已有闕字。范士楫，字箕生，一字汝說，河北定興人。明崇禎十年（1637）進士。入清，官至吏部郎中。工詩，有《橘州詩集》《匪棘堂集》。

每冊俱鈐天祿繼鑑諸璽，前後副葉所鈐爲"中三璽"。卷首有"匪棘

---

① 此據俞冰著《書海蟬蹤》，學苑出版社2008年，《甲一善本考》，第251頁。中國藝術研究院圖書館藏明嘉靖十二年（1533）吳郡顧氏世德堂刻本《南華真經》，上有民國間名醫范更生題識，言及有無世德堂本之區別。

堂"及"一字汝說"二朱文印。有清室善後委員會點驗掛籤。

《故宮善本書目》記其作"明復顧氏世德堂《六子》本"。《"國立故宮博物院"善本舊籍總目》，下冊，第972頁。國圖所藏一冊，1959年自故宮調撥，有蟲蛀、濕漬。2013年編目，定爲"明刻六子書本"。

709 南華真經十卷

明嘉靖十二年(1533)吳郡顧氏世德堂刻《六子書》本。十冊一函，現藏臺北"故宮博物院"(書號故善008330－008339)。

匡高20.6釐米，廣14.2釐米。每半葉八行，行十七字，小字雙行同。四周雙邊，白口，單線魚尾，版心上記"世德堂刊"，中記莊子卷次，下記葉次。卷前有《南華真經序》，署"河南郭象子玄撰"。首卷卷端題"南華真經卷第一"，隔行下題"郭象子玄註陸德明音義"。白棉紙，淺色地朵花宋式錦四合函套，綠絹書衣，黃綾書籤及套籤，書"明板南華真經"。

《天目後編》提要云："篇目同上，每葉版心有'世德堂刊'四字，紙墨精工，與《中說》同。"

每冊俱鈐天祿繼鑑諸璽，前後副葉所鈐爲"中三璽"。揆敘舊藏，有謙牧堂二印。

《故宮善本書目》記其作"明嘉靖十二年顧春世德堂刻《六子》本"。《"國立故宮博物院"善本舊籍總目》，下冊，第972頁。

709(2) 呂氏春秋二十六卷

明嘉靖、隆慶雲間宋邦乂等校刻本。二函十六冊，現藏臺北"故宮博物院"(書號故善008084－008099)。

匡高20.3釐米，廣14.6釐米。每半葉十行，行二十字，小字雙行同，白口，左右雙邊，版心中刊"呂氏春秋卷幾"及葉次，序之第二葉版心下有"長洲張梗刻"。卷前有高誘舊序。首卷卷端題"呂氏春秋第一卷高氏訓解"，隔行題"明雲間宋邦乂張邦瑩徐益孫何三畏校"。白棉紙，淺色地朵花宋式錦四合函套，淺黃色地朵花宋式錦書衣，黃綾書籤及套籤，書"明板呂氏春秋"。

每卷端題下均刻有"明雲間宋邦乂、張邦瑩、徐益孫、何三畏校"一行。卷二十六末下刊有"宋邦乂印"朱文小方印。宋邦乂，字民倩，華亭(今上海)奉賢人，嘉靖間廣西道監察御史宋賢長子。家在東海上，能以魚鹽收什一之利，故以富厚稱於世，"籍有其父之業，且性亦跌宕瀟疏，時有聲伎、音樂之娛，與夫彈棋、擊劍、蹴踘、樗蒲之好，而間亦常以鮮衣怒馬自雄於里巷間"。① 何三畏，字士柳，華亭人。萬曆壬午舉人，官紹興府推官。餘無考。

第一冊卷首鈐"石屋"朱文小印。每冊鈐清宮天祿繼鑑諸璽，前後副葉所鈐爲"中三璽"。有清室善後委員會點驗掛籤。

《故宮善本書目》記其作"明雲間宋邦乂等刻本"。《"國立故宮博物院"善本舊籍總目，下冊》，第 811 頁。

709(3) 說苑二十卷 新序十卷

明嘉靖二十六年(1547)何良俊刻《說苑》《新序》合刻本。八冊一函，現藏臺北"故宮博物院"(書號:《說苑》故善 007676－007681；《新序》故善 007674－007675)。

匡高 19.5 釐米，廣 14.6 釐米。每半葉十行，行二十字，白口，左右雙邊，單魚尾。版心中記"說苑卷幾"或"新序卷幾"及葉次。兩書卷前俱有曾鞏序。《說苑》前有《重刻說苑新序序》，署"嘉靖丁未八月朔東海何良俊撰"。《說苑》首卷卷端題"劉向說苑卷第一"，《新序》首卷卷端題"劉向新序卷第一"，白棉紙，綠色地朵花宋式錦四合函套，石青杭細書衣，黃綾書籤及套籤，書"劉向說苑新序"。

據何序，此嘉靖丁未(二十六年，1547)何良俊合刻。何良俊，字元朗，松江華亭人。官翰林院孔目，有《清森閣集》。

每冊俱鈐天祿繼鑑諸璽，前後副葉所鈐爲"中三璽"。《說苑》卷一下有"張煜之印"白方及"君朗氏"朱方二印，爲《天目》失載。有清室善後委員會點驗掛籤。

《故宮善本書目》記其作"明嘉靖二十六年華亭何良俊合刻本"。《"國立故宮博物院"善本舊籍總目》，下冊，第 641～642 頁。

710 說苑二十卷

明萬曆新安程氏刻《漢魏叢書》本。十冊一函，現藏臺北"故宮博物院"(書號故善 014017－014026)。

匡高 20.2 釐米，廣 14.3 釐米。每半葉九行，行二十字。白口，左右

---

① （明）何三畏撰《雲間志略》卷二十三《宋廣祿京庵公傳》，參見劉水雲、鄭培凱著:《清康乾年間崑曲復興的鹽商背景》，《戲劇藝術》2013 年第 1 期。

雙邊，單線魚尾。版心上刊"說苑"，中刊卷次，下刊葉次。卷前有《說文新苑序》，署"嘉靖丁未八月朔東海何良俊撰"。又曾鞏《說苑序》。首卷卷端題"說苑卷第一"，隔行下題"漢沛郡劉向著　明新安程榮校"二行。竹紙，紅色地纏枝牡丹宋式錦四合函套，絳紅色絹質書衣，黃綾書籤及套籤，書"明板說苑"。

此爲程榮所刻《漢魏叢書》零種，書後尾題下有小字"錢塘郭志學寫"一行。《天目後編》提要僅云："篇目同上。明程榮刊專本，亦冠何良俊序。"

每冊俱鈐天祿繼鑑諸璽，前後副葉所鈐爲"中三璽"，無私家藏印。

《故宮善本書目》記其作"明程榮刻《漢魏叢書》本"。《"國立故宮博物院"善本舊籍總目》，下冊，第642頁。

710(2) 太玄經十卷

明嘉靖三年(1523)郝梁刻本。二冊，現藏中國國家圖書館（書號12382）。

匡高17.1釐米，廣12.9釐米。每半葉十行，行十八字，小字雙行同，白口，左右雙邊。版心中刊"太玄幾"。首卷卷端題"太玄經卷第一"，下題"晉范望叔明解贊、明郝梁子高校刊"二行。書前有陸績《述玄》，書末《太玄經釋音》後有嘉靖甲申二月十有一日江都郝梁刊書跋。此本多蟲蛀損字。卷首《述玄》原闕第一頁，有抄配。

《天目後編》云："篇目同前宋版子部。"郝梁跋云此本以建業黃氏所藏宋善本覆刻而成，"《太玄經》近世鮮有重刊者，遂使後學聞玄之名而未見者十八九，噫，楊子平生學力所到，精神命脈，盡在於此，顧可使之其傳不廣乎？予得有宋善本於建業黃氏，即命工刊之，示不敢自私焉。"刊"龍渠山人"朱文印、"郝氏子高"白文印二枚。

明陳淳藏本，鈐"白陽山人"白文印。陳淳(1483—1544)，字道復，號白陽山人，後以字行，長洲（今蘇州）人。文徵明弟子，善書畫，與徐渭並稱"白陽、青藤"。入清先歸揆敘，有謙牧堂二印。後入清宮，每冊俱鈐天祿繼鑑諸璽，前後副頁所鈐爲"中三璽"。

《北京圖書館古籍善本書目》第1303頁。

711 中說十卷

明嘉靖十二年(1533)吳郡顧氏世德堂刻《六子書》本。一函四冊，現藏臺北"故宮博物院"（書號故善 007693—007696）。

匡高 19.8 釐米，廣 14.3 釐米。每半葉八行，行十七字，小字雙行同。四周雙邊，白口，單綫魚尾，版心上刊"世德堂刊"，中記"文中子卷幾"，下記葉次及刻工名，有李澤、青、張恩。卷首有《文中子中說序》。卷末有《叙篇》，杜淹撰《文中子世家》。正觀二十年九月《錄唐太宗與房魏論禮樂事》。王福時撰《東臯子答陳尚書書》。《錄關子明事》。王福時撰《王世家書雜錄》，正觀二十三年正月序。首卷卷端題"中說卷第一"，隔行上題"王道篇"，下題"阮逸註"白棉紙，紅色地朵花宋式錦四合函套，紫紅色絹質書衣，黄綾書籤及套籤，書"文中子"。卷一，葉五、葉六錯置。

《天目後編》云："篇目見前宋版子部《纂圖互注六子全書》條下，每葉版心刻'世德堂刊'四字，紙墨精工，乃初印本。"吴郡顧氏所刻《世德堂六子全書》源自古本，博參群籍，考義多方，校刻精良，爲明正德、嘉靖年間著名私人刻書，上常有書賈剜去原有牌記冒充世德堂原刻本以牟利。別本《中說》卷末有《刻六字書跋》，題："癸巳夏乃成，膏宵雞晨，寢食爲廢，匪敢言勞，用脩先君之志云爾。是歲秋八月東滄居士吴郡顧春識。"①

清初高士奇家藏本，鈐"高氏江邨艸臺珍藏書畫之印"白方、"抱甕翁"朱方二印。《天目後編》誤記"高氏江邨艸臺珍藏書畫之印"爲"高氏江邨草堂珍藏書畫之印"。高士奇（1645—1704），字澹人，號瓶廬，又號江村。康熙十五年（1676）升爲内閣中書，官至詹事府少詹事兼翰林院侍讀學士。能詩文，擅書法，精考證，善鑑賞，所藏書畫甚富。曾每日爲康熙帝講書釋疑，評析書畫，極得信任。晚年又特授詹事府詹事、禮部侍郎。卒諡文恪，《清史稿》有傳。後入清宫，每册俱鈐天祿繼鑑諸璽，前後副葉所鈐爲"中三璽"。

《故宫善本書目》記其作"明嘉靖十二年顧春世德堂刻《六子》本"。《"國立故宫博物院"善本舊籍總目》，下册，第 645 頁。2008 年臺北"故宫博物院""天祿琳琅——乾隆御覽之寶"展覽上展出。

711(2) 二程全書五十一卷

明隆慶四年（1570）臨海金立敬重刻公文紙印本。原作二函十二册，卷一至十、十八至五十一，計四十四卷，十一册二函，現藏臺北"故宫博物

---

① 中國國家圖書館藏本，書號 00118。

院"(書號故善005076—005086);卷十一至十七,計七卷,一冊,現藏臺灣大學圖書館(書號0552050)。

匡高22釐米,廣15.5釐米。每半葉十行,行二十一字,小字雙行同,白口,四周雙邊,單魚尾。版心上刊"二程先生書",中刊卷次及葉次。卷前有《刻二程全書序》,署"天順辛巳八月吉日光祿大夫少保兼吏部尚書華蓋殿大學士古穰李賢撰"。卷末有《重刊二程全書後敘》,署"時隆慶四年庚午仲春吉日"。首卷卷端題"二程先生書卷之一"。白棉紙,新裝藍布四合函套,黃色灑金紙質書衣,灑金白紙書籤,書"明版二程全書"及冊數。

《天目後編》云:"明閻禹錫刊。禹錫,字子與,洛陽人。正統九年舉人,……天順辛巳李賢序,爲(閻)禹錫刻書作。禹錫,起家國子監學正,賢所薦也。隆慶庚午楊俊民後序,爲金立敬重刊作。賢,天順年大學士。俊民,字伯章,蒲州人。嘉靖四十一年進士,官戶部尚書。立敬,台州臨海人。嘉靖庚辰進士。"《後敘》略云,天順間洛陽閻禹錫、臨川譚元之遍搜諸紀,錄採二先生遺文遺事,彙爲一書,太師李賢序而刊之,題曰《二程先生全書》。隆慶己巳(四年,1570)秋,金立敬購善本,校讎舛誤,異同互見,咸從訂正,重刊其書,以廣其傳,書成,頒佈學宮,命提學副使楊俊民敘之。則此敘爲楊俊民所撰。

此本以公文紙刷印,有"嘉靖叁拾玖年拾貳月出巡事"、"掣簽不到事"、"日教授缺訓導傳"、"萬曆十年三月"、"萬曆十一年"、"萬曆十二年二月"、"日保"、"貳年貳月"、"典吏李時相"、"典史陳克"等墨書小字,或在書頁正面,或在書頁背面。紙背尚有許多殘存官印,可辨識者有"縣印"、"儒學"等字樣,其中卷二下之葉十三背面有完整長方形官印一枚,惜字蹟模糊,不易辨認。

每冊俱鈐天祿繼鑑諸璽,前後副葉所鈐爲"中三璽"。另有"西疇珍藏"朱文印。有清室善後委員會點驗掛籤。

《故宮善本書目》記其作"明隆慶四年(1570)臨海金立敬重刻閻氏本"。《"國立故宮博物院"善本舊籍總目》,下冊,第651頁。臺灣大學著錄此書爲明萬曆二十年(1592)刻本,[1]僅前副葉尚存"中三璽","'國立'

---

[1] 《"國立"臺灣大學圖書館增訂善本書目》,臺灣大學圖書館2011年版,第149頁。提要稱:"按本書亦爲故宮所藏,唯缺卷十一至卷十七,年代爲明隆慶四年(1570)臨海金立敬刊本。是否爲同一書,尚待查核。"實臺北故宮與臺大之書,確爲一部散出。

臺灣大學圖書館印"朱文方章被鈐蓋於副葉"八徵耄念之寶"印上。

712 大學衍義四十三卷

明嘉靖六年(1527)司禮監刻本。二十冊二函，現藏臺北"故宮博物院"(書號故善 007721－007740)。

匡高 22.5 釐米，廣 16.6 釐米。每半葉八行，行十四字，小字雙行同。粗黑口，四周雙邊，雙順魚尾。版心中刊書名卷次及葉次。刊有句逗。卷前有明世宗《御製重刊大學衍義序》，末署"嘉靖六年六月朔旦序"一行。卷後有《重刊大學衍義後序》，署"嘉靖六年六月十五日少師兼太子太師吏部尚書謹身殿大學士臣楊一清頓首謹序"。首卷卷端題"大學衍義卷第一"，隔行下題"宋儒真氏德秀撰"。白棉紙，新裝織錦四合函套，米色絹質書衣，黃綾書籤，書"大學衍義"。

《天目後編》云，此爲"明官刻本。考嘉靖六年五月諭：大學士等以經筵盛暑輟講，宜命講官以《大學衍義》進講。自是月十三日始，五日一輪，二人講書。又以是書版在内局，寫刻未精，乃定新式，命司禮監重刻以傳"。嘉靖皇帝御製序有"朕覽是書，見刻寫未精，特命司禮監重刊，以遺來世"語，此司禮監刻本，不惜工本，紙白墨潤，刊刻甚精。

季振宜、揆敘舊藏，卷首有"季振宜藏書"朱文小印，御製序後有"御史之章"白方、"季印振宜"朱方及"滄葦"朱方三枚大印，並有謙牧堂二印。每冊俱鈐天祿繼鑑諸璽，前後副葉所鈐爲"中三璽"。此外每冊封面書衣上鈐"長春書屋"白文長方印，應是圓明園長春書屋舊藏，被擇善入選昭仁殿"天祿琳琅"。上函書中夾有黃紙籤條，墨書"明版大學衍義　上函"，並鈐"養心殿藏"朱文方印。

《故宫善本書目》記其作"明嘉靖六年内府刻本"。《"國立故宫博物院"善本舊籍總目》，下冊，第 647 頁。

此外，北京翰海拍賣有限公司 2004 年春季拍賣會古籍善本專場，拍品第 65 號，是一部明翻元刻本《大學衍義》，存二卷，卷四十一至四十二，一冊。此本白棉紙，每半葉十一行，行二十一字，細黑口，左右雙邊，雙對魚尾。無前後副葉三璽，僅首末頁上方鈐"天祿琳琅"、"乾隆御覽之寶"二印，然此印全係偽造，并非天祿琳琅舊藏。

713 心經附注四卷

朝鮮銅活字印本。一函四冊，現藏臺北"故宮博物院"(書號故善

《欽定天祿琳琅書目後編》卷十六　明版子部　/489

014070—014073)。

　　匡高 24.4 釐米，廣 18.3 釐米。每半葉十行，行十七字，小字雙行同，四周單邊，白口，雙花魚尾，版心中刊"心經卷幾"及葉次。卷前有程敏政自序，總目後有端平元年顔若愚識，又《心學圖》。首卷卷端題"心經附註卷一"，隔行下題"西山真氏"。皮紙。淺灰色地朵花宋式錦四合函套，緑色絹製書衣，黄綾書籤及套籤，書"心經附注"。

　　《天目後編》云："每條下各加以注。敏政以書未賅備，又注中或稱《西山讀書記》，疑非德秀自作，乃補釐爲附注，以白文標明。"此本每頁板框均以墨筆描粗，墨色濃重，活字本原有之版匡四角空隙均被遮蓋。開本廣大，字體亦佳。版心花魚尾，乃朝鮮本的典型特徵。自所用活字觀之，應是明中期鏽印。所用皮紙，黄而粗厚，與習見之高麗皮紙白而薄韌不同。

　　據韓國學者辨識，此本所用活字特徵，應屬韓國"甲寅字系統"。按，"甲寅字"鑄造於李朝世宗十六年(1434)，結字美觀，有"衛夫人字"之稱(圖 16—1)。①

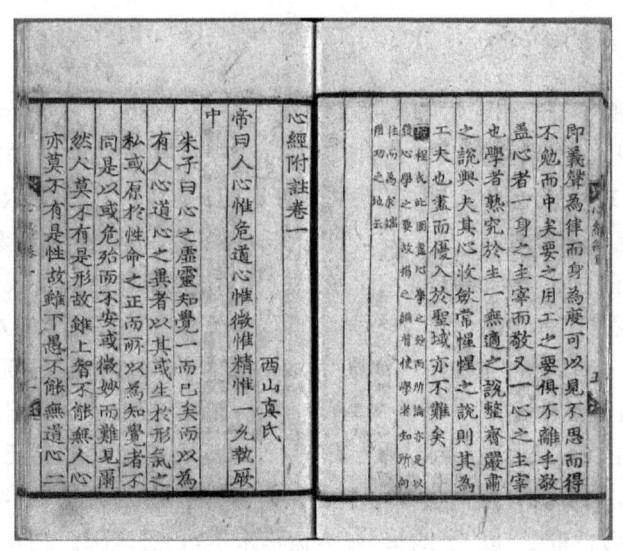

圖 16—1

----

①　劉按，2015 年 6 月 29 日，筆者甫自臺北故宫訪書回京，遇友韓國順天鄉大學校朴現圭教授。朴教授對李朝銅活字素有研究，十餘年前曾對朝鮮活字本的存世狀況做廣泛調查，多次到京、滬等地訪書，與筆者書信往來不斷。筆者將此本書影及特徵告之，此據其當場辨認後所云。

每冊俱鈐天祿繼鑑諸璽，前後副葉所鈐爲"大三璽"。另首冊卷首鈐"文氏天祥之章"白文大方印，《天目後編》誤爲"文藏天祿之章"。卷三首葉卷端下鈐"書筵侍讀"白文方印、"崔有海印"朱方二印。然"文氏天祥之章"印色晦暗，文字不佳，似是書估僞製。

按，崔有海(1587—1641)，字大容，號默守堂，朝鮮海州人。少負高才，爲李廷龜門下生。精於性理之學，兼及醫藥、卜筮、堪輿、羲和之學。官至兵曹佐郎、安邊府使、公州牧使、吉州牧使等。自著有《默守堂集》二十卷行世。崔有海曾於崇禎三年(朝鮮仁祖八年，1630)爲齎諮使，從海路自登州上岸，爲袁崇煥處問安官，其出使期間，與中國士人多有往來。今其《默守堂集》有奎章閣藏銅活字本(林基中主編《燕行錄全集》第 17 冊即據此本影印)，其活字字體與《天目後編》所收《心經附注》全同，則此書爲朝鮮活字本，礭然無疑。

《故宮善本書目》記其作"高麗刻本"。《"國立故宮博物院"善本舊籍總目》，下冊，第 656 頁，著錄爲"明朝鮮銅活字本"。

714 慈谿黃氏日鈔九十七卷

明正德十三年(1518)龔氏明寶堂刻本。原缺卷八十一，八十九，九十二，六十冊六函，現藏臺北"故宮博物院"(書號故善 001297－001356)。

匡高 19.3 釐米，廣 13.3 釐米。每半葉十四行，行二十六字。細黑口，四周雙邊，雙順魚尾。版心上刊"黃氏日抄"，中刊篇目及卷數，下刊葉次。卷前有至元三年四月廬江沈遠序。首卷卷端題"慈谿黃氏日抄分類卷之一"，隔行下題"慈谿黃震東發編輯"。《天祿後目》只記"內八十一、八十九原佚"，未刻此二卷內容，實則卷九十二亦爲原闕。皮紙，新裝織錦四合函套，黃色地圖案宋式錦書衣，黃綾書籤，題"明板慈谿黃氏日鈔"。

是書有元後至元三年慈谿黃氏刊本，此爲明正德十三年龔氏明寶堂重刊之本，沈遠序末及卷九十七末葉也有整幅撕補痕蹟。緊行密字，爲建陽書坊所刻。書中"桓"字闕筆，底本蓋爲宋本，仍避宋諱。別本卷二十二末有兩行長方牌記，"正德戊寅歲孟冬龔氏明寶堂新栞"；卷四十七末葉亦有長方刊記，"書林龔氏重新刊行"；卷五十六末葉有"正德戊寅歲秋九月菊節龔氏明寶堂栞"；卷七十五末葉有"正德十三年季冬龔氏明寶堂栞行"，①此本皆無。

每冊俱鈐天祿繼鑑諸璽，前後副葉所鈐爲"中三璽"，無其他私家藏印。有清室善後委員會點驗掛籤。

《故宮善本書目》記其作"明正德間建陽書坊刻本"。《"國立故宮博物院"善本舊籍總目》，下冊，第647頁。

714（2）性理大全七十卷

明萬曆二十五年（1597）吳勉學師古齋刻本。十二冊二函，現藏臺北"故宮博物院"（書號故善014027—014038）。

匡高21釐米，廣14.7釐米。每半葉十行，行二十字，小字雙行同。白口，左右雙邊，雙順魚尾。版心上刊"性理大全"，中刊卷次，下刊葉次及字數。眉上鎸評。卷前有永樂十三年十月初一日《御製性理大全書序》，胡廣等《進書表》及先儒姓氏、纂修銜名。《姓氏》後有識語，署"萬曆丁酉春師古齋刊"。首卷卷端題"性理大全書卷之一"。竹紙，綠色地朵花宋式錦四合函套，淺色地朵花宋式錦書衣，黃綾書籤及套籤，書"性理大全"。

《天目後編》云："原一百二十九卷。……此本乃萬曆丁酉（二十五年，1597）師古堂刻本。卷首有識，每卷末刻'新安吳勉學校'。"此吳勉學重校本，據卷首姓氏後識語，略云監察御史楊宜董學南畿，命應天府學教授胡儒、訓導應稽、許金、弟子員潘鶡等人，取官降善本校錄翻刻，布之庠序。歲久模糊，新安吳勉學重校，付之剞劂。每卷末尾題前刻"新安吳勉學重校"一行。御製序、胡廣《進書表》末一頁都有裁補痕蹟。

每冊俱鈐天祿繼鑑諸璽，前後副葉所鈐爲"中三璽"，無私家藏印。有清室善後委員會點驗掛籤。

《故宮善本書目》記其作"明萬曆二十五年新安吳勉學刻本"。《"國立故宮博物院"善本舊籍總目》，下冊，第657頁，著錄爲"明萬曆二十五年師古齋刻吳勉學重校本"。

715 五倫書六十二卷

明正統十二年（1447）內府刻本。四函二十冊，現藏臺北"故宮博物院"（書號故善002720—002739）。

---

① 《"國家圖書館"善本書志初稿》，子部，第一冊，第61—62頁，書號05543。

匡高 30 釐米，廣 19.3 釐米。每半葉九行，行十八字，四周雙邊，大黑口，雙魚尾，版心中記五倫書卷次及葉次，刊有句逗。卷首有正統十二年五月初二日《御製五倫書序》。首卷卷端題"五倫書卷之一"白棉紙，黃色地朵花宋式錦四合函套及書衣，黃綾書籤及套籤，書"明板五倫書"。

《天目後編》解題云："明宣宗御撰。書六十二卷。首《五倫總論》，以五倫分門，君道二十二，臣道三十，父道二，子道三，夫婦、兄弟、朋友之道各二。每門分嘉言、善行二目。君道分子目四十八，臣道分子目四十二，父道附母、伯叔、叔母，子道附女、婦，兄弟附宗族，朋友附師生。"英宗御製序有"皇考宣宗章皇帝……嘗於萬幾之暇，采輯經傳百家嘉言善行之有關於君臣、父子、夫婦、兄弟、朋友之道者，類分爲六十二卷，命曰《五倫書》。……謹用鋟梓，以廣其傳"之謂。此明正統十二年官刊頒行本，序後、目錄首葉、每卷卷端首俱鈐"廣運之寶"朱文大方印。《中國古籍善本書目》著錄爲"明正統十二年內府刻本"。

每冊俱鈐天祿繼鑑諸璽，前後副葉所鈐爲"大三璽"，無私家藏印。書前夾有原書名題籤一枚，有雙欄匡線，墨筆書"明版五倫書序目錄卷一之三"，應是編目更正、統一套籤之前的書名籤。有清室善後委員會點驗掛籤。

《故宮善本書目》記其作"明正統十二年內府刻本"。《"國立故宮博物院"善本舊籍總目》，下冊，第 664 頁，著錄爲明正統十三年內府刻本，蓋爲筆誤。

715(2)五倫書六十二卷

明正德元年(1506)宗文書堂刻本。四函二十四冊，現藏臺北"故宮博物院"(書號故善 014039－014062)。

匡高 20.3 釐米，廣 13.1 釐米。每半葉十二行，行二十三字。粗黑口，四周雙邊，雙順魚尾。版心中刊書名卷次，下刊葉次。卷前有正統十二年五月初二日《御製五倫書序》。首卷卷端題"五倫書卷之一"。卷一後有長方刊記，刊"正德元年孟冬宗文書堂新栞"二行。皮紙。淺藍色絹質四合函套，黃紙書衣，黃紙書籤，書"明版五倫書"及冊數。

《天目後編》稱其爲"坊刻小字本"。宗文書堂爲元代建陽鄭天澤所開書坊，元至順元年(1330)刻元劉因《靜修集》二十二卷、補遺二卷，又刻《增廣太平惠民和劑局方》十卷、《指南總論》三卷。鄭氏宗文書堂從元代後期至明嘉靖間均有刻書印書流傳，前後刻書近二百年，是元代經營刻書時間較長的一家。

每冊俱鈐天祿繼鑑諸璽，前後副葉所鈐爲"中三璽"，無私家藏印。有清室善後委員會點驗掛籤。

《故宮善本書目》記其作"明正德元年宗文書堂重刻本"。《"國立故宮博物院"善本舊籍總目》，下冊，第664頁。

716 童蒙訓三卷

明刻本。二冊一函，現藏臺北"故宮博物院"（書號故善007492－007493）。

匡高22.7釐米，廣16.8釐米。每半葉十行，行二十字。白口，左右雙邊，單魚尾。版心上刊字數，中刊"童蒙訓幾"及葉次。卷前有嘉定乙亥樓昉序。首卷卷端題"童蒙訓卷上"，隔行下題"呂氏本中居仁"。書後刻"紹定己丑郡守眉山李塈/得此本於詳刑使者東萊/呂公祖烈因鋟木于玉山/堂以惠後學"四行。棉紙，綠地朵花宋式錦四合函套，石青杭細書衣，黃綾書籤及套籤，書"童蒙訓"。

《天目後編》云："按樓序，是書初刻于長沙郡，又刻于龍溪學，訛舛特甚。婺州守邱壽雋，字真長，宓之嫡子，重校刊之祠堂。書後刻'紹定己丑，郡守眉山李塈得此本于詳刑使者東萊呂公祖烈，因鋟木於玉山堂以惠後學'。是本即明人依宋翻雕，行款字畫一仍其舊，最爲善本。"此乃明代覆刻眉山李氏刻本紹定己丑（二年，1229）本，宋諱"敦"字闕末筆，紙墨、鋟法俱精雅。

每冊俱鈐天祿繼鑑諸璽，前後副葉所鈐爲"大三璽"，無私家藏印。

《故宮善本書目》記其作"明覆宋本"。《"國立故宮博物院"善本舊籍總目》，下冊，第669頁，著錄爲"明覆宋紹定己丑（二年，1229）眉山李氏刻本"。

716(2) 世範三卷

明萬曆三十一年（1603）刻本。三冊一函，現藏臺北"故宮博物院"（書號故善014063－014065）。

匡高20.9釐米，廣13.5釐米。每半葉八行，行十八字。四周雙邊，白口，單魚尾，版心上記"世範"，中記卷次及葉數。卷首有《世範題辭》，署"萬曆癸卯春莆陽吳獻台書于豫章之紫薇樓"；又《世範序》，署"淳熙戊戌中元日承議郎新權通判隆興軍府事劉鎮序"；又《自序》，署"淳熙己亥上元三衢梧坡袁采書於樂清琴室"。袁序後有袁采識語。首卷卷端題"世範"，隔行下題"三衢袁采君載甫編莆陽吳獻台啟裒甫閱"二行。竹紙，黃色地朵花宋式錦四合函套，石青杭細書衣，黃綾書籤與套籤，書"世範"。

《天目後編》云："是本萬曆癸卯重梓，吳獻台序。（劉）鎮，字叔安，南海人。嘉泰二年進士。（吳）獻台，莆田人。萬曆庚辰進士，官順天府尹。"《袁氏世範》有宋刻本存世，現藏中國國家圖書館，此本吳序中有"今日重梓"之謂，是萬曆間重刊本。

每冊俱鈐天祿繼鑑諸璽，前後副葉所鈐爲"中三璽"，無私家藏印。

《故宮善本書目》記其作"明萬曆三十一年刻本"。《"國立故宮博物院"善本舊籍總目》，下冊，第 666 頁。

716(3) 歷代臣鑑三十七卷

明宣德元年(1426)內府刻本。二函十冊，現藏臺北"故宮博物院"（書號故善 002740—002749）。

匡高 27.3 釐米，廣 18 釐米。每半葉十行，行二十字，四周雙邊，粗黑口，雙魚尾，中縫中記"臣鑑"卷次，下記葉數。刊有句讀。卷首有《御製歷代臣鑑序》/宣德元年四月日。首卷卷端題"歷代臣鑑卷之一"。刊有句逗。皮紙，宋式錦四合函套，宋式錦書衣，黃綾書籤，題"歷代臣鑑"。

《天目後編》云其爲"明官刊頒行本"。開本寬大，刊印精工，字體圓潤飽滿，具備典型明早期內府刻書風格。

每冊俱鈐天祿繼鑑諸璽，前後副葉所鈐爲"大三璽"。每冊末鈐"篁菴氏"白文方印，爲明末清初羅憲汶印。羅氏號篁庵，南昌人。明崇禎癸未（十六年，1643）進士，官翰林。入清，至少詹事。

《故宮善本書目》記其作"明宣德元年內府刻本"。《"國立故宮博物院"善本舊籍總目》，上冊，第 392 頁。

717 讀書劄記八卷

明嘉靖十四年(1535)貴州刻本。一函四冊，現藏臺北"故宮博物院"（書號故善 002750—002753）。

匡高 20 釐米，廣 14.5 釐米。每半葉十行，行二十三字，小字雙行同。左右雙邊，白口，單魚尾，版心上記"讀書劄記"，中記卷次，下記頁次。卷首有徐問自序。首卷卷端題"讀書劄記卷一"，自序與卷一頁碼相連。白棉紙，黃色地朵花宋式錦四合函套，石青杭細書衣，黃綾書籤與套籤，書

"讀書劄記"。

《天目後編》云此書爲撰者徐問巡撫貴州時,與諸生問答天文、山川、性理、《六經》、《四書》之說,提學副使陳則清所刻。徐問自序云:"洎諸生來質疑,而考異者必參訂其是書而存之,蓋取橫渠有開劄記之意,管提學副使陳君則清與諸生段以金輩交請以喻各學生徒。"自序後署"嘉靖甲午延陵徐問志",書賈挖補爲"嘉定",僞作宋版(圖16-2)。

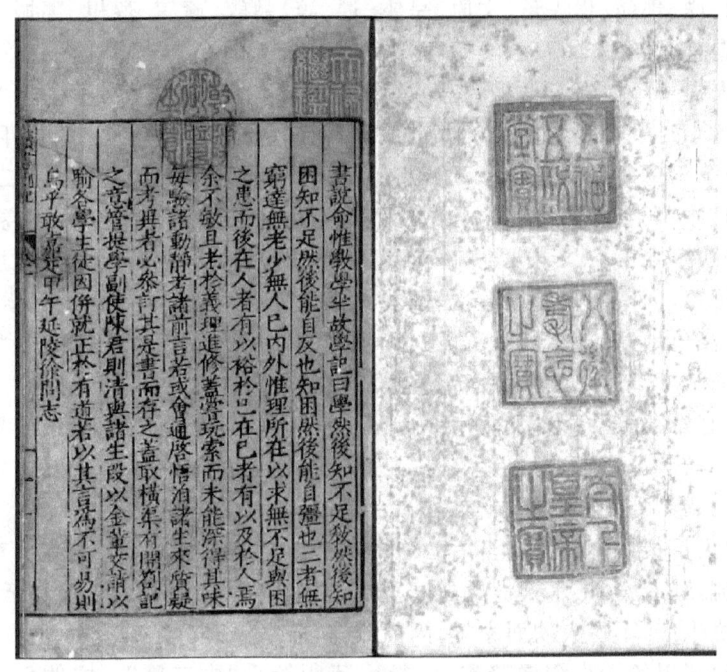

圖 16-2

每冊俱鈐天祿繼鑑諸璽,前後副葉所鈐爲"中三璽",無私家藏印。有清室善後委員會點驗掛籤。

《故宫善本書目》記其作"明嘉靖間陳則清刻本"。《"國立故宫博物院"善本舊籍總目》,下冊,第659頁。

717(2)容齋隨筆五集七十四卷

明弘治十一年(1498)李瀚河南刻本。十四冊二函,現藏臺北"故宫博物院"(書號故善000446—000459)。

分《容齋隨筆》十六卷、《續筆》十六卷、《三筆》十六卷、《四筆》十六卷、

《五筆》十卷。

匡高 20.9 釐米，廣 14.9 釐米。每半葉十行，二十一字。四周雙邊，大黑口，雙順魚尾，版心中刊"容齋隨筆卷之幾"及葉次，下刊刻工名，有李、昌、日、海、郝希賢（或作希賢）、升、臣、成、景、十欽、宄、先、欽、景升、中、孝、洪、木、乂、永、井、秀、王、九、肖、徐、四、海、厂、清煙、圭、質、寬、遇、九玢、人、文超、之源、湮、黃珍、显、又显、諲、源、秋達、黃質、珍、五源、文显、鼎、垔、鄧鼎、程雲鶯、文原、呈雲、暹、諒、鼎諒、蕭諒、蔡楒、鄧振、希賢等。卷首有《容齋隨筆五集總序》，署"嘉定壬申仲冬初吉寶謨閣直學士太中大夫提舉隆興府玉隆萬壽宮臨川何異謹序"；又《容齋隨筆序》，署"弘治戊午冬十月既望賜進士文林郎巡按河南監察御史沁水李瀚書"。《隨筆》至《四筆》，每集有洪邁自序，並各有目錄。《容齋三筆序》，署"慶元二年六月晦日序"；《容齋四筆序》，署"慶元三年九月二十四日序"。首卷卷端題"容齋隨筆卷第一二十九則"，隔行題"予老去，習懶，讀書不多，意之所之，隨即紀錄，因其後先無復詮次，故目之曰隨筆，淳熙庚子鄱陽洪邁景盧"。皮紙，淺色地朵花宋式錦四合函套，黃絹書衣，黃綾書籤及套籤，書"明板容齋隨筆五集"，"五"字旁小字書集數，如"一"。

《容齋續筆》卷十六（第六冊）葉一錯置。《容齋三筆》卷一（第七冊）葉十、十一、十二錯置；卷二葉一、二、三錯置。《容齋五筆》（第十四冊）卷八之葉一錯刻為十三。

《天目後編》云此本"至明弘治戊午李瀚巡撫河南，重刻是書"。李瀚，字叔淵，號有齋，沁水人。成化辛丑進士，官至戶部尚書。李瀚序云："惜乎傳之未廣，不得人挾而家置，因命紋梓，播之方輿。"

每冊俱鈐天祿繼鑑諸璽，前後副葉所鈐為"中三璽"。揆敘舊藏，有"謙牧堂藏書印"朱文及"謙牧堂賞鑑書畫之章"朱文二印，與習見之謙牧堂印不同。有清室善後委員會點驗掛籤。

《故宮善本書目》記其作"明弘治十一年李瀚河南刻本"。《"國立故宮博物院"善本舊籍總目》，下冊，第 844 頁。

718 丹鉛總錄二十七卷

明萬曆張士佩刻本。一函十冊，現藏臺北"故宮博物院"（書號故善 002754－002763）。

匡高 20.7 釐米，廣 13.9 釐米。每半葉十行，行二十字。左右雙邊，白口，單魚尾，版心上刊"丹鉛總錄"，中記卷次及葉次卷一首頁版心下刊

"句吴何之源書何鯨刊"。無序跋。首卷卷端題"丹鉛總錄卷之一",隔行下題"成都楊慎用脩著集江都陸弼無從校訂"二行。書中有朱、藍筆圈點批校,惜被裁切損字。竹紙,淺色朵花宋式錦四合函套及書衣,黄綾書籤及套籤,書"明板丹鉛總錄"。

《天目後編》云:"此其門人梁佐分類裒輯,名曰《總錄》,刻于上杭,至今其書盛行。佐,蘭陽人。嘉靖丁未進士,官參政。""桓"字闕墨筆,蓋底本源自宋本,猶避宋諱。卷端或題"新安汪宗尼仲逸校訂"。王重民先生稱:"按陸弼校刻之書,多在萬曆初元,此亦當爲萬曆初校刻者。"①《中國古籍善本書目》著錄有明萬曆刻本。以清華大學所藏別本觀之,卷前有萬曆戊子(十四年,1588)汪道昆撰《丹鉛總錄序》,門人劉一然書,爲刻書序,天禄本佚去不存。

每冊俱鈐天禄繼鑑諸璽,前後副葉所鈐爲"中三璽"。另有"弁陛字曰季超"朱文方印,爲《天目》失載。

《故宫善本書目》記其作"明萬曆間張士佩刻本"。《"國立故宫博物院"善本舊籍總目》,下冊,第849頁。

719 七修類稿五十一卷

明嘉靖福建郎瑛刻本,卷三十五至三十九配抄本。二函二十四册,現藏廣東省中山圖書館(書號 40/1643.44)。

匡高 19.9 釐米,廣 12.9 釐米。每半葉十一行,行二十三字,白口,四周單邊,雙綫魚尾。書口上刊類名及卷幾,中刊葉次,有抄配。卷前有雲間張之象序。首卷卷端題"七修類藳卷之一",下題"杭仁和郎瑛仁寳著述"。白棉紙。

《天目後編》提要云:"明郎瑛撰。瑛,字仁寳,仁和人。書五十一卷。分七門,曰天地,曰國事,曰義禮,曰辨證,曰詩文,曰事物,曰奇謔。前有張之象序,目錄後有瑛自識,刻於閩中。此其舊本也。之象,字月麓,上海人。官浙江按察司知事。"

目錄葉尾有一牌記,刊有郎氏印行《七修類稿》啟事一則,全文錄下:"拙槀初爲備忘,謬陋不計,討論相知,展轉錄出。昨承諸公刊之於閩,愧罪不勝。字有乙者、漏者、魚魯者、目錄不對而間斷失欸者,由書者非人,

---

① 《中國善本書提要》,子部,第 335 頁。

而刻非一時,貧賤未能更也,願覽者情照而教焉。仁和郎瑛頓首告。"①(圖16－3)這段文字與《天目後編》卷十六所記"刻於閩中"相合,版本應著錄爲明嘉靖間福建郎瑛自刻本。

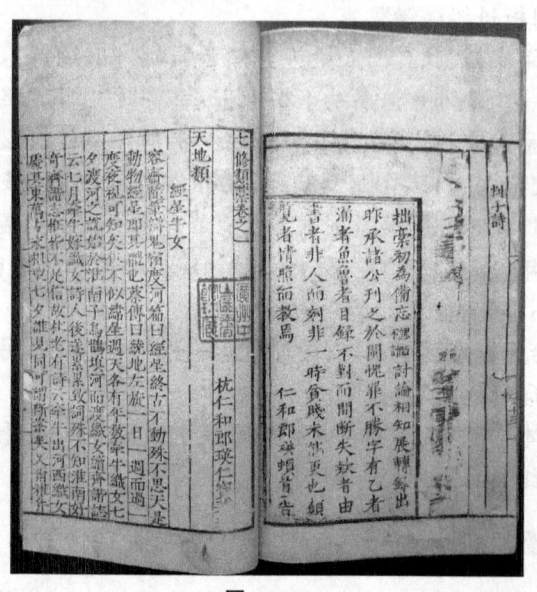

圖 16－3

書經裁剪抄配,目錄卷三十五以後卷數經挖改、粘貼以墨筆填充,使其貌似五十一卷全本。《中國古籍善本書目》著錄有《七修類藁》五十一卷續稿七卷,此本卷三十五至三十九爲詩文類,"事物自然對、李騫期……",卷四十七事物類王華山樵、九仙靈夢……,卷四十八奇謔類魂不赴體、前知事蹟……,卷四十九奇謔類鼻飲頭飛、五更啼……,卷五十奇謔類繫虎陰、左道……,卷五十一八十九、宋興旺、虎災……正文卷端及書口上方之卷次亦相應挖改(有挖改未淨處顯示應是卷三十幾)。疑以續稿部分挪至前葉,以殘本充全本。

此書流出清宮後,曾爲莫伯驥購藏。莫伯驥於其所撰《五十萬卷樓群書跋文》載此書云:"明刊本。前清天祿琳琅舊藏。……每本首有'天祿繼鑑'、'乾隆御覽之寶',末有'乾隆御覽之寶'、'天祿琳琅'四章,檢《天祿琳

---

① 王潔玉著:《明刻〈七修類稿〉刊行年代初探》,《圖書館論壇》,1982年第4期,第36頁。

琅書目》續卷十六著錄此書,分裝二十四冊,適相符合。"①

書經重裝,原前後副葉佚失。鈐有"乾隆御覽之寶"、"天祿琳琅"朱文印及"天祿繼鑑"白文印,無其他私家藏印。

《中國古籍善本總目》子部第 6464 號。

719(2)王氏農書三十六卷

明嘉靖九年(1530)山東布政使司刻本。六冊一函,現藏臺北"故宮博物院"(書號故善 001361—001366)。

匡高 24.3 釐米,廣 15.7 釐米。每半葉十一行,行二十二字。白口,四周單邊。版心上刊篇目,中刊卷數,下刊葉次。卷一前有圖,卷二卷端題"農桑通訣集卷之二"隔行下題"東魯王禎撰"。卷前有《新刻東魯王氏農書序》,署"嘉靖庚寅十有一月丙午山東臨清閻閎謹序"。後有嘉靖九年八月布政使司刻書諮文。白棉紙,新裝織錦四合函套,明黃色雲紋綾製書衣,黃綾書籤,書"明板東魯王氏農書"及冊數。

書三十六卷。分《農桑通訣》六卷、《農器圖譜》二十卷、《穀譜》十卷,凡三編,皆繪圖立說,各自分立卷帙。此為嘉靖庚寅巡撫山東右副都御史安州邵錫與右布政使長興顧應詳、左布政使固始李緋重刻,發所屬府州縣掌印、治農等官。有漫漶及斷版,為後印之本。每冊書口處書頁之側,下蓋一墨色長印"廣仁義學藏書"。

《天目後編》云:"前有閻閎序,後有布政司刻書諮文,書側長墨印'廣仁義學藏書'。閎,字尚友,臨清人。正德丁丑進士,官參政。"卷末諮文略云,《農書》久無刻本,民鮮得觀,以流傳抄本再加校正,命工翻刻,分發所屬府州縣印、治農等官。並云"合用梨木板並刊字匠、畫匠各工食等項銀兩,於本司庫貯泰山頂廟香錢內動支,催募買辦應用,待刊刻完日,總具支使過銀錢數目開報,緣係動支官庫銀錢事,理合咨本司,煩為轉呈,照詳施行。"

每冊俱鈐天祿繼鑑諸璽,前後副葉所鈐為"大三璽",無私家藏印。有清室善後委員會點驗掛籤。

《故宮善本書目》記其作"明嘉靖九年山東布政司刻本"。《"國立故宮博物院"善本舊籍總目》,下冊,第 682 頁。

---

① 莫伯驥撰:《五十萬卷樓群書跋文》,民國三十七年(1948)鉛印本,子部一,"《七修類稿》五十一卷"條下,第 284—285 頁。

720 王氏農書三十六卷

明萬曆四十五年(1617)鄧渼刻本。一函六冊，現藏臺北"故宮博物院"(書號故善 001367—001372)。

匡高 19.8 釐米，廣 13.8 釐米。每半葉十行，行二十字，小字雙行同。四周單邊，下黑口，版心上記農書卷次，中記"農桑通訣"或"穀譜集"、"農器圖譜"集之幾，下記葉次、大小字數或刻工，有江以雲、葉顯、徐有、甯純、云、余一、余二、陳政、二、朱二、敬、純、葉三、宇、高志、志、高用、惠、葉宇、彝、徐、是、三、仰、湯、熊鐵、少、王少、葉宇、葉茂、政、陳、化、高、明、高化、徐、詹、台。卷首有《重刻農書序》，隔行題"簫曲山人鄧渼撰"，署"大明萬曆四十五年中秋日"。又《重刻王氏農書目錄》首卷卷端題"農桑通訣集之一農書一"，隔行下題"元東魯王禎撰明建武鄧渼校"兩行。有圖二百二十七幅。白棉紙，棕色地織金織錦四合函套，黃紙書衣，黃綾書籤，書"明版王氏農書"及冊數。

《天目後編》云："萬曆四十五年，建武鄧渼再刊本。渼，字遠遊，新城人。萬曆戊戌進士，官巡撫順天、右僉都御史，有《南中》、《紅泉》諸集。"《中國古籍善本書目》著錄此版爲明萬曆四十五年(1617)鄧渼文遠堂刻本，稀見，僅江西省圖書館藏一部。

每冊俱鈐天祿繼鑑諸璽，前後副葉所鈐爲"中三璽"，無私家藏印。有清室善後委員會點驗掛籤。

《故宮善本書目》記其作"明萬曆四十五年建武鄧渼刻本"。《"國立故宮博物院"善本舊籍總目》，下冊，第 682 頁，著錄爲"明萬曆四十五年建武鄧渼刻本"。

720(2) 博古圖錄考正三十卷

明萬曆二十四年(1596)鄭樸刻本。二函十二冊，現藏臺北"故宮博物院"(書號故善 002764—002775)。

匡高 17 釐米，廣 11 釐米。每半葉八行，行十七字。白口，四周單邊。版心無字，板框外右下刊"博古幾"及葉次。卷前有《博古圖錄序》，署"宣和五年十月朔遂州鄭樸"。書末有"東齊徐銘摹寫圖式，廣陽林之茂書"二行。首卷卷端題"博古圖錄考正卷第一"。皮紙，淺色地朵花宋式錦四合函套，石青杭細書衣，黃綾書籤與套籤，題"博古圖錄考正"。

《天目後編》云："晁公武《郡齋讀書志》稱王楚撰，錢曾《讀書敏求記》

云元至大中重刻《博古圖》，凡臣王黼撰都削去，未知孰是。其冠以'宣和'者，蓋取殿名，其時尚未有宣和年號也。鄭樸考正。樸，遂州人。"並對鄭樸有所考證，云："樸，明人，署宣和五年刻，誤。"

鄭樸序後刊"鄭中子樸"、"諷嘯堂"二白文印，爲其堂號。卷一《鼎彝總說》後有鄭樸再題，略云《宣和博古圖錄》一書乃好古考信之助，舊刻卷帙頗大，即庋置無妨而囊攜稱苦，鄭氏始改冊減圖，凡摹式、花紋、款識、銘籀，則不敢改舊刻緇毫。其他文字訛缺，具參覈原本，多方訂正。《中國古籍善本書目》著錄爲明萬曆二十四年鄭樸刻本。

每冊俱鈐天祿繼鑑諸璽，前後副葉所鈐爲"中三璽"。另有"范光父鑑賞"朱方、"維岳"朱方、"臣賓"白方、"乘侯"朱方諸印，俱與《天目後編》所記相同，另卷三下有"顧崧之印"白文方印一，爲《天目後編》失載。有清室善後委員會點驗掛籤。

《故宮善本書目》記其作"明萬曆間遂州鄭樸考正重刻本"。《"國立故宮博物院"善本舊籍總目》，上冊，第613頁。又下冊，第787頁，著錄爲"明萬曆遂州鄭樸校刊本"。

721 重修考古圖十卷

明萬曆泊如齋刻本。原作二函十冊，存卷一至三，四冊，現藏臺北"故宮博物院"（書號故善014066—014069）。

匡高25釐米，廣14釐米。每半葉八行，大字十七字，小字不等，四周單邊，白口，單線魚尾，書口上刊"考古圖"，魚尾下刊卷次及葉次。卷前有《考古圖記》，署"元祐七年二月汲郡呂大臨記"。又大德己亥陳才子、陳翼子兄弟二序。又《考古圖所藏姓氏》，後署"元默齋羅更翁考訂，明新都丁雲鵬、吳廷羽、汪耕繪圖，吳元滿篆銘，劉然書錄，汪㷆補錄"七行，又有"黃德時、德懋刻"小字一行。每卷前各有目錄。首卷卷端題"泊如齋重修考古圖卷第一"。白棉紙，淺藍絹製書衣，黃綾書籤，書"明板考古圖"。卷二之第二十二頁抄配。

《天目後編》云："書十卷。皆繪圖、立說，並載所藏姓氏。"各卷卷端及尾題都是"泊如齋重修考古圖"，應以此爲書名。此版《中國古籍善本書目》著錄爲明刻本，版畫精美，紙墨俱佳。

每冊俱鈐天祿繼鑑諸璽，前後副葉所鈐爲"大三璽"，無私家藏印。

《故宮善本書目》記其作"明萬曆間泊如齋刻本"。《"國立故宮博物院"善本舊籍總目》，上冊，第612頁。又下冊，第787頁。

721(2)考古圖十卷

明萬曆二十八年(1600)鄭樸刻本。一函四冊,現藏臺北"故宮博物院"(書號故善 002776—002779)。

匡高 17 釐米,廣 11 釐米。每半葉八行,行十六字,小字雙行同。四周單邊,版心中刊"考古圖"卷次,下記葉次。卷首有《考古圖記》,題"元祐七年二月汲郡呂大臨記"。又《考古圖序》,署"大德己亥冬至古迂陳才子謹題",又《考古圖序》大德己亥陽日茶陵陳翼子翼甫識"。又《考古圖所藏姓氏》。卷後有《攷古圖後敘》,署"萬曆庚子仲秋日新安吳廷書"。首卷卷端大字題"考古圖第一",隔行下題"元默齋羅更翁考訂明遂州啟玄鄭樸重校新都不棄揚明時圖書"三行。書中有朱筆圈點。竹紙,湖綠色絹質書衣,黃綾書籤,題"明板考古圖"。

《天目後編》云:"篇目同上,明鄭樸校,楊明時刻。後有萬曆庚子吳廷後序,略稱遂州鄭公博學多識,以元本《考古圖》剝蝕刓缺,命楊不棄翻摹重梓云。不棄,明時字。廷,字明卿。皆徽州人,即刻《餘清齋法帖》者。"後敘並稱,楊不棄夙精畫理,刻畫篆籀,咄咄逼真,不啻中郎虎賁也。《中國古籍善本書目》著錄此八行十六字本爲"明刻本"。

每冊俱鈐天祿繼鑑諸璽,前後副葉所鈐爲"中三璽",每卷卷端下又"惠□"朱文圓印一方。有清室善後委員會點驗掛籤。

《故宮善本書目》記其作"明萬曆二十八年鄧樸校刻本"。《"國立故宮博物院"善本舊籍總目》,上冊,第 612 頁;下冊,第 787 頁。

721(3)金石文七卷

明嘉靖十九年(1540)刻本。五冊一函,現藏臺北"故宮博物院"(書號故善 003550—003554)。

匡高 16.9 釐米,廣 14.2 釐米。每半葉十行,行十六字。白口,左右雙邊,單魚尾。版心中刊"金石文卷之幾"及葉次,《敘》之首葉版心下有"吳萬成刊"。分商、周、秦、漢四文,每文各卷前各有目錄。卷前有《金石文敘》,署"長谷山人徐獻忠著"。卷七尾題前有《金石文後語》,署"嘉靖庚子中秋日華亭朱警識"。首卷卷端題"金石文第一卷",隔行下題"大明徐獻忠看詳"。皮紙,紫色地朵花宋式錦四合函套,淺朱色絹質書衣,黃綾書籤及套籤,書"明板金石文"。

《天目後編》云:"書七卷。凡商文三、周文三十三、秦文十、漢文六十七。"朱警識云:"予與諸哲昆訪長谷徐子,徐子出《金石文》相示,其所取錄,類附以明旨,讀之有要領。蓋自六經之後,文之萃其美,未有如此錄者也。因請而刻焉。徐子譔著甚多,其實愛此集,未嘗捨去,信乎從先進之意,非苟然者也。嘉靖庚子(十九年,1540)中秋日華亭朱警識。"此版罕傳,《中國古籍善本書目》著錄爲明嘉靖刻本,僅南通市圖書館一家有藏。

每冊俱鈐天祿繼鑑諸璽,前後副葉所鈐爲"中三璽",無其他私家藏印。

《故宮善本書目》記其作"明嘉靖十九年刻本"。《"國立故宮博物院"善本舊籍總目》,上冊,第617頁。又下冊,第1215頁。

722 法帖釋文考異十卷

明嘉靖上海顧氏刻本。二冊一函,現藏臺北"故宮博物院"(書號故善000948—000949)。

匡高25.5釐米,廣18.8釐米。每半葉九行,行十九字,小字雙行同。左右雙邊,白口,單魚尾。版心中刊"法帖釋文考異卷幾"及葉次。無序跋。首卷卷端題"歷代帝王法帖釋文考異卷之一",隔行下題"武陵顧從義編并書太原王常校"二行。棉紙染黃,綠色地織金織錦四合函套,綠絹書衣,無書籤。

《天目後編》云:"書十卷。依《淳化閣法帖》原本次第,《釋文》于諸家同異加以辨證。"此明代嘉靖間顧從義自刻本。顧氏(1523—1588)字汝和,因得米元章硯,自號硯山,上海人。嘉靖二十九年(1550)詔選天下端行善書者入直,以第五名中選,授中書舍人,值文華殿,擢大理寺評事。工書善畫,精鑑賞。喜藏書,與兄顧從德、顧從禮皆爲藏書之家。所藏晉人顧愷之《女史箴圖》等皆入清宮。是書十卷,依《淳化閣法帖》原本次第,《釋文》于諸家同異加以辨證。書成,顧氏手自繕寫,以授梓人,此本開本闊大,刻印俱精,佚去王稺登序。

曾經趙連璧及乾嘉間人陸紹曾遞藏,鈐有"趙印連璧"白方、"含瑜居士"白方及"吳郡陸紹曾收藏書畫印"朱長、"吳郡陸秀岩鑑賞之印"朱方四印。陸紹曾,字貫夫,號白齊,吳縣(今蘇州)人。工篆、籀、八分,八分之爲蠅頭,蓋自紹曾始。精於賞鑑,晚年尤長飛白。所蓄古書名蹟,有好之者輒以相贈。後家計中落,往往攜所作書、畫入市,得資可供數日餐,則鍵戶不復出,資罄,復入市。《履園叢話》、《鷗波漁話》、《吳門畫史》有其傳。每冊俱鈐天祿繼鑑諸璽,前後副葉所鈐爲"大三璽"。有清室善後委員會點驗掛籤。

《故宮善本書目》記其作"明嘉靖間上海顧氏刻本"。《"國立故宮博物院"善本舊籍總目》，上冊，第614頁。

722(2)金薤琳琅二十卷

明正德吳郡都氏刻本。五冊一函，現藏臺北"故宮博物院"（故善000943－000947）。

匡高19.2釐米，廣15釐米。每半葉十行，行十七字。左右雙邊，單魚尾，白口。版心中刊"金集卷幾"及葉次。無序跋。首卷卷端題"金薤琳琅卷第一"，隔行下題"太僕少卿吳郡都穆"。竹紙，新裝織錦函套，綠絹書衣，黃綾書籤，題"明板金薤琳瑯"。

此爲撰者都穆自刻本。書中間有朱書考證，署"辛巳五月十二日淞洲"、"辛巳五月十八"、"辛巳二月八日雨窓蒙隱褐夫記于壽寧義塾"、"辛巳二月十九日在壽寧書塾校過……蒙隱褐夫慧岸父志"。末有墨蹟跋語："余既好讀集古諸書，而最首得此本。每得一碑則撿文就校，心之憂矣則展讀消遣以爲歡喜，是以好之彌至。既得《石墨鐫華》及《升庵金石古文》，雖于出處見聞亦時時有助，然視此書真可不同年語矣。升庵讥此書石鼓不用李氏全文，已爲不當趙宧光之博攷，直是無識妄作，看此老胸中，何嘗有半點墨來。辛巳二月廿四日蒙隱褐夫書于壽寧里塾。"

朱墨批跋，《天目後編》僅云："文多不錄。"按跋語末鈐印，此爲謝淞洲所題，謝氏號林村，長洲人，曾供奉畫院，《國朝院畫錄》有其傳，云其"詩宗西崑，畫學倪、黃，後兼宋人筆意，疏爽有法則。精鑑別，古法書名繪與全玉磁品。雍正初特旨召入，命其鑑別內府所藏之真贗。因進所畫山水，世宗嘉之，留一載以疾罷歸"。書上朱筆批校及墨筆識語皆其所書。辛巳應爲清康熙四十年(1701)。

《中國古籍善本書目》著錄爲明刻本。

書上藏印眾多，如"董印其昌"、"開國元勳子孫"、"陳留郡開國印"、"薛益之印"、"謝淞洲之印信"、"臣淞州印信"、"松州私印"、"松州之印"、"豆華館印"、"謝淞州印"、"石屋"、"朱長齡印"、"字永眉"等，除"陳留郡圖書印"誤記爲"陳留郡開國印"，"芷宮"誤爲"芝宮"外，其他俱與《天目後編》所記相同，另有"臣松洲印信"、"臣淞州"、"葆中氏"諸印，爲《天目後編》失載。先爲明人董其昌所藏，後爲文徵明外從曾孫薛益所藏。入清歸長洲謝淞洲舊藏。每冊俱鈐天祿繼鑑諸璽，前後副葉所鈐爲"中三璽"。

《故宫善本书目》记其作"明正德间吴郡都氏刻本"。《"国立故宫博物院"善本旧籍总目》,上册,第617页。

723 世说新语三卷

明嘉靖十四年(1535)吴郡袁氏嘉趣堂覆宋刻本。六册一函,现藏台北"故宫博物院"(书号故善000916—000921)。

匡高20厘米,广15.2厘米。每半叶十行,行二十字,小字双行同,左右双边,白口,双鱼尾,版心中刊书名卷次及叶次,下有刻工,有王、仲、起溟、张、宗、华、周香、李安等。卷前有《刻世说新语序》,题"吴郡袁褧撰",署"嘉靖乙未岁立秋日"。卷末有绍兴八年董弅识,又淳熙八年陆游识,又"嘉靖乙未岁吴郡袁氏嘉趣堂重雕"一行。首卷卷端题"世说新语卷上之上",隔行下题"宋临川王义庆撰　梁刘孝标注"二行。白棉纸,新装织锦四合函套,石青杭细书衣,黄绫书籤,书"明版世说新语"。

由刻书序及刊记,知此本乃明嘉靖间吴郡袁氏嘉趣堂翻刻宋淳熙十五年陆游严州郡斋本者,序中有"余家藏宋本,是放翁校刊本,谢湖躬耕之暇,手披心寄,自谓可观,爰付梓人,传之同好"之谓。"玄"、"徵"、"敬"诸字阙末笔,犹避宋讳。袁褧,字尚之,号谢湖,吴县人,博学工诗,善书法,见《苏州府志》。褧以藏书刻书名。此外又刻《夏小正戴氏传》、《六家文选》等。《天目后编》云其"犹属完书,较之王世贞所刻删节注文者,此为善本矣"。

每册俱钤天禄继鉴诸玺,前后副叶所钤为"中三玺"。另有"慧命关"、"小娜嬛"二白文印及"修竹吾庐三径"朱文长印。有清室善后委员会点验挂籤。

《故宫善本书目》记其作"明嘉靖十四年吴郡袁褧嘉趣堂复宋陆游本",记其原藏悖本堂。《"国立故宫博物院"善本旧籍总目》,下册,第877页。

724 世说新语补二十卷

明万历十三年(1585)张文柱刻本。六册,现藏台北"故宫博物院"(书号故善014074—014079)。

匡高19.1厘米,广13.2厘米。每半叶九行,行十八字,小字双行同。白口,左右双边,单线鱼尾,眉上镌评。版心上刊"世说补",中刊卷次及叶次。卷一首叶下有"崑山唐周刻"。卷前有王世贞自序,署"嘉靖丙辰季夏琅琊王世貞傳"。又其弟王世懋刻書序一、識一，分署"萬曆庚辰穮吳郡王世懋書"、"是歲乙酉初春世懋再識"。又《世說新語》劉應登、袁褧舊序二首。又高似孫《緯略》一則。又董弅、陸游舊跋二首。又何氏《語林》舊文徵明序、陸師道序。又《世說新語補凡例十則》。卷末《附釋名》一卷。首卷卷端題"世說新語補卷第一"，隔行下題"宋劉義慶撰　宋劉孝標注　宋劉辰翁批　明何良俊增　王世貞刪定　王世懋批釋　張文柱校注"七行。有佚名朱筆圈點。白棉紙，綠絹書衣，黃綾書籤，書"明板世說新語補"。書中有朱筆圈點。

《天目後編》云："明王世貞以劉義慶《世說》、何良俊《語林》合輯成書，采劉辰翁《評點》。……其校注之張文柱，字仲立，崑山人。萬曆戊子舉人，官臨清知州。"王世懋刻書序中云："友人張仲立得而嗜之，次第脩註，而更爲訂何氏之乖迕，與益其註之未備，鉛槧經年，殺青滿室，會予將之閩中，手以相示，且請序作者之意。"故此本爲張文仲所刻，刊成於萬曆乙酉（十三年，1585）。《中國古籍善本書目》亦著錄此本爲"明萬曆十三年張文柱刻本"。

每冊俱鈐天祿繼鑑諸璽，前後副葉所鈐爲"中三璽"，另有"徐長君"、"字君實"白方二印，不詳何人之印。

《故宮善本書目》記其作"明萬曆間太倉王氏刻本"。《"國立故宮博物院"善本舊籍總目》，下冊，第878頁，著錄爲"明萬曆太倉王氏刻本"。

724(2) 說略三十二種

明嘉靖二十三年（1544）陸楫雲山書院刻《古今說海》本。十二冊，現藏臺北"故宮博物院"（書號故善008146－008157）。

匡高16.7釐米，廣12.2釐米。每半葉八行，行十六字。左右雙邊，白口，雙順線魚尾，版心上刊"說略某集"，中刊篇名及葉次，下刊"雲山書院"。無序跋。首卷卷端題"默記"，下題"說畧一"，小字雙行題"雜記一"，皆大題在下，小題在上。目錄第一至二葉、《默記》第三至四葉、第十三至十四葉、《朝野遺紀》第一至二葉、抄配。白棉紙，黃絹書衣，黃綾題籤，書"明板說畧"及冊數。

卷前有目錄，不著編輯姓氏。分爲十集，甲集四卷：《默記》、《宣政雜錄》、《靖康朝野僉言》、《朝野遺記》；乙集四卷：《墨客揮犀》、《續墨客揮犀》、《聞見雜錄》、《山房隨筆》；丙集三卷：《諧史》、《昨夢錄》、《三朝野史》；丁集二卷：《鐵圍山叢談》、《孔氏雜說》；戊集三卷：《瀟湘錄》、《三水小牘》、

《談藪》；己集四卷：《清尊錄》、《暌車志》、《話腴》、《朝野僉載》；庚集四卷：《古杭雜說》、《蒙齋筆談》、《文昌雜錄》、《就日錄》；辛集三卷：《碧湖雜記》、《錢氏私誌》、《遂昌山樵雜錄》；壬集三卷：《高齋漫錄》、《桐陰舊話》、《霏雪錄》；癸集二卷：《東園友聞》、《拊掌錄》。目錄後有"已上雜記家總三十二卷"一行。《天目後編》云："考《明史·藝文志》，別有顧起元《說略》三十卷，乃分門排比之類書，不與此同。"

此爲明嘉靖二十三年雲間陸氏儼山書院刊《古今說海》零種本。《古今說海》爲明雲間人陸楫輯刊，書口下或刊"儼山書院"，或刊"青藜館"，或刊"雲山書院"。全書一百四十二卷，分爲說選、說淵、說畧、說纂四部。《說畧》取宋、元人雜說三十二種刻之。《中國古籍善本書目》著錄爲"明嘉靖二十三年陸楫儼山書院雲山書院刻本"，以此本版心觀之，應著錄爲明嘉靖二十三年陸楫雲山書院刻本。

潘承弼、顧廷龍在《明代版本圖錄初編·卷五》中就以此推定"非陸氏一人所編而陸實出資付刊者也"，①此即有些書目如《千頃堂書目》、《四庫採進書目》等將《古今說海》錄於陸楫名下之緣由。陸楫刊印《古今說海》是憑藉了其家族尤其是其父陸深之力，故有些目錄如《絳雲樓書目》將其錄於陸深名下。

李紹文《雲間人物誌》卷二"陸文裕公"條記道："公名深，字子淵，號儼山，上海人。弘治辛酉，發解南畿。乙丑，成進士。改翰吉，授編修，歷司業、祭酒，進講經筵。改太常卿，兼侍讀學士，扈駕幸承天，給行在印。升詹事府詹事，兼翰林院學士。疏請致仕。家居二年，撫按文章薦起，病卒。賜葬祭，贈禮部右侍郎，諡文裕，郡邑皆祀鄉賢。所著有《陸文裕公集》一百卷，《外集》、《續集》五十卷。"②

每册俱鈐天祿繼鑑諸璽，前後副葉所鈐爲"中三璽"，揆敘舊藏，有謙牧堂二印。另《默記》卷端下有"顧禮部佘藏秘書印記"朱文印及"戀復"白文印各一方，爲《天目後編》失載。有清室善後委員會點驗掛籤。

《故宮善本書目》記其作"明嘉靖間刻本"。《"國立故宮博物院"善本舊籍總目》，下册，第871頁，著錄爲"明嘉靖二十三年雲間陸氏儼山書院刊《古今說海》本"。

---

① 潘承弼、顧廷龍編：《明代版本圖錄》，上海書店1996年版，第77頁。
② （明）李紹文等撰：《明清上海稀見文獻五種》，人民文學出版社2006年版，第132—133頁。

725 鶴林玉露十六卷

明武林謝天瑞刻本。一函四冊,曾藏涵芬樓,已燬於 1932 年"一·二八"戰火。

九行二十字。棉紙印。《天目後編》提要僅云:"篇目同前元版子部"。每冊前後副葉所鈐"中三壐"。

書流出清宮後爲盛昱鬱華閣所藏,民國壬子(1912)年傅增湘以二十元購得,其後又售予涵芬樓。① 藏園云:"《天祿後目》載謝天瑞本,記其書凡四百三十五條,今以南台本核之,得四百四十八條,較謝本多十三條,未審謝刻有所併省,抑文字遺奪也。謝本余爲涵芬樓購之,倘未罹兵厄,異時尚可取閱,一析此疑滯也。"② 傅增湘以爲此本爲《天目後編》元版子部所載者,據私家藏印判,實爲明版子部所載該部。涵芬樓購書後,著錄於《涵芬樓原存善本草目》子部中,記其有"天祿琳瑯藏印"。③

此本已燬於 1932 年"一·二八"淞滬抗日戰火。

725(2) 輟耕錄三十卷

明初刻萬曆六年(1578)徐球補刻本。四冊,現藏臺北"故宮博物院"(書號故善 005382—005385)。

匡高 20 釐米,廣 13.8 釐米。每半葉十行,行二十一字。白口,左右雙邊。版心上刊"輟耕錄",中刊"第幾卷"及葉次。卷前有《輟耕錄敘》,署"至正丙午夏六月江陰孫作大雅序"。又《輟耕錄引》,署"萬曆戊寅歲冬月華亭徐球識"。又江陰孫作譔《南村先生傳》。又邵亨貞募刻是書疏。首卷卷端題"輟耕錄卷第一",隔行下題"南村陶宗儀"。竹紙,黃絹書衣,黃綾書籤,書"輟耕錄"。

徐球《輟耕錄引》曰:"南村《輟耕錄》海內士人愛而刻之、刻而傳之者眾矣,邇來惜乏善本,友人楊君有是刻,頗可觀,予藏之室幾三越寒暑。緣多病,置之不問。入春,病漸可,迺思而閱之,中間缺雜數十板,予爲之補輯成編,得不爲棄物,不敢自私,將以廣播諸四方。"據知此本乃明初舊版重修者。《中國古籍善本書目》著錄爲"明玉蘭草堂刻萬曆六年徐球重修

---

① 《藏園群書經眼錄》,卷八,第 598 頁。
② 《藏園群書題記》,子部二,第 389 頁。
③ 《涵芬樓原存善本草目》,附於《涵芬樓燼餘書錄》後,第 5 冊,第 12 頁。

本",美國加利福尼亞大學伯克利分校藏明嘉靖玉蘭草堂刻萬曆六年徐球重修本,版心下方有刻工名及"玉蘭草堂"字樣。天祿此本書口無刻工及"玉蘭草堂"四字,無法遽斷與玉蘭草堂本之間關係。

每冊俱鈐天祿繼鑑諸璽,前後副葉所鈐爲"中三璽",另有"金陵顧謙字以牧圖書印"朱長及"顧謙以牧今藏此書"朱長二印。

《故宮善本書目》記其作"明萬曆六年徐球修補舊刻本"。《"國立故宮博物院"善本舊籍總目》,下冊,第905頁。

726 學海二百三十卷

明萬曆三十六年(1608)刻本。原爲十函八十冊,存卷四至六,計三卷,一函一冊,現藏遼寧省圖書館(書號善12690);卷七至九,計三卷,一冊,2003年中國書店春拍,現藏臺灣潘思源處(潘目書號皇110/北2);①卷十至十一,一冊,現藏北京大學圖書館(書號SB031.86/8425);卷二十一至二十九、四十四至四十五,計十一卷,四冊,現藏甘肅省會寧縣圖書館(書號類002);卷六十八至六十九,一冊,2008年北京海王村春拍;②卷八十四至八十六(《僭國氏號》卷三至四、《義師家世》一卷全),計三卷,一冊,現藏北京師範大學圖書館(書號善041/940);③卷一百至一百二,計三卷,一冊,現藏臺北"中央研究院"傅斯年圖書館(書號041/805);卷一百十六至一百十八,原一冊,重裝爲兩冊,現藏田濤之信吾是齋;卷一百十九至一百二十一,原爲一冊,重裝爲兩冊,2001年嘉德春拍;④卷二至三、三十五至三十八、七十三至七十五、七十九至八十五、八十九至九十、九十四至九十八、一百至一百零五、一二二至一二五、一四零至一四三、一四九至一五一、一七二至一七七、一百□□、二零二至二零三、二零□□、二二七至二二八,目錄一至七,計六十卷,二十一冊,現藏中國國家圖書館(書號

---

① 北京海王村拍賣有限責任公司編:《中國書店2003年春季書刊資料拍賣會》,北京海王村拍賣公司2003年,第122號,成交價3.85萬元人民幣。

② 中貿聖佳國際拍賣有限公司2016年秋季拍賣會"御覽——天祿琳琅及歷代佳槧專場"上再度上拍,拍品編號1043。

③ 北京師範大學圖書館古籍部編:《北京師範大學圖書館古籍善本書目》,北京圖書館出版社2002年版,第174頁,第1862號。

④ 這三卷原於2001年中國嘉德拍賣會上以15.4萬元人民幣成交,拍品第670號。2005年、2010年又再度出現於中國嘉德春拍上。詳見姜尋編:《中國古籍文獻拍賣圖錄》(2001—2002年),北京圖書館出版社2003年版,第31頁。

5551);卷二二一至二二四,計三卷,一冊,亦藏中國國家圖書館(書號t1033);卷一六三至一六四,一冊,現藏瑞典斯德哥爾摩遠東博物院;卷二九八,一冊,原藏中國書店,吳希賢先生經眼,①2002年嘉德春拍。②

匡高22.1釐米,廣15.4釐米。每半葉十一行,行二十六字,小字雙行同,白口,四周單邊,單魚尾。版心上刊分部類書名,中刊卷次及葉次,下有刻工姓名及字數,如"孫福"、"陳正"、"刘"、"李"、"張武"、"盛"、"胡玉"、"戴密"、"張文"、"奉"、"啟"等。各卷卷端題"學海君道部",下題編名。卷首有萬曆戊申饒伸序及目錄八卷。目錄至卷七第二十七頁止,至卷一百九十四創業類七十。白棉紙,淺色紙書衣,同色紙質書籤,題"明版學海"及冊數。

《天目後編》云:"其體例以通史分合,似紀事本末,雜采諸書,不盡史鑑,又似類書。惟君道一部,似未成之書。而五類之下復有門,門下有篇,篇下有章,章下復有子目,冗遝在所不免,而徵引則可云浩博矣。"書中原有闕卷闕葉,如《帝王餘緒》卷一十九頁後皆佚,卷端卷數多有挖改。小字精刻,行格細密,紙墨俱佳,開本敞闊。清代列為禁書,全本流傳稀見。

每冊俱鈐天祿繼鑑諸璽,前後副頁所鈐"大三璽",無私人藏印。

國圖所藏二十一冊,部分書頁破損嚴重,見著於《北京圖書館古籍善本書目》子部第1564頁,其中卷八十四至八十五與北師大、卷一百至一百零二與傅圖重複,疑為殘葉。國圖所藏目錄、卷一至三、一四零至一四一、一四九至一五一,四冊,係1959年自故宮調撥。卷二二一至二二四,計三卷,一冊,原在普通古籍,2010年提善新編。原藏中國書店的卷二百九十八一冊,有塗改印章之處。

傅斯年圖書館所藏一冊,存創業類下《偽命分爭》卷一至卷三,卷端卷數俱有挖改,僅存"學海君道部卷之一百",原應為"卷之一百□十□"。首末頁俱鈐一"東方文化事業總委員會所藏圖書印"朱方印,另有"史語所收藏珍本圖書記"朱文印。有原裝紙質書籤,書"明版學海　第六十一冊"。

北大所藏一冊,前副葉佚失。

遼圖所藏一冊,為原書之第五冊。

潘思源所藏一冊,為原書之第七冊,書前有一"慎齋書畫之章"白文方

---

① 吳希賢輯彙:《歷代珍稀版本經眼圖錄》,第227—228頁。
② 中國嘉德國際拍賣有限公司2002春季拍賣會古籍善本專場,拍品第1498號。

印，書衣已經改裝。

　　嘉德所拍二冊，其上有現代藏書家田濤之"田濤所藏圖書之印"（朱文）、"田濤"（白文）二印。

　　北師大所藏一冊，尚鈐有"延秋閣物"印，這一冊與國圖卷數重合，且卷八十四末署爲"卷八十六"，蓋爲誤刻。

《欽定天祿琳琅書目後編》卷十七　明版子部

727 漢魏叢書二百五十卷

明萬曆二十年(1592)新安程氏刻本。三十四冊六函,現藏臺北"故宫博物院"(書號故善 010205－010238)。

匡高 19.8 釐米,廣 14.3 釐米。每半葉九行,行二十字,小字雙行同。白口,左右雙邊,單線魚尾。版心上刊各書書名,中刊卷次及葉次,下有刻工呂、玉、寵、孫、百、黄柱、守、朱、魏、茂、子、方、黄尚潤、黄尚瀾、仇高、黄鈴、元、泰、葉、濟、高、格、國鄉、汝哲等。每書前各有序,卷端題"明新安程榮校"。卷前有萬曆壬辰屠隆《漢魏叢書序》。白棉紙,黄緑色朵花宋式錦四合函套,淺色絹質書衣,黄綾書籤及套籤,書"漢魏叢書"。

《天目後編》云:"明程榮刻。榮,新安人。……刊于萬曆壬辰,前有屠隆序。隆,字緯真,號赤水,鄞縣人。萬曆丁丑進士,官禮部郎中,有《由拳》、《白榆》、《采真》、《南游》諸集。"程榮,字伯仁,亦稱仲仁,徽州歙縣人。明代萬曆間著名徽派坊刻家,在杭州有"武林樵雲書舍"刻書坊,所纂刊《漢魏叢書》收書三十八種種、二百五十卷,後世稱"刻印明代大型叢書之風自程榮始",另刻有《山房清賞》十五種二十八卷等。

每冊俱鈐天祿繼鑑諸璽,前後副葉所鈐爲"中三璽",無私家藏印。有清室善後委員會點驗掛籤。

《故宫善本書目》記其作"明萬曆二十年新安程氏刻本"。《"國立故宫博物院"善本舊籍總目》,下冊,第 1266 頁。

728 四十家雜說四十種

明嘉靖中顧氏夷白齋刻本。一函六冊,現藏臺北"故宫博物院"(書號故善 007507－007512)。

匡高 17.7 釐米,廣 12.7 釐米。每半葉十行,行十八字,白口,左右雙邊,單魚尾。版心中刊篇目及卷次。無序跋。各書卷尾或有鐫"埭川顧氏家塾梓行"、"長洲顧氏家藏宋本校行"、"陽山顧氏十友齋宋本重刻"、"長洲顧氏宋本校行"一行或"夷白齋宋板重雕"、"夷白齋舊板重雕"小字二行。首卷卷端題"開元天寶遺事卷一"。竹紙，靛藍絹質書衣，黃綾書籤，書"明板四十家雜說"。

《天目後編》云："按顧元慶《幽閒鼓吹》跋中有云：'余家藏宋本，刻而傳之。'而各種末或標'埭川顧氏家塾梓行'，或標'長洲顧氏'，或標'夷白齋'，或標'十友齋'，自屬元慶所輯。明人好刊叢書，此書多從宋本脫胎，間有舊人題識，足資考證，尚勝它剽割作偽者。"顧元慶，字大有，長洲人。自號大石山人，都穆之弟子，《書史會要》有傳。顧跋署為"嘉靖壬午春三月吳郡大石山人顧元慶"，嘉靖壬午是元年(1522)。《中國古籍善本書目》著錄為《顧氏明朝四十家小說》四十種四十三卷，"明嘉靖十八年至二十年顧氏大石山房刻本"。

每冊俱鈐天祿繼鑑諸璽，前後副葉所鈐爲"中三璽"，另有"茂文"白方、"延陵季子大文家藏印"朱方、"茂文氏"諸印。有清室善後委員會點驗掛籤。

《故宮善本書目》記其作"明嘉靖元年長洲顧氏刻本"。《"國立故宮博物院"善本舊籍總目，下冊》，第1266頁，著錄爲"明嘉靖中顧氏夷白齋刻本"。

此外，天津圖書館藏明嘉靖顧氏夷白齋刻本《四十家雜說》一部，僅存二冊，每冊首葉、末葉上均鈐"乾隆御覽之寶"朱文闊邊大方印、"天祿琳琅"朱文小方印兩枚御璽，合乎《天祿琳琅書目前編》凡例之提法，爲《天目前編》"目外書"，詳見本書附錄。

730 古今逸史一百六十二卷

明萬曆新安程氏刻本。原作五函三十冊，三十冊六函，現藏臺北"故宮博物院"(書號故善014448－014477)。

匡高20.2釐米，廣13.7釐米。每半葉十行，行二十字，白口，左右雙邊，單魚尾。版心上刊各書之書名，中刊卷次及葉次，下刊刻工及字數，有葛其、其、劉一、劉二、文等。卷前有新安吳琯《古今逸史自敘》及凡例十二則。每書卷端下題"明吳琯校"。竹紙，新裝織錦四合函套，淺綠絹質書衣，黃綾書籤，書"古今逸史"。原闕《續博物志》卷一，《天目後編》未記。

明人吳琯彙刻。凡書四十二種，分《逸志》、《逸記》二門。《凡例》最末兩則有云："一校書最難，古人至以比之隨風掃葉，隨掃隨有。先刻《詩紀》，雖用苦心，亦緣諸本……是編諸書，不列學官，不收秘閣，山饞家出，幾亡僅存。毋論善本，即全本亦希。毋論刻本，即抄本多誤。故今所集，幸使流傳，少加訂證，何從伐異黨同，願以抱殘守闕云耳。"又云："是編以《古今逸史》稱名，必備舉古今之逸，始爲全業。而諸書方在搆集，一時未得竣事，故先刻數種，聊急副海內之望云。"《天目後編》云，此本"前有《凡例》十二則。矯強傅會，以牽入《逸史》之名，僞至於《三墳》、《晉乘》、《楚檮杌》，近至於《真臘風土記》，纖至於《教坊記》。雖與《漢魏叢書》同時競勝，而稱名取類相去遠甚"。然槧法最爲精工，初刻初印。《中國古籍善本書目》只著錄爲明吳琯刻本。

每冊俱鈐天祿繼鑑諸璽，前後副葉所鈐爲"中三璽"。另鈐"歙許志古家藏"印，卷首吳琯《自敍》下題"新安吳琯撰"下有"吳琯"朱文圓印及"孟白"白文方印二，《天目後編》提要以爲"琯自序名下鈐朱印，猶當時初印也"。

《故宮善本書目》記其作"明萬曆間新安吳氏刻本"。《"國立故宮博物院"善本舊籍總目》，下冊，第1267頁。

731 藝文類聚一百卷

明嘉靖六至七年(1527—1528)胡纘宗、陸采刻本。十冊二函，現藏臺北"故宮博物院"(書號故善008212—008221)。

匡高22.4釐米，廣16釐米。每半葉十四行，行二十八字。白口，左右雙邊，單魚尾。版心中刊"藝文卷幾"及葉次，下刊刻工，有陸奎(六奎)、朴、陸准、武、啟明、章景華、王師禹、夫、中、周、袁、宅、唐、陸云、宗信、秀、廷、濟、立、綏、恩、亨、仲、冀、天、智、朝、先、日、敖、吳秀、安、清、淮、孜、鳳等。卷前有歐陽詢自序。首卷卷端題"藝文類聚卷第一"，隔行下題"唐太子率更令弘文館學士歐陽詢撰"。白棉紙，淺灰色地朵花宋式錦四合函套，淺灰色地朵花宋式錦書衣，黃綾書籤及套籤，書"藝文類聚"。

《藝文類聚》除上海圖書館藏宋刻孤本外，明代有正德十年華堅蘭雪堂銅活字本、嘉靖九年鄭氏宗文堂刻本等。《天目後編》云此爲"明翻宋本"。此本卷前佚失胡纘宗序，其中有"吳郡陸君子玄，惜其舛剝，托之鋟梓，嗜學好文，於學者有補焉"。爲嘉靖六至七年陸采所刊，雖緊行密字，然紙墨精雅，雕印甚工。王重民稱"書賈抽去翻刻諸序跋，冀贋宋刻。此刻規橅甚精，每易混珠"。①

---

① 《中國善本書提要》，第353頁。

每冊俱鈐天祿繼鑑諸璽，前後副葉所鈐爲"中三璽"。所鈐"古民氏"、"汝墳侯裔"、"濂溪奕葉"、"射陽華胄"諸印與《天目後編》所記相同。唯"李紹芳印"白方，《天目後編》誤記爲"李姑若印"。卷末另有"沈邦謨印"白方及"松窓小爱"朱方二印，爲《天目後編》失載。李紹芳、沈邦謨皆無考。

《故宫善本書目》記其作"明嘉靖六年吳郡陸采復宋本"。《"國立故宫博物院"善本舊籍總目》，下冊，第858頁，著錄爲"明嘉靖六年長洲陸采復宋刊本"。

732 藝文類聚一百卷

明萬曆十五年(1587)王元貞刻本。四函三十二冊，現藏臺北"故宫博物院"（書號故善010171—010202）。

匡高20.3釐米，廣13.9釐米。每半葉十行，行十九字。左右雙邊，白口，單魚尾。版心上刊"藝文類聚"，中刊部類及卷次，下刊葉次。卷前有《重刊藝文類聚序》，署"賜進士第奉議大夫南京刑部湖廣司郎中前吏禮工科左右給事中侍經筵官福建布政使司左參議長洲湯聘尹敍"。又歐陽詢《藝文類聚序》。又胡纘宗《刻藝文類聚序》。胡序末有小字"金陵徐智督刊"一行。首卷卷端題"藝文類聚卷第一"，隔行下題"唐太子率更令弘文館學士歐陽詢撰明秣陵王元貞校"二行。白棉紙，綠色地朵花宋式錦四合函套，黃色地朵花宋式錦書衣，黃綾書籤及套籤，書"藝文類聚"。

《天目後編》云："明王元貞重刻大字本，極精朗，湯聘尹序。元貞，字孟起，江寧人，自題後序。是書嘉靖丁亥吳郡陸子元始刻于蘇州，胡纘宗序之，至是甲子一周，而重刻告成。胡序並載。"據湯序云："王子孟起，嫻於文詞，閎覽博觀，篤信好古……且天水胡公以嘉靖丁亥而始事於蘇苑，今白下王氏以萬曆丁亥而告成於秦淮，甲子一周，是書大顯，孰謂非斯文之幸耶。"並有"金陵徐智督刊"刊記，則是書或刻於南京。

每冊俱鈐天祿繼鑑諸璽，前後副葉所鈐爲"大三璽"，無其他私家藏印。有清室善後委員會點驗掛籤。

《故宫善本書目》記其作"明萬曆十五年江寧王元貞刻本"。《"國立故宫博物院"善本舊籍總目》，下冊，第858頁，著錄爲"明萬曆十五年秣陵王元貞校刊本"。

732(2) 北堂書鈔一百六十卷

明萬曆二十八年(1600)陳禹謨刻本。二函二十冊，現藏臺北"故宮博物院"(書號故善 001583－001602)。

匡高 21.5 釐米，廣 14 釐米。每半葉九行，行二十字，小字雙行同。左右雙邊，白口，單魚尾，版心上記"北堂書鈔"，中記卷次及葉次，下記大小字數。卷首有《校刻北堂書鈔序》，署"洞觀山樵者瞿汝稷撰伯梁甫嚴材書"。又《校定北堂書鈔序》，署"萬曆庚子孟秋吉海虞後學陳禹謨錫玄甫譔"。序後有《補校北堂書鈔凡例》及海虞陳禹謨志《訂定北堂書鈔卷目》。首卷卷端題"北堂書鈔卷第一"，隔行下題"唐姚江虞世南輯明海虞陳禹謨校并補註"二行。白棉紙，新裝織錦四合函套，綠絹書衣，黃綾書籤，書"明板北唐書鈔"(每冊書籤都誤題"堂"爲"唐"字)。

《天目後編》云："王應麟《玉海》云：'三館舊開《書鈔》，惟趙安仁家有本，真宗手詔取之。'是在宋已珍此書矣。逮明僅有鈔本，至萬曆庚子，虞山陳禹謨始校刊之，且益其原注曰補，類及注外曰附，而地部立題增類補闕最多，已非世南之舊。然其讎校極細密，以訛舛之寫本復得文從字順，亦其力也。錢曾《讀書敏求記》自云家有原書，朱彝尊《曝書亭集》載曾見《大唐類要》，即《北堂書鈔》，出於原書。二人所見，今更無從尋蹟，賴禹謨校補尚存唐籍耳。"據瞿、陳二序，陳禹謨就原本證群籍，訛者校之，脫者補之，遂授剞劂氏，《天目》提要所言不虛。

每冊俱鈐天祿繼鑑諸璽，前後副葉所鈐爲"大三璽"，無其他私家藏印。

《故宮善本書目》記其作"明萬曆十八年虞山陳禹謨刻本"。《"國立故宮博物院"善本舊籍總目》，下冊，第 858 頁，著錄爲"明萬曆二十八年海虞陳禹謨刊本"。

733 初學記三十卷

明嘉靖十年(1531)刻晉陵楊鑨九洲書屋印本。存卷一至二十三，卷二十五至二十七、卷二十九，計二十七卷，二十七冊，現皆藏中國國家圖書館(新編書號 1186、1255)；卷二十四、二十八，兩冊，現藏田濤之信吾是齋。

匡高 20.3 釐米，廣 16 釐米。每半葉九行，行十八字，小字雙行二十四字。白口，左右雙邊，單魚尾。版心上刊"九洲書屋"，中刊卷次及葉次，下有刻工名啟、恩、南、潘、李、仁、古、唐、王、瑞、袁、青、六、何鳳等。首卷卷端題"初學記卷第一"，下題"光祿大夫行右散騎常侍集賢院學士副知院事東海郡開國公徐堅等奉晉陵楊鑨重刊"二行。

明嘉靖間所刻。《天目後編》提要云："篇目見前宋版子部。明晉陵楊鑨重刊本，每葉版心刻'九州書屋'。"

每冊俱鈐天祿繼鑑諸璽，前後副葉所鈐爲"中三璽"。並鈐"荊石"、"望鶴來"、"高平氏"、"吳興唐白野氏家藏"等私家藏印。田濤先生家藏二冊，尚存清宮舊裝，仿絲朵花錦書衣，黃綾書籤，題"明板初學記"。

此係1959年故宮撥交北京圖書館者，撥交清冊上記爲"明晉陵楊鑨九州書屋刻本"。其中卷二十五至二十七、卷二十九之四冊係由北京文物局撥交故宮。2013年編目。

734 白孔六帖一百卷

明嘉靖間蘇州刻本。一百冊十函，現藏臺北"故宮博物院"（書號故善006526－006625）。

匡高19.2釐米，廣14.5釐米。每半葉十行，行十八字，小字雙行同。左右雙邊，白口，單線魚尾，版心中記"白孔六帖幾"及葉次，下刊刻工名，有陸奎、仲、王、仁、袁、劉、宗、守中(中)、恩、惟器(惟、器)、何世用(世用)、何敖(敖)、呂永之(呂、永之)、大節(節)、世臣、子靜、啟明(啟)、信、廷、師、元、玄、何儔(儔)、何亨(亨)、喬、昂、付、正、沈、其、東、世鳴(鳴)、國祥(祥)、子長、朝用(用)、何山、子明(明)、李耀(李)、文彩(文、彩)、洪、佩、馮、怡、張、子鳴、大、安、何明(何)、甫、何受、唐、子昂、歧、六、陸宣(陸)、葉、堂、臣、子信、高、徒、良、下、呂春(呂)、廷獻、榮之(榮、之)、和、徐、章、陽、楊、夏、明斯、約、范臣(范)、惠、子、費、未、史、戴、陳、錢、呂文方(文方)、鳴岐、宰、朝陽、明甫。卷首有韓駒《唐宋白孔六帖序》。棉紙，淺黃色地朵花宋式錦四合函套，淺黃色地朵花宋式錦書衣，黃綾書籤及套籤，書"白孔六帖"。

《白氏六帖》與《孔氏六帖》本爲分刻單行，南宋末年，書坊合併兩書刊行，變更卷數爲百卷。元明以降，各家刊行者均從百卷本。合成後之《唐宋白孔六帖》，以《白帖》爲主，將《孔帖》各類附入其下，子目1399門，每一子目，先列《白帖》，後列《孔帖》，以黑地反白字"白"、"孔"爲別。《中國古籍善本書目》著錄爲"明刻本"，臺北"國家圖書館"目錄著錄爲"明嘉靖間刻本"，都未言及何以稱"蘇州"、"覆宋"。此本有顯著之嘉靖版刻風貌，刻工陸奎自嘉靖三年刻書至萬曆年間，參加過嘉靖三年徐焴刻本《唐文粹》、嘉靖九年南京國子監刻本《史記》、萬曆間徐氏刻本《昌黎先生集》、通津草堂刻本《論衡》等的刊刻，何亨參加過明嘉靖三十三年東吳書林刻本《方山先生文錄》的刊刻，①都爲蘇州一帶良工，故版本可定爲明嘉靖間蘇州刻本。

每冊俱鈐清宮天祿繼鑑諸璽，前後副葉所鈐爲"中三璽"，無其他私人藏印。有清室善後委員會點驗掛籤。

《故宮善本書目》記其作"明嘉靖間蘇州復宋本"。《"國立故宮博物院"善本舊籍總目》，下冊，第860頁，著錄爲"明嘉靖蘇州覆宋刻本"。

734(2) 白孔六帖一百卷（又一部）

明嘉靖間蘇州刻本。原爲四函三十二冊，闕卷二至四，凡三卷，存三十一冊四函，計九十七卷，現藏臺北"故宮博物院"（書號故善 009443—009473）。

匡高19.3釐米，廣15.4釐米。每半葉十行，行十八字，小字雙行同。白口，左右雙邊，單線魚尾。版心中刊"白孔六帖幾"及葉次，下有刻工陸奎、仲、王、仁、袁、守中、劉、惟器、啓明、何亨、永之、何世用、大節、子靜、世臣、世鳴、國祥、啟、付、其、佩、昂、正、子長、東、何山、朝用等。首卷卷端題"唐宋白孔六帖卷第一"。卷首有《唐宋白孔六帖序》，隔行下題"陵陽韓駒子蒼"。總目錄外，每卷前各有目錄。白棉紙，新裝藍布四合函套，深綠色絹質書衣，黃綾書籤，書"白孔六帖"及本冊卷次。

《天祿琳琅書目後編》提要僅云"同上，係一版摹印"，此爲卷十七明版集部四部同版《白孔六帖》之第二部，後印本。

每冊俱鈐清宮天祿繼鑑諸璽，前後副葉所鈐爲"中三璽"。無私人藏印。

《故宮善本書目》記其作"明蘇州復宋本"。《"國立故宮博物院"善本舊籍總目》，下冊，第860頁，著錄爲"明嘉靖蘇州覆宋刻本"。

734(3) 白孔六帖一百卷（又二部）

明嘉靖間蘇州刻本。原作八函四十八冊，其中卷一至五十三、五十六至一百，計九十八卷，四十七冊八函，現藏臺北"故宮博物院"（書號故善

---

① 李國慶著：《明代刊工姓名索引》，上海古籍出版社1998年版，第240—241頁"陸奎"條、第65頁"何亨"條等。

004710—004756）；卷五十四、五十五，計兩卷，一冊，現藏中國國家圖書館（書號 18615）。兩岸合璧，即爲全帙。

匡高 19.4 釐米，廣 15.3 釐米。每半葉十行，行十八字，小字雙行同。白口，左右雙邊，單線魚尾。版心中刊"白孔六帖幾"及葉次，下有刻工陸奎、仲、王、仁、袁、守中、劉、惟器、啓明、何亨、永之、何世用、大節、子靜、世臣、世鳴、國祥、啟、付、其、佩、昂、正、子長、東、何山、朝用等。首卷卷端題"唐宋白孔六帖卷第一"。卷首有《唐宋白孔六帖序》，隔行下題"陵陽韓駒子蒼"。總目錄外，每卷前各有目錄。首卷卷端題"唐宋白孔六帖卷第一"。白棉紙，新裝藍布四合函套，淡藍色灑金紙質書衣，白紙書籤，書"明版白孔六帖"及冊數。

《天祿琳琅書目後編》提要僅云"同上，係一版摹印"，此爲卷十七明版集部四部同版《白孔六帖》之第三部。初刻初印，紙墨精好，是《天目後編》所收明板《白孔六帖》中書品最好的一部，臺灣新興書局有限公司 1967 年影印本之底本。

每冊俱鈐天祿繼鑑諸璽，前後副葉所鈐爲"大三璽"，無其他私人藏印。國圖所藏一冊，爲原書之第二十六冊。

《故宮善本書目》記其作"明蘇州復宋本"。《"國立故宮博物院"善本舊籍總目》，下冊，第 860 頁，著錄爲"明嘉靖蘇州覆宋刻本"。

734(4) 白孔六帖一百卷（又三部）

明嘉靖間蘇州刻本。三十二冊四函，現藏臺北"故宮博物院"（書號故善 006626—006657）。

版本同上。卷前有韓駒《唐宋白孔六帖序》棉紙，紙色蕉黃，有蟲蛀。淺灰色地朵花宋式錦四合函套，淺黃色地朵花宋式錦書衣，黃綾書籤及套籤，書"明板白孔六帖"。

《天目後編》云："同上，係一版摹印。闕補卷六十六十九。"此爲卷十七明版集部四部同版《白孔六帖》之第四部，卷六十六之葉九以黃紙鈔補。

每冊俱鈐天祿繼鑑諸璽，前後副葉所鈐爲"大三璽"，無其他私人藏印。

《故宮善本書目》記其作"明蘇州復宋本"。《"國立故宮博物院"善本舊籍總目》，下冊，第 860 頁，著錄爲"明嘉靖蘇州覆宋刻本"。

735 海錄碎事二十二卷

明萬曆二十六年(1598)劉鳳刻本。十二冊二函，現藏臺北"故宮博物院"（書號故善 003904—003915）。

匡高 20.7 釐米，廣 14.1 釐米。每半葉十二行，行二十一字，小字雙行同。白口，左右雙邊，單魚尾，版心上刊書名，中刊卷次及葉次。卷前有《海錄碎事序》，署"（紹興）十九年五月二十七日左朝請大夫知泉州軍州主管學事葉庭珪序"。首卷卷端題"海錄碎事卷一"，隔行下題"宋泉州太守葉廷珪集著　宋河南僉憲劉鳳校刻　孫鴻英、廣同校"三行。竹紙，綠地朵花宋式錦四合函套，淺色地朵花宋式錦書衣，黃綾書籤及套籤，書"海錄碎事"。

此本爲明萬曆間河南僉憲劉鳳校刻。《天目後編》云："明劉鳳校刻。鳳，字子威，長洲人。嘉靖甲辰進士，官河南按察司僉事，故署銜曰'河南僉憲'。坊賈割補'明'字爲'宋'，以售其贗，不知南宋地無河南、官無僉憲也。印記亦多僞，而版特精好。"別本卷首有萬曆戊戌（二十六年，1598）劉鳳序，又有傅自得序，序後又署"萬曆己亥（二十七年，1599）清和閏月吳郡錢允治書並校"，①此本佚去。此本不僅挖改每卷卷端校刻者題署年代之"明"爲"宋"，"宋"字歪斜不整；或將"明河南僉憲劉鳳重校"一行整行挖去，還在卷端遍鈐僞印，每卷首末葉之書頁亦有染舊痕蹟（圖 17-1）。

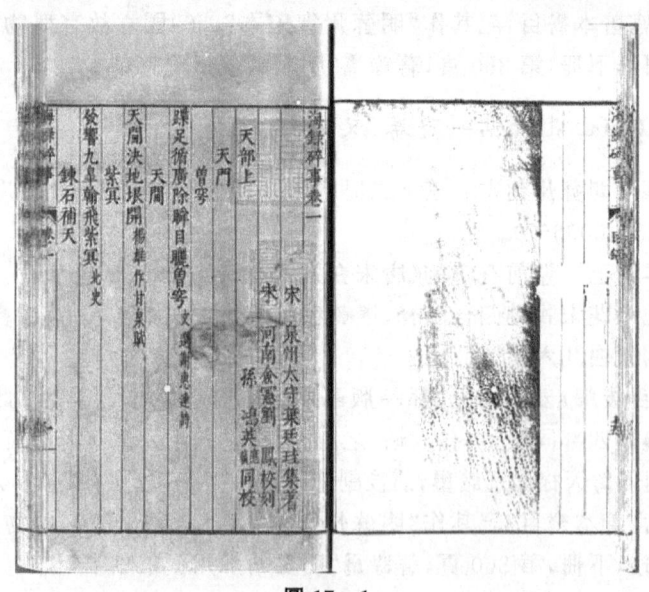

圖 17-1

---

① 《"國家圖書館"善本書志初稿》，子部，第 3 冊，第 328 頁，書號 07851。

每冊俱鈐天祿繼鑑諸璽，前後副葉所鈐爲"中三璽"。書上所鈐"廣運之寶"、"兩朝講官陳仁錫"、"日松堂明卿氏"等諸印皆僞，"廣運之寶"僅4.2釐米見方，遠小於經廠本上常見之朱文大方印。鈐加僞印，以掩其裁紙補字之痕蹟，實則欲蓋彌彰。

《故宮善本書目》記其作"明萬曆二十七年姑蘇張象賢刻本"。《"國立故宮博物院"善本舊籍總目》，下冊，第863頁。

736 群書考索前集六十六卷後集六十五卷續集五十六卷別集二十五卷

明正德三年至十三年(1508—1518)劉洪慎獨書齋刻十六年(1521)重修本。原作三函三十二冊，闕《前集》卷一至五、《後集》卷五十九至六十五，凡十二卷，存三十冊七函，現藏臺北"故宮博物院"(書號故善000685—000714)；《後集》卷五十九至六十五，計七卷，一冊，現藏中國國家圖書館(書號18600)。

匡高20釐米，廣13.2釐米。每半葉十四行，行二十八字，粗黑口，四周雙邊，雙順魚尾。版心上刊"考索某集卷幾"，中刊門類名，下刊葉次。各卷卷端題"群書考索卷之幾"，下標"前集"或"後集"等，下小字題"山堂先生章俊卿編輯　建陽知縣區玉刊行　教諭某某(或訓導某某)校正"四行。竹紙，臺北"故宮博物院"後裝，藍灰色絹質書衣，白紙書籤，書"明版群書考索"及冊數。

《天目後編》云："是書或署'建陽知縣區玉刊行'，或署'木石山人劉宏毅刊'。① 別本有正德戊辰莆田守鄭京序，稱僉憲阮賓出是書示區玉，玉以義士劉洪校讐督工，復劉徭役一年，以償其勞。書末刻記'正德十六年十一月，書戶劉洪改刊。'洪，即宏毅官名也，此本佚。"稱"宏毅"避清帝諱，即劉弘毅。別本卷首有《山堂先生羣書考索序》，署"正德戊辰歲(三年，1508)七月既望鄉貢進士莆田守素軒鄭京序"。每集目錄尾有一長方雙行木記"皇明正德戊辰慎獨書齋刊行"。卷末又有一方木記："戊辰十六年十一月内蒙建寧府知府張/邵武府同知鄒同校正過山堂考索/計改差訛三千二十七字/書戶劉洪改刊"。② 此本卷末及每集目錄末原有刊記，皆被撕

---

① 劉按，《天目後編》誤作"水石山人"。
② 《"國家圖書館"善本書志初稿》，子部，第2冊，第337—338頁，書號07892及07893。

去，書頁蕪黃，撕去處甚爲明顯。只《續集》目錄及《後集》卷端下尚有"木石山人劉弘毅校正"一行。《中國古籍善本書目》著錄有"明正德三年至十三年劉洪慎獨書齋刻本"及"明正德三年至十三年劉洪慎獨書齋刻十六年重修本"，原有書後刊記，應是正德十六年重修本。

每冊俱鈐天祿繼鑑諸璽，前後副葉所鈐爲"中三璽"，無私家藏印。

《故宮善本書目》記其作"明正德十六年建陽劉洪慎獨齋刻本"。《"國立故宮博物院"善本舊籍總目》，下冊，第866頁，著錄爲"明正德十六年建陽劉洪慎德齋刊本"。中國國家圖書館所藏一冊爲採97841號，尚存清宮舊裝，書籤題"明版群書考索第十八冊"，淺藍色紙質書衣，包角，蟲蛀嚴重。

736(2)記纂淵海一百卷

明萬曆七年(1579)王嘉賓等刻本。原作五函四十冊，其中卷一至十一、卷五十六至五十七、卷六十六至七十三，計二十一卷，九冊，現藏中國國家圖書館(新編書號1257)；餘八十三卷，缺卷一至十一，五十六，五十七，六十至六十三凡共十七卷，三十一冊五函，現藏臺北"故宮博物院"(書號故善009495—009525)。合兩岸所藏，即爲全璧。

匡高18.9釐米，廣14.6釐米。每半葉十二行，行二十二字，白口，四周雙邊，單魚尾。版心上刊"記纂淵海"，中刊卷次及葉次。白棉紙，新裝藍布四合函套，白紙書衣，白紙書籤，書"明版記纂淵海"及冊次。

《天目後編》提要云："是書刻于萬曆己卯，有陳文燧、胡維新二序。文燧序稱其先求之閩、蜀，得此書。戊寅冬，承乏畿南，暇爲補注。太守越峰王公集梓。其列名諸人，則皆大名僚屬也。"此爲大名知府王嘉賓命其僚屬等人所刊。別本卷前有《記纂淵海序》，署"萬曆己卯孟夏吉旦賜進士第整飭大名等處兵備河南按察司副使前河南道監察御史臨川陳文燧書"；又有《刻記纂淵海序》，署"萬曆己卯中秋日賜進士第中憲大夫整飭大名等處兵備河南按察司副使前奉勅提督雲南學校巡按直隸福建江西道監察司御使前河南道監察御史勾餘胡維新書"；又有《刻記纂淵海名氏》。卷末有《刻記纂淵海後序》，署"萬曆己卯秋賜同進士出身中憲大夫知大名府事前知寧國府南京河南道監察御史東魯王嘉賓謹書"。①

---

① 《"國家圖書館"善本書志初稿》，子部，第2冊，第334頁，書號07879。

每冊俱鈐天祿繼鑑諸璽，前後副葉所鈐爲"大三璽"，無其他私家藏印。有清室善後委員會點驗掛籤。

《故宮善本書目》記其作"明萬曆七年王嘉賓大名刻本"。《"國立故宮博物院"善本舊籍總目》，下冊，第865頁，著錄爲'明萬曆己卯大名知府王嘉賓刊本"。國圖所藏九冊，係1959年自故宮調撥。故宮撥交檔案所記存卷爲六十六至七十三，臺北故宮網上目錄言闕卷六十至六十三，經逐冊覈檢，故宮所藏爲第6至22冊（卷12—55）、24—27（卷58—65）、31—40冊（卷74—100），網上目錄所記有誤。

737 群書集事淵海四十七卷

明弘治十八年（1505）賈性刻本。原書四函三十二冊，其中卷一至五、十一至十五、十九至二十一、二十四至二十五、二十八、三十一至四十三，計二十九卷，二十冊，現藏中國國家圖書館（書號18624）；①卷二十六至二十七，計二卷，一冊，亦藏中國國家圖書館（書號9838）。

匡高20.1釐米，廣13.7釐米。每半葉十二行，行二十四字，大黑口，四周雙邊，雙魚尾。版心中記"集事卷幾"及葉次。卷前有劉健序，後有李東陽、謝遷二後序。首卷卷端題"群書集事淵海卷之一"。

《天目後編》云："是書弘治乙丑司禮監左少監賈玉購得舊本，②嫌其字小，拓刊大字本。"又據劉健、李東陽、謝遷諸序，"皆云國初人編。《明史·藝文志》注，弘治時人編，蓋因高策《百川書志》而誤"。此本墨色濃郁，字體粗肥。

每冊俱鈐天祿繼鑑諸璽，前後副葉所鈐爲"大三璽"，無私家藏印。

民國癸丑（1913）年傅增湘曾經眼，誤記爲"明成化刊本"。③書號9838部分，《北京圖書館古籍善本書目》子部第1551頁，著錄爲"明弘治十八年（1505）賈玉刻本；書號18624部分，訂爲明弘治十八年（1505）賈性刻四友堂重修本。卷二十六至二十七之一冊，書前有佚名過錄《天目後編》卷十七提要一則，與《宋版藝文類聚》、《元版事類賦》前筆蹟相同。卷二十六止於第五十頁，其後至卷二十七第三頁佚失。

---

① 此書破碎、殘損，尚未修復，仍保存在一紙包內，無法閱讀，故未見原書。
② 劉按，書上原作"賈性"，《天祿琳琅書目後編》記載有誤。
③ 《藏園群書經眼錄》，卷十，第717頁。

738 群書集事淵海四十七卷（又一部）

明弘治十八年（1505）賈性刻本。一百冊十函，現藏臺北"故宮博物院"（書號故善 001603—001702）。

匡高 19.3 釐米，廣 13.5 釐米。每半葉十二行，行二十四字，大黑口，四周雙邊，雙魚尾。版心中記"集事卷幾"及葉次。卷前有《羣書集事淵海序》，序末題署被撕去。卷後有《羣書集事淵海後序》，署"弘治乙丑八月十日光祿大夫柱太子太傅戶部尚書謹身殿大學士知制誥經筵國史官會典總裁長沙李東陽序"；次《題羣書集事淵海後》，署"弘治乙丑八月甲子光祿大夫柱國少傅兼太子太傅禮部尚書武英殿大學士知制誥會稽謝遷題"。首卷卷端題"群書集事淵海卷之一"，每卷大題、小題、卷尾皆占兩行，序跋中刊有句讀。皮紙，蟲蛀殘缺嚴重。淺色地朵花宋式錦四合函套，綠色絹製書衣，黃綾書籤及套籤，書"明板羣書集事淵海"。

序云："內官監左少監賈公性近於貨書家，得書四十七卷，若類聚合璧之比，題曰《羣書集事淵海》，而不著纂述氏名……公愛而重之，因校正舛訛，重新諸梓，而請余爲序。……賈公成化初爲內書館諸生，勤敏嗜學，余時奉命司教事，知其爲人，今復愛重是書。"李東陽跋曰："內官監左少監賈公性在司禮出納機密，雅尚文事，購而得之，圖欲捐貲，鏤板以便初學。病其字太小，募善書者錄之，稍拓其式，質疑訂舛，程工計日，數月而後畢。"《天目後編》僅云"同上，係一版摹印"。此本序後、目錄後皆有割補痕蹟，與下一部比勘，序之題署，乃"弘治乙丑八月庚申特進光祿大夫左柱國少師兼太子太師吏部尚書華蓋殿大學士知制誥國史總裁同知經筵事洛陽劉健序"，並刊"希賢"、"晦菴"、"少師之章"三印。

細檢此本，實原闕卷四十三，目錄及卷四十二開始之正文內容都有裁改，將卷四十二"貪鄙"以後"驕恣"至"不孝"，改爲卷四十三，即將原卷四十二之後半卷，僞裝成所缺之卷四十三。目錄欄線前移，以致目錄尾仿佛闕掉半頁。

有"光表堂藏書"、"星五氏"、"心隱"、"醒菴"、"謙牧堂藏書記"、"謙牧堂書畫記"等私家藏印，俱如《天目後編》所記，曾經揆敘等舊藏。每冊俱鈐天祿繼鑑諸璽，前後副葉所鈐爲"中三璽"。

《故宮善本書目》記其作"明弘治十八年司禮監左少監賈性刻本"。
《"國立故宮博物院"善本舊籍總目》，下冊，第 872 頁。

738(2)群書集事淵海四十七卷(又二部)

明弘治十八年(1505)賈性刻本。原作十函一百冊，其中卷一下至卷二上、卷五、卷六上、卷七，及卷二十九零葉，計五卷，四冊，現藏中國國家圖書館(新編書號 1335);另九十五冊，闕卷一下(第二十四葉起)至卷二上(第一至三十葉)、卷五上下、卷六上(第一至二十三頁)，現藏臺北"故宮博物院"(書號故善 010321－010415)。

匡高 19.2 釐米，廣 13.2 釐米。每半葉十二行，行二十四字，大黑口，四周雙邊，雙魚尾。版心中刊"集事卷幾"及葉次。卷前有弘治乙丑劉健序。竹紙，新裝藍布四合函套，藍色絹質書衣，白紙書籤，書"明版羣書集事淵海"及冊數。

《天目後編》僅云："同上，係一版摹印。"與前一部相比，此本無李東陽、謝遷二後序。

每冊俱鈐天祿繼鑑諸璽，前後副葉所鈐爲"中三璽"。另卷端有"芸窗"朱長、"平公"朱方、"紹安"白方三印，爲《天目後編》失載。臺北故宮所藏部分，前後副葉內尚能看到改裝前之書衣痕蹟，原裝爲粉色灑金箋紙書衣。

《故宮善本書目》記其作："明賈性刻本。闕卷一、卷二、卷五、卷六凡四卷，存九十五冊。"《"國立故宮博物院"善本舊籍總目》，下冊，第 872 頁。臺北故宮所闕者，爲原書之第二、第三、第九至十一，共五冊。國圖所藏五冊，係 1959 年自故宮調撥，《故宮撥交檔案》上記"存卷一至二、五至七，四冊"，以臺北故宮藏者相核，有序、目錄及卷一上至第二十三頁一冊，卷二下第三十一頁起一冊，卷六之第二十四頁起一冊，則國圖實際所存應是卷一下、卷二上兩冊、卷五至卷六上三冊，五冊，因其書頁霉爛不堪，遲至 2013 年編目。

739 事物紀原十卷

明正統十二年(1447)南昌閻敬刻本。十二冊二函，現藏臺北"故宮博物院"(書號故善 001120－001131)。

匡高 20.2 釐米，廣 12.5 釐米。每半葉十二行，行二十四字，小字雙行同，粗黑口，四周雙邊，雙順魚尾，版心中刊"紀幾"或"紀原幾"，下記葉次。卷前有目錄，無序跋。首卷卷端題"事物紀原集類卷第一　凡七部共一百七十事"，隔行下題"鄉貢進士閻敬校正"。皮紙，新裝織錦四合函套，藍絹書衣，黃綾書籤，書"明板事物紀原"。

《天目後編》云："據趙希弁《讀書附志》云：《事物紀原》十卷，高承撰。承，開封人。陳振孫《書錄解題》云：承，元豐中人。《中興書目》作十卷，凡二百十七事。今此書多十卷，且多數百事，當是後人廣之耳云云。是本分五十五部，凡一千七百六十四事。"按，實則此書即高承《事物紀原集類》十卷，目錄、正文皆十卷，並未多出十卷，此亦後編諸臣匆匆落筆、所言粗疏之一例也。《事物紀原集類》十卷，明代多有刻本，《中國古籍善本書目》上著錄有成化八年李果刻本、明正統十二年閻敬刻本、明弘治十八年魏氏仁實堂刻本等，二十卷本亦有明刻本多種。

《天目後編》明版子部著錄兩部《事物紀原》，第二部前有正統十二年閻敬序，略云少遊郡庠，時國子祭酒頤庵胡先生居城南別墅，以是書授敬。正統甲子，鋟梓以傳。此本卷端下皆題"鄉貢進士閻敬校正"，正是明正統十二年閻敬刻本。

每冊俱鈐天祿繼鑑諸璽，前後副葉所鈐爲"中三璽"。揆敘舊藏，有謙牧堂二印，另有"京兆收藏圖籍"朱文方印。

《故宮善本書目》記其作"明正統九年南昌閻敬刻本"。《"國立故宮博物院"善本舊籍總目》，下冊，第862頁。

739(2) 事物紀原二十卷

明成化八年(1472)李果刻本。二函十二冊。

十二行，二十四字，大黑口，四周雙邊，雙魚尾。

《天目後編》云："篇目同上，第十卷末謝豹下多七事，而目錄不載。前有正統十二年閻敬序，略云少遊郡庠，時國子祭酒頤庵胡先生居城南別墅，以是書授敬。正統甲子，鋟梓以傳。作者逸其姓氏，不可考云。蓋由未見《讀書附志》、《書錄解題》所記也。頤庵，乃胡儼，字若思，南昌人。洪武中薦授助教。永樂年，以翰林檢討直內閣，遷祭酒，加太子賓客，致仕。又成化八年李果序，稱景泰元年於書坊得此全集，乃頤庵所傳舊本，南昌貢士閻敬所校正，所載幾二千事，後爲平陽通判，遂刻於郡。"據李果序可知，應爲明成化八年李果所刊。

前一部《事物紀原》，實即《事物紀原集類》十卷，既云"篇目同上"，疑此一部亦十卷本，非二十卷本之《事物紀原》。

《天目後編》又云此爲蔣超藏本，蔣超，字虎臣，金壇人。順治丁亥進士，授編修。"至印記中有鈐用'啟事'、'家報'者，坊賈所爲。"鈐"提督順天等府學政關防"、"内翰金壇蔣超藏書印"、"啟事仙亭文獻"、"古朱林仙浦蔣氏圖書"、"金壇蔣垞平安家報印"、"三峰樵隱"、"無嗔道人"、"壽宇巢仙之後"、"海印三昧"、"復農堂印"、"蓬萊閣"、"讀書樂"、"白燕堂印"、"爲善最樂"、"淨朋忠孝之章"、"從野亭"、"中有尺素"、"萬峰學人"、"香光莊嚴"諸印。

不詳何時亡佚，不知是否尚存世間。

740 事物紺珠四十六卷

明萬曆吳勉學刻本。十六册，現藏中國國家圖書館（書號 18130）。

每半葉十行，行二十字，小字雙行同，白口，四周單邊，單魚尾，版心上刊"事物紺珠"。每卷卷端下題"廣陵黃易正輯注、新安吳勉學校正"。書前有張佳允、陳文燭、崔光玉三序，萬曆辛卯黃一正自識。卷四十四第五、六兩頁闕。

書經重裝，前後副頁俱無鈐璽，每册首末頁鈐"乾隆御覽之寶"、"天禄繼鑑"、"天禄琳琅"三璽，原裝十册，現改裝爲十六册。

《北京圖書館古籍善本書目》子部第 1556 頁，著錄爲"明吳勉學刻本"。

741 古今事物原始三十卷

明萬曆二十一年（1593）自刻本。存卷一至二十三、二十五至三十，計二十九卷，十五册，現藏中國國家圖書館（書號 16807）。

每半葉十行，行二十字，白口，四周單邊，百信中刊卷次及葉次。卷前有萬曆癸巳張瀚序，序後似原有刊記，已被鏟去。總目有單魚尾。首卷卷端題"新鐫古今事物原始全書卷之一"，隔行下題"明臨安徐炬明夫采輯 仁和張模仲明校正"兩行。卷二十一第五頁後、卷二十七第二十一頁後闕。尚保留清宮舊裝。

每册俱鈐天禄繼鑑諸璽，前後副葉所鈐爲"中三璽"，無其它私家藏印。第一册書衣背面有"北京市圖書業同業公司"價籤，此本購於 1958 年 5 月 30 日，每册議價 4 元。

《北京圖書館古籍善本書目》子部第 16807 頁。

741(2) 文林綺繡五種

明萬曆四至五年（1576—1577）吳興凌氏桂芝館刻本。四函二十册。

《天目後編》提要云:"明凌迪知刻。迪知,字稚哲,吳興人。嘉靖丙辰進士,官工部員外郎。書五種,曰《左國腴詞》八卷,凡八十三類,九十篇,迪知撰;曰《楚騷綺語》六卷,凡七十四篇,張之象撰;曰《太史華句》八卷,凡八十一門,篇如之,迪知撰;曰《兩漢雋言前集》十卷,凡五十篇,宋林越撰,舊名《漢雋》,《後集》六卷,凡六十二篇,迪知撰;曰《文選錦字》二十一卷,迪知撰,凡四十六門,六百八十一目。皆集各書華藻字,注其本文,標其原目,以篇首二名爲名,其通例也。每種前有迪知序。《文選錦字》目錄後刻'萬曆丁丑春仲,吳興凌氏桂芝館梓行'。"

書上鈐"陳佑自曾"朱白文印及"不薄今人愛古人"白文印。

與下一書係一版摹印,版本應同。

不詳何時亡佚,不知是否尚存世間。

742 文林綺繡五種(又一部)

明萬曆四至五年(1576—1577)吳興凌氏桂芝館刻本。存《左國腴詞》卷二至八、《楚騷綺語》全、《文選錦字錄》全、《兩漢雋言》全、《太史華句》全,計五十八卷,三十一冊,現藏中國國家圖書館(新編書號 1258)。

每半葉八行,行十七字,小字雙行同,白口,左右雙邊。卷前有萬曆癸卯申時行、沈思孝二序,又李維楨序,又戊午程開祐序。白紙籤題"明版文林綺繡第某冊"。

《文林綺繡》五種五十九卷,分《左國腴詞》八卷,明凌迪知輯;《楚騷綺語》六卷,明張之象輯;《文選錦字錄》二十一卷,明凌迪知輯;《兩漢雋言》十六卷,宋林越輯;《太史華句》八卷,明凌迪知輯。《天目後編》提要僅云:"同上,係一版摹印。"

每冊俱鈐天祿繼鑑諸璽,前後副葉所鈐爲"中三璽",無其他私家藏印。

1959 年自故宮調撥,書頁蟲蛀、霉爛。2013 年編目。

742(2)唐類函二百卷

明萬曆三十一年(1603)俞安期自刻本。四十冊八函,現藏臺北"故宮博物院"(書號故善 010416—010455)。

匡高 20.9 釐米,廣 14.7 釐米。每半葉十行,行二十字。四周單邊,下綫黑口,單魚尾。版心上刊部名,中刊卷次及葉次,下刊類名。卷前有《刻唐類函序》,署"萬曆癸卯嘉平月既望吳郡蘐菴主人申時行書"。又《唐類函序》，署"萬曆癸卯冬日繡水沈思孝純父敘"，後有"華亭孫孟芳書"一行。又《唐類函敘》，下題"南新市人李維楨本寧父譔"，後有"西吳馮年書"一行。又《唐類函凡例二十二則》及目錄兩卷。首卷卷端題"唐類函卷一"，隔行下題"明東吳俞安期彙纂　明同郡徐顯卿校訂"二行。竹紙，綠色地多花宋式錦四合函套，石青杭細書衣，黃綾書籤及套籤，書"唐類函"。

是書二百卷，分四十二門，子目二千二十有九。《天目後編》云："以歐陽詢《藝文類聚》、徐堅《初學記》、虞世南《北堂書鈔》、白居易《六帖》依次排比，刪去重複，間取杜佑《通典》，每門鈔附詩賦雜文。"此版係東吳俞氏自刻本，申時行序有"刻既成，屬余序之"語。《天目後編》並云卷前有"戊午程開祐序"，實則此本無，下一部有。

每冊俱鈐天祿繼鑑諸璽，前後副葉所鈐爲"中三璽"，無其他私家藏印。

《故宮善本書目》記其作"明萬曆間刻本"。《"國立故宮博物院"善本舊籍總目》，下冊，第871頁，著錄爲"明萬曆癸卯東吳俞氏原刊本"。

743 唐類函二百卷（又一部）

明萬曆三十一年（1603）俞安期自刻本。原爲五函四十冊，其中卷一至十四、卷二十至三十九、卷四十五至四十九、卷一百一至一百四十、卷一百四十六至一百五十四，凡八十三卷，十八冊四函，現藏臺北"故宮博物院"（書號故善010456－010473）；卷五十至一百、一百五十五至二百，計九十七卷，十九冊，現藏中國國家圖書館（新編書號1259）。

行款、版式同上。卷前有李維楨序、申時行序，又有《唐類函序辭》，下題"新都程開祐仲秋父譔"，署"時戊午夏識於秦淮之流影閣"。又沈思孝序及凡例、目錄兩卷。白棉紙，新裝藍灰色絹質書衣，織錦四合函套，有白紙籤題"明版唐類函"及冊數。

版本同上。《天目後編》云："係一版摹印。"

每冊俱鈐天祿繼鑑諸璽，前後副葉所鈐爲"大三璽"，無其他私家藏印。

《故宮善本書目》記其作"明萬曆間刻本"。《"國立故宮博物院"善本舊籍總目》，下冊，第871頁。國圖所藏十九冊，係1959年自故宮調撥。2013年編目。

743(2)唐類函二百卷（又二部）

明萬曆三十一年(1603)俞安期自刻本。原爲五函四十冊，其中卷一至一百、一百六至一百四十、一百四十六至一百五十、一百八十一至二百，計一百六十卷，三十二冊，現藏中國國家圖書館（新編書號1260）。

行款、版式同上。有黃絹籤題"明版唐類函第某冊"。

版本同上。《天目後編》云："係一版摹印"。

每冊俱鈐天祿繼鑑諸璽，前後副葉所鈐爲"中三璽"，無其他私家藏印。

1959年自故宮調撥，故宮檔案上著爲"明萬曆徐顯卿刻本"，其中20冊書頁霉爛嚴重。2013年編目。

743(3)詩壇叢韻二十八卷

明刻本。六函六十冊，現藏臺北"故宮博物院"（書號故善003206－003265）。

匡高18釐米，廣13釐米。每半葉六行，行十六字，小字二至四行不等，字數不等。四周雙邊，大黑口，雙魚尾，版心上記所在韻部，中小字雙行刊"詩壇叢韻"，大字刊卷次及葉次，下記刻工名，有上、大、三、人、不、俗刊、乙、文、區、中、玄文、李亮、圣。有眉欄，大字刊韻字，小字刊字義及反切。無序跋。首卷卷端題"詩壇叢韻上平卷之一"，隔行小字下題"青華居士滁陽吳綬編輯"。書中有朱筆圈點。棉紙，新裝織錦四合函套，淺色紙質書衣，白紙書籤，題"明版詩壇叢韻"及冊數。

第二十四冊卷十葉五十三、二十八冊卷十二葉七十八、三十四冊卷十五葉七十九、三十六冊卷十六葉六十三、四十一冊卷十九葉三係補葉。第五十二冊卷二十四葉三、四、十三及十四葉、五十三冊卷二十四葉二十九至三十四、三十九、四十九至五十三係補鈔。第二十一、二十四至二十七封箋錯置。

《天目後編》云："書二十八卷。用《洪武正韻》七十六部，採取《韻藻》，仿《韻府羣玉》體例，而所收特繁，每字以有注者居前，後列地名、人名，全爲押韻之用。"此書稀見，不見《中國古籍善本書目》著錄，字體似明弘治、正德時期，肥闊舒展。

每冊俱鈐天祿繼鑑諸璽，前後副葉所鈐爲"中三璽"。另有"子孫保之"白方，"佳州"白方，"敕封文林郎印"朱方，"錫山李用之印"朱長，"快閣珍藏"朱方,"延陵李氏汝周圖籍"朱長,"猶夷館"白方,"鬻及借人爲不孝"朱方諸印,皆與《天目後編》所記相同。

《故宮善本書目》記其作"明刻本"。《"國立故宮博物院"善本舊籍總目》,下冊,第871頁。

744 事詞類奇三十卷

明萬曆二十一年(1593)周曰校刻本。十二冊二函,現藏臺北"故宮博物院"(書號故善003266—003277)。

匡高21.2釐米,廣16釐米。每半葉十行,行二十字,小字雙行同。四周單邊,單魚尾,白口。版心中刊書名及卷之幾,下刊葉次及字數。文中刊有標抹。卷前有《新纂事詞類奇序》,署"歲在癸巳陽月上澣賜進士第特進光祿大夫建極殿大學士柱國少師兼太子太師吏部尚書知制誥國史總裁前國子祭酒經筵講官新都許國維楨甫譔",後有小字"中書舍人許立綱書"一行。又《事詞類奇敍語》,署"賜進士第奉政大夫浙江按察司僉事前南京戶科給事中武進徐常吉士彰父譔",並有凡例八則及陸伯元識語。首卷卷端題"新纂事詞類奇卷之一",隔行下題"武進徐常吉士彰父輯　秣陵焦竑弱侯父訂　平原陸伯元幼辛父次　繡谷周曰校應賢父勒"四行。竹紙,淺色地朵花宋式錦四合函套,靛藍絹質書衣,黃綾書籤及套籤,書"事詞類奇"。

據許國序及徐常吉自序所云,此書乃徐氏借觀中秘,旁及稗野,輯錄成帙。又經吳人陸伯元重次而成。據各卷端下"繡谷周曰校應賢父勒"一行,則此版爲周曰校刊本。《中國古籍善本書目》著錄此《新纂事詞類奇》爲"明萬曆周曰校刻本"。

每冊俱鈐天祿繼鑑諸璽,前後副葉所鈐爲"中三璽",無私家藏印。有清室善後委員會點檢掛籤。

《故宮善本書目》記其作"明萬曆二十一年刻本"。《"國立故宮博物院"善本舊籍總目》,下冊,第871頁,著錄爲明萬曆二十一年刊本。

745 雲仙雜記十卷

明隆慶五年(1571)葉氏菉竹堂刻本。三冊一函,現藏臺北"故宮博物院"(書號故善011670—011672)。

匡高17.3釐米,廣12.4釐米。每半葉十行,行十八字。白口,四周單邊,單魚尾。版心上記"雲仙雜記",中刊卷次及葉次,下刊字數。卷前有《雲僊雜記序》，下題"唐金城馮贄編"，署"天復元年十二月序"。書末尾題下刻"玉峯葉氏箓竹堂中繡梓印行"二行。首卷卷端題"雲仙雜記卷之一"，隔行下題"唐金城馮贄編"。白棉紙，綠地朵花宋式錦四合函套，紫色絹質書衣，黃綾書籤及套籤，書"明板雲仙雜記"。

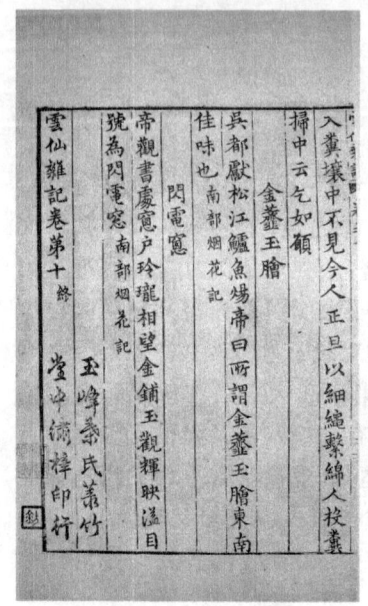

圖17—2 《中國版刻圖錄》
上書末尾題刊記二行

馮贄自序中稱，天祐元年退歸故里，築選書室以居，取九世所蓄典籍，經史子集二十萬八千一百二十卷，六千九百餘帙，撮其膏髓，別爲一書，成於四年之秋云云。唐昭宗用天復年號在先，天復元年爲公元901年，用天祐年號在後，天祐四年爲公元908年，故天祿諸臣以此爲僞書。《天目後編》云："按：序署'天復元年'，而文內'天祐四年成書'，年號倒置。所引書目，皆列代史志所未載。則其書之真僞明矣。"此本乃崑山葉盛家所刊，刻印精美雅潔。《中國版刻圖錄》稱："隆慶五年葉恭煥刻於家塾，恭煥字伯寅，崑山人，世爲藏書名家（圖17—2）。寫刻精美，《四庫全書》即據此本著錄。"①

每冊俱鈐天祿繼鑑諸璽，前後副葉所鈐爲"中三璽"，無私家藏印。

《故宮善本書目》記其作"明隆慶五年崑山葉氏箓竹堂刻本"。《"國立故宮博物院"善本舊籍總目》，下冊，第883頁，著錄爲"明隆慶五年玉峰葉氏箓竹堂刊本"。

745（2）姓氏急就篇二卷

元至元六年（1340）慶元路儒學刻元明遞修《玉海》本。一函四冊，現藏臺北"故宮博物院"（書號故善002360—002363）。

匡高22釐米，廣13.5釐米。每半葉十行，行二十字，小字雙行，行二十二字。左右雙邊，白口，雙魚尾，版心上記字數，中記"姓卷上（下）"及葉

---

① 《中國版刻圖錄》，目錄第76頁。

次，下有刻工名：徐、仲欲（仲）、田、瑞、古八□、泰之（泰）、任、玉圭（玉、圭）、子又、齊、行可、□壽、克、仁、胡□之。有耳題，刊姓氏。卷後有王應麟題辭，署"浚儀遺民述"。首卷卷端題"姓氏急就篇上"，隔行下題"浚儀王應麟伯厚甫"。白麻紙，新裝織錦四合函套，藍色絹質書衣，黃綾題籤，書"明板姓氏急就篇"。

《天目後編》云："按：此《玉海》中之一種也。"後印之本，元刊部分多斷版、漫漶、版面模糊；明修部分，則字蹟較爲清晰，整體書品不佳，故天祿諸臣將其判入明版子部，與今日以版刻年代判定版本之做法不同。

曾經明人趙宧光、清人揆敘舊藏，有"吳郡趙頤光家諸子"朱方、"趙凡夫讀殘書"白方、"謙牧堂藏書記"白方、"謙牧堂書畫記"朱方等鈐印。趙宧光（1559—1625），字凡夫，一字水臣，號廣平，又號寒山梁鴻、寒山長，太倉人。國學生，宋太宗趙炅第八子元儼之後。一生不仕，只以高士名冠吳中，偕妻陸卿隱於寒山，讀書稽古，精六書，工詩文，擅書法，尤精篆書，夫婦皆有名于時。每冊俱鈐天祿繼鑑諸璽，前後副葉所鈐爲"中三璽"。

此書未在《故宮善本書目》中，臺北故宮記其來源亦"清宮舊藏"，或爲張允亮漏記。《"國立故宮博物院"善本舊籍總目》，上冊，第384頁，著錄爲"元後至元（1336—1340）慶元路儒學刻明修補本《玉海》附刻之一"。

746 奇姓通十四卷

明天啓四年（1624）夏氏宛委堂刻本。一函八冊，現藏臺北"故宮博物院"（書號故善001703—001710）。

匡高18.5釐米，廣12.5釐米。每半葉七行，行十六字，四周單邊，白口，單魚尾，版心上記"奇姓通"，中記卷次及葉數，下記字數及刻工名，有楊同春、何、吳、周、邵、敬、鄒、馬、陳、華。卷首有序文八篇，依次爲《奇姓通小引》，署"友弟薛敷政漫題"；《奇姓通序》，署"天啓甲子歲中秋日金陵友弟朱之蕃書"；《奇姓通序》，署"友弟周延儒撰"；《奇姓通小引》，署"竺塢山樵友弟文震孟書于葯圃三清瑤嶼"、《奇姓通序》，署"瀔西王命新書"；《奇姓通敘》，署"友弟吳亮采于甫篡"；《奇姓通引》，署"友弟張瑋韋玉父撰"；《奇姓通序》，署"清漳友弟陳翼飛書於桃葉渡"；《奇姓通跋》，署"大泌山人李維楨本寧父撰"；《奇姓通序》，署"冰蓮道人夏樹芳撰"。首卷卷端題"奇姓通卷一上平"，隔行下題"江陰夏樹芳茂卿輯　華亭陳繼儒仲醇校"二行。文中有墨筆批校。竹紙，綠地織金織錦四合函套，藍色絹質書衣，無書籤。

書前有扉頁，中欄大字刊"奇姓通"，左欄小字刊"宛委堂藏板"。書十四卷。以楊慎所錄希姓未博，分韻編次，凡一千六百六十一姓。吳亮、陳翼飛序中皆云此夏樹芳輯而付之剞劂，爲夏氏宛委堂自刻之本。

每冊俱鈐天祿繼鑑諸璽，前後副葉所鈐爲"中三璽"，無私家藏印。有清室善後委員會點驗掛籤。

《故宮善本書目》記其作"明天啓四年刻本"。《"國立故宮博物院"善本舊籍總目》，上冊，第384頁；下冊，第871頁。

746(2)程幼博墨苑十五卷後九卷

明萬曆三十四年(1606)程氏滋蘭堂刻本。二函十二冊。

《天目後編》云："明程大約撰。大約，字幼博，歙人。署銜'鴻臚寺序班'，即墨工程君房也。書十五卷。前六卷，每卷分上下，以所製墨款式、詩詞，繪之爲圖，分六門，曰玄工圖七十九，曰輿圖圖六十七，曰人官圖四十四，曰物華圖九十八，曰儒藏圖五十九，曰緇黃圖五十八。又後九卷，曰墨苑人文爵里，皆時人投贈詩文序贊，惟第四卷中有圖七十七，亦標物華，似續製成圖，欲入之物華類中，而編次無法，又標爲卷四終也。前有萬曆丙午葉向高序，後有大約自序。"

是書爲明代墨模雕刻圖譜，萬曆間歙縣制墨人程大約輯刻，丁雲鵬、吳廷羽繪圖，徽州黃氏木刻名工黃應泰、黃一彬等鐫刻。計收錄程大約所造名墨圖案五百二十式，其中圖版五十幅。《中國古籍善本書目》著錄《程氏墨苑》有明萬曆程氏滋蘭堂刻彩色印本，行款、字數不等，白口，四周單邊。然《天祿後目》所著錄者非彩印本。尚不知是否仍存世間，其版本內情不知其詳。

不詳何時亡佚。

746(3)袖珍方大全四卷

明弘治十八年(1505)集賢書堂刻本。八冊，現藏中國國家圖書館(書號5438)。

每半葉十六行，行三十字，白口，四周雙邊，雙順魚尾。卷前有序，後有識。首卷卷端大字雙行題"新刊袖珍方大全卷之一"，下有墨圈反白"文字"。有些卷端則題"魁本袖珍方大全"。

行窄字密。序後有識云："今載春初，里中同志劉文英因詣京師，敬求是方全帙而歸，宗立沐心拜讀，不朦興感。於是謹依元本謄錄，命工綉梓，以廣其傳,嘉與四方衛生君子共之。"宗立乃建陽人熊宗立(1409—1482),字遊軒,號道軒,建陽人。故《天目後編》稱此本書"建陽麻沙版式"。宗立先祖建鰲峰書院,爲子孫肄業之所,故宗立自稱"鰲峰後人"。宗立喜讀醫書,從先輩習醫術,並撰著、校注、刊刻醫書,所刻書存世有《新刊補注釋文黃帝内經問》、《新增素問運氣圖括定局立成》、《新刊八十一難經》、《名方類證醫書大全》等。此本卷四第四十八頁後有闕,卷末正統十年熊宗立識語及"弘治乙丑仲春吉日集賢書堂校正新刊"木記佚失。①

《天目後編》云:"此本爲建陽麻沙版式,而宗立有《素問運氣圖括定局立成》,是其人素講醫術,且永樂末人,與周王橚同時。或即宗立以《普濟方》摘爲是書也。"

曾經揆敘舊藏,有謙牧堂二印。每冊前後副頁皆脫去,不見三璽,只首尾鈐"乾隆御覽之寶"、"天祿繼鑑"、"天祿琳琅"三璽。

《北京圖書館古籍善本書目》子部醫家類第1261頁,書名著錄爲"魁本袖珍方大全"。

---

① 參見香港大學馮平山圖書館編:《香港大學馮平山圖書館藏善本書錄》,香港大學出版社2003年版,第118頁。

《欽定天祿琳琅書目後編》卷十八　明版集部

748 楚辭王注十七卷

明正德十三年(1518)黃省曾、高第刻本。六冊,現藏中國國家圖書館(新編書號1261)。

匡高19釐米,廣14.6釐米。每半葉十行,行十八字,小字雙行同,白口,左右雙邊,雙魚尾。版心中刊"楚辭卷幾"及葉次。首卷卷端題"楚辭卷第一",另行下題"漢劉向子政編集王逸叔師章句後學西蜀高第吳郡黃省曾校正"二行。白紙籤題"明版楚辭王注第某冊"。

《楚辭章句》十七卷,漢王逸注。《天目後編》僅云"篇目見前宋版集部,王逸章句,無洪興祖補注"。據卷端題署,知此本爲明黃省曾刻本。黃省曾(1490—1540),字勉之,號五嶽山人,吳縣人,黃魯曾之弟、黃姬水之父。嘉靖十年(1531)以《春秋》鄉試中舉,名列榜首。家有"前山書屋"藏書,正德、嘉靖間多有刻書,存世有《山海經水經合注》、漢王逸注《楚辭章句》、《穀中散集》等,《明儒學案》有傳。此版本在《中國古籍善本書目》著錄爲《楚辭章句》十七卷,明正德十三年黃省曾、高第刻本。

每冊俱鈐天祿繼鑑諸璽,前後副葉所鈐爲"中三璽"。另鈐"虞集"、"端本家傳"、"真賞齋印"、"玄石"、"錢應祚幼熙印"及"謙牧堂藏書記"、"謙牧堂書畫記"等印,元人虞集之印僞,曾經錢應祚、揆敘等人所遞藏。

1959年自北京故宮調撥至北京圖書館。撥書檔案上記其爲"明正德黃省曾刻本"。2013年編目。

748(2) 篆文楚騷五卷

明正德十五年(1520)熊宇刻篆字本。八冊一函,現藏臺北"故宮博物院"(書號故善007528—007535)。

匡高20釐米,廣14.9釐米。每半葉五行,行十字。四周單邊,白口,版心中刊"楚騷"及卷次、葉次,下記刻工名,有陸天定、龔受之、劉潮(劉)、徐敖、章祥(章)、陸鑾、陸孜、馬盛。卷前有《楚騷序》,下題"長沙熊宇撰",署"正德庚辰秋日宇謹序"。首卷卷端以一篆一楷方式題"楚騷卷第一"。後附錄《史記·屈原賈生列傳》一卷。白棉紙，湖綠色絹質書衣，黃綾書籤，書"楚騷"。

《天目後編》云："五卷。二十五篇，每字釋文。後附錄《史記·屈原賈生列傳》，前有宇自序。宇，善化人。正德丁丑進士，官知府。"《中國古籍善本書目》著錄爲"明正德十五年熊宇刻篆字本"。

每冊俱鈐天祿繼鑑諸璽，前後副葉所鈐爲"中三璽"，無私家藏印。有清室善後委員會點驗掛籤。

故宮善本書目》記其作"明萬曆間朱燮元《楚辭》附刻本"。《"國立故宮博物院"善本舊籍總目》，下冊，第991頁，著錄爲明正德間熊宇刊本。

749 董仲舒集一卷

明正德五年(1510)慈溪桂連西齋活字印本。一冊一函，現藏臺北"故宮博物院"(書號故善007536)。

匡高19.8釐米，廣14釐米。每半葉十二行，行二十四字，左右雙邊，白口，單線魚尾，版心中記"董集"及葉次。卷前有佚名《董仲舒集敘》。目錄後有單行刊記"正德庚午桂連西齋印行"(圖18-1)。卷端題"董仲舒集"，隔行下題"漢膠西相廣川董仲舒撰"。白棉紙，黃色地多花宋式錦四合函套，淺綠色灑金紙質書衣，黃綾書籤，題"董仲舒集"。

《天目後編》云："今行世二本，一《董子文集》，乃正德乙亥巡按、御史盧雍所輯，一張溥所裒《百三家集》之一，雖採錄較多，俱不及此，爲舊本。"

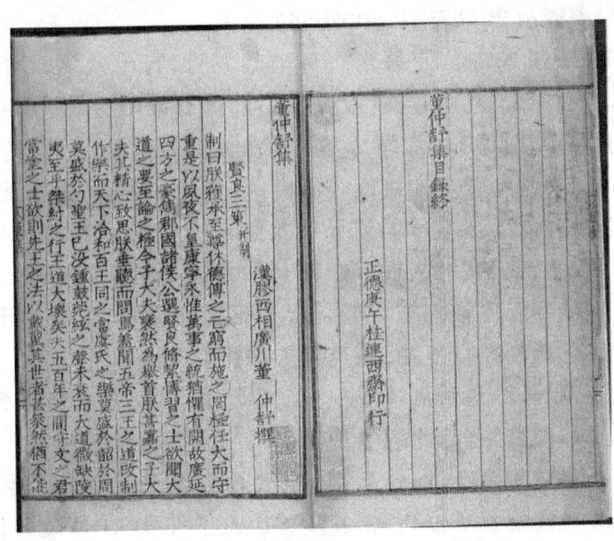

圖18-1

此本稀見,《中國古籍善本書目》不見著錄。檢視原書,頗疑爲活字本,字體歪斜不甚整齊,墨色濃淡略顯不均,筆畫凌峭,邊欄刷印痕蹟與所見明金屬活字本相似,且其刊記亦只言"印行"。查《藏園訂補郘亭知見傳本書目》記有"明正德五年桂連西齋活字印本",杜信孚《全明分省分縣刻書考》載錄:"桂連,浙江省慈溪縣人,成化貢生,巢縣訓導。《董仲舒集》一卷,漢董仲舒撰,明正德五年浙江省慈溪縣桂連西齋活字印本"。故改著爲"明正德五年慈溪桂連西齋活字本。"此本刷印甚精,若不細審,會誤以爲刻本。

明人顧明英舊藏,清初經季振宜、揆敘遞藏,鈐"顧印明英"、"歸來"、"竹林中人"、"季振宜藏書"、"御史振宜之印"、"季印振宜"、"滄葦"、"御史之章"、"謙牧堂藏書記"、"謙牧堂書畫記"等印。私人藏印與《天祿後目》所記同,惟朱文印"日生橋"應爲"星橋"。顧明英,生平仕履無考。每冊俱鈐天祿繼鑑諸璽,前後副葉所鈐爲"中三璽"。

《故宮善本書目》記其作"明正德五年桂連西齋刻本"。《"國立故宮博物院"善本舊籍總目》,下冊,第993頁,著錄爲"明正德庚午(五年)桂連西齋刊本"。

750 陶靖節集十卷

明嘉靖二十五年(1546)蔣孝潯陽郡齋刻本。六冊一函,現藏臺北"故宮博物院"(書號故善 007551—007556)。

匡高19.7釐米,廣13釐米。每半葉九行,行十八字,小字雙行同。左右雙邊,版心中記"陶集卷幾"及葉次。卷首有梁昭明太子蕭統序,序後有昭明太子《陶淵明傳》、《陶靖節集總論》。首卷卷端題"陶靖節集卷之一"。白棉紙,紫色地織金織錦四合函套,紅色絹質書衣,無書籤。

《天目後編》僅云:"篇目同前元版集部。"此爲翻宋刻本,宋諱完、芫、真、貞、慎、攘、讓、壞、玄、竟、殷、敬、徵、襄、淳、弘諸字闕末筆。每卷後刊有文幾字、註幾字。序後割補二行,《陶靖節集總論》末割補三行,卷三、卷八、卷十後皆有裁割三行痕蹟,蓋爲割去原書刊記。

臺北故宮原著錄爲明嘉靖戊申(二十七年)王廷幹九江郡齋重刊本,《中國古籍善本書目》著錄此版本爲明嘉靖二十五年蔣孝刻本。據《"國家圖書館"善本書志初稿》,各處割補,原應爲刊刻牌記"晉陵蔣氏梓于家塾"、"嘉靖丙午晉陵蔣孝校刊"、"晉陵蔣氏丙午仲秋"、"晉陵蔣氏梓于移齋"。① 又，卷前有虞守愚《序》，云"歲丙午春三月，毘陵蔣移齋以主政榷税溽陽，余適撫歷其地，坐論古作，歸尚淵明。蔣念此即淵明梓里，謀將刻集以表揚之，余從而力贊其成。既刻，乃以序見屬。"卷後有嘉靖丙午蔣孝跋三篇。此本佚去虞序與蔣跋。故此書版本可更正爲明嘉靖二十五年蔣孝溽陽郡齋刻本。

每冊俱鈐天祿繼鑑諸璽，前後副葉所鈐爲"中三璽"，無其他私家藏印。有清室善後委員會點驗掛籤。

《故宫善本書目》記其作"明刻本"。《"國立故宫博物院"善本舊籍總目》，下冊，第997頁，著錄爲明嘉靖戊申（二十七年）王廷榦九江郡齋重刊本。

750(2) 陶靖節集十卷

明萬曆四年(1576)周敬松刻本。一函八冊，現藏臺北"故宫博物院"（書號故善007557—007564）。

匡高24.7釐米，廣14.5釐米。每半葉八行，行十八字。小字雙行同。四周單邊，白口，單線魚尾，版心上記"陶靖節集"、中記卷次、頁次，下記刻工，有龔汝（或汝）、紀刊（或紀、萬人紀刊、萬人紀）、龔安（或安）、龔安刊、宫寵刊（或宫寵）、萬六七、肖大相（或大相）、王賀刊（或王賀）、陳自性（或自性、性刊、自性刊）、陳林八（林八）。卷首有梁昭明太子蕭統《陶淵明集序》、《陶淵明傳》、《陶淵明集總論》，卷末有《北齊楊休之序錄》，又《宋朝宋丞相私記》，署"廣平宋庠私記"；又《書靖節先生集後》，署"皇宋治平三年五月望日思悅書"，又宋紹興十年十一月佚名《跋》。首卷卷端題"陶靖節集卷之一"。書頁蛀食嚴重。藍絹書衣，黄綾書籤，書"陶靖節集"。

《天目後編》云："篇目同前元版集部。大字本。"《中國古籍善本書目》著此版本爲明萬曆丙子(四年，1576)周敬松刊本，别本卷首有萬曆丙子勞堪序，②此本佚失。

每冊俱鈐天祿繼鑑諸璽，前後副葉所鈐爲"中三璽"。另有"晚晴軒"朱方，《天目後編》云："毛奇齡家藏，晚晴，其號也。"另有"一片冰心"朱文葫蘆印、"于子荆珍賞印"白長、"林竹翳如"朱方諸印，蓋是流出清宫後所刊。

---

① 《"國家圖書館"善本書志初稿》，集部，第1冊，第29頁，書號09371。
② 《"國家圖書館"善本書志初稿》，集部，第1冊，書號09380，第30—31頁。

《故宮善本書目》記其作"明刻大字本"。《"國立故宮博物院"善本舊籍總目》,下冊,第998頁,著錄爲明嘉靖倣宋刊本。

750(3) 陶靖節集十卷

明嘉靖彈琴室刻本。五冊,現藏中國國家圖書館(新編書號1336)。

每半葉九行,行二十字,小字雙行同,白口,左右雙邊。黄絹籤題"陶淵明集序目卷一之二",每冊均有冊籤。

《天目後編》云:"篇目見前元版集部,有昭明撰傳,顏延之撰誄,總評二十七條,序錄、私記、書後五條,又多吴仁傑撰《年譜》,皆附錄。"

每冊俱鈐清宫天禄琳瑯諸璽,前後副葉所鈐爲"中三璽"。另鈐"榮國之章"、"雪舫"、"半日軒書畫記"、"玉兔仙翁"、"黄山主人"、"高桂苑印"、"風流儒雅"、"寳"、"廣泉"諸印,所記俱與《天目後編》同,另有"寳"、"游唸酒性"、"耿嘉祉印"、"廣泉廋記"諸印,《天目》未錄。然而此本實爲明嘉靖間所刻,《天目後編》云:"按《明史》,姚廣孝封榮國公,此本所鈐當是其私印。"則不可能鈐有明初姚廣孝之收藏印,"榮國之章"諸印或爲僞製,或爲他人之印。

1959年自故宫調撥。2013年編目。

751 陶靖節集十卷

明嘉靖二十七年(1548)張存誠、王廷榦九江郡齋刻本。二冊一函,現藏臺北"故宫博物院"(書號故善007549-007550)。

匡高20.7釐米,廣13.9釐米。每半葉九行,行十八字,小字雙行同。左右雙邊,白口,版心中記陶集卷次及葉次。卷首有《重刻陶靖節先生集序》,署"嘉靖戊申春日賜進士第承德郎户部山東清吏司主事晉陵華雲書于江署之冰玉齋"。又《陶淵明集序》,題"梁昭明太子(蕭)統序"。目錄後有昭明太子《陶靖節集總論》、昭明太子撰《陶淵明傳》。卷末有《刻靖節先生集跋》,署"大明嘉靖二十七年戊申夏五月朔日九江府知府陵陽後學王廷榦譔"。首卷卷端題"陶靖節集卷之一"。白棉紙,石青杭細書衣,黄綾書籤,書"明版陶靖節集"。

《天目後編》云"按:《陶集》傳本甚夥,此本爲九江郡刻,前有嘉靖戊申華雲序,略云中丞印臺傅公檄郡讐善本付梓,郡守張存誠取蔣氏翻刊付剞,繼守王廷榦刻成。蔣氏本原翻宋刻,惜其人不詳。又云,蜀本載吴仁傑《年譜》、張演《辨證》,又雜記晉賢論靖節語各一卷,而今略焉,當併刻之。其敍次是集傳刻爲詳,後有廷榦跋。所云中丞傅公,乃傅鳳翔,字德輝,湖廣應山人。時官巡撫江西、都御史。雲,無錫人。嘉靖辛丑進士。"此爲翻宋刻本,宋諱完、苋、真、貞、慎、攘、讓、壞、玄、竟、殷、敬、徵、襄、淳、弘諸字闕末筆。

臺北故宮原著錄明嘉靖戊申(二十七年)王廷榦九江郡齋重刊本,《"國立中央圖書館"典藏國立北平圖書館善本書目》著錄爲明嘉靖戊申(二十七年)傅印臺(劉按,應爲"傅鳳翔")九江郡齋刊本。《中國古籍善本書目》著錄此版爲明嘉靖二十七年九江郡齋張存誠刻本。據卷前嘉靖二十七年華雲《重刻陶靖節先生集序》云:"中丞印臺傅公撫鎮江省,以道淑人,以文飾治。所蒞按職,必崇其土之先哲,以風末學。昨至江州,……檄郡訾善本付梓,郡守張侯存誠輒取蔣氏本翻刊焉。工既成,公以序屬……張守廣之,饒平人,前御史;繼之者,前戶部郎寧國王君廷榦。"則此本可具體爲明嘉靖二十七年張存誠、王廷榦九江郡齋刻本。

每冊俱鈐天祿繼鑑諸璽,前後副葉所鈐爲"中三璽",無私家藏印。

《故宮善本書目》記其作"明嘉靖二十七年九江郡齋重刻蔣氏本"。《"國立故宮博物院"善本舊籍總目》,下冊,第997頁。

751(2)駱子集注四卷

明萬曆七年(1579)劉大烈等舒城縣刻本。一函四冊,現藏臺北"故宮博物院"(書號故善009542—009545)。

匡高23.6釐米,廣15.7釐米。每半葉十行,行二十二字,小字雙行同,四周雙邊,白口,單魚尾,版心上刊"駱子集註",中記卷次、頁次。卷首有《駱子集敍》,署"萬曆庚辰季春之吉姚江葉逢春撰";又《刻駱子集註序》,署"萬曆七年歲在己卯凉月望日賜進士第湖廣荆州府推官治生李寀邦亮頓首僅序";又《刻駱子集註敍》,署"萬曆己卯仲秋之吉直隸廬州府舒城縣知縣漳浦陳魁士書于龍舒委蛇官舍";又《記駱賓王遺事》、《右魯國郗雲卿》、《新唐書駱賓王傳》各一篇。卷末有跋《序駱賓王集後》,署"萬曆己卯秋八月掌廬州府舒城縣儒學教麗水晚學生劉大烈頓首拜書"。首卷卷端題"新刊駱子集註卷之一",隔行下題"知舒城縣事閩漳後學陳魁士註譯"、"教喻麗水劉大烈"、"訓導館陶王無違"、"江陵孫大貴校正"、"門生:金鳳、王亮、徐相、夏昌、潘懋南、祝可教、程中孚、劉咨益、趙衷、祝子陞同校"七行。白棉紙,新裝織錦四合函套,棕色絹質書衣,黃綾書籤,書"明板駱子集注"。

此本臺北故宮原著錄爲明萬曆庚辰（八年）舒城縣刊本，《中國古籍善本書目》著錄此版爲明萬曆七年劉大烈等刻本。據書前萬曆己卯仲秋陳魁士序曰：「治舒之明年，外翰劉、王、孫三先生肆志稽古，出以示之，遂捐俸而梓，蓋致文從茲始也。」萬曆七年涼月李寀序曰：「陳侯以丁丑歲仲秋至舒，……侯蒞任歲餘而始出斯集，真可謂深藏若虛矣。……三君遂命善書者錄而壽諸梓，因以校讐之責自任焉。刻甫竣，問序於余。」劉大烈跋曰：「乃語同寅山次王君、竹西孫君曰……余偕二君請梓以教諸士……爰鳩工繡梓，以廣其傳。」則此本版本可具體爲明萬曆七年劉大烈等舒城縣刻本。

每冊俱鈐天祿繼鑑諸璽，前後副葉所鈐爲"中三璽"，無私家藏印。

《故宮善本書目》記其作"明萬曆七年刻本"。《"國立故宮博物院"善本舊籍總目》，下冊，第1006頁，著錄爲"明萬曆庚辰（八年）舒城縣刊本"。

752 唐王右丞詩劉須溪校本六卷

明弘治十七年（1504）呂夔刻本。一冊一函，現藏臺北"故宮博物院"（書號故善006038）。

匡高20.1釐米，廣14.4釐米。每半葉十行，行二十字。白口，左右雙邊，版心中刊"王右丞詩卷幾"及葉次。卷前有《重刊唐王右丞詩集序》，署"弘治甲子四月之望廣信呂夔爲之序"。卷末附錄《唐書文藝列傳》、《文獻通考》各一篇。卷後有呂夔識語，署"序後五日雙崖呂夔題于靜觀亭上"。首卷卷端題"唐王右丞詩劉須溪先生校本卷第一"。有明人葉奕朱筆、墨筆、藍筆三色批校。竹紙，綠色地朵花宋式錦四合函套，湖藍絹質書衣，無書籤。

此本爲明弘治甲子廣信呂夔重雕，前後有其序跋，稱："宋元舊刻，歲遠不存，近刻于蜀，字畫頗舛謬脫落。夔以督甓分司迎鑾，公暇特加披閱，粗爲辨正，遂出俸資之餘，令善小楷者書之，鏤人翻刻。"《天目後編》云："考洪興祖謂王涯在翰林時，與令狐楚、張仲素所賦宮詞諸章，俱誤入《王維集》中。今校它本所載遊春詞三十餘首，此本獨無，蓋即涯等之詩，劉校固屬善本。書中朱書，用錢本校。"

書中朱書，皆用"錢本"、"一本"校。目錄下朱批稱"錢本作須溪先生校本唐王右丞集目錄"，卷六尾題下有"崇禎三年八月二日從須溪原刻校過一次葉奕"兩行。明末葉奕所校，葉奕（1605—1665）明末藏書家。字林宗。吳縣（今江蘇蘇州）人。居於洞庭山，獨好收藏奇書，蒐訪不遺餘力，碑板彝鼎，無不購藏。與錢曾爲摯友，二人有約，誰採獲購訪有秘冊圖籍，即互相傳錄。每見錢曾或其他藏家有異本秘籍，必借回繕寫後歸還。歷三十餘年，遍訪海內藏書之家，如錢謙益等舊藏，抄本《戰國策注》、《經典釋文》、《說文解字》、《史通》、《五代會要》等十餘種。藏書樓有"松風書屋"、"罼思館"、"寶稼軒"等，藏書之名與葉樹廉相上下。去世後，從弟葉萬爲之整理書籍，後來書籍星散，樹廉感而嘆之："人事有聚必有散，藏之篋衍，不如飽之心胸，多聚而不讀，我甚嘆之。"其宋元刻本，多被後代典賣。少部分歸於葉萬。其子葉裕（1635—1659）字祖仁，因右手駢指，自稱枝指生。亦喜藏書，並建藏書樓"獲墅堂"。收藏元刻、宋槧多種，並刻有藏書章多枚，如"東吳葉裕祖仁藏書"、"東吳葉裕圖章"、"枝指生葉祖仁讀書記"、"子華後人"、"宋少保石林公二十一世孫裕"等。惜以母故後，憂鬱而卒，年僅二十四歲。

每冊俱鈐天祿繼鑑諸璽，前後副葉所鈐爲"中三璽"。有"馮氏藏本"、"上黨"、"馮彥淵收藏記"、"書癡"等印，俱與《天目後編》所記同。葉奕之後，爲馮知十所藏。馮知十（？—1645），字瞻淇，又字彥淵。生於萬曆年間，南直隸蘇州府常熟縣人。有謀勇。弘光初年，往南京上書。有內官賞識他，薦其任總兵，力辭不就。弘光元年七月，清兵攻常熟，大罵清兵，被砍斷手臂，刺破臉頰而死，年三十六歲，史志稱其"有謀而勇於義"。兄弟馮舒、馮班均以藏書知名。喜藏書，購藏宋本有10多種，藏畫有數種。藏書印有"馮氏藏書"、"馮彥淵圖書記"、"知十印"、"彥淵收藏"、"馮彥淵讀書記"等。馮氏三兄弟刻書亦著名，所刻之書，字體匡正，墨色黑亮，被稱爲"馮抄"，所刻之書欄外刻有"馮彥淵藏本"五字。與毛晉"毛抄"、楊儀"楊抄"、秦四麟"秦抄"、錢謙益、錢曾、錢謙貞等"錢抄"本等，並稱常熟著名抄本之一。有清室善後委員會點驗掛籤。

《故宮善本書目》記其作"明弘治十七年呂夔重刻元本"。《"國立故宮博物院"善本舊籍總目》，下冊，第1008頁。

752(2)唐王右丞集十卷

明嘉靖三十五年（1556）錫山顧氏奇字齋刻本。十冊二函，現藏臺北"故宮博物院"（書號故善009619—009628）。

匡高20.2釐米，寬14.5釐米。每半葉九行，行十八字，左右雙邊，細黑口，單魚尾，中縫上記"奇字齋"，中記王集卷幾或文集卷幾及葉次，下記刻工、書寫或刊刻者名：應鍾、章亨、李煥、袁宸、顧廉、陳節、陳汶、何瑞、何朝忠、王誥、何應元、何應亨、何鈿、何鑰、張邦本（或張邦或張本）、何鑑、何鎡、王惟寀、何鈴、何應貞、何大節（或何節）、陸信、何昇、余汝霆（或余汝廷）、何亨、何元、王寀、亨、夏文德、袁、夏昱。另有寫者吳應龍、沈恒、陸廷相。首冠顧起經自序，序後刻"嘉靖二十四年塗月白分錫山武陵家墅刻"。《年譜》後刻"丙辰孟陬月得辛日錫山武陵顧伯子圖籍之宇刻"。《贈題集》後刻"丙辰年初月人日付梓"。《同詠》後刻"丙辰上元雕版"。題"類箋唐王右丞詩集十卷文集四卷外編一卷"。首卷卷端題"類箋唐王右丞詩集卷之一"，隔行下題"唐藍田王維譔"、"宋盧陵劉辰翁評"、"明勾吳顧起經注"三行。白棉紙，新裝藍布四合函套，黃紙書衣，黃紙書籤，書"明版唐王右丞集"及冊數。

《天目後編》云："明顧起經編。起經，字元緯，無錫人。官廣東鹽課提舉。"此本爲錫山顧起經自編自刻之本，奇字齋爲其刻書堂號，顧氏開局刻書，皆紙墨瑩潤，開卷悅目。裝次與下一部略不同，凡例正訛及《歷朝諸家評王右丞詩畫鈔》一卷，裝於《詩集》之前。餘皆同於下一部。

每冊俱鈐天祿繼鑑諸璽，前後副葉所鈐爲"中三璽"，無私家藏印。有清室善後委員會點驗掛籤。

《故宮善本書目》記其作"明嘉靖二十四年無錫顧氏奇字齋刻本"。《"國立故宮博物院"善本舊籍總目》，下冊，第1008頁。

753 唐王右丞集十卷（又一部）

明嘉靖三十五年（1556）錫山顧氏奇字齋刻本。原作二函十六冊，實存十八冊，現藏臺北"故宮博物院"（書號故善009629—009646）。

匡高20.2釐米，寬14.5釐米。每半葉九行，行十八字，左右雙邊，細黑口，單魚尾，版心上刊"奇字齋"，中記"王集卷幾"或"文集卷幾"及葉次，下記書寫或刊刻者名，刻工有應鍾、章亨、李煥、袁宸、顧廉、陳節、陳汶、何瑞、何朝忠、王誥、何應元、何應亨、何鈿、何鑰、張邦本（或張邦或張本）、何鑑、何鎡、王惟寀、何鈴、何應貞、何大節（或何節）、陸信、何昇、俞汝霆（或俞汝廷）、何亨、何元、王寀、亨、夏文德、袁、夏昱。另有寫工吳應龍、沈恒、陸廷相。有卷前一卷，有顧起經自序《題王右丞詩箋小引》，又《唐進王右丞集表》及《批答》，又《舊唐書·文苑傳》、《新唐書·文藝傳》、《新唐書·宰相世系表》，又《河南王氏世系圖》，又《唐王右丞年譜》《文集》卷末有跋，署"歲丙辰日北至夫揪山人顧起經跋"。後有《唐王右丞集外編》一卷，《唐諸家贈題集》一卷，《唐諸家同詠集》一卷，皆有識語。末有《凡例正訛》九則。文集標目下題"明梅里聚小史顧起經編"。《詩集》首卷卷端題"類箋唐王右丞詩集卷之一",隔行下題"唐藍田王維譔　宋廬陵劉辰翁評　明勾吳顧起經註"三行。《文集》首卷卷端題"唐王右丞文集卷之一",隔行下題"唐太原王維譔　明武陵顧起經編"兩行。白棉紙,新裝織錦四合函套,棕色絹質書衣,黃綾題籤,書"明板唐王右丞集"及冊數。

分《詩集》十卷《文集》四卷外編一卷。書中多有刊記:《題王右丞詩箋小引》後有"嘉靖卅四季涂月白分錫武陵家墅刻"一行。第一冊《年譜》後有雙行牌記"丙辰孟陬月得辛日錫山／武陵顧伯子圖籍之宇刊"。《詩集目錄》後有"歲丙辰中春上旬顧氏奇石清漣山院栞"一行。文集卷二(第十五冊)後有大木牌記:"太歲在丙辰夏孟月尾錫山／顧起經與檇李陳策四覆校／於青竹□□□木閣中越月乃授之梓。"詩集目錄、文集目錄之後及各卷後,皆開列校閱、寫勘、雕梓、裝潢者姓名,並詳記年月,是明代版刻史的難得材料。《詩集》後依次爲:《無錫顧氏奇字齋開局氏里》,署"自嘉靖三十四年十二月望授鋟至三十五年六月朔完局,冠龍山外史謹記";目錄後刻有"歲丙辰中春上旬顧氏奇石清漣山院刊";卷一末刻有"歲丙辰上巳初吉錫山顧氏刻于待沐園";卷二末刻有"丙辰病月上弦長康外圃刻";卷三末刻有"丙辰春莫浹辰梓於宛在亭";卷四末刻有"丙辰三月旬又八日立夏顧氏祗洹館刻";卷五末刻有"丙辰余月四之日小滿刻于對山開卷之閣";(卷六後無);卷七末刻有"丙辰長嬴幾望水木清華亭刻";卷八末刻有"丙辰夏五端三日鋟於木瓜亭";(卷九後無);卷十末刻有"丙辰皋月下澣之吉端居靜思之堂刊";《文集》後依次爲:卷一末刻有"丙辰夏首顧伯子付刻於圖鍜亭上";卷二末刻有三行牌記"太歲在丙辰夏孟月尾錫山顧起經与檇李陳榮四覆校於青蔾閣中越月乃授之梓";卷三末刻有"丙辰端午思玄室刊"。《唐王右丞集外編》末刻有"丙辰挾日刻";《唐諸家同詠集》末有"丙辰上巳雕板";《唐諸家贈題集》末刻有"丙辰季初月人日付梓";凡例末刻有"丙辰春孟月晦刊"。卷二葉四一錯置。卷三葉七係抄配。

《天目後編》云:"同上,係一版摹印。"

每冊俱鈐天祿繼鑑諸璽,前後副葉所鈐爲"中三璽",卷首另有一"玉溪"朱文印。有清室善後委員會點驗掛籤。

《故宮善本書目》記其作"明顧氏奇字齋刻本"。《"國立故宮博物院"善本舊籍總目》,下冊,第1008頁。

753(2)高常侍集十卷

明正德刻本。四冊一函,現藏臺北"故宮博物院"(書號故善000950—000953)。

匡高17.6釐米,廣12.6釐米。每半葉十行,行十八字。左右雙邊,白口,版心中記"高常侍集卷幾"及葉次。無序跋。首卷卷端題"高常侍集卷第一"。白棉紙,紫色地織金織錦四合函套,靛青灑金紙質書衣,無書籤。

此本與臺北故宮所藏書號爲故善006443—006459《唐十大家集》之明嘉靖間刻本、故善008291—008310《唐十二家詩集》之明正德間刻本同版,字體風格似嘉靖間刊,然無確證。民國間故宮圖書館點查卡片上記其爲"明正德中刻本",《中國古籍善本書目》著爲"明刻本"。卷尾原有墨筆題記一行,被塗蓋掩去,無法辨識。

每冊俱鈐天祿繼鑑諸璽,前後副葉所鈐爲"中三璽",另卷末有"臣鳳"朱白相間小方印,爲《天目後編》失載。有清室善後委員會點驗掛籤。

《故宮善本書目》記其作"明正德間刻本"。《"國立故宮博物院"善本舊籍總目》,下冊,第1013頁。

754 唐儲光羲詩集五卷

明嘉靖二十九年(1550)蔣孝刻《中唐十二家詩》本。一函二冊,現藏臺北"故宮博物院"(書號故善006042—006043)。

匡高19.6釐米,廣14.4釐米。每半葉十行,行二十字。左右雙邊,白口,單魚尾,版心中刊"儲集"卷次及葉數。卷前有《唐儲光羲集序》,署"著作郎顧況序",又殷璠評語一條,《欒城遺言》一條。首卷卷端題"唐儲光羲詩集卷一"。棉紙,紫色織金織錦四合函套,靛藍灑金紙質書衣,黃綾書籤,書"唐儲光羲詩集"。

臺北故宮原著錄爲明嘉靖間毗陵蔣氏刊《中唐詩》本,(臺北)"國家圖書館"藏同版《中唐十二家詩》一部,前有蔣孝《中唐詩序》,謂己"因讀開元以後諸詩,遂掇數家授梓",署"嘉靖庚戌春三月毗陵後學蔣孝書",故此本刊刻應在明嘉靖二十九年(1550),爲毗陵蔣孝所刊。《唐文粹》中存薛應旂(1500—1575)嘉靖二十九年(1550)《刻中唐詩序》,云:

> 移齋蔣子惟中,得《中唐人詩十二家》刻成,語薛子序之。……矧

其間若獨孤常州者，……刻諸吾郡，固亦甘棠之遺音也。①

蔣孝、薛應旂皆爲毘陵（今江蘇省常州市）人，獨孤及（726—777）則曾任常州刺史，政聲卓然，被稱爲"孤獨常州"。此書版本可據以改訂爲"明嘉靖二十九年蔣孝毘陵刻《中唐詩》本"。《中國古籍善本書目》著錄《中唐十二家詩》爲明嘉靖二十九年蔣孝刻本。

每册俱鈐天祿繼鑑諸璽，前後副葉所鈐爲"中三璽"，無其他私家藏印。

《故宫善本書目》記其作"明嘉靖間蔣氏刻本"。《"國立故宫博物院"善本舊籍總目》著錄於下册，第1010頁，著錄爲"明嘉靖間毗陵蔣氏刊中唐詩本"。

754(2) 顔魯公文集十五卷

明萬曆十七年（1589）劉思誠刻本。四册，現藏中國國家圖書館（新編書號1265）。

每半葉十行，行二十字，白口，左右雙邊。卷前有劉敞、留元剛、楊一清、都穆四序，前有邑人趙焞序，後有學博羅樹聲識。黄絹籤題"顔魯公文集"。

《天目後編》提要叙其版本源流："吳興沈氏采掇爲十五卷，劉敞序之。又有宋敏求編本十五卷，至南宋時漫漶不完，留元剛守永嘉，得敏求殘本十二卷，以所見補遺，自爲後序。至明嘉靖中安國重刻，楊一清、都穆序之。此本爲萬曆己丑山海劉思誠爲平原令所刻，並劉、留、楊、都四序，前有邑人趙焞序，後有學博羅樹聲識。"此版爲萬曆萬曆己丑（十七年，1589）山海劉思誠爲平原令時所刻，有補遺一卷年譜一卷附錄一卷。

每册俱鈐天祿繼鑑諸璽，前後副葉所鈐爲"中三璽"，無其他私家藏印。

1959年自故宫調撥。2013年編目。

754(3) 李太白詩十二卷

明刻本。一函十二册，傅增湘經眼。

---

① 《"國立中央圖書館"善本序跋集錄》，（臺北）"國立中央圖書館"1994年版，集部，第6册，第373頁。

《天目後編》云:"唐李白撰。書十二卷。分體分門,無注,前有李陽冰序。"又云書上鈐"震澤山房"及謙牧堂二印,應是揆敍舊藏。"震澤山房"或爲明人王鏊之印。

民國七年(戊午,1918)傅增湘曾經眼,記其行款爲九行二十字,白口,單闌。此書每卷前原鈐有天祿各璽印,均挖去。[1] 蓋盜運出宮,來路不明,挖除皇宮印記以掩人耳目。

不詳是否尚存人間。

755 集千家注杜工部詩集二十卷

明嘉靖十五年(1536)玉几山人刻本。三函二十册,現藏臺北"故宮博物院"(書號故善 007596—007615)。

匡高 21.6 釐米,廣 14.2 釐米。每半葉八行,行十七字,小字雙行同,四周雙邊,白口,雙線魚尾,版心中記杜集卷幾及葉次,下記刻工名,有宗、啟、劉、東、安、信、林甫(或作甫)、廷、王、馬、佩、陽、夏、沈云(或沈、云)、下、章、恩、中、思、仲、溱、潘、曰、云、正、子仁(或作子、仁)、田、雇、李鳳(或作李、鳳)、張溱、朝用、宗澄(宗、澄)、仲、袁、匆、周、李燿、登、何、屠明等。卷首有《杜工部詩史舊集序》/寶元二年十月翰林學士兵部郎中知制誥史館修撰王洙原叔記;《杜工部詩後集序》/皇祐壬辰五月日臨川王安石序;《成都草堂詩碑序》/元祐庚午資政殿學士中大夫知成都軍府事胡宗愈序;《杜工部草堂詩箋跋》/大宋嘉泰天開甲子正月穀旦建安三峯東塾蔡夢弼傅卿謹識。首卷卷端題"集千家註杜工部詩集卷之一",隔行下題"大明嘉靖丙申玉几山人校刻",然"大明嘉靖丙申"六字被割補。竹紙,宋式錦四合函套,淺藍色絹質書衣,黃綾題籤,書"杜工部詩集"。目錄最末之第三十八頁抄配。

玉几山人,明休寧人曹道之號,其字達之,此本世稱"玉几山人本"。書中有朱筆圈點,天頭有小注。《天目後編》云:"卷三前刻'玉几山人校刊',上有補蹟,蓋坊賈去其年號以贗宋本,實明刻之精工者。"(圖18-2)實爲卷一標題下,非卷三也。

---

[1] 《藏園群書經眼錄》,卷十二,第846頁。

《欽定天祿琳琅書目後編》卷十八　明版集部　/549

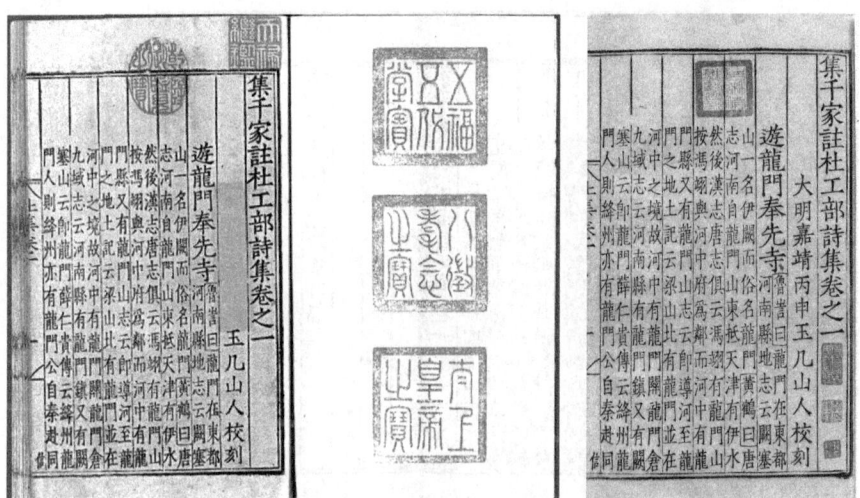

圖18-2　左爲天祿本，卷端下"大明嘉靖丙申"六字被割補；右爲別本。

每冊俱鈐天祿繼鑑諸璽，前後副葉所鈐爲"中三璽"，并有"彭璐之印"朱文方印。

《故宫善本書目》記其作"明嘉靖十五年玉几山人刻本"。《"國立故宫博物院"善本舊籍總目》，下冊，第1015頁。

755(2)集千家注杜工部詩集二十卷（又一部）

明嘉靖十五年(1536)玉几山人刻明易山人印本。十二冊二函，現藏臺北"故宫博物院"（書號故善009582—009593）。

匡高22.2釐米，廣14.2釐米。每半葉八行，行十七字，小字雙行同。白口，四周雙邊，雙線魚尾。版心中刊"杜集卷幾"及葉次，下刊刻工，有仲、宗、子仁、劉、信、啟明、匆、袁、云、奉、東、美、周、李鳳、李耀、林甫、濟、恩、沈云等。卷前有王洙《杜工部詩史舊集序》，王安石《杜工部詩後集序》，胡宗愈《成都草堂詩碑序》，蔡夢弼《杜工部草堂詩箋跋》。首卷卷端題"集千家註杜工部詩集卷之一　大明嘉靖丙申明易山人校刻"（圖18-3）。皮紙，書經重裝，藍布四合函套，棕色絹質書衣，無書籤。

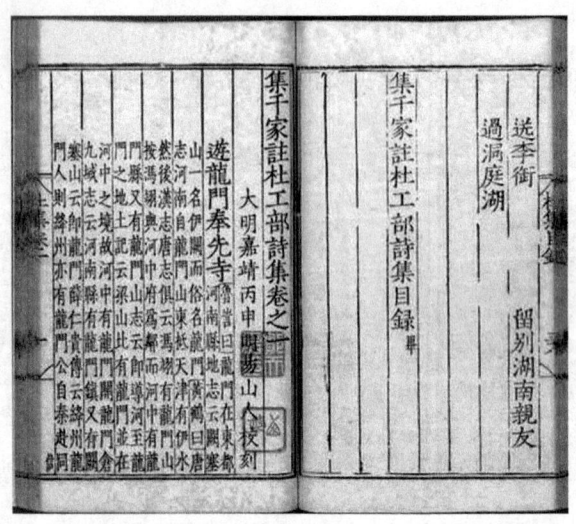

圖 18—3

《天目後編》云："篇目同上。卷一前列'大明嘉靖丙申明易山人校刻'。"一本別題"明易山人"者，當必書版歸坊隨時所易名。周采泉《杜集書錄》內編卷二記載："此板（玉几山人本）其後大約爲金鸑鷟，號明易山人，萬曆間陝西人，得於曹道四十餘年。所得，挖去'玉几'改作'明易'（易，古陽字），因此前者稱玉几山人本，後者稱明易山人本。兩書板式完全相同，連'嘉靖丙申'四字亦未改動，板經四十餘年，當時想略經修補，故完整尚可重印。由於校刻甚精，後人常將第一行刻人姓名完全剜去，冒充宋本。"①《中國古籍善本書目》著錄此版爲"明嘉靖十五年玉幾山人刻明易山人印本"。

每冊俱鈐天祿繼鑑諸璽，前後副葉所鈐爲"中三璽"。另有"笑讀草廬鄒氏藏書"、"西邨"、"鄒天嘉印"等與《天目》所記相同。曾經明人史鑑舊藏，史鑑(1434—1496)，字明古，號西村，別署西村逸史，吳江人。平生好讀書及收藏，藏書甚多，每有客到訪，則陳三代秦漢彝器及唐宋以來古書書畫名品，鑑賞題籤。其收藏處所名"日鑑堂"。正德間，吳中高士首推沈周，史鑑次之，《靜志居詩話》謂其勝沈一籌。有《西村集》八卷。

《故宮善本書目》記其作"明嘉靖十五年明易山人刻本"。《"國立故宮

---

① 周采泉著：《杜集書錄》，上海古籍出版社 1986 年版，上冊，卷二"全集校刊箋註類二"，第 107 頁。

博物院"善本舊籍總目》，下冊，第1015頁。

756 集千家注杜工部詩集二十卷（又二部）

明嘉靖十五年(1536)玉几山人刻明易山人印本。二十四冊四函，現藏臺北"故宮博物院"（書號故善009558—009581）。

匡高22.2釐米，廣13.2釐米。每半葉八行，行十七字，四周雙邊，白口，雙白魚尾，中縫中記杜集卷幾或杜文卷幾及葉次，下有刻工：宗、仲、思、劉、袁、信、匆、東、美、周、昂、李燿、登、何、啓明（或作啓、启）、曾、王、潘、恩、曰、濟、吳、正、子仁（或作子、仁）、田、雇、凧、李鳳（或作李、鳳）、張溱、朝用、袞、安、林甫（或作甫）、廷、王、忽、馬、佩、陽、恩、夏、沈云（或沈、云）、下、章、用、中。卷首有《杜工部詩史舊集序》/寶元二年十月翰林學士兵部郎中知制誥史館修撰王洙原叔記；《杜工部詩後集序》/皇祐壬辰五月日臨川王安石序；《成都草堂詩碑序》/元祐庚午資政殿學士中大夫知成都軍府事胡宗愈序；《杜工部草堂詩箋跋》/大宋嘉泰天開甲子正月穀旦建安三峯東塾蔡夢弼傅卿謹識。首卷卷端題"集千家注杜工部詩集卷之一"，隔行下題"大明嘉靖丙申明易山人校刻"。白棉紙，書經重裝，新裝藍布四合套，棕綠色絹質書衣，黃綾書籤，題"明板集千家注杜工部詩集"。卷八第四十五、四十六葉係抄配；卷十一缺第三十三、三十四葉；卷十五第二十二葉，卷十七第二十九、三十葉、文集卷一第二十九葉等葉之版心頁碼有挖過再補上的痕蹟。

《天目後編》僅云："同上，係一版摹印。"與上一部同版。

每冊俱鈐天祿繼鑑諸璽，前後副葉所鈐爲"中三璽"，無私家藏印。有些冊書後副葉處，尚能見原裝淺藍色紙質書衣殘蹟。

《故宮善本書目》記其作"明明易山人刻本"。《"國立故宮博物院"善本舊籍總目》，下冊，第1015頁。

756(2) 集千家注杜工部詩集二十卷（又三部）

明嘉靖十五年(1536)玉几山人刻明易山人印本。原作一函七冊，今八冊二函，現藏臺北"故宮博物院"（書號故善009607—009614）。

版本同上。卷前有王洙原敘、王安石、胡宗愈、蔡夢弼諸序。卷一卷端下整行割補。《文集》二卷爲左右雙邊，紙色、版式皆與其他幾部不同。後有附錄兩篇，元稹撰《唐杜工部墓誌銘》及宋祁等奉敕撰《唐文藝傳》。棉紙，有染舊之疑。書經重修，新裝藍布書套，棕綠色絹質書衣，黃綾書籤,題"集千家注杜工部詩集"。

《天目後編》云:"同上,係一版摹印,割補'明易山人'款一行。"卷端隔行"大明嘉靖丙申明易山人校刻"一行被整行割去,補以另紙,極爲醒目(圖18-4)。

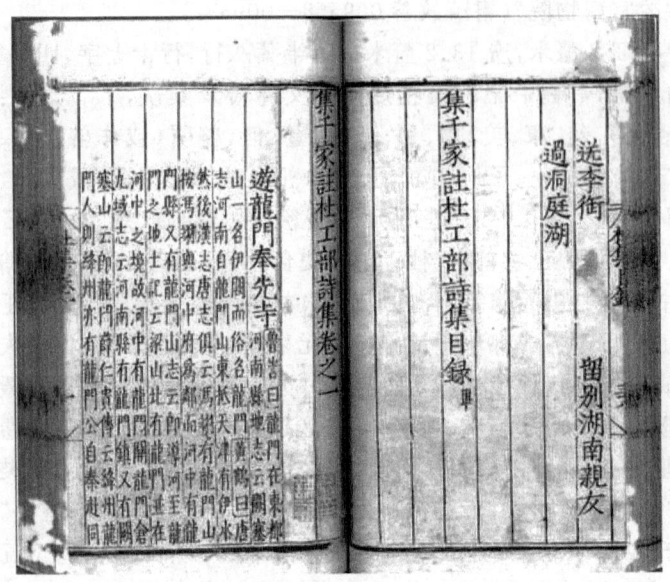

圖 18-4

每冊俱鈐天祿繼鑑諸璽,前後副葉所鈐爲"中三璽"。每卷首有"錢謙益印"白文方印,印式與習見不同,疑僞。知此本乃《天目後編》卷八明版集部6部《集千家注杜工部詩集》之第四部。

《故宮善本書目》記其作"明明易山人刻本"。《"國立故宮博物院"善本舊籍總目》,下冊,第1015頁。

756(3)集千家注杜工部詩集二十卷(又四部)

明嘉靖十五年(1536)玉几山人刻本。存卷四至五,兩卷,一冊,現藏中國國家圖書館(書號18626)。

每半葉八行,行十七字,小字雙行同,白口,四周雙邊,雙綫魚尾。版心中刊"杜集卷幾"及頁數,下有刊工"袁"、"仁"、"吳"、"宗"、"田"、"劉"、"濟"、"雇"、"齊"、"信"、"何"、"啟"、"王"、"李鳳"、"啟明"、"張溱"、"袞"等。卷四之第三十五頁原闕。

《天目後編》僅云："同上,係一版而摹印稍後。"

每冊俱鈐天祿繼鑑諸璽,前後副葉所鈐爲"大三璽",無其他私人藏印。前後書衣及副頁脫落。

757 集千家注杜工部詩集二十卷(又五部)

明嘉靖十五年(1536)玉几山人刻本。二十四冊,現藏中國國家圖書館。其中卷十六,一冊,書號18629;詩集卷一至十五、十七至二十,《文集》全,計二十一卷,二十三冊,新編書號1267,兩者合併爲完整一部書。

每半葉八行,行十七字,小字雙行同,白口,四周雙邊,雙線魚尾。版心下刊刻工名"啟"、"信"、"甫"、"思"、"陽"、"吳"、"袁"、"夏"等。棕灰色紙籤題"明版集千家註杜工部詩集"及冊數。清宮舊裝,書衣題爲"十七冊"。

版本俱同上,《天目後編》提要僅云："同上,係一版摹印。"

每冊俱鈐天祿繼鑑諸璽,前後副葉所鈐爲"中三璽",冊首有"蓮華博士俸酒千壺",與《天目後編》卷十八之第六部明版《集千家注杜工部詩集》同。

詩集卷一至十五、十七至二十,《文集》全,二十三冊,1959年調撥自故宮,書頁蟲蛀、霉爛。2013年編目。

757(2) 韋蘇州集十卷

明刻本。五冊一函,現藏臺北"故宮博物院"(書號故善000954－000958)。

匡高17.2釐米,廣12釐米。每半葉十行,行十八字。左右雙邊,白口,單魚尾,版心中刊"韋幾"及葉次。卷前有嘉祐元年王欽臣序,序後有《韋刺使傳》/宋沈明遠作喆補撰。卷末附拾遺一卷。首卷卷端題"韋蘇州集卷第一",隔行下題"蘇州刺史韋應物"。卷六、七、八,版面破損,部分字蹟缺佚。書經重裝,織錦四合函套,石青色紙質書衣,無書籤。

《天目後編》云其"係明翻宋版"。偶見"恆"字闕末筆,其他宋諱不避。

每冊俱鈐天祿繼鑑諸璽,前後副葉所鈐爲"中三璽"。季振宜舊藏,鈐"季振宜藏書"朱方、"尊生齋"朱長、"胥川"朱方等印。

《故宮善本書目》記其作"明正德間復宋本"。《"國立故宮博物院"善本舊籍總目》,下冊,第1011頁,著錄爲"明正德覆宋刊本"。

757(3)韋蘇州集十卷

明刻本。六冊一函,現藏臺北"故宮博物院"(書號故善 006049—006054)。

匡高 17.3 釐米,廣 12.3 釐米。每半葉十行,行十八字。白口,左右雙邊,單魚尾。版心中刊"韋幾"及葉次。卷前有《韋蘇州集序》/嘉祐元年十二月二十二日太原王欽臣記,又《韋刺史傳》/宋沈明遠作喆補撰。首卷卷端題"韋蘇州集卷第一蘇州刺史韋應物"。卷後附拾遺一卷。白棉紙,已經修補改裝,織錦四合函套,紅絹書衣,無書籤。

《天目後編》云:"同上,係一版摹印。"與上一部係同版,已有斷版、筆劃斷續現象,摹印稍晚。

錢謙益、揆敘舊藏,有"錢謙益印"白文和"牧齋"朱文二印,并有"五湖春水"、"謙牧堂書畫記"、"謙牧堂藏書記"等印章,與《天目後編》所記俱同。觀卷七首頁所鈐"楊慎之印"及"完庵"二印,印色沉黯,疑偽。《天目後編》記完庵,劉珏號,珏字廷美,長洲人。由舉人官山西按察使僉事。每冊俱鈐清宮天祿繼鑑諸璽,前後副葉所鈐爲"中三璽"。

《故宮善本書目》記其作"明正德間復宋本"。《"國立故宮博物院"善本舊籍總目》,下冊,第 1011 頁,著錄爲"明覆刻宋十行本"。

758 唐陸宣公翰苑集二十四卷

明萬曆三十五年(1607)陸基忠刻本。一函六冊,現藏臺北"故宮博物院"(書號故善 010474—010479)。

匡高 20.6 釐米,廣 14.2 釐米。每半葉九行,行十八字。白口,四周雙邊,單魚尾,版心上刊"宣公翰苑集",中刊篇目,下刊葉次。書前有《唐陸宣公奏議序》,署"皇明萬曆三十五年賜進士及第中順大夫詹事府少詹事兼翰林院侍讀學士經筵講官日直東宮講讀前左春坊左庶子兼翰林院侍讀掌坊事修國朝正史寶唐吳道南撰"。另有唐權德輿《唐陸宣公翰苑集敘》、《宋朝名臣進奏議劄子》、《淳熙講筵劄子》,紹興二年《進唐陸宣公奏議表》,宣德三年九月《陸宣公奏議序》,弘治十五年《陸宣公奏議序》,萬曆九年《陸宣公文集序》。《制誥》、《奏草》、《奏議》前各有目錄。首卷卷端題"唐陸宣公制誥卷之一"。書經重裝,藍布四合函套,石青色絹質書衣,黃綾書籤,題"陸宣公翰苑集"。

唐敘葉一書口下刊"秣陵楊應時寫",各卷卷尾有"二十七世孫基忠校梓"一行。《制誥》卷末《重梓宣公奏議跋》,署"萬曆丙午孟春望日宣公二十七世孫刑部員外郎基忠謹跋"。吴序、陸跋略云,陸贄世裔基忠,重新公集,再付剞劂。則此爲陸基忠刻本。

《天目後編》云:"書二十四卷。分三編,凡制誥十卷,八十五篇;奏草七卷,三十二篇;奏議七卷,二十四篇。前有權德輿《翰苑集序》,蘇軾《進奏議劄子》,蕭燧淳熙《講筵劄子》,郎煜《進所注奏議表》。宣德三年胡元節重刻,金實序。天順元年延祥重刻,項忠序。弘治十五年於鳳喈重刻,錢福序。嘉靖丁酉沈伯咸序,萬曆辛巳葉逢春序。是本乃其二十七世孫基忠校梓,萬曆丁未吴道南序。道南,字會甫,崇仁人。萬曆己丑進士,官大學士。贈少師,諡文恪,有《曙穀集》。"

每册俱鈐天禄繼鑑諸璽,前後副葉所鈐爲"中三璽",無其他私家藏印。蟲蛀破損嚴重,後經大修,2014年歲尾得見原書。

《故宫善本書目》記其作"明萬曆三十五年二十七世孫(陸)基忠刻本"。《"國立故宫博物院"善本舊籍總目》,上册,第264頁;下册,第1020頁。

759 昌黎先生集五十一卷

明嘉靖東吴徐氏東雅堂刻本。四函三十二册。傅增湘曾藏。

《天目後編》提要云:"篇目見前宋版《朱文公校昌黎先生集》。前有李漢序,《敘説》七條,《重校凡例》十條,《朱子編昌黎先生集傳》四篇。通部卷末俱刻'東吴徐氏刻梓家塾',或長方,或橢圓,或亞字形印。每葉版心俱刻'東雅堂',明徐時泰家刻也。是書乃宋廖瑩中世綵堂原本,時泰仿刊時以瑩中爲賈似道黨人,不足重,削去每葉'世綵堂'字,改題'東雅堂',世遂稱爲《東雅堂韓文》,以爲書林甲觀。凡重雕者,以脱胎宋本爲重,此獨深没其文,可知視乎其人耳。時泰,長洲人。萬曆甲戌進士,官工部郎中。"

此本倣宋末廖瑩中世綵堂本《韓集》摹印,與原本毫釐不爽,只是削去其名氏、開版年月及"世綵堂"等字樣,版心下改刻"東雅堂"三字。全書歐體字秀挺有致,所刊精妙動人,不減宋本。東雅堂本不但翻刻精良,並改正了廖氏世綵堂本的明顯錯字,爲明清通行之本。東雅堂主人,《天禄後目》提要云,乃"明徐時泰家刻也","時泰,長洲人,萬曆甲戌進士,官工部郎中",稱時泰"以瑩中爲賈似道黨人,不足重,削去每葉'世綵堂'字,改題'東雅堂',世遂稱爲《東雅堂韓文》,以爲書林甲觀。凡重雕者,以脱胎宋本爲重,此獨深没其文,可知視乎其人耳。"

以此本刊刻屬之"萬曆甲戌進士徐時泰"①,始自清初吳縣人陳景雲,其據東雅堂本《昌黎先生集》爲底本考訂而成的《韓集點勘》,書末有雍正五年陳氏跋語,稱此本爲萬曆進士、吳中人徐時泰所刊,陳氏年代距明萬曆不遠,又與徐時泰爲同鄉,後人多信此言,人云亦云,自《四庫全書總目》、《天禄琳琅書目》直至清末民初《善本書室藏書志》、《邵亭知見傳本書目》、《書林清話》乃至《明代版刻圖録初編》及當代各家書目皆從其說,著録爲"明萬曆東吳徐時泰東雅堂刻本"。然而有學者考證,徐時泰查無其人,版心所鐫刻工都是正德、嘉靖間蘇州章家、李家、吳趨坊陸家和無錫何家的著名雕版匠人,是明代中葉翻宋、倣宋刻書工匠中之佼佼者,雖然東雅堂徐氏姓名、生平、籍貫尚無從查考,但可確定此本應爲"明嘉靖中徐氏東雅堂刻本"。②

章學誠"東雅堂校刻韓文書後"對明徐氏東雅堂刻本有詳盡評論,見《校讎通義》外編。大抵謂此本"約既不精,博又不盡,所求非其所用,所志非其所爲,世傳以爲佳本,相與矜之,誠不知其何所取也"。又稱"此書於《韓集》雖未爲至,而剞劂精良,款識古雅,置之案頭,摩挲寶玩,蓋亦不可少之物也"。

民國五年(1916)年傅增湘曾藏此書,記爲"昌黎先生集四十卷外集十卷朱子校昌黎先生集傳一卷":

> 明東吳徐氏東雅堂刊本,九行十七字,注雙行,黑口,四周雙欄,版心上記大小字數,下記刊工人名,下方有"東雅堂"三字。每卷後有"東吳徐氏刻梓家塾"木記,篆隸正書不一。前李漢序,次敘說,次凡例,次目録。每册前後鈐有"乾隆御覽之寶"、"天禄繼鑑"、"天禄琳琅"各印。(余藏,丙辰)③

---

① 劉按,以電子版《文淵閣四庫全書》檢索,《浙江通志》載萬曆四十年(1612)壬子科進士有錢塘人徐時泰,與《天禄琳琅書目後編》所稱徐時泰爲甲戌(二年,1574)科進士不同。

② 參見李慶濤著:《東雅堂徐氏刻〈昌黎先生集〉辨》,《青海社會科學》1981年第4期,第112—114頁;《東雅堂本韓集再議》,《圖書館論壇》2000年第2期,第89—91頁。

③ 《藏園群書經眼録》,卷十二,第884頁。

759(2)昌黎先生集五十一卷(又一部)

明萬曆東吳徐氏東雅堂刻本。四函十六冊,現藏臺北"故宮博物院"(書號故善009647—009662)。

匡高20.7釐米,廣13.5釐米。每半葉九行,行十七字,小字雙行同。四周雙邊,線黑口,雙魚尾,版心上刊大小字數,中刊昌黎卷次及葉數,下刊"東雅堂"及刻工名。卷一版心下鐫"李潮刊",另有刻工名徐仁(仁)、陸奎(六奎、奎)、先、章景華、陸信(信)、張敖(敖)、何宅(何、宅)、六先、李澤(澤)、李綬、李清(清)、李鳳、李受(受)、高成(成)、陸宣、李朴(朴)、華、青、陸淮(淮)、美、智。章悅。卷首有《昌黎先生集序》/門人李漢編,又《昌黎集敘說》七條、《重校昌黎集凡例》十條、《李漢序》、《敘說》七條、《重校凡例》十條、正文目錄、遺文目錄、朱子編昌黎先生集傳四篇目錄、外集目錄後及每卷末皆有"東吳徐氏刻梓家塾"雙行刊記,或長方,或橢圓,或亞字形印,篆、隸、正書不一。首卷卷端題"昌黎先生集卷第一"。書中有朱筆圈點、批注。白棉紙,新裝織錦四合函套,淺色絹質書衣,黃綾書籤,題"昌黎先生集"。

全書分《昌黎先生集》四十卷《外集》十卷《遺文》一卷《集傳》一卷。《天目後編》提要云:"同上,係一版摹印。"

每冊俱鈐天祿繼鑑諸璽,前後副葉所鈐爲"中三璽",無其他私家藏印。有些前後副葉尚可見改裝前之深棕色紙質書衣殘蹟。

《故宮善本書目》記其作"明萬曆間東吳徐時泰東雅堂復宋廖氏世綵堂本"。《"國立故宮博物院"善本舊籍總目》,下冊,第1023頁,著錄爲"明萬曆東吳徐氏東雅堂重刻本"。

759(3)昌黎先生集五十一卷(又二部)

明萬曆東吳徐氏東雅堂刻本。存卷三十八至三十九,計兩卷,一冊,現藏中國國家圖書館(新編書號1263)。

行款、版式同上。

《天目後編》提要云:"同上,係一版摹印。"

每冊俱鈐天祿繼鑑諸璽,前後副葉所鈐爲"中三璽",無其它私家藏印。

1959年自故宮調撥。檔案記其爲"明萬曆東吳徐時泰東雅堂復宋廖氏世綵堂本",書葉霉爛不堪。2013年編目。

759（4）昌黎先生集五十一卷（又三部）

明萬曆東吳徐氏東雅堂刻本。二函十六冊，現藏臺北"故宮博物院"（書號故善 009161－009176）。

行款、版本同上。白棉紙，有染舊痕蹟。新裝織錦四合函套，綠色絹質書衣，黃綾書籤，書"明板昌黎先生集"。

《天目後編》提要云："同上，係一版摹印。"原書各處之"東吳徐氏刻梓家塾"牌記皆被裁去補紙。

每冊俱鈐天祿繼鑑諸璽，前後副葉所鈐爲"中三璽"。所鈐"古吳画史"、"墨林項氏"、"履吉之印"印色一致，三方皆偽，書估偽鈐明代書畫名家王寵（1494—1533）、鑑藏大家項元汴（1525—1590）之印，剜去牌記，以充前代版本，抬高書價。王寵爲活動於弘治至嘉靖年間，但本書爲萬曆年間（1573—1620）刊本，不應出現於後代版本上。《天目後編》云："王寵藏本。寵，字履吉，以書畫接踵文徵明有聲，故有'古吳畫史'之章。後歸檇李項氏。"誤矣。

《故宮善本書目》記其作"明東雅堂刻本"。《"國立故宮博物院"善本舊籍總目》，下冊，1023 頁，著錄爲"明萬曆東吳徐氏東雅堂重刻本"。2008 年臺北"故宮博物院"之"天祿琳琅——乾隆御覽之寶"展覽上展出。

760 韓文考異五十一卷

明萬曆三十三年（1605）新安朱崇沐天德堂刻本。三十六冊六函，現藏臺北"故宮博物院"（書號故善 008965－009000）。

匡高 22.1 釐米，廣 14.9 釐米。每半葉九行，行十八字，小字雙行同，白口，四周雙邊，單線魚尾。版心上刊"韓文考異"或"韓文考異外集"，中刊卷次及葉次。卷前有《韓文考異序》，下題"宗後學高安朱吾弼題"，署"萬曆三十三年乙巳歲仲冬月吉旦"；又《韓文考異序》，署"慶元丁巳新安朱熹序"；又《朱文公校昌黎先生集序》，署"門人李漢編"；又《昌黎先生集諸家姓氏》；又《重鋟韓文考異閱訂姓氏》；又《凡例》十二則及識。首卷卷端題"朱文公校昌黎先生文集卷之一"，隔行下題"宗後學監察御史高安朱吾弼重編　禮部儀制司郎中婺源汪過楠　松江府通判新淦朱家懋　婺源縣知縣長水譚昌吉　教諭武昌任家相　訓導姑孰徐有德　中書舍人古歙吳養春仝校　選貢縣丞長汀馬孟復重閱　文公裔孫庠生朱崇沐訂梓"九行。棉紙，黃色地朵花宋式錦四合函套及書衣，黃綾書籤及套籤，題《韓文考異》。

《天目後編》云："是本乃明萬曆三十三年高安朱吾弼重校，亦載李漢序、《凡例》、《集傳》，而無《敘說》，其裔孫宗沐梓，每葉版心標'韓文考異'，與舊諸刻不同。"此本有《集》四十卷、《外集》十卷、《遺文》一卷。朱吾弼序中有"朱生崇沐盡刻紫陽遺集，可謂有功斯文，至是以《韓文考異》問序於余"之語。《中國古籍善本書目》著錄爲明萬曆朱崇沐刻本。

每冊俱鈐天祿繼鑑諸璽，前後副葉所鈐爲"中三璽"，無私家藏印。

《故宮善本書目》記其作"明萬曆三十三年朱崇沐刻本"。《"國立故宮博物院"善本舊籍總目》，下冊，第1023頁。

760(2) 杜樊川集十七卷

明刻本。一函八冊。

《天目後編》云："唐杜牧撰。牧，字牧之，京兆萬年人。太和二年進士，官中書舍人，《唐書》附傳。書十七卷。計文百九十八篇，有裴延翰序。延翰，牧之甥，即爲編集者。是本明朱一是、吳璵評次，一是自序。一是，字近修，海寧人。崇禎壬午舉人，有《爲可堂集》。"

不詳何時亡佚，不知是否尚存世間。

761 唐皮日休文藪十卷

明正德十五年(1520)袁表、袁褧刻本。原一函四冊，存卷一至五、卷九至十，三冊，另一冊，卷六至八，爲民國間補抄，現藏固圍齋。

匡高18.1釐米，廣11.2釐米。每半葉十一行，行二十字，小字雙行同，白口，左右雙邊，單魚尾。版心中刊"文藪卷幾"及葉次。卷前有《唐皮日休文藪序》，隔行低三格署"如京使金紫光祿大夫檢校司空兼御史大夫上柱國河東縣開過伯食邑九伯戶柳開撰"兩行。又有唐皮日休撰《文藪序》及目錄。卷後有《題皮子文藪後》，署皇明正德庚辰夏六月望吳下袁表邦正識"，及袁褧跋一篇，署"正德庚辰仲夏既望吳郡袁褧題"。末刻小字"吳趨陸潮刊字"一行。首卷卷端題"唐皮日休文藪卷第一"。卷十有少量朱筆圈點。

《天目後編》云："書十卷。計文九十首、詩五十一首。前有日休自序，又柳開序。後有正德庚辰袁表、袁褧兩識，蓋其兄弟所鐫。末刻'吳趨陸潮刊字'。"

補鈔之一冊，末有《錄劉之泗皮子藪跋》，過錄民國癸亥(十二年，

1923)夏貴池劉之泗校跋;又《附錄貴池劉之泗校勘記》一葉。劉之泗,字公魯,號畏齋,一號寅白。劉世珩子,繼承其父藏書,書畫俱佳。補鈔一冊僅書前副葉有天祿三璽,兼之所附内容,應是民國間補鈔(圖18-5)。

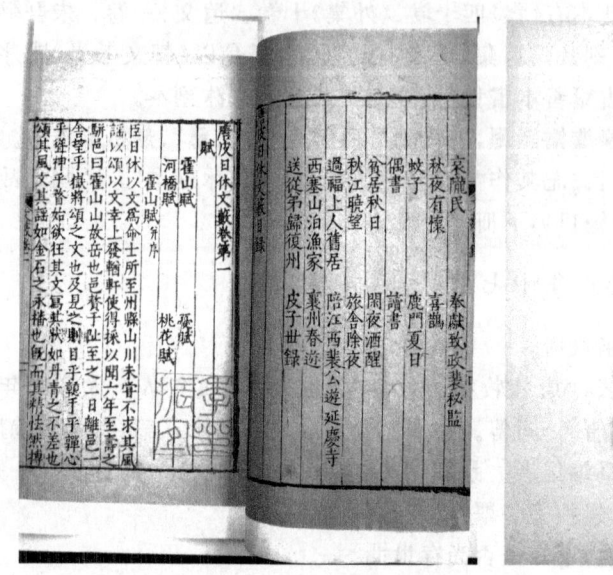
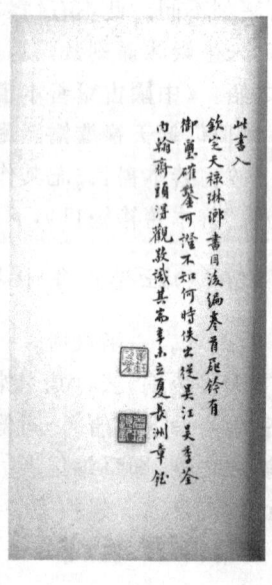

圖 18-5

每冊俱鈐天祿繼鑑諸璽,前後副葉所鈐爲"中三璽"。另鈐"錫山姚氏水西樓藏書"、"姚氏舞欲圖書"朱文方印及"滄葦"、"季印振宜"朱文方印、"江左"朱文長方印、"春艸堂印"白文方印,另有"謙牧堂藏書記"、"謙牧堂書畫記"二印。以上私家藏印,皆爲《天目後編》失載。曾經季振宜、揆敘遞藏。書前副葉有章鈺手跋:"此書入《欽定天祿琳瑯書目後編》,卷首尾鈐有御璽,確鑿可證,不知何時佚出。從吳江吳季荃内翰齋頭得觀,敬識其崖。辛未立夏長洲章鈺。"並鈐"章鈺假觀"朱文方印及"茗理題記"白文方印。章鈺(1864—1937),字式之,號茗簃,一字堅孟,號汝玉,別號蟄存、負翁,長洲人,藏書室名四當齋。

書中尚有一葉夾籤,書:"寄荃先生大鑒:接展惠書,愿將天祿琳瑯所藏宋元明板之書六十四種出讓,至感雅意。擬請開列書單,批示實價,先行寄下,容緩日蒞府,接洽一切何如。專此。奉復袛煩道祺。弟田洪都啓。一月十六日。"

拙著《天祿琳瑯研究》中曾提及民國時期觀書實錄,趙萬里先生之外,又記云:"三十年代,曾任職民國蒙藏院的吳燕紹先生(1869—1944),參與纂修《清史稿》,並在清華學堂、北京大學史學系擔任文史課程。他曾經年抄錄故宫博物院文獻館檔案資料,在不到三年時間内收集了數百萬字,除編有《清代邊事長編》三百卷外,還有《天禄琳琅所見録》二卷。"①另據《馬衡日記》中記載,吴燕紹之子吴豐培家有《天禄琳琅》藏書殘本數十種,1949年6月底曾抄成一目,馬衡將其轉交張允亮核查後,議價購歸故宫。② 吴燕紹所撰《天禄琳琅所見録》二卷,今不知其下落。而田洪都所書短函内容,③正與馬衡所述相合,蓋吴豐培家藏"《天禄琳琅》藏書殘本數十種"後來議價售於故宫,最終調撥北京圖書館,此明版《唐皮日休文藪》爲吴家自留的一部,吴氏後人亦不明其來龍去脈。只是吴燕紹如何能將宫廷珍藏轉爲自己私有,必定還有故事,寄望日後能有新的綫索。

761(2)河東先生集四十五卷

明嘉靖間郭雲鵬濟美堂刻本。四函三十二册,現藏中國國家博物館(書號善761)。

匡高20.1釐米,廣13.5釐米。每半葉九行,行十七字,小字雙行同,細黑口,四周雙邊,雙魚尾。版心中刊"河東卷幾"及葉次,下刊"濟美堂"三字,另有刻工章甫言(甫言、言)、吴、劉、宗、啟等。卷前有《河東先生集序》,隔行下題"夔州刺史劉禹錫纂"。首卷卷端題"河東先生集卷第一"。竹紙,簾紋一指寬。書經重裝,仍存白紙書籤,題"明版河東先生集"及册數。

《天目後編》云:"書四十五卷。凡詩文四十三卷,《非國語》二卷,又《外集》二卷,《龍城録》二卷,《附録》二卷,《集傳》二卷,《後序》一卷。每葉版心刻'濟美堂',與《增廣注釋音辨唐柳先生集》另本。"此本凡詩文集四十五卷、《外集》二卷、《龍城録》二卷、《附録》二卷、《集傳》一卷。序及各卷末"東吴郭雲鵬校壽梓"雙行刊記均被挖去(圖18—6)。《河東先生集傳》尾題前有"海虞徐若南校刊"一行。

---

① 《天禄琳琅研究》,第一章第四節,第70頁。這段出處引自日人橋川時雄著《中國文化界人物總鑑》,昭和十五年(1940)中華法令編印館出版,"吴燕紹"條,第145頁下。

② 馬衡著:《馬衡日記:一九四九年前後的故宫》,紫禁城出版社2006年版,第68—69頁。

③ 田洪都,民國時曾任燕京大學教員、圖書館主任。

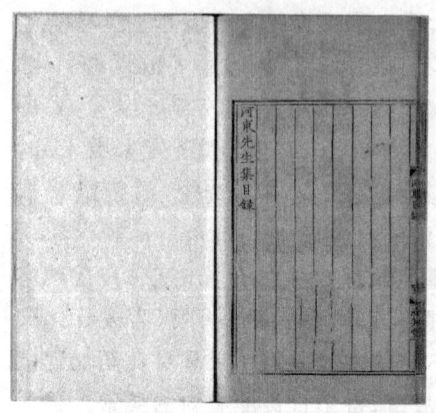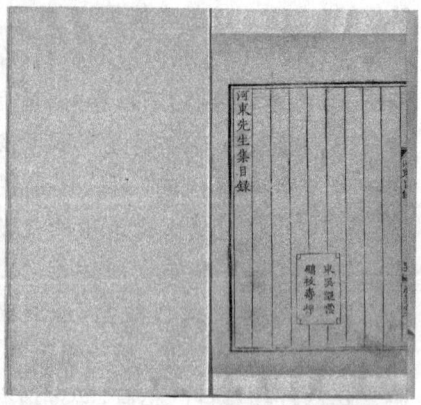

圖 18-6　左爲天祿本，卷末"東吳郭雲鵬校壽梓"雙行刊記已被挖去，右爲別本

此版《河東先生集》與同時期東吳徐氏東雅堂所刊《昌黎先生集》，同爲明代嘉靖時期覆宋廖氏世綵堂本，與東雅堂本《韓集》版式、行款全同，刻印並皆精妙，不減宋本，世人多以之互配，視爲書林甲觀。東雅堂本版心所鐫刻工大都活躍於明代正德、嘉靖年間，其刊刻應在嘉靖前期，而此濟美堂本《柳集》上的刻工，略晚於《韓集》，如章甫言是蘇州章氏刻工的後生輩，其雕技已遠不及刊刻《昌黎先生集》的章景華、章悅等前輩，因此莫友芝云："濟美堂《柳河東集》，明嘉靖中吳郡郭雲鵬刊，世以配東雅堂《韓文》，然不及遠甚。"①

每冊俱鈐天祿繼鑑諸璽，書經改裝，未見副葉三璽，自書頁上殘存油蹟可辨認，前後副葉所鈐爲"中三璽"。卷首另有一方"項子京家珍藏"朱文方印，《天目提要》以爲檇李項氏藏本。然印色晦黯，印文不佳，疑爲僞印。此外目錄下另有一"熙彥收藏善本"朱文印，爲出宮後藏家所鈐。熙彥，字雋甫，滿洲正白旗人，清光緒十八年（1892）壬辰科進士，歷官吏部、民政部員外郎、內閣學士、農工商部左參議等。宣統三年（1911）袁世凱組閣，出任農工商部副大臣。民國三年（1914），出任蒙藏院副總裁、總裁。

其改裝痕蹟與吉林市圖書館所藏《史記》如出一轍，有意撤去副葉三璽，消弭清宮裝幀特徵，其出宮時間或在清末民初。書上副葉鉛筆書"中國書店 40.00元 73.190"。

---

①　（清）莫友芝撰：《邵亭知見傳本書目》卷十二，"濟美堂柳河東先生文集"條下。《書目類編》74—75，（臺北）成文出版社1978年版。

762 元白長慶集（元氏長慶集六十卷白氏文集七十一卷）

《元氏長慶集》，明嘉靖三十一年(1552)董氏萎門別墅刻本；《白氏長慶集》，明嘉靖十七年(1538)伍忠光龍池草堂刻錢應龍重修本。其中《元氏長慶集》全、《白氏長慶集》卷一至二十二、二十五至七十一，存六十九卷，計五十四冊六函，現藏臺北"故宮博物院"（《元集》二函十六冊，書號故善009725－009740，《白集》三十八冊四函，書號故善009687－009724）；《白氏文集》卷二十三至二十四，計二卷，二冊（原書之第十三、十四冊），現藏中國國家圖書館（書號18596）。合兩岸所藏，即爲全璧。

《元氏長慶集》二函十六冊，匡高20.6釐米，廣15.6釐米。每半葉十三行，行二十三字，小字雙行同，左右雙邊，白口，單魚尾，版心中刊"元集幾"及葉次。卷首有《元氏長慶集序》，題"建安劉麟應禮"，署"宣和甲辰仲夏晦日序"。卷末有跋，署"乾道四年歲在戊子二月二十四日觀文殿學士左通奉大夫知紹興府兩浙東路安撫使鄱陽郡公洪适景伯書"。卷末有《集外文章》。首卷卷端題"元氏長慶集卷第一"。白棉紙，棕色地織金織錦四合函套（民國時期故宮所修），石青絹質書衣（同、光時期所修），黃綾書籤，書"明版元白長慶集"及冊數。

《白氏長慶集》四十冊四函，匡高19.0釐米，廣15.2釐米。每半葉十二行，行二十字，小字雙行同，白口，左右雙邊，單線魚尾，版心中刊"白集幾"及葉次，下刊刻工，有起明、秀、宿、啟明、元、啟、仲、周、王、宗、受、恩、中、仁、江。卷首有《白氏長慶集序》，題"浙東觀察使元稹字微之述"，署"長慶四年冬十二月十日微之序"。卷末有《白氏文集後序》，署"會昌五季夏五月一日樂天重記"，爲白居易自跋。跋後有"封奉政大夫吏部考功郎中姑蘇錢應龍鋟梓"小字一行。首卷卷端題"白氏文集卷第一"。白棉紙，棕色地織金織錦四合函套（民國時期故宮所修），石青絹質書衣（同、光時期所修），黃綾書籤，書"明版元白長慶集"及冊數。

《天目後編》提要云："唐元微之、白居易撰。《元氏長慶集》六十卷，前有宣和甲辰劉麟序，後有乾道甲子洪适跋。《白氏長慶集》七十一卷，前有長慶四年元微之序，後有會昌五年居易自序。末刻'封奉政大夫、吏部考功郎中姑蘇錢應龍鋟梓'。"兩書看似同版，《故宮善本書目》、《"國立故宮博物院"善本舊籍總目》都認定爲明姑蘇錢應龍《元》、《白》合刻本，細審實則並非同版。

《白氏長慶集》，參考韋力《芷蘭齋書跋初集》中黃永年跋本著錄，與

《中國古籍善本書目》著錄，與之同版，可具體爲明嘉靖十七年伍忠光龍池草堂刻錢應龍重修本；《元氏長慶集》六十卷《集外文章》一卷，此本與《四部叢刊》同版。無序、目錄，卷末洪适跋後"嘉靖壬子仲春十日東吳董氏宋本翻雕於茭門別墅"一行被裁去，修補甚精，幾不可辨，則版本可具體爲明嘉靖三十一年董氏茭門別墅刻本。

每冊俱鈐天祿繼鑑諸璽，前後副葉所鈐爲"中三璽"。揆敘舊藏，有謙牧堂二印。《元氏長慶集》序下有"硯山堂"朱長印，爲《天目後編》失載。按書籤順序，《白集》在前，爲第一至四十冊；《元集》在後，爲第四十一至五十六冊。有清室善後委員會點驗掛籤。

《故宮善本書目》記其作"明姑蘇錢應龍刻本"。原作六函五十六冊，闕《白集》卷二十三、二十四，存五十四冊。《"國立故宮博物院"善本舊籍總目》，下冊，《元氏》在第 1027 頁，《白氏》在第 1024 頁，著錄爲"明姑蘇錢應龍《元》、《白》合刻本"。《北京圖書館古籍善本書目》，第 2056 頁，著錄爲"明嘉靖十七年伍忠光龍池草堂刻錢應龍重修本"。

762(2) 文潞公文集四十卷

明嘉靖五年(1526)王溱刻本。十八冊，現藏中國國家圖書館（新編 1264）。

每半葉十行，行二十字，白口，四周單邊。卷前有葉夢得《序略》，後有呂柟跋。

明嘉靖時平陽太守王子濟所刊。《天目後編》云："序稱公集散亡無餘，少子維申追輯，得二百八十六篇，爲《略集》二十卷。陳振孫《書錄解題》：四十卷外尚有《補遺》一卷。跋稱沁水李司徒叔淵家有鈔本，巡按山西初公命柟校正十之七八，平陽守王子濟刊木以行。"

每冊俱鈐天祿繼鑑諸璽，前後副葉所鈐爲"中三璽"，無其他私家藏印。

1959 年自故宮調撥，調撥清冊上記爲"明嘉靖平陽王氏刻本"。2013 年編目。

763 宋林和靖先生詩集七卷

明萬曆四十一年(1613)何養純、諸時寶等刻本。原作一函二冊，存卷一、補遺一卷、省心錄一卷、附錄一卷，缺卷二至四，一函二冊，現藏臺北"故宮博物院"（書號故善 010203－010204）。

匡高21.5釐米，廣13.6釐米。無界欄行格，每半葉八行，行二十字。四周單邊，白口，版心中刊"林和靖詩集卷幾"，下刊葉次及字數。卷首有《林和靖先生詩集敘》，署"皇祐五年六月十三日大常博士梅堯臣撰"。又《林和靖先生集序》，署"雲間喬時敏題"。又《林君復處士集序》，署"萬曆癸丑中秋張蔚然序"。序後有"宋林和靖先生像"，圖像後有宋安撫臨安府尹袁韶等人題贊。《省心錄》前有《省心錄敘》，署"嘉靖癸巳秋七月吉海寧許相卿敘"。首卷卷端題"宋林和靖先生詩集卷之一"，隔行下題"明後學何養純文叔諸時寶廷取諸時登廷采校"。《省心錄》首卷卷端題"宋林和靖先生省心錄"，隔行下題"明後學何養純文叔諸時寶廷取諸時登廷采校"。附錄後有《林和靖先生集後附言》，署"萬曆四十一年七月十二日錢塘何養純謹識"。竹紙，藍絹四合函套及書衣，無書籤。

書分詩集七卷，又《補遺》一卷，詩八首。又《省心錄》一卷。《天目後編》云："明萬曆四十一年錢塘何養純刻，有喬時敏、張蔚然二序。今行世，乃近人吳調元所刻。此猶舊本。"卷前有仁和知縣喬時敏《序》云："暇日取其集讀之……命諸生時寶校刻之。"張蔚然《序》云："會喬君求邑侯振揚風雅，標幽勵節，亟布以傳。"卷末何養純《識語》則云："余向有家藏宋志及宋刻野史……遂併省心錄，與諸廷取伯仲校而刻之。"兼之首卷卷端列何養純、諸時寶、諸時登校，《中國古籍善本書目》上著錄爲"明萬曆四十一年何養純、諸時寶等刻本"，版本據此訂正。

每册俱鈐天祿繼鑑諸璽，前後副葉所鈐爲"中三璽"，另有"冰玉山房"白方一印。有清室善後委員會點驗掛籤。

《故宮善本書目》記其作"明萬曆四十一年錢塘何養純刻本"。《"國立故宮博物院"善本舊籍總目》，下冊，第1042頁，著錄爲"明萬曆四十一年(1613)錢塘何氏刻本"。

763(2) 武溪集二十卷

明成化九年(1473)蘇韡等韶州郡齋刻嘉靖四十五年劉穩(1566)重刻本。卷一至十一，一函二冊，現藏臺北"故宮博物院"(書號故善009229－009230)；卷十二至二十，二冊，現藏中國國家圖書館(書號18630)。合兩岸所藏，即爲完璧。

匡高19.2釐米，廣13釐米。每半葉十行，行二十一字，大黑口，四周雙邊，雙魚尾，版心中刊書名卷次及葉次，下記字數。卷首有《武溪集序》/成化九年龍集癸巳仲春初吉翰林院侍講學士瓊臺丘濬、《余少師襄公武溪集序》/朝奉郎尚書屯田郎中騎都尉賜緋魚袋周源撰。首卷卷端題"武溪集卷第一",另行下題"工部尚書充集賢院學士贈尚書左僕射累贈少師諡襄公余靖"二行。文中有朱筆圈點,朱筆批校。白棉紙,織錦夾金線四合函套,湖藍色書衣,無書籤。

《天目後編》云:"至明丘濬手鈔此集,韶州知府韓韓、同知方新、通判涂暐留刻郡齋。"按之丘濬序,韶郡太守蘇韡,非韓韡也。

臺北故宫藏兩部明版《武溪集》皆爲明成化九年(1473)韶州郡齋本,而此本中國國圖部分著錄爲明劉穩刻本。臺北故宫兩部卷首皆無劉穩重刊序,版刻字體也不似臺北"國圖"(原"中央圖書館")所藏劉穩刊本的書影。劉按,上海圖書館藏一部《武溪集》,《中國古籍善本書目》原著爲明嘉靖四十五年(1566)劉穩刻本,上圖網上著錄爲成化九年蘇韡等韶州郡齋本,結一廬舊藏。① 匡高18.4釐米,廣12.8釐米,行款版式同天祿本,除版匡略低於天祿本外,字體亦略有不同。其本卷二十後尚有七葉,版心分別爲卷二十一乙至四、卷二十二五至七,無卷端,卷尾題"武溪集卷之第二十一",字體風格與正文明顯不同。書中夾有大量重刊葉,比勘可知,重刊葉版匡略高於成化原版葉,原版葉字體略扁肥,有寫版味道;重刊葉則宋體意味更濃,近似萬曆、崇禎時期出現的匠體字。上圖本儘存周源序。與上圖本相核,天祿本版本應爲明成化九年韶州郡齋刻嘉靖四十五年劉穩重刊本。

每冊俱鈐天祿繼鑑諸璽,前後副葉所鈐爲"中三璽"。季振宜舊藏,每卷首有"季振宜印"、每冊末有"季滄葦圖書記"二朱文印。

《故宫善本書目》記其作"明成化九年韶州郡齋刻本,原作一函四冊,闕卷十二至二十,凡九卷,存二冊。"《"國立故宫博物院"善本舊籍總目》,下冊,第1044頁,著錄爲"明成化九年韶州郡齋刊本"。《北京圖書館古籍善本書目》第2100頁。

764 武溪集二十卷(又一部)

明成化九年(1473)蘇韡等韶州郡齋刻本。原作二函十六冊,存卷二至三,計兩卷,一冊,現藏中國國家圖書館(新編書號1266);卷一、卷五至二十,十四冊二函,現藏臺北"故宫博物院"(書號故善009741—009754)。

---

① 上海圖書館藏,書號綫善830691—94,四冊。

匡高19.4釐米,廣12.8釐米。每半葉十行,行二十字。粗黑口,四周雙邊,雙魚尾。版心中刊書名卷次及葉次,下偶見字數。卷前有《余少師襄公武溪集序》/朝奉郎尚書屯田郎中騎都尉賜緋魚袋周源撰。首卷卷端題"武溪集卷第一",隔行下題"工部尚書充集賢院學士贈尚書左僕射累贈少師謚襄公余靖"二行。染舊棉紙,新修織錦函套,淺黃色紙質書衣,白紙書籤,書"明版武溪集"及冊數。

卷十一末似有短頁,但所缺頁數不明;卷十四末至第十三頁止,後有缺頁;卷十五首闕五頁。卷二十後附錄歐陽修撰《神道碑銘》、韓璜《書余襄公集後》,版心及卷末皆題爲"卷二十一",共七葉,版心爲卷二十一一至七,無卷端,卷尾題"武溪集卷之第二十一",字體風格與正文相同。非嘉靖間劉穩重刊。《天目後編》稱:"同上,係一版摹印,丘濬序佚。"

每冊俱鈐天祿繼鑑諸璽,前後副葉所鈐爲"中三璽",無其他私家藏印。

《故宮善本書目》記其作"明韶州刻本"。《"國立故宮博物院"善本舊籍總目》,下冊,第1044頁。國圖所藏一冊,1959年自北京故宮調撥,書頁有濕漬,2013年編目。

764(2)歐陽文忠公集一百五十三卷

明正德七年(1512)劉喬吉安刻嘉靖十六年(1537)季本、詹治重修本。存卷十五至二十一,計六卷,一冊,現藏中國國家圖書館(書號18631)。

每半葉十行,行二十字,小字雙行同,粗黑口,四周雙邊,雙魚尾。版心中刊"歐文卷幾"及頁數,下有刻工"祥"、"昌"、"普"、"宋"、"華"、"明"、"敬"等。清宮舊裝。

《天目後編》云:"是集明天順壬午吉安知府海虞程宗得于胡廣家刻之,侍讀學士雲間錢溥、副使郡人彭勖序。弘治壬子知府姑蘇顧福、同知馬平歐陽允直再刻,庶子宣豀王臣序。正德壬申知府慈豀劉喬三刻,喬自序。此本爲嘉靖丁酉攝郡彭山季本四刻,訓導新安詹治跋,諸序皆載書中。"《中國古籍善本書目》著錄此版爲"明正德七年劉喬刻嘉靖十六年季本、詹治重修本",照依此著錄。

每冊俱鈐天祿繼鑑諸璽,前後副葉所鈐爲"中三璽"。卷十八前有"季振宜藏書",知此即《天目後編》卷十八所記第一部明版《歐陽文忠公集》,原書五函二十冊。爲泰興季氏舊藏。

765 歐陽文忠公集一百五十三卷

明正德七年(1512)劉喬吉安刻嘉靖十六年(1537)季本、詹治重修本。原作五函五十册，其中卷一至十二、十七至一百五十三，計一百四十九卷，四十九册五函，現藏臺北"故宮博物院"(書號故善005159－005207)；明刻本，所闕卷十三至十六，計四卷，一册，現藏中國國家圖書館(書號18592)。合兩岸所藏，即爲全璧。

匡高20.4釐米，廣13.4釐米。每半葉十行，行二十字，小字雙行同，粗黑口，四周雙邊，雙魚尾。版心中刊"歐文卷幾"及葉次。卷前有《總目》，又元祐六年蘇軾《居士集序》，又胡柯《廬陵歐陽文忠公年譜》，又《居士集傳》。卷末有尾題，尾題後二行分題編校者。正文後有附錄五卷。首卷卷端題"居士集卷第一"，下題"歐陽文忠公集一"。白棉紙，紫色地織金織錦四合函套，湖綠絹質書衣，黃綾書籤，書"歐陽文忠公文集"及卷數。

書分《居士集》五十卷、《外集》二十五卷、《易童子問》三卷、《外制集》三卷、《內制集》八卷、《表奏書啟四六集》七卷、《奏議集》十八卷、《雜著述》十九卷、《集古錄跋尾》十卷、《書簡》十卷，計一百五十三卷，另有《附錄》五卷。《天目後編》云："同上，係一版摹印，傳刻諸序佚。"別本卷末有明正德壬申二月劉喬跋，此本佚。國圖殘冊著錄爲"明刻本"。

每册俱鈐天祿繼鑑諸璽，前後副葉所鈐爲"中三璽"，無私家印章。有清室善後委員會點驗掛籤。

《故宮善本書目》記其作"明嘉靖十六年季本吉安刻本"。《"國立故宮博物院"善本舊籍總目》，下册，第1052頁，著錄爲明嘉靖丁酉(十六年，1537)吉安刊黑口本。

765(2) 節孝先生文集三十卷

明嘉靖四十四年(1565)劉祐刻本。四册一函，現藏臺北"故宮博物院"(書號故善009242－009245)。

匡高20.2釐米，廣14釐米。每半葉十行，行二十字。四周單邊，白口，單魚尾，版心中刊册次及葉次。卷前有前淳祐庚戌王夬亨序，卷後有《重修節孝祠記》，署"嘉靖己丑冬十二月朔嘉議大夫都察院右副都御史蘭谿漁石唐龍撰"。首卷卷端題"節孝先生文集卷第一"。白棉紙，淺綠色朵花宋式錦四合函套，湖藍色絹質書衣，已經修補改裝，黃綾書籤，書"明板節孝先生文集"。書頁蟲蛀嚴重，損字甚多。

《天目後編》云："篇目同前元版集部，佚《事實》一卷，後有嘉靖己丑唐龍《重修節孝祠記》。"嘉靖己丑爲八年(1529)。別本卷前有徐氏畫像及《節孝先生像讚》，後有嘉靖乙丑（四十四年，1565）劉祐《重刻節孝先生文集序》，署"賜進士第中憲大夫奉勑整飭淮陽兵備浙江按察司副使前兵科左給事中東萊後學劉祐拜書"，卷後尚有《重修徐節孝先生祠記》，署"嘉靖乙丑冬三月朔整飭淮陽海防兵備浙江按察司副使前知淮安府事東萊後學劉祐頓首拜譔"，①此書皆佚。

每冊俱鈐天祿繼鑑諸璽，前後副葉所鈐爲"中三璽"，每冊首頁標題下另有"子"、"虛"朱白文連珠印一方，爲《天目後編》失載。有清室善後委員會點驗掛籤。

《故宫善本書目》記其作"明嘉靖間刻本"。《"國立故宫博物院"善本舊籍總目》，下冊，第1052頁，著錄爲"明嘉靖四十四年(1565)淮安知府劉祐修補舊刊本"。

765(3) 張文潛文集十三卷

明嘉靖三年(1524)江都郝梁刻本。一函二冊，現藏臺北"故宫博物院"（書號故善013812－013813）。

匡高19釐米，廣13釐米。每半葉十行，行十八字。左右雙邊，白口，版心中刊"文集幾"及葉次。卷首有《張文潛文集序》，署"嘉靖甲申長至日江都馬馴序"。卷末有龍渠山人郝梁刻書識。首卷卷端題"張文潛文集卷第一"，隔行下題"起居舍人張耒文潛"。白棉紙，藍色絹質書衣及函套，黄綾書籤，書"明板張文潛文集"。書中有朱筆圈點批校。

《天目後編》云："此本江都郝梁所刻，有嘉靖甲申馬馴序，後有梁自識。"郝梁跋有"予刻文潛集，愛其文也"之語，末署"龍渠山人郝梁識"。目錄下有朱筆一行，書"點者在史集所有圈者無□"。

每冊俱鈐天祿繼鑑諸璽，前後副葉所鈐爲"中三璽"。季振宜舊藏，有"季振宜藏書"朱方印。

《故宫善本書目》記其作"明嘉靖三年江都郝梁刻本"。《"國立故宫博物院"善本舊籍總目》，下冊，第1059頁。

---

① ""國家圖書館"善本書志初稿"，集部第1冊，第230—231頁，書號10099。

766 元豐類稾五十卷

明成化八年(1472)楊參南豐刻成化、嘉靖間遞修本。二函十二册,現藏臺北"故宮博物院"(書號故善005208—005219)。

匡高19.1釐米,廣13.5釐米。每半葉十一行,行二十一字。四周單邊,粗黑口,單魚尾,版心中記"南豐文集卷幾",或記"元豐集幾卷"、"元豐類藁卷幾",下記葉次。卷端有羅倫、王一夔二序,及《南豐先生年譜序》、《南豐先生年譜後序》、《續元豐類稿序說》三篇,卷末有《元豐類稾後序》/大德甲辰良月東平丁思敬拜手書于卷尾、《南豐先生文集後序》/嘉靖甲辰仲春前參議仁和後學陳克昌。《續元豐類稿序說》有《南豐先生遺像》一幅,末有"嘉靖癸巳歲昭潭莫畯、古皖秦潮、錫山鄒庶新增/嘉靖癸亥歲秋七月上浣貴陽任懋官校正重刊"二行。卷六、七、四十六、四十七卷前標題下均有"九世孫文受重刻"一行。首卷卷端題"南豐先生元豐類稿卷第一"。修版頁書口下粗黑口上有白文刻工名"張五"、"九",白麻紙,淡綠色地朵花宋式錦四合函套,新裝湖藍色絹製書衣,無書籤。原書污漫太多,補版過半,蟲蛀損字嚴重,書口欄線多以墨筆描潤。

此爲明成化八年(1472)楊參刊本之補修本,楊參本後世屢有遞修,自存世諸本序跋觀之,至少有三種,一爲成化十三年(1477)謝普主持之修版,成化十三年丁酉秋七月趙璽《刊正元豐類稾跋》云:"《元豐類稾》全集,前南豐邑宰南靖楊公參取宜興本刊行,板存南豐,縉紳士大夫爭相摹印,而字刻殊多舛謬,讀者病焉。邑判簿浦城謝公普謀刊誤以永其傳,一日詢璽求善本,用資校正而後事事。璽當楊公刻本初行時即受讀,而每以鏤板舛謬爲憾,及購得諸家善本,繙閱首尾,校讎章句,旁注而訂正之。聞公命,亟取以獻公,遂捐俸募工,于公署取刻板之舛謬者悉刊而正之,始於六月庚子,訖工於七月乙丑……非楊公無以廣是書之傳,非公無以成楊公之美。"一爲嘉靖十二年(1533)莫畯主持之修版。一爲明嘉靖四十二年(1563)任懋官主持之修版。遞修本多有漫漶,版面邋遢。

卷前《序說》後有之刊記,已言明嘉靖癸巳(十二年,1533)莫畯等刊、嘉靖癸亥(四十二年,1563)任懋官重刊,丁思敬跋後還有嘉靖甲辰(二十三年,1544)修版跋語,言重修此書原委甚詳,全文錄下:"南豐先生曾氏之文,與廬陵歐陽氏、眉山蘇氏、臨川王氏竝稱名家,而皆有集行於世。先生之集,蓋刻自元大德甲辰。此爲《元豐類稿》,宜興有刻,爲樂安鄒君旦;豐學重刻,爲南靖楊君參。縉紳章縫,遂有善本爭相摹印,人人得而觀之。

鄒孟氏所謂誦其詩，讀其書，不知其人可乎？學者觀先生之文，則知先生矣，知先生則於感發也，特易易耳。歷歲茲遠，板畫多磨，雖嘗正于謝簿普，再補于莫君駿，顧旋就湮至不可讀。予謫盱之再稔，公暇輒留意於斯。而郡齋所存，若《李盱江先生集》、《養生雜纂》、《耕織圖》、《和唐詩》，昔所殘缺，悉爲增定。既又取是集讎校焉，易其敝朽，剔其污漫，更新且半，庶幾全錄，越三月始就緒。嗚呼！先生之文何事於予，顧誠有不容已者，而亦學者誦法所在，高山仰止，景行行止，願相與勉之。若徒以其文爲爾也，淺之乎求先生者矣。嘉靖甲辰仲春前參議仁和後學陳克昌識。"

《天目後編》云："是書參爲南豐知縣所刻，志稱其講學好古，以孝行著云。"目錄、正文皆作五十一卷，乃將續附南豐先生行狀、碑誌、哀挽計爲第五十一卷。行狀、碑誌、哀挽卷末下有"府學生員吳柏校正"一行。

每冊俱鈐天祿繼鑑諸璽，前後副葉所鈐爲"中三璽"，無其他私人藏印。

《故宮善本書目》記其作"明成化六年楊參南豐刻本"。《"國立故宮博物院"善本舊籍總目》，下冊，第 1050 頁，著錄爲"明嘉靖十二年(1533)莫駿等刻四十二年(1563)任懋官修補本"。

766(2) 元豐類稿五十卷

明隆慶五年(1571)南豐邵廉刻本。六冊一函，現藏臺北"故宮博物院"(書號故善 013732—013737)。

匡高 19.3 釐米，廣 14.2 釐米。每半葉十行，行二十字，四周單邊，白口，單魚尾。版心上刊"南豐集"或"南豐文集"，中刊卷數及葉次，下有刻工蔡謙(謙)、宏、黄一(和)、劉興(興)、劉五(五)、余成、劉禄、劉雄、朱、熊成、余五、余宗、茂、鶯、陳、忠、陸一(六一)、八、崇等。前有宋元豐八年三月王震《南豐先生文集序》、《南豐先生年譜序》、《南豐先生年譜後序》、《續元豐類稿序說》、《少師文定公南豐先生遺像》。書後有《續附南豐先生行狀碑誌哀挽》一卷，版心中刊"卷五十一"，目錄亦作五十一卷。首卷卷端題"南豐先生元豐類稿卷第一"，次行下有"南豐後學邵廉校刊"一行小字。卷五十葉三爲抄配。棉紙，萬字織錦四合函套，新裝湖藍色絹制書衣，無書籤。

《天目後編》云："篇目同前元版集部，多《年譜》、前後序、《序說》、遺像。"每卷卷端標題下皆刻有"南豐後學邵廉校刊"一行小字。此本佚失卷前之明邵廉序，題"序刻南豐先生文集"，末署"隆慶五年辛未秋八月之吉南豐後學邵廉謹題"。邵廉,字虛道,號圭齋,江西豐城人,嘉靖四十四年進士,官福建建寧知府,後遷知成都,有《圭齋集》。

目錄及首卷卷端下鈐"澹園"朱文長印,上元焦氏藏本。每冊鈐清宮天祿繼鑑諸璽,前後副葉所鈐爲"中三璽"。

《故宮善本書目》記其作"明隆慶五年南豐邵廉刻本"。《"國立故宮博物院"善本舊籍總目》,下冊,第1050頁。

767 濟北晁先生雞肋集七十卷

明崇禎八年(1635)吳郡顧氏詩瘦閣刻本。四函三十二冊,現藏臺北"故宮博物院"(書號故善 003635—003666)。

匡高19釐米,廣14釐米。每半葉九行,行十九字,小字雙行同,左右雙邊,下線黑口,版心上刊"雞肋集",中刊卷之幾及葉次,下刊"詩瘦閣"。卷首有元祐九年晁補之自序,署"元祐九年二月旦序"。卷末有其弟晁謙之《跋》/紹興七年丁巳十一月旦日弟右朝奉郎權福建路轉運判官謙之謹題。首卷卷端題"濟北晁先生雞肋集卷第一"。棉紙,棕地幾何紋宋式錦四合函套,藕色羅紋紙書衣,紙質書籤,書"明板雞肋集"及卷次。

內有缺葉:卷十三之二;卷十八之一、二;卷二十之九、十;卷廿三之三、四;卷廿八之九、十;卷卅之十三、十四;卷卅二之五;卷四十一之五、六;卷四十二之三、四;卷四十四之九、十;卷四十六之三至六;卷五十之九至十一;卷五十二之十五;卷五十五之五、六;卷六十三之一、二;卷六十四之七至八、十三至十四;卷六十六之六;卷六十七之二十五葉之後。

《天目後編》提要云:"前有元祐九年補之自序。後有紹興七年其弟謙之跋,稱宣和以前,世莫敢傳,今得其賦騷詞四十有三、律詩六百三十有三、表啟雜文六百九十有三,編次爲七十卷云。蓋南渡後黨禁初開,文字始出,乃成書也。"晁謙之編次從兄補之文稿,得七十卷,刊於建陽,爲晁集祖本。每卷抽去目錄。首卷首葉、末卷末葉均依原式另刻一葉補入,紙質、紙色與全書俱不同,首葉無"顧寧遠印"、"誕伯氏"二木印,末葉省去"明吳郡顧氏於崇禎乙亥春照宋刻壽梓至中秋工始竣"二行刊記與"凝"、"遠"、"青霞子家藏記"等木印。與後一部實乃一版摹印,刷印難辨先後,僅卷端、卷尾首末二葉不同,以致《天目後編》著後一部爲"另版"。抽目錄、剜刊記,多是版售別家後,抹掉原刊版痕蹟,這一部或許也是這種情況。

書上有多方私家藏印,爲《天目後編》失載:"隱書樓祕笈之印"朱方、

"項子京家珍藏"朱長、"痛飲讀離騷"白長、"孋之"白橢、"楝亭曹氏藏書"朱長、"查禮之印"朱方、"長白敷槎氏堇齋昌齡圖書印"朱方、"宛平查氏藏書印"朱長。項元汴崇禎之前已歿，"項子京家珍藏"係偽印。細審之，曹寅、昌齡諸印不偽。每冊俱鈐清宮天祿繼鑑諸璽，前後副葉所鈐爲"中三璽"。個別冊之前副葉有原裝書衣殘蹟，甚至可見三層殘紙，如卷三十二至三十三一冊之後副葉，據以推知此書依次曾經明黃、淺綠以及湖藍色箋三次重裝。

《故宮善本書目》記其作"明崇禎八年吳郡顧凝遠詩瘦閣重刻宋本"。《"國立故宮博物院"善本舊籍總目》，下冊，第1062頁。

767(2) 濟北晁先生雞肋集七十卷（又一部）

明崇禎八年(1635)吳郡顧氏詩瘦閣刻本。二函十二冊，現藏臺北"故宮博物院"（書號故善012238－012249）。

匡高19釐米，廣14釐米。每半葉九行，行十九字，小字雙行同，左右雙邊，下線黑口，版心上刊"雞肋集"，中刊卷之幾及葉次，下刊"詩瘦閣"。卷首有《濟北晁先生雞肋集序》，署"元祐九年二月旦日序"。卷末有《跋》，署"紹興七年丁巳十一月旦日弟右朝奉郎權福建路轉運判官謙之謹題"。首卷卷端題"濟北晁先生雞肋集卷第一"，其下刊印二，曰"顧凝遠印"、"誕伯氏"。卷末有"明吳郡顧氏於崇禎乙亥春／照宋刻壽梓至中秋工始竣"二行小字，旁刊印二，曰"凝"、"遠"、"青霞子家藏記"。卷十八缺七、八兩葉。棉紙，湖藍色絹質書衣，無書籤。

《天目後編》云："篇目同上，另版，末刻'明吳郡顧氏於崇禎乙亥春照宋刻壽梓，至中秋工始竣'。鈐印三，曰'凝遠'、'青霞子家藏記'，當即其名也。"每卷前各有目錄一頁。明崇禎八年，蘇州顧凝遠依宋本刊刻，此本保持顧氏刻本原貌，前後刊記及目錄頁俱存。

每冊俱鈐天祿繼鑑諸璽，前後副葉所鈐爲"中三璽"。無其他私家藏印。

《故宮善本書目》記其作"明顧凝遠刻本"。《"國立故宮博物院"善本舊籍總目》，下冊，第1062頁。

767(3) 丹淵集四十卷

明萬曆三十八年(1610)吳一標刻崇禎四年(1631)毛晉重修本。八冊，現藏中國國家圖書館（新編書號1269）。

每半葉九行,行十八字,白口,四周雙邊。卷前有范百祿撰墓誌銘。目錄後有慶元乙卯誠之識,書末有誠之跋。首卷卷端題"陳眉公先生訂正丹淵集卷之一",白紙籤題"明版丹淵集第某冊"。

《天目後編》云爲"明翻宋本",並云:"其《年譜》及《補遺》二卷、附錄,皆曲沃家誠之宜父守邛州時所輯。"此爲國家圖書館2013年新編目書,尚在修復中,無法提閱,不詳版本內情。

每冊俱鈐天祿繼鑑諸璽,前後副葉所鈐爲"中三璽"。無其他私家藏印。

1959年自故宫調撥,撥交清冊上記爲"明萬曆蘇州刻本",書頁霉爛,其中3冊尤其嚴重。2013年編目。

768 浮溪文粹十五卷

明正德元年(1506)馬金刻本。一函四冊。

《天目後編》云:"宋汪藻撰。藻,字彥章,德興人。崇寧二年進士,官顯謨閣學士,入《宋史·文苑傳》。書十五卷。凡敕、制、表、奏、記、序、碑、傳、詩、跋八十五篇,附錄孫覿撰墓誌銘、《宋史》本傳,附羅願遺文二篇、汪大受撰祭文。考藻《浮溪集》六十卷,此集不著選人姓名,其羅願文非爲藻作,以舊本所有存之。正德元年馬金刻,有後序。金,西充人。由進士累官布政使。"

明正德馬金刻本,其版式特徵應是:匡高19.5釐米,廣12.6釐米。每半葉十行,行二十二字,白口,四周雙邊,雙順魚尾。書口中刊"文粹卷幾"及葉次。首卷卷端題"浮溪文粹卷之一"。

《天目後編》云其卷首鈐"金印世衰"朱文一印。

不詳何時亡佚,目前尚不知其下落。

768(2) 栟櫚集二十五卷

明正德十四年(1519)羅珊刻本。一函四冊,現藏臺北"故宫博物院"(書號故善014374—014377)。

匡高18.9釐米,廣12.7釐米。每半葉十行,行二十字,小字雙行同,四周雙邊,黑口,雙順魚尾,版心中刊"栟櫚文集卷之幾",下刊葉次。卷前有序,署"正德己卯季夏望郡後學胡瓊謹序";又《栟櫚先生文集序》,署"正德十四年己卯春三月既望之吉邑後學林孜書于蕪江草堂"。卷後有《栟櫚文集跋》,署"正德己卯孟秋朔日後學南海羅珊謹跋"。首卷卷端題"栟櫚先生文集卷之一"，隔行下題"承事郎守左正言主管江州太平觀賜緋魚袋鄧肅志宏撰　永安後學林孜思舜校正　知永安縣事南海後學羅珊廷佩刊行"三行。文中有朱筆圈點、批校。白棉紙，淺綠色織金織錦四合函套，紅色絹質書衣，無書籤。

《天目後編》云："前有正德己卯胡瑗、林孜二序，後有羅珊序，蓋珊為永安令時所刻。考王明清《揮麈後錄》載肅事頗詳，特舉其《進花石詩》'但願君王安萬姓，圃中何日不春風'之句。今集即以此詩冠首，但稱肅有文集，號《栟櫚遺文》三十卷，詩附集中云云。此本詩多於文，止二十五卷，則珊序所云'舊梓無存，猶有筆之者，故所鋟止此耳'。瑗，南平人。正德辛未進士。孜，永安人。正德戊辰舉人，官揭陽知縣。"林孜序略云，舊板刻于沙陽，兵火之後久已不傳。後遍訪諸士大夫家，或得其前帙，或得其後帙，又字多磨滅，遂命書人繕寫，親自校正，分例定式。適縣尹南海羅侯廷佩蒞任，雅重儒術，索其文集，命工刊之。

每冊俱鈐天祿繼鑑諸璽，前後副葉所鈐為"中三璽"。入宮前曾經季振宜舊藏，有"御史之章"、"滄葦"、"季振宜印"諸印。

《故宮善本書目》記其作"明正德十四年羅珊永安刻本"。《"國立故宮博物院"善本舊籍總目》，下冊，第1070頁。

769 知稼翁集十一卷

明天啟五年（1625）黃崇翰刻本。一函二冊，現藏臺北"故宮博物院"（書號故善013821－013822）。

匡高22釐米，廣12.5釐米。每半葉九行，行二十字。四周單邊，白口，單魚尾，版心上刊"知稼翁集"，中記卷次，下記葉次及刻工名：王子蟾。卷前有《黃考功知稼翁集序》，署"慶元二年十月庚申煥章閣學士宣奉大夫提舉隆興府玉隆萬壽宮魏俊公鄱陽洪邁序"；又《莆黃知稼翁集序》，署"莆陽陳俊卿序"。卷末有《跋》，署"天啟乙丑長至不肖世孫崇翰頓首誌"，後列校勘人名"世孫休烈、飛鯤、起雒、臺、鳴俊、起有、鳴喬、起榱、士掄、族孫景星、光同較"。首卷卷端題"莆陽知稼翁集上卷"，隔行下題"宋尚書考功員外郎黃公度著　知邵州軍事借紫男沃編　新泉州惠安縣主簿孫處權校勘　明廣東按察司僉事十一世孫廷宣　工部右侍郎十一世孫廷用重校"五行。白棉紙，淺綠色朵花宋式錦四合函套，湖藍色絹質書衣，無書籤。

《天目後編》稱："此本乃天啟乙丑裔孫崇翰所刻，稱家集久無存，此集得之陝中謁（《天目後編》脫此"謁"字）選人，上有御印，乃祕府之本，初刻於衡州。此其再刻云。"黃崇翰跋稱,丙午歲與其父得此集於陝中謁選人,其上有御印,蓋前朝秘府流落人間者,得之喜從天墜,乙卯先刻於衡州。壬戌倭變,板燬,乃就榕城陳環江公索回一部,崇翰等膽較多年,侄孫鳴俊自會稽寄俸四金,遂圖命梓。第一冊後有墨筆手書題記兩行:"宋人詩句多涉道學,黃公獨能清雅出俗,真可謂不入□俗。"

每冊俱鈐天祿繼鑑諸璽,首末副葉所鈐爲"中三璽"。

《故宮善本書目》記其作"明天啟五年裔孫(黃)崇翰刻本"。《"國立故宮博物院"善本舊籍總目》,下冊,第1075頁。

770 梅溪先生文集五十四卷

明正統五年(1440)劉謙、何濆刻天順六年(1462)重修本。十二冊二函,現藏臺北"故宮博物院"(書號故善 009767—009778)。

匡高21.8釐米,廣13.6釐米。每半葉十一行,行二十一字。粗黑口,四周雙邊,雙魚尾。版心中刊類目幾及葉次,下反白刊刻工名,有黃昊刊(昊)、仇方、旻、文、向、良、天、會、王、龍、山等。卷前有《梅溪王先生文集序》,署"天順六年冬十月朔旦賜進士出身中憲大夫溫州府知府莆田周琰識";又《梅溪先生王忠文公文集序》,署"正統五年夏四月望日榮祿大夫少保戶部尚書兼武英殿大學士知制誥國史總裁同郡黃淮書"。《文集》後附錄《有宋龍圖閣學士王公墓誌銘》,末載其子聞禮跋。卷後有《梅溪先生文集後序》,署"正統庚申臘月朔後五日賜進士嘉議大夫行在刑部右侍郎前溫州府守廣昌何文淵序"。首卷卷端題"梅溪先生廷試策卷第一"。白棉紙,原作二函十冊,今修補重裝爲十二冊。棕色地織金織錦四合函套,湖藍色絹質書衣,無書籤。

書五十四卷,凡《廷試策》一卷、《奏議》四卷,詩文《前集》二十卷,《後集》二十九卷,明正統五年溫州府知府劉謙刻。《天目後編》云此本"附錄汪應辰撰墓誌銘,末載其子聞禮跋,此本佚。"墓誌銘及聞禮跋俱存。然此本無季振宜藏印,應是《天目後編》卷十八之第一部明版《梅溪先生文集》。書前有天順六年周琰序,周序的第九、十、二葉,似爲補刊,又都不似初印。書中修補葉字體與漫漶程度各不相同,疑非天順六年一次修補而是遞修。

每冊俱鈐天祿繼鑑諸璽,前後副葉所鈐爲"中三璽",無其他私家藏印。有清室善後委員會點驗掛籤。

《故宮善本書目》記其作"明正統五年劉謙溫州刻本"。《"國立故宮博物院"善本舊籍總目》,下冊,第1079頁,著錄爲"明正統五年(1440)劉謙刻本"。

770(2)梅溪先生文集五十四卷(又一部)

明正統五年(1440)劉謙、何濩刻天順六年(1462)重修本。存《文集》卷十一至二十、《後集》全、《廷試策》全、《奏議》全,計四十四卷,十二冊,現藏中國國家圖書館(新編書號1270、1271)。

匡高21.8釐米,廣13.6釐米。每半葉十一行,行二十一字。黑口,四周雙邊,雙魚尾。版心中刊類目幾及葉次。白紙籤題"明版梅溪先生文集"及冊數。

溫州知府劉謙所刊。《天目後編》云:"同上,係一版摹印,何序佚。"

每冊俱鈐天祿繼鑑諸璽,前後副葉所鈐爲"中三璽"。卷首及《奏議》卷一有"季振宜藏書"、"季印振宜"、"滄葦"三印,泰興季氏藏本。

1959年自故宮調撥。2013年編目,新編書號1270,四冊,存十四卷:《文集》卷十一至二十、《後集》卷一至四;另一部新編書號1271,存三十卷:《廷試策》全、《奏議》全、《後集》卷五至二十九。兩者卷數相合,應爲同一部書。

《欽定天祿琳琅書目後編》卷十九　明版集部

771 晦庵先生朱文公文集一百卷

明嘉靖十一年（1552）福建按察司刻本。四十冊十函，現藏臺北"故宮博物院"（書號故善005228—005267）。

匡高19.1釐米，廣13.2釐米。每半葉十二行，行二十二字。四周單邊，白口。版心上刊"朱子大全"，中刊"文集卷幾"或"續集卷幾"，下刊葉次及刻工、寫工，刻工有陳信、詹弟、陸文、余道、葉金、吳長春、施永興、葉旋、曾春、余郎七、元真、江元通、劉堅、黃祥、陸壽、蔡元生、施永興、黃道祥、葉壽、劉榮、葉招、余文樂、周進等，寫工有王邦亮、陳信、周鑑、張恪、劉廷用等。前無序，目錄後有嘉靖壬辰潘潢刻書跋。《文集》目後有咸淳壬辰黃鏞跋。《續集》前有淳祐五年王遂序，後有淳祐庚戌徐幾跋。《別集》前有黃鏞序首卷卷端題"晦庵先生朱文公文集卷第一"。卷九之葉十一、十二抄配。竹紙，書經金鑲玉修補，淺綠色地織金織錦四合函套，湖藍色絹質書衣，無書籤。

書分一百卷，並續集十卷，別集十卷，《天目後編》云，"不分前、後、續、別集"，不確，各集前原有目錄保存，《別集》版心處"別"字多被挖補。提要又云此本爲"成化癸卯黃仲昭以閩本、浙本校正，有後序。嘉靖壬辰，婺源潘潢重校，識於目後。卷端標'晦庵先生朱文公集'，而每葉版心刻'朱子大全'，乃仍宋時舊名也。"潘潢跋云："右晦庵文公文集百卷，又續集十卷，別集十卷，歲久版昏，察史胡仲申岳、副使張用載大輪先後白巡御史虞惟明守愚、蘇宗玉信、蔣伯宣詔縮費重雕，藏諸閩臬。"末署"嘉靖壬辰秋七月甲戌後學婺源潘潢拜書"，"嘉靖壬"三字被裁補。另別本文集前有明蘇信序，末署"嘉靖壬辰九月既望後學饒平蘇信書于閩之行臺"，此本佚。字體方潤齊整，有南宋書棚本版刻遺風。《中國古籍善本書目》著錄爲"明嘉靖十一年張大輪、胡岳等刻本"，或以主持刊刻之衙署論，或以主事者論，皆有道理。

每冊俱鈐天祿繼鑑諸璽，前後副葉所鈐爲"中三璽"，無私家藏印。有清室善後委員會點驗掛籤。

《故宫善本书目》记其作"明嘉靖十一年福建按察司刻本"。《"国立故宫博物院"善本旧籍总目》，下册，第1078页。

771(2) 象山先生全集三十六卷

明嘉靖四十年(1561)德安何氏刻本。一函八册，现藏台北"故宫博物院"（书号故善 012046－012053）。

匡高22釐米，广13.1釐米。每半叶十行，行二十字。四周双边，白口，版心中记"象山文集卷几"，下刊叶次及刻工名，有杨忠、杨、杨重、张文、文、刘四、王贯、王寅、寅、王春、春、王尚仁、仁、高贵、贵、高志、志、高正、高子正、正、高节、节、高明、明、高录、录、高昇、高忠、陈思忠、思忠、忠、陈仕、陈、崔荣、崔、閠、升。卷首有《象山先生全集叙》，署"正德辛巳七月朔阳明山人王守仁书"；又《象山先生文集序》，署"嘉定五年九月戊申门人四明袁燮书"；又序一篇，署"开禧元年夏六月乙卯门人四明杨简敬书"；又《象山集序》，署"大明嘉靖四十年岁次辛酉五月吉赐进士出身中奉大夫江西布政司右布政使前奉敕提督江广两省学政刑部郎临海后学王宗沐撰"。目录后有《附录少湖徐先生学则辩》，下题"华亭少湖徐阶著"，后有题识一篇，署"荆门州儒学学正閠龙溪廖庶识嘉靖己未秋九月吉旦"。首卷卷端题"象山先生全集卷之一"。白棉纸，绿色地织金织锦四合函套，红色绢质书衣，无书签。

《天目后编》提要云："原有袁燮、杨简二序，迨明正德辛巳，抚州知府李茂元重刻，王守仁序之。此本嘉靖辛酉再刻。王宗沐序称德安吉阳何先生抚江西之明年，丕阐理学，乃改刻焉，附录徐阶《学则辨》。盖是时阶方以讲学执政，故引以为重也。"《中国古籍善本书目》上著为"明嘉靖四十年何迁刻本"，即此版本。版刻面目清爽，惜有蛀损字。

每册俱钤天禄继鉴诸玺，前后副叶所钤为"大三玺"，无私家藏印。有清室善后委员会点验挂签。

《故宫善本书目》记其作"明嘉靖四十年江西刻本"。《"国立故宫博物院"善本旧籍总目》，下册，第1083页，著录为明嘉靖辛酉（四十年，1561）德安何氏刊本。

772 慈湖先生遗书十八卷

明嘉靖四年(1525)慈溪秦钺刻后世增辑本。六册二函，现藏台北"故宫博物院"（书号故善 003683－003688）。

匡高 19.9 釐米，廣 13.7 釐米。每半葉十行，行二十二字，白口，四周單邊，無魚尾，，版心中有雙線，下刊"慈湖遺書卷幾"及葉次，補版頁下刊寫工，刻工，有"江西高安藍糾寫"、"蘇州章景華刻"、"蘇州徐文輝寫"。卷前有嘉靖四年陳洪謨序，又《宋史列傳》，卷後有嘉靖四年周廣後序。首卷卷端題"慈湖先生遺書卷之一"。白棉紙，綠色地織金織錦四合函套，湖藍絹質書衣，無書籤。

書十八卷。凡序、記、書、祝文、行狀、墓誌銘、文、講義、跋、銘、賦、詩六卷，家記十卷，紀先訓一卷，附錄一卷。又雜文一卷，孔子閒居解一卷，爲《續集》。《天目後編》云："嘉靖乙酉邑人秦鉞刻，有陳洪謨前序，周廣後序。鉞，字懋功，正德甲戌進士，時以御史巡按江西。洪謨，方爲江西巡撫。廣，守信州也。"書版漫漶，其後世有所增輯。此本書頁糟朽，損字嚴重。

卷前嘉靖四年陳洪謨《序》："乃出舊所藏慈湖先生遺書若干篇，手自勘讐，得十有八卷，復篋縮稍食以鑱諸梓。"目錄亦爲十八卷。全書後有第十九、二十卷，卷端首行下俱加刻反白"續集"二字，版心、標題及尾題仍刊"卷十九"或"卷二十"。臺北故宮原著錄之"後世增輯"或據此而定。書中似有補刻書葉，字體相仿，只是從字蹟墨色推測應爲補刻。若實係補刻，版本或可具體爲明嘉靖四年慈谿秦鉞刻增輯修補本。

毛晉、季振宜舊藏，所鈐"和卿之印"、"水月雲霞"、"得知千載外正賴古人書"、"季印振宜"、"滄葦"、"御史振宜之印"、"毛晉祕篋"、"汲古閣"諸印俱與《天目後編》相符。每冊俱鈐天祿繼鑑諸璽，前後副葉所鈐爲"中三璽"。

《故宮善本書目》記其作"明嘉靖四年慈谿秦鉞刻本"。《"國立故宮博物院"善本舊籍總目》，下冊，第 1083 頁，著錄爲"明嘉靖四年慈溪秦鉞刻後世增輯本"。

773 龍川先生文集三十卷

明嘉靖史朝富刻本。原作二函十六冊，存卷二至四、九至十四，計九卷，四冊，現藏中國國家圖書館，其中卷十一，一冊，書號 18594，其餘三冊，卷二至四、九至十、十二至十四，計八卷，新編書號 1272；卷五至八、十五至二十，十一冊二函，現藏臺北"故宮博物院"（書號故善 009779－009789）。尚闕卷一，一冊。

匡高 20.5 釐米，廣 14.1 釐米。每半葉十行，行二十二字，白口，左右雙邊，單魚尾。版心上刊"龍川文集"，中刊卷次及葉次，下刊刻工及字數，有"吳友"、"吳興"、"楊槐"、"楊廷槐""雙"、"趙銳刊"、"應伯全"、"趙子濂刊"、"張刊"、"蔡本刊"、"明刊"、"范刊"、"陳刊"、"書坊茂忠"、"楊茂忠刊"、"書坊范德"、"書坊吳世良刊"、"永用"等。卷前有嘉泰甲子葉適序。卷端上題"龍川先生文集卷之幾"，隔行下題"晉江後學史朝富編刻"及"惠安後學徐鑑校正"等。白棉紙，新裝織錦四合函套，黃紙書衣，黃紙籤題，書"明版龍川先生文集第某冊"。

書三十卷。凡二十七體，曰書疏、中興論、問答、酌古論、論、經書發題、箴銘贊、策、三國紀年、史傳序、說引、記、題跋、詩、歌、詞、表、啟、書、祝文、祭文、行狀、哀辭、墓誌銘。附錄書、祭文、墓誌、記、詩六首，佚。《天目後編》云："紹熙四年建康軍節度判官誥陳贊、晉江史朝富編刻。"《中國古籍善本書目》著錄為"明嘉靖史朝富刻本"，參考鄧廣銘先生《〈陳龍川文集〉版本考》一文，①史朝富編刊本應可改著"明嘉靖間晉江史朝富翻刊成化間永康龍川書院本"。

每冊俱鈐天祿繼鑑諸璽，前後副葉所鈐為"中三璽"。有謙牧堂二印，揆敘舊藏。臺北故宮所藏為第三至四、八至十六冊。

《故宮善本書目》記其作"明刻本"。原作二函十六冊，闕卷一至四、卷九至十四，凡十卷，存十一冊。《"國立故宮博物院"善本舊籍總目》，下冊，第1092頁。《北京圖書館古籍善本書目》第2209頁。國圖所藏卷二至四、九至十、十二至十四，三冊，係1959年自故宮調撥，書頁蟲蛀、濕漬，2013年編目。

773(2)秋崖小稿八十三卷

明嘉靖六年(1527)祁門方氏家塾刻二十一年(1542)重印本。原作二函十冊，闕《詩集》卷二十八至三十八，凡十一卷，存九冊二函，現藏臺北"故宮博物院"(書號故善009790－009798)。

匡高17.8釐米，廣12.8釐米。每半葉十一行，行十九字。細黑口，四周單邊，雙順魚尾。《詩集》版心中刊卷次，下刊葉次及刻工，有祁門徐廣刊、仇源、玘、士琰、廣、仇高、仇釗、用等。《文集》版心上刊"小藁卷幾"，中刊類目，下刊葉次。卷前有《秋崖小稿序》，署"嘉靖六年丁亥春後學鏡

---

① 見於《鄧廣銘全集》，第十卷，"宋代人物·史事"，河北教育出版社2005年版。

山李汛識于李原書院序"；又《秋崖先生集序》，署"大明嘉靖丙戌秋九月菊日族裔孫賜進士方謙頓首百拜書"。卷後有《秋崖方先生小藁跋》，署"嘉靖二十一年歲在壬寅夏至五之望後學莆田吳煥章澤拜譔書于祁賞書寓"。首卷卷端題"秋崖先生小藁卷之一"，隔行下題"方岳巨山"。白棉紙，新裝織錦四合函套，淺色紙質書衣，白紙書籤，書"明版秋崖小藁"及冊數。卷三十二第八、九兩葉抄配。

書八十三卷。分二集，《詩集》三十八卷，《文集》四十五卷。《天目後編》云："其集在宋時一刻于開化，再刻于建陽，三刻於竹溪書院。至明初而泯。弘治中程敏政從中祕錄出十二卷，授其九世孫國子博士舜舉。嗣是困之知蘄州得五卷；舜明訓導江右，得十卷；舜中教授江浙，得十卷；舜玉客吳，得十五卷；合之家藏三十一卷。嘉靖乙酉（四年，1525），十世孫廷孚等互訂成書付刻。"

前有嘉靖六年春李汛《序》："此尤爲後人者之所當法，無徒曰梓完而已。"嘉靖五年秋方謙《序》："亟鋟之家塾，以垂悠命。"李序當是在《文集》刻竣後所寫，故題署晚於刊刻年。又有嘉靖二十一年吳煥《跋》。《文集》卷四十五末尾題前有"九世孫顯用重編／十世孫玠瑠琅璞校正"兩行。祝尚書《宋人別集敘錄》言"今存嘉靖二十一年方顯用重印本"，參考《中國古籍善本書目》著爲明嘉靖五年方謙刻二十一年印本，則此本可定爲"明嘉靖六年祁門方謙刻二十一年方顯用重印本"或"明嘉靖六年祁門方氏家塾刻二十一年重印本"。

每冊俱鈐天祿繼鑑諸璽，前後副葉所鈐爲"中三璽"，無其他私家藏印。臺北故宮所闕爲第四冊。

《故宮善本書目》記其作"明嘉靖四年十世孫（方）廷孚等刻本"。《"國立故宮博物院"善本舊籍總目》，下冊，第1100頁，著錄爲"明嘉靖二十一年祁門方氏家塾刊本"。

774 文山先生全集二十卷

明刻本。存卷十五至二十，計六卷，三冊，現藏中國國家圖書館（書號18610）。

每半葉十行，行二十二字，白口，四周單邊。版心上刊"文山全集"，中刊卷幾，下刊頁數。已有斷版、漫漶，卷十九第十八頁原闕。尚是清宮舊裝，書籤題"明版文山全集"。

《天目後編》云："《附錄》二卷，下及明嘉靖間人。別本有羅洪先序，乃嘉靖三十九年何遷巡撫江西檄吉安知府張元諭刻,此本佚。"則此本爲明嘉靖三十九年(1560)吉安知府張元諭刻本。

此爲明司經局官書,每册卷首鈐九疊篆"司經局印"。據明人黄佐《翰林記》卷一記載,洪武十五年四月丙申置司經局,設洗馬二人、校書二人、正字二人。洗馬,太子出則前驅導威儀,也掌圖籍經史之事;校書掌譬校經籍;正字掌刊正文字,與翰林院互兼職事。正字或中書科兼之。入清宫,每册俱鈐天禄繼鑑諸璽,前後副葉所鈐爲"中三璽"。

《北京圖書館古籍善本書目》第2227頁。

774(2)疊山謝先生文集二卷

明嘉靖三十四年(1555)林光祖刻本。二册,現藏中國國家圖書館(書號12383)。

匡高18釐米,廣13釐米。每半葉九行,行二十字,白口,四周單邊,雙順魚尾。首卷卷端題"新刊重訂疊山謝先生文集卷之一",另行下題"里生潭石黄溥編輯賜進士第揭陽益軒林光祖校刊"二行。每卷首末或題"重訂謝疊山先生文集"、"重訂疊山謝先生文集"。書前有嘉靖乙卯王守文《重刻疊山先生批點諸書序》。

《天目後編》云:"書二卷。凡詩六十八、書十一、啟十二、婚啟二十三、劄十六、青詞一、頌一、序七、記五、墓銘一、説二、跋三、功德表疏文二十,附録胡一桂《上疊山書行實》,李源道撰神道碑,《宋史》列傳,李養吾《讀北行詩跋》,李仲、周岳祭文,李奎《請褒崇忠節疏》。是本乃嘉靖中揭陽林光祖知廣信府以黄溥所校刊行,書首餘姚王守文一序,與集不相應,蓋其意欲刻疊山批點諸書而不果行耳。"

每册俱鈐天禄繼鑑諸璽,前後副葉所鈐爲"中三璽",無其他私人藏章。

1959年自故宫調撥。《北京圖書館古籍善本書目》第2229頁。

775 石屏詩集十卷

明弘治十一年(1498)宋鑑、馬金廬州刻本。十册,現藏中國國家圖書館(新編書號1274)。

每半葉九行,行十九字,黑口,四周雙邊。前附戴復古父戴敏東之《皋子詩》十首,戴復古自跋。又陳昉、趙以夫、倪祖義跋。棕灰色紙籤題"明版石屏詩集第某册"。

《天目後編》提要云："是本乃正德中西充馬金汝礪校刊,有書後,又彙刻宋元人序跋題評,趙汝騰、吳子良、樓鑰、包恢、趙以夫、趙汝談、真德秀、王埜、倪祖義、趙蕃、姚鏞、鞏豐、楊汝明、曾極、李賈、李義山、趙希邁、林壁、貢師泰十九首。又《歸田詩話》、《松石軒詩評》各一條,復古自識二首。"以爲乃明正德中西充馬金刻本。《中國古籍善本書目》著錄爲"明弘治十一年宋鑑、馬金刻本"。

每冊俱鈐天祿繼鑑諸璽,前後副葉所鈐爲"中三璽"。另有"梁氏家藏"白文印及謙牧堂二印,爲揆敘舊藏。

1959年自北京故宮調撥。2013年編目。

776 晞髪集六卷

明嘉靖三十四年(1555)新安程熙刻本。一函一冊,現藏臺北"故宮博物院"(書號故善003588)。

匡高18.4釐米,廣13.5釐米。每半葉十行,行十八字。左右雙邊,白口,單線魚尾,版心上刊"晞髪集"卷次及頁次。《後序》版心下記刻工名,有"黃璉刻"。每卷前各有目錄。卷末有《晞髪集後序》,署"嘉靖歲乙卯孟秋望日新安後學玉泉吳勳書",又跋一篇,署"嘉靖歲次乙卯六月既望新安後學程熙謹識"。首卷卷端題"晞髪集卷之一",隔行題"宋粵謝翱著明歙後學程熙校"一行。白棉紙,新裝綠色地纏花紋織錦四合函套,湖藍色絹質書衣,無書籤。

《天目後編》云:"有吳煦後序,嘉靖乙卯程熙識,蓋其所刊也。"程熙跋云:"偶與玉泉吳子談及,推睦時首刱公之祠墓,因示予以碑刻,重以是編,夙懷良慰,如獲大兮。遂命梓人,與秉彝好德者共焉。"刻於嘉靖乙卯(三十四年,1555)。

明人吳岫、清人季振宜、揆敘舊藏,鈐印"吳岫"、"方山"、"臣徵"、"字公度"、"御史之章"、"季印振宜"、"滄葦"、"御史振宜之印"、"季振宜藏書"、"謙牧堂書畫記"俱與《天目後編》所記相同,"御史之章"、"季印振宜"、"滄葦"三枚大方印鈐於前副葉上。惟卷六末有"姑蘇吳岫家藏"朱方一印爲《天目後編》失載。吳岫,字方山,吳縣人。嘉靖諸生。家多貯書,前後收書逾萬卷,有藏書樓爲"塵外軒"。喜抄書,用綠格紙,所抄之書,爲清代藏家所重。① 每冊俱鈐天祿繼鑑諸璽，前後副葉所鈐爲"中三璽"。

《故宮善本書目》記其作"明嘉靖三十四年新安程煦刻本"。《"國立故宮博物院"善本舊籍總目》，下冊，第1107頁，著錄爲"明嘉靖三十四年新安程煦校刊本"。

776（2）白玉蟾海瓊摘稿十卷②

明嘉靖十二年（1533）唐胄刻本。四冊，現藏中國國家圖書館（書號12384）。

每半葉十行，行二十字，大黑口，四周雙邊，雙魚尾。目錄前有嘉靖癸巳唐胄序。

書名應爲"白玉蟾海瓊摘稿"，清光緒十年王先謙刻本《天目後編》卷十九誤"白"爲"印"，清嘉慶內府寫本均不誤，此亦爲判定存世清抄本《天祿琳琅書目後編》所據底本的簡便方法。第四冊破損較重，多有損字。

每冊俱鈐天祿繼鑑諸璽，前後副葉所鈐爲"中三璽"。每卷首尾鈐"溫山印"（白文）。

1959年自故宮調撥。《北京圖書館古籍善本書目》第2213頁。

777 靜修先生文集三十卷

明萬曆十六年（1588）方義壯刻本。一函四冊。

《天目後編》云："元劉因撰。因，字夢吉，容城人。至元間，徵授右贊善大夫。贈翰林學士、容城郡公。諡文靖。書一卷。分類曰理學、說、記、序、書、文、題跋、疏、贊、雜記、銘、碑銘誌表、哀辭、賦、詩、先世崇事記，凡九百九十二首，附錄十二首。前有至正九年江南浙西道肅政廉訪使牒，稱詩文附錄共三十卷，于各路儒學錢糧多處刊行。是本乃萬曆戊子郡守李某校刊，方義壯爲序。蓋因所自訂惟《丁亥集》五卷，後門人哀其軼，得《樵庵詞集》一卷、《遺文》六卷、《拾遺》七卷，最後楊俊民又得《續集》二卷，房山賈彝復增《附錄》二卷，合三十卷。據方序，此所刊《丁亥集》五卷、《遺文》數卷而已。"

---

① 李玉安、黃正雨著：《中國藏書家通典》，中國國際文化出版社2005年版，第238頁。

② 書名之"白"字，清光緒十年王先謙刻本《天祿琳琅書目》誤刊作"印"，從書上原題及清嘉慶內府寫本改。

據此應是明萬曆十六年方義壯刻本,據《中國古籍善本總目》,其行款版式特徵爲半葉十行,行二十字,白口,四周雙邊。

此書應是泰興季氏藏本,鈐"季振宜藏書"、"御史之章"、"季印振宜"、"滄葦"諸印。

尚不知存世與否。

778 稼村先生類槀十卷

明萬曆十一年(1583)王汝立刻本。全本一函二册,存卷八至十,附錄全,計三卷,一册,現藏中國國家圖書館(書號18627)。

每半葉十行,行二十一字,白口,四周雙邊,單魚尾。每卷卷端題"右豐王義山元高著,廬山李嘉龍伯雨讀,門人曾震龍編,不肖孤惟肖抄,七世從孫冠刊行,十世玄孫汝立重校梓"六行。卷末有正德十一年羅欽順後序,萬曆昭陽協洽(癸未)太簇月既望十世孫王汝立"重刊稼村祖類槀後跋"。

《天目後編》云:"萬曆癸未,其十世孫汝立校刊,有跋。"爲撰者元人王義山十世孫王汝立所刊。

書目未記書上私家藏印,實則卷首鈐有"季振宜印"、"滄葦"二朱文方印,爲季振宜舊藏。每册俱鈐天祿繼鑑諸璽,前後副葉所鈐爲"中三璽",

《北京圖書館古籍善本書目》第2246頁。

778(2) 貢文靖公雲林詩集六卷

明弘治三年(1490)范吉刻本。二册一函,現藏臺北"故宮博物院"(書號故善 014577—014578)。

匡高19釐米,廣15釐米。每半葉九行,行十八字。四周雙邊,粗黑口,雙魚尾。版心中刊卷次及葉次,下黑口反白刊刻工名,有"新安仇壽刊"、全、川、升、寿。卷前有《貢文靖公雲林詩集序》,署"洪熙元年龍集乙巳春三月之望南京國子助教三山陳璲書"。附錄吳澄《題貢仲章文稿後》、李黼撰《故集賢直學士奉訓大夫貢公行狀》、馬祖常撰《神道碑銘》、虞集《游長春宮詩序》。另有附錄一卷。書末有刻書跋一篇,署"弘治庚戌冬二陽月天台范吉謹識"。首卷卷端題"貢文靖公雲林詩集卷之一"。白棉紙,紫色地朵花宋式錦四合函套,石青杭細書衣,黃綾書籤,書"明板貢文靖公雲林詩集"。

《天目後編》云貢文靖全集"永樂間徵入祕府,家無副本,遂絶不傳。

惟宋濂所序《雲林小》尚存其曾孫蘭家，洪熙乙巳南京國子助教三山陳嵦序而傳之。至弘治庚戌，其裔孫欽復采諸書所載奎詩及文二首，以爲兹集，有范吉跋。"卷五末有長方雙行牌記一方："徽州歙西黃永昇、貴全、道清、道齊／仇壽、以銘、以順刊"。范吉跋云："曾孫選部正郎元禮君世其業，迺蒐諸元大家集中，更得律詩若干篇，手錄成帙，屬余序之。余忝守兹郡，凡故族之文獻，皆欲表暴之，以風勵後學……是用命工刊諸梓，以永其傳云。"是集爲貢欽編錄，寧國知府范吉命工刻梓，《中國古籍善本書目》著爲明弘治三年范吉刻本，與此同版。

每冊俱鈐天祿繼鑑諸璽，前後副葉所鈐爲"中三璽"，另有"乃昭"、"王印慎德"、"慎德"、"王氏家藏"、"樂饑"、"徐印錫作"等印，俱與《天目後編》所記相同，唯不見《天目》云卷三之"王印積德"朱白文印，另附錄末有"牆東舊隱"白文方印一，爲《天目後編》失載。有清室善後委員會點驗掛籤。

《故宮善本書目》記其作"明弘治三年裔孫（貢）欽編刻本"。《"國立故宮博物院"善本舊籍總目》，下冊，第1124頁，著錄爲"明弘治三年貢欽編刊本"。

779 雲峰胡先生文集十卷

明正德二年(1507)何歆、羅縉刻遞修本。二冊，現藏中國國家圖書館（書號12385）。

每半葉十一行，行二十一字，白口，四周單邊，單魚尾。卷前有弘治年陳晉《重刊胡雲楓先生文集》序、汪舜民。又有林瀚、汪循二序，知徽州府何歆、裔孫胡濬二後序。首卷卷端題"雲峯胡先生文集卷一"，下題"奉祠孫生員愈、嘉章輯"。

由卷前諸序可知，元人胡炳文集舊本二十卷，久佚。明成化中，其七世孫胡用光暨子胡濬蒐輯校梓。序之第4至6頁、圖第10頁原闕。

每冊俱鈐天祿繼鑑諸璽，前後副葉所鈐爲"中三璽"，無其他私人藏章。書前副葉上黏有故宮清點籤，記其舊藏昭仁殿，審定爲明正德婺源版。

1959年自北京故宮調撥。《北京圖書館古籍善本書目》集部第2258頁。

780 臨川吳文正公集一百卷

明宣德十年(1435)吳炬刻本。原作二函二十四冊，原闕卷五十一、五十二,四函二十四冊,現藏臺北"故宮博物院"(書號故善 014478—014501)。

匡高 21.1 釐米,廣 14.7 釐米。每半葉十五行,行二十八字。四周雙邊,粗黑口,單魚尾,版心中刊"吳文正公集卷幾",下刊葉次及刻工,有徐、周、詹等。卷前有《吳文正公年譜序》,署"至正二十五年正月既望門人榮祿大夫嶺北等處行中書省左丞臨川危素序"。又《臨川吳文正公年譜》。又揭傒斯撰《神道碑》。宋濂序,劉岳申《答書》,又《元史》本傳、《國史吳公壙記》。又附錄虞集《祭文》、《贊》、《行狀》,又《大元累授臨川郡公吳文正公宣敕》,具蒙古字、漢字。《外集》下刊有"五世孫炬重刊"及"咸淳辛未春三月十日癸酉序",目錄後刊有吳炬題識,署"宣德乙卯冬十月望日五世孫炬百拜謹識"。卷末有諸孫富識語及"至正戊子門人朝列大夫撫州路總管府治中野里贍再拜書"兩題跋。首卷卷端題"臨川吳文正公草廬先生集",隔行上題"卷之一"。有朱墨筆圈點。竹紙,紫色地織金織錦四合函套,藍紙書衣,白紙書籤,書"明版臨川吳文正公集"及冊數。

書一百卷,分二十類。《天目後編》云:"是本宣德乙卯其五世孫炬所刻,有識,附宣德十年《褒崇從祀事由》。"卷端"五世孫炬重刊"多被鏟去,僅餘"重編"二字。吳炬識云:"門人譚觀昔嘗序次,刊于支言集,後定爲外集,繼遭兵燹,舊本靡遺。伯兄英山丞爟雖已重刊,然字多差訛,覽者病焉,今特復壽諸梓。"原闕卷五十一、五十二,《天目》未記原闕此兩卷。紙色蕉黃,版刻不佳。

季振宜、揆敘舊藏,有"季振宜藏書"、"御史振宜之印"、"季印振宜"、"滄葦"、"御史之章"、"季滄葦圖書記"及謙牧堂二印。每冊俱鈐天祿繼鑑諸璽,前後副葉所鈐爲"中三璽"。

《故宮善本書目》記其作"明宣德十年五世孫(吳)炬刻本"。《"國立故宮博物院"善本舊籍總目》,下冊,第 1118 頁。

781 黃文獻公文集十卷

明嘉靖十年(1531)張儉刻本。八冊一函,現藏臺北"故宮博物院"(書號故善 003603—003610)。

匡高 19 釐米,廣 13 釐米。每半葉十行,行二十一字。白口,四周單邊,單線魚尾。版心中刊"黃學士文集卷幾"及葉次。卷前有《重刊黃文獻公文集序》,署"嘉靖十年歲在辛卯春三月吉後學僊居圭山張儉拜書";又《金華先生黃文獻公集序》,署"門人宋濂謹序"。首卷卷端題"重刊黃文獻公文集卷之一"，隔行下題"門人宋濂輯　後學虞守愚校刊　後學張儉編次"三行。麻紙，淺藍絹質書衣，黃綾書籤，書"明板黃文獻公文集"。

《天目後編》云："前有嘉靖辛卯張儉序，即所校刊。"張儉重刊序云："公邑後學侍御虞君惟明素慕公，而同趣者深懼斯集湮沒，無以迪後進，覯風之始，乃購善本以屬不肖編次。儉何人斯，克當是任？……索世家得善本及公所為筆記一編，稍加刪定，付建甌尹沈璧、陳珪重梓以傳，庶幾侍御君懷賢淑世之盛心，亦不肖儉尚友之一助也。"為嘉靖十年江西道監察御史虞守愚命人校刊，此版《中國古籍善本書目》著為明嘉靖十年虞守愚刻本。

季振宜舊藏，有"季振宜藏書"、"季振宜印"二朱文方印。每冊俱鈐天祿繼鑑諸璽，前後副葉所鈐為"中三璽"。有清室善後委員會點驗掛籤。

《故宮善本書目》記其作"明嘉靖十年張儉刻本"。《"國立故宮博物院"善本舊籍總目》，下冊，第1128頁。

781(2) 道園學古錄五十卷

明景泰七年(1456)鄭達、黃仕達刻本。存卷十九零葉，一冊，與《歷代諸臣奏議》、《朱文公校昌黎先生集》合訂，現藏中國國家圖書館（新編書號1250）。

其版本特徵如下：匡高19.6釐米，廣13釐米。每半葉十三行，行二十三字，大黑口，四周雙邊，雙順魚尾。書口中刊卷次及葉次。首卷卷端題"道園學古錄卷之一"，下題"在朝藁一"，另行下題"雍虞集伯生"。卷前有鄭達景泰丙子重刊序。

《天目後編》云："篇目見前元版集部。前有景泰丙子崑山知縣鄭達序，云從太倉興福寺九裘僧暕公得建本刻之，並歐陽玄舊序及《致劉基書》。附識略云，《道園集》，劉伯溫所刻大字本有圭齋此序，已亡。近崑山新刻斡克莊建本，遂于先生四世從孫湜家摹得此序並書一通，冠諸首，葉盛試摹歐陽玄手書上版。"

季振宜、揆敘舊藏，有"季振宜藏書"、"御史振宜之印"、"季印振宜"、"滄葦"、"御史之章"、"檇李蔣石林藏書畫印記"及謙牧堂二印每冊俱鈐天祿繼鑑諸璽，前後副葉所鈐為"中三璽"。

1959年自故宮調撥，檔案著錄為"明正統間刻本"。已成殘葉，修補後新裝為一冊，2013年編目。

782 淵穎吳先生集十二卷

明嘉靖元年（1522）祝鑾杭州刻本。十二冊二函，現藏臺北"故宮博物院"（書號故善003591—003602）。

匡高18釐米，廣12.7釐米。每半葉十一行，行二十二字，左右雙邊，白口，單魚尾。版心中記"淵穎集卷第幾"及葉次，下有刻工名"昆"。卷首有《重刻淵穎先生集序》，署"嘉靖元年十月吉旦後學當塗祝鑾序"；又《淵穎吳先生文集序》，署"文林郎江浙等處行樞密院都事前進士青田劉基序"；又一篇，署"承事郎太常博士致仕東陽胡助謹序"；又《淵穎吳先生文集序》，署"至正十有二年秋八月二十六日門人金華胡翰謹序"。目錄後有金華縣儒學教諭吳士諤識，識後有"金華後學宋璲謄寫"一行。首卷卷端題"淵穎吳先生集卷之一"，下題"門人金華宋濂編"。白棉紙，紫色地朵花宋式錦四合函套，墨綠色絹製書衣，黃綾書籤，書"明板淵穎先生吳先生集"。

書十二卷，附錄一卷。《天目後編》提要云："篇目見前元版集部。是本乃明祝鑾重刻，有序，版式照元開雕。"撰者吳萊之子士諤、士謐兄弟謀求刊刻先公遺稿，吳萊門人金華胡翰、宋濂從遊最久，宋濂爲之編輯，吳氏繕錄以藏於家。祝鑾序云："今年夏太常博士李君九皋至杭，示我以善本，且曰重刻此俾淵穎之文與日月齊光者，吾子事也。余曰唯唯。越九月初吉，科場事竣，多善梓人，遂以授焉，十月工告成。"

卷首鈐"會稽"、"馬伯子蘊仲玄"二朱文印，另鈐"梅梁馬蘊仲玄"白文印，王先謙刻本《天祿琳琅書目》誤記"會"爲"倉"，"玄"或誤爲"廷"，或避康熙帝諱寫作"元"。馬蘊，仲玄，會稽人，不詳其生平仕履。每冊俱鈐清宮天祿繼鑑諸璽，前後副葉所鈐爲"中三璽"。有清室善後委員會點驗掛籤。

《故宮善本書目》記其作"明嘉靖間祝鑾杭州刻本"。《"國立故宮博物院"善本舊籍總目》，下冊，第1128頁。

782(2) 上京紀行詩一卷

明洪武十年（1377）刻本。一函一冊，現藏臺北"故宮博物院"（書號故善014576）。

匡高18.8釐米，廣14.5釐米。每半葉十行，行十六字，四周單邊，白口，版心中記"紀行詩"及葉次。卷前有《上京紀行詩序》/至治三年十一月五日東陽柳貫自序,卷末有《泰定甲子三月浚都馬祖常題》、《洪武丁巳夏五月五日前翰林學士承旨門人同郡宋濂記》二篇。白棉紙,宋式錦四合函套,湖藍色絹質書衣,無書籤。

《天目後編》云:"後洪武丁巳宋濂題,濂蓋貫之門人也。"此本乃撰者柳貫之門人宋濂編定校刊,宋跋略稱,元統戊戌伏謁柳貫於浦江私第,貫出示此詩卷,爲貫友永嘉薛宗海小楷書寫,距今四十四年,先生辭世亦三十六年矣。世間珍重先生只詩與薛君之字,遂爲刊行。

每冊俱鈐清宫天祿繼鑑諸璽,前後副葉所鈐爲"中三璽"。揆敘舊藏,有謙牧堂二藏印。

《故宫善本書目》記其作"明刻本"。《"國立故宫博物院"善本舊籍總目》,下冊,第1131頁。傅增湘曾經眼,記其爲"明初刊本,正德以前"。①

783 圭齋文集十六卷

明成化七年(1471)劉釪刻本。存卷五至十六,計十二卷,五冊,現藏中國國家圖書館(新編書號1275)。

每半葉十一行,二十一字,黑口,四周雙邊。卷五至八爲抄配。

《天目後編》提要云此本"雖闕補卷四至卷八,然不害爲古本。常熟毛氏、泰興季氏遞珍藏之。補亦舊鈔"。

每冊俱鈐天祿繼鑑諸璽,前後副葉所鈐爲"中三璽"。未見《天目》所云"汲古閣"、"季振宜印"等,這些印均在卷首及卷一,只"汲古閣"朱文印在卷十六,待查。另有謙牧堂二藏印"謙牧堂藏書記"、"謙牧堂書畫記"二印,《天目》未錄,乃揆敘舊藏。

1959年自北京故宫調撥,書頁潮濕霉爛。2013年編目。

784 圭齋文集十六卷(又一部)

明成化七年(1471)劉釪刻本。一函二冊。

《天目後編》云:"篇目同上,前有宋濂、揭溪斯舊序,後有彭時、吳節神道碑二跋,又時文集志、劉釪跋,蓋成化辛卯刻集時作。"此爲卷十九明版集部所著之第二部《圭齋文集》。

不詳何時亡佚,不知是否尚存世間。

---

① 《藏園群書經眼錄》,卷十五,第1119頁。

784(2)雲陽李先生文集十卷

明弘治五年(1492)顧福刻本。一函六冊,現藏臺北"故宮博物院"(書號故善 004137—004142)。

匡高 19.5 釐米,廣 12.5 釐米。每半葉十行,行二十字,四周雙邊,黑口,雙魚尾。版心中刊"雲陽集"卷次及葉次。卷前有《重刊雲陽李先生文集序》/弘治三年庚戌六月八日朝列大夫南京國子祭酒前翰林侍講經筵國史官台人謝鐸序,又《雲陽李先生文集序》/洪武元年閏月望日廬陵劉中孚序,又《序》/臨川危素序,又《書雲陽李先生文集後》/洪武庚戌四月朔奉議大夫僉江西等處提刑按察司事東甌郭永錫頓首書。正文十卷後,有附錄一卷,有。卷末有《題重刊雲陽李先生文集後》/弘治五年三月既望賜進士第中憲大夫江西吉安府知府刑部郎中後學吳人顧福識。首卷卷端題"雲陽李先生文集卷之一"。白棉紙,宋式錦四合函套,石青杭細書衣,黃綾書籤,題"明板雲陽李先生文集"。

第四冊卷七葉十七、十八、二一、二三、二五鈔補。第五冊卷八葉一、六、十八、十九、二十、二四、二八、三二鈔補。第六冊卷九葉四鈔補。卷十葉一、四鈔補。附錄葉四、八鈔補。

《天目後編》云:"(李)祁義不負元,自稱不二心老人。洪武中徵召,不起。千戶俞子茂重其人,爲刻《遺集》十卷。弘治間其五世從孫東陽搜輯此本,屬吉安知府顧福重刊。"

每冊俱鈐天祿繼鑑諸璽,前後副葉所鈐爲"中三璽",無私家藏印。

《故宮善本書目》記其作"明弘治間五世從孫(李)東陽刻本"。《"國立故宮博物院"善本舊籍總目》,下冊,第 1144 頁。

785 六家文選六十卷

明嘉靖十三至二十八年(1534—1549)吳郡袁氏嘉趣堂刻本。六函三十一冊,現藏臺北"故宮博物院"(書號故善 011351—011381)。

匡高 24 釐米,廣 17.8 釐米。每半葉十一行,行十八字,小字雙行二十六字。左右雙欄,版心白口,上雙隔線(卷十三葉二十,單魚尾),下單隔線(偶雙隔線、亦有無隔線者)。中縫中記"文選幾卷",下隔線下方(或上方)記頁次,書口下偶記刻工,有信(或信之、之)、淮、宗、宗信、徐敖(或徐)、吳、袁(或袁電)、袁子威、刘(或刘采)、云(或五云)、日、李(或李清、清)、敖、華、因、唐(或唐瓊)、陸儒(或儒)、陸、珮、潮、李宅(或宅)、孜(或陸孜)、周、廷(或廷秀)、安(或李安)、先(或六先)、高、(或仁)、高臣、良臣、王、六、張曾、舉(或六舉)、六奎、陸敖、憲(或張憲)、齊之(或濟之、齊)、潘子齡、馬、啟明、日(或張)、王良智、章守中(或守中)、恩、李耀、徐南、呂、揚仁、吳江、心、金、其、何、何祥、子沾、陳鑑、章思正、免(或何免)、高文湛(或湛、文湛)、六如、如、雇、潘、章、下、夏、李文彩、彩、昂、付、永日、周永、松、陳、張溱、意、明、林、楊、賢、文祥、陸林甫、良民、文、李、周言、張、正、利。卷前有梁昭明太子《文選序》，序後牌記三行"此集精加技正絕/無舛誤見在廣都/縣北門裴宅印賣"。卷六十末，牌記"吳郡袁氏/善本新雕"。後有《上文選注表》、《進集注文選表》。目錄後嘉靖二十八年袁褧刊書跋文一頁。卷四十一、四十二有朱筆圈點。卷五九之葉九誤刻成"八"。宋諱闕筆。白棉紙，新修織錦函套，宋式錦書衣，黃綾題籤，書"六家文選"。

《天目後編》云："篇目見前宋版集部。廣都裴宅本，明吳郡袁褧重雕。目錄後有識，略云'匡'、'郭'字體未少改易，刻始於嘉靖甲午，成於己酉，計十六載而成其工，可謂勤矣。"此為明版集部所著五部《六家文選》之第一部，袁褧刻本於各卷末原有近三十處題記，保存俱全。袁跋曰："余家藏書百年，見購鸎宋刻本《昭明文選》，有五臣、六臣、李善本、巾箱白文、小字、大字，殆數十種。家有此本，甚稱精善，而註釋本以六家為優，因命工翻雕，匡郭字體，未少改易。刻始于嘉靖甲午歲，成于己酉，計十六載而完，用費浩繁，梓人艱集，今模榻傳播海內，覽茲冊者，毋徒曰開卷快然也。皇明嘉靖己酉春正月十六日，吳郡汝南袁生褧題于嘉趣堂。"

各卷末之刊記有：卷二十末之"吳郡袁氏重雕宋刻廣都縣本于嘉趣堂嘉靖甲午孟春正月二十四日"兩行；卷三十末之"皇明嘉靖壬寅四月立夏日吳郡袁氏兩唐草堂善本雕"兩行；卷三十二末之"皇明嘉靖丙午夏雕謝湖南征"一行；卷三十三末"丙午春刊第五號起"；卷三十四末之"戊申三月初一日周模十六日付刻"一行；卷三十五末之"嘉靖戊申孟夏十一日周慈寫/十五日李宗信刊"兩行；卷三十七末之"嘉靖二十五臘月十二日吳郡袁氏校刊"兩行；卷三十八末之"嘉靖丙午十月望日吳趨陸家雕"一行；卷三十九末之"丙午十月望日重雕殳涇"一行；卷四十末之"此蜀郡廣都縣裴氏善本，今重雕于/汝郡袁氏之嘉趣堂嘉靖丙午春日/國朝改廣都縣為雙流縣屬/成都府"四行；卷四十一首之"藏亭"兩字，末之"藏亭/付抨板十四片、陸板五片/嘉靖丁未三月吳趨陸潮雕、羅模"四行；卷四十二末有"嘉靖丁未春二月羅模"一行；卷四十三末有"丁未四月三日羅模"一行；卷四十四末有"嘉靖丁未六月初八日李宗信雕"一行；卷四十五末有"丁未歲六月望羅模"一行;卷四十六末有"嘉靖丁未年夏晦日藏亭記/閏九日記羅模"兩行;卷四十七末有"羅模"兩字;卷四十八末有"丁未八月朔日羅模/十一月廿三日付雕"兩行;卷四十九末之"小字顧補寫戊申正月"一行;卷五十末有"嘉靖丁未臘月立春日李宗信雕/羅模"兩行;卷五十一末有"戊申正月顧寫/正月廿一日付板全二抨十五草板十七塊俱□如"兩行;卷五十一末有"毋昭裔貧時常借《文選》不得,發憤曰'異日若貴,當板鏤之以遺學者'。後至宰相,遂□其言。出《揮麈錄》"三行;卷五十四末之"戊申二月十一日李宗澄雕、顧寫"一行;卷五十五末之"戊申三月十八日李宗澄雕模宋本雕"一行;卷五十六末之"戊申孟夏十三日李清雕、顧模"一行;卷五十八末之"戊申桂月黃模全卷"一行;卷五十九末之"嘉靖戊申蜡月十二日劉采等雕";卷六十末之"吳郡袁氏善本新雕"八分書刊記兩行。

每冊俱鈐天祿繼鑑諸璽,前後副葉所鈐爲"大三璽",每冊首頁卷端下鈐一"趙"字白文印,無其他私家藏印。《天目後編》原記六函二十冊,實爲六函三十一冊。

《故宮善本書目》記其作"明嘉靖間吳郡袁褧復宋廣都裴氏本"。《"國立故宮博物院"善本舊籍總目》,下冊,第1190頁。

785(2)六家文選六十卷(又一部)

明嘉靖十三至二十八年(1534—1549)吳郡袁褧嘉趣堂刻本。原書六函六十冊,存卷四十二,計一卷,一冊,現藏中國國家圖書館(新編書號1268)。

行款、版式同上(圖19-1)。

圖19-1

版本同上,覆刻宋廣都裴氏本。《天目後編》卷十九著錄此本與前本"係一版摹印,袁褧識佚",誤。此爲明版集部所著五部《六家文選》之第二部。

每冊俱鈐天祿繼鑑諸璽,前後副葉所鈐爲"大三璽",無其他私家藏印。

1959年自故宮調撥。書頁霉爛殘缺。2013年編目,2016年春修復完成,在中國典籍博物館"民族記憶精神家園——國家珍貴古籍特展"上展出。

785(3) 六臣注文選六十卷

明萬曆二年(1574)崔孔昕新都刻六年(1578)徐成位修訂本。四函三十冊,現藏臺北"故宮博物院"(書號故善 011863—011892)。

匡高 25 釐米,廣 15 釐米。每半葉九行,行十八字,小字雙行同。白口,四周雙邊,單線魚尾。版心中刊"文選某卷",下刊葉次。卷前有《刻文選序》,題"新都汪道昆撰",署"萬曆二年二月二日"。又蕭統撰《文選序》,又《梁昭明太子小傳》,後有徐成位識語。又呂延祚《進五臣集註文選表》,又《李善上文選註表》。又田汝成《重刻文選叙》,後有"大明萬曆六年夏五月重錄"一行。汪道昆序後有"冰玉堂重校"一行,目錄後有"見龍精舍重校"一行。首卷卷端題"六臣註文選卷第一"。隔行下題"梁昭明太子蕭統撰、唐李善、呂延濟、劉良、張銑、李周翰、呂向註"。白棉紙,紫色織金織錦四合函套,翠藍色絹質書衣,黃綾書籤,書"明板六臣注文選"。

此本爲明萬曆甲戌崔孔昕、党馨、朱守行、郭宗磐刊本,汪道昆序有"崔大夫治新都,壹稟於躬化……其業博士諸生,則梓昭明善本而布之"之語。越五年戊寅,徐成位重校,並刊《昭明太子小傳》及田汝成《重刻文選序》。《梁昭明太子小傳》後有徐成位識十行,略云山東崔大夫領郡重爲剞劂,但校讎者鹵莽,中多舛訛,甚以俗字竄古文,觀者病之,暇日屬二三文學詳校,凡正一萬五千餘字云。署"萬曆戊寅季夏吉雲杜徐成位識"。卷五十七後,各卷末或題"冰玉堂重校",或題"見龍精舍重校",字體與正文不同,顯係後刊。

每冊俱鈐天祿繼鑑諸璽,前後副葉所鈐爲"中三璽",無其他私家藏印。有清室善後委員會點驗掛籤。

《故宮善本書目》記其作"明萬曆二年崔孔炘等刻六年徐成位重校本"。《"國立故宮博物院"善本舊籍總目》,下冊,第 1190 頁。

786 六家文選六十卷

明嘉靖十三至二十八年(1534—1549)吳郡袁氏嘉趣堂刻本。三函二十四冊,現藏臺北"故宮博物院"(書號故善 012116—012139)。

匡高 24.2 釐米,廣 18.5 釐米。每半葉十一行,行十八字,小字雙行二十六字,白口,左右雙邊,上雙隔線(卷十三葉二十,單魚尾),下單隔線(偶雙隔線、亦有無隔線者)。版心中刊"文選幾卷",下隔線下方(或上方)

記頁次，下記刻工：信（或信之、之）、淮、宗、宗信、吳、袁（或袁電）、袁子威、劉（或劉采）、云（或五云）、日、李（或李清、清）、徐、敖、華、因、唐（或唐瓊）、陸儒（或儒）、陸、珮、潮、李宅（或宅）、孜（或陸孜）、周、廷（或廷秀、秀）、安（或李安）、先（或六先）、高、高良仁（或仁）、高臣、良臣、王、六、張曾、章、舉（或六舉）、六奎、陸敖、憲、齊之（或濟之、齊）、潘子齡、馬、啟明、日（或張日）、王良智、章守中（或守中）、恩、李耀、徐南、呂、揚仁、吳江、心、金、忽、其、何、何祥、子沽、陳鑑、章思正（或正）、免（或何免）、高文湛（或湛、文湛）、六如、雇、潘、章、下、夏、李文彩、彩、昂、付、日、永日、周永、言、和、松、陳、張溱、意、明、沈、林、楊、賢、文祥。卷前有梁昭明太子《文選序》，又李善《上文選注表》，又呂延祚《進五臣集註文選表》。首卷卷端題"六家文選卷第一"，隔行下題"梁昭明太子撰唐五臣注崇賢館直學士李善注"三行。白棉紙，粉色絹質書衣，黃綾書籤，書"六家文選"。

　　袁褧刻本於各卷末原有近三十處題記，幾乎都遭割補，存卷四一，卷端下有"藏亭"二字。卷四一末，卷尾下有"藏亭"二字。卷四七末，最後一行有"羅模"二字。卷五九，葉九誤刻成"八"。墨筆改成"九"。

　　《天目後編》云："篇目見前宋版集部，明刊大字本。"此爲明版集部所著五部《六家文選》之第四部。

　　每冊俱鈐天祿繼鑑諸璽，前後副葉所鈐爲"大三璽"，無其他私家藏印。

　　《故宫善本書目》記其作"明袁褧復宋本"。《"國立故宫博物院"善本舊籍總目》，下冊，第1190頁。

786(2) 六家文選六十卷（又一部）

明嘉靖十三至二十八年（1534—1549）吳郡袁氏嘉趣堂刻本。二十冊，現藏中國國家圖書館（新編書號1273）。

　　行款、版式同上。黃絹籤題"明版六家文選第某冊"。

　　版本同上。《天目後編》提要云："同上，袁褧仿廣都裴宅本，摹印稍後。"此爲明版集部所著五部《六家文選》之第五部。

　　每冊俱鈐天祿繼鑑諸璽，前後副葉所鈐爲"中三璽"，無其他私家藏印。

　　1959年自故宫調撥，書頁潮濕霉爛，卷十至二十一最重。2013年編目。

786(3)唐文粹一百卷

明嘉靖八年(1539)晉藩養德書院刻本。八函四十冊，現藏臺北"故宮博物院"(書號故善010830—010869)。

匡高20.5釐米，廣13.5釐米。每半葉十三行，行二十一字，小字雙行同，白口，四周單邊。版心中兩橫線間刊"文粹卷幾"及葉數，版心下方偶記刻工名：奉、中、仲、桑、現、梅、每、陳每、陳、州、卜、正、肖、周、吳、鸞、白、舒、吳澤、業、李欒、劉、合、臣、李親、寶、玉。卷首有嘉靖八年五月十三日皇帝璽書一道；次晉王知烊進呈章奏一道，署"嘉靖八年歲在己丑七月吉旦晉王臣知烊稽首頓首謹書"；次《重刊唐文粹序》，署"嘉靖五年丙戌仲秋朔旦晉藩志道堂書于勅賜養德書院"；次《文粹序》，隔行下題"吳興姚鉉述"。卷末有《文粹後序》，署"寶元二年嘉平月殿中侍御史吳興施昌言叙"，次《刻唐文粹後序》，署"嘉靖七年龍集戊子夏六月上旬晉藩養德書院識"，並刊"恪遵祖訓"、"世守晉挹"二印。首卷卷端上題"唐文粹第一"，下題"古賦總三首"，另行下題"吳興姚鉉纂"。白棉紙，新裝藍布四合函套，黃綠色地朵花宋式錦書衣，黃綾題籤，書"明板唐文粹"。

《天目後編》云此本："前有嘉靖八年璽書，蓋晉王知烊刻《文選》、《文粹》、《文鑑》、《文類》、《文衡》諸書上進，賜此褒美，因刻冠書首，並跋。又序著晉藩志道堂書於敕賜書院。末有後序。"卷十五下、十六下、十七下、十八下、十九上、二十一、三十三、四十一、四十三、四十五、四十九、五十、五十二、五十五上、五十五下、五十七、六十二、六十三、六十七、七十、七十一、七十三、七十四、七十七、八十四、九十、九十三、九十七、九十九，卷末尾題前有"晉府/勅賜養德書院校正重刊"兩行刊記。

《重刻唐文粹序》云："是書舊有南建書房板，脫落殊甚。茲特繡梓廣布……"後有《刻唐文粹後序》云："《唐文粹》既刻完，然而辭賦詩歌固睥睨數代而高出矣，第於脩己治人之方，猶恐或緩。"《中國善本書提要》、《中國古籍善本書目》都著錄爲嘉靖八年刻本，然而據序，雕版竣事，或可定於明嘉靖七年。相比徐焞刻本，晉藩本字間距略大，顯得版式略爲疏朗，字體遠不如徐本規整秀麗。

每冊俱鈐天祿繼鑑諸璽，前後副葉所鈐爲"中三璽"，無私家藏印。

《故宮善本書目》記其作"明嘉靖八年晉藩志道堂刻本"。《"國立故宮博物院"善本舊籍總目》，下冊，第1205頁。

787 唐文粹一百卷

明嘉靖八年(1539)晉藩養德書院刻本。十二冊，現藏中國國家圖書館(新編書號 1276)。

匡高 20.4 釐米，廣 14.1 釐米。每半葉十三行，行二十一字，白口，四周單邊。黃絹籤題"唐文粹"。

《天祿琳琅書目後編》卷十九明版集部著錄四部《唐文粹》，兩部爲晉藩刻本，兩部爲"明翻宋本"。《天目後編》云："同上，係一版摹印，其璽書，前、後序，並佚。"據書前嘉靖八年(1529)璽書，知爲晉王朱知烊所刻。《中國古籍善本書目》著錄此版爲"明嘉靖八年(1539)晉藩養德書院刻本"。

每冊俱鈐天祿繼鑑諸璽，前後副葉所鈐爲"中三璽"。卷首有"養德書院之印"大印，其中的"印"字應爲"記"，卷十六首也有此印。

1959 年自故宮撥交，撥交清冊記爲"明嘉靖晉府刻本"，12 冊，頁有潮濕、霉爛，尤以第 1、12 冊爲重。"2013 年編目，定爲"明嘉靖五至七年(1536—1538)晉府養德書院刻本"。

787(2) 唐文粹一百卷（又一部）

明覆刊嘉靖甲申(三年，1524)姑蘇徐氏本。四十冊四函，現藏臺北"故宮博物院"(書號故善 013362—013401)。

匡高 20.2 釐米，廣 14 釐米。每半葉十四行，行二十五字，白口(偶有粗黑口)，左右雙邊，單魚尾。版心中刊"文粹幾"及葉次，下有刻工，有陳兵刊、李潮、李青、余榮、順清、吳左郎、廷璉、曾記安、陳佛賜刊、書戶詹玉寶、余仕貴、余華、葉深仙、范自求刊、王壽、朱元安、張祐、肖、甫、先、江元真、黎漢、陳賜八、吳六耳、熊山、葉伯哉、劉成郎、江元富、劉松、余本正、張壽、艾毛刊、吳富刊、安本、朱順宝刊、章景華、危長刊、刊字匠余昭、書戶鄭喬年等。卷前有姚鉉序。後有寶元二年吳興施昌言序。首卷卷端題"重挍正唐文粹卷第一"，隔行下署"吳興姚鉉纂"。白棉紙。淺綠色灑金箋紙質書衣(或新裝淺藍色絹制書衣)，古色紙書籤，書"唐文粹"及本冊卷次。

《天目後編》提要僅云："篇目同前宋版集部，明翻宋本。"姚序、卷一百後有割補痕蹟，占六行，似是曾有刊記。此本與《天目後編》卷十一元版集部所著錄之第二部《唐文粹》同版，皆是覆刊徐焴本，且紙墨優於前本。

每冊俱鈐清宮天祿繼鑑諸璽，前後副葉所鈐爲"中三璽"，無私家藏印。

《故宫善本書目》記其作"明嘉靖三年姑蘇徐焴刻本"。《"國立故宮博物院"善本舊籍總目》，下册，第1205頁。

787(3)唐文粹一百卷（又二部）

明嘉靖三年(1524)姑蘇徐焴刻本。原書四函四十册，其中卷二十五至二十六、九十九至一百，計四卷，二册，現藏中國國家圖書館（書號18595）；卷二十九至三十下，計兩卷，一册，亦藏中國國家圖書館（新編書號1303）；卷四十六至四十八，一册，現藏芷蘭齋；卷四十下至五十五、五十九至六十一，計十九卷，五册，中國嘉德1998年春拍。①其中卷四十四至四十五、四十九至五十五、五十九至六十一，計十二卷，四册，1998年11月爲臺北故宮購藏（書號購善002399－002402）；卷六十二至六十四，計三卷，一册，嘉德2003年春拍。②現藏臺灣潘思源處（潘目書號皇103/北2）；卷六十五至六十六，計兩卷，一册，嘉德2001年秋拍。③保利2010年夏季拍賣會上再次現身，2012年嘉德秋拍再次上拍，④現藏臺灣潘思源處（潘目書號皇104/北）；卷六十七至七十二，計六卷，二册，1999年中國嘉德秋拍，⑤現藏臺灣潘思源處（潘目書號皇105/北2）；卷八十二至八十七，計六卷，二册，中國嘉德1997年春拍，⑥現藏臺灣潘思源處（潘目書號

---

① 中國嘉德國際拍賣有限公司1998年春季拍賣會古籍善本專場，拍品第1186號。其中四册，卷五十九至六十一，再次上拍於北京翰海2000年春拍，此據北京翰海拍賣有限公司編：《翰海·書畫卷》，1994—2004年卷（文物出版社2004年版）。

② 中國嘉德國際拍賣有限公司2003年春季拍賣會古籍善本專場，拍品第1626號，成交價7.48萬元人民幣。

③ 中國嘉德國際拍賣有限公司2001秋季拍賣會古籍善本專場，拍品第1656號。以18.7萬元人民幣成交，詳見姜尋編：《中國古籍文獻拍賣圖錄》(2001—2002年)，第110—111頁。2010年6月2日保利拍賣公司夏季拍賣會上，明刻《唐文粹》，存一册，存六十五、六十六卷，以103萬元人民幣成交。

④ 中國嘉德國際拍賣有限公司2012年秋季拍賣會古籍善本專場，拍品第5720號，成交價79.45萬元人民幣。

⑤ 中國嘉德國際拍賣有限公司1999年秋季拍賣會古籍善本專場，拍品第498號，成交價14.3萬元人民幣。

⑥ 中國嘉德國際拍賣有限公司1997年春季拍賣會古籍善本專場，拍品第655號，成交價11萬元人民幣。

皇106/北2）；卷九十六至至九十七，一冊，現藏私人手中。①

匡高20.4釐米，廣14釐米，尺寸大小同嘉靖三年姑蘇徐焴覆宋刻本，版心下刻工及各卷後刊記盡被剜除。臺北故宮藏本卷四十五末有"嘉靖甲申歲太學生姑蘇徐焴文明刻於家塾"一行。

《天目後編》提要云："版本同上，係一版摹印。"

每冊俱鈐天祿繼鑑諸璽，前後副葉所鈐爲"中三璽"，無其他私家藏印。

芷蘭齋、臺北故宮與潘思源先生所藏部分爲一部散出，皆朵花宋式錦四合函套，朵花宋式錦書衣，黃綾書籤及套籤，書"唐文粹"。潘思源所藏中尚見夾有白紙籤題"明版唐文粹"及冊數。所見三家所藏之副葉三璽，尺寸皆爲略大的一套。

國家圖書館所藏一冊，2013年編目。

北京私人藏家所藏卷九十六至九十七，一冊，已經改裝，清宮原裝書衣不存。鈐有"馬氏藏書"朱文長印、"伯達之印"朱文方印及"仲晦"朱文方印各一，爲陳伯達舊藏。

787(4) 文苑英華一千卷

明隆慶元年(1567)胡維新、戚繼光福州刻本。原書一百冊，存目錄、卷一至十一、二十三至一一七、一二九至一三九、一五一至二百、二七六至三五九、三六九至三七九、四零一至四一九、四四五至五三二、五六三至六一九、六四五至六五九、六七七至七一九、七八零至七九一、八四四至八五四、八七八至八八九、九一零至九三四、九四六至九五七、九七零至九八八，計五百八十五卷，六十冊，現藏中國國家圖書館（新編書號1277）；卷六百二十至六百四十四、卷六百六十至六百七十六、卷七百二十至七百二十八、卷九百至九百零九，計六十一卷，六冊，現藏甘肅省會寧縣圖書館（書號集0004）。

匡高21.1釐米，廣15.2釐米。每半葉十一行，行二十二字，小字雙行同，白口，四周單邊。版心上刊"文苑英華"，中刊卷次及葉次，下有刻工劉亨等。首卷卷端上題"文苑英華卷第一"，下題"賦一"。書衣黃絹籤題"文苑英華卷之幾"。

---

① 2016年6月14日中國書店張曉東先生告知，在私人藏家手上看到《唐文粹》一冊，明刻本，存卷九十六至九十七，正是此部明版散出者。

《天目後編》提要云："至明隆慶元年，巡按福建、御史胡維新檄福州知府胡帛、泉州知府萬慶校梓，維新自序，又涂澤民序。"此爲福建巡撫胡維新、戚繼光等任上所刊，《中國版刻圖錄》上有刊刻銜職人名頁書影。據抄本覆刻，脫誤纍纍，不及宋本遠甚。

每冊俱鈐天祿繼鑑諸璽，前後副葉所鈐爲"中三璽"，無其他私家藏印。

1959年自故宮調撥，其中書頁霉爛者9冊，破爛不堪者4冊。2013年編目。

788 文苑英華辨證十卷

宋嘉定刻元明遞修本。一冊一函，現藏臺北"故宮博物院"（書號故善002046）。

匡高19釐米，廣13.9釐米。每半葉十行，行十七字，小字雙行同。細黑口，左右雙邊，雙魚尾。版心上刊大小字數，中刊"卞幾"或"卞證幾"及葉次。書前有《文苑英華辨證敘》，署"嘉泰四年冬十有二月己丑朔鄉貢進士廬陵彭叔夏謹識"。有目錄。宋諱"桓"、"徵"、"貞"、"湞"、"讓"、"恒"、"慎"、"敦"、"玄"等字闕末筆，避諱謹嚴。卷一前二葉、卷四第四葉闕。竹紙，紙色古雅。黃綠色地宋式錦插套，殊爲少見。書經重裝，石青杭細書衣，無書籤。包背裝。

《天目後編》云："周必大既請以祕閣《文苑英華》校勘繕寫，未能盡善，退休後，求別本與士友詳議校正，注逐篇之下。必大自序，見所著《平園集》，事在嘉泰四年。是書叔夏自序，述必大命以校讎，恐散在本文，覽者難徧，故勒成十卷。作序年月正同，蓋所謂士友其人也。"此本"續添"者以小字長圈別出。宋諱闕筆至"廓"字（卷四第三頁Ａ面），故臺北故宮定爲南宋寧宗時所刊。有遞修頁。卷十第二頁Ｂ面"山戎"下以墨筆雙行小字書"西伐大夏涉流沙"七字。《中國古籍善本書目》記僅上圖有"宋刻元修本"一部。

每冊俱鈐天祿繼鑑諸璽，前後副葉所鈐爲"中三璽"，目錄下有"繼宗"朱文方印，爲《天目後編》失載。

1929年出版之《故宮善本書影初編》收錄。《故宮善本書目》記其作"宋刻本"。《"國立故宮博物院"善本舊籍總目》，下冊，第1193頁。

《欽定天祿琳琅書目後編》卷二十

明版集部

789 宋文鑑一百五十卷

明嘉靖五年(1526)晉藩養德書院刻本。五十冊六函,現藏臺北"故宮博物院"(書號故善 013402—013451)。

匡高 19.2 釐米,廣 12.8 釐米。每半葉十三行,行二十一字,小字雙行同,左右雙邊,黑口,雙順魚尾。版心下有刻工李合、工、李鸞、文、鸞合、臣合、吳翠等。卷前前有周必大《宋文鑑序》,又呂祖謙《奉旨銓次劄子》及《謝賜銀絹除直祕閣表》。首卷卷端題"宋文鑑卷第一",另行題"朝奉郎行祕書省著作佐郎兼國史院編修官兼權禮部郎官臣呂祖謙奉聖旨銓次"二行。白棉紙,棕地團龍紋織錦四合函套,藍絹書衣,黃綾書籤,書"明板宋文鑑"。

書一百五十卷,目錄三卷。首卷、卷八、卷十六、卷二四、卷三二、卷四七、卷六三、卷一二九、卷一三六、卷一四四,各卷首頁上方鈐"敕賜養德書院"朱文大方印。《天目後編》云:"版式與《唐文粹》同,亦明晉藩刻本。"別本卷前有"重刊宋文鑑序",署"嘉靖五年朱知烊晉藩志道堂書於賜養德書院",書末有"刻宋文鑑後序",署"嘉靖七年龍集戊子夏六月之吉晉藩養德書院"。晉王朱知烊好刻書,明世宗賜養德書院,故有"敕賜養德書院"印。"其版式行款與明天順間嚴州府翻刊宋慶元庚申(六年,1200)太平府學本相似,當是據改本而翻刻者。文中仍避宋諱,遘、相、敦、惇、廓等字均加墨圍或括弧。"①

每冊俱鈐清宮天祿繼鑑諸璽,前後副葉所鈐爲"中三璽"。有清室善後委員會點驗掛籤。

---

① 《"國家圖書館"善本書志初稿》,集部第四冊,第 33 頁。

《故宮善本書目》記其作"明嘉靖五年(1526)晉藩志道堂刻本"。《"國立故宮博物院"善本舊籍總目》，下冊，第1210頁，著錄爲"明嘉靖五年(1526)晉藩至道堂刻本"。

790 宋文鑑一百五十卷（又一部）

明嘉靖五年(1526)晉藩養德書院刻本。其中卷一至七十二、卷一百一十三至一百五十，計一百一十卷，三函十五冊，現藏臺北"國家圖書館"（書號403.251/15566）；卷七十三至一百一十二，計四十卷，五冊，現藏中國國家圖書館（新編書號1278）。合兩岸所藏，即爲全璧。

匡高19.5釐米，廣13釐米。每半葉十三行，行二十一字，小字雙行同，左右雙邊，黑口，雙順魚尾。版心中記文鑑幾及葉次。卷前前有周必大《宋文鑑序》，又呂祖謙《奉旨銓次劄子》、《謝賜銀絹除直祕閣表》，又《宋文鑑總目》及目錄。首卷首卷題"宋文鑑卷第一"，另行題"朝奉郎行祕書省著作佐郎兼國史院編修官兼權禮部郎官臣呂祖謙奉聖旨銓次"小字二行。白棉紙，紫紅色絹製書衣，黃綾書籤，書"宋文鑑"。

《天目後編》云："同上，係一版摹印。"亦如前一部，佚失晉藩刻書序跋。存世有些晉藩刻本卷首上方鈐"敕賜養德書院"朱文大方印，如《第三批國家珍貴古籍名錄圖錄》第7冊第09504號，此二部天祿書皆無。

每冊俱鈐天祿繼鑑諸璽，前後副葉所鈐爲"中三璽"。臺北"央圖"本上另有"剛伐邑齋藏書"白文長印、"玄冰室珍藏記"朱文長印、"湘潭袁氏滄州藏書"朱文長印、"國立中央圖書館收藏"朱文方印。《剛伐邑齋藏書志》云"此明天順八年覆宋刊本也"，並引邵氏《四庫簡明目錄標注》"明天順八年刊本。半葉十三行，行十四字。前有周必大序，題銜非篆非隸，抬頭行款，如宋版式"，以爲與此本俱合。又云："每冊皆鈐僞乾隆璽，原目注天祿琳琅藏本者誤也，蓋書估欲僞託宋本也。"① 實則此即天祿原本，著錄於《天目後編》卷二十之明版集部，袁氏誤矣。

國圖所藏5冊書頁濕漬、霉爛。1959年自故宮調撥。2013年編目。

790(2) 元文類七十卷

明嘉靖十六年(1537)晉藩至道堂刻本。十二冊二函，現藏臺北"故宮

---

① 《剛伐邑齋藏書志》，第469頁。

博物院"（書號故善 005137—005148）。

匡高 20.7 釐米，廣 15 釐米。每半葉十行，行十九字，白口，四周單邊，單魚尾。版心中刊"元文類卷幾"及葉次，下有刻工奉、臣、堂、合、名、耿、葉、大、祥、堂、任等字。卷有《晉藩重刊元文類序》，署"嘉靖丁酉春二月之吉誥授奉政大夫階加正四品服色"。又元統二年監察御史王理、國子監助教陳旅二序。卷後有元統三年三月三日太原王守誠跋。首卷卷端題"元文類卷第一"，次行低一格題"賦"。白棉紙，深藍色織金團龍萬字紋織錦四合函套，湖藍色絹制書衣，黃綾書籤，書"元文類"。

書七十卷。重刊序有"我志道堂先王殿下崇禮嗜學，書籍有未覩者必購求之，近穫前五種文集，嘆曰：'予處親藩積數十載而始得，況海內之士安能遍觀其全書乎？'遂捐貲庀工通刻之，惟《文類》未完遂得疾薨。迄今我虛益堂賢王殿下仰承先王之統，克紹厥志，乃命承奉楊葆復舉行之，以成其美，又命臣朋爲序"，云云，署末有闕（第六頁右之首一行），並非挖補，似墊板所致，蓋刊印時間不同，官名職銜已有變化。按，此序爲馬朋所譔，"服色"後乃"長史司左長史臣馬朋謹序"一行。重刊序版心上小字刊"晉府重刊"四字。所稱"志道堂先王"，明晉端王知烊也，《明史》卷一一六有傳。知烊刊有《昭明文選》、《唐文粹》、《宋文鑑》、《元文類》、《明文衡》五種刻本，嘉靖十二年薨，惟《元文類》未成。無子，再從子簡王新㙉襲，即"虛益堂賢王"也，乃繼成之。

版刻風貌頗似活字版，字體多有歪斜，墨色亦不勻，但邊框整齊，並有整葉斷版。或以爲"此書雖係晉藩所刊，其版式行款略如元至正間西湖書院刊本，當是據西湖書院本重刻而稍加變動。此乃刻書中正常現象。唯此書版匡高低盈縮不一，版心魚尾或黑或白，字體行狀大小亦復多歧，篇題下又時常漏書作者名字，疑此本並非同一刻，其中多有改版修補者"①。

每冊俱鈐清宮天祿繼鑑諸璽，前後副葉所鈐爲"中三璽"。有清室善後委員會點驗掛籤。書中夾浮籤一頁，爲"國立中央博物圖書院館聯合管理處便條"，有墨筆書"按此文松雪齋不錄，四十一年據石印手書本校勘一過，時共文物居臺省霧峯。莊嚴"。莊嚴，字尚嚴，1924 年北京大學哲學系畢業，歷任北大研究所國學門助教、故宮博物院古物館第一科科長等職。1948 年押運故宮文物抵臺，後定居臺灣，曾任臺北"故宮博物院"文

---

① 《"國家圖書館"善本書志初稿》，集部總集類，第 71 頁，書號 14251。

物館館長、臺北"故宮博物院"副院長,卒於1980年。

《故宮善本書目》記其作"明嘉靖十六年晉藩刻本"。《"國立故宮博物院"善本舊籍總目》,下冊,第1213頁。

791 周秦兩漢文選十二卷

明萬曆四十三年(1615)周子文刻本。十二冊一函,現藏臺北"故宮博物院"(書號故善001918—001929)。

匡高20.2釐米,廣13.8釐米。每半葉九行,行十八字,白口,四周單邊,單魚尾,眉上鐫評,通高三字,亦見小字高五字者。版心中刊"幾卷"及葉次,序之首頁版心下刊"何鏓刻"。卷前有《手錄周秦兩漢文序》,序後有裁割補紙一行。卷首卷卷端大題"周秦兩漢文選一卷",隔行下有"句吳尤瑛汝白父選錄,同邑周子文岐陽父校梓"兩行。白棉紙,絳紅絹質書衣,黃綾書籤,書"明板周秦兩漢文選"。

此書爲手書上板,字體獨特,刊刻特精。序中略云,因讀蘇子了瞻《李氏文房藏書記》,見其稱昔之時書籍鮮少,而得之者則手書諷誦不休,欽慕其做法,手錄數十篇藏之。《天祿琳琅書目後編》提要云:"蓋手錄讀本,因以槧木,故書法版式特精。""句吳"即今無錫,何鏓亦明中葉無錫地區雕版良工,此本刊於無錫。

按,經查上海圖書館藏本書首有《刻周秦兩漢文選序》,署"萬曆歲舍乙卯秋中周子文譔並書于來雲閣",言及編書及刻書事,稱"余從先生伯子鏗請歸梓之……伯子命中書君繕寫,授余剞劂氏"。次爲《手錄周秦兩漢文序》,署"嘉靖丁酉暢月既望廻溪居士尤瑛汝白甫譔",正是臺北故宮藏天祿本序後割去部分。故此本當改定爲"明萬曆四十三年周子文刻本"。

揆敍舊藏,有謙牧堂二印。每冊俱鈐天祿繼鑑諸璽,前後副葉所鈐爲"中三璽"。

《故宮善本書目》記其作"明嘉靖間尤氏寫刻本"。《"國立故宮博物院"善本舊籍總目》,下冊,第1196頁,著錄爲"明嘉靖無錫周子文校刻本"。

791(2) 秦漢文鈔十二卷

明萬曆十一年(1583)清音館刻本。二函十二冊,現藏臺北"故宮博物院"(書號故善001713—001724)。

匡高22.6釐米,廣13釐米。每半葉九行,行二十字,小字雙行同,左右雙邊，白口，版心上記"秦漢文鈔"，中記篇名及葉次，下記朝代及刻工、寫工，有"杭郡郁文瑞寫"、"曙刊"、"安刊"、"羅"、"昂"。眉欄鐫評，行間小字刻有夾批夾註。卷首有《秦漢文鈔序》，署"萬曆癸未冬十一月至日左司馬汪道昆著并書"。目錄版心下有"清音館雕"。首卷卷端題"秦漢文鈔"，次行低一格題"秦"，下題"古杭馮有翼君卿甫輯"。白棉紙，新裝織錦四合函套，芥黃色絹質書衣，黃綾書籤，書"明板秦漢文鈔"。

書十二卷。凡秦文三十四篇，西漢文八十九篇，東漢文三十五篇，採諸家評列於篇尾及上方。汪道昆序中有"有翼舉孝廉，世其業，則以先子藉秦漢文百六十首手澤存焉。余小子將版而傳之"。《天目後編》云其"書中以《楚詞》、《國策》概秦文，《前》、《後出師表》附之東漢，未免部居失當也"。《中國古籍善本書目》著爲"明萬曆十一年清音館刻本"，此本目錄版心下有"清音館雕"四字，與之同版。

每冊俱鈐天祿繼鑑諸璽，前後副葉所鈐爲"中三璽"，無其他私家藏印。另有"徐耿字愚齋"白方、"一字樗公"白方二印，爲《天目》失載。有清室善後委員會點驗掛籤。

《故宮善本書目》記其作"明萬曆十一年刻本"。《"國立故宮博物院"善本舊籍總目》，下冊，第 1198 頁，著錄爲明萬曆十一年（1583）古杭馮氏原刻本。

792 迂齋先生標注崇古文訣三十五卷

明吳邦楨等校刻本。十六冊二函，現藏臺北"國家圖書館"（書號 403.1/13656）。

匡高 20.1 釐米，廣 14.2 釐米。每半葉九行，行十九字，行間刊有小字夾註、標抹。左右雙邊，白口，單線魚尾。版心中刊文訣卷幾及葉次。卷前有寶慶丁亥姚珤序，卷後有寶慶三年陳森後敘。首卷卷端題"新刊迂齋先生標註崇古文訣卷一"，隔行上題"先秦文"，下題"松陵後學吳邦楨、吳邦杰校正"一行。目錄末有明人毛肇明手書題記一行："萬曆庚戌孟冬九日施九芝見贈"，鈐印二：曰"文煒"，曰"毛氏肇明珍藏圖書"。白棉紙，已非清宮舊裝，副葉上可見原書衣痕蹟，爲靛青色紙質書衣。

《天目後編》云："篇目見前元版集部。元係麻沙小字本，此本明人以大字重雕，故帙分較廣。"《中國古籍善本書目》著錄爲明刻本，字體、版式皆有嘉靖時期刊刻風格。

毛肇明，明萬曆間人，進士。除《天目後編》卷二十所記"羅浮長"、"文煒之章"等四印外,尚鈐"華陽國士珍祕之印"朱文方印、"劉武僖王後裔"白文方印、"永清朱樨之玖珊藏書之印"朱文方印、"綜覈名實"朱文橢圓印、"朱印樨之"白文方印、"玖聃"朱文長方印、"名鐵雲字銕雲"朱文方印、"蒼茫齋收藏精本"朱文方印、"蒼茫齋藏善本"朱文長方印、"高世異印"白文方印、"德啟"朱文方印、"國立中央圖書館收藏"朱文長方印。流出清宮後曾經直隸永清朱樨之、高世異收藏。朱樨之,字淹頌,號九丹,一作玖聃。直隸永清人。喜藏金石、書畫、珍本,有藏書處名叢碧簃。有長印"永清朱樨之字淹頌號九丹玖聃一號琴客又號皋亭行四居仁和里叢碧所蓄經籍金石書畫印信"記其字號、收藏及愛好。高世異,四川華陽人,據周越然《言言齋藏書目》卷六所載,"世異字尚同,一字德啟,號念陶,室名蒼茫齋,其生卒、仕歷均不詳"。高士異藏書甚富,常以宋本校書。藏書多歸天津周叔弢及美國國會圖書館。① 書經重裝,每冊副葉均無三璽。

792(2)漢魏六朝一百三家集一百十八卷

明崇禎婁東張氏刻本。原書六函四十二冊,存二十七家,二十八卷,十冊,現藏中國國家圖書館;其中二十六家、二十六卷,計九冊,書號18632;《江醴陵集》二卷,一冊,新編書號1279;另四十七家、四十八卷,十六冊三函,現藏臺北"故宮博物院"(書號故善009145—009160)。

匡高20.2釐米,廣14.2釐米。每半葉九行,行十八字。白口,左右雙邊,單線魚尾。版心上刊集名,中刊卷次、體裁及葉次。卷前有《漢魏六朝百名家集敘》,署"婁東張溥題八閩徐博繡梓"。有總目,題"漢魏六朝一百三家集總目"。集前各有題詞及目錄。卷端各題"明太倉張溥閱"。竹紙,新裝藍布函套,棕色絹製書衣,黃綾書籤,書"一百三家集"。

書一百十八卷。凡一百三家,漢九人,東漢十一人,魏十二人,晉二十二人,宋八人,齊六人,梁十九人,陳五人,北魏二人:高允、溫子昇;北齊二人,北周二人,隋五人。《天目後編》云:"蒐輯諸書所載詩文,並及斷篇逸句,人各爲集,集各題詞。"張溥自序云:"余自買長沙以下,迄隋河東,隨手次第,先授剞劂,凡百三家,卷帙重大,餘謀踵行。"此張溥自刻本。

《北京圖書館古籍善本書目》誤記爲二十五家,② 實爲二十六家。國

---

① 參見鄭偉章著:《文獻家通考》,第1723頁;馬珂著:《蒼茫齋高世異藏書知見兩種》,《上海高校圖書情報工作研究》,2007年第2期,第61頁。

② 《北京圖書館古籍善本書目》,第2647頁。

圖所藏二十六家爲：謝宣城集、謝光祿集、蕭竟陵集、高令公集、溫侍讀集、邢特進集、魏特進集、沈隱侯集卷之二、陶隱居集、丘中郎集、丘司空集、任中丞集、王右丞集、陸太常集、何衡陽集、傅光祿集、任彦升集、劉戶曹集、王詹事集、劉秘書集、劉孝儀集、劉豫章集、劉庶子集、鮑參軍集、袁陽源集、謝法曹集。

臺北故宮存賈長沙集、司馬文園集、董膠西集、東方大中集、褚先生集、王諫議集、劉中壘集、揚侍郎集、劉子駿集；馮曲陽集、班蘭臺集、崔亭伯集、張河間集、李蘭臺集、馬季長集、張河間集、李伯仁集、馬季長集、荀侍中集、蔡中郎集、王叔師集、孔少府集、諸葛丞相集、魏武帝集、魏文帝集、陳思王集、陳孔璋集、王侍中集、阮元瑜集、劉公幹集、應德璉集、應休璉集、阮步兵集、嵇中散集、鍾司徒集、杜征南集、荀公曾集、傅鶉觚集、張茂先集、孫子荆集、摯太常集、束陽平集、夏侯常侍集、潘黄門集、傅中丞集、潘太常集、梁元帝集。

每册俱鈐清宫天祿繼鑑諸璽，前後副葉所鈐爲"中三璽"，無其他私家藏印。書中尚有白紙舊簽，書"明版漢魏六朝一百三家集"及册數。有清室善後委員會點驗掛籤。

《故宫善本書目》記其作"明萬曆間張氏刻本"。《"國立故宫博物院"善本舊籍總目》，下册，第1198頁，著錄爲"明崇禎太倉張氏原刻本"國圖所藏《江醴陵集》一册，係1959年自故宫調撥，書頁蟲蛀、濕漬，2013年編目。

793 歷代文紀一百三十一卷

明崇禎梅氏刻本。原作十六函一百六十册，其中一百二十三册十四函，存《皇霸文紀》十三卷、《西漢文紀》二十四卷、《東漢文紀》二十八卷、《魏文紀》卷一至二、《晉文紀》十九卷、《宋文紀》十八卷。闕《西漢文紀》目錄上、《東漢文紀》卷二、卷三、卷七至九；《魏文紀》卷三至十八；《晉文紀》卷八、《吳文紀》四卷；《蜀文紀》二卷，凡二十八卷，計一百零四卷，現藏臺北"故宫博物院"（書號故善000562－000684）；另有《東漢文紀》卷二至三、七、九，計四卷，七册，現藏中國國家圖書館（新編書號1280）；《魏文紀》卷三至十八、《蜀漢文紀》、《吳文紀》全，計二十二卷，二十七册，亦藏中國國家圖書館（書號5207）。合兩岸所藏，僅闕《西漢文紀》目錄上、《晉文紀》卷八，三册。

此書一百三十一卷：《皇霸文紀》十三卷，《西漢文紀》二十四卷，《東漢文紀》三十二卷,《三國文紀》二十四卷,《晉文紀》二十卷,《宋文紀》十八卷,《南齊文紀》十卷,《梁文紀》十四卷,《陳文紀》八卷,《北齊文紀》三卷,《後周文紀》八卷,《隋文紀》八卷。各紀前自有目錄。

臺北故宮所藏部分:

《皇霸文紀》十三卷,匡高20.7釐米,廣14.1釐米。每半葉十行,行二十字,小字雙行同。白口,左右雙邊,單魚尾。版心上刊"文紀",中刊"皇霸卷幾"及葉次。有內封扉頁,上刻"崇禎壬午年蒐集",中間三行,依次爲:"宣城梅禹金先生纂輯"、"歷代文紀"、"定山堂珍藏"。書前有《文紀序》,署"崇禎己巳仲春望日眉道人陳繼儒譔",陳序版心下刊有"陳"字,或指陳繼儒序,非言刻工。首卷卷端題"皇霸文紀卷第一",隔行下署"江東梅鼎祚纂輯 男士都校閱"二行。目錄及卷一末有半葉撕補痕蹟。

陳繼儒序爲《歷代文紀》總序,不能確定《皇霸文紀》刻成時間。定山堂或許應是崇禎十五年蒐集、貯藏陸續出版各《文紀》書版的地方,而不能確定爲刊刻處。卷端題"江東梅鼎祚纂輯/男士都校閱"二行。其他各《文紀》之校閱、參訂人不盡相同,卷尾或署"男梅士都總校"、"男梅士都覆校",或署"男梅士好校"、"孫梅以聞校"。據各書序文所述,或可推測即爲該書之刊行者,臺北故宮原著錄爲"明崇禎十五年定山堂刊本",據以上可將此書版本著爲明崇禎間江東梅氏刊本。

《西漢文紀》二十四卷,匡高20.4釐米,廣14.2釐米。行款版式同上。版心上刊"文紀",中刊"西漢卷幾"及葉次。卷端題"西漢文紀卷第一",隔行下署"古鹽陳泰來參閱/江東梅鼎祚纂輯"二行。闕目錄上之葉一至二十五(第十一冊),《天祿琳琅書目後編》及故宮目錄上都未見說明,不知是否原闕如此。

臺北"國圖"藏本前有崇禎六年陳泰來序:"士林艷之,雖付剞劂,尚未奏功,及秦而止。余取兩漢,亟爲參閱,以督其成,因敘其簡端。"原著錄明崇禎己巳(二年)刊本,版本可具體爲明崇禎六年陳泰來刻本。

《東漢文紀》存二十八卷,匡高20.6釐米,廣14.3釐米。行款版式同上。版心上刊"文紀",中刊"東漢卷幾"及葉次。卷端題"東漢文紀卷第一",隔行下署"古鹽陳泰來參閱/江東梅鼎祚纂輯"二行。原著錄爲明崇禎間刊本。

《三國文紀》,其中《魏文紀》,匡高20.8釐米,廣14.8釐米。行款版式同上。版心上刊"文紀",中刊"魏卷幾"及葉次。首卷卷端題"魏文紀卷第一",隔行下署"豫章李右讜參定/江東梅鼎祚纂輯"二行。原著錄爲明崇禎間刊本。《吳文紀》四卷，行款版式同上，版心上刊"文紀"，中刊"吳卷幾"及葉次。首卷卷端題"吳文紀卷第一"，隔行題"豫章李右讜參定/江東梅鼎祚纂輯"一行。原著錄爲明崇禎刻本。《蜀漢文紀》二卷，行款版式同上，版心上刊"文紀"，中刊"蜀漢卷幾"及葉次。首卷卷端題"蜀漢文紀卷第一"，隔行題"豫章李右讜參定/江東梅鼎祚纂輯"一行。原著錄爲明崇禎刻本。

《晉文紀》存十九卷，匡高20.3釐米，廣14.2釐米。行款版式同上。版心上刊"文紀"，中刊"晉卷幾"及葉次。無序跋。首卷卷端題"晉文紀卷第一"，隔行下署"江東梅鼎祚纂輯/同邑詹應鵬參閱"二行。原著錄爲明崇禎間刊本，臺北"國圖"藏本前有崇禎三年詹應鵬《序》："昨秋予督運假歸，禹金長公無瑕袖所刻《文紀》一編視予，僅《皇霸》十三卷耳。問西晉，猶藏帷中。……乃錄以屬無瑕覆較而授諸剞劂，聊畢數十年前相訂之雅。"版本可詳爲明崇禎三年江東詹應鵬刊本。另，此本以棉紙刷印，與其他《文紀》多用竹紙不同，版印清晰。

《宋文紀》十八卷，匡高20.1釐米，廣14.1釐米。行款版式同上。版心上刊"文紀"，中刊"宋卷幾"及葉次。首卷卷端題"宋文紀卷第一"，隔行下題"晉陽張煊、燕中周維新訂閱/江東梅鼎祚纂輯"二行。卷前有《宋文紀序》，署"崇禎十年丁丑臘月八日賜同進士出身文林郎巡按應天等處監察御史晉陽張煊書于姑孰之端公堂"；次《宋文紀序》，署"婁東張溥題"。原著錄爲明崇禎十年端公堂刊本。張煊《序》曰："禹金歿，家貧不能行其書。後先好古者，嘗節次付剞劂氏，然自兩漢西晉而止，東晉宋齊以下諸紀未克盡傳。頃奉簡書按部宛陵讀而好之，欲亟睹其全書以公海内，迺蠲俸屬同籍郡守周君壽之梓，先成宋文紀十八卷，而東晉諸紀則復屬余宣令力任之。"署崇禎十年丁丑臘月八日，已跨至1638年。張溥《序》曰："梅禹金先生集《歷代文紀》，其署可配國史。《皇霸文紀》、《兩漢》、《三國》、《西晉》，已懸國門，《東晉》迄于陳隋，尚藏未出。……(余)特寓書朗三，索觀《文紀》，傾笥授受，惟所已刻，其未版行者，子孫典守，不輕假借。……晉中張葆光侍御……軺軒遠訪，下詢芻蕘，遂檄郡國，盡刻梅氏諸文紀，通行方寓，而郡守周侯好古襄成。《宋文紀》先竣，朗三屬余簡首。"版本可詳爲明崇禎間吳右讜刻本。

臺北故宮所藏平館本前有周維新《序》："惜卷冊浩衍，刻本迄晉而止，宋齊而下未傳也，維新竊有意焉。河東張公持斧按部，篤好是書，下檄板行，適與願會，乃屬禹金之子士好覆校而壽之梓，先成宋文紀十八卷。"故此版本可具體爲明崇禎十年寧國知府周維新刊本。

《天目後編》云："按：鼎祚作此書，意以配馮惟訥《詩紀》。然以文較詩纂輯較爲不易，鼎祚以一諸生，竭數十年之心力爲之，至其子士都易產行書，友朋佽助陸續附之剞劂，故傳本卷帙參差不一。《四庫全書》所載尚有《南齊文紀》十卷、《梁文紀》十四卷、《陳文紀》八卷、《北齊文紀》三卷、《後周文紀》八卷、《隋文紀》八卷，爲此本所無，而此本之魏、蜀、吳三編二十四卷，亦《全書》所未載。至北魏一代，兩本俱闕。鼎祚當日曾否有書，已未付刻，併無可考據矣。要之，是書畫代爲斷，各自成書，非可以闕佚例，且刻成即已盛行，隨時所得，先後不同故也。至鼎祚別纂《釋文紀》四十五卷，名雖相沿，更不應闌入此書矣。"

《中國古籍善本書目》著錄爲《文紀十五種》二百七十一卷，明崇禎刻本。綜合以上各書，參閱、參定者不是刻書者，此部天祿書之版本，可簡爲"明崇禎間刻本"。

除《晉文紀》外都是竹紙，書經重修，藍布四合函套，墨綠紙製書衣，白紙書籤，書"明版歷代文紀"及冊次。

季振宜舊藏，有"季振宜"、"滄葦"、"季振宜藏書"、"季印振宜"、"御史振宜之印"諸印。每冊俱鈐清宮天祿繼鑑諸璽，前後副葉所鈐爲"中三璽"。有清室善後委員會點驗掛籤。

《故宮善本書目》記其作"明崇禎間梅氏刻本"。《"國立故宮博物院"善本舊籍總目》，下冊，第1197頁。國圖所藏七冊，係1959年故宮調撥。書頁蟲蛀、霉爛，破損不堪，2013年編目。

794 妙絕古今不分卷

明翻嘉靖三十四年（1556）贛郡蕭斯馨古翰樓刻本。二冊一函，現藏臺北"故宮博物院"（書號故善003110－003111）。

匡高20.5釐米，廣13.9釐米。每半葉八行，行十七字，小字雙行同。白口，左右雙邊單線魚尾。版心中刊"妙絕古今"，下刊葉次。刊有句讀，行間刻有小字夾批。卷前有《妙絕古今序》，署"宋寶祐丁巳三月紫霞老人題"。正文無卷題。闕補第七十一、七十二兩葉。棉紙，書有蟲蛀。綠色地圖案紋織金織錦四合函套，絳紅色絹製書衣，黃綾書籤，書"妙絕古今"。

無目錄，不分卷，每人每篇皆另頁重起。《天目後編》僅云："篇目同前宋版集部。明大字本。"

《中國古籍古籍善本書目》著錄有明嘉靖三十四蕭蘭刻本年及明蕭氏

古翰樓刻本兩種，行款版式俱同，區別在於前者版心上刊"蕭氏古翰樓"，下有刻工劉价（介）、戴鋭（兑）、鋭、父等，文後有"贛郡蕭氏古翰樓刻"牌記一行；後者附刻句讀、旁圈及尖點，字旁小字批註亦照刻。臺北"國家圖書館"藏有一部明嘉靖間贛郡蕭氏古翰樓刊本以及翻刊本，經比對書志敘述與書影，①復參考《明代版刻綜錄》，版本可著錄爲明翻嘉靖三十四年贛郡蕭斯馨古翰樓刻本。

鈐"華竹幽窗"、"金券讀殘書"、"四五百竿竹貳三千卷書"印。每册俱鈐清宫天祿繼鑑諸璽，前後副葉所鈐爲"中三璽"。有清室善後委員會點驗掛籤。

《故宫善本書目》記其作"明刻大字本"。《"國立故宫博物院"善本舊籍總目》，下册，第1194頁，著錄爲明刊大字本。

795 妙絶古今不分卷

明嘉靖四十二年（1563）衢州府刻本。四册，現藏中國國家圖書館（新編書號1281）。

每半葉八行，行十七字，小字雙行同，白口，左右雙邊。版心中刊"妙絶古今"，下刊葉次。白紙籤題"妙絶古今一"。

《天目後編》云："同上，係一版摹印。"《中國古籍善本書目》著錄有明嘉靖三十四廿衢州府刻本，此書版本待驗原書。

各册副葉已無三璽，已裁去，據三璽油印蹟，當爲"中三璽"。"廣運之寶"、"張桂芳"、"張桂芳字子寶"等印同《天目後編》。疑《天目後編》所記"金眔甫"當爲"金粟甫"，卷首有朱文"金粟甫"印，第三册首有白文"金粟父"印。

1959年自故宫調撥，撥交清册記爲"明翻宋刻大字本"，書頁蟲蛀、霉爛。2013年編目。

795（2）晉二俊文集二十卷

明正德十四年（1519）陸元大刻本。六册，現藏中國國家圖書館（新編書號1282）。

每半葉十行，行十八字，白口，左右雙邊。卷後有慶元庚申民瞻後序。

---

① 《"國家圖書館"善本書志初稿》，集部，第3册，第323頁，書號13670、13671。

黃絹籤題"陸士衡文集"。

書分《陸士衡文集》十卷、《陸士龍文集》十卷。《天目後編》云："後有慶元庚申民瞻後序，蓋民瞻官雲間，建二陸祠宇，訪其遺人，得《士衡集》於淮西撫幹林君、《士龍集》於祕書郎鍾君，並鋟以行。取本傳張華言'伐吳之役，利在獲二俊'，故以名集。"

每冊俱鈐清宮天祿繼鑑諸璽，副葉所鈐爲"中三璽"。《天目後編》云爲"明祕府藏"，有"文淵閣印"、"寶藏"、"南潯董氏"、"詒晉齋印"等印，僅見"二泉邵寶"、"子孫永保"二印。

1959年自故宫調撥，撥交清冊記爲"明萬曆刻本"，書頁霉爛，下半截尤其殘破不堪。2013年編目。

796 古文奇賞一百三十五卷

明萬曆四十六年(1618)至天啟間陳氏刻本。原作十函八十冊，闕《四續》卷十一至十四，凡四卷，存七十八卷，七十八冊，現藏臺北"故宫博物院"(書號 007838－7915)。其中：

《古文奇賞》二十二卷，十六冊三函，明萬曆戊午(四十六年)陳氏刻本，書號故善 007838－007853；

《續古文奇賞》三十四卷，二十四冊三函，明天啟元年(1621)陳氏刻本，書號故善 007854－007877；

《三續古文奇賞廣文苑英華》二十六卷，十六冊三函，明天啟四年(1624)陳氏刻本，書號故善 007878－007893；

《四續古文奇賞》五十三卷，存四十九卷，二十二冊三函，缺卷十一至十四。明天啟五年(1625)陳氏刻本，書號故善 007894－007915。

《古文奇賞》，匡高 20.1 釐米，廣 14.3 釐米。每半葉十行，行二十字，小字雙行同。白口，四周單邊，無行格，眉欄鐫評，並鐫行間夾注。版心上刊"古文奇賞"，中刊"卷之幾"，下刊葉次。卷前有序，署"萬曆戊午孟冬日長洲陳仁錫書於問龍館"，序之葉一闕。又《古文奇賞略記》，署"問龍館主人詮次"。首卷卷端題"古文奇賞卷之一"，隔行下題"古吳陳仁錫選評"。

《續古文奇賞》，匡高 19.8 釐米，廣 14.5 釐米。每半葉十行，行二十字，小字雙行同。白口，四周單邊，無行格，眉欄鐫評，並鐫行間夾注。版心上刊"續古文奇賞"或"二續奇賞"，中刊"卷幾"及所評書名，下刊葉次及文體。卷前有《續古文奇賞序》，署"天啟辛酉長洲陳仁錫書於潛確居"。首卷卷端題"續古文奇賞卷之一　選經一"，隔行下題"史官陳仁錫選評"。

《三續古文奇賞》，匡高20.3釐米，廣14.6釐米。每半葉十行，行二十字，小字雙行同。白口，四周單邊，無行格，眉欄鐫評，並鐫行間夾注。版心上刊"三續奇賞"，中刊"卷幾"及文體，下刊葉次。卷前有《三續古文奇賞序》，署"天啟甲子初夏長洲陳仁錫書于剔齋"，序首頁版心下有"章□素刊"。目錄標題"三續古文奇賞廣文苑英華目錄"。首卷卷端題"奇賞齋廣文苑英華卷之一"，隔行下題"古吳陳仁錫明卿甫選評"。

《四續古文奇賞》，匡高20.3釐米，廣14.7釐米。每半葉十行，行二十字，小字雙行同。白口，四周單邊，無行格，眉欄鐫評，並鐫行間夾注。版心上刊"四續奇賞"，中刊"卷之幾"，下刊葉次。卷前有《四續古文奇賞序》，署"天啟五年乙丑中秋日長洲陳仁錫題于介石居"。首卷卷端題"四續古文奇賞卷之一"，隔行下題"古吳陳仁錫明卿父評選"。

每編首有仁錫自序，所署時間各不相同，因此刻書年依此各不相同。《中國古籍善本書目》著錄爲"明萬曆四十六年至天啓刻本"。《天目後編》提要云："其體例繁雜不倫，亦不免重復，所以復有彙編之刻也。"皆竹紙，書經現代重裝，藍布函套，藍紙書衣，白紙書籤，書"古文奇賞"或"續古文奇賞"、"三續古文奇賞"、"四續古文奇賞"及冊數。

無私家藏印。每冊俱鈐清宮天祿繼鑑諸璽，副葉所鈐爲"中三璽"。有清室善後委員會點驗掛籤。所闕爲第62、63冊。

《故宮善本書目》記其作"明萬曆天啟間陳氏刻本"。《"國立故宮博物院"善本舊籍總目》，下冊，第1198頁。

797 文翰類選大成一百六十三卷

明成化八年（1472）淮府刻弘治十四年（1501）、嘉靖二十五年（1546）遞修本。原作八函六十四冊，序目及卷一，一冊，現藏中國國家圖書館（新編書號1283）；卷二至一百六十三，六十三冊十函，現藏臺北"故宮博物院"（書號故善003112—003174）。合兩岸所藏，即爲全璧。

匡高23.1釐米，廣15.3釐米。每半葉十二行，行二十四字，小字行字不等。粗黑口，四周雙邊，雙魚尾。版心中刊"文翰類選卷弟幾"及葉次。刊有句讀。卷二卷端僅題"文翰類選"，隔行下署"左長史上海李伯嶼編輯伴讀慈谿馮厚校正"二行。其他卷端多題"文翰類選大成卷第幾"，隔行下署"左長史上海李伯嶼編輯、紀善慈谿馮厚校正"。書前有成化八年朱祁銓序，書後有《文翰類選大成後序》，署"奉政大夫脩正庶尹淮府左長史臣李伯嶼謹序"；次《題文翰類選大成後》，署"成化九年十月吉旦脩職郎淮府紀善臣馮厚敬書"；再次《跋文翰類選大成書後》，署"弘治辛酉秋九月九日淮府長史司左長史奉政大夫脩正庶尹臣林祥敬跋"。竹紙，紙色蕉黃。新裝織錦四合函套，淺灰色紙質書衣，白紙書籤，書"明版文翰類選大成"及第幾冊。卷一之補遺四頁誤裝入卷二補遺後。

每卷前各有目錄，有些卷後尚有補遺。李、馮二跋略稱，二人以淮王命，在書堂檢閱上自唐虞，迄于國朝之詩賦詞章，採選文粹、文鑑、文類纂述，序代分類，編輯是書。寫完進覽，淮王即倩工鋟梓，以廣其傳。《天目後編》提要云："前有成化八年序，署'西江頤仙'。考《明史·諸王傳》，仁宗第七子瞻墺封淮王，國江西饒州。正統十一年，子康王祈銓嗣，即頤仙也。又嘉靖丙午淮藩坦仙序傳，載嘉靖十六年憲王厚燾嗣，丙午爲嘉靖二十五年，坦仙即厚燾，校刊是書。"《中國古籍善本書目》著錄明成化八年淮府刻弘治十四年、嘉靖二十五年遞修本，與此同版。此本刷印較晚且不精，多有斷版、漫漶之處。

每冊俱鈐清宮天祿繼鑑諸璽，副葉所鈐爲"中三璽"。無私家藏印。

《故宮善本書目》記其作"明嘉靖二十五年淮藩刻本"。闕序目及卷一，存六十三冊。《"國立故宮博物院"善本舊籍總目》，下冊，第1124頁，著錄爲明嘉靖二十五年（1546）淮藩刻本。國圖所藏之一冊，係1959年自故宮調撥，書頁有蟲蛀。2013年編目。

798 書記洞詮一百二十卷

明萬曆二十五至二十七年（1597—1599）梅氏玄白堂刻本。《天目後編》原作二函二十六冊，實爲二十八冊，其中卷一至十三、二十至九十五、一百零一至一百零三，一百一十至一百一十六，闕卷十四至十九，卷九十六至一百、卷一百四至一百九，卷一一七至一百二十，凡二十一卷，計二十四冊四函，現藏臺北"故宮博物院"（書號故善009001－009024）；卷一百零四至一百零九，計六卷，一冊，現藏中國國家圖書館（新編書號1284）。

匡高21釐米，廣15釐米。每半葉十行，行二十字，小字雙行同。白口，左右雙邊，單線魚尾。版心上刊"書記洞詮"，中刊卷次及葉次。卷前有《書記洞詮序》，署"萬曆丁酉日長至河南按察僉事前監察御史沛國劉鳳譔　新都劉然書"（劉鳳，《天目》誤作劉威）；又劉勰《文心雕龍書記》一條；又《凡例》二十二則；又《引用書目》。凡例後有"萬曆歲丙申春玄白堂識"一行，目錄後有"大明萬曆丁酉仲夏汝南郡鏤版己亥孟秋竣工"一行，並郡學生梅安祚等同閱人名九人。首卷卷端題"書記洞詮卷第一"，隔行下題

"江東梅鼎祚纂輯"。竹紙，新裝藍布四合函套，棕色絹制書衣，灑金白紙書籤，書"明版書記洞詮"及第幾冊。

書一百二十卷，合目錄十卷，總一百三十卷。輯自周至隋辭命、書牘之文，凡周秦八卷，漢六卷、後漢九卷，蜀漢二卷，魏七卷，吳二卷，晉二十卷，宋六卷，南齊五卷，梁十卷，陳四卷，後魏三卷，北齊二卷，後周二卷，隋四卷，釋十九卷，道七卷，詮遺四卷有錄無書。《天目後編》云："鼎祚此書，蓋與《文紀》並成者。"各書卷末有閱書人名，如"梅膺祚閱周列國五卷"、"梅安祚閱辭命三卷"、"梅咸祚閱蜀漢二卷"等。

臺北故宫原著錄爲"明萬曆丁酉（二十五年）梅安祚等集貲刊本"，在書中只看出梅氏親族有校閱之實而未見集貲之證，劉鳳序中僅云："禹金氏詮次成編，使人知所自擇焉，而羣從子姓聚族以傳諸梓，予樂觀其成，聊爲之引云。"若據凡例後有"萬曆歲丙申春玄白堂識"，目錄後有"大明萬曆丁酉仲夏汝南郡鏤版己亥孟秋竣工"，版本敘述可具體爲明萬曆二十五至二十七年宣城梅氏玄白堂刻本，《中國古籍善本書目》著錄爲明萬曆二十五年玄白堂刻本。

書上鈐有"阿平"、"叔□"、"酒癖書淫"、"怦氏鑑賞"諸印。每冊俱鈐清宫天祿繼鑑諸璽，前後副葉所鈐爲"中三璽"。臺北故宫原著錄存卷至一百二十，實則卷一一七至一百二十闕，只到卷一一六，所闕計二十一卷，非十七卷。所闕爲第六、二十四、二十六、二十八冊。

《故宫善本書目》記其作"明萬曆二十五年梅氏刻本"。《"國立故宫博物院"善本舊籍總目》，下冊，第1224頁，原著錄爲"明嘉靖丁酉（二十五年）梅安祚等集貲刻本"。國圖所藏一冊，係1959年自故宫調撥，2013年編目。

798(2) 古論大觀四十卷

明末刻本。存卷一至二、十一至十三、十七至二十二、二十六至四十，計二十六卷，九冊，現藏中國國家圖書館（新編書號1299）。

每半葉九行二十四字，白口，四周單邊。卷前有陳繼儒自序。首卷卷端題"新刊陳眉公先生精選古論大觀卷之一"，白紙籤題"古論大觀歷代類卷幾"。

《天目後編》云："取文集史傳凡論體之文，輯綴成書。"

每冊俱鈐清宫天祿繼鑑諸璽，前後副葉所鈐爲"中三璽"，無其他私家藏印。

1959年自故宫調撥。2013年編目。

799 玉臺新詠十卷

明崇禎六年(1663)趙均小宛堂刻本。一函一冊，現藏臺北"故宮博物院"(書號故善011893)。

匡高20.5釐米，廣13.3釐米。每半葉十五行，行三十字，細黑口，左右雙邊。版心中刊"玉臺新詠卷幾"及葉次。卷前有徐陵自序，《玉臺新詠集並序》，隔行下署"陳尚書左僕射太子少傅東海徐陵字孝穆撰"。卷後有永嘉陳玉父《後敘》，次趙均跋，署"崇禎六年歲次癸酉四月既望吳郡寒山趙均書於小宛堂"。首卷卷端題"玉臺新詠卷第一"，隔行下署"陳尚書左僕射太子少傅東海徐陵字孝穆撰"。白棉紙，宋式錦四合仿絲函套，書衣重修，現爲明黃色絹制書衣，無書籤。

崇禎六年趙均刻於蘇州，均字靈均，偕妻文端容隱於寒山，世爲藏書名家。《玉臺新詠》在明代有五雲溪館銅活字本，又有萬曆中茅元禎刻本，趙均此本據宋本翻刻，密行小字，版式精雅，在諸本中爲最善之本。民國間徐乃昌據此本影刻。

《天目後編》提要云："篇目同前宋版集部。明崇禎癸酉，寒山趙均得宋本重刊，有跋，略云《大唐新語》載梁簡文爲太子時，好作豔體(按，原書作詩)，境內化之，浸以成俗。晚欲改作，乃令徐陵撰《玉臺新詠》，凡爲十卷，得詩七百十六(按，原書作七百六十九)篇。世所通行，妄增又幾二百首。馮舒未見舊本，常病此書，今合同志詳加對證云云。均，宧光之子也。"此本版印已有斷版、筆畫斷續之蹟，應屬略後印之本。

揆敘舊藏，有謙牧堂二印。每冊俱鈐天祿繼鑑諸璽，副葉所鈐爲"中三璽"。

《故宮善本書目》記其作"明崇禎六年吳郡寒山趙均復宋本"。《"國立故宮博物院"善本舊籍總目》，下冊，第1191頁，作"明崇禎六年(1663)吳郡趙均刻本"。

799(2) 玉臺新詠十卷(又一部)

明崇禎六年(1663)趙均小宛堂刻本。一函兩冊，現藏臺北"故宮博物院"(書號故善011894—011895)。

匡高21釐米，廣13.5釐米。每半葉十五行，行三十字。左右雙邊，細黑口，雙隔線。版心中刊"玉臺新詠卷幾"與葉次。卷前有《玉臺新詠集并序》/陳尚書左僕射太子少傅東海徐陵字孝穆撰。卷後有陳玉父《後敘》，無趙均小宛堂跋。首卷卷端題"玉臺新詠卷第一"，隔行下題"陳尚書左僕射太子少傅東海徐陵字孝穆撰"。白棉紙，宋式錦四合仿絲函套，書衣重修，現爲湖藍色絹制書衣，無書籤。

《天目後編》云此"篇目見前宋版集部，亦明重雕宋本"。較之上一部，此部版刻更爲清晰。臺北故宮原著錄皆爲明崇禎六年吳郡趙均覆刊宋陳玉父本。參考林夕《明寒山趙氏小宛堂刻〈玉臺新詠〉版本之謎》一文，①據以比對二本，正如文中所論，其中上一部有修版，爲修補本。然而，目前也有學者論證《玉臺新詠》在宋代並無陳玉父刻本。果真如此，則明版集部所收兩部《玉臺新詠》的版本皆可更改爲明崇禎六年吳郡趙均小宛堂刻修補本以及明崇禎六年吳郡趙均小宛堂刻本。

每冊俱鈐天祿繼鑑諸璽，前後副葉所鈐爲"中三璽"，無私家藏印。

《故宮善本書目》記其作"明趙均刻本"。《"國立故宮博物院"善本舊籍總目》，下冊，第1191頁。

799(3)古樂府十卷

明嘉靖刻本。十冊二函，現藏臺北"故宮博物院"（書號故善008547—008556）。

匡高19.7釐米，廣14.7釐米。每半葉九行，行十八字，小字雙行同。白口，左右雙邊，單魚尾。版心中刊"古樂府卷幾"及葉次，下有刻工：王兵刊（王兵）、劉序（序）。卷前《古樂府敘》，署"至正丙戌良月豫章後學左克明謹序"。首卷卷端題"古樂府卷之一"，隔行下署"豫章左克明編次"。白棉紙，書有蟲蛀及鼠噬。新裝織錦四合函套，絳紅色絹制書衣，黃綾書籤，書"古樂府"。

《天目後編》云："書十卷。分八類，曰古歌謠，曰鼓吹曲，曰橫吹曲，曰相和曲，曰清商曲，曰舞曲，曰琴曲，曰雜曲。每類各有小引。前有至正丙戌克明自序。"版刻風貌爲典型之明嘉靖本。《"國家圖書館"善本書志初稿》著錄一明嘉靖刊本，與此本版本特徵俱同②。

每冊俱鈐清宮天祿繼鑑諸璽，前後副葉所鈐爲"中三璽"，無私家

---

① 林夕著：《明寒山趙氏小宛堂刻〈玉臺新詠〉版本之謎》，《讀書》1997年第7期。

② 《"國家圖書館"善本書志初稿》，集部，第3冊，第332頁，書號13695。

藏印。

《故宫善本書目》記其作"明嘉靖間刻本"。《"國立故宫博物院"善本舊籍總目》，下册，第1195頁。

800 古詩紀一百五十六卷

明萬曆間吳琯等金陵刻本。十八冊四函，現藏臺北"故宫博物院"（書號故善009025—009042）。

匡高20.2釐米，廣13.6釐米。每半葉九行，行十九字。白口，四周雙邊，單魚尾。版心上刊"詩紀"，中刊卷之幾及葉次。卷前有《詩紀合序》，署"萬曆丙戌夏五通議大夫兵部左侍郎新都汪道昆撰　門人劉一然書"；又《詩紀序》，署"嘉靖戊午夏五月癸丑賜進士出身翰林院國史編修承事郎河中張四維撰"；又《詩紀序》，署"吳郡王世貞撰、吳興臧懋循書"；又《引用諸書》、《刻詩紀凡例》及各卷目錄。正文一百四十五卷，另有《外集》四卷、《別集》十二卷。首卷卷端題"古逸第一"，下題"詩紀一"，隔行下署"北海馮惟訥彙編、東吳吳琯校訂"二行。竹紙，黄色朵花宋式錦四合函套，絳紅色絹製書衣，黄綾書籤與套籤，書"古詩紀"。

書一百五十六卷，另有目錄三十六卷。據諸序，馮氏《詩紀》書成，御史甄敬刻於關中，頗有訛舛，萬曆中吳琯等重爲校刻，故《天目後編》提要云："此本乃萬曆丙戌吳、俞策、謝陛、陸弼分校重刊。"王世貞序敘馮惟訥編書及版刻源流最詳，其中有云："至萬曆中而古鄣吳琯氏與其鄉人謝陛氏、江都陸弼氏、吳郡俞策氏相與讐校，而復刻之金陵。大約吳氏居其資，而謝氏、陸氏、俞氏與其力，其書遂完好無遺憾，屬不佞貞序之。"汪序後有"金陵徐智督刊"小字一行。

《中國古籍善本書目》著錄爲"明萬曆吳琯、謝陛、陸弼、俞策刻本"，臺北故宫原著錄爲明萬曆間鄣郡吳琯金陵校刊本，與之同版。

每冊俱鈐清宫天祿繼鑑諸璽，前後副葉所鈐爲"中三璽"，無私家藏印。有清室善後委員會點驗掛籤。

《故宫善本書目》記其作"明萬曆十四年吳琯金陵刻本"。《"國立故宫博物院"善本舊籍總目》，下册，第1196頁。

800(2) 箋注唐賢絕句三體詩法二十卷

明內府刻遞修本。二冊一函，現藏臺北"故宫博物院"（書號故善010480—010481）。

匡高 24.7 釐米，廣 17.4 釐米。每半葉九行，行十七字，小字雙行同，大黑口，四周雙邊，雙魚尾。版心中刊"詩法幾"及葉次。刊有句讀。卷前有元大德九年方回《至天隱註周伯弼三體詩序》，次《綱目》、《唐分十道之圖》、《唐高祖開基圖》、《唐地理圖》、《唐世系紀年》。首卷卷端題"箋註唐賢絕句三體詩法卷之一"，隔行下署"汶陽周弼伯弓選、高安釋圓至天隱註"兩行。白棉紙，宋式錦四合函套，石青杭細書衣，黃綾書籤，書"明板箋注唐賢絕句三體詩法"。

未見《天目後編》所云卷前之《混一圖》、《藩鎮圖》。現有版本著錄爲"明內府刊本"。翻檢內頁，多有補版，原版楷畫豐潤，版刻略顯漫漶，且有斷版；補刻頁字形略細，墨色不濃，較爲清晰，版本宜作"明內府刊遞修本"。

每冊俱鈐清宮天祿繼鑑諸璽，前後副葉所鈐爲"大三璽"，無私家藏印。

《故宮善本書目》記其作"明內府刻本"。《"國立故宮博物院"善本舊籍總目》，下冊，第 1206 頁。

801 唐詩類苑二百卷

明萬曆二十九年（1601）曹仁孫刻本。三十冊六函，現藏臺北"故宮博物院"（書號故善 009043－009072）。

匡高 21.2 釐米，廣 13.8 釐米。每半葉十行，行二十字。白口，四周雙邊，單魚尾，版心上刊"唐詩類苑"，中刊"卷之幾"及葉次。卷前有《刻唐詩類苑序》，署"問龍齋居士馮時可元成甫撰"；又《刻唐詩類苑序》，題"嶺南趙應元撰"，署"萬曆辛丑十月廿七日序、王穉登書"；又《王屋先生傳》，署"瑯琊王徹撰並書"；《唐詩類苑凡例》十三則；又《引用諸書》；又《四唐年號》、《詩人總目》姓名、《總目》。首卷卷端題"唐詩類苑卷第一"，隔行下署"明雲間張之象玄超甫纂輯　嶺南趙應元葆初甫編次、雲間王徹叔朗甫補訂、梁谿曹仁孫伯安甫校正"四行。竹紙，淺色地朵花宋式錦四合函套，黃色地朵花宋式錦書衣，黃綾書籤與套籤，書"唐詩類苑"。書中有佚名朱、藍兩色圈點。

體例確如《天祿琳琅書目後編》所云："雖名選詩，實爲類書。"各卷卷端題名略有不同，編次者尚有"雲間杜士基彥恭甫"、"雲間張嗣功次甫甫"等。馮序言，多先生勞謀以月俸佐剞劂，會曹伯安雅志好古，請任其役，因爲訂疑誤，刪重複，補遺漏，以付諸梓人，踰年而工始竣。故此本爲曹仁孫校刻之本。有朱藍紙鋪印記，刷印似已至清康熙間。

無私人藏印，每册俱鈐清宫天祿繼鑑諸璽，前後副葉所鈐爲"中三璽"，無其他私家藏印。有清室善後委員會點驗掛籤。

《故宫善本書目》記其作"明萬曆二十九年刻本"。《"國立故宫博物院"善本舊籍總目》，下册，第1207頁，著録爲明萬曆辛丑梁谿曹仁孫校刊本。

801（2）唐雅二十六卷

明嘉靖二十年（1541）清河張氏刻三十一年（1552）無錫縣印本。二十四册四函，現藏臺北"故宫博物院"（書號故善009073—009096）。

匡高19.9釐米，廣16釐米。每半葉九行，行十七字，白口，左右雙邊，雙綫魚尾。版心中刊"唐雅卷幾"及葉次。卷前有《唐雅序》，署"嘉靖辛丑四月望華亭何良俊撰"，並《唐雅總目》及《唐雅姓氏》。首卷卷端題"唐雅卷第一"，隔行下署"清河張之象編"。白棉紙，淺色地朵花宋式錦四合函套，黄緑色地朵花宋式錦四合書衣，黄綾書籤及套籤，書"唐雅"。

書二十六卷。分五十二類，録唐君臣唱酬詩賦，自武德至開元，帝王七人，公卿百六十八人，宫閨八人，外國二人。何良俊中有"張子特取唐君臣唱酬之作，集而刻之"語，嘉靖辛丑爲二十年（1541），清河張之象首刻此書於嘉靖二十年，此本何序後半葉中間約4行經裁割補紙，所裁去者應爲"嘉靖三十一年板置無錫縣"。《中國古籍善本書目》著録此本爲明嘉靖三十一年無錫縣刻本，臺北"國家圖書館"藏有兩部同版，皆著録爲"明嘉靖二十年清河張之象原刊本"。《"國家圖書館"善本書志初稿》則謂一部何序字體與内文宋體相同，當爲原刻；另一部何序字體爲楷體字，應是補入。對比臺北故宫所藏這部曾經天祿琳琅藏本，何序字體爲楷體字，後半葉原來又有"嘉靖三十一年板置無錫縣"牌記；但與臺北"國圖"藏本之書影相比對，版匡右下邊欄缺口皆相同，而天祿藏本刷印墨色略淺，不甚清晰，版本應定爲"明嘉靖二十年清河張氏刊三十一年無錫縣印本"。

每册俱鈐天祿繼鑑諸璽，前後副葉所鈐爲"中三璽"，無其他私家藏印。

《故宫善本書目》記其作"明嘉靖二十年刻本"。《"國立故宫博物院"善本舊籍總目》，下册，第1207頁，著録爲明嘉靖壬子（三十一年）無錫縣刊本。

801(3)唐百家詩集一百七十卷

明嘉靖刻本。全書八十冊，其中二函十六冊，現藏中國國家圖書館（書號 105427:16 是 47 冊書中的 16 冊）；六十四冊，現藏臺北"中央研究院"傅斯年圖書館（書號 831.41/103）。

匡高 17.5 釐米，廣 12.6 釐米。每半葉十行，行十八字，左右雙邊，白口，單綫魚尾。版心中刊集名卷數及葉次。白棉紙。

國家圖書館普通古籍部藏《唐人詩》一部，凡兩函十六冊，無序跋，因刊刻時代不詳而由編目員定名爲"唐人集"，① 實即明朱警所輯《唐百家詩集》。此本源出南宋書棚本，有些集後有"宋本翻刊"一行。是書收有張枯詩五卷，常建詩二卷，張砧詩一卷，武元衡詩三卷，尚顔詩一卷，秦隱君詩一卷，顔魯公詩一卷，司空曙詩一卷，羅鄴詩一卷，戎昱詩一卷，羊士諤詩一卷，無名氏詩一卷，於鵠詩一卷，清寒詩一卷，周賀詩一卷，司馬紮詩一卷，于武陵詩一卷，韓君平詩三卷，李益詩二卷，崔曙詩、嚴武詩、皇甫御史詩、耿緯詩、皇甫冉詩二卷。凡有姓名者二十三人，另有無名氏詩若干。②《李頎詩》後刊有題識，云："頎詩發調清新，辭語秀麗，昔人稱爲高於眾作，亦盛唐一名家也。予藏是詩，諷誦日久，不覺心契，遂爲刻而傳之。正德己卯四月十日。"

此書自清宮流出後，傅增湘得之隆福寺，更爲配入二十餘家，得一百一家，③傅氏所藏後歸臺北"中央研究院"傅斯年圖書館，購入時間在民國三十六年（1947）十二月二十二日。清宮舊藏部分紙葉略黃，配補書頁則較爲潔白，然書版漫漶較多。書經拆開重裝，致使天祿本與他本混裝合訂一起，不易辨別。

其上有傅增湘、章鈺朱筆、墨筆及藍筆手校并題記，《虞世南集》後有"甲寅（民國三年，1914）重九後五日校明活字本。沅叔"；《許敬宗集》後"甲寅九月十三日校明活字本，以黃周賢廿六家本參校。沅叔"；《劉廷芝集》後有"甲戌（民國二十三年，1934）六月一日玉父閱，借唐人本校過"；

---

① 國圖目錄上題爲四十七冊，抄配目錄題"唐詩百家"，明人徐獻忠輯。

② 王立群：《〈司空曙詩集〉版本考》，《文獻》，1998 年第 2 期，第 38 頁。文中誤以爲國圖普通古籍部所藏此本爲《一個以收錄中晚唐作家爲主的唐詩小集》，實爲殘卷所致，非另編總集。

③ 《藏園群書經眼錄》，卷十七，第 1218—1219 頁。

《盧照鄰集》後有"甲戌六月一日玉父閱,借漢荀十二唐人集校過";《駱賓王集》後有"甲戌六月二日照漢荀本校過補入";《唐玄宗皇帝集》後有"文皇集一卷,活字本二卷前錄賦三篇,玄宗集二卷據明活字本校此本似即從活字本出,故脫文誤字尤多。癸丑(民國二年,1913)十一月二十日章鈺校記"二行;《崔顥詩集》後有朱筆"明活字本分上下卷,編次則分體與此本不同,取校一過,乃竟無異字,但句下夾注一作某者,活字本皆無之。沅叔。甲寅二月"二行;又有藍筆"北平館中新收得正德田氏工字軒刊本,假讀一過,校改凡三十有四字,其序跋別錄存之。辛未十二月沅叔記"二行;《祖詠集》後有"甲寅二月望日校明活字本　沅叔"。《王昌齡詩集》後有"甲戌六月八日玉父校";《嚴維詩集》後有"明活字本九行十七字,分上下卷,校此本增出詩二首,錄如別冊,異字則改於行間,此本雖出宋本,然轉不及活字本,何耶？沅叔";《唐張處士詩集》後有"按張集有華清宮和杜舍人排律一首三十韻,又有五言絕句三十首,七言律詩十三首,又七言絕句,尚有三首。今失缺詩四十七首。玉父記。按《唐詩紀事》尚有題千越江七律一首,《才調集》又有貴家郎排律六韻。又記。甲戌六月十七日立秋日校"五行;《張司業樂府集》後有"此本專刻樂府,又夾雜小詩,其近體一首不載。按之全集,特十之三四耳。甲戌六月十九日玉父記"二行;《李長吉集》後有"甲戌六月廿日玉父校";《李嘉祐集》後有"海虞馮竇伯氏抄本,是汲古毛刻之原本也。曾爲對校一過,與此本不同者數字耳,則知百家刻本唯袁集最爲完好矣。甲戌六月廿一日校玉父記"四行;《李山甫詩集》後有"甲戌六月廿五日玉父校";《張蠙詩集》後有"甲戌二月廿六日玉父校";《經進周曇詠史詩》前有"南宋本十二行二十四字有注,每行三十字。天祿琳琅所收,丁巳(民國六年,1917)殘臘校勘一遍。沅叔記"一行。

並鈐"雙鑑樓藏書記"白方、"傅增湘讀書"朱長、"沅叔手校"朱方、"書潛"、"江安傅沅叔收藏書本"、"傅"、"沅叔"朱白文聯珠、"藏園校定群書"朱長、"增湘"白方小印、"藏園"朱方、"佩德齋珍藏印"朱長、"沅叔"朱方等印記。惜頁眉處藏園、章鈺手校因修補,文字多被裁切。

不著彙刻姓名。凡唐詩人九十八人,人各爲集。經仔細辨別,傅斯年圖書館所存爲:唐太宗、虞世南(許敬宗、李伯藥、楊師道、董思恭、劉廷芝)、王勃、楊炯(盧照鄰、駱賓王)、喬知之、陳伯玉、杜審言、沈雲卿、宋之問、李嶠、蘇廷碩(張說之、張九齡、虞僎)、唐玄宗、崔顥、李頎、祖詠(孟浩然、王昌齡、常建、顏真卿、崔曙、嚴武)、郎士元(首四頁是天祿書,葉五以後非也)(皇甫冉、皇甫曾、司空曙、耿湋)、嚴維、釋靈一、釋皎然、包佶、包何、華陽真逸、顧況、戴叔倫、權德輿（武元衡、羊士諤、張祜、秦隱君）、馬戴、呂溫（張司業、李長吉、李嘉祐）、劉滄、盧仝、朱慶餘（周賀）、喻鳧、項斯、李洞、曹鄴（李昌符、李山甫、崔塗）、張喬（張蠙、邵謁、劉駕、李咸用卷一至三）、李咸用卷四至六（《唐李推官披沙集》）、劉乂、蘇拯、章孝標、于濆、李建勳、魚玄機、羅虬、釋貫休、李龔、釋無可、曹松、劉兼、鄭巢、王周、于鄴、儲嗣宗、章碣、伍喬、姚鵠、李遠（羅鄴）、林寬、周曇、劉威、秦韜玉、殷文珪、牟融、唐求、許琳、李君虞。括號內爲配補本，非天祿原本。

無《天目後編》所記陳子昂、蘇瓌、尚顏、于武陵、釋清塞、戎昱、李端、于鵠、李益、韓翃、李賀、孟貫、劉咸、釋齊已、秦公緒、司馬劄、無名氏諸家。《天目後編》云此本"或題菏澤李編，無序跋。諸人雜標名字、爵里，義例不一。特於唐時人如李、杜、王、孟，烜赫流傳者，均不編入，多取隱僻之集，足資考證"。

傅圖本已經金鑲玉重裝，多有原闕頁。副葉三璽均被脫去，有些首末頁之"天祿繼鑑"、"天祿琳琅"被撕補，"乾隆御覽之寶"朱文橢圓印或被齊整挖去，或只餘版刻內半印，似是清末前已然出宮而有意掩蓋之做法。

802 唐詩紀事八十一卷

明嘉靖二十四年（1545）錢塘洪楩清平山堂刻本。十六冊二函，現藏臺北"故宮博物院"（書號故善 005473－005488）。

匡高 18.6 釐米，廣 13.6 釐米。每半葉十行，行二十字，小字雙行同，白口，四周單邊。版心中刊"唐紀卷幾"及葉次。書前有《唐詩紀事序》，署"灌園居士臨卬計敏夫有功敘"，並宋人序一篇，署"嘉定甲申懷安假守王禧慶長書"。首卷卷端題"唐詩紀事卷第一"，下題"錢塘洪楩校"。棉紙，紅地朵花宋式錦四合函套，絳紅色絹製書衣，黃綾書籤與套籤，書"唐詩紀事"。

書八十一卷。計有功自序略云，取唐詩人一千一百五十家，或錄名篇，或詳本事，兼考世系、官閥，併載某篇爲某集所取，輯錄甚覈而贍。是書首刊於宋嘉定甲申，王禧刊於懷安郡齋。此爲明代重雕之本。《天祿琳琅書目後編》提要亦云："前有有功自序，又嘉定甲申王禧鋟是書於懷安郡，有識，明重雕本。"別本卷首尚有《重刻唐詩紀事序》，署"明中憲大夫浙江提刑按察副使敕理學政汾陽孔天胤汝錫甫譔"，此本佚。《中國古籍善本書目》著錄爲明嘉靖二十四年洪楩清平山堂刻本，與此同版。

每冊俱鈐清宮天祿繼鑑諸璽，前後副葉所鈐爲"中三璽"，無私家藏印。有清室善後委員會點驗掛籤。

《故宮善本書目》記其作"明嘉靖間洪楩刻本"。《"國立故宮博物院"善本舊籍總目》，下册，第1226頁。

803 宋藝圃集二十二卷

明萬曆五年(1577)暴孟奇刻本。四函二十四册，現藏臺北"故宮博物院"(書號故善003080－003103)。

匡高20.4釐米，廣13.8釐米。每半葉十行，行二十字。四周雙邊，白口，單魚尾，版心上刊"宋藝圃集"，中記卷次及葉次，下記刻工名：崔仲臣(仲、臣、崔)、裴世壘(裴)、召、民、邦、崔恩(恩)、吳、沈都、奇、王廷詔、吳寺礼、王真(真)、都、毛、王。卷前有《宋藝圃集序》，署"隆慶元年歲在丁卯秋月順陽李蓘序"。卷末有《書宋藝圃集後》，署"萬曆五年二月　日李蓘書"；又《宋藝圃後跋》，署"萬曆丁丑孟夏吉上黨門人暴孟奇頓首撰"。首卷卷端題"宋藝圃集卷之一"，隔行下題"中鄉李蓘子田編選　上黨門人暴孟奇校梓"二行。第五册卷四缺葉六，第十八册卷六葉十和葉十一錯置。皮紙，淺色地朵花宋式錦四合函套，綠絹書衣，黃綾書籤及套籤，書"明板宋藝圃集"。

書二十二卷。《天目後編》云其選宋人自廖融至不知名二百八十八人，詩二千五百四十一首，惟蘇軾、朱熹、陸游之詩入選爲多。暴孟奇跋云："余聞之喜，乃走使索梓，以廣其傳。"爲其門人上黨暴氏所刊，《中國古籍善本書目》著錄有"明萬曆五年暴孟奇刻本"，與之同版。

每册俱鈐天祿繼鑑諸璽，前後副葉所鈐爲"中三璽"。"乙丑進士"朱文方印，《天目後編》誤記爲"乙丑造士"，另首册序下有"梁氏家藏"白方、"臥雪草堂□書之章"白方二印，《天目後編》失載。有清室善後委員會點驗掛籤。

《故宮善本書目》記其作"明萬曆五年刻本"。《"國立故宮博物院"善本舊籍總目》，下册，第1211頁。

803(2) 全唐詩話二卷

明正德十二年(1577)鮑繼文雲中教養堂刻本。三册一函，現藏臺北"故宮博物院"(書號故善006440－006442)。

匡高20釐米，廣12.9釐米。每半葉十行，行十八字。大黑口，四周雙邊，三魚尾，版心中刊卷幾及葉次。卷前有《全唐詩話序》，署"正德二年丁卯季冬之望賜進士亞中大夫陝西布政司奉勅督理粮儲右參政臨汾安惟學序"。卷後有宋咸淳辛未遂初堂（尤袤）跋及《全唐詩話後序》，署"正德丁卯十月吉汝南强晟識"。卷末刻有一長方刊記，"正德丁丑春正月穀／旦東魯鮑繼文伯正／重刊於雲中教養堂"三行。首卷卷端題"全唐詩話卷之上"。皮紙，淺綠色地朵花宋式錦四合函套，湖藍色絹制書衣，無書籤。

分上、中、下三卷，卷前各有目錄。《天祿琳琅書目後編》提要云："篇目同前元版集部。明秦中刻，有正德丁卯安惟學序，强晟後序，俱誤以此書爲尤袤作，更在毛晉前矣。刻書時，秦以御史巡按陝西，惟學方爲陝參政也。末刻印記'正德丁丑春正月穀旦東魯鮑繼文伯正重刊於雲中教養堂'，是明時已再刻矣。"此書自咸淳至明初未有刊本，正德丁卯（二年，1507）時侍御河東秦昂巡按陝西，首刊此本，逾十年鮑繼文再刻，即爲此版，刊刻甚爲精工。

每冊俱鈐清宮天祿繼鑑諸璽，前後副葉所鈐爲"中三璽"。無私人藏印。有清室善後委員會點驗掛籤。

《故宮善本書目》記其作"明正德十二年東魯鮑繼文刻本"。《"國立故宮博物院"善本舊籍總目》，下冊，第1226頁。

804 菊坡叢話二十六卷

明成化刻本。二函十六冊，現藏臺北"故宮博物院"（書號故善001557—001572）。

匡高廣20釐米，廣13.1釐米。每半葉十一行，行二十三字，四周雙邊，粗黑口，雙順魚尾。版心中刊記"菊坡"與卷次，下記頁次。首卷卷端題"菊坡叢話卷之一"，隔行下題"前進士嵊縣尹臨川單宇編集"。卷前有目錄，無序跋。有朱墨筆圈點句讀、朱筆校字。第一冊卷一葉十七原缺，補紙。白麻紙，淺綠地織金圖案紋織錦四合函套，湖藍色絹質書衣，無書籤。

原作二函十八冊，今十六冊。《天目後編》云："纂輯前人論詩詞、四六之語，各標本書名，如《苕溪漁隱叢話》之例。無序跋、刊刻年月。"別本卷首有成化癸巳（九年，1473）夏五月重午登仕郎蘇州府儒學教授致仕黎擴序及同年春正月人日文林郎河南泌陽縣知縣臨川黎近序，及作者自序，署"成化元年歲在乙酉春正月之望臨川單宇時泰書于菊坡之草堂"，此本皆佚。

每冊俱鈐天祿繼鑑諸璽，前後副葉所鈐爲"中三璽"，并有"翼藩"白文方印。有清室善後委員會點驗掛籤。

《故宮善本書目》記其作"明刻本"。《"國立故宮博物院"善本舊籍總目》，下冊，第1241頁，著錄爲"明成化原刊本"。

804(2)增廣類聯詩學大全三十卷

明正德十一年(1516)西園堂刻本。十二冊二函，現藏臺北"故宮博物院"(書號故善005348—005359)。

匡高17.7釐米，廣13釐米。每半葉十三行，行大小字不等。白口，四周雙邊，雙順魚尾。版心上刊"詩學大全"及字數，中刊"天文門"或"地理門"等，下刊葉次。首卷卷端書名作"新刊京本校正增廣聯新事備詩學大全卷之一"，隔行下題"後學三山林楨編集　後學莆田朱國珍校正　建邑書林劉氏□新刊"，□爲挖補所致。書末有雙行大字刊記"□德丙子仲春吉旦西園堂梓"，□應爲"正"字。卷首有佚名《詩學大成敘》。卷首敘一頁及目錄一頁爲鈔補。竹紙，紫色地朵花宋式錦四合函套，湖藍色絹製書衣，黃綾書籤及套籤，書"明板增廣事類詩學大全"。

《天祿後目》卷二十明版集部解題稱："宋林楨撰。楨，閩人。……分二十八門，曰天文、地理、時令、宮室、花木、百果、草木、君道、臣道、親屬、百官、儒學、僧道、人品、人事、雜伎、慶賀、弔慰、飲食、衣服、器用、音樂、圖畫、寶貝、飛禽、走獸、鱗介、昆蟲。每目首曰事類，次曰大意，次曰起，曰聯，曰結，皆以備作詩掇擶之用，與《攔江網》相類。首有無名氏序，稱放翁先生因楊月軒之請，勒成一書。然百官門中有總管，有蒙古教授，皆元時官名，非出於陸游也。書末刻'正德丙子仲春吉旦，西園堂刊'，丙子，乃明正德十一年，坊賈剜去'正'字以贗元版。然元大德起丁酉迄丁未，無丙子也。"

實則此書內容即《天祿前目》卷十明版集部中的《詩學大成》，元林楨撰，明司禮監刻本。書坊託名陸游因閩人楊月軒之請勒成一書，將《詩學大成》每目前加類，以備作詩掇擶之用，改書名爲"增廣類聯詩學大全"，《天祿後目》解題雖辨明書末牌記"正德丙子仲春吉旦西園堂刊"被坊賈剜去"正"字以贗元版，然失察於二者實爲一書，乃內府、坊間不同刊本而已。

各卷端、卷尾題名不盡相同，有作"京本古體增廣事聯詩學大全"、"京本增廣事聯詩學大全"、"京本增補事聯詩學大全"、"詩學大全"、"京本校正增廣事聯詩學大全"、"新刊詩學大全"、"增廣事聯詩學大全"、"京本古體增廣事聯詩學大全"等。現有版本乃據卷末牌記而定。杜信孚《全明分省分縣刻書考》和《明代版刻綜錄》則詳細到"明正德十一年福建省建陽書林余氏西園堂刊本",可以參考杜書敍述而作"明正德十一年建陽書林余氏西園堂刊本"。劉按,按卷端所題,應爲建陽書林劉氏所刻。

《天目後編》云:"首有無名氏序,稱放翁先生因楊月軒之請,勒成一書。然百官門中有總管,有蒙古教授,皆元時官名,非出於陸游也。書末刻'正德丙子仲春吉旦,西園堂刊',丙子,乃明正德十一年,坊賈剔去'正'字以贋元版。然元大德起丁酉迄丁未,無丙子也。"

每冊俱鈐天祿繼鑑諸璽,前後副葉所鈐爲"中三璽",無私家藏印。

《故宮善本書目》記其作"明正德十一年西園堂刻本"。《"國立故宮博物院"善本舊籍總目》,下冊,第870頁。

805 升庵詩話四卷

明刻本。存卷三至四,計兩卷,一冊,現藏中國國家圖書館(書號18620)。

每半葉九行,行二十字,白口,四周雙邊,單魚尾。版心魚尾上刊"升菴詩話",下刊卷幾及葉次。

《天目後編》云:"書四卷。凡卷一四十一條,卷二四十八條,卷三五十四條,卷四五十六條。所考據評論,多見《丹鉛錄》。前有嘉靖辛丑程啟充序。啟充,字以道,嘉定州人。正德戊戌進士,官御史。"

無藏家私印,每冊俱鈐天祿繼鑑諸璽,前後副葉所鈐爲"中三璽"。

805(2)哲匠金桴五卷

明隆慶二年(1568)刻本。二冊,現藏臺北"故宮博物院"(書號故善001711—001712)。

匡高20.9釐米,廣13.8釐米。每半葉十行,行二十字,小字雙行同。白口,左右雙邊,單魚尾。版心上刊"哲匠金桴",中刊卷次及葉次,下刊字數及刻工,有羊、徐云、萬林、明、茹松、余得、王荣、見、李青、刘文、子、国相。卷前有《哲匠金桴敍》,題"西蜀泰谷隆慶戊辰朱茹纂",署"隆慶二載歲在戊辰冬十一月至日"。首卷卷端題"哲匠金桴卷一",隔行下署"成都楊慎著、瑯琊焦竑校"。書有蟲蛀,竹紙,綠色絹製書衣,黃綾書籤,書"哲匠金桴"。

朱茹序略云吾鄉用脩楊子,獲睹芸閣所藏秘書,依四聲字,凡古書詩句之新可入韻語者,皆摘句注篇。《天目後編》云:"書五卷。依四聲字,凡古書詩句之新可入韻語者,皆摘句注篇。前有隆慶戊辰朱茹序。""朱茹"爲"朱茄"之誤也。

每冊俱鈐天祿繼鑑諸璽,前後副葉所鈐爲"中三璽",無私家藏印。有清室善後委員會點驗掛籤。

《"國立故宮博物院"善本舊籍總目》,下冊,第870頁。

805(3)絕妙詞選二十卷

明萬曆二年(1574)舒伯明刻本。四冊一函,現藏臺北"故宮博物院"(書號故善001116—001119)。

《唐宋諸賢絕妙詞選》十卷,匡高19.8釐米,廣13.8釐米。每半葉十行,行二十字,小字雙行同,細黑口,左右雙邊,單魚尾。版心上刊此頁之詞人名氏,中刊"詞選卷幾"及葉次。卷前有《詞選序》,署"淳祐己酉上巳前進士胡德方季直序"。目錄題作"唐宋諸賢絕妙詞選綱目",占雙欄,隔行署"花菴詞客編集"。首卷卷端題"唐宋諸賢絕妙詞選卷之一"。棉紙,有蟲蛀。新裝織錦四合函套,湖藍色絹制書衣,黃綾書籤,書"絕妙詞選"。

《中興以來絕妙詞選》十卷,匡高19.4釐米,廣13.7釐米。每半葉十行,行二十字,小字雙行同,細黑口,左右雙邊,單魚尾。版心上刊此頁之詞人名氏,中刊"詞選卷幾"及葉次。錄題作"中興以來絕妙詞選綱目",占雙欄,隔行署"花菴詞客編集"。首卷卷端題"中興以來絕妙詞選卷之一"。卷前有《絕妙詞選序》,署"淳祐己酉百五玉林"。補鈔《中興詞選》卷一之第一、二兩葉。棉紙,有蟲蛀。新裝織錦四合函套,湖藍色絹制書衣,黃綾書籤,書"絕妙詞選"。

書二十卷。曰《唐宋諸賢絕妙詞選》十卷,李白以下一百三十四家;曰《中興以來絕妙詞選》十卷,康與之以下八十八家,而以黃昇自作三十八首爲《附錄》。每人下各注仕履,中興以來人標其字,間作評語。《天目後編》提要云:"篇目同前元版集部。"此本目錄中有附錄,實正文中無。

此本版式精雅,刊刻精良,楷體甚工。版刻有卷子本風貌,綱目卷端大題占兩行,詞人姓名外有雙線墨圍,亦占兩行。版心上象鼻兩側各刊此半葉之詞人姓氏,如同頁眉,翻檢甚便。《唐宋諸賢絕妙詞選》目錄後有挖補、描修痕蹟。《中興以來絕妙詞選》卷十後原有長方刊印牌記"萬曆二年七月既望/龍丘桐源舒氏伯明/新雕梁溪寓舍印行"三行,被撕去補紙。臺北《"國家圖書館"善本書志初稿》著錄爲"明萬曆二年龍丘舒伯明刊本",《中國古籍善本書目》著錄爲"明萬曆四年舒伯明刻本",與此同版,不知何以稱萬曆四年所刊。

每冊俱鈐天祿繼鑑諸璽，前後副葉所鈐爲"中三璽"，無私家藏印。

《故宮善本書目》記其作"明萬曆二年舒伯明梁溪刻本"。《"國立故宮博物院"善本舊籍總目》，下冊，第1258頁。

明鈔諸部

806 尚書纂傳四十六卷

清雍正烏絲欄抄本。十六冊，現藏臺北"故宮博物院"（書號故善002941－002956）。

《天目後編》云："書四十六卷。採輯注疏及諸家傳義，以己意爲按，大旨宗朱熹、蔡沈、真德秀之說。天與爲贛州路先賢書院山長，憲使臧夢解以是書申臺省，授官。是書近通志堂刻入《經解》，此舊鈔極爲宏整。"

每冊俱鈐天祿繼鑑諸璽，前後副葉所鈐爲"中三璽"，無私家藏印。

《故宮善本書目》記其作"墨格精鈔本"。《"國立故宮博物院"善本舊籍總目》，上冊，第40頁。

806(2) 書纂言二十八卷

清康熙間抄本。六冊一函，現藏臺北"故宮博物院"（書號故善002931－002936）。

無行格，每半葉十行，行十九字，書口中無書名、頁數。卷前有序說。首卷卷端題"書卷第一"。白棉紙，朱紅色粗絹四合函套，石青杭細書衣，黃綾書籤，書"明鈔書纂言"。

《天目後編》云："書二十八卷。專釋今文二十八篇，篇各有卷，前有序說。今古之分，謂伏氏二十八篇，舊有漢儒所傳，確然可信。而晉世晚出之書，則別見於後。然卒未嘗釋古文也，至其顛倒錯簡，與所著《禮記纂言》例同。"書中"玄"缺筆，"胤"字不避，應是抄於清康熙年間。

每冊俱鈐天祿繼鑑諸璽，前後副葉所鈐爲"中三璽"，無私家藏印。有清室善後委員會點驗掛籤。

《故宮善本書目》記其作"明鈔本"。《"國立故宮博物院"善本舊籍總目》，上冊，第40頁，著錄爲"舊鈔本"，原作四卷，實爲二十八卷。

807 詩經解頤四卷

清初毛氏汲古閣抄本。二冊，現藏中國國家圖書館（書號12386）。

每半葉十二行，行二十八字，白口，左右雙邊，單魚尾。書末有洪武三十五年丁隆識，稱其子書既既鋟諸梓，歲久不能無訛，命工重刊，則此毛抄底本爲明洪武三十五年刻本。

《天目後編》云：「書四卷。不載經文，或爲總論，或分章立說。末有洪武壬午丁隆識，稱其子既鋟諸梓，歲久不能無訛，命工重刊。此本乃汲古閣藏，收書家所珍爲毛鈔也。」

每冊俱鈐天祿繼鑑諸璽，前後副葉所鈐爲「中三璽」。除《天目後編》卷二十所記「毛晉」、「汲古閣」二藏印外，尚有「汲古主人」、「毛晉私印」、「毛氏子晉」幾方印。

另，在抗戰期間北平圖書館寄存美國國會圖書館的善本書中，也有一部明洪武刻本《詩經解頤》，其上亦鈐有「乾隆御覽之寶」朱文橢圓印及「天祿繼鑑」、「天祿琳琅」三璽，並有「汲古閣」、「毛晉」、「毛氏子晉」三印，正是天祿本毛氏傳抄之底本。此書現藏臺北「故宮博物院」，書號平圖000129—000130，二冊，著錄爲「明刊黑口本」。著錄於《「國立中央圖書館」典藏國立北平圖書館善本書目》第4頁，並影印收入《原國立北平圖書館甲庫善本叢書》（國家圖書館出版社2013年版）中。

《賞溥傑書畫目》著錄，宣統十四年（1922）七月十四日賞溥傑。此係瀋陽歸還故宮、再經1959年故宮撥交北京圖書館之書。《北京圖書館古籍善本書目》第53頁。

807(2) 四書待問二十二卷

清初抄本。八冊，現藏臺北「故宮博物院」（其中《論語意原》二卷，二冊，書號故善013143—013144；《大學本旨》一卷，一冊，書號故善013145；《中庸分章》一卷，一冊，書號故善013146；《四書待問》二十二卷，四冊，書號故善013147—013150）。

無行格，每半葉九行或十行，行十八至二十字，書口中無書名、頁數。《論語意原》前有紹熙甲寅鄭汝諧自序、真德秀舊序、汝諧曾孫鄭陶孫序，後有汝諧子鄭如岡、曾孫鄭陶孫跋語兩篇。卷端題「論語意原卷上」。《大學本旨》卷端題「大學本旨　前進士臨江黎立武」。《中庸分章》卷端題「中庸分章　前進士臨江黎立武」。《四書待問》卷前有泰定甲子蕭鎰自序，又李存《薈蕞叢述》、《續鈔》二序,又《所輯書目》。首卷卷端題"四書待問卷之一",隔行下題"臨江蕭鎰編"。白棉紙,石青杭細書衣,黃綾書籤,書"明鈔四書待問"。

《天目後編》云:"書二十二卷。凡《四書互義》五卷,《論語》二卷,《大學》、《中庸分章》各二卷,《孟子》六卷。計五百四十問、七百十七則。"實則《四書待問》二十二卷,附《論語意原》二卷《大學本旨》一卷《中庸分章》一卷,無《孟子》。

自用紙、抄寫風格觀之,較爲晚近,不類明抄;不避清諱,《論語意原》內"玄"易"元",應是清初所鈔。

每冊俱鈐天祿繼鑑諸璽,前後副葉所鈐爲"中三璽",無私家藏印。有清室善後委員會點驗掛籤。

《故宮善本書目》記其作"明鈔本"。《"國立故宮博物院"善本舊籍總目》,上冊,第138、140頁,著錄爲"舊鈔本"。

807(3) 增廣鐘鼎篆韻七卷

清初抄本。四冊一夾板,現藏臺北"故宮博物院"(書號故善002651—002654)。

匡高18.2釐米,廣12.9釐米。每半葉七行,大小字不等。左右雙邊,白口,單線魚尾。版心中書"鐘鼎篆韻第幾"及葉次。卷前有延祐甲寅馮子振、熊朋來二序。首卷卷端題"增廣鐘鼎篆韻卷第一",隔行下署"臨江楊鉤信文甫集"。書中凡楊鉤所增者,俱以朱色白文木記"楊增"起始。原作一函二冊,今修補重裝爲四冊。白棉紙,杉木夾板,鐫有書名"鐘鼎篆韻 全函"並填以綠色。白棉紙,石青杭細書衣,黃綾書籤,書"鐘鼎篆韻"及冊數。

《馮子振序》末以朱筆摹"緝熙殿書籍印",所鈔底本或出宋室舊藏。抄寫影摹極精,寫繪工緻,書中"玄"不缺筆,蓋抄於清初。此書存世無刻本,《中國古籍善本書目》僅收錄清抄本三部。

每冊俱鈐天祿繼鑑諸璽,前後副葉所鈐爲"中三璽"。卷末有朱筆手書"乙未夏日校"八分書,並有"補之校閱"白文印,書中有此人朱筆校改。第二冊後副葉尚存原裝淡藍色灑金絹之殘蹟。書頁蟲蛀損字。

《故宮善本書目》記其作"舊鈔本",書上所繫清室善後委員會掛籤,記此本爲明鈔本,原藏惇本殿。《"國立故宮博物院"善本舊籍總目》,上冊,第616頁,著錄爲"舊鈔本"。

808 劉子十卷

清初烏絲欄精抄本。一冊一函,現藏臺北"故宮博物院"(書號故善003079)。

匡高17.9釐米,廣12.5釐米。每半葉十行,行二十字,小字雙行同。烏絲欄,四周雙邊,白口,單魚尾。版心上書"劉子",中書卷數及篇目,下書葉次。卷前有目錄,無序跋。首卷卷端題"劉子卷一",隔行下題"播州錄事參軍袁孝政註"。白棉紙。棕色地織金團花織錦四合函套,靛青灑金紙質書衣,無書籤。

《天目後編》稱其"篇目同前宋版子部。明鈔,極工緻。"此本抄寫之工,儼然刻本。自版刻風貌觀之,匠體字,底本應是明萬曆以後。《中國古籍善本書目》著錄有"明萬曆二十年蔣以化刻本",或以此爲影抄底本。"泫"、"弦"、"絃"等字避諱缺末筆,抄於清初。

每冊俱鈐天祿繼鑑諸璽,前後副葉所鈐爲"中三璽",無私家藏印。有清室善後委員會點驗掛籤。

《故宮善本書目》記其作"舊鈔本"。《"國立故宮博物院"善本舊籍總目》,下冊,第813頁。

809 百家詩話總龜五十卷

清初抄本。十冊二函,現藏臺北"故宮博物院"(書號故善001907—001916)。

無版匡、行格,每半葉十行,行十九字。書口無頁碼。卷前有紹興辛巳阮閱自序,前集目錄題作"增修詩話總龜分門目錄",後集目錄題作"百家詩話總龜分門目錄"。前集首卷卷端題"增修詩話總龜卷第一　前集",隔行下題"龍舒散翁阮一閱宏休編"。後集首卷卷端題"百家詩話總龜卷第一　後集"。連四紙(黃而棉薄),朱紅色粗絹四合函套,絳紅色絹質書衣,黃綾書籤,書"百家詩話總龜"。

書分《詩話總龜前集》五十卷及《後集》五十卷。《天目後編》云:"是書明宗室月窗道人曾有刊本,訛舛特甚。此本鈔手極工。"書中"鉉"、"絃"或缺筆,"玄"改"元",應是抄寫於清初。《中國古籍善本書目》著錄有"明嘉靖二十四年月窗道人刻本",爲增修詩話總龜四十八卷後集五十卷,與此本卷帙略有不同。

每冊俱鈐天祿繼鑑諸璽,前後副葉所鈐爲"中三璽",無私家藏印。

《故宮善本書目》記其作"明鈔本"。《"國立故宮博物院"善本舊籍總目》,下冊,第1231頁,著錄爲舊鈔本。

809(2)吳都文粹十卷

清初抄本。十冊一函,現藏臺北"故宮博物院"(書號故善001897—001906)。

無版匡、行格。每半葉九行,行二十二字,書口無頁碼。卷前有目錄,無序跋。首卷卷端題"吳都文粹卷之一",隔行下題"蘇臺鄭虎臣集"。卷末有尾題。白棉紙,棕地團花織金織錦四合函套,綠絹書衣,黃綾書籤,書"明鈔吳都文粹"。

《天目後編》云:"宋鄭虎臣撰。虎臣,字景兆,曾爲會稽尉,有請監押賈似道事。餘無考。書十卷。凡係吳郡名勝之作,詩文凡六百四十三首。明錢穀有《續吳都文粹》,踵是書而作也。""玄"字缺筆,"胤"、"歷"諸字皆不諱,應是抄於清康熙年間。

每冊俱鈐天祿繼鑑諸璽,前後副葉所鈐爲"中三璽",無私家藏印。前後副葉尚存改裝痕蹟,原書衣應是淺藍色灑金箋紙。有清室善後委員會點驗掛籤。

《故宮善本書目》記其作"舊鈔本"。《"國立故宮博物院"善本舊籍總目》,下冊,第1218頁。

附錄一 "天祿琳琅目外書"

一、"前編目外書"

所謂"天祿琳琅目外書",特指不見於《欽定天祿琳琅書目》前後編著錄、每冊亦鈐有"乾隆御覽之寶"、"天祿琳琅"、"天祿繼鑑"諸璽的昭仁殿藏書,相比《天祿琳琅書目》著錄書,統稱爲"目外書"。

"前編目外書",與《欽定天祿琳琅書目》凡例所記鈐印制度相符。《凡例》有云:"諸書每冊前後皆鈐用御璽二:曰'乾隆御覽之寶',曰'天祿琳琅'。"①《天祿琳琅鑑藏舊版書籍聯句》中的"盤螭璽疊登瑤府,縈蚪章鮮揭寶房"一句下注云"每部用'乾隆御覽之寶'及'天祿琳琅'兩璽"。② 意指《天目前編》諸書,每冊前後僅各鈐二璽:"乾隆御覽之寶"、"天祿琳琅"。存世那些不見於《欽定天祿琳琅書目》前編著錄,每冊書首末頁皆鈐有"乾隆御覽之寶"闊邊朱文大方印或橢圓朱文印,並鈐"天祿琳琅"朱文小方印,且均無前後副葉三璽之書,即天祿琳琅"前編目外書"。其中《前編》之選餘,有再被收入《後編》的可能,目前已知有兩部書恰好是這種情況:一部是《天目後編》卷四宋版《諸臣奏議》,另一部是《天目後編》卷八影宋鈔《歷代鐘鼎彝器款識》,這兩部都是曾經備選《天目前編》而未收、又被《天目後編》收入著錄之書,亦附注於此。

目前共尋訪到 19 部,其中鈐闊邊大方印"乾隆御覽之寶"者 16 部,橢圓者 3 部,按版本計則宋版 6 部,元版 3 部,明版 7 部,清版 2 部,清抄本 1 部。這些目外書稀見而珍罕,並多傳世孤本。依經史子集爲序,每書略述版本、收藏於次,並附卷端書影,以資賞鑑。

書傳大全十卷

(明)胡廣等奉敕撰。

---

① 《天祿琳琅書目》,《凡例》,第 11 頁。
② 《天祿琳琅書目》,《天祿琳琅鑑藏舊版書籍聯句》,第 9 頁。

圖附 1—1

明內府刻本。存卷二至十，計九卷，八冊，現藏美國普林斯頓大學東亞圖書館（書號 TA21/1390）。

匡高 26.7 釐米，廣 17.9 釐米。每半葉十行，行二十二字，小字雙行同，黑口，雙黑魚尾，四周雙邊。魚尾間鐫"書傳大全"及卷次。卷前有綱領一卷，圖一卷。卷端題"書傳大全卷之幾"。

《明代敕撰書考》："四書五經大全，（永樂）十五年（1417）三月乙未刊成。"故此版應是刊於永樂年。

每冊首末葉皆鈐"乾隆御覽之寶"闊邊大方印和"天祿琳琅"朱方小印（圖附 1—1）。另有"公偉"白文方印、"臣俊之印"朱文方印等印記。

著錄於中國國家圖書館主頁"中華古籍善本國際聯合書目系統"，①著錄編號爲 NJPX92－B4569。

書經大全十卷

（明）胡廣等奉敕撰。

明刊黑口十二行本。十二冊二函，現藏臺北"故宮博物院"（書號故善 013002－013013）。

匡高 19.6 釐米，廣 13.3 釐米。每半葉十二行，行二十一字，小字雙行二十三字。四周雙邊，粗黑口，雙順魚尾。版心中刊"書經大全幾卷"及葉次。卷前有《書集傳序》，署"嘉定己巳三月既望武夷蔡沈序"，《書經大全序》，凡例，《書經大全圖》、《書說綱領》。首卷卷端題"書經大全卷之一"。竹紙，新裝織錦四合函套，淺藍色灑金紙質書衣，古色紙質書籤，題"書傳大全"及冊次。《大全書圖》第二十四葉抄配。

《書經大全序》末頁有兩行裁接痕蹟，《凡例》末頁似原有牌記，被撕去

---

① http://res4.nlc.gov.cn/home/search.trs?method=showDetail&channelid=630&id=NJPX92－B4569&lang=cn&searchWord=％28＋tiBa＋％3D＋％27％E5％A4％A9％E7％A5％BF％27＋％29.（2015 年 12 月 1 日檢索）

粘以另紙。每卷末頁亦都有整幅裁接痕蹟。此版稀見，《中國古籍善本書目》未著此版，臺北"央圖"和傅圖書志都無此書。

每冊首頁右上版匡內鈐"乾隆御覽之寶"闊邊朱文大方印，版匡外鈐"天祿琳琅"朱文小方印，末冊亦同（圖附1－2）。另每冊首末有"樂善堂圖書記"朱文長方印，書頁中偶見"稽古右文之璽"朱文小方印。

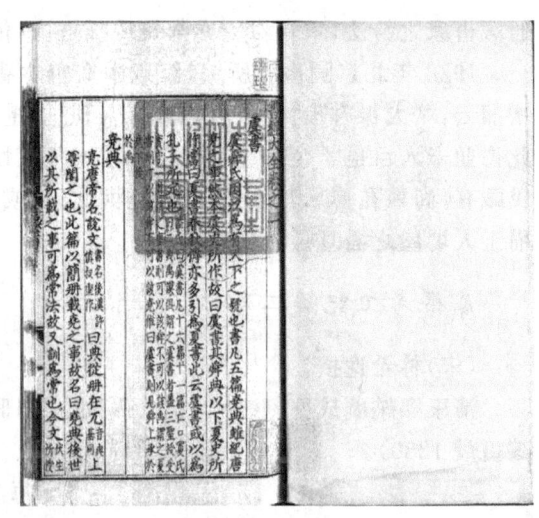

圖附 1－2

張允亮《故宮善本書目》後附有鈐有天祿琳琅各璽而原目未經著錄之書十六種，此爲其中一種，記爲"書經大全十卷十二冊，明重刻本"，並記其原藏景陽宮。《"國立故宮博物院"善本舊籍總目》，上冊，第41頁。

周禮注十二卷

（漢）鄭玄撰。

宋刊巾箱本。存卷七至十一，計五卷，五冊，現藏中國國家圖書館（書號A00014）。

匡高三寸，寬二寸一分。每半葉九行，行十七字，小字雙行十八字，細黑口，四周雙邊，雙魚尾，有書耳。卷端題"周禮卷第七"，次行題"夏官司馬第四，周禮，鄭氏注"。版心上方記字數，鄭注文下附重言，用白文別識之。

鈐有"青芝山房寶藏"、"潯陽山人"、"董止齋覽藏記"諸印。每冊書之首末葉皆鈐"乾隆御覽之寶"橢圓朱文印、"天祿琳琅"二璽，但位置與習見不同（圖附1－3），"乾隆御覽之寶"非板框上方正中，而是鈐於板框內右上方；"天祿琳琅"朱文小方印在卷端下方，板框內，如同普

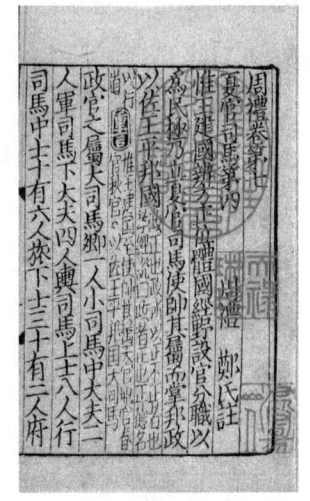

圖附 1－3

通藏書家之鈐法,末頁二璽亦都鈐於板框內,依次在前代藏印之上。

1928年北京圖書館所編《館藏中文善本書書目》中已著錄此本,①傅增湘云:"《天祿琳琅》前後目均載有宋刊《周禮注》二部,然皆非巾箱本,則此書並未入目也。余別見有纂圖互注本凡三帙,亦均不如此版之小,惟瞿氏藏有《尚書孔傳》,其版式狹小,正與此同,或爲一時所刊,要是建中坊肆備士人場屋之需耳。"②

鬳齋考工記解二卷

(宋)林希逸撰。

清康熙納蘭成德刻《通志堂經解》本。四冊,現藏中國國家圖書館(新編書號1289)。

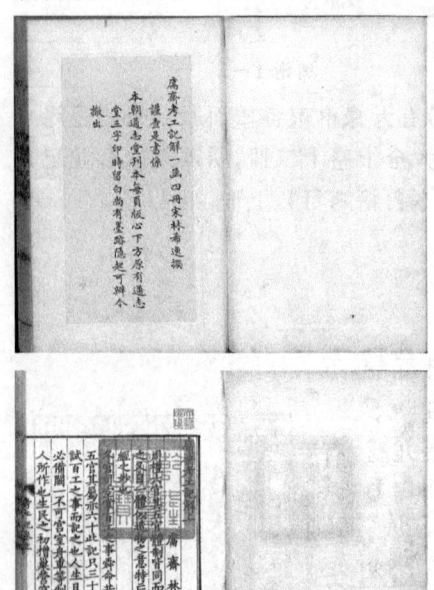

圖附1—4

每半葉十行,行二十字,白口,左右雙邊,單魚尾。版心中刊"考工記卷幾"及葉次。首卷卷端題"鬳齋考工記解上",隔行下題"鬳齋林希逸撰"。灑金箋紙題"考工記解第某冊"。

每冊首末均鈐"乾隆御覽之寶"朱文闊邊大方印和"天祿琳琅"小朱方印(圖附1—4)。書中夾有摺片一張,墨筆書:"《鬳齋考工記解》一函四冊,宋林希逸撰。謹查是書係本朝通志堂刊本,每頁版心下方原有通志堂三字,印時留白,尚有墨跡隱起可辨,今撤出。"

按摺片其中所記緣由,這部通志堂所刻《鬳齋考工記解》可更準確界定爲天祿琳琅"撤出書"。所謂"撤出",自是從昭仁殿天祿琳琅

---

① 《館藏中文善本書書目》,《北京圖書館月刊》第一卷第四號,第229頁。
② 《藏園群書經眼錄》,卷一,第39頁。

特藏中撤出，遭到撤出的原因，顯係因版本造假而爲檢校廷臣所揭露。撤出時間，應在乾隆三十九年重校補緝《天禄琳琅書目前編》之際，或更早時候。

乾隆四十年正月初三，時值《天目前編》纂定後新春，乾隆皇帝於重華宮茶宴大學士及内廷翰林諸臣二十八人，同讚天禄琳琅藏書之殷富美盛。乾隆帝於是日賦得二律，其一云："甲子琳瑯輯天禄，因之内殿庋昭仁。三旬閲歲編維舊，四庫於今書薈新。體固參差置應別，品資檢校得求真。笑咨邇日抽增者，豈乏當時預選人。"①詩中除揭示專設"天禄琳琅"弆藏内府善本之時間地點，亦說明《天目前編》並非初輯，而是整合舊藏暨續入諸書之新編；新目之分類體例與版本考訂，受當時纂修《四庫全書》影響，無論編輯實務或學術探賾，彼此皆密切相關。在"笑咨邇日抽增者"句下，有注曰："舊所辨宋版中，頗有未確。今經訂正改撤者，亦有原辦疎漏，今爲考定增人者。"而在《天禄琳瑯鑑藏舊版書籍聯句》中"贋製還應重訂正"句下，亦注曰："近因重校天禄琳瑯舊藏，凡僞充宋元槧印者，俱詳加別擇改正。"②可知《書目前編》編定之前，曾專就四部内宋、元版善本詳加考證，有偽贋者撤出、有疏漏者補入。此檢校摺片，正可證驗其所言不虛。

與下一部《鬳齋考工記解》均係 1959 年自北京故宫博物院調撥，於 2013 年編目。

鬳齋考工記解二卷

（宋）林希逸撰。

清康熙納蘭成德刻《通志堂經解》本。四册，現藏中國國家圖書館（新編書號 1290）。

每半葉十行，行二十字，白口，左右雙邊，單魚尾。版心中刊"考工記卷幾"及葉次。首卷卷端題"鬳齋考工記解上"，隔行下題"鬳齋林希逸撰"。褐黄色紙籤題"考工記第某册"。

每册首末均鈐"乾隆御覽之寶"朱文橢圓形印和"天禄琳琅"小朱方印。

---

① （清）高宗撰，梁國治、董誥等奉敕編：《御製詩四集》，（臺北）"國立故宫博物院"據清乾隆間武英殿刊本影印，收入《清高宗御製詩文全集》第七册，卷二十五《重華宮茶宴廷臣及内廷翰林等用天禄琳瑯聯句是日復成二律》，第 8—9 頁。

② 同上注，第 17 頁。

此二部《鬵齋考工記解》均係 1959 年自北京故宮博物院調撥，於 2013 年編目。

國語二十一卷附古文音釋一卷

（吳）韋昭注。

明嘉靖四年（1525）許宗魯宜靜書堂刻本。一函八冊，現藏臺北"故宮博物院"（書號故善 006294－006301）。

匡高 18.3 釐米，廣 12.5 釐米。每半葉十行，行二十字，小字雙行同，白口，左右雙邊，版心上刊卷次，下刊卷名及葉次，下刊"宜靜書堂"。卷首有《國語解序》/韋昭序。又《國語補音序》/宋庠撰，後有樊川許宗魯志語四行。又《國語注解諸家名氏》。又《諸國世系說》，後有許宗魯識語小字兩行。又目錄。又《國語古文音釋》，後有閩中王鎣識語六行。《古文音釋》末有閩中王鎣識。首卷卷端題"國語第一"，次行題"周語上"，下題"韋昭解"。第一冊缺葉一和二。有朱筆圈點批校。白棉紙，紫色地萬字不到頭織錦四合函套，淺藍紙質書衣，黃綾書籤，題"國語"及冊數。

《天祿琳琅書目》卷七明版史部著錄同版書，云："後有明許宗魯識語，則此書當爲宗魯所刊。"① 淩迪知《萬姓通譜》云，宗魯字伯誠，長安人，明正德丁丑（1517）進士，嘉靖初任湖廣提學僉事。此本佚去卷前明嘉靖四年關中許宗魯《刻國語序》。

每冊首末頁皆鈐"乾隆御覽之寶"闊邊朱文大方印、"天祿琳琅"二印（圖附 1－5）。另有"藏之名山"（朱方）、"勞山季氏珍藏"

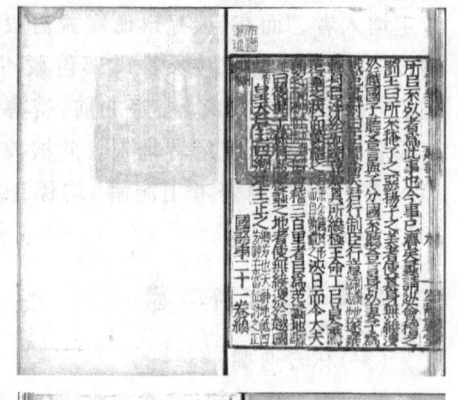
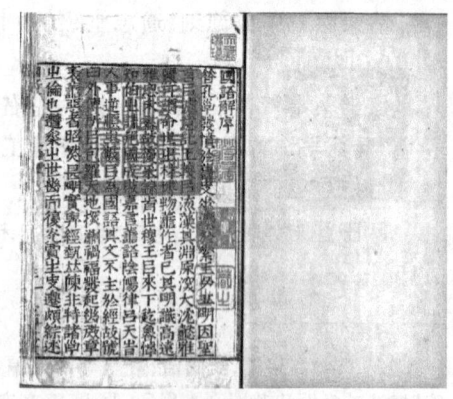

圖附 1－5

---

① 《天祿琳琅書目》，第 142 頁。

(朱長)、"買得之書如獲珍寶"(白方)三方印。此本藏印和《天目前編》所收四部《國語》皆不符，據鈐印觀之，應是《天目前編》目外之書。書前有清室善後委員會掛籤，八四九號，記其原在惇本堂。

張允亮《故宮善本書目》後附有鈐有天祿琳琅各璽而原目未經著錄之書十六種，此爲其中一種。《"國立故宮博物院"善本舊籍總目》，上册，第229頁，著錄爲"明嘉靖間咸寧許宗魯宜靜書堂刊本"。

國朝諸臣奏議一百五十卷

(宋)趙汝愚編。

宋淳祐十年(1250)福州路提舉史季溫刊元明遞修本。闕卷六十一至六十五，凡五卷，及目錄第二册，存五十七册，現藏臺北"故宮博物院"(書號故善 014199－014255)；存卷六十一、六十二，計兩卷，一册，現藏黑龍江省圖書館(書號 C12980)。

每册前後副葉所鈐爲"中三璽"，而每册首末鈐"乾隆御覽之寶"朱文大方印及"天祿琳琅"朱文小方印，與習見的橢圓"乾隆御覽之寶"和册之首頁"天祿繼鑑"、末頁"天祿琳琅"鈐法不同。此本《天祿琳琅書目後編》卷四著錄，根據闊邊朱文方印"乾隆御覽之寶"，且無"天祿繼鑑"印，當爲天祿琳琅前編藏書，然又有"五福五代堂寶"等三方璽，殊爲可異，當是前編"目外書"後又入後編書者。詳見正文部分之卷四宋版史部。

歷代鐘鼎彝器款識二十卷

(宋)薛尚功撰。

清康熙間抄本。一函四册，現藏臺北"故宫博物院"(書號故善 002645－002648)。

每册俱鈐天祿繼鑑諸璽，前後副葉所鈐爲"中三璽"。首葉右上方鈐"乾隆御覽之寶"闊邊朱文大方印，左鈐"天祿繼鑑"白文方印(與上一部《國朝諸臣奏議》書首頁鈐"天祿琳琅"小印不同)；末葉左上方鈐"乾隆御覽之寶"闊邊朱文大方印，右上方鈐"天祿琳琅"朱文小方印。無其它私人鈐印。此本《天祿琳琅書目後編》卷八著錄，從鈐印特徵可知，與《諸臣奏議》一樣，這又是一部曾經備選《天祿琳琅書目前編》而未收，而最終爲《天祿琳琅書目後編》所著錄的藏書。詳見正文部分之卷八影宋鈔諸部。

孔子家語十卷

明隆慶六年(1572)長洲徐袱錫刻本。兩函十冊,現藏臺北"故宫博物院"(書號故善 007624—007633)。

匡高 19 釐米,廣 12.9 釐米。每半葉九行,行十六字,小字雙行二十一至二十二字不等。左右雙邊,白口,單魚尾,版心中刊"家語幾卷",下記葉次,下鐫刻工姓名,有章右之(吳門章右)、之(右之、長洲章右之刻、章右之刻)、章掖刻(掖)、方瑞先(方、方瑞先刻)。書前有王肅《魏註家語序》,次《每篇古文辯義總目》、次目錄。卷末有《孔安國傳略》並陸治(1496—1576)識語。首卷卷端題"孔子家語卷第一",次行低五格署"魏景侯王肅註"。書前有黃紙夾籤一張,書"明板孔子家語共二函十冊"。書套改裝爲朱色四合套,有清室善後委員會點查記載,記其原在景陽宫。

書中鈐有"天中"朱長、"慎齋"白方、"春"、"齋"朱方、"汪中子永"白方等印記。全書俱無"天祿琳琅"鑑藏諸璽,唯各冊首、末半葉均被裁去,再以原書之襯紙依原式鈔配,並以原書頁版心及另半葉接補。儘管如此,仍舊明顯可見前、後副葉以及首、末葉皆有方形闊邊大印朱油滲暈的痕蹟,視其尺寸與隱約之璽文,正是"乾隆御覽之寶"闊邊朱文大方印(圖附1—6)。

圖附 1—6

此書何以遭到撤出、並嚴行拆除既鈐於書葉之璽印?臺北故宫學者對此有所揣測:"或許仍是基於其實際版本與原初之審定(或期待)不符,甚至判若霄壤。而令檢校廷臣據以揭穿、推翻此書假冒古本之關鍵,則是卷十《七十二弟子解第四十四》篇末陸治按語中所閃現的嘉靖年號,遂足證此本乃明代中後期所刊,誠不若舊槧之可寶;姑且不論圖籍版刻之真僞輕重,單是前明帝諱年號,便能讓清朝君臣格外敏感。因此,廷臣特於'朙嘉靖'三字旁黏貼黃籤予以標誌(圖附1—7),宛若斯帙務須撤出'天祿琳琅'且奪其御寶、改換書衣之'罪證'。至於當日檢校圖籍之際,又或不得(或未持)內府所藏別本相覈,今再取院藏平館善本中同版印本(平圖010972—010979)並觀,即可釐清撤出書在入藏昭仁殿之前,經人特意抽去的部分包括:卷首之孔安國《漢集家語序》,後有《陸治識語》、王鏊(1450—1524)《孔子家語題辭》、陸治《刻家語題辭》暨《考證凡例》十三;卷末之《古本孔子家語跋》,'隆慶壬申仲夏望長洲後學徐祚錫謹識',以及《附錄》。此二篇以及《孔安國傳略》末皆刻有'長洲顧梃寫/章掖刻'。撤出本將《孔安國傳略》移置卷末,篇末半葉適被裁去,亦未補鈔寫刻人姓名。"①

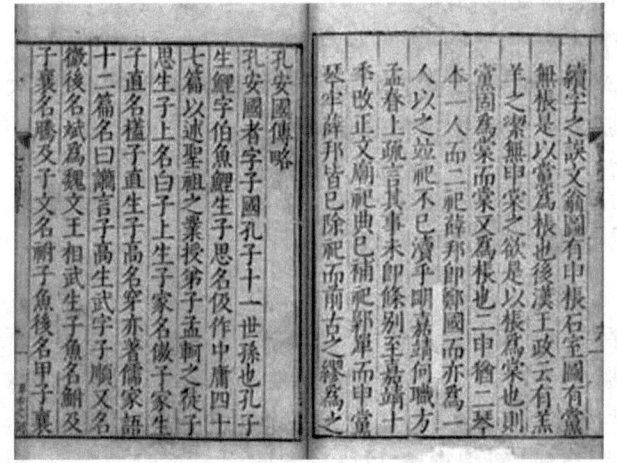

圖附1—7

據民國十四至十九年(1925—1930)清室善後委員會所編《故宮物品點查報告》,臺北故宮所藏五部前編"目外書"(包含經撤出改裝之《孔子家語》),最後點查位置皆不在昭仁殿。其中,元刊明修補本《大學衍義》(書號故善002337—002352)藏於御花園內之位育齋,徐祚錫刊《孔子家語》皮置於景陽宮靜觀齋木架上,袁褧嘉趣堂刊《世說新語》和明嘉靖間許宗魯宜靜書堂刊《國語》(書號故善006294—006301),則同樣藏於惇本殿內

---

① 曾紀剛著:《贋製還應重訂正——說乾隆朝天祿琳琅撤出書》,(臺北)《故宮文物月刊》第368期(2013年11月),第56—67頁。

帶芙蓉紗簾的樟木書架第三格；另有一部明刊黑口十二行本《書傳大全》，其點查字號與景陽宮點查報告所載不符，存疑俟考。僅就這五部書而言，不僅保存狀況良好，除《孔子家語》外，都未經修補或改裝，以其裝幀之古雅別緻，或許仍存乾隆年間初次經由內府整修後入藏昭仁殿的早期面貌。

西山先生真文忠公讀書記甲集三十七卷乙集二十二卷丁集二卷

(宋)真德秀撰。

宋福州學官刻元明遞修本。

西山先生真文忠公讀書記乙集下二十二卷

宋開慶元年(1259)官刻元明遞修本。

共計四十四冊，現藏南京博物院。

每半葉九行，行十六字，白口，左右雙邊，有刻工。

每冊首末俱鈐"天祿琳琅"朱文小方印及"乾隆御覽之寶"朱文闊邊大方印，並鈐"避暑山莊"朱文大方印，清內府舊藏。

《中國古籍善本書目》子部著錄，第589號，第65頁。

大學衍義四十三卷

(宋)真德秀撰。

元刻明修本。存卷一至二十二卷，計二十二卷，一函八冊，現藏北京師範大學圖書館（書號善 097.4252/998－05）；①卷二十三至二十八，計六卷，一函二冊，現藏甘肅省圖書館（書號16）；卷二十九至三十一，計三卷，一冊，現藏中國國家圖書館（新編書號1310）；卷四十一至四十二，計兩卷，一冊，翰海2004年春拍，②現藏私人手中。

匡高18釐米，廣11.2釐米（開本25×14.5釐米）。每半葉十一行，行二十一字，小字雙行同，黑口，四周雙邊或左右雙邊，單魚尾或雙對魚尾。版心無字數。前為"進大學衍義表"、"中書門下省時政記房申狀"，小字密行。卷一第三、四葉抄補。灑金藍綾書衣。

---

① 《北京師範大學圖書館古籍善本書目》，第131頁，第1388號。

② 北京翰海拍賣有限公司2004年6月拍賣會，拍品第65號。標為"明翻元刻本"，估價2萬～3萬元人民幣，但本場流拍。書影見《中國古籍文獻拍賣圖錄年鑑》(2004年卷)，第1178頁。

附錄一 "天祿琳琅目外書" /645

每冊首末頁正中上方俱鈐"乾隆御覽之寶"朱文橢圓印、"天祿琳琅"朱文小方印,無其它私家藏印(圖附1—8)。

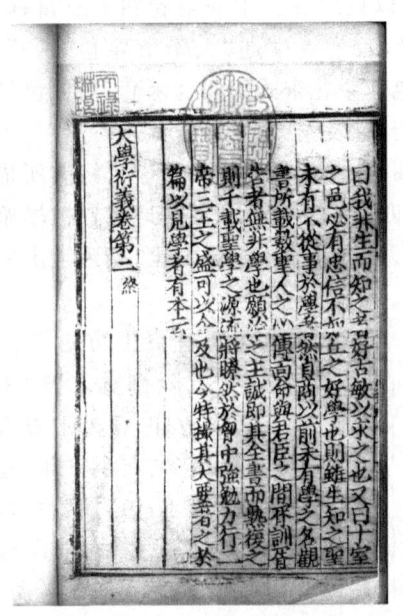

圖附1—8

北師大藏本之首冊後副葉有北京市圖書業同業公會價籤,購於1957年12月17日,以"宋板"出售,8冊,價160元。國圖所藏一冊,2013年編目,訂爲明刻本。

按,《天目前編》著錄《大學衍義》四部,其中一部元版,三部明版。元版有"東宮書府"印,明版前二部皆寬行大書者,有"欽文之璽"、"廣運之寶"二印,第三部三函十五冊,"版式字體亦與前同,而無內府所鈐諸璽,其槧印亦遠不相及,當屬坊間翻刻之本",①頗疑此本即是。

大學衍義四十三卷

(宋)真德秀撰。

元刊明修補本。存卷一至二十九、卷四十三,計三十卷,兩函十六冊。書號故善002337—002352。

---

① 《天目前編》,卷七,第215頁。

匡高 17 釐米，廣 10.6 釐米。每半葉十一行，行二十一字，小字雙行同。左右雙邊，雙魚尾。版心中刊卷數及葉次。卷前有目錄，目錄第六葉原闕，第十之後半葉抄配，並闕第十葉以後之卷三十一至卷四十三目錄。目錄題"西山先生經進大學衍義目錄"，首卷卷端題"大學衍義卷第一"。有朱筆圈點。黃麻紙，多有蟲蛀。淺色地朵花宋式錦四合函套，淺藍色牡丹萬字綾製書衣，黃綾書籤，書"大學衍義"及卷數。

此本原爲四十三卷，目錄第六葉闕，卷三十後亦闕。不僅目錄有所描補修改，細審最後一冊版心中卷次爲"四十三"，但卷端及卷尾處皆被墨筆描過，修爲卷三十，顯是書估以殘充全。墨色凝重，紙墨古雅，墨色淺處皆以墨筆描潤一過。

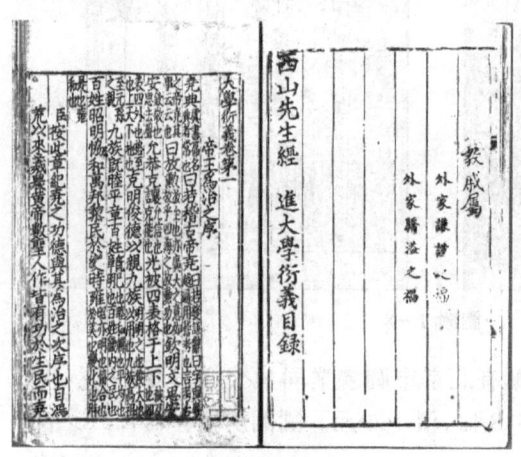

圖附 1－9

每冊首頁上方近版匡右邊鈐"乾隆御覽之寶"朱文闊邊大方印，框外上方有"天祿琳琅"朱文小方印，卷末同（圖附 1－9）。另卷端處有"倪炳伯文"白文印和"正則氏"朱方，還有一印，模糊不清。首冊副葉上粘一紙籤，書"大學衍義，二套十六本，廿三年十一月，南巡帶來。"清室善後委員會點驗籤，記其原藏延暉閣。

1931 年所編《故宮善本書庫元版書目》記其原藏位育齋，"鈐倪炳伯文、正則氏等印記，前目缺第六頁，中略抄補自三十卷以後全缺，經人將四十三卷後半頁剜改爲三十卷，蓋欲僞作全書耳！"張允亮《故宮善本書目》記"元刻本。存卷一至二十九、卷四十三，凡三十卷，十六冊"。《"國立故宮博物院"善本舊籍總目》，下冊，第 646 頁，著錄爲存卷一至二十，有誤。

世說新語三卷

（南朝宋）劉義慶撰，（南朝梁）劉孝標注。

明嘉靖十四年(1535)吳郡袁氏嘉趣堂覆宋刊本。一函六冊，書號故善 005376－005381。

匡高 20 釐米，廣 15.2 釐米。每半葉十行，行二十字，小字雙行同。

左右雙邊,雙魚尾,白口,書口中刊"世說新語卷幾之幾"及葉次(書分上中下三卷,每卷各分上下)。版心下偶鐫刻工,有李安(安)、王、宗、周沓、華、綬、仲、起溟、仁、張。書中胤、玄、泫、敬、竟、鏡、弘、殷、貞、楨、徵、桓、恒、讓、勗、完、慎、敦等字或缺末筆,但並不謹嚴。正文前有目錄及高氏緯略。首卷卷端題"世說新語卷上之上",隔行下署"宋臨川王義慶撰"、"梁劉孝標注"兩行。卷末有紹興八年夏四月癸亥廣川董弅及淳熙戊申重五日新定郡守笠澤陸游書跋兩篇。白棉紙,湖藍色綾製書衣,棕底宋式錦四合函套,黃綾書籤,書"世說新語"及卷次。

此爲嘉靖間吳郡袁褧嘉趣堂覆宋刻本,宋諱闕筆乃書估挖改。每葉書口上方,均被書估以木記手鈐"祥符乙酉年刊"或"崇寧甲申歲刊"小字一行,與原書墨色字體皆不符。按"紹興"、"淳熙"係南宋高宗、孝宗年號,而"祥符"、"崇寧"乃北宋真宗、徽宗年號,且大中祥符年間(1008—1017)並無乙酉;書口木記與跋文紀年明顯相互牴觸,實書估變造贋本充宋甚至是北宋刊本。陸游跋後有整幅裁接痕蹟,實裁去此處袁褧刊記,以隱去影宋刊特徵。

每冊首末葉鈐"乾隆御覽之寶"朱文闊邊大方印及"天祿琳琅"朱文小方印(圖附1—10)。另有"東湖世家"朱方、"太伯鄒氏家藏"朱長、"澹園居士"白方三印,印色不佳,印文粗俗,俱鈐在裁紙處,疑是書估所僞製。

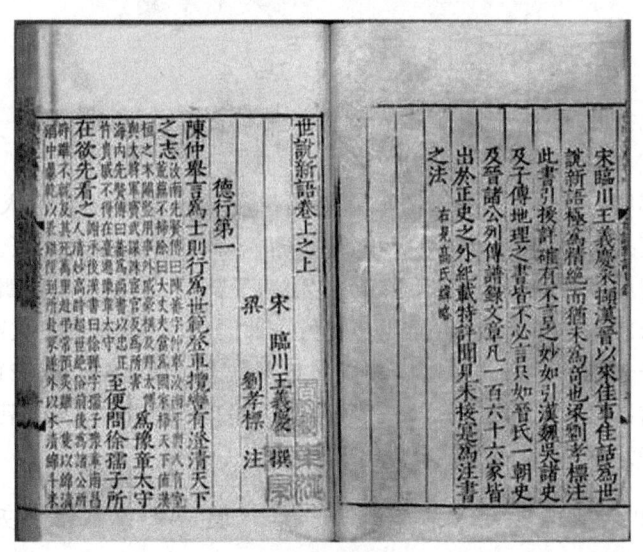

圖附1—10

存放此書之櫃架中另有一紙摺片(圖附1—11),原應夾附於此書內,內容如下：

《世說新語》一函六冊，宋王義慶撰。謹查是書係明翻宋版，故於宋諱皆有缺筆；作僞者因又於版心添印木戳，或印"崇寧甲申年刊"，或印"祥符乙酉年刊"。查大中祥符共九年，其中並無乙酉，且後有紹興八年董弅、淳熙戊申陸游兩跋，則已自相矛盾，其僞不待辨而明矣。今撤出。

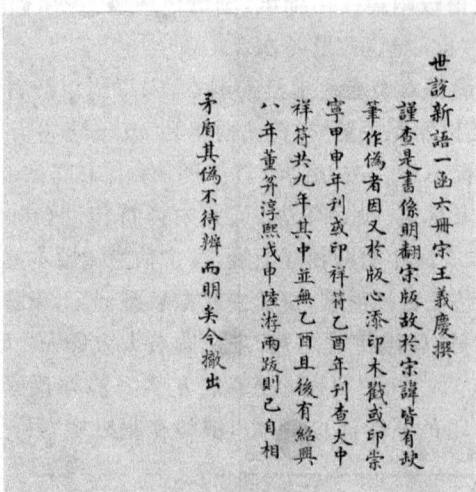

圖附 1—11

據此摺片，是書與現藏國家圖書館的《廬齋考工記圖解》一樣，屬於"撤出書"。

這部明翻宋本《世說新語》，儘管僥倖於乾隆九年之後選入"天祿琳琅"，一度被視爲宋刊而備受寶藏，卻難逃三十年後之檢校訂正。而在確定其真實版本身份後，竟也不容改列"明版子部"。嘉慶二年續輯《書目後編》，亦未將此本重新收入，而是著錄另一部同版印本，詳見正文部分卷十六明版子部（今藏臺北"故宮博物院"，書號故善000916—000921）。提要稱此本前有袁褧自序、末有"嘉靖乙未歲吳郡袁氏嘉趣堂重雕"刊記，恰爲撤出書特意抽去、裁補之處。

山堂先生群書考索前集六十六卷後集六十五卷續集五十六卷

（宋）章如愚撰。

元延祐七年（1320）圓沙書院刻本。存五十六冊，闕《前集》卷五十九至六十三;《後集》卷六至八、《續集》卷四十七葉六以後、卷四十八至四十九、卷五十一及《別集》二十五卷,現藏臺北"國家圖書館"(書號 309/07890)。

匡高 16.3 釐米,廣 10.2 釐米。每半葉十五行,行二十四字,注文小字雙行同,黑口,四周雙邊,雙順魚尾。版心中刊卷次及葉次。《前集》首卷卷端上題"山堂先生羣書考索卷之一",下題"前集",隔行題"山堂宮講章如愚俊卿編"。《前集》目錄後有長方形雙行牌記"延祐庚申圓/沙書院新刊"(圖附 1—12)。

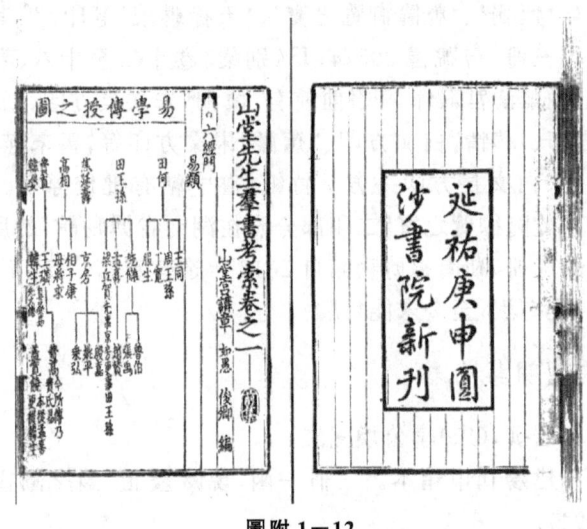

圖附 1—12

不僅闕頁嚴重,多有抄配,《前集》卷五十九至六十三、《後集》卷六至八、《續集》卷四十七第六葉以後、卷四十八、四十九、五十一以及《別集》二十五卷整卷佚失,以空白頁補入。《前集》第二十冊、《後集》第三冊、描有板匡欄線,但無文字內容,然紙墨清潔,字畫明晰,建陽字體風格,爲元代圓沙書院所刊初印之本。

每冊首末葉皆鈐"乾隆御覽之寶"闊邊大方璽及"天祿琳琅"小璽。《天祿琳琅書目》前、後編各收錄一部明版《羣書考索》,皆爲明正德十六年(1521)建陽劉洪慎獨齋刻本,依鈐璽情況,此書當爲前編"目外書"。民國三十二年(癸未,1943)傅增湘經眼。藏園云:"此書元本,刊印尚精,惟《別集》二十五卷全缺,三集中缺十一卷。'御覽'、'天祿'二璽俱真,而《天祿前後目》均不載，或以其殘缺太甚未著錄耶！"①另鈐"呂氏葐蒀珍藏書画"（白文長方）、"高士敏"（白文方印）二印。"國圖"央圖網上數據記其闕《前集》卷十九，實卷十八、十九合爲一卷；《前集》卷六十至六十二闕，實則所闕爲卷五十九至六十三；《續集》卷四十八、五十一，實則卷四十九亦闕。

此外據知湖南省博物館、湖南圖書館藏元刻本《山堂先生群書考索》殘本 6 冊，存《別集》卷十二至十八、卷二十二至二十五，行款版式俱與臺北"國圖"本同，係以二指寬的黃色橫紋紙印造，"卷中粘有清乾隆《四庫全書》館籤條，及四庫校官校勘訛字的籤條，知爲《四庫全書》底本。鈐有'石溪鈕氏家藏'、'慎獨'、'乾隆御覽之寶'、'天祿琳琅'等印。"②其中湖南省圖書館所藏爲三冊，書號善 395/4，爲《別集》卷十二至十八、卷二十二至二十五，書上並無清宮藏印，③書前有"慎獨"朱文長方印、"石溪鈕氏家藏"白文長方印、"移情"白文方印、"蕉簾"朱文方印等，書末僅鈐"帛卷書樓子孫永業"朱白文長方印一方。竹紙，書中粘有批校浮籤。疑所云有"天祿琳琅"、"乾隆御覽之寶"二印部分應在湖南省博物館，然所記卷數即湖南省圖書舘三冊，湖南省博物館自 2012 年遷建新館，一直不開放，無法提閱，是否所記有誤，至今未能目驗。

箋注陶淵明集十卷

（東晉）陶潛撰，（宋）李公煥箋註。

南宋末年建陽刊巾箱本。三冊一函，現藏臺北"國家圖書館"（書號 402.37/09394）。

匡高 16 釐米，廣 11.4 釐米。每半葉九行，行十六字，小字雙行同，左右雙邊，細黑口，雙順魚尾。宋諱"朗"、"匡"、"恒"、"真"、"貞"、"徵"、"樹"、"覯"、"慎"字闕筆，但不甚謹嚴。又唐諱之"愍"字，時闕時不闕。卷前有梁昭明太子《陶淵明集序》、李公煥《補註陶淵明集總論》。首卷卷端題"箋註陶淵明集卷之一"。

此帙用暗黃竹紙刷印，簾紋兩指寬，刻印佳，墨色如新。每卷後皆有

---

① 《藏園群書經眼錄》，卷十，第 698—699 頁。
② 湖南省地方志編纂委員會編：《湖南省志》第二十八卷《文物志》，湖南出版社 1995 年版，第 659 頁。
③ 湖南省圖書館編：《湖南圖書館古籍綫裝書目錄》，綫裝書局 2007 年版，子部，第 1670 頁。筆者 2016 年 6 月 6 日前去長沙訪書，書上藏印果然如此。

整幅裁接痕蹟。審其字體、刀法,應已入元,《中國古籍善本書目》著錄相同版本皆爲元刻本。但佐證不足,從舊作南宋末年建本,尚俟詳考。有朱筆點校,卷十末一葉抄配(圖附1—13)。

原作一冊,裱裝爲三冊。首冊首葉鈐"乾隆御覽之寶"闊邊大方印、"天祿琳琅"朱文方印、"宜子孫"朱文方印。末冊末葉鈐"乾隆御覽之寶"闊邊大方印、"天祿琳琅"朱文方印。另有"周季良"朱白文長方印、"季良"朱文方印、"季良甫"白文方印、"秉忠"朱文方印、"周印秉忠"白文方印、"善甫"朱文方印、"真適齋藏"白文方印、"繡海"白文方印、"白醉先生"白文方印、

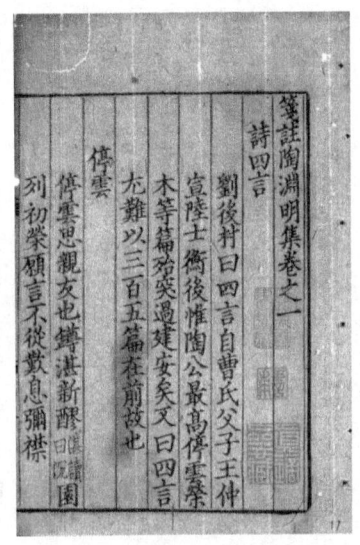

圖附1—13

"真賞"朱文葫蘆形印、"物外奇寶"朱文方印、"真適"朱文方印、"賢者而後樂此"朱文方印。《天目後編》卷六著錄之宋版《箋注陶淵明集》,實爲元翻宋巾箱本,八冊,現藏中國國家博物館。此本自其鈐印形制觀之,應是《天目前編》"目外書"。

《"國立中央圖書館"宋本圖錄》著錄,集部第249—250頁;《"國家圖書館"善本書志初稿》,集部第1冊,第35頁。

韋蘇州集十卷拾遺一卷

(唐)韋應物撰。

宋刻本。三冊,現藏中國國家圖書館(書號8708)。

匡高16.8釐米,廣12.7釐米。每半葉十行,行十八字,白口,左右雙邊,單魚尾。卷端題"韋蘇州集卷第一",次行低八格題"蘇州刺史韋應物",版心上記字數,下記刊工人名。玄、恒、慎、真、貞、樹、構、徵、朗、殷、完、廓、泫、敦等宋諱爲字不成,"曙"字皆不闕筆。據袁克文跋云,繙宋本只"恒"、"桓"數字闕筆。據諱字,或刊於宋寧宗時。巾箱本,寬簾黃麻紙,卷九第五葉、卷六首葉,係用皮紙。卷六首背面有墨字兩行,朱字一行,乃宋公文紙刷印。"明黑箋衣,宋藏經箋籤,題字古秀,當是乾隆以前故裝。"

每冊首、末頁正中上方鈐"乾隆御覽之寶"闊邊朱文大方印,板框右上角、左上角鈐"天祿琳琅"朱文小方印,扉頁無"五福五代堂寶"等三璽(圖

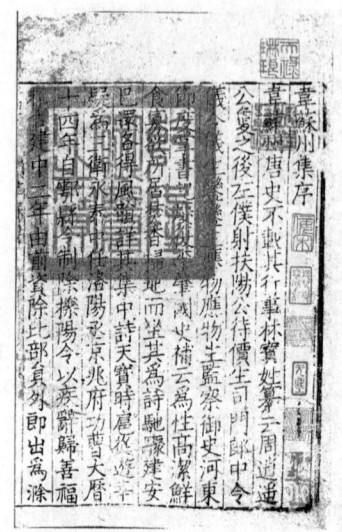

圖附 1—14

附 1—14）。《天祿琳琅書目》共收 5 部《韋蘇州集》：前編卷六著錄一元刻本，有乾隆帝御題詩；後編卷六著錄二部宋刻本，卷十八著錄二部明刊本。檢《天祿琳琅書目》前編卷六元版集部著錄一部，云："此書當屬欽臣所訂而明遠重刻于元初者，故槧印精好，與宋槧猶不相遠。"①卷首且有乾隆甲子年（1744）御題云云，鈐有"漱石枕流"，云："當爲辰翁託方外時所寄意者，以此證之，是書爲元初刊本益信。"②此本既非前編著錄之本，又非後編著錄兩部宋刻本，自鈐印觀之，此爲前編"目外書"。

此本乃宋刻宋印，《賞溥傑單》記其宣統十四年（1922）九月初六日賞出清宮。袁克文《寒雲手寫所藏宋本提要廿九種》云："紙色黃厚而堅潤，宋黑色牋衣，宋藏經紙。"③又《寶禮堂宋本書錄》認爲"是書刊於寧宗時"。④袁克文得此本於 1916 年 3 月 30 日，與《中興以來絕妙詞選》同時以二千五百元購自旗族某故家，以爲"必其先世承賜物也"。⑤寒雲自稱初解吟諷，即酷嗜韋詩，對此本寶愛有加，於丙辰三月、丙辰四月、丁巳歲暮（袁夫人劉梅真代書）、丙辰八月六次題跋於書後。如：

> 頃見此宋刊韋集與菽微師所藏《百宋一廛賦》中之《容秀集》殘本，亦書棚本也，與此板式、字畫皆相同，尚遜此帙之精。閩鄧氏《三李》、吳氏《英靈》及《魚玄機》都不能及，而丁氏之《常集》亦非完帙，予之獲此真可豪矣。

> 韋蘇州集十刃，宋臨安書棚本，明多覆刊，此其祖也，《天祿書目》載有五部，兩宋一元兩明，考其藏印，皆與此不合，此當在著錄以前賜

---

① 《天祿琳琅書目》，第 121—122 頁。
② 同上書，第 122 頁。
③ 《寒雲手寫所藏宋本提要廿九種》，第 137 頁。
④ 《寶禮堂宋本書錄》，載《張元濟古籍書目序跋彙編》，第 290 頁。
⑤ 《寒雲日記——收古籍善本摘抄 1915—1918 年》，見《王子霖古籍版本學文集》，第二冊，《古籍善本經眼錄》附錄，第 160 頁。

出，故《書目》無之。書中藏印雜，多無可考，如戴氏長印、周琬諸印，古色蒼鬱，至近亦明初藏家。棚本韋集，明繙極夥，幾可亂真，近世藏家多誤識爲宋，真者版心有字數及刻工姓名，無沈明遠補傳，且字畫瘦健，神姿幽逸，非覆本所能仿佛。存於今者，惟聞江寧圖書館所見泉唐丁氏書中有之，餘者俱未敢斷。此則棚本之絕精者，況首尾完好，了無缺殘，尤足爲希世之珍。予藏宋槧雖已盈百，尚無棚本，今首獲此，益自喜也。

卷尾尚有袁克權、笑儂跋。

民國六年(1917)傅增湘經眼，並記此本曰："宋刊本，十行十八字，白口，左右雙欄，版心上記字數，下記刊工人名，有余同甫等名。鈐嘉興戴氏藏印及天祿琳琅諸璽。余曾取校明翻宋書棚本，行款雖同，目錄及卷中行次均有異，文字亦有異處。此書袁克文君藏，後輾轉歸潘宗周。"①張元濟《寶禮堂宋本書錄》集部著錄綦詳，云："其中《韋蘇州集》、《曾南豐先生文粹》、《六臣注文選》等原爲大內舊物，鈐有'乾隆御覽之寶'與'天祿琳琅'璽印，誠宋刊精品。"②

另鈐"佞宋"(朱文長印)、"張用禮印"(白文方印)、"清白傳家"(白文方印)、"鄞人周琬"、"周氏子重"(白文方印)、"妙蓮"(朱文方印)、"青瑣仙郎"、"濂溪後裔"、"光溪草堂庭草交翠"等。每冊末頁鈐"嘉興雕湖戴氏家藏書畫印記"(朱文大長方印)。流出清宮後，曾歸袁克文所有，有"上第二子"(朱文方印)、"臣克文印"(朱文方印)、"八經閣"(白文方印)、"百宋書藏"(朱文方印)、"流水音"(朱文長印)、"惟庚寅吾以降"(朱文方印)、"三琴趣齋藏"(朱文長印)、"梅真侍觀"(朱文長印)、"豹岑"(朱文象形印)、"侍兒文雲掌記"、"寒雲如意"、"無塵"、袁克文觀書圖章等。第三冊書尾有"戊午上巳三月余姚明圖謹觀題名"墨筆題款。

《第一批國家珍貴古籍名錄圖錄》第01028號。③《北京圖書館古籍善本書目》第2041頁。

山谷老人刀筆二十卷

(宋)黃庭堅撰。

---

① 《藏園群書經眼錄》，卷十二，第867—868頁。
② 《張元濟古籍書目序跋匯編》，第162頁。
③ 《第一批國家珍貴古籍名錄圖錄》，第4冊，第244頁。

明弘治十二年（1499）張汝舟刻本。十冊一函，現藏北京大學圖書館（書號 NC/5347.5）。

匡高16釐米，廣11.6釐米。每半葉十二行，行十九字，白口，左右雙邊，雙魚尾。書口中題"刀筆卷幾"。白棉紙本。略有斷版。書眉及行間俱有朱、藍兩色校正文字。卷一第十七葉、卷九第十葉抄補，書頁近書腦處押鈐"稽古右文之璽"白文方印，似是季振宜所補配（圖附1-15）。

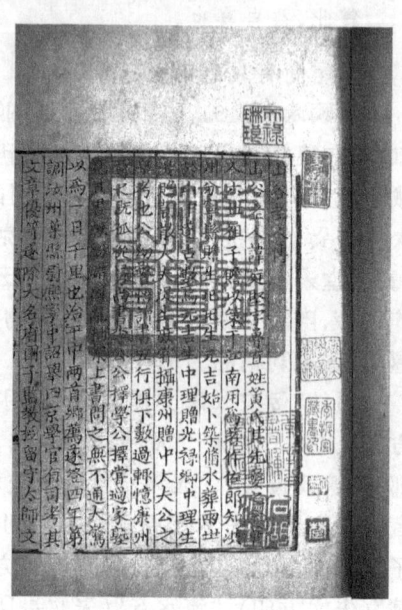

圖附 1-15

每冊書首末葉俱鈐"乾隆御覽之寶"闊邊大方印及"天祿琳琅"二印。另鈐"石湖漫士"白文印、"孝南公書種樓圖書印"朱文印、"楚"、"子荊氏"白文連珠印、"季振宜藏書印"朱文長方印、"書種樓"白文長方印、"几案閒事"白文方印、"□□楚姓人"白文方印、"金粟齋"朱文方印、"子荊"朱文方印、"裹言"白文長方印、"怡雲叟"白文方印、"晚□軒"朱文方印、"春水堂印"白文方印、"子荊氏珍秘印"朱文方印、"王子荊珍賞印"朱文長方。首冊書籤上題"乾隆甲子重裝"。

《北京大學圖書館藏古籍善本書目》著錄爲明弘治八年（1495）年序刻本，并言"內鈐乾隆御印及季振宜印係作偽"，①實則皆不偽。

---

① 《北京大學圖書館藏古籍善本書目》，第428頁。

民國六年(1917),傅增湘記云:"《青山集》、《周曇詠史詩》、《纂圖互注揚子法言》、《朱文公校昌黎先生外集》、《博物志》、《山谷老人刀筆》、《佩觿》、《國語解》八書久聞流出廠市,探詢半月,苦不得耗。嗣晤蔣孟蘋及周叔弢,兩君皆得寓目。繼而聞經手者爲寶華堂張秋山,因往訪之,密不肯示。繼而孟蘋還價不諧而去,聞之悵往而已。昨夜亥刻,寶瑞臣前輩以電見告,謂八書皆在渠處,遣急足往取,夜分乃至。《青山集》古雅絕倫,恐爲海內孤本,《詠史詩》及《昌黎先生外集》、《揚子法言》均屬宋刊,餘皆明本,而《佩觿》乃以張氏澤存堂本冒充,獨爲可詫。"①蔣孟蘋即蔣汝藻(1877—1954),字孟蘋,號樂庵,吳興南潯人。清光緒二十九年(1903)舉人,曾任學部總務司郎中,辛亥革命後任浙江軍政府首任鹽政局長及浙江省鐵路公司董事長等職,後專習實業。有傳書樓、密韻樓等藏書樓,藏宋元珍本二百餘部,王國維爲之編《密韻樓藏書志》二十卷。寶瑞臣即寶熙(1871—1930),滿洲正藍旗人,愛新覺羅氏,字瑞臣,號沉盦。光緒十八年進士。同治帝即位後,命在軍機大臣上行走,并充總理各國事務大臣,擢戶部尚書,拜體仁閣大學士。光緒間官至武英殿大學士。工詩文,善書法。人品清夷,富收藏,曾幫助遜帝溥儀變賣清宮舊物,自己亦頗有所得,民國間次第散盡。

中興以來絕妙詞選十卷

(宋)黃昇輯。

宋淳祐九年(1249)劉誠甫刻本。四册一函,現藏中國國家圖書館(書號9651)。

匡高18.6釐米,廣12.3釐米。每半葉十三行,行二十三字,細黑口,左右雙邊,有書耳。卷端題"絕妙詞選卷之一",每卷第二行有"宋詞"二字,上加黑蓋子。詞家姓名低一格,大字占雙行,下注其人傳略。篇中語涉宋帝空一格。卷前有宋淳祐九年撰者黃昇自序及胡德方序,卷尾有刊書木記三行,云:"玉林此編亦姑據家藏文集之所有,朋遊聞見之所傳,詞之妙者固不止此,嗣有所得,當續刊之。若其序次,亦隨得本之先後,非固爲之高下也。其體制不同,無非英妙傑特之作,觀者其詳之。"有胡德方和黃昇兩序。"錦上添花湖色綾衣,白素綾籤,爲天禄舊裝,題字出當時翰苑

---

① 《藏園經書經眼錄》卷十二,集部"《經進周曇詠史詩》三卷"條,第917—918頁。并見卷六,史部"《諸史提要》"條,第441頁。

手筆。"①

　　黃氏自序言其"親友劉誠甫謀刊諸梓"，此本卷十末葉有劉氏木記，應即此劉誠甫刊本（圖附1—16）。黃昇，據《天祿琳琅書目後編》云字叔暘，號玉林，又號花庵詞客，閩人，撰詞選二十卷，即《唐宋諸賢絕妙詞選》十卷、《中興以來絕妙詞選》十卷。

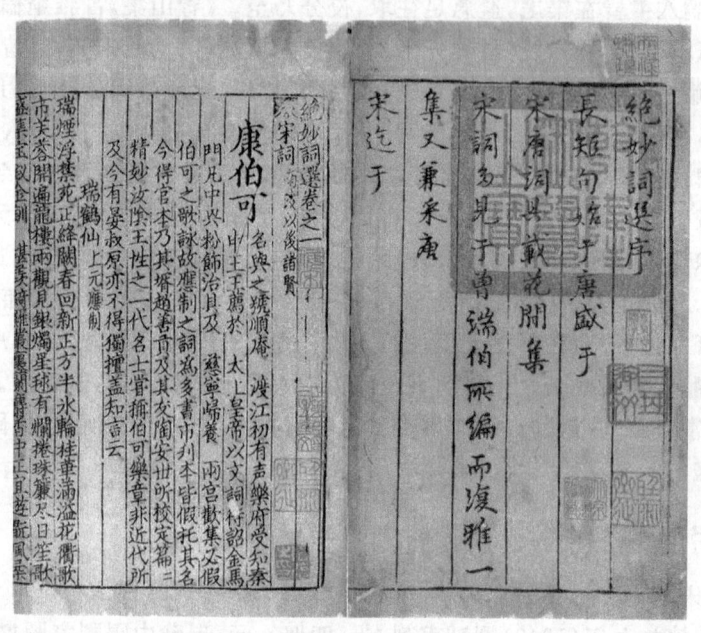

圖附 1—16

　　每冊首末俱鈐"乾隆御覽之寶"朱文大方印和"天祿琳琅"朱文小方印，無"天祿繼鑑"和副頁諸璽，知爲天祿琳琅前編目外之書。書上鈐有"陳道復氏"、"陳淳之印"、"聽雨齋"、"三琴趣齋"、"侍兒文雲掌記"、"佞宋"、"上第二子"、"臣印克文"、"惟庚寅吾以降"、"八經閣"、"聖宋齋"、"三琴趣齋珍藏"、"梅真侍觀"諸印。明代曾爲著名畫家陳淳（道復）所藏，入清藏清宮天祿琳琅。出宮後爲袁克文後百宋一廛所得，與妻劉梅真、侍妾文雲鈐印題跋，頗稱珍秘。再後歸祁陽陳澄中，鈐"祁陽陳澄中藏書記"、"清華"、"澄中"、"郇齋"等印，20世紀50年代歸藏北京圖書館。

---

① 《寒雲日記——收古籍善本摘抄 1915—1918 年》，見《王子霖古籍版本學文集》，第二冊，《古籍善本經眼錄》附錄，第 160 頁。

書上有袁克文題跋兩段，一云："此書惟見於《敏求記》，餘無聞焉，況詞集之宋刊獨罕而選詞尤尠，傳世者今惟海源閣之《花間集》及此兩書耳。詞集之存者，瞿氏有《東山》、《蘆川》兩詞，半已缺殘，予以一歲之中，竟獲兩《片玉詞注》，合此可以三絶豪矣。三月十九日夜識於玉泉山舍寒雲。"鈐"無塵"朱文小印。一云："《中興以來絶妙詞選》十写，爲《花庵詞選》后集，故板心一'后'字。《讀書敏求記》云'萬曆二年龍邱桐源舒氏新雕本，間有缺字，此則淳祐己酉所刻本也。'所指當即此本。書尾木記後有劉氏木印，蓋即花庵自序所指'親友劉誠甫謀刊諸梓'者是也。《天祿書目》有元刻一部，合前后集凡五冊，無藏書家印記，且后集配鈔一、二兩写，與此部皆不合。此與《韋蘇州集》同見自滿貴族某氏家，皆爲《天祿書目》未載之書，至可寶也。丙辰三月十一日寒雲記於後百宋一廛中。"并鈐"克文"、"寒雲主人"二印。袁克文《宋本提要》亦有著錄，稱"此書尾有劉氏木記，蓋即淳祐原刻"。①

袁克文《寒雲手寫所藏宋本提要廿九種》云："舊湖色花綾衣，白絹，籤題曰中興詞選，猶天祿故裝。"②然檢《天祿琳琅書目》未見著錄，而《天目後編》卷十一元版集部著錄一部，按黃昇自序云："親友劉誠甫謀刊諸梓，傳之好事者，此善意矣。"又袁克文云"此書尾有劉氏木記，蓋即淳祐原刊"③，民國戊午（七年，1918）傅增湘經眼，④《藏園群書經眼錄》亦著錄爲宋刊本。又後編之本一函五冊，而此本則四冊，則後編之本並非此本甚明。《故宮已佚書籍書畫目錄》記溥儀民國十一年（1922）九月二十五日賜書中有"元板絶妙詞選一套"，現藏遼寧省圖書館，而此書歸袁克文在民國五年，並非同一部書。

陽山顧氏文房小說四十種五十八卷

（明）顧元慶編。

明正德、嘉靖間顧氏夷白齋刻本。存四種四卷：《文錄》一卷、《深雪偶

---

① （清）黃丕烈等撰：《宋版書考錄》，北京圖書館出版社2003年，第146頁。
② 袁克文《寒雲手寫所藏宋本提要廿九種》，載《宋版書考錄》，北京圖書館出版社2003年版，第146頁。
③ 《寒雲手寫所藏宋本提要廿九種》，第146頁。
④ 《藏園群書經眼錄》，卷十九，第1346—1347頁。

談》一卷、《嘯旨》一卷、《劉賓客嘉話錄》一卷,二冊,現藏天津圖書館(書號S1560)①。

匡高17.7釐米,廣12.7釐米。每半葉十行,行十八字,白口,左右雙邊,單魚尾。上書耳鐫"陽山顧氏文房",各卷尾間鐫"夷白齋重雕"(圖附1-17)。

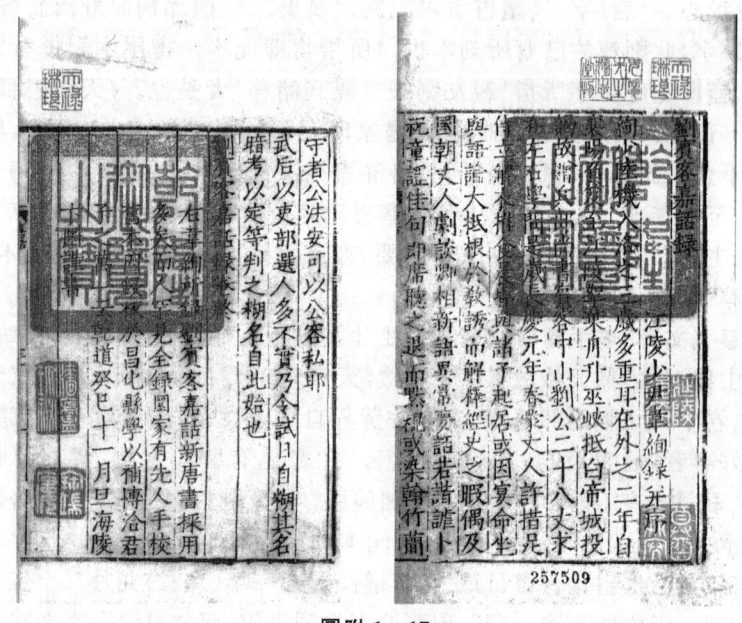

圖附1-17

每冊首末葉鈐"天祿琳琅"朱文小方印、"乾隆御覽之寶"闊邊大方印二印,一如《天目》前編之制。《陽山顧氏山房小說》僅《天目後編》卷十七收錄一部,現藏臺北故宮,此本是前編"目外書"。另鈐"延陵後裔"(白文方印)、"檮廬珍秘"(白文方印)、"無竟先生獨志堂物"(朱文長方)。出宮後曾經張其煌收藏。

二、"後編目外書"

存世那些不見於《欽定天祿琳琅書目續編》著錄,又具備天祿繼鑑書

---

① 《天津圖書館古籍善本書目》,第876頁;《天津圖書館古籍善本圖錄(定級圖錄)》,"釋文"第105頁,"圖版"第621頁。

鈐印特徵之書，即天祿琳琅"後編目外書"。這些書如同習見的《天目後編》著錄書一樣，每冊書首末頁上方正中壓騎板框皆鈐"乾隆御覽之寶"橢圓朱文印，首頁右側天頭處、板框外、齊着右邊框鈐"天祿繼鑑"白文方印，末頁有字的一面左側天頭處、板框外、齊着左邊框鈐"天祿琳琅"朱文小方印，前後副葉或有、或無"五福五代堂寶"（或"五福五代堂古稀天子寶"）、"八徵耄念之寶"、"太上皇帝之寶"三璽。有些書曾經改裝，原裝副葉有可能佚失。

目前共尋訪到 20 部，按版本計則宋版 4 部，元版 3 部，明版 6 部，清版 6 部，明抄本 1 部。依經史子集爲序，每書略述版本、收藏於次，並附卷端書影，以資賞鑑。

周易傳義大全二十四卷

（明）胡廣等奉敕撰。

明嘉靖十五年（1536）劉氏安正堂刻本。闕凡例、序、目及卷二、卷三，存卷一、卷四至二十二，計二十二卷，二十五冊四函，現藏臺北"故宮博物院"（書號故善 012977—013001）；存卷二，一冊，現藏臺北"國家圖書館"（書號 101.2/00070）。

匡高 15.9 釐米，廣 12.4 釐米。每半葉十一行，行大字十七，小字二十一。四周雙邊，粗黑口，雙順魚尾。版心中刊"周易大全幾卷"及葉次。末卷後有"丙申年秋月安正堂重刊"雙行牌記。正文前有《周易傳義圖說朱子圖說》、《周易五贊》、《周易傳義大全筮儀》、《綱領》。首卷卷端題"周易傳義大全卷之一"。竹紙，綠地鳳凰花卉織錦四合函套，淺藍灑金箋紙書衣，白色灑金紙質書籤，書"宋版周易傳義大全"及冊數。故宮闕第一、五、六冊，"央圖"本爲第五冊。

此本紙墨俱顯古舊，簾紋一指寬，看似舊刻，實爲明建陽書坊安正堂所刻。刊記中"丙申"爲明嘉靖十五年（1536），故《中國古籍善本書目》著錄爲"明嘉靖十五年劉氏安正堂刻本"。

每冊首頁鈐"乾隆御覽之寶"朱文橢圓印及"天祿繼鑑"白文方印，末頁鈐"乾隆御覽之寶"朱文橢圓印及"天祿琳琅"朱文小方印，無副葉三璽及其他私家藏印。（圖附 1—18）《天目後編》所記明版《周易傳義大全》、《五經四書大全》皆明內府刊本，皆十行二十二字本，此本與內府刻本行款不同，應是《天目後編》目外之書。原藏景陽宮。

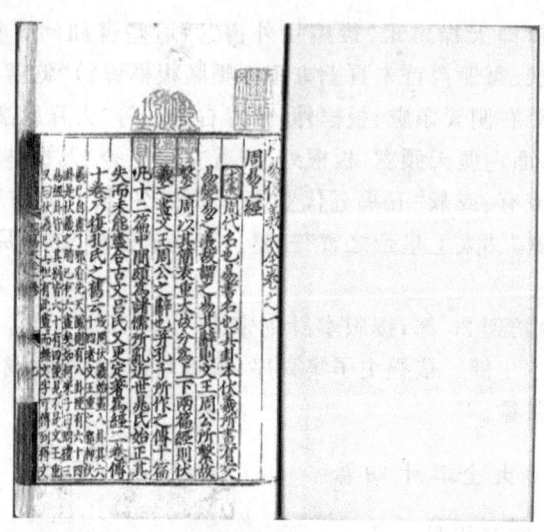

圖附 1—18

《"國立故宮博物院"善本舊籍總目》，上冊，第 21 頁，著錄爲"明建陽安正堂刻本，闕卷一、卷二"。臺北"央圖"所藏卷二，一冊，扉葉有近人朱定裕鋼筆手書題記一紙，云："此書據日本帝國圖書館囑託漢學家長則規矩也（Kikuya Nagasawa）先生之查考，斷定爲'明刊黑口本'云。中華民國三十五年五月十日朱定裕誌於上野圖書館"。另有"管理中英庚款董事會保存文獻之章"、"國立中央圖書館收藏"諸印。

羣經音辨七卷

（宋）賈昌朝撰。

清康熙五十三年（1714）張士俊澤存堂刻本。一函二冊，現藏遼寧省圖書館（書號善30386）。

匡高 19.3 釐米，廣 15.3 釐米。每半葉十行，行二十字，小字雙行同，白口，左右雙邊，單魚尾。開花紙，紙墨瑩潤，雕版精雅。書中夾有黃紙籤，墨筆書"翻宋版羣經音辨南翻北全函"，爲宮人所書（圖附 1—19）。

此爲康熙間依紹興汀洲寧化縣學刊本

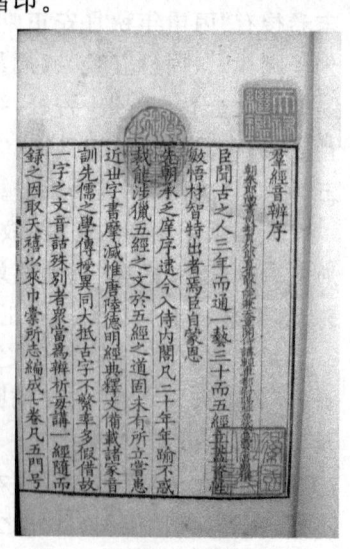

圖附 1—19

翻雕精槧本，書末照刻紹興壬戌、署"右承務郎知汀洲寧化縣主管勸農公事兼兵馬監押王觀國"所作"羣經音辨後序"，紹興九年臨安府學依國子監舊本重雕職銜人等，宋諱"境"、"構"諸字亦照刻闕末筆。

書上鈐"徽國經史之章"朱文方印、"乾隆御覽之寶"、"天祿繼鑑"、"天祿琳琅"，無前後副葉三璽。《天祿琳琅書目後編》上只收兩部《群經音辨》，皆爲宋版，一爲宋紹興十二年（1142）汀州寧化縣學刊本，一爲宋紹興九年（1139）年臨安府學刻宋元遞修本，二書均藏國圖。按此書之鈐印，應爲後編目外之書。

《賞溥傑單》記宣統十四年（1922）八月十九日賞出"翻宋版《羣經音辨》一套"，即此本。

說文解字十五卷

（漢）許慎撰。

清初毛氏汲古閣刻本。十二冊二函，現藏中國國家圖書館（書號12389）。

匡高 21.2 釐米，廣 15.8 釐米。每半葉七行，行大小字不等，白口，左右雙邊，單魚尾。卷端題"說文解字弟一上"，署"漢太尉祭酒許慎記""銀青光祿大夫守右散騎常侍上柱國東海縣開國子食邑五百戶臣徐鉉等奉敕校定"。白棉紙，書品上佳。尚是清宮原裝，織錦函套，湖色灑金紙書衣，黃紙書籤上書"宋板許氏說文"，書根包角上墨書"說文"及第幾冊。

每冊首葉鈐"乾隆御覽之寶"、"天祿繼鑑"二璽，末葉鈐"乾隆御覽之寶"、"天祿琳琅"二璽，均無副葉三璽，亦無其他藏印。《天祿琳琅書目》僅前編卷五著錄一部宋版書，此本當係《天目後編》目外書。

宣統十四年（1922）九月十九日賞溥傑一部《翻宋板說文解字》，一部二套（此處"套"即函）。此書原爲採 200217 號，係 1959 年北京故宮撥交北京圖書館者。《北京圖書館古籍善本書目》第 159 頁。

班馬字類二卷

（宋）婁機撰。

清康熙間馬氏叢書樓覆宋刻本。闕卷下入聲，四冊一函，現藏臺北"故宮博物院"（書號故善 013014－013017）。

匡高 17.9 釐米，廣 14 釐米，每半葉九行，每行首字大字，其下小字夾行標注音義，依平上去入分部，小字雙行。左右雙邊，線黑口，單魚尾。書口上刊字數，中刊"字類幾"及葉次。書中"殷"、"敬"、"弦"、"玄"、"讓"諸字缺筆。前有《班馬字類序》，署"淳熙甲辰上巳日鄱陽洪邁書於金華松齋"，樓鑰序。上卷分平聲上、平聲下、上聲，下卷分去聲和入聲兩篇。白棉紙，明黃地方格小龍紋織錦四合函套，牙黃絹包角，淡藍地灑金絹書衣，古色紙質書籤，題"字類　第某冊"。書中有一黃紙方籤，書"宋板班馬字類　全函　存四冊，欠第五冊"。尚存乾嘉間裝幀舊貌，古雅端正（圖附1—20）。

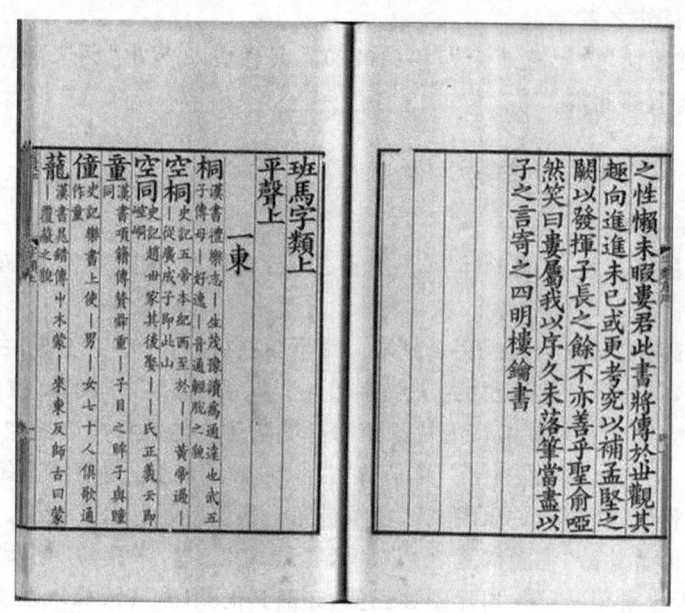

圖附1—20

臺北故宮吳哲夫先生云，此本"似爲宋版，惟細審其紙質，率爲清季開化綿紙，又書中脫僞多類瞿鏞《鐵琴銅劍樓藏書目》著錄舊鈔本所列之補正叢書樓本諸條，則是本殆即馬氏叢書樓刊本也。曩昔張允亮所編《故宮善本書目》已列此書爲叢書樓刊本，今姑從其說"。[1] 故宮著錄其爲清初吳郡張氏澤存堂覆宋刊本，澤存堂本爲六行大字本，此爲馬氏叢書樓本。北京大學圖書館亦藏同版，前有扉頁，刊"叢書樓藏板"，此本佚失。

---

[1] 吳哲夫著：《天祿琳琅書目續編著錄之宋版書籍研究》，《國立中央圖書館館刊》新十一卷第一期，第25頁。

每冊副葉俱無三璽,僅首葉鈐"乾隆御覽之寶"橢圓朱文印及"天祿繼鑑"白文方印,末葉鈐"乾隆御覽之寶"橢圓朱文印及"天祿琳琅"朱文小方印,此本應爲《天目後編》之目外書。

原爲一函五冊,《故宮善本書目》記其爲"(清)馬氏叢書樓復宋本,闕末卷,存四冊"。民國間清室善後委員會點查,原存景陽宮,並非《天目後編》著錄之本,張允亮氏誤矣。《"國立故宮博物院"善本舊籍總目》,上冊,第 159 頁,著錄爲"清初吳郡張氏澤存堂覆宋刊本"。

大廣益會玉篇三十卷

(南朝梁)顧野王撰,(唐)孫強增字,(宋)陳彭年等重修。

清康熙四十二年至四十三年(1703—1704)張士俊影宋刻《澤存堂五種》本。一函十冊,現藏中國國家圖書館(新編書號 1162)。

每半葉十行,字不等,小字雙行字不等,白口,左右雙邊。黃紙籤題"宋板玉篇第某冊"。

每冊首末頁鈐"乾隆御覽之寶"、"天祿琳琅"、"天祿繼鑑"三印,無副葉三璽。《天目後編》共著錄 5 部《大廣益會玉篇》,其中卷三宋版經部 3 部,卷八元版經部 2 部,都已明確知其全本下落,此係後編目外之書。

2013 年編目。

廣韻五卷

(宋)陳彭年等撰。

清康熙四十三年(1704)張士俊刻《澤存堂五種》本。一函五冊,現藏北京市西城區圖書館(書號甲 0017)。

版匡高 19.3 釐米,廣 15.3 釐米。每半葉十行,大小字不一,白口,左右雙邊,單魚尾。書口上刊每葉字數,下有刻工姓名:宋琚、趙中、方至、曹榮、吳椿、吳志、沈思恭、沈思忠、王玩、陸遷、余敏、秦暉、劉昭、秦顯、金滋、陳晃、高異、吳益、李倚、何典等。前有宋代牒文,卷端題"大宋重修廣韻"。灑金箋書衣,尚存清宮原裝。

澤存堂本書前有扉頁,自右至左依次爲"張氏重刊 廣韻 澤存堂藏版"三行,書後有康熙四十三年張士俊刊書跋,此本撤去扉頁及刊書跋(圖附 1—21),書籤題作"宋板廣韻",實係清初張士俊澤存堂刻本。

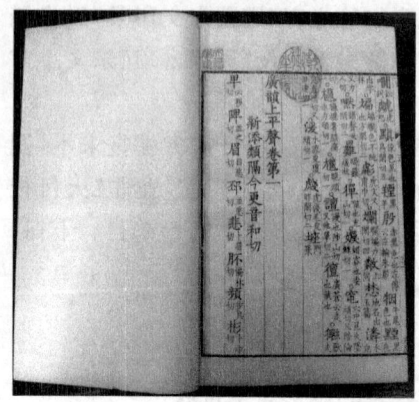 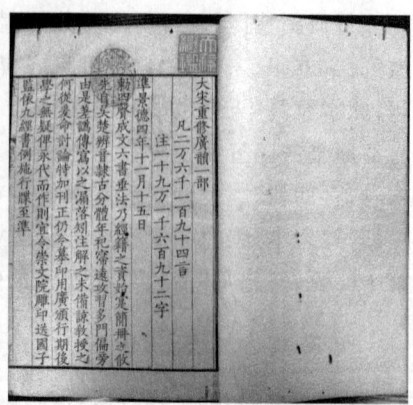

圖附 1—21

每冊首葉鈐"乾隆御覽之寶"橢圓朱文印及"天祿繼鑑"白文方印,末葉鈐"乾隆御覽之寶"朱文橢圓印及"天祿琳琅"朱文小方印,均無副葉三璽。

在《賞溥傑單》、《收到書畫目》中五經記有宣統十四年(1922)九月十九日、九月二十一日各賞出一部翻宋板《廣韻》,不詳此部是否即其中一部。

韻補五卷

(宋)吳棫撰。

元刻本。五冊,現藏中國國家圖書館(書號 1054)。

每半葉十行,大小字不等,小字雙行二十一至二十四字,細黑口,左右雙邊,雙花魚尾。版心中依"韻補上平、下平、上、去、入聲"排次,卷一版心下有刻工"謝子芳刊"。

每冊書之首葉皆鈐"乾隆御覽之寶"、"天祿繼鑑"二印,末頁爲"乾隆御覽之寶"、"天祿琳琅"二印,無副葉三璽。另有"蕙江□□"(朱文方印)、"承澤"(白文長印)。

音韻日月燈六十卷

(明)呂維祺撰。

明崇禎間新安呂氏刻本。存《韻母》卷一至四、《韻鑰》自敘、卷首《音韻》卷一至二,計六卷,三冊,現藏中國國家圖書館(新編書號 1244)。

匡高 21.2 釐米,廣 14.6 釐米。每半葉八行,行十六字,小字雙行,四周單邊，白口，單魚尾。版心上方記"韻母"、"同文鐸"、"韻鑰"，中記卷次及葉次，下記字數。無欄線，有眉欄。

每册俱鈐天禄繼鑑諸璽，前後副葉所鈐爲"中三璽"。無私家藏印。《天目後編》卷十三明版經部著錄一部《音韻日月燈》，二十册，完整無缺，現藏臺北"國家圖書館"，則國圖所藏此本爲後編目外之書。

據1959年北京故宫調撥北京圖書館。檔案記載，撥交書中有一部《音韻日月燈》，三册，明崇禎六年新安吕氏刻本，殘存《韻母》卷一至四、《韻鑰》自叙、卷首《音韻》卷一至二，已經新修。2013年編目，其中卷一至四，著爲明崇禎六年楊文聰刻本；《韻鑰》卷一至二，著爲明新安吕氏刻本。

史記一百三十卷

（漢）司馬遷撰，（南朝宋）裴駰集解，（唐）司馬貞索隱，張守節正義。

明嘉靖四年至六年王延喆（1525—1527）刻本。存卷十一至六十六、八十七至一百三十，計一百卷，六函六十册，現藏中國國家圖書館（新編書號1298）。

每半葉十行十八字，小字雙行二十三字，白口，左右雙邊。黄紙籤題"宋版史記第某册"。

每册首末頁鈐有"乾隆御覽之寶"、"天禄琳琅"、"天禄繼鑑"三印，未見前後副葉三璽。另有"物產"、"子孫永寶"、"武林高瑞南家藏書畫印"諸印。黄紙籤蓋住舊黄絹籤題，原黄絹籤題"史記"。

1959年自北京故宫撥交北京圖書館，2013年編目。

前漢書一百二十卷

（漢）班固撰。

宋福唐郡庠覆刻景祐監本元明遞修本。四十册八函，現藏臺北"故宫博物院"（書號故善006901—006940）。

匡高21.2釐米，廣15.5釐米。每半葉十行，行十九字，小注雙行二十五至二十八字。左右雙邊，白口，雙順魚尾。版心上記字數，中記"前漢"卷幾，下有刻工名。原版刻工有仲、生、胡、仲和、子高、江士堅、薛林、劉震卿等，補版刻工有田、王文、靜、君、壽、丁、以、輔、天祐、吴中、惠、徐安卿、吕文震等。宋諱恒、桓，闕末筆。首卷卷端題"高紀第一上"，下題"班固　漢書一"，小題在上，下題在下，隔行題"秘書監上護軍琅邪縣開國子顏師古注"。卷前有從湖北提舉茶鹽司宋本影寫敘例及總目四葉，以細薄白棉紙抄寫，烏絲欄，所抄極精，另卷一第九頁、卷五第四頁、卷十二第六頁等爲抄配。補版甚多，爲遞修後印之本。白麻紙。尚保持乾隆時期宮廷舊裝，織錦四合函套，淺藍紙質書衣，古色紙質書籤及套籤，書"宋版前漢書"及冊數。

書尾處刊有"日雕修　班固前漢書凡百篇總一百二十卷　十二帝紀一十三卷　八表一十卷　十志一十八卷　七十列傳七十九卷"四行，"日雕修"前似有鏟板。修版眉目清晰，不似原版漫漶、斷版。原版缺損部分，多以墨筆填字補上。傳世元刻《漢書》一百卷有大德九年太平路儒學所刻本，與此行款不同（圖附1—22）。

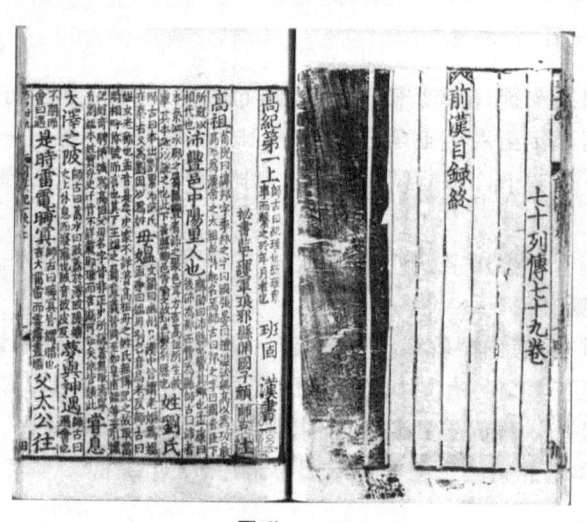

圖附 1—22

每冊首頁正中上方鈐"乾隆御覽之寶"橢圓朱文印，旁邊板框外鈐"天祿繼鑑"白文方印；末頁正中上方鈐"乾隆御覽之寶"橢圓朱文印，旁邊板框外鈐"天祿琳琅"小朱文方印。無前後副葉三璽。另有"虞山景氏家藏"、"絴谿"二白文印、"絴溪草堂"朱方、"宗伯"朱方，曾經錢謙益舊藏。

1931年所編《故宮善本書庫元版書目》記其原藏昭仁殿，爲宋刻元補修本。全書共補配烏絲欄空白紙十九頁，另補版二十頁。《故宮善本書目》記爲"元補宋福唐郡庠復景祐監本"，函套中懸籤因此書"元板前漢書"，或亦是延續《天祿琳琅書目》中補版葉多則以補版時代爲版本時代的做法，如將宋版明修本《文苑英華辯證》入明版子部。《"國立故宮博物院"善本舊籍總目》，上冊，第181頁，著錄爲"宋福唐郡庠覆景祐監刊元明遞修本"。

後漢書一百三十卷

（南朝宋）范曄撰。

宋福唐郡庠刊元代遞修本。四十冊五函，現藏臺北"故宫博物院"（書號故善000249—000288）。

匡高21釐米，廣15.4釐米。每半葉十行，行十九字，小注雙行二十五至二十八字。左右雙邊，白口，雙魚尾。版心上記字數，中記"後漢"卷幾，下有刻工名。原版刻工有仲、胡、仲和、揚、仕、劉震卿等，補版刻工有祚、王文、靜、君、壽、丁、以、輔、天祐等。宋諱恒、桓闕末筆，徵、慎、貞不避。首卷卷端題"帝紀第一上"，下題"范曄　後漢書一"，小題在上，大題在下，隔行題"唐章懷太子賢注"。卷前有目錄。卷後有景祐元年秘書丞余靖上表。目錄之第十五頁、卷七十六之第二十八、二十九兩頁抄配。白麻紙。尚保持乾隆時期宮廷舊裝，織錦四合函套，淺藍紙質書衣，古色紙質書籤及套籤，書"宋版後漢書"及冊數（圖附1—23）。

列傳卷八十末刊有"范曄後漢書凡九十篇總一百卷　十帝后紀一十二篇　八十列傳八十八卷　右奉淳化五年七月二十五日　敕重校定刊正"五行。補版甚多，原版亦多有斷版，為遞修後印之本。

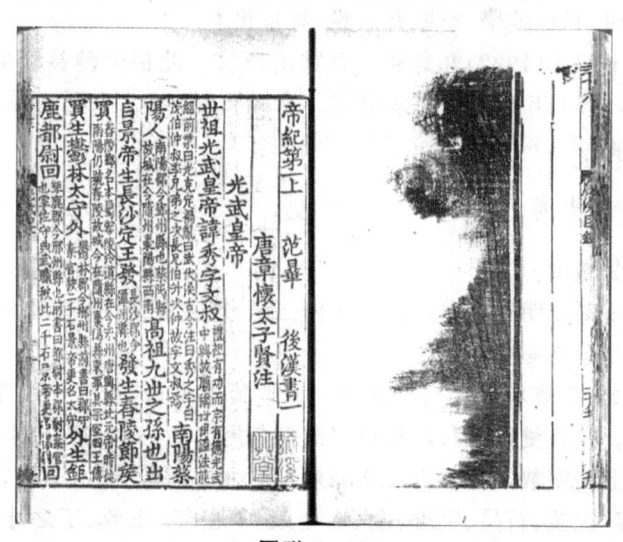

圖附1—23

清宮藏印與"宗伯"、"菽溪草堂"等私家藏印俱與前一部《前漢書》同，都曾經錢謙益舊藏。每冊首頁正中上方鈐"乾隆御覽之寶"橢圓朱文印，旁邊板框外鈐"天祿繼鑑"白文方印；末頁正中上方鈐"乾隆御覽之寶"橢圓朱文印，旁邊板框外鈐"天祿琳琅"小朱文方印，無前後副葉三璽。

1931年所編《故宮善本書庫元版書目》記其原藏昭仁殿，爲宋刻元補修本。全書共補配烏絲欄空白紙十頁，另補版八頁。《故宮善本書目》記爲"元補宋福唐郡庠刻本"。《"國立故宮博物院"善本舊籍總目》，上冊，第182頁。

唐書二百二十五卷目錄二卷

（宋）歐陽修、宋祁等撰。

元刻本，卷一百六十五配清影元抄本。一百八十冊，現藏中國國家圖書館（書號12391）。

每半葉十行，行十九字，小字雙行二十三字，白口間黑口，左右雙邊，雙順魚尾。書口下有刻工"榮"、"正"等。

每冊首末頁鈐"乾隆御覽之寶"、"天祿琳琅"、"天祿繼鑑"，不見副葉三璽。卷二十三儀衛志第十三卷端首頁有鈐印二，"□禪"（朱方）、"□□藏書"（朱方）；卷二十七律曆志第十七上卷端亦有藏印，"訥軒"（白方）、"黃氏圖書"、"子孫保之"，辨認不清。《天目前編》著錄一部宋版《唐書》，十函一百冊，爲徐乾學、季振宜舊藏，並非此本。

宣統十四年（1922）九月初三日賞出清宮。此係輾轉長春僞宮、瀋陽故宮之書，1959年由北京故宮撥交北京圖書館。《北京圖書館古籍善本書目》第246頁。

古史六十卷

（宋）蘇轍撰。

宋衢州刻元明遞修本。二十四冊二函，現藏臺北"故宮博物院"（書號故善004035—004058）。

匡高20.2釐米，廣16.4釐米。每半葉十一行，行二十二字，小字雙行字不一。左右雙邊，白口，雙魚尾或無魚尾。版心中刊古史本紀幾及葉次。版心上刊字數，中刊"古史本紀幾"或"古史列傳幾"及葉次，下有刻工顧進、蔣容、沈茂、石昌、毛瑞、金祖、金榮、丁松年、王政、丁之才、王恭、王汝霖、陳晃、王進、陳良、顧澄、劉昭、孫日新、方中、楊潤、沈忠、果張昇、王定、詹世榮、徐琪、袁官等。前有蘇轍《古史敘》、目錄。玄字時避時不避，修本"。

後漢書一百三十卷

（南朝宋）范曄撰。

宋福唐郡庠刊元代遞修本。四十冊五函，現藏臺北"故宫博物院"（書號故善000249—000288）。

匡高21釐米，廣15.4釐米。每半葉十行，行十九字，小注雙行二十五至二十八字。左右雙邊，白口，雙魚尾。版心上記字數，中記"後漢"卷幾，下有刻工名。原版刻工有仲、胡、仲和、揚、仕、劉震卿等，補版刻工有祚、王文、靜、君、壽、丁、以、輔、天祐等。宋諱恒、桓闕末筆，徵、慎、貞不避。首卷卷端題"帝紀第一上"，下題"范曄　後漢書一"，小題在上，大題在下，隔行題"唐章懷太子賢注"。卷前有目錄。卷後有景祐元年秘書丞余靖上表。目錄之第十五頁、卷七十六之第二十八、二十九兩頁抄配。白麻紙。尚保持乾隆時期宫廷舊裝，織錦四合函套，淺藍紙質書衣，古色紙質書籤及套籤，書"宋版後漢書"及冊數（圖附1—23）。

列傳卷八十末刊有"范曄後漢書凡九十篇總一百卷　十帝后紀一十二篇　八十列傳八十八卷　右奉淳化五年七月二十五日　敕重校定刊正"五行。補版甚多，原版亦多有斷版，爲遞修後印之本。

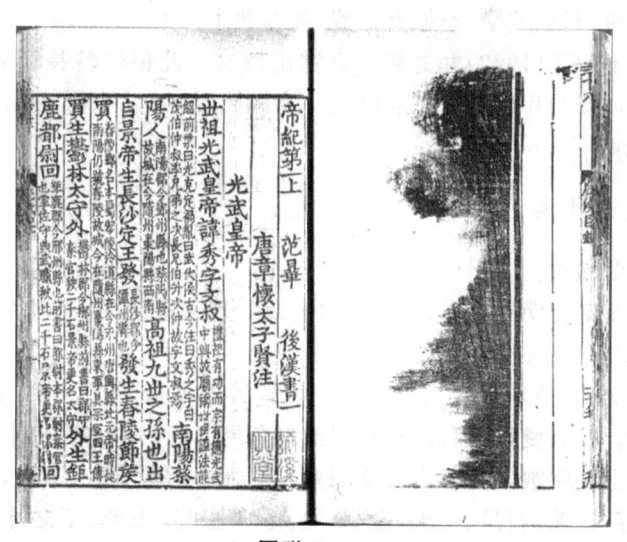

圖附1—23

清宫藏印與"宗伯"、"旅溪草堂"等私家藏印俱與前一部《前漢書》同，都曾經錢謙益舊藏。每冊首頁正中上方鈐"乾隆御覽之寶"橢圓朱文印，旁邊板框外鈐"天祿繼鑑"白文方印；末頁正中上方鈐"乾隆御覽之寶"橢圓朱文印，旁邊板框外鈐"天祿琳琅"小朱文方印，無前後副葉三璽。

1931年所編《故宮善本書庫元版書目》記其原藏昭仁殿，爲宋刻元補修本。全書共補配烏絲欄空白紙十頁，另補版八頁。《故宮善本書目》記爲"元補宋福唐郡庠刻本"。《"國立故宮博物院"善本舊籍總目》，上冊，第182頁。

唐書二百二十五卷目錄二卷

（宋）歐陽修、宋祁等撰。

元刻本，卷一百六十五配清影元抄本。一百八十冊，現藏中國國家圖書館（書號12391）。

每半葉十行，行十九字，小字雙行二十三字，白口間黑口，左右雙邊，雙順魚尾。書口下有刻工"荣"、"正"等。

每冊首末頁鈐"乾隆御覽之寶"、"天祿琳琅"、"天祿繼鑑"，不見副葉三璽。卷二十三儀衛志第十三卷端首頁有鈐印二，"□禪"（朱方）、"□□藏書"（朱方）；卷二十七律曆志第十七上卷端亦有藏印，"訥軒"（白方）、"黃氏圖書"、"子孫保之"，辨認不清。《天目前編》著錄一部宋版《唐書》，十函一百冊，爲徐乾學、季振宜舊藏，並非此本。

宣統十四年（1922）九月初三日賞出清宮。此係輾轉長春偽宮、瀋陽故宮之書，1959年由北京故宮撥交北京圖書館。《北京圖書館古籍善本書目》第246頁。

古史六十卷

（宋）蘇轍撰。

宋衢州刻元明遞修本。二十四冊二函，現藏臺北"故宮博物院"（書號故善004035—004058）。

匡高20.2釐米，廣16.4釐米。每半葉十一行，行二十二字，小字雙行字不一。左右雙邊，白口，雙魚尾或無魚尾。版心中刊古史本紀幾及葉次。版心上刊字數，中刊"古史本紀幾"或"古史列傳幾"及葉次，下有刻工顧進、蔣容、沈茂、石昌、毛瑞、金祖、金荣、丁松年、王政、丁之才、王恭、王汝霖、陳晃、王進、陳良、顧澄、劉昭、孫日新、方中、楊潤、沈忠、果張昇、王定、詹世榮、徐琪、袁官等。前有蘇轍《古史敘》、目錄。玄字時避時不避，玄、弦、眩、敬、警、驚、弘、殷、匡、恒、貞、徵、讓、項、桓、完、構、媾、購、慎等字闕末筆。首卷卷端題"三皇本紀第一　古史一"，小題在上，大題在下。白麻紙，書品寬大。新裝織錦四合函套，淺藍色灑金箋紙書衣，黃綾包角，古色紙質書籤，書"宋版古史"及冊數。目錄原闕第一、二頁（圖附1－24）。

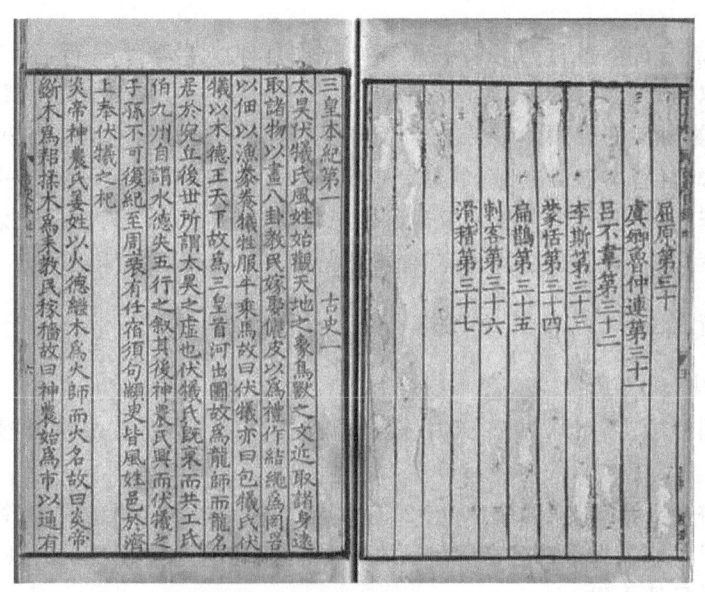

圖附1－24

吳哲夫先生云："按此書中避宋諱字止於孝宗，且刻工王政、王恭、丁松年、丁之才、毛祖、毛瑞、余政、宋琚等人見於浙刻諸書之中者，不勝繁舉，故此本應爲南宋浙刻本也。"①書爲後印之本，遞修葉版印清晰，版心多爲單魚尾，少數書頁以墨筆描出下魚尾。版心上無字數，下無刻工，有顯著的明初刻風，闕字處有墨筆描補、描欄。有些補版葉係以竹紙刷印，紙色明顯舊於原版書頁，似是重新刻印補入其書。第三冊前副葉內有紙鋪印兩方，一爲"玉隆泰記"朱文圓印，一爲"本廠扇料"白文方印，可爲清中期修補見證。

每冊首葉有"乾隆御覽之寶"橢圓朱文印及"天祿繼鑑"白文方印，末

---

① 吳哲夫著：《天祿琳琅書目續編著錄之宋版書籍研究》，《"國立中央圖書館"館刊》新十一卷第一期，第27頁。

頁有"乾隆御覽之寶"橢圓朱文印及"天祿琳琅"朱文小方印，但前後副葉俱無三璽，亦無私家藏印。《天目後編》卷四宋版史部著錄三部"宋版"《古史》，第一部爲明洪武間福州覆刻宋衢州本，現藏臺北故宮；第二部、第三部皆爲宋衢州刻元明遞修本，一部全本，一部殘本，皆藏國家圖書館。此本無藏印，並非《天目後編》著錄書，應爲目外之書。據點驗記載，亦存昭仁殿。

《故宮善本書目》記其爲"宋衢州刻明印本。半葉十一行，行二十二字"，以爲乃《天目後編》卷四宋版史部之第三部《古史》，誤矣。吳哲夫先生《天祿琳琅書目續編著錄之宋版書籍研究》一文相沿亦誤。1929年出版之《故宮善本書影初編》收錄，稱"宋刊本，明初印，補版不多"。① 1931年點查的《故宮善本書庫宋版書目》，記其"補版不多，卷十九、三十六有鈔補三葉"。《"國立故宮博物院"善本舊籍總目》，上冊，第220頁。

資治通鑑綱目五十九卷

（宋）朱熹撰。

明抄本。一冊，1996年中國嘉德秋拍，② 2006年秋中國嘉德再度上拍。

書頁半葉高37.3釐米，廣22.4釐米。白棉紙本。明內府精鈔。《天祿後目》卷九、卷十四各著錄一元版、一明版《資治通鑑綱目》，并無抄本，此本爲目外之書。

每冊前後副葉俱鈐"大三璽"，并鈐"乾隆御覽之寶"、"天祿琳琅"、"天祿繼鑑"諸印以及"陳印廷岡"、"壽春孫氏珍藏"、"章氏廢古堂藏書"、"章伯鈞鑑藏印"。

新入諸儒議論杜氏通典詳節四十二卷

不著撰人名氏。

宋紹熙五年(1194)擇善堂刻本。存目錄及圖譜、卷一至十八，計十九卷，一函八冊，現藏中國國家圖書館（書號5431）。

---

① 張允亮編：《故宮善本書影初編》，民國十八年(1929)北平故宮博物院影印本，第6頁。

② 中國嘉德國際拍賣有限公司1996年秋季拍賣會古籍善本專場，拍品第1200號。

匡高18.3釐米,廣12.4釐米。每半葉十四行,行二十三字,小字雙行同,細黑口,左右雙邊,雙順魚尾,眉上鐫評。目錄後有"閼逢攝提格之歲律中黄鍾之月有宋文忠公之裔子刊於擇善堂"兩行牌記。黄色書衣,黄色錦簽(圖附1—25)。

每册首末頁鈐"天禄琳琅"、"天禄繼鑑"、"乾隆御覽之寶"外,無前後副葉三璽。

《天目後編》卷四宋版史部著録一部《新入諸儒議論杜氏通典詳節》,稱是"麻沙小字本",曾經袁忠徹、沈荅東等人舊藏,而此書并非書坊刻本,亦無私藏諸印,顯係別本。《天目後編》著録之書實爲元至正二十三建陽書坊刻本,其中二十六卷現藏臺北"故宫博物院",二十五卷現藏臺北"中央研究院"傅斯年圖書館,兩卷藏於國家圖書館,卷首一册見於拍賣會上。

圖附1—25

此書在宣統十四年(1922)十一月二十五日《溥傑收到單》内。《北京圖書館古籍善本書目》史部第829頁。《第一批國家珍貴古籍名録圖録》第00535號。① 《中華再造善本》唐宋編第168部。

白孔六帖一百卷

(唐)白居易纂,(宋)孔傳續編。

明嘉靖間蘇州刻本。闕卷八十六,計九十九卷,九十九册十函,現藏臺北"故宫博物院"(書號故善011534—011632)。

匡高19.8釐米,廣15.3釐米。每半葉十行,行十八字,小字雙行同,左右雙邊,白口,單線魚尾。版心中刊"白孔六帖幾"及葉次,序之首頁下有刻工"陸奎",其他葉下有刻工王、仁、袁、守中、劉、惟器、啓明、何敦、永之、何世用、大節、子靜、世臣、世鳴、國祥、啟、付、喬、佩、昂、正、子長、東、何山、朝用等。卷前有陵陽韓駒序,正文前有目録。首卷卷端題"唐宋白

---

① 《第一批國家珍貴古籍名録圖録》,第2册,第268頁。

孔六帖卷第一"。棉紙,淺藍色地宋式錦四合函套,黃紙書衣,古色紙質書籤及套籤,書"宋版白孔六帖"及冊數、函數(圖附1—26)。

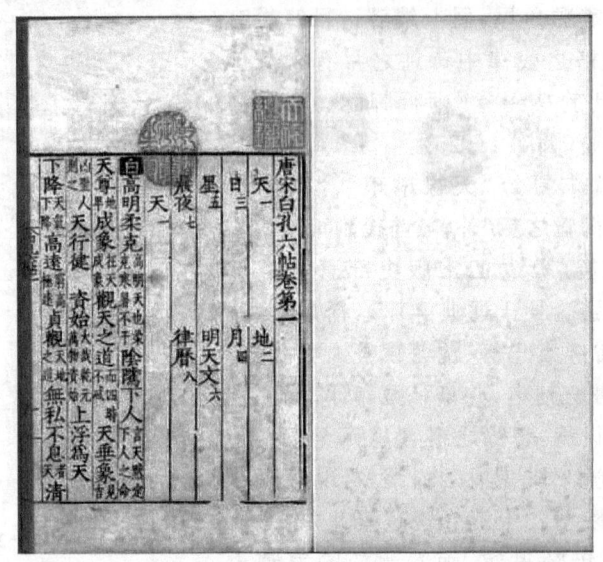

圖附1—26

有染紙做舊痕蹟。書籤及套籤上原題"宋版",實爲明嘉靖間蘇州覆宋本,與《天祿琳琅書目後編》卷十七明版子部所收四部明板《白孔六帖》爲同一版本。

每冊首頁正中上方鈐"乾隆御覽之寶"橢圓朱文印,旁邊板框外鈐"天祿繼鑑"白文方印;末頁正中上方鈐"乾隆御覽之寶"橢圓朱文印,旁邊板框外鈐"天祿琳琅"朱文小方印。副葉無乾隆三璽,爲《天目後編》目外之書。清室善後委員會點查報告中,記其原存景陽宮。

《"國立故宮博物院"善本舊籍總目》,下冊,第860頁。

李太白文集三十卷

(唐)李白撰。

清康熙五十六年(1717)繆曰芑雙泉草堂刻本。十二冊二函,現藏臺北"故宮博物院"(書號故善009097—009108)。

匡高17.5釐米,廣10.4釐米。半葉十一行,行二十字。左右雙邊,白口,單魚尾,版心中記李卷之幾,下記葉次及刻工名:大七、旦、知、王、呂、吳一、二、四二。宋諱桓、徵、貞、敬、殷缺末筆。卷首有目錄一卷,爲

《李太白全集總目》及《李太白文集目錄》。卷末有《李太白文集後序》，署"元豐三年夏四月信安毛漸校正謹題"。首卷卷端題"李太白文集第一"。白棉紙，芥黃色絹質四合函套，灑金黃紙書衣，白紙書籤及套籤，書"明版李太白集"及卷次（圖附1—27）。

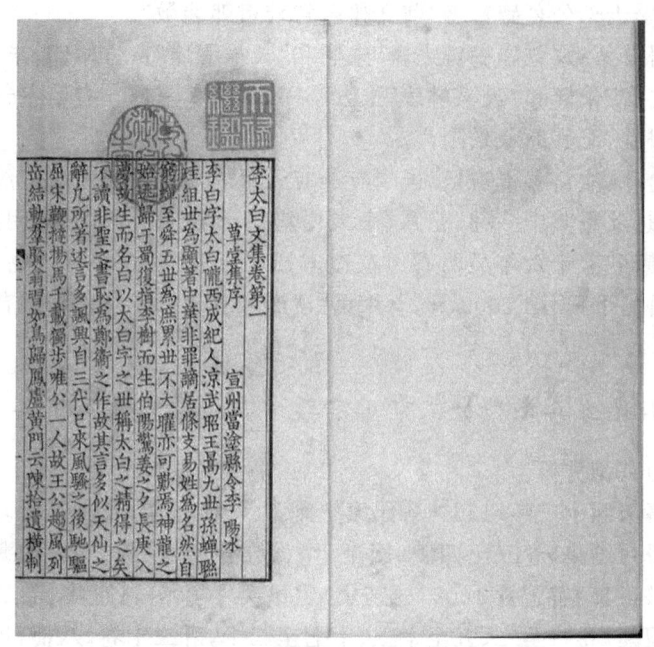

圖附 1—27

書籤原題明版，實爲清康熙五十六年吳門繆曰芑復宋蜀本，每卷末尾題下原有刊記"吳門繆曰芑武子甫重刊宋本"，皆被墊板刷印以隱去。別本卷前有康熙五十六年繆曰芑序，末有宋敏求舊序、曾鞏舊序，①此本皆佚去。繆序略稱，癸巳秋，得崑山徐氏所藏臨川晏處善本，重加校正，梓之家塾。其與俗本不同者，別爲《考異》一卷。黃丕烈《百宋一廛書錄》云，繆氏得宋本後，特構一樓貯之，樓曰"太白"。繆曰芑刻本，世稱繆本，字畫精湛，楮精墨妙，據宋本翻刊，幾欲亂真。卷一有《草堂集序》，署"宣州當塗縣令李陽冰"，序於寶應元年十一月乙酉；又《李翰林集序》，署"前進士魏顥"；又《李翰林別集序》，署"朝散大夫行尚書職方員外郎直史館上柱國樂

---

① 《美國哈佛大學哈佛燕京圖書館藏中文善本書志》，集部上，"1853 清康熙刻本李太白文集"條，第 1375 頁。

史",序於咸平元年三月三日;又李華《故翰林學士李君墓誌并序》;又《唐故翰林學士李君碣記》,署"尚書膳部員外郎劉全白撰　朝議郎行當塗縣令顧遊秦建","貞元六年四月七日記沙門履文書墳去墓記一百二十步";又《唐左拾遺翰林學士李公新墓碑并序》,署"宣歙池等州觀察使范傳正";又《翰林學士李公墓碑》,署"前守秘書省校書郎裴敬"。

每冊首葉鈐"乾隆御覽之寶"朱橢和"天祿繼鑑"白方兩印,末葉鈐"乾隆御覽之寶"朱橢和"天祿琳琅"朱方小印,無副葉三璽。有清室善後委員會點驗掛籤,記其原藏景陽宮。

張允亮《故宮善本書目》後附有鈐有天祿琳琅各璽而原目未經著錄之書十六種,此爲其中一種,記爲"李太白集三十卷十二冊,原題明版,唐李白撰,清康熙五十六年吳門繆曰芑復宋蜀本"。《"國立故宮博物院"善本舊籍總目》,下冊,第1009頁,著錄爲"清康熙五十六年吳郡繆曰芑覆宋蜀刊本"。

西山先生真文忠公文章正宗二十四卷續文章正宗二十卷

(宋)真德秀撰。

明嘉靖四十三年(1564)蔣氏家塾刻本。存《正集》卷一至七,計七卷,一函四冊;《續集》卷三至四、十四至十六,計五卷,一函二冊,現藏遼寧省圖書館(《正集》書號善10007;《續集》書號善10009);《正集》卷二十至二十四,《續集》卷一至二、五至十三、十七至二十,計二十卷,八冊,現藏中國國家圖書館(新編書號1288)①。

匡高20.1釐米,廣12.8釐米。每半葉十行,行二十一字,小字雙行同,白口,左右雙邊,單魚尾。書口下鐫有刻工:陳圭、金、庶、袁、王、奇、章、敖、廓、世、唐、文、能、下、陳世、陳言、獻之、顯明等。粉紅色紙籤題"文章正宗第某冊"。遼圖所藏部分,書籤上注有冊數,分別是原書第一至四、第十五及第十九冊。

此爲《文章正宗》正續合刻本。

每冊前後副葉皆無三璽,每冊首頁鈐"乾隆御覽之寶"、"天祿繼鑑"二璽,末頁鈐"乾隆御覽之寶"、"天祿琳琅"二璽。首冊另鈐"常百祥書畫印"、"難得糊塗"、"吒石齋"三印。

---

① 陳國慶著:《瀋陽圖書館藏長春僞宮殘存宋元珍本目錄考略》,《歷史文獻》第6輯,上海古籍出版社2004年版,第104—105頁。

此即宣統十四年(1922)八月初六日賞溥傑之"宋板《文章正宗》"一套,實爲明翻宋本。國圖所藏八冊,係出宮後輾轉自長春僞宮至瀋陽,1959年由北京故宮撥交北京圖書館,2013年編目。遼寧省圖書館所藏,分爲兩個書號,實爲同一部書。

新刊李學士新註孫尚書内簡尺牘十卷

(宋)孫覿撰,(宋)李祖堯註。

元刻本。四冊,現藏中國國家圖書館(書號6086)。

匡高17.2釐米,廣11.5釐米。每半葉十二行,行二十二字,小字雙行同,細黑口,左右雙邊或四周單邊,單魚尾或雙魚尾。前有總目、目錄、首卷卷端題"新刊李學士新註孫尚書内簡尺牘"。雲錦函套,套面籤題"宋版孫覿内簡尺牘全函",每冊書衣籤題"宋版孫覿内簡尺牘"及冊數。

書中"匡"、"貞"、"桓"、"構"、"溝"、"講"、"惇"等闕末筆,又注文中遇宋帝名如徽宗等其上空一格,則此本乃翻刻宋本無疑。書中有"孝"、"寬"、"宰"等俗體字,建陽刻書風格。《天禄琳琅書目後編》未見著錄。

每冊首末葉鈐"乾隆御覽之寶"、"天禄琳琅"、"天禄繼鑑"三璽,副頁已脱,未見副葉三璽。另鈐"城書閣秘笈章"、"□字深園"、"文之"、"鞠泉"、"梅鶴齋藏"等印。

《北京圖書館古籍善本書目》集部第2172頁。《第一批國家珍貴古籍名錄圖錄》第01131號。①

文選類林十八卷

(宋)劉攽撰。

明嘉靖三十七年(1558)新安吴思覽刻本。卷二,一冊,現藏芷蘭齋;卷一、三至十八,計十七卷,十七冊,現藏中國國家圖書館(新編書號1287)。②

匡高20.3釐米,廣15釐米。每半葉九行,行十八字,小字雙行同,白口,左右雙邊,單魚尾。魚尾上刻書名,下刻卷數、葉數。卷端下題"宋清

---

① 《第一批國家珍貴古籍名錄圖錄》,第4冊,第362頁。
② 陳國慶著:《瀋陽圖書館藏長春僞宮殘存宋元珍本目錄考略》,《歷史文獻》第6輯,上海古籍出版社2004年版,第96頁。

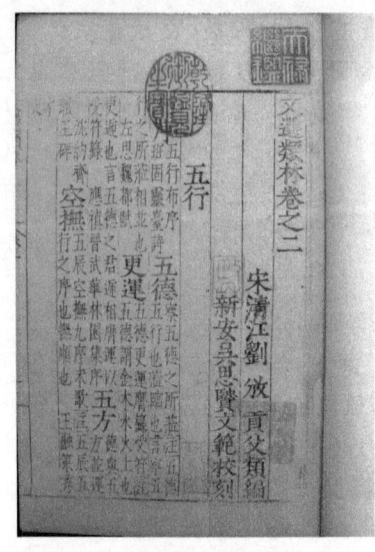

圖附 1—28

江劉攽貢父類編　新安吳思貰文範校刻"（圖附 1—28）。書衣題"宋板"。

卷端下題"宋清江劉攽貢父類編"，然宋時刻書無特標"宋"字者，原題"宋版"，以字體板式考之，實係明板。

每冊首末頁俱鈐"乾隆御覽之寶"、"天祿繼鑑"、"天祿琳琅"三印，無前後副葉三璽。另鈐有"石湖精舍圖書"（朱文方印）、"安陽關國印記"、"政和"、"王英時彥"、"石湖精舍圖書"、"錫山邵氏家藏"等印，朱文長方"政和"係僞印。

《賞溥傑單》、《收到書畫目》著錄，即"宣統十四年"（1922）九月十九日賞出溥傑之"翻宋板《文選類林》一套"。國圖所藏十七冊，係瀋陽故宮撥交北京故宮，1959年再經北京故宮轉交北京圖書館者，2013年編目。

三、天祿琳琅"三編書""四編書"

嘉慶三年（1798）夏天，《天祿琳琅書目後編》編訖，昭仁殿藏書、編目活動並未就此結束，而是仍時有進行，一直持續到清末。以往談及《天祿琳琅書目》，只說《前編》、《後編》兩部，事實上，歷史上還曾有補纂《天祿琳琅書目三編》、《四編》之舉，[①]惜書目不傳於世，只能藉清人檔案、日記、筆記所載，以及存世清宮藏書上的綫索，考覓當年編纂《天目三編》、《四編》蹤蹟之一二。[②] 所謂"天目三編"書，特指存世那些鈐有"嘉慶御覽之寶"、"天祿琳琅"、"天祿繼鑑"三印，原本欲編入《天祿琳琅書目三編》之書；"天目四編"書，特指鈐有"宣統御覽之寶"印，原本欲編入《天祿琳琅書目四編》之書。

"天目三編書"承襲了天祿琳琅書"璽印鈐蓋劃一"、"書裝籤題劃一"

---

① 爲行文方便，以下簡稱《天目三編》、《天目四編》。
② 詳見拙著《天祿琳琅研究》，第三章第四節"關於《天祿琳琅書目三編》、《四編》"。

的外觀特徵，其用印形制一如天祿繼鑑書，每冊首頁上方正中壓騎板框鈐有"嘉慶御覽之寶"朱文橢圓印，右側天頭處、板框外、齊着右邊框鈐"天祿繼鑑"白文方印；末頁有字的一面上方正中壓騎板框鈐有"嘉慶御覽之寶"朱文橢圓印，左側天頭處、板框外、齊着左邊框鈐"天祿琳琅"朱文小方印。"天祿琳琅"與"天祿繼鑑"二印，俱與《天目後編》所鈐爲同一方印。① 因是嘉慶三年以後所編，太上皇乾隆帝已經駕崩，故每冊"三編書"上毋需加鈐《天目後編》書前後副葉的"五福五代堂寶"（或"五福五代堂古稀天子寶"）、"八徵耄念之寶"、"太上皇帝之寶"三璽。裝幀上，多灑金石青或絳黃色絹製書衣，暗黃紙書籤，題"宋版四六膏馥"、"宋版禮記"等圖。"天目四編書"則每冊首頁正中上方鈐"宣統御覽之寶"朱文橢圓印。

這些與天祿琳琅書有着近似特徵、與《欽定天祿琳琅書目》前後編的編纂一脈相承的清宮藏書，比著錄書、前編"目外書"和後編"目外書"更爲珍罕稀見，對於清代皇家藏書的整理史實，有特殊研究價值，足資考證，雖殘璋斷珪，亦可寶也。目前共尋訪到 20 部，其中"三編書"18 部，"四編書"2 部。按版本計則宋版 7 部，元版 6 部，明版 6 部，清版 1 部。依經史子集爲序，每書略述版本、收藏於次，並附卷端書影，以資賞鑑。

五經白文三十七卷

民國時期天津書估王子霖經眼，記云：

> 宋刊巾箱本五經白文（易、書、詩、禮、春秋），二十四冊。三千元。白麻紙，淨白古雅，墨香精印。拜經樓、海源閣、八千卷樓皆考爲宋精刊本，又爲秦氏祖本。江蘇圖書館已影印入《盋山書影》宋本類，已有模糊，此本較丁本早印。每本卷頭有"嘉慶御覽"圓章。半葉二十行，行廿七字。②

按，此版實爲明刻本，每半葉二十行，廿七字，細黑口，左右雙邊，雙魚尾，版心下有刻工。《中國古籍善本書目》著錄上海圖書館、山東省博物館、杭州大學圖書館、廣東省中山圖書館、廣西自治區圖書館有藏。

---

① 劉按，有些書只鈐"嘉慶御覽之寶"，無"天祿繼鑑"、"天祿琳琅"二印，或爲編目未竟，鈐印尚不規範所致。

② 《王子霖存民國時期書價表》，《王子霖古籍版本學文集》，第二冊，《古籍善本經眼錄》附錄二，第 182 頁。

五經旁注十九卷

（明）朱升編。

明刻本。兩函九冊，現藏臺北"故宮博物院"（書號故善 000087－000095）。

匡高 22.1 釐米，廣 11.5 釐米。每半葉八行，行二十字，夾行小注字不等。上下單邊，無欄線。五經前各自有序，分別是宋元符二年程頤《易經傳序》、嘉定己巳蔡沈《書經傳序》、淳熙四年朱熹《詩經傳序》、胡安國《春秋傳序》，《禮記》前無序。首卷卷端題"易經旁註卷之一"。白棉紙，經摺裝（圖附 1－29），藍色綢面四合函套，淡黃地菱形幾何圖案織錦夾板，白紙灑金箋書籤，書"元版五經旁註"及冊次。

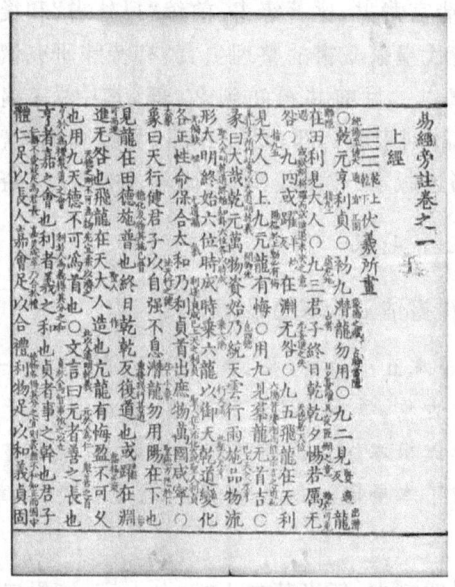

圖附 1－29

原題元版，實爲明代刻本。在天祿琳琅藏書中，無論著錄書還是目外之書，如此經摺裝之裝幀形式，此爲僅見。

每冊首葉正中騎縫上方鈐"嘉慶御覽之寶"橢圓朱文印，旁邊板框外鈐"天祿繼鑑"白文方印；末頁正中騎縫上方鈐"嘉慶御覽之寶"橢圓朱文印，旁邊板框外鈐"天祿琳琅"小朱文方印。無其他私家藏印，有清室善後委員會點驗籤，原在昭仁殿書架上。

《故宫善本书目》著录。《"国立故宫博物院"善本旧籍总目》,上册,第121页。

九经十卷

明嘉靖刻本。存《周易》、《尚书》、《毛诗》、《礼记》、《春秋》各一卷,二十四册,现藏美国哈佛大学哈佛燕京图书馆(书号 T110/303)。

匡高15.5釐米,广9.6釐米。每半叶二十行,行二十七字,左右双边,线黑口,双鱼尾。书口上方刻字数,下有刻工王良、刘朝、马龙、陆天定、马相、陆华、徐敖、弓受之、袁电、刘采、章逸、陆云、李约等。又有横栏,注字音于内(图附1—30)。

图附 1—30

据《美国哈佛大学哈佛研究图书馆藏中文善本书志》记载:"此本殆据宋刻本翻刻,镌刻极精,所谓行密如栉、字细如发者。凡贞、慎、桓、惇等字皆避宋讳。宋刻本今仅存八经十卷,藏中国国家图书馆,作'宋刻递修本'。1926年,陶湘涉园曾据之影印行世。"①并云刻工多为吴门名匠,参

---

① 沈津主编:《美国哈佛大学哈佛燕京图书馆藏中文善本书志》,广西师范大学出版社2011年版,第1册,第3—4页。

與雕刊嘉靖間之《皇明名臣經濟錄》、《修辭指南》等書，以此證是本亦當嘉靖間所刻。

僅鈐"嘉慶御覽之寶"一璽。封面用紙爲黃色，略有灑金，爲清內府散出之本。

禮記注二十卷

（漢）鄭玄撰，（唐）陸德明釋文。

宋刻巾箱本。卷一至九，計九卷，二函九冊，現藏北京市文物局（書號0050/康26）；①卷十四，一冊，現藏瀋陽故宮博物院；卷十九，一冊，吳希賢經眼，中貿聖佳2016年春拍，現藏上海龍美術館②；卷二十，計一卷，一冊，現藏中國國家圖書館（書號5429）。

匡高9.6釐米，廣6.8釐米。半葉十行，行十九字，小字雙行同，細黑口，左右雙邊，雙魚尾，有耳題。遇"敦"、"恒"宋諱諸字皆缺末筆，"慎"字時避時不避。黃麻紙。瀋陽故宮所藏一冊藏藍色綾質書衣爲後人重裝，內有舊書衣，係粉底灑金紙。拍賣會上所見一冊，尚存黃色灑金絹質書衣，黃紙書籤，墨筆題"宋版禮記　第十九冊"。

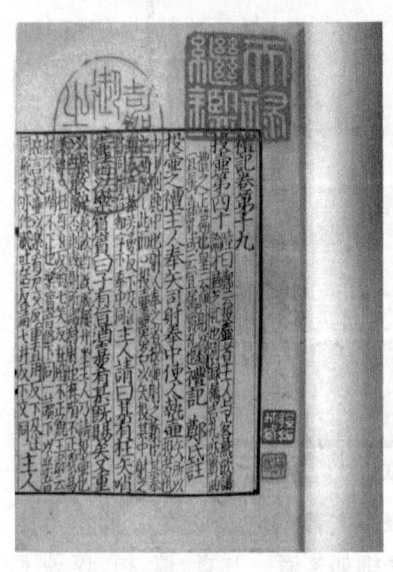

此爲宋刻巾箱本。遇"貞"、"敦"、"恒"宋諱諸字皆缺末筆，"慎"字時避時不避，應是刊于南宋光宗年間。黃麻紙刷印。不見公私書目著錄，其版本與國家圖書館所藏南宋初婺州義烏蔣宅崇知齋刻本《禮記注》一部明顯不同，傅增湘先生稱崇知齋刻本"字瘦勁，小字精絕"，此本字體秀勁圓整，行款版式皆不同。袖珍小本，堪可盈握（圖附1—31）。

---

① 北京市文物局圖書資料中心編：《北京市文物局圖書資料中心藏古籍善本書目》（內部資料），2007年2月，序號0050，第5頁。

② 成交價713萬元，劉益謙上海龍美術館購藏。

附錄一 "天祿琳琅目外書"/681

圖附1—31

《欽定天祿琳琅書目後編》卷二中有三部宋板《禮記》，一爲曾經明人唐寅、毛晉、清人徐乾學所藏之宋建安余仁仲萬卷堂刻本，現分藏上海圖書館和中國國家圖書館；一爲"宋中字本"，實爲明嘉靖東吳徐氏覆宋刻《三禮》本，現藏臺北"故宮博物院"；一爲宋蜀刻大字本，現分藏遼寧省圖書館和中國國家圖書館。以上三部皆與此版本迥異。據鈐印觀之，此即所謂天祿琳琅"三編書"。

每冊首末葉鈐"天祿繼鑑"、"嘉慶御覽之寶"、"天祿琳琅"三璽，並鈐"于蓮客"（朱文瓦當形）、"□惟行"（朱文方）二印。拍賣會上所見一冊，首葉鈐"蓮客"朱文小方印及"鄧拓珍藏"白文方印，末頁鈐"蓮居士身外物"朱文方印及"鄧拓"白文方印。

《賞溥傑單》、《收到書畫目》著錄"宣統十四年"（1922）九月四日另賞溥傑"一部四套"之"宋板巾箱本禮記"，即此溥儀攜至東北、後由于蓮客所購藏之本。《藏園群書經眼錄》著錄。此爲上個世紀60年代初鄧拓購於中國書店，"文革"被抄家，歸於康生。康生得此書後，親筆將各冊避宋諱所缺末筆"敦、慎、恒、貞"分別題於該冊護頁。北京市文物局吳希賢先生曾于上世紀六七十年代經眼其卷一至九、卷十九，①記其上尚有"康生"及"戊戌人"等印。北京市文物局所藏九冊，每冊護葉上有朱筆題本冊文中避諱字。②《北京文物精粹大系·古籍善本卷》有其書影。③《第三批國

---

① 吳希賢輯匯：《歷代珍稀版本經眼圖錄》，第15—16頁。
② 孔繁雲著：《北京市文物局圖書資料中心藏珍貴古籍述要》，《北京文博》，2010年第4期，第35頁。
③ 《北京文物精粹大系·古籍善本卷》，第51—52頁。

家珍貴古籍名錄圖錄》第 06990、06991 號。

禮經會元四卷

（宋）葉時撰。

元至正二十五（1365）年杭州路儒學刻本。八冊一函，現藏臺北"故宮博物院"（書號故善 004021－004028）。

匡高 20.4 釐米，廣 14.6 釐米。每半葉十一行，行二十四字。左右雙邊，黑口，雙魚尾，版心上刊字數，中刊"禮經會元弟幾卷"及葉次。卷前有陳基序，署"至正二十六年歲丙午正月甲辰後學臨海陳基序"；又潘元明序，署"至正乙巳中穐日榮祿大夫江浙行省右丞兼同知行樞密院事海陵潘元明序"；又《竹埜先生傳》，傳後有《識語》，署"至正二十五年八月吉日六世孫將仕郎江浙等處儒學副提舉葉廣居百拜謹識"，爲葉時六世孫廣居識。有目錄。首卷卷端題"禮經會元弟一卷"，隔行小字題"宋龍圖閣學士光祿大夫曾開府儀同三司南陽郡開國公食邑二千一百戶食實封一百戶謚文康葉時著"。文中刻有標點及標抹。竹紙，淺藍色絹製四合函套，湖綠色紙製書衣，白紙書籤，書"元版禮經會元"及函數（圖附 1－32）。

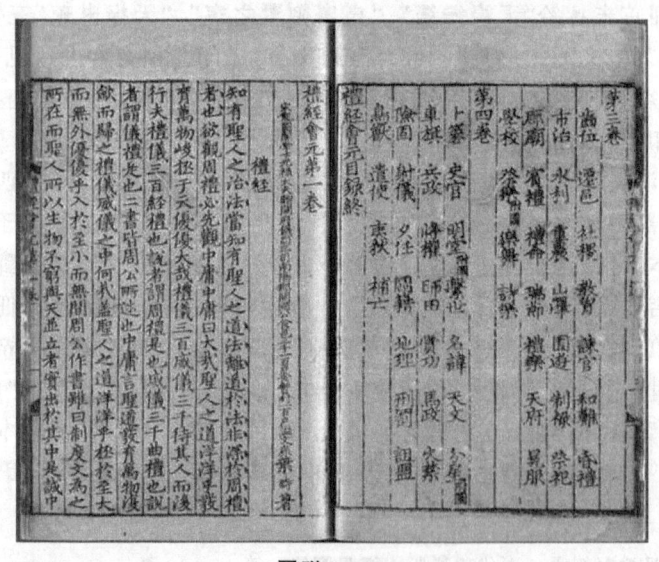

圖附 1－32

《天目後編》卷八元版經部著錄兩部《禮經會元》，第一部與此本與同版，現藏臺北"故宮博物院"，惟比較而言，此本刷印略晚；第二部實爲明翻刻元至正二十五年(1365)杭州路儒學修補本,亦藏臺北"故宮博物院"。

每冊首頁正中鈐"嘉慶御覽之寶"朱文橢圓印,旁鈐"天祿繼鑑"白文方印;末頁正中鈐"嘉慶御覽之寶"朱文橢圓印,旁鈐"天祿琳琅"朱文方印,乃"天祿琳琅三編"之書。書上另有"真賞"朱方一枚,《陳基序》後有三枚印記,中爲"戊戌進士"朱文方印、"考功郎印"朱文方印,另一枚不可辨。

1931年所編《故宮善本書庫元版書目》記其原藏昭仁殿。《"國立故宮博物院"善本舊籍總目》,上冊,第62頁。

禮記集說三十卷

(元)陳澔撰。

明嘉靖十六年(1537)廣東崇正書院刊本。二木盒十六冊,現藏臺北"故宮博物院"(書號故善007197—007212)。

匡高22.9釐米,廣16.5釐米。每半葉八行,行十四字,小字雙行十九字。四周雙邊,版心上下粗黑口,雙順魚尾,魚尾間題禮記集說卷幾,下魚尾下方記葉次。卷前有《禮記集說序》,題"後學東匯澤陳澔序"。又《禮記集說總論》。首卷卷端題"禮記集註卷之一",隔行題"曲禮上第一"。卷五卷前有"後學東匯澤著"一行。卷三十尾題前有"嘉靖丁酉冬月廣東崇正書院重脩"雙行木記。白棉紙,木匣外刻"禮記集說"及"上函"或"下函",以藍漆填字。石青絹製書衣,黃綾書籤,書"禮記集說"及卷次(圖附1—33)。

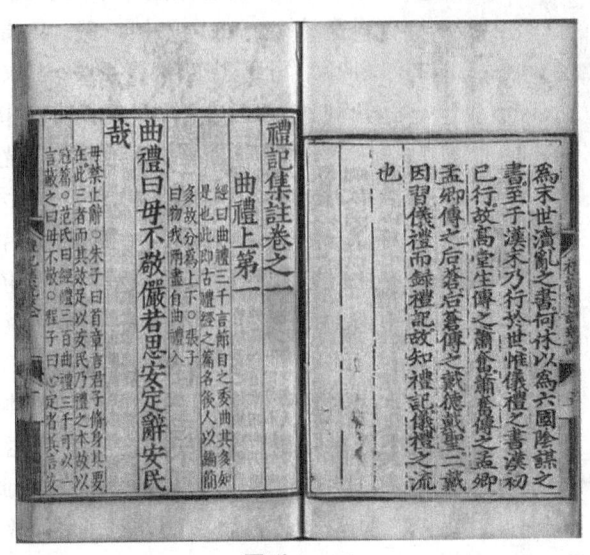

圖附1—33

陳澔序後原有刊記，"嘉靖丁酉冬月廣東崇正書院重脩"雙行木記，被裁去接以另紙。書版多有漫漶、斷版，卷一第一、二兩葉補版，爲後印之本。寬行大字，紙墨俱佳，版匡、魚尾俱墨色粗重。

只第一冊首葉版匡外鈐一"嘉慶御覽之寶"朱文橢圓印，未如其他"三編書"那樣，各冊首末分鈐"嘉慶御覽之寶"、"天祿繼鑑"、"天祿琳琅"三璽，且並不押鈐於版匡上。無其他私家及清宮藏印。有清室善後委員會點驗掛籤。

《故宮善本書目》著錄。《"國立故宮博物院"善本舊籍總目》，上冊，第74頁。

切韻指掌圖一卷

（宋）司馬光撰。

宋紹定三年（1230）越州讀書堂刻本。一冊，現藏中國國家圖書館（書號9590）。

版框高25.5釐米，廣17.6釐米。每半葉八行，行十六字，白口，四周雙邊，雙順魚尾。版心下記刻工陳琳、顧、林寵、信、萬全、萬可、葉室、永、永寧、中、周文昌、林盛等。避宋諱"弘"、"貞"、"玄"、"朗"、"匡"，皆缺末筆。卷前有涑水司馬光《切韻指掌圖敘》，次《檢例上》、《檢例下》，次《三十六母字圖》，次《類隔二十六字圖》，卷末有嘉泰癸亥（1203）董南一跋，又有紹定庚寅（1230）司馬光四世從孫跋，卷末鐫"程景思刊"四字。書衣籤題"宋版切韻指掌圖"。

《切韻指掌圖》舊題宋司馬光撰，實爲借司馬光之名以廣流傳。以三十六字母總三百八十四聲，別爲二十圖，不立"韻攝"之名，爲研究等韻和宋代語音的重要依據。15至16世紀朝鮮一些韻書編製及漢字音讀，皆以此書爲據。據卷尾跋可知，此書初刻本爲南宋嘉泰三年（1203）董南一刻本，然此本無傳。是書"重刊於越之讀書堂，紹定庚寅三月朔四世從孫敬書於卷末"，爲此書現存最早刻本。字體字體仿顏平原，敦厚方滿（圖附1—34）。

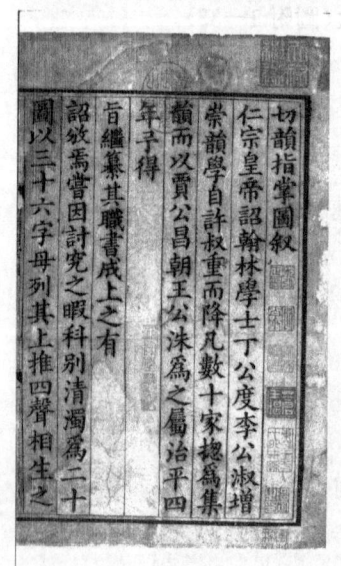

圖附1—34

每冊首末頁鈐"嘉慶御覽之寶"、"天祿繼鑑"、"天祿琳琅"三璽。另有"東平王二十四世孫"（朱文長印）、"蒼王堪"（白文方印）、"字公路"（白文方印）、"沈弘正印"（朱白文方印）、"大雅"（朱文長方）、"叢書堂印"、"許珩藏書"（朱文方印）、"陳寅之印"、"陳氏惟寅"、"祁陽陳澄中藏書記"（朱文長印）、"任俠自喜"、"經腴眼福"等。舊爲元代劉堪所藏，漢東平王劉蒼二十四世孫，生卒年不詳。明初流于陳惟寅之手，陳惟寅又名陳寅，廬山人，惟允之兄。傅增湘認爲"叢書堂印"爲陳惟寅之印，應爲吴寛之印。吴寛（1435—1504），字原博，號匏庵，明成化八年（1472）進士，藏書處曰叢書堂。明末爲沈弘正所藏，嘉定人，萬曆、天啟間秀才，撰有《蟲天志》。入清後爲儀征人許珩所藏，珩字楚生，諸生，乾嘉時人，能詩，治經頗有心得，撰有《周禮注疏獻疑》。後入藏内府天禄琳琅。流出清宫後，先入書肆，卷末有其墨筆題記二行，云"宣統十七年春書友魏經腴作緣歸我，價洋□□□□元，書價駭人，書癖，加人一等"。民國壬申（二十一年，1932）正月初六日，傅增湘見於文友堂書肆，①並撰跋文。後歸祁陽陳澄中收藏。

《北京圖書館古籍善本書目》第188頁。《第一批國家珍貴古籍名錄》第366號。② 1962年中華書局有影印本。《中華造善本》唐宋編第076部。李紅有《宋本〈切韻指掌圖〉研究》一書，吉林人民出版社2011年出版，可資參考。

增修互注禮部韻略五卷

（宋）毛晃增注；毛居正重增。

元至正間刊本。一函五冊，現藏臺北"故宫博物院"（書號故善000244—000248）。

匡高21.4釐米，廣13.6釐米。每半葉十一行，字數不定，小字雙行，行二十八字，左右雙邊，黑口，雙順魚尾，版心中刊卷次及葉次。每葉版匡外有韻部名，"今圈"、"增入"、"今正"、"重增"、"今正而圈"之類皆以黑蓋子白文另出。卷首有《進增修互註禮部韻略表》/紹興三十二年十二月日衢州免解進士臣毛晃上表。首卷卷端題"增修互註禮部韻略卷第一　上平聲　衢州免解進士毛晃增註　男進士居正校勘重增"。每卷前有目錄，卷尾有此部所增、圈、正、重增之字數。第三冊卷三第一至二葉、第四冊卷

---

① 《藏園群書經眼錄》，卷二，第129頁。
② 《第一批國家珍貴古籍名錄圖錄》，第2冊，第105頁。

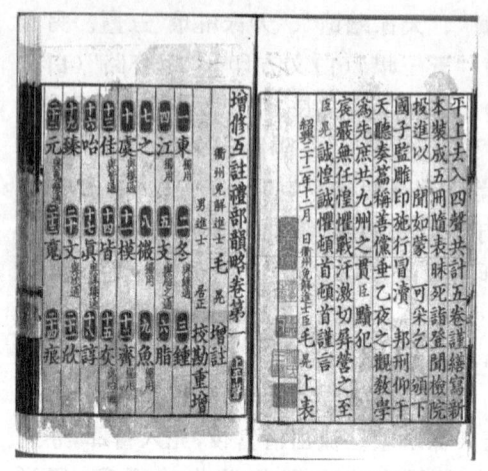

圖附1-35

四第八十葉抄配，第五冊卷五第三、四葉補空白葉。黃麻紙，藍布四合函套，藍色灑金絹製書衣，白紙書籤及套籤，書"元版禮部韻畧"及冊數（圖附1-35）。

此本與《天目後編》元版經部所著錄的一部，爲覆刻關係，此爲底本，天祿繼鑑本覆刻此本，略去版匡外所有韻部未刻。卷一末葉有明顯裁紙痕蹟，顯是撕去了此處牌記，有僞充宋版之嫌。《中國古籍善本書目》著錄同版式行款者，有元至正十五年日新書堂刻本、元至正二十一年妃僊興慶書堂刻本、元刻本等多種。《天目後編》稱"是書鐫手紙墨俱精，置之宋版中幾不可辨"，較之天祿本，此本尤爲精好。

每冊首葉正中上方鈐"嘉慶御覽之寶"（朱橢），左上鈐"天祿繼鑑"白方；末葉正中鈐"嘉慶御覽之寶"（朱橢），旁鈐"天祿琳琅"朱方小印。另有"鉏菜翁"（白方）、"曹溶"（朱方）、"檇李"（朱橢）、"習之父"（白方）、"汪氏三餘"（白方）、"汪氏三餘"（朱方）、"□玉齋"（白長）、"奇學之印"朱方、"白堤錢聽默經眼"（白長）、"正之父"（朱方）、"辰山"（白長）諸印。

1931年所編《故宮善本書庫元版書目》記其原藏昭仁殿，有鈔配。張允亮《故宮善本書目》後附有鈐有天祿琳琅各璽而原目未經著錄之書十六種種亦有著錄。《"國立故宮博物院"善本舊籍總目》，上冊，第167頁。

增修互註禮部韻略五卷

（宋）毛晃增注；毛居正重增。

元至正間刊本。五冊，現藏臺北"故宮博物院"（書號故善012275-012279）。

匡高21.6釐米，廣14.2釐米。每半葉十一行，字數不定，小字雙行，行二十八字，左右雙邊，黑口，雙順魚尾，版心中刊卷次及葉次。每葉版匡外有韻部名，"今圈"、"增入"、"今正"、"重增"之類皆以黑蓋子白文另出。卷首有《進增修互註禮部韻略表》/紹興三十二年十二月日衢州免解進士臣毛晃上表。首卷卷端題"增修互註禮部韻略卷第一　上平聲",隔行下小字題"衢州免解進士毛晃增註　男進士居正校勘重增"。第二冊卷二之最後一頁後半葉、第三冊卷三第一葉之前半頁、第六十一葉和第六十二葉、第五冊卷五第五十四葉抄配。黃麻紙,藍布四合函套,淺藍色灑金絹製書衣,白紙書籤及套籤,書"元版禮部韻畧"及冊數(圖附1—36)。

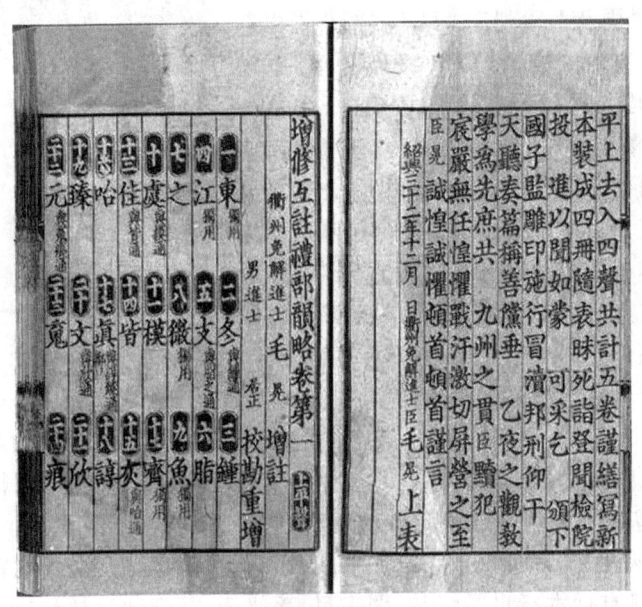

圖附 1—36

此本與前一部爲同一版本,刷印晚於前本。卷一末葉有明顯裁紙痕蹟,同上一部一樣撕去牌記,有僞充宋版之嫌。每卷首末葉均有抄配,亦似有意僞裝。

每冊首末葉鈐"嘉慶御覽之寶"(朱橢)、"天祿繼鑑"(朱方)"天祿琳琅"(朱方)。卷四末有"汲古主人"、"毛氏子晉"兩方朱方小印,另卷前有"趙氏久雲"朱文印一方。明末清初藏經毛氏汲古閣收藏。

1931年所編《故宫善本書庫元版書目》記其原藏昭仁殿,有鈔配。張允亮《故宫善本書目》後附有鈐有天祿琳琅各璽而原目未經著錄之書十六種亦有著錄。《國立故宫博物院》善本舊籍總目》,上冊,第167頁。

春秋意林二卷

(宋)劉敞撰。

宋刻本。一函二冊。現藏遼寧省圖書館（書號善00017）。

匡高19.8釐米，廣14.6釐米。每半葉十二行，行二十字，小字雙行字不等，白口，左右雙邊，雙順魚尾。書口上記字數，下鐫刻工，有"周南"、"刘"、"弓"、"彭"、"祥"、"正"等。宋諱"敬"、"殷"、"桓"、"構"字缺筆，刊刻時間當在南宋初年（圖附1—37）。

《四庫全書》所收內府藏本《春秋傳》中有一篇明代佚名者序，云"宋四明史有之刊《權衡》、《意林》於清江，其本猶有傳者。"宋淳化三年（992）於筠州清江縣置臨江軍（今江西清江），刊《意林》於清江，當爲置臨江軍之清江縣。卷末鐫"軍學學錄王與能校正"校勘人銜名，所稱之"軍學"，當爲臨江軍（今江西清江）。另有一頁記卷上、卷下脫字情況，如"第五板 穀伯綏來朝鄧侯吾離來朝脫五字"，以黑地反文突出所脫文字，頗有類於今之"勘誤表"。1988年傅熹年先生曾經眼此書，亦以爲是江西刻本。①

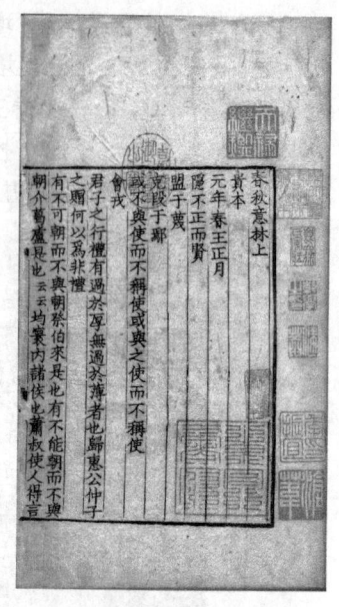

圖附1—37

《春秋意林》傳世僅此一部，刻工、刷印、用紙均屬上乘。此書明代未曾刊刻，只有抄本行世。《天一閣書目》著錄云："《春秋意林》二卷，藍絲欄抄本，宋劉敞撰，軍學學錄王與能校正。"清代納蘭性德與徐乾學編刊《通志堂經解》收此書，而徐乾學曾藏此宋本，二書所據之底本當即此本。

此書明代曾爲洪武太子朱標舊藏，鈐有"東宮書府"九疊篆朱文印記，洵爲珍貴。並有"崑山徐氏家藏"（朱文）、"乾學之印"（白文）、"健庵"（白文）、"季印振宜"（朱文）、"滄葦"（白文），爲季振宜、徐乾學等藏家遞藏，並鈐"嘉慶御覽之寶"、"天祿繼鑑"、"天祿琳琅"諸璽。《賞溥傑單》、《收到書畫目》著錄，"宣統十四年"（1922）七月十六日賞出清宮，曾藏長春僞皇宮，1952年入藏東北圖書館，即今遼寧省圖書館前身。

《第一批國家珍貴古籍名錄圖錄》第295號。②《中華再造善本》唐宋

---

① 據《明洪武太子朱標舊藏——宋版〈春秋意林〉》一文，見遼寧省圖書館主頁上 http://www.lnlib.com/ltgk/gcjp/200706070002.htm

② 《第一批國家珍貴古籍名錄圖錄》，第2冊，第46頁。

編第51部。

宣和博古圖錄三十卷

(宋)王黼等撰。

元刻明修本。三十冊,現藏中國國家圖書館(書號12396)。

每半葉八行,行十七字,白口,左右雙邊。

卷端題作"宣和博古圖錄",所用底本蓋爲宋本,"至大重修"係元至大間對原版進行的修訂和改正,而此版應在元至大前。

《天目前編》卷十六著錄一部明版,爲明萬曆二十四年(1596)鄭樸刻本,現藏臺北"故宮博物院"。此書每冊鈐有"嘉慶御覽之寶"、"天祿琳琅"、"天祿繼鑑"諸印,乃《天祿琳琅書目》"三編書"。

《北京圖書館古籍善本書目》第1089頁。

大學衍義四十三卷

(宋)真德秀撰。

元刻明修本。二函十六冊,現藏遼寧省圖書館(書號善01020)。

匡高17.2釐米,廣11.2釐米。每半葉十一行,行二十一字,小字雙行同,黑口,四周雙邊,雙魚尾。該書目錄書名前有"西山先生經進"六字。緊行密字,似是建陽地區所刊,重修頁字體略纖細於原版。白麻紙,書頁多有糟朽、霉變及蟲蛀。

每冊首葉鈐"嘉慶御覽之寶"、"天祿繼鑑"、末頁鈐"嘉慶御覽之寶"、"天祿琳琅"三璽。卷首并鈐"海鹽朱佐思忠印記"朱文方印。

《中國古籍善本總目》第797頁第538號。

聯新事備詩學大成三十卷

(元)林楨輯。

明初覆元皇慶間建安雙桂書堂刻本。八冊二函,現藏臺北"故宮博物院"(書號故善007616-007623)。

匡高19.7釐米,廣12.8釐米。每半葉十三行,大字不一,小字雙行二十五字。黑口,四周雙邊,雙順魚尾,書口中刊卷次及葉次。卷前有皇慶元年毛直方序。首卷卷端題"聯新事備詩學大成卷之一   後學三山林楨編集"。竹紙,綠地宋式錦四合函套,湖藍色絹製書衣,無書籤。

目錄末葉撕去半葉,有剜去墨記之痕蹟。經與臺北故宮藏另一部元皇慶間建安雙桂書堂刻本《聯新事備詩學大成》比勘，①此處有一長文牌記，文字爲"舊刊詩學如《大成》繁而且冗，《叢珠》、《珍珠囊》等編簡而又略，蓋兩病焉。本堂是編則去諸家之疵，而集諸家之粹於敘事故事，總名之以事類，撫唐宋（劉按，挖改爲'當代'）名賢佳句而削去重復，采前代羣英警聯而增廣新奇，視前刊實爲明備，敬用鋟梓，以廣其傳，收書君子幸鑑。皇元皇慶（劉按，挖改爲'皇宋咸淳辛亥'）新安雙桂書堂新刊（圖附1—38）"。

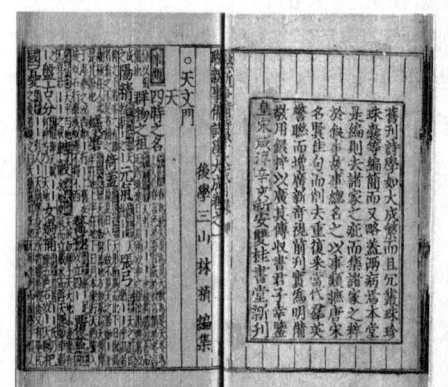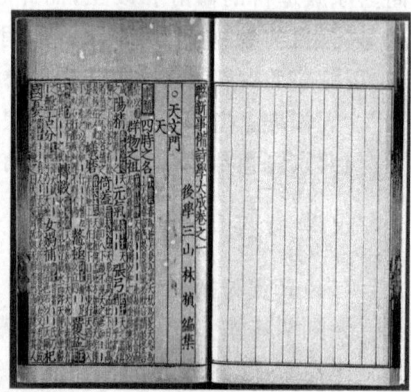

圖附1—38　左爲別本目錄後之刊記，右爲天祿"三編本"

每冊書之首頁正上方居中鈐"嘉慶御覽之寶"朱文橢圓印，旁鈐"天祿繼鑑"白文方印；末頁正上方居中"嘉慶御覽之寶"朱文橢圓印，旁鈐"天祿琳琅"朱文小方印，乃天祿"三編"之書。無其他私家藏印。

1931年《故宮善本書庫元版書目》記其原藏景陽宮。《"國立故宮博物院"善本舊籍總目》，下冊，第870頁。

誠齋四六發遣膏馥十卷

題（宋）楊萬里撰，（宋）周公恕輯。

宋淳祐八年（1248）余卓刻本。存《前集》十卷，四冊，一樟木夾板，現藏遼寧省圖書館（書號善01010）。

匡高20.9釐米，廣12.7釐米。每半葉十四行，行二十三字，小字雙行不等，細黑口，左右雙邊，雙順魚尾。書口上記字數。前有淳祐戊申錢

---

① 十二冊，書號故善002378—002389。

谿埜人序,目録前署"誠齋先生楊萬里撰述,廬陵後學周公恕編類,建安三請余卓校刊"。

書中"殷"、"敬"、"玄"、"眩"、"真"、"曠"等字避宋諱,但并不謹嚴,細審所缺之末筆,均係刻印成書後被人有意挖改,似有將元刻僞充宋刻之嫌。雕版精美,初刻初印。書中字近柳體,版心較窄,竹紙刷印,具有典型的南宋福建地區刻書風格。此書自宋代刊佈以來,各家書目鮮有著録,僅《汲古閣珍藏秘本書目》著録有宋本,此本爲傳世孤本,《中國古籍善本書目》著録爲元版,1988年此書傅熹年先生曾經眼,以爲宋代閩刻上乘之作,《中華再造善本》影印時認定爲宋版(圖附1—39)。①

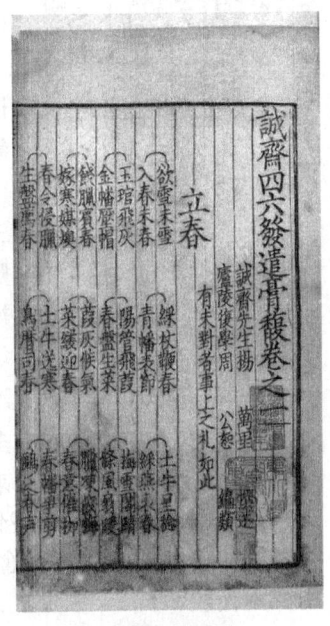

圖附1—39

清乾隆間編《四庫全書》,館臣未見宋刻面貌,僅從《永樂大典》中輯出七卷本,收入存目。《藏園群書經眼録》著録日本帝室圖書寮藏有宋刻本,殘存後集六至十卷,續集十一卷,餘配抄本。日本藏本與遼圖本卷數幾合,疑爲一部所散出者。

此本曾爲明末毛晉舊藏,鈐有"毛晉"、"汲古主人"、"宋本"、"甲"等毛氏藏書印記。清中期入藏清宮,鈐有"天禄繼鑑"、"天禄琳琅"、"嘉慶御覽之寶"等清宮藏書璽印。第四冊末頁鈐"汪氏時瑞"白文、"云郎山人"二白文方印。

《賞溥傑單》、《收到書畫目》著録,宣統十四年八月十四日賞出清宮。《第一批國家珍貴古籍名録圖録》,第00795號。②《中華再造善本》唐宋編第261部。《四庫全書存目叢書》第170冊,即據此本影印。

記纂淵海一百九十五卷

(宋)潘自牧撰。

---

① 據劉冰著:《一部"身世"撲朔迷離的宋版書——〈誠齋四六發遣膏馥〉》一文,見遼寧省圖書館主頁上http://www.lnlib.com/ltgk/gcjp/200706070003.htm

② 《第一批國家珍貴古籍名録圖録》,第3冊,第244頁。

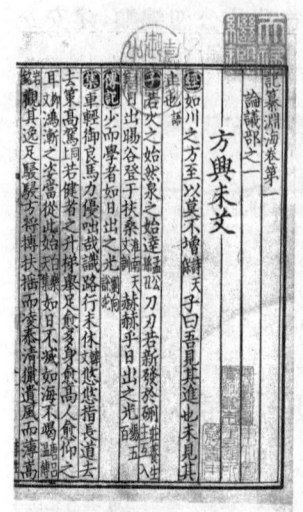

圖附 1—40

宋刻本。卷一至十二、一百六十六至一百七十，計十七卷，一函八冊，現藏遼寧省圖書館（書號善 00023）；卷十三至一百六十五、一百七十一至一百九十五，計一百七十八卷，五十六冊，現藏中國國家圖書館（書號 10707）。合兩館所藏，即爲完璧。

匡高 19.6 釐米，廣 12.5 釐米。每半葉十三行，行二十二字，小字雙行同，細黑口，四周雙邊，單魚尾。書口上題字數，下有刻工名，可辨識者有李生、范生、吳洪、范崇、陳文、陳正等，多爲南宋中後期刻字工人。書中避宋帝名諱，匡、樹、讓、徵、貞、恒、桓、構、慎、敦、廓等字多缺末筆。竹紙。卷一百六十七、一百六十八兩卷抄補（圖附 1—40）。

避宋諱並不謹嚴，且多俗字，大抵寧宗或稍後刻於書坊。窄行密字，初刻初印。與明錫山華燧會通館銅活字本及四庫抄本相校，此本較多保留原本面貌。

《天祿琳琅書目》前編卷九、後編卷十七各著錄明版《記纂淵海》一部，後編著錄者爲明萬曆七年（1579）王嘉賓等刻本，現分藏中國國家圖書館和臺北"故宮博物院"。

國圖藏本上鈐有"王英孫印"、"丹山吳氏"、"志中"等印，遼圖藏本上鈐"宋本"（朱文橢圓）、"季振宜藏書"（朱文長方印），並皆有"天祿繼鑑"、"天祿琳琅"、"嘉慶御覽之寶"等清宮藏書璽印，爲天祿琳琅三編之書。宋末元初王英孫舊藏，英孫字才翁，號修竹，會稽（今浙江紹興）人，官將作監主簿，入元隱居不仕。入明疑爲吳璵所藏，字於庭，崇禎間人，"丹山吳氏"或即其藏印。"志中"印無考。入宮前爲季振宜收藏。

《賞溥傑單》、《收到書畫目》著錄，宣統十四年（1922）八月二十五日賞出清宮。《第一批國家珍貴古籍名錄圖錄》第 00804、00805 號。①

豫章先生遺文十二卷

（宋）黃庭堅撰。

---

① 《第一批國家珍貴古籍名錄圖錄》，第 3 冊，第 250 頁。

清乾隆四十五年(1780)汪大本仿宋刻本。二函十二冊,現藏臺北"故宮博物院"(書號故善010482—010493)。

匡高19.9釐米,廣14.2釐米。每半葉九行,行十八字。四周雙邊,線黑口,單魚尾,書口中刊"黃文幾"及葉次。正文前有目錄一卷,卷後有嘉定戊辰黃庭堅孫黃銖跋。首卷卷端題"豫章先生遺文卷第一"。白棉紙,明黃地龜背如意紋四合織錦函套,黃色灑金紙書衣,古色紙質書籤、套籤,書"宋版豫章先生遺文"及冊次。卷十二第十九後半葉、第二十、二十一前半葉原闕未刊,僅餘板框(圖附1—41)。

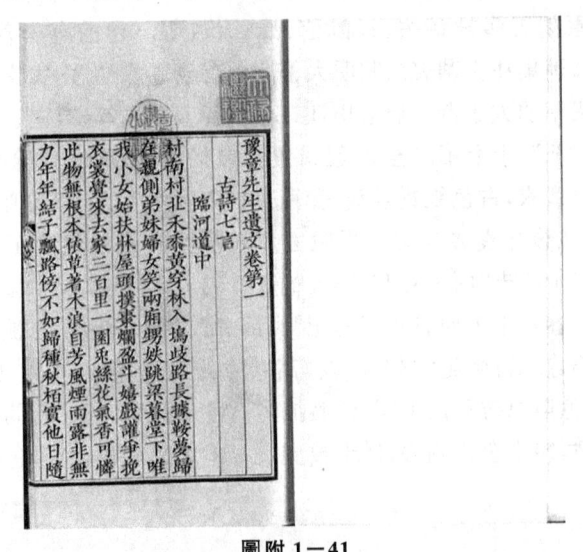

圖附1—41

書籤題作"宋版",實爲清乾隆四十五年汪大本仿宋刻本,刊印精雅,初刻初印。偶見宋諱"絃"闕末筆,書前刊有"宋本重雕　豫章先生遺文嶧崌山房藏板"三行之扉頁佚失,卷後有嘉定戊辰黃庭堅孫黃銖跋,遂被誤爲宋刻。《天目後編》卷七宋版集部著錄一部"宋版"《豫章先生遺文》,與此同版,亦被誤作宋槧,現藏遼寧省圖書館。

每冊首頁正中上方鈐"嘉慶御覽之寶"橢圓朱文印,右上板框外鈐"天祿繼鑑"白文方印,首末頁正中上方鈐"嘉慶御覽之寶"橢圓朱文印,左上板框外鈐"天祿琳琅"朱文小方印,無私家藏印。有清室善後委員會點驗掛籤,舊藏景陽宮。

《故宮善本書目》著錄。《"國立故宮博物院"善本舊籍總目》,下冊,第1058頁。

六家文選六十卷

（梁）蕭統編；（唐）李善等六臣注。

明嘉靖十三至二十八年（1534—1549）吳郡袁褧嘉趣堂覆宋廣都裴氏本。六函六十一冊，現藏臺北"故宮博物院"（書號故善 010739—010799）。

匡高 24 釐米，廣 17.8 釐米。每半葉十一行，行十八字。小字雙行二十六字，左右雙邊，白口，上雙隔線（卷十三葉二十為單魚尾），下單隔線，偶雙隔線、亦有無隔線者。中書口中看"文選"卷幾，下隔線下方（或上方）記頁次，書口下原刻工多被鏟去，只餘信、淮、徐敖等。卷前有李善《上文選注表》、呂延祚《進集注文選表》、昭明太子序。首卷卷端題"六家文選卷第一"，隔行下署"梁昭明太子撰　唐五臣注　崇賢館直學士李善注"。卷五十九第九葉誤刻成"八"，十七第二至六葉錯置。白棉紙，石青地織金天華四合錦套，粉色紙質書衣，古色紙質書籤，套籤，書"宋版六家文選"及冊數。

袁本目錄後之袁褧刊記一頁脫去。卷後原有嘉趣堂牌記幾乎全被剜去，僅存卷三十三末"丙午春刊，第五號起"、卷五十六末"戊申孟夏十三日李清雕"二處。卷六十末原有雙行牌記"吳郡袁氏／善本新雕"亦被沿雙線內框剜去，補以偽造二行牌記"紹興乙亥／萬卷堂鐫"（圖附1—42），雖是雕印而成，墨色、紙色與原書頁俱不同，偽製拙劣。各冊天頭、正文行間原有多處朱筆批校、圈點，幾乎全遭割去，僅十數處殘存。紙色陳舊，有染色痕蹟。

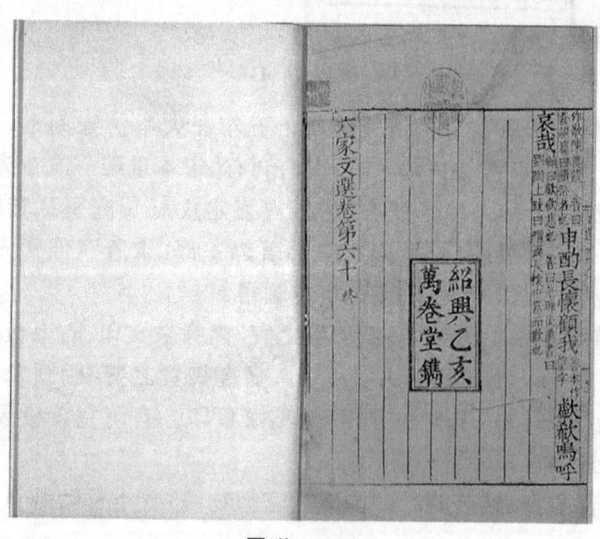

圖附 1—42

每冊首葉正中上方鈐"嘉慶御覽之寶"朱文橢圓印,左上鈐"天祿繼鑑"白文方印;末葉正中鈐"嘉慶御覽之寶"朱文橢圓印,旁鈐"天祿琳琅"朱方小印。卷五十三鈐"養吾"朱文方印。有清室善後委員會點驗簽,記其存燕喜堂齋宮。

張允亮《故宮善本書目》後附有鈐有天祿琳琅各璽而原目未經著錄之書十六種亦有著錄。《"國立故宮博物院"善本舊籍總目》,下冊,第1189頁。

玉臺新詠十卷

(陳)徐陵撰。

明崇禎六年(1633)趙均小宛堂刻本。一函二冊,嘉德1998年秋拍。

匡高20.9釐米,廣14釐米。每半葉十五行,行三十字,細黑口,左右雙邊。版心中刊"玉臺新詠卷幾"及葉次。

仿宋小字本,《天祿琳琅書目》云宋本"密行細字,仿巾箱本式而尺寸加盈,制極精雅,其摹印亦屬良工,故清朗照人,可謂合璧"。版刻猶見宋本遺韻,乃明末著名刻本。此本以拆宋板大藏經紙刷印,簾紋二指餘寬,經摺痕蹟清晰可見,實爲罕見之物。初刻初印,未經挖改,卷帙完整。

《天祿琳琅書目》前編卷三宋版集部著錄《玉臺新詠》兩部。《天目後編》卷七宋版集部亦著錄兩部,都有私家藏印。卷十一元版集部著錄一部,與卷七第二部宋版,同爲季振宜舊藏。宋元版三部《玉臺新詠》,今不知其下落。《天目後編》卷二十明版集部著錄兩部明版與此同版,皆趙均小宛堂刻本,現藏臺北"故宮博物院"。

鈐有"嘉慶御覽之寶"、"天祿琳琅"、"天祿繼鑑"諸印,無前後副葉諸璽,①係嘉慶年間續補天祿琳琅藏書,屬"天目三編書"。

宣統十四年(1922)九月二十一日《賞溥傑單》中著錄,賞出一套翻宋版《玉臺新詠》,當即此本。曾藏群眾出版社。

新刊唐昌黎先生論語筆解十卷

宋乾道、淳熙間蜀刻本。一函一冊,現藏臺北"故宮博物院"(書號故善001278)。

---

① 《中國藝術品投資與鑑賞叢書·古籍善本》,第46頁;王雁南撰:《懷念鑑定大師朱家溍》,《人民政協報》2006年3月16日,第C01版,"寶藏雙周刊"。

匡高20.6釐米，廣14.2釐米。每半葉十行，行十七字，小字雙行同。左右雙邊，白口，單魚尾。版心中記"論解"卷次及葉次，下記刻工名，有王朝、祖、祖名、三、郭刁、于、高二、高、祖五、李保、单、保、五、郭、范、慶。"匡"、"貞"、"桓"、"慎"等字避諱闕末筆，時避時不避，"敬"、"殷"、"玄"、"讓"則不避，避諱不甚謹嚴。前有《新刊唐昌黎先生論語筆解序》，署"秘書丞許勃集"。有目錄。首卷卷端題"新刊唐昌黎先生論語筆解卷第一"，隔行下題"昌黎韓愈"、"趙郡李翱"。白麻紙，石青杭細書衣，黃綾書籤，書"論語筆解"。書頁略有蟲蛀，卷十葉三補抄（圖附1－43）。

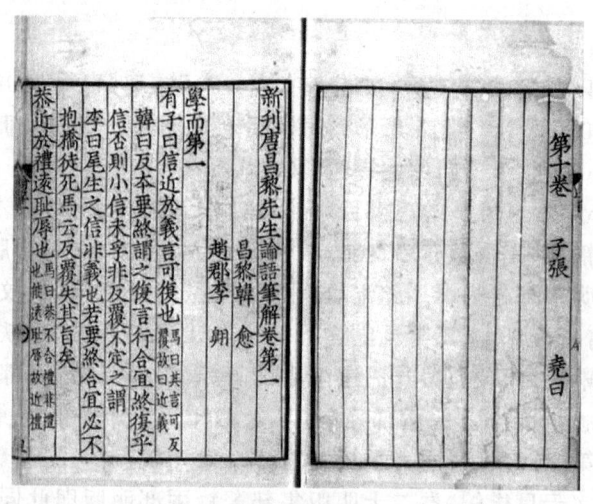

圖附1－43

此爲許勃繕校并作序的十卷本，在宋代較二卷本通行。宋孝宗乾道二年（1166）文讜進呈《新刊經進詳注昌黎先生文集》，正集後有《遺文》三卷，文讜將許勃序《韓文公論語筆解》二卷本附錄於《遺文》三卷之後兩卷，即《新刊經進詳注昌黎先生遺文》卷第二爲《論語筆解上》、《新刊經進詳注昌黎先生遺文》卷第三爲《論語筆解下》。文讜注本爲十行十七字本，國家圖書館有藏，不僅卷數，行款版式與此十卷本都不同。

《郡齋讀書志校證》卷四孫猛校證語云："十卷本私清初猶存，見錢遵王《讀書敏求記校證》卷一之上。"故宮此本實係宋孝宗乾道（1165—1173）、淳熙（1174—1189）間蜀刻本。① 書中"祖"、"祖五"刻工與《中國嘉

---

① 李最欣著：《〈論語筆解〉提要補正》，《古籍整理研究學刊》2008年第3期。

德1998年秋拍古籍善本拍賣專場圖錄》(拍品第628號)之南宋高宗時期蜀刻中字群經本《春秋經傳集解》中的"祖大"、"祖二"近同,祖姓蓋爲宋蜀地刻工世家。

書之首葉右上方鈐"宣統御覽之寶"朱文橢圓印。傅增湘曾經眼,書尾鈐"沅叔審定"朱文小方印。

《"國立故宮博物院"善本舊籍總目》,上册,第130頁,著錄爲"宋刊文黨注昌黎集本"。

朱文公校昌黎先生集四十卷外集十卷遺文一卷傳一卷

(唐)韓愈撰,(宋)朱熹考異,王伯大音釋。

元建陽書坊刻本。二夾板十六册,現藏臺北"故宮博物院"(書號故善002144—002159)。

匡高19.7釐米,廣12.7釐米。每半葉十三行,行二十三字,小字雙行同。四周雙邊,粗黑口,雙順魚尾,版心中記"昌文幾"或"昌外幾"及葉次。前有《朱文公校昌黎先生集序》/門人李漢編,《汪季路書》,凡例十二條及目錄。首卷卷端題"朱文公校昌黎先生文集卷之一",隔行題"晦庵先生考異",下題"留畊王先生音釋"。竹紙。杉木夾板,上刻綠漆填字之"韓愈集　上函(或下函)",古色紙質書衣,古色紙質書籤,書"韓愈集"及册次(圖附1—44)。

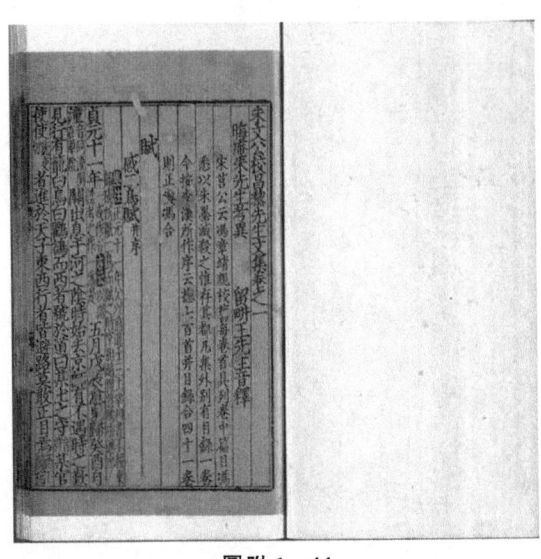

圖附1—44

不避宋諱。其版本情況，詳正編卷一宋版首部之《御題朱文公校昌黎先生集》。
　　僅首冊首頁右上方、騎上板框鈐有"宣統御覽之寶"朱文橢圓印，只此一印，未見其他清宮及私家藏印。有清室善後委員會點驗掛籤，原存昭仁殿。據鈐印特徵，此屬天祿琳琅"四編書"。
　　《"國立故宮博物院"善本舊籍總目》，下冊，第1022頁。

附錄二 "天祿琳琅"統計諸表

表1 天祿繼鑑書存佚狀況、版本實情一覽表

說明：

一、本表依《欽定天祿琳琅書目後編》二十卷次序編排，照錄原卷第及版本類別。

二、所謂"序號"，乃上海古籍出版社2007年版標點本《天祿琳琅書目》之頁碼，如一頁上著錄多部書籍，則以(2)、(3)等標明順次，以利檢索。

三、"書名、卷數"項照錄《欽定天祿琳琅書目後編》。

四、"審定版本"項，書存，著錄甄別、鑑定後之版本；書佚，則姑從舊說。現藏中國國家圖書館之2013年新編目者，尚在修復中，無法提閱，未見原書，暫依《故宮檔案・本院撥給北京圖書館天祿琳琅書籍清冊》所記及編目版本信息著錄。

五、"存藏"項，殘本皆注明存卷情況，全本則不加注。現存公藏者，注明館藏地點；確知藏於私人手中，則注明藏家姓氏或堂號，有不願明示者，僅注觀書時間；現身於拍賣會者，雖不知花落誰家，然可確定尚在人間，儘量記錄其首次上拍時間；未知現存何處，但有文獻記載前人或曾收藏，或曾經眼，則注明綫索；無任何記載者，或已亡佚，則留白以俟來日。

六、各圖書館、博物館多以簡稱著錄，少數逕用全稱。

中國國家圖書館：國圖
遼寧省圖書館：遼圖
北京大學圖書館：北大
清華大學圖書館：清華
復旦大學圖書館：復旦
北京師範大學圖書館：北師大
吉林大學圖書館：吉大
山東省圖書館：山圖
上海圖書館：上圖
南京圖書館：南圖
北京故宮博物院：北京故宮

中國文化遺產研究院（原中國文物研究所）：文研所
廣東省中山圖書館：中山
中國國家博物館：國博
山東省博物館：魯博
遼寧省博物館：遼博
吉林省博物院：吉博
黑龍江省圖書館：黑圖
哈爾濱市圖書館：哈圖
吉林省圖書館：吉圖
安徽省圖書館：安徽
湖南省圖書館：湖南
四川省圖書館：四川
甘肅省會寧縣圖書館：甘肅會寧

臺北"故宮博物院"：臺北故宮
臺北"國家圖書館"：臺北"央圖"
臺灣大學圖書館：臺大
臺北"中央研究院"傅斯年圖書館：傅圖

北京藏書家韋力：芷蘭齋
北京收藏家趙平：兆蘭堂
北京藏書家田濤：信吾是齋
北京藏書家佟澤民：詒宋齋
浙江藏書家胡關妙：廣韻樓
臺灣收藏家潘思源：潘思源

中國嘉德國際拍賣有限公司：嘉德
北京翰海拍賣有限公司：翰海
北京保利國際拍賣有限公司：保利
中國書店北京海王村拍賣有限公司：海王村
中貿聖佳拍賣國際拍賣有限公司：中貿聖佳
北京泰和嘉成拍賣有限公司：泰和嘉成
上海嘉泰拍賣有限公司：嘉泰

上海敬華拍賣有限公司：敬華
上海朵雲軒藝術品拍賣公司：朵雲軒
上海國際商品拍賣有限公司：上海國拍

卷一　宋版首部

序號	書名、卷數	審定版本	存藏	
383	御題易傳六卷	宋婺州刻本	趙萬里經眼	
384	御題尚書詳解十三卷	清康熙納蘭成德通志堂刻本	嘉德2000年秋拍—臺北故宮	
385	御題三禮圖二十卷	清康熙十九年(1680)納蘭成德刻《通志堂經解》本	國圖	
386	御題佩觿三卷	清康熙四十九年(1710)張士俊刻《澤存堂五種》本	兆蘭堂	
387	御題班馬字類三卷	清初影宋抄本	卷1	吉博
			卷2—5	國圖
388	御題算經七種	清康熙二十三年(1684)毛氏汲古閣影抄宋嘉定六年(1213)鮑澣之汀州重刻元豐監本	臺北故宮	
392	御題唐陸宣公集二十二卷	元刻本	卷12—13、22	吉博
394	御題朱文公校昌黎先生集正集四十卷外集十卷遺文一卷附錄一卷	元刻本	卷1、28—29、37—38	哈圖
			卷2—7、18、21—23、26—27、30—31、34—36、39	國圖

續表

序號	書名、卷數	審定版本	存藏	
			卷19—20、32—33、40①	遼圖
			卷8—9	嘉德1996年春拍
			卷10—12、15—16	嘉德1998年春拍
			目錄、卷10—11、13—15	嘉德2000年春拍
			卷24—25	上海龍美術館
			卷17	遼博
			外集十卷、遺文一卷、集傳一卷	臺北故宮
395	御題增廣注釋音辨唐柳先生集四十三卷別集二卷外集二卷附錄一卷	元刻本②	正集四十三卷、外集二卷附錄一卷	臺北故宮
			別集二卷	國圖

① 遼圖藏本中,另有卷二、五、十至十四,五册,實乃以另一元刻本相配。
② 臺北故宮網絡檢索系統及《故宮宋本圖錄》《"國立故宮博物院"善本舊籍總目》等皆著錄此本爲"南宋建陽書坊刻本",實則爲元刻本。《增廣註釋音辨唐柳先生集》存世多元明刊本,宋刻僅見北京大學圖書館所藏一部,16册,爲袁芳瑛臥雪廬舊藏。

卷二　宋版經部

序號	書名、卷數、卷數	審定版本	存藏	
398	周易十卷	宋刻本	國圖	
399	周易本義不分卷	宋刻本	存6冊①	國圖
			《下經》第二	遼圖
			《周易圖》	兆蘭堂
401	大易粹言十二卷	宋淳熙三年(1176)舒州公使庫刻本	國圖	
402	童溪王先生易傳三十卷	宋開禧元年(1205)劉日新宅三桂堂刻本	卷1—14、18—22、28—30	國圖
			卷15—17、25—27	遼圖
			卷23—24	嘉德1996年春拍—臺北故宮
404	周易輯聞六卷	清康熙納蘭成德刻《通志堂經解》本	存《易雅》、《筮宗》2冊	國圖
405	纂圖互注尚書十三卷	宋刻本	目錄、卷1—2	芷蘭齋
			卷5—6	哈圖
			卷7—13	國圖
406	附釋音尚書注疏二十卷	元刻明修本	國圖	
407	增修東萊書說三十五卷	宋刻巾箱本	圖說、卷1—15	國圖
408	毛詩四卷	明銅活字藍印本	國圖	

---

①　全書八冊，此六冊即《依古周易經》之《上經》一卷、《傳》十卷、《五贊》一卷、《筮儀》一卷。

續表

序號	書名、卷數、卷數	審定版本	存藏	
409	詩集傳二十卷	明正統十二年(1447)司禮監刻本	安徽	
409(2)	呂氏家塾讀詩記三十二卷	宋刻本(卷十五至十六配清初刻本)	卷1—17、20—32	國圖
410	呂氏家塾讀詩記三十二卷	明嘉靖十年(1531)傅應臺南昌刻本	卷2—11、15—16、20—27	山圖
411	周禮十二卷	金刻本	國圖	
412	東巖周禮訂義八十卷	清康熙十五年(1676)通志堂刻本	卷9—11、70—71	中貿聖佳2017春拍
			卷35—37、57—60、65—67	國圖
			卷61—64	見於2013年日本秋季拍賣會上
			卷72—73、77—80	湖南
412(2)	儀禮十七卷	明嘉靖東吳徐氏覆宋刻《三禮》本	卷9—11	文研所
			卷12—14	芷蘭齋
			卷15—17	國圖
415	儀禮十七卷	明嘉靖東吳徐氏覆宋刻《三禮》本	國圖	
415(2)	儀禮圖十七卷	元建安余氏勤有堂刻本	存13卷(缺卷2、5—7)	臺北故宮
			卷2	嘉德2008年春拍
			卷5	吳希賢經眼

續表

序號	書名、卷數、卷數	審定版本	存藏	
			卷6	北大
			卷7葉之第2、20葉	荷蘭萊頓大學漢學院圖書館
416	禮記二十卷	宋建安余仁仲萬卷堂家塾刻本	卷1—9	上圖
			卷10—20	國圖
419	禮記二十卷	明嘉靖東吳徐氏覆宋刻《三禮》本	臺北故宮	
419(2)	禮記二十卷	宋刻大字本	卷1—5	遼圖
			卷6—20	國圖
419(3)	大戴禮記十三卷	明嘉靖十二年(1533)吳郡袁褧嘉趣堂覆刻宋淳熙本	臺北故宮	
419(4)	大戴禮記十三卷	明嘉靖十二年(1533)吳郡袁褧嘉趣堂覆刻宋淳熙本	國圖	
420	大戴禮記十三卷	明嘉靖十二年(1533)吳郡袁褧嘉趣堂覆刻宋淳熙本	臺北"央圖"	
420(2)	三禮圖二十卷	清康熙十九年(1680)刻《通志堂經解》本	臺北故宮	
421	三禮圖二十卷	宋淳熙二年(1175)陳伯廣刻本		
421(2)	司馬氏書儀十卷	宋刻元修本	國圖	

卷三　宋版經部

序號	書名、卷數	審定版本	存藏	
422	春秋經傳三十卷	南宋杭州刻本	目錄	嘉德1996年春拍
			卷5—8	北京市文物公司
			卷9—10	翰海2004年秋拍
			卷11—12	中國印刷博物館
			卷13—15	嘉德1999年秋拍
			卷14—15、20—23	芷蘭齋經眼
			卷16—19、24—30	國圖
425	春秋經傳集解三十卷	宋淳熙撫州公使庫刻配補乾道江陰郡本及明覆相臺岳氏本	卷3—18、20—30	臺北故宮
			卷1—2、19	國圖
426	春秋經傳集解三十卷	明嘉靖蘇州覆刻元相臺岳氏本	臺北故宮	
427	春秋經傳集解三十卷	明嘉靖蘇州覆刻元相臺岳氏本	卷2	國圖
427(2)	春秋經傳集解三十卷	明嘉靖蘇州覆刻元相臺岳氏本	卷1—5、11—15	國圖
			卷6—10	吉博
			卷21—22	臺北故宮
			卷16—20、26—30	遼圖

續表

序號	書名、卷數	審定版本	存藏	
428	春秋經傳集解三十卷	明嘉靖蘇州覆刻元相臺岳氏本	卷1—3、5—30	國圖
428(2)	春秋經傳集解三十卷	明嘉靖覆刻宋閩山阮仲猷刻本	國圖	
429	春秋經傳集解三十卷	明嘉靖覆刻宋閩山阮仲猷刻本	卷24—30	國圖
430	春秋集注十一卷	宋德祐元年(1275)衛宗華亭義塾刻本	臺北故宮	
431	春秋集注十一卷	宋德祐元年(1275)衛宗華亭義塾刻本	國圖	
431(2)	監本附音春秋穀梁傳注疏二十卷	元刻明修本	國圖	
432	監本附音春秋穀梁傳注疏二十卷	元刻明修本	國圖	
433	春秋繁露十七卷	宋嘉定四年(1211)胡榘江右計臺刻本	國圖	
434	論語十卷	元相臺岳氏荊溪家塾刻本	國圖	
435	孝經一卷	元相臺岳氏荊溪家塾刻本	國圖	
436	孟子十四卷	元相臺岳氏荊溪家塾刻本	國圖	
437	孟子集疏十四卷	宋刻本	卷5、11—12	國圖
438	九經不分卷	明覆宋刻本	臺北故宮	
438(2)	經典釋文三十卷	宋刻宋元遞修本	國圖	
440	公是先生七經小傳三卷	宋刻本	曾藏上海涵芬樓，已燬於1932年一·二八戰火中	

續表

序號	書名、卷數	審定版本	存藏	
441	羣經音辨七卷	宋紹興十二年（1142）汀州寧化縣學刻本	國圖	
443	羣經音辨七卷	宋紹興九年（1139）臨安府學刻宋元遞修本	國圖	
443(2)	六經圖不分卷	明萬曆四十三年（1615）吳繼仕刻本	芷蘭齋	
445	說文解字韻譜五卷	元延祐三年（1316）種善堂刻本	國圖	
445(2)	重刊許氏說文五音韻譜十二卷	宋刻元明遞修本	中國書店	
446	班馬字類五卷	清翻宋本		
447	班馬字類五卷	明刻本	北京市西城區第一圖書館	
447(2)	班馬字類五卷	清翻宋本	國圖	
448	班馬字類五卷	清翻宋本	國圖	
448(2)	班馬字類五卷	清翻宋本	卷1—3	國圖
			卷4	嘉德2008年春拍—詒宋齋
448(3)	佩觿三卷	清康熙四十九年（1710）吳郡張士俊刻《澤存堂五種》刻本	國圖	
449	大廣益會玉篇三十卷	明初刻本	臺北故宮	

續表

序號	書名、卷數	審定版本	存藏	
449(2)	大廣益會玉篇三十卷	明初刻本	國圖	
450	大廣益會玉篇三十卷	元詹氏進德書堂刻明修本	國圖	
450(2)	廣韻五卷	明刻本	遼圖	
451	集韻十卷	宋刻本	國圖	
452	韻補五卷	宋刻本	遼圖	

卷四　宋版史部

序號	書名、卷數	審定版本	存藏	
453	史記一百三十卷	明嘉靖四年(1525)金臺汪諒刻本，卷六十四、六十五配明萬曆二至三年(1574—1575)南京國子監刻本	吉林市圖書館	
454	史記一百三十卷	明嘉靖四年至六年(1525—1527)王延喆刻本	卷13—14、卷97—99	北京市文物局
			卷6—12、40—42、46—47、53—57、61—87、90—93、106—109、112—116	國圖
455	史記一百三十卷	明嘉靖十三年(1534)秦藩覆宋刻本	臺北故宮	

續表

序號	書名、卷數	審定版本	存藏	
455(2)	史記一百三十卷	明嘉靖四至六年(1525—1527)王延喆刻本	卷首序及目錄	國圖
			卷1—130	日本大倉文庫—北大
456	史記一百三十卷	明嘉靖四至六年(1525—1527)王延喆刻本	卷首序及目錄	日本大倉文庫—北大
			卷1—3、5—8、13、23—28、39、44—45、50—51、58—70、103—105	國圖
456(2)	史記索隱一百三十卷	明正德九年(1514)建陽劉氏慎獨齋刻本	存127卷	臺北故宮
			卷31—33	國圖
457	漢書一百卷	元大德九年(1305)太平路儒學刻本	卷1上、15—17、19下20、21下—25、41—48、51—56、58—60、64—65、70—77、81—84、96下—100，計47卷,30冊	國圖
			卷27	保利2011年春拍
			卷40	上海圖書公司
			卷66—69	上圖

續表

序號	書名、卷數	審定版本	存藏	
458	晉書一百三十卷	明萬曆六年(1578)周若年、丁孟嘉刻本	卷21—23、35—37	臺北故宮
			卷91—92	國圖
			44冊,卷數不詳	
458(2)	前後漢紀各三十卷	明嘉靖二十七年(1548)吳郡黃姬水刻本	國圖	
459	前後漢紀各三十卷	明嘉靖二十七年(1548)吳郡黃姬水刻本	臺北故宮	
459(2)	稽古錄二十卷	明四明范氏天一閣刻本	臺北故宮	
460	資治通鑑二百九十四卷目錄三十卷	宋紹興二至三年(1132—1133)兩浙東路茶鹽司公使庫刻本	國圖	
463	續資治通鑑長編一百八卷	宋刻本	存106卷(缺卷75—76)	遼圖
464	通鑑紀事本末四十二卷	宋寶祐五年(1257)趙與𥲅湖州刻元明遞修本	闕卷3下、12下、24下,計97冊	臺北故宮
			卷3下、12下、24下,計3冊	國圖
465	通鑑紀事本末四十二卷	宋寶祐五年(1257)趙與𥲅湖州刻元明遞修本	上圖	
465(2)	通鑑紀事本末四十二卷	宋寶祐五年(1257)趙與𥲅刻元明遞修本	國圖	

續表

序號	書名、卷數	審定版本	存藏	
466	隆平集二十卷	明嘉靖董氏萬卷堂刻本	卷1—3、17—20	國圖
467	古史六十卷	明洪武間福州覆刻宋衢州本	臺北故宮	
468	古史六十卷	宋衢州刻元明遞修本	國圖	
469	古史六十卷	宋衢州刻元明遞修本	卷1—7、10—16、18—28、32—60	國圖
469(2)	戰國策十卷	元刻本	卷3之1—24頁；卷4之29—53頁	上圖
			卷3之25至卷末、卷5	中貿聖佳2016年秋拍
			卷7	遼圖
			卷8—10	國圖
470	鮑氏國策十卷	明嘉靖三十一年(1552)吳郡杜詩刻本	吉圖	
471	諸臣奏議一百五十卷	宋淳祐十年(1250)史季溫福州刻元明遞修本	闕目錄第2冊、卷61—65	臺北故宮
			卷61—62	黑圖
			目錄第2冊首2葉	2012年曾問售於臺北故宮

續表

序號	書名、卷數	審定版本	存藏	
474	十七史詳節二百七十三卷	元建陽書坊刻巾箱本	存267卷,闕7卷《東漢詳節》	臺北故宮
			《東漢詳節》卷27—30	文研所
			《東漢詳節》卷24—26	信吾是齋
475	諸儒校正兩漢詳節六十卷	宋刻本	《西漢詳節》卷1—23、26—30	華東師範大學
			《西漢詳節》卷24—25	文研所
			《東漢詳節》	國圖
475(2)	東萊先生晉書詳節三十卷	明正德十一年(1516)建安慎獨齋刻本	吉博	
476	校正北史詳節二十八卷	元刻《十七史詳節》本	卷1—4、7—12、15—28	國圖
			卷13—14	黑圖
476(2)	古今紀要十九卷	明初刻本	卷1—16、19	國圖
476(3)	通鑑總類二十卷	元至正二十三年(1363)吳郡庠刻本	卷1—3	國圖
			卷11上	文研所
			卷13—20	北京故宮

續表

序號	書名、卷數	審定版本	存藏	
477	通鑑總類二十卷	元至正二十三年(1363)吳郡庠刻本	卷2—14	嘉德2003年秋拍
			卷11—16	國圖①
			卷7下	張景栻
			卷8上	保利2010年春拍—詒宋齋
477(2)	通鑑總類二十卷	元至正二十三年(1363)吳郡庠刻明修本(卷二十配抄本)	國圖	
478	漢雋十卷	宋淳熙十年(1183)蔣鶚象山縣學刻本	遼圖	
479	漢雋十卷	宋淳熙五年(1178)滁陽郡齋刻本	上圖	
480	四明志二十一卷	宋寶慶(1225—1227)刻咸淳(1265—1275)增補本	國圖	
481	宣和奉使高麗圖經四十卷	宋乾道三年(1167)澂江郡齋刻本	臺北故宮	
481(2)	吳越春秋十卷	元大德十年(1306)紹興路儒學刻明修本	國圖	
482	紹興十八年同年小錄	明刻本	國圖	

① 此處看似卷次重複,全書原有40冊,20卷,半卷即爲一冊,據冊數估算,嘉德拍賣會上出現的13卷,只有18冊,必定卷數有缺,拍賣圖錄上未予確切標明,《故宮撥給北京圖書館天祿琳琅書籍清冊》上所記"卷12—16,8冊",5卷應有10冊,必定亦有缺,惜2013年新編目,尚在修復中,不能提閱,無法查明。

續表

序號	書名、卷數	審定版本	存藏	
483	新入諸儒議論杜氏通典詳節四十二卷	元至元二十三年(1286)建陽書坊刻明修本	卷首圖譜	保利2008年秋拍
			卷35—36	國圖
			卷1—2、6、14—27、31—34、37—41，計26卷	臺北故宮
			卷5、卷28—30，計4卷	傅圖①

卷五　宋版子部

序號	書名、卷數	審定版本	存藏	
485	纂圖互註六子全書	元建陽坊刻本	《老子》全、《列子》全、《南華真經》卷1—9、《荀子》卷1—2、8—10、19—20《揚子法言》卷1—2、8—10、《中說》卷1—5②	國圖

---

① 臺北"中央研究院"歷史語言研究所傅斯年圖書館所藏爲鄧邦述群碧樓舊藏，著錄爲"宋刊殘本"，其中卷數多有與臺北故宮、中國國圖所藏重合者，且鈐印亦有非《天目後編》所載，經調閱原書，可知實僅卷五及卷二十八至三十，計四卷，二册，爲天祿繼鑑原本。

② 據陳國慶所撰《瀋陽圖書館藏長春僞宮殘存宋元珍本目錄考略》一文，瀋陽舊藏《纂圖互注六子》缺《莊子南華真經》卷八至十、《荀子》卷四至二十、《揚子法言》卷三至七、《文中子中說》卷六至十，與《故宮撥給北京圖書館天祿琳琅書籍清册》上略有出入。

續表

序號	書名、卷數	審定版本	存藏	
			《荀子》卷3—4	吳希賢經眼
			《南華真經》卷10	
			《揚子法言》卷6—7	秦翰才經眼
			《揚子法言》卷3—5，《中說》卷6—10	哈圖
486	老子荀子揚子文中子	元建陽坊刻本	《荀子》卷18—20、《揚子法言》全，《文中子》卷1—3	國圖
487	家語十卷	明刻本	遼圖	
488	家語十卷	明刻本	遼圖	
488(2)	十一家註孫子三卷	宋刻本	上圖	
489	沖虛至德真經八卷	明刻本	卷1—5	國圖
			卷6之2—10葉；卷7之1—7葉	魯博
489(2)	沖虛至德真經八卷	明刻本	國圖	
489(3)	沖虛至德真經八卷	明初刻本	國圖	
490	纂圖互註南華真經十卷	明初刻本	廣東省博物館	
490(2)	纂圖互註南華真經十卷	明初刻本	中國社科院文學所圖書館	

續表

序號	書名、卷數	審定版本	存藏	
490(3)	纂圖互註南華真經十卷	明初刻本	遼圖	
491	纂圖互註荀子二十卷	明初刻本	國圖	
491(2)	纂圖互註荀子二十卷	明初刻本①	遼圖	
491(3)	纂圖互註揚子法言十卷	明初建安書坊覆元刻本	中貿聖佳2016年春拍	
491(4)	纂圖互註揚子法言十卷	明初建安書坊覆元刻本	臺北故宮	
492	新纂門目五臣音註揚子法言十卷	宋崇川余氏刻本	國圖	
492(2)	揚子法言十三卷	宋淳熙八年(1181)浙江刻本	遼圖	
493	帝學八卷	清初省園刻本	兆蘭堂	
493(2)	帝學八卷	宋刻本(三部皆同版，應爲清初省園刻本)		
493(3)	帝學八卷	清初省園刻本	國圖	
494	朱子語類一百四十卷	明成化九年(1473)陳煒刻本	存132卷(缺卷17、41、76—77、121—124，凡8卷)	臺北故宮
			卷17	嘉德2002年春拍—潘思源

---

① 此本遼圖定爲元刻本，實與上一本係一版摹印，國圖版本鑑定從嚴，定爲明初刻本，實爲同版。

續表

序號	書名、卷數	審定版本	存藏	
			卷41	國圖
			卷121	芷蘭齋
			卷122—124	朵雲軒1997年春拍—潘思源
494(2)	麗澤論說集錄十卷	宋嘉泰四年(1204)呂喬年刻本	國圖	
495	西山先生真文忠公讀書記甲記三十七卷乙記二十二卷	宋開慶元年(1259)福州學官刻元明遞修本	甲記卷2、9、10；乙記綱目、下之卷22	北京市文物公司
			乙集下卷3	臺灣"央圖"
			甲記卷5—8；乙記卷5、16、19	國圖
496	重廣補註黃帝內經素問二十四卷	明嘉靖二十九年(1550)顧從德影宋刻本	國圖	
497	重廣補註黃帝內經素問二十四卷	明嘉靖二十九年(1550)顧從德影宋刻本	國圖	
497(2)	重廣補註黃帝內經素問二十四卷	明嘉靖二十九年(1550)顧從德影宋刻本	卷1—9、13—22	遼圖
			卷10—12、23—24	秦翰才經眼
498	重廣補註黃帝內經素問二十四卷	明嘉靖二十九年(1550)顧從德影宋刻本	遼圖	

續表

序號	書名、卷數	審定版本	存藏	
498(2)	黃帝內經素問二十四卷靈樞二十四卷	宋刻本		
499	新編證類圖註本草四十二卷	元刻本	國圖	
500	周髀算經二卷	清初影宋抄本	遼圖	
500(2)	夏侯陽算經	宋祕書省刻本		
501	太玄經十卷	明嘉靖間孫沐萬玉堂刻本	上圖	
501(2)	元包經傳五卷	宋紹興三十一年(1161)張洸刻本		
502	元包經傳五卷	明范氏天一閣刻本	遼圖	
502(2)	畫繼五卷	宋臨安府陳道人書籍鋪刻本	遼圖	
503	墨池編六卷	宋刻本		
503(2)	書苑菁華二十卷	宋刻本	國圖	
504	嘯堂集古錄二卷	明影宋刻本	國圖	
504(2)	劉子十卷	明刻本	日本宮內廳書陵部	
505	夢溪筆談二十六卷	明刻本	上圖	
505(2)	梁谿漫志十卷	明嘉靖翻宋刻本	卷1—3	文研所
			卷4—10	國圖
506	演繁露十六卷續六卷	宋淳熙八年(1181)刻本		

續表

序號	書名、卷數	審定版本	存藏	
507	論衡三十卷	明嘉靖十四年（1535）蘇獻可通津草堂刻本	國圖	
507(2)	自警編不分卷	明嘉靖七年（1528）蜀藩覆刻洪二十七年（1394）本	卷1—3、5—7	臺北故宮
508	自警編十一卷	明嘉靖刻本	卷1	文研所
			卷2、5、7	遼圖
			卷3、4、6、8—11	國圖
508(2)	藝文類聚一百卷	明覆刻嘉靖六年（1527）胡纘宗、陸采本	卷1—5、9—52、61—100（存89卷，缺卷6—8，卷53—60）	臺北故宮
			卷55—60	國圖
509	初學記三十卷	明嘉靖十年（1531）錫山安國桂坡館覆宋刻本	卷1—10、13—28	臺北故宮
			卷11—12	國圖
510	孔氏六帖三十卷	宋乾道二年（1166）韓仲通泉南郡庠刻本	卷1—10、12—30	臺北故宮
			卷11	國圖
511	事類賦三十卷	宋紹興十六年（1146）兩浙東路茶鹽司刻本	國圖	
512	錦繡萬花谷八十卷	明嘉靖十五年（1536）秦汴繡石書堂刻本	前集卷29—30、後集卷37—38	國圖

續表

序號	書名、卷數	審定版本	存藏
514	博物志十卷	明弘治十八年(1505)賀泰刻本	國圖
515	西京雜記六卷	明嘉靖沈氏野竹齋刻本	國圖
515(2)	雲溪友議三卷	明刻本	遼圖
516	漢官儀三卷	宋紹興九年(1139)臨安府刻本	國圖

卷六 宋版集部一

序號	書名、卷數	審定版本	存藏	
517	楚辭補注十七卷	明刻本	卷1—8、12—17	臺北故宮
			卷9—11	國圖
518	楚辭集註八卷	宋刻本(卷一、三、四配清影宋抄本)	國圖	
518(2)	箋注陶淵明集十卷	元刻巾箱本	國博	
519	梁昭明太子文集五卷	明嘉靖三十四年(1555)周滿刻本	國圖	
520	寒山子詩集一卷	宋刻本	國圖	
520(2)	集千家注分類杜工部詩二十五卷文集二卷	元皇慶元年(1312)建安余氏勤有堂刻至正八年(1346)葉氏廣勤堂修補印本	詩集卷1—2、年譜	臺北故宮
			目錄、詩集卷3—25、文集2卷	國圖
521	集千家註批點杜工部集文集二卷詩集二十卷	明洪武元年(1368)會文堂刻本	成都杜甫草堂博物館	

續表

序號	書名、卷數	審定版本	存藏	
522	常建詩集二卷	宋臨安府陳宅書籍舖刻本	臺北故宮	
523	韋蘇州集十卷	宋刻元修巾箱本	國圖	
524	韋蘇州集十卷	宋乾道七年(1171)平江府學刻遞修本	國圖	
525	權文公詩集十卷	清康熙席氏琴川書屋刻《唐人百家詩》本	卷2—10	國圖
525(2)	朱文公校昌黎先生集四十卷外集十卷遺文一卷	宋紹定六年(1233)臨江軍學刻本	卷1—14、17—40、外集、遺文、集傳全，計50卷	遼圖
			卷15—16	國圖
527	朱文公校昌黎先生集四十卷外集十卷遺文一卷	宋麻沙刻小字本		
527(2)	朱文公校昌黎先生集四十卷外集十卷遺文一卷	明刻萬曆三年(1575)重修本	卷2—17、外集、遺文	國圖
			卷18—29	清華
527(3)	昌黎先生詩集四十卷外集十卷遺文一卷	宋刻本		
528	增廣注釋音辨唐柳先生集四十三卷	元刻本(目錄、卷三至四、三十二至三十八配明初抄本)	國圖	
528(2)	增廣注釋音辨唐柳先生集四十三卷	明初刻本	國圖	

續表

序號	書名、卷數	審定版本	存藏	
529	增廣注釋音辨唐柳先生集四十三卷	明初刻本	卷1—7、16—25、35—42	遼圖
			卷8—15、26—34、43	吉博
529(2)	盧戶部詩集十卷	清康熙席氏琴川書屋刻《唐人百家詩》本	國圖	
529(3)	孫可之文集十卷	明正德十二年(1517)王鏊、王謂刻本	國圖	
530	經進周曇詠史詩三卷	宋刻本	芷蘭齋	
530(2)	唐英歌詩三卷	宋刻本		
531	范文正公集二十卷別集四卷	元天曆元年(1328)范氏家塾歲寒堂刻本	國圖	
531(2)	范文正公集二十卷遺集一卷尺牘三卷	元天曆元年(1328)范氏家塾歲寒堂刻本	臺北故宮	
532	無爲集十五卷	宋紹興十三年(1143)趙士粲無爲軍刻遞修本	國圖	
532(2)	南豐曾子固先生集三十四卷	金刻本	國圖	
533	曾南豐先生文粹十卷	宋刻本	國圖	
533(2)	節孝先生文集三十卷	宋淳祐十年淮南東路王夬亨刻本		

續表

序號	書名、卷數	審定版本	存藏	
534	和靖先生文集三卷	宋刻本		
534(2)	臨川先生文集一百卷	明嘉靖二十五年(1546)應雲鸑刻本	卷12—14、18—20	國圖
			卷95—96	吉博
535	臨川先生文集一百卷	明嘉靖三十九年(1560)何遷刻本	目錄上	國圖
			卷首至卷一百	日本鹿兒島大學
535(2)	重廣分門三蘇先生文粹一百卷	宋刻巾箱本	日本宮內廳書陵部	
536	蜀本標題三蘇文六十二卷	宋刻本	卷29—62	國圖
537	三蘇先生文粹七十卷	明嘉靖蘇州刻本	國圖	
537(2)	王狀元集諸家注分類東坡先生詩二十五卷	宋刻本	存卷1之《東坡紀年錄》	美國國會圖書館
			卷1—25	上圖
538	增刊校正王狀元集注分類東坡先生詩二十五卷	元建安虞平齋務本書坊刻本	北大	

卷七　宋版集部二

序號	書名、卷數	審定版本	存藏
539	豫章先生遺文十二卷	清乾隆四十五年(1780)汪大本刻本	遼圖
540	山谷老人刀筆二十卷	明刻本	傅增湘經眼

續表

序號	書名、卷數	審定版本	存藏		
541	淮海集四十卷	宋乾道九年(1173)高郵軍學刻紹興三年(1133)謝雩重修本	國圖		
542	東萊呂太史集五十卷	宋嘉泰四年(1204)呂喬年刻元明遞修本	國圖		
543	詳註東萊先生左氏博議二十五卷	明嘉靖刻巾箱本	嘉德2008年秋拍		
543(2)	橫浦先生文集二十卷	宋刻本	國圖		
544	南軒先生文集四十四卷	明刻本	卷1—3	傅增湘經眼	
			卷首序及目錄、卷4—36、40—44	臺北故宮	
			卷37—39	國圖	
544(2)	晦庵先生文集三十卷	宋淳熙、紹熙間福建刻遞修本	臺北故宮		
545	漫塘劉先生文集二十二卷	明木活字印本	遼圖		
546	後村居士集五十卷	宋刻本(卷一至二、五十配清影宋抄本)	國圖		
546(2)	後村居士集五十卷	宋刻元修本	卷1—21、23—24、27—30、33—42、45—47、50；目錄二卷	國圖	
			卷31	哈圖	

續表

序號	書名、卷數	審定版本	存藏	
			卷 32	嘉德1996年秋拍—臺北故宮
			卷 43—44	芷蘭齋
			卷 46	瀚海2004年春拍
			卷 48—49	嘉德1999年秋拍—詒宋齋
547	文選六十卷	宋贛州州學刻宋元明遞修本	國圖	
548	六家文選六十卷	明嘉靖十三至二十八年(1534—1549)袁褧嘉趣堂刻本	存55卷(缺卷8、34、36、40、42)	國圖
549	六家文選六十卷	明嘉靖十三至二十八年(1534—1549)袁褧嘉趣堂刻本	存56卷(缺卷12、17、28—29)	國圖
549(2)	六家文選六十卷	明嘉靖十三至二十八年(1534—1549)袁褧嘉趣堂刻本	存52卷(缺卷11、23、25—26、28—29、52、54)	國圖
			卷 26	哈圖
			卷 28—29	吉博
549(3)	六家文選六十卷	明嘉靖十三至二十八年(1534—1549)袁褧嘉趣堂刻本	國圖	
551	六家文選六十卷	明嘉靖十三至二十八年(1534—1549)袁褧嘉趣堂刻本	遼圖	

續表

序號	書名、卷數	審定版本	存藏	
552	六家文選六十卷	明嘉靖十三至二十八年(1534—1549)袁褧嘉趣堂刻本	國圖	
552(2)	六家文選六十卷	明嘉靖十三至二十八年(1534—1549)袁褧嘉趣堂刻本	存40卷(卷1—17、22—29、46—60)	國圖
			卷18—19、40—41	遼圖
			卷32—33	2010年上海國拍—詒宋齋
			卷34—35	2000年嘉德春拍—潘思源
			卷38—39	吉大
553	文選六十卷	宋紹興初明州刻紹興二十八年(1158)遞修本	卷1—19、30—60	臺北故宮
			卷20—28	國圖
			卷29	日本石川武美紀念圖書館
557	唐文粹一百卷	明嘉靖三年(1524)徐焴刻本	卷1—2、10—13、14—16上、28—100	國圖
557(2)	唐文粹一百卷	明嘉靖三年(1524)徐焴刻本	目錄、卷1—21	嘉德1998年秋拍—臺北故宮
			卷22—35、37—39、56—57、76—81、88—90、93—97	國圖
			卷40—43、73—75、91—92	遼圖

續表

序號	書名、卷數	審定版本	存藏		
557(3)	玉臺新詠十卷	宋刻本			
558	玉臺新詠十卷	宋刻本			
558(2)	古文苑九卷	宋刻本	國圖		
559	古文苑二十卷	明刻本	國圖		
560	真文忠公續文章正宗二十卷	宋咸淳刻遞修本	卷1—4、10—13	國圖	
			卷5—8	遼圖	
560(2)	古今文章正印七十六卷	宋咸淳刻本	臺北故宮		
561	妙絕古今不分卷	宋刻本			
561(2)	萬首唐人絕句一百一卷	明嘉靖十九年(1540)陳敬學德星堂刻本	《七言》卷1—69	國圖	
			《七言》卷70—75	詒宋齋	
			《五言》卷1—26	翰海2010年秋拍①	

---

① 此8冊，即《五言》二十六卷全、《七言》卷70—75，2010年在上海道明春季拍賣會上出現，估價150—200萬元，成交價224萬。其中2冊，《七言》卷70—75，現藏詒宋齋，餘下6冊連同函套、黃綾龍紋書袱被分成8個標的，出現於北京德寶2010年秋季古籍拍賣專場，其中4冊，《五言》卷5—21，被東北胡姓藏家購得，函套以5萬元被詒宋齋購得，餘下2冊，《五言》卷1—4、22—26，撤拍。中國書店2014年春拍時再次上拍。

續表

序號	書名、卷數	審定版本	存藏	
562	新增合璧聯珠萬卷菁華一百四十卷	宋刻巾箱本	前集60卷、後集卷1—43、56—68	山圖
			後集卷71—72	北京市文物局
			後集卷73—76、78—80	保利2015年秋拍
			後集卷77	國圖
563	韻語陽秋二十卷	宋乾道元年(1165)徐林刻本	上圖	
563(2)	花間集十卷	明正德十六年(1521)陸元大刻本	國圖	

卷八 影宋鈔諸部

序號	書名、卷數	審定版本	存藏	
564	易小傳六卷	清初毛氏汲古閣影宋抄本	國圖	
565	論語十卷	清初毛氏汲古閣影抄元旴郡重刊廖氏世綵堂本	上圖	
565(2)	孟子十四卷	清初毛氏汲古閣影抄元重刊旴郡廖氏世綵堂本	上圖	
565(3)	孟子十四卷 孟子音義二卷	清初影宋抄本	卷1—4、7—14及《音義》二卷	國圖
566	歷代鐘鼎彝器款識二十卷	清康熙間抄本	臺北故宮	

續表

序號	書名、卷數	審定版本	存藏	
566(2)	班馬字類五卷	清席氏影抄宋淳熙十一年池陽郡庠本	臺北故宮	
567	唐史論斷三卷	清抄本	國圖	
567(2)	唐開元禮一百五十卷	清初影宋抄本	長春市圖書館	
568	琴史六卷	影抄宋紹定六年刻本		
568(2)	坡門酬唱二十三卷	清初影宋抄本	國圖	

遼版經部

序號	書名、卷數	審定版本	存藏
569	龍龕手鑑四卷	宋嘉興府刻本	臺北故宮

影遼鈔經部

序號	書名、卷數	審定版本	存藏
570	龍龕手鑑四卷	清影宋抄本	臺北故宮

金版子部

序號	書名、卷數	審定版本	存藏	
571	重修政和經史證類備用本草三十卷	明刻本	卷11	國圖

元版經部

序號	書名、卷數	審定版本	存藏	
572	學易記九卷	蒙古中統(1260—1264)刻本	卷1至卷4上	遼圖
			卷4下至卷9	國圖

續表

序號	書名、卷數	審定版本	存藏	
573	周易經傳集程朱解附錄纂注十四卷	明洪武二十一年(1388)建安虞氏務本堂刻本	臺北故宮	
574	書集傳六卷	元至正五年(1345)虞氏明復齋刻本	俄羅斯國家圖書館東方文獻中心	
574(2)	書傳輯錄纂注六卷	元延祐五年(1318)建安余氏勤有堂刻本	臺北故宮	
575	周禮集說十卷	明成化十年(1474)張瑄福建刻本	臺北故宮	
576	禮經會元四卷	元至正二十五年(1365)杭州路儒學刻本	臺北故宮	
576(2)	禮經會元四卷	明翻刻元至正二十五年(1365)杭州路儒學修補本	臺北故宮	
576(3)	儀禮經傳通解三十七卷	明正德十六年(1521)劉瑞、曹山刻本	卷6—8、27—29	臺北"央圖"
			卷9—26、30—33	國圖
577	儀禮經傳續二十九卷	明正德十六年(1521)劉瑞、曹山刻本	卷1—11、14—23、26—29	臺北故宮
			卷12—13	國圖
578	春秋諸傳會通二十四卷	元至正十一年(1351)虞氏明復齋刻本	北京故宮	
578(2)	春秋經傳集解三十卷	明覆刻宋淳熙三年(1176)閩山阮氏種德堂巾箱本	臺北故宮	

續表

序號	書名、卷數	審定版本	存藏	
579	春秋胡傳三十卷	明嘉靖刻巾箱本	卷1—5、8—11、19—30	國圖
579(2)	春秋胡傳三十卷	明刻本	卷1—6、9—30	臺北故宮
			卷7—8	國圖
580	春秋師說三卷	元至正二十五年(1365)休寧商山義塾刻明弘治六年(1493)高忠重修本	臺北故宮	
580(2)	春秋左氏傳補注十卷	元至正二十四年(1364)休寧商山義塾刻明弘治六年(1493)高忠重修本	臺北故宮	
581	春秋屬辭十五卷	元至正二十至二十四年(1360—1364)休寧商山義塾刻明弘治六年(1493)高忠重修本	臺北故宮	
582	四書辨疑十五卷	元刻本	臺北故宮	
582(2)	爾雅註疏十一卷	明嘉靖李元陽福建刻《十三經注疏》本	臺北故宮	
583	爾雅註疏十一卷	明嘉靖李元陽福建刻《十三經注疏》本	臺北故宮	
583(2)	增修互註禮部韻略五卷	元刻本	臺北故宮	
584	歷代鐘鼎彝器款識二十卷	明萬曆十六年(1588)萬岳山人刻朱印本	臺北故宮	

續表

序號	書名、卷數	審定版本	存藏	
584(2)	歷代鐘鼎彝器款識二十卷	明萬曆十六年(1588)萬岳山人刻朱印本	卷1—7	國圖
585	重刊許氏說文五音韻譜十二卷	明刻本	卷1、卷2之前23葉	國圖
			卷2第24至48葉,卷3—12	臺北故宮
585(2)	大廣益會玉篇三十卷	明司禮監刻本	臺北故宮	
585(3)	大廣益會玉篇三十卷	明覆刻司禮監本	臺北故宮	
586	改併五音類聚四聲篇十五卷	明正德十一年(1516)金臺衍法寺釋覺恆募刊遞修本	卷1—3、5—15	臺北故宮
			卷4	國圖
587	改併五音類聚四聲篇十五卷	明刻本	臺北故宮	

卷九 元版史部

序號	書名、卷數	審定版本	存藏	
588	前漢書一百卷	明嘉靖汪文盛等福建刻本	卷16—32、36—67、70—100	臺北故宮
			卷1—9、13—14、16、33—35	國圖
			卷68—69	南圖
588(2)	後漢書一百二十二卷	明嘉靖汪文盛等福建刻本	存82卷,闕《志》19—25、《傳》1—29、31—32	臺北故宮
			《傳》1—29、31—32	國圖

續表

序號	書名、卷數	審定版本	存藏	
589	金史一百三十五卷	明初刻遞修本	國圖	
590	元經薛氏傳十卷	明刻本	國圖	
590(2)	資治通鑑考異三十卷	明嘉靖二十三至二十四年(1545—1546)孔天胤杭州刻本	臺北故宮	
591	稽古錄二十卷	元刻本		
591(2)	通鑑釋文辨誤十二卷	元刻明修本	臺北故宮	
592	通鑑總類二十卷	元至正二十三年(1363)吳郡庠刻本	遼圖	
592(2)	資治通鑑綱目五十九卷	明初建安劉寬裕刻本	臺北故宮	
593	增修陸狀元集百家注資治通鑑詳節一百二十卷	元刻本	卷1—6、卷24	日本東京大學東洋文化研究所
			卷58—60	嘉德2001年秋拍
			卷50—52	嘉德2002年春拍
594	通鑑續編二十四卷	元至正二十一年(1361)顧逖思松江刻明修本	臺北故宮	
594(2)	宋史全文續資治通鑑三十六卷	元刻本	卷1—19	國圖
			卷34	魯博

續表

序號	書名、卷數	審定版本	存藏	
595	國語解二十一卷	明弘治十五年(1502)刻本	卷1—2、7—10、14—15、19—21、補音卷2	國圖
			卷16—18	臺北"央圖"
596	戰國策十卷	元至正二十五年(1365)平江路儒學刻明修本	卷1—8	臺北故宮
			卷9—10	國圖
597	戰國策十卷	明萬曆九年(1581)張一鯤刻本	卷3—4、6—7、9	國圖
			卷5之第19—35葉	中貿聖佳2016年春拍—上海龍美術館
597(2)	南唐書三十卷	明嘉靖二十九年(1550)顧汝達刻本	臺北故宮	
598	貞觀政要十卷	朝鮮覆元刻本	臺北故宮	
599	孝肅包公奏議集十卷	明成化二十年(1484)張岫刻本	卷1—4、7—10	國圖
			卷5—6	遼博
599(2)	東坡先生奏議十五卷	元刻本		
600	東坡奏議十五卷	明刻本	臺北故宮	
601	十七史詳節二百七十三卷	明正德十一年(1516)劉弘毅慎獨齋刻本	闕《晉書》卷1—7,1冊	國圖
601(2)	十七史詳節二百七十三卷	明正德十一年(1516)劉弘毅慎獨齋刻本	臺北故宮	
601(3)	諸儒校正唐書詳節六十卷	元建陽書坊刻《十七史詳節》本	臺北故宮	

續表

序號	書名、卷數	審定版本	存藏	
601(4)	漢雋十卷	元刻本		
602	通志二百卷	元大德三山郡庠刻元明遞修本	卷6、10上、13—14、77—78、80、89、93、98、103—105、107—108、113—115上、119、122—123、132—134、143—145、148、182、191	國圖
			卷70—71、130	北大
			卷124	青海大學醫學院圖書館①
			卷129、139—141、162—163	甘肅會寧
			卷92、158—159	清華
			卷156	四川
			卷63、160	中貿聖佳2016年秋拍
			卷190	魯博
603	文獻通考三百四十八卷	元泰定元年(1324)西湖書院刻元明遞修本	臺北故宮	

---

① 劉按，青海大學醫學院圖書館所藏一冊，爲《第二批國家珍貴古籍名錄圖錄》第02651號。然而這一冊竟出現於2010年保利五周年秋季拍賣會·古籍善本及名家墨蹟專場上，圖錄拍品第300號，並最終以89.6萬元成交，真乃咄咄怪事。

卷十　元版子部

序號	書名、卷數	審定版本	存藏	
604	孔叢子七卷	元茶陵桂山書院刻本	嘉德2014年秋拍	
605	晏子春秋八卷	明刻本	臺北故宮	
605(2)	晏子春秋八卷	明嘉靖刻本	國圖	
606	經史證類大全本草三十卷	明萬曆五年(1577)南陵王秋尚義堂重刻元宗文書院本	卷1—3、5—12、14—30	臺北故宮
			卷4、13下	國圖
606(2)	素問病機氣宜保命集三卷	明宣德六年(1431)寧王朱權刻本	臺北故宮	
607	風俗通義十卷	明嘉靖翻刻元大德本	臺北故宮	
607(2)	元包經傳五卷	明范氏天一閣刻本	臺北故宮	
608	潛虛一卷	明刻本	臺北故宮	
609	冷齋夜話十卷	元至正三年(1343)三衢葉敦刻本		
609(2)	冷齋夜話十卷	元至正三年(1343)三衢葉敦刻本		
610	困學紀聞二十卷	明正統刻本	國圖	
610(2)	事類賦三十卷	明嘉靖十一年(1532)華麟祥崇正書院刻徐守銘寧壽堂重修本	國圖	
611	百川學海十集百種	明弘治十四年(1501)華珵刻本	存10種16卷	國圖
613	韻府群玉二十卷	元至正十六年(1356)劉氏日新堂刻本	卷1—5	遼圖

續表

序號	書名、卷數	審定版本	存藏	
614	韻府群玉二十卷	明刻本	國圖	
614(2)	韻府群玉二十卷	明刻劉氏安正堂印本	國圖	
615	韻府群玉二十卷	元刻本（卷十五配元元統二年梅溪書院刻本）	卷1—19	國圖
615(2)	增修詩學集成押韻淵海二十卷	元後至元六年（1340）蔡氏梅軒刻本（卷十九至二十配明刻本）	國圖	
616	增修詩學集成押韻淵海二十卷	明初刻本	復旦	
616(2)	事文類聚翰墨全書九十八卷後集二十三卷	明初刻本	甲、乙、丙、丁、戊、己、庚集皆全，辛1冊；壬卷9—12、癸卷1—3、6—11；後集甲卷1、5—8；乙全；①丙卷1—3、5—6；丁卷1—3、6—8；戊卷1—3、6—9。計108卷	國圖
			後集乙卷下第二十七至五十三葉	嘉德2015年春拍

---

① 劉按，國圖所藏47冊、108卷為2013年新編目者，尚在修復中，無法提閱原書。編目記錄稱"後集乙全"，實缺卷下半卷一冊，編目者失察。

續表

序號	書名、卷數	審定版本	存藏	
617	事文類聚翰墨大全前集九十八卷	明刻本	乙集卷6—9；丁集全；庚集卷11—13、18—24	國圖
617(2)	增修事文類聚翰墨全書後丙集六卷	明初刻巾箱本	國圖	
617(3)	新編排韻增廣事類氏族大全二十卷	元建陽書坊刻本	臺北故宮	
618	拾遺記十卷	明嘉靖十三年(1534)吳郡顧氏世德堂仿宋刻本	臺北故宮	
618(2)	鶴林玉露十六卷	明刻萬曆七年(1579)林大黼重修本	臺北故宮	

卷十一　元版集部

序號	書名、卷數	審定版本	存藏	
619	曹子建集十卷	明正德銅活字印本	臺北故宮	
620	陶靖節集十卷	明刻本	卷5—10	國圖
620(2)	集千家注分類杜工部詩二十五卷文二卷	元至正七年(1347)潘屏山圭山書院刻廣勤堂印本	國圖	
620(3)	分類補注李太白詩二十五卷	明刻本	國圖	

續表

序號	書名、卷數	審定版本	存藏	
621	分類補注李太白詩二十五卷	元刻本		
622	李文公集十八卷	明成化十一年(1475)馮孜刻嘉靖四年(1525)舒瑞重修本	卷5—7、13—14	國圖
622(2)	增廣注釋音辨唐柳先生集四十三卷	明初刻本	存卷1—15、21—23、33—35、別集全	國圖
			卷18—20	吉林市圖書館
623	增廣注釋音辨唐柳先生集四十三卷	元建陽書坊刻本	臺北故宮	
623(2)	劉賓客外集十卷	明萬曆二年(1574)黎民表刻本	臺北故宮	
623(3)	元豐類藁五十卷	明正統十二年(1447)鄒旦宜興刻本	臺北故宮	
624	歐陽文忠公集一百五十三卷	明正德七年(1512)劉喬吉安刊修補本（卷八十六至九十二配明抄本）	卷1—92、卷110—143、年譜	國圖
			卷93—96	嘉德1995年春拍—潘思源
			卷97—109	嘉德1998年春拍—臺北故宮
			卷150—151	保利2009年秋拍—廣韻樓

續表

序號	書名、卷數	審定版本	存藏	
625	王荊文公詩五十卷	元大德五年(1301)吉安王常刻本	國圖	
625(2)	淮海集四十六卷	明正德黃瓚刻後印本	國圖	
626	豫章羅先生文集十七卷	元刻本		
626(2)	屏山集二十卷	元刻本		
626(3)	屏山集二十卷	明正德刻本	傅圖	
627	竹洲文集二十卷	明弘治六年(1493)休寧吳雷亨刻本	臺北故宮	
627(2)	渭南文集五十二卷	明弘治十五年(1502)錫山華珵銅活字印本	文集全,續藁卷1—4、7—8	國圖
628	梅亭先生四六標準四十卷	宋刻本	國圖	
629	勉齋先生黃文肅公文集四十卷	元刻延祐二年(1315)重修本(卷十一至十五、十七配抄本)	國圖	
629(2)	西山先生真文忠公文集五十一卷	明正德十五年(1520)至嘉靖元年(1522)張文麟、黃鞏刻本	卷1—12、14—51	臺北故宮
			卷13	國圖
630	松雪齋文集十卷	元後至元五年(1339)花溪沈氏刻本	臺北故宮	
632	魯齋遺書六卷	明成化十年(1474)倪顒刻本	臺北故宮	
633	淵穎吳先生集十二卷	元末刻明修補印本	臺北故宮	

續表

序號	書名、卷數	審定版本	存藏	
634	道園學古錄五十卷	元刻本	上海一藏家①	
634(2)	六家文選六十卷	明嘉靖二十八年(1549)吳郡袁氏嘉趣堂覆宋廣都裴氏本	臺北故宮	
635	文選六十卷	明嘉靖元年(1522)汪諒覆刻元張伯顏本	59冊,闕卷42	臺北故宮
635(2)	選詩補注十四卷	明天順四年(1460)刻本	臺北故宮	
636	玉臺新詠十卷	元刻本		
636(2)	唐文粹一百卷	明嘉靖三年(1524)姑蘇徐焞刻本	卷1—9、12—34、38—64、68—100	臺北故宮
636(3)	唐文粹一百卷	明覆刻嘉靖三年(1524)姑蘇徐焞本	臺北故宮	
637	文章正宗二十四卷	元至正元年(1341)高仲文刻明修本	卷1—2、4、6—24	魯博
			卷3	上圖
637(2)	古文苑二十一卷	明成化十八年(1482)張世建陽刻本	臺北故宮	

---

① 2014年2月知存於上海一藏家手中。

續表

序號	書名、卷數	審定版本	存藏	
638	東萊標注三蘇文集五十九卷	宋刻本	老泉先生集卷全、東坡先生文集卷1—25、潁濱先生文集卷1—15	國圖
			潁濱先生文集卷16—22	遼博
638(2)	迂齋先生標注崇古文訣三十五卷	元刻明修本	卷1—16、23—35	國圖
639	瀛奎律髓四十九卷	明建陽劉氏慎獨齋刻巾箱本	臺北故宮	
639(2)	皇元風雅十四卷	元後至元五年(1339)建陽張氏梅溪書院刻本	臺北故宮	
640	文心雕龍十卷	明弘治十七年(1504)馮允中刻本	臺北故宮	
641	全唐詩話二卷	明正德二年(1507)秦昂刻本	臺北故宮	
642	詩人玉屑二十卷	元刻本	袁克文曾藏	
643	增類换聯詩學攔江網七十卷①	元麻沙刻巾箱本	北大	
643(2)	絕妙詞選二十卷	明萬曆四十二年(1614)秦堈刻本	《唐宋諸賢絕妙好詞》10卷	遼圖

---

① 書名之"换"字,王先謙刻本誤刊作"撰",從書名原題及嘉慶內府寫本改。

卷十二　明版經部一

序號	書名、卷數	審定版本	存藏	
644	關氏易傳一卷	明刻本	臺北故宮	
645	東坡易傳八卷	明烏程閔氏刻朱墨套印本	臺北故宮	
645(2)	周易傳義大全二十四卷	明內府刻《五經大全》本	國圖	
646	周易全書二十一卷	明萬曆刻本	《今文》卷1、3、5、9;《易學啟蒙》卷1—2、5	國圖
			《今文》卷7	日本東北大學
646(2)	易象大旨八卷	明嘉靖三十四年(1555)任有齡太平府刻本	臺北故宮	
647	東坡書傳二十卷	明吳興凌氏刻朱墨套印本	臺北故宮	
647(2)	東坡書傳二十卷	明吳興凌氏刻朱墨套印本	臺北故宮	
648	書傳會選六卷	明初刻本	國圖	
648(2)	書傳會選六卷	明嘉靖趙府味經堂刻本	臺北故宮	
649	書傳大全十卷	清翻刻明內府《五經大全》本	國圖	
649(2)	潁濱先生詩集傳十九卷	明萬曆焦竑刻《兩蘇經解》本	卷4—10、14—16	國圖
649(3)	詩集傳八卷	明正統十二年(1447)司禮監刻本	卷17—18	國圖

續表

序號	書名、卷數	審定版本	存藏	
650	詩緝三十六卷	明嘉靖趙府居敬堂刻本	臺北故宮	
651	六家詩名物疏五十五卷	明萬曆刻本	卷7—55	國圖
651(2)	二賢言詩	明天啓四年(1624)李維楨刻本	臺北故宮	
652	詩經世本古義二十八卷	明崇禎十四年(1641)刻本	卷10—17、25—28	國圖
			卷18上	文研所
			卷18下、卷20—21	中貿聖佳2016年春拍
653	毛詩古音考四卷	明萬曆三十四年(1606)刻本	臺北故宮	
653(2)	詩經類考三十卷	明萬曆刻本	卷26	泰和嘉成2014年秋拍
			卷26下—27	國圖
654	儀禮註疏十七卷	明嘉靖應檟常州刻本	存卷13之第40—63葉	臺大
			卷15	國圖
654(2)	禮記集說十六卷	明正統十二年(1447)司禮監刻本	臺北故宮	
655	禮記集說大全三十卷	明內府刻《五經大全》本	國圖	

續表

序號	書名、卷數	審定版本	存藏	
656	春秋胡傳三十卷	明正統十二年(1447)司禮監刻《五經經註》本	臺北故宮	
656(2)	春秋經傳集解三十卷	明嘉靖蘇州覆刻元相臺岳氏本	卷1、15—29	臺北故宮
656(3)	春秋經傳集解三十卷	明嘉靖蘇州覆刻元相臺岳氏本		
657	春秋經傳集解三十卷	明覆刻元相臺岳氏本	序7頁	國圖
			卷1—3	
			卷3之34—44葉、4—30	臺北故宮
657(2)	春秋集傳大全三十七卷①	明內府刻《五經大全》本	國圖	
658	左氏春秋鐫二卷	明嘉靖二十七年(1548)吳郡盧氏少谷草堂刻本	臺北故宮	

卷十三　明版經部二

序號	書名、卷數	審定版本	存藏	
659	十三經注	明崇禎十二年(1639)葛氏永懷堂刻本	臺北故宮	
660	五經四書大全	明內府刻本	存90冊	臺北故宮
661	五經旁訓十九卷②	明萬曆二十四年(1596)陳大科刻本	臺北故宮	

①　劉按，清嘉慶內府寫本及清光緒十年王先謙刻本《欽定天祿琳琅書目後編》都作"書七十卷"，此本實計三十七卷，《天目後編》所記有誤。

②　書名之"旁"字，王先謙刻本誤刊作"句"，從書上原題及嘉慶內府寫本改。

續表

序號	書名、卷數	審定版本	存藏	
662	涇野先生五經說二十一卷	明嘉靖三十二年(1553)謝少南刻本	臺北故宮	
662(2)	六經圖不分卷	明萬曆四十三年(1615)吳繼仕熙春樓刻本	臺北故宮	
663	六經圖不分卷	明萬曆四十三年(1615)吳繼仕熙春樓刻本	臺北故宮	
663(2)	六經圖不分卷	明萬曆刻本	《毛詩圖》、《周禮圖》、《禮記圖》各1卷	國圖
663(3)	六經圖不分卷	明萬曆四十四年(1616)郭若維修吉堂刻本	臺北故宮	
663(4)	七經圖不分卷	明萬曆吳繼仕刻本	《毛詩圖》、《周禮圖》各1卷	國圖
664	六經正誤六卷	明嘉靖二年(1523)郝梁刻本	國圖	
665	博雅十卷	明正德十五年(1520)吳郡皇甫錄世業堂校刻本	臺北故宮	
666	埤雅二十卷	清康熙三十九年(1700)常熟顧棫如月樓刻本	臺北故宮	
666(2)	埤雅廣要四十二卷	明萬曆三十八年(1610)孫弘範刻本	卷1—23、31—42	國圖

續表

序號	書名、卷數	審定版本	存藏	
667	歷代鐘鼎彝器款識二十卷	明萬曆十六年(1588)萬岳山人刻朱印本	臺北故宮	
667(2)	說文字原一卷六書正譌五卷①	明崇禎四年(1631)司禮監太監宋晉刻本	臺北故宮	
668	隸釋二十七卷	明萬曆十六年(1588)夏邑王雲鷺揚州刻本	臺北故宮	
668(2)	漢隸字源六卷	明刻本	袁克文曾藏	
669	五侯鯖字海二十一卷附五經難字一卷	明刻本	國圖	
669(2)	重刊改併五音集韻十五卷	明正德十一年(1516)金臺衍法寺釋覺恒募刻本	臺北故宮	
670	古今韻會舉要三十卷	明嘉靖十五年(1536)秦鉞、李舜臣刻十七年(1538)劉儲秀重修本	臺北故宮	
671	韻補五卷	明嘉靖間許宗魯刻本	臺北故宮	
671(2)	正韻統宗五卷	明萬曆刻本	卷1—2、卷4	國圖
671(3)	韻譜本義八卷	明萬曆三十二年(1604)刻增修本	臺北故宮	
672	古今韻分注撮要五卷	明萬曆二十二年(1594)鎮粵堂刻本	臺北故宮	
673	韻苑考遺不分卷	明嘉靖二十五年(1546)楊椿等灤州刻本	臺北故宮	
673(2)	音韻日月燈六十卷	明崇禎新安呂氏刻本	臺北"央圖"	

① 書名之"譌"字,王先謙刻本刊作"訛",從書上原題及嘉慶內府寫本改。

卷十四　明版史部一

序號	書名、卷數	審定版本	存藏	
675	史記一百三十卷	明嘉靖四年(1525)金臺汪諒刻本	臺北故宮	
677	史記一百三十卷	明正德十年(1515)白鹿書院刻本	卷22、30	國圖
			卷79—86	保利2011年秋拍—鳳儀書堂
677(2)	三國志六十五卷	明萬曆二十四年(1596)南京國子監刻本	臺北故宮	
678	舊唐書二百卷	明嘉靖十四至十七年(1535—1538)聞人詮吳郡刻本	存185卷	臺北故宮
			卷11—14、147—150	國圖
679	逸周書十卷	明萬曆姜士昌刻本	臺北故宮	
679(2)	國語解二十一卷	明嘉靖四年(1525)許宗魯宜靜書堂刻本	呈元閣	
680	國語解二十一卷	明嘉靖四年(1525)許宗魯宜靜書堂刻本	臺北故宮	
680(2)	前後漢紀各三十卷	明嘉靖二十七年(1548)吳郡黃姬水刻本	臺北故宮	
680(3)	貞觀政要十卷	明成化十二年(1476)崇府刻本	臺北故宮	
681	貞觀政要十卷	明成化九年(1473)內府刻本	臺北故宮	

續表

序號	書名、卷數	審定版本	存藏	
681(2)	東萊先生音註唐鑑二十四卷	明弘治十年(1497)白昂刻本	臺北"央圖"	
682	東萊先生音註唐鑑二十四卷	明刻本	臺北故宮	
682(2)	資治通鑑二百九十四卷 附目錄三十卷 通鑑釋文辨誤十二卷 甲子會紀五卷宋元通鑑一百五十七卷	明天啟、崇禎間陳仁錫彙刻本	闕《甲子會紀》	臺北故宮
			《甲子會紀》5卷	臺北"央圖"
682(3)	資治通鑑綱目五十九卷 續資治通鑑綱目二十七卷	明成化九年(1473)及成化十二年(1476)內府刻本	臺北故宮	
683	資治通鑑綱目五十九卷 續資治通鑑綱目二十七卷	明成化九年(1473)內府刻本	《綱目》卷2—5、7—8、11—14、16—17、21—22、26—29、36—37、42—59,《續綱目》17—20,《集覽》、《發明》	國圖
			卷8—9、30—31、《續綱目》卷26—27	文研所

續表

序號	書名、卷數	審定版本	存藏	
684	資治通鑑綱目五十九卷 續資治通鑑綱目二十七卷	明嘉靖間吉澄福建刊本(卷首配明嘉靖八年劉洪慎獨齋刊修補本)	存55卷	臺北故宮
			卷7、51	國圖
685	通鑑紀事本末四十二卷 附宋史紀事本末十卷 元史紀事本末四卷	明萬曆三十四年(1605)黃吉士刻本	臺北故宮	
686	唐六典三十卷	明正德十年(1515)席書、李承勳蘇州刻本	臺北故宮	
687	河防一覽十四卷	明萬曆十八年(1590)刻本	臺北故宮	
688	荊川先生右編四十卷	明萬曆三十三年(1605)南京國子監刻本	卷1—8	國圖
			卷9—40	臺北故宮
688(2)	經濟類編一百卷	明萬曆三十二年(1604)周家棟等虎林刻本	臺北故宮	

卷十五　明版史部二

序號	書名、卷數	審定版本	存藏
689	歷代名臣奏議 三百五十卷	明永樂十四年(1416) 內府刻本	目錄、卷1、20—50、72—83、87—93、97(存1葉)、108—109、110(存2葉)、112(存3葉)、118—167、196—197、214—260、274、288—303　國圖
690	宋名臣言行錄 六十二卷	明崇禎十一年(1638) 張采刻本	嘉德2001年 春拍—潘思源
691	宋名臣言行錄 六十二卷	明崇禎十一年(1638) 張采刻本	
691(2)	近代名臣言行錄 十卷	明嘉靖十一年 (1552)刻本	臺北故宮
691(3)	四明尊堯集四卷①	明正德十四年(1519) 蕭甫、陳載興刻本	臺北故宮
692	陳少陽先生 盡忠錄八卷	明正德十年(1515) 申理、孫育丹陽刻本	臺北故宮
693	金佗編五十八卷	明嘉靖二十一年 (1542)洪富刻三十七 年(1558)黃日敬重 修本	國圖
694	史記評林 一百三十卷	明萬曆二至四年 (1574—1576)凌稚 隆刻本	臺北故宮

---

① 書僅四卷，《天目後編》云其書十一卷，誤矣。

續表

序號	書名、卷數	審定版本	存藏	
695	史記評林一百三十卷	明萬曆二至四年（1574—1576）凌稚隆刻本	臺北故宮	
695(2)	漢書評林一百卷	明萬曆九年(1581)凌稚隆刻本	臺北故宮	
696	漢書評林一百卷	明萬曆九年(1581)凌稚隆刻本	臺北故宮	
696(2)	漢雋十卷	明萬曆十二年(1584)會稽呂元刻本	臺北故宮	
696(3)	兩漢博聞十二卷	明嘉靖三十七年(1558)吳郡黃魯曾刻本	臺北故宮	
697	十七史詳節二百七十三卷	明正德十一年(1516)建陽劉弘毅慎獨齋刻本	存244卷	臺北故宮
			《東漢》卷5—7、《北史》卷7—28、《隋書》卷1—5、《唐書》卷44—46、卷52—55，凡37卷	國圖
697(2)	十七史詳節二百七十三卷	明正德十一年(1516)建陽劉弘毅慎獨齋刻本	臺北故宮	
698	水經注四十卷	明萬曆十三年(1585)吳琯金陵刻《合刻山海經水經》本	臺北故宮	

續表

序號	書名、卷數	審定版本	存藏	
698(2)	三輔黃圖六卷	明成化十六年(1480)刻本	臺北故宮	
699	雍大記三十六卷	明嘉靖刻本	國圖	
700	楚故略二十卷	明萬曆十三年(1585)武尚耕荊西刻本	臺北故宮	
701	歷代地理指掌圖不分卷	明刻本	臺北故宮	
701(2)	杜氏通典二百卷	明嘉靖十八年(1539)王德溢、吳鵬廣州刻本	臺北故宮	
702	通志二百卷	元大德三山郡庠刻元明遞修本	安徽師範大學圖書館	
702(2)	通志二百卷	元大德三山郡庠刻元明遞修本	臺北故宮	
703	文獻通考三百四十八卷	明嘉靖三年(1524)司禮監刻本	卷1—236、247—384	臺北故宮
			卷237—246	國圖

卷十六　明版子部一

序號	書名、卷數	審定版本	存藏	
704	二十子全書一百七十七卷	明萬曆新安吳氏刻本	存156卷，闕《管子》卷9—19	臺北故宮
705	五子全書八卷	明嘉靖二十三年(1544)刻本	臺北故宮	
705(2)	孔子家語十卷	明吳勉學刻本		

續表

序號	書名、卷數	審定版本	存藏	
705(3)	孔子集語二卷	明末鍾人傑刻本	臺北故宮	
706	管子二十四卷	明萬曆四十八年(1620)吳興凌氏刻朱墨套印本	臺北故宮	
706(2)	管子二十四卷	明萬曆十年(1582)吳郡趙用賢刻《管》、《韓》合刻本	臺北故宮	
707	韓非子二十卷	明萬曆十年(1582)吳郡趙用賢刻《管》《韓》合刻本	卷1—8、11—14、17—20	國圖
708	荀子二十卷	明嘉靖六年(1527)芸窗書院刻《六子全書》本	臺北故宮	
708(2)	荀子二十卷	明覆刻顧氏世德堂《六子書》本	臺北故宮	
708(3)	南華真經十卷	明覆刻顧氏世德堂《六子書》本	卷1	國圖
			卷2—10	臺北故宮
709	南華真經十卷	明嘉靖十二年(1533)吳郡顧氏世德堂刻《六子書》本	臺北故宮	
709(2)	呂氏春秋二十六卷	明嘉靖、隆慶間雲間宋邦義等校刻本	臺北故宮	
709(3)	說苑二十卷 新序十卷	明嘉靖二十六年(1547)何良俊刻《說苑》《新序》合刻本	臺北故宮	

續表

序號	書名、卷數	審定版本	存藏	
710	說苑二十卷	明萬曆新安程氏刻《漢魏叢書》本	臺北故宮	
710(2)	太玄經十卷	明嘉靖三年(1523)郝梁刻本	國圖	
711	中說十卷	明嘉靖十二年(1533)吳郡顧氏世德堂刻《六子書》本	臺北故宮	
711(2)	二程全書五十一卷	明隆慶四年(1570)臨海金立敬重刻公文紙印本	卷1—10、18—51	臺北故宮
			卷11—17	臺大①
712	大學衍義四十三卷	明嘉靖六年(1527)司禮監刻本	臺北故宮	
713	心經附注四卷	朝鮮銅活字本	臺北故宮	
714	慈谿黃氏日鈔九十七卷	明正德十三年(1518)龔氏明寶堂刻本	臺北故宮	
714(2)	性理大全七十卷	明萬曆二十五年(1597)吳勉學師古齋刻本	臺北故宮	
715	五倫書六十二卷	明正統十二年(1447)內府刻本	臺北故宮	
715(2)	五倫書六十二卷	明正德元年(1506)宗文書堂刻本	臺北故宮	
716	童蒙訓三卷	明刻本	臺北故宮	
716(2)	世範三卷	明萬曆三十一年(1603)刻本	臺北故宮	
716(3)	歷代臣鑑三十七卷	明宣德元年(1426)內府刻本	臺北故宮	

① 臺大著錄此書爲明萬曆間刊本。

續表

序號	書名、卷數	審定版本	存藏	
717	讀書劄記八卷	明嘉靖十四年(1535)貴州刻本	臺北故宮	
717(2)	容齋隨筆五集七十四卷	明弘治十一年(1498)李瀚河南刻本	臺北故宮	
718	丹鉛總錄二十七卷	明萬曆張士佩刻本	臺北故宮	
719	七修類稾五十一卷	明嘉靖福建郎瑛刻本（卷三十五至三十九配抄本）	中山	
719(2)	王氏農書三十六卷	明嘉靖九年(1530)山東布政使司刻本	臺北故宮	
720	王氏農書三十六卷	明萬曆四十五年(1617)鄧渼刻本	臺北故宮	
720(2)	博古圖錄考正三十卷	明萬曆二十四年(1596)鄭樸刻本	臺北故宮	
721	重修考古圖十卷	明萬曆泊如齋刻本	卷1—3	臺北故宮
721(2)	考古圖十卷	明萬曆二十八年(1600)鄭樸刻本	臺北故宮	
721(3)	金石文七卷	明嘉靖十九年(1540)刻本	臺北故宮	
722	法帖釋文考異十卷	明嘉靖上海顧氏刻本	臺北故宮	
722(2)	金薤琳琅二十卷	明正德吳郡都氏刻本	臺北故宮	
723	世說新語三卷	明嘉靖十四年(1535)吳郡袁氏嘉趣堂覆宋刻本	臺北故宮	
724	世說新語補二十卷	明萬曆十三年(1585)張文柱刻本	臺北故宮	

續表

序號	書名、卷數	審定版本	存藏	
724(2)	說略三十二種	明嘉靖二十三年(1544)陸楫雲山書院刻《古今說海》本	臺北故宮	
725	鶴林玉露十六卷	明武林謝天瑞刻本	曾藏涵芬樓,已燬於1932年"一・二八"戰火之中	
725(2)	輟耕錄三十卷	明初刻萬曆六年(1578)徐球補刻本	臺北故宮	
726	學海二百三十卷	明萬曆三十六年(1608)刻本	卷4—6	遼圖
			卷7—9	海王村2003年拍賣—潘思源
			卷10—11	北大
			卷21—29、44—45	甘肅會寧
			卷68—69	海王村2008年春拍
			卷84—86	北師大
			卷100—102	傅圖
			卷116—118	信吾是齋
			卷119—121	嘉德2001年春拍
			卷163—164	瑞典斯德哥爾摩遠東博物院
			卷2—3、35—38、73—75、79—85、89—90、94—98、100—105、122、125、140—143、	國圖

續表

序號	書名、卷數	審定版本	存藏	
		149—151、172—177、202—203、221—224、227—228,目錄1—7,計63卷①		
		卷298	中國書店—嘉德2002年春拍	

卷十七　明版子部二

序號	書名、卷數	審定版本	存藏	
727	漢魏叢書二百五十卷	明萬曆二十年(1592)新安程氏刻本	臺北故宮	
728	四十家雜說四十種	明嘉靖中顧氏美白齋刻本	臺北故宮	
730	古今逸史一百六十二卷	明萬曆新安程氏刻本	存161卷,闕《續博物志》卷1	臺北故宮
731	藝文類聚一百卷	明嘉靖六至七年(1527—1528)胡纘宗、陸采刻本	臺北故宮	
732	藝文類聚一百卷	明萬曆十五年(1587)王元貞刻本	臺北故宮	

---

① 《北京圖書館古籍善本書目》著錄此本尚存"卷一百□□"、"二百□□",共二十一冊,計六十卷。見子部,第1564—1565頁。另有卷二二一至二二四,計三卷,一冊,原在普通古籍,爲2010年提善新編。

續表

序號	書名、卷數	審定版本	存藏	
732(2)	北堂書鈔一百六十卷	明萬曆二十八年(1600)陳禹謨刻本	臺北故宮	
733	初學記三十卷	明嘉靖十年(1531)刻晉陵楊鑨九洲書屋印本	卷1—23、25—27、29	國圖
			卷24、28	信吾是齋
734	白孔六帖一百卷	明嘉靖間蘇州刻本	臺北故宮	
734(2)	白孔六帖一百卷	明嘉靖間蘇州刻本	卷1、5—100	臺北故宮
734(3)	白孔六帖一百卷	明嘉靖間蘇州刻本	卷1—53、56—100	臺北故宮
			卷54—55	國圖
734(4)	白孔六帖一百卷	明嘉靖間蘇州刻本	臺北故宮	
735	海錄碎事二十二卷	明萬曆二十六年(1598)劉鳳刻本	臺北故宮	
736	群書考索前集六十六卷後集六十五卷續集五十六卷別集二十五卷	明正德三年至十三年(1508—1518)劉洪慎獨書齋刻十六年(1521)重修本	前集卷6—66、後集卷1—58、續集全、別集全	臺北故宮
			後集卷59—65	國圖
736(2)	記纂淵海一百卷	明萬曆七年(1579)王嘉賓等刻本	存21卷：卷1—11、56—57、66—73	國圖
			存83卷	臺北故宮
737	羣書集事淵海四十七卷	明弘治十八年(1505)賈性刻本	卷1—5、11—15、19—21、24—28、31—43	國圖

續表

序號	書名、卷數	審定版本	存藏	
738	羣書集事淵海四十七卷	明弘治十八年(1505)賈性刻本	臺北故宮	
738(2)	羣書集事淵海四十七卷	明弘治十八年(1505)賈性刻本	存95冊	臺北故宮
			4冊:卷1—2、5—7(另存卷29零葉)	國圖
739	事物紀原十卷	明正統十二年(1447)南昌閣敬刻本	臺北故宮	
739(2)	事物紀原十卷	明成化八年(1472)李果刻本		
740	事物紺珠四十六卷	明萬曆吳勉學刻本	國圖	
741	古今事物原始三十卷	明萬曆二十一年(1593)自刻本	卷1—23、25—30	國圖
741(2)	文林綺繡五種	明萬曆四至五年(1576—1577)吳興淩氏桂芝館刻本		
742	文林綺繡五種	明萬曆四至五年(1576—1577)吳興淩氏桂芝館刻本	《左國腴詞》卷2—8、《楚騷綺語》全、《文選錦字錄》全、《兩漢雋言》全、《太史華句》全	國圖
742(2)	唐類函二百卷	明萬曆三十一年(1603)俞安期自刻本	臺北故宮	

續表

序號	書名、卷數	審定版本	存藏	
743	唐類函二百卷	明萬曆三十一年(1603)俞安期自刻本	存83卷：卷1—14、20—39、101—140、146—154	臺北故宮
			存97卷：卷50—100、155—200	國圖
743(2)	唐類函二百卷	明萬曆三十一年(1603)俞安期自刻本	存160卷：卷1—100、106—140、146—150、181—200	國圖
743(3)	詩壇叢韻二十八卷	明刻本	臺北故宮	
744	事詞類奇三十卷	明萬曆二十一年(1593)周日校刻本	臺北故宮	
745	雲仙雜記十卷	明隆慶五年(1571)葉氏菉竹堂刻本	臺北故宮	
745(2)	姓氏急就篇二卷	元至元六年(1340)慶元路儒學刻元明遞修《玉海》本	臺北故宮	
746	奇姓通十四卷	明天啟四年(1624)夏氏宛委堂刻本	臺北故宮	
746(2)	程幼博墨苑十五卷後九卷	明萬曆三十四年(1606)程氏滋蘭堂刻本		
746(3)	袖珍方大全四卷	明弘治十八年(1505)集賢書堂刻本	國圖	

卷十八　明版集部一

序號	書名、卷數	審定版本	存藏
748	楚辭王注十七卷	明正德十三年(1518)黃省曾、高第刻本	國圖
748(2)	篆文楚騷五卷	明正德十五年(1520)熊宇刻篆字本	臺北故宮
749	董仲舒集一卷	明正德五年(1510)慈溪桂連西齋活字印本	臺北故宮
750	陶靖節集十卷	明嘉靖二十五年(1546)蔣孝潯陽郡齋刻本	臺北故宮
750(2)	陶靖節集十卷	明萬曆四年(1576)周敬松刻本	臺北故宮
750(3)	陶靖節集十卷	明嘉靖彈琴室刻本	國圖
751	陶靖節集十卷	明嘉靖二十七年(1548)張存誠、王廷榦九江郡齋刻本	臺北故宮
751(2)	駱子集注四卷	明萬曆七年(1579)劉大烈等舒城縣刻本	臺北故宮
752	唐王右丞詩劉須溪校本六卷	明弘治十七年(1504)呂夔刻本	臺北故宮
752(2)	唐王右丞集十卷	明嘉靖三十五年(1556)錫山顧氏奇字齋刻本	臺北故宮

續表

序號	書名、卷數	審定版本	存藏	
753	唐王右丞集十卷	明嘉靖三十五年(1556)錫山顧氏奇字齋刻本	臺北故宮	
753(2)	高常侍集十卷	明正德刻本	臺北故宮	
754	唐儲光羲詩集五卷	明嘉靖二十九年(1550)蔣孝刻《中唐十二家詩》本	臺北故宮	
754(2)	顏魯公文集十五卷	明萬曆十七年(1589)劉思誠刻本	國圖	
754(3)	李太白詩十二卷	明刻本	傅增湘經眼	
755	集千家注杜工部詩集二十卷	明嘉靖十五年(1536)玉几山人刻本	臺北故宮	
755(2)	集千家注杜工部詩集二十卷	明嘉靖十五年(1536)玉几山人刻明易山人印本	臺北故宮	
756	集千家注杜工部詩集二十卷	明嘉靖十五年(1536)玉几山人刻明易山人印本	臺北故宮	
756(2)	集千家注杜工部詩集二十卷	明嘉靖十五年(1536)玉几山人刻明易山人印本	臺北故宮	
756(3)	集千家注杜工部詩集二十卷	明嘉靖十五年(1536)玉几山人刻本	卷4—5	國圖

續表

序號	書名、卷數	審定版本	存藏	
757	集千家注杜工部詩集二十卷	明嘉靖十五年(1536)玉几山人刻本	國圖	
757(2)	韋蘇州集十卷	明刻本	臺北故宮	
757(3)	韋蘇州集十卷	明刻本	臺北故宮	
758	唐陸宣公翰苑集二十四卷	明萬曆三十五年(1607)陸基忠刻本	臺北故宮	
759	昌黎先生集五十一卷	明萬曆東吳徐氏東雅堂刻本	傅增湘曾藏	
759(2)	昌黎先生集五十一卷	明萬曆東吳徐氏東雅堂刻本	臺北故宮	
759(3)	昌黎先生集五十一卷	明萬曆東吳徐氏東雅堂刻本	卷38—39	國圖
759(4)	昌黎先生集五十一卷	明萬曆東吳徐氏東雅堂刻本	臺北故宮	
760	韓文考異五十一卷	明萬曆三十三年(1605)新安朱崇沐天德堂刻本	臺北故宮	
760(2)	杜樊川集十七卷	明刻本	固圉齋	
761	唐皮日休文藪十卷	明正德十五年(1520)袁表、袁褧刻本	固圉齋	
761(2)	河東先生集四十五卷	明嘉靖間郭雲鵬濟美堂刻本	國博	

續表

序號	書名、卷數	審定版本	存藏	
762	元白長慶集（元氏長慶集六十卷白氏長慶集七十一卷）	《元集》明嘉靖三十一年(1552)董氏萎門別墅刻本《白集》明嘉靖十七年(1538)伍忠光龍池草堂刻錢應龍重修本	元氏集全；白氏集卷1—22、25—71	臺北故宮
			白氏文集卷23—24	國圖
762(2)	文潞公文集四十卷	明嘉靖五年(1526)王溱刻本	國圖	
763	宋林和靖先生詩集七卷	明萬曆四十一年(1613)何養純、諸時寶等刻本	存1卷補遺1卷省心錄1卷附錄1卷	臺北故宮
763(2)	武溪集二十卷	明成化九年(1473)蘇韡等韶州郡齋刻嘉靖四十五年劉穩(1566)重刻本	卷1—11	臺北故宮
			卷12—20	國圖
764	武溪集二十卷	明成化九年(1473)蘇韡等韶州郡齋刻本	卷1、卷5—20及附錄	臺北故宮
			卷2—3	國圖
764(2)	歐陽文忠公集一百五十三卷	明正德七年(1512)劉喬吉安刻嘉靖十六年(1537)季本、詹治重修本	卷15—21	國圖
765	歐陽文忠公集一百五十三卷	明正德七年(1512)劉喬吉安刻嘉靖十六年(1537)季本、詹治重修本	存149卷附錄5卷	臺北故宮
			卷13—16	國圖
765(2)	節孝先生文集三十卷	明嘉靖四十四年(1565)劉祜刻本	臺北故宮	

續表

序號	書名、卷數	審定版本	存藏	
765(3)	張文潛文集十三卷	明嘉靖三年(1524)江都郝梁刻本	臺北故宮	
766	元豐類稾五十卷	明成化八年(1472)楊參南豐刊成化、嘉靖間遞修本	臺北故宮	
766(2)	元豐類稾五十卷	明隆慶五年(1571)南豐邵廉刻本	臺北故宮	
767	濟北晁先生雞肋集七十卷	明崇禎八年(1635)吳郡顧氏詩瘦閣刻本	臺北故宮	
767(2)	濟北晁先生雞肋集七十卷	明崇禎八年(1635)吳郡顧氏詩瘦閣刻本	臺北故宮	
767(3)	丹淵集四十卷	明萬曆三十八年(1610)吳一標刻崇禎四年(1631)毛晉重修本	國圖	
768	浮溪文粹十五卷	明正德元年(1506)馬金刻本		
768(2)	栟櫚集二十五卷	明正德十四年(1519)羅珊刻本	臺北故宮	
769	知稼翁集十一卷	明天啟五年(1625)黃崇翰刻本	臺北故宮	
770	梅溪先生文集五十四卷	明正統五年(1440)劉謙、何濱刻天順六年(1462)重修本	臺北故宮	
770(2)	梅溪先生文集五十四卷	明正統五年(1440)劉謙、何濱刻天順六年(1462)重修本	《文集》卷11—20、《後集》全、《廷試策》全、《奏議》全	國圖

卷十九　明版集部二

序號	書名、卷數	審定版本	存藏	
771	晦庵先生朱文公文集一百卷	明嘉靖十一年(1552)福建按察司刻本	臺北故宮	
771(2)	象山先生全集三十六卷	明嘉靖四十年(1561)德安何氏刻本	臺北故宮	
772	慈湖先生遺書十八卷	明嘉靖四年(1525)慈溪秦鉞刻後世增輯本	臺北故宮	
773	龍川先生文集三十卷	明嘉靖史朝富刻本	卷5—8、15—20	臺北故宮
			卷2—4、9—14	國圖
773(2)	秋崖小稿八十三卷	明嘉靖六年(1527)祁門方氏家塾刻二十一年(1542)重印本	文集45卷全；詩集存27卷，闕卷28—38	臺北故宮
774	文山先生全集二十卷	明刻本	卷15—20	國圖
774(2)	疊山謝先生文集二卷	明嘉靖三十四年(1555)林光祖刻本	國圖	
775	石屏詩集十卷	明弘治十一年(1498)宋鑑、馬金廬州刻本	國圖	
776	晞髮集六卷	明嘉靖三十四年(1555)新安程煦刻本	臺北故宮	
776(2)	白玉蟾海瓊摘稿十卷①	明嘉靖十二年(1533)唐冑刻本	國圖	
777	靜修先生文集三十卷	明萬曆十六年(1588)刻本		

---

① 書名之"白"字，清光緒十年王先謙刻本誤刊作"印"，從書上原題及清嘉慶內府寫本改。

續表

序號	書名、卷數	審定版本	存藏	
778	稼村先生類槀十卷	明萬曆十一年(1583)王汝立刻本	卷8—10、附錄全	國圖
778(2)	貢文靖公雲林詩集六卷	明弘治三年(1490)范吉刻本	臺北故宮	
779	雲峰胡先生文集十卷	明正德二年(1507)何歆、羅縉刻遞修本	國圖	
780	臨川吳文正公集一百卷	明宣德十年(1435)吳炬刻本	存98卷年譜1卷附錄1卷道學基統1卷外集4卷,闕卷51—52	臺北故宮
781	黃文獻公文集十卷	明嘉靖十年(1531)張儉刻本	臺北故宮	
781(2)	道園學古錄五十卷	明景泰七年(1456)鄭達、黃仕達刻本	卷19零葉	國圖
782	淵穎吳先生集十二卷	明嘉靖元年(1522)祝鑾杭州刻本	臺北故宮	
782(2)	上京紀行詩一卷	明洪武十年(1377)刻本	臺北故宮	
783	圭齋文集十六卷	明成化七年(1471)劉釪刻本	卷5—16	國圖
784	圭齋文集十六卷	明成化七年(1471)劉釪刻本		
784(2)	雲陽李先生文集十卷	明弘治五年(1492)顧福刻本	臺北故宮	

續表

序號	書名、卷數	審定版本	存藏	
785	六家文選六十卷	明嘉靖十三至二十八年(1534—1549)吳郡袁氏嘉趣堂刻本	臺北故宮	
785(2)	六家文選六十卷	明嘉靖十三至二十八年(1534—1549)吳郡袁氏嘉趣堂刻本	卷42	國圖
785(3)	六臣註文選六十卷	明萬曆二年(1574)崔孔昕新都刻六年(1578)徐成位修訂本	臺北故宮	
786	六家文選六十卷	明嘉靖十三至二十八年(1534—1549)吳郡袁氏嘉趣堂刻本	臺北故宮	
786(2)	六家文選六十卷	明嘉靖十三至二十八年(1534—1549)吳郡袁氏嘉趣堂刻本	國圖	
786(3)	唐文粹一百卷	明嘉靖八年(1539)晉藩養德書院刻本	臺北故宮	
787	唐文粹一百卷	明嘉靖八年(1539)晉藩養德書院刻本	國圖	
787(2)	唐文粹一百卷	明覆刻嘉靖三年(1524)姑蘇徐氏本	臺北故宮	

續表

序號	書名、卷數	審定版本	存藏	
787(3)	唐文粹一百卷	明嘉靖三年(1524)姑蘇徐焴刻本	卷25—26、29—30下、99—100	國圖
			卷46—48	芷蘭齋
			卷44下—45、49—55、59—61	嘉德1998年春拍—臺北故宮
			卷62—64	嘉德2003年春拍—潘思源
			卷65—66	嘉德2001年秋拍—潘思源
			卷67—72	嘉德1999年秋拍—潘思源
			卷82—87	嘉德1997年春拍—潘思源
			卷96—97	見於北京一私人藏家

續表

序號	書名、卷數	審定版本	存藏	
787(4)	文苑英華一千卷	明隆慶元年(1567)胡維新、戚繼光刻本	目錄、卷1—11、23—117、129—139、151—200、276—359、369—379、401—419、445—532、563—619、645—659、677—719、780—791、844—854、878—899、910—934、946—957、970—988	國圖
			卷620—644、660—676、720—728、900—909	甘肅會寧
788	文苑英華辨證十卷	宋嘉定刻元明遞修本	臺北故宮	

卷二十　明版集部三

序號	書名、卷數	審定版本	存藏	
789	宋文鑑一百五十卷	明嘉靖五年(1526)晉藩養德書院刻本	臺北故宮	
790	宋文鑑一百五十卷	明嘉靖五年(1526)晉藩養德書院刻本	存110卷	臺北"央圖"
			卷73—112	國圖
790(2)	元文類七十卷	明嘉靖十六年(1537)晉藩至道堂刻本	臺北故宮	
791	周秦兩漢文選十二卷	明萬曆四十三年(1615)周子文刻本	臺北故宮	
791(2)	秦漢文鈔十二卷	明萬曆十一年(1583)清音館刻本	臺北故宮	

續表

序號	書名、卷數	審定版本	存藏	
792	迂齋先生標注崇古文訣三十五卷	明吳邦楨等校刻本	臺北"央圖"	
792(2)	漢魏六朝一百三家集一百十八卷	明崇禎婁東張氏刻本	存48卷	臺北故宮
			存28卷	國圖
793	歷代文紀一百三十一卷	明崇禎梅氏刻本	存104卷,闕《西漢》目錄上、《東漢》卷2—3、7—9;《魏》卷3—18;《晉》卷8;《吳》四卷;《蜀》二卷	臺北故宮
			存26卷;《東漢》卷2—3、7、9;《魏》卷3—18;《蜀》、《吳》全	國圖
794	妙絕古今不分卷	明翻嘉靖三十四年(1556)贛郡蕭斯馨古翰樓刻本	臺北故宮	
795	妙絕古今不分卷	明嘉靖四十二年(1563)衢州府刻本	國圖	
795(2)	晉二俊文集二十卷	明正德十四年(1519)陸元大刻本	國圖	
796	古文奇賞一百三十五卷	明萬曆四十六年(1618)至天啟間陳氏刻本	闕《四續》卷11—14	臺北故宮
797	文翰類選大成一百六十三卷	明成化八年(1472)淮府刻弘治十四年(1501)、嘉靖二十五年(1546)遞修本	卷1	國圖
			卷2—163	臺北故宮

續表

序號	書名、卷數	審定版本	存藏	
798	書記洞詮一百二十卷	明萬曆二十五至二十七年(1597—1599)梅氏玄白堂刻本	卷1—13、20—95、101—103、110—116	臺北故宮
			卷104—109	國圖
798(2)	古論大觀四十卷	明末刻本	卷1—2、11—13、17—22、26—40	國圖
799	玉臺新詠十卷	明崇禎六年(1633)趙均小宛堂刻本	臺北故宮	
799(2)	玉臺新詠十卷	明崇禎六年(1633)趙均小宛堂刻本	臺北故宮	
799(3)	古樂府十卷	明嘉靖刻本	臺北故宮	
800	古詩紀一百五十六卷	明萬曆吳琯等金陵刻本	臺北故宮	
800(2)	箋注唐賢絕句三體詩法二十卷	明內府刻遞修本	臺北故宮	
801	唐詩類苑二百卷	明萬曆二十九年(1601)曹仁孫刻本	臺北故宮	
801(2)	唐雅二十六卷	明嘉靖二十年(1541)清河張氏刻三十一年(1552)無錫縣印本	臺北故宮	
801(3)	唐百家詩集一百七十一卷	明嘉靖刻本	64冊	傅圖
			16冊	國圖
802	唐詩紀事八十一卷	明嘉靖二十四年(1545)洪楩清平山堂刻本	臺北故宮	

續表

序號	書名、卷數	審定版本	存藏	
803	宋藝圃集二十二卷	明萬曆五年(1577)暴孟奇刻本	臺北故宮	
803(2)	全唐詩話二卷	明正德十二年(1517)鮑繼文雲中教養堂刻本	臺北故宮	
804	菊坡叢話二十六卷	明成化刻本	臺北故宮	
804(2)	增廣類聯詩學大全三十卷	明正德十一年(1516)西園堂刻本	臺北故宮	
805	升菴詩話四卷	明刻本	卷3—4	國圖
805(2)	哲匠金桴五卷	明隆慶二年(1568)刻本	臺北故宮	
805(3)	絕妙詞選二十卷	明萬曆二年(1574)舒伯明刻本	臺北故宮	

明鈔諸部

序號	書名、卷數	審定版本	存藏
806	尚書纂傳四十六卷	清雍正烏絲欄抄本	臺北故宮
806(2)	書纂言二十八卷	清康熙間抄本	臺北故宮
807	詩經解頤四卷	清初汲古閣抄本	國圖
807(2)	四書待問二十二卷	清初抄本	臺北故宮
807(3)	增廣鐘鼎篆韻七卷	清初抄本	臺北故宮
808	劉子十卷	清初烏絲欄精抄本	臺北故宮
809	百家詩話總龜五十卷	清初抄本	臺北故宮
809(2)	吳郡文粹十卷	清初抄本	臺北故宮

表 2　海內外現存天祿繼鑑書分佈、數量、版本統計一覽表（單位：部）

序號	現藏單位、個人	版本朝代	《天目後編》著錄	審定	總數
1	臺北"故宮博物院"	宋	41	14	321
		元	61	26	
		遼	1		
		明	207	265	
		抄	11	11	
		清		3	
		朝鮮		2	
2	中國國家圖書館	宋、蒙古	143	54	277
		元	44	33	
		金	1	2	
		明	83	171	
		抄	6	6	
		清		11	
3	遼寧省圖書館	宋、蒙古	31	12	35
		元	3	4	
		明	1	17	
		抄		1	
		清		1	
4	上海圖書館	宋	10	6	13
		元	1	3	
		明		2	
		抄	2	2	

續表

序號	現藏單位、個人	版本朝代	《天目後編》著錄	審定	總數
5	芷蘭齋	宋	6	3	12①
		元			
		明	1	4	
6	臺北"國家圖書館"（原"中央圖書館"）	宋	2	1	9
		元	2		
		明	5	8	
7	中國文化遺產研究院（原中國文物研究所）	宋	6	1	8
		元		2	
		明	2	5	
8	吉林省博物院	宋	6		7
		元		1	
		明		5	
		抄	1	1	
9	北京大學圖書館	宋	4		7
		元	2	4	
		明	1	3	
10	潘思源	宋	2		6
		元	1		
		明	3	6	

① 劉按，韋力先生藏書近十萬冊，2009年6月18日惠允筆者至芷蘭齋觀書，得睹7部天祿繼鑑著錄書及1部後編目外書。其他5部天祿書因搬至新書庫，湮沒書海，暫時難以尋檢，未能一一記述其實際版本，韋力先生云，此5部皆購自拍賣會上。

續表

序號	現藏單位、個人	版本朝代	《天目後編》著錄	審定	總數
11	哈爾濱市圖書館	宋	5	2	5
		元		2	
		明		1	
12	詒宋齋	宋	5	1	5
		元		1	
		明		2	
		清		1	
13	山東省博物館	宋	1	1	4
		元	3	2	
		明		1	
14	臺北"中央研究院"傅斯年圖書館	宋	1		4
		元	1	1	
		明	2	3	
15	遼寧省博物館	宋	1	1	3
		元	2	1	
		明		1	
16	兆蘭堂	宋	3	1	3
		清		2	
17	甘肅省會寧縣圖書館	元	1	1	3
		明	2	2	

續表

序號	現藏單位、個人	版本朝代	《天目後編》著錄	審定	總數
18	信吾是齋	宋	1		3
		元		1	
		明	2	2	
19	北京市文物局	宋	2	1	2
		明		1	
20	臺灣大學圖書館	明	2	2	2
21	黑龍江省圖書館	宋	2	1	2
		元		1	
22	山東省圖書館	宋	2	1	2
		明		1	
23	中國國家博物館	宋	1		2
		元		1	
		明	1	1	
24	北京故宮博物院	宋	1		2
		元	1	2	
25	北京市文物公司	宋	2	2	2
26	日本宮內廳書陵部	宋	2	1	2
		明		1	
27	清華大學圖書館	宋	1		2
		元	1	1	
		明		1	

續表

序號	現藏單位、個人	版本朝代	《天目後編》著錄	審定	總數
28	上海龍美術館	宋	1		2
		元	1	1	
		明		1	
29	吉林市圖書館	宋	1		2
		元	1	1	
		明		1	
30	上海圖書公司	明	1	1	1
31	吉林省圖書館	宋	1		1
		明		1	
32	南京圖書館	元	1		1
		明		1	
33	中國書店	宋	1	1	1
34	北京師範大學圖書館	明	1	1	1
35	復旦大學圖書館	元	1		1
		明		1	
36	吉林大學圖書館	宋	1		1
		明		1	
37	華東師範大學圖書館	宋	1	1	1
38	安徽師範大學圖書館	明	1	1	1
39	中國社會科學院文學研究所圖書館	宋	1		1
		元		1	
40	廣東省中山圖書館	明	1	1	1

續表

序號	現藏單位、個人	版本朝代	《天目後編》著錄	審定	總數
41	安徽省圖書館	宋	1		1
		明		1	
42	長春市圖書館	抄	1	1	1
43	湖南省圖書館	宋	1		1
		清		1	
44	青海大學醫學院圖書館	元	1	1	1
45	四川省圖書館	元	1	1	1
46	北京市西城區第一圖書館	宋	1		1
		清		1	
47	中國印刷博物館	宋	1	1	1
48	廣東省博物館	宋	1		1
		明		1	
49	成都杜甫草堂博物館	宋	1		1
		明		1	
50	（濟南藏書家）張景栻	宋	1		1
		元		1	
51	（北京藏書家）固圉齋	明	1	1	1
52	（濟南藏書家）呈元閣	明	1	1	1
53	（河南藏書家）鳳儀書堂	明	1	1	1
54	瑞典斯德哥爾摩遠東博物院	明	1	1	1
55	荷蘭萊頓大學漢學院圖書館	宋	1		2葉
		元		1	

續表

序號	現藏單位、個人	版本朝代	《天目後編》著錄	審定	總數
56	俄羅斯國家圖書館東方文獻中心	元	1	1	1
57	美國國會圖書館	宋	1	1	1
58	日本石川武美紀念圖書館	宋	1	1	1
59	日本東北大學圖書館	明	1	1	1
60	日本東京大學東洋文化研究所	元	1	1	1
61	日本鹿兒島大學	宋	1		1
		明		1	

表3　現存天祿琳琅"前編目外書"一覽表

書名、卷數	版本	存藏①		鈐印特徵	著錄
書傳大全十卷	明刻本	卷2—10	普林斯頓	鈐"乾隆御覽之寶"(闊邊方印)、"天祿琳琅"二印	
書經大全十卷	明刻黑口十二行本	臺北故宮		鈐"乾隆御覽之寶"(闊邊方印)、"天祿琳琅"二印	《故宮善本書目》
周禮注十二卷	宋刻巾箱本	卷7—11	國圖	鈐"乾隆御覽之寶"(橢圓形印)、"天祿琳琅"二印	《藏園群書經眼錄》
鬳齋考工記解二卷	清康熙納蘭成德刻《通志堂經解》本	國圖		鈐"乾隆御覽之寶"(橢圓形印)、"天祿琳琅"二印	
鬳齋考工記解二卷	清康熙納蘭成德刻《通志堂經解》本	國圖		鈐"乾隆御覽之寶"(闊邊方印)、"天祿琳琅"二印	
國語二十一卷附古文音釋一卷	明嘉靖四年(1525)許宗魯宜靜書堂刻本	臺北故宮		鈐"乾隆御覽之寶"(闊邊方印)、"天祿琳琅"二印	《故宮善本書目》
國朝諸臣奏議一百五十卷	宋淳祐十年(1250)福州路提舉史季溫刻元明遞修本	闕目錄第2冊、卷61—65	臺北故宮	鈐"乾隆御覽之寶"(闊邊方印)、"天祿琳琅"二印；並鈐副葉三璽。	《天祿琳琅書目後編》卷四、《故宮善本書目》
		卷61—62	黑圖		

---

① 館藏簡稱：國圖——中國國家圖書館；臺北故宮——臺北"故宮博物院"；天圖——天津圖書館；甘圖——甘肅省圖書館；北大——北京大學圖書館；北師大——北京師範大學圖書館；黑圖——黑龍江省圖書館；翰海——北京翰海國際拍賣公司；臺北"央圖"——臺北"國家圖書館"(原臺北"中央圖書館")；普林斯頓——美國普林斯頓大學東亞圖書館。

續表

書名、卷數	版本	存藏		鈐印特徵	著錄
歷代鐘鼎彝器款識二十卷	清康熙間抄本	臺北故宮		鈐"乾隆御覽之寶"（闊邊方印）、"天祿琳琅"二印；並鈐副葉三璽。	《天祿琳琅書目後編》卷八、《故宮善本書目》
孔子家語十卷	明隆慶六年（1572）長洲徐袚錫刻本	臺北故宮		隱約於副葉見其鈐"乾隆御覽之寶"（闊邊方印）、"天祿琳琅"二印	
西山先生真文忠公讀書記甲集三十七卷丁集二卷乙集下二十二卷	宋福州學官刻元明遞修本 宋開慶元年（1259）官刻元明遞修本	南京博物院		鈐"乾隆御覽之寶"（闊邊方印）、"天祿琳琅"二印	
大學衍義四十三卷	元刻明修本	卷1—22	北師大	鈐"乾隆御覽之寶"（橢圓形印）、"天祿琳琅"二印	
		卷23—28	甘圖		
		卷29—31	國圖		
		卷41—42	翰海2004年春拍		
大學衍義四十三卷	元刻明修本	卷1—29、卷43	臺北故宮	鈐"乾隆御覽之寶"（闊邊方印）、"天祿琳琅"二印	《故宮善本書目》、《故宮善本書庫元版書目》

續表

書名、卷數	版本	存藏		鈐印特徵	著錄
世說新語三卷	明嘉靖十四年(1535)吳郡袁氏嘉趣堂覆宋刻本	臺北故宮		鈐"乾隆御覽之寶"(闊邊方印)、"天祿琳琅"二印	《故宮善本書目》
山堂先生群書考索前集六十六卷後集六十五卷續集五十六卷	元延祐七年(1320)圓沙書院刻本	存56冊,闕《前集》卷19、60—62;《後集》卷7,《續集》卷48、51及《別集》	臺北"央圖"	鈐"乾隆御覽之寶"(闊邊方印)、"天祿琳琅"二印	《藏園群書經眼錄》
箋注陶淵明集十卷	南宋末年建陽刻巾箱本	臺北"央圖"		鈐"乾隆御覽之寶"(闊邊方印)、"天祿琳琅"二印	
韋蘇州集十卷拾遺一卷	宋刻本	國圖		鈐"乾隆御覽之寶"(闊邊方印)、"天祿琳琅"二印	《賞溥傑單》、《寒雲手寫所藏宋本提要廿九種》、《藏園群書經眼錄》、《寶禮堂宋本書錄》等
山谷老人刀筆二十卷	明弘治十二年(1499)張汝舟刻本	北大		鈐"乾隆御覽之寶"(闊邊方印)、"天祿琳琅"二印	

續表

書名、卷數	版本	存藏		鈐印特徵	著錄
中興以來絕妙詞選十卷	宋淳祐九年(1249)劉誠甫刻本	國圖		鈐"乾隆御覽之寶"(闊邊方印)、"天祿琳琅"二印	《藏園群書經眼錄》
陽山顧氏文房小說四十種五十八卷	明正德嘉靖間顧氏夷白齋刻本	存4種4卷	天圖	鈐"乾隆御覽之寶"(闊邊方印)、"天祿琳琅"二印	

表4　現存天祿琳琅"後編目外書"一覽表

書名、卷數	版本	存藏①		著錄
周易傳義大全二十四卷	明嘉靖十五年(1536)劉氏安正堂刻本	卷2	臺北"央圖"	《故宮善本書目》
		卷1、4—24	臺北故宮	
羣經音辨七卷	清康熙五十三年(1714)張士俊刻《澤存堂五種》本	遼圖		《賞溥傑單》《收到書畫目》
說文解字十五卷	清初毛氏汲古閣刻本	國圖		《賞溥傑單》《收到書畫目》
班馬字類二卷	清康熙間馬氏叢書樓覆宋刻本	闕卷下入聲	臺北故宮	《故宮善本書目》
大廣益會玉篇三十卷	清康熙四十二年至四十三年(1703—1704)張士俊影宋刻《澤存堂五種》本	國圖		
廣韻五卷	清康熙四十三年(1704)張士俊刻《澤存堂五種》本	北京市西城區圖書館		《賞溥傑單》《收到書畫目》
韻補五卷	元刻本	國圖		
音韻日月燈六十卷	明崇禎間新安呂氏刻本	《韻母》卷1—4、《韻鑰》卷1—2	國圖	

---

①　館藏簡稱：國圖——中國國家圖書館；臺北故宮——臺北"故宮博物院"；遼圖——遼寧省圖書館；吉大——吉林大學圖書館；甘圖——甘肅省圖書館；臺北"央圖"——臺北"國家圖書館"(原臺北"國立中央圖書館")；嘉德——中國嘉德國際拍賣公司。

續表

書名、卷數	版本	存藏		著錄
史記一百三十卷	明嘉靖四年至六年（1525—1527）王延喆刻本	卷11—66、87—130	國圖	
前漢書一百二十卷	宋福唐郡庠覆景祐監刻元明遞修本	臺北故宮		《故宮善本書目》
後漢書一百三十卷	宋福唐郡庠刊元代遞修本	臺北故宮		《故宮善本書目》
唐書二百二十五卷目錄二卷	元刻本（卷165配清影元抄本）	國圖		《賞溥傑單》《收到書畫目》
古史六十卷	宋衢州刻元明遞修本	臺北故宮		《故宮善本書目》
資治通鑑綱目五十九卷	明抄本	嘉德1996年秋拍		
新入諸儒議論杜氏通典詳節四十二卷	宋紹熙五年(1194)擇善堂刻本	目錄及圖譜、卷1—18	國圖	《收到書畫目》
白孔六帖一百卷	明嘉靖間蘇州刻本	闕卷86，存99卷	臺北故宮	《故宮善本書目》
李太白集三十卷	清康熙五十六年(1717)繆曰芑雙泉草堂刻本	臺北故宮		《故宮善本書目》

續表

書名、卷數	版本	存藏		著錄
西山先生真文忠公文章正宗二十四卷續文章正宗二十卷	明嘉靖四十三年(1564)蔣氏家塾刻本	《正集》卷1—7；《續集》卷3—4、14—16	遼圖	《賞溥傑單》《收到書畫目》
		《正集》卷20—24,《續集》卷1—2、5—13、17—20	國圖	
新刊李學士新註孫尚書內簡尺牘十卷	元刻本	國圖		
文選類林十八卷	明嘉靖三十七年(1558)新安吳思賢刻本	卷2	芷蘭齋	《賞溥傑單》
		卷1、3—18	國圖	

表5　現存天祿琳琅"三編書"一覽表

書名、卷數	版本	存藏①		著錄
五經白文三十七卷	宋刊巾箱本	民國時期天津書估王子霖經眼		《古籍善本經眼錄》
五經旁注十九卷	明刻本	臺北故宮		《故宮善本書目》
九經十卷	明嘉靖刻本	存周易、尚書、毛詩、禮記、春秋各一卷	哈佛燕京	《美國哈佛大學哈佛研究圖書館藏中文善本書志》
禮記注二十卷	宋刻巾箱本	卷1—9	北京市文物局	《賞溥傑單》、《收到書畫目》、《藏園群書經眼錄》
		卷14	瀋陽故宮	
		卷19	中貿聖佳2016年春拍——上海龍美術館	
		卷20	國圖	
禮經會元四卷	元至正二十五年杭州路儒學刻本	臺北故宮		《故宮善本書庫元版書目》
禮記集說三十卷	明嘉靖十六年(1537)廣東崇正書院刻本	臺北故宮		《故宮善本書目》
切韻指掌圖一卷	宋紹定三年(1230)越州讀書堂刻本	國圖		《藏園群書經眼錄》

---

① 館藏簡稱：國圖——中國國家圖書館；遼圖——遼寧省圖書館；瀋陽故宮——瀋陽故宮博物院；臺北故宮——臺北"故宮博物院"；嘉德——中國嘉德國際拍賣有限公司；中貿聖佳——中貿聖佳國際拍賣拍賣公司；哈佛燕京——美國哈佛大學哈佛燕京圖書館。

續表

書名、卷數	版本	存藏		著錄
增修互註禮部韻略五卷	元至正間刻本	臺北故宮		《故宮善本書目》
增修互註禮部韻略五卷	元至正間刻本	臺北故宮		《故宮善本書目》
春秋意林二卷	宋刻本	遼圖		《賞溥傑單》、《收到書畫目》
宣和博古圖錄三十卷	元刻明修本	國圖		
大學衍義四十三卷	元刻明修本	遼圖		
聯新事備詩學大成三十卷	明初覆元皇慶間建安雙桂書堂刻本	臺北故宮		《故宮善本書庫元版書目》
誠齋四六發遣膏馥十卷	宋淳祐八年(1248)余卓刻本	前集十卷	遼圖	《賞溥傑單》、《收到書畫目》
記纂淵海一百九十五卷	宋刻本	卷1—12、166—170	遼圖	《賞溥傑單》、《收到書畫目》
		卷13—165、171—195	國圖	
豫章先生遺文十二卷	清乾隆四十五年(1780)汪大本仿宋刻本	臺北故宮		《故宮善本書目》

續表

書名、卷數	版本	存藏	著錄
六家文選六十卷	明嘉靖二十八年(1549)吳郡袁氏嘉趣堂覆宋刻本	臺北故宮	《故宮善本書目》
玉臺新詠十卷	明崇禎六年(1633)趙均小宛堂刻本	嘉德1998年秋拍	《賞溥傑單》、《收到書畫目》

表6 現存天祿琳琅"四編書"一覽表

書名、卷數	版本	存藏①	著錄
新刊唐昌黎先生論語筆解十卷	宋乾道、淳熙間蜀刻本	臺北故宮	
朱文公校昌黎先生集四十卷外集十卷遺文一卷傳一卷	元建陽坊刻本	臺北故宮	

① 館藏簡稱：臺北故宮——臺北"故宮博物院"。

表7　知見鈐有偽製"乾隆御覽之寶""天祿琳琅"等清宮藏印書籍一覽表
（截至2016年8月）

書名、卷數	版本	存藏或出處①		所鈐偽印
班馬字類五卷	清揚州馬氏小玲瓏山館仿宋刻苕溪經鉏堂印本	北師大		"乾隆御覽之寶"朱文橢圓印
世說新語六卷	清初抄本	北師大		"乾隆御覽之寶"朱文雙邊大方印
文公家禮儀節八卷	明萬曆三十七年錢時刻本	無錫市圖書館		"乾隆御覽之寶"朱文橢圓印、"養心殿鑑藏寶"朱文長方印
藝文類聚一百卷	明覆刻嘉靖六年(1527)長州陸采本	卷11—14	歌德2010年拍賣	乾隆五璽②
		卷93—94	傳是2003年秋拍	
史記一百三十卷	明嘉靖四至六年(1525—1527)王延喆刻本	存《三皇本紀》	海王村2002年春拍	"文淵閣寶"朱文方印

---

① 館藏簡稱：遼圖——遼寧省圖書館；甘圖——甘肅省圖書館；中山——廣東省中山圖書館；北師大——北京師範大學圖書館；吉大——吉林大學圖書館；普林斯頓——美國普林斯頓大學東亞圖書館；嘉德——中國嘉德國際拍賣有限公司；海王村——中國書店北京海王村拍賣有限公司；翰海——北京翰海拍賣有限公司；保利——北京保利國際拍賣有限公司；傳是——北京傳是拍賣有限公司；德寶——北京德寶國際拍賣有限公司；博古齋——上海博古齋拍賣有限公司；今古齋——天津國際拍賣有限公司今古齋；歌德——北京歌德拍賣有限公司；迦南——山東迦南國際拍賣公司；廣韻樓——浙江藏書家胡關妙。

② 劉按，《天祿琳琅書目後編》著錄書常被稱作"天祿繼鑑"書，對於其上所鈐諸印，坊間有"乾隆五璽"之習稱，實則每冊書末頁及副葉上，共計六方璽印："乾隆御覽之寶"、"天祿琳琅"、"天祿繼鑑"、"五福五代堂寶"（或"五福五代堂古稀天子寶"）、"八徵耄念之寶"、"太上皇帝之寶"。

續表

書名、卷數	版本	存藏或出處		所鈐偽印
周中丞疏稿十六卷救荒事宜一卷勸施迂談一卷	明萬曆祁氏澹生堂刻本	《西臺疏稿》2卷、《江南疏稿》卷5—9,《救荒事宜》1卷	吉大	乾隆五璽
唐類函二百卷	明萬曆三十一年(1603)東吳俞氏原刻本	卷131—135	海王村2002年拍賣	乾隆五璽
唐類函二百卷	明萬曆三十一年(1603)東吳俞氏原刻本	卷146	翰海2005年春拍	乾隆五璽
呂氏春秋二十六卷	明吳勉學刻本	卷20—22	德寶2007年拍賣	乾隆五璽
子史精華一百六十卷	清雍正間刻本	卷40—43	博古齋2009年秋拍	乾隆五璽
論語集註十卷序說一卷	明正統十二年(1447)司禮監刻本	卷1—7	中山	"八徵耄念之寶"朱文大方印
太平御覽一千卷	明抄本	卷1—74、76—81、88—1000	遼圖	"乾隆御覽之寶"朱文雙邊大方印
女範編一卷	明萬曆三十年(1602)徽州刻本	山東蓬萊慕湘藏書樓		"廣運之寶"、"天祿琳琅"
五經三十二卷	清道光間抄本	普林斯頓		"乾隆御覽之寶"、"五福五代堂古稀天子寶"、"養心殿鑑藏寶"

續表

書名、卷數	版本	存藏或出處		所鈐僞印
圖書編一百二十七卷	明萬曆四十一年(1613)涂鏡源等刻本	卷92		嘉德2002年春拍①	乾隆五璽
六臣注文選六十卷	明萬曆間刻本	卷37—38		今古齋2008年拍賣	"嘉慶御覽之寶"、"天祿繼鑑"、"五福五代堂古稀天子寶"、"八徵耄念之寶"、"太上皇帝之寶"
兩漢策要十卷	清乾隆刻本	卷9—10		翰海2010年秋拍	"嘉慶御覽之寶"、"天祿繼鑑"、"五福五代堂古稀天子寶"、"八徵耄念之寶"、"太上皇帝之寶"
續資治通鑑綱目二十七卷	明嘉靖刻本	卷12		見於私人藏家	乾隆五璽
		卷15		迦南2014年春拍	
通志二百卷	明刻本	卷68		廣韻樓	乾隆五璽
類選大成不分卷	明藍格抄本			甘圖	"天祿繼鑑"白文方印
周禮註疏四十二卷	明嘉靖李元陽福建刻《十三經注疏》本	卷22—25		保利2016年春拍	乾隆五璽

---

① 此書又見於韋力著：《古籍善本》，福建美術出版社2007年版，第83頁。

附錄三 《天祿琳琅書目》的抄本與批校本

《天祿琳琅書目》前、後編,皆皇家自用善本書目,未予刊刻,只在纂訖時工筆繕錄若干份,供內廷陳設之需,即彭元瑞所云"成書繕錄陳設"。① 陳設本之份數,往往奉旨而定,有辦事大臣記《天祿後目》繕寫份數:"嘉慶六年,彭元瑞傳旨交繕《天祿琳琅》十分,亦應一體趕辦。"② 陳設書籍不僅發往皇宮,皇帝在宮禁以外的主要活動場所,如皇家苑囿、瀋陽故宮也多有擺放,以備皇帝隨時涉獵經史。在光緒二十年點查的《熱河避暑山莊各殿宇陳設書籍目錄》上就記錄了避暑山莊內的山近軒、千尺雪各有"《天祿琳琅書目》一部二函"。③ 這些陳設本存世眾多,僅北京故宮博物院就保存了乾隆四十年(1775)內府寫本《天目前編》3部,嘉慶間內府寫本《天目後編》5部,均爲朱絲欄抄本,紙墨雅潔,楷書端謹,校勘精審,爲我們研究《天祿琳琅書目》提供了文字頗爲可靠的原始實物文獻,最應珍視。

《天目前編》編成時,正逢纂修《四庫全書》,隨即列入《四庫全書》史部目錄類,有《四庫全書》七閣諸本。稍後又被選入《四庫全書薈要》,抄成內廷摛藻堂本及圓明園味腴書屋本兩套。行走內廷的官員、翰林多有轉錄、傳抄,乾隆帝還曾下詔准江南士子登南三閣就近抄錄傳觀,以嘉惠士林,《天目前編》遂由宮廷流傳民間,有多部抄本傳世。《天目後編》編成於嘉慶三年(1798),未及收入《四庫全書》、《四庫薈要》兩大叢書中,民間流傳不多,以致後人有"《前目》世多抄本,《後目》罕見"④、"《後編》廿卷,嘉慶

---

① 《天祿琳琅書目》,彭元瑞《天祿琳琅續編識語》,第810頁。
② (清)劉鳳誥撰:《存悔齋集》,清道光十年(1830)萍鄉劉氏刻本,清華大學圖書館藏,書號庚237.2/7835。卷六"經進文",第21頁。
③ 《清熱河避暑山莊各殿宇陳設書籍目錄》,《圖書館學季刊》第八卷第一期,民國二十三年(1934)三月。轉引自朱賽虹著:《清代皇家苑囿藏書尋蹤:熱河行宮》,《中國典籍與文化》2000年第4期,第50頁。
④ 邵懿辰撰,邵章續錄:《增訂四庫簡明目錄標注》,上海古籍出版社1959年版1979年(新1版),第353頁。

中撰，少見"①之謂。至光緒十年（1884）始有長沙王先謙刻本，合《前》、《後編》刊之，至此《天祿琳琅書目》流行漸廣。除王先謙刻本外，民國間尚有武進陶湘編刊《昭仁殿天祿琳瑯前編續編》鉛印本一種，餘皆以抄本形式流傳。

據調查目驗，現藏中國大陸、中國臺灣、日本的《天祿琳琅書目》早期版本，包括不同的清宮寫本、名家批校本、抄本，計46種，加之見於前人目錄、藏書志、筆記中的傳本，總計有六十餘種之多。以下合而敘之，分爲抄本、批校本兩類，再按內容分爲《天目前編》、《天目後編》、《前》《後》合編本三種情況，然後依時間先後排序，未明時間者，列於該類之末。最後，將清末至民國間點查昭仁殿天祿繼鑑藏書之相關書目附記於此，俾使始末完整。

一、抄本

欽定天祿琳琅書目十卷

1. 清乾隆四十年（1775）內府寫本

北京故宮博物院圖書館藏有三部，皆十冊二函。

匡高20.2釐米，廣13.7釐米。每半葉十行，行二十字，小字雙行同。朱絲欄，白口，四周雙邊，無欄線，單魚尾，版心上方記書名"欽定天祿琳琅書目"，魚尾下方記卷第（如"卷一"），再下記葉次。首卷首行頂格題"欽定天祿琳琅書目卷一"，次行低一格題"宋版經部"。各標目抬頭，內文低二格。凡御題皆頂行書寫。遇"玄"、"弘"清帝名諱，皆闕末筆。有朱圈句讀。錦面黃籤（圖附3－1）。② 三部《天目前編》裝潢有所不同：一爲織錦書面及書函，一爲石青絹書面及書函；一爲米色紙面、石青絹函套。③ 副

---

① （清）朱學勤標注：《朱修伯批本四庫簡明目錄》，北京圖書館出版社2001年版，第323頁。

② 書影見故宮博物院編：《天祿珍藏：清宮內府本三百年》，紫禁城出版社2007年版，第243頁。

③ 三部裝潢形式及書影，見故宮博物院主頁介紹：http://newweb.dpm.org.cn/shtml/117/@/8206.html 筆者所見一部，書號抄12341—12350，米色紙製書衣，黃綾書籤，有朱筆圈點，書頁多有蟲蛀損字。

葉上均未粘附校閲人姓氏黃籤。

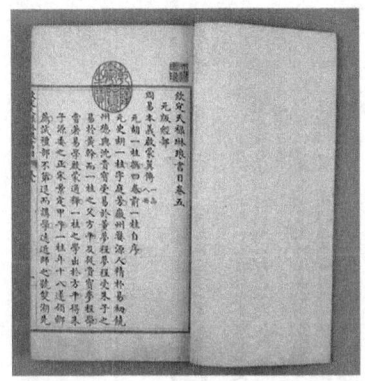 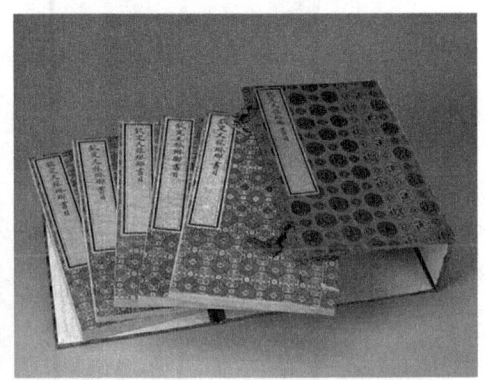

圖附3—1　清乾隆内府寫本《欽定天禄琳琅書目》卷端書影（北京故宫博物院藏）

卷前有乾隆皇帝"御製題昭仁殿詩"、"重華宫茶宴天禄琳琅鑑藏舊版書籍聯句並序"、"凡例"，其中遇敬提行時，修掉原版綫，重新以朱筆描出高一格之板框。末署"乾隆四十年歲次乙未新正上澣臣于敏中……奉敕編校"。細審解題中所記藏印印文，字蹟皆前後一致，或略有歪斜，知所有印章並非手書，係另刻木製印章以墨色鈐蓋而成。

校之以《文淵閣四庫全書》本、清光緒十年王先謙刻本，文字略有不同，如卷二宋版《漢書》下，錢謙益跋中"損二伯金，售諸四明謝氏"，"伯"字四庫本、王本皆作"百"。

每册前後葉皆鈐"天禄琳琅"及"乾隆御覽之寶"（橢圓）二朱文印。其中一部爲國家公佈之首批珍貴古籍第01723號。①

2. 清乾隆間内府寫本

十册，現藏臺北"故宫博物院"（書號故殿025468—025477）。②

匡高20.2釐米，廣13.6釐米。版式行款、卷首、卷端題名等同前部（圖附3—2）。

每册首末葉之葉眉鈐"天禄琳琅"及"乾隆御覽之寶"二朱文印，末册末葉鈐"中華民國七十九年度點驗之章"朱文長方印。

---

① 《第一批國家珍貴古籍名録圖録》，第6册，第230頁。
② 《"國立故宫博物院"善本舊籍總目》，上册，第607頁。《乾隆皇帝的文化大業》第123頁有其彩色書影。

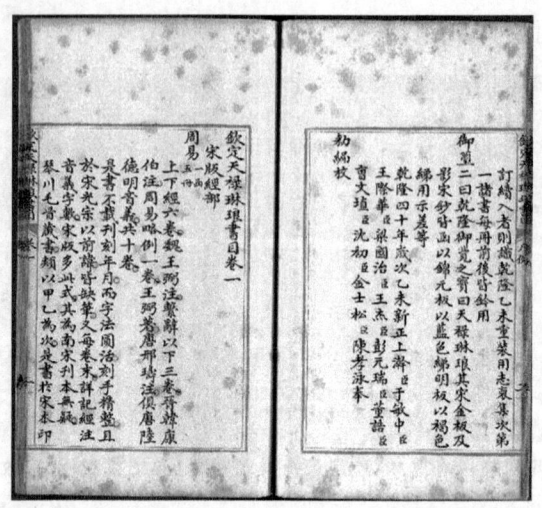

圖附 3—2 清乾隆內府寫本《欽定天祿琳琅書目》首卷書影(臺北"故宮博物院"藏)

3. 清乾隆間內府寫本

十冊,現藏甘肅省圖書館(書號 580)。

匡高 19.8 釐米,廣 12.8 釐米。每半葉十行,行二十字,小字雙行字不等,紅格,白口,四周雙邊,單魚尾,無欄線。有朱圈句讀。前編卷首依次爲"御製題昭仁殿詩"、"天祿琳琅鑑藏舊版書籍聯句有序"、"凡例",無"欽定天祿琳琅書目提要"(圖附 3—3)。解題中所記藏印,亦係木製印章以墨色鈐蓋而成。

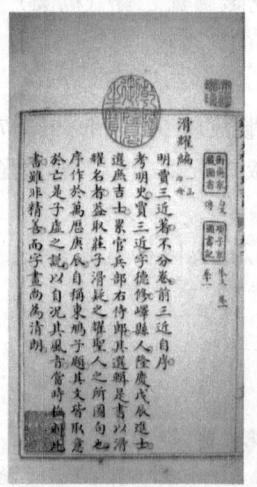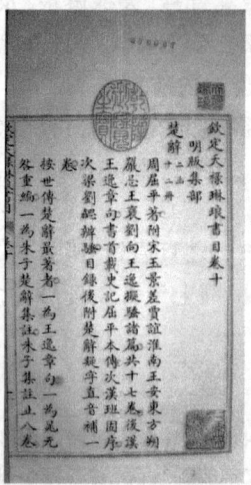

圖附 3—3 清乾隆內府寫本《欽定天祿琳琅書目》首末葉書影(甘肅省圖書館藏)

每冊首末葉鈐"天祿琳琅"、"乾隆御覽之寶"二朱文印,另有"慈溪李氏藏書"朱文方印。

《甘肅省圖書館善本書目》著錄此本爲四庫之底本。① 按:甘圖此本用紙、行款、內容與其他存世內府寫本并無區別,云爲"四庫底本"無顯著證據,仍定爲"乾隆內府寫本"爲宜。此本內封下粘有一黃籤,上署"總閱官編修臣文寧恭校"。② 文寧曾擔任《天祿後目》總閱官,在嘉慶內府寫本上多有其題名,署名在《天目前編》上,此爲僅見。據《清國史館傳稿》,文寧於乾隆五十二年授編修,③甘圖此本應繕於是年之後。

此本爲國家公佈之首批珍貴古籍第 01724 號。④

4. 清乾隆間內府抄本

二函十冊,現藏北京師範大學圖書館(書號善 014.1/111—03)。⑤

匡高 20.7 釐米,廣 13.6 釐米。每半葉十行,行二十字,紅格,白口,四周雙邊,單魚尾,無欄線。頂行寫書名,正文低二行,御題、御書皆頂行書寫。"弘"字闕末筆,"曆"寫作"歷"。書口上書"欽定天祿琳琅書目"。前有"御製昭仁殿詩"、"天祿琳琅鑑藏舊版書籍聯句並序"、"《欽定四庫全書總目》提要"、"凡例"。遇敬皆提行書寫,如"聖"、"先"、"皇"、"寢"等。抄寫不如故宮藏本精良(圖附 3—4)。

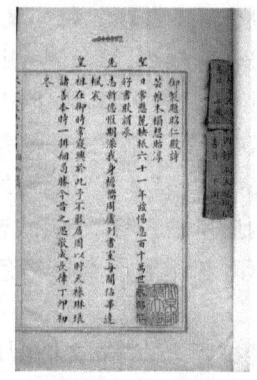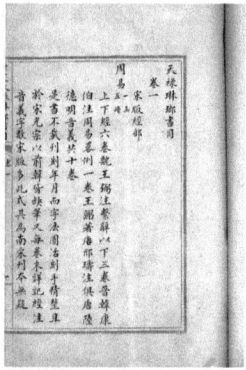

圖附 3—4　清乾隆間內府寫本《欽定天祿琳琅書目》首末葉書影(北京師範大學圖書館藏)

解題中印章或以墨筆描繪,或外框爲木記,印文手填,并非以木記

---

① 甘肅省圖書館典藏部編:《甘肅省圖書館善本書目》,甘肅省圖書館 1989 年影印本,第 29 頁。

② 此據甘肅省圖書館特藏部劉瑛女士函告。

③ 《清國史館傳稿》,第 5683 號。

④ 《第一批國家珍貴古籍名錄圖錄》,第 6 冊,第 231 頁。

⑤ 北京師範大學圖書館古籍部編:《北京師範大學圖書館古籍善本書目》,北京圖書館出版社 2002 年版,第 121 頁,第 1299 號。

鈐蓋。

5. 清內府抄本

存卷二,計一卷,一冊,現藏中國國家圖書館(書號13947)。①

每半葉十行,行二十字,白口,紅格,四周雙邊,無欄線,單魚尾。書口上書"欽定天祿琳琅書目"。遇"御題"、"寶"、"御"皆頂格書寫。"貞"、"真"不諱,"弘"字闕末筆,"曆"避作"歷",當爲乾隆間內府所抄。

首末頁均鈐"乾隆御覽之寶"(朱文橢圓印),旁鈐"天祿琳琅"(朱文小方印),另鈐"□光所藏書畫"(朱文長印)。

僅存《天目前編》卷二宋版史部一卷,有朱圈句讀。雖殘存一卷,多有可資校勘之處。

6. 清乾隆間內府寫本

存卷八,計一卷,一冊,中國嘉德1997年秋拍,②現藏臺灣潘思源處。

匡高20.4釐米,廣13.6釐米。每半葉十行,行二十字,小字雙行同。朱絲欄,朱口,四周雙邊,無欄線,單魚尾,版心上方記書名"欽定天祿琳琅書目",魚尾下方記卷第(如"卷一"),再下記葉次。首卷首行頂格題"欽定天祿琳琅書目卷一",次行低一格題"宋版經部"。各標目抬頭,內文低二格。凡御題皆頂行書寫。"貞"、"真"不諱,"弘"、"玹"諸字闕末筆,"曆"避作"歷",當爲乾隆間內府所抄。行款、板式皆同於兩岸故宮所藏諸內府寫本。解題中所記收藏印,係木製印章以墨色鈐蓋而成。有朱圈句讀。開化紙(圖附3—5)。

首末頁均鈐"乾隆御覽之寶"朱文橢圓印,旁鈐"天祿琳琅"朱文小方印。有近人朱孝臧(1857—1931)、許以栗(1885—1967)題跋及張丹甫題籤。書籤爲古色虎皮紙箋,以八分書"天祿琳琅書目殘本",小字署"望生道兄屬題　許以栗",並鈐"許以栗印"白文小方印。前副葉內書"天祿琳琅書目殘本　卷八　望生先生藏　丹斧題",並鈐"張丹甫印"白文方印。又"戊辰冬十一月小寒前一日朱孝臧觀"一行,並鈐"孝臧"朱文小方印。後副葉題有"己巳三月既望杭縣許以栗觀于白下武定橋寓齋"一行,並鈐"許以栗印"朱文方印。

---

①《北京圖書館古籍善本書目》,史部第1116頁。
②《中國拍賣古籍文獻目錄》,第312頁,中國嘉德1997年秋拍第555號。並見《中國藝術品投資與鑒賞叢書·古籍善本》,第230頁。

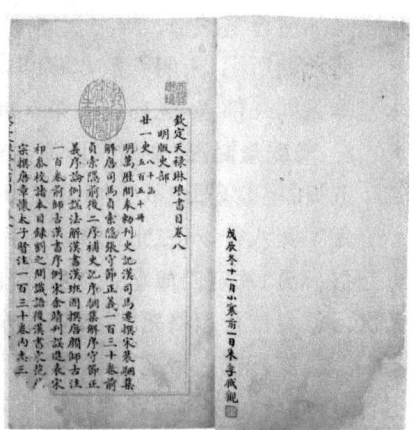

圖附 3—5 清乾隆間內府寫本《欽定天祿琳琅書目》首末葉書影（現藏潘思源處）

朱孝臧，朱祖謀之本名，字藿生，一字古微，一作古薇，號漚尹，又號彊村，浙江吳興人。清光緒九年(1883)進士，曾官會典館總纂總校，官至禮部右侍郎，光緒三十年(1904)出任廣東學政。因病假歸，寓居蘇州及上海。工倚聲，爲晚清四大詞家之一，著述頗豐。書法綜合顏、柳，寫人物、梅花多饒逸趣。著有《彊村詞》。

許以栗，字忍盦，號琴伯，浙江杭州人。清光緒三十一年(1905)歲試杭州府學邑庠生，後赴日留學。宣統三年(1911)在日加入同盟會，追隨孫中山先生參加辛亥革命。民國後歷任北平京兆尹秘書、甘肅省秘書、禮賢縣長、西北十三軍政治部長、南京內政部視察、霸縣縣長、天津市府秘書。長於書法、金石篆刻，喜吟詩，是民國津沽"城南詩社"核心人物。1949年後爲中央文史館館員。

民國己巳(十六年,1927)、戊辰(十七年,1928)、朱祖謀、許以栗、張丹甫相繼觀書，題跋書上。中國國家圖書館亦藏一冊《天祿琳琅書目前編》殘本，卷二，書號 13947，行款版式等特徵與此一冊俱同，頗疑係一部散出。

7. 清內府寫本

民國六年(1917)傅增湘見於文友堂書肆。

《藏園群書經眼錄》著錄："朱絲闌，十行二十字。每卷首尾均鈐'天祿琳琅'小璽、'乾隆御覽之寶'橢圓璽。首'御題昭仁殿詩'，次'聯句'、次'凡例'。卷中各家藏印皆用木刻正書墨記印之，行間以朱圈斷句。據廠估言是熱河行宮佚書。"①

傅增湘所記,未明卷數,頗疑與現藏國圖及嘉德拍賣會上之清內府寫本殘本爲同一部書,見前以上第5部、第6部。

8. 清乾隆間寫《文淵閣四庫全書》本

五册,現藏臺北"故宮博物院"(書號故庫014613—014617)。②

每半葉八行,行二十一字,小字同,四周雙邊,花口,單魚尾。版心上方記叢書名"欽定四庫全書",魚尾下方左右側小字記書名、卷第,再下記葉次。首卷首行頂格題"欽定四庫全書",次行頂格題"欽定天祿琳琅書目卷一",第三行低一格題"宋版經部"。各標目抬頭,內文低二格。每遇敬提行,皆同於乾隆內府寫本。

卷前有乾隆皇帝"御製題昭仁殿詩"、"重華宮茶宴天祿琳琅鑑藏舊版書籍聯句並序"、"欽定天祿琳琅書目提要"、"凡例"。

卷首鈐"文淵閣寶"朱文大方印。③ 另有影印本,1985年臺灣商務印書館《景印文淵閣四庫全書》,第675册,史部433;2005年北京商務印書館影印出版《文津閣四庫全書》,第225、226册。

9. 清乾隆四十三年(1778)《四庫全書薈要》寫本

十册,現藏臺北"故宮博物院"(書號故薈005576—005585)。④

每半葉八行,行二十一字,小字同,四周雙邊,版心花口,單魚尾。版心上方記叢書名"欽定四庫全書",魚尾下方左右側小字記書名、卷第,再下記葉次。首卷首行頂格題"欽定四庫全書薈要卷一萬三十　史部",次行頂格題"欽定天祿琳琅書目卷一",第三行低兩格題"宋版經部"。各標目低一格,內文低三格。

卷前有乾隆皇帝"御製題昭仁殿詩"、"凡例"、"欽定天祿琳琅書目提要"、"重華宮茶宴天祿琳琅鑑藏舊版書籍聯句並序"。

《四庫全書薈要》纂成後僅抄兩部,一部置於內廷摛藻堂,民國古物南遷時入臺;另一套置於圓明園味腴書屋,1860年燬於英法聯軍火燒圓明園。

---

① 《藏園羣書經眼錄》,卷六,第423—424頁。
② 《"國立故宮博物院"善本舊籍總目》,上冊,第607頁。
③ 劉按,文津閣本現藏中國國家圖書館,文溯閣本現藏甘肅省圖書館,文瀾閣本現藏浙江省圖書館,此三閣之《四庫全書》本《天祿琳琅書目前編》蓋與文淵閣本盡同,此不贅述。
④ 《"國立故宮博物院"善本舊籍總目》,上冊,第607頁。

10. 清袁氏貞節堂抄本

五冊，現藏上海圖書館（書號線善834244—48）。

匡高19.5釐米，廣13.5釐米。每半葉九行，每行二十一字，花口，單魚尾，四周雙邊，藍格。版心上方記書名"欽定天祿琳琅書目"，魚尾下方記卷第（如"卷一"），再下記葉次，版心下鐫有"袁氏貞節堂鈔本"七字（圖附3—6）。①

袁廷檮（1764—1810），字又愷，號綏階，江蘇吳縣人。與盧文弨、錢大昕、王鳴盛、段玉裁、顧廣圻、鈕樹玉等相往還，邃小學，精校讎。聚書萬卷，皆宋槧元刻，秘籍精抄，藏書處有五硯樓，又有貞節堂、紅蕙山房。傅增湘曾經眼一朱邦衡手寫本，其後有朱氏識語云"從友人袁又愷處假得內閣原抄本書之"，上圖藏本蓋即袁氏貞節堂自內府寫本轉錄者，廷檮卒於嘉慶十五年（1810），此本抄寫當在嘉慶三至十五年（1798～1810）間。

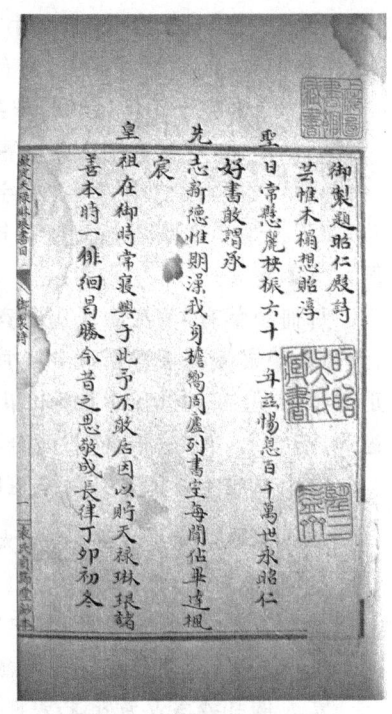

圖附3—6　清袁氏貞節堂抄本《天祿琳琅書目》書影（上海圖書館藏）

鈐"錢塘嚴傑借觀"、"盱眙吳氏藏書"、"望三益齋"諸印。

11. 清貝鏞抄校本

五冊，現藏南京圖書館（書號GJ/2005393）。

僅《天目前編》十卷。每半葉八至九行，行十九至二十一字，無行格。書口中書"欽定天祿琳琅書目卷幾"及葉次。首卷卷端題"欽定天祿琳琅書目卷一"。遇敬提行。有書籤，題"欽定天祿琳琅書目"及冊數。

卷首有《御製題昭仁殿詩》、《天祿琳琅鑑藏舊板書籍聯句有序》、《提要》，後爲《凡例》。此本以《四庫全書》本爲底本抄錄，"寧"、"淳"字皆不諱，書尾有"嘉慶乙丑夏六月借周香岩丈藏本曾校一過。平江貝鏞識"，抄寫在嘉慶十年（乙丑，1805）之前。

---

① 陳先行等編：《中國古籍稿鈔校本圖錄》，上海書店2000年版，第468—469頁；《祁陽陳澄中舊藏善本古籍圖錄》第451號有其書影，見第2冊，第154頁。

書上鈐有"貝氏家藏"朱文小方印。貝鏞,清吳縣縣人。字既勤,號硯香,又作簡香、簡鄉。好藏書,家有千墨庵。

12. 清嘉慶十三年(1808)朱邦衡手寫本

一函十冊,現藏廈門大學圖書館(書號 017.18/108.01)。

每葉九行,行二十一字,小字雙行同。卷首依次爲《御制題昭仁殿詩》、《天祿琳琅鑑藏舊板書籍聯句有序》、《欽定天祿琳琅書目提要》、《凡例》。(圖附 3—7)

每冊副葉有"清江陳氏邃雅齋藏書記"朱印一方,《御制題昭仁殿詩》、《天祿琳琅鑑藏舊板書籍聯句有序》卷端均有"時還軒藏書記"朱印一方。正文手卷卷端有"擔丘手校"朱印一方。民國初曾經陳繼唐收藏,繼唐號邃閭,清江人,有"邃雅齋"收藏金石甚富。

卷尾戊辰十月望朱邦衡朱筆題識:

> 嘉慶紀元之戊午,假館太原王氏。主人月軒先生,博雅好古之士也,精於書畫,以《天祿琳琅》乞余抄錄,因從友人袁又愷假得內閣原抄本書之,五匝月而畢,其中不免魚魯豕亥。今歲春初,余久疾後愈,重理業舊,適朝廷有採訪字畫遺書之命,士大夫家皆尊重是書,復從友人借原抄本及黃氏未見書齋本、周漪堂本恭校,改正頗多,惟原抄之悮闕焉。傳寫之本當以此爲最善。戊辰十月望秋厓朱邦衡識。

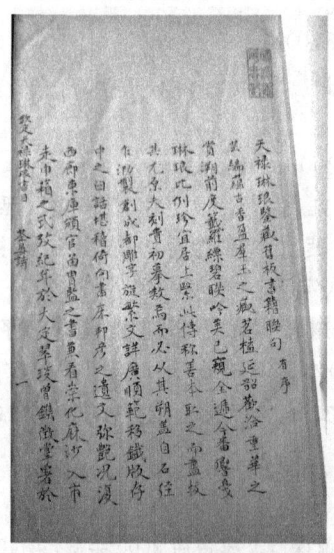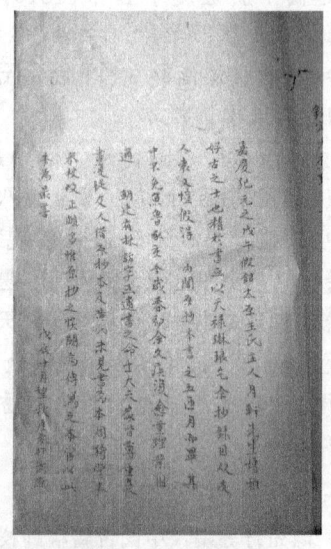

圖附 3—7 朱邦衡手寫本及卷尾題跋(廈門大學圖書館藏)

附錄三 《天祿琳琅書目》的抄本與批校本 /807

傅增湘《藏園羣書經眼錄》曾記此本,過錄跋文,字句僅略異。①

朱邦衡,號秋崖,乃余蕭客之門人,常年助其校輯古書。藏書處名靜怡小築,在蘇州楓橋白蓮里,王謇《宋平江城訪考》、葉昌熾《藏書紀事詩》皆有記載。②戊午即嘉慶三年(1798),朱氏自友人袁廷檮處借抄"內閣原抄本",五閱月甫就。跋尾署歲戊辰,當是嘉慶十三年(1808)。書中雖不見朱邦衡私印,然題跋以朱筆寫就,遇"內閣"、"朝廷"空格以示尊敬,正文中"琰"寫作"玢"、"寧"、"淳"皆不避諱,即使爲過錄朱跋,抄寫時代亦不晚於嘉慶間。

識語中的"內閣原抄本",應是指內府寫本而言,另有"黃氏未見書齋本"及"周漪堂本",今皆不見傳世;"袁又愷假得內閣原抄本",袁氏抄本即現藏於上海圖書館之"袁氏貞節堂抄本"。

13. 清嘉慶間抄本

八冊,現藏山東省圖書館藏(書號善 4192)。

每半葉九行,行二十一字,無板框、欄線。版心上書"欽定天祿琳琅書目",中爲卷數,下爲葉數(圖附 3-8)。

 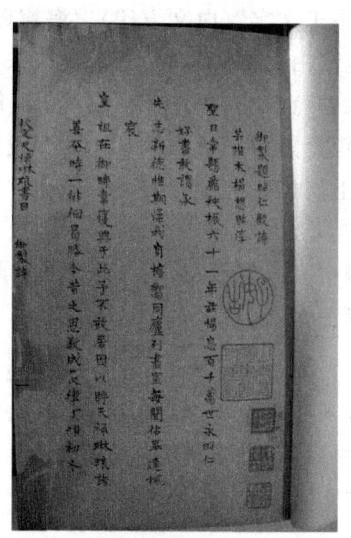

圖附 3-8 清嘉慶間抄本《天祿琳琅書目》首末頁書影(山東省圖書館藏)

---

① 《藏園羣書經眼錄》,卷六,第 424 頁,"重理業舊",傅記爲"重理舊業";"周漪堂",傅記爲"周漪塘"。

② 參見鄭偉章著:《文獻家通考》,中華書局 1999 年版,第 567 頁。

書上鈐有"從吾所好齋藏"朱文方印、"字崑瑜"朱文方印、"陳萬璋印"白文方印和"好古"朱文橢圓印、"墨緣堂陳氏圖書印"朱文方印、"風月無邊庭草交翠"朱文長印。末有清人孫彤墨筆題記:"嘉慶十三年(1808)正月元日候選道臣孫彤謹觀。"又有陳萬璋墨筆識語:"嘉慶丙子十二月燕市閒人藏於墨緣草堂。"丙子爲嘉慶二十一年(1816)。孫彤,河北承德人,著有《江寧金石待訪目》四卷。陳萬璋,字崑瑜,北京大興人,嘉、道年間在琉璃廠經營碑帖生意。由此題記可知,此本當抄寫於嘉慶年間。

14. 清陳仲魚抄本

十册,現藏北京大學圖書館(書號 SB/018.51/1085)。①

全幅通高 28.6 釐米,廣 17.9 釐米。每半葉九行,行二十字,無板框,無行格。書口上書"欽定天祿琳琅書目",中書卷第,下書葉次。前錄"御製詩"、"茶宴詩"、"四庫提要"、"凡例",正文皆與《四庫》本同,亦避"玄"、"曆"諸諱。第七、第九册後尚有紙鋪印記,的爲乾嘉時用紙。

書衣題"海寧陳仲魚手錄天祿琳琅書目 豹存珍藏 保世題"。書上鈐有"仲魚圖像"(朱文方印)、"得此書費辛苦後之人其鑑我"(白文方印)、"臣鱣是正文字"(白文方印)、"海寧陳氏向山閣圖書"(朱文方印)、"李思浩審定"(白文方印)、"平江黄氏"(朱文方印)等。

陳仲魚(1753—1817),名鱣,號簡莊,浙江海寧人。喜藏書,精於校勘,晚年於紫微山麓築"向山閣",藏書十萬卷,中有許多宋元善本,與吳騫、黄丕烈相友善,互相傳抄、校書。仲魚卒於嘉慶二十二年,是本當抄於此前。

書中有朱筆校正,卷一宋版《四書》處粘有一浮籤,審其所署,應爲馬瀛墨筆親書:

> 閱錢遵王《讀書記·王弼注周易》下有"貞元"、"伯雅"二印,知是鳳洲先生藏書也,而此云"鼎元",殆未免誤甚矣。"伯雅"、"仲雅"、"季雅"俱是鳳洲先生印記,予得宋版《晉書》後有毛子晉一跋,歷歷詳言之,奈何云無考耶!故識之。道光七年正月二槎先生書并識。②

"二槎"爲陳鱣同鄉馬瀛之字,陳鱣"向山閣"藏書散出後,大半爲其所

---

① 《北京大學圖書館藏古籍善本書目》,第 200 頁,此處書號誤記爲 SB/018.51/7982。

② 此籤誤粘於卷一末《大廣益會玉篇》處。

購，有《吟香山館書目》，多藏罕見之本。因獲宋槧《後漢書》、《晉書》，又名其書齋曰"漢晉齋"，《晉書》有王世貞手抄補缺之卷，爲儒林珍重。《藏書紀事詩》有傳。

此本還曾經袁克文收藏，鈐有"上第二子"、"臣克文印"、"寒雲秘笈珍藏之印"等。書前有章保世己未（1919）、壬申（1932）跋兩通，記其與寒雲之交，頗爲感人，全文錄下：

　　　　海寧陳仲魚，承其尊人先生家學，考訂訓詁，續成許氏《說文正義》。日與丹鉛爲緣，從事校勘，劬學之功，士林盛稱。藏書之富，與吳縣黃蕘圃、歙縣鮑淥飲爲一時三傑。所藏抄校本極多，其尤精者，鈐以上角兩章。此書字蹟凝重，確爲仲魚親筆。余前藏宋本《莊子》經仲魚校過，字蹟與此無二。惟第七卷起或晚年精力不逮，似係倩人代錄者，末一卷尤爲草率，難稱完璧，爲可惜耳。己未秋吾友豹存攜此書來，借觀旬日，書此歸之。保世

　　　　歲辛未秋八月，吾友李大贊侯以書來，囑與懋業銀行商贖所押宋元善本數十種，時懋業已被擠休歇也，幾經交涉，始獲合浦之還。檢視之餘，則此書赫然在目，抱存已歸道山，而余十年前一跋與豹存藏書之印朱墨相映，迴憶戊午、己未之交，余與抱存無日不偕，抱存坐擁百城，余與幼平日走廠肆，幾爲書淫。不數年而風流雲散，抱存且人天永隔矣。因丐贊侯將此書貽我，俾與抱存在日所貽書籍將來彙成一目，庶不負抱存收藏之一片苦心焉。壬申秋七日寓及門沈生家，檢書簏得此漫記。保世

　　　　"數年"句脫"年"字。兩跋均余手筆，而均有脫字，是余隨筆直寫之過也。保世又注。

並鈐"保世"（白文方印）、"佩乙"（朱文方印）、"家承賜書"（朱文長印）。

章保世，字佩乙，江蘇吳縣人，曾任北洋政府財政部錢幣司司長，京城有名的收藏家。跋中"李贊侯"即李思浩（1882—1968），曾任北洋政府財政次長，近代銀行家。儘管章氏跋語稱此本前六卷係陳鱣親寫，然自"臣鱣是正文字"一印觀之，此本應係陳家僮僕或倩人所抄，成於眾手。

《北京大學圖書館藏善本書錄》題此本"有高世異跋"，未見。

15. 清抄本

十冊，現藏南京圖書館（書號 GJ/2005391）。

僅《天目前編》十卷。每半葉八至九行，行十九至二十一字，無行格。書口中書"欽定天祿琳琅書目卷幾"及葉次。首卷卷端題"欽定天祿琳琅書目卷一"。遇敬提行。

卷首有《天祿琳琅鑑藏舊板書籍聯句有序》、《提要》、《凡例》。此本以《四庫全書》本爲底本抄錄，"寧"、"淳"字皆不諱，抄寫年代或在嘉慶年間。

書上鈐有"陽城張氏省訓堂經籍記"（朱方）、"曾經東山柳蓉邨過眼印"（朱方）、"張慤信印"（白方）、"祖孫同游泮宮"（朱方）諸印。曾經張敦仁舊藏。張敦仁（1754—1834），字古餘，號古愚，澤州府陽城（今山西陽城）人。乾隆四十三年（1778）進士，歷江西高安知縣、廬陵知府、江寧知府、吉安知府、雲南鹽驛道、揚州知府。建"省訓堂"、"與古樓"以藏書，顧廣圻作有《與古樓記》。卒後藏書流散。最末一冊正文後有"張氏與古樓鋟刻　陽城　張慤　校刊"目錄一頁，計有：

經部

　　樂府志十卷　鈔本　一百卅二
　　嘉量算經三卷　鈔本　一百卅頁
　　羣經音辨七卷　宋本　九十六頁

史部

　　資治通鑑綱目集覽五十九卷　元本　五百六十四頁
　　吳郡圖經續記三卷　鈔本　一百零三頁
　　大滌洞天記三卷　鈔本　七十二頁

子部

　　列象步天一卷　鈔本　六十三頁
　　周天星度一卷　鈔本　五十八頁
　　輿地匯度一卷　鈔本　十六頁
　　孫子算經三卷　宋本　四十面
　　數書九章十八卷　鈔本　四百五十四

集部

　　秘本韓禮部侍郎集四卷　鈔本　九十三頁
　　共一百十三卷。

16. 清抄本

十冊，現藏南京圖書館（書號 GJ/2005379）。

僅《天目前編》十卷。每半葉八至九行，行十九至二十一字，無行格。書口中書"欽定天祿琳琅書目卷幾"及葉次。首卷卷端題"欽定天祿琳琅書目卷一"。遇敬提行。

卷首有《御製題昭仁殿詩》、《提要》,後爲《凡例》、《天祿琳琅鑑藏舊板書籍聯句有序》。此以《四庫全書》本爲底本抄録,"寧"、"淳"字皆不諱,抄寫年代或在嘉慶年間。

書上鈐有"焦安校勘祕籍"(朱方)、"林泉珍秘圖籍"(白方)、"謏聞齋"(白方)、"朗峰過眼"(朱長)、"經鉏堂"(白長)諸印。冊前有浮籤,印有"唯自勉齋藏書記　弓　冊",墨筆填"欽定天祿琳瑯"、"拾"。"唯自勉齋"是近代嘉興人唐翰題之齋號,唐翰題(1816—1875),字鷦安,一作鷦庵,號子冰、文伯,別署新豐鄉人、鷦叟等,浙江嘉興貢生。以貢生捐青浦縣訓導,受知於曾國藩、李鴻章、郭嵩燾等人,任吴縣縣令、淮安同知、南通知府、通州知州等。爲張廷濟孫壻。精鑑藏金石書畫,花卉秀逸,兼擅書法、鐵筆。①

17. 清周中孚所見寫本

《鄭堂讀書記》卷三十二中有《欽定天祿琳琅書目》十卷,寫本,無《後編》。

周中孚(1768—1831),字信之,號鄭堂,浙江烏程人。清嘉慶六年(1801)拔貢,曾入詁經精舍,與修《經籍籑詁》。嘉慶二十一年(1816)受聘於上海藏書家李筠嘉,助其編寫《慈雲樓藏書志》,歷時四載而成。別録複本爲《鄭堂讀書志》,仿《四庫總目》體例,品評得失,考辨縝密。此慈雲樓藏本,今不見傳世。

18. 清曾釗面城樓抄本

八冊,現藏廣東省博物館。②

開本高 27 釐米,廣 17.9 釐米,匡高 17.1 釐米,廣 13.2 釐米。每半葉十行,行十九字,藍格,白口,單魚尾,四周雙邊。書口下鎸"面城樓藏本",上書"欽定天祿琳琅書目"。前録"御製詩"、"茶宴詩"、"四庫提要"、"凡例",正文皆與《四庫》本同。有曾釗批註。

書上鈐"善本"、"曾釗之印"、"溫澍樑印"、"溫氏珍藏"、"龍山溫氏"、"澍樑"、"棟臣"、"溫澍樑珍藏書畫記"、"澍樑手校"、"六篆樓藏書印"、"漱

---

① 顧廷龍著:《顧廷龍文集》中有專文研究《安雅廎藏書目録跋》,可爲參考,上海科學技術文獻出版社 2002 年版,第 129—135 頁。

② 鄧小紅著:《清宫書香飄南粵——曾釗與面城樓藏本〈欽定天祿琳琅書目〉》,《紫禁城》2012 年第 8 期,第 90—99 頁。

綠樓校本"、"漱綠主人珍賞"、漱綠樓書畫印"、"漱綠樓藏書印"、"紹榮"、"南州後人"、"南州書樓所藏"、"徐湯殷"等印。此本曾經曾釗面城樓、溫澍樑漱綠樓、徐紹榮父子南州書樓遞藏，流傳有緒。

曾釗（1793—1854），字敏修，號勉士，廣東南海人。清道光五年拔貢生，曾任欽州學正，篤學好古，《清史稿》有傳。釗"讀一書必校勘訛字脫文。遇秘本或雇人影寫，或懷餅就鈔，積七八年，得數萬卷。自是研求經義，文字則考之《說文》、《玉篇》，訓詁則稽之《方言》、《爾雅》，雖奧晦難通，而因文得義，因義得音，類能以經解經，確有依據"。著有《（道光）新會縣志》、《面城樓集》、《周易虞氏義箋》、《周禮注疏小箋》等。"竭半生之力，儲積數萬卷，價值三千餘金，插架之多，遂爲郡邑最。"①後因練兵不敷出，以藏書質於人，多歸龍山溫氏。

溫澍樑，字幼珊，廣東順德人。室號惜香閣、漱綠樓、六篆樓。"富藏書，有《漱綠樓藏書目》，四部悉備，而以曾勉士遺物爲佳，近年多已散出矣。"②

徐紹啟（1879—1948），字信符，是近代嶺南著名藏書家，二、三十年代曾在中山大學中文系講授《中國文學史》、《唐詩》、《散文名著》、《孟子研究》、《書目學》等課程，著有《廣東藏書紀事詩》、《中國詩學史》、《古籍校讀法》、《中國書目學》等十餘種著作。好購書，以致"君未出廣州下一步，而自北平以至寧、蘇、滬、浙諸書店無不識君名"③。藏書樓初名南州草堂，1928年後改稱南州書樓，積書數十萬卷之多。藏書、教學以外還躬自校讎，50年代其子徐湯殷整理乃父藏書，將題跋文字輯爲《南州書樓善本題識》。

書上有曾釗、溫澍樑批校多處（圖附3—9），如第八冊《南豐先生元豐類稿》上有曾釗朱筆批："釗所藏有二刻，一爲成化間楊參刻，一爲隆慶五年邵廣刻，二刻皆有序文紀其年月。"第五冊《重刊改併五音集韻》上有溫澍樑朱筆批："樑家所藏明本《改併五音集韻》後附沙門真空《貫珠》八字、劉鑑《切韻指南》、《玉鑰匙門法》，共一冊，卷帙篇目與此皆吻合，而此劉聰序下數字必係《切韻指南》之訛抄者，故錄此以作校正。"第一冊有朱筆書

---

① 《（同治）南海縣志》卷十八，"列傳六·文學"。
② 徐信符著：《廣東藏書記略》一文，20世紀40年代發表。
③ 倫明著：《辛亥以來藏書紀事詩》，"徐信符"，北京燕山出版社2008年版，第99頁。

"溫澍樑手校";第二冊有朱筆書"光緒丁丑花朝順德溫氏幼珊校於漱綠樓"。① 卷末過錄嘉慶戊辰朱邦衡跋。

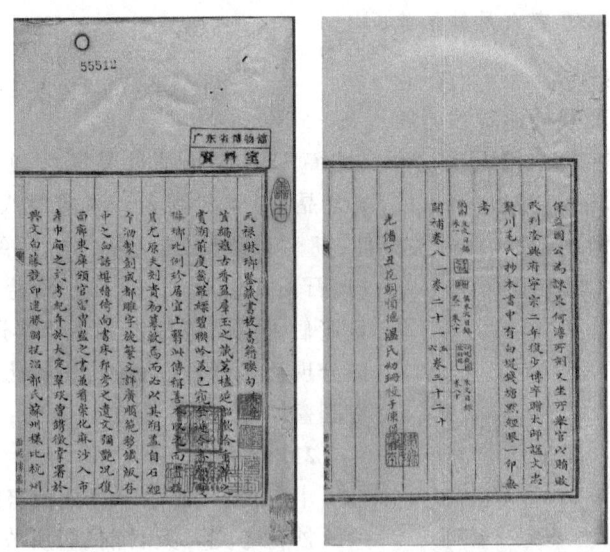

圖附3—9　清曾釗面城樓抄本(廣東省博物館藏)

道光二十二(1842)、二十三年(1843)年曾釗以面城樓藏書數萬卷分別兩次質於溫澍樑,則此本必抄錄於質出之前,此本應抄成於道光年間。

19. 清同治五年(1866)莫友芝抄補本

同治四年(1865)春,莫友芝奉曾國藩之命尋訪戰亂中散佚的文宗、文匯兩閣《四庫全書》,夏天行至揚州,於書肆中見一《欽定天祿琳琅書目》抄本,爲前編十卷,闕卷十,急忙購回,並爲之親筆抄補,轉年六月補訖。《宋元舊本書經眼錄》中記此莫氏抄補之本云:

> 《天祿琳琅書目》本十卷,此闕末一卷。同治乙丑春,友芝奉湘鄉公委訪鎮江文宗、揚州文匯兩閣《四庫全書》,經燹後如有散存千一,宜購歸恭貯,以待重繕。夏日歷瀕江諸郡,有以宋元舊槧若干帙來覈定者,適維揚市出此本,亟購以鈔補,且所闕者僅明板集部,關考證者正無幾也。向讀《韓昌黎集五百家注》許氏刊者,苦無《外集》,文淵閣《四庫總目》著錄亦然。檢此帙載《五百家注韓文》凡二部,並有《外集》十卷,《別集》一卷,《韓文類譜》七卷,又附《論語筆解》十卷,今《類

---

① 劉按,鄧小紅文中誤溫澍樑與溫幼珊爲兩人,實幼珊爲溫澍樑之字。

譜》、《筆解》皆別有刊本行世，而《外集》、《別集》之魏氏注者竟杳焉無傳。當纂集《四庫全書》時，何以中秘舊藏獨忘檢校，所未解也。所闕第十卷，丙寅六月鈔補訖。①

20. 清抄本

十冊，現藏福建省圖書館。

鈐"臣在翰小積石山房藝文之章"印，原爲清龔易圖大通樓藏書。②龔易圖(1835—1894)，字藹仁，號含晶，福建閩縣人。清咸豐八年(1858)進士，歷任濟南知府、江蘇按察使、湖南布政使等。精書法，善繪畫，著有《烏石山房詩存》。藏書十萬卷，1941年，日寇佔領福州時掠走其中珍本運往日本，部分現存臺灣地區，餘皆由後人捐獻福建省圖書館。

21. 清抄本

十二冊，現藏中華書局圖書館。

抄寫考究，《天目前編》所收藏書家印記，不是抄錄，而是從別書拓印過來。曾經"諸城李多堂路氏"收藏，另有王研堂諸人之印章。③

22. 清抄本

八冊，現藏重慶市圖書館(書號214.1/1085)。④

每半葉九行，行二十一字，無板框，無行格。書口中書"欽定天祿琳琅書目卷幾"(圖附3—10)。

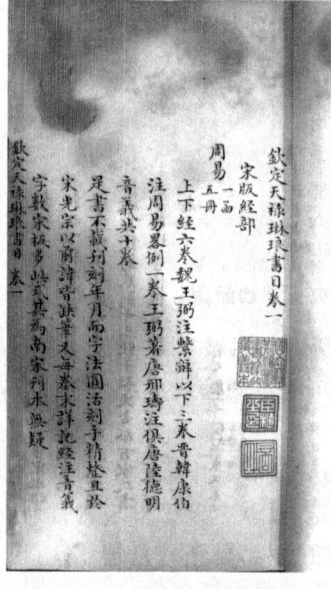

圖附3—10 清抄本《天祿琳琅書目》書影(重慶市圖書館藏)

---

① (清)莫友芝著，張劍點校：《宋元舊本書經眼錄》，中華書局2008年版，附錄卷一，書衣筆識，"欽定天祿琳琅書目"條，第128頁。

② (清)龔易圖編：《大通樓藏書目錄簿》，《中國著名藏書家書目匯刊(近代卷)》影印民國間長樂鄭氏抄本)，第5冊，目錄類經籍，第196頁。

③ 崔文印著：《校讀〈天祿琳琅書目〉札記》(上)，《書品》1996年第3期，第48頁。

④ 《中國古籍善本書目》，史部下冊，第1379頁，第13776號。又見於陽海清主編：《中南西南地區省市圖書館館藏古籍稿本提要》，華中理工大學出版社1998年版，第605頁，第4631號。

書上鈐有"臣植之印"（白文方印）、"文節公裔"（朱文方印）、"經鉏藏書"（朱文方印）、"苕溪漫士之印"（朱文長印）、"國立羅斯福圖書館收藏善本"（朱文方印）、"重慶市圖書館藏善本"（朱文方印）等印。

23. 清末抄本

五冊，現藏吉林省圖書館（書號史 294/25）。①

24. 民國抄本

一函五冊，現藏北京大學圖書館（書號 SB/018.51/1085.1）。②

匡高 19.7 釐米，廣 13.4 釐米。每半葉八行，行二十一字，朱絲欄，四周雙邊，書口上書"天祿琳琅書目"，下記卷第及頁數，下爲細朱口。卷前依次爲"御製題昭仁殿詩"、"天祿琳琅鑑藏舊版書籍聯句"、"《四庫全書總目》提要"、"凡例"，卷前凡遇"聖"、"先"、"皇"、"軒"、"寢"字皆提一格至板框外書寫。正文書名頂格書寫，提要皆低二格。避清帝不甚謹嚴，僅見"玄"、"弘"二字時闕末筆，應是民國時所抄。

書上鈐"木齋"（朱文方印）、"木犀軒藏書"（朱文方印）、"李盛鐸印"（白文方印）、"木齋審定"朱文方印，爲李盛鐸舊藏。

25. 日本抄本

十冊二函，現藏中國國家圖書館（書號目 325/72.2）。③

每半葉九行，行二十二字，無板框，無行格。單線四眼線裝，日本皮紙。藍色硬紙書衣，每冊書"天祿琳琅書目卷幾　宋版集之部、金版史之部"等。天頭以墨筆書此書藏家名姓，如"毛晉"、"徐乾學"、"項元汴"、"季振宜"、"柯九思"等，而以朱筆書官府收藏處，如"緝熙殿"、"奉華堂"、"文淵閣"等。

卷前依次抄錄四庫提要、凡例、御製詩及茶宴詩聯句。書中有朱筆校改。不避清諱，抄寫及校改皆係日人所書。

鈐"飛清閣藏書印"（白文方印）、"松坡圖書館藏"（朱文長印）。

此本見著於《中國館藏和刻本漢籍書目》。④

---

① 遼寧省圖書館、吉林省圖書館、黑龍江省圖書館編：《東北地區古籍綫裝書聯合目錄》，遼海出版社 2003 年版，第 1449 頁。

② 《北京大學圖書館藏古籍善本書目》，第 200 頁。

③ 北京圖書館普通古籍組編：《北京圖書館普通古籍總目》，書目文獻出版社 1990 年版，第一卷目錄門，第 89 頁，第 1155 號。著錄爲"清抄本"，實爲日本抄本。

④ 王寶平主編：《中國館藏和刻本漢籍書目》，杭州大學出版社 1995 年版，第 174 頁。

26. 日本抄本

五册,現藏華東師範大學圖書館(書號愚/史/1950)。①

全書通高27釐米,廣18.5釐米。每半葉九行,行二十一字,無板框,無行格。書名題"天禄琳琅前編十卷"。香色封面,封面有多種紋樣,有包角,裝幀考究。首册末頁有日文十餘字,諸册以仁、義、禮、智、信區分(圖附3—11)。

此書爲盛宣懷購自日本,鈐"蠖巢墨農書畫珍玩"(朱文長方)、"願讀人間未見書"(朱文方印)、"愚齋圖書館印"(朱文方印)等。

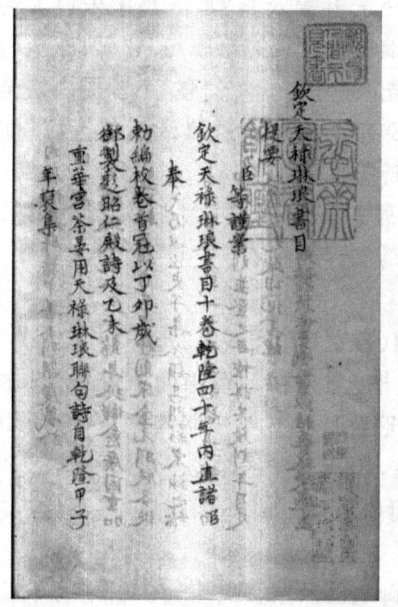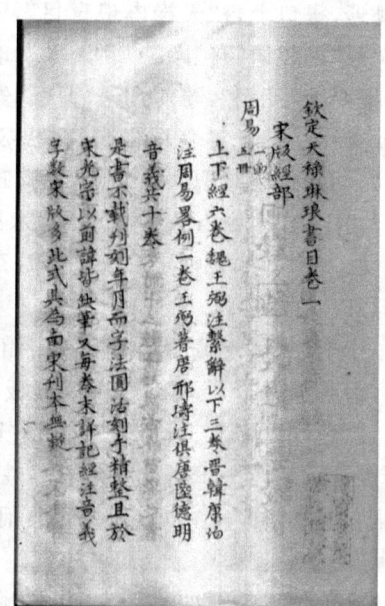

圖附3—11　日本抄本《天禄琳琅書目前編》書影(華東師範大學圖書館藏)

---

①　檢索自"學苑汲古——高校古文獻資源庫"(2016年6月25日檢索):http://rbsc.calis.edu.cn/aopac/controler/main? optype＝getfull&title＝天禄琳琅%20－1&creator＝&publication＝&publisher＝&publishdate＝&edtiontype＝&bindtype＝&subject＝&language＝&rights＝&creatornote＝&creatornotenation＝&locationrights＝&nextdatabase＝0&docid＝ECU：575177&dbname＝rarebook&haveImage＝0另見王寶平主編:《中國館藏和刻本漢籍書目》,杭州大學出版社1995年版,第174頁。劉按,據華東師範大學圖書館古籍部周保明先生告之,此處編目誤作"《天禄琳琅書目》後編十卷",並延誤以上"學苑汲古"、《中國館藏和刻本漢籍書目》諸目。

27. 日本文化十四年（嘉慶二十二年，1817）昌平坂學問所寫本

十冊，現藏日本公文書館內閣文庫。①

28. 日本天保九年（道光十八年，1838）大阪米翁手校抄本

三冊，現藏日本東洋文庫。

29. 日本紅葉山文庫寫本

十冊，現藏日本公文書館內閣文庫。

30. 日本江戶寫本

五冊。日本東京國會圖書館藏有二部。

31. 日本抄本

十冊，現藏東京大學總圖書館。

32. 清寫本

十冊，現藏日本東北大學圖書館。

此外，據現藏日本內閣文庫的《自文化三年至文政五年官刻新收書目》所記，日本文化十二年八月（清嘉慶二十年，1815），包括《欽定天祿琳琅書目》十冊在內的三部"唐書"，入藏御文庫。② 這是已知《天祿琳琅書目》（前編）傳至日本的最早文獻記載。

欽定天祿琳琅書目後編二十卷

33. 清嘉慶三年（1798）內府寫本

北京故宮博物院圖書館現藏五部《天目後編》，皆十冊二函。

匡高 20.6 釐米，廣 13.7 釐米。每半葉十行，每行二十字，小字雙行同，朱絲欄，四周雙邊，無欄線，朱口，單朱魚尾，版心上方記書名"欽定天祿琳琅書目"，魚尾下方記卷第，再下記葉次（圖附 3-12）。清帝諱"玄"避作"元"、"弘"避作"宏"、"曆"避作"厯"，皆不避"貞"、"真"二字。無序跋。

有朱圈句讀。五部裝潢各有不同：一爲織錦書面及書函，一爲石青絹

---

① 以下所有日抄本及現藏於日本者，皆據"全國漢籍データベース"（日本所藏中文古籍資料庫），網址：http://kanji.zinbun.kyoto-u.ac.jp/kanseki?detail（2015 年 12 月 1 日檢索）。

② ［日］大廳修著，戚印平等譯：《江戶時代中國典籍流播日本之研究》，杭州大學出版社 1998 年版，第 354 頁。

書面及書函,一爲石青絹面、織錦函套,一爲紅絹面、楠木匣,一爲白紙面、紅布函套。①

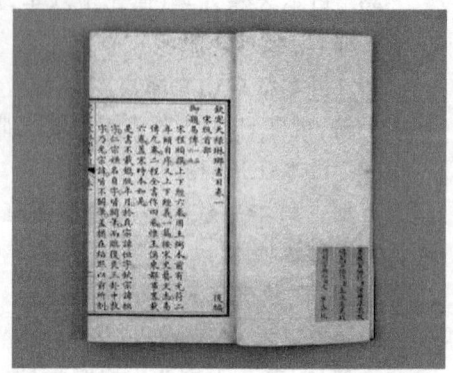

圖附3—12　清嘉慶內府寫本《欽定天祿琳琅書目後編》書影(北京故宮博物院藏)

書中藏印印記皆爲手書,未如《前編》般以木記戳印。每冊首末頁皆無鈐印,副頁下粘有黃籤,依次爲:

第一冊:纂校官編修臣孫爾準恭校、總閱官編修臣秦承恩恭校、總閱官編修臣文寧恭校;

第二冊:纂校官庶吉士臣賀長齡恭校、總閱官編修臣秦承恩恭校、總閱官編修臣文寧恭校;

第三冊:纂校官編修臣石葆元恭校、總閱官編修臣秦承恩恭校、總閱官編修臣文寧恭校;

第四冊:纂校官編修臣沈維鐈恭校、總閱官編修臣秦承恩恭校、總閱官編修臣文寧恭校;

第五冊:纂校官檢討臣帥承瀚恭校、總閱官編修臣秦承恩恭校、總閱官編修臣文寧恭校;

第六冊:纂校官編修臣周壽椿恭校、總閱官編修臣秦承恩恭校、總閱官編修臣文寧恭校;

第七冊:纂校官編修臣李可蕃恭校、總閱官編修臣秦承恩恭校、總閱官編修臣文寧恭校;

---

① 五部裝潢形式及書影,見故宮博物院主頁介紹:http://newweb.dpm.org.cn/shtml/117/@/8207.html 筆者所見,一部書號抄12381—12390,石青絹面書衣及函套,書頁多有蟲蛀損字。一部書號抄12401—12410,織錦書衣及函套。

第八冊：纂校官編修臣程家督恭校、總閱官編修臣秦承恩恭校、總閱官編修臣文寧恭校；

第九冊：纂校官編修臣程德楷恭校、總閱官編修臣秦承恩恭校、總閱官編修臣文寧恭校；

第十冊：纂校官編修臣史譜恭校、總閱官編修臣秦承恩恭校、總閱官編修臣文寧恭校；

《天祿後目》編定後，每冊均經三遍校勘，故依次署三校官職銜姓名，校勘者皆當時承值翰林院的翰林。如擔任總閱官的秦承恩（？—1809）字芝軒，江蘇江寧人。乾隆二十六年進士，歷任直隸布政使、陝西巡撫、江西巡撫、工部尚書、直隸總督。曾參與纂修《會典》，效力文穎館。《清史稿》有傳。文寧（？—1823），他他拉氏，滿族正紅旗人，字蔚艾，號遠皋、芝厓，室名精勤室。乾隆四十九年（1784）進士，後升至步軍統領、總管內務府大臣，曾參與編修《實錄》、《聖訓》、《起居注》等。這些校勘名簽，尚可見當年編纂書目之情形。

另外四部內容、版式、尺寸全同，亦無二璽，當是同時抄寫，供不同殿宇陳設之用。書前副葉上的黃籤基本相同，惟校稿者略有不同，如書號為抄12401—12410的一部，亦二函十冊，織錦函套及書衣，第三冊為"纂校官編修臣魯垂紳恭校"、第八冊為"纂校官編修臣邵葆鍾編修"。

校之以光緒王先謙刻本，王本多魯魚亥豕之誤，如卷十一元版《增類換聯詩學攔江網》，王本"換"作"撰"；卷十三明版《五經旁訓》，王本誤"旁"作"句"；明版《音韻日月燈》，王本誤"燈"作"鐙"；卷十九明版《白玉蟾海瓊摘稿》，王本"白"作"印"，等等。所記各書冊數亦略有不同，如卷三第六部宋版《春秋經傳集解》，內府寫本記為四函三十二冊，王本作"四函三十一冊"；卷四第三部宋版《通鑑總類》，內府寫本作四函三十二冊，王本作"四函二十二冊"；卷五第一部宋版《重廣補注黃帝內經素問》，內府寫本作二函十二冊，王本作"二函十一冊"，等等，驗之以存世天祿書原本，內府寫本所記皆準確無誤。

其中一部為國家公佈之首批珍貴古籍第01723號。①

34. 清嘉慶間內府寫本

十冊，現藏臺北"故宮博物院"（書號故殿025478—025487）。②

---

① 《第一批國家珍貴古籍名錄圖錄》，第6冊，第230頁。
② 《"國立故宮博物院"善本舊籍總目》，上冊，第607頁。

匡高20.7釐米，廣13.6釐米。每半葉十行，每行二十字，小字雙行同。朱絲欄，四周雙邊，無欄線，花口，單朱魚尾。版心上方記書名"欽定天祿琳琅書目"，魚尾下方記卷第，再下記葉次。首卷首行頂格題"欽定天祿琳琅書目卷一"，末端題"後編"；次行低一格題"宋版首部"。各標目抬頭，內文低二格。有朱圈句讀（圖附3—13）。

副葉下粘有黃籤，上署"纂校官編修臣孫爾準恭校、總閱官編修臣秦承恩恭校、總閱官編修臣文寧恭校"。正文每遇"御題"、"欽定"、"欽賜"等換行頂格書寫。

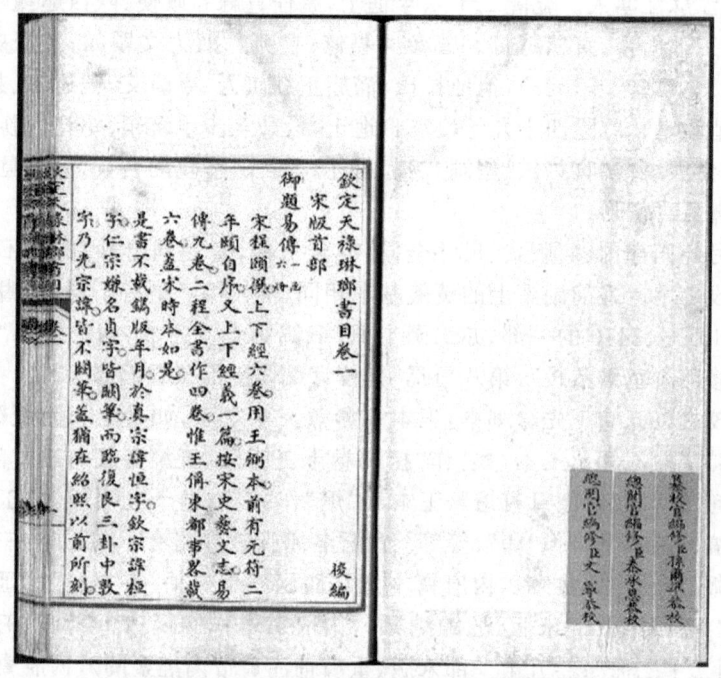

圖附3—13　清嘉慶間內府寫本《天祿琳琅書目後編》首卷書影（臺北"故宮博物院"藏）

35. 清嘉慶間內府抄本

存卷十七至二十，計四卷，二冊，中國嘉德1998年秋拍，現藏臺灣潘思源處。①

匡高20.7釐米，廣13.7釐米。每半葉十行，每行二十字，小字雙行

---

① 《中國拍賣古籍文獻目錄》，第363頁，中國嘉德國際拍賣有限公司1998年秋拍第655號。

同，朱絲欄，四周雙邊，無欄線，朱口，單朱魚尾，版心上方記書名"欽定天祿琳琅書目"，魚尾下方記卷第，再下記葉次。清帝諱"玄"避作"元"、"弦"字缺末筆，"弘"避作"宏"、"曆"避作"歷"，皆不避"貞"、"真"二字。無序跋。行款、板式俱同兩岸故宮藏內府寫本。有朱圈句讀，解題所記藏書印，均係墨筆所繪，非如內府寫本《前編書目》以木印戳記。卷二十後無彭元瑞識語。棉紙精抄，仍是內府原裝。石青杭細書衣，白綾書籤，題"欽定天祿琳瑯書目後編"及卷數（圖附 3—14）。

副頁下粘有三校黃色籤條，冊下題"纂校官編修臣程德楷恭校、總閱官編修臣秦承恩恭校、總閱官編修臣文寧恭校"；一冊下題"纂校官編修臣史譜恭校、總閱官編修臣秦承恩恭校、總閱官編修臣文寧恭校"。

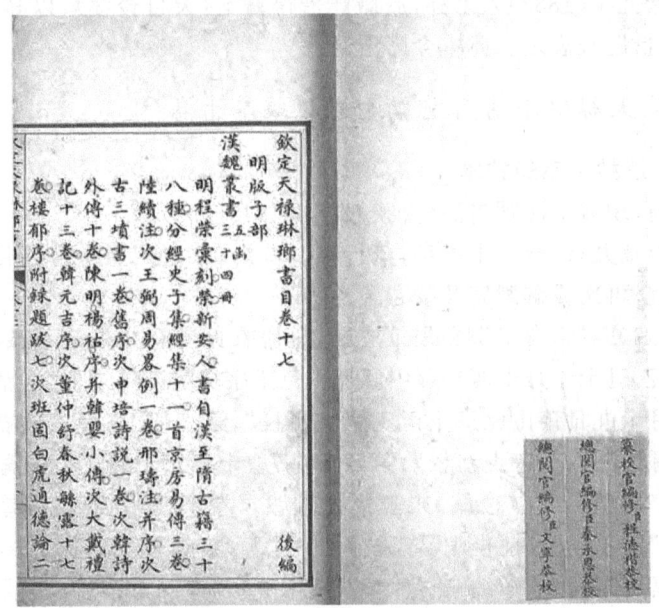

圖附 3—14　清嘉慶間內府寫本《欽定天祿琳瑯書目後目》
卷十七書影（中國嘉德 1998 年秋拍）

36. 清孫芝房抄本

此據《增訂四庫簡明目錄標注》所載，①然今不見諸各家目錄，未知尚存世否。

────────

① 《增訂四庫簡明目錄標注》，第 353 頁。

芝房乃桐城派孫鼎臣之號。鼎臣(1819—1859)，字子餘，湖南善化人。道光二十五年(1845)進士，擢翰林院侍讀，充日講起居注官。乞假歸，讀書奉母，肆力於學術，曾任石鼓書院山長。著有《蒼筤文集》。《清史列傳》有傳。

37. 清傅以禮抄本

《華延年室題跋》卷上有《敕撰天祿琳琅後編》，"以成書在後，《四庫書目》未載，故傳本較少。癸未秋日展觀入都，從廠肆借得寫本，謹撮舉大凡，以誌眼福。"①

傅以禮(1827—1898)，原名以豫，字戊臣，號小石，更名後字節子，浙江會稽人。捐縣丞，後拔至道員，署福州府事。好藏書，嗜金石，所儲甚富。光緒九年(1883)入京都，於廠肆借得寫本《天目後編》，以其稀傳，撮其大要，撰題跋志之。此本今已不傳。

欽定天祿琳琅書目前編十卷後編二十卷

38. 清抄王宗炎校本

八冊，現藏上海圖書館(書號線善 831845—52)。②

每半葉九行，行二十一字，無行格。首爲《欽定四庫全書總目提要》，次爲凡例，再次爲御製詩及茶宴詩及序。

《前編》四冊，有王宗炎朱筆校勘，每冊末頁皆有其朱筆題識，第一冊署"嘉慶乙丑十二月十四日蕭山縣進士臣王宗炎校"；第二冊"大清嘉慶十年十二月十九日蕭山縣進士臣王宗炎恭校"；第三冊"嘉慶乙丑嘉平十一日蕭山縣進士臣王宗炎恭校"；第四冊"嘉慶十年十二月十九日蕭山縣進士臣王宗炎恭校"。《後編》末無彭元瑞跋。卷十九明版《白玉蟾海瓊摘稿》，"白"字不誤。《前後編》皆避"曆"、"弘"，《前編》不避"寧"、"淳"，應是抄寫自嘉慶年間。《後編》兼避"寧"(闕末筆)、"淳"(寫作湻)，應是抄寫自同治年間。兩書字體、用紙皆不同，原本二書，被訂爲一部，並非二編合抄。

王宗炎(1755—1826)，字以除，號穀塍，晚號晚聞居士，原名王琰，浙江蕭山人。清乾隆四十五年(1780)進士，官至知縣。學問淹博，淡於仕

---

① (清)傅以禮撰，主父志波標點：《華延年室題跋》，上海古籍出版社 2009 年版，卷上"敕撰天祿琳琅後編"條，第 95 頁。

② 《中國古籍善本總目》，目 14，史部目錄類，第 5 頁。

途。畢生從事教育，主講杭州紫陽書院，有"東南碩師"之譽。家多抄本，建藏書樓"十萬卷樓"、"小學樓"，藏書之名，稱蕭山第一，與陸芝榮"寓賞樓"、陳春"湖海樓"並稱蕭山三大藏書樓。

《前編》卷首鈐"四庫著錄"（白文長方印）、"錢塘丁氏正修堂藏書"（朱文方印）、"徐乃昌讀"（朱文方印），爲杭州八千卷樓丁家舊藏，只是不知是否即《八千卷樓書目》中著錄之抄本，見以下第 46 種。

39. 清道光六年（1826）劉氏味經書屋抄本

十冊，現藏中國國家圖書館（書號 2833）。①

《前》《後》二編版式、行款各不同：

《天祿琳琅書目》十卷，五冊。每半葉八行，行二十三字，白口，四周雙邊，單魚尾，藍格。書口下有"東武鎦氏嘉蔭簃鈔書"。正文前有御製詩、茶宴詩、四庫提要、凡例等。每冊鈐"東武鎦氏味經書屋藏書印"（朱文長印）、"味經書屋"（朱文方印）、"劉"（朱文圓印）、"燕庭藏書"（朱文方印）、"嘉蔭簃藏書印"（朱文方印）等。卷尾有"道光六季仲春東武鎦氏味經書屋鈔藏"木記。

《天祿琳琅書目後編》二十卷，五冊。每半葉十行，行二十三字，細黑口，左右雙邊，單魚尾，藍格。書口下有"東武劉氏味經書屋藏書"，板框左下有"燕庭校鈔"。卷尾有"道光丙戌夏日劉氏味經書屋鈔藏"木記。

劉喜海（1793—1853），字吉甫，號燕庭，山東諸城人。清道、咸間著名金石學家、古泉學家、藏書家，室名嘉蔭簃、味經書屋等。道光六年（1826），劉喜海三十四歲，居京師，一年中抄成眾多書目，如《天祿琳琅書目》前後編、《閱清樓書目》、《借書園書目》、《千頃堂書目》、《傳是樓宋元版書目》、《萬卷堂藝文目錄》等，並以"味經書屋"格紙抄寫，或爲之跋，②抄本今皆存中國國家圖書館。

40. 清玉雨堂抄本

二函十冊，現藏北京師範大學圖書館（書號善 9176）。③

每半葉十行，行二十四字，無格。卷首依次爲"御製昭仁殿詩"、"天祿琳琅鑑藏舊版書籍聯句有序"、"《欽定四庫全書總目》提要"、"凡例"。其

---

① 《北京圖書館古籍善本書目》，史部第 1116 頁。
② 胡昌健著：《劉喜海年譜》，《文獻》2000 年第 2 期，第 135 頁。
③ 《北京師範大學圖書館古籍善本書目》，第 121 頁，第 1300 號。

中"御製昭仁殿詩"錯裝至"茶宴詩"第一葉後。遇敬皆提行書寫,如"聖"、"先"、"皇"、"寢"等(圖附3—15)。

《後編》卷十九作明版《白玉蟾海瓊摘稿》,抄寫當早於王先謙刻本。

書上鈐"玉雨堂印"(朱文方印)、"不拘版本齋藏"(朱文方印)、"韓泰華印"(白文方印)、"小亮"(朱文方印)、"韓氏藏書"(白文方印)。玉雨堂為道光、咸豐間韓泰華室名。韓泰華,字小亭,浙江仁和人。道光間由兵部郎中歷官至陝西糧道,晚年僑居金陵,築玉雨堂,藏書籍、金石甚富,曾得宋本《金石錄》十卷,別治"金石錄十卷人家"藏書印。①

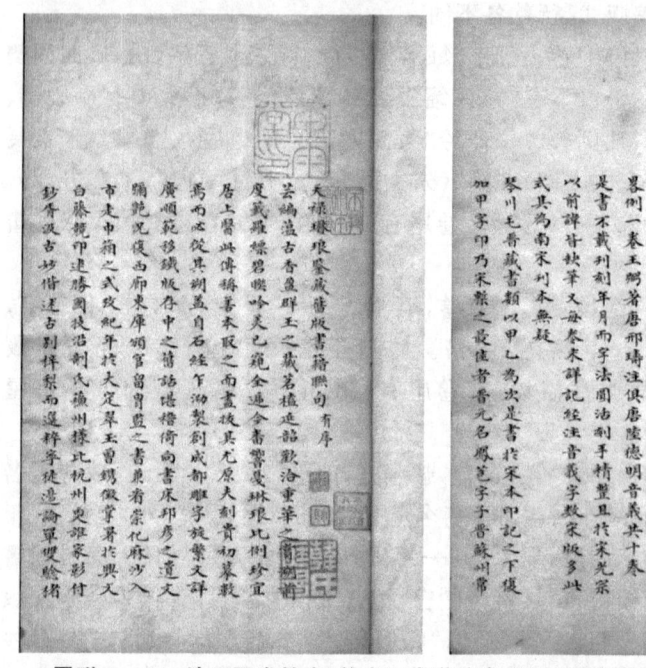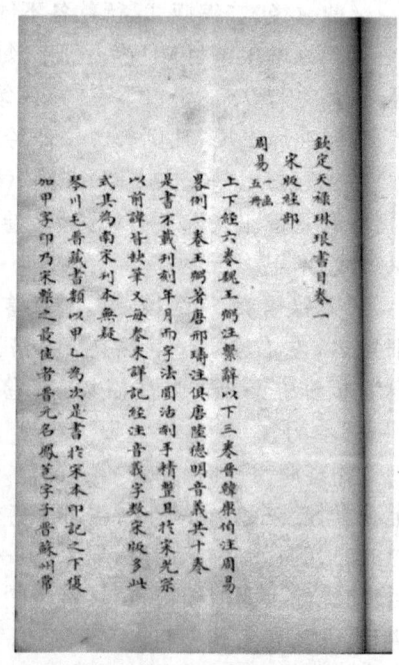

圖附3—15　清玉雨堂抄本《欽定天祿琳琅書目》(北京師範大學圖書館藏)

41. 清抄本

二函十冊,現藏北京師範大學圖書館(書號善014.1/111—02)。②

《前編》每半葉九行,行二十一字,無版匡,無欄線;《後編》每半葉十行,行二十字,亦無版匡,無欄線。《前編》前有"御製昭仁殿詩"、"天祿琳

---

① (清)葉昌熾撰,王欣夫補正,徐鵬輯:《藏書記事詩(附補正)》,上海古籍出版社1989年版,卷四,第362頁。

② 《北京師範大學圖書館古籍善本書目》,第122頁,第1301號。

琅鑑藏舊版書籍聯句並序"、"《欽定四庫全書總目》提要"、"凡例"。《後編》首爲彭元瑞識語。以朱筆描畫印文外框。遇敬皆提行書寫。避"寧"不避"淳",蓋爲清道光時所抄。卷十九亦如王先謙刻本作《印玉蟾海瓊摘稿》,底本或即王先謙刻本(圖附3—16)。

書上鈐有"昭餘渠夢翔藏書之印"(朱文方印)、"曾經滄海"(朱文橢圓)、"戀元一字醒夫"(朱文方印)、"傅雲龍印"(白文方印)、"德清傅雲龍圖籍訪古印"(朱文長印)、"戀元父"(朱文方印)、"德清傅雲龍氏"(白文方印)、"雲龍印信長壽"、"傅氏印子子孫孫永寶用"(朱文方印)等。傅雲龍,同、光間人,目錄學家,曾續編顧修《彙刻書目初編》,有《續彙刻書目》一種,胡俊章補遺。書上有朱筆校改,或即傅氏所爲。

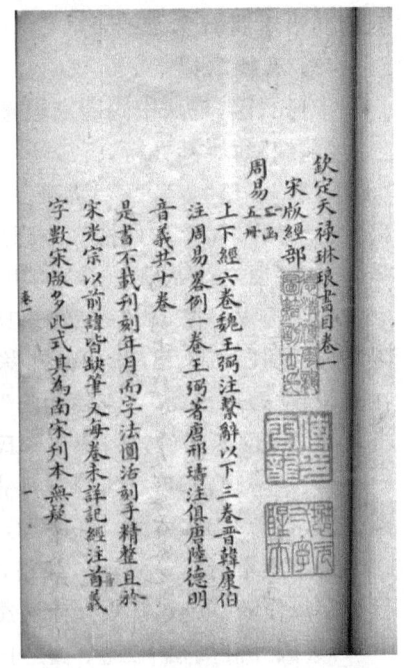

圖附3—16　清抄本《欽定天祿琳琅書目》書影(北京師範大學圖書館藏)

42. 清同治紅格抄本

《前編》二函,《後編》三函,總計二十冊,現藏甘肅省圖書館(書號581)。①

此本原著錄爲清道光紅格抄本,書中避諱並不嚴格,時避時不避,"御製題昭仁殿詩"首句"芸帷木榻想貽淳","淳"寫作"湻"。《前編》第一函曾經佚名校過,並遺有小籤多枚,中有題:"前葉第三行宜闕廟諱末筆",循此爲"寧"字;"御名宜闕末筆",循此爲"淳"字;"宣廟諱宜闕末筆",循此爲"寧"字;"後葉第三、四行,此葉兩御名都應闕筆",循此爲"淳"字。② 由此可知,校語籤上既稱"宣廟",一定是道光皇帝駕崩之後所校;當朝爲"御",逝者爲"諱","湻"字又是典型的同治本特徵,此所謂道光抄本必定是抄成

---

① 甘肅省圖書館典藏部編:《甘肅省圖書館善本書目》,第29頁,著錄爲"清道光紅格抄本"。

② 此據甘肅圖書館特藏部劉瑛女士函告。

於清同治年間。

43. 清抄本

十冊二函，現藏中國國家圖書館（書號 149403）。

《前編》每半葉九行，行二十一字；《後編》十行二十字，皆無行格。避"弘"、"曆"不避"寧"、"淳"諸諱。《天目後編》卷十九明版《白玉蟾海瓊摘稿》"白"亦作"印"字，所據底本應是光緒十年王先謙刻本。有朱筆校改。

首鈐"臣功惠恭藏"朱文方印，末鈐"方家書庫"朱文方印，乃湖南藏書家方功惠舊藏。方功惠（1829—1897），字慶齡，號柳橋，湖南巴陵（今岳陽）人。歷任番禺、南海、順德知縣，廣東潮州知府等。藏書二十餘萬卷，在廣州建"碧琳琅館"、"玉笥山房"、"傳經堂"以藏書，爲粵城之冠。

44. 民國四年（1915）德化李氏抄本

《天祿琳琅書目》、《天祿琳琅書目續編》，不分卷，一冊，現藏北京大學圖書館（書號 SB/018.51/1085.2）。①

每半葉十行，行字不等，綠格，四周單邊，白口。每行大字錄書名，雙行小字錄作者、卷數、擇要版本特徵、鈐印及闕卷情況。如卷一：

"纂圖互註周禮十二卷。圖三十九，次篇目，不施句讀，板較《毛詩》縮。"

"春秋經傳集解三十卷。每卷末有世綵廖氏刻梓家塾木記。闕補卷十三、十四、十七、廿二。字畫較瘦，無木記。"

天頭處書"元板"、"金板"、"影宋抄本"等。一格抄一書，共計56頁，1091部。封面有李盛鐸手書"乙卯冬錄　丁巳秋裝成　盛鐸"一行。

鈐"木齋"（朱文方印）、"李盛鐸印"（白文方印）、"李家潛印"（白文方印）、"犢齋"（朱文方印）、"李氏木齋"（朱文方印）。此本爲李盛鐸手錄，卷末有"乙卯小寒後七日錄畢　盛鐸"一行。李盛鐸（1859—1935），字椒微，號木齋，江西德化人。光緒十五年（1889）榜眼，曾任京師大學堂總辦、出使日本大臣、出使比利時大臣，出使各國政治考察大臣，山西巡撫。入民國後出任大總統顧問、國政商權會會長。是近代史上最負盛名的藏書家之一，其木犀軒藏書萬種以上，1940年由其子李滂盡售北京大學圖書館。

45. 民國間學有用齋抄本

四冊一函，現藏中國國家圖書館（書號目 325/72.1）。②

---

① 見"秘籍琳琅——北京大學數字圖書館古文獻資源庫"http://rbdl.calis.edu.cn/index.jsp（2015年12月1日檢索）

② 《北京圖書館普通古籍總目》，第一卷目錄門，第89頁，第1154號。

每半葉十行,行二十四字,綠格,白口,書口下印有"學有用齋"。《北京圖書館普通古籍總目》著錄爲"民國間抄本",細審文中避清諱至"淳"字,寫作"湻"。

《天目前編》卷前僅錄四庫提要,《後編》卷前抄彭元瑞"天祿琳琅續編識語"。原書提要中御題、序跋、鈐章、闕補皆不錄,同一部書之又一部,書名僅以"又"字代,下以雙行小字書函册數。因此篇幅頗簡省。

無私人藏印。疑此"學有用齋",爲清人錢桂森家。錢桂森(1827—1902),字辛白,號犀庵,江蘇泰州人。道光三十年(1850)進士,歷任國子監司業、翰林院侍讀學士等,充國史館總纂及文淵閣校理、直閣事。《清史稿》有傳。其"教經堂"藏書極富,大半得之翰林院,多爲四庫底本,精槧名抄亦甚夥。

46. 抄本

《八千卷樓書目》史部目錄類下,著錄有:

> 欽定天祿琳琅書目前編十卷乾隆四十年于敏中等奉敕編,抄本
> 欽定天祿琳琅書目後編二十卷乾隆四十年奉敕編,抄本①

雖記《天目後編》編纂時間有誤,然可知丁氏八千卷樓中也曾藏有此書目二種。

47. 抄本

十六册,現藏臺北"國家圖書館"(書號 214/05004)。②

全幅高 27 釐米,廣 17.8 釐米。每半葉九行,行二十一字,小字雙行同,無欄格。版心上方記書名"欽定天祿琳琅書目",中間記卷第,再下記葉次。《後編》部分於書名下又小字側記"後編"二字。每册書根題"天祿琳琅書目"及册第。首卷首行頂格題"欽定天祿琳琅書目卷一",次行低一格題"宋版經部"。各標目抬頭,内文低二格。

卷前爲"天祿琳琅鑑藏舊版書籍聯句並序",版心題"茶宴詩",次載乾隆五十二年(1787)《四庫全書總目》此本提要,次"凡例"九則。

鈐有"王氏二十八宿研齋祕笈之印"(朱文長印)、"恭綽"(朱文方印)、"遐庵經眼"(白文方印)、"玉父"(白文長印)、"國立中央圖書館收藏"(朱

---

① 丁立中撰:《八千卷樓書目》,《海王邨古籍書目題跋叢刊》影印民國十二年(1923)錢塘丁仁聚珍仿宋版印本,第 4 册,卷九,第 131 頁。

② 《"國家圖書館"善本書志初稿》,史部二,第 350 頁。

文長印)。曾經近人王蔭嘉(1892—1949)、葉恭綽(1881—1968)舊藏。抗戰期間，中央圖書館組建"文獻保存同志會"在上海淪陷區秘密搜購江南藏家累世珍籍，其中就包括蘇州王氏二十八宿硯齋藏書。①

48. 抄本

八冊，現藏臺北"國家圖書館"。

首錄乾隆丁卯"御製昭仁殿詩"，及"乙未重華宮茶宴用天祿琳琅聯句詩"、乾隆五十二年校撰提要、于敏中等撰凡例，末累書諸臣名。書中"寧"字皆不闕筆。末頁有"珊城王同慶恭讀本"細字一行。

此爲袁思亮剛伐邑齋舊藏。因不避道光帝諱，袁氏以爲"蓋爲嘉慶時所鈔，度即當時內廷諸臣傳鈔出者"。②

49. 清寫本

八冊，現藏日本東京國會圖書館。

除上述抄本外，尚有以下節錄本：

1. 清孔廣陶手錄本《天祿琳琅鑑藏舊版書籍》一卷

一冊，爲《孔廣陶手稿》五種(或名《孔少唐存稿五種》，全四冊)之一，現藏上海圖書館(書號線善 812163—66)。③

只節抄《國朝宮史》、《國朝宮史續編》"書籍門"下《天祿琳琅前後編》書名、卷數，且較爲隨意。書衣上有"天祿琳琅書目副本恭校略記"一行，上圖著錄爲"天祿琳琅鑑藏舊版書籍"並不準確。

卷端有"東卿過眼"、"葉志詵"、"澹通辛亥後得"三印，卷尾"祖安曾觀"、"蘧廬"二印。

孔廣陶(1832—1890)，字弘昌，號少唐，廣東南海人。孔子七十代孫，國學生，官分部郎中、編修。以鹽業起家，富收藏，藏書處名"三十三萬卷書堂"，宋元精槧、殿版書皆有插架。喜刻名籍，刻有《古香齋袖珍》十種、《北堂書抄》等。

2. 民國三年(1914)長洲章鈺抄本《天祿琳瑯正後編目》一卷

一冊，現藏中國國家圖書館(書號目 325/723)。④

章鈺編，僅抄《天祿琳琅書目》前後二編諸書書名，無序跋。

---

① 王蔭嘉生平及藏書，可參見《文獻家通考》，第1630頁。
② 《剛伐邑齋藏書志》，第38—39頁。
③ 陽海清編：《中國叢書廣錄》，湖北人民出版社1999年版，第344頁。
④ 《北京圖書館普通古籍總目》，第一卷目錄門，第89頁，第1156號。

章鈺(1867—1937)，字式之，江蘇長洲人。光緒二十九年(1903)進士，官至外務部主事。辛亥革命後久寓天津，以收藏、校書、著述爲業。藏書處名"四當齋"，語出宋人尤袤以書籍"飢當肉、寒當裘、孤寂當友朋、幽憂當金石琴瑟"之語，貯書萬冊。

二、批校本

1. 甘鵬雲批校本

十冊一函，現藏滕州杜澤遜槐影樓。①

甘鵬雲(1861—1941)，字藥樵，號翼父，別號耐公、耐翁、晚號息園居士，湖北潛江人。光緒二十九年(1903)進士，曾赴日本遊學，歸國歷任度支部主事、黑龍江財政管理官、吉林財政官。1917年告歸居北京。熟諳湖北地方史志，熱心搜求書籍，構"息園"藏書樓，藏書二十萬卷，主纂《湖北文徵》，刊有《崇雅堂書錄》十五卷、《崇雅堂叢書》二編三十八冊。

此本爲清光緒十年長沙王先謙刻本，卷前"御製昭仁殿詩"、"茶宴詩"係朱色刷印，白紙初印，書品完好。每冊封面上有甘氏手書部目、卷次，如"明版子部卷十六十七、明版集部卷十八至二十"。書中鈐有"甘鵬雲印"（白文方印）、"潛江甘鵬雲藥樵收藏書籍章"（朱文方印）、"鄂中甘氏"（朱文方印）、"藥樵"（朱文方印）（圖附3—17）。上世紀90年代中期，山東大學杜澤遜先生購於北京琉璃廠中國書店。

甘氏批註書於頁眉上，行間有墨筆校字。眉批如：

《後編》卷五宋版《家語》上："鵬雲曰：此書末載'甲寅歲端陽吳時用書、黃周賢刻'，攷明嘉靖中王敦祥刻《野客叢書》，亦署黃周賢名，則此書爲明刻無疑。《天祿琳琅後目》因此書'祺'字闕筆，避宋度宗嫌名而疑爲宋咸淳年刻，殆不確也。"

《後編》卷十三明版《埤雅》上："顧棫，清初人，非明人。"

《後編》卷十三明版《重刊改併五音集韻》上："鵬雲案：《改併五音集韵》與《改併五音類聚四聲篇》各自一書，此乃混而爲一，非也。"

《後編》卷十三明版《六經圖》上："吳繼仕所刻稱熙春堂，藏板蘭谿。郭若涯所刻稱修吉堂藏板。"

---

① 杜澤遜著：《槐影樓藏書瑣記》，《藏書家》第11輯，齊魯書社2006年版，第90頁。

830 / 天祿琳琅知見書錄

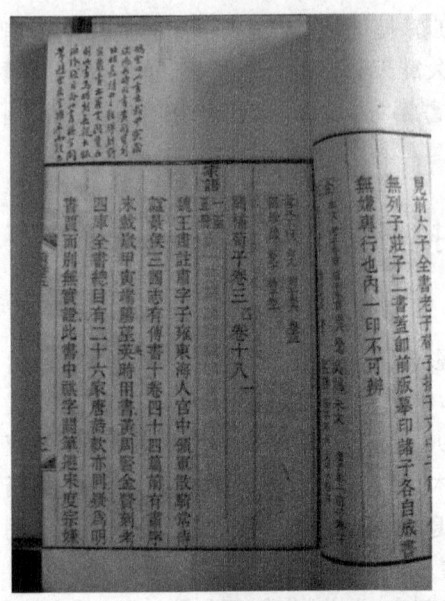

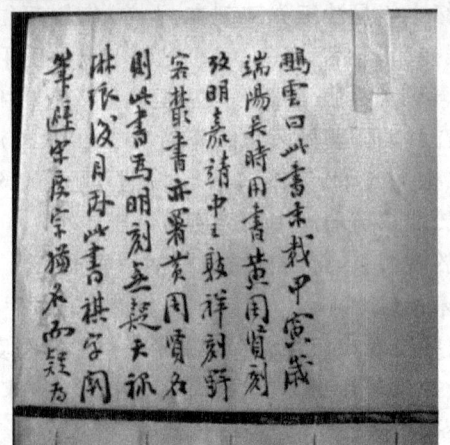

圖附 3－17　甘鵬雲批校本《天祿琳琅書目》書影（槐影樓藏）

《天祿琳琅書目》批校本存世甚罕，此本批註文字亦不多，蓋這批書深藏皇宮，世人無緣得見，因此少有研究。

2. 李盛鐸批校本

二函十冊，現藏北京大學圖書館（書號 LX/5782）。

李氏批注於一部清光緒十年王先謙刻本《欽定天祿琳琅書目》之上。首冊封面有墨筆書"天祿琳瑯書目　十卷　後編二十卷　共十冊　長沙

王氏刊本　盛鐸臧"。《天目前編》卷一有李盛鐸朱筆雙行小字夾批四處：

《周禮》下，"《經籍跋文》云，每葉二十行，行十七字，注雙行，行二十二字。"

《纂圖互註周禮》下，"《經籍跋文》、《皕宋樓藏書志》並云，半葉十二行，行二十一字，注雙行，行二十五字。"

第一部《春秋經傳集解》下，"武英殿重刊本，半葉八行，行十七字，注雙行同。"

第二部《春秋經傳集解》下，"按，廖刻即岳刻所從出，當是半葉八行，行十七字。"

《天目後編》卷二亦有一處朱筆夾批：

《禮記》下，"按余仁仲刻本今存《公羊》、《穀梁》，並半葉十一行，行十九字，注雙行，行二十七字。"

鈐"麐嘉館印"（朱文方印）。

3. 鄧邦述批校本

十冊，現藏南京圖書館（書號 2010872）。

據錢亞新先生所記，南京圖書館古籍部藏有一部《天祿琳琅書目》，上有讀者眉批，如在《前編》卷一第 19 頁上有"鼎元乃貞元之訛，以篆文貞字作'鼎'故也，乃王弇州印記。弇州藏書每鈐'貞元'，而下以'伯雅'、'仲雅'、'季雅'三印別之，殆以'伯'、'仲'、'季'品其第者耶？余藏宋本《周益公集》殘帙，亦鈐有'貞元'、'季雅'印記，乃嚴久能家物也。"①《前編》卷一第 21 頁上有"周良金爲明嘉靖三十年歲貢，光祿寺署丞，見《武陽合志》。"②

以上批註應在一部清光緒十年王先謙刻本之上，原不詳何人所批。2014 年 6 月，筆者至南京圖書館訪書，蒙南圖同仁遍檢書庫，調出館藏十五部王先謙刻本，逐一查閱，終於尋到此書。首卷卷端下鈐一"正闇收藏"白文方印，細審天頭朱筆眉批字蹟，正是鄧邦述所爲，惜其所批只錢先生文中所記兩條。另各冊卷端下鈐有"報暉堂主人俸錢所購"朱方印記。書中紙背，偶見紙鋪印記"怡生加魁"。此外首冊首頁正中上方鈐"希古右

---

①　嚴久能即嚴元照(1773—1817)，浙江歸安人，工詩詞古文，嗜書，有"書癖"之稱。《曝書雜記》曰："苕溪嚴久能芳椒堂聚書數萬卷，多宋元槧本。"

②　錢亞新著：《略論天祿琳琅書目》，《河南圖書館學刊》，1989 年第 1 期，第 28～29 頁。

文"朱文方印,則此書應是 1940 至 1941 年鄭振鐸等愛國人士在上海利用中央圖書館組織"文獻保存同志會"冒險搶救蒐集之古籍中的一部。①

三、"天祿琳琅"相關書目

1. 昭仁殿書目

一冊,清宣統間內府抄本,現藏北京故宮博物院圖書館。

墨筆楷書,共計 1900 餘部,25000 多冊。民國間清室善後委員會清點故宮遺存物品時所發現。如前所述,此目記載了清宣統年間昭仁殿的藏書情況,所藏以清代內府刻本、抄本爲主,但也有少量宋元明各朝善本,如宋版《晁公武讀書記》、《范文正公集》、《南軒文集》、《東都紀事》等 8 部,宋抄本《歐陽文忠公集》1 部,影宋本《列女傳》1 部,元版《宋文鑑》、《禮部韻略》、《玉海》、《元豐類稿》等 14 部,元抄本《趙惠四書箋義》1 部,明版《十三經解詁》、《闕里志》等,抄本 143 部等。曾藏昭仁殿、被溥儀兄弟盜運出宮的近 200 部天祿琳琅書已不在目中。

《書目》時間起自"宣統十五年"(1923)二月十五日,止於"宣統十六年"(1924)八月二十一日,已在溥儀盜運古物的"宣統十四年"(1922)之後,由此可以判斷此目是其後編成的昭仁殿藏書目錄。這部目錄中還夾有一張黃紙,紙上墨筆楷書"皇上、恭親王溥偉、醇親王載灃、御前大臣五人、軍機大臣六人、內務府大臣四人、南書房翰林八人王文韶、孫家鼎、那桐、趙爾巽等十一人",②或許是由以上諸人點查的剩餘殿藏古書。《書目》中有 40 多部書名下粘貼一小黃籤,籤上墨書"宣統某年某月某日要去安養心殿"之類的字樣,經統計,自宣統十五年初至十六年十一月,溥儀先後 20 餘次"提起"昭仁殿藏書。有學者據此判斷,該書目係溥儀攜古書、字畫出宮之後,意猶未盡,吩咐前清大臣會同翰林文臣入昭仁殿,點查剩餘之殿藏古書而編成,以便溥儀再據《書目》"提起"古書。③

---

① 2012 年 9 月拙著《天祿琳琅研究》出版時,南京圖書館正在搬遷新館中,4 部《天祿琳琅書目》抄本及批校本無一得見。2014 年 6 月 10 日在徐憶農女史幫助下,一一提閱原書,完成了這部分的調研,特此鳴謝。

② 參見向斯著:《故宮國寶宮外流失秘笈》,中國書店 2007 年版,第 148—150 頁;齊秀梅、楊玉良等著:《清宮藏書》,紫禁城出版社 2005 年版,第 507 頁。

③ 轉引自《故宮國寶宮外流失秘笈》,第 149 頁。

1925年國立故宮博物院圖書館成立，館址設在西路的壽安宮，集中庋藏各處藏書，從昭仁殿提出的書籍共1933種，25137冊。①

2. 天祿琳琅現存書目

張允亮編。民國二十三年（1934）一月北平故宮博物院出版《故宮善本書目》，一冊，分爲三編：《天祿琳琅現存書目》、《天祿琳琅錄外書目》、《宛委別藏書目》。其中《天祿琳琅現存書目》所記，即溥儀出宮後尚存昭仁殿之天祿繼鑑書，計311種。對於天祿原目版本誤判的書籍，不改其順次，完全照依原書目排序。每種著錄書名、原函冊數、該書爲原目之第幾帙、撰者、卷數、審定版本、所闕卷數、現存冊數，有些書還略記行款、作僞特徵，要言不煩。張允亮專治流略之學，是古書版本內行，民國時期故宮博物院出版的《故宮方志目》、《故宮善本書影初編》皆其手編。此目首次糾正了《天目後編》中版本鑑別錯誤，臺北"故宮博物院"接收這批書籍後，仍依循張氏之版本審定。茲舉著錄兩例，如：

> 春秋經傳集解四函二十八冊　第一帙
> 晉杜預撰。三十卷。
> 宋淳熙間撫州公使庫刻本。半葉十行，《經傳》行十六字，注雙行二十四字；配乾道間江陰軍學刻本六卷，半葉十行，經傳行十九字，注雙行二十五字；又明嘉靖間復宋相臺岳氏本一卷。闕前二卷，存二十六冊。"

> 春秋經傳集解四函三十冊　第二帙
> 晉杜預撰。三十卷。
> 明嘉靖間復宋相臺岳氏本，有僞造淳熙三年木記。②

《故宮善本書目》影印本有1978年臺北成文出版社《書目類編》本、2004年綫裝書局《故宮藏書目錄彙編》本。

3. 天祿琳琅錄外書目

張允亮編。此目爲《故宮善本書目》的第二部分，鑑於散庋各宮而《天祿琳琅書目》未經著錄者，多有宋元舊槧、古刻名抄，張氏遂將其編爲《天祿琳琅錄外書目》，計有543部，其中宋版23部，金版3部，元版48部，明版311部，抄本158部，猶可見昭仁殿天祿琳琅書以外清宮藏書之概覽。

---

① 任繼愈主編：《中國藏書樓》，遼寧人民出版社2001年，第1233頁。
② 《天祿琳琅現存書目》，《故宮善本書目》，第2頁。

4. 天祿琳琅查存書目

施廷鏞編。施氏受聘爲清室善後委員會顧問，參加圖書編目、整理工作，當查檢昭仁殿存書時，以尋常坊本居多，屬於《天目後編》者，僅得288部。"原擬仿藏書志體例，一一辨正，並詳誌行款，奈因事匆匆南旋，未獲考訂完備"，①因此按原目順序編排，每種只著錄書名、卷數、著者、現存冊數及見於王先謙刻本《天目後編》的頁數。茲舉數例：

> 禮記二○卷　漢鄭玄注　二○冊　見《續》卷二第二四葉
> 諸臣奏議一五○卷　宋趙汝愚編　存五七冊　見《續》卷四第十九至二二葉
> 自警編不分卷　宋趙善璙撰　存一二冊見《續》卷五第二二至二三葉②

此目未辨明版本，研究價值不如張允亮之《天祿琳琅現存書目》。施目發表於《圖書館學季刊》第一卷第三期（1926年9月）上。鄭振鐸"西諦藏書"中曾有一抄本《天祿琳琅查存書目》，③即施目之傳抄本，現藏中國國家圖書館，④著錄爲民國間吳興沈氏感峰樓抄本，一冊。此抄本被影印收入2008年北京圖書館出版社印行的《明清以來公藏書目匯刊》中。

5. 故宮善本書庫宋版書目、元版書目、各庫提入天祿琳琅明版書目

民國二十年（1931）抄本，合訂爲一冊，現藏中國國家圖書館（書號149753）。

毛裝，書衣上書"故宮善本書庫宋版書目二十年八月"、"元版書目"等。綠格，書口上印有"圖書登錄簿"，自上至下依次有"登錄號"、"點查號"、"分號"、"書名"、"著者"（分朝代、姓名兩欄）、"卷數"、"冊數"、"版本"、"分類"（分部、類兩欄）、"原藏處"、"備考"諸項。書名大字單行，著錄內容小字雙行抄寫，字蹟潦草。

---

① 施廷鏞著：《天祿琳琅查存書目》，《圖書館學季刊》第一卷第三期，1926年9月，第483頁。
② 同上注，第484頁。
③ 北京圖書館編：《西諦書目》，文物出版社1963年版，第44頁。
④ 《北京圖書館普通古籍總目》，第一卷目錄門，第89頁，第1157號。國圖書號目325/724。

據其内容，似是民國間故宮圖書館提入故宮各殿藏書之簿錄清冊，其中《宋版書目》計宋版35部，另有"景宋抄本"13部，改入元本的《增入諸儒杜氏通典詳節》一部，爲《天禄後目》著錄者廿四種。《元版書目》計79部，改入宋本5種，改入明本2種，另有影元抄本3部，金本2部，爲《天禄後目》著錄者廿四種。《明版書目》計109部，另有高麗刊本1部，明抄改定爲清抄之《劉子》1部，元刊本1部，清刊本3部，爲《天禄後目》著錄者91部。三部書目所記，並非都屬天禄繼鑑書，少數原昭仁殿藏書在懋勤殿、景陽宫等其他殿内被發現。此外還有8部有天禄璽寶但並未被《天禄琳琅書目》著錄者，即前文所言之"目外書"，分别是鈐有"天禄琳琅"、"天禄繼鑑"、"乾隆御覽之寶"的元版《禮經會元》、《禮部韻略》、《大學衍義》、《詩學大成》，明版《周易傳義大全》、《書經大全》和清版《李太白集》，以及鈐有的"天禄琳琅"、"天禄繼鑑"、"嘉慶御覽之寶"清版《豫章先生遺文》。

每書記其書名、版本、原藏殿座、序跋批校、鈐印等，著錄並不謹嚴。略舉數例如下：

宣和奉使高麗圖經此本係徐兢從子蕆刻於澂江郡齋，末附有跋，通行本脱漏處此皆具完，即《讀書敏求記》著錄之本。每冊有錢遵王藏書印記等。

新入諸儒議論杜氏通典詳節全書散佚甚多，據《天禄後目》載書爲南渡中人所輯。有袁中徹、沈茗東諸家收藏印。

文選書内墨批，審係宋人手蹟。後有盧欽跋，述修正版之始末。副葉有墨書"石田耕叟"、"慈谿楊氏"朱印。每冊有汲古閣毛氏諸家收藏印。

除上述書目外，民國十四年(1925)清室善後委員會刊行《故宫物品點查報告》，其中第一編第三冊爲"昭仁殿"物品點查，逐一記載該殿内之器物及書籍。書籍部分，記書名、函冊數及裝幀形式或特徵。此時昭仁殿内，除《天目後編》著錄書，已增加了很多明内府刻本、清武英殿刻本及内府抄本等。民國十八年(1929)六月，北平故宫博物院出版張允亮編纂的《故宫善本書影初編》，收錄故宫善本精華85種，書影前附有每書提要，"考其版本大略，著之於篇，用助觀覽"，①其中《天目後編》著錄之書爲數不少，如宋刊本《春秋經傳集解》、《春秋集注》、《國朝諸臣奏議》；元刊本《四書辨疑》、《范文正公集》；影宋抄本《算經》、《班馬字類》等。民國二十

---

① 張允亮編：《故宫善本書影初編》，民國十八年(1929)北平故宫博物院鉛印本。第13頁。

一年(1932)北平故宫博物院輯印《天祿琳琅叢書》第一集，影印宋元本及明汲古閣影宋抄本共 15 種，雖名爲"天祿琳琅"，實不全是，天祿繼鑑書只有 9 種：宋刊本《宣和奉使高麗圖經》、《常建詩集》及影宋抄本《御題算經》7 種。凡此種種，皆有俾後人深入瞭解昭仁殿天祿琳琅藏書實情。

書名索引

說明：
(1) 索引收入本書錄所列全部書名，包括正編及附錄部分。若首卷卷端題名與《欽定天祿琳琅書目後編》著錄書名不同，則一併列出。
(2) 所有書名均按四角號碼檢字法編排。
(3) 頁碼後圓括弧內數字，為該條目在書錄同一頁上重複出現的次數。

0010₅ 童
童溪王先生易傳 27
童蒙訓 493

0021₅ 雍
雍大記 468

0022₇ 帝
帝學 168、170(2)

高
高常侍集 546

0026₇ 唐
唐文粹 259、260、377、378、597、598
　(2)、599
唐六典 448
唐詩紀事 624
唐詩類苑 620
唐王右丞詩劉須溪校本 542
唐王右丞詩劉須溪先生校本 542
唐王右丞集 543、544
唐雅 621
唐百家詩集 622
唐儲光羲詩集 546
唐宋白孔六帖 517、518(2)、519、671
唐英歌詩 222
唐皮日休文藪 559
唐史論斷 276
唐書 668
唐開元禮 277
唐陸宣公集 14
唐陸宣公翰苑集 554
唐類函 528、529、530

0028₆ 廣
廣韻 100、663

0040₀ 文
文章正宗 379、674
文山先生全集 582
文獻通考 332、474
文心雕龍 384
文選 248、255、375
文選類林 675
文潞公文集 564
文苑英華 600

文苑英華辨證 601
文林綺繡 527、528
文翰類選大成 614
文公先生資治通鑑綱目 315

0060₁ 音
音韻日月燈 427、664

0080₀ 六
六經正誤 416
六經圖 90、412、413(2)、414
六家文選 249、250(2)、251、252、253、254、374、592、594、595、596、694
六家詩名物疏 398
六臣注文選 595

0121₁ 龍
龍川先生文集 580
龍龕手鑑 278、281

0128₆ 顏
顏魯公文集 547

0292₁ 新
新刊京本校正增廣聯新事備詩學大全 627
新刊唐昌黎先生論語筆解 695
新刊重訂疊山謝先生文集 583
新刊迂齋先生標註崇古文訣 606
新刊李學士新註孫尚書內簡尺牘 675
新刊駱子集註 541
新編證類圖注本草 177、337
新編詩學集成押韻淵海 348
新編諸儒批點古今文章正印 264

新編事文類聚翰墨大全 350
新編事文類聚翰墨全書 349、351
新編排韻增廣事類氏族大全 351
新定三禮圖 5、53
新增說文韻府羣玉 343、345(2)、346
新增合璧聯珠萬卷菁華 266
新入諸儒議論杜氏通典詳節 148、670
新纂門目五臣音注揚子法言 165

0365₀ 誠
誠齋四六發遣膏馥 690

0464₁ 詩
詩集傳 35、397
詩經解頤 631
詩經世本古義 400
詩經類考 402
詩緝 397
詩壇叢韻 530
詩學集成押韻淵海 346、348
詩人玉屑 387

0466₀ 諸
諸儒校正唐書詳節 328
諸儒校正兩漢詳節 135
諸臣奏議 131

0468₆ 讀
讀書劄記 494

0668₆ 韻
韻府羣玉 343、345(2)、346
韻語陽秋 268
韻譜本義 425
韻補 101、424、664

韻苑考遺 427

0761₇ 記
記纂淵海 522、691

0861₆ 說
說文解字 661
說文解字韻譜 93
說文字原、六書正譌 419
說苑 484(2)
說苑新序 484
說略 506

0862₇ 論
論語 75、272
論衡 188

0865₁ 詳
詳注東萊先生左氏博議 241

1010₀ 二
二程全書 486
二程先生書 486
二十子全書 476
二賢言詩 399

1010₁ 三
三禮圖 5、52、54
三蘇先生文粹 233
三輔黃圖 467
三國志 432

正
正韻統宗 425

1010₃ 玉
玉臺新詠 261(2)、377、617(2)、695

1010₄ 王
王氏農書 499、500
王子年拾遺記 352
王荊文公詩 363
王狀元集諸家注分類東坡先生詩 234
王狀元集百家註分類東坡先生詩 234

1010₇ 五
五子全書 477
五經旁訓 411
五經旁注 678
五經白文 677
五經四書大全 410
五侯鯖字海附五經難字 421
五倫書 491、492

1021₁ 元
元文類 603
元經薛氏傳 311
元豐類藁 360、570、571
元白長慶集 563
元包經傳 181(2)、339

1022₇ 爾
爾雅注疏 299、300

兩
兩漢博聞 463

1024₇ 夏
夏侯陽算經 180

1060₀ 百
百川學海 343
百家詩話總龜 633

石
石屏詩集 583

西
西京雜記 199
西山先生真文忠公文集 368
西山先生真文忠公文章正宗 674
西山先生真文忠公讀書記 173、644

1060_1 晉
晉二俊文集 612
晉書 116

1073_1 雲
雲峰胡先生文集 587
雲仙雜記 531
雲溪友議 200
雲陽李先生文集 592

1080_4 天
天祿琳瑯正後編目 828
天祿琳瑯現存書目 833
天祿琳瑯查存書目 834
天祿琳瑯鑑藏舊版書籍 828
天祿琳瑯錄外書目 833

1080_6 貢
貢文靖公雲林詩集 586

1111_4 班
班馬字類 8、94、95、96(2)、97、275、661

1120_7 琴
琴史 278

1121_2 麗
麗澤論說集錄 172

1123_2 張
張文潛文集 569

1211_0 北
北堂書鈔 516

1223_0 水
水經注 466

1241_0 孔
孔子集語 478
孔子家語 154、155、478、642
孔氏六帖 193
孔叢子 334

1247_2 聯
聯新事備詩學大成 689

1249_3 孫
孫可之文集 219

1314_0 武
武溪集 565、566

1710_7 孟
孟子 79、273、274
孟子集疏 79

1723_2 豫
豫章先生遺文 238、692
豫章羅先生文集 364

1750_1 羣
羣經音辨 86、89、660

1762_0 司
司馬氏書儀 54
司馬溫公稽古錄 119

1865_1 群

群書集事淵海 523、524

群書考索 521

1874_0 改

改併五音類聚四聲篇 305、308

2010_5 重

重廣補注黃帝內經素問 174、175(2)、176

重廣分門三蘇先生文粹 231

重刊許氏說文五音韻譜 94、303

重刊許氏說文解字五音韻譜 303

重刊改併五音集韻 421

重刊改併五音類聚四聲篇 305

重刊經史證類大全本草 337

重刊黃文獻公文集 588

重刊增廣門類換易新聯詩學攔江網 387

重修政和經史證類備用本草 282

重修考古圖 501

重校正唐文粹 259、260、377、378、597、598(2)、599

2071_4 毛

毛詩 33

毛詩古音考 401

2090_4 集

集韻 101

集千家注杜工部詩集 548、549、551(2)、552、553

集千家注批點杜工部集 208

集千家注分類杜工部集 207、356

2110_0 上

上京紀行詩 590

2121_7 盧

盧戶部詩集 218

2122_7 鬳

鬳齋考工記解 638、639

2180_6 貞

貞觀政要 323、438、439

2191_2 經

經濟類編 451

經進周曇詠史詩 220

經史證類大全本草 337

經典釋文 82

2198_6 穎

穎濱先生詩集傳 397

2224_7 後

後漢書 310、667

後村居士集 246、247

2277_0 山

山谷老人刀筆 238、653

山堂先生群書考索 648

2393_2 稼

稼村先生類稾 586

2396_1 稽

稽古錄 119、313

2440_0 升

升庵詩話 628

2441_2 勉

勉齋先生黃文肅公文集 367

2498_6 續

續資治通鑑綱目 443、444、445

續資治通鑑長編 121

2590_0 朱

朱文公校昌黎先生集 15、213、215（2）、697

朱子語類 170

2600_0 白

白玉蟾海瓊摘稿 585

白孔六帖 517、518(2)、519、671

　　　　自

自警編 189、190

2610_4 皇

皇元風雅 383

2690_0 和

和靖先生文集 228

2691_4 程

程幼博墨苑 534

2721_0 佩

佩觿 6、98

2722_0 御

御題唐陸宣公集 14

御題三禮圖 5

御題班馬字類 8

御題朱文公校昌黎先生集 15

御題佩觿 6

御題增廣注釋音辨唐柳先生集 20

御題易傳 1

御題算經 9

御題尚書詳解 2

2723_2 象

象山先生全集 579

2731_2 鮑

鮑氏國策 130

2760_3 魯

魯齋遺書 371

2760_4 各

各庫提入天祿琳琅明版書目 834

2791_7 絕

絕妙詞選 388、629

2796_2 紹

紹興十八年同年小錄 147

2825_3 儀

儀禮 41、42

儀禮注疏 403

儀禮經傳續 292

儀禮經傳通解 291

儀禮圖 43

2998_0 秋

秋崖先生小藁 581

秋崖小稿 581

3010_6 宣

宣和博古圖錄 689

宣和奉使高麗圖經 145

3011_4 淮

淮海集 239、364

3011_7 瀛

瀛奎律髓 383

3012_3 濟

濟北晁先生雞肋集 572、573

3023_2 家

家語 154、155

3030_3 寒

寒山子詩集 205

3060_8 容

容齋隨筆五集 495

3090_4 宋

宋文鑑 602、603

宋朱晦菴先生名臣言行錄 453、455

宋名臣言行錄 453、455

宋藝圃集 625

宋林和靖先生詩集 564

宋史全文續資治通鑑 318

宋陳少陽先生盡忠錄 457

3111_1 涇

涇野先生五經說 412

3112_0 河

河東先生集 561

河防一覽 450

3116_1 潛

潛虛 340

3130_4 迂

迂齋先生標注崇古文訣 382、606

3210_0 淵

淵穎吳先生集 372、590

3214_7 浮

浮溪文粹 574

3230_2 近

近代名臣言行錄 455

3300_0 心

心經附注 488

3318_6 演

演繁露 187

3390_4 梁

梁谿漫志 187

梁昭明太子文集 204

3413_1 法

法帖釋文考異 503

3413_4 漢

漢雋 141、142、329、461

漢魏六朝一百三家集 607

漢魏叢書 512

漢官儀 200

漢隸字源 420

漢書 115

漢書評林 460、461

3510_6 沖

沖虛至德真經 157、158(2)

3521_8 禮

禮記 46、48、49、680

禮記集說 403、683

禮記集說大全 405

禮記注 680

禮經會元 289、290、682

3526_0 袖

袖珍方大全 534

3610_2 泊
泊如齋重修考古圖 501

3612_7 渭
渭南文集 366

3614_7 漫
漫塘劉先生文集 245

3722_0 初
初學記 192、516

3730_1 逸
逸周書 435

3730_2 通
通志 329、472(2)
通鑑續編 317
通鑑釋文辨誤 313
通鑑總類 139(2)、141、314
通鑑紀事本末 122、124(2)、446

3730_8 選
選詩補注 376

3780_6 資
資治通鑑 120、441
資治通鑑綱目 315、443、444、445、670
資治通鑑考異 312

3813_1 冷
冷齋夜話 341(2)

3815_7 海
海錄碎事 519

3830_6 道
道園學古錄 373、589

4000_0 十
十一家注孫子 156
十三經注 409
十七史詳節 134、327(2)、463、465

4001_7 九
九經 80、679

4003_0 大
大唐六典 448
大唐開元禮 277
大廣益會玉篇 98、99、100、303、304、663
大學衍義 488、644、645、689
大戴禮記 50、51、52
大易粹言 26

太
太玄經 180、485
太學新增合璧聯珠聲律萬卷菁華 266

4010_1 左
左氏春秋鐫 408

4010_4 圭
圭齋文集 591(2)

4022_7 南
南唐書 323
南豐先生元豐類藁 360、570、571
南豐曾子固先生集 226
南軒先生文集 243
南華真經 482、483

4040_7 李
李文公集 357

李太白詩 547
李太白文集 672

4050₆ 韋
韋蘇州集 210、212、553、554、651

4060₀ 古
古文奇賞 613
古文苑 261、262、381
古詩紀 619
古論大觀 616
古樂府 618
古史 126、127、128、668
古今文章正印 264
古今韻分注撮要 426
古今韻會舉要 423
古今紀要 138
古今逸史 513
古今事物原始 527

4062₁ 奇
奇姓通 533

4071₀ 七
七經圖 415
七修類稿 497

4080₁ 真
真文忠公續文章正宗 263、674

4094₈ 校
校正北史詳節 137

4199₁ 標
標題蜀本三蘇文 232

4240₀ 荊
荊川先生右編 450

4304₂ 博
博雅 416
博物志 197
博古圖錄考正 500

4402₇ 考
考古圖 502

4410₄ 董
董仲舒集 537

4411₂ 范
范文正公集 222、223

4414₇ 坡
坡門酬唱 278

4420₇ 夢
夢溪筆談 186

4421₄ 花
花間集 269

4422₇ 莆
莆陽知稼翁集 575

4440₇ 孝
孝經 77
孝肅包公奏議集 325

4442₇ 萬
萬首唐人絕句 265

4445₆ 韓
韓文考異 558
韓非子 480

4462₇ 荀
荀子 481(2)

4471₂ 老
老子荀子揚子文中子 154

4471₇ 世
世說新語 505、646
世說新語補 505
世範 493

4473₁ 藝
藝文類聚 191、514、515

4477₇ 舊
舊唐書 434

4480₁ 楚
楚辭 203
楚辭王注 536
楚辭集注 203
楚辭補注 203
楚故略 469

4480₆ 黃
黃帝內經 177
黃文獻公文集 588

4491₀ 杜
杜氏通典 471
杜樊川集 559

4491₄ 權
權文公詩集 213

4492₇ 菊
菊坡叢話 626

4498₆ 橫
橫浦先生文集 242

4541₀ 姓
姓氏急就篇 532

4593₂ 隸
隸釋 420

4614₀ 埤
埤雅 417
埤雅廣要 418

4722₇ 鶴
鶴林玉露 353、508

4772₀ 切
切韻指掌圖 684

4816₆ 增
增廣注釋音辨唐柳先生集 20、216、
　　217(2)、358、359
增廣鐘鼎篆韻 632
增廣類聯詩學大全 627
增修詩話總龜 633
增修詩學集成押韻淵海 346、348
增修互注禮部韻略 301、685、686
增修埤雅廣要 418
增修事文類聚翰墨全書後丙集 351
增修東萊書說 32
增修陸狀元集百家注資治通鑑詳
　　節 316
增刊校正王狀元集注分類東坡先生
　　詩 235
增入諸儒議論杜氏通典詳節 148
增類揀聯詩學攔江網 387

4864₀ 故
故宮善本書庫元版書目 834
故宮善本書庫宋版書目 834

4893₂ 松
松雪齋文集 369

4894₁ 枏
枏櫚集 574

4895₇ 梅
梅亭先生四六標準 367
梅溪先生文集 576、577

4942₀ 妙
妙絕古今 265、611、612

5000₆ 史
史記 103、105、108、109、112、430、
　431、665
史記評林 458、460
史記索隱 113

中
中說 485
中興以來絕妙詞選 629、655

5000₇ 事
事文類聚翰墨大全前集 350
事文類聚翰墨全書 349
事詞類奇 531
事物紺珠 527
事物紀原 525、526
事類賦 195、342

5010₆ 畫
畫繼 182

5060₁ 書
書記洞詮 615
書集傳 286
書經大全 636

書傳輯錄纂注 287
書傳大全 396、635
書傳會選 395、396
書苑菁華 183
書纂言 630

5060₃ 春
春秋意林 688
春秋諸傳會通 292
春秋集傳大全 407
春秋集注 69、71
春秋師說 295
春秋經傳 56
春秋經傳集解 58、62、64、65、66、67、
　68、293、406(3)
春秋左氏傳補注 297
春秋胡傳 294、295、405
春秋屬辭 297
春秋繁露 74

5090₃ 素
素問病機氣宜保命集 338

5090₄ 秦
秦漢文鈔 605

5090₆ 東
東巖周禮訂義 40
東坡先生奏議 325
東坡奏議 326
東坡書傳 394、395
東坡易傳 390
東萊先生音注唐鑑 439、440
東萊先生晉書詳節 136
東萊先生校正北史詳節 137

東萊標註三蘇文集 381
東萊呂太史集 240

5225_7 靜
靜修先生文集 585

5260_2 哲
哲匠金桴 628

5560_6 曹
曹子建集 355

5602_7 揚
揚子法言 166

5704_7 輟
輟耕錄 508

5806_1 拾
拾遺記 352

6010_2 疊
疊山謝先生文集 583

6010_4 墨
墨池編 183

6012_7 蜀
蜀本標題三蘇文 232

6015_3 國
國語 319、436、437、640
國語解 319、436、437
國朝諸臣奏議 131、641

6021_0 四
四十家雜說 512
四書辨疑 298
四書待問 631
四明尊堯集 456

四明志 143

6022_7 易
易傳 1
易象大旨 393
易小傳 271

6040_4 晏
晏子春秋 336(2)

6060_0 呂
呂氏家塾讀詩記 36、38
呂氏春秋 483

昌
昌黎先生詩集 216
昌黎先生集 555、557(2)、558

6080_4 吳
吳越春秋 147
吳都文粹 634

6090_4 困
困學紀聞 341

6355_0 戰
戰國策 129、320、321

6402_7 晞
晞髮集 584

6502_7 嘯
嘯堂集古錄 184

6706_2 昭
昭仁殿書目 832

6805_7 晦
晦庵先生文集 244
晦庵先生朱文公文集 578

書名索引 /849

7121₁ 歷
歷代帝王法帖釋文考異 503
歷代文紀 608
歷代名臣奏議 453
歷代地理指掌圖 470
歷代臣鑑 494
歷代鐘鼎彝器款識 274、301、302、
　418、641
歷代鐘鼎彝器款識法帖 301、302、418

7210₀ 劉
劉子 185、633
劉向說苑 484
劉賓客外集 359

7420₀ 附
附釋音尚書注疏 32

7529₆ 陳
陳眉公先生訂正丹淵集 573
陳少陽先生盡忠錄 457

7622₇ 陽
陽山顧氏文房小說 657

7721₀ 風
風俗通義 339

7721₄ 隆
隆平集 125

7722₀ 周
周禮 39
周禮集說 288
周禮注 637
周秦兩漢文選 605
周易 23

周易經傳集程朱解附錄纂注 284
周易傳義大全 391、659
周易本義 24
周易輯聞 30
周易全書 392
周髀算經 178

陶
陶靖節集 355、538、539、540(2)

7724₁ 屏
屏山集 364、365

7736₄ 駱
駱子集注 541

7740₇ 學
學海 509
學易記 284

7744₀ 丹
丹淵集 573
丹鉛總錄 496

7777₂ 關
關氏易傳 390

7778₂ 歐
歐陽文忠公集 361、567、568

7810₇ 監
監本附音春秋穀梁傳注疏 73(2)

7876₆ 臨
臨川吳文正公集 587
臨川吳文正公草廬先生集 587
臨川先生文集 229、230

8010_4 全
全唐詩話 386、625

8010_9 金
金石文 502
金佗編 458
金薤琳琅 504
金史 311

8022_1 前
前後漢紀 117、118、437
前漢書 309、665

8022_7 分
分類補注李太白詩 356、357

8033_1 無
無爲集 225

8033_3 慈
慈谿黃氏日鈔 490
慈溪黃氏日抄分類 490
慈湖先生遺書 579

8060_6 曾
曾南豐先生文粹 227

8073_2 公
公是先生七經小傳 85

8612_7 錦
錦繡萬花谷 197

8640_0 知
知稼翁集 575

8718_2 欽
欽定天祿琳琅書目 798、799、800、
　801、802(2)、803、804(2)、805
　(2)、806、807、808、809、810、811
　(2)、813、814(3)、815(3)、816、
　817(6)
欽定天祿琳琅書目後編 817、819、
　820、821、822(2)
欽定天祿琳琅書目前編後編 822、
　823(2)、824、825、826(3)、827
　(2)、828(2)、829、830、831

8822_0 竹
竹洲文集 366

8823_2 篆
篆文楚騷 536

8844_6 算
算經 9

8850_3 箋
箋注唐賢絕句三體詩法 619
箋注陶淵明集 204、650

8872_7 節
節孝先生文集 228、568

8877_7 管
管子 479(2)

8890_3 纂
纂圖互注六子全書 152
纂圖互注荀子 160、161
纂圖互註南華真經 159(2)、160
纂圖互注揚子法言 161、164
纂圖互注尚書 31

9022_7 常
常建詩集 209

尚
尚書詳解 2
尚書纂傳 630

9188₆ 類
類箋唐王右丞詩集 543、544

9501₀ 性
性理大全 491
性理大全書 491

9592₇ 精
精鐫海若湯先生校訂音釋五侯鯖字海 421

參考文獻

專著及工具書(按首字音序排列)

B

《寶禮堂宋本書錄》.潘宗周撰.張元濟編.《中國歷代書目題跋叢書》第二輯.上海：上海古籍出版社,2007

《北京大學圖書館藏"大倉文庫"書志》.北京大學圖書館編.北京：中華書局,2014

《北京大學圖書館藏古籍善本書目》.北京大學圖書館編.北京：北京大學出版社,1999

《北京大學圖書館藏善本書錄》.張玉範、沈乃文主編.北京：北京大學出版社,1998

《北京師範大學圖書館古籍善本書目》.北京師範大學圖書館古籍部編.北京：北京圖書館出版社,2002

《北京圖書館古籍善本書目》.北京圖書館編.北京：書目文獻出版社,1988

《北京圖書館普通古籍總目》第一卷《目錄門》.北京圖書館編.北京：書目文獻出版社,1990

《北京文物精粹大系·古籍善本卷》.梅寧華、陶信成主編.北京：北京出版社,2001

《皕宋樓藏書志》.(清)陸心源撰.清光緒八年(1882)十萬卷樓刊本

《柏克萊加州大學東亞圖書館中文古籍善本書志》.柏克萊加州大學圖書館編.上海：上海古籍出版社,2005

C

《藏書紀事詩(附補正)》.(清)葉昌熾撰,王欣夫補正,徐鵬輯.上海：上海古籍出版社,1989

《藏園訂補邵亭知見傳本書目》.(清)莫友芝撰.傅增湘訂補,傅熹年整理.

北京：中華書局，1993

《藏園群書經眼錄》．傅增湘撰．北京：中華書局，2009

《藏園群書題記》．傅增湘撰．上海：上海古籍出版社，1989

《成簣堂善本書目》及《成簣堂善本書影七十種》．［日］蘇峰先生古稀祝賀紀念刊行會編．日本昭和七年（1932）矢野國太郎影印暨鉛印本

D

《大倉文化財團漢籍善本目錄》．日本大倉文化財團編．東京：大倉文化財團，1964

《大觀——宋版圖書特展》．林柏亭主編．臺北："國立故宮博物院"，2006

《第一批國家珍貴古籍名錄圖錄》．中國國家圖書館、中國國家古籍保護中心編．北京：國家圖書館出版社，2008

《第二批國家珍貴古籍名錄圖錄》．中國國家圖書館、中國國家古籍保護中心編．北京：國家圖書館出版社，2010

《第三批國家珍貴古籍名錄圖錄》．中國國家圖書館、中國國家古籍保護中心編．北京：國家圖書館出版社，2012

《第四批國家珍貴古籍名錄圖錄》．中國國家圖書館、中國國家古籍保護中心編．北京：國家圖書館出版社，2014

《東北地區古籍綫裝書聯合目錄》．遼寧省圖書館、吉林省圖書館、黑龍江省圖書館編．瀋陽：遼海出版社，2003

《東華錄》．（清）蔣良騏撰．北京：中華書局，1980

《杜集書錄》．周采泉著．上海：上海古籍出版社，1986

F

《傅斯年圖書館善本古籍題跋輯錄》．湯蔓媛纂輯．臺北："中央研究院"歷史語言研究所慶祝史語所八十周年籌備會，2008

G

《甘肅省圖書館善本書目》．甘肅省圖書館典藏部編．甘肅省圖書館1989年影印本

《剛伐邑齋藏書志》.袁榮法撰.臺北:"國立中央圖書館",1988
《稿本中國古籍善本書目書名索引》.天津圖書館編.濟南:齊魯書社,2003
《古籍版本鑑賞》.魏隱儒著.北京:北京燕山出版社,1997
《古籍版本題記索引》.羅偉國、胡平編.上海:上海書店,1991
《古籍刻工名錄》.張振鐸著.上海:上海書店,1996
《古籍宋元刊工姓名索引》.王肇文主編.上海:上海古籍出版社,1990
《古籍珍稀版本知見錄》.施廷鏞編著、李雄飛校訂.北京:北京圖書館出版社,2005
《古書經眼錄》.雷夢水著.濟南:齊魯書社,1984
《故宮藏書目錄匯編》.煮雨山房編.北京:中華書局,2004
《故宮殿本書庫現存目》.(清)陶湘編.民國二十二年(1933)故宮博物院圖書館鉛印本
《故宮國寶宮外流失秘笈》.向斯著.北京:中國書店,2007
《故宮善本書目》.張允亮編.民國二十三年(1934)北平故宮博物院鉛印本
《故宮善本書庫宋版書目》、《故宮善本書庫元版書目》及《各庫提入天祿琳琅明版書目》三種.合訂爲一冊.民國抄本.中國國家圖書館藏,書號149753
《故宮善本書影初編》.故宮博物院圖書館藏,傅增湘選,張允亮編.民國十八年(1929)北平故宮博物院圖書館排印本
《故宮圖書及內務檔案史料》.煮雨山房編.揚州:廣陵書社,2008
《故宮物品點查報告》.清室善後委員會編.民國十四年(1925)排印本
《顧廷龍文集》.顧廷龍著.上海:上海科學技術文獻出版社,2002
《館藏精選》.上海圖書館編.上海:上海科學技術文獻出版社,1996
《國寶大觀》.梁白泉主編.上海:上海文化出版社,1990
《"國家圖書館"善本書志初稿(經部)》.臺北"國家圖書館"編.臺北:"國家圖書館",1996
《"國家圖書館"善本書志初稿(史部)》.臺北"國家圖書館"編.臺北:"國家圖書館",1997
《"國家圖書館"善本書志初稿(子部)》.臺北"國家圖書館"編.臺北:"國家圖書館",1998
《"國家圖書館"善本書志初稿(集部)》.臺北"國家圖書館"編.臺北:"國家圖書館",1999
《國家圖書館藏古籍題跋叢刊》.中國國家圖書館編.北京:北京圖書館出

版社,2002

《"國立故宮博物院"藏沈氏研易樓善本圖錄》."國立故宮博物院"編.臺北:"國立故宮博物院",1986

《"國立故宮博物院"善本舊籍總目》."國立故宮博物院"編.臺北:"國立故宮博物院",1983

《"國立故宮博物院"宋本圖錄》."國立故宮博物院"編.臺北:"國立故宮博物院",1977

《"國立"臺灣大學圖書館增訂善本書目》.臺灣大學圖書館編.臺北:臺灣大學,2011

《"國立中央圖書館"典藏國立北平圖書館善本書目》."國立中央圖書館"編.臺北:"國立中央圖書館",1969

《"國立中央圖書館"善本書目》."國立中央圖書館"編.臺北:"中華叢書委員會",1958

《"國立中央圖書館"善本書目初稿》(《屈萬里先生全集》第十六輯).屈萬里編.臺北:聯經出版事業公司,1985

《"國立中央圖書館"金元本圖錄》."國立中央圖書館"編.臺北:"中華叢書委員會",1961

《"國立中央圖書館"善本題跋真蹟》."國立中央圖書館"特藏組編.臺北:"國立中央圖書館",1982

《"國立中央圖書館"善本序跋集錄》."國立中央圖書館"編.臺北:"國立中央圖書館",1992

《"國立中央圖書館"宋本圖錄》."國立中央圖書館"編.臺北:"中華叢書委員會",1958

H

《海王邨古籍書目題跋叢刊》.中國書店編.北京:中國書店,2008

《涵芬樓燼餘書錄附涵芬樓原存善本草目》.張元濟編.上海:商務印書館,1951

《湖南省志·第二十八卷·文物志》.湖南省地方志編纂委員會編.長沙:湖南出版社,1995

《湖南圖書館古籍綫裝書目錄》.湖南圖書館編.北京:綫裝書局,2007

J

《冀淑英文集》.冀淑英著.北京:北京圖書館出版社,2004
《江浙藏書家史略》.吳晗著.北京:中華書局,1981

L

《歷代珍稀版本經眼圖錄》.吳希賢輯匯.北京:中國書店,2003
《遼寧省圖書館藏古籍精品圖錄》.王筱雯主編.瀋陽:瀋陽出版社,2008

M

《馬衡日記:一九四九年前後的故宮》.馬衡著.北京:紫禁城出版社,2006
《滿宮殘照記》.秦翰才撰.《民國史料筆記叢刊》.上海:上海書店出版社,1998
《滿目琳琅:"國立中央圖書館"善本特藏》."國立中央圖書館"編.臺北:"國立中央圖書館",1993
《美國國會圖書館藏中國善本書目》.王重民輯錄、袁同禮重校.臺北:文海出版社,1972
《美國哈佛大學哈佛燕京圖書館藏中文善本書志》.沈津主編.桂林:廣西師範大學出版社,2011
《蒙元版刻綜錄》.潘國允、趙坤娟編著.呼和浩特:內蒙古大學出版社,1996
《明代版本圖錄》.潘承弼、顧廷龍編.上海:上海書店,1996
《明代刊工姓名索引》.李國慶編.上海:上海古籍出版社,1998
《明代書目題跋叢刊》.馮惠民、李萬健等選編.北京:書目文獻出版社,1994
《明清上海稀見文獻五種》.(明)李紹文等撰.北京:人民文學出版社,2006
《明清以來公藏書目匯刊》.北京圖書館古籍影印室輯.北京:北京圖書館出版社,2008

Q

《祁陽陳澄中舊藏善本古籍圖錄》.中國國家圖書館、上海圖書館、中國嘉德國際拍賣有限公司合編.上海:上海古籍出版社,2006
《謙牧堂藏書總目》二卷.(清)納蘭揆敍撰.清道光十年(1830)劉氏味經書屋抄本,中國國家圖書館藏,書號2807
《清代帝后璽印譜》.故宮博物院編.北京:紫禁城出版社,2005
《清代天祿琳琅藏書印記研究》.賴福順著.臺北:"中國文化大學"出版部,1991
《清高宗御製詩文全集》.(清)高宗撰,梁國治、董誥等奉敕編.臺北:"國立故宮博物院"據清乾隆間武英殿刊本影印本,1976
《清宮藏書》.齊秀梅、楊玉良等著.北京:紫禁城出版社,2005
《清宮述聞(初、續編合編本)》.章乃煒、王藹人編.北京:紫禁城出版社,1990
《清宮物品點查報告》.清室善後委員會編.北京:綫裝書局,2004
《清人別集總目》.李靈年、楊忠主編.合肥:安徽教育出版社,2000
《清人書目題跋叢刊》.中華書局編輯部編.北京:中華書局,1990—1995
《全明分省分縣刻書考》.杜信孚、杜同書著.北京:綫裝書局,2001
《群碧樓善本書目》.鄧邦述撰.臺北:廣文書局,1967

R

《日本藏漢籍善本書志書目集成》.賈貴榮編.北京:北京圖書館出版社,2003
《日本藏宋人文集善本鈎沉》.嚴紹璗編撰.杭州:杭州大學出版社,1996
《日藏漢籍善本書錄》.嚴紹璗編著.北京:中華書局,2007

S

《上海圖書館藏宋本圖錄》.上海圖書館編.上海:上海古籍出版社,2010
《上海圖書館善本書目》.上海圖書館編.1957年上海圖書館綫裝鉛印本
《士禮居藏書題跋記》.(清)黃丕烈撰,潘祖蔭輯,周少川點校.北京:書目文獻出版社,1989

《書林清話書林餘話（插圖本）》. 葉德輝著. 上海：上海古籍出版社，2008
《書林瑣記》. 雷夢水著. 北京：人民日報出版社，1988
《四川省古籍善本書聯合目錄》. 四川省中心圖書館委員會辦公室主編. 成都：四川辭書出版社，1989
《四庫存目標注》. 杜澤遜著. 上海：上海古籍出版社，2007
《四庫全書總目》.（清）永瑢等撰. 北京：中華書局，1965
《四庫全書總目提要補正》. 胡玉縉著，王欣夫輯. 北京：中華書局，1964
《宋版書考錄》.（清）黃丕烈等撰. 北京：北京圖書館出版社，2003
《宋版書敘錄》. 李致忠著. 北京：北京圖書館出版社，1997
《宋人別集敘錄》. 祝尚書著. 北京：中華書局，1999
《宋人文集編刻流傳叢考》. 王嵐著. 南京：江蘇古籍出版社，2003
《宋人總集敘錄》. 祝尚書著. 北京：中華書局，2004
《宋元版刻圖釋》. 陳堅、馬文大撰輯. 北京：學苑出版社，2000
《宋元版書目題跋輯刊》. 賈貴榮、王冠輯. 北京：北京圖書館出版社，2003
《宋元舊本書經眼錄邵亭書畫經眼錄》.（清）莫友芝著，張劍點校. 北京：中華書局，2008
《宋元書刻牌記圖錄》. 林申清編撰. 北京：北京圖書館出版社，1999

T

《臺灣公藏宋元本聯合書目》. 昌彼得編. 臺北："國立中央圖書館"，1955
《弢翁藏書年譜》. 李國慶編著，周景良校. 合肥：黃山書社，2000
《天津圖書館古籍善本書目》. 天津圖書館編. 北京：國家圖書館出版社，2008
《天津圖書館古籍善本圖錄（定級圖錄）》. 天津圖書館編. 天津：天津古籍出版社，2009
《天祿琳琅：乾隆御覽之寶》. 馮明珠主編. 臺北："國立故宮博物院"，2007
《天祿琳琅查存書目》. 施廷鏞編. 民國間吳興沈氏感峰樓抄本
《天祿琳琅書目》.（清）于敏中、彭元瑞等撰. 清光緒十年（1884）長沙王先謙刻本
《天祿琳琅書目天祿琳琅書目後編》.（清）于敏中、彭元瑞等撰，徐德明標點. 上海：上海古籍出版社，2007
《天祿琳琅研究》. 劉薔著. 北京：北京大學出版社，2012

《天祿珍藏:清宮內府本三百年》.故宮博物院編.北京:紫禁城出版社,2007
《圖書寮典籍解題·漢籍篇》.[日本]宮內廳書陵部編.《日本宮內廳書陵部藏宋元版漢籍影印叢書》第二輯,北京:綫裝書局,2003

W

《王子霖古籍版本學文集》.王雨著,王書燕編纂.上海:上海古籍出版社,2006
《文獻家通考》.鄭偉章著.北京:中華書局,1999
《文淵閣四庫全書(電子版)》.(清)允祿等纂.上海:上海人民出版社;香港:迪志文化出版有限公司,1999
《五十萬卷樓群書跋文》.莫伯驥撰.民國三十七年(1948)鉛印本

X

《香港大學馮平山圖書館藏善本書錄》.香港大學馮平山圖書館編.香港:香港大學出版社,2003
《辛亥以來藏書紀事詩(外二種)》.倫明等著,楊琥點校.北京:北京燕山出版社,1999
《新中國古舊書業》.趙長海著.長春:吉林文史出版社,2009
《續修四庫全書總目提要(經部)》.中國科學院圖書館整理.濟南:齊魯書社,1996

Y

《葉德輝集》.葉德輝撰,王逸明主編.北京:學苑出版社,2007
《一九一一至一九八四影印善本書序跋集錄》.北京圖書館善本組編.北京:中華書局,1995
《蛾術軒篋存善本書錄》.王欣夫著.上海:上海古籍出版社,2002
《漁洋讀書記》.王紹曾、杜澤遜編.青島:青島出版社,1991

Z

《增訂四庫簡明目錄標注》. 邵懿辰撰、邵章續錄. 上海:上海古籍出版社，1959年版 1979年新1版

《增訂蟫庵群書題識》. 昌彼得著. 臺北:臺灣商務印書館股份有限公司, 1997

《增訂中國訪書志》.［日］阿部隆一著. 東京:汲古書院, 1983

《張元濟古籍書目序跋彙編》. 張人鳳編. 北京:商務印書館, 2003

《中國版本目錄學書籍解題》.［日］長澤規矩也著，梅憲華等譯. 北京:書目文獻出版社, 1990

《中國版刻圖錄》. 北京圖書館編. 北京:文物出版社, 1960

《中國藏書家通典》. 李玉安、黃正雨著. 北京:中國國際文化出版社, 2005

《中國傳世文物收藏鑑賞全書·古籍善本》. 呂濟民、易行主編. 北京:綫裝書局, 2006

《中國雕版源流考》. 孫毓修撰. 上海:商務印書館, 1934

《中國古代的藏書印》. 吳芹芳、謝泉著. 武漢:武漢大學出版社, 2015

《中國古籍版本學》. 曹之著. 武漢:武漢大學出版社, 1992

《中國古籍版刻辭典》. 瞿冕良編著. 濟南:齊魯書社, 1999

《中國古籍稿鈔校本圖錄》. 陳先行等編. 上海:上海書店, 2000

《中國古籍善本書目》. 中國善本書目編委會編. 上海:上海古籍出版社, 1996

《中國古籍善本總目》. 翁連溪編校. 北京:綫裝書局, 2005

《中國古籍文獻拍賣圖錄（2001～2002年）》. 姜尋編. 北京:北京圖書館出版社, 2003

《中國古籍文獻拍賣圖錄年鑑（2003年卷）》. 姜尋編. 北京:中華書局, 2004

《中國古籍文獻拍賣圖錄年鑑（2004年卷）》. 姜尋編. 北京:中華書局, 2005

《中國古籍原刻翻刻與初印後印研究》. 郭立暄著. 上海:中西書局, 2015

《中國國家圖書館古籍珍品圖錄》. 任繼愈主編. 北京:北京圖書館出版社, 1999

《中國拍賣古籍文獻目錄》. 姜尋編. 上海:上海書店出版社, 2001

《中國善本書提要》. 王重民著. 上海:上海古籍出版社, 1983

《中國善本書提要補編》.王重民著.北京:書目文獻出版社,1991
《中國書店三十年所收善本書目》.中國書店編.北京:中國書店出版社,1982
《中國藝術品投資與鑑寶叢書·古籍善本》.黃燕生撰.北京:中國水利水電出版社,2005
《中國印刷史(插圖增訂本)》.張秀民著、韓琦增訂.杭州:杭州古籍出版社,2006
《中國著名藏書家書目匯刊(近代卷)》.林夕主編.北京:商務印書館,2005
《周叔弢古書經眼錄》.周叔弢著.北京:國家圖書館出版社,2009
《中華人民共和國圖書館博物館群藝館文化館大典》.詹福瑞、呂福申主編.北京:國家圖書館出版社,2009
《中華印刷通史》.張樹棟、龐多益等主編.北京:印刷工業出版社,1999
《中華再造善本》.北京圖書館出版社編.北京:北京圖書館出版社,2006
《中山大學圖書館古籍善本書目》.中山大學圖書館編.桂林:廣西師範大學圖書館,2004
《"中央研究院"歷史語言研究所傅斯年圖書館善本書志》.傅斯年圖書館善本書志編纂小組編.臺北:"中央研究院"歷史語言研究所,2013
《朱修伯批本四庫簡明目錄》.(清)朱學勤標注.北京:北京圖書館出版社,2001
《自莊嚴堪善本書目》.冀淑英編.天津:天津古籍出版社,1985

論　文(以發表時間爲序,同一作者的文章集中編排)

施廷鏞:《天祿琳琅查存書目》,《圖書館學季刊》第1卷第3期,1926年9月

袁同禮:《明代私家藏書概略》,《圖書館學季刊》第2卷第1期,1927年3月

北京圖書館:《館藏中文善本書書目》,《北京圖書館月刊》第1卷第4號,1928年

《清熱河避暑山莊各殿宇陳設書籍目錄》,《圖書館學季刊》第8卷第1期,1934年3月

南　銑:《說〈續古逸叢書〉影宋本〈漢官儀〉》,《圖書季刊》新第2卷第4期,1940年12月

金毓黻:《〈纂圖互註六子〉殘本考》,《國立瀋陽博物院籌備委員會匯刊》,1947年第1期

蔣復璁:《臺灣藏書的鳥瞰》,《大陸雜誌》第8卷第2期、第3期,1954年1月、2月

昌彼得:《元刊本贋品知見記》,《民主評論》第10卷第16期,1959年8月

昌彼得:《古書作偽舉例及如何鑑別》,《古書鑑定與維護研習會專集》,(臺北)"中國圖書館學會"1985年版

昌彼得:《古版本鑑別雜譚一——版本鑑別的淵源》,《故宮文物月刊》第9卷第2期,1991年5月

昌彼得:《古版本鑑別雜譚二——清內府藏書的偽本》,《故宮文物月刊》第9卷第3期,1991年6月

昌彼得:《古版本鑑別雜譚三——常見的宋版贋品》,《故宮文物月刊》第9卷第5期,1991年8月

昌彼得:《古版本鑑別雜譚四、五——如何鑑別宋版(上)(下)》,《故宮文物月刊》第9卷第7—8期,1991年10—11月

昌彼得:《古版本鑑別雜譚六——常見的元版贋本》,《故宮文物月刊》第9卷第9期,1991年12月

昌彼得:《志存文獻,名留宛委——悼念沈仲濤先生》,《故宮文物月刊》第11卷第4期,1993年7月

昌彼得:《〈論語〉版本源流考析》,《故宮學術季刊》第12卷第1期,1994年10月

趙鐵寒:《北宋刊〈史記〉五種版本辨正》,《大陸雜誌》第23卷第2期、第3期,1961年7月、8月

吳哲夫:《宋版〈龍龕手鑑〉(善本書志)》,《"國立故宮博物院"圖書季刊》第1卷第3期,1971年1月

吳哲夫:《故宮博物院善本舊籍圖書的典藏維護及宣揚》,《華學月刊》第62期,1977年2月

吳哲夫:《簡談善本書志》,《圖書與圖書館》第3輯,1977年4月

吳哲夫:《天祿琳琅書目續編著錄之宋版書籍探究》,《"國立中央圖書館"館刊》新11卷第1期,1978年6月

吳哲夫:《皇帝好欺騙——兼談古書的鑑審》,《故宮文物月刊》第1卷第1期,1983年4月

吳哲夫:《天祿琳琅藏書》,《故宮文物月刊》第2卷第7期,1984年10月

吳哲夫:《如何利用版本學知識以從事古書的編目工作》,《書目季刊》第18卷第4期,1985年3月
吳哲夫:《故宮宋版書之旅》,《故宮文物月刊》第3卷第7期,1985年10月
吳哲夫:《故宮藏書鳥瞰》,《故宮文物月刊》第4卷第7期,1986年10月
吳哲夫:《"一百期特輯——百珍集萃"之"歷史傳承——文獻"》,《故宮文物月刊》第9卷第4期,1991年7月
吳哲夫:《沈氏研易樓的宋版書藏》,《故宮文物月刊》第11卷第4期,1993年7月
張月雲:《宋刊〈文選〉李善單注本考》,《故宮學術季刊》第2卷第4期,1975年6月
潘美月:《研易樓主沈仲濤捐贈宋版圖書始末》,《故宮文物月刊》第2卷第1期,1984年4月
潘美月:《宋刻南北朝〈七史〉》,《故宮文物月刊》第2卷第2期,1984年5月
潘美月:《宋刻〈韓柳文集〉》,《故宮文物月刊》第2卷第3期,1984年6月
潘美月:《宋蜀刻〈南華真經〉》,《故宮文物月刊》第3卷第3期,1985年6月
潘美月:《"國立"臺灣大學圖書館所藏古籍的整理》,《"國立中央圖書館"館刊》,第85卷第2期,1996年12月
金鎬、潘美月:《韓國存藏中國古籍調查初稿》,《東亞文獻研究資源論集》,(臺北)學生書局2007年版
盧秀菊:《〈戰國策〉的版本》,《中國書目季刊》第18卷第4期,1985年3月
盧秀菊:《清代盛世之皇室印刷事業》,《中國圖書文史論集》,現代出版社1992年版
盧錦堂:《"國立中央圖書館"館藏善本古籍展覽簡介》,《"國立中央圖書館"館刊》第20卷第2期,1987年12月
盧錦堂:《"國立中央圖書館"搜藏與整理》,《"國立中央圖書館"館刊》第26卷第1期,1994年4月
鄭定國:《論故宮藏明正統五年劉謙刊本〈梅溪先生文集〉五十四卷》,《孔孟月刊》第25卷第11期,1987年7月
張華芝:《古書畫上的"御覽"天地:清乾隆、嘉慶、宣統鈐印題記簡述》,《故宮文物月刊》第9卷第7期,1991年10月
王福壽:《元版圖書特展》,《故宮文物月刊》第9卷第12期,1992年3月

王福壽:《〈天祿琳琅書目〉與古籍善本的整理編目》,《乾隆皇帝的文化大業》,(臺北)"國立故宮博物院"2002年版
吳璧雍:《明版圖書特展》,《故宮文物月刊》第10卷第9期,1992年12月
劉衛林:《"國立故宮博物院"所藏宋刊本〈劉賓客文集〉版本考略》,《漢學研究》第15卷第1期,1997年6月
封思毅:《宋本版心見知什記》,《"國家圖書館"館刊》2005年第1期
劉兆祐:《〈文獻通考〉版本考》,《"國家圖書館"館刊》2005年第2期
劉美玲:《天祿琳琅——乾隆御覽之寶》,《故宮文物月刊》第298期,2008年1月
劉美玲:《天祿琳琅藏書精華——乾隆御筆題識之寶》,《典藏古美術》第186期,2008年3月
劉美玲:《天祿琳琅藏書精華——藏書印記的解讀》,《典藏古美術》第187期,2008年4月
劉美玲:《天祿琳琅藏書精華——以仿亂真的珍本圖書》,《典藏古美術》第188期,2008年5月
劉美玲:《書有運:〈白氏六帖〉、〈孔氏六帖〉的存散與流傳》,《故宮文物月刊》第347期,2012年2月
劉美玲:《四散與俱在——天祿琳琅藏宋明州本〈文選〉的傳藏軌蹟》,《故宮文物月刊》第360期,2013年3月
劉美玲:《失散易再聚難——從天祿琳琅藏宋本〈春秋經傳集解〉談起》,《故宮文物月刊》373期,2014年4月
葉珠紅:《〈天祿琳琅〉續編本〈寒山拾得詩〉辨偽》,《興大人文學報》第37期,2006年9月
許媛婷:《乾坤挪移——從〈南軒先生文集〉看書估之作偽》,《故宮文物月刊》2006年第7期(總第280期)
楊果霖:《清乾隆時期"天祿琳琅"藏書的特點及其現象》,《"國家圖書館"館刊》2006年第2期
楊果霖:《〈天祿琳琅書目〉考訂偽本圖書方法析論》,《書目季刊》第40卷第3期,2006年12月
楊果霖:《〈天祿琳琅書目〉補正析例》,《(臺灣東吳大學)第一屆中國古典文獻學國際學術研討會論文集》,丁原基等主編,(臺北)聖環圖書公司2010年版
楊果霖:《〈天祿琳琅書目〉考辨古籍版本方法述評》,《"國家圖書館"館刊》

2012年第1期

楊果霖:《〈天祿琳琅書目〉鑑別版刻優劣之法析論》,《人文集刊》第10期,2013年8月

楊果霖:《〈天祿琳琅書目〉的整理成果及其展望》,《臺北大學中文學報》第19期,2016年3月

王龍風:《從〈崇文總目〉到〈天祿琳琅書目〉——分析宋明清皇室對於中央宮廷藏書之態度》,《親民學報》14期,2008年7月

羅廣仁:《國家寶藏;天祿琳琅——乾隆皇帝藏書珍品半數在臺灣故宮》,《新聞大舞臺》總59期,2008年第5期

高宜君:《善本古籍的保存修護——以清宮天祿琳琅藏書〈淵穎吳先生集〉為例》,《故宮文物月刊》第317期,2009年8月

曾紀剛:《"國立故宮博物院""天祿琳琅"書考述》,"國立"臺灣大學語文與文獻國際學術研討會論文(臺北,2012年12月7-8日)

曾紀剛:《贋製還應重訂正——說乾隆朝天祿琳琅撤出書》,《故宮文物月刊》第368期,2013年11月

曾紀剛:《院藏"天祿琳琅"書衣小識》,《護帙有道:古籍裝潢特展》,(臺北)"國立故宮博物院"2015年版

曾紀剛:《"國立故宮博物院"藏"天祿琳琅"版本考辨》,《鑑藏——兩岸古籍整理與維護研討會論文集》,(臺灣)漢學研究中心2015年版

[日]岡田武彦著、李乃揚譯:《〈朱子語類〉之成立及其版本》,《華學月刊》80期,1978年8月

[日]彌吉光長:《天祿琳琅書屋の最終書誌——元滿洲皇帝の舊藏書について》,《國學院大學栃木短期大學紀要》一一號,昭和五十二年(1977)二月;又見於《弥吉光長著作集》第五卷《書誌と図書評論》,東京:日外アソシエーツ,1982

[日]阿部隆一著、潘美月譯:《"故宮博物院"藏沈氏研易樓捐贈宋元版本志》,《"國立中央圖書館"館刊》1986年新起卷第2期、1987年新20卷第1期

[日]長澤規矩也:《宋元版偽造的實例》,《長澤規矩也著作集》,第一卷,(東京)汲古書院1982年版

[日]高津孝:《岩元文庫的善本——乾隆帝的遺寶〈臨川先生文集〉一百卷》,《鹿大史學》第47期,1999年

[日]井上進:《岩元文庫訪書記》,《南風》(鹿兒島大學圖書館報)第63期,

2008年6月
[日]尾崎康:《宋代雕版印刷的發展》,《故宮學術季刊》第20卷第4期,
　　2003年夏
王　競:《藏書印訂補蟫林志傳舉例》,《黑龍江圖書館》1980年增1期
陳修紘:《四種明翻刻宋黃善夫本〈史記〉辨》,《中山大學學報》1981年第
　　2期
王國維:《觀堂題跋選錄(子集部分)》,《文獻》1981年第4期
李慶濤:《東雅堂徐氏刻〈昌黎先生集〉辨》,《青海社會科學》1981年第
　　4期
李慶濤:《東雅堂本韓集再議》,《圖書館論壇》2000年第2期
楊殿珣:《略論王重民同志對於版本學的研究》,《圖書館學通訊》1982年
　　第3期
王潔玉:《明刻〈七修類稿〉刊行年代初探》,《圖書館論壇》1982年第4期
包恩梨:《〈通志〉版刻考》,《社會科學戰線》1983年第2期
朱家溍:《我記憶中的馬衡院長》,《中國博物館》1984年第1期
朱家溍:《蕭山朱氏六唐人齋藏書錄》,《收藏家》1998年第3期
李致忠:《略談建國以來北京圖書館入藏的善本書》,《文獻》1984年第
　　3期
李致忠:《北京圖書館入藏宋刻蘇轍〈詩集傳〉》,《文獻》1990年第2期
李致忠:《北京圖書館藏宋版書敘錄之一、二、五、七、十四、十五》,《文獻》
　　1990年第4期;1991年第1期、第4期;1992年第2期;1994年第1
　　－2期
李致忠:《宋刻唐人文集(二)》,《文獻》2005年第3期
陳杏珍:《跋北京圖書館藏金刻本〈南豐曾子固先生集〉》,《文獻》1985年
　　第2期
肖東發:《建陽余氏刻書考略》上、中、下,《文獻》1984年第二十一輯、第二
　　十二輯、1985年第二十三輯
周連寬:《海上書林雜憶一》,《廣東圖書館學刊》1985年第1期
周連寬:《羊城訪書肆記———、書肆巡禮》,《廣東圖書館學刊》1985年第
　　4期
楊玉良:《管窺故宮藏書》,《故宮博物院院刊》1986年第2期
楊玉良:《清宮保護善本古籍小考》,《故宮博物院院刊》1991年第2期
向功晏:《昭仁殿天祿琳琅藏書初探》,《故宮博物院院刊》1987年第1期

向　斯:《清宣統時期流失宮外古籍考》,《收藏家》2001年第12期
趙成山:《金毓黻先生在保護珍善本書刊方面的功績——紀念金毓黻先生誕辰一百周年》,《圖書館學刊》1987年第5期
趙成山、王清原:《長春僞宮善本書源流考》,《圖書館學刊》1990年第3—4期
王清原:《遼寧省圖書館館藏歷史文獻的來源與特色》,《歷史文獻》第四輯,上海科學技術文獻出版社2001年版
王清原:《僞皇宮藏書聚散考》,《文獻》2005年第2期
王清原:《館藏宋代陳道人刻本〈畫繼〉》,《圖書館學刊》2006年第4期
束景南:《宋槧〈晦庵先生文集〉考》,《古籍整理研究學刊》1992年第1期
鍾國清:《珍貴的宋刻本——〈太學新增合璧聯珠聲律萬卷菁華〉》,《圖書館論壇》1992年第2期
周誠望、藍天陽:《略談我館古籍的狀況——紀念開館三十周年》,《圖書館建設》1992年增刊
雷夢水:《琉璃廠掌故拾零》,《中國典籍與文化》1992年第3期
蕭新祺:《我給鄭西諦先生送書》,《上海高校圖書情報學刊》1994年第1期
李國強:《元至正本〈春秋諸傳會通〉述略》,《故宮博物院院刊》1994年第4期
崔文印:《校讀〈天祿琳琅書目〉劄記》,《書品》1996年第3期、第4期
王樹民:《〈宋史紀事本末〉的編著和流傳》,《曙庵文史雜著》,中華書局1997年版
祁慶富:《關於宋乾道本〈宣和奉使高麗圖經〉的幾個問題》,《中國文化研究》1997年第3期
林　夕:《明寒山趙氏小宛堂刻〈玉臺新詠〉版本之謎》,《讀書》1997年第7期
吳榮子:《漢學研究在荷蘭》,《中國典籍與文化》,1998年第2期
郭齊、尹波:《論宋淳熙、紹熙槧本〈晦庵先生文集〉》,《文物》1998年第3期
劉尚恒:《賴著〈清代天祿琳琅藏書印記研究〉評議》,《(臺北)"中國圖書館學會"會報》第61期,1998年
張景栻:《宋刊〈通鑑總類〉》,《藏書家》第1輯,齊魯書社1999年版
汪紹楹:《天祿琳琅續目〈宋本南豐曾子固先生文集〉跋》,《歷史文獻》第1

輯，上海社會科學院出版社1999年版
王　嵐：《范仲淹文集編刻源流考》，《古籍整理研究學刊》1999年第5期
郭大仁：《杜甫草堂博物館館藏古籍探索》，《杜甫研究學刊》2001年第3期
劉其倫：《臺灣"故宮博物院"藏本〈昌黎先生集〉考述》，《文獻》2002年第2期
陳國慶：《瀋陽圖書館藏長春僞宮殘存宋元珍本目錄考略》，《歷史文獻》第6輯，上海科學技術文獻出版社2004年版
胡　堅：《〈欽定天祿琳琅書目〉辨誤補正一則》，《圖書館雜誌》2004年第3期
孟憲鈞：《古籍善本拍賣的回顧與展望(1—4)》，《藝術市場》2003年第1、第4、增1、增2期
趙　榆、利民：《國寶回歸話十年——略述拍賣市場與國寶的回歸》，《收藏家》2004年第3期
韋　力：《大有可爲的古書收藏》，《藝術市場》2004年第7期
韋　力：《天祿琳琅與五經萃室》，《收藏》2016年第1期
蔣文仙：《明代套色印本研究》，華東師範大學古籍研究所中國古典文獻學專業2005年博士論文
張麗娟：《關於北宋"建邑王氏世翰堂"》，《中國典籍與文化》2005年第1期
董運來：《讀〈天祿琳琅書目〉劄記九則》，《圖書館雜誌》2005年第4期
鄧廣銘：《〈陳龍川文集〉版本考》，《鄧廣銘全集》，第十卷，"宋代人物·史事"，河北教育出版社2005年版
趙　姝：《遼寧省博物館藏四種元代刻本》，《遼寧省博物館館刊》第1輯，遼海出版社2006年版
許紅霞：《許衡著述版本考》，《國學研究》第十七卷，北京大學出版社2006年版
陳紅彥：《元刻〈孝經〉考》，《人民日報》(海外版)2006年7月11日
汪桂海：《元刻唐宋人別集》，《文獻》2006年第4期
馬　珂：《蒼茫齋高世異藏書知見兩種》，《上海高校圖書情報工作研究》2007年第2期
王　菡：《唐仲友刻書今存》，《中國典籍與文化》2007年第3期
熊偉華、張其凡：《〈隆平集〉版本考略》，《圖書館論壇》2007年第5期

李勇慧、唐桂艷:《昔日帝王堂前物 今入齊魯奎虛藏——清宮"天祿琳琅"舊物入藏山東省圖書館》,《山東圖書館季刊》2008年第1期

李勇慧、唐桂艷:《山東省圖書館"天祿琳琅"藏書述略》,《第一屆清宮典籍國際研討會論文集》,故宮出版社2014年版

唐桂艷:《略論〈天祿琳琅書目〉的文獻學價值》,《故宮博物院院刊》2007年第2期

俞　冰:《甲一善本考》,《書海蟬蹤》,學苑出版社2008年版

林　夕:《元刻本的鑑賞和收藏》,《藏書家》第13輯,齊魯書社2008年版

楊明照:《〈文心雕龍〉版本經眼錄》,《楊明照論〈文心雕龍〉》,上海科學技術文獻出版社2008年版

劉　冰:《書林奇珍——影宋抄本〈周髀算經〉》,《圖書館學刊》2008年第2期

李最欣:《〈論語筆解〉提要補正》,《古籍整理研究學刊》2008年第3期

居　蜜:《美國國會圖書館敦煌高昌寫經、宋金元本典藏、淵源、版本和數位化》,《北京大學中國古文獻研究中心集刊(第7輯):中國古文獻學與文學國際學術研討會論文集》,北京大學出版社2008年版

顧宏義:《〈天祿琳琅書目〉訂正一則》,《中華文史論叢》總93期,2009年1月

程有慶:《第二批〈國家珍貴古籍名錄〉所收宋元珍籍述要》,《文津流觴》第28期,2009年第4期

丁延峰:《海源閣遺書流入域外考略》,《國家圖書館學刊》2009年第1期

丁延峰:《〈藏園群書經眼錄〉補正(續)》,《圖書館雜誌》2010年第3期

王　楊:《元泰定元年西湖書院刻本〈文獻通考〉》,《人民日報(海外版)》2009年4月6日第8版

向　輝:《關於〈貞觀政要〉明刊本的考釋與疑問》,《文津流觴》2009年第3期

涂秀虹:《明代"按鑑"演義與建陽刻書背景》,《中國典籍與文化》2009年第4期

仝建平:《〈新編事文類聚翰墨全書〉研究》,陝西師範大學歷史系2010年博士論文

孔繁雲:《北京市文物局圖書資料中心藏珍貴古籍述要》,《北京文博》2010年第4期

陳　斌:《明代華亭詩人徐獻忠簡譜》,《中國韻文學刊》2010年第4期

王愛亭：《〈中國古籍善本書目〉舉正》，《圖書館理論與實踐》2011年第5期

柳向春：《趙斐雲先生致徐森玉先生函一通詮解》，《中國典籍與文化》2011年第3期

郎　菁：《許宗魯刻書考略》，《圖書館雜誌》2011年第6期

劉　薔：《清宮"天祿琳琅"前編書的結局與餘緒（增訂版）》，《黃跋‧顧校‧鮑刻與中國古舊書文化》，北嶽文藝出版社2012年版

劉　薔：《天祿遺珍——〈詳注東萊先生左氏博議〉》，《廣韻樓藏書研究論文集》，朝華出版社2012年版

劉　薔：《輯今弃古非同事 天祿文淵故別藏——論〈天祿琳琅書目〉的編纂體例及特點》，《版本目錄學研究》第4輯，北京大學出版社2013年版

劉　薔：《清宮"天祿琳琅"遺書流寓日本考》，《版本目錄學研究》（第5輯），北京大學出版社2014年版

劉　薔：《天祿琳琅——乾隆皇帝的藏書》，《紙向何方：上海博物館"紙文化"系列講座文集》，北京大學出版社2014年版

劉　薔：《論宮廷書目在學術史上的典範意義——以〈天祿琳琅書目〉爲例》，《2014年中文古籍整理與版本目錄學國際學術研討會論文集》，廣西師範大學出版社2015年版

劉　薔：《臺灣現藏天祿琳琅遺書考述》，《"國家圖書館"館刊》2015年第2期

劉　薔：《〈天祿琳琅書目〉前編版本誤判實情蠡測》，《文獻研究新視野——第四屆中國古典文獻學國際學術研討會論文集》，臺灣東吳大學2016年版

張亮、莫再英：《〈六家文選〉版本考》，《圖書館學刊》2012年第2期

劉玉才：《寒山子詩集早期刊本源流鉤沉》，《北京大學學報》2012年第6期

鄧小紅：《清宮書香飄南粵——曾釗與面城樓藏本〈欽定天祿琳琅書目〉》，《紫禁城》2012年第8期

劉　明：《〈纂圖互注揚子法言〉版本考略》，《圖書館雜誌》2010年第11期

劉　明：《國家圖書館入藏清宮天祿琳琅宋元版書探略》，《國家圖書館學刊》2012年第4期

劉　明：《宋刊寒山詩集版本考辨》，《版本目錄學研究》（第5輯），北京大

學出版社 2014 年版

李　軍:《隋赫德、昌齡一族世系疏證》,《紅樓夢學刊》2013 年第 1 期

毛瑞方:《〈許衡集〉版本考》,《歷史文獻研究》總第 32 期,華東師範大學出版社 2013 年版

趙　前:《天祿琳琅舊藏〈六家文選〉辨析》,《宮廷典籍與東亞文化交流國際學術研討會論文集》,故宮博物院 2013 年 7 月

郭立暄:《明洪武蜀藩刻書三種》,《版本目錄學研究》(第 4 輯),北京大學出版社 2013 年版

楊洪濤:《〈天祿琳琅書目・金版史部・貞觀政要〉的考述》,《滄桑》第 5 期,2013 年 10 月

范邦瑾:《元刻本〈道園學古錄〉的探討及校釋》,《版本目錄學研究》第 4 輯,北京大學出版社 2013 年版

王曉靜:《〈天祿琳琅書目〉點校拾零》,《圖書館理論與實踐》2013 年第 7 期

張憲榮:《〈天祿琳琅書目〉所錄"無考"鈐印、責任者考七則》,《現代語文(學術綜合)》2013 年第 7 期

李善強:《天祿琳琅舊藏〈諸儒校正西漢詳節〉流傳考》,《圖書館界》2014 年 4 期

鄧維維:《遼寧省圖書館藏"天祿琳琅"典籍述略》,《圖書館學刊》2015 年第 3 期

張學謙:《〈岳本〉補考》,《中國典籍與文化》2015 年第 3 期

沈　津:《一個美麗的"錯誤"——古籍版本鑑定札記之一》,《南方都市報》2015 年 10 月 18 日 AII09

後 記

2012年9月拙著《天祿琳琅研究》出版，結語述及尚有訪書記錄數十萬字未作董理。當時自忖只要乘興黽勉，這後一部書不久便可完成，有朋聽罷哂之："估計你幾年工夫也未必做得完。"不想竟被言中。白駒過隙，時光駸駸，書稿編定已是四年之後了。

這些訪書記錄始自2009年年初，四處調查，陸陸續續，所見既有天祿琳琅原書，也有縮微膠捲或僅是圖錄書影，心裏雖預設體例，無奈有時太過匆忙，所記繁簡不一。加之600多部書，涉及版本材料千頭萬緒，料理起來，大覺紛繁。念及親眼得見這些寶藏，實屬不易，遂下定決心，絕不倉促，盡力做好。之前未見原書的要爭取看到，記錄粗略的則補充完善，從2012年秋天至今，心追手摩，不曾間斷。回望這四年來同好諸公助我窮搜博採之雅誼，及邀我賞奇析疑之盛情，歷歷如在目前。

2014年春天，新一輪訪書開始。先是赴吉林訪書，蒙吉林大學圖書館孫穎女士幫忙聯繫，專程至吉林省博物院，在地下文物庫房調閱了7部天祿書，其中一部書前尚有乾隆皇帝御筆題詩。此行收穫頗豐，在驗看吉林大學圖書館所藏的一部後編目外書《周中丞疏稿》後，又意外得知有一冊《六家文選》上也有清宮諸璽，取書一看，果然，鈐有"楚王之章"等大印，正是《天目後編》卷七中被偽充宋版的明嘉靖間袁褧嘉趣堂刻本之殘冊，爲此前不知。隨後赴吉林市圖書館，查看之前已知的兩部天祿書，在逐冊翻看《史記》時，發現中間一冊的前副葉上還有民國鄧邦述所題長跋。書經重裝，所有副葉三璽均已佚失，首末頁板框上方正中的"乾隆御覽之寶"橢圓印也被裁去板框以外部分，餘下半截被塗抹，押鈐其它印記。這部書流入民間，大概是在清末民初，爲掩蓋竊自內府，來路不明，書估不惜裁去所有清宮印記，如此做法與當下在普通明版上加鈐做製天祿琳琅印、以偽裝清宮天祿書的做法恰恰相反。這些現象若非經眼，是無法發現的。

2014年4月19日至5月11日，遼寧省圖書館聯合遼寧省博物館、瀋陽故宮博物館等單位，在遼寧省博物館舉辦"清宮遺珍——'天祿琳琅'、'石渠寶笈'典籍書畫展"，展出了瀋陽地區收藏的天祿琳琅典籍45部，以及向國家圖書館借展的宋兩浙東路茶鹽司刻本《資治通鑑》、宋刻本《朱文公校昌黎先生集》、蒙古中統刻本《學易記》、清初抄本《易小傳》等5部書。這不僅是大陸天祿琳琅書收藏單位第一次大規模特展，難能可貴的是，那些因戰亂而首尾分離的珍貴典籍首次借展覽的機會得以短暫合璧。展覽開幕式上，我受邀剪綵，並以"天祿琳琅——乾隆皇帝的藏書"爲題，爲觀眾做專題講座。這次展覽文物級別高，規模大，參觀者眾多，社會反響良好。

2014年6月10日，至南京圖書館訪書，查閱之前因搬新館尚未開箱的4部《天祿琳琅書目》。其中1部爲清光緒十年王先謙刻本，南圖前輩錢亞新先生在上世紀八十年代曾撰文述及此書，云有讀者眉批，然不明何人所批及具體書號。徐憶農姊姊代爲先行查找，遍檢南圖館藏15部王先謙刻本，終於尋到此書。其首卷卷端下鈐一"正闇收藏"白文方印，細審天頭朱筆眉批字蹟，正是鄧邦述所書。3部清抄本，亦各有所長，不僅名家所抄，而且抄寫年代皆在嘉慶年間，上距《天祿琳琅書目前編》成書不遠。看書時正逢九十高齡的沈燮元先生也在館中，熙朝人瑞，相見甚歡。

2014年6月20日，蒙北京故宮博物院圖書館張楠副館長、翁連溪先生幫忙聯繫，終於得見此前未開箱的中國文化遺產研究院所藏8部天祿殘帙。這些書均係陳伯達舊藏，見到原書，一些之前無從分辨的問題，如卷數、藏印、究竟是書目上哪一部等，一目瞭然，茅塞頓開。9月17日，翁連溪兄再告私家收藏信息，一部完整無缺、清宮原裝的元刊《孔叢子》自天津現世，令人無比驚喜。書末有刊記"茶陵桂山書院校正板行"一行，正是宋元時期湖南刻書"茶陵本"的代表，而桂山書院刻本，此爲傳世本之僅見，殊爲難得。這部書在當年嘉德秋拍上以底價780萬元上拍，雖流拍，仍足以耀人眼目。11月初參加中山大學"第二屆中文古籍版本目錄學國際研討會"期間，特聘於中大圖書館的沈津先生及特藏部陳莉女士協助聯絡，令我順利看到廣東省博物館所藏清人曾釗面城樓抄本《天祿琳琅書目》，之前粵博鄧小紅女士撰文介紹此本，清宮書目流播南國，此爲重要物證。

2014年12月至2015年6月，我以香港北山堂"利榮森交流計劃"訪問學人身份至臺北"故宮博物院"訪問半年，終於有充裕時間重新將臺北故宮院藏全部344部天祿遺珍一一寓目。臺北故宮所藏爲存世天祿書之最大一宗，數量眾多，情況複雜，此前兩年藉訪問交流、參加學術會議之機，雖得觀全部藏書，然匆忙間無暇諦審，所作記錄較之研究設想尚顯粗略。訪問期間，院方給予極大支持，准許全部調閱原本。我以平均每日提閱 4 部書的進度，一周五天，歷時六月，遍覽一過，圓滿完成版本調查工作。半年中，在臺北故宮做了三場演講，最後一場公眾演講上馮明珠院長親自主持，對我的研究給予很高評價。我還受邀在臺灣大學、"中國文化大學"、臺灣"清華大學"、"中央大學"、東吳大學等多所學校演講，引發了臺灣公眾和學界對天祿書的更多關注。客居期間，臺北"故宮博物院"圖書文獻處前任處長吳哲夫先生及吳師母，昌彼得先生哲嗣昌言大哥及小英大嫂，淡江大學中文系周彥文兄及彎彎嫂，陳仕華兄及劍霞嫂，東吳大學丁原基大姊暨畢業於東吳大學的張志炫兄、張曉生和王秀珍伉儷，臺灣"清華大學"馬孟晶女士，"中國文化大學"圖書館吳瑞秀館長，以及臺北故宮劉美玲女士、許媛婷女士、呂玉女姊姊、鄭永昌先生、曾紀剛先生，老友蔡琳堂先生，都對我照拂有加，新老朋友，時相過從，令我有賓至如歸之感。臺北大學楊果霖教授自 2006 年起陸續發表 6 篇文章討論《天祿琳琅書目》，特別是 2016 年 3 月刊出的《〈天祿琳琅書目〉的整理成果及其展望》一文，宏文大論，高屋建瓴，讀之多有啟發。在臺曾與楊教授長談，交換有關天祿琳琅研究的看法，聞人足音，跫然而喜，彼此引爲學術知己。

2015 年 3 月 11 日，在臺北故宮善本閱覽室邂逅日本慶應大學高橋智先生，告我日本九州的鹿兒島大學圖書館藏有一部明版《臨川先生文集》，爲天祿繼鑑書，鹿大文學部高津孝教授曾撰文介紹。高橋教授憶起上世紀九十年代初在北京潘家園書攤上以千元價格買到明版《藝文類聚》一冊，看似天祿書，便轉贈中國國家圖書館收藏。雖此書所鈐清宮藏印皆僞，其贈書高義仍令人感佩。3 月 24 日，高橋教授尚未及幫我向高津孝先生落實問清，意外接到臺灣郭明芳先生來信，告我看到《南風》雜誌（鹿兒島大學圖書館報）第 63 期上有井上進先生《岩元文庫訪書記》一文，其中提到明版《臨川先生文集》，正是亟於調查之書，大喜過望。不久高津孝教授寄來所撰《岩元文庫的善本——乾隆帝的遺寶〈臨川先生文集〉一百卷》一文，關於此書的所有問題迎刃而解。

2015 年 4 月初，先是北京故宮翁連溪兄告知民間又見元版子部之《新編事文類聚翰墨全書》之半卷殘冊，隔日中國國家博物館黃燕生館長告我，整理館藏時又發現一部明版《河東先生集》全帙，乃《天目後編》明版集部著錄之書，難得整部現世，令人欣喜。臺北歸來，即趕去國博看書。書經改裝，未見副葉三璽，改裝痕蹟與吉林市圖書館所藏《史記》如出一轍，有意撤去副葉三璽，或爲消弭清宮裝幀特徵所致，其出宮時間亦在清末民初。

2015年11月30日，山東大學劉心明先生的學生張雲同學來信告知，在俄羅斯國家圖書館東方文獻中心看到一部元刻本《書集傳》有清宮藏印，並寄來書影。細審之下，正是《天祿琳琅書目後編》卷八元版經部著錄之書，完整無缺的六冊，尚存清宮舊裝。書上有大連圖書館藏印，民國七年曾經傅增湘經眼，後由大連圖書館購得，1946年由蘇聯所謂"波波夫調查團"自大連滿鐵圖書館攜歸莫斯科列寧圖書館。又一部完整的天祿琳琅原物現世，雖飄落異域，仍是令人不勝驚喜。

2016年元旦，家母住院，我回津陪護，在醫院接到吳燕紹嫡孫吳錫祺先生的電話。之前復旦大學吳格先生已郵件告知，吳錫祺先生整理先人函札時曾看到民國間經眼天祿舊藏的記述。經由國家圖書館出版社南江濤編輯的介紹，吳錫祺先生電話聯繫上我，稱家中尚有天祿殘本《唐皮日休文藪》一部，經前人補抄，其上還有章鈺手跋，並約我觀書。元月12日上午，八十歲的吳先生以小挎包裝着這一函四冊藍布套裝的天祿書，獨自來到我的辦公室。展卷一觀，正是《天目後編》卷十八明版集部著錄之《唐皮日休文藪》。書中尚有一葉夾籤，乃田洪都致吳燕紹短函，內容正與日人橋川時雄以及《馬衡日記》所記相合，蓋吳燕紹家藏《天祿琳琅》藏書殘本數十種，後來議價售於故宮。此明版《唐皮日休文藪》爲吳家自留的一部，吳錫祺先生亦不明其來龍去脈，只知是父親著名藏學家吳豐培的珍藏。吳燕紹如何能將宮廷珍藏轉爲自己私有，必定還有故事，寄望日後能有新的綫索。

2016年3月24日，接到中貿聖佳拍賣公司王宇洋女士電話，告知新徵集到天祿遺籍4種，隔日專程看書，確認爲《天祿琳琅書目後編》著錄之宋版《纂圖互註揚子法言》、明版《戰國策》和《詩經世本古義》，以及天祿"三編書"宋版巾箱本《禮記》一種，皆可與之前調查合璧。時隔一日，匡時拍賣公司劉鵬先生來電，稱在上海龍美術館所見一冊元版《朱文公校昌黎先生集》似乎未曾著錄，告我信息。6月14日中國書店張曉東先生告知，在私人藏家手上看到《唐文粹》一冊，經查著錄在明版集部。8月10日在中貿聖佳拍賣公司看到即將秋拍的元刻《戰國策》和《通志》殘卷，與春拍創下3700萬元天價的4種天祿書一樣，這兩部書同樣出自鄧拓後人。

各地訪書中時常有驚奇發現，比如2013年年末北京大學圖書館以總價18億日元回購日本"大倉文庫"藏書931種，其中有一部明嘉靖王延喆刻本《史記》，由藏印可知爲《天祿琳琅書目後編》卷四宋本史部著錄之第四部"宋版"《史記》。此書58冊，完整無缺，在《大倉文化財團漢籍善本目錄》和北大圖書館所編《北京大學圖書館藏"大倉文庫"書志》上都著爲全套一部。然而細觀此書，逐一檢點卷次，則發現第一冊卷首諸序及目錄、《史記正義論例諡法解》，有前後副葉三璽，無首末頁"乾隆御覽之寶"及"天祿繼鑑"、"天祿琳琅"三璽，且不見《天目後編》記載的每冊卷首"楚府圖書"、"翰林學士文節之家藏書畫印"、"葉氏家藏"等鈐印，實則這第一冊現藏中國國家圖書館，書號爲18589，書上有天祿琳琅諸璽及"楚府圖書"等印，與"大倉書"後五十七冊恰爲一部散出，合之即爲完璧。只是不詳爲何首尾分離，流落東瀛，幸得最終回歸中土。類似問題，不見原書，實難想象；面對原書，還要明察秋毫，才能有所辨識。

　　2016年夏天閉門在家整理書稿，此時雖基本經眼目驗一過，詳覈之下仍存疑問，例如鈐印問題。《天祿琳琅書目後編》所收同書同版書眾多，只能依靠鈐印、闕補、冊數等其他信息加以區分判定，如書目中共收錄2部"宋版"、2部"元版"、4部明版《唐文粹》，事實上其中有一半都是明嘉靖三年姑蘇徐焴刻本。卷七宋版集部著錄之第一部卷九十二頁上有"姑蘇吳氏家藏"白文印，2016年8月初經遼寧省圖書館特藏部主任劉冰兄幫我證實，遼圖所藏卷九十二上並無此印，可證遼圖藏本應是《天目後編》第二部"宋版"《唐文粹》，國圖新編目本所存冊數接近四函十八冊之數，雖在修復中無法親見，也可斷定應是第一部。校稿階段，南京大學圖書館史梅姊姊、南京博物院保管部奚可楨女士、山東省圖書館唐桂艷女士、甘肅省圖書館劉瑛女士、上海圖書館郭立暄先生、華東師範大學圖書館周保明先生、北京大學圖書館李雲先生、中國科學院國家科學圖書館羅琳兄、復旦大學圖書館樂怡妹妹、嘉德拍賣公司丁玲女士等同仁同好多有襄助，一併致謝。

　　鄭振鐸曾說："我夢想着要讀到錢遵王《也是園書目》裏所載許多元明雜劇，我相信這些古劇絕不會泯沒不見於人間。他們一定會傳下來，保存在某一個地方，某一個藏書家手裏。他們的精光，若隱若現的直衝斗牛之間，不可能爲水、爲火、爲兵所毀滅。"此話深得吾心，這些年每當知悉、落實一部與天祿琳琅有關的善本舊籍，內心都不勝欣喜，竊盼存世天祿書與我有緣，儘早現世，能令筆者儘可能無遺漏地一一著錄在拙著中，呈現在世人面前。不僅是存世天祿書的點滴綫索，只要是有關天祿琳琅的信息，同道們都不吝及時相告。北京大學歷史系橋本秀美先生、中國書店寶水勇兄、上海博物館柳向春兄每每將讀書中看到的綫索第一時間告訴我。有時爲了幫我找尋複製資料，大家牽綫搭橋，輾轉接力，如同一根綫，飛越海峽、飛至異國。2015年5月南京師範大學蘇芃博士告我"豆瓣讀書"上書友關於南宋刻本《纂圖互注揚子法言》的一則筆記，涉及1949年後此書流傳之端緒。2016年6月初在長沙嶽麓書院召開的四庫學會上，剛剛結識的北京大學歷史系在讀博士生趙永磊小友告我讀拙著《天祿琳琅研究》後略留意《天祿琳琅書目》經始之年，依《王文莊日記》（即王際華日記）乾隆三十九年十一月初六日載"命辦天祿琳琅"之說（見《歷代日記叢鈔》第三十冊，學苑出版社2006年版，第510頁），據此則編纂《欽定天祿琳琅書目》似當始於此時。這些材料匡我不及，補充和豐富了對於天祿琳琅的認識。

2014年4月底，國家古籍保護中心主編之《天祿琳琅存藏書目彙總稿》（討論稿）寄我評閱。討論稿上包括了中國國家圖書館、遼寧省圖書館、上海圖書館等14家公共圖書館，北京大學、復旦大學等6家高校圖書館，國家博物館、北京故宮等5家博物館及上海圖書公司、北京市文物局和社科院文學所共計28家公藏單位，以及兆蘭堂、鳳儀書堂兩位私人藏家所藏之天祿繼鑑書，未包含海外部分及拍賣會上所見者。此目最爲可取之處，是著錄了國家圖書館1959年得自北京故宮博物院撥交、四十餘年不曾編目、遲至2013年才整理編目的近兩百部書，其中不僅多出了3部原撥交檔案上未記錄書，還覈定了準確版本及卷數。這批書共3500餘冊，現做爲"國家圖書館藏清宮'天祿琳琅'珍籍修復項目"正在整體修復中，計劃用4至5年時間完成。這是國家圖書館繼歷史上先後成功修復《趙城金藏》、《永樂大典》、西夏文獻、敦煌遺書等國寶級珍貴文獻之後，又一次文物級別高、修復數量大的專項修復工程，其成果可以預見。《天目後編》中一書而多種版本、同版而多部複本的情況很多，不能備眾本，並與書目細緻比較，加之經眼目驗，是很難判斷而且極易出錯的。討論稿中因參加編目者缺乏全面關照，鑑定水平參差不齊，還有僞印摻入現象，著錄情況差強人意。學術發展的脈絡，總是後出轉精，《存藏書目》由中心統籌編纂，集公藏之力，以公私聯合目錄形式出現，必定能反映更爲全面的天祿書現存狀況，筆者衷心期待着定稿出版後的書目將是一部對存世清宮天祿琳琅書調查更爲周全充分、著錄更爲準確翔實的集大成之作。

去歲在臺北故宮訪書，院方將我安排至院內學人會館居住，會館在院區第二行政樓以北，緊鄰文物倉庫山洞大門，爲原乙種宿舍裝修改造而成。門前即外雙溪支脈，流水潺潺，鳥語花香，環境清雅幽靜。從會館步行至圖書文獻處，只需數分鐘。每天清晨由悄寂無聲的客居之所，穿行熙熙攘攘、遊客摩肩擦踵的故宮廣場，走到文獻處大樓三樓的善本閱覽室，九點鐘準時開始一天的看書時光。山上讀書的日子，猶如神仙般的美好。

今年正好是我中學畢業三十年和大學入校三十年紀念，三十年前同一校園的同窗們，即使當年並不熟悉，三十年後再見仍有莫名的親近感，真可謂"憑說相見晚，似曾逢"。大家敘及各自人生、職業和種種際遇，相比別人的曲折跌宕，我則平順得多。古人云"有福讀書"，工作於圖書之府，娜嬛福地，結緣於古籍善本，寄身翰墨，我常慶幸自己是有福之人。沈津先生推我爲當代看到天祿書最多之人，我也以此爲傲。1925年清華成立國學研究院，宗旨是研究"中國固有文化"，培養"以著述爲畢生事業"的國學人才。生活、工作於美麗的清華園，食盡神仙字，樂讀古人書，我願繼續以此自勉。

清華友人劉石教授是啟功先生入門弟子，又與徐無聞先生有世交之誼，拙作《天祿琳琅研究》出版時，書名"天祿琳瑯"取自乾隆皇帝御書匾額，惟"瑯"字書作"瑯"，與書中所用正體字不符，劉石兄依乾隆筆意，書"琅"替換之。如今本書出版，再次賜下墨寶，爲之題籤。欣承美意，不勝感激之至。

劉薔謹識
丙申葭月於京西抱素書房，時微風攜雨，天晚欲雪。